FRIEDRICH NIETZSCHE

WERKE IN ZWEI BÄNDEN

Band II

Carl Hanser Verlag München

Auf Grund der im Carl Hanser Verlag erschienenen
dreibändigen Ausgabe von Karl Schlechta
herausgegeben von Ivo Frenzel

ISBN 3 446 10892 0

Hanserbibliothek
2. Auflage 1973

Gesetzt aus der Aldus-Antiqua
Umschlagentwurf: Claus J. Seitz
Gesamtherstellung: Druck- und Buchbinderei-Werkstätten
May & Co Nachf., Darmstadt
Printed in Germany

INHALTSÜBERSICHT

Jenseits von Gut und Böse

9

Zur Genealogie der Moral

175

Der Fall Wagner

289

Götzen – Dämmerung

323

Ecce homo

399

Der Antichrist

483

Dionysos – Dithyramben

547

Autobiographisches aus den Jahren 1856–1869

573

Anhang

693

Nachwort

726

Inhaltsverzeichnis

742

JENSEITS VON GUT UND BÖSE

Vorspiel einer Philosophie der Zukunft

VORREDE

Vorausgesetzt, daß die Wahrheit ein Weib ist –, wie? ist der Verdacht nicht gegründet, daß alle Philosophen, sofern sie Dogmatiker waren, sich schlecht auf Weiber verstanden? daß der schauerliche Ernst, die linkische Zudringlichkeit, mit der sie bisher auf die Wahrheit zuzugehen pflegten, ungeschickte und unschickliche Mittel waren, um gerade ein Frauenzimmer für sich einzunehmen? Gewiß ist, daß sie sich nicht hat einnehmen lassen – und jede Art Dogmatik steht heute mit betrübter und mutloser Haltung da. *Wenn* sie überhaupt noch steht! Denn es gibt Spötter, welche behaupten, sie sei gefallen, alle Dogmatik liege zu Boden, mehr noch, alle Dogmatik liege in den letzten Zügen. Ernstlich geredet, es gibt gute Gründe zu der Hoffnung, daß alles Dogmatisieren in der Philosophie, so feierlich, so end- und letztgültig es sich auch gebärdet hat, doch nur eine edle Kinderei und Anfängerei gewesen sein möge; und die Zeit ist vielleicht sehr nahe, wo man wieder und wieder begreifen wird, *was* eigentlich schon ausgereicht hat, um den Grundstein zu solchen erhabenen und unbedingten Philosophen-Bauwerken abzugeben, welche die Dogmatiker bisher aufbauten, – irgendein Volks-Aberglaube aus unvordenklicher Zeit (wie der Seelen-Aberglaube, der als Subjekt- und Ich-Aberglaube auch heute noch nicht aufgehört hat, Unfug zu stiften), irgendein Wortspiel vielleicht, eine Verführung von seiten der Grammatik her oder eine verwegne Verallgemeinerung von sehr engen, sehr persönlichen, sehr menschlich-allzumenschlichen Tatsachen. Die Philosophie der Dogmatiker war hoffentlich nur ein Versprechen über Jahrtausende hinweg: wie es in noch früherer Zeit die Astrologie war, für deren Dienst vielleicht mehr Arbeit, Geld, Scharfsinn, Geduld aufgewendet worden ist als bisher für irgendeine wirkliche Wissenschaft – man verdankt ihr und ihren »überirdischen« Ansprüchen in Asien und Ägypten den großen Stil der Baukunst. Es scheint, daß alle großen Dinge, um der Menschheit sich mit ewigen Forderungen in das Herz einzuschreiben, erst als ungeheure und furchteinflößende Fratzen über die Erde hinwandeln müssen: eine solche Fratze war die dogmatische Philosophie, zum Beispiel die Vedanta-Lehre in Asien, der Platonismus in Europa. Seien wir nicht undankbar gegen sie, so gewiß es auch zugestanden werden muß, daß der schlimmste, langwierigste und gefährlichste aller Irrtümer bisher ein Dogmatiker-Irrtum gewesen ist, nämlich Platos Erfindung vom reinen Geiste und vom Guten an sich. Aber nunmehr, wo er überwunden ist, wo Europa von diesem Alpdrucke aufatmet und zum mindesten eines gesunderen – Schlafs genießen darf, sind wir, *deren Aufgabe das Wachsein selbst ist,* die Erben von all der Kraft, welche der Kampf gegen diesen Irrtum großgezüchtet hat. Es hieß allerdings die Wahrheit auf den Kopf stellen und das *Perspektivische,* die Grundbedingung alles Lebens, selber verleugnen, so vom Geiste und vom Guten zu reden, wie Plato getan hat; ja man darf, als Arzt, fragen: »woher eine solche Krankheit am schönsten Gewächse des Altertums, an Plato? hat ihn doch der böse Sokrates verdorben? wäre Sokrates doch der Verderber der Jugend gewesen? und hätte seinen Schierling verdient?‹ – Aber der Kampf gegen Plato, oder, um es verständlicher und fürs »Volk« zu sagen, der Kampf gegen den christlich-kirchlichen Druck von Jahrtausenden – denn Christentum ist Platonismus fürs »Volk« – hat in Europa eine prachtvolle Spannung des Geistes geschaffen, wie sie auf Erden noch nicht da war: mit einem so gespannten Bogen kann man nunmehr nach den fernsten Zielen schießen. Freilich, der europäische Mensch empfindet diese Spannung als Notstand; und es ist schon zweimal im großen Stile versucht worden, den Bogen abzuspannen, einmal durch den Jesuitismus, zum zweiten Male durch die demokratische Aufklärung – als welche mit Hilfe der Preßfreiheit und des Zeitungslesens es in der Tat erreichen dürfte, daß der Geist sich selbst nicht mehr so leicht als »Not« empfindet! (Die Deutschen haben das Pulver erfunden – alle Achtung! aber sie haben es wieder quitt gemacht – sie erfanden die Presse.) Aber wir, die wir weder Jesuiten noch Demokraten, noch selbst Deutsche genug sind, wir *guten Europäer* und freien, *sehr* freien Geister – wir haben sie noch, die ganze Not des Geistes und die ganze Spannung seines Bogens! Und vielleicht auch den Pfeil, die Aufgabe, wer weiß? das *Ziel* ...

Sils-Maria, Oberengadin im Juni 1885

ERSTES HAUPTSTÜCK

VON DEN VORURTEILEN DER PHILOSOPHEN

1

Der Wille zur Wahrheit, der uns noch zu manchem Wagnisse verführen wird, jene berühmte Wahrhaftigkeit, von der alle Philosophen bisher mit Ehrerbietung geredet haben: was für Fragen hat dieser Wille zur Wahrheit uns schon vorgelegt! Welche wunderlichen schlimmen fragwürdigen Fragen! Das ist bereits eine lange Geschichte – und doch scheint es, daß sie kaum eben angefangen hat? Was Wunder, wenn wir endlich einmal mißtrauisch werden, die Geduld verlieren, uns ungeduldig umdrehn? Daß wir von dieser Sphinx auch unsrerseits das Fragen lernen? *Wer* ist das eigentlich, der uns hier Fragen stellt? *Was* in uns will eigentlich »zur Wahrheit«? – In der Tat, wir machten lange halt vor der Frage nach der Ursache dieses Willens – bis wir, zuletzt, vor einer noch gründlicheren Frage ganz und gar stehenblieben. Wir fragten nach dem *Werte* dieses Willens. Gesetzt, wir wollen Wahrheit: *warum nicht lieber* Unwahrheit? Und Ungewißheit? Selbst Unwissenheit? – Das Problem vom Werte der Wahrheit trat vor uns hin – oder waren wirs, die vor das Problem hintraten? Wer von uns ist hier Ödipus? Wer Sphinx? Es ist ein Stelldichein, wie es scheint, von Fragen und Fragezeichen. – Und sollte mans glauben, daß es uns schließlich bedünken will, als sei das Problem noch nie bisher gestellt – als sei es von uns zum ersten Male gesehn, ins Auge gefaßt, *gewagt*? Denn es ist ein Wagnis dabei und vielleicht gibt es kein größeres.

2

»Wie *könnte* etwas aus seinem Gegensatz entstehn? Zum Beispiel die Wahrheit aus dem Irrtum? Oder der Wille zur Wahrheit aus dem Willen zur Täuschung? Oder die selbstlose Handlung aus dem Eigennutze? Oder das reine sonnenhafte Schauen des Weisen aus der Begehrlichkeit? Solcherlei Entstehung ist unmöglich; wer davon träumt, ein Narr, ja Schlimmeres; die Dinge höchsten Wertes müssen einen andern, *eignen* Ursprung haben – aus dieser vergänglichen verführerischen täuschenden geringen Welt, aus diesem Wirrsal von Wahn und Begierde sind sie unableitbar! Vielmehr im Schoße des Seins, im Unvergänglichen, im verborgnen Gotte, im ›Ding an sich‹ – *da* muß ihr Grund liegen, und sonst nirgendswo!« – Diese Art zu urteilen macht das typische Vorurteil aus, an dem sich die

Metaphysiker aller Zeiten wiedererkennen lassen; diese Art von Wertschätzungen steht im Hintergrunde aller ihrer logischen Prozeduren; aus diesem ihrem »Glauben« heraus bemühn sie sich um ihr »Wissen«, um etwas, das feierlich am Ende als »die Wahrheit« getauft wird. Der Grundglaube der Metaphysiker ist *der Glaube an die Gegensätze der Werte.* Es ist auch den Vorsichtigsten unter ihnen nicht eingefallen, hier an der Schwelle bereits zu zweifeln, wo es doch am nötigsten war: selbst wenn sie sich gelobt hatten *»de omnibus dubitandum«*. Man darf nämlich zweifeln, erstens, ob es Gegensätze überhaupt gibt, und zweitens, ob jene volkstümlichen Wertschätzungen und Wert-Gegensätze, auf welche die Metaphysiker ihr Siegel gedrückt haben, nicht vielleicht nur Vordergrunds-Schätzungen sind, nur vorläufige Perspektiven, vielleicht noch dazu aus einem Winkel heraus, vielleicht von unten hinauf, Frosch-Perspektiven gleichsam, um einen Ausdruck zu borgen, der den Malern geläufig ist? Bei allem Werte, der dem Wahren, dem Wahrhaftigen, dem Selbstlosen zukommen mag: es wäre möglich, daß dem Scheine, dem Willen zur Täuschung, dem Eigennutz und der Begierde ein für alles Leben höherer und grundsätzlicherer Wert zugeschrieben werden müßte. Es wäre sogar noch möglich, daß *was* den Wert jener guten und verehrten Dinge ausmacht, gerade darin bestünde, mit jenen schlimmen, scheinbar entgegengesetzten Dingen auf verfängliche Weise verwandt, verknüpft, verhäkelt, vielleicht gar wesensgleich zu sein. Vielleicht! – Aber wer ist willens, sich um solche gefährliche Vielleichts zu kümmern! Man muß dazu schon die Ankunft einer neuen Gattung von Philosophen abwarten, solcher, die irgendwelchen andern, umgekehrten Geschmack und Hang haben als die bisherigen – Philosophen des gefährlichen Vielleicht in jedem Verstande. – Und allen Ernstes gesprochen: ich sehe solche neue Philosophen heraufkommen.

3

Nachdem ich lange genug den Philosophen zwischen die Zeilen und auf die Finger gesehn habe, sage ich mir: man muß noch den größten Teil des bewußten Denkens unter die Instinkt-Tätigkeiten rechnen, und sogar im Falle des philosophischen Denkens; man muß hier umlernen, wie man in betreff der Vererbung und des »Angeborenen« umgelernt hat. So wenig der Akt der Geburt in dem ganzen Vor- und Fortgange der Vererbung in Betracht kommt: ebensowenig ist »Bewußt-sein« in irgendeinem entscheidenden Sinne dem Instinktiven *entgegengesetzt,* – das meiste bewußte Denken eines Philosophen ist durch seine Instinkte heimlich geführt und in bestimmte Bahnen gezwungen. Auch hinter aller Logik und ihrer anscheinenden Selbstherrlichkeit der Bewegung stehen Wertschätzungen, deutlicher gesprochen, physiologische Forderungen zur Erhaltung einer bestimmten Art von Leben. Zum Beispiel, daß das Bestimmte mehr wert sei als das Unbestimmte, der Schein weniger wert als die »Wahrheit«: dergleichen Schätzungen könnten, bei aller ihrer regulativen Wichtigkeit für *uns*, doch nur Vordergrunds-Schätzungen sein, eine bestimmte Art von *niaiserie*, wie sie gerade zur Erhaltung von Wesen, wie wir sind, nottun mag. Gesetzt nämlich, daß nicht gerade der Mensch das »Maß der Dinge« ist ...

4

Die Falschheit eines Urteils ist uns noch kein Einwand gegen ein Urteil; darin klingt unsre neue Sprache vielleicht am fremdesten. Die Frage ist, wie weit es lebenfördernd, lebenerhaltend, Art-erhaltend, vielleicht gar Art-züchtend ist; und wir sind grundsätzlich geneigt zu behaupten, daß die falschesten Urteile (zu denen die synthetischen Urteile *a priori* gehören) uns die unentbehrlichsten sind, daß ohne ein Geltenlassen der logischen Fiktionen, ohne ein Messen der Wirklichkeit an der rein erfundenen Welt des Unbedingten, Sich-selbst-Gleichen, ohne eine beständige Fälschung der Welt durch die Zahl der Mensch nicht leben könnte – daß Verzichtleisten auf falsche Urteile ein Verzichtleisten auf Leben, eine Verneinung des Lebens wäre. Die Unwahrheit als Lebensbedingung zugestehn: das heißt freilich auf eine gefährliche Weise den gewohnten Wertgefühlen Widerstand leisten; und eine Philosophie, die das wagt, stellt sich damit allein schon jenseits von Gut und Böse.

5

Was dazu reizt, auf alle Philosophen halb mißtrauisch, halb spöttisch zu blicken, ist nicht, daß man wieder und wieder dahinter kommt, wie unschuldig sie sind – wie oft und wie leicht sie sich vergreifen und verirren, kurz ihre Kinderei und Kindlichkeit – sondern daß es bei ihnen nicht redlich genug zugeht; während sie allesamt einen großen und tugendhaften Lärm machen, sobald das Problem der Wahrhaftigkeit auch nur von ferne angerührt wird. Sie stellen sich sämtlich, als ob sie ihre eigentlichen Meinungen durch die Selbstentwicklung einer kalten, reinen, göttlich unbekümmerten Dialektik entdeckt und erreicht hätten (zum Unterschiede von den Mystikern jeden Rangs, die ehrlicher als sie und tölpelhafter sind – diese reden von »Inspiration« –): während im Grunde ein vorweggenommener Satz, ein Einfall, eine »Eingebung«, zumeist ein abstrakt gemachter und durchgesiebter Herzenswunsch von ihnen mit hinterher gesuchten Gründen verteidigt wird – sie sind allesamt Advokaten, welche es nicht heißen wollen, und zwar zumeist sogar verschmitzte Fürsprecher ihrer Vorurteile, die sie »Wahrheiten« taufen – und *sehr* ferne von der Tapferkeit des Gewissens, das sich dies, eben dies eingesteht, sehr ferne von dem guten Geschmack der Tapferkeit, welche dies auch zu verstehen gibt, sei es um einen Feind oder Freund zu warnen, sei es aus Übermut und um ihrer selbst zu spotten. Die ebenso steife als sittsame Tartüfferie des alten Kant, mit der er uns auf die dialektischen Schleichwege lockt, welche zu seinem »kategorischen Imperativ« führen, richtiger verführen – dies Schauspiel macht uns Verwöhnte lächeln, die wir keine kleine Belustigung darin finden, den feinen Tücken alter Moralisten und Moralprediger auf die Finger zu sehn Oder gar jener Hokuspokus von mathematischer Form, mit der Spinoza seine Philosophie – »die Liebe zu *seiner* Weisheit« zuletzt, das Wort richtig und billig ausgelegt – wie in Erz panzerte und maskierte, um damit von vornherein den Mut des Angreifenden einzuschüchtern, der auf diese unüberwindliche Jungfrau und Pallas Athene den Blick zu werfen wagen würde – wieviel eigne Schüchternheit und Angreifbarkeit verrät diese Maskerade eines einsiedlerischen Kranken!

6

Allmählich hat sich mir herausgestellt, was jede große Philosophie bisher war: nämlich das Selbstbekenntnis ihres Urhebers und eine Art ungewollter und unvermerkter *mémoires*; insgleichen, daß die moralischen (oder unmoralischen) Absichten in jeder Philosophie den eigentlichen Lebenskeim ausmachten, aus dem jedesmal die ganze Pflanze gewachsen ist. In der Tat, man tut gut (und klug), zur Erklärung davon, wie eigentlich die entlegensten metaphysischen Behauptungen eines Philosophen zustande gekommen sind, sich immer erst zu fragen: auf welche Moral will es (will *er* –) hinaus? Ich glaube demgemäß nicht, daß ein »Trieb zur Erkenntnis« der Vater der Philosophie ist, sondern daß sich ein andrer Trieb, hier wie sonst, der Erkenntnis (und der Verkenntnis!) nur wie eines Werkzeugs bedient hat. Wer aber die Grundtriebe des Menschen daraufhin ansieht, wieweit sie gerade hier als *inspirierende* Genien (oder Dämonen und Kobolde –) ihr Spiel getrieben haben mögen, wird finden, daß sie alle schon einmal Philosophie getrieben haben – und daß jeder einzelne von ihnen gerade *sich* gar zu gerne als letzten Zweck des Daseins und als berechtigten *Herrn* aller übrigen Triebe darstellen möchte. Denn jeder Trieb ist herrschsüchtig: und als *solcher* versucht er zu philosophieren. – Freilich: bei den Gelehrten, den eigentlich wissenschaftlichen Menschen, mag es anders stehn – »besser«, wenn man will –, da mag es wirklich so etwas wie einen Erkenntnistrieb geben, irgendein kleines unabhängiges Uhrwerk, welches, gut aufgezogen, tapfer darauflos arbeitet, *ohne* daß die gesamten übrigen Triebe des Gelehrten wesentlich dabei beteiligt sind. Die eigentlichen »Interessen« des Gelehrten liegen deshalb gewöhnlich ganz woanders, etwa in der Familie oder im Gelderwerb oder in der Politik; ja es ist beinahe gleichgültig, ob seine kleine Maschine an diese oder jene Stelle der Wissenschaft gestellt wird, und ob der »hoffnungsvolle« junge Arbeiter aus sich einen guten Philologen oder Pilzekenner oder Chemiker macht – es *bezeichnet* ihn nicht, daß er dies oder jenes wird. Umgekehrt ist an dem Philosophen ganz und gar nichts Unpersönliches; und insbesondere gibt seine Moral ein entschiedenes und entscheidendes Zeugnis dafür ab, *wer er ist* – das heißt, in welcher Rangordnung die innersten Triebe seiner Natur zueinander gestellt sind.

7

Wie boshaft Philosophen sein können! Ich kenne nichts Giftigeres als den Scherz, den sich Epikur gegen Plato und die Platoniker erlaubte: er nannte sie Dionysiokolakes. Das bedeutet dem Wortlaut nach und im Vordergrunde »Schmeichler des Dionysios«, also Tyrannen-Zubehör und Speichellecker; zu alledem will es aber noch sagen »das sind alles *Schauspieler*, daran ist nichts Echtes« (denn Dionysokolax war eine populäre Bezeichnung des Schauspielers). Und das letztere ist eigentlich die Bosheit, welche Epikur gegen Plato abschoß: ihn verdroß die großartige Manier, das Sich-in-Szene-Setzen, worauf sich Plato samt seinen Schülern verstand – worauf sich Epikur nicht verstand! er, der alte Schulmeister von Samos, der in seinem Gärtchen zu Athen versteckt saß und dreihundert Bücher schrieb, wer weiß? vielleicht aus Wut und Ehrgeiz gegen Plato? – Es brauchte hundert Jahre, bis Griechenland dahinterkam, wer dieser Gartengott Epikur gewesen war. – Kam es dahinter? –

8

In jeder Philosophie gibt es einen Punkt, wo die »Überzeugung« des Philosophen auf die Bühne tritt: oder, um es in der Sprache eines alten Mysteriums zu sagen:

adventavit asinus
pulcher et fortissimus.

9

»Gemäß der Natur« wollt ihr *leben*? O ihr edlen Stoiker, welche Betrügerei der Worte! Denkt euch ein Wesen, wie es die Natur ist, verschwenderisch ohne Maß, gleichgültig ohne Maß, ohne Absichten und Rücksichten, ohne Erbarmen und Gerechtigkeit, fruchtbar und öde und ungewiß zugleich, denkt euch die Indifferenz selbst als Macht – wie *könntet* ihr gemäß dieser Indifferenz leben? Leben – ist das nicht gerade ein Anders-sein-wollen, als diese Natur ist? Ist Leben nicht Abschätzen, Vorziehn, Ungerecht-sein, Begrenzt-sein, Different-sein-wollen? Und gesetzt, euer Imperativ »gemäß der Natur leben« bedeute im Grunde so viel als »gemäß dem Leben leben« – wie könntet ihr's denn *nicht*? Wozu ein Prinzip aus dem machen, was ihr selbst seid und sein müßt? – In Wahrheit steht es ganz anders: indem ihr entzückt den Kanon eures Gesetzes aus der Natur zu lesen vorgebt, wollt ihr etwas Umgekehrtes, ihr wunderlichen Schauspieler und Selbst-Betrüger! Euer Stolz will der Natur, sogar der Natur, eure Moral, euer Ideal vorschreiben und einverleiben, ihr verlangt, daß sie »der Stoa gemäß« Natur sei, und möchtet alles Dasein nur nach eurem eignen Bilde dasein machen – als eine ungeheure ewige Verherrlichung und Verallgemeinerung des Stoizismus! Mit aller eurer Liebe zur Wahrheit zwingt ihr euch so lange, so beharrlich, so hypnotisch-starr, die Natur *falsch*, nämlich stoisch zu sehn, bis ihr sie nicht mehr anders zu sehn vermögt – und irgendein abgründlicher Hochmut gibt euch zuletzt noch die Tollhäusler-Hoffnung ein, daß, *weil* ihr euch selbst zu tyrannisieren versteht – Stoizismus ist Selbst-Tyrannei –, auch die Natur sich tyrannisieren läßt: ist denn der Stoiker nicht ein *Stück* Natur? ... Aber dies ist eine alte ewige Geschichte: was sich damals mit den Stoikern begab, begibt sich heute noch, sobald nur eine Philosophie anfängt, an sich selbst zu glauben. Sie schafft immer die Welt nach ihrem Bilde, sie kann nicht anders; Philosophie ist dieser tyrannische Trieb selbst, der geistigste Wille zur Macht, zur »Schaffung der Welt«, zur *causa prima*.

10

Der Eifer und die Feinheit, ich möchte sogar sagen: Schlauheit, mit denen man heute überall in Europa dem Probleme »von der wirklichen und der scheinbaren Welt« auf den Leib rückt, gibt zu denken und zu horchen; und wer hier im Hintergrunde nur einen »Willen zur Wahrheit« und nichts weiter hört, erfreut sich gewiß nicht der schärfsten Ohren. In einzelnen und seltnen Fällen mag wirklich ein solcher Wille zur Wahrheit, irgendein ausschweifender und abenteuernder Mut, ein Metaphysiker-Ehrgeiz des verlornen Postens dabei beteiligt sein, der zuletzt eine Handvoll »Gewißheit« immer noch einem ganzen Wagen voll schöner Möglichkeiten vorzieht; es mag sogar puritanische Fanatiker des Gewissens geben, welche lieber noch sich auf ein sicheres Nichts als auf ein ungewisses Etwas sterben legen. Aber dies ist Nihilismus und Anzeichen einer verzweifelnden sterbensmüden Seele: wie tapfer auch die Gebärden einer solchen Tugend sich ausnehmen mögen. Bei den stärkeren, lebensvolleren, nach Leben noch durstigen Denkern scheint es aber anders zu stehen: indem sie Partei *gegen* den Schein nehmen und das Wort »perspektivisch« bereits mit Hochmut aussprechen, indem sie die Glaubwürdigkeit ihres eignen Leibes ungefähr so gering anschlagen wie die Glaubwürdigkeit des Augenscheins, welcher sagt »die Erde steht still«, und dermaßen anscheinend gutgelaunt den sichersten Besitz aus den Händen lassen (denn was glaubt man jetzt sicherer als seinen Leib?) – wer weiß, ob sie nicht im Grunde etwas zurückerobern wollen, das man ehemals noch *sicherer* besessen hat, irgend etwas vom alten Grundbesitz des Glaubens von ehedem, vielleicht »die unsterbliche Seele«, vielleicht »den alten Gott«, kurz, Ideen, auf welchen sich besser, nämlich kräftiger und heiterer, leben ließ als auf den »modernen Ideen«? Es ist *Mißtrauen* gegen diese modernen Ideen darin, es ist Unglauben an alles das, was gestern und heute gebaut worden ist; es ist vielleicht ein leichter Überdruß und Hohn eingemischt, der das *bric-à-brac* von Begriffen verschiedenster Abkunft nicht mehr aushält, als welches sich heute der sogenannte Positivismus auf den Markt bringt, ein Ekel des verwöhnteren Geschmacks vor der Jahrmarkts-Buntheit und Lappenhaftigkeit aller dieser Wirklichkeits-Philosophaster, an denen nichts neu und echt ist als diese Buntheit Man soll darin, wie mich dünkt, diesen skeptischen Anti-Wirklichen und Erkenntnis-Mikroskopikern von heute recht geben: ihr Instinkt, welcher sie aus der *modernen* Wirklichkeit hinwegtreibt, ist unwiderlegt, – was gehen uns ihre rückläufigen Schleichwege an! Das Wesentliche an ihnen ist *nicht*, daß sie »zurück«wollen: sondern, daß sie – *weg*wollen. Etwas Kraft, Flug, Mut, Künstlerschaft *mehr*: und sie würden *hinaus*wollen – und nicht zurück! –

11

Es scheint mir, daß man jetzt überall bemüht ist, von dem eigentlichen Einflusse, den Kant auf die deutsche Philosophie ausgeübt hat, den Blick abzulenken und namentlich über den Wert, den er sich selbst zugestand, klüglich hinwegzuschlüpfen. Kant war vor allem und zuerst stolz auf seine Kategorientafel, er sagte mit dieser Tafel in den Händen: »das ist das Schwerste, was jemals zum Behufe der Metaphysik unternommen werden konnte.« – Man verstehe doch dies »werden konnte«! er war stolz darauf, im Menschen ein neues Vermögen, das Vermögen zu synthetischen Urteilen *a priori, entdeckt* zu haben. Gesetzt, daß er sich hierin selbst betrog: aber die Entwicklung und rasche Blüte der deutschen Philosophie hängt an diesem Stolze und an dem Wetteifer aller Jüngeren, womöglich noch Stolzeres zu entdecken – und jedenfalls »neue Vermögen«! – Aber besinnen wir uns: es ist an der Zeit. Wie sind synthetische Urteile *a priori möglich*? fragte sich Kant, – und was antwortete er eigentlich? *Vermöge eines Vermögens*: leider aber nicht mit drei Worten, sondern so umständlich, ehrwürdig und mit einem solchen Aufwande von deutschem Tief- und Schnörkelsinne, daß man die lustige *niaiserie allemande* überhörte, welche in einer solchen Antwort steckt. Man war sogar außer sich über dieses neue Vermögen, und der Jubel kam auf seine Höhe, als Kant auch noch ein moralisches Vermögen im Menschen hinzuentdeckte – denn damals waren die Deutschen noch moralisch, und ganz und gar noch nicht »realpolitisch«. – Es kam der Honigmond der deutschen Philosophie; alle jungen Theologen des Tübinger Stifts gingen alsbald in die Büsche – alle suchten nach »Vermögen«. Und was fand man nicht alles – in jener unschuldigen, reichen, noch jugendlichen Zeit des deutschen Geistes, in welche die Romantik, die boshafte Fee, hineinblies, hineinsang, damals, als man »finden« und »erfinden« noch nicht auseinanderzuhalten wußte! Vor allem ein Vermögen fürs »Übersinnliche«: Schelling taufte es die intellektuale Anschauung und kam damit den herzlichsten Gelüsten seiner im Grunde frommgelüsteten Deutschen entgegen. Man kann dieser ganzen übermütigen und schwärmerischen Bewegung, welche Jugend war, so kühn sie sich auch in graue und greisenhafte Begriffe verkleidete, gar nicht mehr unrecht tun, als wenn man sie ernst nimmt und gar etwa mit moralischer Entrüstung behandelt; genug, man wurde älter – der Traum verflog. Es kam eine Zeit, wo man sich die Stirne rieb: man reibt sie sich heute noch. Man hatte geträumt: voran und zuerst – der alte Kant. »Vermöge eines Vermögens« – hatte er gesagt, mindestens gemeint. Aber ist denn das – eine Antwort? Eine Erklärung? Oder nicht vielmehr nur eine Wiederholung der Frage? Wie macht doch das Opium schlafen? »Vermöge eines Vermögens«, nämlich der *virtus dormitiva* – antwortet jener Arzt bei Molière

> *quia est in eo virtus dormitiva,*
> *cujus est natura sensus assoupire.*

Aber dergleichen Antworten gehören in die Komödie, und es ist endlich an der Zeit, die Kantische Frage »wie sind synthetische Urteile *a priori* möglich?« durch eine andre Frage zu ersetzen »warum ist der Glaube an solche Urteile *nötig*?« – nämlich zu begreifen, daß zum Zweck der Erhaltung von Wesen unsrer Art solche Urteile als wahr *geglaubt* werden müssen: weshalb sie natürlich noch *falsche* Urteile sein könnten! Oder, deutlicher geredet und grob und gründlich: synthetische Urteile *a priori* sollten gar nicht »möglich sein«: wir haben kein Recht auf sie, in unserm Munde sind es lauter falsche Urteile. Nur ist allerdings der Glaube an ihre Wahrheit nötig, als ein Vordergrunds-Glaube und Augenschein, der in die Perspektiven-Optik des Lebens gehört. – Um zuletzt noch der ungeheuren Wirkung zu gedenken, welche »die deutsche Philosophie« – man versteht, wie ich hoffe, ihr Anrecht auf Gänsefüßchen? – in ganz Europa ausgeübt hat, so zweifle man nicht, daß eine gewisse *virtus dormitiva* dabei beteiligt war: man war entzückt, unter edlen Müßiggängern, Tugendhaften, Mystikern, Künstlern, Dreiviertels-Christen und politischen Dunkelmännern aller Nationen, dank der deutschen Philosophie, ein Gegengift gegen den noch übermächtigen Sensualismus zu haben, der vom vorigen Jahrhundert in dieses hinüberströmte, kurz – *»sensus assoupire«* ...

12

Was die materialistische Atomistik betrifft: so gehört dieselbe zu den bestwiderlegten Dingen, die es gibt; und vielleicht ist heute in Europa niemand unter den Gelehrten mehr so ungelehrt, ihr außer zum bequemen Hand- und Hausgebrauch (nämlich als einer Abkürzung der Ausdrucksmittel) noch eine ernstliche Bedeutung zuzumessen – dank vorerst jenem Polen Boscovich, der, mitsamt dem Polen Kopernikus, bisher der größte und siegreichste Gegner des Augenscheins war. Während nämlich Kopernikus uns überredet hat zu glauben, wider alle Sinne, daß die Erde *nicht* feststeht, lehrte Boscovich dem Glauben an das letzte, was von der Erde »feststand«, abschwören, dem Glauben an den »Stoff«, an die »Materie«, an das Erdenrest- und Klümpchen-Atom: es war der größte Triumph über die Sinne, der bisher auf Erden errungen worden ist. – Man muß aber noch weiter gehn und auch dem »atomistischen Bedürfnisse«, das immer noch ein gefährliches Nachleben führt, auf Gebieten, wo es niemand ahnt, gleich jenem berühmteren »metaphysischen Bedürfnisse« – den Krieg erklären, einen schonungslosen Krieg aufs Messer – man muß zunächst auch jener andern und verhängnisvolleren Atomistik den Garaus machen, welche das Christentum am besten und längsten gelehrt hat, der *Seelen-Atomistik*. Mit diesem Wort sei es erlaubt, jenen Glauben zu bezeichnen, der die Seele als etwas Unvertilgbares, Ewiges, Unteilbares, als eine Monade, als ein *Atomon* nimmt: *diesen* Glauben soll man aus der Wissenschaft hinausschaffen! Es ist, unter uns gesagt, ganz und gar nicht nötig, »die Seele« selbst dabei loszuwerden und auf eine der ältesten und ehrwürdigsten Hypothesen Verzicht zu leisten: wie es dem Ungeschick der Naturalisten zu begegnen pflegt, welche, kaum daß sie an »die Seele« rühren, sie auch verlieren. Aber der Weg zu neuen Fassungen und Verfeinerungen der Seelen-Hypothese steht offen: und Begriffe wie »sterbliche Seele« und

»Seele als Subjekts-Vielheit« und »Seele als Gesellschaftsbau der Triebe und Affekte« wollen fürderhin in der Wissenschaft Bürgerrecht haben. Indem der *neue* Psycholog dem Aberglauben ein Ende bereitet, der bisher um die Seelen-Vorstellung mit einer fast tropischen Üppigkeit wucherte, hat er sich freilich selbst gleichsam in eine neue Öde und ein neues Mißtrauen hinausgestoßen – es mag sein, daß die älteren Psychologen es bequemer und lustiger hatten –: zuletzt aber weiß er sich eben damit auch zum *Erfinden* verurteilt – und, wer weiß? vielleicht zum *Finden*. –

13

Die Physiologen sollten sich besinnen, den Selbsterhaltungstrieb als kardinalen Trieb eines organischen Wesens anzusetzen. Vor allem will etwas Lebendiges seine Kraft *auslassen* – Leben selbst ist Wille zur Macht –: die Selbsterhaltung ist nur eine der indirekten und häufigsten *Folgen* davon. – Kurz, hier wie überall, Vorsicht vor *überflüssigen* teleologischen Prinzipien! – wie ein solches der Selbsterhaltungstrieb ist (man dankt ihn der Inkonsequenz Spinozas –). So nämlich gebietet es die Methode, die wesentlich Prinzipien-Sparsamkeit sein muß.

14

Es dämmert jetzt vielleicht in fünf, sechs Köpfen, daß Physik auch nur eine Welt-Auslegung und -Zurechtlegung (nach uns! mit Verlaub gesagt) und *nicht* eine Welt-Erklärung ist: aber, insofern sie sich auf den Glauben an die Sinne stellt, gilt sie als mehr und muß auf lange hinaus noch als mehr, nämlich als Erklärung gelten. Sie hat Augen und Finger für sich, sie hat den Augenschein und die Handgreiflichkeit für sich: das wirkt auf ein Zeitalter mit plebejischem Grundgeschmack bezaubernd, überredend, *überzeugend* – es folgt ja instinktiv dem Wahrheits-Kanon des ewig volkstümlichen Sensualismus. Was ist klar, was »erklärt«? Erst das, was sich sehen und tasten läßt – bis so weit muß man jedes Problem treiben. Umgekehrt: genau im Widerstreben *gegen* die Sinnenfälligkeit bestand der Zauber der platonischen Denkweise, welche eine *vornehme* Denkweise war – vielleicht unter Menschen, die sich sogar stärkerer und anspruchsvollerer Sinne erfreuten, als unsre Zeitgenossen sie haben, aber welche einen höheren Triumph darin zu finden wußten, über diese Sinne Herr zu bleiben: und dies mittelst blasser kalter grauer Begriffs-Netze, die sie über den bunten Sinnen-Wirbel – den Sinnen-Pöbel, wie Plato sagte – warfen. Es war eine andre Art *Genuß* in dieser Welt-Überwältigung und Welt-Auslegung nach der Manier des Plato, als der es ist, welchen uns die Physiker von heute anbieten, insgleichen die Darwinisten und Antiteleologen unter den physiologischen Arbeitern, mit ihrem Prinzip der »kleinstmöglichen Kraft« und der größtmöglichen Dummheit. »Wo der Mensch nichts mehr zu sehen und zu greifen hat, da hat er auch nichts mehr zu suchen« – das ist freilich ein andrer Imperativ als der Platonische, welcher aber doch für ein derbes arbeitsames Geschlecht von Maschinisten und Brückenbauern der Zukunft, die lauter *grobe* Arbeit abzutun haben, gerade der rechte Imperativ sein mag.

15

Um Physiologie mit gutem Gewissen zu treiben, muß man darauf halten, daß die Sinnesorgane *nicht* Erscheinungen sind im Sinne der idealistischen Philosophie: als solche könnten sie ja keine Ursachen sein! Sensualismus mindestens somit als regulative Hypothese, um nicht zu sagen als heuristisches Prinzip. – Wie? und andre sagen gar, die Außenwelt wäre das Werk unsrer Organe? Aber dann wäre ja unser Leib, als ein Stück dieser Außenwelt, das Werk unsrer Organe! Aber dann wären ja unsere Organe selbst – das Werk unsrer Organe! Dies ist, wie mir scheint, eine gündliche *reductio ad absurdum*: gesetzt, daß der Begriff *causa sui* etwas gründlich Absurdes ist. Folglich ist die Außenwelt *nicht* das Werk unsrer Organe –?

16

Es gibt immer noch harmlose Selbst-Beobachter, welche glauben, daß es »unmittelbare Gewißheiten« gebe, zum Beispiel »ich denke«, oder, wie es der Aberglaube Schopenhauers war, »ich will«: gleichsam als ob hier das Erkennen rein und nackt seinen Gegenstand zu fassen bekäme, als »Ding an sich«, und weder von seiten des Subjekts, noch von seiten des Objekts eine Fälschung stattfände. Daß aber »unmittelbare Gewißheit«, ebenso wie »absolute Erkenntnis« und »Ding an sich«, eine *contradictio in adjecto* in sich schließt, werde ich hundertmal wiederholen: man sollte sich doch endlich von der Verführung der Worte losmachen! Mag das Volk glauben, daß Erkennen ein zu Ende-Kennen sei, der Philosoph muß sich sagen: wenn ich den Vorgang zerlege, der in dem Satz »ich denke« ausgedrückt ist, so bekomme ich eine Reihe von verwegnen Behauptungen, deren Begründung schwer, vielleicht unmöglich ist, – zum Beispiel, daß *ich* es bin, der denkt, daß überhaupt ein Etwas es sein muß, das denkt, daß Denken eine Tätigkeit und Wirkung seitens eines Wesens ist, welches als Ursache gedacht wird, daß es ein »Ich« gibt, endlich, daß es bereits feststeht, was mit Denken zu bezeichnen ist – daß ich *weiß*, was Denken ist. Denn wenn ich nicht darüber mich schon bei mir entschieden hätte, wonach sollte ich abmessen, daß, was eben geschieht, nicht vielleicht »Wollen« oder »Fühlen« sei? Genug, jenes »ich denke« setzt voraus, daß ich meinen augenblicklichen Zustand mit andern Zuständen, die ich an mir kenne, *vergleiche*, um so festzusetzen, was er ist: wegen dieser Rückbeziehung auf anderweitiges »Wissen« hat er für mich jedenfalls keine unmittelbare Gewißheit. – An Stelle jener »unmittelbaren Gewißheit«, an welche das Volk im gegebnen Falle glauben mag, bekommt dergestalt der Philosoph eine Reihe von Fragen der Metaphysik in die Hand, recht eigentliche Gewissensfragen des Intellekts, welche heißen: »Woher nehme ich den Begriff Denken? Warum glaube ich an Ursache und Wirkung? Was gibt mir das Recht, von einem Ich, und gar von einem Ich als Ursache, und endlich noch von einem Ich als Gedanken-Ursache zu reden?« Wer sich mit der Berufung auf eine Art *Intuition* der Erkenntnis getraut, jene metaphysischen Fragen sofort zu beantworten, wie es der tut, welcher sagt: »ich denke und weiß, daß dies wenigstens wahr, wirklich, gewiß ist« – der wird bei einem Philosophen heute ein Lächeln und zwei Fragezeichen bereitfinden. »Mein Herr«, wird der Philosoph vielleicht ihm zu verstehen geben, »es ist unwahrscheinlich, daß Sie sich nicht irren: aber warum auch durchaus Wahrheit?« –

17

Was den Aberglauben der Logiker betrifft: so will ich nicht müde werden, eine kleine kurze Tatsache immer wieder zu unterstreichen, welche von diesen Abergläubischen ungern zugestanden wird – nämlich, daß ein Gedanke kommt, wenn »er« will, und nicht wenn »ich« will; so daß es eine *Fälschung* des Tatbestandes ist zu sagen: das Subjekt »ich« ist die Bedingung des Prädikats »denke«. *Es* denkt: aber daß dies »es« gerade jenes alte berühmte »Ich« sei, ist, milde geredet, nur eine Annahme, eine Behauptung, vor allem keine »unmittelbare Gewißheit«. Zuletzt ist schon mit diesem »es denkt« zuviel getan: schon dies »es« enthält eine *Auslegung* des Vorgangs und gehört nicht zum Vorgange selbst. Man schließt hier nach der grammatischen Gewohnheit »Denken ist eine Tätigkeit, zu jeder Tätigkeit gehört einer, der tätig ist, folglich –«. Ungefähr nach dem gleichen Schema suchte die ältere Atomistik zu der »Kraft«, die wirkt, noch jenes Klümpchen Materie, worin sie sitzt, aus der heraus sie wirkt, das Atom; strengere Köpfe lernten endlich ohne diesen »Erdenrest« auskommen, und vielleicht gewöhnt man sich eines Tages noch daran, auch seitens der Logiker ohne jenes kleine »es« (zu dem sich das ehrliche alte Ich verflüchtigt hat) auszukommen.

18

An einer Theorie ist es wahrhaftig nicht ihr geringster Reiz, daß sie widerlegbar ist: gerade damit zieht sie feinere Köpfe an. Es scheint, daß die hundertfach widerlegte Theorie vom »freien Willen« ihre Fortdauer nur noch diesem Reize verdankt –: immer wieder kommt jemand und fühlt sich stark genug, sie zu widerlegen.

19

Die Philosophen pflegen vom Willen zu reden, wie als ob er die bekannteste Sache von der Welt sei; ja Schopenhauer gab zu verstehn, der Wille allein sei uns eigentlich bekannt, ganz und gar bekannt, ohne Abzug und Zutat bekannt. Aber es dünkt mich immer wieder, daß Schopenhauer auch in diesem Falle nur getan hat, was Philosophen eben zu tun pflegen: daß er ein *Volks-Vorurteil* übernommen und übertrieben hat. Wollen scheint mir vor allem etwas *Kompliziertes*, etwas, das nur als Wort eine Einheit ist, – und eben im *einen* Worte steckt das Volks-Vorurteil, das über die allzeit nur geringe Vorsicht der Philosophen Herr geworden ist. Seien wir also einmal vorsichtiger, seien wir »unphilosophisch« –, sagen wir: in jedem Wollen ist erstens eine Mehrheit von Gefühlen, nämlich das Gefühl des Zustandes, von dem *weg*, das Gefühl des Zustandes, zu dem *hin*, das Gefühl von diesem »weg« und »hin« selbst, dann noch ein begleitendes Muskelgefühl, welches, auch ohne daß wir »Arme und Beine« in Bewegung setzen, durch eine Art Gewohnheit, sobald wir »wollen«, sein Spiel beginnt. Wie also Fühlen und zwar vielerlei Fühlen als Ingredienz des Willens anzuerkennen ist, so zweitens auch noch Denken: in jedem Willensakte gibt es einen kommandierenden Gedanken – und man soll ja nicht glauben, diesen Gedanken von dem »Wollen« abscheiden zu können, wie als ob dann noch Wille übrig bliebe! Drittens ist der Wille nicht nur ein Komplex von Fühlen und Denken, sondern vor allem noch ein *Affekt*: und zwar jener Affekt des Kommandos. Das, was »Freiheit des Willens« genannt wird, ist wesentlich der Überlegenheits-Affekt in Hinsicht auf den, der gehorchen muß: »ich bin frei, ›er‹ muß gehorchen« – dies Bewußtsein steckt in jedem Willen, und ebenso jene Spannung der Aufmerksamkeit, jener gerade Blick, der ausschließlich *eins* fixiert, jene unbedingte Wertschätzung »jetzt tut dies und nichts andres not«, jene innere Gewißheit darüber, daß gehorcht werden wird, und was alles noch zum Zustande des Befehlenden gehört. Ein Mensch, der *will* –, befiehlt einem Etwas in sich, das gehorcht oder von dem er glaubt, daß es gehorcht. Nun aber beachte man, was das Wunderlichste am Willen ist – an diesem so vielfachen Dinge, für welches das Volk nur *ein* Wort hat: insofern wir im gegebnen Falle zugleich die Befehlenden *und* Gehorchenden sind, und als Gehorchende die Gefühle des Zwingens, Drängens, Drückens, Widerstehens, Bewegens kennen, welche sofort nach dem Akte des Willens zu beginnen pflegen; insofern wir andrerseits die Gewohnheit haben, uns über diese Zweiheit vermöge des synthetischen Begriffs »ich« hinwegzusetzen, hinwegzutäuschen, hat sich an das Wollen noch eine ganze Kette von irrtümlichen Schlüssen und folglich von falschen Wertschätzungen des Willens selbst angehängt – dergestalt, daß der Wollende mit gutem Glauben glaubt, Wollen *genüge* zur Aktion. Weil in den allermeisten Fällen nur gewollt worden ist, wo auch die Wirkung des Befehls, also der Gehorsam, also die Aktion *erwartet* werden durfte, so hat sich der *Anschein* in das Gefühl übersetzt, als ob es da eine *Notwendigkeit von Wirkung* gäbe; genug, der Wollende glaubt, mit einem ziemlichen Grad von Sicherheit, daß Wille und Aktion irgendwie eins seien –, er rechnet das Gelingen, die Ausführung des Wollens noch dem Willen selbst zu und genießt dabei einen Zuwachs jenes Machtgefühls, welches alles Gelingen mit sich bringt. »Freiheit des Willens« – das ist das Wort für jenen vielfachen Lust-Zustand des Wollenden, der befiehlt und sich zugleich mit dem Ausführenden als eins setzt – der als solcher den Triumph über Widerstände mit genießt, aber bei sich urteilt, sein Wille selbst sei es, der eigentlich die Widerstände überwinde. Der Wollende nimmt dergestalt die Lustgefühle der ausführenden, erfolgreichen Werkzeuge, der dienstbaren »Unterwillen« oder Unter-Seelen – unser Leib ist ja nur ein Gesellschaftsbau vieler Seelen – zu seinem Lustgefühle als Befehlender hinzu. *L'effet c'est moi*: es begibt sich hier, was sich in jedem gut gebauten und glücklichen Gemeinwesen begibt, daß die regierende Klasse sich mit den Erfolgen des Gemeinwesens identifiziert. Bei allem Wollen handelt es sich schlechterdings um Befehlen und Gehorchen, auf der Grundlage, wie gesagt, eines Gesellschaftsbaus vieler »Seelen«: weshalb ein Philosoph sich das Recht nehmen sollte, Wollen an sich schon unter den Gesichtskreis der Moral zu fassen: Moral nämlich als Lehre von den Herrschafts-Verhältnissen verstanden, unter denen das Phänomen »Leben« entsteht. –

20

Daß die einzelnen philosophischen Begriffe nichts Beliebiges, nichts Für-sich-Wachsendes sind, sondern in Beziehung und Verwandtschaft zueinander emporwachsen, daß sie, so plötzlich und willkürlich sie auch in der Geschichte des Denkens anscheinend heraustreten, doch ebensogut einem Systeme angehören als die sämtlichen Glieder der Fauna eines Erdteils: das verrät sich zuletzt noch darin, wie sicher die verschiedensten Philosophen ein gewisses Grundschema von *möglichen* Philosophen immer wieder ausfüllen. Unter einem unsichtbaren Banne laufen sie immer von neuem noch einmal dieselbe Kreisbahn: sie mögen sich noch so unabhängig voneinander mit ihrem kritischen oder systematischen Willen fühlen: irgend etwas in ihnen führt sie, irgend etwas treibt sie in bestimmter Ordnung hintereinander her, eben jene eingeborne Systematik und Verwandtschaft der Begriffe. Ihr Denken ist in der Tat viel weniger ein Entdecken als ein Wiedererkennen, Wiedererinnern, eine Rück- und Heimkehr in einen fernen uralten Gesamt-Haushalt der Seele, aus dem jene Begriffe einstmals herausgewachsen sind – Philosophieren ist insofern eine Art von Atavismus höchsten Ranges. Die wunderliche Familien-Ähnlichkeit alles indischen, griechischen, deutschen Philosophierens erklärt sich einfach genug. Gerade, wo Sprach-Verwandtschaft vorliegt, ist es gar nicht zu vermeiden, daß, dank der gemeinsamen Philosophie der Grammatik – ich meine dank der unbewußten Herrschaft und Führung durch gleiche grammatische Funktionen – von vornherein alles für eine gleichartige Entwicklung und Reihenfolge der philosophischen Systeme vorbereitet liegt: ebenso wie zu gewissen anderen Möglichkeiten der Welt-Ausdeutung der Weg wie abgesperrt erscheint. Philosophen des ural-altaischen Sprachbereichs (in dem der Subjekt-Begriff am schlechtesten entwickelt ist) werden mit großer Wahrscheinlichkeit anders »in die Welt« blicken und auf andern Pfaden zu finden sein als Indogermanen oder Muselmänner: der Bann bestimmter grammatischer Funktionen ist im letzten Grunde der Bann *physiologischer* Werturteile und Rasse-Bedingungen. – So viel zur Zurückweisung von Lockes Oberflächlichkeit in bezug auf die Herkunft der Ideen.

21

Die *causa sui* ist der beste Selbst-Widerspruch, der bisher ausgedacht worden ist, eine Art logischer Notzucht und Unnatur: aber der ausschweifende Stolz des Menschen hat es dahin gebracht, sich tief und schrecklich gerade mit diesem Unsinn zu verstricken. Das Verlangen nach »Freiheit des Willens«, in jenem metaphysischen Superlativ-Verstande, wie er leider noch immer in den Köpfen der Halb-Unterrichteten herrscht, das Verlangen, die ganze und letzte Verantwortlichkeit für seine Handlungen selbst zu tragen und Gott, Welt, Vorfahren, Zufall, Gesellschaft davon zu entlasten, ist nämlich nichts Geringeres, als eben jene *causa sui* zu sein und, mit einer mehr als Münchhausenschen Verwegenheit, sich selbst aus dem Sumpf des Nichts an den Haaren ins Dasein zu ziehn. Gesetzt, jemand kommt dergestalt hinter die bäurische Einfalt dieses berühmten Begriffs »freier Wille« und streicht ihn aus seinem Kopfe, so bitte ich ihn nunmehr, seine »Aufklärung« noch um einen Schritt weiterzutreiben und auch die Umkehrung jenes Unbegriffs »freier Wille« aus seinem Kopfe zu streichen: ich meine den »unfreien Willen«, der auf einen Mißbrauch von

Ursache und Wirkung hinausläuft. Man soll nicht »Ursache« und »Wirkung« fehlerhaft *verdinglichen,* wie es die Naturforscher tun (und wer gleich ihnen heute im Denken naturalisiert –) gemäß der herrschenden mechanistischen Tölpelei, welche die Ursache drücken und stoßen läßt, bis sie »wirkt«; man soll sich der »Ursache«, der »Wirkung« eben nur als reiner *Begriffe* bedienen, das heißt als konventioneller Fiktionen zum Zweck der Bezeichnung, der Verständigung, *nicht* der Erklärung Im »An-sich« gibt es nichts von »Kausal-Verbänden«, von »Notwendigkeit«, von »psychologischer Unfreiheit«, da folgt *nicht* »die Wirkung auf die Ursache«, da regiert kein »Gesetz«. *Wir* sind es, die allein die Ursachen, das Nacheinander, das Für-einander, die Relativität, den Zwang, die Zahl, das Gesetz, die Freiheit, den Grund, den Zweck erdichtet haben; und wenn wir diese Zeichen-Welt als »an sich« in die Dinge hineindichten, hineinmischen, so treiben wir es noch einmal, wie wir es immer getrieben haben, nämlich *mythologisch.* Der »unfreie Wille« ist Mythologie: im wirklichen Leben handelt es sich nur um *starken* und *schwachen* Willen. – Es ist fast immer schon ein Symptom davon, wo es bei ihm selber mangelt, wenn ein Denker bereits in aller »Kausal-Verknüpfung« und »psychologischen Notwendigkeit« etwas von Zwang, Not, Folgen-Müssen, Druck, Unfreiheit herausfühlt: es ist verräterisch, gerade so zu fühlen – die Person verrät sich. Und überhaupt wird, wenn ich recht beobachtet habe, von zwei ganz entgegengesetzten Seiten aus, aber immer auf eine tief *persönliche* Weise die »Unfreiheit des Willens« als Problem gefaßt: die einen wollen um keinen Preis ihre »Verantwortlichkeit«, den Glauben an *sich,* das persönliche Anrecht auf *ihr* Verdienst fahren lassen (die eitlen Rassen gehören dahin–); die andern wollen umgekehrt nichts verantworten, an nichts schuld sein und verlangen, aus einer innerlichen Selbst-Verachtung heraus, sich selbst irgendwohin *abwälzen* zu können. Diese letztern pflegen sich, wenn sie Bücher schreiben, heute der Verbrecher anzunehmen; eine Art von sozialistischem Mitleiden ist ihre gefälligste Verkleidung. Und in der Tat, der Fatalismus der Willensschwachen verschönert sich erstaunlich, wenn er sich als *»la religion de la souffrance humaine«* einzuführen versteht: es ist *sein* »guter Geschmack«.

22

Man vergebe es mir als einem alten Philologen, der von der Bosheit nicht lassen kann, auf schlechte Interpretations-Künste den Finger zu legen: aber jene »Gesetzmäßigkeit der Natur«, von der ihr Physiker so stolz redet, wie als ob – – besteht nur dank eurer Ausdeutung und schlechten »Philologie« – sie ist kein Tatbestand, kein »Text«, vielmehr nur eine naiv-humanitäre Zurechtmachung und Sinnverdrehung, mit der ihr den demokratischen Instinkten der modernen Seele sattsam entgegenkommt!

»Überall Gleichheit vor dem Gesetz – die Natur hat es darin nicht anders und nicht besser als wir«: ein artiger Hintergedanke, in dem noch einmal die pöbelmännische Feindschaft gegen alles Bevorrechtete und Selbstherrliche, insgleichen ein zweiter und feinerer Atheismus verkleidet liegt. »*Ni dieu, ni maître*« – so wollt auch ihr's: und darum »hoch das Naturgesetz!« – nicht wahr? Aber, wie gesagt, das ist Interpretation, nicht Text; und es könnte jemand kommen, der, mit der entgegengesetzten Absicht und Interpretationskunst, aus der gleichen Natur und im Hinblick auf die gleichen Erscheinungen, gerade die tyrannisch-rücksichtenlose und unerbittliche Durchsetzung von Machtansprüchen herauszulesen verstünde – ein Interpret, der die Ausnahmslosigkeit und Unbedingtheit in allem »Willen zur Macht« dermaßen euch vor Augen stellte, daß fast jedes Wort und selbst das Wort »Tyrannei« schließlich unbrauchbar oder schon als schwächende und mildernde Metapher – als zu menschlich – erschiene; und der dennoch damit endete, das gleiche von dieser Welt zu behaupten, was ihr behauptet, nämlich daß sie einen »notwendigen« und »berechenbaren« Verlauf habe, aber *nicht*, weil Gesetze in ihr herrschen, sondern weil absolut die Gesetze *fehlen*, und jede Macht in jedem Augenblick ihre letzte Konsequenz zieht. Gesetzt, daß auch dies nur Interpretation ist – und ihr werdet eifrig genug sein, dies einzuwenden? – nun, um so besser. –

23

Die gesamte Psychologie ist bisher an moralischen Vorurteilen und Befürchtungen hängen geblieben: sie hat sich nicht in die Tiefe gewagt. Dieselbe als Morphologie und *Entwicklungslehre des Willens zur Macht* zu fassen, wie ich sie fasse – daran hat noch niemand in seinen Gedanken selbst gestreift: sofern es nämlich erlaubt ist, in dem, was bisher geschrieben wurde, ein Symptom von dem, was bisher verschwiegen wurde, zu erkennen. Die Gewalt der moralischen Vorurteile ist tief in die geistigste, in die anscheinend kälteste und voraussetzungsloseste Welt gedrungen – und, wie es sich von selbst versteht, schädigend, hemmend, blendend, verdrehend. Eine eigentliche Physio-Psychologie hat mit unbewußten Widerständen im Herzen des Forschers zu kämpfen, sie hat »das Herz« gegen sich: schon eine Lehre von der gegenseitigen Bedingtheit der »guten« und der »schlimmen« Triebe macht, als feinere Immoralität, einem noch kräftigen und herzhaften Gewissen Not und Überdruß –, noch mehr eine Lehre von der Ableitbarkeit aller guten Triebe aus den schlimmen. Gesetzt aber, jemand nimmt gar die Affekte Haß, Neid, Habsucht, Herrschsucht als lebenbedingende Affekte, als etwas, das im Gesamt-Haushalte des Lebens grundsätzlich und grundwesentlich vorhanden sein muß, folglich noch gesteigert werden muß, falls das Leben noch gesteigert werden soll –, der leidet an einer solchen Richtung seines Urteils wie an einer Seekrankheit. Und doch ist auch diese Hypothese bei weitem nicht die peinlichste und fremdeste in diesem ungeheuren fast noch neuen Reiche gefährlicher Erkenntnisse – und es gibt in der Tat hundert gute Gründe dafür, daß jeder von ihm fernbleibt, der es – *kann*! Andrerseits: ist man einmal mit seinem Schiffe hierhin verschlagen, nun! wohlan! jetzt tüchtig die Zähne zusammengebissen! die Augen aufgemacht! die Hand fest am Steuer! – wir fahren geradewegs über die Moral *weg*, wir erdrücken, wir zermalmen vielleicht dabei unsern eignen Rest Moralität, indem wir dorthin unsre Fahrt machen und wagen – aber was liegt an *uns*! Niemals noch hat sich verwegnen Reisenden und Abenteurern eine *tiefere* Welt der Einsicht eröffnet: und der Psychologe, welcher dergestalt »Opfer bringt« – es ist *nicht* das *sacrifizio dell' intelletto*, im Gegenteil! – wird zum mindesten dafür verlangen dürfen, daß die Psychologie wieder als Herrin der Wissenschaften anerkannt werde, zu deren Dienste und Vorbereitung die übrigen Wissenschaften da sind. Denn Psychologie ist nunmehr wieder der Weg zu den Grundproblemen.

ZWEITES HAUPTSTÜCK

DER FREIE GEIST

24

O *sancta simplicitas!* In welcher seltsamen Vereinfachung und Fälschung lebt der Mensch! Man kann sich nicht zu Ende wundern, wenn man sich erst einmal die Augen für dies Wunder eingesetzt hat! Wie haben wir alles um uns hell und frei und leicht und einfach gemacht! wie wußten wir unsern Sinnen einen Freipaß für alles Oberflächliche, unserm Denken eine göttliche Begierde nach mutwilligen Sprüngen und Fehlschlüssen zu geben! – wie haben wir es von Anfang an verstanden, uns unsre Unwissenheit zu erhalten, um eine kaum begreifliche Freiheit, Unbedenklichkeit, Unvorsichtigkeit, Herzhaftigkeit, Heiterkeit des Lebens, um das Leben zu genießen! Und erst auf diesem nunmehr festen und granitnen Grunde von Unwissenheit durfte sich bisher die Wissenschaft erheben, der Wille zum Wissen auf dem Grunde eines viel gewaltigeren Willens, des Willens zum Nichtwissen, zum Ungewissen, zum Unwahren! Nicht als sein Gegensatz, sondern – als seine Verfeinerung! Mag nämlich auch die *Sprache,* hier wie anderwärts, nicht über ihre Plumpheit hinauskönnen und fortfahren, von Gegensätzen zu reden, wo es nur Grade und mancherlei Feinheit der Stufen gibt, mag ebenfalls die eingefleischte Tartüfferie der Moral, welche jetzt zu unserm unüberwindlichen »Fleisch und Blut« gehört, uns Wissenden selbst die Worte im Munde umdrehen: hier und da begreifen wir es und lachen darüber, wie gerade noch die beste Wissenschaft uns am besten in dieser *vereinfachten,* durch und durch künstlichen, zurechtgedichteten, zurechtgefälschten Welt festhalten will, wie sie unfreiwillig-willig den Irrtum liebt, weil sie, die Lebendige – das Leben liebt!

25

Nach einem so fröhlichen Eingang möchte ein ernstes Wort nicht überhört werden: es wendet sich an die Ernstesten. Seht euch vor, ihr Philosophen und Freunde der Erkenntnis, und hütet euch vor dem Martyrium! Vor dem Leiden »um der Wahrheit willen«! Selbst vor der eignen Verteidigung! Es verdirbt eurem Gewissen alle Unschuld und feine Neutralität, es macht euch halsstarrig gegen Einwände und rote Tücher, es verdummt, vertiert, verstiert, wenn ihr im Kampfe mit Gefahr, Verlästerung, Verdächtigung, Ausstoßung und noch gröberen Folgen der Feindschaft, zuletzt euch gar als Verteidiger der Wahrheit auf Erden ausspielen müßt – als ob »die Wahrheit« eine so harmlose und täppische Person wäre, daß sie Verteidiger nötig hätte! und gerade euch, ihr Ritter von der traurigsten Gestalt, meine Herrn Eckensteher und Spinneweber des Geistes! Zuletzt wißt ihr gut genug, daß nichts daran liegen darf, ob gerade *ihr* Recht behaltet, ebenfalls daß bisher noch kein Philosoph Recht behalten hat, und daß eine preiswürdigere Wahrhaftigkeit in jedem kleinen Fragezeichen liegen dürfte, welches ihr hinter eure Leibworte und Lieblingslehren (und gelegentlich hinter euch selbst) setzt, als in allen feierlichen Gebärden und Trümpfen vor Anklägern und Gerichtshöfen! Geht lieber beiseite! Flieht ins Verborgene! Und habt eure Maske und Feinheit, daß man euch verwechsele! Oder ein wenig fürchte! Und vergeßt mir den Garten nicht, den Garten mit goldnem Gitterwerk! Und habt Menschen um euch, die wie ein Garten sind – oder wie Musik über Wassern, zur Zeit des Abends, wo der Tag schon zur Erinnerung wird; – wählt die *gute* Einsamkeit, die freie mutwillige leichte Einsamkeit, welche euch auch ein Recht gibt, selbst in irgendeinem Sinne noch gut zu bleiben! Wie giftig, wie listig, wie schlecht macht jeder lange Krieg, der sich nicht mit offener Gewalt führen läßt! Wie *persönlich* macht eine lange Furcht, ein langes Augenmerk auf Feinde, auf mögliche Feinde! Diese Ausgestoßnen der Gesellschaft, diese Lang-Verfolgten, Schlimm-Gehetzten – auch die Zwangs-Einsiedler, die Spinozas oder Giordano Brunos – werden zuletzt immer, und sei es unter der geistigsten Maskerade, und vielleicht ohne daß sie selbst es wissen, zu raffinierten Rachsüchtigen und Giftmischern (man grabe doch einmal den Grund der Ethik und Theologie Spinozas auf!) – gar nicht zu reden von der Tölpelei der moralischen Entrüstung, welche an einem Philosophen das unfehlbare Zeichen dafür ist, daß ihm der philosophische Humor davonlief. Das Martyrium des Philosophen, seine »Aufopferung für die Wahrheit« zwingt ans Licht heraus, was vom Agitator und vom Schauspieler in ihm steckte; und gesetzt, daß man ihm nur mit einer artistischen Neugierde bisher zugeschaut hat, so kann in bezug auf manchen Philosophen der gefährliche Wunsch freilich begreiflich sein, ihn auch einmal in seiner Entartung zu sehn (entartet zum »Märtyrer«, zum Bühnen- und Tribünen-Schreihals). Nur daß man sich, mit einem solchen Wunsche, darüber klar sein muß, *was* man jedenfalls dabei zu sehn bekommen wird – nur ein Satyrspiel, nur eine Nachspiel-Farce, nur den fortwährenden Beweis dafür, daß die lange eigentliche Tragödie *zu Ende ist*: vorausgesetzt, daß jede Philosophie im Entstehen eine lange Tragödie war. –

26

Jeder auserlesene Mensch trachtet instinktiv nach seiner Burg und Heimlichkeit, wo er von der Menge, den Vielen, den Allermeisten *erlöst* ist, wo er die Regel »Mensch« vergessen darf, als deren Ausnahme – den einen Fall ausgenommen, daß er von einem noch stärkeren Instinkte geradewegs auf diese Regel gestoßen wird, als Erkennender im großen und ausnahmsweisen Sinne. Wer nicht im Verkehr mit Menschen gelegentlich in allen Farben der Not, grün und grau vor Ekel, Überdruß, Mitgefühl, Verdüsterung, Vereinsamung schillert, der ist gewiß kein Mensch höheren Geschmacks; gesetzt aber, er nimmt alle diese Last und Unlust nicht freiwillig auf sich, er weicht ihr immerdar aus und bleibt, wie gesagt, still und stolz auf seiner Burg versteckt, nun, so ist eins gewiß: er ist zur Erkenntnis nicht gemacht, nicht vorherbestimmt. Denn als solcher würde er eines Tags sich sagen müssen »hole der Teufel meinen guten Geschmack! aber die Regel ist interessanter als die Ausnahme – als ich, die Ausnahme!« – und würde sich *hinab* begeben, vor allem »hinein«. Das Studium des *durchschnittlichen* Menschen, lang, ernsthaft, und zu diesem Zwecke viel Verkleidung, Selbstüberwindung, Vertraulichkeit, schlechter Umgang – jeder Umgang ist schlechter Umgang außer dem mit seinesgleichen –: das macht ein notwendiges Stück der Lebensgeschichte jedes Philosophen aus, vielleicht das unangenehmste, übelriechendste, an Enttäuschungen reichste Stück. Hat er aber Glück, wie es einem Glückskinde der Erkenntnis geziemt, so begegnet er eigentlichen Abkürzern und Erleichterern seiner Aufgabe – ich meine sogenannten Zynikern, also solchen, welche das Tier, die Gemeinheit, die »Regel« an sich einfach anerkennen und dabei noch jenen Grad von Geistigkeit und Kitzel haben, um über sich und ihresgleichen *vor Zeugen* reden zu müssen – mitunter wälzen sie sich sogar in Büchern wie auf ihrem eigenen Miste. Zynismus ist die einzige Form, in der gemeine Seelen an das streifen, was Redlichkeit ist; und der höhere Mensch hat bei jedem gröberen und feineren Zynismus die Ohren aufzumachen und sich jedesmal Glück zu wünschen, wenn gerade vor ihm der Possenreißer ohne Scham oder der wissenschaftliche Satyr laut werden. Es gibt sogar Fälle, wo zum Ekel sich die Bezauberung mischt: da nämlich, wo an einen solchen indiskreten Bock und Affen, durch eine Laune der Natur, das Genie gebunden ist, wie bei dem Abbé Galiani, dem tiefsten, scharfsichtigsten und vielleicht auch schmutzigsten Menschen seines Jahrhunderts – er war viel tiefer als Voltaire und folglich auch ein gut Teil schweigsamer. Häufiger schon geschieht es, daß, wie angedeutet, der wissenschaftliche Kopf auf einen Affenleib, ein feiner Ausnahme-Verstand auf eine gemeine Seele gesetzt ist – unter Ärzten und Moral-Physiologen namentlich kein seltenes Vorkommnis. Und wo nur einer ohne Erbitterung, vielmehr harmlos vom Menschen redet als von einem Bauche mit zweierlei

Bedürfnissen und einem Kopfe mit einem; überall wo jemand immer nur Hunger, Geschlechts-Begierde und Eitelkeit sieht, sucht und sehn *will*, als seien es die eigentlichen und einzigen Triebfedern der menschlichen Handlungen; kurz, wo man »schlecht« vom Menschen redet – und nicht einmal *schlimm* –, da soll der Liebhaber der Erkenntnis fein und fleißig hinhorchen, er soll seine Ohren überhaupt dort haben, wo ohne Entrüstung geredet wird. Denn der entrüstete Mensch, und wer immer mit seinen eignen Zähnen sich selbst (oder, zum Ersatz dafür, die Welt, oder Gott, oder die Gesellschaft) zerreißt und zerfleischt, mag zwar, moralisch gerechnet, höher stehn als der lachende und selbstzufriedene Satyr, in jedem andern Sinne aber ist er der gewöhnlichere, gleichgültigere, unbelehrendere Fall. Und niemand *lügt* soviel als der Entrüstete. –

27

Es ist schwer, verstanden zu werden: besonders wenn man *gangasrotogati* denkt und lebt, unter lauter Menschen, welche anders denken und leben, nämlich *kurmagati* oder bestenfalls »nach der Gangart des Frosches« *mandeikagati* – ich tue eben alles, um selbst schwer verstanden zu werden! – und man soll schon für den guten Willen zu einiger Feinheit der Interpretation von Herzen erkenntlich sein. Was aber »die guten Freunde« anbetrifft, welche immer zu bequem sind und gerade als Freunde ein Recht auf Bequemlichkeit zu haben glauben: so tut man gut, ihnen von vornherein einen Spielraum und Tummelplatz des Mißverständnisses zuzugestehn – so hat man noch zu lachen; – oder sie ganz abzuschaffen, diese guten Freunde – und auch zu lachen!

28

Was sich am schlechtesten aus einer Sprache in die andre übersetzen läßt, ist das Tempo ihres Stils: als welcher im Charakter der Rasse seinen Grund hat, physiologischer gesprochen, im Durchschnitts-Tempo ihres »Stoffwechsels«. Es gibt ehrlich gemeinte Übersetzungen, die beinahe Fälschungen sind, als unfreiwillige Vergemeinerungen des Originals, bloß weil sein tapfres und lustiges Tempo nicht mit übersetzt werden konnte, welches über alles Gefährliche in Dingen und Worten wegspringt, weghilft. Der Deutsche ist beinahe des *presto* in seiner Sprache unfähig: also, wie man billig schließen darf, auch vieler der ergötzlichsten und verwegensten *nuances* des freien, freigeisterischen Gedankens. So gut ihm der Buffo und der Satyr fremd ist, in Leib und Gewissen, so gut ist ihm Aristophanes und Petronius unübersetzbar. Alles Gravitätische, Schwerflüssige, Feierlich-

Plumpe, alle langwierigen und langweiligen Gattungen des Stils sind bei den Deutschen in überreicher Mannigfaltigkeit entwickelt, – man vergebe mir die Tatsache, daß selbst Goethes Prosa, in ihrer Mischung von Steifheit und Zierlichkeit, keine Ausnahme macht, als ein Spiegelbild der »alten guten Zeit«, zu der sie gehört, und als Ausdruck des deutschen Geschmacks, zur Zeit, wo es noch einen »deutschen Geschmack« gab: der ein Rokoko-Geschmack war, *in moribus et artibus*. Lessing macht eine Ausnahme, dank seiner Schauspieler-Natur, die vieles verstand und sich auf vieles verstand: er, der nicht umsonst der Übersetzer Bayles war und sich gerne in die Nähe Diderots und Voltaires, noch lieber unter die römischen Lustspieldichter flüchtete – Lessing liebte auch im Tempo die Freigeisterei, die Flucht aus Deutschland. Aber wie vermöchte die deutsche Sprache, und sei es selbst in der Prosa eines Lessing, das Tempo Macchiavells nachzuahmen, der, in seinem *principe*, die trockne, feine Luft von Florenz atmen läßt und nicht umhin kann, die ernsteste Angelegenheit in einem unbändigen *allegrissimo* vorzutragen: vielleicht nicht ohne ein boshaftes Artisten-Gefühl davon, welchen Gegensatz er wagt – Gedanken, lang, schwer, hart, gefährlich, und ein Tempo des Galopps und der allerbesten mutwilligsten Laune. Wer endlich dürfte gar eine deutsche Übersetzung des Petronius wagen, der, mehr als irgendein großer Musiker bisher, der Meister des *presto* gewesen ist, in Erfindungen, Einfällen, Worten – was liegt zuletzt an allen Sümpfen der kranken, schlimmen Welt, auch der »alten Welt«, wenn man, wie er, die Füße eines Windes hat, den Zug und Atem, den befreienden Hohn eines Windes, der alles gesund macht, indem er alles *laufen* macht! Und was Aristophanes angeht, jenen verklärenden, komplementären Geist, um dessentwillen man dem ganzen Griechentum *verzeiht*, daß es da war, gesetzt, daß man in aller Tiefe begriffen hat, *was* da alles der Verzeihung, der Verklärung bedarf – so wüßte ich nichts, was mich über *Platos* Verborgenheit und Sphinx-Natur mehr hat träumen lassen als jenes glücklich erhaltene *petit fait*: daß man unter dem Kopfkissen seines Sterbelagers keine »Bibel« vorfand, nichts Ägyptisches, Pythagoreisches, Platonisches – sondern den Aristophanes. Wie hätte auch ein Plato das Leben ausgehalten – ein griechisches Leben, zu dem er Nein sagte – ohne einen Aristophanes! –

29

Es ist die Sache der Wenigsten, unabhängig zu sein – es ist ein Vorrecht der Starken. Und wer es versucht, auch mit dem besten Rechte dazu, aber ohne es zu *müssen*, beweist damit, daß er wahrscheinlich nicht nur stark, sondern bis zur Ausgelassenheit verwegen ist. Er begibt sich in ein Labyrinth, er vertausendfältigt die Gefahren, welche das Leben an sich schon mit sich bringt; von denen es nicht die kleinste ist, daß keiner mit Augen sieht, wie und wo er sich verirrt, vereinsamt und stückweise von irgendeinem Höhlen-Minotaurus des Gewissens zerrissen wird. Gesetzt, ein solcher geht zugrunde, so geschieht es so ferne vom Verständnis der Menschen, daß sie es nicht fühlen und mitfühlen – und er kann nicht mehr zurück! er kann auch zum Mitleiden der Menschen nicht mehr zurück! – –

30

Unsere höchsten Einsichten müssen – und sollen! – wie Torheiten, unter Umständen wie Verbrechen klingen, wenn sie unerlaubterweise denen zu Ohren kommen, welche nicht dafür geartet und vorbestimmt sind. Das Exoterische und das Esoterische, wie man ehedem unter Philosophen unterschied, bei Indern, wie bei Griechen, Persern und Muselmännern, kurz überall, wo man eine Rangordnung und *nicht* an Gleichheit und gleiche Rechte glaubte – das hebt sich nicht sowohl dadurch voneinander ab, daß der Exoteriker draußen steht und von außen her, nicht von innen her, sieht, schätzt, mißt, urteilt: das Wesentlichere ist, daß er von unten hinauf die Dinge sieht – der Esoteriker aber *von oben herab*! Es gibt Höhen der Seele, von wo aus gesehn selbst die Tragödie aufhört, tragisch zu wirken; und, alles Weh der Welt in eins genommen, wer dürfte zu entscheiden wagen, ob sein Anblick *notwendig* gerade zum Mitleiden und dergestalt zur Verdopplung des Wehs verführen und zwingen werde? ... Was der höhern Art von Menschen zur Nahrung oder zum Labsal dient, muß einer sehr unterschiedlichen und geringern Art beinahe Gift sein. Die Tugenden des gemeinen Manns würden vielleicht an einem Philosophen Laster und Schwächen bedeuten; es wäre möglich, daß ein hochgearteter Mensch, gesetzt, daß er entartete und zugrunde ginge, erst dadurch in den Besitz von Eigenschaften käme, derentwegen man nötig hätte, ihn in der niedern Welt, in welche er hinabsank, nunmehr wie einen Heiligen zu verehren. Es gibt Bücher, welche für Seele und Gesundheit einen umgekehrten Wert haben, je nachdem die niedere Seele, die niedrigere Lebenskraft oder aber die höhere und gewaltigere sich ihrer bedienen: im ersten Falle sind es gefährliche, anbröckelnde, auflösende Bücher, im andern Heroldsrufe, welche die Tapfersten zu *ihrer* Tapferkeit herausfordern. Allerwelts-Bücher sind immer übelriechende Bücher: der Kleine-Leute-Geruch klebt daran. Wo das Volk ißt und trinkt, selbst wo es verehrt, da pflegt es zu stinken. Man soll nicht in Kirchen gehn, wenn man *reine* Luft atmen will. – –

31

Man verehrt und verachtet in jungen Jahren noch ohne jene Kunst der Nuance, welche den besten Gewinn des Lebens ausmacht, und muß es billigerweise hart büßen, solchergestalt Menschen und Dinge mit Ja und Nein überfallen zu haben. Es ist alles darauf eingerichtet, daß der schlechteste aller Geschmäcker, der Geschmack für das Unbedingte, grausam genarrt und gemißbraucht werde, bis der Mensch lernt, etwas Kunst in seine Gefühle zu legen und lieber noch mit dem Künstlichen den Versuch zu wagen: wie es die rechten Artisten des Lebens tun. Das Zornige und Ehrfürchtige, das der Jugend eignet, scheint sich keine Ruhe zu geben, bevor es nicht Menschen und Dinge so zurechtgefälscht hat, daß es sich an ihnen auslassen kann – Jugend ist an sich schon etwas Fälschendes und Betrügerisches. Später, wenn die junge Seele, durch lauter Enttäuschungen gemartert, sich endlich argwöhnisch gegen sich selbst zurückwendet, immer noch heiß und wild, auch in ihrem Argwohne und Gewissensbisse: wie zürnt sie sich nunmehr, wie zerreißt sie sich ungeduldig, wie nimmt sie Rache für ihre lange Selbst-Verblendung, wie als ob sie eine willkürliche Blindheit gewesen sei! In diesem Übergange bestraft man sich selber, durch Mißtrauen gegen sein Gefühl; man foltert seine Begeisterung durch den Zweifel, ja man fühlt schon das gute Gewissen als eine Gefahr, gleichsam als Selbst-Verschleierung und Ermüdung der feineren Redlichkeit; und vor allem, man nimmt Partei, grundsätzlich Partei *gegen* »die Jugend«. – Ein Jahrzehnt später: und man begreift, daß auch dies alles noch – Jugend war!

32

Die längste Zeit der menschlichen Geschichte hindurch – man nennt sie die prähistorische Zeit – wurde der Wert oder der Unwert einer Handlung aus ihren Folgen abgeleitet: die Handlung an sich kam dabei ebensowenig als ihre Herkunft in Betracht, sondern ungefähr so, wie heute noch in China eine Auszeichnung oder Schande vom Kinde auf die Eltern zurückgreift, so war es die rückwirkende Kraft des Erfolgs oder Mißerfolgs, welche den Menschen anleitete, gut oder schlecht von einer Handlung zu denken. Nennen wir diese Periode die *vormoralische* Periode der Menschheit: der Imperativ »erkenne dich selbst!« war damals noch unbekannt In den letzten zehn Jahrtausenden ist man hingegen auf einigen großen Flächen der Erde Schritt für Schritt so weit gekommen, nicht mehr die Folgen, sondern die Herkunft der Handlung über ihren Wert entscheiden zu lassen: ein großes Ereignis als Ganzes, eine erhebliche Verfeinerung des Blicks und Maßstabs, die unbewußte Nachwirkung von der Herrschaft aristokratischer Werte und des Glaubens an »Herkunft«, das Abzeichen einer Periode, welche man im engern Sinne als die *moralische* bezeichnen darf: der erste Versuch zur Selbst-Erkenntnis ist damit gemacht. Statt der Folgen die Herkunft: welche Umkehrung der Perspektive! Und sicherlich eine erst nach langen Kämpfen und Schwankungen erreichte Umkehrung! Freilich: ein verhängnisvoller neuer Aberglaube, eine eigentümliche Engigkeit der Interpretation kam eben damit zur Herrschaft: man interpretierte die Herkunft einer Handlung im allerbestimmtesten Sinne als Herkunft aus einer *Absicht*; man wurde *eins* im Glauben daran, daß der Wert einer Handlung im Werte ihrer Absicht gelegen sei. Die Absicht als die ganze Herkunft und Vorgeschichte einer Handlung: unter diesem Vorurteile ist fast bis auf die neuste Zeit auf Erden moralisch gelobt, getadelt, gerichtet, auch philosophiert worden. – Sollten wir aber heute nicht bei der Notwendigkeit angelangt sein, uns nochmals über eine Umkehrung und Grundverschiebung der Werte schlüssig zu machen, dank einer nochmaligen Selbstbesinnung und Vertiefung des Menschen, – sollten wir nicht an der Schwelle einer Periode stehn, welche, negativ, zunächst als die *außermoralische* zu bezeichnen wäre: heute, wo wenigstens unter uns Immoralisten der Verdacht sich regt, daß gerade in dem, was *nichtabsichtlich* an einer Handlung ist, ihr entscheidender Wert belegen sei, und daß alle ihre Absichtlichkeit, alles, was von ihr gesehn, gewußt, »bewußt« werden kann, noch zu ihrer Oberfläche und Haut gehöre – welche, wie jede Haut, etwas verrät, aber noch mehr *verbirgt*? Kurz, wir glauben, daß die Absicht nur ein Zeichen und Symptom ist, das erst der Auslegung bedarf, dazu ein Zeichen, das zu vielerlei und folglich für sich allein fast nichts bedeutet – daß Moral, im bisherigen Sinne, also Absichten-Moral, ein Vorurteil gewesen ist, eine Voreiligkeit, eine Vorläufigkeit vielleicht, ein Ding etwa vom Range der Astrologie und Alchimie, aber jedenfalls etwas, das überwunden werden muß. Die Überwindung der Moral, in einem gewissen Verstande sogar die Selbstüberwindung der Moral: mag das der Name für jene lange geheime Arbeit sein, welche den feinsten und redlichsten, auch den boshaftesten Gewissen von heute, als lebendigen Probiersteinen der Seele, vorbehalten blieb. –

33

Es hilft nichts: man muß die Gefühle der Hingebung, der Aufopferung für den Nächsten, die ganze Selbstentäußerungs-Moral erbarmungslos zur Rede stellen und vor Gericht führen: ebenso wie die Ästhetik der »interesselosen Anschauung«, unter welcher sich die Entmännlichung der Kunst verführerisch genug heute ein gutes Gewissen zu schaffen sucht. Es ist viel zu viel Zauber und Zucker in jenen Gefühlen des »für andere«, des »*nicht* für mich«, als daß man nicht nötig hätte, hier doppelt mißtrauisch zu werden und zu fragen: »sind es nicht vielleicht – *Verführungen*?« –

Daß sie *gefallen* – dem, der sie hat, und dem, der ihre Früchte genießt, auch dem bloßen Zuschauer – dies gibt noch kein Argument *für* sie ab, sondern fordert gerade zur Vorsicht auf. Seien wir also vorsichtig!

34

Auf welchen Standpunkt der Philosophie man sich heute auch stellen mag: von jeder Stelle aus gesehn ist die *Irrtümlichkeit* der Welt, in der wir zu leben glauben, das Sicherste und Festeste, dessen unser Auge noch habhaft werden kann – wir finden Gründe über Gründe dafür, die uns zu Mutmaßungen über ein betrügerisches Prinzip im »Wesen der Dinge« verlocken möchten. Wer aber unser Denken selbst, also »den Geist« für die Falschheit der Welt verantwortlich macht – ein ehrenhafter Ausweg, den jeder bewußte oder unbewußte *advocatus dei* geht –: wer diese Welt samt Raum, Zeit, Gestalt, Bewegung, als falsch *erschlossen* nimmt: ein solcher hätte mindestens guten Anlaß, gegen alles Denken selbst endlich Mißtrauen zu lernen: hätte es uns nicht bisher den allergrößten Schabernack gespielt? und welche Bürgschaft dafür gäbe es, daß es nicht fortführe, zu tun, was es immer getan hat? In allem Ernste: die Unschuld der Denker hat etwas Rührendes und Ehrfurcht Einflößendes, welche ihnen erlaubt, sich auch heute noch vor das Bewußtsein hinzustellen, mit der Bitte, daß es ihnen *ehrliche* Antworten gebe: zum Beispiel ob es »real« sei, und warum es eigentlich die äußere Welt sich so entschlossen vom Halse halte, und was dergleichen Fragen mehr sind. Der Glaube an »unmittelbare Gewißheiten« ist eine *moralische* Naivität, welche uns Philosophen Ehre macht: aber – wir sollen nun einmal nicht »*nur* moralische« Menschen sein! Von der Moral abgesehn, ist jener Glaube eine Dummheit, die uns wenig Ehre macht! Mag im bürgerlichen Leben das allzeit bereite Mißtrauen als Zeichen des »schlechten Charakters« gelten und folglich unter die Unklugheiten gehören: hier unter uns, jenseits der bürgerlichen Welt und ihres Jas und Neins – was sollte uns hindern, unklug zu sein und zu sagen: der Philosoph hat nachgerade ein *Recht* auf »schlechten Charakter«, als das Wesen, welches bisher auf Erden immer am besten genarrt worden ist – er hat heute die *Pflicht* zum Mißtrauen, zum boshaftesten Schielen aus jedem Abgrunde des Verdachts heraus. – Man vergebe mir den Scherz dieser düsteren Fratze und Wendung: denn ich selbst gerade habe längst über Betrügen und Betrogenwerden anders denken, anders schätzen gelernt und halte mindestens ein paar Rippenstöße für die blinde Wut bereit, mit der die Philosophen sich dagegen sträuben, betrogen zu werden. Warum *nicht*? Es ist nicht mehr als ein moralisches Vorurteil, daß Wahrheit mehr wert ist als Schein; es ist sogar die schlechtest bewiesene Annahme, die es in der Welt gibt. Man gestehe sich doch so viel ein: es bestünde gar kein

Leben, wenn nicht auf dem Grunde perspektivischer Schätzungen und Scheinbarkeiten; und wollte man, mit der tugendhaften Begeisterung und Tölpelei mancher Philosophen, die »scheinbare Welt« ganz abschaffen, nun, gesetzt *ihr* könntet das – so bliebe mindestens dabei auch von eurer »Wahrheit« nichts mehr übrig! Ja, was zwingt uns überhaupt zur Annahme, daß es einen wesenhaften Gegensatz von »wahr« und »falsch« gibt? Genügt es nicht, Stufen der Scheinbarkeit anzunehmen und gleichsam hellere und dunklere Schatten und Gesamttöne des Scheins – verschiedene *valeurs*, um die Sprache der Maler zu reden? Warum dürfte die Welt, *die uns etwas angeht* – nicht eine Fiktion sein? Und wer da fragt: »aber zur Fiktion gehört ein Urheber?« – dürfte dem nicht rund geantwortet werden: *Warum*? Gehört dieses »Gehört« nicht vielleicht mit zur Fiktion? Ist es denn nicht erlaubt, gegen Subjekt, wie gegen Prädikat und Objekt, nachgerade ein wenig ironisch zu sein? Dürfte sich der Philosoph nicht über die Gläubigkeit an die Grammatik erheben? Alle Achtung vor den Gouvernanten: aber wäre es nicht an der Zeit, daß die Philosophie dem Gouvernanten-Glauben absagte? –

35

O Voltaire! O Humanität! O Blödsinn! Mit der »Wahrheit«, mit dem *Suchen* der Wahrheit hat es etwas auf sich; und wenn der Mensch es dabei gar zu menschlich treibt – *»il ne cherche le vrai que pour faire le bien«* – ich wette, er findet nichts!

36

Gesetzt, daß nichts anderes als real »gegeben« ist als unsre Welt der Begierden und Leidenschaften, daß wir zu keiner andern »Realität« hinab oder hinauf können als gerade zur Realität unsrer Triebe – denn Denken ist nur ein Verhalten dieser Triebe zueinander –: ist es nicht erlaubt, den Versuch zu machen und die Frage zu fragen, ob dies Gegebene nicht *ausreicht*, um aus seinesgleichen auch die sogenannte mechanistische (oder »materielle«) Welt zu verstehn? Ich meine nicht als eine Täuschung, einen »Schein«, eine »Vorstellung« (im Berkeleyschen und Schopenhauerschen Sinne), sondern als vom gleichen Realitäts-Range, welchen unser Affekt selbst hat – als eine primitivere Form der Welt der Affekte, in der noch alles in mächtiger Einheit beschlossen liegt, was sich dann im organischen Prozesse abzweigt und ausgestaltet (auch, wie billig, verzärtelt und abschwächt –), als eine Art von Triebleben, in dem noch sämtliche organische Funktionen, mit Selbst-Regulierung, Assimilation, Ernährung, Ausscheidung, Stoffwechsel, synthetisch gebunden ineinander sind – als eine *Vorform* des Lebens? – Zuletzt ist es nicht nur erlaubt, diesen Versuch zu machen: es ist, vom Gewissen der *Methode* aus, geboten. Nicht mehrere Arten von Kausalität annehmen, solange nicht der Versuch, mit einer einzigen auszureichen, bis an seine äußerste Grenze getrieben ist (– bis zum Unsinn, mit Verlaub zu sagen): das ist eine Moral der Methode, der man sich heute nicht entziehen darf – es folgt »aus ihrer Definition«, wie ein Mathematiker sagen würde. Die Frage ist zuletzt, ob wir den Willen wirklich als *wirkend* anerkennen, ob wir an die Kausalität des Willens glauben: tun wir das – und im Grunde ist der Glaube *daran* eben unser Glaube an Kausalität selbst –, so *müssen* wir den Versuch machen, die Willens-Kausalität hypothetisch als die einzige zu setzen. »Wille« kann natürlich nur auf »Wille« wirken – und nicht auf »Stoffe« (nicht auf »Nerven« zum Beispiel –): genug, man muß die Hypothese wagen, ob nicht überall, wo »Wirkungen« anerkannt werden, Wille auf Wille wirkt – und ob nicht alles mechanische Geschehen, insofern eine Kraft darin tätig wird, eben Willenskraft, Willens-Wirkung ist. – Gesetzt endlich, daß es gelänge, unser gesamtes Triebleben als die Ausgestaltung und Verzweigung *einer* Grundform des Willens zu erklären – nämlich des Willens zur Macht, wie es *mein* Satz ist –; gesetzt, daß man alle organischen Funktionen auf diesen Willen zur Macht zurückführen könnte und in ihm auch die Lösung des Problems der Zeugung und Ernährung – es ist *ein* Problem – fände, so hätte man damit sich das Recht verschafft, *alle* wirkende Kraft eindeutig zu bestimmen als: *Wille zur Macht.* Die Welt von innen gesehen, die Welt auf ihren »intelligiblen Charakter« hin bestimmt und bezeichnet – sie wäre eben »Wille zur Macht« und nichts außerdem. –

37

»Wie? Heißt das nicht, populär geredet: Gott ist widerlegt, der Teufel aber nicht –?« Im Gegenteil! Im Gegenteil, meine Freunde! Und, zum Teufel auch, wer zwingt euch, populär zu reden! –

38

Wie es zuletzt noch, in aller Helligkeit der neueren Zeiten, mit der französischen Revolution gegangen ist, jener schauerlichen und, aus der Nähe beurteilt, überflüssigen Posse, in welche aber die edlen und schwärmerischen Zuschauer von ganz Europa aus der Ferne her so lange und so leidenschaftlich ihre eignen Empörungen und Begeisterungen hineininterpretiert haben, *bis der Text unter der Interpretation verschwand*: so könnte eine edle Nachwelt noch einmal die ganze Vergangenheit mißverstehn und dadurch vielleicht erst ihren Anblick erträglich machen. – Oder vielmehr: ist dies nicht bereits geschehn? waren wir nicht selbst – diese »edle Nachwelt«? Und ist es nicht gerade jetzt, insofern wir dies begreifen – damit vorbei?

39

Niemand wird so leicht eine Lehre, bloß weil sie glücklich macht oder tugendhaft macht, deshalb für wahr halten: die lieblichen »Idealisten« etwa ausgenommen, welche für das Gute, Wahre, Schöne schwärmen und in ihrem Teiche alle Arten von bunten plumpen und gutmütigen Wünschbarkeiten durcheinanderschwimmen lassen. Glück und Tugend sind keine Argumente. Man vergißt aber gerne, auch auf seiten besonnener Geister, daß Unglücklich-machen und Böse-machen ebensowenig Gegenargumente sind. Etwas dürfte wahr sein: ob es gleich im höchsten Grade schädlich und gefährlich wäre; ja es könnte selbst zur Grundbeschaffenheit des Daseins gehören, daß man an seiner völligen Erkenntnis zugrunde ginge – so daß sich die Stärke eines Geistes danach bemäße, wieviel er von der »Wahrheit« gerade noch aushielte, deutlicher, bis zu welchem Grade er sie verdünnt, verhüllt, versüßt, verdumpft, verfälscht *nötig hätte.* Aber keinem Zweifel unterliegt es, daß für die Entdeckung gewisser *Teile* der Wahrheit die Bösen und Unglücklichen begünstigter sind und eine größere Wahrscheinlichkeit des Gelingens haben; nicht zu reden von den Bösen, die glücklich sind – eine Spezies, welche von den Moralisten verschwiegen wird. Vielleicht, daß Härte und List günstigere Bedingungen zur Entstehung des starken, unabhängigen Geistes und Philosophen abgeben als jene sanfte feine nachgebende Gutartigkeit und Kunst des Leicht-nehmens, welche man an einem Gelehrten schätzt und mit Recht schätzt. Vorausgesetzt, was voransteht, daß man den Begriff »Philosoph« nicht auf den Philosophen einengt, der Bücher schreibt – oder gar *seine* Philosophie in Bücher bringt! – Einen letzten Zug zum Bilde des freigeisterischen Philosophen bringt Stendhal bei, den ich um des deutschen Geschmacks willen nicht unterlassen will zu unterstreichen – denn er geht *wider* den deutschen Geschmack. *»Pour être bon philosophe«*, sagt dieser letzte große Psycholog, *»il faut être sec, clair, sans illusion. Un banquier, qui a fait fortune, a une partie du caractère requis pour faire des découvertes en philosophie, c'est-à-dire pour voir clair dans ce qui est.«*

40

Alles, was tief ist, liebt die Maske; die allertiefsten Dinge haben sogar einen Haß auf Bild und Gleichnis. Sollte nicht erst der *Gegensatz* die rechte Verkleidung sein, in der die Scham eines Gottes einherginge? Eine fragwürdige Frage: es wäre wunderlich, wenn nicht irgendein Mystiker schon dergleichen bei sich gewagt hätte. Es gibt Vorgänge so zarter Art, daß man gut tut, sie durch eine Grobheit zu verschütten und unkenntlich zu machen; es gibt Handlungen der Liebe und einer ausschweifenden Großmut, hinter denen nichts rätlicher ist, als einen Stock zu nehmen und den Augenzeugen durchzuprügeln, damit trübt man dessen Gedächtnis. Mancher versteht sich darauf, das eigne Gedächtnis zu trüben und zu mißhandeln, um wenigstens an diesem einzigen Mitwisser seine Rache zu haben – die Scham ist erfinderisch. Es sind nicht die schlimmsten Dinge, deren man sich am schlimmsten schämt: es ist nicht nur Arglist hinter einer Maske – es gibt so viel Güte in der List. Ich könnte mir denken, daß ein Mensch, der etwas Kostbares und Verletzliches zu bergen hätte, grob und rund wie ein grünes altes schwerbeschlagenes Weinfaß durchs Leben rollte: die Feinheit seiner Scham will es so. Einem Menschen, der Tiefe in der Scham hat, begegnen auch seine Schicksale und zarten Entscheidungen auf Wegen, zu denen wenige je gelangen und um deren Vorhandensein seine Nächsten und Vertrautesten nicht wissen dürfen: seine Lebensgefahr verbirgt sich ihren Augen und ebenso seine wiedereroberte Lebens-Sicherheit. Ein solcher Verborgner, der aus Instinkt das Reden zum Schweigen und Verschweigen braucht und unerschöpflich ist in der Ausflucht vor Mitteilung, *will* es und fördert es, daß eine Maske von ihm an seiner Statt in den Herzen und Köpfen seiner Freunde herumwandelt; und gesetzt, er will es nicht, so werden ihm eines Tages die Augen darüber aufgehn, daß es trotzdem dort eine Maske von ihm gibt – und daß es gut so ist. Jeder tiefe Geist braucht eine Maske: mehr noch, um jeden tiefen Geist wächst fortwährend eine Maske, dank der beständig falschen, nämlich *flachen* Auslegung jedes Wortes, jedes Schrittes, jedes Lebens-Zeichens, das er gibt. –

41

Man muß sich selbst seine Proben geben, dafür daß man zur Unabhängigkeit und zum Befehlen bestimmt ist; und dies zur rechten Zeit. Man soll seinen Proben nicht aus dem Wege gehn, obgleich sie vielleicht das gefährlichste Spiel sind, das man spielen kann, und zuletzt nur Proben, die vor uns selber als Zeugen und vor keinem andern Richter abgelegt werden. Nicht an einer Person hängen bleiben: und sei sie die geliebteste –

jede Person ist ein Gefängnis, auch ein Winkel. Nicht an einem Vaterlande hängen bleiben: und sei es das leidendste und hilfsbedürftigste – es ist schon weniger schwer, sein Herz von einem siegreichen Vaterlande loszubinden. Nicht an einem Mitleiden hängen bleiben: und gälte es höheren Menschen, in deren seltne Marter und Hilflosigkeit uns ein Zufall hat blicken lassen. Nicht an einer Wissenschaft hängen bleiben: und locke sie einen mit den kostbarsten, anscheinend gerade *uns* aufgesparten Funden. Nicht an seiner eignen Loslösung hängen bleiben, an jener wollüstigen Ferne und Fremde des Vogels, der immer weiter in die Höhe flieht, um immer mehr unter sich zu sehn – die Gefahr des Fliegenden. Nicht an unsern eignen Tugenden hängen bleiben und als Ganzes das Opfer irgendeiner Einzelheit an uns werden, zum Beispiel unsrer »Gastfreundschaft«: wie es die Gefahr der Gefahren bei hochgearteten und reichen Seelen ist, welche verschwenderisch, fast gleichgültig mit sich selbst umgehn und die Tugend der Liberalität bis zum Laster treiben. Man muß wissen, *sich zu bewahren*: stärkste Probe der Unabhängigkeit.

42

Eine neue Gattung von Philosophen kommt herauf: ich wage es, sie auf einen nicht ungefährlichen Namen zu taufen. So wie ich sie errate, so wie sie sich erraten lassen – denn es gehört zu ihrer Art, irgendworin Rätsel bleiben zu *wollen* –, möchten diese Philosophen der Zukunft ein Recht, vielleicht auch ein Unrecht darauf haben, als *Versucher* bezeichnet zu werden. Dieser Name selbst ist zuletzt nur ein Versuch, und, wenn man will, eine Versuchung.

43

Sind es neue Freunde der »Wahrheit«, diese kommenden Philosophen? Wahrscheinlich genug: denn alle Philosophen liebten bisher ihre Wahrheiten. Sicherlich aber werden es keine Dogmatiker sein. Es muß ihnen wider den Stolz gehn, auch wider den Geschmack, wenn ihre Wahrheit gar noch eine Wahrheit für jedermann sein soll: was bisher der geheime Wunsch und Hintersinn aller dogmatischen Bestrebungen war. »Mein Urteil ist *mein* Urteil: dazu hat nicht leicht auch ein andrer das Recht« – sagt vielleicht solch ein Philosoph der Zukunft. Man muß den schlechten Geschmack von sich abtun, mit vielen übereinstimmen zu wollen. »Gut« ist nicht mehr gut, wenn der Nachbar es in den Mund nimmt. Und wie könnte es gar ein »Gemeingut« geben! Das Wort widerspricht sich selbst: was gemein sein kann, hat immer nur wenig Wert. Zuletzt muß es so stehn, wie es steht und immer stand: die großen Dinge bleiben für die Großen übrig, die Abgründe für die Tiefen, die Zartheiten und Schauder für die Feinen, und, im ganzen und kurzen, alles Seltne für die Seltnen. –

44

Brauche ich nach alledem noch eigens zu sagen, daß auch sie freie, *sehr* freie Geister sein werden, diese Philosophen der Zukunft – so gewiß sie auch nicht bloß freie Geister sein werden, sondern etwas Mehreres, Höheres, Größeres und Gründlich-Anderes, das nicht verkannt und verwechselt werden will? Aber, indem ich dies sage, fühle ich fast ebensosehr gegen sie selbst, als gegen uns, die wir ihre Herolde und Vorläufer sind, wir freien Geister! – die *Schuldigkeit*, ein altes dummes Vorurteil und Mißverständnis von uns gemeinsam fortzublasen, welches allzulange wie ein Nebel den Begriff »freier Geist« undurchsichtig gemacht hat. In allen Ländern Europas und ebenso in Amerika gibt es jetzt etwas, das Mißbrauch mit diesem Namen treibt, eine sehr enge, eingefangene, an Ketten gelegte Art von Geistern, welche ungefähr das Gegenteil von dem wollen, was in unsern Absichten und Instinkten liegt – nicht zu reden davon, daß sie in Hinsicht auf jene heraufkommenden *neuen* Philosophen erst recht zugemachte Fenster und verriegelte Türen sein müssen. Sie gehören, kurz und schlimm, unter die *Nivellierer*, diese fälschlich genannten »freien Geister« – als beredte und schreibfingrige Sklaven des demokratischen Geschmacks und seiner »modernen Ideen«; allesamt Menschen ohne Einsamkeit, ohne eigne Einsamkeit, plumpe brave Burschen, welchen weder Mut noch achtbare Sitte abgesprochen werden soll, nur daß sie eben unfrei und zum Lachen oberflächlich sind, vor allem mit ihrem Grundhange, in den Formen der bisherigen alten Gesellschaft ungefähr die Ursache für *alles* menschliche Elend und Mißraten zu sehn: wobei die Wahrheit glücklich auf den Kopf zu stehn kommt! Was sie mit allen Kräften erstreben möchten, ist das allgemeine grüne Weide-Glück der Herde, mit Sicherheit, Ungefährlichkeit, Behagen, Erleichterung des Lebens für jedermann; ihre beiden am reichlichsten abgesungnen Lieder und Lehren heißen »Gleichheit der Rechte« und »Mitgefühl für alles Leidende« – und das Leiden selbst wird von ihnen als etwas genommen, das man *abschaffen* muß. Wir Umgekehrten, die wir uns ein Auge und ein Gewissen für die Frage aufgemacht haben, wo und wie bisher die Pflanze »Mensch« am kräftigsten in die Höhe gewachsen ist, vermeinen, daß dies jedesmal unter den umgekehrten Bedingungen geschehn ist, daß dazu die Gefährlichkeit seiner Lage erst ins Ungeheure wachsen, seine Erfindungs- und Verstellungskraft (sein »Geist« –) unter langem Druck und Zwang sich ins Feine und Verwegne entwickeln, sein Lebens-Wille bis zum unbedingten Macht-Willen gesteigert werden mußte – wir vermeinen, daß Härte, Gewaltsamkeit, Sklaverei, Gefahr auf der Gasse und im Herzen, Verborgenheit, Stoizismus, Versucherkunst und Teufelei jeder Art, daß alles Böse, Furchtbare, Tyrannische, Raubtier- und Schlangenhafte am Menschen so gut zur Erhöhung der Spezies »Mensch« dient, als sein Gegensatz – wir sagen sogar nicht einmal genug, wenn wir nur so viel sagen, und befinden uns jedenfalls, mit unserm Reden und Schweigen an dieser Stelle, am *andern* Ende aller modernen Ideologie und Herden-Wünschbarkeit: als deren Antipoden vielleicht? Was Wunder, daß wir »freien Geister« nicht gerade die mitteilsamsten Geister sind? daß wir nicht in jedem Betrachte zu verraten wünschen, *wovon* ein Geist sich freimachen kann und *wohin* er dann vielleicht getrieben wird? Und was es mit der gefährlichen Formel »jenseits von Gut und Böse« auf sich hat, mit der wir uns zum mindesten vor Verwechslung behüten: wir *sind* etwas andres als *»libres-penseurs«, »liberi pensatori«*, »Freidenker« und wie alle diese braven Fürsprecher der »modernen Ideen« sich zu benennen lieben. In vielen Ländern des Geistes zu Hause, mindestens zu Gaste gewesen; den dumpfen angenehmen Winkeln immer wieder entschlüpft, in die uns Vorliebe und Vorhaß, Jugend, Abkunft, der Zufall von Menschen und Büchern, oder selbst die Ermüdungen der Wanderschaft zu bannen schienen; voller Bosheit gegen die Lockmittel der Abhängigkeit, welche in Ehren, oder Geld, oder Ämtern, oder Begeisterungen der Sinne versteckt liegen; dankbar sogar gegen Not und wechselreiche Krankheit, weil sie uns immer von irgendeiner Regel und ihrem »Vorurteil« losmachte, dankbar gegen Gott, Teufel, Schaf und Wurm in uns, neugierig bis zum Laster, Forscher bis zur Grausamkeit, mit unbedenklichen Fingern für Unfaßbares, mit Zähnen und Mägen für das Unverdaulichste, bereit zu jedem Handwerk, das Scharfsinn und scharfe Sinne verlangt, bereit zu jedem Wagnis, dank einem Überschusse von »freiem Willen«, mit Vorder- und Hinterseelen, denen keiner leicht in die letzten Absichten sieht, mit Vorder- und Hintergründen, welche kein Fuß zu Ende laufen dürfte, Verborgne unter den Mänteln des Lichts, Erobernde, ob wir gleich Erben und Verschwendern gleichsehn, Ordner und Sammler von früh bis abend, Geizhälse unsres Reichtums und unsrer vollgestopften Schubfächer, haushälterisch im Lernen und Vergessen, erfinderisch in Schematen, mitunter stolz auf Kategorien-Tafeln, mitunter Pedanten, mitunter Nachteulen der Arbeit auch am hellen Tage; ja wenn es nottut, selbst Vogelscheuchen – und heute tut es not: nämlich insofern wir die gebornen geschwornen eifersüchtigen Freunde der *Einsamkeit* sind, unsrer eignen tiefsten mitternächtlichsten, mittäglichsten Einsamkeit – eine solche Art Menschen sind wir, wir freien Geister! und vielleicht seid auch *ihr* etwas davon, ihr Kommenden? ihr *neuen* Philosophen? –

DRITTES HAUPTSTÜCK

DAS RELIGIÖSE WESEN

45

Die menschliche Seele und ihre Grenzen, der bisher überhaupt erreichte Umfang menschlicher innerer Erfahrungen, die Höhen, Tiefen und Fernen dieser Erfahrungen, die ganze *bisherige* Geschichte der Seele und ihre noch unausgetrunkenen Möglichkeiten: das ist für einen gebornen Psychologen und Freund der »großen Jagd« das vorbestimmte Jagdbereich. Aber wie oft muß er sich verzweifelt sagen: »ein einzelner! ach, nur ein einzelner! und dieser große Wald und Urwald!« Und so wünscht er sich einige hundert Jagdgehilfen und feine gelehrte Spürhunde, welche er in die Geschichte der menschlichen Seele treiben könnte, um dort *sein* Wild zusammenzutreiben. Umsonst: er erprobt es immer wieder, gründlich und bitterlich, wie schlecht zu allen Dingen, die gerade seine Neugierde reizen, Gehilfen und Hunde zu finden sind. Der Übelstand, den es hat, Gelehrte auf neue und gefährliche Jagdbereiche auszuschicken, wo Mut, Klugheit, Feinheit in jedem Sinne nottun, liegt darin, daß sie gerade dort nicht mehr brauchbar sind, wo die »*große* Jagd«, aber auch die große Gefahr beginnt – gerade dort verlieren sie ihr Spürauge und ihre Spürnase. Um zum Beispiel zu erraten und festzustellen, was für eine Geschichte bisher das Problem von *Wissen und Gewissen* in der Seele der *homines religiosi* gehabt hat, dazu müßte einer vielleicht selbst so tief, so verwundet, so ungeheuer sein, wie es das intellektuelle Gewissen Pascals war – und dann bedürfte es immer noch jenes ausgespannten Himmels von heller, boshafter Geistigkeit, welcher von oben herab dies Gewimmel von gefährlichen und schmerzlichen Erlebnissen zu übersehn, zu ordnen, in Formeln zu zwingen vermöchte. – Aber wer täte mir diesen Dienst! Aber wer hätte Zeit, auf solche Diener zu warten! – sie wachsen ersichtlich zu selten, sie sind zu allen Zeiten so unwahrscheinlich! Zuletzt muß man alles *selber* tun, um selber einiges zu wissen: das heißt, man hat *viel* zu tun! – Aber eine Neugierde meiner Art bleibt nun einmal das angenehmste aller Laster – Verzeihung! ich wollte sagen: die Liebe zur Wahrheit hat ihren Lohn im Himmel und schon auf Erden. –

46

Der Glaube, wie ihn das erste Christentum verlangt und nicht selten erreicht hat, inmitten einer skeptischen und südlich-freigeisterischen Welt, die einen jahrhundertelangen Kampf von Philosophenschulen hinter sich und in sich hatte, hinzugerechnet die Erziehung zur Toleranz, welche das *imperium Romanum* gab – dieser Glaube ist *nicht* jener treuherzige und bärbeißige Untertanen-Glaube, mit dem etwa ein Luther oder ein Cromwell oder sonst ein nordischer Barbar des Geistes an ihrem Gotte und Christentum gehangen haben; viel eher schon jener Glaube Pascals, der auf schreckliche Weise einem dauernden Selbstmorde der Vernunft ähnlich sieht – einer zähen langlebigen wurmhaften Vernunft, die nicht mit einem Male und einem Streiche totzumachen ist. Der christliche Glaube ist von Anbeginn Opferung: Opferung aller Freiheit, alles Stolzes, aller Selbstgewißheit des Geistes zugleich Verknechtung und Selbst-Verhöhung, Selbst-Verstümmelung. Es ist Grausamkeit und religiöser Phönizismus in diesem Glauben, der einem mürben, vielfachen und vielverwöhnten Gewissen zugemutet wird: seine Voraussetzung ist, daß die Unterwerfung des Geistes unbeschreiblich *wehetut*, daß die ganze Vergangenheit und Gewohnheit eines solchen Geistes sich gegen das *absurdissimum* wehrt, als welches ihm der »Glaube« entgegentritt Die modernen Menschen, mit ihrer Abstumpfung gegen alle christliche Nomenklatur, fühlen das Schauerlich-Superlativische nicht mehr nach, das für einen antiken Geschmack in der Paradoxie der Formel »Gott am Kreuze« lag. Es hat bisher noch niemals und nirgendswo eine gleiche Kühnheit im Umkehren, etwas gleich Furchtbares, Fragendes und Fragwürdiges gegeben wie diese Formel: sie verhieß eine Umwertung aller antiken Werte. – Es ist der Orient, der *tiefe* Orient, es ist der orientalische Sklave, der auf diese Weise an Rom und seiner vornehmen und frivolen Toleranz, am römischen »Katholizismus« des Glaubens Rache nahm – und immer war es nicht der Glaube, sondern die Freiheit vom Glauben, jene halb stoische und lächelnde Unbekümmertheit um den Ernst des Glaubens, was die Sklaven an ihren Herrn, gegen ihre Herrn empört hat. Die »Aufklärung« empört: der Sklave nämlich will Unbedingtes, er versteht nur das Tyrannische, auch in der Moral, er liebt wie er haßt, ohne Nuance bis in die Tiefe, bis zum Schmerz, bis zur Krankheit, – sein vieles *verborgenes* Leiden empört sich gegen den vornehmen Geschmack, der das Leiden zu *leugnen* scheint. Die Skepsis gegen das Leiden, im Grunde nur eine Attitude der aristokratischen Moral, ist nicht am wenigsten auch an der Entstehung des letzten großen Sklaven-Aufstandes beteiligt, welcher mit der französischen Revolution begonnen hat.

47

Wo nur auf Erden bisher die religiöse Neurose aufgetreten ist, finden wir sie verknüpft mit drei gefährlichen Diät-Verordnungen: Einsamkeit, Fasten und geschlechtlicher Enthaltsamkeit – doch ohne daß hier mit Sicherheit zu entscheiden wäre, was da Ursache, was Wirkung sei, und *ob* hier überhaupt ein Verhältnis von Ursache und Wirkung vorliege. Zum letzten Zweifel berechtigt, daß gerade zu ihren regelmäßigsten Symptomen, bei wilden wie bei zahmen Völkern, auch die plötzlichste ausschweifendste Wollüstigkeit gehört, welche dann, ebenso plötzlich, in Bußkrampf und Welt- und Willens-Verneinung umschlägt, beides vielleicht als maskierte Epilepsie deutbar? Aber nirgendswo sollte man sich der Deutungen mehr entschlagen: um keinen Typus herum ist bisher eine solche Fülle von Unsinn und Aberglauben aufgewachsen, keiner scheint bisher die Menschen, selbst die Philosophen, mehr interessiert zu haben – es wäre an der Zeit, hier gerade ein wenig kalt zu werden, Vorsicht zu lernen, besser noch: wegzusehn, *wegzugehn.* – Noch im Hintergrunde der letztgekommnen Philosophie, der Schopenhauerschen, steht, beinahe als das Problem an sich, dieses schauerliche Fragezeichen der religiösen Krisis und Erweckung. Wie ist Willensverneinung *möglich?* wie ist der Heilige möglich? – das scheint wirklich die Frage gewesen zu sein, bei der Schopenhauer zum Philosophen wurde und anfing. Und so war es eine echt Schopenhauersche Konsequenz, daß sein überzeugtester Anhänger (vielleicht auch sein letzter, was Deutschland betrifft –), nämlich Richard Wagner, das eigne Lebenswerk gerade hier zu Ende brachte und zuletzt noch jenen furchtbaren und ewigen Typus als Kundry auf der Bühne vorführte, *type vécu,* wie er leibt und lebt; zu gleicher Zeit, wo die Irrenärzte fast aller Länder Europas einen Anlaß hatten, ihn aus der Nähe zu studieren, überall, wo die religiöse Neurose – oder, wie ich es nenne, »das religiöse Wesen« – als »Heilsarmee« ihren letzten epidemischen Ausbruch und Aufzug gemacht hat. – Fragt man sich aber, was eigentlich am ganzen Phänomen des Heiligen den Menschen aller Art und Zeit, auch den Philosophen, so unbändig interessant gewesen ist: so ist es ohne allen Zweifel der ihm anhaftende Anschein des Wunders, nämlich der unmittelbaren *Aufeinanderfolge von Gegensätzen,* von moralisch entgegengesetzt gewerteten Zuständen der Seele: man glaubte hier mit Händen zu greifen, daß aus einem »schlechten Menschen« mit einem Male ein »Heiliger«, ein guter Mensch werde Die bisherige Psychologie litt an dieser Stelle Schiffbruch: sollte es nicht vornehmlich darum geschehen sein, weil sie sich unter die Herrschaft der Moral gestellt hatte, weil sie an die moralischen Wert-Gegensätze selbst *glaubte,* und diese Gegensätze in den Text *und* Tatbestand hineinsah, hineinlas, hinein*deutete*? – Wie? Das »Wunder« nur ein Fehler der Interpretation? Ein Mangel an Philologie? –

48

Es scheint, daß den lateinischen Rassen ihr Katholizismus viel innerlicher zugehört, als uns Nordländern das ganze Christentum überhaupt; und daß folglich der Unglaube in katholischen Ländern etwas ganz andres zu bedeuten hat als in protestantischen – nämlich eine Art Empörung gegen den Geist der Rasse, während er bei uns eher eine Rückkehr zum Geist (oder Ungeist –) der Rasse ist. Wir Nordländer stammen unzweifelhaft aus Barbaren-Rassen, auch in Hinsicht auf unsre Begabung zur Religion: wir sind *schlecht* für sie begabt. Man darf die Kelten ausnehmen, welche deshalb auch den besten Boden für die Aufnahme der christlichen Infektion im Norden abgegeben haben – in Frankreich kam das christliche Ideal, soweit es nur die blasse Sonne des Nordens erlaubt hat, zum Ausblühen. Wie fremdartig fromm sind unserm Geschmack selbst diese letzten französischen Skeptiker noch, sofern etwas keltisches Blut in ihrer Abkunft ist! Wie katholisch, wie undeutsch riecht uns Auguste Comtes Soziologie mit ihrer römischen Logik der Instinkte! Wie jesuitisch jener liebenswürdige und kluge Cicerone von Port-Royal, Sainte-Beuve, trotz all seiner Jesuiten-Feindschaft! Und gar Ernest Renan: wie unzugänglich klingt uns Nordländern die Sprache solch eines Renan, in dem alle Augenblicke irgendein Nichts von religiöser Spannung seine in feinerem Sinne wollüstige und bequem sich bettende Seele um ihr Gleichgewicht bringt! Man spreche ihm einmal diese schönen Sätze nach – und was für Bosheit und Übermut regt sich sofort in unsrer wahrscheinlich weniger schönen und härteren, nämlich deutscheren Seele als Antwort – »*disons donc hardiment que la religion est un produit de l'homme normal, que l'homme est le plus dans le vrai quand il est le plus religieux et le plus assuré d'une destinée infinie ... C'est quand il est bon qu'il veut que la vertu corresponde à un ordre éternel, c'est quand il contemple les choses d'une manière désintéressée qu'il trouve la mort révoltante et absurde. Comment ne pas supposer que c'est dans ces moments-là, que l'homme voit le mieux? ...*« Diese Sätze sind meinen Ohren und Gewohnheiten so sehr *antipodisch*, daß, als ich sie fand, mein erster Ingrimm daneben schrieb »*la niaiserie religieuse par excellence!*« – bis mein letzter Ingrimm sie gar noch liebgewann, diese Sätze mit ihrer auf den Kopf gestellten Wahrheit! Es ist so artig, so auszeichnend, seine eignen Antipoden zu haben!

49

Das, was an der Religiosität der alten Griechen staunen macht, ist die unbändige Fülle von Dankbarkeit, welche sie ausströmt – es ist eine sehr vornehme Art Mensch, welche *so* vor der Natur und vor dem Leben steht!

– Später, als der Pöbel in Griechenland zum Übergewicht kommt, überwuchert die *Furcht* auch in der Religion; und das Christentum bereitete sich vor. –

50

Die Leidenschaft für Gott: es gibt bäurische, treuherzige und zudringliche Arten, wie die Luthers – der ganze Protestantismus entbehrt der südlichen *delicatezza.* Es gibt ein orientalisches Außersichsein darin, wie bei einem unverdient begnadeten oder erhobnen Sklaven, zum Beispiel bei Augustin, der auf eine beleidigende Weise aller Vornehmheit der Gebärden und Begierden ermangelt. Es gibt frauenhafte Zärtlichkeit und Begehrlichkeit darin, welche schamhaft und unwissend nach einer *unio mystica et physica* drängt: wie bei Madame de Guyon. In vielen Fällen erscheint sie wunderlich genug als Verkleidung der Pubertät eines Mädchens oder Jünglings; hier und da selbst als Hysterie einer alten Jungfer, auch als deren letzter Ehrgeiz – die Kirche hat das Weib schon mehrfach in einem solchen Falle heiliggesprochen.

51

Bisher haben sich die mächtigsten Menschen immer noch verehrend vor dem Heiligen gebeugt, als dem Rätsel der Selbstbezwingung und absichtlichen letzten Entbehrung: warum beugten sie sich? Sie ahnten in ihm – und gleichsam hinter dem Fragezeichen seines gebrechlichen und kläglichen Anscheins – die überlegne Kraft, welche sich an einer solchen Bezwingung erproben wollte, die Stärke des Willens, in der sie die eigne Stärke und herrschaftliche Lust wiedererkannten und zu ehren wußten: sie ehrten etwas an sich, wenn sie den Heiligen ehrten. Es kam hinzu, daß der Anblick des Heiligen ihnen einen Argwohn eingab: ein solches Ungeheures von Verneinung, von Wider-Natur wird nicht umsonst begehrt worden sein, so sagten und fragten sie sich. Es gibt vielleicht einen Grund dazu, eine ganz große Gefahr, über welche der Asket, dank seinen geheimen Zusprechern und Besuchern, näher unterrichtet sein möchte? Genug, die Mächtigen der Welt lernten vor ihm eine neue Furcht, sie ahnten eine neue Macht, einen fremden, noch unbezwungenen Feind – der »Wille zur Macht« war es, der sie nötigte, vor dem Heiligen stehnzubleiben. Sie mußten ihn fragen – –

52

Im jüdischen »Alten Testament«, dem Buche von der göttlichen Gerechtigkeit, gibt es Menschen, Dinge und Reden in einem so großen Stile, daß das griechische und indische Schrifttum ihm nichts zur Seite zu stellen hat. Man steht mit Schrecken und Ehrfurcht vor diesen ungeheuren Überbleibseln dessen, was der Mensch einstmals war, und wird dabei über das alte Asien und sein vorgeschobnes Halbinselchen Europa, das durchaus gegen Asien den »Fortschritt des Menschen« bedeuten möchte, seine traurigen Gedanken haben. Freilich: wer selbst nur ein dünnes zahmes Haustier ist und nur Haustier-Bedürfnisse kennt (gleich unsern Gebildeten von heute, die Christen des »gebildeten« Christentums hinzugenommen –), der hat unter jenen Ruinen weder sich zu verwundern, noch gar sich zu betrüben – der Geschmack am Alten Testament ist ein Prüfstein in Hinsicht auf »groß« und »klein« –: vielleicht, daß er das Neue Testament, das Buch von der Gnade, immer noch eher nach seinem Herzen findet (in ihm ist viel von dem rechten zärtlichen dumpfen Betbrüder- und Kleinen-Seelen-Geruch). Dieses Neue Testament, eine Art Rokoko des Geschmacks in jedem Betrachte, mit dem Alten Testament zu *einem* Buche zusammengeleimt zu haben, als »Bibel«, als »das Buch an sich«: das ist vielleicht die größte Verwegenheit und »Sünde wider den Geist«, welche das literarische Europa auf dem Gewissen hat.

53

Warum heute Atheismus? – »Der Vater« in Gott ist gründlich widerlegt; ebenso »der Richter«, »der Belohner« Insgleichen sein »freier Wille«: er hört nicht – und wenn er hörte, wüßte er trotzdem nicht zu helfen. Das Schlimmste ist: er scheint unfähig, sich deutlich mitzuteilen: ist er unklar? – Dies ist es, was ich, als Ursachen für den Niedergang des europäischen Theismus, aus vielerlei Gesprächen, fragend, hinhorchend, ausfindig gemacht habe; es scheint mir, daß zwar der religiöse Instinkt mächtig im Wachsen ist – daß er aber gerade die theistische Befriedigung mit tiefem Mißtrauen ablehnt.

54

Was tut denn im Grunde die ganze neuere Philosophie? Seit Descartes – und zwar mehr aus Trotz gegen ihn als auf Grund seines Vorgangs – macht man seitens aller Philosophen ein Attentat auf den alten Seelen-Begriff, unter dem Anschein einer Kritik des Subjekt- und Prädikat-Begriffs – das heißt: ein Attentat auf die Grundvoraussetzung der christlichen Lehre. Die neuere Philosophie, als eine erkenntnis-theoretische

Skepsis, ist, versteckt oder offen, *antichristlich*: obschon, für feinere Ohren gesagt, keineswegs antireligiös. Ehemals nämlich glaubte man an »die Seele«, wie man an die Grammatik und das grammatische Subjekt glaubte: man sagte, »Ich« ist Bedingung, »denke« ist Prädikat und bedingt – Denken ist eine Tätigkeit, zu der ein Subjekt als Ursache gedacht werden *muß*. Nun versuchte man, mit einer bewunderungswürdigen Zähigkeit und List, ob man nicht aus diesem Netze herauskönne – ob nicht vielleicht das Umgekehrte wahr sei: »denke« Bedingung, »ich« bedingt; »ich« also erst eine Synthese, welche durch das Denken selbst *gemacht* wird. *Kant* wollte im Grunde beweisen, daß vom Subjekt aus das Subjekt nicht bewiesen werden könne – das Objekt auch nicht: die Möglichkeit einer *Scheinexistenz* des Subjekts, also »der Seele«, mag ihm nicht immer fremd gewesen sein, jener Gedanke, welcher als Vedanta-Philosophie schon einmal und in ungeheurer Macht auf Erden dagewesen ist.

55

Es gibt eine große Leiter der religiösen Grausamkeit, mit vielen Sprossen; aber drei davon sind die wichtigsten. Einst opferte man seinem Gotte Menschen, vielleicht gerade solche, welche man am besten liebte – dahin gehören die Erstlings-Opfer aller Vorzeit-Religionen, dahin auch das Opfer des Kaisers Tiberius in der Mithrasgrotte der Insel Capri, jener schauerlichste aller römischen Anachronismen. Dann, in der moralischen Epoche der Menschheit, opferte man seinem Gotte die stärksten Instinkte, die man besaß, seine »Natur«; *diese* Festfreude glänzt im grausamen Blicke des Asketen, des begeisterten »Wider-Natürlichen«. Endlich: was blieb noch übrig zu opfern? Mußte man nicht endlich einmal alles Tröstliche, Heilige, Heilende, alle Hoffnung, allen Glauben an verborgne Harmonie, an zukünftige Seligkeiten und Gerechtigkeiten opfern? mußte man nicht Gott selber opfern und, aus Grausamkeit gegen sich, den Stein, die Dummheit, die Schwere, das Schicksal, das Nichts anbeten? Für das Nichts Gott opfern – dieses paradoxe Mysterium der letzten Grausamkeit blieb dem Geschlechte, welches jetzt eben heraufkommt, aufgespart: wir alle kennen schon etwas davon. –

56

Wer, gleich mir, mit irgendeiner rätselhaften Begierde sich lange darum bemüht hat, den Pessimismus in die Tiefe zu denken und aus der halb christlichen, halb deutschen Enge und Einfalt zu erlösen, mit der er sich diesem Jahrhundert zuletzt dargestellt hat, nämlich in Gestalt der Schopenhauerschen Philosophie; wer wirklich einmal mit einem asiatischen und überasiatischen Auge in die weltverneinendste aller möglichen Denkweisen hinein- und hinuntergeblickt hat – jenseits von Gut und Böse, und nicht mehr, wie Buddha und Schopenhauer, im Bann und Wahne der Moral –, der hat vielleicht ebendamit, ohne daß er es eigentlich wollte, sich die Augen für das umgekehrte Ideal aufgemacht: für das Ideal des übermütigsten, lebendigsten und weltbejahendsten Menschen, der sich nicht nur mit dem, was war und ist, abgefunden und vertragen gelernt hat, sondern es, *so wie es war und ist*, wiederhaben will, in alle Ewigkeit hinaus, unersättlich *da capo* rufend, nicht nur zu sich, sondern zum ganzen Stücke und Schauspiele, und nicht nur zu einem Schauspiele, sondern im Grunde zu dem, der gerade dies Schauspiel nötig hat – und nötig macht: weil er immer wieder sich nötig hat – und nötig macht – – Wie? Und dies wäre nicht – *circulus vitiosus deus*?

57

Mit der Kraft seines geistigen Blicks und Einblicks wächst die Ferne und gleichsam der Raum um den Menschen: seine Welt wird tiefer, immer neue Sterne, immer neue Rätsel und Bilder kommen ihm in Sicht. Vielleicht war alles, woran das Auge des Geistes seinen Scharfsinn und Tiefsinn geübt hat, eben nur ein Anlaß zu seiner Übung, eine Sache des Spiels, etwas für Kinder und Kindsköpfe. Vielleicht erscheinen uns einst die feierlichsten Begriffe, um die am meisten gekämpft und gelitten worden ist, die Begriffe »Gott« und »Sünde«, nicht wichtiger, als dem alten Manne ein Kinder-Spielzeug und Kinder-Schmerz erscheint – und vielleicht hat dann »der alte Mensch« wieder ein andres Spielzeug und einen andren Schmerz nötig – immer noch Kinds genug, ein ewiges Kind!

58

Hat man wohl beachtet, inwiefern zu einem eigentlich religiösen Leben (und sowohl zu seiner mikroskopischen Lieblings-Arbeit der Selbstprüfung als zu jener zarten Gelassenheit, welche sich »Gebet« nennt und eine beständige Bereitschaft für das »Kommen Gottes« ist –) der äußere Müßiggang oder Halb-Müßiggang nottut, ich meine der Müßiggang mit gutem Gewissen, von alters her, von Geblüt, dem das Aristokraten-Gefühl nicht ganz fremd ist, daß Arbeit *schändet* – nämlich Seele und Leib gemein macht? Und daß folglich die moderne, lärmende, Zeit-auskaufende, auf sich stolze, dumm-stolze Arbeitsamkeit, mehr als alles übrige, gerade zum »Unglauben« erzieht und vorbereitet? Unter denen, welche zum Beispiel jetzt in Deutschland abseits von der Religion leben, finde ich Menschen von vielerlei Art und Abkunft der »Freidenkerei«, vor allem aber eine Mehrzahl solcher, denen Arbeitsamkeit, von Geschlecht zu Geschlecht, die religiösen Instinkte aufgelöst hat: so daß sie gar nicht mehr wissen, wozu Religionen nütze sind, und nur mit einer Art stumpfen Erstaunens ihr Vorhandensein in der Welt gleichsam registrieren. Sie fühlen sich schon reichlich in Anspruch genommen, diese braven Leute, sei es von ihren Geschäften, sei es von ihren Vergnügungen, gar nicht zu reden vom »Vaterlande« und den Zeitungen und den »Pflichten der Familie«: es scheint, daß sie gar keine Zeit für die Religion übrig haben, zumal es ihnen unklar bleibt, ob es sich dabei um ein neues Geschäft oder ein neues Vergnügen handelt – denn unmöglich, sagen sie, geht man in die Kirche, rein um sich die gute Laune zu verderben. Sie sind keine Feinde der religiösen Gebräuche; verlangt man in gewissen Fällen, etwa von seiten des Staates, die Beteiligung an solchen Gebräuchen, so tun sie, was man verlangt, wie man so vieles tut –, mit einem geduldigen und bescheidnen Ernste und ohne viel Neugierde und Unbehagen – sie leben eben zu sehr abseits und außerhalb, um selbst nur ein Für und Wider in solchen Dingen bei sich nötig zu finden. Zu diesen Gleichgültigen gehört heute die Überzahl der deutschen Protestanten in den mittlern Ständen, sonderlich in den arbeitsamen großen Handels- und Verkehrszentren; ebenfalls die Überzahl der arbeitsamen Gelehrten und der ganze Universitäts-Zubehör (die Theologen ausgenommen, deren Dasein und Möglichkeit daselbst dem Psychologen immer mehr und immer feinere Rätsel zu raten gibt). Man macht sich selten von seiten frommer oder auch nur kirchlicher Menschen eine Vorstellung davon, *wie viel* guter Wille, man könnte sagen willkürlicher Wille, jetzt dazu gehört, daß ein deutscher Gelehrter das Problem der Religion ernst nimmt; von seinem ganzen Handwerk her (und, wie gesagt, von der handwerkerhaften Arbeitsamkeit her, zu welcher ihn sein modernes Gewissen verpflichtet) neigt er zu einer überlegnen, beinahe gütigen Heiterkeit gegen die Religion, zu der sich bisweilen eine leichte Geringschätzung mischt, gerichtet gegen die »Unsauberkeit« des Geistes, welche er überall dort voraussetzt, wo man sich noch zur Kirche bekennt. Es gelingt dem Gelehrten erst mit Hilfe der Geschichte (also *nicht* von seiner persönlichen Erfahrung aus), es gegenüber den Religionen zu einem ehrfurchtsvollen Ernste und zu einer gewissen scheuen Rücksicht zu bringen; aber wenn er sein Gefühl sogar bis zur Dankbarkeit gegen sie gehoben hat, so ist er mit seiner Person auch noch keinen Schritt weit dem, was noch als Kirche oder Frömmigkeit besteht, nähergekommen: vielleicht umgekehrt. Die praktische Gleichgültigkeit gegen religiöse Dinge, in welche hinein er geboren und erzogen ist, pflegt sich bei ihm zur Behutsamkeit und Reinlichkeit zu sublimieren, welche die Berührung mit religiösen Menschen und Dingen scheut; und es kann gerade die Tiefe seiner Toleranz und Menschlichkeit sein, die ihn vor dem feinen Notstande ausweichen heißt, welchen das Tolerieren selbst mit sich bringt. – Jede Zeit hat ihre eigne göttliche Art von Naivität, um deren Erfindung sie andre Zeitalter beneiden dürfen – und wie viel Naivität, verehrungswürdige, kindliche und unbegrenzt tölpelhafte Naivität liegt in diesem Überlegenheits-Glauben des Gelehrten, im guten Gewissen seiner Toleranz, in der ahnungslosen schlichten Sicherheit, mit der sein Instinkt den religiösen Menschen als einen minderwertigen und niedrigeren Typus behandelt, über den er selbst hinaus, hinweg, *hinauf* gewachsen ist – er, der kleine anmaßliche Zwerg und Pöbelmann, der fleißig-flinke Kopf- und Handarbeiter der »Ideen«, der »modernen Ideen«!

59

Wer tief in die Welt gesehn hat, errät wohl, welche Weisheit darin liegt, daß die Menschen oberflächlich sind. Es ist ihr erhaltender Instinkt, der sie lehrt, flüchtig, leicht und falsch zu sein. Man findet hier und da eine leidenschaftliche und übertreibende Anbetung der »reinen Formen«, bei Philosophen wie bei Künstlern: möge niemand zweifeln, daß wer dergestalt den Kultus der Oberfläche *nötig* hat, irgendwann einmal einen unglückseligen Griff *unter* sie getan hat. Vielleicht gibt es sogar hinsichtlich dieser verbrannten Kinder, der gebornen Künstler, welche den Genuß des Lebens nur noch in der Absicht finden, sein Bild zu *fälschen* (gleichsam in einer langwierigen Rache am Leben –), auch noch eine Ordnung des Ranges: man könnte den Grad, in dem ihnen das Leben verleidet ist, daraus abnehmen, bis wie weit sie sein Bild verfälscht, verdünnt, verjenseitigt, vergöttlicht zu sehn wünschen, – man könnte die *homines religiosi* mit unter die Künstler rechnen, als ihren *höchsten* Rang. Es ist die tiefe argwöhnische Furcht vor einem unheilbaren Pessimismus, der ganze Jahrtausende zwingt, sich mit den Zähnen in eine religiöse Interpretation des Daseins zu verbeißen: die Furcht jenes Instinktes, welcher ahnt, daß man der Wahrheit *zu früh* habhaft werden könnte, ehe der Mensch stark genug, hart genug, Künstler genug geworden ist ... Die Frömmigkeit, das »Leben in Gott«, mit diesem Blicke betrachtet, erschiene dabei als die feinste und letzte Ausgeburt der *Furcht* vor der Wahrheit, als Künstler-Anbetung und -Trunkenheit vor der konsequentesten aller Fälschungen, als der Wille zur Umkehrung der Wahrheit, zur Unwahrheit um jeden Preis. Vielleicht, daß es bis jetzt kein stärkeres Mittel gab, den Menschen selbst zu verschönern, als eben Frömmigkeit: durch sie kann der Mensch so sehr Kunst, Oberfläche, Farbenspiel, Güte werden, daß man an seinem Anblicke nicht mehr leidet. –

60

Den Menschen zu lieben *um Gottes willen* – das war bis jetzt das vornehmste und entlegenste Gefühl, das unter Menschen erreicht worden ist. Daß die Liebe zum Menschen ohne irgendeine heiligende Hinterabsicht eine Dummheit und Tierheit *mehr* ist, daß der Hang zu dieser Menschenliebe erst von einem höheren Hange sein Maß, seine Feinheit, wie Körnchen Salz und Stäubchen Ambra zu bekommen hat – welcher Mensch es auch war, der dies zuerst empfunden und »erlebt« hat, wie sehr auch seine Zunge gestolpert haben mag, als sie versuchte, solch eine Zartheit auszudrücken, er bleibe uns in alle Zeiten heilig und verehrenswert, als der Mensch, der am höchsten bisher geflogen und am schönsten sich verirrt hat!

61

Der Philosoph, wie *wir* ihn verstehen, wir freien Geister –, als der Mensch der umfänglichsten Verantwortlichkeit, der das Gewissen für die Gesamt-Entwicklung des Menschen hat: dieser Philosoph wird sich der Religionen zu seinem Züchtigungs- und Erziehungswerke bedienen, wie er sich der jeweiligen politischen und wirtschaftlichen Zustände bedienen wird. Der auslesende, züchtende, das heißt immer ebensowohl der zerstörende als der schöpferische und gestaltende Einfluß, welcher mit Hilfe der Religionen ausgeübt werden kann, ist je nach der Art Menschen, die unter ihren Bann und Schutz gestellt werden, ein vielfacher und verschiedner. Für die Starken, Unabhängigen, zum Befehlen Vorbereiteten und Vorbestimmten, in denen die Vernunft und Kunst einer regierenden Rasse leibhaft wird, ist Religion ein Mittel mehr, um Widerstände zu überwinden, um herrschen zu können: als ein Band, das Herrscher und Untertanen gemeinsam bindet und die Gewissen der letzteren, ihr Verborgnes und Innerlichstes, das sich gerne dem Gehorsam entziehn möchte, den ersteren verrät und überantwortet; und falls einzelne Naturen einer solchen vornehmen Herkunft, durch hohe Geistigkeit, einem abgezogneren und beschaulicheren Leben sich zuneigen und nur die feinste Artung des Herrschens (über ausgesuchte Jünger oder Ordensbrüder) sich vorbehalten, so kann Religion selbst als Mittel benutzt werden, sich Ruhe vor dem Lärm und der Mühsal des *gröberen* Regierens und Reinheit vor dem *notwendigen* Schmutz alles Politik-Machens zu schaffen. So verstanden es zum Beispiel die Brahmanen: mit Hilfe einer religiösen Organisation gaben sie sich die Macht, dem Volke seine Könige zu ernennen, während sie sich selber abseits und außerhalb hielten und fühlten, als die Menschen höherer und überköniglicher Aufgaben. Inzwischen gibt die Religion auch einem Teile der Beherrschten Anleitung und Gelegenheit, sich auf einstmaliges

Herrschen und Befehlen vorzubereiten, jenen langsam heraufkommenden Klassen und Ständen nämlich, in denen, durch glückliche Ehesitten, die Kraft und Lust des Willens, der Wille zur Selbstbeherrschung, immer im Steigen ist – ihnen bietet die Religion Anstöße und Versuchungen genug, die Wege zur höheren Geistigkeit zu gehn, die Gefühle der großen Selbstüberwindung, des Schweigens und der Einsamkeit zu erproben – Asketismus und Puritanismus sind fast unentbehrliche Erziehungs- und Veredlungsmittel, wenn eine Rasse über ihre Herkunft aus dem Pöbel Herr werden will und sich zur einstmaligen Herrschaft emporarbeitet. Den gewöhnlichen Menschen endlich, den allermeisten, welche zum Dienen und zum allgemeinen Nutzen da sind und nur insofern dasein *dürfen*, gibt die Religion eine unschätzbare Genügsamkeit mit ihrer Lage und Art, vielfachen Frieden des Herzens, eine Veredlung des Gehorsams, ein Glück und Leid mehr mit ihresgleichen und etwas von Verklärung und Verschönerung, etwas von Rechtfertigung des ganzen Alltags, der ganzen Niedrigkeit, der ganzen Halbtier-Armut ihrer Seele. Religion und religiöse Bedeutsamkeit des Lebens legt Sonnenglanz auf solche immer geplagte Menschen und macht ihnen selbst den eignen Anblick erträglich, sie wirkt, wie eine epikurische Philosophie auf Leidende höheren Ranges zu wirken pflegt, erquickend, verfeinernd, das Leiden gleichsam *ausnützend*, zuletzt gar heiligend und rechtfertigend. Vielleicht ist am Christentum und Buddhismus nichts so ehrwürdig als ihre Kunst, noch den Niedrigsten anzulehren, sich durch Frömmigkeit in eine höhere Schein-Ordnung der Dinge zu stellen und damit das Genügen an der wirklichen Ordnung, innerhalb deren sie hart genug leben – und gerade diese Härte tut not! – bei sich festzuhalten.

62

Zuletzt freilich, um solchen Religionen auch die schlimme Gegenrechnung zu machen und ihre unheimliche Gefährlichkeit ans Licht zu stellen – es bezahlt sich immer teuer und fürchterlich, wenn Religionen *nicht* als Züchtungs- und Erziehungsmittel in der Hand des Philosophen, sondern von sich aus und *souverän* walten, wenn sie selber letzte Zwecke und nicht Mittel neben andern Mitteln sein wollen. Es gibt bei dem Menschen wie bei jeder andern Tierart einen Überschuß von Mißratnen, Kranken, Entartenden, Gebrechlichen, notwendig Leidenden; die gelungnen Fälle sind auch beim Menschen immer die Ausnahme und sogar in Hinsicht darauf, daß der Mensch das *noch nicht festgestellte Tier* ist, die spärliche Ausnahme. Aber noch schlimmer: je höher geartet der Typus eines Menschen ist, der durch ihn dargestellt wird, um so mehr steigt noch die Unwahrscheinlichkeit, daß er *gerät*: das Zufällige, das Gesetz des Unsinns im gesamten Haushalte der Menschheit zeigt sich am erschrecklichsten in seiner zerstörerischen Wirkung auf die höheren Menschen, deren Lebensbedingungen fein, vielfach und schwer auszurechnen sind. Wie verhalten sich nun die genannten beiden größten Religionen zu diesem *Überschuß* der mißlungenen Fälle? Sie suchen zu erhalten, im Leben festzuhalten, was sich nur irgend halten läßt, ja sie nehmen grundsätzlich für sie Partei, als Religionen *für Leidende,* sie geben allen denen recht, welche am Leben wie an einer Krankheit leiden, und möchten es durchsetzen, daß jede andre Empfindung des Lebens als falsch gelte und unmöglich werde. Möchte man diese schonende und erhaltende Fürsorge, insofern sie neben allen andern auch dem höchsten, bisher fast immer auch leidendsten Typus des Menschen gilt und galt, noch so hoch anschlagen: in der Gesamt-Abrechnung gehören die bisherigen, nämlich *souveränen* Religionen zu den Hauptursachen, welche den Typus »Mensch« auf einer niedrigeren Stufe festhielten – sie erhielten zu viel von dem, *was zugrunde gehn sollte.* Man hat ihnen Unschätzbares zu danken, und wer ist reich genug an Dankbarkeit, um nicht vor alledem arm zu werden, was zum Beispiel die »geistlichen Menschen« des Christentums bisher für Europa getan haben! Und doch, wenn sie den Leidenden Trost, den Unterdrückten und Verzweifelnden Mut, den Unselbständigen einen Stab und Halt gaben und die Innerlich-Zerstörten und Wild-Gewordnen von der Gesellschaft weg in Klöster und seelische Zuchthäuser lockten: was mußten sie außerdem tun, um mit gutem Gewissen dergestalt grundsätzlich an der Erhaltung alles Kranken und Leidenden, das heißt in Tat und Wahrheit an der *Verschlechterung der europäischen Rasse* zu arbeiten? Alle Wertschätzungen *auf den Kopf* stellen – *das* mußten sie! Und die Starken zerbrechen, die großen Hoffnungen ankränkeln, das Glück in der Schönheit verdächtigen, alles Selbstherrliche, Männliche, Erobernde, Herrschsüchtige, alle Instinkte, welche dem höchsten und wohlgeratensten Typus »Mensch« zu eigen sind, in Unsicherheit, Gewissens-Not, Selbstzerstörung umknicken, ja die ganze Liebe zum Irdischen und zur Herrschaft über die Erde in Haß gegen die Erde und das Irdische verkehren – *das* stellte sich die Kirche zur Aufgabe und mußte es sich stellen, bis für ihre Schätzung endlich »Entweltlichung«, »Entsinnlichung« und »höherer Mensch« in *ein* Gefühl zusammenschmolzen. Gesetzt, daß man mit dem spöttischen und unbeteiligten Auge eines epikurischen Gottes die wunderlich schmerzliche und ebenso grobe wie feine Komödie des europäischen Christentums zu überschauen vermöchte, ich glaube, man fände kein Ende mehr, zu staunen und zu lachen: scheint es denn nicht, daß *ein* Wille über Europa durch achtzehn Jahrhunderte geherrscht hat, aus dem Menschen eine *sublime Mißgeburt* zu machen? Wer aber mit umgekehrten Bedürfnissen, nicht epikurisch mehr, sondern mit irgendeinem göttlichen Hammer in der Hand auf diese fast willkürliche Entartung und Verkümmerung des Menschen zuträte, wie sie der christliche Europäer ist (Pascal zum Beispiel), müßte er da nicht mit Grimm, mit Mitleid, mit Entsetzen schreien: »O ihr Tölpel, ihr anmaßenden mitleidigen Tölpel, was habt ihr da gemacht! War das eine Arbeit für eure Hände! Wie habt ihr mir meinen schönsten Stein verhauen und verhunzt! Was nahmt *ihr* euch heraus!« – Ich wollte sagen: das Christentum war bisher die verhängnisvollste Art von Selbst-Überhebung. Menschen, nicht hoch und hart genug, um *am Menschen* als Künstler gestalten zu dürfen; Menschen, nicht stark und fernsichtig genug, um, mit einer erhabenen Selbst-Bezwingung, das Vordergrund-Gesetz des tausendfältigen Mißratens und Zugrundegehns walten zu *lassen*; Menschen, nicht vornehm genug, um die abgründlich verschiedne Rangordnung und Rangkluft zwischen Mensch und Mensch zu sehn – *solche* Menschen haben, mit ihrem »Gleich vor Gott«, bisher über dem Schicksal Europas gewaltet, bis endlich eine verkleinerte, fast lächerliche Art, ein Herdentier, etwas Gutwilliges, Kränkliches und Mittelmäßiges herangezüchtet ist, der heutige Europäer ...

VIERTES HAUPTSTÜCK

SPRÜCHE UND ZWISCHENSPIELE

63

Wer von Grund aus Lehrer ist, nimmt alle Dinge nur in bezug auf seine Schüler ernst – sogar sich selbst.

64

»Die Erkenntnis um ihrer selbst willen« – das ist der letzte Fallstrick, den die Moral legt: damit verwickelt man sich noch einmal völlig in sie.

65

Der Reiz der Erkenntnis wäre gering, wenn nicht auf dem Wege zu ihr so viel Scham zu überwinden wäre.

65 a

Man ist am unehrlichsten gegen seinen Gott: er *darf* nicht sündigen!

66

Die Neigung, sich herabzusetzen, sich bestehlen, belügen und ausbeuten zu lassen, könnte die Scham eines Gottes unter Menschen sein.

67

Die Liebe zu *einem* ist eine Barbarei: denn sie wird auf Unkosten aller übrigen ausgeübt. Auch die Liebe zu Gott.

68

»Das habe ich getan«, sagt mein Gedächtnis. »Das kann ich nicht getan haben« – sagt mein Stolz und bleibt unerbittlich. Endlich – gibt das Gedächtnis nach.

69

Man hat schlecht dem Leben zugeschaut, wenn man nicht auch die Hand gesehn hat, die auf eine schonende Weise – tötet.

70

Hat man Charakter, so hat man auch sein typisches Erlebnis, das immer wiederkommt.

71

Der Weise als Astronom. – Solange du noch die Sterne fühlst als ein »Über-dir«, fehlt dir noch der Blick des Erkennenden.

72

Nicht die Stärke, sondern die Dauer der hohen Empfindung macht die hohen Menschen.

73

Wer sein Ideal erreicht, kommt eben damit über dasselbe hinaus.

73a

Mancher Pfau verdeckt vor aller Augen seinen Pfauenschweif – und heißt es seinen Stolz.

74

Ein Mensch mit Genie ist unausstehlich, wenn er nicht mindestens noch zweierlei dazu besitzt: Dankbarkeit und Reinlichkeit.

75

Grad und Art der Geschlechtlichkeit eines Menschen reicht bis in den letzten Gipfel seines Geistes hinauf.

76

Unter friedlichen Umständen fällt der kriegerische Mensch über sich selber her.

77

Mit seinen Grundsätzen will man seine Gewohnheiten tyrannisieren oder rechtfertigen oder ehren oder beschimpfen oder verbergen – zwei Menschen mit gleichen Grundsätzen wollen damit wahrscheinlich noch etwas Grund-Verschiednes.

78

Wer sich selbst verachtet, achtet sich doch immer noch dabei als Verächter.

79

Eine Seele, die sich geliebt weiß, aber selbst nicht liebt, verrät ihren Bodensatz – ihr Unterstes kommt herauf.

80

Eine Sache, die sich aufklärt, hört auf, uns etwas anzugehn. – Was meinte jener Gott, welcher anriet: »Erkenne dich selbst!« Hieß es vielleicht: »Höre auf, dich etwas anzugehn! werde objektiv!« – Und Sokrates? – Und der »wissenschaftliche Mensch«? –

81

Es ist furchtbar, im Meere vor Durst zu sterben. Müßt ihr denn gleich eure Wahrheit so salzen, daß sie nicht einmal mehr – den Durst löscht?

82

»Mitleiden mit allen« – wäre Härte und Tyrannei mit *dir*, mein Herr Nachbar! –

83

Der Instinkt. – Wenn das Haus brennt, vergißt man sogar das Mittagsessen. – Ja: aber man holt es auf der Asche nach.

84

Das Weib lernt hassen, in dem Maße, in dem es zu bezaubern – verlernt.

85

Die gleichen Affekte sind bei Mann und Weib doch im Tempo verschieden: deshalb hören Mann und Weib nicht auf, sich mißzuverstehn.

86

Die Weiber selber haben im Hintergrunde aller persönlichen Eitelkeit immer noch ihre unpersönliche Verachtung – für »das Weib«. –

87

Gebunden Herz, freier Geist. – Wenn man sein Herz hart bindet und gefangenlegt, kann man seinem Geist viele Freiheiten geben: ich sagte das schon einmal. Aber man glaubt mir's nicht, gesetzt, daß man's nicht schon weiß ...

88

Sehr klugen Personen fängt man an zu mißtrauen, wenn sie verlegen werden.

89

Fürchterliche Erlebnisse geben zu raten, ob der, welcher sie erlebt, nicht etwas Fürchterliches ist.

90

Schwere, schwermütige Menschen werden gerade durch das, was andre schwer macht, durch Haß und Liebe, leichter und kommen zeitweilig an ihre Oberfläche.

91

So kalt, so eisig, daß man sich an ihm die Finger verbrennt! Jede Hand erschrickt, die ihn anfaßt! – Und gerade darum halten manche ihn für glühend.

92

Wer hat nicht für seinen guten Ruf schon einmal – sich selbst geopfert? –

93

In der Leutseligkeit ist nichts von Menschenhaß, aber eben darum allzuviel von Menschenverachtung.

94

Reife des Mannes: das heißt den Ernst wiedergefunden haben, den man als Kind hatte, beim Spiel.

95

Sich seiner Unmoralität schämen: das ist eine Stufe auf der Treppe, an deren Ende man sich auch seiner Moralität schämt.

96

Man soll vom Leben scheiden wie Odysseus von Nausikaa schied – mehr segnend als verliebt.

97

Wie? Ein großer Mann? Ich sehe immer nur den Schauspieler seines eignen Ideals.

98

Wenn man sein Gewissen dressiert, so küßt es uns zugleich, indem es beißt.

99

Der Enttäuschte spricht. – »Ich horchte auf Widerhall, und ich hörte nur Lob –«

100

Vor uns selbst stellen wir uns alle einfältiger, als wir sind: wir ruhen uns so von unsern Mitmenschen aus.

101

Heute möchte sich ein Erkennender leicht als Tierwerdung Gottes fühlen.

102

Gegenliebe entdecken sollte eigentlich den Liebenden über das geliebte Wesen ernüchtern. »Wie? *es* ist bescheiden genug, sogar dich zu lieben? Oder dumm genug? Oder – oder –«

103

Die Gefahr im Glücke. – »Nun gereicht mir alles zum besten, nunmehr liebe ich jedes Schicksal – wer hat Lust, mein Schicksal zu sein?«

104

Nicht ihre Menschenliebe, sondern die Ohnmacht ihrer Menschenliebe hindert die Christen von heute, uns – zu verbrennen.

105

Dem freien Geiste, dem »Frommen der Erkenntnis« – geht die *pia fraus* noch mehr wider den Geschmack (wider *seine* »Frömmigkeit«) als die *impia fraus*. Daher sein tiefer Unverstand gegen die Kirche, wie er zum Typus »freier Geist« gehört – als *seine* Unfreiheit.

106

Vermöge der Musik genießen sich die Leidenschaften selbst.

107

Wenn der Entschluß einmal gefaßt ist, das Ohr auch für den besten Gegengrund zuzuschließen: Zeichen des starken Charakters. Also ein gelegentlicher Wille zur Dummheit.

108

Es gibt gar keine moralischen Phänomene, sondern nur eine moralische Ausdeutung von Phänomenen ...

109

Der Verbrecher ist häufig genug seiner Tat nicht gewachsen: er verkleinert und verleumdet sie.

110

Die Advokaten eines Verbrechers sind selten Artisten genug, um das schöne Schreckliche der Tat zugunsten ihres Täters zu wenden.

111

Unsre Eitelkeit ist gerade dann am schwersten zu verletzen, wenn eben unser Stolz verletzt wurde.

112

Wer sich zum Schauen und nicht zum Glauben vorherbestimmt fühlt, dem sind alle Gläubigen zu lärmend und zudringlich: er erwehrt sich ihrer.

113

»Du willst ihn für dich einnehmen? So stelle dich vor ihm verlegen –«

114

Die ungeheure Erwartung in betreff der Geschlechtsliebe und die Scham in dieser Erwartung, verdirbt den Frauen von vornherein alle Perspektiven.

115

Wo nicht Liebe oder Haß mitspielt, spielt das Weib mittelmäßig.

116

Die großen Epochen unsres Lebens liegen dort, wo wir den Mut gewinnen, unser Böses als unser Bestes umzutaufen.

117

Der Wille, einen Affekt zu überwinden, ist zuletzt doch nur der Wille eines andern oder mehrerer andrer Affekte.

118

Es gibt eine Unschuld der Bewunderung: der hat sie, dem es noch nicht in den Sinn gekommen ist, auch er könne einmal bewundert werden.

119

Der Ekel vor dem Schmutze kann so groß sein, daß er uns hindert, uns zu reinigen – uns zu »rechtfertigen«.

120

Die Sinnlichkeit übereilt oft das Wachstum der Liebe, so daß die Wurzel schwach bleibt und leicht auszureißen ist.

121

Es ist eine Feinheit, daß Gott griechisch lernte, als er Schriftsteller werden wollte – und daß er es nicht besser lernte.

122

Sich über ein Lob freuen ist bei manchem nur eine Höflichkeit des Herzens – und gerade das Gegenstück einer Eitelkeit des Geistes.

123

Auch das Konkubinat ist korrumpiert worden: – durch die Ehe.

124

Wer auf dem Scheiterhaufen noch frohlockt, triumphiert nicht über den Schmerz, sondern darüber, keinen Schmerz zu fühlen, wo er ihn erwartete. Ein Gleichnis.

125

Wenn wir über jemanden umlernen müssen, so rechnen wir ihm die Unbequemlichkeit hart an, die er uns damit macht.

126

Ein Volk ist der Umschweif der Natur, um zu sechs, sieben großen Männern zu kommen. – Ja: und um dann um sie herumzukommen.

127

Allen rechten Frauen geht Wissenschaft wider die Scham. Es ist ihnen dabei zumute, als ob man damit ihnen unter die Haut – schlimmer noch! unter Kleid und Putz gucken wolle.

128

Je abstrakter die Wahrheit ist, die du lehren willst, um so mehr mußt du noch die Sinne zu ihr verführen.

129

Der Teufel hat die weitesten Perspektiven für Gott, deshalb hält er sich von ihm so fern – der Teufel nämlich als der älteste Freund der Erkenntnis.

130

Was jemand *ist,* fängt an, sich zu verraten, wenn sein Talent nachläßt – wenn er aufhört, zu zeigen, was er *kann.* Das Talent ist auch ein Putz; ein Putz ist auch ein Versteck.

131

Die Geschlechter täuschen sich übereinander: das macht, sie ehren und lieben im Grunde nur sich selbst (oder ihr eignes Ideal, um es gefälliger auszudrücken –). So will der Mann das Weib friedlich – aber gerade das Weib ist *wesentlich* unfriedlich, gleich der Katze, so gut es sich auch auf den Anschein des Friedens eingeübt hat.

132

Man wird am besten für seine Tugenden bestraft.

133

Wer den Weg zu *seinem* Ideale nicht zu finden weiß, lebt leichtsinniger und frecher als der Mensch ohne Ideal.

134

Von den Sinnen her kommt erst alle Glaubwürdigkeit, alles gute Gewissen, aller Augenschein der Wahrheit.

135

Der Pharisäismus ist nicht eine Entartung am guten Menschen: ein gutes Stück davon ist vielmehr die Bedingung von allem Gut-sein.

136

Der eine sucht einen Geburtshelfer für seine Gedanken, der andre einen, dem er helfen kann: so entsteht ein gutes Gespräch.

137

Im Verkehre mit Gelehrten und Künstlern verrechnet man sich leicht in umgekehrter Richtung: man findet hinter einem merkwürdigen Gelehrten nicht selten einen mittelmäßigen Menschen, und hinter einem mittelmäßigen Künstler sogar oft – einen sehr merkwürdigen Menschen.

138

Wir machen es auch im Wachen wie im Traume: wir erfinden und erdichten erst den Menschen, mit dem wir verkehren – und vergessen es sofort.

139

In der Rache und in der Liebe ist das Weib barbarischer als der Mann.

140

Rat als Rätsel. – »Soll das Band nicht reißen – mußt du erst drauf beißen.«

141

Der Unterleib ist der Grund dafür, daß der Mensch sich nicht so leicht für einen Gott hält.

142

Das züchtigste Wort, das ich gehört habe: »*Dans le véritable amour c'est l'âme, qui enveloppe le corps.*«

143

Was wir am besten tun, von dem möchte unsre Eitelkeit, daß es gerade als das gelte, was uns am schwersten werde. Zum Ursprung mancher Moral.

144

Wenn ein Weib gelehrte Neigungen hat, so ist gewöhnlich etwas an ihrer Geschlechtlichkeit nicht in Ordnung. Schon Unfruchtbarkeit disponiert zu einer gewissen Männlichkeit des Geschmacks; der Mann ist nämlich, mit Verlaub, »das unfruchtbare Tier«.

145

Mann und Weib im ganzen verglichen, darf man sagen: das Weib hätte nicht das Genie des Putzes, wenn es nicht den Instinkt der *zweiten* Rolle hätte.

146

Wer mit Ungeheuern kämpft, mag zusehn, daß er nicht dabei zum Ungeheuer wird. Und wenn du lange in einen Abgrund blickst, blickt der Abgrund auch in dich hinein.

147

Aus alten florentinischen Novellen, überdies – aus dem Leben: *buona femmina e mala femmina vuol bastone.* Sacchetti Nov. 86.

148

Den Nächsten zu einer guten Meinung verführen und hinterdrein an diese Meinung des Nächsten gläubig glauben: wer tut es in diesem Kunststück den Weibern gleich? –

149

Was eine Zeit als böse empfindet, ist gewöhnlich ein unzeitgemäßer Nachschlag dessen, was ehemals als gut empfunden wurde – der Atavismus eines älteren Ideals.

150

Um den Helden herum wird alles zur Tragödie, um den Halbgott herum alles zum Satyrspiel; und um Gott herum wird alles – wie? vielleicht zur »Welt«? –

151

Ein Talent haben ist nicht genug: man muß auch eure Erlaubnis dazu haben – wie? meine Freunde?

152

»Wo der Baum der Erkenntnis steht, ist immer das Paradies«: so reden die ältesten und die jüngsten Schlangen.

153

Was aus Liebe getan wird, geschieht immer jenseits von Gut und Böse.

154

Der Einwand, der Seitensprung, das fröhliche Mißtrauen, die Spottlust sind Anzeichen der Gesundheit: alles Unbedingte gehört in die Pathologie.

155

Der Sinn für das Tragische nimmt mit der Sinnlichkeit ab und zu.

156

Der Irrsinn ist bei einzelnen etwas Seltenes – aber bei Gruppen, Parteien, Völkern, Zeiten die Regel.

157

Der Gedanke an den Selbstmord ist ein starkes Trostmittel: mit ihm kommt man gut über manche böse Nacht hinweg.

158

Unserm stärksten Triebe, dem Tyrannen in uns, unterwirft sich nicht nur unsre Vernunft, sondern auch unser Gewissen.

159

Man *muß* vergelten, Gutes und Schlimmes: aber warum gerade an der Person, die uns Gutes oder Schlimmes tat?

160

Man liebt seine Erkenntnis nicht genug mehr, sobald man sie mitteilt.

161

Die Dichter sind gegen ihre Erlebnisse schamlos: sie beuten sie aus.

162

»Unser Nächster ist nicht unser Nachbar, sondern dessen Nachbar« – so denkt jedes Volk.

163

Die Liebe bringt die hohen und verborgnen Eigenschaften eines Liebenden ans Licht – sein Seltnes, Ausnahmsweises: insofern täuscht sie leicht über das, was Regel an ihm ist.

164

Jesus sagte zu seinen Juden: »das Gesetz war für Knechte – liebt Gott, wie ich ihn liebe, als sein Sohn! Was geht uns Söhne Gottes die Moral an!« –

165

Angesichts jeder Partei. – Ein Hirt hat immer auch noch einen Leithammel nötig – oder er muß selbst gelegentlich Hammel sein.

166

Man lügt wohl mit dem Munde, aber mit dem Maule, das man dabei macht, sagt man doch noch die Wahrheit.

167

Bei harten Menschen ist die Innigkeit eine Sache der Scham – und etwas Kostbares.

168

Das Christentum gab dem Eros Gift zu trinken – er starb zwar nicht daran, aber entartete, zum Laster.

169

Viel von sich reden kann auch ein Mittel sein, sich zu verbergen.

170

Im Lobe ist mehr Zudringlichkeit als im Tadel.

171

Mitleiden wirkt an einem Menschen der Erkenntnis beinahe zum Lachen, wie zarte Hände an einem Zyklopen.

172

Man umarmt aus Menschenliebe bisweilen einen Beliebigen (weil man nicht alle umarmen kann): aber gerade das darf man dem Beliebigen nicht verraten ...

173

Man haßt nicht, solange man noch gering schätzt, sondern erst, wenn man gleich oder höher schätzt.

174

Ihr Utilitarier, auch ihr liebt alles *utile* nur als ein *Fuhrwerk* eurer Neigungen – auch ihr findet eigentlich den Lärm seiner Räder unausstehlich?

175

Man liebt zuletzt seine Begierde, und nicht das Begehrte.

176

Die Eitelkeit andrer geht uns nur dann wider den Geschmack, wenn sie wider unsre Eitelkeit geht.

177

Über das, was »Wahrhaftigkeit« ist, war vielleicht noch niemand wahrhaftig genug.

178

Klugen Menschen glaubt man ihre Torheiten nicht: welche Einbuße an Menschenrechten!

179

Die Folgen unsrer Handlungen fassen uns am Schopfe, sehr gleichgültig dagegen, daß wir uns inzwischen »gebessert« haben.

180

Es gibt eine Unschuld in der Lüge, welche das Zeichen des guten Glaubens an eine Sache ist.

181

Es ist unmenschlich, da zu segnen, wo einem geflucht wird.

182

Die Vertraulichkeit des Überlegnen erbittert, weil sie nicht zurückgegeben werden darf. –

183

»Nicht daß du mich belogst, sondern daß ich dir nicht mehr glaube, hat mich erschüttert« –

184

Es gibt einen Übermut der Güte, welcher sich wie Bosheit ausnimmt.

185

»Es mißfällt mir.« – Warum? – »Ich bin ihm nicht gewachsen.« – Hat je ein Mensch so geantwortet?

FÜNFTES HAUPTSTÜCK

ZUR NATURGESCHICHTE DER MORAL

186

Die moralische Empfindung ist jetzt in Europa ebenso fein, spät, vielfach, reizbar, raffiniert, als die dazugehörige »Wissenschaft der Moral« noch jung, anfängerhaft, plump und grobfingrig ist – ein anziehender Gegensatz, der bisweilen in der Person eines Moralisten selbst sichtbar und leibhaft wird. Schon das Wort »Wissenschaft der Moral« ist in Hinsicht auf das, was damit bezeichnet wird, viel zu hochmütig und wider den *guten* Geschmack: welcher immer ein Vorgeschmack für die bescheidneren Worte zu sein pflegt. Man sollte, in aller Strenge, sich eingestehn, *was* hier auf lange hinaus noch nottut, *was* vorläufig allein Recht hat: nämlich Sammlung des Materials, begriffliche Fassung und Zusammenordnung eines ungeheuren Reichs zarter Wertgefühle und Wertunterschiede, welche leben, wachsen, zeugen und zugrunde gehn – und, vielleicht, Versuche, die wiederkehrenden und häufigeren Gestaltungen dieser lebenden Kristallisation anschaulich zu machen – als Vorbereitung zu einer *Typenlehre* der Moral. Freilich: man war bisher nicht so bescheiden. Die Philosophen allesamt forderten, mit einem steifen Ernste, der lachen macht, von sich etwas sehr viel Höheres, Anspruchsvolleres, Feierlicheres, sobald sie sich mit der Moral als Wissenschaft befaßten: sie wollten die *Begründung* der Moral – und jeder Philosoph hat bisher geglaubt, die Moral begründet zu haben; die Moral selbst aber galt als »gegeben«. Wie ferne lag ihrem plumpen Stolze jene unscheinbar dünkende und in Staub und Moder belassene Aufgabe einer Beschreibung, obwohl für sie kaum die feinsten Hände und Sinne fein genug sein könnten! Gerade dadurch, daß die Moral-Philosophen die moralischen Fakta nur gröblich, in einem willkürlichen Auszuge oder als zufällige Abkürzung kannten, etwa als Moralität ihrer Umgebung, ihres Standes, ihrer Kirche, ihres Zeitgeistes, ihres Klimas und Erdstriches – gerade dadurch, daß sie in Hinsicht auf Völker, Zeiten, Vergangenheiten schlecht unterrichtet und selbst wenig wißbegierig waren, bekamen sie die eigentlichen Probleme der Moral gar nicht zu Gesichte – als welche alle erst bei einer Vergleichung *vieler* Moralen auftauchen. In aller bisherigen »Wissenschaft der Moral« *fehlte*, so wunderlich es klingen mag, noch das Problem der Moral selbst: es fehlte der Argwohn dafür, daß es hier etwas Problematisches gebe. Was die Philosophen »Begründung der Moral« nannten und von sich forderten, war, im rechten Lichte gesehn, nur eine gelehrte Form des guten *Glaubens* an die herrschende

Moral, ein neues Mittel ihres *Ausdrucks,* also ein Tatbestand selbst innerhalb einer bestimmten Moralität, ja sogar, im letzten Grunde, eine Art Leugnung, daß diese Moral als Problem gefaßt werden *dürfe* – und jedenfalls das Gegenstück einer Prüfung, Zerlegung, Anzweiflung, Vivisektion eben dieses Glaubens. Man höre zum Beispiel, mit welcher beinahe verehrenswürdigen Unschuld noch Schopenhauer seine eigene Aufgabe hinstellt, und man mache seine Schlüsse über die Wissenschaftlichkeit einer »Wissenschaft«, deren letzte Meister noch wie die Kinder und die alten Weibchen reden: – »das Prinzip« sagt er (S. *137* der Grundprobleme der Ethik), »der Grundsatz, über dessen Inhalt alle Ethiker *eigentlich* einig sind: *neminem laede, immo omnes, quantum potes, juva* – das ist *eigentlich* der Satz, welchen zu begründen alle Sittenlehrer sich abmühen ... das *eigentliche* Fundament der Ethik, welches man wie den Stein der Weisen seit Jahrtausenden sucht.« – Die Schwierigkeit, den angeführten Satz zu begründen, mag freilich groß sein – bekanntlich ist es auch Schopenhauern damit nicht geglückt –; und wer einmal gründlich nachgefühlt hat, wie abgeschmackt – falsch und sentimental dieser Satz ist, in einer Welt, deren Essenz Wille zur Macht ist –, der mag sich daran erinnern lassen, daß Schopenhauer, obschon Pessimist, *eigentlich* – die Flöte blies ... Täglich, nach Tisch: man lese hierüber seinen Biographen. Und beiläufig gefragt: ein Pessimist, ein Gott- und Welt-Verneiner, der vor der Moral *haltmacht* – der zur Moral ja sagt und Flöte bläst, zur *laede-neminem*-Moral: wie? ist das eigentlich – ein Pessimist?

187

Abgesehen noch vom Werte solcher Behauptungen wie »es gibt in uns einen kategorischen Imperativ«, kann man immer noch fragen: was sagt eine solche Behauptung von dem sie Behauptenden aus? Es gibt Moralen, welche ihren Urheber vor andern rechtfertigen sollen; andre Moralen sollen ihn beruhigen und mit sich zufrieden stimmen; mit andern will er sich selbst ans Kreuz schlagen und demütigen; mit andern will er Rache üben, mit andern sich verstecken, mit andern sich verklären und hinaus, in die Höhe und Ferne setzen; diese Moral dient ihrem Urheber, um zu vergessen, jene, um sich oder etwas von sich vergessen zu machen; mancher Moralist möchte an der Menschheit Macht und schöpferische Laune ausüben; manch andrer, vielleicht gerade auch Kant, gibt mit seiner Moral zu verstehn: »was an mir achtbar ist, das ist, daß ich gehorchen kann – und bei euch *soll* es nicht anders stehn als bei mir!« – kurz, die Moralen sind auch nur eine *Zeichensprache der Affekte.*

188

Jede Moral ist, im Gegensatz zum *laisser aller*, ein Stück Tyrannei gegen die »Natur«, auch gegen die »Vernunft«: das ist aber noch kein Einwand gegen sie, man müßte denn selbst schon wieder von irgendeiner Moral aus dekretieren, daß alle Art Tyrannei und Unvernunft unerlaubt sei. Das Wesentliche und Unschätzbare an jeder Moral ist, daß sie ein langer Zwang ist: um den Stoizismus oder Port-Royal oder das Puritanertum zu verstehn, mag man sich des Zwangs erinnern, unter dem bisher jede Sprache es zur Stärke und Freiheit gebracht – des metrischen Zwangs, der Tyrannei von Reim und Rhythmus. Wieviel Not haben sich in jedem Volke die Dichter und die Redner gemacht! – einige Prosaschreiber von heute nicht ausgenommen, in deren Ohr ein unerbittliches Gewissen wohnt – »um einer Torheit willen«, wie utilitarische Tölpel sagen, welche sich damit klug dünken, – »aus Unterwürfigkeit gegen Willkür-Gesetze«, wie die Anarchisten sagen, die sich damit »frei«, selbst freigeistisch wähnen. Der wunderliche Tatbestand ist aber, daß alles, was es von Freiheit, Feinheit, Kühnheit, Tanz und meisterlicher Sicherheit auf Erden gibt oder gegeben hat, sei es nun in dem Denken selbst, oder im Regieren, oder im Reden und Überreden, in den Künsten ebenso wie in den Sittlichkeiten, sich erst vermöge der »Tyrannei solcher Willkür-Gesetze« entwickelt hat; und allen Ernstes, die Wahrscheinlichkeit dafür ist nicht gering, daß gerade dies »Natur« und »natürlich« sei – und *nicht* jenes *laisser aller!* Jeder Künstler weiß, wie fern vom Gefühl des Sichgehen-lassens sein »natürlichster« Zustand ist, das freie Ordnen, Setzen, Verfügen, Gestalten in den Augenblicken der »Inspiration« – und wie streng und fein er gerade da tausendfältigen Gesetzen gehorcht, die aller Formulierung durch Begriffe gerade auf Grund ihrer Härte und Bestimmtheit spotten (auch der festeste Begriff hat, dagegen gehalten, etwas Schwimmendes, Vielfaches, Vieldeutiges –). Das Wesentliche, »im Himmel und auf Erden«, wie es scheint, ist, nochmals gesagt, daß lange und in *einer* Richtung *gehorcht* werde: dabei kommt und kam auf die Dauer immer etwas heraus, dessentwillen es sich lohnt, auf Erden zu leben, zum Beispiel Tugend, Kunst, Musik, Tanz, Vernunft, Geistigkeit – irgend etwas Verklärendes, Raffiniertes, Tolles und Göttliches. Die lange Unfreiheit des Geistes, der mißtrauische Zwang in der Mitteilbarkeit der Gedanken, die Zucht, welche sich der Denker auferlegte, innerhalb einer kirchlichen und höfischen Richtschnur oder unter aristotelischen Voraussetzungen zu denken, der lange geistige Wille, alles, was geschieht, nach einem christlichen Schema auszulegen und den christlichen Gott noch in jedem Zufalle wiederzuentdecken und zu rechtfertigen – all dies Gewaltsame, Willkürliche, Harte, Schauerliche, Widervernünftige hat sich als das Mittel herausgestellt, durch welches dem europäischen Geiste seine Stärke, seine rücksichtslose

Neugierde und feine Beweglichkeit angezüchtet wurde: zugegeben, daß dabei ebenfalls unersetzbar viel an Kraft und Geist erdrückt, erstickt und verdorben werden mußte (denn hier wie überall zeigt sich »die Natur«, wie sie ist, in ihrer ganzen verschwenderischen und *gleichgültigen* Großartigkeit, welche empört, aber vornehm ist). Daß jahrtausendelang die europäischen Denker nur dachten, um etwas zu beweisen – heute ist uns umgekehrt jeder Denker verdächtig, der »etwas beweisen will« –, daß ihnen bereits immer feststand, was als Resultat ihres strengsten Nachdenkens herauskommen *sollte*, etwa wie ehemals bei der asiatischen Astrologie oder wie heute noch bei der harmlosen christlich-moralischen Auslegung der nächsten persönlichen Ereignisse »zu Ehren Gottes« und »zum Heil der Seele« – diese Tyrannei, diese Willkür, diese strenge und grandiose Dummheit hat den Geist *erzogen*; die Sklaverei ist, wie es scheint, im gröberen und feineren Verstande das unentbehrliche Mittel auch der geistigen Zucht und Züchtung. Man mag jede Moral daraufhin ansehn: die »Natur« in ihr ist es, welche das *laisser aller*, die allzugroße Freiheit hassen lehrt und das Bedürfnis nach beschränkten Horizonten, nach nächsten Aufgaben pflanzt – welche die *Verengerung der Perspektive*, und also in gewissem Sinne die Dummheit, als eine Lebens- und Wachstums-Bedingung lehrt. »Du sollst gehorchen, irgendwem, und auf lange: *sonst* gehst du zugrunde und verlierst die letzte Achtung vor dir selbst« – dies scheint mir der moralische Imperativ der Natur zu sein, welcher freilich weder »kategorisch« ist, wie es der alte Kant von ihm verlangt (daher das »sonst« –), noch an den einzelnen sich wendet (was liegt ihr am einzelnen!), wohl aber an Völker, Rassen, Zeitalter, Stände, vor allem aber an das ganze Tier »Mensch«, an *den* Menschen.

189

Die arbeitsamen Rassen finden eine große Beschwerde darin, den Müßiggang zu ertragen: es war ein Meisterstück des *englischen* Instinktes, den Sonntag in dem Maße zu heiligen und zu langweiligen, daß der Engländer dabei wieder unvermerkt nach seinem Wochen- und Werktage lüstern wird – als eine Art klug erfundenen, klug eingeschalteten *Fastens*, wie dergleichen auch in der antiken Welt reichlich wahrzunehmen ist (wenn auch, wie billig bei südländischen Völkern, nicht gerade in Hinsicht auf Arbeit –). Es muß Fasten von vielerlei Art geben; und überall, wo mächtige Triebe und Gewohnheiten herrschen, haben die Gesetzgeber dafür zu sorgen, Schalttage einzuschieben, an denen solch ein Trieb in Ketten gelegt wird und wieder einmal hungern lernt. Von einem höheren Orte aus gesehn, erscheinen ganze Geschlechter und Zeitalter, wenn sie mit irgendeinem moralischen Fanatismus behaftet auftreten, als solche eingelegte

Zwangs- und Fastenzeiten, während welchen ein Trieb sich ducken und niederwerfen, aber auch sich *reinigen* und *schärfen* lernt; auch einzelne philosophische Sekten (zum Beispiel die Stoa inmitten der hellenistischen Kultur und ihrer mit aphrodisischen Düften überladenen und geil gewordenen Luft) erlauben eine derartige Auslegung. – Hiermit ist auch ein Wink zur Erklärung jenes Paradoxons gegeben, warum gerade in der christlichen Periode Europas und überhaupt erst unter dem Druck christlicher Werturteile der Geschlechtstrieb sich bis zur Liebe (*amour-passion*) sublimiert hat.

190

Es gibt etwas in der Moral Platos, das nicht eigentlich zu Plato gehört, sondern sich nur an seiner Philosophie vorfindet, man könnte sagen, trotz Plato: nämlich der Sokratismus, für den er eigentlich zu vornehm war. »Keiner will sich selbst Schaden tun, daher geschieht alles Schlechte unfreiwillig. Denn der Schlechte fügt sich selbst Schaden zu: das würde er nicht tun, falls er wüßte, daß das Schlechte schlecht ist. Demgemäß ist der Schlechte nur aus einem Irrtum schlecht; nimmt man ihm seinen Irrtum, so macht man ihn notwendig – gut.« – Diese Art zu schließen riecht nach dem *Pöbel*, der am Schlechthandeln nur die leidigen Folgen ins Auge faßt und eigentlich urteilt »es ist *dumm*, schlecht zu handeln«; während er »gut« mit »nützlich und angenehm« ohne weiteres als identisch nimmt. Man darf bei jedem Utilitarismus der Moral von vornherein auf diesen gleichen Ursprung raten und seiner Nase folgen: man wird selten irre gehn. – Plato hat alles getan, um etwas Feines und Vornehmes in den Satz seines Lehrers hineinzuinterpretieren, vor allem sich selbst – er, der verwegenste aller Interpreten, der den ganzen Sokrates nur wie ein populäres Thema und Volkslied von der Gasse nahm, um es ins Unendliche und Unmögliche zu variieren: nämlich in alle seine eignen Masken und Vielfältigkeiten. Im Scherz gesprochen, und noch dazu homerisch: was ist denn der platonische Sokrates, wenn nicht

πρόσθε Πλάτων ὄπιθέν τε Πλάτων μέσση τε Χίμαιρα.

191

Das alte theologische Problem von »Glauben« und »Wissen« – oder, deutlicher, von Instinkt und Vernunft – also die Frage, ob in Hinsicht auf Wertschätzung der Dinge der Instinkt mehr Autorität verdiene als die Vernünftigkeit, welche nach Gründen, nach einem »Warum?«, also nach Zweckmäßigkeit und Nützlichkeit geschätzt und gehandelt wissen will – es ist immer noch jenes alte moralische Problem, wie es zuerst in der Person des Sokrates auftrat und lange vor dem Christentum schon die Geister gespaltet hat. Sokrates selbst hatte sich zwar mit dem Geschmack seines Talentes – dem eines überlegenen Dialektikers – zunächst auf Seiten der Vernunft gestellt; und in Wahrheit, was hat er sein Leben lang getan, als über die linkische Unfähigkeit seiner vornehmen Athener zu lachen, welche Menschen des Instinktes waren gleich allen vornehmen Menschen und niemals genügend über die Gründe ihres Handelns Auskunft geben konnten? Zuletzt aber, im stillen und geheimen, lachte er auch über sich selbst: er fand bei sich, vor seinem feineren Gewissen und Selbstverhör, die gleiche Schwierigkeit und Unfähigkeit. Wozu aber, redete er sich zu, sich deshalb von den Instinkten lösen! Man muß ihnen und *auch* der Vernunft zum Recht verhelfen – man muß den Instinkten folgen, aber die Vernunft überreden, ihnen dabei mit guten Gründen nachzuhelfen. Dies war die eigentliche *Falschheit* jenes großen geheimnisreichen Ironikers; er brachte sein Gewissen dahin, sich mit einer Art Selbstüberlistung zufriedenzugeben: im Grunde hatte er das Irrationale im moralischen Urteile durchschaut. – Plato, in solchen Dingen unschuldiger und ohne die Verschmitztheit des Plebejers, wollte mit Aufwand aller Kraft – der größten Kraft, die bisher ein Philosoph aufzuwenden hatte! – sich beweisen, daß Vernunft und Instinkt von selbst auf *ein* Ziel zugehen, auf das Gute, auf »Gott«; und seit Plato sind alle Theologen und Philosophen auf der gleichen Bahn – das heißt, in Dingen der Moral hat bisher der Instinkt, oder wie die Christen es nennen »der Glaube«, oder wie ich es nenne »die Herde« gesiegt. Man müßte denn Descartes ausnehmen, den Vater des Rationalismus (und folglich Großvater der Revolution), welcher der Vernunft allein Autorität zuerkannte: aber die Vernunft ist nur ein Werkzeug, und Descartes war oberflächlich.

192

Wer der Geschichte einer einzelnen Wissenschaft nachgegangen ist, der findet in ihrer Entwicklung einen Leitfaden zum Verständnis der ältesten und gemeinsten Vorgänge alles »Wissens und Erkennens«: dort wie hier sind die voreiligen Hypothesen, die Erdichtungen, der gute dumme Wille zum »Glauben«, der Mangel an Mißtrauen und Geduld zuerst entwickelt – unsre Sinne lernen es spät, und lernen es nie ganz, feine treue vorsichtige Organe der Erkenntnis zu sein. Unserm Auge fällt es bequemer, auf einen gegebnen Anlaß hin ein schon öfter erzeugtes Bild wieder zu erzeugen, als das Abweichende und Neue eines Eindrucks bei sich festzuhalten: letzteres braucht mehr Kraft, mehr »Moralität«. Etwas Neues hören ist dem Ohre peinlich und schwierig; fremde Musik hören wir schlecht.

Unwillkürlich versuchen wir, beim Hören einer andren Sprache, die gehörten Laute in Worte einzuformen, welche uns vertrauter und heimischer klingen: so machte sich zum Beispiel der Deutsche ehemals aus dem gehörten *arcubalista* das Wort Armbrust zurecht. Das Neue findet auch unsre Sinne feindlich und widerwillig; und überhaupt *herrschen* schon bei den »einfachsten« Vorgängen der Sinnlichkeit die Affekte, wie Furcht, Liebe, Haß, eingeschlossen die passiven Affekte der Faulheit. – So wenig ein Leser heute die einzelnen Worte (oder gar Silben) einer Seite sämtlich abliest – er nimmt vielmehr aus zwanzig Worten ungefähr fünf nach Zufall heraus und »errät« den zu diesen fünf Worten mutmaßlich zugehörigen Sinn –, ebensowenig sehen wir einen Baum genau und vollständig, in Hinsicht auf Blätter, Zweige, Farbe, Gestalt; es fällt uns so sehr viel leichter, ein Ungefähr von Baum hinzuphantasieren. Selbst inmitten der seltsamsten Erlebnisse machen wir es noch ebenso: wir erdichten uns den größten Teil des Erlebnisses und sind kaum dazu zu zwingen, *nicht* als »Erfinder« irgendeinem Vorgange zuzuschauen. Dies alles will sagen: wir sind von Grund aus, von alters her – *ans Lügen gewöhnt.* Oder, um es tugendhafter und heuchlerischer, kurz angenehmer auszudrücken: man ist viel mehr Künstler, als man weiß. – In einem lebhaften Gespräch sehe ich oftmals das Gesicht der Person, mit der ich rede, je nach dem Gedanken, den sie äußert, oder den ich bei ihr hervorgerufen glaube, so deutlich und feinbestimmt vor mir, daß dieser Grad von Deutlichkeit weit über die *Kraft* meines Sehvermögens hinausgeht – die Feinheit des Muskelspiels und des Augen-Ausdrucks *muß* also von mir hinzugedichtet sein. Wahrscheinlich machte die Person ein ganz andres Gesicht oder gar keins.

193

Quidquid luce fuit, tenebris agit: aber auch umgekehrt. Was wir im Traume erleben, vorausgesetzt, daß wir es oftmals erleben, gehört zuletzt so gut zum Gesamt-Haushalt unsrer Seele, wie irgend etwas »wirklich« Erlebtes: wir sind vermöge desselben reicher oder ärmer, haben ein Bedürfnis mehr oder weniger und werden schließlich am hellen lichten Tage, und selbst in den heitersten Augenblicken unsres wachen Geistes, ein wenig von den Gewöhnungen unsrer Träume gegängelt. Gesetzt, daß einer in seinen Träumen oftmals geflogen ist und endlich, sobald er träumt, sich einer Kraft und Kunst des Fliegens wie seines Vorrechtes bewußt wird, auch wie seines eigensten beneidenswerten Glücks: ein solcher, der jede Art von Bogen und Winkeln mit dem leisesten Impulse verwirklichen zu können glaubt, der das Gefühl einer gewissen göttlichen Leichtfertigkeit kennt, ein »nach Oben« ohne Spannung und Zwang, ein »nach Unten« ohne Herablassung und Erniedrigung – ohne *Schwere!* – wie sollte der Mensch solcher Traum-Erfahrungen und Traum-Gewohnheiten nicht endlich auch für seinen wachen Tag das Wort »Glück« anders gefärbt und bestimmt finden! wie sollte er nicht *anders* nach Glück – verlangen? »Aufschwung«, so wie dies von Dichtern beschrieben wird, muß ihm, gegen jenes »Fliegen« gehalten, schon zu erdenhaft, muskelhaft, gewaltsam, schon zu »schwer« sein.

194

Die Verschiedenheit der Menschen zeigt sich nicht nur in der Verschiedenheit ihrer Gütertafeln, also darin, daß sie verschiedne Güter für erstrebenswert halten und auch über das Mehr und Weniger des Wertes, über die Rangordnung der gemeinsam anerkannten Güter miteinander uneins sind – sie zeigt sich noch mehr in dem, was ihnen als wirkliches *Haben* und *Besitzen* eines Gutes gilt. In betreff eines Weibes zum Beispiel gilt dem Bescheideneren schon die Verfügung über den Leib und der Geschlechtsgenuß als ausreichendes und genugtuendes Anzeichen des Habens, des Besitzens; ein anderer, mit seinem argwöhnischeren und anspruchsvolleren Durste nach Besitz, sieht das »Fragezeichen«, das nur Scheinbare eines solchen Habens, und will feinere Proben, vor allem, um zu wissen, ob das Weib nicht nur ihm sich gibt, sondern auch für ihn läßt, was sie hat oder gerne hätte –: *so* erst gilt es ihm als »besessen«. Ein Dritter aber ist auch hier noch nicht am Ende seines Mißtrauens und Habenwollens, er fragt sich, ob das Weib, wenn es alles für ihn läßt, dies nicht etwa für ein Phantom von ihm tut: er will erst gründlich, ja abgründlich gut gekannt sein, um überhaupt geliebt werden zu können, er wagt es, sich erraten zu lassen –. Erst dann fühlt er die Geliebte völlig in seinem Besitze, wenn sie sich nicht mehr über ihn betrügt, wenn sie ihn um seiner Teufelei und versteckten Unersättlichkeit willen ebensosehr liebt als um seiner Güte, Geduld und Geistigkeit willen. Jener möchte ein Volk besitzen: und alle höheren Cagliostro- und Catilina-Künste sind ihm zu diesem Zwecke recht. Ein anderer, mit einem feineren Besitzdurste, sagt sich »man darf nicht betrügen, wo man besitzen will« –, er ist gereizt und ungeduldig bei der Vorstellung, daß eine Maske von ihm über das Herz des Volks gebietet: »also muß ich mich kennen *lassen* und, vorerst, mich selbst kennen!« Unter hilfreichen und wohltätigen Menschen findet man jene plumpe Arglist fast regelmäßig vor, welche sich den, dem geholfen werden soll, erst zurechtmacht: als ob er zum Beispiel Hilfe »verdiene«, gerade nach *ihrer* Hilfe verlange, und für alle Hilfe sich ihnen tief dankbar, anhänglich, unterwürfig beweisen werde – mit diesen Einbildungen verfügen sie über den Bedürftigen wie über ein Eigentum, wie sie aus einem Verlangen nach Eigentum überhaupt wohltätige und hilfreiche Menschen sind. Man findet sie eifersüchtig, wenn man sie beim Helfen kreuzt oder ihnen zuvorkommt. Die Eltern machen unwillkürlich aus dem Kinde etwas ihnen Ähnliches – sie nennen das »Erziehung« –, keine Mutter zweifelt im Grunde ihres Herzens daran, am Kinde sich ein Eigentum geboren zu haben, kein Vater bestreitet sich das Recht, es *seinen* Begriffen und Wertschätzungen unterwerfen zu dürfen. Ja, ehemals schien es den Vätern billig, über Leben und Tod des Neugebornen (wie unter den alten Deutschen) nach Gutdünken zu verfügen. Und wie der Vater, so sehen auch jetzt noch der Lehrer, der Stand, der Priester, der Fürst in jedem neuen Menschen eine unbedenkliche Gelegenheit zu neuem Besitze. Woraus folgt . . .

195

Die Juden – ein Volk, »geboren zur Sklaverei«, wie Tacitus und die ganze antike Welt sagt, »das auserwählte Volk unter den Völkern«, wie sie selbst sagen und glauben – die Juden haben jenes Wunderstück von Umkehrung der Werte zustande gebracht, dank welchem das Leben auf der Erde für ein paar Jahrtausende einen neuen und gefährlichen Reiz erhalten hat – ihre Propheten haben »reich«, »gottlos«, »böse«, »gewalttätig«, »sinnlich« in eins geschmolzen und zum ersten Male das Wort »Welt« zum Schandwort gemünzt. In dieser Umkehrung der Werte (zu der es gehört, das Wort für »Arm« als synonym mit »Heilig« und »Freund« zu brauchen) liegt die Bedeutung des jüdischen Volks: mit *ihm* beginnt der *Sklaven-Aufstand in der Moral.*

196

Es gibt unzählige dunkle Körper neben der Sonne zu *erschließen* – solche, die wir nie sehen werden. Das ist, unter uns gesagt, ein Gleichnis; und ein Moral-Psycholog liest die gesamte Sternenschrift nur als eine Gleichnis- und Zeichensprache, mit der sich vieles verschweigen läßt.

197

Man mißversteht das Raubtier und den Raubmenschen (zum Beispiele Cesare Borgia) gründlich, man mißversteht die »Natur«, solange man noch nach einer »Krankhaftigkeit« im Grunde dieser gesündesten aller tropischen Untiere und Gewächse sucht, oder gar nach einer ihnen eingebornen »Hölle« –: wie es bisher fast alle Moralisten getan haben. Es scheint, daß es bei den Moralisten einen Haß gegen den Urwald und gegen die Tropen gibt? Und daß der »tropische Mensch« um jeden Preis diskreditiert werden muß, sei es als Krankheit und Entartung des Menschen, sei es als eigne Hölle und Selbst-Marterung? Warum doch? Zugunsten der »gemäßigten Zonen«? Zugunsten der gemäßigten Menschen? Der »Moralischen«? Der Mittelmäßigen? – Dies zum Kapitel »Moral als Furchtsamkeit«.

198

Alle diese Moralen, die sich an die einzelne Person wenden, zum Zwecke ihres »Glückes«, wie es heißt – was sind sie anderes als Verhaltungs-Vorschläge im Verhältnis zum Grade der *Gefährlichkeit,* in welcher die einzelne Person mit sich selbst lebt; Rezepte gegen ihre Leidenschaften, ihre guten und schlimmen Hänge, sofern sie den Willen zur Macht haben und den Herrn spielen möchten; kleine und große Klugheiten und Künsteleien, behaftet mit dem Winkelgeruch alter Hausmittel und Altweiber-Weisheit; allesamt in der Form barock und unvernünftig – weil sie sich an »Alle« wenden, weil sie generalisieren, wo nicht generalisiert werden darf –, allesamt unbedingt redend, sich unbedingt nehmend, allesamt nicht nur mit *einem* Korne Salz gewürzt, vielmehr erst erträglich, und bisweilen sogar verführerisch, wenn sie überwürzt und gefährlich zu riechen lernen, vor allem »nach der anderen Welt«: das ist alles, intellektuell gemessen, wenig wert und noch lange nicht »Wissenschaft«, geschweige denn »Weisheit«, sondern, nochmals gesagt und dreimal gesagt, Klugheit, Klugheit, Klugheit, gemischt mit Dummheit, Dummheit, Dummheit – sei es nun jene Gleichgültigkeit und Bildsäulenkälte gegen die hitzige Narrheit der Affekte, welche die Stoiker anrieten und ankurierten; oder auch jenes Nicht-mehr-Lachen und Nicht-mehr-Weinen des Spinoza, seine so naiv befürwortete Zerstörung der Affekte durch Analysis und Vivisektion derselben; oder jene Herabstimmung der Affekte auf ein unschädliches Mittelmaß, bei welchem sie befriedigt werden dürfen, der Aristotelismus der Moral; selbst Moral als Genuß der Affekte in einer absichtlichen Verdünnung und Vergeistigung durch die Symbolik der Kunst, etwa als Musik, oder als Liebe zu Gott und zum Menschen um Gotteswillen – denn in der Religion haben die Leidenschaften wieder Bürgerrecht, vorausgesetzt daß ...; zuletzt selbst jene entgegenkommende und mutwillige Hingebung an die Affekte, wie sie Hafis und Goethe gelehrt haben, jenes kühne Fallen-lassen der Zügel, jene geistig-leibliche *licentia morum* in dem Ausnahmefalle alter weiser Käuze und Trunkenbolde, bei denen es »wenig Gefahr mehr hat«. Auch dies zum Kapitel »Moral als Furchtsamkeit«.

199

Insofern es zu allen Zeiten, solange es Menschen gibt, auch Menschenherden gegeben hat (Geschlechts-Verbände, Gemeinden, Stämme, Völker, Staaten, Kirchen) und immer sehr viel Gehorchende im Verhältnis zu der kleinen Zahl Befehlender – in Anbetracht also, daß Gehorsam bisher am besten und längsten unter Menschen geübt und gezüchtet worden ist, darf man billig voraussetzen, daß durchschnittlich jetzt einem jeden das Bedürfnis darnach angeboren ist, als eine Art *formalen Gewissens*, welches gebietet: »du sollst irgend etwas unbedingt tun, irgend etwas unbedingt lassen«, kurz »du sollst«. Dies Bedürfnis sucht sich zu sättigen und seine Form mit einem Inhalte zu füllen; es greift dabei, gemäß seiner Stärke, Ungeduld und Spannung, wenig wählerisch, als ein grober Appetit, zu und nimmt an, was ihm nur von irgendwelchen Befehlenden – Eltern, Lehrern, Gesetzen, Standesvorurteilen, öffentlichen Meinungen – ins Ohr gerufen wird. Die seltsame Beschränktheit der menschlichen Entwicklung, das Zögernde, Langwierige, oft Zurücklaufende und Sich-Drehende derselben beruht darauf, daß der Herden-Instinkt des Gehorsams am besten und auf Kosten der Kunst des Befehlens vererbt wird. Denkt man sich diesen Instinkt einmal bis zu seinen letzten Ausschweifungen schreitend, so fehlen endlich geradezu die Befehlshaber und Unabhängigen; oder sie leiden innerlich am schlechten Gewissen und haben nötig, sich selbst erst eine Täuschung vorzumachen, um befehlen zu können: nämlich als ob auch sie nur gehorchten. Dieser Zustand besteht heute tatsächlich in Europa: ich nenne ihn die moralische Heuchelei der Befehlenden. Sie wissen sich nicht anders vor ihrem schlechten Gewissen zu schützen als dadurch, daß sie sich als Ausführer älterer oder höherer Befehle gebärden (der Vorfahren, der Verfassung, des Rechts, der Gesetze oder gar Gottes) oder selbst von der Herden-Denkweise her sich Herden-Maximen borgen, zum Beispiel als »erste Diener ihres Volks« oder als »Werkzeuge des gemeinen Wohls«. Auf der andern Seite gibt sich heute der Herdenmensch in Europa das Ansehn, als sei er die einzig erlaubte Art Mensch, und verherrlicht seine Eigenschaften, vermöge deren er zahm, verträglich und der Herde nützlich ist, als die eigentlich menschlichen Tugenden: also Gemeinsinn, Wohlwollen, Rücksicht, Fleiß, Mäßigkeit, Bescheidenheit, Nachsicht, Mitleiden. Für die Fälle aber, wo man der Führer und Leithammel nicht entraten zu können glaubt, macht man heute Versuche über Versuche, durch Zusammen-Addieren kluger Herdenmenschen die Befehlshaber zu ersetzen: dieses Ursprungs sind zum Beispiel alle repräsentativen Verfassungen. Welche Wohltat, welche Erlösung von einem unerträglich werdenden Druck trotz alledem das Erscheinen eines unbedingt Befehlenden für diese Herdentier-Europäer ist, dafür gab die Wirkung, welche das Erscheinen Napoleons machte, das letzte große Zeugnis – die Geschichte der Wirkung Napoleons ist beinahe die Geschichte des höheren Glücks, zu dem es dieses ganze Jahrhundert in seinen wertvollsten Menschen und Augenblicken gebracht hat.

200

Der Mensch aus einem Auflösungs-Zeitalter, welches die Rassen durcheinander wirft, der als solcher die Erbschaft einer vielfältigen Herkunft im Leibe hat, das heißt gegensätzliche und oft nicht einmal nur gegensätzliche Triebe und Wertmaße, welche miteinander kämpfen und sich selten Ruhe geben – ein solcher Mensch der späten Kulturen und gebrochnen Lichter wird durchschnittlich ein schwächerer Mensch sein: sein gründlichstes Verlangen geht darnach, daß der Krieg, der er *ist*, einmal ein Ende habe; das Glück erscheint ihm, in Übereinstimmung mit einer beruhigenden (zum Beispiel epikurischen oder christlichen) Medizin und Denkweise, vornehmlich als das Glück des Ausruhens, der Ungestörtheit, der Sattheit, der endlichen Einheit, als »Sabbat der Sabbate«, um mit dem heiligen Rhetor Augustin zu reden, der selbst ein solcher Mensch war. – Wirkt aber der Gegensatz und Krieg in einer solchen Natur wie ein Lebensreiz und -kitzel *mehr* –, und ist andrerseits zu ihren mächtigen und unversöhnlichen Trieben auch die eigentliche Meisterschaft und Feinheit im Kriegführen mit sich, also Selbst-Beherrschung, Selbst-Überlistung hinzuvererbt und angezüchtet: so entstehn jene zauberhaften Unfaßbaren und Unausdenklichen, jene zum Siege und zur Verführung vorherbestimmten Rätselmenschen, deren schönster Ausdruck Alcibiades und Cäsar (– denen ich gerne jenen *ersten* Europäer nach meinem Geschmack, den Hohenstaufen Friedrich den Zweiten, zugesellen möchte), unter Künstlern vielleicht Lionardo da Vinci ist. Sie erscheinen genau in denselben Zeiten, wo jener schwächere Typus, mit seinem Verlangen nach Ruhe, in den Vordergrund tritt: beide Typen gehören zueinander und entspringen den gleichen Ursachen.

201

Solange die Nützlichkeit, die in den moralischen Werturteilen herrscht, allein die Herden-Nützlichkeit ist, solange der Blick einzig der Erhaltung der Gemeinde zugewendet ist, und das Unmoralische genau und ausschließlich in dem gesucht wird, was dem Gemeinde-Bestand gefährlich scheint: so lange kann es noch keine »Moral der Nächstenliebe« geben. Gesetzt, es findet sich auch da bereits eine beständige kleine Übung von Rücksicht, Mitleiden, Billigkeit, Milde, Gegenseitigkeit der Hilfeleistung, gesetzt, es sind auch auf diesem Zustande der Gesellschaft schon alle jene Triebe tätig, welche später mit Ehrennamen, als »Tugenden« bezeichnet werden und schließlich fast mit dem Begriff »Moralität« in eins zusammenfallen: in jener Zeit gehören sie noch gar nicht in das Reich der moralischen Wertschätzungen – sie sind noch *außermoralisch.* Eine mitleidige Handlung zum Beispiel heißt in der besten Römerzeit weder gut noch böse, weder moralisch noch unmoralisch; und wird sie selbst gelobt, so verträgt sich mit diesem Lobe noch auf das Beste eine Art unwilliger Geringschätzung, sobald sie nämlich mit irgendeiner Handlung zusammengehalten wird, welche der Förderung des Ganzen, der *res publica,* dient. Zuletzt ist die »Liebe zum Nächsten« immer etwas Nebensächliches, zum Teil Konventionelles und Willkürlich-Scheinbares im Verhältnis zur *Furcht vor dem Nächsten.* Nachdem das Gefüge der Gesellschaft im ganzen festgestellt und gegen äußere Gefahren gesichert erscheint, ist es diese Furcht vor dem Nächsten, welche wieder neue Perspektiven der moralischen Wertschätzung schafft. Gewisse starke und gefährliche Triebe, wie Unternehmungslust, Tollkühnheit, Rachsucht, Verschlagenheit, Raubgier, Herrschsucht, die bisher in einem gemeinnützigen Sinne nicht nur geehrt – unter andern Namen, wie billig, als den eben gewählten –, sondern groß-gezogen und -gezüchtet werden mußten (weil man ihrer in der Gefahr des Ganzen gegen die Feinde des Ganzen beständig bedurfte), werden nunmehr in ihrer Gefährlichkeit doppelt stark empfunden – jetzt, wo die Abzugskanäle für sie fehlen – und schrittweise, als unmoralisch, gebrandmarkt und der Verleumdung preisgegeben. Jetzt kommen die gegensätzlichen Triebe und Neigungen zu moralischen Ehren; der Herden-Instinkt zieht, Schritt für Schritt, seine Folgerung. Wie viel oder wie wenig Gemein-Gefährliches, der Gleichheit Gefährliches in einer Meinung, in einem Zustand und Affekte, in einem Willen, in einer Begabung liegt, das ist jetzt die moralische Perspektive: die Furcht ist auch hier wieder die Mutter der Moral. An den höchsten und stärksten Trieben, wenn sie, leidenschaftlich ausbrechend, den einzelnen weit über den Durchschnitt und die Niederung des Herdengewissens hinaus- und hinauftreiben, geht das Selbstgefühl der Gemeinde zugrunde, ihr Glaube an sich, ihr Rückgrat gleichsam, zerbricht: folglich wird man gerade diese Triebe am besten brandmarken und verleumden. Die hohe unabhängige Geistigkeit, der Wille zum Alleinstehn, die große Vernunft schon werden als Gefahr empfunden; alles, was den einzelnen über die Herde hinaushebt und dem Nächsten Furcht macht, heißt von nun an *böse;* die billige, bescheidene, sich einordnende, gleichsetzende Gesinnung, das *Mittelmaß* der Begierden kommt zu moralischen Namen und Ehren. Endlich, unter sehr friedfertigen Zuständen, fehlt die Gelegenheit und Nötigung immer mehr, sein Gefühl zur Strenge und Härte zu erziehn; und jetzt beginnt jede Strenge, selbst in der Gerechtigkeit, die Gewissen zu stören; eine hohe und harte Vornehmheit und Selbst-Verantwortlichkeit beleidigt beinahe und erweckt Mißtrauen, »das Lamm«, noch mehr »das

Schaf« gewinnt an Achtung. Es gibt einen Punkt von krankhafter Vermürbung und Verzärtlichung in der Geschichte der Gesellschaft, wo sie selbst für ihren Schädiger, den *Verbrecher* Partei nimmt, und zwar ernsthaft und ehrlich. Strafen: das scheint ihr irgendworin unbillig – gewiß ist, daß die Vorstellung »Strafe« und »Strafen-Sollen« ihr wehtut, ihr Furcht macht. »Genügt es nicht, ihn *ungefährlich* machen? Wozu noch strafen? Strafen selbst ist fürchterlich!« – mit dieser Frage zieht die Herden-Moral, die Moral der Furchtsamkeit, ihre letzte Konsequenz. Gesetzt, man könnte überhaupt die Gefahr, den Grund zum Fürchten abschaffen, so hätte man diese Moral mit abgeschafft: sie wäre nicht mehr nötig, sie *hielte sich selbst* nicht mehr für nötig! – Wer das Gewissen des heutigen Europäers prüft, wird aus tausend moralischen Falten und Verstecken immer den gleichen Imperativ herauszuziehen haben, den Imperativ der Herden-Furchtsamkeit: »wir wollen, daß es irgendwann einmal *nichts mehr zu fürchten* gibt!« Irgendwann einmal – der Wille und Weg *dorthin* heißt heute in Europa überall der »Fortschritt«.

202

Sagen wir es sofort noch einmal, was wir schon hundertmal gesagt haben: denn die Ohren sind für solche Wahrheiten – für *unsre* Wahrheiten – heute nicht gutwillig. Wir wissen es schon genug, wie beleidigend es klingt, wenn einer überhaupt den Menschen ungeschminkt und ohne Gleichnis zu den Tieren rechnet; aber es wird beinahe als *Schuld* uns angerechnet werden, daß wir gerade in bezug auf die Menschen der »modernen Ideen« beständig die Ausdrücke »Herde«, »Herden-Instinkte« und dergleichen gebrauchen. Was hilft es! Wir können nicht anders: denn gerade hier liegt unsre neue Einsicht. Wir fanden, daß in allen moralischen Hauptturteilen Europa einmütig geworden ist, die Länder noch hinzugerechnet, wo Europas Einfluß herrscht: man *weiß* ersichtlich in Europa, was Sokrates nicht zu wissen meinte, und was jene alte berühmte Schlange einst zu lehren verhieß – man »weiß« heute, was Gut und Böse ist. Nun muß es hart klingen und schlecht zu Ohren gehn, wenn wir immer von neuem darauf bestehn: was hier zu wissen glaubt, was hier mit seinem Loben und Tadeln sich selbst verherrlicht, sich selbst gut heißt, ist der Instinkt des Herdentiers Mensch: als welcher zum Durchbruch, zum Übergewicht, zur Vorherrschaft über andre Instinkte gekommen ist und immer mehr kommt, gemäß der wachsenden physiologischen Annäherung und Anähnlichung, deren Symptom er ist. *Moral ist heute in Europa Herdentier-Moral* – also nur, wie wir die Dinge verstehn, *eine* Art von menschlicher Moral, neben der, vor der, nach der viele andere, vor allem *höhere* Moralen möglich sind oder sein sollten. Gegen eine solche »Möglichkeit«, gegen ein solches »Sollte« wehrt sich aber diese Moral mit allen Kräften: sie sagt hartnäckig und unerbittlich »ich bin die Moral selbst, und nichts außerdem ist Moral!« – ja mit Hilfe einer Religion, welche den sublimsten Herdentier-Begierden zu willen war und schmeichelte, ist es dahin gekommen, daß wir selbst in den politischen und gesellschaftlichen Einrichtungen einen immer sichtbareren Ausdruck dieser Moral finden: die *demokratische* Bewegung macht die Erbschaft der christlichen. Daß aber deren Tempo für die Ungeduldigeren, für die Kranken und Süchtigen des genannten Instinktes noch viel zu langsam und schläfrig ist, dafür spricht das immer rasender werdende Geheul, das immer unverhülltere Zähnefletschen der Anarchisten-Hunde, welche jetzt durch die Gassen der europäischen Kultur schweifen: anscheinend im Gegensatz zu den friedlich-arbeitsamen Demokraten und Revolutions-Ideologen, noch mehr zu den tölpelhaften Philosophastern und Bruderschafts-Schwärmern, welche sich Sozialisten nennen und die »freie Gesellschaft« wollen, in Wahrheit aber eins mit ihnen allen in der gründlichen und instinktiven Feindseligkeit gegen jede andre Gesellschaftsform als die der *autonomen* Herde (bis hinauf zur Ablehnung selbst der Begriffe »Herr« und »Knecht« – *ni dieu ni maître* heißt eine sozialistische Formel –); eins im zähen Widerstande gegen jeden Sonder-Anspruch, jedes Sonder-Recht und Vorrecht (das heißt im letzten Grunde gegen *jedes* Recht: denn dann, wenn alle gleich sind, braucht niemand mehr »Rechte« –); eins im Mißtrauen gegen die strafende Gerechtigkeit (wie als ob sie eine Vergewaltigung an Schwächeren, ein Unrecht an der *notwendigen* Folge aller früheren Gesellschaft wäre –); aber ebenso eins in der Religion des Mitleidens, im Mitgefühl, soweit nur gefühlt, gelebt, gelitten wird (bis hinab zum Tier, bis hinauf zu »Gott« – die Ausschweifung eines »Mitleidens mit Gott« gehört in ein demokratisches Zeitalter –); eins allesamt im Schrei und der Ungeduld des Mitleidens, im Todhaß gegen das Leiden überhaupt, in der fast weiblichen Unfähigkeit, Zuschauer dabei bleiben zu können, leiden *lassen* zu können; eins in der unfreiwilligen Verdüsterung und Verzärtlichung, unter deren Bann Europa von einem neuen Buddhismus bedroht scheint; eins im Glauben an die Moral des *gemeinsamen* Mitleidens, wie als ob sie die Moral an sich sei, als die Höhe, die *erreichte* Höhe des Menschen, die alleinige Hoffnung der Zukunft, das Trostmittel der Gegenwärtigen, die große Ablösung aller Schuld von ehedem – eins allesamt im Glauben an die Gemeinschaft als die *Erlöserin*, an die Herde also, an »sich« ...

203

Wir, die wir eines andren Glaubens sind – wir, denen die demokratische Bewegung nicht bloß als eine Verfalls-Form der politischen Organisation, sondern als Verfalls-, nämlich Verkleinerungs-Form des Menschen gilt, als seine Vermittelmäßigung und Wert-Erniedrigung: wohin müssen *wir* mit unsren Hoffnungen greifen? – Nach *neuen Philosophen*, es bleibt keine Wahl; nach Geistern, stark und ursprünglich genug, um die Anstöße zu entgegengesetzten Wertschätzungen zu geben und »ewige Werte« umzuwerten, umzukehren; nach Vorausgesandten, nach Menschen der Zukunft, welche in der Gegenwart den Zwang und Knoten anknüpfen, der den Willen von Jahrtausenden auf *neue* Bahnen zwingt. Dem Menschen die Zukunft des Menschen als seinen *Willen*, als abhängig von einem Menschenwillen zu lehren und große Wagnisse und Gesamt-Versuche von Zucht und Züchtung vorzubereiten, um damit jener schauerlichen Herrschaft des Unsinns und Zufalls, die bisher »Geschichte« hieß, ein Ende zu machen – der Unsinn der »größten Zahl« ist nur seine letzte Form –: dazu wird irgendwann einmal eine neue Art von Philosophen und Befehlshabern nötig sein, an deren Bilde sich alles, was auf Erden an verborgenen, furchtbaren und wohlwollenden Geistern dagewesen ist, blaß und verzwergt ausnehmen möchte. Das Bild solcher Führer ist es, das vor *unsern* Augen schwebt – darf ich es laut sagen, ihr freien Geister? Die Umstände, welche man zu ihrer Entstehung teils schaffen, teils ausnützen müßte; die mutmaßlichen Wege und Proben, vermöge deren eine Seele zu einer solchen Höhe und Gewalt aufwüchse, um den *Zwang* zu diesen Aufgaben zu empfinden; eine Umwertung der Werte, unter deren neuem Druck und Hammer ein Gewissen gestählt, ein Herz in Erz verwandelt würde, daß es das Gewicht einer solchen Verantwortlichkeit ertrüge; andrerseits die Notwendigkeit solcher Führer, die erschreckliche Gefahr, daß sie ausbleiben oder mißraten oder entarten könnten – das sind *unsre* eigentlichen Sorgen und Verdüsterungen, ihr wißt es, ihr freien Geister? das sind die schweren fernen Gedanken und Gewitter, welche über den Himmel *unsres* Lebens hingehn. Es gibt wenig so empfindliche Schmerzen, als einmal gesehn, erraten, mitgefühlt zu haben, wie ein außerordentlicher Mensch aus seiner Bahn geriet und entartete: wer aber das seltne Auge für die Gesamt-Gefahr hat, daß »der Mensch« selbst *entartet*, wer, gleich uns, die ungeheuerliche Zufälligkeit erkannt hat, welche bisher in Hinsicht auf die Zukunft des Menschen ihr Spiel spielte – ein Spiel, an dem keine Hand und nicht einmal ein »Finger Gottes« mitspielte! – wer das Verhängnis errät, das in der blödsinnigen Arglosigkeit und Vertrauensseligkeit der »modernen Ideen«, noch mehr in der ganzen christlich-europäischen Moral verborgen liegt: der leidet an einer Beängstigung, mit der sich keine andre vergleichen läßt – er faßt es ja mit *einem* Blicke, was alles noch, bei einer günstigen Ansammlung und Steigerung von Kräften und Aufgaben, *aus dem Menschen zu züchten* wäre, er weiß es mit allem Wissen seines Gewissens, wie der Mensch noch unausgeschöpft für die größten Möglichkeiten ist, und wie oft schon der Typus Mensch an geheimnisvollen Entscheidungen und neuen Wegen gestanden hat – er weiß es noch besser, aus seiner schmerzlichsten Erinnerung, an was für erbärmlichen Dingen ein Werdendes höchsten Ranges bisher gewöhnlich zerbrach, abbrach, absank, erbärmlich ward. Die *Gesamt-Entartung des Menschen,* hinab bis zu dem, was heute den sozialistischen Tölpeln und Flachköpfen als ihr »Mensch der Zukunft« erscheint, – als ihr Ideal! – diese Entartung und Verkleinerung des Menschen zum vollkommnen Herdentiere (oder, wie sie sagen, zum Menschen der »freien Gesellschaft«), diese Vertierung des Menschen zum Zwergtiere der gleichen Rechte und Ansprüche ist *möglich,* es ist kein Zweifel! Wer diese Möglichkeit einmal bis zu Ende gedacht hat, kennt einen Ekel mehr als die übrigen Menschen – und vielleicht auch eine neue *Aufgabe*! . . . .

SECHSTES HAUPTSTÜCK

WIR GELEHRTEN

204

Auf die Gefahr hin, daß Moralisieren sich auch hier als das herausstellt, was es immer war – nämlich als ein unverzagtes *montrer ses plaies*, nach Balzac –, möchte ich wagen, einer ungebührlichen und schädlichen Rangverschiebung entgegenzutreten, welche sich heute, ganz unvermerkt und wie mit dem besten Gewissen, zwischen Wissenschaft und Philosophie herzustellen droht. Ich meine, man muß von seiner *Erfahrung* aus – Erfahrung bedeutet, wie mich dünkt, immer schlimme Erfahrung? – ein Recht haben, über eine solche höhere Frage des Rangs mitzureden: um nicht wie die Blinden von der Farbe oder wie Frauen und Künstler *gegen* die Wissenschaft zu reden (»ach, diese schlimme Wissenschaft!« seufzt deren Instinkt und Scham, »sie kommt immer *dahinter*!« –). Die Unabhängigkeits-Erklärung des wissenschaftlichen Menschen, seine Emanzipation von der Philosophie, ist eine der feineren Nachwirkungen des demokratischen Wesens und Unwesens: die Selbstverherrlichung und Selbstüberhebung des Gelehrten steht heute überall in voller Blüte und in ihrem besten Frühlinge – womit noch nicht geesagt sein soll, daß in diesem Falle Eigenlob lieblich röche. »Los von allen Herren!« – so will es auch hier der pöbelmännische Instinkt; und nachdem sich die Wissenschaft mit glücklichstem Erfolge der Theologie erwehrt hat, deren »Magd« sie zu lange war, ist sie nun in vollem Übermute und Unverstande daraufhin aus, der Philosophie Gesetze zu machen und ihrerseits einmal den »Herrn« – was sage ich! den *Philosophen* zu spielen. Mein Gedächtnis – das Gedächtnis eines wissenschaftlichen Menschen, mit Verlaub! – strotzt von Naivitäten des Hochmuts, die ich seitens junger Naturforscher und alter Ärzte über Philosophie und Philosophen gehört habe (nicht zu reden von den gebildetsten und eingebildetsten aller Gelehrten, den Philologen und Schulmännern, welche beides von Berufs wegen sind –). Bald war es der Spezialist und Eckensteher, der sich instinktiv überhaupt gegen alle synthetischen Aufgaben und Fähigkeiten zur Wehr setzte; bald der fleißige Arbeiter, der einen Geruch vom *otium* und der vornehmen Üppigkeit im Seelen-Haushalte des Philosophen bekommen hatte und sich dabei beeinträchtigt und verkleinert fühlte. Bald war es jene Farben-Blindheit des Nützlichkeits-Menschen, der in der Philosophie nichts sieht als eine Reihe *widerlegter* Systeme und einen verschwenderischen Aufwand, der niemandem »zugute kommt«. Bald sprang die Furcht vor verkappter Mystik und Grenzberichtigung des Erkennens hervor; bald die Mißachtung einzelner Philosophen, welche sich unwillkürlich zur Mißachtung der Philosophie verallgemeinert hatte. Am häufigsten endlich fand ich bei jungen Gelehrten hinter der hochmütigen Geringschätzung der Philosophie die schlimme Nachwirkung eines Philosophen selbst, dem man zwar im ganzen den Gehorsam gekündigt hatte, ohne doch aus dem Banne seiner wegwerfenden Wertschätzungen anderer Philosophen herausgetreten zu sein – mit dem Ergebnis einer Gesamt-Verstimmung gegen alle Philosophie. (Dergestalt scheint mir zum Beispiel die Nachwirkung Schopenhauers auf das neueste Deutschland zu sein – er hat es mit seiner unintelligenten Wut auf Hegel dahin gebracht, die ganze letzte Generation von Deutschen aus dem Zusammenhang mit der deutschen Kultur herauszubrechen, welche Kultur, alles wohl erwogen, eine Höhe und divinatorische Feinheit des *historischen Sinns* gewesen ist: aber Schopenhauer selbst war gerade an dieser Stelle bis zur Genialität arm, unempfänglich, undeutsch.) Überhaupt, ins große gerechnet, mag es vor allem das Menschliche, Allzumenschliche, kurz die Armseligkeit der neueren Philosophen selbst gewesen sein, was am gründlichsten der Ehrfurcht vor der Philosophie Abbruch getan und dem pöbelmännischen Instinkte die Tore aufgemacht hat. Man gestehe es sich doch ein, bis zu welchem Grade unsrer modernen Welt die ganze Art der Heraklite, Plato's, Empedokles', und wie alle diese königlichen und prachtvollen Einsiedler des Geistes geheißen haben, abgeht; und mit wie gutem Rechte angesichts solcher Vertreter der Philosophie, die heute, dank der Mode, ebenso obenauf als unten-durch sind – in Deutschland zum Beispiel die beiden Löwen von Berlin, der Anarchist Eugen Dühring und der Amalgamist Eduard v. Hartmann – ein braver Mensch der Wissenschaft sich besserer Art und Abkunft fühlen *darf*. Es ist insonderheit der Anblick jener Mischmasch-Philosophen, die sich »Wirklichkeits-Philosophen« oder »Positivisten« nennen, welcher ein gefährliches Mißtrauen in die Seele eines jungen ehrgeizigen Gelehrten zu werfen imstande ist: das sind ja bestenfalls selbst Gelehrte und Spezialisten, man greift es mit Händen! – das sind ja allesamt Überwundene und unter die Botmäßigkeit der Wissenschaft *Zurückgebrachte*, welche irgendwann einmal *mehr* von sich gewollt haben, ohne ein Recht zu diesem »mehr« und seiner Verantwortlichkeit zu haben – und die jetzt, ehrsam, ingrimmig, rachsüchtig, den *Unglauben* an die Herren-Aufgabe und Herrschaftlichkeit der Philosophie mit Wort und Tat repräsentieren. Zuletzt: wie könnte es auch anders sein! Die Wissenschaft blüht heute und hat das gute Gewissen reichlich im Gesichte, während das, wozu die ganze neuere Philosophie allmählich gesunken ist, dieser Rest Philosophie von heute, Mißtrauen und Mißmut, wenn nicht Spott und Mitleiden gegen sich rege macht. Philosophie auf »Erkenntnistheorie« reduziert, tatsächlich nicht mehr als eine schüchterne Epochistik und Enthaltsamkeitslehre: eine Philosophie, die gar nicht über die Schwelle hinwegkommt und sich peinlich das Recht zum Eintritt *verweigert* – das ist Philosophie in den letzten Zügen, ein Ende, eine Agonie, etwas, das Mitleiden macht. Wie könnte eine solche Philosophie – *herrschen*!

205

Die Gefahren für die Entwicklung des Philosophen sind heute in Wahrheit so vielfach, daß man zweifeln möchte, ob diese Frucht überhaupt noch reif werden kann. Der Umfang und der Turmbau der Wissenschaften ist ins Ungeheure gewachsen, und damit auch die Wahrscheinlichkeit, daß der Philosoph schon als Lernender müde wird oder sich irgendwo festhalten und »spezialisieren« läßt: so daß er gar nicht mehr auf seine Höhe, nämlich zum Überblick, Umblick, *Niederblick* kommt. Oder er gelangt zu spät hinauf, dann, wenn seine beste Zeit und Kraft schon vorüber ist; oder beschädigt, vergröbert, entartet, so daß sein Blick, sein Gesamt-Werturteil wenig mehr bedeutet. Gerade die Feinheit seines intellektuellen Gewissens läßt ihn vielleicht unterwegs zögern und sich verzögern; er fürchtet die Verführung zum Dilettanten, zum Tausendfuß und Tausend-Fühlhorn, er weiß es zu gut, daß einer, der vor sich selbst die Ehrfurcht verloren hat, auch als Erkennender nicht mehr befiehlt, nicht mehr *führt*: er müßte denn schon zum großen Schauspieler werden wollen, zum philosophischen Cagliostro und Rattenfänger der Geister, kurz zum Verführer. Dies ist zuletzt eine Frage des Geschmacks: wenn es selbst nicht eine Frage des Gewissens wäre. Es kommt hinzu, um die Schwierigkeit des Philosophen noch einmal zu verdoppeln, daß er von sich ein Urteil, ein Ja oder Nein nicht über die Wissenschaften, sondern über das Leben und den Wert des Lebens verlangt – daß er ungern daran glauben lernt, ein Recht oder gar eine Pflicht zu diesem Urteile zu haben, und sich nur aus den umfänglichsten – vielleicht störendsten, zerstörendsten – Erlebnissen heraus und oft zögernd, zweifelnd, verstummend seinen Weg zu jenem Rechte und jenem Glauben suchen muß. In der Tat, die Menge hat den Philosophen lange Zeit verwechselt und verkannt, sei es mit dem wissenschaftlichen Menschen und idealen Gelehrten, sei es mit dem religiös-gehobenen entsinnlichten »entweltlichten« Schwärmer und Trunkenbold Gottes; und hört man gar heute jemanden loben dafür, daß er »weise« lebe oder »als ein Philosoph«, so bedeutet es beinahe nicht mehr als »klug und abseits«. Weisheit: das scheint dem Pöbel eine Art Flucht zu sein, ein Mittel und Kunststück, sich gut aus einem schlimmen Spiele herauszuziehn; aber der rechte Philosoph – so scheint es *uns*, meine Freunde? – lebt »unphilosophisch« und »unweise«, vor allem *unklug*, und fühlt die Last und Pflicht zu hundert Versuchen und Versuchungen des Lebens – er riskiert *sich* beständig, er spielt *das* schlimme Spiel …

206

Im Verhältnisse zu einem Genie, das heißt zu einem Wesen, welches entweder *zeugt* oder *gebiert*, beide Worte in ihrem höchsten Umfange genommen –, hat der Gelehrte, der wissenschaftliche Durchschnittsmensch immer etwas von der alten Jungfer: denn er versteht sich gleich dieser nicht auf die zwei wertvollsten Verrichtungen des Menschen. In der Tat, man gesteht ihnen beiden, den Gelehrten und den alten Jungfern, gleichsam zur Entschädigung die Achtbarkeit zu – man unterstreicht in diesen Fällen die Achtbarkeit – und hat noch an dem Zwange dieses Zugeständnisses den gleichen Beisatz von Verdruß. Sehen wir genauer zu: was ist der wissenschaftliche Mensch? Zunächst eine unvornehme Art Mensch, mit den Tugenden einer unvornehmen, das heißt nicht herrschenden, nicht autoritativen und auch nicht selbstgenugsamen Art Mensch: er hat Arbeitsamkeit, geduldige Einordnung in Reih und Glied, Gleichmäßigkeit und Maß im Können und Bedürfen, er hat den Instinkt für seinesgleichen und für das, was seinesgleichen nötig hat, zum Beispiel jenes Stück Unabhängigkeit und grüner Weide, ohne welches es keine Ruhe der Arbeit gibt, jenen Anspruch auf Ehre und Anerkennung (die zuerst und zuoberst Erkennung, Erkennbarkeit voraussetzt –), jenen Sonnenschein des guten Namens, jene beständige Besiegelung seines Wertes und seiner Nützlichkeit, mit der das innerliche *Mißtrauen*, der Grund im Herzen aller abhängigen Menschen und Herdentiere, immer wieder überwunden werden muß. Der Gelehrte hat, wie billig, auch die Krankheiten und Unarten einer unvornehmen Art: er ist reich am kleinen Neide und hat ein Luchsauge für das Niedrige solcher Naturen, zu deren Höhen er nicht hinauf kann. Er ist zutraulich, doch nur wie einer, der sich gehen, aber nicht *strömen* läßt; und gerade vor dem Menschen des großen Stroms steht er um so kälter und verschlossener da – sein Auge ist dann wie ein glatter widerwilliger See, in dem sich kein Entzücken, kein Mitgefühl mehr kräuselt. Das Schlimmste und Gefährlichste, dessen ein Gelehrter fähig ist, kommt ihm vom Instinkte der Mittelmäßigkeit seiner Art: von jenem Jesuitismus der Mittelmäßigkeit, welcher an der Vernichtung des ungewöhnlichen Menschen instinktiv arbeitet und jeden gespannten Bogen zu brechen oder – noch lieber! – abzuspannen sucht. Abspannen nämlich, mit Rücksicht, mit schonender Hand natürlich –, mit zutraulichem Mitleiden *abspannen*: das ist die eigentliche Kunst des Jesuitismus, der es immer verstanden hat, sich als Religion des Mitleidens einzuführen. –

207

Wie dankbar man auch immer dem *objektiven* Geiste entgegenkommen mag – und wer wäre nicht schon einmal alles Subjektiven und seiner verfluchten Ipsissimosität bis zum Sterben satt gewesen! – zuletzt muß man aber auch gegen seine Dankbarkeit Vorsicht lernen und der Übertreibung Einhalt tun, mit der die Entselbstung und Entpersönlichung des Geistes gleichsam als Ziel an sich, als Erlösung und Verklärung neuerdings gefeiert wird: wie es namentlich innerhalb der Pessimisten-Schule zu geschehn pflegt, die auch gute Gründe hat, dem »interesselosen Erkennen« ihrerseits die höchsten Ehren zu geben. Der objektive Mensch, der nicht mehr flucht und schimpft, gleich dem Pessimisten, der *ideale* Gelehrte, in dem der wissenschaftliche Instinkt nach tausendfachem Ganz- und Halb-Mißraten einmal zum Auf- und Ausblühen kommt, ist sicherlich eins der kostbarsten Werkzeuge, die es gibt: aber er gehört in die Hand eines Mächtigeren. Er ist nur ein Werkzeug, sagen wir: er ist ein *Spiegel* – er ist kein »Selbstzweck«. Der objektive Mensch ist in der Tat ein Spiegel: vor allem, was erkannt werden will, zur Unterwerfung gewohnt, ohne eine andre Lust, als wie sie das Erkennen, das »Abspiegeln« gibt – er wartet, bis etwas kommt, und breitet sich dann zart hin, daß auch leichte Fußtapfen und das Vorüberschlüpfen geisterhafter Wesen nicht auf seiner Fläche und Haut verlorengehn. Was von »Person« an ihm noch übrig ist, dünkt ihm zufällig, oft willkürlich, noch öfter störend: so sehr ist er sich selbst zum Durchgang und Widerschein fremder Gestalten und Ereignisse geworden. Er besinnt sich auf »sich« zurück, mit Anstrengung, nicht selten falsch; er verwechselt sich leicht, er vergreift sich in bezug auf die eignen Notdürfte und ist hier allein unfein und nachlässig. Vielleicht quält ihn die Gesundheit oder die Kleinlichkeit und Stubenluft von Weib und Freund, oder der Mangel an Gesellen und Gesellschaft – ja, er zwingt sich, über seine Qual nachzudenken: umsonst! Schon schweift sein Gedanke weg, zum *allgemeineren* Falle, und morgen weiß er so wenig, als er es gestern wußte, wie ihm zu helfen ist. Er hat den Ernst für sich verloren, auch die Zeit: er ist heiter, *nicht* aus Mangel an Not, sondern aus Mangel an Fingern und Handhaben für *seine Not.* Das gewohnte Entgegenkommen gegen jedes Ding und Erlebnis, die sonnige und unbefangene Gastfreundschaft, mit der er alles annimmt, was auf ihn stößt, seine Art von rücksichtslosem Wohlwollen, von gefährlicher Unbekümmertheit um Ja und Nein: ach, es gibt genug Fälle, wo er diese seine Tugenden büßen muß! – und als Mensch überhaupt wird er gar zu leicht das *caput mortuum* dieser Tugenden. Will man Liebe und Haß von ihm, ich meine Liebe und Haß, wie Gott, Weib und Tier sie verstehn –: er wird tun, was er kann, und geben, was er kann. Aber man soll sich nicht wundern, wenn es nicht viel ist – wenn er da gerade sich unecht, zerbrechlich, fragwürdig und morsch zeigt. Seine Liebe ist gewollt, sein Haß künstlich und mehr *un tour de force*, eine kleine Eitelkeit und Übertreibung. Er ist eben nur echt, soweit er objektiv sein darf: allein in seinem heitern Totalismus ist er noch »Natur« und »natürlich«. Seine spiegelnde und ewig sich glättende Seele weiß nicht mehr zu bejahen, nicht mehr zu verneinen; er befiehlt nicht, er zerstört auch nicht. »*Je ne méprise presque rien*« – sagt er mit Leibniz: man überhöre und unterschätze das *presque* nicht! Er ist auch kein Mustermensch; er geht niemandem voran, noch nach; er stellt sich überhaupt zu ferne, als daß er Grund hätte, zwischen Gut und Böse Partei zu ergreifen. Wenn man ihn so lange mit dem *Philosophen* verwechselt hat, mit dem cäsarischen Züchter und Gewaltmenschen der Kultur: so hat man ihm viel zu hohe Ehren gegeben und das Wesentlichste an ihm übersehen – er ist ein Werkzeug, ein Stück Sklave, wenn gewiß auch die sublimste Art des Sklaven, an sich aber nichts – *presque rien!* Der objektive Mensch ist ein Werkzeug, ein kostbares, leicht verletzliches und getrübtes Meß-Werkzeug und Spiegel-Kunstwerk, das man schonen und ehren soll; aber er ist kein Ziel, kein Ausgang und Aufgang, kein komplementärer Mensch, in dem das *übrige* Dasein sich rechtfertigt, kein Schluß – und noch weniger ein Anfang, eine Zeugung und erste Ursache, nichts Derbes, Mächtiges, Auf-sich-Gestelltes, das Herr sein will: vielmehr nur ein zarter ausgeblasener feiner beweglicher Formen-Topf, der auf irgendeinen Inhalt und Gehalt erst warten muß, um sich nach ihm »zu gestalten« – für gewöhnlich ein Mensch ohne Gehalt und Inhalt, ein »selbstloser« Mensch. Folglich auch nichts für Weiber, *in parenthesi*. –

208

Wenn heute ein Philosoph zu verstehen gibt, er sei kein Skeptiker – ich hoffe, man hat das aus der eben gegebenen Abschilderung des objektiven Geistes herausgehört? – so hört alle Welt das ungern; man sieht ihn darauf an, mit einiger Scheu, man möchte so vieles fragen, fragen ... ja, unter furchtsamen Horchern, wie es deren jetzt in Menge gibt, heißt er von da an gefährlich. Es ist ihnen, als ob sie, bei seiner Ablehnung der Skepsis, von ferne her irgendein böses bedrohliches Geräusch hörten, als ob irgendwo ein neuer Sprengstoff versucht werde, ein Dynamit des Geistes, vielleicht ein neuentdecktes russisches Nihilin, ein Pessimismus *bonae voluntatis*, der nicht bloß Nein sagt, Nein will, sondern – schrecklich zu denken! Nein *tut*. Gegen diese Art von »gutem Willen« – einem Willen zur wirklichen tätlichen Verneinung des Lebens – gibt es anerkanntermaßen heute kein besseres Schlaf- und Beruhigungsmittel als Skepsis, den sanften holden einlullenden Mohn Skepsis; und Hamlet selbst wird heute von den Ärzten der Zeit gegen den »Geist« und sein Rumoren unter dem Boden verordnet. »Hat man denn nicht alle Ohren schon voll von schlimmen Geräuschen?« sagt der Skeptiker, als ein Freund der Ruhe und beinahe als eine Art von Sicherheits-Polizei: »dies unterirdische Nein ist fürchterlich! Stille endlich, ihr pessimistischen Maulwürfe!« Der Skeptiker nämlich, dieses zärtliche Geschöpf, erschrickt allzuleicht; sein Gewissen ist darauf eingeschult, bei jedem Nein, ja schon bei einem entschlossenen harten Ja zu zucken und etwas wie einen Biß zu spüren. Ja! und Nein! – das geht ihm wider die Moral; umgekehrt liebt er es, seiner Tugend mit der edlen Enthaltung ein Fest zu machen, etwa indem er mit Montaigne spricht: »was weiß ich?« Oder mit Sokrates: »ich weiß, daß ich nichts weiß.« Oder: »hier traue ich mir nicht, hier steht mir keine Tür offen.« Oder: »gesetzt sie stünde offen, wozu gleich eintreten?« Oder: »wozu nützen alle vorschnellen Hypothesen? Gar keine Hypothesen machen könnte leicht zum guten Geschmack gehören. Müßt ihr denn durchaus etwas Krummes gleich geradebiegen? Durchaus jedes Loch mit irgendwelchem Werge ausstopfen? Hat das nicht Zeit? Hat die Zeit nicht Zeit? O ihr Teufelskerle, könnt ihr denn gar nicht *warten*? Auch das Ungewisse hat seine Reize, auch die Sphinx ist eine Circe, auch die Circe war eine Philosophin.« – Also tröstet sich ein Skeptiker; und es ist wahr, daß er einigen Trost nötig hat. Skepsis nämlich ist der geistigste Ausdruck einer gewissen vielfachen physiologischen Beschaffenheit, welche man in gemeiner Sprache Nervenschwäche und Kränklichkeit nennt; sie entsteht jedesmal, wenn sich in entscheidender und plötzlicher Weise lang voneinander abgetrennte Rassen oder Stände kreuzen. In dem neuen Geschlechte, das gleichsam verschiedne Maße und Werte ins Blut vererbt bekommt, ist alles Unruhe, Störung, Zweifel, Versuch; die besten Kräfte wirken hemmend, die Tugenden selbst lassen einander nicht wachsen und stark werden, in Leib und Seele fehlt Gleichgewicht, Schwergewicht, perpendikuläre Sicherheit. Was aber in solchen Mischlingen am tiefsten krank wird und entartet, das ist der *Wille*: sie kennen das Unabhängige im Entschlusse, das tapfre Lustgefühl im Wollen gar nicht mehr – sie zweifeln an der »Freiheit des Willens« auch noch in ihren Träumen. Unser Europa von heute, der Schauplatz eines unsinnig plötzlichen Versuchs von radikaler Stände- und *folglich* Rassenmischung, ist deshalb skeptisch in allen Höhen und Tiefen, bald mit jener beweglichen Skepsis, welche ungeduldig und lüstern von einem Ast zum andern springt, bald trübe wie eine mit Fragezeichen überladne Wolke – und seines Willens oft bis zum Sterben satt! Willenslähmung: wo findet man nicht heute diesen Krüppel sitzen! Und oft noch wie geputzt! Wie verführerisch herausgeputzt! Es gibt die schönsten Prunk- und Lügenkleider für diese Krankheit; und daß zum Beispiel das meiste von dem, was sich heute als »Objektivität«, »Wissenschaftlichkeit«, »*l'art pour l'art*«, »reines willensfreies Erkennen« in die Schauläden stellt, nur aufgeputzte Skepsis und Willenslähmung ist – für diese Diagnose der europäischen Krankheit will ich einstehn. – Die Krankheit des Willens ist ungleichmäßig über Europa verbreitet: sie zeigt sich dort am größten und vielfältigsten, wo die Kultur schon am längsten heimisch ist, sie verschwindet in dem Maße, als »der Barbar« noch – oder wieder – unter dem schlotterichten Gewande von westländischer Bildung sein Recht geltend macht. Im jetzigen Frankreich ist demnach, wie man es ebenso leicht erschließen als mit Händen greifen kann, der Wille am schlimmsten erkrankt; und Frankreich, welches immer eine meisterhafte Geschicklichkeit gehabt hat, auch die verhängnisvollen Wendungen seines Geistes ins Reizende und Verführerische umzukehren, zeigt heute recht eigentlich als Schule und Schaustellung aller Zauber der Skepsis sein Kultur-Übergewicht über Europa. Die Kraft zu wollen, und zwar einen Willen lang zu wollen, ist etwas stärker schon in Deutschland, und im deutschen Norden wiederum stärker als in der deutschen Mitte; erheblich stärker in England, Spanien und Korsika, dort an das Phlegma, hier an harte Schädel gebunden – um nicht von Italien zu reden, welches zu jung ist, als daß es schon wüßte, was es wollte, und das erst beweisen muß, ob es wollen kann –, aber am allerstärksten und erstaunlichsten in jenem ungeheuren Zwischenreiche, wo Europa gleichsam nach Asien zurückfließt, in Rußland. Da ist die Kraft zu wollen seit langem zurückgelegt und aufgespeichert, da wartet der Wille – ungewiß, ob als Wille der Verneinung oder der Bejahung – in bedrohlicher Weise darauf, ausgelöst zu werden, um den Physikern von heute ihr Leibwort abzuborgen. Es dürften nicht nur indische Kriege und Verwicklungen in Asien dazu nötig sein, damit Europa von seiner größten Gefahr entlastet werde, sondern innere Umstürze, die Zersprengung des Reichs in kleine Körper und vor allem die Einführung des parlamentarischen Blödsinns, hinzugerechnet die Verpflichtung für jedermann, zum Frühstück seine Zeitung zu lesen. Ich sage dies nicht als Wünschender: mir würde das Entgegengesetzte eher nach dem Herzen sein – ich meine eine solche Zunahme der Bedrohlichkeit Rußlands, daß Europa sich entschließen müßte, gleichermaßen bedrohlich zu werden, nämlich *einen Willen zu bekommen,* durch das Mittel einer neuen über Europa herrschenden Kaste, einen langen, furchtbaren eignen Willen, der sich über Jahrtausende hin Ziele setzen könnte – damit endlich die langgesponnene Komödie seiner Kleinstaaterei und ebenso seine dynastische wie demokratische Vielwollerei zu einem Abschluß käme. Die Zeit für kleine Politik ist vorbei: schon das nächste Jahrhundert bringt den Kampf um die Erd-Herrschaft – den *Zwang* zur großen Politik.

209

Inwiefern das neue kriegerische Zeitalter, in welches wir Europäer ersichtlich eingetreten sind, vielleicht auch der Entwicklung einer andern und stärkern Art von Skepsis günstig sein mag, darüber möchte ich mich vorläufig nur durch ein Gleichnis ausdrücken, welches die Freunde der deutschen Geschichte schon verstehn werden. Jener unbedenkliche Enthusiast für schöne großgewachsene Grenadiere, welcher, als König von Preußen, einem militärischen und skeptischen Genie – und damit im Grunde jenem neuen, jetzt eben siegreich heraufgekommnen Typus des Deutschen – das Dasein gab, der fragwürdige tolle Vater Friedrichs des Großen, hatte in *einem* Punkte selbst den Griff und die Glücks-Kralle des Genies: er wußte, woran es damals in Deutschland fehlte, und welcher Mangel hundertmal ängstlicher und dringender war als etwa der Mangel an Bildung und gesellschaftlicher Form – sein Widerwille gegen den jungen Friedrich kam aus der Angst eines tiefen Instinktes. *Männer fehlten*; und er argwöhnte zu seinem bittersten Verdrusse, daß sein eigner Sohn nicht Manns genug sei. Darin betrog er sich: aber wer hätte an seiner Stelle sich nicht betrogen? Er sah seinen Sohn dem Atheismus, dem *esprit*, der genüßlichen Leichtlebigkeit geistreicher Franzosen verfallen – er sah im Hintergrunde die große Blutaussaugerin, die Spinne Skepsis, er argwöhnte das unheilbare Elend eines Herzens, das zum Bösen wie zum Guten nicht mehr hart genug ist, eines zerbrochnen Willens, der nicht mehr befiehlt, nicht mehr befehlen *kann*. Aber inzwischen wuchs in seinem Sohne jene gefährlichere und härtere neue Art der Skepsis empor – wer weiß, *wie sehr* gerade durch den Haß des Vaters und durch die eisige Melancholie eines einsam gemachten Willens begünstigt? – die Skepsis der verwegnen Männlichkeit, welche dem Genie zum Kriege und zur Eroberung nächst verwandt ist und in der Gestalt des großen Friedrich ihren ersten Einzug in Deutschland hielt. Diese Skepsis verachtet und reißt trotzdem an sich; sie untergräbt und nimmt in Besitz; sie glaubt nicht, aber sie verliert sich nicht dabei; sie gibt dem Geiste gefährliche Freiheit, aber sie hält das Herz streng; es ist die *deutsche* Form der Skepsis, welche, als ein fortgesetzter und ins Geistigste gesteigerter Friderizianismus, Europa eine gute Zeit unter die Botmäßigkeit des deutschen Geistes und seines kritischen und historischen Mißtrauens gebracht hat. Dank dem unbezwinglich starken und zähen Manns-Charakter der großen deutschen Philologen und Geschichts-Kritiker (welche, richtig angesehn, allesamt auch Artisten der Zerstörung und Zersetzung waren) stellte sich allmählich und trotz aller Romantik in Musik und Philosophie ein *neuer* Begriff vom deutschen Geiste fest, in dem der Zug zur männlichen Skepsis entscheidend hervortrat: sei es zum Beispiel als Unerschrockenheit des Blicks, als Tapferkeit und Härte der zerlegenden Hand, als zäher Wille zu gefährlichen Entdeckungsreisen, zu vergeistigten Nordpol-Expeditionen unter öden und gefährlichen Himmeln. Es mag seine guten Gründe haben, wenn sich warmblütige und oberflächliche Menschlichkeits-Menschen gerade vor diesem Geiste bekreuzigen: *cet esprit fataliste, ironique, méphistophélique* nennt ihn, nicht ohne Schauder, Michelet. Aber will man nachfühlen, wie auszeichnend diese Furcht vor dem »Mann« im deutschen Geiste ist, durch den Europa aus seinem »dogmatischen Schlummer« geweckt wurde, so möge man sich des ehemaligen Begriffs erinnern, der mit ihm überwunden werden mußte – und wie es noch nicht zu lange her ist, daß ein vermännlichtes Weib es in zügelloser Anmaßung wagen durfte, die Deutschen als sanfte herzensgute willensschwache und dichterische Tölpel der Teilnahme Europas zu empfehlen. Man verstehe doch endlich das Erstaunen Napoleons tief genug, als er Goethe zu sehen bekam: es verrät, was man sich jahrhundertelang unter dem »deutschen Geiste« gedacht hatte. »*Voilà un homme*!« – das wollte sagen: »das ist ja ein *Mann*! Und ich hatte nur einen Deutschen erwartet!« –

210

Gesetzt also, daß im Bilde der Philosophen der Zukunft irgendein Zug zu raten gibt, ob sie nicht vielleicht, in dem zuletzt angedeuteten Sinne, Skeptiker sein müssen, so wäre damit doch nur ein Etwas an ihnen bezeichnet – und *nicht* sie selbst. Mit dem gleichen Rechte dürften sie sich Kritiker nennen lassen; und sicherlich werden es Menschen der Experimente sein. Durch den Namen, auf welchen ich sie zu taufen wagte, habe ich das Versuchen und die Lust am Versuchen schon ausdrücklich unterstrichen: geschah dies deshalb, weil sie, als Kritiker an Leib und Seele, sich des Experiments in einem neuen, vielleicht weitern, vielleicht gefährlichern Sinne zu bedienen lieben? Müssen sie, in ihrer Leidenschaft der Erkenntnis, mit verwegnen und schmerzhaften Versuchen weiter gehn, als es der weichmütige und verzärtelte Geschmack eines demokratischen Jahrhunderts gutheißen kann? – Es ist kein Zweifel: diese Kommenden werden am wenigsten jener ernsten und nicht unbedenklichen Eigenschaften entraten dürfen, welche den Kritiker vom Skeptiker abheben, ich meine die Sicherheit der Wertmaße, die bewußte Handhabung einer Einheit von Methode, den gewitzten Mut, das Alleinstehn und Sich-verantworten-können; ja, sie gestehn bei sich eine *Lust* am Nein-sagen und Zergliedern und eine gewisse besonnene Grausamkeit zu, welche das Messer sicher und fein zu führen weiß, auch noch, wenn das Herz blutet. Sie werden *härter* sein (und vielleicht nicht immer nur gegen sich), als humane Menschen wünschen mögen, sie werden sich nicht mit der »Wahrheit« einlassen, damit sie ihnen »gefalle« oder sie »erhebe« und »begeistere« – ihr Glaube wird vielmehr gering sein, daß gerade die *Wahrheit* solche Lustbarkeiten für das Gefühl mit sich bringe. Sie werden lächeln, diese strengen Geister, wenn einer vor ihnen sagte: »jener Gedanke erhebt mich: wie sollte er nicht wahr sein?« Oder: »jenes Werk entzückt mich: wie sollte es nicht schön sein?« Oder: »jener Künstler vergrößert mich: wie sollte er nicht groß sein?« – sie haben vielleicht nicht nur ein Lächeln, sondern einen echten Ekel vor allem derartig Schwärmerischen, Idealistischen, Femininischen, Hermaphroditischen bereit, und wer ihnen bis in ihre geheimen Herzenskammern zu folgen wüßte, würde schwerlich dort die Absicht vorfinden, »christliche Gefühle« mit dem »antiken Geschmacke« und etwa gar noch mit dem »modernen Parlamentarismus« zu versöhnen (wie dergleichen Versöhnlichkeit in unserm sehr unsichern, folglich sehr versöhnlichen Jahrhundert sogar bei Philosophen vorkommen soll). Kritische Zucht und jede Gewöhnung, welche zur Reinlichkeit und Strenge in Dingen des Geistes führt, werden diese Philosophen der Zukunft nicht nur von sich verlangen: sie dürften sie wie ihre Art Schmuck selbst zur Schau tragen – trotzdem wollen sie deshalb noch nicht Kritiker heißen. Es scheint ihnen keine kleine Schmach, die der Philosophie angetan wird, wenn man dekretiert, wie es heute so gern geschieht: »Philosophie selbst ist Kritik und kritische Wissenschaft – und gar nichts außerdem!« Mag diese Wertschätzung der Philosophie sich des Beifalls aller Positivisten Frankreichs und Deutschlands erfreuen (– und es wäre möglich, daß sie sogar dem Herzen und Geschmacke *Kants* geschmeichelt hätte: man erinnere sich der Titel seiner Hauptwerke –): unsre neuen Philosophen werden trotzdem sagen: Kritiker sind Werkzeuge des Philosophen und eben darum, als Werkzeuge, noch lange nicht selbst Philosophen! Auch der große Chinese von Königsberg war nur ein großer Kritiker. –

211

Ich bestehe darauf, daß man endlich aufhöre, die philosophischen Arbeiter und überhaupt die wissenschaftlichen Menschen mit den Philosophen zu verwechseln – daß man gerade hier mit Strenge »jedem das Seine« und jenen nicht viel zu viel, diesen nicht viel zu wenig gebe. Es mag zur Erziehung des wirklichen Philosophen nötig sein, daß er selbst auch auf allen diesen Stufen einmal gestanden hat, auf welchen seine Diener, die wissenschaftlichen Arbeiter der Philosophie, stehen bleiben – stehen bleiben *müssen*; er muß selbst vielleicht Kritiker und Skeptiker und Dogmatiker und Historiker und überdies Dichter und Sammler und Reisender und Rätselrater und Moralist und Seher und »freier Geist« und beinahe alles gewesen sein, um den Umkreis menschlicher Werte und Wert-Gefühle zu durchlaufen und mit vielerlei Augen und Gewissen, von der Höhe in jede Ferne, von der Tiefe in jede Höhe, von der Ecke in jede Weite blicken zu *können*. Aber dies alles sind nur Vorbedingungen seiner Aufgabe: diese Aufgabe selbst will etwas anderes – sie verlangt, daß er *Werte schaffe*. Jene philosophischen Arbeiter nach dem edlen Muster Kants und Hegels haben irgendeinen großen Tatbestand von Wertschätzungen – das heißt ehemaliger Wert*setzungen*, Wertschöpfungen, welche herrschend geworden sind und eine Zeitlang »Wahrheiten« genannt werden – festzustellen und in Formeln zu drängen, sei es im Reiche des *Logischen* oder des *Politischen* (Moralischen) oder des *Künstlerischen*. Diesen Forschern liegt es ob, alles bisher Geschehene und Geschätzte übersichtlich, überdenkbar, faßlich, handlich zu machen, alles Lange, ja »die Zeit« selbst abzukürzen und die ganze Vergangenheit zu *überwältigen*: eine ungeheure und wundervolle Aufgabe, in deren Dienst sich sicherlich jeder feine Stolz, jeder zähe Wille befriedigen kann. *Die eigentlichen Philosophen aber sind Befehlende und Gesetzgeber:* sie sagen »*so soll* es sein!«, sie bestimmen erst das Wohin? und Wozu? des Menschen und verfügen dabei über die Vorarbeit aller philosophischen Arbeiter, aller Überwältiger der Vergangenheit – sie greifen mit schöpferischer Hand nach der Zukunft, und alles, was ist und war, wird ihnen dabei zum Mittel, zum Werkzeug, zum Hammer. Ihr »Erkennen« ist *Schaffen*, ihr Schaffen ist eine Gesetzgebung, ihr Wille zur Wahrheit ist – *Wille zur Macht*. – Gibt es heute solche Philosophen? Gab es schon solche Philosophen? *Muß* es nicht solche Philosophen geben? …

212

Es will mir immer mehr so scheinen, daß der Philosoph als ein *notwendiger* Mensch des Morgen und Übermorgen sich jederzeit mit seinem Heute in Widerspruch befunden hat und befinden *mußte*: sein Feind war jedesmal das Ideal von heute. Bisher haben alle diese außerordentlichen Förderer des Menschen, welche man Philosophen nennt, und die sich selbst selten als Freunde der Weisheit, sondern eher als unangenehme Narren und gefährliche Fragezeichen fühlten –, ihre Aufgabe, ihre harte, ungewollte, unabweisliche Aufgabe, endlich aber die Größe ihrer Aufgabe darin gefunden, das böse Gewissen ihrer Zeit zu sein. Indem sie gerade den *Tugenden der Zeit* das Messer vivisektorisch auf die Brust setzten, verrieten sie, was ihr eigenes Geheimnis war: um eine *neue* Größe des Menschen zu wissen, um einen neuen ungegangenen Weg zu seiner Vergrößerung. Jedesmal deckten sie auf, wieviel Heuchelei, Bequemlichkeit, Sich-gehen-lassen und Sich-fallen-lassen, wie viel Lüge unter dem bestgeehrten Typus ihrer zeitgenössischen Moralität versteckt, wie viel Tugend *überlebt* sei; jedesmal sagten sie: »wir müssen dorthin, dorthinaus, wo *ihr* heute am wenigsten zu Hause seid.« Angesichts einer Welt der »modernen Ideen«, welche jedermann in eine Ecke und »Spezialität« bannen möchte, würde ein Philosoph, falls es heute Philosophen geben könnte, gezwungen sein, die Größe des Menschen, den Begriff »Größe« gerade in seine Umfänglichkeit und Vielfältigkeit, in seine Ganzheit im Vielen zu setzen: er würde sogar den Wert und Rang danach bestimmen, wie viel und vielerlei einer tragen und auf sich nehmen, wie *weit* einer seine Verantwortlichkeit spannen könnte. Heute schwächt und verdünnt der Zeitgeschmack und die Zeittugend den Willen, nichts ist so sehr zeitgemäß als Willensschwäche: also muß, im Ideale des Philosophen, gerade Stärke des Willens, Härte und Fähigkeit zu langen Entschließungen in den Begriff »Größe« hineingehören; mit so gutem Rechte als die umgekehrte Lehre und das Ideal einer blöden entsagenden demütigen selbstlosen Menschlichkeit einem umgekehrten Zeitalter angemessen war, einem solchen, das gleich dem sechzehnten Jahrhundert an seiner aufgestauten Energie des Willens und den wildesten Wässern und Sturmfluten der Selbstsucht litt. Zur Zeit des Sokrates, unter lauter Menschen des ermüdeten Instinktes, unter konservativen Altathenern, welche sich gehen ließen – »zum Glücke«, wie sie sagten, zum Vergnügen, wie sie taten – und die dabei immer noch die alten prunkvollen Worte in den Mund nahmen, auf die ihnen ihr Leben längst kein Recht mehr gab, war vielleicht *Ironie* zur Größe der Seele nötig, jene sokratische boshafte Sicherheit des alten Arztes und Pöbelmanns, welcher schonungslos ins eigne Fleisch schnitt, wie ins Fleisch und Herz des »Vornehmen«, mit einem Blick, welcher verständlich genug sprach: »verstellt euch vor mir nicht! Hier – sind wir gleich!« Heute umgekehrt, wo in Europa das Herdentier allein zu Ehren kommt und Ehren verteilt, wo die »Gleichheit der Rechte« allzuleicht sich in die Gleichheit im Unrechte umwandeln könnte: ich will sagen in gemeinsame Bekriegung alles Seltenen, Fremden, Bevorrechtigten, des höheren Menschen, der höheren Seele, der höheren Pflicht, der höheren Verantwortlichkeit, der schöpferischen Machtfülle und Herrschaftlichkeit – heute gehört das Vornehm-sein, das Für-sich-sein-wollen, das Anders-sein-können, das Allein-stehn und Auf-eigne-Faust-leben-müssen zum Begriff »Größe«; und der Philosoph wird etwas von seinem eignen Ideal verraten, wenn er aufstellt: »der soll der Größte sein, der der Einsamste sein kann, der Verborgenste, der Abweichendste, der Mensch jenseits von Gut und Böse, der Herr seiner Tugenden, der Überreiche des Willens; dies eben soll *Größe* heißen: ebenso vielfach als ganz, ebenso weit als voll sein können.« Und nochmals gefragt: ist heute – Größe *möglich*?

213

Was ein Philosoph ist, das ist deshalb schlecht zu lernen, weil es nicht zu lehren ist: man muß es »wissen«, aus Erfahrung – oder man soll den Stolz haben, es *nicht* zu wissen. Daß aber heutzutage alle Welt von Dingen redet, in bezug auf welche sie keine Erfahrung haben *kann*, gilt am meisten und schlimmsten von Philosophen und den philosophischen Zuständen – die wenigsten kennen sie, dürfen sie kennen, und alle populären Meinungen über sie sind falsch. So ist zum Beispiel jenes echt philosophische Beieinander einer kühnen ausgelassenen Geistigkeit, welche *presto* läuft, und einer dialektischen Strenge und Notwendigkeit, die keinen Fehltritt tut, den meisten Denkern und Gelehrten von ihrer Erfahrung her unbekannt und darum, falls jemand davon vor ihnen reden wollte, unglaubwürdig. Sie stellen sich jede Notwendigkeit als Not, als peinliches Folgen-müssen und Gezwungen-werden vor; und das Denken selbst gilt ihnen als etwas Langsames, Zögerndes, beinahe als eine Mühsal und oft genug als »des *Schweißes* der Edlen wert« – aber ganz und gar nicht als etwas Leichtes, Göttliches und dem Tanze, dem Übermute Nächst-Verwandtes! »Denken« und eine Sache »ernst nehmen«, »schwer nehmen« – das gehört bei ihnen zueinander: so allein haben sie es »erlebt«. Die Künstler mögen hier schon eine feinere Witterung haben: sie, die nur zu gut wissen, daß gerade dann, wo sie nichts mehr »willkürlich« und alles notwendig machen, ihr Gefühl von Freiheit, Feinheit, Vollmacht, von schöpferischem Setzen, Verfügen, Gestalten auf seine Höhe kommt – kurz, daß Notwendigkeit und »Freiheit des Willens« dann bei ihnen eins sind. Es gibt zuletzt eine Rangordnung seelischer Zustände, welcher die Rangordnung der Probleme gemäß ist; und die höchsten Probleme stoßen ohne Gnade jeden zurück, der ihnen zu nahen wagt, ohne durch Höhe und Macht seiner Geistigkeit zu ihrer Lösung vorherbestimmt zu sein. Was hilft es, wenn gelenkige Allerwelts-Köpfe oder ungelenke brave Mechaniker und Empiriker sich, wie es heute so vielfach geschieht, mit ihrem Plebejer-Ehrgeize in ihre Nähe und gleichsam an diesen »Hof der Höfe« drängen! Aber auf solche Teppiche dürfen grobe Füße nimmermehr treten: dafür ist im Urgesetz der Dinge schon gesorgt; die Türen bleiben diesen Zudringlichen geschlossen, mögen sie sich auch die Köpfe daran stoßen und zerstoßen! Für jede hohe Welt muß man geboren sein; deutlicher gesagt, man muß für sie *gezüchtet* sein: ein Recht auf Philosophie – das Wort im großen Sinne genommen – hat man nur dank seiner Abkunft, die Vorfahren, das »Geblüt« entscheidet auch hier. Viele Geschlechter müssen der Entstehung des Philosophen vorgearbeitet haben; jede seiner Tugenden muß einzeln erworben, gepflegt, fortgeerbt, einverleibt worden sein, und nicht nur der kühne leichte zarte Gang und Lauf seiner Gedanken, sondern vor allem die

Bereitwilligkeit zu großen Verantwortungen, die Hoheit herrschender Blicke und Niederblicke, das Sich-Abgetrennt-Fühlen von der Menge und ihren Pflichten und Tugenden, das leutselige Beschützen und Verteidigen dessen, was mißverstanden und verleumdet wird, sei es Gott, sei es Teufel, die Lust und Übung in der großen Gerechtigkeit, die Kunst des Befehlens, die Weite des Willens, das langsame Auge, welches selten bewundert, selten hinaufblickt, selten liebt . . .

SIEBENTES HAUPTSTÜCK

UNSERE TUGENDEN

214

Unsere Tugenden? – Es ist wahrscheinlich, daß auch wir noch unsere Tugenden haben, ob es schon billigerweise nicht jene treuherzigen und vierschrötigen Tugenden sein werden, um derentwillen wir unsre Großväter in Ehren, aber auch ein wenig uns vom Leibe halten. Wir Europäer von übermorgen, wir Erstlinge des zwanzigsten Jahrhunderts – mit aller unsrer gefährlichen Neugierde, unsrer Vielfältigkeit und Kunst der Verkleidung, unsrer mürben und gleichsam versüßten Grausamkeit in Geist und Sinnen, – wir werden vermutlich, *wenn* wir Tugenden haben sollten, nur solche haben, die sich mit unsren heimlichsten und herzlichsten Hängen, mit unsren heißesten Bedürfnissen am besten vertragen lernten: wohlan, suchen wir einmal nach ihnen in unsren Labyrinthen! – woselbst sich, wie man weiß, so mancherlei verliert, so mancherlei ganz verlorengeht. Und gibt es etwas Schöneres, als nach seinen eignen Tugenden *suchen*? Heißt dies nicht beinahe schon: an seine eigne Tugend *glauben*? Dies aber »an seine Tugend glauben« – ist dies nicht im Grunde dasselbe, was man ehedem sein »gutes Gewissen« nannte, jener ehrwürdige langschwänzige Begriffs-Zopf, den sich unsre Großväter hinter ihren Kopf, oft genug auch hinter ihren Verstand hängten? Es scheint demnach, wie wenig wir uns auch sonst altmodisch und großväterhaft-ehrbar dünken mögen, in einem sind wir dennoch die würdigen Enkel dieser Großväter, wir letzten Europäer mit gutem Gewissen: auch wir noch tragen ihren Zopf. – Ach! Wenn ihr wüßtet, wie es bald, so bald schon – anders kommt! ...

215

Wie es im Reich der Sterne mitunter zwei Sonnen sind, welche die Bahn eines Planeten bestimmen, wie in gewissen Fällen Sonnen verschiedner Farbe um einen einzigen Planeten leuchten, bald mit rotem Lichte, bald mit grünem Lichte, und dann wieder gleichzeitig ihn treffend und bunt überflutend: so sind wir modernen Menschen, dank der komplizierten Mechanik unsres »Sternenhimmels« – durch *verschiedne* Moralen bestimmt; unsre Handlungen leuchten abwechselnd in verschiednen Farben, sie sind selten eindeutig – und es gibt genug Fälle, wo wir *bunte* Handlungen tun.

216

Seine Feinde lieben? Ich glaube, das ist gut gelernt worden: es geschieht heute tausendfältig, im kleinen und im großen; ja es geschieht bisweilen schon das Höhere und Sublimere – wir lernen *verachten*, wenn wir lieben, und gerade wenn wir am besten lieben – aber alles dies unbewußt, ohne Lärm, ohne Prunk, mit jener Scham und Verborgenheit der Güte, welche dem Munde das feierliche Wort und die Tugend-Formel verbietet. Moral als Attitüde – geht uns heute wider den Geschmack. Dies ist auch ein Fortschritt: wie es der Fortschritt unsrer Väter war, daß ihnen endlich Religion als Attitüde wider den Geschmack ging, eingerechnet die Feindschaft und Voltairesche Bitterkeit gegen die Religion (und was alles ehemals zur Freigeist-Gebärdensprache gehörte). Es ist die Musik in unserm Gewissen, der Tanz in unserm Geiste, zu dem alle Puritaner-Litanei, alle Moral-Predigt und Biedermännerei nicht klingen will.

217

Sich vor denen in acht nehmen, welche einen hohen Wert darauf legen, daß man ihnen moralischen Takt und Feinheit in der moralischen Unterscheidung zutraue! Sie vergeben es uns nie, wenn sie sich einmal *vor* uns (oder gar *an* uns) vergriffen haben – sie werden unvermeidlich zu unsern instinktiven Verleumdern und Beeinträchtigern, selbst wenn sie noch unsre »Freunde« bleiben. – Selig sind die Vergeßlichen: denn sie werden auch mit ihren Dummheiten »fertig«.

218

Die Psychologen Frankreichs – und wo gibt es heute sonst noch Psychologen? – haben immer noch ihr bittres und vielfältiges Vergnügen an der *bêtise bourgeoise* nicht ausgekostet, gleichsam als wenn ... genug, sie verraten etwas damit. Flaubert zum Beispiel, der brave Bürger von Rouen, sah, hörte und schmeckte zuletzt nichts andres mehr – es war seine Art von Selbstquälerei und feinerer Grausamkeit. Nun empfehle ich, zur Abwechslung – denn es wird langweilig –, ein andres Ding zum Entzücken: das ist die unbewußte Verschlagenheit, mit der sich alle guten dicken braven Geister des Mittelmaßes zu höheren Geistern und deren Aufgaben verhalten, jene feine verhäkelte jesuitische Verschlagenheit, welche tausendmal feiner ist, als der Verstand und Geschmack dieses Mittelstandes in seinen besten Augenblicken – sogar auch als der Verstand seiner Opfer –: zum abermaligen Beweise dafür, daß der »Instinkt«

unter allen Arten von Intelligenz, welche bisher entdeckt wurden, die intelligenteste ist. Kurz, studiert, ihr Psychologen, die Philosophie der »Regel« im Kampfe mit der »Ausnahme«: da habt ihr ein Schauspiel, gut genug für Götter und göttliche Boshaftigkeit! Oder, noch deutlicher: treibt Vivisektion am »guten Menschen«, am *»homo bonae voluntatis«* ... an *euch*!

219

Das moralische Urteilen und Verurteilen ist die Lieblings-Rache der Geistig-Beschränkten an denen, die es weniger sind, auch eine Art Schadenersatz dafür, daß sie von der Natur schlecht bedacht wurden, endlich eine Gelegenheit, Geist zu bekommen und fein zu *werden* – Bosheit vergeistigt. Es tut ihnen im Grunde ihres Herzens wohl, daß es einen Maßstab gibt, vor dem auch die mit Gütern und Vorrechten des Geistes Überhäuften ihnen gleichstehn – sie kämpfen für die »Gleichheit aller vor Gott« und *brauchen* beinahe dazu schon den Glauben an Gott. Unter ihnen sind die kräftigsten Gegner des Atheismus. Wer ihnen sagte »eine hohe Geistigkeit ist außer Vergleich mit irgendwelcher Bravheit und Achtbarkeit eines eben nur moralischen Menschen«, würde sie rasend machen – ich werde mich hüten, es zu tun. Vielmehr möchte ich ihnen mit meinem Satze schmeicheln, daß eine hohe Geistigkeit selber nur als letzte Ausgeburt moralischer Qualitäten besteht; daß sie eine Synthesis aller jener Zustände ist, welche den »nur moralischen« Menschen nachgesagt werden, nachdem sie, einzeln, durch lange Zucht und Übung, vielleicht in ganzen Ketten von Geschlechtern erworben sind; daß die hohe Geistigkeit eben die Vergeistigung der Gerechtigkeit und jener gütigen Strenge ist, welche sich beauftragt weiß, die *Ordnung des Ranges* in der Welt aufrechtzuerhalten, unter den Dingen selbst – und nicht nur unter Menschen.

220

Bei dem jetzt so volkstümlichen Lobe des »Uninteressierten« muß man sich, vielleicht nicht ohne einige Gefahr, zum Bewußtsein bringen, *woran* eigentlich das Volk Interesse nimmt, und was überhaupt die Dinge sind, um die sich der gemeine Mann gründlich und tief kümmert: die Gebildeten eingerechnet, sogar die Gelehrten, und wenn nicht alles trügt, beinahe auch die Philosophen. Die Tatsache kommt dabei heraus, daß das allermeiste von dem, was feinere und verwöhntere Geschmäcker, was jede höhere Natur interessiert und reizt, dem durchschnittlichen Menschen gänzlich »uninteressant« scheint – bemerkt er trotzdem eine Hingebung daran, so nennt er sie *»désintéressé«* und wundert sich, wie es möglich ist,

»uninteressiert« zu handeln. Es hat Philosophen gegeben, welche dieser Volks-Verwunderung noch einen verführerischen und mystisch-jenseitigen Ausdruck zu verleihen wußten (– vielleicht weil sie die höhere Natur nicht aus Erfahrung kannten?) – statt die nackte und herzlich billige Wahrheit hinzustellen, daß die »uninteressierte« Handlung eine *sehr* interessante und interessierte Handlung ist, vorausgesetzt ... »Und die Liebe?« – Wie! Sogar eine Handlung aus Liebe soll »unegoistisch« sein? Aber ihr Tölpel –! »Und das Lob des Aufopfernden?« – Aber wer wirklich Opfer gebracht hat, weiß, daß er etwas dafür wollte und bekam – vielleicht etwas von sich für etwas von sich – daß er hier hingab, um dort mehr zu haben, vielleicht um überhaupt mehr zu sein oder sich doch als »mehr« zu fühlen. Aber dies ist ein Reich von Fragen und Antworten, in dem ein verwöhnterer Geist sich ungern aufhält: so sehr hat hier bereits die Wahrheit nötig, das Gähnen zu unterdrücken, wenn sie antworten muß. Zuletzt ist sie ein Weib: man soll ihr nicht Gewalt antun.

221

Es kommt vor, sagte ein moralistischer Pedant und Kleinigkeitskrämer, daß ich einen uneigennützigen Menschen ehre und auszeichne: nicht aber, weil er uneigennützig ist, sondern weil er mir ein Recht darauf zu haben scheint, einem andern Menschen auf seine eignen Unkosten zu nützen. Genug, es fragt sich immer, wer *er* ist und wer *jener* ist. An einem zum Beispiele, der zum Befehlen bestimmt und gemacht wäre, würde Selbst-Verleugnung und bescheidenes Zurücktreten nicht eine Tugend, sondern die Vergeudung einer Tugend sein: so scheint es mir. Jede unegoistische Moral, welche sich unbedingt nimmt und an jedermann wendet, sündigt nicht nur gegen den Geschmack: sie ist eine Aufreizung zu Unterlassungs-Sünden, eine Verführung *mehr* unter der Maske der Menschenfreundlichkeit – und gerade eine Verführung und Schädigung der Höheren, Selteneren, Bevorrechteten. Man muß die Moralen zwingen, sich zuallererst vor der *Rangordnung* zu beugen, man muß ihnen ihre Anmaßung ins Gewissen schieben – bis sie endlich miteinander darüber ins Klare kommen, daß es *unmoralisch* ist zu sagen: »was dem einen recht ist, ist dem andern billig«. – Also mein moralistischer Pedant und *bonhomme*: verdiente er es wohl, daß man ihn auslachte, als er die Moralen dergestalt zur Moralität ermahnte? Aber man soll nicht zu viel Recht haben, wenn man die Lacher auf *seiner* Seite haben will; ein Körnchen Unrecht gehört sogar zum guten Geschmack.

222

Wo heute Mitleiden gepredigt wird – und, recht gehört, wird jetzt keine andre Religion mehr gepredigt – möge der Psycholog seine Ohren aufmachen: durch alle Eitelkeit, durch allen Lärm hindurch, der diesen Predigern (wie allen Predigern) zu eigen ist, wird er einen heiseren, stöhnenden, echten Laut von *Selbst-Verachtung* hören. Sie gehört zu jener Verdüsterung und Verhäßlichung Europas, welche jetzt ein Jahrhundert lang im Wachsen ist (und deren erste Symptome schon in einem nachdenklichen Briefe Galianis an Madame d'Epinay urkundlich verzeichnet sind): *wenn sie nicht deren Ursache ist!* Der Mensch der »modernen Ideen«, dieser stolze Affe, ist unbändig mit sich selbst unzufrieden: dies steht fest. Er leidet: und seine Eitelkeit will, daß er nur »mit leidet« ...

223

Der europäische Mischmensch – ein leidlich häßlicher Plebejer, alles in allem – braucht schlechterdings ein Kostüm: er hat die Historie nötig als die Vorratskammer der Kostüme. Freilich bemerkt er dabei, daß ihm keines recht auf den Leib paßt – er wechselt und wechselt. Man sehe sich das neunzehnte Jahrhundert auf diese schnellen Vorlieben und Wechsel der Stil-Maskeraden an; auch auf die Augenblicke der Verzweiflung darüber, daß uns »nichts steht« –. Unnütz, sich romantisch oder klassisch oder christlich oder florentinisch oder barokko oder »national« vorzuführen, *in moribus et artibus*: es »kleidet nicht«! Aber der »Geist«, insbesondere der »historische Geist« ersieht sich auch noch an dieser Verzweiflung seinen Vorteil: immer wieder wird ein neues Stück Vorzeit und Ausland versucht, umgelegt, abgelegt, eingepackt, vor allem *studiert* – wir sind das erste studierte Zeitalter *in puncto* der »Kostüme«, ich meine der Moralen, Glaubensartikel, Kunstgeschmäcker und Religionen, vorbereitet, wie noch keine Zeit es war, zum Karneval großen Stils, zum geistigsten Fasching-Gelächter und Übermut, zur transzendentalen Höhe des höchsten Blödsinns und der aristophanischen Welt-Verspottung. Vielleicht, daß wir hier gerade das Reich unsrer *Erfindung* noch entdecken, jenes Reich, wo auch wir noch original sein können, etwa als Parodisten der Weltgeschichte und Hanswürste Gottes – vielleicht daß, wenn auch nichts von heute sonst Zukunft hat, doch gerade unser *Lachen* noch Zukunft hat!

224

Der *historische Sinn* (oder die Fähigkeit, die Rangordnung von Wertschätzungen schnell zu erraten, nach welchen ein Volk, eine Gesellschaft, ein Mensch gelebt hat, der »divinatorische Instinkt« für die Beziehungen dieser Wertschätzungen, für das Verhältnis der Autorität der Werte zur Autorität der wirkenden Kräfte): dieser historische Sinn, auf welchen wir Europäer als auf unsre Besonderheit Anspruch machen, ist uns im Gefolge der bezaubernden und tollen *Halbbarbarei* gekommen, in welche Europa durch die demokratische Vermengung der Stände und Rassen gestürzt worden ist – erst das neunzehnte Jahrhundert kennt diesen Sinn, als seinen sechsten Sinn. Die Vergangenheit von jeder Form und Lebensweise, von Kulturen, die früher hart nebeneinander, übereinander lagen, strömt dank jener Mischung in uns »moderne Seelen« aus, unsre Instinkte laufen nunmehr überallhin zurück, wir selbst sind eine Art Chaos –: schließlich ersieht sich »der Geist«, wie gesagt, seinen Vorteil dabei. Durch unsre Halbbarbarei in Leib und Begierde haben wir geheime Zugänge überallhin, wie sie ein vornehmes Zeitalter nie besessen hat, vor allem die Zugänge zum Labyrinthe der unvollendeten Kulturen und zu jeder Halbbarbarei, die nur jemals auf Erden dagewesen ist; und insofern der beträchtlichste Teil der menschlichen Kultur bisher eben Halbbarbarei war, bedeutet »historischer Sinn« beinahe den Sinn und Instinkt für alles, den Geschmack und die Zunge für alles: womit er sich sofort als ein *unvornehmer* Sinn ausweist. Wir genießen zum Beispiel Homer wieder: vielleicht ist es unser glücklichster Vorsprung, daß wir Homer zu schmecken verstehn, welchen die Menschen einer vornehmen Kultur (etwa die Franzosen des siebzehnten Jahrhunderts, wie Saint-Evremond, der ihm den *esprit vaste* vorwirft, selbst noch ihr Ausklang Voltaire) nicht so leicht sich anzueignen wissen und wußten – welchen zu genießen sie sich kaum erlaubten. Das sehr bestimmte Ja und Nein ihres Gaumens, ihr leicht bereiter Ekel, ihre zögernde Zurückhaltung in bezug auf alles Fremdartige, ihre Scheu vor dem Ungeschmack selbst der lebhaften Neugierde, und überhaupt jener schlechte Wille jeder vornehmen und selbstgenügsamen Kultur, sich eine neue Begehrlichkeit, eine Unbefriedigung am Eignen, eine Bewunderung des Fremden einzugestehn: alles dies stellt und stimmt sie ungünstig selbst gegen die besten Dinge der Welt, welche nicht ihr Eigentum sind oder ihre Beute werden *könnten* – und kein Sinn ist solchen Menschen unverständlicher als gerade der historische Sinn und seine unterwürfige Plebejer-Neugierde. Nicht anders steht es mit Shakespeare, dieser erstaunlichen spanisch-maurisch-sächsischen Geschmacks-Synthesis, über welchen sich ein Altathener aus der Freundschaft des Äschylos halbtot gelacht oder geärgert haben würde: aber wir – nehmen gerade diese wilde Buntheit, dies Durcheinander des Zartesten, Gröbsten und Künstlichsten, mit einer geheimen Vertraulichkeit und Herzlichkeit an, wir genießen ihn als das gerade uns aufgesparte Raffinement der Kunst und lassen uns dabei von den widrigen Dämpfen und der Nähe des englischen Pöbels, in welcher Shakespeares Kunst und Geschmack lebt, so wenig stören als etwa auf der Chiaja Neapels: wo wir mit allen unsren Sinnen, bezaubert und willig, unsres Wegs gehn, wie sehr auch die Kloaken der Pöbel-Quartiere in der Luft sind Wir Menschen des »historischen Sinns«: wir haben als solche unsre Tugenden, es ist nicht zu bestreiten – wir sind anspruchslos, selbstlos, bescheiden, tapfer, voller Selbstüberwindung, voller Hingebung, sehr dankbar, sehr geduldig, sehr entgegenkommend – wir sind mit alledem vielleicht nicht sehr »geschmackvoll« Gestehen wir es uns schließlich zu: was uns Menschen des »historischen Sinns« am schwersten zu fassen, zu fühlen, nachzuschmecken, nachzulieben ist, was uns im Grunde voreingenommen und fast feindlich findet, das ist gerade das Vollkommne und Letzthin-Reife in jeder Kultur und Kunst, das eigentlich Vornehme an Werken und Menschen, ihr Augenblick glatten Meers und halkyonischer Selbstgenugsamkeit, das Goldne und Kalte, welches alle Dinge zeigen, die sich vollendet haben. Vielleicht steht unsre große Tugend des historischen Sinns in einem notwendigen Gegensatz zum *guten* Geschmacke, mindestens zum allerbesten Geschmacke, und wir vermögen gerade die kleinen kurzen und höchsten Glücksfälle und Verklärungen des menschlichen Lebens, wie sie hier und da einmal aufglänzen, nur schlecht, nur zögernd, nur mit Zwang in uns nachzubilden: jene Augenblicke und Wunder, wo eine große Kraft freiwillig vor dem Maßlosen und Unbegrenzten stehn blieb –, wo ein Überfluß von feiner Lust in der plötzlichen Bändigung und Versteinerung, im Feststehn und Sich-fest-stellen auf einem noch zitternden Boden genossen wurde. Das *Maß* ist uns fremd, gestehn wir es uns; unser Kitzel ist gerade der Kitzel des Unendlichen, Ungemeßnen. Gleich dem Reiter auf vorwärtsschnaubendem Rosse lassen wir vor dem Unendlichen die Zügel fallen, wir modernen Menschen, wie Halbbarbaren – und sind erst dort in *unsrer* Seligkeit, wo wir auch am meisten – *in Gefahr sind.*

225

Ob Hedonismus, ob Pessimismus, ob Utilitarismus, ob Eudämonismus: alle diese Denkweisen, welche nach *Lust* und *Leid*, das heißt nach Begleitzuständen und Nebensachen den Wert der Dinge messen, sind Vordergrunds-Denkweisen und Naivitäten, auf welche ein jeder, der sich *gestaltender* Kräfte und eines Künstler-Gewissens bewußt ist, nicht ohne Spott, auch nicht ohne Mitleid herabblicken wird. Mitleiden mit *euch*! das ist freilich nicht das Mitleiden, wie ihr es meint: das ist nicht Mitleiden mit der sozialen »Not«, mit der »Gesellschaft« und ihren Kranken und Verunglückten, mit Lasterhaften und Zerbrochnen von Anbeginn, wie sie rings um uns zu Boden liegen; das ist noch weniger Mitleiden mit murrenden, gedrückten, aufrührerischen Sklaven-Schichten, welche nach Herrschaft – sie nennen's »Freiheit« – trachten. *Unser* Mitleiden ist ein höheres fernsichtigeres Mitleiden – wir sehen, wie *der Mensch* sich verkleinert, wie *ihr* ihn verkleinert! – und es gibt Augenblicke, wo wir gerade *eurem* Mitleiden mit einer unbeschreiblichen Beängstigung zusehn, wo wir uns gegen dies Mitleiden wehren – wo wir euren Ernst gefährlicher als irgendwelche Leichtfertigkeit finden. Ihr wollt womöglich – und es gibt kein tolleres »womöglich« – *das Leiden abschaffen*; und wir? – es scheint gerade, *wir* wollen es lieber noch höher und schlimmer haben, als je es war! Wohlbefinden, wie ihr es versteht – das ist ja kein Ziel, das scheint uns ein *Ende*! Ein Zustand, welcher den Menschen alsbald lächerlich und verächtlich macht – der seinen Untergang *wünschen* macht! Die Zucht des Leidens, des *großen* Leidens – wißt ihr nicht, daß nur *diese* Zucht alle Erhöhungen des Menschen bisher geschaffen hat? Jene Spannung der Seele im Unglück, welche ihr die Stärke anzüchtet, ihre Schauer im Anblick des großen Zugrundegehens, ihre Erfindsamkeit und Tapferkeit im Tragen, Ausharren, Ausdeuten, Ausnützen des Unglücks, und was ihr nur je von Tiefe, Geheimnis, Maske, Geist, List, Größe geschenkt worden ist – ist es nicht ihr unter Leiden, unter der Zucht des großen Leidens geschenkt worden? Im Menschen ist *Geschöpf* und *Schöpfer* vereint: im Menschen ist Stoff, Bruchstück, Überfluß, Lehm, Kot, Unsinn, Chaos; aber im Menschen ist auch Schöpfer, Bildner, Hammer-Härte, Zuschauer-Göttlichkeit und siebenter Tag – versteht ihr diesen Gegensatz? Und daß *euer* Mitleid dem »Geschöpf im Menschen« gilt, dem, was geformt, gebrochen, geschmiedet, gerissen, gebrannt, geglüht, geläutert werden muß – dem, was notwendig *leiden* muß und leiden *soll*? Und *unser* Mitleid – begreift ihr's nicht, wem unser *umgekehrtes* Mitleid gilt, wenn es sich gegen euer Mitleid wehrt, als gegen die schlimmste aller Verzärtelungen und Schwächen? – Mitleid also *gegen* Mitleid! – Aber, nochmals gesagt, es gibt höhere Probleme als alle Lust- und Leid- und Mitleid-Probleme; und jede Philosophie, die nur auf diese hinausläuft, ist eine Naivität. –

226

Wir Immoralisten! – Diese Welt, die *uns* angeht, in der *wir* zu fürchten und zu lieben haben, diese beinahe unsichtbare unhörbare Welt feinen Befehlens, feinen Gehorchens, eine Welt des »Beinahe« in jedem Betrachte, häklig, verfänglich, spitzig, zärtlich: ja, sie ist gut verteidigt gegen plumpe Zuschauer und vertrauliche Neugierde! Wir sind in ein strenges Garn und

Hemd von Pflichten eingesponnen und *können* da nicht heraus –, darin eben sind wir »Menschen der Pflicht«, auch wir! Bisweilen, es ist wahr, tanzen wir wohl in unsern »Ketten« und zwischen unsern »Schwertern«; öfter, es ist nicht minder wahr, knirschen wir darunter und sind ungeduldig über all die heimliche Härte unsres Geschicks. Aber wir mögen tun, was wir wollen: die Tölpel und der Augenschein sagen gegen uns »das sind Menschen *ohne* Pflicht« – wir haben immer die Tölpel und den Augenschein gegen uns!

227

Redlichkeit – gesetzt, daß dies unsre Tugend ist, von der wir nicht loskönnen, wir freien Geister – nun, wir wollen mit aller Bosheit und Liebe an ihr arbeiten und nicht müde werden, uns in *unsrer* Tugend, die allein uns übrigblieb, zu »vervollkommnen«: mag ihr Glanz einmal wie ein vergoldetes blaues spöttisches Abendlicht über dieser alternden Kultur und ihrem dumpfen düstern Ernst liegenbleiben! Und wenn dennoch unsre Redlichkeit eines Tages müde wird und seufzt und die Glieder streckt und uns zu hart findet und es besser, leichter, zärtlicher haben möchte, gleich einem angenehmen Laster: bleiben wir *hart*, wir letzten Stoiker! und schicken wir ihr zu Hilfe, was wir nur an Teufelei in uns haben – unsern Ekel am Plumpen und Ungefähren, unser *»nitimur in vetitum«*, unsern Abenteurer-Mut, unsre gewitzte und verwöhnte Neugierde, unsern feinsten verkapptesten geistigsten Willen zur Macht und Welt-Überwindung, der begehrlich um alle Reiche der Zukunft schweift und schwärmt – kommen wir unserm »Gotte« mit allen unsern »Teufeln« zuhilfe! Es ist wahrscheinlich, daß man uns darob verkennt und verwechselt: was liegt daran! Man wird sagen: »ihre ›Redlichkeit‹ – das ist ihre Teufelei, und gar nichts mehr!« was liegt daran! Und selbst wenn man Recht hätte! Waren nicht alle Götter bisher dergleichen heilig gewordne umgetaufte Teufel? Und was wissen wir zuletzt von uns? Und wie der Geist *heißen* will, der uns führt (es ist eine Sache der Namen)? Und wie viele Geister wir bergen? Unsre Redlichkeit, wir freien Geister – sorgen wir dafür, daß sie nicht unsre Eitelkeit, unser Putz und Prunk, unsre Grenze, unsre Dummheit werde! Jede Tugend neigt zur Dummheit, jede Dummheit zur Tugend; »dumm bis zur Heiligkeit« sagt man in Rußland, – sorgen wir dafür, daß wir nicht aus Redlichkeit zuletzt noch zu Heiligen und Langweiligen werden! Ist das Leben nicht hundertmal zu kurz, sich in ihm – zu langweilen? Man müßte schon ans ewige Leben glauben, um …

228

Man vergebe mir die Entdeckung, daß alle Moral-Philosophie bisher langweilig war und zu den Schlafmitteln gehörte – und daß »die Tugend« durch nichts mehr in meinen Augen beeinträchtigt worden ist als durch diese *Langweiligkeit* ihrer Fürsprecher; womit ich noch nicht deren allgemeine Nützlichkeit verkannt haben möchte. Es liegt viel daran, daß so wenig Menschen als möglich über Moral nachdenken – es liegt folglich *sehr* viel daran, daß die Moral nicht etwa eines Tages interessant werde! Aber man sei unbesorgt! Es steht auch heute noch so, wie es immer stand: ich sehe niemanden in Europa, der einen Begriff davon hätte (oder *gäbe*), daß das Nachdenken über Moral gefährlich, verfänglich, verführerisch getrieben werden könnte – daß *Verhängnis* darin liegen könnte! Man sehe sich zum Beispiel die unermüdlichen unvermeidlichen englischen Utilitarier an, wie sie plump und ehrenwert in den Fußtapfen Benthams daherwandeln. dahinwandeln (ein homerisches Gleichnis sagt es deutlicher), so wie er selbst schon in den Fußtapfen des ehrenwerten Helvétius wandelte (nein, das war kein gefährlicher Mensch, dieser Helvétius, *ce sénateur Pococurante*, mit Galiani zu reden –). Kein neuer Gedanke, nichts von feinerer Wendung und Faltung eines alten Gedankens, nicht einmal eine wirkliche Historie des früher Gedachten: eine *unmögliche* Literatur im ganzen, gesetzt, daß man sie nicht mit einiger Bosheit sich einzusäuern versteht. Es hat sich nämlich auch in diese Moralisten (welche man durchaus mit Nebengedanken lesen muß, falls man sie lesen *muß* –) jenes alte englische Laster eingeschlichen, das *cant* heißt und *moralische Tartüfferie* ist, diesmal unter die neue Form der Wissenschaftlichkeit versteckt; es fehlt auch nicht an geheimer Abwehr von Gewissensbissen, an denen billigerweise eine Rasse von ehemaligen Puritanern bei aller wissenschaftlichen Befassung mit Moral leiden wird. (Ist ein Moralist nicht das Gegenstück eines Puritaners? Nämlich als ein Denker, der die Moral als fragwürdig, fragezeichenwürdig, kurz als Problem nimmt? Sollte Moralisieren nicht – unmoralisch sein?) Zuletzt wollen sie alle, daß die *englische* Moralität recht bekomme: insofern gerade damit der Menschheit, oder dem »allgemeinen Nutzen« oder »dem Glück der Meisten«, nein! dem Glücke *Englands* am besten gedient wird; sie möchten mit allen Kräften sich beweisen, daß das Streben nach *englischem* Glück, ich meine nach *comfort* und *fashion* (und, an höchster Stelle, einem Sitz im Parlament), zugleich auch der rechte Pfad der Tugend sei, ja daß, so viel Tugend es bisher in der Welt gegeben hat, es eben in einem solchen Streben bestanden habe Keins von allen diesen schwerfälligen, im Gewissen beunruhigten Herdentieren (die die Sache des Egoismus als Sache der allgemeinen Wohlfahrt zu führen unternehmen –) will etwas davon wissen und riechen, daß die »allgemeine Wohlfahrt« kein Ideal, kein Ziel, kein irgendwie faßbarer Begriff, sondern nur ein Brechmittel ist – daß, was dem einen billig ist, durchaus noch nicht dem andern billig sein *kann,* daß die Forderung *einer* Moral für alle die Beeinträchtigung gerade der höheren Menschen ist, kurz, daß es eine *Rangordnung* zwischen Mensch und Mensch, folglich auch zwischen Moral und Moral gibt. Es ist eine bescheidene und gründlich mittelmäßige Art Mensch, diese utilitarischen Engländer, und, wie gesagt: insofern sie langweilig sind, kann man nicht hoch genug von ihrer Utilität denken. Man sollte sie noch *ermutigen:* wie es, zum Teil, mit nachfolgenden Reimen versucht worden ist.

Heil euch, brave Karrenschieber,
Stets »je länger, desto lieber«,
Steifer stets an Kopf und Knie,
Unbegeistert, ungespäßig,
Unverwüstlich-mittelmäßig,
Sans génie et sans esprit!

229

Es bleibt in jenen späten Zeitaltern, die auf Menschlichkeit stolz sein dürfen, so viel Furcht, so viel *Aberglaube* der Furcht vor dem »wilden grausamen Tiere« zurück, über welches Herr geworden zu sein eben den Stolz jener menschlicheren Zeitalter ausmacht, daß selbst handgreifliche Wahrheiten wie auf Verabredung jahrhundertelang unausgesprochen bleiben, weil sie den Anschein haben, jenem wilden, endlich abgetöteten Tiere wieder zum Leben zu verhelfen. Ich wage vielleicht etwas, wenn ich eine solche Wahrheit mir entschlüpfen lasse: mögen andre sie wieder einfangen und ihr so viel »Milch der frommen Denkungsart« zu trinken geben, bis sie still und vergessen in ihrer alten Ecke liegt. – Man soll über die Grausamkeit umlernen und die Augen aufmachen; man soll endlich Ungeduld lernen, damit nicht länger solche unbescheidne dicke Irrtümer tugendhaft und dreist herumwandeln, wie sie zum Beispiel in betreff der Tragödie von alten und neuen Philosophen aufgefüttert worden sind. Fast alles, was wir »höhere Kultur« nennen, beruht auf der Vergeistigung und Vertiefung der *Grausamkeit* – dies ist mein Satz; jenes »wilde Tier« ist gar nicht abgetötet worden, es lebt, es blüht, es hat sich nur – vergöttlicht. Was die schmerzliche Wollust der Tragödie ausmacht, ist Grausamkeit; was im sogenannten tragischen Mitleiden, im Grunde sogar in allem Erhabnen bis hinauf zu den höchsten und zartesten Schaudern der Metaphysik, angenehm wirkt, bekommt seine Süßigkeit allein von der eingemischten Ingredienz der Grausamkeit. Was der Römer in der Arena, der Christ in den Entzückungen des Kreuzes, der Spanier angesichts von Scheiterhaufen oder Stierkämpfen, der Japanese von heute, der sich zur Tragödie drängt, der Pariser Vorstadt-Arbeiter, der ein Heimweh nach blutigen Revolutionen hat, die Wagnerianerin, welche mit ausgehängtem Willen Tristan und Isolde über sich »ergehen läßt« – was diese alle genießen und mit geheimnisvoller Brunst in sich hineinzutrinken trachten, das sind die Würztränke der großen Circe »Grausamkeit«. Dabei muß man freilich die tölpelhafte Psychologie von ehedem davonjagen, welche von der Grausamkeit nur zu lehren wußte, daß sie beim Anblicke *fremden* Leides entstünde: es gibt einen reichlichen, überreichlichen Genuß auch am eignen Leiden, am eignen Sich-leiden-machen – und wo nur der Mensch zur Selbst-Verleugnung im *religiösen* Sinne oder zur Selbst-Verstümmlung, wie bei Phöniziern und Asketen, oder überhaupt zur Entsinnlichung, Entfleischung, Zerknirschung, zum puritanischen Bußkrampfe, zur Gewissens-Vivisektion und zum Pascalschen *sacrifizio dell'intelletto* sich überreden läßt, da wird er heimlich durch seine Grausamkeit gelockt und vorwärtsgedrängt, durch jene gefährlichen Schauder der *gegen sich selbst* gewendeten Grausamkeit. Zuletzt erwäge man, daß selbst der Erkennende, indem er seinen Geist zwingt, *wider* den Hang des Geistes und oft genug auch wider die Wünsche seines Herzens zu erkennen – nämlich Nein zu sagen, wo er bejahen, lieben, anbeten möchte –, als Künstler und Verklärer der Grausamkeit waltet; schon jedes Tief- und Gründlich-Nehmen ist eine Vergewaltigung, ein Wehetun-Wollen am Grundwillen des Geistes, welcher unablässig zum Scheine und zu den Oberflächen hin will – schon in jedem Erkennenwollen ist ein Tropfen Grausamkeit.

230

Vielleicht versteht man nicht ohne weiteres, was ich hier von einem »Grundwillen des Geistes« gesagt habe: man gestatte mir eine Erläuterung. – Das befehlerische Etwas, das vom Volke der »Geist« genannt wird, will in sich und um sich herum Herr sein und sich als Herrn fühlen: es hat den Willen aus der Vielheit zur Einfachheit, einen zusammenschnürenden, bändigenden, herrschsüchtigen und wirklich herrschaftlichen Willen. Seine Bedürfnisse und Vermögen sind hierin dieselben, wie sie die Physiologen für alles, was lebt, wächst und sich vermehrt, aufstellen. Die Kraft des Geistes, Fremdes sich anzueignen, offenbart sich in einem starken Hange, das Neue dem Alten anzuähnlichen, das Mannigfaltige zu vereinfachen, das gänzlich Widersprechende zu übersehen oder wegzustoßen: ebenso wie er bestimmte Züge und Linien am Fremden, an jedem Stück »Außenwelt« willkürlich stärker unterstreicht, heraushebt, sich zurechtfälscht. Seine Absicht geht dabei auf Einverleibung neuer »Erfahrungen«, auf Einreihung neuer Dinge unter alte Reihen – auf Wachstum also; bestimmter noch, auf das *Gefühl* des Wachstums, auf das Gefühl der vermehrten Kraft. Diesem selben Willen dient ein scheinbar entgegengesetzter Trieb des Geistes, ein plötzlich herausbrechender Entschluß zur Unwissenheit, zur willkürlichen Abschließung, ein Zumachen seiner Fenster, ein inneres Neinsagen zu diesem oder jenem Dinge, ein Nicht-herankommen-lassen, eine Art Verteidigungs-Zustand gegen vieles Wißbare, eine Zufriedenheit mit dem Dunkel, mit dem abschließenden Horizonte, ein Ja-sagen und Gut-heißen der Unwissenheit: wie dies alles nötig ist je nach dem Grade seiner aneignenden Kraft, seiner »Verdauungskraft«, im Bilde geredet – und wirklich gleicht »der Geist« am meisten noch einem Magen. Insgleichen gehört hierher der gelegentliche Wille des Geistes, sich täuschen zu lassen, vielleicht mit einer mutwilligen Ahnung davon, daß es so und so *nicht* steht, daß man es so und so eben nur gelten läßt, eine Lust an aller Unsicherheit und Mehrdeutigkeit, ein frohlockender Selbstgenuß an der willkürlichen Enge und Heimlichkeit eines Winkels, am Allzunahen, am Vordergrunde, am Vergrößerten, Verkleinerten, Verschobenen, Verschönerten, ein Selbstgenuß an der Willkürlichkeit aller dieser Machtäußerungen. Endlich gehört hierher jene nicht unbedenkliche Bereitwilligkeit des Geistes, andre Geister zu täuschen und sich vor ihnen zu verstellen, jener beständige Druck und Drang einer schaffenden, bildenden, wandelfähigen Kraft: der Geist genießt darin seine Masken-Vielfältigkeit und Verschlagenheit, er genießt auch das Gefühl seiner Sicherheit darin – gerade durch seine Proteuskünste ist er ja am besten verteidigt und versteckt! – *Diesem* Willen zum Schein, zur Vereinfachung, zur Maske, zum Mantel, kurz zur Oberfläche – denn jede Oberfläche ist ein Mantel – wirkt jener sublime Hang des Erkennenden *entgegen*, der die Dinge tief, vielfach, gründlich nimmt und nehmen *will*: als eine Art Grausamkeit des intellektuellen Gewissens und Geschmacks, welche jeder tapfere Denker bei sich anerkennen wird, gesetzt daß er, wie sich gebührt, sein Auge für sich selbst lange genug gehärtet und gespitzt hat und an strenge Zucht, auch an strenge Worte gewöhnt ist. Er wird sagen »es ist etwas Grausames im Hange meines Geistes« – mögen die Tugendhaften und Liebenswürdigen es ihm auszureden suchen! In der Tat, es klänge artiger, wenn man uns, statt der Grausamkeit, etwa eine »ausschweifende Redlichkeit« nachsagte, nachraunte, nachrühmte – uns freien, *sehr* freien Geistern – und *so* klingt vielleicht wirklich einmal unser – Nachruhm? Einstweilen – denn es hat Zeit bis dahin – möchten wir selbst wohl am wenigsten geneigt sein, uns mit dergleichen moralischen Wort-Flittern und -Fransen aufzuputzen: unsre ganze bisherige Arbeit verleidet uns gerade diesen Geschmack und seine muntere Üppigkeit. Es sind schöne glitzernde klirrende festliche Worte: Redlichkeit, Liebe zur Wahrheit, Liebe zur Weisheit, Aufopferung für die Erkenntnis, Heroismus des Wahrhaftigen – es ist etwas daran, das einem den

Stolz schwellen macht. Aber wir Einsiedler und Murmeltiere, wir haben uns längst in aller Heimlichkeit eines Einsiedler-Gewissens überredet, daß auch dieser würdige Wort-Prunk zu dem alten Lügen-Putz, -Plunder und -Goldstaub der unbewußten menschlichen Eitelkeit gehört, und daß auch unter solcher schmeichlerischen Farbe und Übermalung der schreckliche Grundtext *homo natura* wieder herauserkannt werden muß. Den Menschen nämlich zurückübersetzen in die Natur; über die vielen eitlen und schwärmerischen Deutungen und Nebensinne Herr werden, welche bisher über jenen ewigen Grundtext *homo natura* gekritzelt und gemalt wurden; machen, daß der Mensch fürderhin vor dem Menschen steht, wie er heute schon, hart geworden in der Zucht der Wissenschaft, vor der *anderen* Natur steht, mit unerschrocknen Ödipus-Augen und verklebten Odysseus-Ohren, taub gegen die Lockweisen alter metaphysischer Vogelfänger, welche ihm allzulange zugeflötet haben: »du bist mehr! du bist höher! du bist anderer Herkunft!« – das mag eine seltsame und tolle Aufgabe sein, aber es ist eine *Aufgabe* – wer wollte das leugnen! Warum wir sie wählten, diese tolle Aufgabe? Oder anders gefragt: »warum überhaupt Erkenntnis?« – Jedermann wird uns danach fragen. Und wir, solchermaßen gedrängt, wir, die wir uns hunderte Male selbst schon ebenso gefragt haben, wir fanden und finden keine bessere Antwort ...

231

Das Lernen verwandelt uns, es tut das, was alle Ernährung tut, die auch nicht bloß »erhält« –: wie der Physiologe weiß. Aber im Grunde von uns, ganz »da unten«, gibt es freilich etwas Unbelehrbares, einen Granit von geistigem Fatum, von vorherbestimmter Entscheidung und Antwort auf vorherbestimmte ausgelesene Fragen. Bei jedem kardinalen Problem redet ein unwandelbares »das bin ich«; über Mann und Weib zum Beispiel kann ein Denker nicht umlernen, sondern nur auslernen – nur zu Ende entdecken, was darüber bei ihm »feststeht«. Man findet beizeiten gewisse Lösungen von Problemen, die gerade *uns* starken Glauben machen; vielleicht nennt man sie fürderhin seine »Überzeugungen«. Später – sieht man in ihnen nur Fußtapfen zur Selbsterkenntnis, Wegweiser zum Probleme, das wir *sind* – richtiger, zur großen Dummheit, die wir sind, zu unserm geistigen Fatum, zum *Unbelehrbaren* ganz »da unten«. – Auf diese reichliche Artigkeit hin, wie ich sie eben gegen mich selbst begangen habe, wird es mir vielleicht eher schon gestattet sein, über das »Weib an sich« einige Wahrheiten herauszusagen: gesetzt, daß man es von vornherein nunmehr weiß, wie sehr es eben nur – *meine* Wahrheiten sind. –

232

Das Weib will selbständig werden: und dazu fängt es an, die Männer über das »Weib an sich« aufzuklären – *das* gehört zu den schlimmsten Fortschritten der allgemeinen *Verhäßlichung* Europas. Denn was müssen diese plumpen Versuche der weiblichen Wissenschaftlichkeit und Selbst-Entblößung alles ans Licht bringen! Das Weib hat so viel Grund zur Scham; im Weibe ist so viel Pedantisches, Oberflächliches, Schulmeisterliches, Klein-Anmaßliches, Kleinlich-Zügelloses und -Unbescheidnes versteckt – man studiere nur seinen Verkehr mit Kindern! –, das im Grunde bisher durch die *Furcht* vor dem Manne am besten zurückgedrängt und gebändigt wurde. Wehe, wenn erst das »Ewig-Langweilige am Weibe« – es ist reich daran! – sich hervorwagen darf! Wenn es seine Klugheit und Kunst, die der Anmut, des Spielens, Sorgen-Wegscheuchens, Erleichterns und Leicht-Nehmens, wenn es seine feine Anstelligkeit zu angenehmen Begierden gründlich und grundsätzlich zu verlernen beginnt! Es werden schon jetzt weibliche Stimmen laut, welche, beim heiligen Aristophanes! Schrecken machen, es wird mit medizinischer Deutlichkeit gedroht, was zuerst und zuletzt das Weib vom Manne *will*. Ist es nicht vom schlechtesten Geschmacke, wenn das Weib sich dergestalt anschickt, wissenschaftlich zu werden? Bisher war glücklicherweise das Aufklären Männer-Sache, Männer-Gabe – man blieb damit »unter sich«; und man darf sich zuletzt, bei allem, was Weiber über »das Weib« schreiben, ein gutes Mißtrauen vorbehalten, ob das Weib über sich selbst eigentlich Aufklärung *will* – und wollen *kann* ... Wenn ein Weib damit nicht einen neuen *Putz* für sich sucht – ich denke doch, das Sich-Putzen gehört zum Ewig-Weiblichen? – nun, so will es vor sich Furcht erregen – es will damit vielleicht Herrschaft. Aber es *will* nicht Wahrheit: was liegt dem Weibe an Wahrheit! Nichts ist von Anbeginn an dem Weibe fremder, widriger, feindlicher als Wahrheit – seine große Kunst ist die Lüge, seine höchste Angelegenheit ist der Schein und die Schönheit. Gestehen wir es, wir Männer: wir ehren und lieben gerade *diese* Kunst und *diesen* Instinkt am Weibe: wir, die wir es schwer haben und uns gerne zu unsrer Erleichterung zu Wesen gesellen, unter deren Händen, Blicken und zarten Torheiten uns unser Ernst, unsre Schwere und Tiefe beinahe wie eine Torheit erscheint. Zuletzt stelle ich die Frage: hat jemals ein Weib selber schon einem Weibskopfe Tiefe, einem Weibsherzen Gerechtigkeit zugestanden? Und ist es nicht wahr, daß, im großen gerechnet, »das Weib« bisher vom Weibe selbst am meisten mißachtet wurde – und ganz und gar nicht von uns? – Wir Männer wünschen, daß das Weib nicht fortfahre, sich durch Aufklärung zu kompromittieren: wie es Manns-Fürsorge und Schonung des Weibes war, als die Kirche dekretierte: *mulier taceat in ecclesia!* Es geschah zum Nutzen des Weibes, als Napoleon der allzu beredten Madame de Staël zu verstehen gab: *mulier taceat in politicis!* – und ich denke, daß es ein rechter Weiberfreund ist, der den Frauen heute zuruft: *mulier taceat de muliere!*

233

Es verrät Korruption der Instinkte – noch abgesehn davon, daß es schlechten Geschmack verrät –, wenn ein Weib sich gerade auf Madame Roland oder Madame de Staël oder Monsieur George Sand beruft, wie als ob damit etwas *zugunsten* des »Weibs an sich« bewiesen wäre. Unter Männern sind die Genannten die drei *komischen* Weiber an sich – nichts mehr! – und gerade die besten unfreiwilligen *Gegen-Argumente* gegen Emanzipation und weibliche Selbstherrlichkeit.

234

Die Dummheit in der Küche; das Weib als Köchin; die schauerliche Gedankenlosigkeit, mit der die Ernährung der Familie und des Hausherrn besorgt wird! Das Weib versteht nicht, was die Speise *bedeutet*: und will Köchin sein! Wenn das Weib ein denkendes Geschöpf wäre, so hätte es ja, als Köchin seit Jahrtausenden, die größten physiologischen Tatsachen finden, insgleichen die Heilkunst in seinen Besitz bringen müssen! Durch schlechte Köchinnen – durch den vollkommnen Mangel an Vernunft in der Küche ist die Entwicklung des Menschen am längsten aufgehalten, am schlimmsten beeinträchtigt worden: es steht heute selbst noch wenig besser. Eine Rede an höhere Töchter.

235

Es gibt Wendungen und Würfe des Geistes, es gibt Sentenzen, eine kleine Handvoll Worte, in denen eine ganze Kultur, eine ganze Gesellschaft sich plötzlich kristallisiert. Dahin gehört jenes gelegentliche Wort der Madame de Lambert an ihren Sohn: »*mon ami, ne vous permettez jamais que de folies, qui vous feront grand plaisir*« – beiläufig das mütterlichste und klügste Wort, das je an einen Sohn gerichtet worden ist.

236

Das, was Dante und Goethe vom Weibe geglaubt haben – jener, indem er sang »*ella guardava suso, ed io in lei*«, dieser, indem er es übersetzte »das Ewig-Weibliche zieht uns *hinan*« –: ich zweifle nicht, daß jedes edlere Weib sich gegen diesen Glauben wehren wird, denn es glaubt eben *das* vom Ewig-Männlichen ...

237

Sieben Weibs-Sprüchlein

Wie die längste Weile fleucht, kommt ein Mann zu uns gekreucht!

Alter, ach! und Wissenschaft gibt auch schwacher Tugend Kraft.

Schwarz Gewand und Schweigsamkeit kleidet jeglich Weib – gescheit.

Wem im Glück ich dankbar bin? Gott! – und meiner Schneiderin.

Jung: beblümtes Höhlenhaus. Alt: ein Drache fährt heraus.

Edler Name, hübsches Bein, Mann dazu: o wär *er* mein!

Kurze Rede, langer Sinn – Glatteis für die Eselin!

Die Frauen sind von den Männern bisher wie Vögel behandelt worden, die von irgendwelcher Höhe sich hinab zu ihnen verirrt haben: als etwas Feineres, Verletzlicheres, Wilderes, Wunderlicheres, Süßeres, Seelenvolleres – aber als etwas, das man einsperren muß, damit es nicht davonfliegt.

238

Sich im Grundprobleme »Mann und Weib« zu vergreifen, hier den abgründlichsten Antagonismus und die Notwendigkeit einer ewig-feindseligen Spannung zu leugnen, hier vielleicht von gleichen Rechten, gleicher Erziehung, gleichen Ansprüchen und Verpflichtungen zu träumen: dies ist ein *typisches* Zeichen von Flachköpfigkeit, und ein Denker, der an dieser gefährlichen Stelle sich flach erwiesen hat – flach im Instinkte! –, darf überhaupt als verdächtig, mehr noch, als verraten, als aufgedeckt gelten: wahrscheinlich wird er für alle Grundfragen des Lebens, auch des zukünftigen Lebens, zu »kurz« sein und in *keine* Tiefe hinunterkönnen. Ein Mann hingegen, der Tiefe hat, in seinem Geiste wie in seinen Begierden, auch jene Tiefe des Wohlwollens, welche der Strenge und Härte fähig ist und leicht mit ihnen verwechselt wird, kann über das Weib immer nur *orientalisch* denken – er muß das Weib als Besitz, als verschließbares Eigentum, als etwas zur Dienstbarkeit Vorbestimmtes und in ihr sich Vollendendes fassen – er muß sich hierin auf die ungeheure Vernunft Asiens, auf Asiens Instinkt-Überlegenheit stellen, wie dies ehemals die Griechen getan haben, diese besten Erben und Schüler Asiens, welche, wie bekannt, von Homer bis zu den Zeiten des Perikles, mit *zunehmender* Kultur und Umfänglichkeit an Kraft, Schritt für Schritt auch *strenger* gegen das Weib, kurz, orientalischer geworden sind. *Wie* notwendig, *wie* logisch, *wie* selbst menschlich-wünschbar dies war: möge man darüber bei sich nachdenken!

239

Das schwache Geschlecht ist in keinem Zeitalter mit solcher Achtung von seiten der Männer behandelt worden als in unserm Zeitalter – das gehört zum demokratischen Hang und Grundgeschmack, ebenso wie die Unehrerbietigkeit vor dem Alter –: was wunder, daß sofort wieder mit dieser Achtung Mißbrauch getrieben wird? Man will mehr, man lernt fordern, man findet zuletzt jenen Achtungszoll beinahe schon kränkend, man würde den Wettbewerb um Rechte, ja ganz eigentlich den Kampf vorziehn: genug, das Weib verliert an Scham. Setzen wir sofort hinzu, daß es auch an Geschmack verliert. Es verlernt den Mann zu *fürchten*: aber das Weib, das »das Fürchten verlernt«, gibt seine weiblichsten Instinkte preis. Daß das Weib sich hervorwagt, wenn das Furcht-Einflößende am Manne, sagen wir bestimmter, wenn der *Mann* im Manne nicht mehr gewollt und großgezüchtet wird, ist billig genug, auch begreiflich genug; was sich schwerer begreift, ist, daß ebendamit – das Weib entartet. Dies geschieht heute: täuschen wir uns nicht darüber! Wo nur der industrielle Geist über den militärischen und aristokratischen Geist gesiegt hat, strebt jetzt das Weib nach der wirtschaftlichen und rechtlichen Selbständigkeit eines Kommis: »das Weib als Kommis« steht an der Pforte der sich bildenden modernen Gesellschaft. Indem es sich dergestalt neuer Rechte bemächtigt, »Herr« zu werden trachtet und den »Fortschritt« des Weibes auf seine Fahnen und Fähnchen schreibt, vollzieht sich mit schrecklicher Deutlichkeit das Umgekehrte: *das Weib geht zurück*. Seit der Französischen Revolution ist in Europa der Einfluß des Weibes in dem Maße *geringer* geworden, als es an Rechten und Ansprüchen zugenommen hat; und die »Emanzipation des Weibes«, insofern sie von den Frauen selbst (und nicht nur von männlichen Flachköpfen) verlangt und gefördert wird, ergibt sich dergestalt als ein merkwürdiges Symptom von der zunehmenden Schwächung und Abstumpfung der allerweiblichsten Instinkte. Es ist *Dummheit* in dieser Bewegung, eine beinahe maskulinische Dummheit, deren sich ein wohlgeratenes Weib – das immer ein kluges Weib ist – von Grund aus zu schämen hätte. Die Witterung dafür verlieren, auf welchem Boden man am sichersten zum Siege kommt; die Übung in seiner eigentlichen Waffenkunst vernachlässigen; sich vor dem Manne gehen lassen, vielleicht sogar »bis zum Buche«, wo man sich früher in Zucht und feine listige Demut nahm; dem Glauben des Mannes an ein im Weibe *verhülltes* grundverschiedenes Ideal, an irgendein Ewig- und Notwendig-Weibliches mit tugendhafter Dreistigkeit entgegenarbeiten; dem Manne es nachdrücklich und geschwätzig ausreden, daß das Weib gleich einem zarteren, wunderlich wilden und oft angenehmen Haustiere erhalten, versorgt, geschützt, geschont werden müsse; das täppische und entrüstete Zusammensuchen all des Sklavenhaften und Leibeigenen, das die Stellung des Weibes in der bisherigen Ordnung der Gesellschaft an sich gehabt hat und noch hat (als ob Sklaverei ein Gegenargument und nicht vielmehr eine Bedingung jeder höheren Kultur, jeder Erhöhung der Kultur sei) – was bedeutet dies alles, wenn nicht eine Anbröckelung der weiblichen Instinkte, eine Entweiblichung? Freilich, es gibt genug blödsinnige Frauen-Freunde und Weibs-Verderber unter den gelehrten Eseln männlichen Geschlechts, die dem Weibe anraten, sich dergestalt zu entweiblichen und alle die Dummheiten nachzumachen, an denen der »Mann« in Europa, die europäische »Mannhaftigkeit« krankt – welche das Weib bis zur »allgemeinen Bildung«, wohl gar zum Zeitunglesen und Politisieren herunterbringen möchten. Man will hier und da selbst Freigeister und Literaten aus den Frauen machen: als ob ein Weib ohne Frömmigkeit für einen tiefen und gottlosen Mann nicht etwas vollkommen Widriges oder Lächerliches wäre –; man verdirbt fast überall ihre Nerven mit der krankhaftesten und gefährlichsten aller Arten Musik (unsrer deutschen neuesten Musik) und macht sie täglich hysterischer und zu ihrem ersten und letzten Berufe, kräftige Kinder zu gebären, unbefähigter. Man will sie überhaupt noch mehr »kultivieren« und, wie man sagt, das »schwache Geschlecht« durch Kultur *stark* machen: als ob nicht die Geschichte so eindringlich wie möglich lehrte, daß »Kultivierung« des Menschen und Schwächung – nämlich Schwächung, Zersplitterung, Ankränkelung der *Willlenskraft*, immer miteinander Schritt gegangen sind, und daß die mächtigsten und einflußreichsten Frauen der Welt (zuletzt noch die Mutter Napoleons) gerade ihrer Willenskraft – und nicht den Schulmeistern! – ihre Macht und ihr Übergewicht über die Männer verdankten. Das, was am Weibe Respekt und oft genug Furcht einflößt, ist seine *Natur*, die »natürlicher« ist als die des Mannes, seine echte raubtierhafte listige Geschmeidigkeit, seine Tigerkralle unter dem Handschuh, seine Naivität im Egoismus, seine Unerziehbarkeit und innerliche Wildheit, das Unfaßliche, Weite, Schweifende seiner Begierden und Tugenden ... Was, bei aller Furcht, für diese gefährliche und schöne Katze »Weib« Mitleiden macht, ist, daß es leidender, verletzbarer, liebebedürftiger und zur Enttäuschung verurteilter erscheint als irgendein Tier. Furcht und Mitleiden: mit diesen Gefühlen stand bisher der Mann vor dem Weibe, immer mit einem Fuße schon in der Tragödie, welche zerreißt, indem sie entzückt. – Wie? Und damit soll es nun zu Ende sein? Und die *Entzauberung* des Weibes ist im Werke? Die Verlangweiligung des Weibes kommt langsam herauf? O Europa! Europa! Man kennt das Tier mit Hörnern, welches für dich immer am anziehendsten war, von dem dir immer wieder Gefahr droht! Deine alte Fabel könnte noch einmal zur »Geschichte« werden – noch einmal könnte eine ungeheure Dummheit über dich Herr werden und dich davontragen! Und unter ihr kein Gott versteckt, nein! nur eine »Idee«, eine »moderne Idee«! ...

ACHTES HAUPTSTÜCK

VÖLKER UND VATERLÄNDER

240

Ich hörte, wieder einmal zum ersten Male – Richard Wagners Ouvertüre zu den *Meistersingern*: das ist eine prachtvolle, überladne, schwere und späte Kunst, welche den Stolz hat, zu ihrem Verständnisse zwei Jahrhunderte Musik als noch lebendig vorauszusetzen – es ehrt die Deutschen, daß sich ein solcher Stolz nicht verrechnete! Was für Säfte und Kräfte, was für Jahreszeiten und Himmelsstriche sind hier nicht gemischt! Das mutet uns bald altertümlich, bald fremd, herb und überjung an, das ist ebenso willkürlich als pomphaft-herkömmlich, das ist nicht selten schelmisch, noch öfter derb und grob – das hat Feuer und Mut und zugleich die schlaffe falbe Haut von Früchten, welche zu spät reif werden. Das strömt breit und voll: und plötzlich ein Augenblick unerklärlichen Zögerns, gleichsam eine Lücke, die zwischen Ursache und Wirkung aufspringt, ein Druck, der uns träumen macht, beinahe ein Alpdruck –, aber schon breitet und weitet sich wieder der alte Strom von Behagen aus, von vielfältigstem Behagen, von altem und neuem Glück, *sehr* eingerechnet das Glück des Künstlers an sich selber, dessen er nicht Hehl haben will, sein erstauntes glückliches Mitwissen um die Meisterschaft seiner hier verwendeten Mittel, neuer neuerworbener unausgeprobter Kunstmittel, wie er uns zu verraten scheint. Alles in allem keine Schönheit, kein Süden, nichts von südlicher feiner Helligkeit des Himmels, nichts von Grazie, kein Tanz, kaum ein Wille zur Logik; eine gewisse Plumpheit sogar, die noch unterstrichen wird, wie als ob der Künstler uns sagen wollte: »sie gehört zu meiner Absicht«; eine schwerfällige Gewandung, etwas Willkürlich-Barbarisches und Feierliches, ein Geflirr von gelehrten und ehrwürdigen Kostbarkeiten und Spitzen; etwas Deutsches, im besten und schlimmsten Sinn des Wortes, etwas auf deutsche Art Vielfaches, Unförmliches und Unausschöpfliches; eine gewisse deutsche Mächtigkeit und Überfülle der Seele, welche keine Furcht hat, sich unter die Raffinements des Verfalls zu verstecken – die sich dort vielleicht erst am wohlsten fühlt; ein rechtes echtes Wahrzeichen der deutschen Seele, die zugleich jung und veraltet, übermürbe und überreich noch an Zukunft ist. Diese Art Musik drückt am besten aus, was ich von den Deutschen halte: sie sind von vorgestern und von übermorgen – *sie haben noch kein Heute.*

241

Wir »guten Europäer«: auch wir haben Stunden, wo wir uns eine herzhafte Vaterländerei, einen Plumps und Rückfall in alte Lieben und Engen gestatten – ich gab eben eine Probe davon –, Stunden nationaler Wallungen, patriotischer Beklemmungen und allerhand anderer altertümlicher Gefühls-Überschwemmungen. Schwerfälligere Geister, als wir sind, mögen mit dem, was sich bei uns auf Stunden beschränkt und in Stunden zu Ende spielt, erst in längeren Zeiträumen fertig werden, in halben Jahren die einen, in halben Menschenleben die andern, je nach der Schnelligkeit und Kraft, mit der sie verdauen und ihre »Stoffe wechseln«. Ja, ich könnte mir dumpfe zögernde Rassen denken, welche auch in unserm geschwinden Europa halbe Jahrhunderte nötig hätten, um solche atavistische Anfälle von Vaterländerei und Schollenkleberei zu überwinden und wieder zur Vernunft, will sagen zum »guten Europäertum« zurückzukehren. Und indem ich über diese Möglichkeit ausschweife, begegnet mir's, daß ich Ohrenzeuge eines Gesprächs von zwei alten »Patrioten« werde – sie hörten beide offenbar schlecht und sprachen darum um so lauter. »*Der* hält und weiß von Philosophie so viel als ein Bauer oder Korpsstudent« – sagte der eine –: »der ist noch unschuldig. Aber was liegt heute daran! Es ist das Zeitalter der Massen: die liegen vor allem Massenhaften auf dem Bauche. Und so auch *in politicis*. Ein Staatsmann, der ihnen einen neuen Turm von Babel, irgendein Ungeheuer von Reich und Macht auftürmt, heißt ihnen ›groß‹ – was liegt daran, daß wir Vorsichtigeren und Zurückhaltenderen einstweilen noch nicht vom alten Glauben lassen, es sei allein der große Gedanke, der einer Tat und Sache Größe gibt. Gesetzt, ein Staatsmann brächte sein Volk in die Lage, fürderhin ›große Politik‹ treiben zu müssen, für welche es von Natur schlecht angelegt und vorbereitet ist: so daß es nötig hätte, einer neuen zweifelhaften Mittelmäßigkeit zuliebe seine alten und sicheren Tugenden zu opfern – gesetzt, ein Staatsmann verurteilte sein Volk zum ›Politisieren‹ überhaupt, während dasselbe bisher Besseres zu tun und zu denken hatte und im Grunde seiner Seele einen vorsichtigen Ekel vor der Unruhe, Leere und lärmenden Zankteufelei der eigentlich politisierenden Völker nicht los wurde – gesetzt, ein solcher Staatsmann stachle die eingeschlafnen Leidenschaften und Begehrlichkeiten seines Volkes auf, mache ihm aus seiner bisherigen Schüchternheit und Lust am Danebenstehn einen Flecken, aus seiner Ausländerei und heimlichen Unendlichkeit eine Verschuldung, entwerte ihm seine herzlichsten Hänge, drehe sein Gewissen um, mache seinen Geist eng, seinen Geschmack ›national‹, – wie! ein Staatsmann, der dies alles täte, den sein Volk in alle Zukunft hinein, falls es Zukunft hat, abbüßen müßte, ein solcher Staatsmann wäre *groß*?« »Unzweifelhaft!« antwortete ihm der andre alte Patriot heftig: »sonst hätte er es nicht *gekonnt*!

Es war toll vielleicht, so etwas zu wollen? Aber vielleicht war alles Große im Anfang nur toll!« – »Mißbrauch der Worte!« schrie sein Unterredner dagegen: – »stark! stark! stark und toll! *Nicht* groß!« – Die alten Männer hatten sich ersichtlich erhitzt, als sie sich dergestalt ihre »Wahrheiten« ins Gesicht schrien; ich aber, in meinem Glück und Jenseits, erwog, wie bald über den Starken ein Stärkerer Herr werden wird; auch daß es für die geistige Verflachung eines Volkes eine Ausgleichung gibt, nämlich durch die Vertiefung eines andern. –

242

Nenne man es nun »Zivilisation« oder »Vermenschlichung« oder »Fortschritt«, worin jetzt die Auszeichnung der Europäer gesucht wird; nenne man es einfach, ohne zu loben und zu tadeln, mit einer politischen Formel die *demokratische* Bewegung Europas: hinter all den moralischen und politischen Vordergründen, auf welche mit solchen Formeln hingewiesen wird, vollzieht sich ein ungeheurer *physiologischer* Prozeß, der immer mehr in Fluß gerät – der Prozeß einer Anähnlichung der Europäer, ihre wachsende Loslösung von den Bedingungen, unter denen klimatisch und ständisch gebundene Rassen entstehen, ihre zunehmende Unabhängigkeit von jedem *bestimmten* Milieu, das jahrhundertelang sich mit gleichen Forderungen in Seele und Leib einschreiben möchte – also die langsame Heraufkunft einer wesentlich übernationalen und nomadischen Art Mensch, welche, physiologisch geredet, ein Maximum von Anpassungskunst und -kraft als ihre typische Auszeichnung besitzt. Dieser Prozeß des *werdenden Europäers*, welcher durch große Rückfälle im Tempo verzögert werden kann, aber vielleicht gerade damit an Vehemenz und Tiefe gewinnt und wächst – der jetzt noch wütende Sturm und Drang des »National-Gefühls« gehört hierher, insgleichen der eben heraufkommende Anarchismus –: dieser Prozeß läuft wahrscheinlich auf Resultate hinaus, auf welche seine naiven Beförderer und Lobredner, die Apostel der »modernen Ideen«, am wenigsten rechnen möchten. Dieselben neuen Bedingungen, unter denen im Durchschnitt eine Ausgleichung und Vermittelmäßigung des Menschen sich herausbilden wird – ein nützliches, arbeitsames, vielfach brauchbares und anstelliges Herdentier Mensch –, sind im höchsten Grade dazu angetan, Ausnahme-Menschen der gefährlichsten und anziehendsten Qualität den Ursprung zu geben. Während nämlich jene Anpassungskraft, welche immer wechselnde Bedingungen durchprobiert und mit jedem Geschlecht, fast mit jedem Jahrzehnt, eine neue Arbeit beginnt, die *Mächtigkeit* des Typus gar nicht möglich macht; während der Gesamt-Eindruck solcher zukünftigen Europäer wahrscheinlich der von vielfachen geschwätzigen willensarmen und äußerst anstellbaren Arbeitern sein wird, die des Herrn, des Befehlenden *bedürfen* wie des täglichen Brotes; während also die Demokratisierung Europas auf die Erzeugung eines zur *Sklaverei* im feinsten Sinne vorbereiteten Typus hinausläuft: wird, im Einzel- und Ausnahmefall, der *starke* Mensch stärker und reicher geraten müssen, als er vielleicht jemals bisher geraten ist – dank der Vorurteilslosigkeit seiner Schulung, dank der ungeheuren Vielfältigkeit von Übung, Kunst und Maske. Ich wollte sagen: die Demokratisierung Europas ist zugleich eine unfreiwillige Veranstaltung zur Züchtung von *Tyrannen* – das Wort in jedem Sinne verstanden, auch im geistigen.

243

Ich höre mit Vergnügen, daß unsre Sonne in rascher Bewegung gegen das Sternbild des *Herkules* hin begriffen ist: und ich hoffe, daß der Mensch auf dieser Erde es darin der Sonne gleichtut. Und wir voran, wir guten Europäer! –

244

Es gab eine Zeit, wo man gewohnt war, die Deutschen mit Auszeichnung »tief« zu nennen: jetzt, wo der erfolgreichste Typus des neuen Deutschtums nach ganz andern Ehren geizt und an allem, was Tiefe hat, vielleicht die »Schneidigkeit« vermißt, ist der Zweifel beinahe zeitgemäß und patriotisch, ob man sich ehemals mit jenem Lobe nicht betrogen hat: genug, ob die deutsche Tiefe nicht im Grunde etwas anderes und Schlimmeres ist – und etwas, das man, Gott sei Dank, mit Erfolg loszuwerden im Begriff steht. Machen wir also den Versuch, über die deutsche Tiefe umzulernen: man hat nichts dazu nötig als ein wenig Vivisektion der deutschen Seele. – Die deutsche Seele ist vor allem vielfach, verschiedenen Ursprungs, mehr zusammen- und übereinandergesetzt als wirklich gebaut: das liegt an ihrer Herkunft. Ein Deutscher, der sich erdreisten wollte, zu behaupten »zwei Seelen wohnen, ach! in meiner Brust« würde sich an der Wahrheit arg vergreifen, richtiger, hinter der Wahrheit um viele Seelen zurückbleiben. Als ein Volk der ungeheuerlichsten Mischung und Zusammenrührung von Rassen, vielleicht sogar mit einem Übergewicht des vor-arischen Elementes, als »Volk der Mitte« in jedem Verstande, sind die Deutschen unfaßbarer, umfänglicher, widerspruchsvoller, unbekannter, unberechenbarer, überraschender, selbst erschrecklicher, als es andre Völker sich selber sind – sie entschlüpfen der *Definition* und sind damit schon die Verzweiflung der Franzosen. Es kennzeichnet die Deutschen, daß bei ihnen die Frage »was ist deutsch?« niemals ausstirbt. Kotzebue kannte seine Deutschen gewiß gut genug: »wir sind erkannt«

jubelten sie ihm zu – aber auch *Sand* glaubte sie zu kennen. Jean Paul wußte, was er tat, als er sich ergrimmt gegen Fichtes verlogne, aber patriotische Schmeicheleien und Übertreibungen erklärte – aber es ist wahrscheinlich, daß Goethe anders über die Deutschen dachte als Jean Paul, wenn er ihm auch in betreff Fichtes recht gab. Was Goethe eigentlich über die Deutschen gedacht hat? – Aber er hat über viele Dinge um sich herum nie deutlich geredet und verstand sich zeitlebens auf das feine Schweigen – wahrscheinlich hatte er gute Gründe dazu. Gewiß ist, daß es nicht »die Freiheitskriege« waren, die ihn freudiger aufblicken ließen, so wenig als die Französische Revolution – das Ereignis, um dessentwillen er seinen Faust, ja das ganze Problem »Mensch« *umgedacht* hat, war das Erscheinen Napoleons. Es gibt Worte Goethes, in denen er, wie vom Auslande her, mit einer ungeduldigen Härte über das abspricht, was die Deutschen, sich zu ihrem Stolze rechnen: das berühmte deutsche Gemüt definiert er einmal als »Nachsicht mit fremden und eignen Schwächen«. Hat er damit unrecht? – es kennzeichnet die Deutschen, daß man über sie selten völlig unrecht hat. Die deutsche Seele hat Gänge und Zwischengänge in sich, es gibt in ihr Höhlen, Verstecke, Burgverliese; ihre Unordnung hat viel vom Reize des Geheimnisvollen; der Deutsche versteht sich auf die Schleichwege zum Chaos. Und wie jeglich Ding sein Gleichnis liebt, so liebt der Deutsche die Wolken und alles, was unklar, werdend, dämmernd, feucht und verhängt ist: das Ungewisse, Unausgestaltete, Sich-Verschiebende, Wachsende jeder Art fühlt er als »tief«. Der Deutsche selbst *ist* nicht, er *wird*, er »entwickelt sich«. »Entwicklung« ist deshalb der eigentlich deutsche Fund und Wurf im großen Reich philosophischer Formeln – ein regierender Begriff, der, im Bunde mit deutschem Bier und deutscher Musik, daran arbeitet, ganz Europa zu verdeutschen. Die Ausländer stehen erstaunt und angezogen vor den Rätseln, die ihnen die Widerspruchs-Natur im Grunde der deutschen Seele aufgibt (welche Hegel in System gebracht, Richard Wagner zuletzt noch in Musik gesetzt hat). »Gutmütig und tückisch« – ein solches Nebeneinander, widersinnig in bezug auf jedes andre Volk, rechtfertigt sich leider zu oft in Deutschland: man lebe nur eine Zeitlang unter Schwaben! Die Schwerfälligkeit des deutschen Gelehrten, seine gesellschaftliche Abgeschmacktheit verträgt sich zum Erschrecken gut mit einer innewendigen Seiltänzerei und leichten Kühnheit, vor der bereits alle Götter das Fürchten gelernt haben. Will man die »deutsche Seele« *ad oculos* demonstriert, so sehe man nur in den deutschen Geschmack, in deutsche Künste und Sitten hinein: welche bäurische Gleichgültigkeit gegen »Geschmack«! Wie steht da das Edelste und Gemeinste nebeneinander! Wie unordentlich und reich ist dieser ganze Seelen-Haushalt! Der Deutsche *schleppt* an seiner Seele; er schleppt an allem, was er erlebt. Er verdaut seine Ereignisse schlecht, er wird nie damit »fertig«; die deutsche Tiefe ist oft nur eine schwere zögernde »Verdauung«. Und wie alle Gewohnheits-Kranken, alle Dyspeptiker den Hang zum Bequemen haben, so liebt der Deutsche die »Offenheit« und »Biederkeit«: wie *bequem* ist es, offen und bieder zu sein! – Es ist heute vielleicht die gefährlichste und glücklichste Verkleidung, auf die sich der Deutsche versteht, dies Zutrauliche, Entgegenkommende, die-Karten-Aufdeckende der deutschen *Redlichkeit*: sie ist seine eigentliche Mephistopheles-Kunst, mit ihr kann er es »noch weit bringen«! Der Deutsche läßt sich gehen, blickt dazu mit treuen blauen leeren deutschen Augen – und sofort verwechselt das Ausland ihn mit seinem Schlafrocke! – Ich wollte sagen: mag die »deutsche Tiefe« sein, was sie will, ganz unter uns erlauben wir uns vielleicht über sie zu lachen? – wir tun gut, ihren Anschein und guten Namen auch fürderhin in Ehren zu halten und unsern alten Ruf, als Volk der Tiefe, nicht zu billig gegen preußische »Schneidigkeit« und Berliner Witz und Sand zu veräußern. Es ist für ein Volk klug, sich für tief, für ungeschickt, für gutmütig, für redlich, für unklug gelten zu machen, gelten zu *lassen*: es könnte sogar – tief sein! Zuletzt: man soll seinem Namen Ehre machen – man heißt nicht umsonst das »tiusche« Volk, das Täusche-Volk ...

245

Die »gute alte« Zeit ist dahin, in Mozart hat sie sich ausgesungen – wie glücklich *wir*, daß zu uns sein Rokoko noch redet, daß seine »gute Gesellschaft«, sein zärtliches Schwärmen, seine Kinderlust am Chinesischen und Geschnörkelten, seine Höflichkeit des Herzens, sein Verlangen nach Zierlichen, Verliebten, Tanzenden, Tränenseligen, sein Glaube an den Süden noch an irgendeinen *Rest* in uns appellieren darf! Ach, irgendwann wird es einmal damit vorbei sein – aber wer darf zweifeln, daß es noch früher mit dem Verstehen und Schmecken Beethovens vorbei sein wird! – der ja nur der Ausklang eines Stil-Übergangs und Stil-Bruchs war und *nicht*, wie Mozart, der Ausklang eines großen jahrhundertelangen europäischen Geschmacks. Beethoven ist das Zwischen-Begebnis einer alten mürben Seele, die beständig zerbricht, und einer zukünftigen überjungen Seele, welche beständig *kommt*; auf seiner Musik liegt jenes Zwielicht von ewigem Verlieren und ewigem ausschweifendem Hoffen – dasselbe Licht, in welchem Europa gebadet lag, als es mit Rousseau geträumt, als es um den Freiheitsbaum der Revolution getanzt und endlich vor Napoleon beinahe angebetet hatte. Aber wie schnell verbleicht jetzt gerade *dies* Gefühl, wie schwer ist heute schon das *Wissen* um dies Gefühl – wie fremd klingt die Sprache jener Rousseau, Schiller, Shelley, Byron an unser Ohr, in denen *zusammen* dasselbe Schicksal Europas den Weg zum Wort gefunden hat, das in Beethoven zu singen wußte! – Was von deutscher Musik nachher gekommen ist, gehört in die Romantik, das heißt in eine, historisch gerechnet, noch kürzere, noch flüchtigere, noch oberflächlichere Bewegung, als es jener große Zwischenakt, jener Übergang Europas von Rousseau zu Napoleon und zur Heraufkunft der Demokratie war. Weber: aber was ist *uns* heute Freischütz und Oberon! Oder Marschners Hans Heiling und Vampyr! Oder selbst noch Wagners Tannhäuser! Das ist verklungene, wenn auch noch nicht vergessene Musik. Diese ganze Musik der Romantik war überdies nicht vornehm genug, nicht Musik genug, um auch anderswo recht zu behalten, als im Theater und vor der Menge; sie war von vornherein Musik zweiten Ranges, die unter wirklichen Musikern wenig in Betracht kam. Anders stand es mit Felix Mendelssohn, jenem halkyonischen Meister, der um seiner leichteren reineren beglückteren Seele willen schnell verehrt und ebenso schnell vergessen wurde: als der schöne *Zwischenfall* der deutschen Musik. Was aber Robert Schumann angeht, der es schwer nahm und von Anfang an auch schwergenommen worden ist – es ist der letzte, der eine Schule gegründet hat –: gilt es heute unter uns nicht als ein Glück, als ein Aufatmen, als eine Befreiung, daß gerade diese Schumannsche Romantik überwunden ist? Schumann, in die »Sächsische Schweiz« seiner Seele flüchtend, halb Wertherisch, halb Jean-Paulisch geartet, gewiß nicht Beethovenisch! gewiß nicht Byronisch! – seine Manfred-Musik ist ein Mißgriff und Mißverständnis bis zum Unrechte –, Schumann mit seinem Geschmack, der im Grunde ein *kleiner* Geschmack war (nämlich ein gefährlicher, unter Deutschen doppelt gefährlicher Hang zur stillen Lyrik und Trunkenboldigkeit des Gefühls), beständig beiseite gehend, sich scheu verziehend und zurückziehend, ein edler Zärtling, der in lauter anonymem Glück und Weh schwelgte, eine Art Mädchen und *noli me tangere* von Anbeginn: dieser Schumann war bereits nur noch ein *deutsches* Ereignis in der Musik, kein europäisches mehr, wie Beethoven es war, wie, in noch umfänglicherem Maße, Mozart es gewesen ist – mit ihm drohte der deutschen Musik ihre größte Gefahr, *die Stimme für die Seele Europas* zu verlieren und zu einer bloßen Vaterländerei herabzusinken.

246

– Welche Marter sind deutsch geschriebene Bücher für den, der das *dritte* Ohr hat! Wie unwillig steht er neben dem langsam sich drehenden Sumpfe von Klängen ohne Klang, von Rhythmen ohne Tanz, welcher bei Deutschen ein »Buch« genannt wird! Und gar der Deutsche, der Bücher *liest!* Wie faul, wie widerwillig, wie schlecht liest er! Wie viele Deutsche wissen es und fordern es von sich zu wissen, daß *Kunst* in jedem guten Satze steckt – Kunst, die erraten sein will, sofern der Satz verstanden sein will! Ein Mißverständnis über sein Tempo zum Beispiel:

und der Satz selbst ist mißverstanden! Daß man über die rhythmisch entscheidenden Silben nicht im Zweifel sein darf, daß man die Brechung der allzu strengen Symmetrie als gewollt und als Reiz fühlt, daß man jedem *staccato*, jedem *rubato* ein feines geduldiges Ohr hinhält, daß man den Sinn in der Folge der Vokale und Diphthongen rät, und wie zart und reich sie in ihrem Hintereinander sich färben und umfärben können: wer unter bücherlesenden Deutschen ist gutwillig genug, solchergestalt Pflichten und Forderungen anzuerkennen und auf so viel Kunst und Absicht in der Sprache hinzuhorchen? Man hat zuletzt eben »das Ohr nicht dafür«: und so werden die stärksten Gegensätze des Stils nicht gehört, und die feinste Künstlerschaft ist wie vor Tauben *verschwendet*. – Dies waren meine Gedanken, als ich merkte, wie man plump und ahnungslos zwei Meister in der Kunst der Prosa miteinander verwechselte, einen, dem die Worte zögernd und kalt herabtropfen, wie von der Decke einer feuchten Höhle – er rechnet auf ihren dumpfen Klang und Widerklang –, und einen andern, der seine Sprache wie einen biegsamen Degen handhabt und vom Arme bis zur Zehe hinab das gefährliche Glück der zitternden überscharfen Klinge fühlt, welche beißen, zischen, schneiden will. –

247

Wie wenig der deutsche Stil mit dem Klange und mit den Ohren zu tun hat, zeigt die Tatsache, daß gerade unsre guten Musiker schlecht schreiben. Der Deutsche liest nicht laut, nicht fürs Ohr, sondern bloß mit den Augen: er hat seine Ohren dabei ins Schubfach gelegt. Der antike Mensch las, wenn er las – es geschah selten genug – sich selbst etwas vor, und zwar mit lauter Stimme; man wunderte sich, wenn jemand leise las, und fragte sich insgeheim nach Gründen. Mit lauter Stimme: das will sagen, mit all den Schwellungen, Biegungen, Umschlägen des Tons und Wechseln des Tempos, an denen die antike *öffentliche* Welt ihre Freude hatte Damals waren die Gesetze des Schrift-Stils dieselben wie die des Rede-Stils: und dessen Gesetze hingen zum Teil von der erstaunlichen Ausbildung, den raffinierten Bedürfnissen des Ohrs und Kehlkopfs ab, zum andern Teil von der Stärke, Dauer und Macht der antiken Lunge. Eine Periode ist, im Sinne der Alten, vor allem ein physiologisches Ganzes, insofern sie von *einem* Atem zusammengefaßt wird. Solche Perioden, wie sie bei Demosthenes, bei Cicero vorkommen, zweimal schwellend und zweimal absinkend und alles innerhalb *eines* Atemzugs: das sind Genüsse für *antike* Menschen, welche die Tugend daran, das Seltene und Schwierige im Vortrag einer solchen Periode, aus ihrer eignen Schulung zu schätzen wußten – *wir* haben eigentlich kein Recht auf die *große* Periode, wir Modernen, wir Kurzatmigen in jedem Sinne! Diese Alten waren ja insgesamt in der Rede selbst Dilettanten, folglich Kenner, folglich Kritiker – damit trieben sie ihre Redner zum Äußersten; in gleicher Weise, wie im vorigen Jahrhundert, als alle Italiener und Italienerinnen zu singen verstanden, bei ihnen das Gesangs-Virtuosentum (und damit auch die Kunst der Melodik –) auf die Höhe kam. In Deutschland aber gab es (bis auf die jüngste Zeit, wo eine Art Tribünen-Beredsamkeit schüchtern und plump genug ihre jungen Schwingen regt) eigentlich nur *eine* Gattung öffentlicher und *ungefähr* kunstmäßiger Rede: das ist die von der Kanzel herab. Der Prediger allein wußte in Deutschland, was eine Silbe, was ein Wort wiegt, inwiefern ein Satz schlägt, springt, stürzt, läuft, ausläuft, er allein hatte Gewissen in seinen Ohren, oft genug ein böses Gewissen: denn es fehlt nicht an Gründen dafür, daß gerade von einem Deutschen Tüchtigkeit in der Rede selten, fast immer zu spät erreicht wird. Das Meisterstück der deutschen Prosa ist deshalb billigerweise das Meisterstück ihres größten Predigers: die *Bibel* war bisher das beste deutsche Buch. Gegen Luthers Bibel gehalten ist fast alles übrige nur »Literatur« – ein Ding, das nicht in Deutschland gewachsen ist und darum auch nicht in deutsche Herzen hineinwuchs und -wächst: wie es die Bibel getan hat.

248

Es gibt zwei Arten des Genies: eins, welches vor allem zeugt und zeugen will, und ein andres, welches sich gern befruchten läßt und gebiert. Und ebenso gibt es unter den genialen Völkern solche, denen das Weibsproblem der Schwangerschaft und die geheime Aufgabe des Gestaltens, Ausreifens, Vollendens zugefallen ist – die Griechen zum Beispiel waren ein Volk dieser Art, insgleichen die Franzosen –; und andre, welche befruchten müssen und die Ursache neuer Ordnungen des Lebens werden – gleich den Juden, den Römern und, in aller Bescheidenheit gefragt, den Deutschen? –, Völker, gequält und entzückt von unbekannten Fiebern und unwiderstehlich aus sich herausgedrängt, verliebt und lüstern nach fremden Rassen (nach solchen, welche sich »befruchten lassen« –) und dabei herrschsüchtig wie alles, was sich voller Zeugekräfte und folglich »von Gottes Gnaden« weiß. Diese zwei Arten des Genies suchen sich, wie Mann und Weib; aber sie mißverstehn auch einander – wie Mann und Weib.

249

Jedes Volk hat seine eigne Tartüfferie und heißt sie seine Tugenden. – Das Beste, was man ist, kennt man nicht – kann man nicht kennen.

250

Was Europa den Juden verdankt? – Vielerlei, Gutes und Schlimmes, und vor allem eins, das vom Besten und Schlimmsten zugleich ist: den großen Stil in der Moral, die Furchtbarkeit und Majestät unendlicher Forderungen, unendlicher Bedeutungen, die ganze Romantik und Erhabenheit der moralischen Fragwürdigkeiten – und folglich gerade den anziehendsten, verfänglichsten und ausgesuchtesten Teil jener Farbenspiele und Verführungen zum Leben, in deren Nachschimmer heute der Himmel unsrer europäischen Kultur, ihr Abend-Himmel, glüht – vielleicht verglüht. Wir Artisten unter den Zuschauern und Philosophen sind dafür den Juden – dankbar.

251

Man muß es in den Kauf nehmen, wenn einem Volke, das am nationalen Nervenfieber und politischen Ehrgeize leidet, leiden *will* –, mancherlei Wolken und Störungen über den Geist ziehn, kurz, kleine Anfälle von Verdummung: zum Beispiel bei den Deutschen von heute bald die antifranzösische Dummheit, bald die antijüdische, bald die antipolnische, bald die christlich-romantische, bald die Wagnerianische, bald die teutonische, bald die preußische (man sehe sich doch diese armen Historiker, diese Sybel und Treitschke und ihre dick verbundenen Köpfe an –), und wie sie alle heißen mögen, diese kleinen Benebelungen des deutschen Geistes und Gewissens. Möge man mir verzeihn, daß auch ich, bei einem kurzen gewagten Aufenthalt auf sehr infiziertem Gebiete, nicht völlig von der Krankheit verschont blieb und mir, wie alle Welt, bereits Gedanken über Dinge zu machen anfing, die mich nichts angehn: erstes Zeichen der politischen Infektion. Zum Beispiel über die Juden: man höre. – Ich bin noch keinem Deutschen begegnet, der den Juden gewogen gewesen wäre; und so unbedingt auch die Ablehnung der eigentlichen Antisemiterei von seiten aller Vorsichtigen und Politischen sein mag, so richtet sich doch auch diese Vorsicht und Politik nicht etwa gegen die Gattung des Gefühls selber, sondern nur gegen seine gefährliche Unmäßigkeit, insbesondere gegen den abgeschmackten und schandbaren Ausdruck dieses unmäßigen Gefühls – darüber darf man sich nicht täuschen. Daß Deutschland reichlich *genug* Juden hat, daß der deutsche Magen, das deutsche Blut Not hat (und noch auf lange Not haben wird), um auch nur mit diesem Quantum »Jude« fertig zu werden – so wie der Italiener, der Franzose, der Engländer fertig geworden sind infolge einer kräftigeren Verdauung –: das ist die deutliche Aussage und Sprache eines allgemeinen Instinktes, auf welchen man hören, nach welchem man handeln muß. »Keine neuen Juden mehr hineinlassen!

Und namentlich nach dem Osten (auch nach Österreich) zu die Tore zusperren!« also gebietet der Instinkt eines Volkes, dessen Art noch schwach und unbestimmt ist, so daß sie leicht verwischt, leicht durch eine stärkere Rasse ausgelöscht werden könnte. Die Juden sind aber ohne allen Zweifel die stärkste, zäheste und reinste Rasse, die jetzt in Europa lebt; sie verstehen es, selbst noch unter den schlimmsten Bedingungen sich durchzusetzen (besser sogar als unter günstigen), vermöge irgendwelcher Tugenden, die man heute gerne zu Lastern stempeln möchte – dank vor allem einem resoluten Glauben, der sich vor den »modernen Ideen« nicht zu schämen braucht; sie verändern sich, *wenn* sie sich verändern, immer nur so, wie das russische Reich seine Eroberungen macht – als ein Reich, das Zeit hat und nicht von gestern ist –: nämlich nach dem Grundsatze »so langsam als möglich!« Ein Denker, der die Zukunft Europas auf seinem Gewissen hat, wird, bei allen Entwürfen, welche er bei sich über diese Zukunft macht, mit den Juden rechnen wie mit den Russen, als den zunächst sichersten und wahrscheinlichsten Faktoren im großen Spiel und Kampf der Kräfte. Das, was heute in Europa »Nation« genannt wird und eigentlich mehr eine *res facta* als *nata* ist (ja mitunter einer *res ficta et picta* zum Verwechseln ähnlich sieht –), ist in jedem Falle etwas Werdendes, Junges, Leicht-Verschiebbares, noch keine Rasse, geschweige denn ein solches *aere perennius*, wie es die Juden-Art ist: diese »Nationen« sollten sich doch vor jeder hitzköpfigen Konkurrenz und Feindseligkeit sorgfältig in acht nehmen! Daß die Juden, wenn sie wollten – oder, wenn man sie dazu zwänge, wie es die Antisemiten zu wollen scheinen –, jetzt schon das Übergewicht, ja ganz wörtlich die Herrschaft über Europa haben *könnten*, steht fest; daß sie *nicht* darauf hinarbeiten und Pläne machen, ebenfalls. Einstweilen wollen und wünschen sie vielmehr, sogar mit einiger Zudringlichkeit, in Europa, von Europa ein- und aufgesaugt zu werden, sie dürsten darnach, endlich irgendwo fest, erlaubt, geachtet zu sein und dem Nomadenleben, dem »ewigen Juden« ein Ziel zu setzen –; und man sollte diesen Zug und Drang (der vielleicht selbst schon eine Milderung der jüdischen Instinkte ausdrückt) wohl beachten und ihm entgegenkommen: wozu es vielleicht nützlich und billig wäre, die antisemitischen Schreihälse des Landes zu verweisen. Mit aller Vorsicht entgegenkommen, mit Auswahl; ungefähr so, wie der englische Adel es tut. Es liegt auf der Hand, daß am unbedenklichsten noch sich die stärkeren und bereits fester geprägten Typen des neuen Deutschtums mit ihnen einlassen könnten, zum Beispiel der adelige Offizier aus der Mark: es wäre von vielfachem Interesse, zu sehen, ob sich nicht zu der erblichen Kunst des Befehlens und Gehorchens – in beidem ist das bezeichnete Land heute klassisch – das Genie des Geldes und der Geduld (und vor allem etwas Geist und Geistigkeit, woran es reichlich an der bezeichneten Stelle fehlt –) hinzutun, hinzuzüchten ließe. Doch hier ziemt es sich, meine heitere Deutschtümelei und

Festrede abzubrechen: denn ich rühre bereits an meinen *Ernst*, an das »europäische Problem«, wie ich es verstehe, an die Züchtung einer neuen über Europa regierenden Kaste. –

252

Das ist keine philosophische Rasse – diese Engländer: Bacon bedeutet einen *Angriff* auf den philosophischen Geist überhaupt, Hobbes, Hume und Locke eine Erniedrigung und Wert-Minderung des Begriffs »Philosoph« für mehr als ein Jahrhundert. *Gegen* Hume erhob und hob sich Kant; Locke war es, von dem Schelling sagen *durfte*: *»je méprise Locke«*; im Kampfe mit der englisch-mechanistischen Welt-Vertölpelung waren Hegel und Schopenhauer (mit Goethe) einmütig, jene beiden feindlichen Brüder-Genies in der Philosophie, welche nach den entgegengesetzten Polen des deutschen Geistes auseinanderstrebten und sich dabei unrecht taten, wie sich eben nur Brüder unrecht tun. – Woran es in England fehlt und immer gefehlt hat, das wußte jener Halb-Schauspieler und Rhetor gut genug, der abgeschmackte Wirrkopf Carlyle, welcher es unter leidenschaftlichen Fratzen zu verbergen suchte, was er von sich selbst wußte: nämlich woran es in Carlyle *fehlte* – an eigentlicher *Macht* der Geistigkeit, an eigentlicher *Tiefe* des geistigen Blicks, kurz an Philosophie. – Es kennzeichnet eine solche unphilosophische Rasse, daß sie streng zum Christentume hält: sie *braucht* seine Zucht zur »Moralisierung« und Vermenschlichung: Der Engländer, düsterer, sinnlicher, willensstärker und brutaler als der Deutsche – ist eben deshalb, als der Gemeinere von beiden, auch frömmer als der Deutsche: er hat das Christentum eben noch *nötiger*. Für feinere Nüstern hat selbst dieses englische Christentum noch einen echt englischen Nebengeruch von *spleen* und alkoholischer Ausschweifung, gegen welche es aus guten Gründen als Heilmittel gebraucht wird – das feinere Gift nämlich gegen das gröbere: eine feinere Vergiftung ist in der Tat bei plumpen Völkern schon ein Fortschritt, eine Stufe zur Vergeistigung. Die englische Plumpheit und Bauern-Ernsthaftigkeit wird durch die christliche Gebärdensprache und durch Beten und Psalmensingen noch am erträglichsten verkleidet, richtiger: ausgelegt und umgedeutet; und für jenes Vieh von Trunkenbolden und Ausschweifenden, welches ehemals unter der Gewalt des Methodismus und neuerdings wieder als »Heilsarmee« moralisch grunzen lernt, mag wirklich ein Bußkrampf die verhältnismäßig höchste Leistung von »Humanität« sein, zu der es gesteigert werden kann: so viel darf man billig zugestehn. Was aber auch noch am humansten Engländer beleidigt, das ist sein Mangel an Musik, im Gleichnis (und ohne Gleichnis –) zu reden: er hat in den Bewegungen seiner Seele und seines Leibes keinen Takt und Tanz, ja noch nicht einmal die Begierde nach Takt und Tanz, nach »Musik«. Man höre ihn sprechen; man sehe die schönsten Engländerinnen *gehn* – es gibt in keinem Lande der Erde schönere Tauben und Schwäne – endlich: man höre sie singen! Aber ich verlange zu viel ...

253

Es gibt Wahrheiten, die am besten von mittelmäßigen Köpfen erkannt werden, weil sie ihnen am gemäßesten sind, es gibt Wahrheiten, die nur für mittelmäßige Geister Reize und Verführungskräfte besitzen – auf diesen vielleicht unangenehmen Satz wird man gerade jetzt hingestoßen, seitdem der Geist achtbarer, aber mittelmäßiger Engländer – ich nenne Darwin, John Stuart Mill und Herbert Spencer – in der mittleren Region des europäischen Geschmacks zum Übergewicht zu gelangen anhebt. In der Tat, wer möchte die Nützlichkeit davon anzweifeln, daß zeitweilig *solche* Geister herrschen? Es wäre ein Irrtum, gerade die hochgearteten und abseits fliegenden Geister für besonders geschickt zu halten, viele kleine gemeine Tatsachen festzustellen, zu sammeln und in Schlüsse zu drängen – sie sind vielmehr, als Ausnahmen, von vornherein in keiner günstigen Stellung zu den »Regeln«. Zuletzt haben sie mehr zu tun als nur zu erkennen – nämlich etwas Neues zu *sein*, etwas Neues zu *bedeuten*, neue Werte *darzustellen*! Die Kluft zwischen Wissen und Können ist vielleicht größer, auch unheimlicher, als man denkt: der Könnende im großen Stil, der Schaffende wird möglicherweise ein Unwissender sein müssen – während andrerseits zu wissenschaftlichen Entdeckungen nach der Art Darwins eine gewisse Enge, Dürre und fleißige Sorglichkeit, kurz etwas Englisches nicht übel disponieren mag. – Vergesse man es zuletzt den Engländern nicht, daß sie schon einmal mit ihrer tiefen Durchschnittlichkeit eine Gesamt-Depression des europäischen Geistes verursacht haben: das, was man »die modernen Ideen« oder »die Ideen des achtzehnten Jahrhunderts« oder auch »die französischen Ideen« nennt – das also, wogegen sich der *deutsche* Geist mit tiefem Ekel erhoben hat –, war englischen Ursprungs, daran ist nicht zu zweifeln. Die Franzosen sind nur die Affen und Schauspieler dieser Ideen gewesen, auch ihre besten Soldaten, insgleichen leider ihre ersten und gründlichsten *Opfer*: denn an der verdammlichen Anglomanie der »modernen Ideen« ist zuletzt die *âme française* so dünn geworden und abgemagert, daß man sich ihres sechzehnten und siebzehnten Jahrhunderts, ihrer tiefen leidenschaftlichen Kraft, ihrer erfinderischen Vornehmheit heute fast mit Unglauben erinnert. Man muß aber diesen Satz historischer Billigkeit mit den Zähnen festhalten und gegen den Augenblick und Augenschein verteidigen: die europäische Noblesse – des Gefühls, des Geschmacks, der Sitte, kurz das Wort in jedem hohen Sinne genommen – ist *Frankreichs* Werk und Erfindung, die europäische Gemeinheit, der Plebejismus der modernen Ideen – *Englands*. –

254

Auch jetzt noch ist Frankreich der Sitz der geistigsten und raffiniertesten Kultur Europas und die hohe Schule des Geschmacks: aber man muß dies »Frankreich des Geschmacks« zu finden wissen. Wer zu ihm gehört, hält sich gut verborgen – es mag eine kleine Zahl sein, in denen es leibt und lebt, dazu vielleicht Menschen, welche nicht auf den kräftigsten Beinen stehn, zum Teil Fatalisten, Verdüsterte, Kranke, zum Teil Verzärtelte und Verkünstelte, solche, welche den *Ehrgeiz* haben, sich zu verbergen. Etwas ist allen gemein: sie halten sich die Ohren zu vor der rasenden Dummheit und dem lärmenden Maulwerk des demokratischen Bourgeois. In der Tat wälzt sich heute im Vordergrunde ein verdummtes und vergröbertes Frankreich – es hat neuerdings, bei dem Leichenbegängnisse Victor Hugos, eine wahre Orgie des Ungeschmacks und zugleich der Selbstbewunderung gefeiert. Auch etwas anderes ist ihnen gemeinsam: ein guter Wille, sich der geistigen Germanisierung zu erwehren – und ein noch besseres Unvermögen dazu! Vielleicht ist jetzt schon Schopenhauer in diesem Frankreich des Geistes, welches auch ein Frankreich des Pessimismus ist, mehr zu Hause und heimischer geworden, als er es je in Deutschland war; nicht zu reden von Heinrich Heine, der den feineren und anspruchsvolleren Lyrikern von Paris lange schon in Fleisch und Blut übergegangen ist, oder von Hegel, der heute in Gestalt Taines – das heißt des *ersten* lebenden Historikers – einen beinahe tyrannischen Einfluß ausübt. Was aber Richard Wagner betrifft: je mehr sich die französische Musik nach den wirklichen Bedürfnissen der *âme moderne* gestalten lernt, um so mehr wird sie »wagnerisieren«, das darf man vorhersagen – sie tut es jetzt schon genug! Es ist dennoch dreierlei, was auch heute noch die Franzosen mit Stolz als ihr Erb und Eigen und als unverlornes Merkmal einer alten Kultur-Überlegenheit über Europa aufweisen können, trotz aller freiwilligen und unfreiwilligen Germanisierung und Verpöbelung des Geschmacks: einmal die Fähigkeit zu artistischen Leidenschaften, zu Hingebungen an die »Form«, für welche das Wort *l'art pour l'art*, neben tausend anderen, erfunden ist – dergleichen hat in Frankreich seit drei Jahrhunderten nicht gefehlt und immer wieder, dank der Ehrfurcht vor der »kleinen Zahl«, eine Art Kammermusik der Literatur ermöglicht, welche im übrigen Europa sich suchen läßt –. Das zweite, worauf die Franzosen eine Überlegenheit über Europa begründen können, ist ihre alte vielfache *moralistische* Kultur, welche macht, daß man im Durchschnitt selbst bei kleinen *romanciers* der Zeitungen und zufälligen *boulevardiers de Paris* eine psychologische Reizbarkeit und Neugierde findet, von der man zum Beispiel in Deutschland keinen Begriff (geschweige denn die Sache!) hat. Den Deutschen fehlen dazu ein paar Jahrhunderte moralistischer Arbeit, welche, wie gesagt, Frankreich sich nicht erspart hat; wer die Deutschen darum »naiv« nennt, macht ihnen aus einem Mangel ein Lob zurecht. (Als Gegensatz zu der deutschen Unerfahrenheit und Unschuld *in voluptate psychologica*, die mit der Langweiligkeit des deutschen Verkehrs nicht gar zu fern verwandt ist – und als gelungenster Ausdruck einer echt französischen Neugierde und Erfindungsgabe für dieses Reich zarter Schauder mag Henri Beyle gelten, jener merkwürdige vorwegnehmende und vorauslaufende Mensch, der mit einem napoleonischen Tempo durch *sein* Europa, durch mehrere Jahrhunderte der europäischen Seele lief, als ein Ausspürer und Entdecker dieser Seele – es hat zweier Geschlechter bedurft, um ihn irgendwie *einzuholen*, um einige der Rätsel nachzuraten, die ihn quälten und entzückten, diesen wunderlichen Epikureer und Fragezeichen-Menschen, der Frankreichs letzter großer Psycholog war –.) Es gibt noch einen dritten Anspruch auf Überlegenheit: im Wesen der Franzosen ist eine halbwegs gelungene Synthesis des Nordens und Südens gegeben, welche sie viele Dinge begreifen macht und andre Dinge tun heißt, die ein Engländer nie begreifen wird; ihr dem Süden periodisch zugewandtes und abgewandtes Temperament, in dem von Zeit zu Zeit das provençalische und ligurische Blut überschäumt, bewahrt sie vor dem schauerlichen nordischen Grau in Grau und der sonnenlosen Begriffs-Gespensterei und Blutarmut – unsrer *deutschen* Krankheit des Geschmacks, gegen deren Übermaß man sich augenblicklich mit großer Entschlossenheit Blut und Eisen, will sagen: die »große Politik« verordnet hat (gemäß einer gefährlichen Heilkunst, welche mich warten und warten, aber bis jetzt noch nicht hoffen lehrt –). Auch jetzt noch gibt es in Frankreich ein Vorverständnis und ein Entgegenkommen für jene seltneren und selten befriedigten Menschen, welche zu umfänglich sind, um in irgendeiner Vaterländerei ihr Genüge zu finden, und im Norden den Süden, im Süden den Norden zu lieben wissen – für die geborenen Mittelländler, die »guten Europäer«. – Für sie hat *Bizet* Musik gemacht, dieses letzte Genie, welches eine neue Schönheit und Verführung gesehn – der ein Stück *Süden der Musik* entdeckt hat.

255

Gegen die deutsche Musik halte ich mancherlei Vorsicht für geboten. Gesetzt, daß einer den Süden liebt, wie ich ihn liebe, als eine große Schule der Genesung, im Geistigsten und Sinnlichsten, als eine unbändige Sonnenfülle und Sonnen-Verklärung, welche sich über ein selbstherrliches, an sich glaubendes Dasein breitet: nun, ein solcher wird sich etwas vor der deutschen Musik in acht nehmen lernen, weil sie, indem sie seinen Geschmack zurückverdirbt, ihm die Gesundheit mit zurückverdirbt. Ein solcher Südländer, nicht der Abkunft, sondern dem *Glauben* nach, muß, falls er von der Zukunft der Musik träumt, auch von einer Erlösung der Musik vom Norden träumen und das Vorspiel einer tieferen, mächtigeren, vielleicht böseren und geheimnisvolleren Musik in seinen Ohren haben, einer überdeutschen Musik, welche vor dem Anblick des blauen wollüstigen Meers und der mittelländischen Himmels-Helle nicht verklingt, vergilbt, verblaßt, wie es alle deutsche Musik tut, einer übereuropäischen Musik, die noch vor den braunen Sonnen-Untergängen der Wüste recht behält, deren Seele mit der Palme verwandt ist und unter großen schönen einsamen Raubtieren heimisch zu sein und zu schweifen versteht ... Ich könnte mir eine Musik denken, deren seltenster Zauber darin bestünde, daß sie von Gut und Böse nichts mehr wüßte, nur daß vielleicht irgendein Schiffer-Heimweh, irgendwelche goldne Schatten und zärtliche Schwächen hier und da über sie hinwegliefen: eine Kunst, welche von großer Ferne her die Farben einer untergehenden, fast unverständlich gewordenen *moralischen* Welt zu sich flüchten sähe, und die gastfreundlich und tief genug zum Empfang solcher späten Flüchtlinge wäre. –

256

Dank der krankhaften Entfremdung, welche der Nationalitäts-Wahnsinn zwischen die Völker Europas gelegt hat und noch legt, dank ebenfalls den Politikern des kurzen Blicks und der raschen Hand, die heute mit seiner Hilfe obenauf sind und gar nicht ahnen, wie sehr die auseinanderlösende Politik, welche sie treiben, notwendig nur Zwischenakts-Politik sein kann – dank alledem und manchem heute ganz Unaussprechbaren werden jetzt die unzweideutigsten Anzeichen übersehn oder willkürlich und lügenhaft umgedeutet, in denen sich ausspricht, daß *Europa eins werden will.* Bei allen tieferen und umfänglicheren Menschen dieses Jahrhunderts war es die eigentliche Gesamt-Richtung in der geheimnisvollen Arbeit ihrer Seele, den Weg zu jener neuen *Synthesis* vorzubereiten und versuchsweise den Europäer der Zukunft vorwegzunehmen: nur mit ihren Vordergründen, oder in schwächeren Stunden, etwa im Alter, gehörten sie zu den »Vaterländern« – sie ruhten sich nur von sich selber aus, wenn sie »Patrioten« wurden. Ich denke an Menschen wie Napoleon, Goethe, Beethoven, Stendhal, Heinrich Heine, Schopenhauer; man verarge mir es nicht, wenn ich auch Richard Wagner zu ihnen rechne, über den man sich nicht durch seine eignen Mißverständnisse verführen lassen darf – Genies seiner Art haben selten das Recht, sich selbst zu verstehen. Noch weniger freilich durch den ungesitteten Lärm, mit dem man sich jetzt in Frankreich gegen Richard Wagner sperrt und wehrt – die Tatsache bleibt nichtsdestoweniger bestehn, daß die *französische Spät-Romantik* der vierziger Jahre und Richard Wagner auf das engste und innigste zueinandergehören. Sie sind sich in allen Höhen und Tiefen ihrer Bedürfnisse verwandt, grundverwandt: Europa ist es, das *eine* Europa, dessen Seele sich durch ihre vielfältige und ungestüme Kunst hinaus-, hinaufdrängt und -sehnt – wohin? in ein neues Licht? nach einer neuen Sonne? Aber wer möchte genau aussprechen, was alle diese Meister neuer Sprachmittel nicht deutlich auszusprechen wußten? Gewiß ist, daß der gleiche Sturm und Drang sie quälte, daß sie auf gleiche Weise *suchten*, diese letzten großen Suchenden! Allesamt beherrscht von der Literatur bis in ihre Augen und Ohren – die ersten Künstler von weltliterarischer Bildung –, meistens sogar selber Schreibende, Dichtende, Vermittler und Vermischer der Künste und der Sinne (Wagner gehört als Musiker unter die Maler, als Dichter unter die Musiker, als Künstler überhaupt unter die Schauspieler); allesamt Fanatiker des *Ausdrucks* »um jeden Preis« – ich hebe Delacroix hervor, den Nächstverwandten Wagners –, allesamt große Entdecker im Reiche des Erhabenen, auch des Häßlichen und Gräßlichen, noch größere Entdecker im Effekte, in der Schaustellung, in der Kunst der Schauläden, allesamt Talente weit über ihr Genie hinaus –, Virtuosen durch und durch, mit unheimlichen Zugängen zu allem, was verführt, lockt, zwingt, umwirft, geborene Feinde der Logik und der geraden Linien, begehrlich nach dem Fremden, dem Exotischen, dem Ungeheuren, dem Krummen, dem Sich-Widersprechenden; als Menschen Tantalusse des Willens, heraufgekommene Plebejer, welche sich im Leben und Schaffen eines vornehmen Tempo, eines *lento* unfähig wußten – man denke zum Beispiel an Balzac –, zügellose Arbeiter, beinahe Selbst-Zerstörer durch Arbeit; Antinomisten und Aufrührer in den Sitten, Ehrgeizige und Unersättliche ohne Gleichgewicht und Genuß; allesamt zuletzt an dem christlichen Kreuze zerbrechend und niedersinkend (und das mit Fug und Recht: denn wer von ihnen wäre tief und ursprünglich genug zu einer Philosophie des *Antichrist* gewesen?) – im ganzen eine verwegen-wagende, prachtvoll-gewaltsame, hochfliegende und hochemporreißende Art höherer Menschen, welche ihrem Jahrhundert – und es ist das Jahrhundert der *Menge*! – den Begriff »höherer Mensch« erst zu lehren hatte ... Mögen die deutschen Freunde Richard Wagners darüber mit sich zu Rate gehn, ob es in der Wagnerschen Kunst etwas schlechthin Deutsches gibt, oder ob nicht gerade deren Auszeichnung ist, aus *überdeutschen* Quellen und Antrieben zu kommen: wobei nicht unterschätzt werden mag, wie zur Ausbildung seines Typus gerade Paris unentbehrlich war, nach dem ihn in der entscheidendsten Zeit die Tiefe seiner Instinkte verlangen hieß, und wie die ganze Art seines Auftretens, seines Selbst-Apostolats erst angesichts des französischen Sozialisten-Vorbilds sich vollenden konnte. Vielleicht wird man, bei einer feineren Vergleichung, zu Ehren der deutschen Natur Richard Wagners finden, daß er es in allem stärker, verwegener, härter, höher getrieben hat, als es ein Franzose des neunzehnten Jahrhunderts treiben könnte – dank dem Umstande, daß wir Deutschen der Barbarei noch näherstehen als die Franzosen –; vielleicht ist sogar das Merkwürdigste, was Richard Wagner geschaffen hat, der ganzen so späten lateinischen Rasse für immer und nicht nur für heute unzugänglich, unnachfühlbar, unnachahmbar: die Gestalt des Siegfried, jenes *sehr freien* Menschen, der in der Tat bei weitem zu frei, zu hart, zu wohlgemut, zu gesund, zu *antikatholisch* für den Geschmack alter und mürber Kulturvölker sein mag. Er mag sogar eine Sünde wider die Romantik gewesen sein, dieser antiromanische Siegfried: nun, Wagner hat diese Sünde reichlich quittgemacht, in seinen alten trüben Tagen, als er – einen Geschmack vorwegnehmend, der inzwischen Politik geworden ist – mit der ihm eignen religiösen Vehemenz *den Weg nach Rom,* wenn nicht zu gehn, so doch zu predigen anfing. – Damit man mich, mit diesen letzten Worten, nicht mißverstehe, will ich einige kräftige Reime zu Hilfe nehmen, welche auch weniger feinen Ohren es verraten werden, was ich will – was ich *gegen* den »letzten Wagner« und seine Parsifal-Musik will:

– Ist das noch deutsch? –
Aus deutschem Herzen kam dies schwüle Kreischen?
Und deutschen Leibs ist dies Sich-selbst-Entfleischen?
Deutsch ist dies Priester-Händespreizen,
Dies weihrauch-düftelnde Sinne-Reizen?
Und deutsch dies Stocken, Stürzen, Taumeln,
Dies ungewisse Bimbambaumeln?
Dies Nonnen-Äuglein, Ave-Glocken-Bimmeln,
Dies ganze falsch verzückte Himmel-Überhimmeln?
– Ist das noch deutsch? –
Erwägt! Noch steht ihr an der Pforte: –
Denn, was ihr hört, ist *Rom – Roms Glaube ohne Worte*!

NEUNTES HAUPTSTÜCK

WAS IST VORNEHM?

257

Jede Erhöhung des Typus »Mensch« war bisher das Werk einer aristokratischen Gesellschaft – und so wird es immer wieder sein: als einer Gesellschaft, welche an eine lange Leiter der Rangordnung und Wertverschiedenheit von Mensch und Mensch glaubt und Sklaverei in irgendeinem Sinne nötig hat. Ohne das *Pathos der Distanz,* wie es aus dem eingefleischten Unterschied der Stände, aus dem beständigen Ausblick und Herabblick der herrschenden Kaste auf Untertänige und Werkzeuge und aus ihrer ebenso beständigen Übung im Gehorchen und Befehlen, Nieder- und Fernhalten erwächst, könnte auch jenes andre geheimnisvollere Pathos gar nicht erwachsen, jenes Verlangen nach immer neuer Distanz-Erweiterung innerhalb der Seele selbst, die Herausbildung immer höherer, seltenerer, fernerer, weitgespannterer, umfänglicherer Zustände, kurz eben die Erhöhung des Typus »Mensch«, die fortgesetzte »Selbst-Überwindung des Menschen«, um eine moralische Formel in einem übermoralischen Sinne zu nehmen. Freilich: man darf sich über die Entstehungsgeschichte einer aristokratischen Gesellschaft (also der Voraussetzung jener Erhöhung des Typus »Mensch« –) keinen humanitären Täuschungen hingeben: die Wahrheit ist hart. Sagen wir es uns ohne Schonung, wie bisher jede höhere Kultur auf Erden *angefangen* hat! Menschen mit einer noch natürlichen Natur, Barbaren in jedem furchtbaren Verstande des Wortes, Raubmenschen, noch im Besitz ungebrochner Willenskräfte und Macht-Begierden, warfen sich auf schwächere, gesittetere, friedlichere, vielleicht handeltreibende oder viehzüchtende Rassen, oder auf alte mürbe Kulturen, in denen eben die letzte Lebenskraft in glänzenden Feuerwerken von Geist und Verderbnis verflackerte. Die vornehme Kaste war im Anfang immer die Barbaren-Kaste: ihr Übergewicht lag nicht vorerst in der physischen Kraft, sondern in der seelischen – es waren die *ganzeren* Menschen (was auf jeder Stufe auch so viel mit bedeutet als »die ganzeren Bestien« –).

258

Korruption, als der Ausdruck davon, daß innerhalb der Instinkte Anarchie droht, und daß der Grundbau der Affekte, der »Leben« heißt, erschüttert ist: Korruption ist, je nach dem Lebensgebilde, an dem sie sich zeigt, etwas Grundverschiedenes. Wenn zum Beispiel eine Aristokratie, wie die Frankreichs am Anfange der Revolution, mit einem sublimen Ekel ihre Privilegien wegwirft und sich selbst einer Ausschweifung ihres moralischen Gefühls zum Opfer bringt, so ist dies Korruption – es war eigentlich nur der Abschlußakt jener Jahrhunderte dauernden Korruption, vermöge deren sie Schritt für Schritt ihre herrschaftlichen Befugnisse abgegeben und sich zur *Funktion* des Königtums (zuletzt gar zu dessen Putz und Prunkstück) herabgesetzt hatte. Das Wesentliche an einer guten und gesunden Aristokratie ist aber, daß sie sich *nicht* als Funktion (sei es des Königtums, sei es des Gemeinwesens), sondern als dessen *Sinn* und die höchste Rechtfertigung fühlt – daß sie deshalb mit gutem Gewissen das Opfer einer Unzahl Menschen hinnimmt, welche *um ihretwillen* zu unvollständigen Menschen, zu Sklaven, zu Werkzeugen herabgedrückt und vermindert werden müssen. Ihr Grundglaube muß eben sein, daß die Gesellschaft *nicht* um der Gesellschaft willen da sein dürfe, sondern nur als Unterbau und Gerüst, an dem sich eine ausgesuchte Art Wesen zu ihrer höheren Aufgabe und überhaupt zu einem höheren *Sein* emporzuheben vermag: vergleichbar jenen sonnensüchtigen Kletterpflanzen auf Java – man nennt sie *Sipo Matador* –, welche mit ihren Armen einen Eichbaum so lange und oft umklammern, bis sie endlich, hoch über ihm, aber auf ihn gestützt, in freiem Lichte ihre Krone entfalten und ihr Glück zur Schau tragen können. –

259

Sich gegenseitig der Verletzung, der Gewalt, der Ausbeutung enthalten, seinen Willen dem des andern gleichsetzen: dies kann in einem gewissen groben Sinne zwischen Individuen zur guten Sitte werden, wenn die Bedingungen dazu gegeben sind (nämlich deren tatsächliche Ähnlichkeit in Kraftmengen und Wertmaßen und ihre Zusammengehörigkeit innerhalb *eines* Körpers). Sobald man aber dies Prinzip weiter nehmen wollte und womöglich gar als *Grundprinzip der Gesellschaft*, so würde es sich sofort erweisen als das, was es ist: als Wille zur *Verneinung* des Lebens, als Auflösungs- und Verfalls-Prinzip. Hier muß man gründlich auf den Grund denken und sich aller empfindsamen Schwächlichkeit erwehren: Leben selbst ist *wesentlich* Aneignung, Verletzung, Überwältigung des Fremden und Schwächeren, Unterdrückung, Härte, Aufzwängung eigner Formen, Einverleibung und mindestens, mildestens, Ausbeutung – aber wozu sollte man immer gerade solche Worte gebrauchen, denen von alters her eine verleumderische Absicht eingeprägt ist? Auch jener Körper, innerhalb dessen, wie vorher angenommen wurde, die einzelnen sich als gleich behandeln – es geschieht in jeder gesunden Aristokratie –, muß selber, falls er ein lebendiger und nicht ein absterbender Körper ist, alles das gegen andre

Körper tun, wessen sich die einzelnen in ihm gegeneinander enthalten: er wird der leibhafte Wille zur Macht sein müssen, er wird wachsen, um sich greifen, an sich ziehn, Übergewicht gewinnen wollen – nicht aus irgendeiner Moralität oder Immoralität heraus, sondern weil er *lebt*, und weil Leben eben Wille zur Macht *ist*. In keinem Punkte ist aber das gemeine Bewußtsein der Europäer widerwilliger gegen Belehrung als hier; man schwärmt jetzt überall, unter wissenschaftlichen Verkleidungen sogar, von kommenden Zuständen der Gesellschaft, denen »der ausbeuterische Charakter« abgehn soll – das klingt in meinen Ohren, als ob man ein Leben zu erfinden verspräche, welches sich aller organischen Funktionen enthielte. Die »Ausbeutung« gehört nicht einer verderbten oder unvollkommnen und primitiven Gesellschaft an: sie gehört ins *Wesen* des Lebendigen, als organische Grundfunktion, sie ist eine Folge des eigentlichen Willens zur Macht, der eben der Wille des Lebens ist. – Gesetzt, dies ist als Theorie eine Neuerung – als Realität ist es das *Ur-Faktum* aller Geschichte: man sei doch so weit gegen sich ehrlich! –

260

Bei einer Wanderung durch die vielen feineren und gröberen Moralen, welche bisher auf Erden geherrscht haben oder noch herrschen, fand ich gewisse Züge regelmäßig miteinander wiederkehrend und aneinander geknüpft: bis sich mir endlich zwei Grundtypen verrieten, und ein Grundunterschied heraussprang. Es gibt *Herren-Moral* und *Sklaven-Moral* – ich füge sofort hinzu, daß in allen höheren und gemischteren Kulturen auch Versuche der Vermittlung beider Moralen zum Vorschein kommen, noch öfter das Durcheinander derselben und gegenseitige Mißverstehen, ja bisweilen ihr hartes Nebeneinander – sogar im selben Menschen, innerhalb *einer* Seele. Die moralischen Wertunterscheidungen sind entweder unter einer herrschenden Art entstanden, welche sich ihres Unterschieds gegen die beherrschte mit Wohlgefühl bewußt wurde – oder unter den Beherrschten, den Sklaven und Abhängigen jeden Grades. Im ersten Falle, wenn die Herrschenden es sind, die den Begriff »gut« bestimmen, sind es die erhobenen stolzen Zustände der Seele, welche als das Auszeichnende und die Rangordnung Bestimmende empfunden werden. Der vornehme Mensch trennt die Wesen von sich ab, an denen das Gegenteil solcher gehobener stolzer Zustände zum Ausdruck kommt: er verachtet sie. Man bemerke sofort, daß in dieser ersten Art Moral der Gegensatz »gut« und »schlecht« so viel bedeutet wie »vornehm« und »verächtlich« – der Gegensatz »gut« und *»böse«* ist andrer Herkunft. Verachtet wird der Feige, der Ängstliche, der Kleinliche, der an die enge Nützlichkeit Denkende; ebenso der Mißtrauische mit seinem unfreien Blicke, der Sich-Erniedrigende, die Hunde-Art von Mensch, welche sich mißhandeln läßt, der bettelnde Schmeichler, vor allem der Lügner – es ist ein Grundglaube aller Aristokraten, daß das gemeine Volk lügnerisch ist. »Wir Wahrhaftigen« – so nannten sich im alten Griechenland die Adeligen. Es liegt auf der Hand, daß die moralischen Wertbezeichnungen überall zuerst auf *Menschen* und erst abgeleitet und spät auf *Handlungen* gelegt worden sind: weshalb es ein arger Fehlgriff ist, wenn Moral-Historiker von Fragen den Ausgang nehmen wie »warum ist die mitleidige Handlung gelobt worden?« Die vornehme Art Mensch fühlt *sich* als wertbestimmend, sie hat nicht nötig, sich gutheißen zu lassen, sie urteilt »was mir schädlich ist, das ist an sich schädlich«, sie weiß sich als das, was überhaupt erst Ehre den Dingen verleiht, sie ist *werteschaffend.* Alles, was sie an sich kennt, ehrt sie: eine solche Moral ist Selbstverherrlichung. Im Vordergrunde steht das Gefühl der Fülle, der Macht, die überströmen will, das Glück der hohen Spannung, das Bewußtsein eines Reichtums, der schenken und abgeben möchte – auch der vornehme Mensch hilft dem Unglücklichen, aber nicht oder fast nicht aus Mitleid, sondern mehr aus einem Drang, den der Überfluß von Macht erzeugt. Der vornehme Mensch ehrt in sich den Mächtigen, auch den, welcher Macht über sich selbst hat, der zu reden und zu schweigen versteht, der mit Lust Strenge und Härte gegen sich übt und Ehrerbietung vor allem Strengen und Harten hat. »Ein hartes Herz legte Wotan mir in die Brust«, heißt es in einer alten skandinavischen Saga: so ist es aus der Seele eines stolzen Wikingers heraus mit Recht gedichtet. Eine solche Art Mensch ist eben stolz darauf, *nicht* zum Mitleiden gemacht zu sein: weshalb der Held der Saga warnend hinzufügt »wer jung schon kein hartes Herz hat, dem wird es niemals hart«. Vornehme und Tapfere, welche so denken, sind am entferntesten von jener Moral, welche gerade im Mitleiden oder im Handeln für andere oder im *désintéressement* das Abzeichen des Moralischen sieht; der Glaube an sich selbst, der Stolz auf sich selbst, eine Grundfeindschaft und Ironie gegen »Selbstlosigkeit« gehört ebenso bestimmt zur vornehmen Moral wie eine leichte Geringschätzung und Vorsicht vor den Mitgefühlen und dem »warmen Herzen«. – Die Mächtigen sind es, welche zu ehren *verstehn,* es ist ihre Kunst, ihr Reich der Erfindung. Die tiefe Ehrfurcht vor dem Alter und vor dem Herkommen – das ganze Recht steht auf dieser doppelten Ehrfurcht –, der Glaube und das Vorurteil zugunsten der Vorfahren und zuungunsten der Kommenden ist typisch in der Moral der Mächtigen; und wenn umgekehrt die Menschen der »modernen Ideen« beinahe instinktiv an den »Fortschritt« und »die Zukunft« glauben und der Achtung vor dem Alter immer mehr ermangeln, so verrät sich damit genugsam schon die unvornehme Herkunft dieser »Ideen«. Am meisten ist aber eine Moral der Herrschenden dem gegenwärtigen Geschmacke fremd und peinlich in der Strenge ihres Grundsatzes, daß man nur gegen seinesgleichen Pflichten habe; daß man gegen die Wesen niedrigeren Ranges, gegen alles Fremde nach Gutdünken oder »wie es das Herz will« handeln dürfe und jedenfalls »jenseits von Gut und Böse« –: hierhin mag Mitleiden und dergleichen gehören. Die Fähigkeit und Pflicht zu langer Dankbarkeit und langer Rache – beides nur innerhalb seinesgleichen –, die Feinheit in der Wiedervergeltung, das Begriffs-Raffinement in der Freundschaft, eine gewisse Notwendigkeit, Feinde zu haben (gleichsam als Abzugsgräben für die Affekte Neid Streitsucht, Übermut – im Grunde, um gut *freund* sein zu können): alles das sind typische Merkmale der vornehmen Moral, welche, wie angedeutet, nicht die Moral der »modernen Ideen« ist und deshalb heute schwer nachzufühlen, auch schwer auszugraben und aufzudecken ist. – Es steht anders mit dem zweiten Typus der Moral, der *Sklaven-Moral.* Gesetzt, daß die Vergewaltigten, Gedrückten, Leidenden, Unfreien, ihrer selbst Ungewissen und Müden moralisieren: was wird das Gleichartige ihrer moralischen Wertschätzungen sein? Wahrscheinlich wird ein pessimistischer Argwohn gegen die ganze Lage des Menschen zum Ausdruck kommen, vielleicht eine Verurteilung des Menschen mitsamt seiner Lage. Der Blick des Sklaven ist abgünstig für die Tugenden des Mächtigen: er hat Skepsis und Mißtrauen, er hat *Feinheit* des Mißtrauens gegen alles »Gute«, was dort geehrt wird –, er möchte sich überreden, daß das Glück selbst dort nicht echt sei. Umgekehrt werden die Eigenschaften hervorgezogen und mit Licht übergossen, welche dazu dienen, Leidenden das Dasein zu erleichtern: hier kommt das Mitleiden, die gefällige hilfsbereite Hand, das warme Herz, die Geduld, der Fleiß, die Demut, die Freundlichkeit zu Ehren –, denn das sind hier die nützlichsten Eigenschaften und beinahe die einzigen Mittel, den Druck des Daseins auszuhalten. Die Sklaven-Moral ist wesentlich Nützlichkeitsmoral. Hier ist der Herd für die Entstehung jenes berühmten Gegensatzes »gut« und »*böse*« – ins Böse wird die Macht und Gefährlichkeit hineinempfunden, eine gewisse Furchtbarkeit, Feinheit und Stärke, welche die Verachtung nicht aufkommen läßt. Nach der Sklaven-Moral erregt also der »Böse« Furcht; nach der Herren-Moral ist es gerade der »Gute«, der Furcht erregt und erregen will, während der »schlechte« Mensch als der verächtliche empfunden wird. Der Gegensatz kommt auf seine Spitze, wenn sich, gemäß der Sklavenmoral-Konsequenz, zuletzt nun auch an den »Guten« dieser Moral ein Hauch von Geringschätzung hängt – sie mag leicht und wohlwollend sein –, weil der Gute innerhalb der Sklaven-Denkweise jedenfalls der *ungefährliche* Mensch sein muß: er ist gutmütig, leicht zu betrügen, ein bißchen dumm vielleicht, *un bonhomme.* Überall, wo die Sklaven-Moral zum Übergewicht kommt, zeigt die Sprache eine Neigung, die Worte »gut« und »dumm« einander anzunähern. – Ein letzter Grundunterschied: das Verlangen nach *Freiheit,* der Instinkt für das Glück und die Feinheiten des Freiheits-Gefühls gehört ebenso notwendig zur Sklaven-Moral und -Moralität, als die Kunst und Schwärmerei in der Ehrfurcht, in der Hingebung das regelmäßige Symptom einer aristokratischen Denk- und Wertungsweise ist. – Hieraus läßt sich ohne weiteres verstehn, warum die Liebe *als Passion* – es ist unsre europäische Spezialität – schlechterdings vornehmer Abkunft sein muß: bekanntlich gehört ihre Erfindung den provençalischen Ritter-Dichtern zu, jenen prachtvoll erfinderischen Menschen des »*gai saber*«, denen Europa so vieles und beinahe sich selbst verdankt. –

261

Zu den Dingen, welche einem vornehmen Menschen vielleicht am schwersten zu begreifen sind, gehört die Eitelkeit: er wird versucht sein, sie noch dort zu leugnen, wo eine andre Art Mensch sie mit beiden Händen zu fassen meint. Das Problem ist für ihn, sich Wesen vorzustellen, die eine gute Meinung über sich zu erwecken suchen, welche sie selbst von sich nicht haben – und also auch nicht »verdienen« –, und die doch hinterdrein an diese gute Meinung selber *glauben*. Das erscheint ihm zur Hälfte so geschmacklos und unehrerbietig vor sich selbst, zur andren Hälfte so barockunvernünftig, daß er die Eitelkeit gern als Ausnahme fassen möchte und sie in den meisten Fällen, wo man von ihr redet, anzweifelt. Er wird zum Beispiel sagen: »ich kann mich über meinen Wert irren und andrerseits doch verlangen, daß mein Wert gerade so, wie ich ihn ansetze, auch von andern anerkannt werde – aber das ist keine Eitelkeit (sondern Dünkel oder, in den häufigeren Fällen, das was ›Demut‹, auch ›Bescheidenheit‹ genannt wird).« Oder auch: »ich kann mich aus vielen Gründen über die gute Meinung anderer freuen, vielleicht weil ich sie ehre und liebe und mich an jeder ihrer Freuden erfreue, vielleicht auch weil ihre gute Meinung den Glauben an meine eigne gute Meinung bei mir unterschreibt und kräftigt, vielleicht weil die gute Meinung anderer, selbst in Fällen, wo ich sie nicht teile, mir doch nützt oder Nutzen verspricht – aber das ist alles nicht Eitelkeit.« Der vornehme Mensch muß es sich erst mit Zwang, namentlich mit Hilfe der Historie, vorstellig machen, daß seit unvordenklichen Zeiten, in allen irgendwie abhängigen Volksschichten der gemeine Mensch nur das *war*, was er *galt* – gar nicht daran gewöhnt, Werte selbst anzusetzen, maß er auch sich keinen andern Wert bei, als seine Herren ihm beimaßen (es ist das eigentliche *Herrenrecht*, Werte zu schaffen.) Mag man es als die Folge eines ungeheuren Atavismus begreifen, daß der gewöhnliche Mensch auch jetzt noch immer erst auf eine Meinung über sich *wartet* und sich dann derselben instinktiv unterwirft: aber durchaus nicht bloß einer »guten« Meinung, sondern auch einer schlechten und unbilligen (man denke zum Beispiel an den größten Teil der Selbstschätzungen und Selbstunterschätzungen, welche gläubige Frauen ihren Beichtvätern ablernen, und überhaupt der gläubige Christ seiner Kirche ablernt). Tatsächlich wird nun, gemäß dem langsamen Heraufkommen der demokratischen Ordnung der Dinge (und seiner Ursache, der Blutvermischung von Herren und Sklaven), der ursprünglich vornehme und seltne Drang, sich selbst von sich aus einen Wert zuzuschreiben und von sich »gut zu denken«, mehr und mehr ermutigt und ausgebreitet werden: aber er hat jeder Zeit einen älteren, breiteren und gründlicher einverleibten Hang gegen sich – und im Phänomene der »Eitelkeit« wird dieser ältere Hang Herr über den jüngeren. Der Eitle freut sich über *jede* gute Meinung, die er über sich hört (ganz abseits von allen Gesichtspunkten ihrer Nützlichkeit, und ebenso abgesehn von wahr und falsch), ebenso wie er an jeder schlechten Meinung leidet: denn er unterwirft sich beiden, er *fühlt* sich ihnen unterworfen, aus jenem ältesten Instinkte der Unterwerfung, der an ihm ausbricht. – Es ist »der Sklave« im Blute des Eitlen, ein Rest von der Verschmitztheit des Sklaven – und wie viel »Sklave« ist zum Beispiel jetzt noch im Weibe rückständig! –, welcher zu guten Meinungen über sich zu *verführen* sucht; es ist ebenfalls der Sklave, der vor diesen Meinungen nachher sofort selbst niederfällt, wie als ob er sie nicht hervorgerufen hätte. – Und nochmals gesagt: Eitelkeit ist ein Atavismus.

262

Eine *Art* entsteht, ein Typus wird fest und stark unter dem langen Kampfe mit wesentlich gleichen *ungünstigen* Bedingungen. Umgekehrt weiß man aus den Erfahrungen der Züchter, daß Arten, denen eine überreichliche Ernährung und überhaupt ein Mehr von Schutz und Sorgfalt zuteil wird, alsbald in der stärksten Weise zur Variation des Typus neigen und reich an Wundern und Monstrositäten (auch an monströsen Lastern) sind. Nun sehe man einmal ein aristokratisches Gemeinwesen, etwas eine alte griechische Polis, oder Venedig, als eine, sei es freiwillige, sei es unfreiwillige Veranstaltung zum Zweck der *Züchtung* an: es sind da Menschen beieinander und auf sich angewiesen, welche ihre Art durchsetzen wollen, meistens, weil sie sich durchsetzen *müssen* oder in furchtbarer Weise Gefahr laufen, ausgerottet zu werden. Hier fehlt jene Gunst, jenes Übermaß, jener Schutz, unter denen die Variation begünstigt ist; die Art hat sich als Art nötig, als etwas, das sich gerade vermöge seiner Härte, Gleichförmigkeit, Einfachheit der Form überhaupt durchsetzen und dauerhaft machen kann, im beständigen Kampfe mit den Nachbarn oder mit den aufständischen oder Aufstand drohenden Unterdrückten. Die mannigfaltigste Erfahrung lehrt sie, welchen Eigenschaften vornehmlich sie es verdankt, daß sie, allen Göttern und Menschen zum Trotz, noch da ist, daß sie noch immer obgesiegt hat: diese Eigenschaften nennt sie Tugenden, diese Tugenden allein züchtet sie groß. Sie tut es mit Härte, ja sie will die Härte; jede aristokratische Moral ist unduldsam, in der Erziehung der Jugend, in der Verfügung über die Weiber, in den Ehesitten, im Verhältnisse von alt und jung, in den Strafgesetzen (welche allein die Abartenden ins Auge fassen) – sie rechnet die Unduldsamkeit selbst unter die Tugenden, unter dem Namen »Gerechtigkeit«. Ein Typus mit wenigen, aber sehr starken Zügen, eine Art strenger kriegerischer klug-schweigsamer, geschlossener und verschlossener Menschen (und als solche vom feinsten Gefühle für die Zauber und *nuances* der Sozietät) wird auf diese Weise über den Wechsel der Geschlechter hinaus festgestellt; der beständige Kampf mit immer gleichen *ungünstigen* Bedingungen ist, wie gesagt, die Ursache davon, daß ein Typus fest und hart wird. Endlich aber entsteht einmal eine Glückslage, die ungeheure Spannung läßt nach; es gibt vielleicht keine Feinde mehr unter den Nachbarn, und die Mittel zum Leben, selbst zum Genusse des Lebens, sind überreichlich da. Mit einem Schlage reißt das Band und der Zwang der alten Zucht: sie fühlt sich nicht mehr als notwendig, als Dasein-bedingend – wollte sie fortbestehn, so könnte sie es nur als eine Form des *Luxus*, als archaisierender *Geschmack*. Die Variation, sei es als Abartung (ins Höhere, Feinere, Seltnere), sei es als Entartung und Monstrosität, ist plötzlich in der größten Fülle und Pracht auf dem Schauplatze, der einzelne wagt einzeln zu sein und sich abzuheben. An diesen Wendepunkten der Geschichte zeigt sich nebeneinander und oft ineinander verwickelt und verstrickt ein herrliches vielfaches urwaldhaftes Heraufwachsen und Emporstreben, eine Art *tropisches* Tempo im Wetteifer des Wachstums und ein ungeheures Zugrundegehn und Sichzugrunderichten, dank den wild gegeneinander gewendeten, gleichsam explodierenden Egoismen, welche »um Sonne und Licht« miteinander ringen und keine Grenze, keine Zügelung, keine Schonung mehr aus der bisherigen Moral zu entnehmen wissen. Diese Moral selbst war es, welche die Kraft ins Ungeheure aufgehäuft, die den Bogen auf so bedrohliche Weise gespannt hat – jetzt ist, jetzt wird sie »überlebt«. Der gefährliche und unheimliche Punkt ist erreicht, wo das größere, vielfachere, umfänglichere Leben über die alte Moral *hinweglebt*; das »Individuum« steht da, genötigt zu einer eigenen Gesetzgebung, zu eigenen Künsten und Listen der Selbst-Erhaltung, Selbst-Erhöhung, Selbst-Erlösung. Lauter neue Wozus, lauter neue Womits, keine gemeinsamen Formeln mehr, Mißverständnis und Mißachtung miteinander im Bunde, der Verfall, Verderb und die höchsten Begierden schauerlich verknotet, das Genie der Rasse aus allen Füllhörnern des Guten und Schlimmen überquellend, ein verhängnisvolles Zugleich von Frühling und Herbst, voll neuer Reize und Schleier, die der jungen, noch unausgeschöpften, noch unermüdeten Verderbnis zu eigen sind. Wieder ist die Gefahr da, die Mutter der Moral, die große Gefahr, diesmal ins Individuum verlegt, in den Nächsten und Freund, auf die Gasse, ins eigne Kind, ins eigne Herz, in alles Eigenste und Geheimste von Wunsch und Wille: was werden jetzt die Moral-Philosophen zu predigen haben, die um diese Zeit heraufkommen?

Sie entdecken, diese scharfen Beobachter und Eckensteher, daß es schnell zum Ende geht, daß alles um sie verdirbt und verderben macht, daß nichts bis übermorgen steht, *eine* Art Mensch ausgenommen, die unheilbar *Mittelmäßigen*. Die Mittelmäßigen allein haben Aussicht, sich fortzusetzen, sich fortzupflanzen – sie sind die Menschen der Zukunft, die einzig Überlebenden; »seid wie sie! werdet mittelmäßig!« heißt nunmehr die alleinige Moral, die noch Sinn hat, die noch Ohren findet. – Aber sie ist schwer zu predigen, diese Moral der Mittelmäßigkeit! – sie darf es ja niemals eingestehn, was sie ist und was sie will! sie muß von Maß und Würde und Pflicht und Nächstenliebe reden – sie wird Not haben, *die Ironie zu verbergen*! –

263

Es gibt einen *Instinkt für den Rang*, welcher, mehr als alles, schon das Anzeichen eines *hohen* Ranges ist; es gibt eine *Lust* an den Nuancen der Ehrfurcht, die auf vornehme Abkunft und Gewohnheiten raten läßt. Die Feinheit, Güte und Höhe einer Seele wird gefährlich auf die Probe gestellt, wenn etwas an ihr vorübergeht, das ersten Ranges ist, aber noch nicht von den Schaudern der Autorität vor zudringlichen Griffen und Plumpheiten gehütet wird: etwas, das unabgezeichnet, unentdeckt, versuchend, vielleicht willkürlich verhüllt und verkleidet, wie ein lebendiger Prüfstein seines Weges geht. Zu wessen Aufgabe und Übung es gehört, Seelen auszuforschen, der wird sich in mancherlei Formen gerade dieser Kunst bedienen, um den letzten Wert einer Seele, die unverrückbare eingeborne Rangordnung, zu der sie gehört, festzustellen: er wird sie auf ihren *Instinkt der Ehrfurcht* hin auf die Probe stellen. *Différence engendre haine*: die Gemeinheit mancher Natur spritzt plötzlich wie schmutziges Wasser hervor, wenn irgendein heiliges Gefäß, irgendeine Kostbarkeit aus verschlossenen Schreinen, irgendein Buch mit den Zeichen des großen Schicksals vorübergetragen wird; und andrerseits gibt es ein unwillkürliches Verstummen, ein Zögern des Auges, ein Stillewerden aller Gebärden, woran sich ausspricht, daß eine Seele die Nähe des Verehrungswürdigsten *fühlt*. Die Art, mit der im ganzen bisher die Ehrfurcht vor der *Bibel* in Europa aufrechterhalten wird, ist vielleicht das beste Stück Zucht und Verfeinerung der Sitte, das Europa dem Christentume verdankt: solche Bücher der Tiefe und der letzten Bedeutsamkeit brauchen zu ihrem Schutz eine von außen kommende Tyrannei von Autorität, um jene Jahrtausende von *Dauer* zu gewinnen, welche nötig sind, sie auszuschöpfen und auszuraten. Es ist viel erreicht, wenn der großen Menge (den Flachen und Geschwind-Därmen aller Art) jenes Gefühl endlich angezüchtet ist, daß sie nicht an alles rühren dürfe; daß es heilige Erlebnisse gibt, vor denen sie die Schuhe auszuziehn und die unsaubre Hand fernzuhalten hat – es ist beinahe ihre höchste Steigerung zur Menschlichkeit. Umgekehrt wirkt an den sogenannten Gebildeten, den Gläubigen der »modernen Ideen«, vielleicht nichts so ekelerregend als ihr Mangel an Scham, ihre bequeme Frechheit des Auges und der Hand, mit der von ihnen an alles gerührt, geleckt, getastet wird; und es ist möglich, daß sich heute im Volke, im niedern Volke, namentlich unter Bauern, immer noch mehr *relative* Vornehmheit des Geschmacks und Takt der Ehrfurcht vorfindet als bei der zeitunglesenden Halbwelt des Geistes, den Gebildeten.

264

Es ist aus der Seele eines Menschen nicht wegzuwischen, was seine Vorfahren am liebsten und beständigsten getan haben: ob sie etwa emsige Sparer waren und Zubehör eines Schreibtisches und Geldkastens, bescheiden und bürgerlich in ihren Begierden, bescheiden auch in ihren Tugenden; oder ob sie ans Befehlen von früh bis spät gewöhnt lebten, rauhen Vergnügungen hold und daneben vielleicht noch rauheren Pflichten und Verantwortungen; oder ob sie endlich alte Vorrechte der Geburt und des Besitzes irgendwann einmal geopfert haben, um ganz ihrem Glauben – ihrem »Gotte« – zu leben, als die Menschen eines unerbittlichen und zarten Gewissens, welches vor jeder Vermittlung errötet. Es ist gar nicht möglich, daß ein Mensch *nicht* die Eigenschaften und Vorlieben seiner Eltern und Altvordern im Leibe habe: was auch der Augenschein dagegen sagen mag. Dies ist das Problem der Rasse. Gesetzt, man kennt einiges von den Eltern, so ist ein Schluß auf das Kind erlaubt: irgendeine widrige Unenthaltsamkeit, irgendein Winkel-Neid, eine plumpe Sich-Rechtgeberei – wie diese drei zusammen zu allen Zeiten den eigentlichen Pöbel-Typus ausgemacht haben –, dergleichen muß auf das Kind so sicher übergehn wie verderbtes Blut; und mit Hilfe der besten Erziehung und Bildung wird man eben nur erreichen, über eine solche Vererbung zu *täuschen*. – Und was will heute Erziehung und Bildung anderes! In unsrem sehr volkstümlichen, will sagen pöbelhaften Zeitalter *muß* »Erziehung« und »Bildung« wesentlich die Kunst zu täuschen sein – über die Herkunft, den vererbten Pöbel in Leib und Seele hinwegzutäuschen. Ein Erzieher, der heute vor allem Wahrhaftigkeit predigte und seinen Züchtlingen beständig zuriefe »seid wahr! seid natürlich! gebt euch, wie ihr seid!« – selbst ein solcher tugendhafter und treuherziger Esel würde nach einiger Zeit zu jener *furca* des Horaz greifen lernen, um *naturam expellere*: mit welchem Erfolge? »Pöbel« *usque recurret*. –

265

Auf die Gefahr hin, unschuldige Ohren mißvergnügt zu machen, stelle ich hin: der Egoismus gehört zum Wesen der vornehmen Seele, ich meine jenen unverrückbaren Glauben, daß einem Wesen, wie »wir sind«, andre Wesen von Natur untertan sein müssen und sich ihm zu opfern haben. Die vornehme Seele nimmt diesen Tatbestand ihres Egoismus ohne jedes Fragezeichen hin, auch ohne ein Gefühl von Härte, Zwang, Willkür darin, vielmehr wie etwas, das im Urgesetz der Dinge begründet sein mag: – suchte sie nach einem Namen dafür, so würde sie sagen »es ist die Gerechtigkeit selbst«. Sie gesteht sich, unter Umständen, die sie anfangs zögern lassen, zu, daß es mit ihr Gleichberechtigte gibt; sobald sie über diese Frage des Rangs im Reinen ist, bewegt sie sich unter diesen Gleichen und Gleichberechtigten mit der gleichen Sicherheit in Scham und zarter Ehrfurcht, welche sie im Verkehr mit sich selbst hat – gemäß einer eingebornen himmlischen Mechanik, auf welche sich alle Sterne verstehn. Es ist ein Stück ihres Egoismus *mehr*, diese Feinheit und Selbstbeschränkung im Verkehre mit ihresgleichen – jeder Stern ist ein solcher Egoist –: sie ehrt *sich* in ihnen und in den Rechten, welche sie an dieselben abgibt, sie zweifelt nicht, daß der Austausch von Ehren und Rechten als *Wesen* alles Verkehrs ebenfalls zum naturgemäßen Zustand der Dinge gehört. Die vornehme Seele gibt, wie sie nimmt, aus dem leidenschaftlichen und reizbaren Instinkte der Vergeltung heraus, welcher auf ihrem Grunde liegt. Der Begriff »Gnade« hat *inter pares* keinen Sinn und Wohlgeruch; es mag eine sublime Art geben, Geschenke von oben her gleichsam über sich ergehn zu lassen und wie Tropfen durstig aufzutrinken: aber für diese Kunst und Gebärde hat die vornehme Seele kein Geschick. Ihr Egoismus hindert sie hier: sie blickt ungern überhaupt nach »oben« – sondern entweder *vor* sich, horizontal und langsam, oder hinab – *sie weiß sich in der Höhe*. –

266

»Wahrhaft hochachten kann man nur, wer sich nicht selbst *sucht*.« – Goethe an Rat Schlosser.

267

Es gibt ein Sprichwort bei den Chinesen, das die Mütter schon ihre Kinder lehren: *siao-sin* »mache dein Herz *klein*!« Dies ist der eigentliche Grundhang in späten Zivilisationen: ich zweifle nicht, daß ein antiker Grieche auch an uns Europäern von heute zuerst die Selbstverkleinerung herauserkennen würde – damit allein schon gingen wir ihm »wider den Geschmack«. –

268

Was ist zuletzt die Gemeinheit? – Worte sind Tonzeichen für Begriffe; Begriffe aber sind mehr oder weniger bestimmte Bildzeichen für oft wiederkehrende und zusammenkommende Empfindungen, für Empfindungs-Gruppen. Es genügt noch nicht, um sich einander zu verstehen, daß man dieselben Worte gebraucht; man muß dieselben Worte auch für dieselbe Gattung innerer Erlebnisse gebrauchen, man muß zuletzt seine Erfahrung miteinander *gemein* haben. Deshalb verstehen sich die Menschen *eines* Volkes besser untereinander als Zugehörige verschiedner Völker, selbst wenn sie sich der gleichen Sprache bedienen; oder vielmehr, wenn Menschen lange unter ähnlichen Bedingungen (des Klimas, des Bodens, der Gefahr, der Bedürfnisse, der Arbeit) zusammengelebt haben, so *entsteht* daraus etwas, das »sich versteht«, ein Volk. In allen Seelen hat eine gleiche Anzahl oft wiederkehrender Erlebnisse die Oberhand gewonnen über seltner kommende: auf sie hin versteht man sich, schnell und immer schneller – die Geschichte der Sprache ist die Geschichte eines Abkürzungs-Prozesses –; auf dies schnelle Verstehen hin verbindet man sich, enger und immer enger. Je größer die Gefährlichkeit, um so größer ist das Bedürfnis, schnell und leicht über das, was nottut, übereinzukommen; sich in der Gefahr nicht mißzuverstehen, das ist es, was die Menschen zum Verkehre schlechterdings nicht entbehren können. Noch bei jeder Freundschaft oder Liebschaft macht man diese Probe: nichts derart hat Dauer, sobald man dahinterkommt, daß einer von beiden bei gleichen Worten anders fühlt, meint, wittert, wünscht, fürchtet als der andere. (Die Furcht vor dem »ewigen Mißverständnis«: das ist jener wohlwollende Genius, der Personen verschiedenen Geschlechts so oft von übereilten Verbindungen abhält, zu denen Sinne und Herz raten – und *nicht* irgendein Schopenhauerscher »Genius der Gattung« –!) Welche Gruppen von Empfindungen innerhalb einer Seele am schnellsten wach werden, das Wort ergreifen, den Befehl geben, das entscheidet über die gesamte Rangordnung ihrer Werte, das bestimmt zuletzt ihre Gütertafel. Die Wertschätzungen eines Menschen verraten etwas vom *Aufbau* seiner Seele, und worin sie ihre Lebensbedingungen, ihre eigentliche Not sieht. Gesetzt nun, daß die Not von jeher nur solche Menschen einander angenähert hat, welche mit ähnlichen Zeichen ähnliche Bedürfnisse, ähnliche Erlebnisse andeuten konnten, so ergibt sich im ganzen, daß die leichte *Mitteilbarkeit* der Not, das heißt im letzten Grunde das Erleben von nur durchschnittlichen und *gemeinen* Erlebnissen, unter allen Gewalten, welche über den Menschen bisher verfügt haben, die gewaltigste gewesen sein muß. Die ähnlicheren, die gewöhnlicheren Menschen waren und sind immer im Vorteile, die Ausgesuchteren, Feineren, Seltsameren, schwerer Verständlichen bleiben leicht allein, unterliegen bei ihrer Vereinzelung den Unfällen und pflanzen sich selten fort. Man muß ungeheure Gegenkräfte anrufen, um diesen natürlichen, allzunatürlichen *progressus in simile,* die Fortbildung des Menschen ins Ähnliche, Gewöhnliche, Durchschnittliche, Herdenhafte – ins *Gemeine*! – zu kreuzen.

269

Je mehr ein Psycholog – ein geborener, ein unvermeidlicher Psycholog und Seelen-Errater – sich den ausgesuchteren Fällen und Menschen zukehrt, um so größer wird seine Gefahr, am Mitleiden zu ersticken: er hat Härte und Heiterkeit *nötig,* mehr als ein andrer Mensch. Die Verderbnis, das Zugrundegehen der höheren Menschen, der fremder gearteten Seelen ist nämlich die Regel: es ist schrecklich, eine solche Regel immer vor Augen zu haben. Die vielfache Marter des Psychologen, der dieses Zugrundegehen entdeckt hat, der diese gesamte innere »Heillosigkeit« des höheren Menschen, dieses ewige »Zu spät!« in jedem Sinne, erst einmal und dann *fast* immer wieder entdeckt, durch die ganze Geschichte hindurch – kann vielleicht eines Tags zur Ursache davon werden, daß er mit Erbitterung sich gegen sein eignes Los wendet und einen Versuch der Selbst-Zerstörung macht – daß er selbst »verdirbt«. Man wird fast bei jedem Psychologen eine verräterische Vorneigung und Lust am Umgange mit alltäglichen und wohlgeordneten Menschen wahrnehmen: daran verrät sich, daß er immer einer Heilung bedarf, daß er eine Art Flucht und Vergessen braucht, weg von dem, was ihm seine Einblicke und Einschnitte, was ihm sein »Handwerk« aufs Gewissen gelegt hat. Die Furcht vor seinem Gedächtnis ist ihm eigen. Er kommt vor dem Urteile anderer leicht zum Verstummen: er hört mit einem unbewegten Gesichte zu, wie dort verehrt, bewundert, geliebt, verklärt wird, wo er *gesehn* hat – oder er verbirgt noch sein Verstummen, indem er irgendeiner Vordergrunds-Meinung ausdrücklich zustimmt. Vielleicht geht die Paradoxie seiner Lage so weit ins Schauerliche, daß die Menge, die Gebildeten, die Schwärmer gerade dort, wo er das große Mitleiden neben der großen Verachtung gelernt hat, ihrerseits die große Verehrung lernen – die Verehrung für »große Männer« und Wundertiere, um derentwillen man das Vaterland, die Erde, die Würde der Menschheit, sich selber segnet und in Ehren hält, auf welche man die Jugend hinweist, hinerzieht ... Und wer weiß, ob sich nicht bisher in allen großen Fällen eben das gleiche begab: daß die Menge einen Gott anbetete – und daß der »Gott« nur ein armes Opfertier war! Der Erfolg war immer der größte Lügner – und das »Werk« selbst ist ein Erfolg; der große Staatsmann, der Eroberer, der Entdecker ist in seine Schöpfungen verkleidet, bis ins Unerkennbare; das »Werk«, das des Künstlers, des Philosophen, erfindet erst den, welcher es geschaffen hat, geschaffen haben soll; die »großen Männer«, wie sie verehrt werden, sind kleine schlechte Dichtungen hinterdrein; in der Welt der geschichtlichen Werte *herrscht* die Falschmünzerei. Diese großen Dichter zum Beispiel, diese Byron, Musset, Poe, Leopardi, Kleist, Gogol (ich wage es nicht, größere Namen zu nennen, aber ich meine sie), – so wie sie nun einmal sind, vielleicht sein müssen: Menschen der Augenblicke, begeistert, sinnlich, kindsköpfisch, im Mißtrauen und Vertrauen leichtfertig und plötzlich; mit Seelen, an denen gewöhnlich irgendein Bruch verhehlt werden soll; oft mit ihren Werken Rache nehmend für eine innere Besudelung, oft mit ihren Aufflügen Vergessenheit suchend vor einem allzu treuen Gedächtnis, oft in den Schlamm verirrt und beinahe verliebt, bis sie den Irrlichtern um die Sümpfe herum gleich werden und sich zu Sternen *verstellen* – das Volk nennt sie dann wohl Idealisten –, oft mit einem langen Ekel kämpfend, mit einem wiederkehrenden Gespenst von Unglauben, der kalt macht und sie zwingt, nach *gloria* zu schmachten und den »Glauben an sich« aus den Händen berauschter Schmeichler zu fressen – welche *Marter* sind diese großen Künstler und überhaupt die höheren Menschen für den, der sie einmal erraten hat! Es ist so begreiflich, daß *sie* gerade vom Weibe – welches hellseherisch ist in der Welt des Leidens und leider auch weit über seine Kräfte hinaus hilf- und rettungssüchtig – so leicht jene Ausbrüche unbegrenzten hingebendsten *Mitleids* erfahren, welche die Menge, vor allem die verehrende Menge, nicht versteht und mit neugierigen und selbstgefälligen Deutungen überhäuft Dieses Mitleiden täuscht sich regelmäßig über seine Kraft; das Weib möchte glauben, daß Liebe *alles* vermag – es ist sein eigentlicher *Glaube*. Ach, der Wissende des Herzens errät, wie arm, dumm, hilflos, anmaßlich, fehlgreifend, leichter zerstörend als rettend auch die beste tiefste Liebe ist! – Es ist möglich, daß unter der heiligen Fabel und Verkleidung von Jesu Leben einer der schmerzlichsten Fälle vom Martyrium des *Wissens um die Liebe* verborgen liegt: das Martyrium des unschuldigsten und begehrendsten Herzens, das an keiner Menschen-Liebe je genug hatte, das Liebe, Geliebt-werden und nichts außerdem *verlangte*, mit Härte, mit Wahnsinn, mit furchtbaren Ausbrüchen gegen die, welche ihm Liebe verweigerten; die Geschichte eines armen Ungesättigten und Unersättlichen in der Liebe, der die Hölle erfinden mußte, um die dorthin zu schicken, welche ihn nicht lieben *wollten* – und der endlich, wissend geworden über menschliche Liebe, einen Gott erfinden mußte, der ganz Liebe, ganz Lieben-*können* ist – der sich der Menschen-Liebe erbarmt, weil sie gar so armselig, so unwissend ist! Wer so fühlt, wer dergestalt um die Liebe *weiß* – *sucht* den Tod. – Aber warum solchen schmerzlichen Dingen nachhängen? Gesetzt, daß man es nicht muß. –

270

Der geistige Hochmut und Ekel jedes Menschen, der tief gelitten hat – es bestimmt beinahe die Rangordnung, *wie* tief Menschen leiden können –, seine schaudernde Gewißheit, von der er ganz durchtränkt und gefärbt ist, vermöge seines Leidens *mehr zu wissen,* als die Klügsten und Weisesten wissen können, in vielen fernen entsetzlichen Welten bekannt und einmal »zu Hause« gewesen zu sein, von denen »*ihr* nichts wißt!« ... dieser geistige schweigende Hochmut des Leidenden, dieser Stolz des Auserwählten der Erkenntnis, des »Eingeweihten«, des beinahe Geopferten findet alle Formen von Verkleidung nötig, um sich vor der Berührung mit zudringlichen und mitleidigen Händen und überhaupt vor allem, was nicht seinesgleichen im Schmerz ist, zu schützen. Das tiefe Leiden macht vornehm; es trennt. Eine der feinsten Verkleidungs-Formen ist der Epikureismus und eine gewisse fürderhin zur Schau getragene Tapferkeit des Geschmacks, welche das Leiden leichtfertig nimmt und sich gegen alles Traurige und Tiefe zur Wehr setzt. Es gibt »heitere Menschen«, welche sich der Heiterkeit bedienen, weil sie um ihretwillen mißverstanden werden – sie *wollen* mißverstanden sein. Es gibt »wissenschaftliche Menschen«, welche sich der Wissenschaft bedienen, weil dieselbe einen heiteren Anschein gibt, und weil Wissenschaftlichkeit darauf schließen läßt, daß der Mensch oberflächlich ist – sie *wollen* zu einem falschen Schlusse verführen. Es gibt freie freche Geister, welche verbergen und verleugnen möchten, daß sie zerbrochene stolze unheilbare Herzen sind (der Zynismus Hamlets – der Fall Galiani); und bisweilen ist die Narrheit selbst die Maske für ein unseliges allzugewisses Wissen. – Woraus sich ergibt, daß es zur feineren Menschlichkeit gehört, Ehrfurcht »vor der Maske« zu haben und nicht an falscher Stelle Psychologie und Neugierde zu treiben.

271

Was am tiefsten zwei Menschen trennt, das ist ein verschiedener Sinn und Grad der Reinlichkeit. Was hilft alle Bravheit und gegenseitige Nützlichkeit, was hilft aller guter Wille füreinander: zuletzt bleibt es dabei – sie »können sich nicht riechen!« Der höchste Instinkt der Reinlichkeit stellt den mit ihm Behafteten in die wunderlichste und gefährlichste Vereinsamung, als einen Heiligen: denn eben das ist Heiligkeit – die höchste Vergeistigung des genannten Instinktes. Irgendein Mitwissen um eine unbeschreibliche Fülle im Glück des Bades, irgendeine Brunst und Durstigkeit, welche die Seele beständig aus der Nacht in den Morgen und aus dem Trüben, der »Trübsal«, ins Helle, Glänzende, Tiefe, Feine treibt –: ebensosehr als ein solcher Hang *auszeichnet* – es ist ein vornehmer Hang –, *trennt* er auch. – Das Mitleiden des Heiligen ist das Mitleiden mit dem *Schmutz* des Menschlichen, Allzumenschlichen. Und es gibt Grade und Höhen, wo das Mitleiden selbst von ihm als Verunreinigung, als Schmutz gefühlt wird ...

272

Zeichen der Vornehmheit: nie daran denken, unsre Pflichten zu Pflichten für jedermann herabzusetzen; die eigene Verantwortlichkeit nicht abgeben wollen, nicht teilen wollen; seine Vorrechte und deren Ausübung unter seine *Pflichten* rechnen.

273

Ein Mensch, der nach Großem strebt, betrachtet jedermann, dem er auf seiner Bahn begegnet, entweder als Mittel oder als Verzögerung und Hemmnis – oder als zeitweiliges Ruhebett. Seine ihm eigentümliche hochgeartete *Güte* gegen Mitmenschen ist erst möglich, wenn er auf seiner Höhe ist und herrscht. Die Ungeduld und sein Bewußtsein, bis dahin immer zur Komödie verurteilt zu sein – denn selbst der Krieg ist eine Komödie und verbirgt, wie jedes Mittel den Zweck verbirgt –, verdirbt ihm jeden Umgang: diese Art Mensch kennt die Einsamkeit und was sie vom Giftigsten an sich hat.

274

Das Problem der Wartenden. – Es sind Glücksfälle dazu nötig und vielerlei Unberechenbares, daß ein höherer Mensch, in dem die Lösung eines Problems schläft, noch zur rechten Zeit zum Handeln kommt – »zum Ausbruch«, wie man sagen könnte. Es geschieht durchschnittlich *nicht*, und in allen Winkeln der Erde sitzen Wartende, die es kaum wissen, inwiefern sie warten, noch weniger aber, daß sie umsonst warten. Mitunter auch kommt der Weckruf zu spät, jener Zufall, der die »Erlaubnis« zum Handeln gibt – dann, wenn bereits die beste Jugend und Kraft zum Handeln durch Stillsitzen verbraucht ist; und wie mancher fand, eben als er »aufsprang«, mit Schrecken seine Glieder eingeschlafen und seinen Geist schon zu schwer! »Es ist zu spät« – sagte er sich, ungläubig über sich geworden und nunmehr für immer unnütz. – Sollte, im Reiche des Genies, der »Raffael ohne Hände«, das Wort im weitesten Sinn verstanden, vielleicht nicht die Ausnahme, sondern die Regel sein? – Das Genie ist vielleicht gar nicht so selten: aber die fünfhundert *Hände*, die es nötig hat, um den καιρός, »die rechte Zeit« – zu tyrannisieren, um den Zufall am Schopf zu fassen!

275

Wer das Hohe eines Menschen nicht sehn *will*, blickt um so schärfer nach dem, was niedrig und Vordergrund an ihm ist – und verrät sich selbst damit.

276

Bei aller Art von Verletzung und Verlust ist die niedere und gröbere Seele besser daran als die vornehmere: die Gefahren der letzteren müssen größer sein, ihre Wahrscheinlichkeit, daß sie verunglückt und zugrunde geht, ist sogar, bei der Vielfachheit ihrer Lebensbedingungen, ungeheuer. – Bei einer Eidechse wächst ein Finger nach, der ihr verlorenging: nicht so beim Menschen. –

277

– Schlimm genug! Wieder die alte Geschichte! Wenn man sich sein Haus fertiggebaut hat, merkt man, unversehens etwas dabei gelernt zu haben, das man schlechterdings hätte wissen *müssen*, bevor man zu bauen – anfing. Das ewige leidige »Zu spät!« – Die Melancholie alles *Fertigen*!...

278

– Wanderer, wer bist du? Ich sehe dich deines Weges gehn, ohne Hohn, ohne Liebe, mit unerratbaren Augen; feucht und traurig wie ein Senkblei, das ungesättigt aus jeder Tiefe wieder ans Licht gekommen – was suchte es da unten? – mit einer Brust, die nicht seufzt, mit einer Lippe, die ihren Ekel verbirgt, mit einer Hand, die nur noch langsam greift: wer bist du? was tatest du? Ruhe dich hier aus: diese Stelle ist gastfreundlich für jedermann – erhole dich! Und wer du auch sein magst: was gefällt dir jetzt? Was dient dir zur Erholung? Nenne es nur: was ich habe, biete ich dir an! – »Zur Erholung? Zur Erholung? O du Neugieriger, was sprichst du da! Aber gib mir, ich bitte – –« Was? Was? sprich es aus! – »Eine Maske mehr! Eine zweite Maske!« ...

279

Die Menschen der tiefen Traurigkeit verraten sich, wenn sie glücklich sind: sie haben eine Art, das Glück zu fassen, wie als ob sie es erdrücken und ersticken möchten, aus Eifersucht – ach, sie wissen zu gut, daß es ihnen davonläuft!

280

»Schlimm! Schlimm! Wie? geht er nicht – zurück?« – Ja! Aber ihr versteht ihn schlecht, wenn ihr darüber klagt. Er geht zurück, wie jeder, der einen großen Sprung tun will. – –

281

»Wird man es mir glauben? aber ich verlange, daß man es mir glaubt: ich habe immer nur schlecht an mich, über mich gedacht, nur in ganz seltnen Fällen, nur gezwungen, immer ohne Lust ›zur Sache‹, bereit, von ›mir‹ abzuschweifen, immer ohne Glauben an das Ergebnis, dank einem unbezwinglichen Mißtrauen gegen die *Möglichkeit* der Selbst-Erkenntnis, das mich so weit geführt hat, selbst am Begriff ›unmittelbare Erkenntnis‹, welchen sich die Theoretiker erlauben, eine *contradictio in adjecto* zu empfinden – diese ganze Tatsache ist beinahe das Sicherste, was ich über mich weiß. Es muß eine Art Widerwille in mir geben, etwas Bestimmtes über mich zu *glauben*. – Steckt darin vielleicht ein Rätsel? Wahrscheinlich; aber glücklicherweise keins für meine eigenen Zähne. – Vielleicht verrät es die Spezies, zu der ich gehöre? – Aber nicht mir: wie es mir selbst erwünscht genug ist. –«

282

»Aber was ist dir begegnet?« – »Ich weiß es nicht«, sagte er zögernd; »vielleicht sind mir die Harpyien über den Tisch geflogen.« – Es kommt heute bisweilen vor, daß ein milder mäßiger zurückhaltender Mensch plötzlich rasend wird, die Teller zerschlägt, den Tisch umwirft, schreit, tobt, alle Welt beleidigt – und endlich beiseite geht, beschämt, wütend über sich – wohin? wozu? Um abseits zu verhungern? Um an seiner Erinnerung zu ersticken? – Wer die Begierden einer hohen wählerischen Seele hat und nur selten seinen Tisch gedeckt, seine Nahrung bereit findet, dessen Gefahr wird zu allen Zeiten groß sein: heute aber ist sie außerordentlich. In ein lärmendes und pöbelhaftes Zeitalter hineingeworfen, mit dem er nicht aus *einer* Schüssel essen mag, kann er leicht vor Hunger und Durst, oder, falls er endlich dennoch »zugreift« – vor plötzlichem Ekel zugrunde gehn. – Wir haben wahrscheinlich alle schon an Tischen gesessen, wo wir nicht hingehörten; und gerade die Geistigsten von uns, die am schwersten zu ernähren sind, kennen jene gefährliche *dyspepsia*, welche aus einer plötzlichen Einsicht und Enttäuschung über unsre Kost und Tischnachbarschaft entsteht – den *Nachtisch-Ekel*.

283

Es ist eine feine und zugleich vornehme Selbstbeherrschung, gesetzt, daß man überhaupt loben will, immer nur da zu loben, wo man *nicht* übereinstimmt – im andern Falle würde man ja sich selbst loben, was wider den guten Geschmack geht – freilich eine Selbstbeherrschung, die einen artigen Anlaß und Anstoß bietet, um beständig *mißverstanden* zu werden. Man muß, um sich diesen wirklichen Luxus von Geschmack und Moralität gestatten zu dürfen, nicht unter Tölpeln des Geistes leben, vielmehr unter Menschen, bei denen Mißverständnisse und Fehlgriffe noch durch ihre Feinheit belustigen – oder man wird es teuer büßen müssen! – »Er lobt mich: *also* gibt er mir recht« – diese Eselei von Schlußfolgerung verdirbt uns Einsiedlern das halbe Leben, denn es bringt die Esel in unsre Nachbarschaft und Freundschaft.

284

Mit einer ungeheuren und stolzen Gelassenheit leben; immer jenseits –. Seine Affekte, sein Für und Wider willkürlich haben und nicht haben, sich auf sie herablassen, für Stunden; sich auf sie *setzen*, wie auf Pferde, oft wie auf Esel – man muß nämlich ihre Dummheit so gut wie ihr Feuer zu nützen wissen. Seine dreihundert Vordergründe sich bewahren; auch die schwarze Brille: denn es gibt Fälle, wo uns niemand in die Augen, noch weniger in unsre »Gründe« sehn darf. Und jenes spitzbübische und heitre Laster sich zur Gesellschaft wählen, die Höflichkeit. Und Herr seiner vier Tugenden bleiben, des Mutes, der Einsicht, des Mitgefühls, der Einsamkeit. Denn die Einsamkeit ist bei uns eine Tugend, als ein sublimer Hang und Drang der Reinlichkeit, welcher errät, wie es bei Berührung von Mensch und Mensch – »in Gesellschaft« – unvermeidlich-unreinlich zugehn muß. Jede Gemeinschaft macht, irgendwie, irgendwo, irgendwann – »gemein«.

285

Die größten Ereignisse und Gedanken – aber die größten Gedanken sind die größten Ereignisse – werden am spätesten begriffen: die Geschlechter, welche mit ihnen gleichzeitig sind, *erleben* solche Ereignisse nicht – sie leben daran vorbei. Es geschieht da etwas wie im Reiche der Sterne. Das Licht der fernsten Sterne kommt am spätesten zu den Menschen; und bevor es nicht angekommen ist, *leugnet* der Mensche, daß es dort – Sterne gibt. »Wieviel Jahrhunderte braucht ein Geist, um begriffen zu werden?« – das ist auch ein Maßstab, damit schafft man auch eine Rangordnung und Etikette, wie sie nottut: für Geist und Stern. –

286

»Hier ist die Aussicht frei, der Geist erhoben.« – Es gibt aber eine umgekehrte Art von Menschen, welche auch auf der Höhe ist und auch die Aussicht frei hat – aber *hinab*blickt.

287

– Was ist vornehm? Was bedeutet uns heute noch das Wort »vornehm«? Woran verrät sich, woran erkennt man, unter diesem schweren verhängten Himmel der beginnenden Pöbelherrschaft, durch den alles undurchsichtig und bleiern wird, den vornehmen Menschen? – Es sind nicht die Handlungen, die ihn beweisen – Handlungen sind immer vieldeutig, immer unergründlich –; es sind auch die »Werke« nicht. Man findet heute unter Künstlern und Gelehrten genug von solchen, welche durch ihre Werke verraten, wie eine tiefe Begierde nach dem Vornehmen hin sie treibt: aber gerade dies Bedürfnis *nach* dem Vornehmen ist von Grund aus verschieden von den Bedürfnissen der vornehmen Seele selbst, und geradezu das beredte und gefährliche Merkmal ihres Mangels. Es sind nicht die Werke, es ist der *Glaube*, der hier entscheidet, der hier die Rangordnung feststellt, um eine alte religiöse Formel in einem neuen und tieferen Verstande wieder aufzunehmen: irgendeine Grundgewißheit, welche eine vornehme Seele über sich selbst hat, etwas, das sich nicht suchen, nicht finden und vielleicht auch nicht verlieren läßt. – *Die vornehme Seele hat Ehrfurcht vor sich.* –

288

Es gibt Menschen, welche auf eine unvermeidliche Weise Geist haben, sie mögen sich drehen und wenden, wie sie wollen, und die Hände vor die verräterischen Augen halten (– als ob die Hand kein Verräter wäre! –): schließlich kommt es immer heraus, daß sie etwas haben, das sie verbergen, nämlich Geist. Eins der feinsten Mittel, um wenigstens so lange als möglich zu täuschen und sich mit Erfolg dümmer zu stellen, als man ist – was im gemeinen Leben oft so wünschenswert ist wie ein Regenschirm –, heißt *Begeisterung*: hinzugerechnet, was hinzu gehört, zum Beispiel Tugend. Denn, wie Galiani sagt, der es wissen mußte –: *vertu est enthousiasme.*

289

Man hört den Schriften eines Einsiedlers immer auch etwas von dem Widerhall der Öde, etwas von dem Flüstertone und dem scheuen Umsichblicken der Einsamkeit an; aus seinen stärksten Worten, aus seinem Schrei selbst klingt noch eine neue und gefährlichere Art des Schweigens, Verschweigens heraus. Wer jahraus, jahrein und tags und nachts allein mit seiner Seele im vertraulichen Zwiste und Zwiegespräche zusammengesessen hat, wer in seiner Höhle, sie kann ein Labyrinth, aber auch ein Goldschacht sein – zum Höhlenbär oder Schatzgräber oder Schatzwächter und Drachen wurde: dessen Begriffe selber erhalten zuletzt eine eigne Zwielicht-Farbe, einen Geruch ebensosehr der Tiefe als des Moders, etwas Unmitteilsames und Widerwilliges, das jeden Vorübergehenden kalt anbläst. Der Einsiedler glaubt nicht daran, daß jemals ein Philosoph – gesetzt, daß ein Philosoph immer vorerst ein Einsiedler war – seine eigentlichen und letzten Meinungen in Büchern ausgedrückt habe: schreibt man nicht gerade Bücher, um zu verbergen, was man bei sich birgt? – ja er wird zweifeln, ob ein Philosoph »letzte und eigentliche« Meinungen überhaupt haben *könne*, ob bei ihm nicht hinter jeder Höhle noch eine tiefere Höhle liege, liegen müsse – eine umfänglichere fremdere reichere Welt über einer Oberfläche, ein Abgrund hinter jedem Grunde, unter jeder »Begründung«. Jede Philosophie ist eine Vordergrunds-Philosophie – das ist ein Einsiedler-Urteil: »es ist etwas Willkürliches daran, daß *er* hier stehnblieb, zurückblickte, sich umblickte, daß er *hier* nicht mehr tiefer grub und den Spaten weglegte – es ist auch etwas Mißtrauisches daran.« Jede Philosophie *verbirgt* auch eine Philosophie; jede Meinung ist auch ein Versteck, jedes Wort auch eine Maske.

290

Jeder tiefe Denker fürchtet mehr das Verstandenwerden als das Mißverstanden-werden. Am letzteren leidet vielleicht seine Eitelkeit; am ersteren aber sein Herz, sein Mitgefühl, welches immer spricht: »ach, warum wollt *ihr* es auch so schwer haben wie ich?«

291

Der Mensch, ein vielfaches, verlogenes, künstliches und undurchsichtiges Tier, den anderen Tieren weniger durch Kraft als durch List und Klugheit unheimlich, hat das gute Gewissen erfunden, um seine Seele einmal als *einfach* zu genießen; und die ganze Moral ist eine beherzte lange Fälschung, vermöge deren überhaupt ein Genuß im Anblick der Seele möglich wird. Unter diesem Gesichtspunkte gehört vielleicht viel mehr in den Begriff »Kunst« hinein, als man gemeinhin glaubt.

292

Ein Philosoph: das ist ein Mensch, der beständig außerordentliche Dinge erlebt, sieht, hört, argwöhnt, hofft, träumt; der von seinen eignen Gedanken wie von außen her, wie von oben und unten her, als von *seiner* Art Ereignissen und Blitzschlägen getroffen wird; der selbst vielleicht ein Gewitter ist, welches mit neuen Blitzen schwanger geht; ein verhängnisvoller Mensch, um den herum es immer grollt und brummt und klafft und unheimlich zugeht. Ein Philosoph: ach, ein Wesen, das oft von sich davonläuft, oft vor sich Furcht hat – aber zu neugierig ist, um nicht immer wieder »zu sich zu kommen« ...

293

Ein Mann, der sagt: »das gefällt mir, das nehme ich zu eigen und will es schützen und gegen jedermann verteidigen«; ein Mann, der eine Sache führen, einen Entschluß durchführen, einem Gedanken Treue wahren, ein Weib festhalten, einen Verwegenen strafen und niederwerfen kann; ein Mann, der seinen Zorn und sein Schwert hat, und dem die Schwachen, Leidenden, Bedrängten, auch die Tiere gern zufallen und von Natur zugehören, kurz ein Mann, der von Natur *Herr* ist – wenn ein solcher Mann Mitleiden hat, nun! *dies* Mitleiden hat Wert! Aber was liegt am Mitleiden derer, welche leiden! Oder derer, welche gar Mitleiden *predigen*! Es gibt heute fast überall in Europa eine krankhafte Empfindlichkeit und Reizbarkeit für Schmerz, insgleichen eine widrige Unenthaltsamkeit in der Klage, eine Verzärtlichung, welche sich mit Religion und philosophischem Krimskrams zu etwas Höherem aufputzen möchte – es gibt einen förmlichen Kultus des Leidens. Die *Unmännlichkeit* dessen, was in solchen Schwärmerkreisen »Mitleid« getauft wird, springt, wie ich meine, immer zuerst in die Augen. – Man muß diese neueste Art des schlechten Geschmacks kräftig und gründlich in den Bann tun; und ich wünsche endlich, daß man das gute Amulett *»gai saber«* sich dagegen um Herz und Hals lege – »fröhliche Wissenschaft«, um es den Deutschen zu verdeutlichen.

294

Das olympische Laster. – Jenem Philosophen zum Trotz, der als echter Engländer dem Lachen bei allen denkenden Köpfen eine üble Nachrede zu schaffen suchte – »das Lachen ist ein arges Gebreste der menschlichen Natur, welches jeder denkende Kopf zu überwinden bestrebt sein wird« (Hobbes) – würde ich mir sogar eine Rangordnung der Philosophen erlauben, je nach dem Range ihres Lachens – bis hinauf zu denen, die des *goldnen* Gelächters fähig sind. Und gesetzt, daß auch Götter philosophieren, wozu mich mancher Schluß schon gedrängt hat –, so zweifle ich nicht, daß sie dabei auch auf eine übermenschliche und neue Weise zu lachen wissen – und auf Unkosten aller ernsten Dinge! Götter sind spottlustig: es scheint, sie können selbst bei heiligen Handlungen das Lachen nicht lassen.

295

Das Genie des Herzens, wie es jener große Verborgene hat, der Versucher-Gott und geborene Rattenfänger der Gewissen, dessen Stimme bis in die Unterwelt jeder Seele hinabzusteigen weiß, welcher nicht ein Wort sagt, nicht einen Blick blickt, in dem nicht eine Rücksicht und Falte der Lockung läge, zu dessen Meisterschaft es gehört, daß er zu scheinen versteht – und nicht das, was er ist, sondern was denen, die ihm folgen, ein Zwang *mehr* ist, um sich immer näher an ihn zu drängen, um ihm immer innerlicher und gründlicher zu folgen – das Genie des Herzens, das alles Laute und Selbstgefällige verstummen macht und horchen lehrt, das die rauhen Seelen glättet und ihnen ein neues Verlangen zu kosten gibt – stillzuliegen wie ein Spiegel, daß sich der tiefe Himmel auf ihnen spiegele –; das Genie des Herzens, das die tölpische und überrasche Hand zögern und zierlicher greifen lehrt; das den verborgenen und vergessenen Schatz, den Tropfen Güte und süßer Geistigkeit unter trübem dickem Eise errät und eine Wünschelrute für jedes Korn Goldes ist, welches lange im Kerker vielen Schlamms und Sandes begraben lag; das Genie des Herzens, von dessen Berührung jeder reicher fortgeht, nicht begnadet und überrascht, nicht wie von fremdem Gute beglückt und bedrückt, sondern reicher an sich selber, sich neuer als zuvor, aufgebrochen, von einem Tauwinde angeweht und ausgehorcht, unsicherer vielleicht, zärtlicher zerbrechlicher zerbrochener, aber voll Hoffnungen, die noch keinen Namen haben, voll neuen Willens und Strömens, voll neuen Unwillens und Zurückströmens ... aber was tue ich, meine Freunde? Von wem rede ich zu euch? Vergaß ich mich so weit, daß ich euch nicht einmal seinen Namen nannte? Es sei denn, daß ihr nicht schon von selbst errietet, wer dieser fragwürdige Geist und Gott ist, der in solcher Weise *gelobt* sein will. Wie es nämlich einem jeden ergeht, der von Kindesbeinen an immer unterwegs und in der Fremde war, so sind auch mir manche seltsame und nicht ungefährliche Geister über den Weg gelaufen, vor allem aber der, von dem ich eben sprach, und dieser immer wieder, kein Geringerer nämlich als der Gott *Dionysos*, jener große Zweideutige und Versucher-Gott, dem ich einstmals, wie ihr wißt, in aller Heimlichkeit und Ehrfurcht meine Erstlinge dargebracht habe – als der Letzte, wie mir scheint, der ihm ein *Opfer* dargebracht hat: denn ich fand keinen, der es verstanden hätte, was ich damals tat. Inzwischen lernte ich vieles, allzuvieles über die Philosophie dieses Gottes hinzu, und, wie gesagt, von Mund zu Mund – ich, der letzte Jünger und Eingeweihte des Gottes Dionysos: und ich dürfte wohl endlich einmal damit anfangen, euch, meinen Freunden, ein wenig, soweit es mir erlaubt ist, von dieser Philosophie zu kosten zu geben? Mit halber Stimme, wie billig: denn es handelt sich dabei um mancherlei Heimliches, Neues, Fremdes, Wunderliches, Unheimliches. Schon daß Dionysos ein Philosoph ist, und daß also auch Götter philosophieren, scheint mir eine Neuigkeit, welche nicht unverfänglich ist und die vielleicht gerade unter Philosophen Mißtrauen erregen möchte – unter euch, meine Freunde, hat sie schon weniger gegen sich, es sei denn, daß sie zu spät und nicht zur rechten Stunde kommt: denn ihr glaubt heute ungern, wie man mir verraten hat, an Gott und Götter. Vielleicht auch, daß ich in der Freimütigkeit meiner Erzählung weitergehn muß, als den strengen Gewohnheiten eurer Ohren immer liebsam ist? Gewißlich ging der genannte Gott bei dergleichen Zwiegesprächen weiter, sehr viel weiter, und war immer um viele Schritte mir voraus ... Ja ich würde, falls es erlaubt wäre, ihm nach Menschenbrauch schöne feierliche Prunk- und Tugendnamen beizulegen, viel Rühmens von seinem Forscher- und Entdecker-Mute, von seiner gewagten Redlichkeit, Wahrhaftigkeit und Liebe zur Weisheit zu machen haben. Aber mit all diesem ehrwürdigen Plunder und Prunk weiß ein solcher Gott nichts anzufangen. »Behalte dies«, würde er sagen, »für dich und deinesgleichen und wer sonst es nötig hat! Ich – habe keinen Grund, meine Blöße zu decken!« – Man errät: es fehlt dieser Art von Gottheit und Philosophen vielleicht an Scham? – So sagte er einmal: »unter Umständen liebe ich den Menschen« – und dabei spielte er auf Ariadne an, die zugegen war –: »der Mensch ist mir ein angenehmes, tapferes, erfinderisches Tier, das auf Erden nicht seinesgleichen hat, es findet sich in allen Labyrinthen noch zurecht. Ich bin ihm gut: ich denke oft darüber nach, wie ich ihn noch vorwärts bringe und ihn stärker, böser und tiefer mache, als er ist.« – »Stärker, böser und tiefer?« fragte ich erschreckt. »Ja«, sagte er noch einmal, »stärker, böser und tiefer; auch schöner« – und dazu lächelte der Versucher-Gott mit seinem halkyonischen Lächeln, wie als ob er eben eine bezaubernde Artigkeit gesagt habe. Man sieht hier zugleich: es fehlt dieser Gottheit nicht nur an Scham –; und es gibt überhaupt gute Gründe dafür, zu mutmaßen, daß in einigen Stücken die Götter insgesamt bei uns Menschen in die Schule gehen könnten. Wir Menschen sind – menschlicher ...

296

Ach, was seid ihr doch, ihre meine geschriebenen und gemalten Gedanken! Es ist nicht lange her, da wart ihr noch so bunt, jung und boshaft, voller Stacheln und geheimer Würzen, daß ihr mich niesen und lachen machtet – und jetzt? Schon habt ihr eure Neuheit ausgezogen, und einige von euch sind, ich fürchte es, bereit, zu Wahrheiten zu werden: so unsterblich sehn sie bereits aus, so herzbrechend rechtschaffen, so langweilig! Und war es jemals anders? Welche Sachen schreiben und malen wir denn ab, wir Mandarinen mit chinesischem Pinsel, wir Verewiger der Dinge, welche sich schreiben *lassen,* was vermögen wir denn allein abzumalen? Ach, immer nur das, was eben welk werden will und anfängt, sich zu verriechen! Ach, immer nur abziehende und erschöpfte Gewitter und gelbe späte Gefühle! Ach, immer nur Vögel, die sich müde flogen und verflogen und sich nun mit der Hand haschen lassen – mit *unserer* Hand! Wir verewigen, was nicht mehr lange leben und fliegen kann, müde und mürbe Dinge allein! Und nur euer *Nachmittag* ist es, ihr meine geschriebenen und gemalten Gedanken, für den allein ich Farben habe, viel Farben vielleicht, viel bunte Zärtlichkeiten und fünfzig Gelbs und Brauns und Grüns und Rots: – aber niemand errät mir daraus, wie ihr in eurem Morgen aussahet, ihr plötzlichen Funken und Wunder meiner Einsamkeit, ihr meine alten geliebten – – *schlimmen* Gedanken!

AUS HOHEN BERGEN

Nachgesang

O Lebens Mittag! Feierliche Zeit!
O Sommergarten!
Unruhig Glück im Stehn und Spähn und Warten: –
Der Freunde harr ich, Tag und Nacht bereit,
Wo bleibt ihr, Freunde? Kommt! 's ist Zeit! 's ist Zeit!

Wars nicht für euch, daß sich des Gletschers Grau
Heut schmückt mit Rosen?
Euch sucht der Bach, sehnsüchtig drängen, stoßen
Sich Wind und Wolke höher heut ins Blau,
Nach euch zu spähn aus fernster Vogel-Schau.

Im Höchsten ward für euch mein Tisch gedeckt –
Wer wohnt den Sternen
So nahe, wer des Abgrunds grausten Fernen?
Mein Reich – welch Reich hat weiter sich gereckt?
Und meinen Honig – wer hat ihn geschmeckt? . . .

– Da *seid* ihr, Freunde! – Weh, doch *ich* bins nicht,
Zu dem ihr wolltet?
Ihr zögert, staunt – ach, daß ihr lieber grolltet!
Ich – bins nicht mehr? Vertauscht Hand, Schritt, Gesicht?
Und *was* ich bin, euch Freunden – bin ichs nicht?

Ein andrer ward ich? Und mir selber fremd?
Mir selbst entsprungen?
Ein Ringer, der zu oft sich selbst bezwungen?
Zu oft sich gegen eigne Kraft gestemmt,
Durch eignen Sieg verwundet und gehemmt?

Ich suchte, wo der Wind am schärfsten weht?
Ich lernte wohnen,
Wo niemand wohnt, in öden Eisbär-Zonen,
Verlernte Mensch und Gott, Fluch und Gebet?
Ward zum Gespenst, das über Gletscher geht?

– Ihr alten Freunde! Seht! Nun blickt ihr bleich,
Voll Lieb und Grausen!
Nein, geht! Zürnt nicht! Hier – könntet *ihr* nicht hausen:
Hier zwischen fernstem Eis- und Felsenreich –
Hier muß man Jäger sein und gemsengleich.

Ein *schlimmer* Jäger ward ich! – Seht, wie steil
Gespannt mein Bogen!
Der Stärkste wars, der solchen Zug gezogen – –:
Doch wehe nun! Gefährlich ist *der* Pfeil,
Wie *kein* Pfeil, – fort von hier! Zu eurem Heil! ...

Ihr wendet euch? – O Herz, du trugst genung,
Stark blieb dein Hoffen:
Halt *neuen* Freunden deine Türen offen!
Die alten laß! Laß die Erinnerung!
Warst einst du jung, jetzt – bist du besser jung!

Was je uns knüpfte, *einer* Hoffnung Band –
Wer liest die Zeichen,
Die Liebe einst hineinschrieb, noch, die bleichen?
Dem Pergament vergleich ichs, das die Hand
Zu fassen *scheut* – ihm gleich verbräunt, verbrannt.

Nicht Freunde mehr, das sind – wie nenn ichs doch? –
Nur Freunds-Gespenster!
Das klopft mir wohl noch nachts an Herz und Fenster,
Das sieht mich an und spricht: »wir *warens* doch?«
– O welkes Wort, das einst wie Rosen roch!

O Jugend-Sehnen, das sich mißverstand!
Die *ich* ersehnte,
Die ich mir selbst verwandt-verwandelt wähnte,
Daß *alt* sie wurden, hat sie weggebannt:
Nur wer sich wandelt, bleibt mit mir verwandt.

O Lebens Mittag! Zweite Jugendzeit!
O Sommergarten!
Unruhig Glück im Stehn und Spähn und Warten!
Der Freunde harr ich, Tag und Nacht bereit,
Der *neuen* Freunde! Kommt! 's ist Zeit! 's ist Zeit!

Dies Lied ist aus – der Sehnsucht süßer Schrei
Erstarb im Munde:
Ein Zaubrer tats, der Freund zur rechten Stunde,
Der Mittags-Freund – nein! fragt nicht, wer es sei –
Um Mittag wars, da wurde Eins zu Zwei ...

Nun feiern wir, vereinten Siegs gewiß,
Das Fest der Feste:
Freund *Zarathustra* kam, der Gast der Gäste!
Nun lacht die Welt, der grause Vorhang riß,
Die Hochzeit kam für Licht und Finsternis ...

ZUR GENEALOGIE DER MORAL

Eine Streitschrift

Dem letztveröffentlichten

»Jenseits von Gut und Böse«

zur Ergänzung und Verdeutlichung beigegeben

VORREDE

1

Wir sind uns unbekannt, wir Erkennenden, wir selbst uns selbst: das hat seinen guten Grund. Wir haben nie nach uns gesucht – wie sollte es geschehn, daß wir eines Tages uns *fänden*? Mit Recht hat man gesagt: »wo euer Schatz ist, da ist auch euer Herz«; *unser* Schatz ist, wo die Bienenkörbe unsrer Erkenntnis stehn. Wir sind immer dazu unterwegs, als geborne Flügeltiere und Honigsammler des Geistes, wir kümmern uns von Herzen eigentlich nur um eins – etwas »heimzubringen«. Was das Leben sonst, die sogenannten »Erlebnisse« angeht – wer von uns hat dafür auch nur Ernst genug? Oder Zeit genug? Bei solchen Sachen waren wir, fürchte ich, nie recht »bei der Sache«: wir haben eben unser Herz nicht dort – und nicht einmal unser Ohr! Vielmehr wie ein Göttlich-Zerstreuter und In-sich-Versenkter, dem die Glocke eben mit aller Macht ihre zwölf Schläge des Mittags ins Ohr gedröhnt hat, mit einem Male aufwacht und sich fragt »was hat es da eigentlich geschlagen?« so reiben auch wir uns mitunter *hinterdrein* die Ohren und fragen, ganz erstaunt, ganz betreten, »was haben wir da eigentlich erlebt?« mehr noch: »wer *sind* wir eigentlich?« und zählen nach, hinterdrein, wie gesagt, alle die zitternden zwölf Glockenschläge unsres Erlebnisses, unsres Lebens, unsres *Seins* – ach! und verzählen uns dabei ... Wir bleiben uns eben notwendig fremd, wir verstehn uns nicht, wir *müssen* uns verwechseln, für uns heißt der Satz in alle Ewigkeit »Jeder ist sich selbst der Fernste« – für uns sind wir keine »Erkennenden« ...

2

– Meine Gedanken über die *Herkunft* unsrer moralischen Vorurteile – denn um sie handelt es sich in dieser Streitschrift – haben ihren ersten, sparsamen und vorläufigen Ausdruck in jener Aphorismen-Sammlung erhalten, die den Titel trägt »Menschliches, Allzumenschliches. Ein Buch für freie Geister«, und deren Niederschrift in Sorrent begonnen wurde, während eines Winters, welcher es mir erlaubte, haltzumachen, wie ein Wandrer haltmacht, und das weite und gefährliche Land zu überschauen, durch das mein Geist bis dahin gewandert war. Dies geschah im Winter 1876–77; die Gedanken selbst sind älter. Es waren in der Hauptsache schon die gleichen Gedanken, die ich in den vorliegenden Abhandlungen wieder aufnehme – hoffen wir, daß die lange Zwischenzeit ihnen gutgetan hat, daß sie reifer, heller, stärker, vollkommner geworden sind! *Daß* ich aber heute noch an ihnen festhalte, daß sie sich selber inzwischen immer fester aneinander gehalten haben, ja ineinander gewachsen und verwachsen sind, das stärkt in mir die frohe Zuversichtlichkeit, sie möchten von Anfang an in mir nicht einzeln, nicht beliebig, nicht sporadisch entstanden sein, sondern aus einer gemeinsamen Wurzel heraus, aus einem in der Tiefe gebietenden, immer bestimmter redenden, immer Bestimmteres verlangenden *Grundwillen* der Erkenntnis. So allein nämlich geziemt es sich bei einem Philosophen. Wir haben kein Recht darauf, irgendworin *einzeln* zu sein: wir dürfen weder einzeln irren noch einzeln die Wahrheit treffen. Vielmehr mit der Notwendigkeit, mit der ein Baum seine Früchte trägt, wachsen aus uns unsre Gedanken, unsre Werte, unsre Jas und Neins und Wenns und Obs – verwandt und bezüglich allesamt untereinander und Zeugnisse *eines* Willens, *einer* Gesundheit, *eines* Erdreichs, *einer* Sonne. – Ob sie *euch* schmecken, diese unsre Früchte? – Aber was geht das die Bäume an! Was geht das *uns* an, uns Philosophen! . . .

3

Bei einer mir eignen Bedenklichkeit, die ich ungern eingestehe – sie bezieht sich nämlich auf die *Moral*, auf alles, was bisher auf Erden als Moral gefeiert worden ist –, einer Bedenklichkeit, welche in meinem Leben so früh, so unaufgefordert, so unaufhaltsam, so in Widerspruch gegen Umgebung, Alter, Beispiel, Herkunft auftrat, daß ich beinahe das Recht hätte, sie mein »*A priori*« zu nennen – mußte meine Neugierde ebenso wie mein Verdacht beizeiten an der Frage haltmachen, *welchen Ursprung* eigentlich unser Gut und Böse habe. In der Tat ging mir bereits als dreizehnjährigem Knaben das Problem vom Ursprung des Bösen nach: ihm widmete ich, in einem Alter, wo man »halb Kinderspiele, halb Gott im Herzen« hat, mein erstes literarisches Kinderspiel, meine erste philosophische Schreibübung – und was meine damalige »Lösung« des Problems anbetrifft, nun, so gab ich, wie es billig ist, Gott die Ehre und machte ihn zum *Vater* des Bösen. Wollte es gerade *so* mein »*A priori*« von mir? jenes neue unmoralische, mindestens immoralistische »*A priori*« und der aus ihm redende ach! so anti-Kantische, so rätselhafte »kategorische Imperativ«, dem ich inzwischen immer mehr Gehör und nicht nur Gehör geschenkt habe? . . . Glücklicherweise lernte ich beizeiten das theologische Vorurteil von dem moralischen abscheiden und suchte nicht mehr den Ursprung des Bösen *hinter* der Welt. Etwas historische und philologische Schulung, eingerechnet ein angeborner wählerischer Sinn in Hinsicht auf psychologische Fragen überhaupt, verwandelte in Kürze mein Problem in das andre: unter welchen Bedingungen erfand sich der Mensch jene Werturteile gut und böse? *und welchen Wert haben sie selbst?* Hemmten oder förderten sie bisher das menschliche Gedeihen? Sind sie ein Zeichen von Notstand, von Verarmung, von Entartung des Lebens? Oder umgekehrt, verrät sich in ihnen die Fülle, die Kraft, der Wille des Lebens, sein Mut, seine Zuversicht, seine Zukunft? – Darauf fand und wagte ich bei mir mancherlei Antworten, ich unterschied Zeiten, Völker, Ranggrade der Individuen, ich spezialisierte mein Problem, aus den Antworten wurden neue Fragen, Forschungen, Vermutungen, Wahrscheinlichkeiten: bis ich endlich ein eignes Land, einen eignen Boden hatte, eine ganze verschwiegene wachsende blühende Welt, heimliche Gärten gleichsam, von denen niemand etwas ahnen durfte ... O wie wir *glücklich* sind, wir Erkennenden, vorausgesetzt, daß wir nur lange genug zu schweigen wissen! ...

4

Den ersten Anstoß, von meinen Hypothesen über den Ursprung der Moral etwas zu verlautbaren, gab mir ein klares, sauberes und kluges, auch altkluges Büchlein, in welchem mir eine umgekehrte und perverse Art von genealogischen Hypothesen, ihre eigentlich *englische* Art, zum ersten Male deutlich entgegentrat, und das mich anzog – mit jener Anziehungskraft, die alles Entgegengesetzte, alles Antipodische hat. Der Titel des Büchleins war »Der Ursprung der moralischen Empfindungen«; sein Verfasser Dr. Paul Rée; das Jahr seines Erscheinens 1877. Vielleicht habe ich niemals etwas gelesen, zu dem ich dermaßen, Satz für Satz, Schluß für Schluß, bei mir nein gesagt hätte wie zu diesem Buche: doch ganz ohne Verdruß und Ungeduld. In dem vorher bezeichneten Werke, an dem ich damals arbeitete, nahm ich gelegentlich und ungelegentlich auf die Sätze jenes Buches Bezug, nicht indem ich sie widerlegte – was habe ich mit Widerlegungen zu schaffen! – sondern, wie es einem positiven Geiste zukommt, an Stelle des Unwahrscheinlichen das Wahrscheinlichere setzend, unter Umständen an Stelle eines Irrtums einen andern. Damals brachte ich, wie gesagt, zum ersten Male jene Herkunfts-Hypothesen ans Tageslicht, denen diese Abhandlungen gewidmet sind, mit Ungeschick, wie ich mir selbst am letzten verbergen möchte, noch unfrei, noch ohne eine eigne Sprache für diese eignen Dinge und mit mancherlei Rückfälligkeit und Schwankung. Im einzelnen vergleiche man, was ich »Menschliches, Allzumenschliches« (I, S. 263) über die doppelte Vorgeschichte von Gut und Böse sage (nämlich aus der Sphäre der Vornehmen und der der Sklaven); insgleichen (I, S. 307 ff.) über Wert und Herkunft der asketischen Moral; insgleichen (I, S. 281 ff.) über die »Sittlichkeit der Sitte«, jene viel ältere und ursprünglichere Art Moral, welche *toto coelo* von der altruistischen Wertungsweise abliegt (in der Dr.

Rée, gleich allen englischen Moralgenealogen, die moralische Wertungsweise *an sich* sieht); insgleichen I, S. 279 f., »Wanderer«, »Morgenröte« über die Herkunft der Gerechtigkeit als eines Ausgleichs zwischen ungefähr Gleich-Mächtigen (Gleichgewicht als Voraussetzung aller Verträge, folglich alles Rechts); insgleichen über die Herkunft der Strafe »Wanderer«, für die der terroristische Zweck weder essentiell noch ursprünglich ist (wie Dr. Rée meint – er ist ihr vielmehr erst eingelegt, unter bestimmten Umständen, und immer als ein Nebenbei, als etwas Hinzukommendes).

5

Im Grunde lag mir gerade damals etwas viel Wichtigeres am Herzen als eigenes oder fremdes Hypothesenwesen über den Ursprung der Moral (oder, genauer: letzteres allein um eines Zweckes willen, zu dem es eins unter vielen Mitteln ist). Es handelte sich für mich um den *Wert* der Moral – und darüber hatte ich mich fast allein mit meinem großen Lehrer Schopenhauer auseinanderzusetzen, an den wie an einen Gegenwärtigen jenes Buch, die Leidenschaft und der geheime Widerspruch jenes Buchs sich wendet (– denn auch jenes Buch war eine »Streitschrift«). Es handelte sich insonderheit um den Wert des »Unegoistischen«, der Mitleids-, Selbstverleugnungs-, Selbstopferungs-Instinkte, welche gerade Schopenhauer so lange vergoldet, vergöttlicht und verjenseitigt hatte, bis sie ihm schließlich als die »Werte an sich« übrigblieben, auf Grund deren er zum Leben, auch zu sich selbst, *nein sagte*. Aber gerade gegen *diese* Instinkte redete aus mir ein immer grundsätzlicherer Argwohn, eine immer tiefer grabende Skepsis! Gerade hier sah ich die *große* Gefahr der Menschheit, ihre sublimste Lockung und Verführung – wohin doch? ins Nichts? –, gerade hier sah ich den Anfang vom Ende, das Stehenbleiben, die zurückblickende Müdigkeit, den Willen *gegen* das Leben sich wendend, die letzte Krankheit sich zärtlich und schwermütig ankündigend: ich verstand die immer mehr um sich greifende Mitleids-Moral, welche selbst die Philosophen ergriff und krank machte, als das unheimlichste Symptom unsrer unheimlich gewordnen europäischen Kultur, als ihren Umweg zu einem neuen Buddhismus? zu einem Europäer-Buddhismus? zum – *Nihilismus*? ... Diese moderne Philosophen-Bevorzugung und Überschätzung des Mitleidens ist nämlich etwas Neues: gerade über den *Unwert* des Mitleidens waren bisher die Philosophen übereingekommen. Ich nenne nur Plato, Spinoza, Larochefoucauld und Kant, vier Geister so verschieden voneinander als möglich, aber in einem eins: in der Geringschätzung des Mitleidens. –

6

Dies Problem vom *Werte* des Mitleids und der Mitleids-Moral (– ich bin ein Gegner der schändlichen modernen Gefühlsverweichlichung –) scheint zunächst nur etwas Vereinzeltes, ein Fragezeichen für sich; wer aber einmal hier hängenbleibt, hier fragen *lernt*, dem wird es gehn, wie es mir ergangen ist – eine ungeheure neue Aussicht tut sich ihm auf, eine Möglichkeit faßt ihn wie ein Schwindel, jede Art Mißtrauen, Argwohn, Furcht springt hervor, der Glaube an die Moral, an alle Moral wankt – endlich wird eine neue Forderung laut. Sprechen wir sie aus, diese *neue Forderung*: wir haben eine *Kritik* der moralischen Werte nötig, *der Wert dieser Werte ist selbst erst einmal in Frage zu stellen* – und dazu tut eine Kenntnis der Bedingungen und Umstände not, aus denen sie gewachsen, unter denen sie sich entwickelt und verschoben haben (Moral als Folge, als Symptom, als Maske, als Tartüfferie, als Krankheit, als Mißverständnis; aber auch Moral als Ursache, als Heilmittel, als Stimulans, als Hemmung, als Gift), wie eine solche Kenntnis weder bis jetzt da war, noch auch nur begehrt worden ist. Man nahm den *Wert* dieser »Werte« als gegeben, als tatsächlich, als jenseits aller In-Frage-Stellung; man hat bisher auch nicht im entferntesten daran gezweifelt und geschwankt, »den Guten« für höherwertig als »den Bösen« anzusetzen, höherwertig im Sinne der Förderung, Nützlichkeit, Gedeihlichkeit in Hinsicht auf *den* Menschen überhaupt (die Zukunft des Menschen eingerechnet). Wie? wenn das Umgekehrte die Wahrheit wäre? Wie? wenn im »Guten« auch ein Rückgangssymptom läge, insgleichen eine Gefahr, eine Verführung, ein Gift, ein Narkotikum, durch das etwa die Gegenwart *auf Kosten der Zukunft* lebte? Vielleicht behaglicher, ungefährlicher, aber auch in kleinerem Stile, niedriger? ... So daß gerade die Moral daran schuld wäre, wenn eine an sich mögliche *höchste Mächtigkeit und Pracht* des Typus Mensch niemals erreicht würde? So daß gerade die Moral die Gefahr der Gefahren wäre? ...

7

Genug, daß ich selbst, seitdem mir dieser Ausblick sich öffnete, Gründe hatte, mich nach gelehrten, kühnen und arbeitsamen Genossen umzusehn (ich tue es heute noch). Es gilt, das ungeheure, ferne und so versteckte Land der Moral – der wirklich dagewesenen, wirklich gelebten Moral – mit lauter neuen Fragen und gleichsam mit neuen Augen zu bereisen: und heißt dies nicht beinahe soviel als dieses Land erst *entdecken*? ... Wenn ich dabei, unter anderen, auch an den genannten Dr. Rée dachte, so geschah es, weil ich gar nicht zweifelte, daß er von der Natur seiner Fragen selbst auf eine richtigere Methodik, um zu Antworten zu gelangen, gedrängt werden würde. Habe ich mich darin betrogen? Mein Wunsch war es jedenfalls, einem so scharfen und unbeteiligten Auge eine bessere Richtung, die Richtung zur wirklichen *Historie der Moral* zu geben und ihn vor solchem englischen Hypothesenwesen *ins Blaue* noch zur rechten Zeit zu warnen. Es liegt ja auf der Hand, welche Farbe für einen Moral-Genealogen hundertmal wichtiger sein muß als gerade das Blaue: nämlich *das Graue,* will sagen, das Urkundliche, das Wirklich-Feststellbare, das Wirklich-Dagewesene, kurz die ganze lange, schwer zu entziffernde Hieroglyphenschrift der menschlichen Moral-Vergangenheit! – *Diese* war dem Dr. Rée unbekannt; aber er hatte Darwin gelesen – und so reichen sich in seinen Hypothesen auf eine Weise, die zum mindesten unterhaltend ist, die Darwinsche Bestie und der allermodernste bescheidne Moral-Zärtling, der »nicht mehr beißt«, artig die Hand, letzterer mit dem Ausdruck einer gewissen gutmütigen und feinen Indolenz im Gesicht, in die selbst ein Gran von Pessimismus, von Ermüdung eingemischt ist: als ob es sich eigentlich gar nicht lohne, alle diese Dinge – die Probleme der Moral – so ernst zu nehmen. Mir nun scheint es umgekehrt gar keine Dinge zu geben, die es mehr *lohnten,* daß man sie ernst nimmt; zu welchem Lohne es zum Beispiel gehört, daß man eines Tags vielleicht die Erlaubnis erhält, sie *heiter* zu nehmen. Die Heiterkeit nämlich oder, um es in meiner Sprache zu sagen, *die fröhliche Wissenschaft* – ist ein Lohn: ein Lohn für einen langen, tapferen, arbeitsamen und unterirdischen Ernst, der freilich nicht jedermanns Sache ist. An dem Tage aber, wo wir aus vollem Herzen sagen: »vorwärts! auch unsre alte Moral gehört *in die Komödie*!« haben wir für das dionysische Drama vom »Schicksal der Seele« eine neue Verwicklung der Möglichkeit entdeckt –: und er wird sie sich schon zunutze machen, darauf darf man wetten, er, der große alte ewige Komödiendichter unsres Daseins! . . .

8

– Wenn diese Schrift irgend jemandem unverständlich ist und schlecht zu Ohren geht, so liegt die Schuld, wie mich dünkt, nicht notwendig an mir. Sie ist deutlich genug, vorausgesetzt, was ich voraussetze, daß man zuerst meine früheren Schriften gelesen und einige Mühe dabei nicht gespart hat: diese sind in der Tat nicht leicht zugänglich. Was zum Beispiel meinen »Zarathustra« anbetrifft, so lasse ich niemanden als dessen Kenner gelten, den nicht jedes seiner Worte irgendwann einmal tief verwundet und irgendwann einmal tief entzückt hat: erst dann nämlich darf er des Vorrechts genießen, an dem halkyonischen Element, aus dem jenes Werk geboren ist, an seiner sonnigen Helle, Ferne, Weite und Gewißheit ehrfürchtig Anteil zu haben. In andern Fällen macht die aphoristische Form Schwierigkeit: sie liegt darin, daß man diese Form heute *nicht schwer genug* nimmt. Ein Aphorismus, rechtschaffen geprägt und ausgegossen, ist damit, daß er abgelesen ist, noch nicht »entziffert«; vielmehr hat nun erst dessen *Auslegung* zu beginnen, zu der es einer Kunst der Auslegung bedarf. Ich habe in der dritten Abhandlung dieses Buchs ein Muster von dem dargeboten, was ich in einem solchen Falle »Auslegung« nenne – dieser Abhandlung ist ein Aphorismus vorangestellt, sie selbst ist dessen Kommentar. Freilich tut, um dergestalt das Lesen als *Kunst* zu üben, eins vor allem not, was heutzutage gerade am besten verlernt worden ist – und darum hat es noch Zeit bis zur »Lesbarkeit« meiner Schriften –, zu dem man beinahe Kuh und jedenfalls *nicht* »moderner Mensch« sein muß: *das Wiederkäuen* . . .

Sils-Maria, Oberengadin, im Juli 1887

ERSTE ABHANDLUNG

»GUT UND BÖSE«, »GUT UND SCHLECHT«

1

– Diese englischen Psychologen, denen man bisher auch die einzigen Versuche zu danken hat, es zu einer Entstehungsgeschichte der Moral zu bringen – sie geben uns mit sich selbst kein kleines Rätsel auf; sie haben sogar, daß ich es gestehe, eben damit, als leibhaftige Rätsel, etwas Wesentliches vor ihren Büchern voraus – *sie selbst sind interessant*! Diese englischen Psychologen – was wollen sie eigentlich? Man findet sie, sei es nun freiwillig oder unfreiwillig, immer am gleichen Werke, nämlich die *partie honteuse* unsrer inneren Welt in den Vordergrund zu drängen und gerade dort das eigentlich Wirksame, Leitende, für die Entwicklung Entscheidende zu suchen, wo der intellektuelle Stolz des Menschen es am letzten zu finden *wünschte* (zum Beispiel in der *vis inertiae* der Gewohnheit oder in der Vergeßlichkeit oder in einer blinden und zufälligen Ideen-Verhäkelung und -Mechanik oder in irgend etwas Rein-Passivem, Automatischem, Reflexmäßigem, Molekularem und Gründlich-Stupidem) – was treibt diese Psychologen eigentlich immer gerade in *diese* Richtung? Ist es ein heimlicher, hämischer, gemeiner, seiner selbst vielleicht uneingeständlicher Instinkt der Verkleinerung des Menschen? Oder etwa ein pessimistischer Argwohn, das Mißtrauen von enttäuschten, verdüsterten, giftig und grün gewordenen Idealisten? Oder eine kleine unterirdische Feindschaft und Rancune gegen das Christentum (und Plato), die vielleicht nicht einmal über die Schwelle des Bewußtseins gelangt ist? Oder gar ein lüsterner Geschmack am Befremdlichen, am Schmerzhaft-Paradoxen, am Fragwürdigen und Unsinnigen des Daseins? Oder endlich – von allem etwas, ein wenig Gemeinheit, ein wenig Verdüsterung, ein wenig Antichristlichkeit, ein wenig Kitzel und Bedürfnis nach Pfeffer? ... Aber man sagt mir, daß es einfach alte, kalte, langweilige Frösche seien, die am Menschen herum, in den Menschen hinein kriechen und hüpfen, wie als ob sie da so recht in ihrem Elemente wären, nämlich in einem *Sumpfe*. Ich höre das mit Widerstand, mehr noch, ich glaube nicht daran; und wenn man wünschen darf, wo man nicht wissen kann, so wünsche ich von Herzen, daß es umgekehrt mit ihnen stehen möge – daß diese Forscher und Mikroskopiker der Seele im Grunde tapfere, großmütige und stolze Tiere seien, welche ihr Herz wie ihren Schmerz im Zaum zu halten wissen und sich dazu erzogen haben, der Wahrheit alle Wünschbarkeit zu opfern, *jeder* Wahrheit, sogar der schlichten, herben, häßlichen, widrigen, unchristlichen, unmoralischen Wahrheit ... Denn es gibt solche Wahrheiten. –

2

Alle Achtung also vor den guten Geistern, die in diesen Historikern der Moral walten mögen! Aber gewiß ist leider, daß ihnen der *historische Geist* selber abgeht, daß sie gerade von allen guten Geistern der Historie selbst im Stich gelassen worden sind! Sie denken allesamt, wie es nun einmal alter Philosophen-Brauch ist, *wesentlich* unhistorisch; daran ist kein Zweifel. Die Stümperei ihrer Moral-Genealogie kommt gleich am Anfang zutage, da, wo es sich darum handelt, die Herkunft des Begriffs und Urteils »gut« zu ermitteln. »Man hat ursprünglich« – so dekretieren sie – »unegoistische Handlungen von seiten derer gelobt und gut genannt, denen sie erwiesen wurden, also denen sie *nützlich* waren; später hat man diesen Ursprung des Lobes *vergessen* und die unegoistischen Handlungen einfach, weil sie *gewohnheitsmäßig* immer als gut gelobt wurden, auch als gut empfunden – wie als ob sie an sich etwas Gutes wären.« Man sieht sofort: diese erste Ableitung enthält bereits alle typischen Züge der englischen Psychologen-Idiosynkrasie – wir haben »die Nützlichkeit«, »das Vergessen«, »die Gewohnheit« und am Schluß »den Irrtum«, alles als Unterlage einer Wertschätzung, auf welche der höhere Mensch bisher wie auf eine Art Vorrecht des Menschen überhaupt stolz gewesen ist. Dieser Stolz *soll* gedemütigt, diese Wertschätzung entwertet werden: ist das erreicht? ... Nun liegt für mich erstens auf der Hand, daß von dieser Theorie der eigentliche Entstehungsherd des Begriffs »gut« an falscher Stelle gesucht und angesetzt wird: das Urteil »gut« rührt *nicht* von denen her, welchen »Güte« erwiesen wird! Vielmehr sind es »die Guten« selber gewesen, das heißt die Vornehmen, Mächtigen, Höhergestellten und Hochgesinnten, welche sich selbst und ihr Tun als gut, nämlich als ersten Ranges empfanden und ansetzten, im Gegensatz zu allem Niedrigen, Niedrig-Gesinnten, Gemeinen und Pöbelhaften. Aus diesem *Pathos der Distanz* heraus haben sie sich das Recht, Werte zu schaffen, Namen der Werte auszuprägen, erst genommen: was ging sie die Nützlichkeit an! Der Gesichtspunkt der Nützlichkeit ist gerade in bezug auf ein solches heißes Herausquellen oberster rang-ordnender, rang-abhebender Werturteile so fremd und unangemessen wie möglich: hier ist eben das Gefühl bei einem Gegensatze jenes niedrigen Wärmegrades angelangt, den jede berechnende Klugheit, jeder Nützlichkeits-Kalkul voraussetzt – und nicht für einmal, nicht für eine Stunde der Ausnahme, sondern für die Dauer. Das Pathos der Vornehmheit und Distanz, wie gesagt, das dauernde und dominierende Gesamt- und Grundgefühl einer höheren herrschenden Art im Verhältnis zu einer niederen Art, zu einem »Unten« – *das* ist der Ursprung des Gegensatzes »gut« und »schlecht«. (Das Herrenrecht, Namen zu geben, geht so weit, daß man sich erlauben sollte, den Ursprung der Sprache selbst als Machtäußerung der Herrschenden zu fassen: sie sagen »das *ist* das und das«, sie siegeln jegliches Ding und Geschehen mit einem Laute ab und nehmen es dadurch gleichsam in Besitz.) Es liegt an diesem Ursprunge, daß das Wort »gut« sich von vornherein durchaus *nicht* notwendig an »unegoistische« Handlungen anknüpft: wie es der Aberglaube jener Moralgenealogen ist. Vielmehr geschieht es erst bei einem *Niedergange* aristokratischer Werturteile, daß sich dieser ganze Gegensatz »egostisch« »unegoistisch« dem menschlichen Gewissen mehr und mehr aufdrängt – es ist, um mich meiner Sprache zu bedienen, *der Herdeninstinkt,* der mit ihm endlich zu Worte (auch zu *Worten*) kommt. Und auch dann dauert es noch lange, bis dieser Instinkt in dem Maße Herr wird, daß die moralische Wertschätzung bei jenem Gegensatze geradezu hängen und stecken bleibt (wie dies zum Beispiel im gegenwärtigen Europa der Fall ist: heute herrscht das Vorurteil, welches »moralisch«, »unegoistisch«, »*désintéressé*« als gleichwertige Begriffe nimmt, bereits mit der Gewalt einer »fixen Idee« und Kopfkrankheit).

3

Zweitens aber: ganz abgesehn von der historischen Unhaltbarkeit jener Hypothese über die Herkunft des Werturteils »gut«, krankt sie an einem psychologischen Widersinn in sich selbst. Die Nützlichkeit der unegoistischen Handlung soll der Ursprung ihres Lobes sein, und dieser Ursprung soll *vergessen* worden sein – wie ist dies Vergessen auch nur *möglich*? Hat vielleicht die Nützlichkeit solcher Handlungen irgendwann einmal aufgehört? Das Gegenteil ist der Fall: diese Nützlichkeit ist vielmehr die Alltagserfahrung zu allen Zeiten gewesen, etwas also, das fortwährend immer neu unterstrichen wurde; folglich, statt aus dem Bewußtsein zu verschwinden, statt vergeßbar zu werden, sich dem Bewußtsein mit immer größerer Deutlichkeit eindrücken mußte. Um wieviel vernünftiger ist jene entgegengesetzte Theorie (sie ist deshalb nicht wahrer –), welche zum Beispiel von Herbert Spencer vertreten wird: der den Begriff »gut« als wesensgleich mit dem Begriff »nützlich«, »zweckmäßig« ansetzt, so daß in den Urteilen »gut« und »schlecht« die Menschheit gerade ihre *unvergeßnen* und *unvergeßbaren* Erfahrungen über nützlich-zweckmäßig, über schädlich-unzweckmäßig aufsummiert und sanktioniert habe. Gut ist, nach dieser Theorie, was sich von jeher als nützlich bewiesen hat: damit darf es als »wertvoll im höchsten Grade«, als »wertvoll an sich« Geltung behaupten. Auch dieser Weg der Erklärung ist, wie gesagt, falsch, aber wenigstens ist die Erklärung selbst in sich vernünftig und psychologisch haltbar.

4

– Den Fingerzeig zum *rechten* Wege gab mir die Frage, was eigentlich die von den verschiedenen Sprachen ausgeprägten Bezeichnungen des »Guten« in etymologischer Hinsicht zu bedeuten haben: da fand ich, daß sie allesamt auf die *gleiche Begriffs-Verwandlung* zurückleiten – daß überall »vornehm«, »edel« im ständischen Sinne der Grundbegriff ist, aus dem sich »gut« im Sinne von »seelisch-vornehm«, »edel«, von »seelisch-hochgeartet«, »seelisch-privilegiert« mit Notwendigkeit herausentwickelt: eine Entwicklung, die immer parallel mit jener anderen läuft, welche »gemein«, »pöbelhaft«, »niedrig« schließlich in den Begriff »schlecht« übergehn macht. Das beredteste Beispiel für das letztere ist das deutsche Wort »schlecht« selber: als welches mit »schlicht« identisch ist – vergleiche »schlechtweg«, »schlechterdings« – und ursprünglich den schlichten, den gemeinen Mann, noch ohne einen verdächtigenden Seitenblick, einfach im Gegensatz zum Vornehmen bezeichnete. Um die Zeit des Dreißigjährigen Kriegs ungefähr, also spät genug, verschiebt sich dieser Sinn in den jetzt gebräuchlichen. – Dies scheint mir in betreff der Moral-Genealogie eine *wesentliche* Einsicht; daß sie so spät erst gefunden wird, liegt an dem hemmenden Einfluß, den das demokratische Vorurteil innerhalb der modernen Welt in Hinsicht auf alle Fragen der Herkunft ausübt. Und dies bis in das anscheinend objektivste Gebiet der Naturwissenschaft und Physiologie hinein, wie hier nur angedeutet werden soll. Welchen Unfug aber dieses Vorurteil, einmal bis zum Haß entzügelt, insonderheit für Moral und Historie anrichten kann, zeigt der berüchtigte Fall Buckles; der *Plebejismus* des modernen Geistes, der englischer Abkunft ist, brach da einmal wieder auf seinem heimischen Boden heraus, heftig wie ein schlammichter Vulkan und mit jener versalzten, überlauten, gemeinen Beredsamkeit, mit der bisher alle Vulkane geredet haben. –

5

In Hinsicht auf *unser* Problem, das aus guten Gründen ein *stilles* Problem genannt werden kann und sich wählerisch nur an wenige Ohren wendet, ist es von keinem kleinen Interesse, festzustellen, daß vielfach noch in jenen Worten und Wurzeln, die »gut« bezeichnen, die Hauptnuance durchschimmert, auf welche hin die Vornehmen sich eben als Menschen höheren Ranges fühlten. Zwar benennen sie sich vielleicht in den häufigsten Fällen einfach nach ihrer Überlegenheit an Macht (als »die Mächtigen«, »die Herren«, »die Gebietenden«) oder nach dem sichtbarsten Abzeichen dieser Überlegenheit, zum Beispiel als »die Reichen«, »die Besitzenden« (das ist der Sinn von *arya*; und entsprechend im Eranischen und Slavischen). Aber auch nach einem *typischen Charakterzuge*: und dies ist der Fall, der uns hier angeht. Sie heißen sich zum Beispiel »die Wahrhaftigen«; voran der griechische Adel, dessen Mundstück der megarische Dichter Theognis ist. Das dafür ausgeprägte Wort ἐσθλός bedeutet der Wurzel nach einen, der *ist*, der Realität hat, der wirklich ist, der wahr ist; dann, mit einer subjektiven Wendung, den Wahren als den Wahrhaftigen: in dieser Phase der Begriffs-Verwandlung wird es zum Schlag- und Stichwort des Adels und geht ganz und gar in den Sinn »adelig« über, zur Abgrenzung vom *lügenhaften* gemeinen Manne, so wie Theognis ihn nimmt und schildert – bis endlich das Wort, nach dem Niedergange des Adels, zur Bezeichnung der seelischen Noblesse übrigbleibt und gleichsam reif und süß wird. Im Worte κακός wie in δειλός (der Plebejer im Gegensatz zum ἀγαθός) ist die Feigheit unterstrichen: dies gibt vielleicht einen Wink, in welcher Richtung man die etymologische Herkunft des mehrfach deutbaren ἀγαθός zu suchen hat. Im lateinischen *malus* (dem ich μέλας zur Seite stelle) könnte der gemeine Mann als der Dunkelfarbige, vor allem als der Schwarzhaarige (»*hic niger est* –«) gekennzeichnet sein, als der vorarische Insasse des italischen Bodens, der sich von der herrschend gewordnen blonden, nämlich arischen Eroberer-Rasse durch die Farbe am deutlichsten abhob; wenigstens bot mir das Gälische den genau entsprechenden Fall – *fin* (zum Beispiel im Namen *Fin-Gal*) das abzeichnende Wort des Adels, zuletzt der Gute, Edle, Reine, ursprünglich der Blondkopf, im Gegensatz zu den dunklen schwarzhaarigen Ureinwohnern. Die Kelten, beiläufig gesagt, waren durchaus eine blonde Rasse; man tut Unrecht, wenn man jene Streifen einer wesentlich dunkelhaarigen Bevölkerung, die sich auf sorgfältigeren ethnographischen Karten Deutschlands bemerkbar machen, mit irgendwelcher keltischen Herkunft und Blutmischung in Zusammenhang bringt, wie dies noch Virchow tut: vielmehr schlägt an diesen Stellen die *vorarische* Bevölkerung Deutschlands vor. (Das gleiche gilt beinahe für ganz Europa: im wesentlichen hat die unterworfne Rasse schließlich daselbst wieder die Oberhand bekommen, in Farbe, Kürze des Schädels, vielleicht sogar in den intellektuellen und sozialen Instinkten: wer steht uns dafür, ob nicht die moderne Demokratie, der noch modernere Anarchismus und namentlich jener Hang zur »*commune*«, zur primitivsten Gesellschafts-Form, der allen Sozialisten Europas jetzt gemeinsam ist, in der Hauptsache einen ungeheuren *Nachschlag* zu bedeuten hat – und daß die Eroberer- und *Herren-Rasse*, die der Arier, auch physiologisch im Unterliegen ist? ...) Das lateinische *bonus* glaube ich als »den Krieger« auslegen zu dürfen: vorausgesetzt, daß ich mit Recht *bonus* auf ein älteres *duonus* zurückführe (vergleiche *bellum* = *duellum* = *duenlum* worin mir jenes *duonus* erhalten scheint). *Bonus* somit als Mann des Zwistes, der Entzweiung (*duo*), als Kriegsmann: man sieht, was im alten Rom an einem Manne seine »Güte« ausmachte. Unser deutsches »Gut« selbst: sollte es nicht »den Göttlichen«, den Mann »göttlichen Geschlechts«

bedeuten? Und mit dem Volks-(ursprünglich Adels-)Namen der Goten identisch sein? Die Gründe zu dieser Vermutung gehören nicht hierher. –

6

Von dieser Regel, daß der politische Vorrangs-Begriff sich immer in einen seelischen Vorrangs-Begriff auslöst, macht es zunächst noch keine Ausnahme (obgleich es Anlaß zu Ausnahmen gibt), wenn die höchste Kaste zugleich die *priesterliche* Kaste ist und folglich zu ihrer Gesamt-Bezeichnung ein Prädikat bevorzugt, das an ihre priesterliche Funktion erinnert. Da tritt zum Beispiel »rein« und »unrein« sich zum ersten Male als Ständeabzeichen gegenüber; und auch hier kommt später ein »gut« und ein »schlecht« in einem nicht mehr ständischen Sinne zur Entwicklung. Im übrigen sei man davor gewarnt, diese Begriffe »rein« und »unrein« nicht von vornherein zu schwer, zu weit oder gar symbolisch zu nehmen: alle Begriffe der älteren Menschheit sind vielmehr anfänglich in einem uns kaum ausdenkbaren Maße grob, plump, äußerlich, eng, geradezu und insbesondere *unsymbolisch* verstanden worden. Der »Reine« ist von Anfang an bloß ein Mensch, der sich wäscht, der sich gewisse Speisen verbietet, die Hautkrankheiten nach sich ziehn, der nicht mit den schmutzigen Weibern des niederen Volkes schläft, der einen Abscheu vor Blut hat – nicht mehr, nicht viel mehr! Andrerseits erhellt es freilich aus der ganzen Art einer wesentlich priesterlichen Aristokratie, warum hier gerade frühzeitig sich die Wertungs-Gegensätze auf eine gefährliche Weise verinnerlichen und verschärfen konnten; und in der Tat sind durch sie schließlich Klüfte zwischen Mensch und Mensch aufgerissen worden, über die selbst ein Achill der Freigeisterei nicht ohne Schauder hinwegsetzen wird. Es ist von Anfang an etwas *Ungesundes* in solchen priesterlichen Aristokratien und in den daselbst herrschenden, dem Handeln abgewendeten, teils brütenden, teils gefühls-explosiven Gewohnheiten, als deren Folge jene den Priestern aller Zeiten fast unvermeidlich anhaftende intestinale Krankhaftigkeit und Neurasthenie erscheint; was aber von ihnen selbst gegen diese ihre Krankhaftigkeit als Heilmittel erfunden worden ist – muß man nicht sagen, daß es sich zuletzt in seinen Nachwirkungen noch hundertmal gefährlicher erwiesen hat als die Krankheit, von der es erlösen sollte? Die Menschheit selbst krankt noch an den Nachwirkungen dieser priesterlichen Kur-Naivitäten! Denken wir zum Beispiel an gewisse Diätformen (Vermeidung des Fleisches), an das Fasten, an die geschlechtliche Enthaltsamkeit, an die Flucht »in die Wüste« (Weis-Mitchellsche Isolierung, freilich ohne die darauffolgende Mastkur und Überernährung, in der das wirksamste Gegenmittel gegen alle Hysterie des asketischen Ideals besteht): hinzugerechnet die ganze sinnenfeindliche faul- und raffiniertmachende Metaphysik der

Priester, ihre Selbst-Hypnotisierung nach Art des Fakirs und Brahmanen – Brahman als gläserner Knopf und fixe Idee benutzt – und das schließliche nur zu begreifliche allgemeine Satthaben mit seiner Radikalkur, dem *Nichts* (oder Gott – das Verlangen nach einer *unio mystica* mit Gott ist das Verlangen des Buddhisten ins Nichts, Nirvâna – und nicht mehr!). Bei den Priestern wird eben *alles* gefährlicher, nicht nur Kurmittel und Heilkünste, sondern auch Hochmut, Rache, Scharfsinn, Ausschweifung, Liebe, Herrschsucht, Tugend, Krankheit – mit einiger Billigkeit ließe sich allerdings auch hinzufügen, daß erst auf dem Boden dieser *wesentlich gefährlichen* Daseinsform des Menschen, der priesterlichen, der Mensch überhaupt *ein interessantes Tier* geworden ist, daß erst hier die menschliche Seele in einem höheren Sinne *Tiefe* bekommen hat und *böse* geworden ist – und das sind ja die beiden Grundformen der bisherigen Überlegenheit des Menschen über sonstiges Getier! . . .

7

– Man wird bereits erraten haben, wie leicht sich die priesterliche Wertungs-Weise von der ritterlich-aristokratischen abzweigen und dann zu deren Gegensatz fortentwickeln kann; wozu es insonderheit jedesmal einen Anstoß gibt, wenn die Priesterkaste und die Kriegerkaste einander eifersüchtig entgegentreten und über den Preis miteinander nicht einig werden wollen. Die ritterlich-aristokratischen Werturteile haben zu ihrer Voraussetzung eine mächtige Leiblichkeit, eine blühende, reiche, selbst überschäumende Gesundheit, samt dem, was deren Erhaltung bedingt, Krieg, Abenteuer, Jagd, Tanz, Kampfspiele und alles überhaupt, was starkes, freies, frohgemutes Handeln in sich schließt. Die priesterlich-vornehme Wertungs-Weise hat – wir sahen es – andre Voraussetzungen: schlimm genug für sie, wenn es sich um Krieg handelt! Die Priester sind, wie bekannt, die *bösesten Feinde* – weshalb doch? Weil sie die ohnmächtigsten sind. Aus der Ohnmacht wächst bei ihnen der Haß ins Ungeheure und Unheimliche, ins Geistigste und Giftigste. Die ganz großen Hasser in der Weltgeschichte sind immer Priester gewesen, auch die geistreichsten Hasser – gegen den Geist der priesterlichen Rache kommt überhaupt aller übrige Geist kaum in Betracht. Die menschliche Geschichte wäre eine gar zu dumme Sache ohne den Geist, der von den Ohnmächtigen her in sie gekommen ist – nehmen wir sofort das größte Beispiel. Alles, was auf Erden gegen »die Vornehmen«, »die Gewaltigen«, »die Herren«, »die Machthaber« getan worden ist, ist nicht der Rede wert im Vergleich mit dem, was die *Juden* gegen sie getan haben; die Juden, jenes priesterliche Volk, das sich an seinen Feinden und Überwältigern zuletzt nur durch eine radikale Umwertung von deren Werten, also durch einen Akt der *geistigsten Rache* Genugtuung zu schaffen wußte. So allein war es eben einem priesterlichen Volke gemäß, dem Volke der zurückgetretensten priesterlichen Rachsucht. Die Juden sind es gewesen, die gegen die aristokratische Wertgleichung (gut = vornehm = mächtig = schön = glücklich = gottgeliebt) mit einer furchteinflößenden Folgerichtigkeit die Umkehrung gewagt und mit den Zähnen des abgründlichsten Hasses (des Hasses der Ohnmacht) festgehalten haben, nämlich »die Elenden sind allein die Guten, die Armen, Ohnmächtigen, Niedrigen sind allein die Guten, die Leidenden, Entbehrenden, Kranken, Häßlichen sind auch die einzig Frommen, die einzig Gottseligen, für sie allein gibt es Seligkeit – dagegen ihr, ihr Vornehmen und Gewaltigen, ihr seid in alle Ewigkeit die Bösen, die Grausamen, die Lüsternen, die Unersättlichen, die Gottlosen, ihr werdet auch ewig die Unseligen, Verfluchten und Verdammten sein!« ... Man weiß, *wer* die Erbschaft dieser jüdischen Umwertung gemacht hat ... Ich erinnere in betreff der ungeheuren und über alle Maßen verhängnisvollen Initiative, welche die Juden mit dieser grundsätzlichsten aller Kriegserklärungen gegeben haben, an den Satz, auf den ich bei einer andren Gelegenheit gekommen bin (»Jenseits von Gut und Böse«: II, S. 84 – daß nämlich mit den Juden *der Sklavenaufstand in der Moral* beginnt: jener Aufstand, welcher eine zweitausendjährige Geschichte hinter sich hat und der uns heute nur deshalb aus den Augen gerückt ist, weil er – siegreich gewesen ist ...

8

– Aber ihr versteht das nicht? Ihr habt keine Augen für etwas, das zwei Jahrtausende gebraucht hat, um zum Siege zu kommen? ... Daran ist nichts zum Verwundern: alle *langen* Dinge sind schwer zu sehn, zu übersehn. *Das* aber ist das Ereignis: aus dem Stamme jenes Baums der Rache und des Hasses, des jüdischen Hasses – des tiefsten und sublimsten, nämlich Ideale schaffenden, Werte umschaffenden Hasses, dessengleichen nie auf Erden dagewesen ist – wuchs etwas ebenso Unvergleichliches heraus, eine *neue Liebe*, die tiefste und sublimste aller Arten Liebe – und aus welchem andren Stamme hätte sie auch wachsen können? ... Daß man aber ja nicht vermeine, sie sei etwa als die eigentliche Verneinung jenes Durstes nach Rache, als der Gegensatz des jüdischen Hasses emporgewachsen! Nein, das Umgekehrte ist die Wahrheit! Die Liebe wuchs aus ihm heraus, als seine Krone, als die triumphierende, in der reinsten Helle und Sonnenfülle sich breit und breiter entfaltende Krone, welche mit demselben Drange gleichsam im Reiche des Lichts und der Höhe auf die Ziele jenes Hasses, auf Sieg, auf Beute, auf Verführung aus war, mit dem die Wurzeln jenes Hasses sich immer gründlicher und begehrlicher in alles, was Tiefe hatte und böse war, hinuntersenkten. Dieser Jesus von Nazareth, als das leibhafte

Evangelium der Liebe, dieser den Armen, den Kranken, den Sündern die Seligkeit und den Sieg bringende »Erlöser« – war er nicht gerade die Verführung in ihrer unheimlichsten und unwiderstehlichsten Form, die Verführung und der Umweg zu eben jenen *jüdischen* Werten und Neuerungen des Ideals? Hat Israel nicht gerade auf dem Umwege dieses »Erlösers«, dieses scheinbaren Widersachers und Auflösers Israels, das letzte Ziel seiner sublimen Rachsucht erreicht? Gehört es nicht in die geheime schwarze Kunst einer wahrhaft *großen* Politik der Rache, einer weitsichtigen, unterirdischen, langsam-greifenden und vorausrechnenden Rache, daß Israel selber das eigentliche Werkzeug seiner Rache vor aller Welt wie etwas Todfeindliches verleugnen und ans Kreuz schlagen mußte, damit »alle Welt«, nämlich alle Gegner Israels unbedenklich gerade an diesem Köder anbeißen konnten? Und wüßte man sich andrerseits, aus allem Raffinement des Geistes heraus, überhaupt noch einen *gefährlicheren* Köder auszudenken? Etwas, das an verlockender, berauschender, betäubender, verderbender Kraft jenem Symbol des »heiligen Kreuzes« gleichkäme, jener schauerlichen Paradoxie eines »Gottes am Kreuze«, jenem Mysterium einer unausdenkbaren letzten äußersten Grausamkeit und Selbstkreuzigung Gottes *zum Heile des Menschen*? ... Gewiß ist wenigstens, daß *sub hoc signo* Israel mit seiner Rache und Umwertung aller Werte bisher über alle anderen Ideale, über alle *vornehmeren* Ideale immer wieder triumphiert hat. – –

9

– »Aber was reden Sie noch von *vornehmeren* Idealen! Fügen wir uns in die Tatsachen: das Volk hat gesiegt – oder ›die Sklaven‹ oder ›der Pöbel‹ oder ›die Herde‹ oder wie Sie es zu nennen belieben – wenn dies durch die Juden geschehn ist, wohlan! so hatte nie ein Volk eine welthistorischere Mission. ›Die Herren‹ sind abgetan; die Moral des gemeinen Mannes hat gesiegt. Man mag diesen Sieg zugleich als eine Blutvergiftung nehmen (er hat die Rassen durcheinandergemengt) – ich widerspreche nicht; unzweifelhaft ist aber diese Intoxikation *gelungen*. Die ›Erlösung‹ des Menschengeschlechts (nämlich von ›den Herren‹) ist auf dem besten Wege; alles verjüdelt oder verchristlicht oder verpöbelt sich zusehends (was liegt an Worten!). Der Gang dieser Vergiftung, durch den ganzen Leib der Menschheit hindurch, scheint unaufhaltsam, ihr Tempo und Schritt darf sogar von nun an immer langsamer, feiner, unhörbarer, besonnener sein – man hat ja Zeit ... Kommt der Kirche in dieser Absicht heute noch eine *notwendige* Aufgabe, überhaupt noch ein Recht auf Dasein zu? Oder könnte man ihrer entraten? *Quaeritur*. Es scheint, daß sie jenen Gang eher hemmt und zurückhält, statt ihn zu beschleunigen? Nun, eben das könnte ihre Nützlichkeit sein ... Sicherlich ist sie nachgerade etwas Gröbliches und

Bäurisches, das einer zarteren Intelligenz, einem eigentlich modernen Geschmacke widersteht. Sollte sie sich zum mindesten nicht etwas raffinieren? ... Sie entfremdet heute mehr, als daß sie verführte ... Wer von uns würde wohl Freigeist sein, wenn es nicht die Kirche gäbe? Die Kirche widersteht uns, *nicht* ihr Gift .. Von der Kirche abgesehn lieben auch wir das Gift ...« – Dies ist der Epilog eines »Freigeistes« zu meiner Rede, eines ehrlichen Tiers, wie er reichlich verraten hat, überdies eines Demokraten; er hatte mir bis dahin zugehört und hielt es nicht aus, mich schweigen zu hören. Für mich nämlich gibt es an dieser Stelle viel zu schweigen. –

10

– Der Sklavenaufstand in der Moral beginnt damit, daß das *Ressentiment* selbst schöpferisch wird und Werte gebiert: das Ressentiment solcher Wesen, denen die eigentliche Reaktion, die der Tat, versagt ist, die sich nur durch eine imaginäre Rache schadlos halten. Während alle vornehme Moral aus einem triumphierenden Ja-sagen zu sich selber herauswächst, sagt die Sklaven-Moral von vornherein Nein zu einem »Außerhalb«, zu einem »Anders«, zu einem »Nicht-selbst«: und *dies* Nein ist ihre schöpferische Tat. Diese Umkehrung des werte-setzenden Blicks – diese *notwendige* Richtung nach außen statt zurück auf sich selber – gehört eben zum Ressentiment: die Sklaven-Moral bedarf, um zu entstehn, immer zuerst einer Gegen- und Außenwelt, sie bedarf, physiologisch gesprochen, äußerer Reize, um überhaupt zu agieren – ihre Aktion ist von Grund aus Reaktion. Das Umgekehrte ist bei der vornehmen Wertungsweise der Fall: sie agiert und wächst spontan, sie sucht ihren Gegensatz nur auf, um zu sich selber noch dankbarer, noch frohlockender ja zu sagen – ihr negativer Begriff »niedrig«, »gemein«, »schlecht« ist nur ein nachgebornes blasses Kontrastbild im Verhältnis zu ihrem positiven, durch und durch mit Leben und Leidenschaft durchtränkten Grundbegriff »wir Vornehmen, wir Guten, wir Schönen, wir Glücklichen!« Wenn die vornehme Wertungsweise sich vergreift und an der Realität versündigt, so geschieht dies in bezug auf die Sphäre, welche ihr *nicht* genügend bekannt ist, ja gegen deren wirkliches Kennen sie sich spröde zur Wehr setzt: sie verkennt unter Umständen die von ihr verachtete Sphäre, die des gemeinen Mannes, des niedren Volks; andrerseits erwäge man, daß jedenfalls der Affekt der Verachtung, des Herabblickens, des Überlegen-Blickens, gesetzt daß er das Bild des Verachteten *fälscht*, bei weitem hinter der Fälschung zurückbleiben wird, mit der der zurückgetretene Haß, die Rache des Ohnmächtigen, sich an seinem Gegner – *in effigie* natürlich – vergreifen wird. In der Tat ist in der Verachtung zu viel Nachlässigkeit, zu viel Leicht-Nehmen, zu viel Wegblicken und Ungeduld mit eingemischt, selbst zu viel eignes Frohgefühl, als daß sie imstande wäre, ihr Objekt zum eigentlichen Zerrbild und Scheusal umzuwandeln. Man überhöre doch die beinahe wohlwollenden *nuances* nicht, welche zum Beispiel der griechische Adel in alle Worte legt, mit denen er das niedere Volk von sich abhebt; wie sich fortwährend eine Art Bedauern, Rücksicht, Nachsicht einmischt und anzuckert, bis zu dem Ende, daß fast alle Worte, die dem gemeinen Manne zukommen, schließlich als Ausdrücke für »unglücklich«, »bedauernswürdig« übriggeblieben sind (vergleiche δειλός, δείλαιος, πονηρός, μοχθηρός, letztere zwei eigentlich den gemeinen Mann als Arbeitssklaven und Lasttier kennzeichnend) – und wie andrerseits »schlecht«, »niedrig«, »unglücklich« nie wieder aufgehört haben, für das griechische Ohr in *einen* Ton auszuklingen, mit einer Klangfarbe, in der »unglücklich« überwiegt: dies als Erbstück der alten edleren aristokratischen Wertungsweise, die sich auch im Verachten nicht verleugnet (– Philologen seien daran erinnert, in welchem Sinne ὀϊζυρός, ἄνολβος, τλήμων, δυστυχεῖν, ξυμφορά gebraucht werden). Die »Wohlgeborenen« *fühlten* sich eben als die »Glücklichen«; sie hatten ihr Glück nicht erst durch einen Blick auf ihre Feinde künstlich zu konstruieren, unter Umständen einzureden, *einzulügen* (wie es alle Menschen des Ressentiment zu tun pflegen); und ebenfalls wußten sie, als volle, mit Kraft überladene, folglich *notwendig* aktive Menschen, von dem Glück das Handeln nicht abzutrennen – das Tätigsein wird bei ihnen mit Notwendigkeit ins Glück hineingerechnet (woher εὖ πράττειν seine Herkunft nimmt) – alles sehr im Gegensatz zu dem »Glück« auf der Stufe der Ohnmächtigen, Gedrückten, an giftigen und feindseligen Gefühlen Schwärenden, bei denen es wesentlich als Narkose, Betäubung, Ruhe, Frieden, »Sabbat«, Gemüts-Ausspannung und Gliederstrecken, kurz *passivisch* auftritt. Während der vornehme Mensch vor sich selbst mit Vertrauen und Offenheit lebt (γενναῖος »edelbürtig« unterstreicht die *nuance* »aufrichtig« und auch wohl »naiv«), so ist der Mensch des Ressentiment weder aufrichtig, noch naiv, noch mit sich selber ehrlich und geradezu. Seine Seele *schielt*; sein Geist liebt Schlupfwinkel, Schleichwege und Hintertüren, alles Verrückte mutet ihn an als *seine* Welt, *seine* Sicherheit, *sein* Labsal; er versteht sich auf das Schweigen, das Nicht-Vergessen, das Warten, das vorläufige Sich-verkleinern, Sich-demütigen. Eine Rasse solcher Menschen des Ressentiment wird notwendig endlich *klüger* sein als irgendeine vornehme Rasse, sie wird die Klugheit auch in ganz andrem Maße ehren: nämlich als eine Existenzbedingung ersten Ranges, während die Klugheit bei vornehmen Menschen leicht einen feinen Beigeschmack von Luxus und Raffinement an sich hat – sie ist eben hier lange nicht so wesentlich als die vollkommne Funktions-Sicherheit der regulierenden *unbewußten* Instinkte oder selbst eine gewisse Unklugheit, etwa das tapfre Drauflosgehn, sei es auf die Gefahr, sei es auf den Feind, oder jene schwärmerische Plötzlichkeit von Zorn, Liebe, Ehrfurcht, Dankbarkeit und Rache, an der sich zu allen Zeiten die vornehmen Seelen wiedererkannt haben. Das Ressentiment des vornehmen Menschen selbst, wenn es an ihm auftritt, vollzieht und erschöpft sich nämlich in einer sofortigen Reaktion, es *vergiftet* darum nicht: andrerseits tritt es in unzähligen Fällen gar nicht auf, wo es bei allen Schwachen und Ohnmächtigen unvermeidlich ist. Seine Feinde, seine Unfälle, seine *Untaten* selbst nicht lange ernst nehmen können – das ist das Zeichen starker voller Naturen, in denen ein Überschuß plastischer, nachbildender, ausheilender, auch vergessenmachender Kraft ist (ein gutes Beispiel dafür aus der modernen Welt ist Mirabeau, welcher kein Gedächtnis für Insulte und Niederträchtigkeiten hatte, die man an ihm beging, und der nur deshalb nicht vergeben konnte, weil er – vergaß). Ein solcher Mensch schüttelt eben viel Gewürm mit *einem* Ruck von sich, das sich bei anderen eingräbt; hier allein ist auch das möglich, gesetzt daß es überhaupt auf Erden möglich ist – die eigentliche *»Liebe* zu seinen Feinden«. Wieviel Ehrfurcht vor seinen Feinden hat schon ein vornehmer Mensch! – und eine solche Ehrfurcht ist schon eine Brücke zur Liebe ... Er verlangt ja seinen Feind für sich, als seine Auszeichnung, er hält ja keinen andren Feind aus, als einen solchen, an dem nichts zu verachten und *sehr viel* zu ehren ist! Dagegen stelle man sich »den Feind« vor, wie ihn der Mensch des Ressentiment konzipiert – und hier gerade ist seine Tat, seine Schöpfung: er hat »den bösen Feind« konzipiert, *»den Bösen«*, und zwar als Grundbegriff, von dem aus er sich als Nachbild und Gegenstück nun auch noch einen »Guten« ausdenkt – sich selbst! ...

11

Gerade umgekehrt also wie bei dem Vornehmen, der den Grundbegriff »gut« voraus und spontan, nämlich von sich aus konzipiert und von da aus erst eine Vorstellung von »schlecht« sich schafft! Dies »schlecht« vornehmen Ursprungs und jenes »böse« aus dem Braukessel des ungesättigten Hasses – das erste eine Nachschöpfung, ein Nebenher, eine Komplementärfarbe, das zweite dagegen das Original, der Anfang, die eigentliche *Tat* in der Konzeption einer Sklaven-Moral – wie verschieden stehn die beiden scheinbar demselben Begriff »gut« entgegengestellten Worte »schlecht« und »böse« da! Aber es ist *nicht* derselbe Begriff »gut«: vielmehr frage man sich doch, *wer* eigentlich »böse« ist, im Sinne der Moral des Ressentiment. In aller Strenge geantwortet: *eben* der »Gute« der andren Moral, eben der Vornehme, der Mächtige, der Herrschende, nur umgefärbt, nur umgedeutet, nur umgesehn durch das Giftauge des Ressentiment. Hier wollen wir eins am wenigsten leugnen: wer jene »Guten« nur als Feinde kennen lernte, lernte auch nichts als *böse Feinde* kennen, und dieselben Menschen, welche so streng durch Sitte, Verehrung, Brauch, Dankbarkeit, noch mehr durch gegenseitige Bewachung, durch Eifersucht *inter pares* in

Schranken gehalten sind, die andrerseits im Verhalten zueinander so erfinderisch in Rücksicht, Selbstbeherrschung, Zartsinn, Treue, Stolz und Freundschaft sich beweisen – sie sind nach außen hin, dort wo das Fremde, *die* Fremde beginnt, nicht viel besser als losgelassene Raubtiere. Sie genießen da die Freiheit von allem sozialen Zwang, sie halten sich in der Wildnis schadlos für die Spannung, welche eine lange Einschließung und Einfriedung in den Frieden der Gemeinschaft gibt, sie treten in die Unschuld des Raubtier-Gewissens *zurück*, als frohlockende Ungeheuer, welche vielleicht von einer scheußlichen Abfolge von Mord, Niederbrennung, Schändung, Folterung mit einem Übermute und seelischen Gleichgewichte davongehen, wie als ob nur ein Studentenstreich vollbracht sei, überzeugt davon, daß die Dichter für lange nun wieder etwas zu singen und zu rühmen haben. Auf dem Grunde aller dieser vornehmen Rassen ist das Raubtier, die prachtvolle nach Beute und Sieg lüstern schweifende *blonde Bestie* nicht zu verkennen; es bedarf für diesen verborgenen Grund von Zeit zu Zeit der Entladung, das Tier muß wieder heraus, muß wieder in die Wildnis zurück – römischer, arabischer, germanischer, japanesischer Adel, homerische Helden, skandinavische Wikinger – in diesem Bedürfnis sind sie sich alle gleich. Die vornehmen Rassen sind es, welche den Begriff »Barbar« auf all den Spuren hinterlassen haben, wo sie gegangen sind; noch aus ihrer höchsten Kultur heraus verrät sich ein Bewußtsein davon und ein Stolz selbst darauf (zum Beispiel wenn Perikles seinen Athenern sagt, in jener berühmten Leichenrede, »zu allem Land und Meer hat unsre Kühnheit sich den Weg gebrochen, unvergängliche Denkmale sich überall im Guten *und Schlimmen* aufrichtend«). Diese »Kühnheit« vornehmer Rassen, toll, absurd, plötzlich, wie sie sich äußert, das Unberechenbare, das Unwahrscheinliche selbst ihrer Unternehmungen – Perikles hebt die ῥαθυμία der Athener mit Auszeichnung hervor –, ihre Gleichgültigkeit und Verachtung gegen Sicherheit, Leib, Leben, Behagen, ihre entsetzliche Heiterkeit und Tiefe der Lust in allem Zerstören, in allen Wollüsten des Siegs und der Grausamkeit – alles faßte sich für die, welche daran litten, in das Bild des »Barbaren«, des »bösen Feindes«, etwa des »Goten«, des »Vandalen« zusammen. Das tiefe, eisige Mißtrauen, das der Deutsche erregt, sobald er zur Macht kommt, auch jetzt wieder – ist immer noch ein Nachschlag jenes unauslöschlichen Entsetzens, mit dem jahrhundertelang Europa dem Wüten der blonden germanischen Bestie zugesehn hat (obwohl zwischen alten Germanen und uns Deutschen kaum eine Begriffs-, geschweige eine Blutsverwandtschaft besteht). Ich habe einmal auf die Verlegenheit Hesiods aufmerksam gemacht, als er die Abfolge der Kultur-Zeitalter aussann und sie in Gold, Silber, Erz auszudrücken suchte: er wußte mit dem Widerspruch, den ihm die herrliche, aber ebenfalls so schauerliche, so gewalttätige Welt Homers bot, nicht anders fertig zu werden, als indem er aus einem Zeitalter zwei machte, die er nunmehr hintereinanderstellte –

einmal das Zeitalter der Helden und Halbgötter von Troja und Theben, so wie jene Welt im Gedächtnis der vornehmen Geschlechter zurückgeblieben war, die in ihr die eignen Ahnherrn hatten; sodann das eherne Zeitalter, so wie jene gleiche Welt den Nachkommen der Niedergetretenen, Beraubten, Mißhandelten, Weggeschleppten, Verkauften erschien: als ein Zeitalter von Erz, wie gesagt, hart, kalt, grausam, gefühl- und gewissenlos, alles zermalmend und mit Blut übertünchend. Gesetzt daß es wahr wäre, was jetzt jedenfalls als »Wahrheit« geglaubt wird, daß es eben der *Sinn aller Kultur* sei, aus dem Raubtiere »Mensch« ein zahmes und zivilisiertes Tier, ein *Haustier* herauszuzüchten, so müßte man unzweifelhaft alle jene Reaktions- und Ressentiment-Instinkte, mit deren Hilfe die vornehmen Geschlechter samt ihren Idealen schließlich zuschanden gemacht und überwältigt worden sind, als die eigentlichen *Werkzeuge der Kultur* betrachten; womit allerdings noch nicht gesagt wäre, daß deren *Träger* zugleich auch selber die Kultur darstellten. Vielmehr wäre das Gegenteil nicht nur wahrscheinlich – nein! es ist heute *augenscheinlich*! Diese Träger der niederdrückenden und vergeltungslüsternen Instinkte, die Nachkommen alles europäischen und nichteuropäischen Sklaventums, aller vorarischen Bevölkerung insonderheit – sie stellen den Rückgang der Menschheit dar! Diese »Werkzeuge der Kultur« sind eine Schande des Menschen, und eher ein Verdacht, ein Gegenargument gegen »Kultur« überhaupt! Man mag im besten Rechte sein, wenn man vor der blonden Bestie auf dem Grunde aller vornehmen Rassen die Furcht nicht los wird und auf der Hut ist: aber wer möchte nicht hundertmal lieber sich fürchten, wenn er zugleich bewundern darf, als sich *nicht* fürchten, aber dabei den ekelhaften Anblick des Mißratenen, Verkleinerten, Verkümmerten, Vergifteten nicht mehr loswerden können? Und ist das nicht *unser* Verhängnis? Was macht heute *unsern* Widerwillen gegen »den Menschen«? – denn wir *leiden* am Menschen, es ist kein Zweifel. – *Nicht* die Furcht; eher, daß wir nichts mehr am Menschen zu fürchten haben; daß das Gewürm »Mensch« im Vordergrunde ist und wimmelt; daß der »zahme Mensch«, der Heillos-Mittelmäßige und Unerquickliche bereits sich als Ziel und Spitze, als Sinn der Geschichte, als »höheren Menschen« zu fühlen gelernt hat – ja daß er ein gewisses Recht darauf hat, sich so zu fühlen, insofern er sich im Abstande von der Überfülle des Mißratenen, Kränklichen, Müden, Verlebten fühlt, nach dem heute Europa zu stinken beginnt, somit als etwas wenigstens relativ Geratenes, wenigstens noch Lebensfähiges, wenigstens zum Leben Ja-sagendes ...

12

– Ich unterdrücke an dieser Stelle einen Seufzer und eine letzte Zuversicht nicht. Was ist das gerade mir ganz Unerträgliche? Das, womit ich allein nicht fertig werde, was mich ersticken und verschmachten macht? Schlechte Luft! Schlechte Luft! Daß etwas Mißratenes in meine Nähe kommt; daß ich die Eingeweide einer mißratenen Seele riechen muß! ... Was hält man sonst nicht aus von Not, Entbehrung, bösem Wetter, Siechtum, Mühsal, Vereinsamung? Im Grunde wird man mit allem übrigen fertig, geboren wie man ist zu einem unterirdischen und kämpfenden Dasein; man kommt immer wieder einmal ans Licht, man erlebt immer wieder seine goldene Stunde des Siegs – und dann steht man da, wie man geboren ist, unzerbrechbar, gespannt, zu Neuem, zu noch Schwererem, Fernerem bereit, wie ein Bogen, den alle Not immer nur noch straffer zieht. – Aber von Zeit zu Zeit gönnt mir – gesetzt, daß es himmlische Gönnerinnen gibt, jenseits von Gut und Böse – einen Blick, gönnt mir *einen* Blick nur auf etwas Vollkommnes, zu-Ende-Geratenes, Glückliches, Mächtiges, Triumphierendes, an dem es noch etwas zu fürchten gibt! Auf einen Menschen, der *den* Menschen rechtfertigt, auf einen komplementären und erlösenden Glücksfall des Menschen, um deswillen man *den Glauben an den Menschen* festhalten darf! ... Denn so steht es: die Verkleinerung und Ausgleichung des europäischen Menschen birgt *unsre* größte Gefahr, denn dieser Anblick macht müde ... Wir sehen heute nichts, das größer werden will, wir ahnen, daß es immer noch abwärts, abwärts geht, ins Dünnere, Gutmütigere, Klügere, Behaglichere, Mittelmäßigere, Gleichgültigere, Chinesischere, Christlichere – der Mensch, es ist kein Zweifel, wird immer »besser« ... Hier eben liegt das Verhängnis Europas – mit der Furcht vor dem Menschen haben wir auch die Liebe zu ihm, die Ehrfurcht vor ihm, die Hoffnung auf ihn, ja den Willen zu ihm eingebüßt. Der Anblick des Menschen macht nunmehr müde – was ist heute Nihilismus, wenn er nicht *das* ist? ... Wir sind *des Menschen* müde ...

13

– Doch kommen wir zurück: das Problem vom *andren* Ursprung des »Guten«, vom Guten, wie ihn der Mensch des Ressentiment sich ausgedacht hat, verlangt nach seinem Abschluß. – Daß die Lämmer den großen Raubvögeln gram sind, das befremdet nicht: nur liegt darin kein Grund, es den großen Raubvögeln zu verargen, daß sie sich kleine Lämmer holen. Und wenn die Lämmer unter sich sagen »diese Raubvögel sind böse; und wer so wenig als möglich ein Raubvogel ist, vielmehr deren Gegenstück, ein Lamm – sollte der nicht gut sein?« so ist an dieser Aufrichtung eines

Ideals nichts auszusetzen, sei es auch, daß die Raubvögel dazu ein wenig spöttisch blicken werden und vielleicht sich sagen: »*wir* sind ihnen gar nicht gram, diesen guten Lämmern, wir lieben sie sogar: nichts ist schmackhafter als ein zartes Lamm.« – Von der Stärke verlangen, daß sie sich *nicht* als Stärke äußere, daß sie *nicht* ein Überwältigen-Wollen, ein Niederwerfen-Wollen, ein Herrwerden-Wollen, ein Durst nach Feinden und Widerständen und Triumphen sei, ist gerade so widersinnig als von der Schwäche verlangen, daß sie sich als Stärke äußere. Ein Quantum Kraft ist ein ebensolches Quantum Trieb, Wille, Wirken – vielmehr, es ist gar nichts anderes als ebendieses Treiben, Wollen, Wirken selbst, und nur unter der Verführung der Sprache (und der in ihr versteinerten Grundirrtümer der Vernunft), welche alles Wirken als bedingt durch ein Wirkendes, durch ein »Subjekt« versteht und mißversteht, kann es anders erscheinen. Ebenso nämlich, wie das Volk den Blitz von seinem Leuchten trennt und letzteres als *Tun*, als Wirkung eines Subjekts nimmt, das Blitz heißt, so trennt die Volks-Moral auch die Stärke von den Äußerungen der Stärke ab, wie als ob es hinter dem Starken ein indifferentes Substrat gäbe, dem es *freistünde*, Stärke zu äußern oder auch nicht. Aber es gibt kein solches Substrat; es gibt kein »Sein« hinter dem Tun, Wirken, Werden; »der Täter« ist zum Tun bloß hinzugedichtet – das Tun ist alles. Das Volk verdoppelt im Grunde das Tun, wenn es den Blitz leuchten läßt, das ist ein Tun-Tun: es setzt dasselbe Geschehen einmal als Ursache und dann noch einmal als deren Wirkung. Die Naturforscher machen es nicht besser, wenn sie sagen »die Kraft bewegt, die Kraft verursacht« und dergleichen – unsre ganze Wissenschaft steht noch, trotz aller ihrer Kühle, ihrer Freiheit vom Affekt, unter der Verführung der Sprache und ist die untergeschobnen Wechselbälge, die »Subjekte« nicht losgeworden (das Atom ist zum Beispiel ein solcher Wechselbalg, insgleichen das Kantische »Ding an sich«): was Wunder, wenn die zurückgetretenen, versteckt glimmenden Affekte Rache und Haß diesen Glauben für sich ausnützen und im Grunde sogar keinen Glauben inbrünstiger aufrechterhalten als den, *es stehe dem Starken frei*, schwach, und dem Raubvogel, Lamm zu sein – damit gewinnen sie ja bei sich das Recht, dem Raubvogel es *zuzurechnen*, Raubvogel zu sein ... Wenn die Unterdrückten, Niedergetretenen, Vergewaltigten aus der rachsüchtigen List der Ohnmacht heraus sich zureden: »laßt uns anders sein als die Bösen, nämlich gut! Und gut ist jeder, der nicht vergewaltigt, der niemanden verletzt, der nicht angreift, der nicht vergilt, der die Rache Gott übergibt, der sich wie wir im Verborgnen hält, der allem Bösen aus dem Wege geht und wenig überhaupt vom Leben verlangt, gleich uns, den Geduldigen, Demütigen, Gerechten« – so heißt das, kalt und ohne Voreingenommenheit angehört, eigentlich nichts weiter als: »wir Schwachen sind nun einmal schwach; es ist gut, wenn wir nichts tun, *wozu wir nicht stark genug sind*«; aber dieser herbe Tatbestand, diese Klugheit niedrigsten

Ranges, welche selbst Insekten haben (die sich wohl totstellen, um nicht »zu viel« zu tun, bei großer Gefahr), hat sich dank jener Falschmünzerei und Selbstverlogenheit der Ohnmacht in den Prunk der entsagenden stillen abwartenden Tugend gekleidet, gleich als ob die Schwäche des Schwachen selbst – das heißt doch sein *Wesen*, sein Wirken, seine ganze einzige unvermeidliche, unablösbare Wirklichkeit – eine freiwillige Leistung, etwas Gewolltes, Gewähltes, eine *Tat*, ein *Verdienst* sei. Diese Art Mensch hat den Glauben an das indifferente wahlfreie »Subjekt« *nötig* aus einem Instinkte der Selbsterhaltung, Selbstbejahung heraus, in dem jede Lüge sich zu heiligen pflegt. Das Subjekt (oder, daß wir populärer reden, die *Seele*) ist vielleicht deshalb bis jetzt auf Erden der beste Glaubenssatz gewesen, weil er der Überzahl der Sterblichen, den Schwachen und Niedergedrückten jeder Art, jene sublime Selbstbetrügerei ermöglichte, die Schwäche selbst als Freiheit, ihr So- und So-sein als *Verdienst* auszulegen.

14

– Will jemand ein wenig in das Geheimnis hinab- und hinuntersehn, wie man auf Erden *Ideale fabriziert*? Wer hat den Mut dazu? ... Wohlan! Hier ist der Blick offen in diese dunkle Werkstätte. Warten Sie noch einen Augenblick, mein Herr Vorwitz und Wagehals: Ihr Auge muß sich erst an dieses falsche schillernde Licht gewöhnen ... So! Genug! Reden Sie jetzt! Was geht da unten vor? Sprechen Sie aus, was Sie sehen, Mann der gefährlichsten Neugierde – jetzt bin *ich* der, welcher zuhört. –

– »Ich sehe nichts, ich höre um so mehr. Es ist ein vorsichtiges tückisches leises Munkeln und Zusammenflüstern aus allen Ecken und Winkeln. Es scheint mir, daß man lügt; eine zuckrige Milde klebt an jedem Klange. Die Schwäche soll zum *Verdienste* umgelogen werden, es ist kein Zweifel – es steht damit so, wie Sie es sagten« –

– Weiter!

– »und die Ohnmacht, die nicht vergilt, zur ›Güte‹; die ängstliche Niedrigkeit zur ›Demut‹; die Unterwerfung vor denen, die man haßt, zum ›Gehorsam‹ (nämlich gegen einen, von dem sie sagen, er befehle diese Unterwerfung – sie heißen ihn Gott). Das Unoffensive des Schwachen, die Feigheit selbst, an der er reich ist, sein An-der-Tür-stehn, sein unvermeidliches Warten-müssen kommt hier zu guten Namen, als ›Geduld‹, es heißt auch wohl *die* Tugend; das Sich-nicht-rächen-Können heißt Sich-nicht-rächen-Wollen, vielleicht selbst Verzeihung (›denn *sie* wissen nicht, was sie tun – wir allein wissen es, was *sie* tun!‹). Auch redet man von der ›Liebe zu seinen Feinden‹ – und schwitzt dabei.«

– Weiter!

– »Sie sind elend, es ist kein Zweifel, alle diese Munkler und Winkel-

Falschmünzer, ob sie schon warm beieinander hocken – aber sie sagen mir, ihr Elend sei eine Auswahl und Auszeichnung Gottes, man prügele die Hunde, die man am liebsten habe; vielleicht sei dies Elend auch eine Vorbereitung, eine Prüfung, eine Schulung, vielleicht sei es noch mehr – etwas, das einst ausgeglichen und mit ungeheuren Zinsen in Gold, nein! in Glück ausgezahlt werde. Das heißen sie ›die Seligkeit‹.«

– Weiter!

– »Jetzt geben sie mir zu verstehen, daß sie nicht nur besser seien als die Mächtigen, die Herrn der Erde, deren Speichel sie lecken müssen (*nicht* aus Furcht, ganz und gar nicht aus Furcht! sondern weil es Gott gebietet, alle Obrigkeit zu ehren) – daß sie nicht nur besser seien, sondern es auch ›besser hätten‹, jedenfalls einmal besser haben würden. Aber genug! genug! Ich halte es nicht mehr aus. Schlechte Luft! Schlechte Luft! Diese Werkstätte, wo man *Ideale fabriziert* – mich dünkt, sie stinkt vor lauter Lügen.«

– Nein! Noch einen Augenblick! Sie sagten noch nichts von dem Meisterstücke dieser Schwarzkünstler, welche Weiß, Milch und Unschuld aus jedem Schwarz herstellen – haben Sie nicht bemerkt, was ihre Vollendung im Raffinement ist, ihr kühnster, feinster, geistreichster, lügenreichster Artisten-Griff? Geben Sie acht! Diese Kellertiere voll Rache und Haß – was machen sie doch gerade aus Rache und Haß? Hörten Sie je diese Worte? Würden Sie ahnen, wenn Sie nur ihren Worten trauten, daß Sie unter lauter Menschen des Ressentiment sind? ...

– »Ich verstehe, ich mache nochmals die Ohren auf (ach! ach! ach! und die Nase *zu*). Jetzt höre ich erst, was sie so oft schon sagten: ›Wir Guten – *wir sind die Gerechten*‹ – was sie verlangen, daß heißen sie nicht Vergeltung, sondern ›den Triumph der *Gerechtigkeit*‹; was sie hassen, das ist nicht ihr Feind, nein! sie hassen das ›*Unrecht*‹, die ›Gottlosigkeit‹; was sie glauben und hoffen, ist nicht die Hoffnung auf Rache, die Trunkenheit der süßen Rache (– ›süßer als Honig‹ nannte sie schon Homer), sondern der Sieg Gottes, des *gerechten* Gottes über die Gottlosen; was ihnen zu lieben auf Erden übrigbleibt, sind nicht ihre Brüder im Hasse, sondern ihre ›Brüder in der Liebe‹, wie sie sagen, alle Guten und Gerechten auf der Erde.«

– Und wie nennen sie das, was ihnen als Trost wider alle Leiden des Lebens dient – ihre Phantasmagorie der vorweggenommenen zukünftigen Seligkeit?

– »Wie? Höre ich recht? Sie heißen das ›das jüngste Gericht‹, das Kommen *ihres* Reichs, des ›Reichs Gottes‹ – *einstweilen* aber leben sie ›im Glauben‹, ›in der Liebe‹, ›in der Hoffnung‹.«

– Genug! Genug!

15

Im Glauben woran? In der Liebe wozu? In der Hoffnung worauf? – Diese Schwachen – irgendwann einmal nämlich wollen auch *sie* die Starken sein, es ist kein Zweifel, irgendwann soll auch *ihr* »Reich« kommen – »das Reich Gottes« heißt es schlechtweg bei ihnen, wie gesagt: man ist ja in allem so demütig! Schon um *das* zu erleben, hat man nötig, lange zu leben, über den Tod hinaus – ja man hat das ewige Leben nötig, damit man sich auch ewig im »Reiche Gottes« schadlos halten kann für jenes Erden-Leben »im Glauben, in der Liebe, in der Hoffnung«. Schadlos wofür? Schadlos wodurch? ... Dante hat sich, wie mich dünkt, gröblich vergriffen, als er, mit einer schreckeneinflößenden Ingenuität, jene Inschrift über das Tor zu seiner Hölle setzte »auch mich schuf die ewige Liebe« – über dem Tore des christlichen Paradieses und seiner »ewigen Seligkeit« würde jedenfalls mit besserem Rechte die Inschrift stehen dürfen »auch mich schuf der ewige *Haß*« – gesetzt, daß eine Wahrheit über dem Tor zu einer Lüge stehen dürfte! Denn *was* ist die Seligkeit jenes Paradieses? ... Wir würden es vielleicht schon erraten; aber besser ist es, daß es uns eine in solchen Dingen nicht zu unterschätzende Autorität ausdrücklich bezeugt, Thomas von Aquino, der große Lehrer und Heilige. »*Beati in regno coelesti*«, sagt er sanft wie ein Lamm, »*videbunt poenas damnatorum, ut beatitudo illis magis complaceat.*« Oder will man es in einer stärkeren Tonart hören, etwa aus dem Munde eines triumphierenden Kirchenvaters, der seinen Christen die grausamen Wollüste der öffentlichen Schauspiele widerriet – warum doch? »Der Glaube bietet uns ja viel mehr« – sagt er, *de spectac. c. 29 ss.* – »*viel Stärkeres*; dank der Erlösung stehen uns ja ganz andre Freuden zu Gebote; an Stelle der Athleten haben wir unsre Märtyrer; wollen wir Blut, nun, so haben wir das Blut Christi ... Aber was erwartet uns erst am Tage seiner Wiederkunft, seines Triumphes!« – und nun fährt er fort, der entzückte Visionär: »*At enim supersunt alia spectacula, ille ultimus et perpetuus judicii dies, ille nationibus insperatus, ille derisus, cum tanta saeculi vetustas et tot ejus nativitates uno igne haurientur. Quae tunc spectaculi latitudo! Quid admirer! Quid rideam! Ubi gaudeam! Ubi exultem, spectans tot et tantos reges, qui in coelum recepti nuntiabantur, cum ipso Jove et ipsis suis testibus in imis tenebris congemescentes! Item praesides*« (die Provinzialstatthalter) »*persecutores dominici nominis saevioribus quam ipsi flammis saevierunt insultantibus contra Christianos liquescentes! Quos praeterea sapientes illos philosophos coram discipulis suis una conflagrantibus erubescentes, quibus nihil ad deum pertinere suadebant, quibus animas aut nullas aut non in pristina corpora redituras affirmabant! Etiam poëtas non ad Rhadamanti nec ad Minois, sed ad inopinati Christi tribunal palpitantes! Tunc magis tragoedi audiendi, magis scilicet vocales*« (besser bei Stimme, noch ärgere Schreier) »*in sua propria calamitate; tunc histriones cognoscendi, solutiores multo per ignem; tunc spectandus auriga in flammea rota totus rubens, tunc xystici contemplandi non in gymnasiis, sed in igne jaculati, nisi quod ne tunc quidem illos velim vivos, ut qui malim ad eos potius conspectum insatiabilem conferre, qui in dominum desaevierunt. ›Hic est ille‹, dicam, ›fabri aut quaestuariae filius‹«* (wie alles Folgende und insbesondere auch diese aus dem Talmud bekannte Bezeichnung der Mutter Jesu zeigt, meint Tertullian von hier ab die Juden), *»›sabbati destructor, Samarites et daemonium habens. Hic est, quem a Juda redemistis, hic est ille arundine et colaphis diverberatus, sputamentis dedecoratus, felle et aceto potatus. Hic est, quem clam discentes subripuerunt, ut resurrexisse dicatur vel hortulanus detraxit, ne lactucae suae frequentia commeantium laederentur.‹ Ut talia spectes, ut talibus exultes, quis tibi praetor aut consul aut quaestor aut sacerdos de sua liberalitate praestabit? Et tamen haec jam habemus quodammodo per fidem spiritu imaginante repraesentata. Ceterum qualia illa sunt, quae nec oculus vidit nec auris audivit nec in cor hominis ascenderunt?«* (1. Kor. 2, 9.) *»Credo circo et utraque cavea«* (erster und vierter Rang oder, nach anderen, komische und tragische Bühne) *»et omni stadio gratiora.«* – *Per fidem:* so steht's geschrieben.

16

Kommen wir zum Schluß. Die beiden *entgegengesetzten* Werte »gut und schlecht«, »gut und böse« haben einen furchtbaren, jahrtausendelangen Kampf auf Erden gekämpft; und so gewiß auch der zweite Wert seit langem im Übergewichte ist, so fehlt es doch auch jetzt noch nicht an Stellen, wo der Kampf unentschieden fortgekämpft wird. Man könnte selbst sagen, daß er inzwischen immer höher hinaufgetragen und eben damit immer tiefer, immer geistiger geworden sei: so daß es heute vielleicht kein entscheidenderes Abzeichen der *»höheren Natur«*, der geistigeren Natur gibt, als zwiespältig in jenem Sinne und wirklich noch ein Kampfplatz für jene Gegensätze zu sein. Das Symbol dieses Kampfes, in einer Schrift geschrieben, die über alle Menschengeschichte hinweg bisher lesbar blieb, heißt »Rom gegen Judäa, Judäa gegen Rom«: – es gab bisher kein größeres Ereignis als *diesen* Kampf, *diese* Fragestellung, *diesen* todfeindlichen Widerspruch. Rom empfand im Juden etwas wie die Widernatur selbst, gleichsam sein antipodisches Monstrum; in Rom galt der Jude »des Hasses gegen das ganze Menschengeschlecht *überführt*«: mit Recht, sofern man ein Recht hat, das Heil und die Zukunft des Menschengeschlechts an die unbedingte Herrschaft der aristokratischen Werte, der römischen Werte anzuknüpfen. Was dagegen die Juden gegen Rom empfunden haben? Man errät es aus tausend Anzeichen; aber es genügt, sich einmal wieder die Johanneische

Apokalypse zu Gemüte zu führen, jenen wüstesten aller geschriebenen Ausbrüche, welche die Rache auf dem Gewissen hat. (Unterschätze man übrigens die tiefe Folgerichtigkeit des christlichen Instinktes nicht, als er gerade dieses Buch des Hasses mit dem Namen des Jüngers der Liebe überschrieb, desselben, dem er jenes verliebt-schwärmerische Evangelium zu eigen gab –: darin steckt ein Stück Wahrheit, wieviel literarische Falschmünzerei auch zu diesem Zwecke nötig gewesen sein mag.) Die Römer waren ja die Starken und Vornehmen, wie sie stärker und vornehmer bisher auf Erden nie dagewesen, selbst niemals geträumt worden sind; jeder Überrest von ihnen, jede Inschrift entzückt, gesetzt daß man errät, *was* da schreibt. Die Juden umgekehrt waren jenes priesterliche Volk des Ressentiment *par excellence*, dem eine volkstümlich-moralische Genialität sondergleichen innewohnte: man vergleiche nur die verwandt-begabten Völker, etwa die Chinesen oder die Deutschen, mit den Juden, um nachzufühlen, was ersten und was fünften Ranges ist. Wer von ihnen einstweilen *gesiegt* hat, Rom oder Judäa? Aber es ist ja gar kein Zweifel: man erwäge doch, vor wem man sich heute in Rom selber als vor dem Inbegriff aller höchsten Werte beugt – und nicht nur in Rom, sondern fast auf der halben Erde, überall wo nur der Mensch zahm geworden ist oder zahm werden will –, vor *drei Juden*, wie man weiß, und *einer Jüdin* (vor Jesus von Nazareth, dem Fischer Petrus, dem Teppichwirker Paulus und der Mutter des anfangs genannten Jesus, genannt Maria). Dies ist sehr merkwürdig: Rom ist ohne allen Zweifel unterlegen. Allerdings gab es in der Renaissance ein glanzvoll-unheimliches Wiederaufwachen des klassischen Ideals, der vornehmen Wertungsweise aller Dinge: Rom selber bewegte sich wie ein aufgeweckter Scheintoter unter dem Druck des neuen, darüber gebauten judaisierten Rom, das den Aspekt einer ökumenischen Synagoge darbot und »Kirche« hieß: aber sofort triumphierte wieder Judäa, dank jener gründlich pöbelhaften (deutschen und englischen) Ressentiment-Bewegung, welche man die Reformation nennt, hinzugerechnet, was aus ihr folgen mußte, die Wiederherstellung der Kirche – die Wiederherstellung auch der alten Grabesruhe des klassischen Rom. In einem sogar entscheidenderen und tieferen Sinne als damals kam Judäa noch einmal mit der französischen Revolution zum Siege über das klassische Ideal: die letzte politische Vornehmheit, die es in Europa gab, die des siebzehnten und achtzehnten *französischen* Jahrhunderts, brach unter den volkstümlichen Ressentiment-Instinkten zusammen – es wurde niemals auf Erden ein größerer Jubel, eine lärmendere Begeisterung gehört! Zwar geschah mitten darin das Ungeheuerste, das Unerwartetste: das antike Ideal selbst trat *leibhaft* und mit unerhörter Pracht vor Auge und Gewissen der Menschheit – und noch einmal, stärker, einfacher, eindringlicher als je, erscholl, gegenüber der alten Lügen-Losung des Ressentiment vom *Vorrecht der Meisten*, gegenüber dem Willen zur Niederung, zur Erniedrigung, zur Ausgleichung, zum Abwärts und Abendwärts des Menschen, die furchtbare und entzückende Gegenlosung vom *Vorrecht der Wenigsten*! Wie ein letzter Fingerzeig zum *andren* Wege erschien Napoleon, jener einzelnste und spätestgeborne Mensch, den es jemals gab, und in ihm das fleichgewordne Problem des *vornehmen Ideals an sich* – man überlege wohl, *was* es für ein Problem ist: Napoleon, diese Synthesis von *Unmensch* und *Übermensch* ...

17

– War es damit vorbei? Wurde jener größte aller Ideal-Gegensätze damit für alle Zeiten *ad acta* gelegt? Oder nur vertagt, auf lange vertagt? ... Sollte es nicht irgendwann einmal ein noch viel furchtbareres, viel länger vorbereitetes Auflodern des alten Brandes geben müssen? Mehr noch: wäre nicht gerade *das* aus allen Kräften zu wünschen? selbst zu wollen? selbst zu fördern? ... Wer an dieser Stelle anfängt, gleich meinen Lesern, nachzudenken, weiterzudenken, der wird schwerlich bald damit zu Ende kommen – Grund genug für mich, selbst zu Ende zu kommen, vorausgesetzt daß es längst zur Genüge klar geworden ist, was ich *will*, was ich gerade mit jener gefährlichen Losung will, welche meinem letzten Buche auf den Leib geschrieben ist: »*Jenseits von Gut und Böse*« ... Dies heißt zum mindesten *nicht* »Jenseits von Gut und Schlecht«. – –

Anmerkung. Ich nehme die Gelegenheit wahr, welche diese Abhandlung mir gibt, um einen Wunsch öffentlich und förmlich auszudrücken, der von mir bisher nur in gelegentlichem Gespräche mit Gelehrten geäußert worden ist: daß nämlich irgendeine philosophische Fakultät sich durch eine Reihe akademischer Preisausschreiben um die Förderung *moralhistorischer* Studien verdient machen möge – vielleicht dient dies Buch dazu, einen kräftigen Anstoß gerade in solcher Richtung zu geben. In Hinsicht auf eine Möglichkeit dieser Art sei die nachstehende Frage in Vorschlag gebracht: sie verdient ebensosehr die Aufmerksamkeit der Philologen und Historiker als die der eigentlichen Philosophie-Gelehrten von Beruf.

»*Welche Fingerzeige gibt die Sprachwissenschaft, insbesondere die etymologische Forschung, für die Entwicklungsgeschichte der moralischen Begriffe ab?*«

– Andrerseits ist es freilich ebenso nötig, die Teilnahme der Physiologen und Mediziner für diese Probleme (vom *Werte* der bisherigen Wertschätzung) zu gewinnen: wobei es den Fach-Philosophen überlassen sein mag, auch in diesem einzelnen Falle die Fürsprecher und Vermittler zu machen, nachdem es ihnen im ganzen gelungen ist, das ursprünglich so spröde, so mißtrauische Verhältnis zwischen Philosophie, Physiologie und Medizin in den freundschaftlichsten und fruchtbringendsten Austausch umzugestalten. In der Tat bedürfen alle Gütertafeln, alle »du sollst«, von denen die Geschichte oder die ethnologische Forschung weiß, zunächst der *physiologischen* Beleuchtung und Ausdeutung, eher jedenfalls noch als der psychologischen; alle insgleichen warten auf eine Kritik von seiten der medizinischen Wissenschaft. Die Frage: was ist diese oder jene Gütertafel und »Moral« *wert*? will unter die verschiedensten Perspektiven gestellt sein, man kann namentlich das »wert *wozu?*« nicht fein genug auseinanderlegen. Etwas zum Beispiel, das ersichtlich Wert hätte in Hinsicht auf möglichste Dauerfähigkeit einer Rasse (oder auf Steigerung ihrer Anpassungskräfte an ein bestimmtes Klima oder auf Erhaltung der größten Zahl) hätte durchaus nicht den gleichen Wert, wenn es sich etwa darum handelte, einen stärkeren Typus herauszubilden Das Wohl der Meisten und das Wohl der Wenigsten sind entgegengesetzte Wert-Gesichtspunkte: *an sich* schon den ersteren für den höherwertigen zu halten, wollen wir der Naivität englischer Biologen überlassen . . *Alle* Wissenschaften haben nunmehr der Zukunfts-Aufgabe des Philosophen vorzuarbeiten: diese Aufgabe dahin verstanden, daß der Philosoph das *Problem vom Werte* zu lösen hat, daß er die *Rangordnung der Werte* zu bestimmen hat. –

ZWEITE ABHANDLUNG

»SCHULD«, »SCHLECHTES GEWISSEN« UND VERWANDTES

1

Ein Tier heranzüchten, das *versprechen darf* – ist das nicht gerade jene paradoxe Aufgabe selbst, welche sich die Natur in Hinsicht auf den Menschen gestellt hat? ist es nicht das eigentliche Problem *vom* Menschen? ... Daß dies Problem bis zu einem hohen Grad gelöst ist, muß dem um so erstaunlicher erscheinen, der die entgegenwirkende Kraft, die der *Vergeßlichkeit*, vollauf zu würdigen weiß. Vergeßlichkeit ist keine bloße *vis inertiae*, wie die Oberflächlichen glauben, sie ist vielmehr ein aktives, im strengsten Sinne positives Hemmungsvermögen, dem es zuzuschreiben ist, daß was nur von uns erlebt, erfahren, in uns hineingenommen wird, uns im Zustande der Verdauung (man dürfte ihn »Einverseelung« nennen) ebensowenig ins Bewußtsein tritt, als der ganze tausendfältige Prozeß, mit dem sich unsre leibliche Ernährung, die sogenannte »Einverleibung« abspielt Die Türen und Fenster des Bewußtseins zeitweilig schließen; von dem Lärm und Kampf, mit dem unsre Unterwelt von dienstbaren Organen für- und gegeneinander arbeitet, unbehelligt bleiben; ein wenig Stille, ein wenig *tabula rasa* des Bewußtseins, damit wieder Platz wird für Neues, vor allem für die vornehmeren Funktionen und Funktionäre, für Regieren, Voraussehn, Vorausbestimmen (denn unser Organismus ist oligarchisch eingerichtet) – das ist der Nutzen der, wie gesagt, aktiven Vergeßlichkeit, einer Türwärterin gleichsam, einer Aufrechterhalterin der seelischen Ordnung, der Ruhe, der Etikette: womit sofort abzusehn ist, inwiefern es kein Glück, keine Heiterkeit, keine Hoffnung, keinen Stolz, keine *Gegenwart* geben könnte ohne Vergeßlichkeit. Der Mensch, in dem dieser Hemmungsapparat beschädigt wird und aussetzt, ist einem Dyspeptiker zu vergleichen (und nicht nur zu vergleichen) – er wird mit nichts »fertig« ... Eben dieses notwendig vergeßliche Tier, an dem das Vergessen eine Kraft, eine Form der *starken* Gesundheit darstellt, hat sich nun ein Gegenvermögen angezüchtet, ein Gedächtnis, mit Hilfe dessen für gewisse Fälle die Vergeßlichkeit ausgehängt wird – für die Fälle nämlich, daß versprochen werden soll: somit keineswegs bloß ein passivisches Nicht-wieder-los-werden-können des einmal eingeritzten Eindrucks, nicht bloß die Indigestion an einem einmal verpfändeten Wort, mit dem man nicht wieder fertig wird, sondern ein aktives Nicht-wieder-los-werden-*wollen*, ein Fort-und-fort-wollen des einmal Gewollten, ein eigentliches *Gedächtnis des Willens*: so daß zwischen das ursprüngliche »ich will«, »ich werde tun«

und die eigentliche Entladung des Willens, seinen *Akt*, unbedenklich eine Welt von neuen fremden Dingen, Umständen, selbst Willensakten dazwischengelegt werden darf, ohne daß diese lange Kette des Willens springt. Was setzt das aber alles voraus! Wie muß der Mensch, um dermaßen über die Zukunft voraus zu verfügen, erst gelernt haben, das notwendige vom zufälligen Geschehen scheiden, kausal denken, das Ferne wie gegenwärtig sehn und vorwegnehmen, was Zweck ist, was Mittel dazu ist, mit Sicherheit ansetzen, überhaupt rechnen, berechnen können – wie muß dazu der Mensch selbst vorerst *berechenbar, regelmäßig, notwendig* geworden sein, auch sich selbst für seine eigne Vorstellung, um endlich dergestalt, wie es ein Versprechender tut, für sich *als Zukunft* gutsagen zu können!

2

Eben das ist die lange Geschichte von der Herkunft der *Verantwortlichkeit.* Jene Aufgabe, ein Tier heranzuzüchten, das versprechen darf, schließt, wie wir bereits begriffen haben, als Bedingung und Vorbereitung die nähere Aufgabe in sich, den Menschen zuerst bis zu einem gewissen Grade notwendig, einförmig, gleich unter Gleichen, regelmäßig und folglich berechenbar zu *machen.* Die ungeheure Arbeit dessen, was von mir »Sittlichkeit der Sitte« genannt worden ist (vgl. »Morgenröte«) – die eigentliche Arbeit des Menschen an sich selber in der längsten Zeitdauer des Menschengeschlechts, seine ganze *vorhistorische* Arbeit hat hierin ihren Sinn, ihre große Rechtfertigung, wieviel ihr auch von Härte, Tyrannei, Stumpfsinn und Idiotismus innewohnt: der Mensch wurde mit Hilfe der Sittlichkeit der Sitte und der sozialen Zwangsjacke wirklich berechenbar *gemacht.* Stellen wir uns dagegen ans Ende des ungeheuren Prozesses, dorthin, wo der Baum endlich seine Früchte zeitigt, wo die Sozietät und ihre Sittlichkeit der Sitte endlich zutage bringt, *wozu* sie nur das Mittel war: so finden wir als reifste Frucht an ihrem Baum das *souveräne Individuum,* das nur sich selbst gleiche, das von der Sittlichkeit der Sitte wieder losgekommene, das autonome übersittliche Individuum (denn »autonom« und »sittlich« schließt sich aus), kurz den Menschen des eignen unabhängigen langen Willens, der *versprechen darf* – und in ihm ein stolzes, in allen Muskeln zuckendes Bewußtsein davon, *was* da endlich errungen und in ihm leibhaft geworden ist, ein eigentliches Macht- und Freiheits-Bewußtsein, ein Vollendungs-Gefühl des Menschen überhaupt. Dieser Freigewordne, der wirklich versprechen *darf,* dieser Herr des *freien* Willens, dieser Souverän – wie sollte er es nicht wissen, welche Überlegenheit er damit vor allem voraushat, was nicht versprechen und für sich selbst gutsagen darf, wie viel Vertrauen, wie viel Furcht, wie viel Ehrfurcht er erweckt – er *»verdient«* alles dreies – und wie ihm, mit dieser Herrschaft über sich, auch die Herrschaft über die Umstände, über die Natur und alle willenskürzeren und unzuverlässigeren Kreaturen notwendig in die Hand gegeben ist? Der »freie« Mensch, der Inhaber eines langen unzerbrechlichen Willens, hat in diesem Besitz auch sein *Wertmaß*: von sich aus nach den andern hinblickend, ehrt er oder verachtet er; und ebenso notwendig als er die ihm Gleichen, die Starken und Zuverlässigen (die welche versprechen *dürfen*) ehrt, – also jedermann, der wie ein Souverän verspricht, schwer, selten, langsam, der mit seinem Vertrauen geizt, der *auszeichnet*, wenn er vertraut, der sein Wort gibt als etwas, auf das Verlaß ist, weil er sich stark genug weiß, es selbst gegen Unfälle, selbst »gegen das Schicksal« aufrechtzuhalten –: ebenso notwendig wird er seinen Fußtritt für die schmächtigen Windhunde bereithalten, welche versprechen, ohne es zu dürfen, und seine Zuchtrute für den Lügner, der sein Wort bricht, im Augenblick schon, wo er es im Munde hat. Das stolze Wissen um das außerordentliche Privilegium der *Verantwortlichkeit*, das Bewußtsein dieser seltenen Freiheit, dieser Macht über sich und das Geschick hat sich bei ihm bis in seine unterste Tiefe hinabgesenkt und ist zum Instinkt geworden, zum dominierenden Instinkt – wie wird er ihn heißen, diesen dominierenden Instinkt, gesetzt, daß er ein Wort dafür bei sich nötig hat? Aber es ist kein Zweifel: dieser souveräne Mensch heißt ihn sein *Gewissen* ...

3

Sein Gewissen? ... Es läßt sich vorauserraten, daß der Begriff »Gewissen«, dem wir hier in seiner höchsten, fast befremdlichen Ausgestaltung begegnen, bereits eine lange Geschichte und Form-Verwandlung hinter sich hat. Für sich gutsagen dürfen und mit Stolz, also auch zu sich *Ja sagen dürfen* – das ist, wie gesagt, eine reife Frucht, aber auch eine *späte* Frucht – wie lange mußte diese Frucht herb und sauer am Baume hängen! Und eine noch viel längere Zeit war von einer solchen Frucht gar nichts zu sehn – niemand hätte sie versprechen dürfen, so gewiß auch alles am Baume vorbereitet und gerade auf sie hin im Wachsen war! – »Wie macht man dem Menschen-Tiere ein Gedächtnis? Wie prägt man diesem teils stumpfen, teils faseligen Augenblicks-Verstande, dieser leibhaften Vergeßlichkeit etwas so ein, daß es gegenwärtig bleibt?« ... Dieses uralte Problem ist, wie man denken kann, nicht gerade mit zarten Antworten und Mitteln gelöst worden; vielleicht ist sogar nichts furchtbarer und unheimlicher an der ganzen Vorgeschichte des Menschen, als seine *Mnemotechnik*. »Man brennt etwas ein, damit es im Gedächtnis bleibt: nur was nicht aufhört, *wehzutun*, bleibt im Gedächtnis« – das ist ein Hauptsatz aus der allerältesten (leider auch allerlängsten) Psychologie auf Erden. Man möchte selbst sagen, daß es überall, wo es jetzt noch auf

Erden Feierlichkeit, Ernst, Geheimnis, düstere Farben im Leben von Mensch und Volk gibt, etwas von der Schrecklichkeit *nachwirkt*, mit der ehemals überall auf Erden versprochen, verpfändet, gelobt worden ist: die Vergangenheit, die längste tiefste härteste Vergangenheit, haucht uns an und quillt in uns herauf, wenn wir »ernst« werden. Es ging niemals ohne Blut, Martern, Opfer ab, wenn der Mensch es nötig hielt, sich ein Gedächtnis zu machen; die schauerlichsten Opfer und Pfänder (wohin die Erstlingsopfer gehören), die widerlichsten Verstümmelungen (zum Beispiel die Kastrationen), die grausamsten Ritualformen aller religiösen Kulte (und alle Religionen sind auf dem untersten Grunde Systeme von Grausamkeiten) – alles das hat in jenem Instinkte seinen Ursprung, welcher im Schmerz das mächtigste Hilfsmittel der Mnemonik erriet. In einem gewissen Sinne gehört die ganze Asketik hierher: ein paar Ideen sollen unauslöschlich, allgegenwärtig, unvergeßbar, »fix« gemacht werden, zum Zweck der Hypnotisierung des ganzen nervösen und intellektuellen Systems durch diese »fixen Ideen« – und die asketischen Prozeduren und Lebensformen sind Mittel dazu, um jene Ideen aus der Konkurrenz mit allen übrigen Ideen zu lösen, um sie »unvergeßlich« zu machen. Je schlechter die Menschheit »bei Gedächtnis« war, um so furchtbarer ist immer der Aspekt ihrer Bräuche; die Härte der Strafgesetze gibt insonderheit einen Maßstab dafür ab, wieviel Mühe sie hatte, gegen die Vergeßlichkeit zum Sieg zu kommen und ein paar primitive Erfordernisse des sozialen Zusammenlebens diesen Augenblicks-Sklaven des Affektes und der Begierde *gegenwärtig* zu erhalten. Wir Deutschen betrachten uns gewiß nicht als ein besonders grausames und hartherziges Volk, noch weniger als besonders leichtfertig und in-den-Tag-hineinleberisch; aber man sehe nur unsre alten Strafordnungen an, um dahinterzukommen, was es auf Erden für Mühe hat, ein »Volk von Denkern« heranzuzüchten (will sagen: *das* Volk Europas, unter dem auch heute noch das Maximum von Zutrauen, Ernst, Geschmacklosigkeit und Sachlichkeit zu finden ist, und das mit diesen Eigenschaften ein Anrecht darauf hat, alle Art von Mandarinen Europas heranzuzüchten). Diese Deutschen haben sich mit furchtbaren Mitteln ein Gedächtnis gemacht, um über ihre pöbelhaften Grund-Instinkte und deren brutale Plumpheit Herr zu werden: man denke an die alten deutschen Strafen, zum Beispiel an das Steinigen (– schon die Sage läßt den Mühlstein auf das Haupt des Schuldigen fallen), das Rädern (die eigenste Erfindung und Spezialität des deutschen Genius im Reich der Strafe!), das Werfen mit dem Pfahle, das Zerreißen- oder Zertretenlassen durch Pferde (das »Vierteilen«), das Sieden des Verbrechers in Öl oder Wein (noch im vierzehnten und fünfzehnten Jahrhundert), das beliebte Schinden (»Riemenschneiden«), das Herausschneiden des Fleisches aus der Brust; auch wohl daß man den Übeltäter mit Honig bestrich und bei brennender Sonne den Fliegen überließ. Mit Hilfe solcher Bilder und

Vorgänge behält man endlich fünf, sechs »ich will nicht« im Gedächtnisse, in bezug auf welche man sein *Versprechen* gegeben hat, um unter den Vorteilen der Sozietät zu leben – und wirklich! mit Hilfe dieser Art von Gedächtnis kam man endlich »zur Vernunft«! – Ah, die Vernunft, der Ernst, die Herrschaft über die Affekte, diese ganze düstere Sache, welche Nachdenken heißt, alle diese Vorrechte und Prunkstücke des Menschen: wie teuer haben sie sich bezahlt gemacht! wieviel Blut und Grausen ist auf dem Grunde aller »guten Dinge«! ...

4

Aber wie ist denn jene andre »düstre Sache«, das Bewußtsein der Schuld, das ganze »schlechte Gewissen« auf die Welt gekommen? – Und hiermit kehren wir zu unsern Genealogen der Moral zurück. Nochmals gesagt – oder habe ich's noch gar nicht gesagt? – sie taugen nichts. Eine fünf Spannen lange eigne, bloß »moderne« Erfahrung; kein Wissen, kein Wille zum Wissen des Vergangnen; noch weniger ein historischer Instinkt, ein hier gerade nötiges »zweites Gesicht« – und dennoch Geschichte der Moral treiben: das muß billigerweise mit Ergebnissen enden, die zur Wahrheit in einem nicht bloß spröden Verhältnisse stehn. Haben sich diese bisherigen Genealogen der Moral auch nur von ferne etwas davon träumen lassen, daß zum Beispiel jener moralische Hauptbegriff »Schuld« seine Herkunft aus dem sehr materiellen Begriff »Schulden« genommen hat? Oder daß die Strafe als eine *Vergeltung* sich vollkommen abseits von jeder Voraussetzung über Freiheit oder Unfreiheit des Willens entwickelt hat? – und dies bis zu dem Grade, daß es vielmehr immer erst einer *hohen* Stufe der Vermenschlichung bedarf, damit das Tier »Mensch« anfängt, jene viel primitiveren Unterscheidungen »absichtlich«, »fahrlässig«, »zufällig«, »zurechnungsfähig« und deren Gegensätze zu machen und bei der Zumessung der Strafe in Anschlag zu bringen. Jener jetzt so wohlfeile und scheinbar so natürliche, so unvermeidliche Gedanke, der wohl gar zur Erklärung, wie überhaupt das Gerechtigkeitsgefühl auf Erden zustande gekommen ist, hat herhalten müssen, »der Verbrecher verdient Strafe, *weil* er hätte anders handeln können«, ist tatsächlich eine überaus spät erreichte, ja raffinierte Form des menschlichen Urteilens und Schließens; wer sie in die Anfänge verlegt, vergreift sich mit groben Fingern an der Psychologie der älteren Menschheit. Es ist die längste Zeit der menschlichen Geschichte hindurch durchaus *nicht* gestraft worden, *weil* man den Übelanstifter für seine Tat verantwortlich machte, also *nicht* unter der Voraussetzung, daß nur der Schuldige zu strafen sei – vielmehr, so wie jetzt noch Eltern ihre Kinder strafen, aus Zorn über einen erlittenen Schaden, der sich am Schädiger ausläßt – dieser Zorn aber in

Schranken gehalten und modifiziert durch die Idee, daß jeder Schaden irgendworin sein *Äquivalent* habe und wirklich abgezahlt werden könne, sei es selbst durch einen *Schmerz* des Schädigers. Woher diese uralte, tiefgewurzelte, vielleicht jetzt nicht mehr ausrottbare Idee ihre Macht genommen hat, die Idee einer Äquivalenz von Schaden und Schmerz? Ich habe es bereits verraten: in dem Vertragsverhältnis zwischen *Gläubiger* und *Schuldner*, das so alt ist, als es überhaupt »Rechtssubjekte« gibt, und seinerseits wieder auf die Grundformen von Kauf, Verkauf, Tausch, Handel und Wandel zurückweist.

5

Die Vergegenwärtigung dieser Vertragsverhältnisse weckt allerdings, wie es nach dem Voraus-Bemerkten von vornherein zu erwarten steht, gegen die ältere Menschheit, die sie schuf oder gestattete, mancherlei Verdacht und Widerstand. Hier gerade wird *versprochen*; hier gerade handelt es sich darum, dem, der verspricht, ein Gedächtnis zu *machen*; hier gerade, so darf man argwöhnen, wird eine Fundstätte für Hartes, Grausames, Peinliches sein. Der Schuldner, um Vertrauen für sein Versprechen der Zurückbezahlung einzuflößen, um eine Bürgschaft für den Ernst und die Heiligkeit seines Versprechens zu geben, um bei sich selbst die Zurückbezahlung als Pflicht, Verpflichtung seinem Gewissen einzuschärfen, verpfändet kraft eines Vertrags dem Gläubiger für den Fall, daß er nicht zahlt, etwas, das er sonst noch »besitzt«, über das er sonst noch Gewalt hat, zum Beispiel seinen Leib oder sein Weib oder seine Freiheit oder auch sein Leben (oder, unter bestimmten religiösen Voraussetzungen, selbst seine Seligkeit, sein Seelen-Heil, zuletzt gar den Frieden im Grabe: so in Ägypten, wo der Leichnam des Schuldners auch im Grabe vor dem Gläubiger keine Ruhe fand – es hatte allerdings gerade bei den Ägyptern auch etwas auf sich mit dieser Ruhe). Namentlich aber konnte der Gläubiger dem Leibe des Schuldners alle Arten Schmach und Folter antun, zum Beispiel so viel davon herunterschneiden, als der Größe der Schuld angemessen schien – und es gab frühzeitig und überall von diesem Gesichtspunkte aus genaue, zum Teil entsetzlich ins kleine und kleinste gehende Abschätzungen, *zurecht* bestehende Abschätzungen der einzelnen Glieder und Körperstellen. Ich nehme es bereits als Fortschritt, als Beweis freierer, größer rechnender, *römischerer* Rechtsauffassung, wenn die Zwölftafel-Gesetzgebung Roms dekretierte, es sei gleichgültig, wieviel oder wie wenig die Gläubiger in einem solchen Falle herunterschnitten *»si plus minusve secuerunt, ne fraude esto«*. Machen wir uns die Logik dieser ganzen Ausgleichsform klar: sie ist fremdartig genug. Die Äquivalenz ist damit gegeben, daß an Stelle eines gegen den Schaden direkt aufkommenden Vorteils (also an Stelle eines Ausgleichs in Geld, Land, Besitz irgendwelcher Art) dem Gläubiger eine Art *Wohlgefühl* als Rückzahlung und Ausgleich zugestanden wird – das Wohlgefühl, seine Macht an einem Machtlosen unbedenklich auslassen zu dürfen, die Wollust *»de faire le mal pour le plaisir de le faire«*, der Genuß in der Vergewaltigung: als welcher Genuß um so höher geschätzt wird, je tiefer und niedriger der Gläubiger in der Ordnung der Gesellschaft steht, und leicht ihm als köstlichster Bissen, ja als Vorgeschmack eines höheren Rangs erscheinen kann. Vermittelst der »Strafe« am Schuldner nimmt der Gläubiger an einem *Herren-Rechte* teil: endlich kommt auch er einmal zu dem erhebenden Gefühle, ein Wesen als ein »Unter-sich« verachten und mißhandeln zu dürfen – oder wenigstens, im Falle die eigentliche Strafgewalt, der Strafvollzug schon an die »Obrigkeit« übergegangen ist, es verachtet und mißhandelt zu *sehen*. Der Ausgleich besteht also in einem Anweis und Anrecht auf Grausamkeit. –

6

In *dieser* Sphäre, im Obligationen-Rechte also, hat die moralische Begriffswelt »Schuld«, »Gewissen«, »Pflicht«, »Heiligkeit der Pflicht« ihren Entstehungsherd – ihr Anfang ist, wie der Anfang alles Großen auf Erden, gründlich und lange mit Blut begossen worden. Und dürfte man nicht hinzufügen, daß jene Welt im Grunde einen gewissen Geruch von Blut und Folter niemals wieder ganz eingebüßt habe? (selbst beim alten Kant nicht: der kategorische Imperativ riecht nach Grausamkeit ...) Hier ebenfalls ist jene unheimliche und vielleicht unlösbar gewordne Ideen-Verhäkelung »Schuld und Leid« zuerst eingehäkelt worden. Nochmals gefragt: inwiefern kann Leiden eine Ausgleichung von »Schulden« sein? Insofern Leiden-*machen* im höchsten Grade wohltat, insofern der Geschädigte für den Nachteil, hinzugerechnet die Unlust über den Nachteil, einen außerordentlichen Gegen-Genuß eintauschte: das Leiden-*machen* – ein eigentliches *Fest*, etwas, das wie gesagt um so höher im Preise stand, je mehr es dem Range und der gesellschaftlichen Stellung des Gläubigers widersprach. Dies vermutungsweise gesprochen: denn solchen unterirdischen Dingen ist schwer auf den Grund zu sehn, abgesehn davon, daß es peinlich ist; und wer hier den Begriff der »Rache« plump dazwischenwirft, hat sich den Einblick eher noch verdeckt und verdunkelt als leichter gemacht (– Rache selbst führt ja eben auf das gleiche Problem zurück: »wie kann Leiden-machen eine Genugtuung sein?«). Es widersteht, wie mir scheint, der Delikatesse, noch mehr der Tartüfferie zahmer Haustiere (will sagen moderner Menschen, will sagen uns), es sich in aller Kraft vorstellig zu machen, bis zu welchem Grade die *Grausamkeit* die große Festfreude der älteren Menschheit ausmacht, ja als Ingredienz fast jeder ihrer Freuden zugemischt ist; wie naiv andrerseits, wie unschuldig ihr Bedürfnis nach Grausamkeit auftritt, wie grundsätzlich gerade die »uninteressierte Bosheit« (oder, mit Spinoza zu reden, die *sympathia malevolens*) von ihr als *normale* Eigenschaft des Menschen angesetzt wird –: somit als etwas, zu dem das Gewissen herzhaft *Ja sagt*! Für ein tieferes Auge wäre vielleicht auch jetzt noch genug von dieser ältesten und gründlichsten Festfreude des Menschen wahrzunehmen; im »Jenseits von Gut und Böse«: II, S. 83 ff. (früher schon in der »Morgenröte«) habe ich mit vorsichtigem Finger auf die immer wachsende Vergeistigung und »Vergöttlichung« der Grausamkeit hingezeigt, welche sich durch die ganze Geschichte der höheren Kultur hindurchzieht (und, in einem bedeutenden Sinne genommen, sie sogar ausmacht). Jedenfalls ist es noch nicht zu lange her, daß man sich fürstliche Hochzeiten und Volksfeste größten Stils ohne Hinrichtungen, Folterungen oder etwa ein Autodafé nicht zu denken wußte, insgleichen keinen vornehmen Haushalt ohne Wesen, an denen man unbedenklich seine Bosheit und grausame Neckerei auslassen konnte (– man erinnere sich etwa Don Quixotes am Hofe der Herzogin: wir lesen heute den ganzen Don Quixote mit einem bittren Geschmack auf der Zunge, fast mit einer Tortur, und würden damit seinem Urheber und dessen Zeitgenossen sehr fremd, sehr dunkel sein – sie lasen ihn mit allerbestem Gewissen als das heiterste der Bücher, sie lachten sich an ihm fast zu Tode). Leiden-sehn tut wohl, Leiden-machen noch wohler – das ist ein harter Satz, aber ein alter mächtiger menschlich-allzumenschlicher Hauptsatz, den übrigens vielleicht auch schon die Affen unterschreiben würden: denn man erzählt, daß sie im Ausdenken von bizarren Grausamkeiten den Menschen bereits reichlich ankündigen und gleichsam »vorspielen«. Ohne Grausamkeit kein Fest: so lehrt es die älteste, längste Geschichte des Menschen – und auch an der Strafe ist so viel *Festliches*! –

7

– Mit diesen Gedanken, nebenbei gesagt, bin ich durchaus nicht willens, unsren Pessimisten zu neuem Wasser auf ihre mißtönigen und knarrenden Mühlen des Lebensüberdrusses zu verhelfen; im Gegenteil soll ausdrücklich bezeugt sein, daß damals, als die Menschheit sich ihrer Grausamkeit noch nicht schämte, das Leben heiterer auf Erden war als jetzt, wo es Pessimisten gibt. Die Verdüsterung des Himmels über dem Menschen hat immer im Verhältnis dazu überhand genommen, als die Scham des Menschen *vor dem Menschen* gewachsen ist. Der müde pessimistische Blick, das Mißtrauen zum Rätsel des Lebens, das eisige Nein des Ekels am Leben – das sind nicht die Abzeichen der *bösesten* Zeitalter des Menschengeschlechts: sie treten vielmehr erst an das Tageslicht als die Sumpfpflanzen, die sie sind, wenn der Sumpf da ist, zu dem sie gehören – ich meine die krankhafte Verzärtlichung und Vermoralisierung, vermöge deren das Getier »Mensch« sich schließlich aller seiner Instinkte schämen lernt. Auf dem Wege zum »Engel« (um hier nicht ein härteres Wort zu gebrauchen) hat sich der Mensch jenen verdorbenen Magen und jene belegte Zunge angezüchtet, durch die ihm nicht nur die Freude und Unschuld des Tiers widerlich, sondern das Leben selbst unschmackhaft geworden ist – so daß er mitunter vor sich selbst mit zugehaltener Nase dasteht und mit Papst Innozenz dem Dritten mißbilligend den Katalog seiner Widerwärtigkeiten macht (»unreine Erzeugung, ekelhafte Ernährung im Mutterleibe, Schlechtigkeit des Stoffs, aus dem der Mensch sich entwickelt, scheußlicher Gestank, Absonderung von Speichel, Urin und Kot«). Jetzt, wo das Leiden immer als erstes unter den Argumenten *gegen* das Dasein aufmarschieren muß, als dessen schlimmstes Fragezeichen, tut man gut, sich der Zeiten zu erinnern, wo man umgekehrt urteilte, weil man das Leiden-*machen* nicht entbehren mochte und in ihm einen Zauber ersten Rangs, einen eigentlichen Verführungs-Köder *zum* Leben sah. Vielleicht tat damals – den Zärtlingen zum Trost gesagt – der Schmerz noch nicht so weh wie heute; wenigstens wird ein Arzt so schließen dürfen, der Neger (diese als Repräsentanten des vorgeschichtlichen Menschen genommen –) bei schweren inneren Entzündungsfällen behandelt hat, welche auch den bestorganisierten Europäer fast zur Verzweiflung bringen – bei Negern tun sie dies *nicht*. (Die Kurve der menschlichen Schmerzfähigkeit scheint in der Tat außerordentlich und fast plötzlich zu sinken, sobald man erst die oberen Zehn-Tausend oder Zehn-Millionen der Überkultur hinter sich hat; und ich für meine Person zweifle nicht, daß, gegen *eine* schmerzhafte Nacht eines einzigen hysterischen Bildungs-Weibchens gehalten, die Leiden aller Tiere insgesamt, welche bis jetzt zum Zweck wissenschaftlicher Antworten mit dem Messer befragt worden sind, einfach nicht in Betracht kommen.) Vielleicht ist es sogar erlaubt, die Möglichkeit zuzulassen, daß auch jene Lust an der Grausamkeit eigentlich nicht ausgestorben zu sein brauchte: nur bedürfte sie, im Verhältnis dazu, wie heute der Schmerz mehr wehtut, einer gewissen Sublimierung und Subtilisierung, sie müßte namentlich ins Imaginative und Seelische übersetzt auftreten und geschmückt mit lauter so unbedenklichen Namen, daß von ihnen her auch dem zartesten hypokritischen Gewissen kein Verdacht kommt (das »tragische Mitleiden« ist ein solcher Name; ein andrer ist *»les nostalgies de la croix«*). Was eigentlich gegen das Leiden empört, ist nicht das Leiden an sich, sondern das Sinnlose des Leidens: aber weder für den Christen, der in das Leiden eine ganze geheime Heils-Maschinerie hineininterpretiert hat, noch für den naiven Menschen älterer Zeiten, der alles Leiden sich in Hinsicht auf Zuschauer oder auf Leiden-Macher auszulegen verstand, gab es überhaupt ein solches *sinnloses* Leiden. Damit das verborgne, unentdeckte, zeugenlose Leiden aus der Welt geschafft und ehrlich negiert werden konnte, war man damals beinahe dazu genötigt, Götter zu erfinden und Zwischenwesen aller Höhe und Tiefe, kurz etwas, das auch im Verborgnen schweift, das auch im Dunklen sieht und das sich nicht leicht ein interessantes schmerzhaftes Schauspiel entgehen läßt. Mit Hilfe solcher Erfindungen nämlich verstand sich damals das Leben auf das Kunststück, auf das es sich immer verstanden hat, sich selbst zu rechtfertigen, sein »Übel« zu rechtfertigen; jetzt bedürfte es vielleicht dazu andrer Hilfs-Erfindungen (zum Beispiel Leben als Rätsel, Leben als Erkenntnisproblem). »Jedes Übel ist gerechtfertigt, an dessen Anblick ein Gott sich erbaut«: so klang die vorzeitliche Logik des Gefühls – und wirklich, war es nur die vorzeitliche? Die Götter als Freunde *grausamer* Schauspiele gedacht – o wie weit ragt diese uralte Vorstellung selbst noch in unsre europäische Vermenschlichung hinein! man mag hierüber etwa mit Calvin und Luther zu Rate gehn. Gewiß ist jedenfalls, daß noch die *Griechen* ihren Göttern keine angenehmere Zukost zu ihrem Glücke zu bieten wußten, als die Freuden der Grausamkeit. Mit welchen Augen glaubt ihr denn, daß Homer seine Götter auf die Schicksale der Menschen niederblicken ließ? Welchen letzten Sinn hatten im Grunde trojanische Kriege und ähnliche tragische Furchtbarkeiten? Man kann gar nicht daran zweifeln: sie waren als *Festspiele* für die Götter gemeint: und, insofern der Dichter darin mehr als die übrigen Menschen »göttlich« geartet ist, wohl auch als Festspiele für die Dichter... Nicht anders dachten sich später die Moral-Philosophen Griechenlands die Augen Gottes noch auf das moralische Ringen, auf den Heroismus und die Selbstquälerei des Tugendhaften herabblicken: der »Herakles der Pflicht« war auf einer Bühne, er wußte sich auch darauf; die Tugend ohne Zeugen war für dies Schauspieler-Volk etwas ganz Undenkbares. Sollte nicht jene so verwegene, so verhängnisvolle Philosophen-Erfindung, welche damals zuerst für Europa gemacht wurde, die vom »freien Willen«, von der absoluten Spontaneität des Menschen im Guten und im Bösen, nicht vor allem gemacht sein, um sich ein Recht zu der Vorstellung zu schaffen, daß das Interesse der Götter am Menschen, an der menschlichen Tugend *sich nie erschöpfen könne*? Auf dieser Erden-Bühne sollte es niemals an wirklich Neuem, an wirklich unerhörten Spannungen, Verwicklungen, Katastrophen gebrechen: eine vollkommen deterministisch gedachte Welt würde für Götter erratbar und folglich in Kürze auch ermüdend gewesen sein – Grund genug für diese *Freunde der Götter*, die Philosophen, ihren Göttern eine solche deterministische Welt nicht zuzumuten! Die ganze antike Menschheit ist voll von zarten Rücksichten auf »den Zuschauer«, als eine wesentlich öffentliche, wesentlich augenfällige Welt, die sich das Glück nicht ohne Schauspiele und Feste zu denken wußte. – Und, wie schon gesagt, auch an der großen *Strafe* ist so viel Festliches!...

8

Das Gefühl der Schuld, der persönlichen Verpflichtung, um den Gang unsrer Untersuchung wieder aufzunehmen, hat, wie wir sahen, seinen Ursprung in dem ältesten und ursprünglichsten Personen-Verhältnis, das es gibt, gehabt, in dem Verhältnis zwischen Käufer und Verkäufer, Gläubiger und Schuldner: hier trat zuerst Person gegen Person, hier *maß sich* zuerst Person an Person. Man hat keinen noch so niedren Grad von Zivilisation aufgefunden, in dem nicht schon etwas von diesem Verhältnisse bemerkbar würde. Preise machen, Werte abmessen, Äquivalente ausdenken, tauschen – das hat in einem solchen Maße das allererste Denken des Menschen präokkupiert, daß es in einem gewissen Sinne *das* Denken ist: hier ist die älteste Art Scharfsinn herangezüchtet worden, hier möchte ebenfalls der erste Ansatz des menschlichen Stolzes, seines Vorrangs-Gefühls in Hinsicht auf anderes Getier zu vermuten sein. Vielleicht drückt noch unser Wort »Mensch« (*manas*) gerade etwas von *diesem* Selbstgefühl aus: der Mensch bezeichnete sich als das Wesen, welches Werte mißt, wertet und mißt als das »abschätzende Tier an sich«. Kauf und Verkauf, samt ihrem psychologischen Zubehör, sind älter als selbst die Anfänge irgendwelcher gesellschaftlichen Organisationsformen und Verbände: aus der rudimentärsten Form des Personen-Rechts hat sich vielmehr das keimende Gefühl von Tausch, Vertrag, Schuld, Recht, Verpflichtung, Ausgleich erst auf die gröbsten und anfänglichsten Gemeinschafts-Komplexe (in deren Verhältnis zu ähnlichen Komplexen) *übertragen*, zugleich mit der Gewohnheit, Macht an Macht zu vergleichen, zu messen, zu berechnen. Das Auge war nun einmal für diese Perspektive eingestellt: und mit jener plumpen Konsequenz, die dem schwerbeweglichen, aber dann unerbittlich in gleicher Richtung weitergehenden Denken der älteren Menschheit eigentümlich ist, langte man alsbald bei der großen Verallgemeinerung an »jedes Ding hat seinen Preis; *alles* kann abgezahlt werden« – dem ältesten und naivsten Moral-Kanon der *Gerechtigkeit*, dem Anfange aller »Gutmütigkeit«, aller »Billigkeit«, alles »guten Willens«, aller »Objektivität« auf Erden. Gerechtigkeit auf dieser ersten Stufe ist der gute Wille unter ungefähr Gleichmächtigen, sich miteinander abzufinden, sich durch einen Ausgleich wieder zu »verständigen« – und, in bezug auf weniger Mächtige, diese unter sich zu einem Ausgleich zu *zwingen*. –

9

Immer mit dem Maße der Vorzeit gemessen (welche Vorzeit übrigens zu allen Zeiten da ist oder wieder möglich ist): so steht auch das Gemeinwesen zu seinen Gliedern in jenem wichtigen Grundverhältnisse, dem des

Gläubigers zu seinen Schuldnern. Man lebt in einem Gemeinwesen, man genießt die Vorteile eines Gemeinwesens (o was für Vorteile! wir unterschätzen es heute mitunter), man wohnt geschützt, geschont, im Frieden und Vertrauen, sorglos in Hinsicht auf gewisse Schädigungen und Feindseligkeiten, denen der Mensch *außerhalb*, der »Friedlose«, ausgesetzt ist – ein Deutscher versteht, was »Elend«, *êlend* ursprünglich besagen will –, wie man sich gerade in Hinsicht auf diese Schädigungen und Feindseligkeiten der Gemeinde verpfändet und verpflichtet hat. Was wird *im andren Fall* geschehn? Die Gemeinschaft, der getäuschte Gläubiger, wird sich bezahlt machen, so gut er kann, darauf darf man rechnen. Es handelt sich hier am wenigsten um den unmittelbaren Schaden, den der Schädiger angestiftet hat: von ihm noch abgesehn, ist der Verbrecher vor allem ein »Brecher«, ein Vertrags- und Wortbrüchiger *gegen das Ganze,* in bezug auf alle Güter und Annehmlichkeiten des Gemeinlebens, an denen er bis dahin Anteil gehabt hat. Der Verbrecher ist ein Schuldner, der die ihm erwiesenen Vorteile und Vorschüsse nicht nur nicht zurückzahlt, sondern sich sogar an seinem Gläubiger vergreift: daher geht er von nun an, wie billig, nicht nur aller dieser Güter und Vorteile verlustig – er wird vielmehr jetzt daran erinnert, *was es mit diesen Gütern auf sich hat.* Der Zorn des geschädigten Gläubigers, des Gemeinwesens, gibt ihn dem wilden und vogelfreien Zustande wieder zurück, vor dem er bisher behütet war: es stößt ihn von sich – und nun darf sich jede Art Feindseligkeit an ihm auslassen. Die »Strafe« ist auf dieser Stufe der Gesittung einfach das Abbild, der *Mimus* des normalen Verhaltens gegen den gehaßten, wehrlos gemachten, niedergeworfnen Feind, der nicht nur jedes Rechtes und Schutzes, sondern auch jeder Gnade verlustig gegangen ist; also das Kriegsrecht und Siegesfest des *Vae victis!* in aller Schonungslosigkeit und Grausamkeit – woraus es sich erklärt, daß der Krieg selbst (eingerechnet der kriegerische Opferkult) alle die *Formen* hergegeben hat, unter denen die Strafe in der Geschichte auftritt.

10

Mit erstarkender Macht nimmt ein Gemeinwesen die Vergehungen des einzelnen nicht mehr so wichtig, weil sie ihm nicht mehr in gleichem Maße wie früher für das Bestehn des Ganzen als gefährlich und umstürzend gelten dürfen: der Übeltäter wird nicht mehr »friedlos gelegt« und ausgestoßen, der allgemeine Zorn darf sich nicht mehr wie früher dermaßen zügellos an ihm auslassen – vielmehr wird von nun an der Übeltäter gegen diesen Zorn, sonderlich den der unmittelbar Geschädigten, vorsichtig von seiten des Ganzen verteidigt und in Schutz genommen. Der Kompromiß mit dem Zorn der zunächst durch die Übeltat Betroffenen; ein

Bemühen darum, den Fall zu lokalisieren und einer weiteren oder gar allgemeinen Beteiligung und Beunruhigung vorzubeugen; Versuche, Äquivalente zu finden und den ganzen Handel beizulegen (die *compositio*); vor allem der immer bestimmter auftretende Wille, jedes Vergehn als in irgendeinem Sinne *abzahlbar* zu nehmen, also, wenigstens bis zu einem gewissen Maße, den Verbrecher und seine Tat voneinander zu *isolieren* – das sind die Züge, die der ferneren Entwicklung des Strafrechts immer deutlicher aufgeprägt sind. Wächst die Macht und das Selbstbewußtsein eines Gemeinwesens, so mildert sich immer auch das Strafrecht; jede Schwächung und tiefere Gefährdung von jenem bringt dessen härtere Formen wieder ans Licht. Der »Gläubiger« ist immer in dem Grade menschlicher geworden, als er reicher geworden ist; zuletzt ist es selbst das *Maß* seines Reichtums, wieviel Beeinträchtigung er aushalten kann, ohne daran zu leiden. Es wäre ein *Machtbewußtsein* der Gesellschaft nicht undenkbar, bei dem sie sich den vornehmsten Luxus gönnen dürfte, den es für sie gibt – ihren Schädiger *straflos* zu lassen. »Was gehen mich eigentlich meine Schmarotzer an?« dürfte sie dann sprechen. »Mögen sie leben und gedeihen: dazu bin ich noch stark genug!« ... Die Gerechtigkeit, welche damit anhob »alles ist abzahlbar, alles muß abgezahlt werden«, endet damit, durch die Finger zu sehn und den Zahlungsunfähigen laufen zu lassen – sie endet wie jedes gute Ding auf Erden, *sich selbst aufhebend*. Diese Selbstaufhebung der Gerechtigkeit: man weiß, mit welch schönem Namen sie sich nennt – *Gnade*; sie bleibt, wie sich von selbst versteht, das Vorrecht des Mächtigsten, besser noch, sein Jenseits des Rechts.

11

– Hier ein ablehnendes Wort gegen neuerdings hervorgetretene Versuche, den Ursprung der Gerechtigkeit auf einem ganz andren Boden zu suchen – nämlich auf dem des Ressentiment. Den Psychologen voran ins Ohr gesagt, gesetzt daß sie Lust haben sollten, das Ressentiment selbst einmal aus der Nähe zu studieren: diese Pflanze blüht jetzt am schönsten unter Anarchisten und Antisemiten, übrigens so wie sie immer geblüht hat, im Verborgnen, dem Veilchen gleich, wenn schon mit andrem Duft. Und wie aus Gleichem notwendig immer Gleiches hervorgehn muß, so wird es nicht überraschen, gerade wieder aus solchen Kreisen Versuche hervorgehen zu sehn, wie sie schon öfter dagewesen sind – vergleiche oben Seite 201 –, die *Rache* unter dem Namen der *Gerechtigkeit* zu heiligen – wie als ob Gerechtigkeit im Grunde nur eine Fortentwicklung vom Gefühle des Verletzt-seins wäre – und mit der Rache die *reaktiven* Affekte überhaupt und allesamt nachträglich zu Ehren zu bringen. An letzterem selbst würde ich am wenigsten Anstoß nehmen: es schiene mir sogar in

Hinsicht auf das ganze biologische Problem (in bezug auf welches der Wert jener Affekte bisher unterschätzt worden ist) ein *Verdienst.* Worauf ich allein aufmerksam mache, ist der Umstand, daß es der Geist des Ressentiment selbst ist, aus dem diese neue Nuance von wissenschaftlicher Billigkeit (zugunsten von Haß, Neid, Mißgunst, Argwohn, Rankúne, Rache) herauswächst. Diese »wissenschaftliche Billigkeit« nämlich pausiert sofort und macht Akzenten tödlicher Feindschaft und Voreingenommenheit Platz, sobald es sich um eine andre Gruppe von Affekten handelt, die, wie mich dünkt, von einem noch viel höheren biologischen Werte sind als jene reaktiven und folglich erst recht verdienten, *wissenschaftlich* abgeschätzt und hochgeschätzt zu werden: nämlich die eigentlich *aktiven* Affekte, wie Herrschsucht, Habsucht und dergleichen. (E. Dühring, »Wert des Lebens«; »Kursus der Philosophie«; im Grunde überall.) So viel gegen diese Tendenz im allgemeinen: was aber gar den einzelnen Satz Dührings angeht, daß die Heimat der Gerechtigkeit auf dem Boden des reaktiven Gefühls zu suchen sei, so muß man ihm, der Wahrheit zuliebe, mit schroffer Umkehrung diesen andren Satz entgegenstellen: der *letzte* Boden, der vom Geiste der Gerechtigkeit erobert wird, ist der Boden des reaktiven Gefühls! Wenn es wirklich vorkommt, daß der gerechte Mensch gerecht sogar gegen seine Schädiger bleibt (und nicht nur kalt, maßvoll, fremd, gleichgültig: Gerecht-sein ist immer ein *positives* Verhalten), wenn sich selbst unter dem Ansturz persönlicher Verletzung, Verhöhnung, Verdächtigung die hohe, klare, ebenso tief als mildblickende Objektivität des gerechten, des *richtenden* Auges nicht trübt, nun, so ist das ein Stück Vollendung und höchster Meisterschaft auf Erden – sogar etwas, das man hier klugerweise nicht erwarten, woran man jedenfalls nicht gar zu leicht *glauben* soll. Gewiß ist durchschnittlich, daß selbst bei den rechtschaffensten Personen schon eine kleine Dosis von Angriff, Bosheit, Insinuation genügt, um ihnen das Blut in die Augen und die Billigkeit *aus* den Augen zu jagen. Der aktive, der angreifende, übergreifende Mensch ist immer noch der Gerechtigkeit hundert Schritte näher gestellt als der reaktive; es ist eben für ihn durchaus nicht nötig, in der Art, wie es der reaktive Mensch tut, tun muß, sein Objekt falsch und voreingenommen abzuschätzen. Tatsächlich hat deshalb zu allen Zeiten der aggressive Mensch, als der Stärkere, Mutigere, Vornehmere, auch das *freiere* Auge, das *bessere* Gewissen auf seiner Seite gehabt: umgekehrt errät man schon, wer überhaupt die Erfindung des »schlechten Gewissens« auf dem Gewissen hat – der Mensch des Ressentiment! Zuletzt sehe man sich doch in der Geschichte um: in welcher Sphäre ist denn bisher überhaupt die ganze Handhabung des Rechts, auch das eigentliche Bedürfnis nach Recht auf Erden heimisch gewesen? Etwa in der Sphäre der reaktiven Menschen? Ganz und gar nicht: vielmehr in der der Aktiven, Starken, Spontanen, Aggressiven. Historisch betrachtet, stellt das Recht auf Erden – zum Verdruß des genannten Agitators sei es gesagt (der selber einmal über sich das Bekenntnis ablegt: »die Rachelehre hat sich als der rote Gerechtigkeitsfaden durch alle meine Arbeiten und Anstrengungen hindurchgezogen«) – den Kampf gerade *wider* die reaktiven Gefühle vor, den Krieg mit denselben seitens aktiver und aggressiver Mächte, welche ihre Stärke zum Teil dazu verwendeten, der Ausschweifung des reaktiven Pathos Halt und Maß zu gebieten und einen Vergleich zu erzwingen. Überall, wo Gerechtigkeit geübt, Gerechtigkeit aufrechterhalten wird, sieht man eine stärkere Macht in bezug auf ihr unterstehende Schwächere (seien es Gruppen, seien es einzelne) nach Mitteln suchen, unter diesen dem unsinnigen Wüten des Ressentiment ein Ende zu machen, indem sie teils das Objekt des Ressentiment aus den Händen der Rache herauszieht, teils an Stelle der Rache ihrerseits den Kampf gegen die Feinde des Friedens und der Ordnung setzt, teils Ausgleiche erfindet, vorschlägt, unter Umständen aufnötigt, teils gewisse Äquivalente von Schädigungen zur Norm erhebt, an welche von nun an das Ressentiment ein für allemal gewiesen ist. Das Entscheidendste aber, was die oberste Gewalt gegen die Übermacht der Gegen- und Nachgefühle tut und durchsetzt – sie tut es immer, sobald sie irgendwie stark genug dazu ist –, ist die Aufrichtung des *Gesetzes*, die imperativische Erklärung darüber, was überhaupt unter ihren Augen als erlaubt, als recht, was als verboten, als unrecht zu gelten habe: indem sie nach Aufrichtung des Gesetzes Übergriffe und Willkür-Akte einzelner oder ganzer Gruppen als Frevel am Gesetz, als Auflehnung gegen die oberste Gewalt selbst behandelt, lenkt sie das Gefühl ihrer Untergebenen von dem nächsten durch solche Frevel angerichteten Schaden ab und erreicht damit auf die Dauer das Umgekehrte von dem, was alle Rache will, welche den Gesichtspunkt des Geschädigten allein sieht, allein gelten läßt –: von nun an wird das Auge für eine immer *unpersönlichere* Abschätzung der Tat eingeübt, sogar das Auge des Geschädigten selbst (obschon dies am allerletzten, wie voran bemerkt wurde). – Demgemäß gibt es erst von der Aufrichtung des Gesetzes an »Recht« und »Unrecht« (und *nicht*, wie Dühring will, von dem Akte der Verletzung an). *An sich* von Recht und Unrecht reden entbehrt alles Sinns; *an sich* kann natürlich ein Verletzen, Vergewaltigen, Ausbeuten, Vernichten nichts »Unrechtes« sein, insofern das Leben *essentiell*, nämlich in seinen Grundfunktionen verletzend, vergewaltigend, ausbeutend, vernichtend fungiert und gar nicht gedacht werden kann ohne diesen Charakter. Man muß sich sogar noch etwas Bedenklicheres eingestehn: daß, vom höchsten biologischen Standpunkte aus, Rechtszustände immer nur *Ausnahme-Zustände* sein dürfen, als teilweise Restriktionen des eigentlichen Lebenswillens, der auf Macht aus ist, und sich dessen Gesamtzwecke als Einzelmittel unterordnend: nämlich als Mittel, *größere* Macht-Einheiten zu schaffen. Eine Rechtsordnung souverän und allgemein gedacht, nicht als Mittel im Kampf von Macht-Komplexen, sondern als Mittel *gegen* allen Kampf überhaupt, etwa gemäß der Kommunisten-Schablone Dührings, daß jeder Wille jeden Willen als gleich zu nehmen habe, wäre ein *lebensfeindliches* Prinzip, eine Zerstörerin und Auflöserin des Menschen, ein Attentat auf die Zukunft des Menschen, ein Zeichen von Ermüdung, ein Schleichweg zum Nichts. –

12

Hier noch ein Wort über Ursprung und Zweck der Strafe – zwei Probleme, die auseinanderfallen oder -fallen sollten: leider wirft man sie gewöhnlich in eins. Wie treiben es doch die bisherigen Moral-Genealogen in diesem Falle? Naiv, wie sie es immer getrieben haben –: sie machen irgendeinen »Zweck« in der Strafe ausfindig, zum Beispiel Rache oder Abschreckung, setzen dann arglos diesen Zweck an den Anfang, als *causa fiendi* der Strafe, und – sind fertig. Der »Zweck im Rechte« ist aber zuallerletzt für die Entstehungsgeschichte des Rechts zu verwenden: vielmehr gibt es für alle Art Historie gar keinen wichtigeren Satz als jenen, der mit solcher Mühe errungen ist, aber auch wirklich errungen *sein sollte* – daß nämlich die Ursache der Entstehung eines Dings und dessen schließliche Nützlichkeit, dessen tatsächliche Verwendung und Einordnung in ein System von Zwecken *toto coelo* auseinander liegen; daß etwas Vorhandenes, irgendwie Zustande-Gekommenes immer wieder von einer ihm überlegnen Macht auf neue Absichten ausgelegt, neu in Beschlag genommen, zu einem neuen Nutzen umgebildet und umgerichtet wird; daß alles Geschehen in der organischen Welt ein *Überwältigen, Herrwerden* und daß wiederum alles Überwältigen und Herr-werden ein Neu-Interpretieren, ein Zurechtmachen ist, bei dem der bisherige »Sinn« und »Zweck« notwendig verdunkelt oder ganz ausgelöscht werden muß. Wenn man die *Nützlichkeit* von irgendwelchem physiologischen Organ (oder auch einer Rechts-Institution, einer gesellschaftlichen Sitte, eines politischen Brauchs, einer Form in den Künsten oder im religiösen Kultus) noch so gut begriffen hat, so hat man damit noch nichts in betreff seiner Entstehung begriffen: so unbequem und unangenehm dies älteren Ohren klingen mag – denn von alters her hatte man in dem nachweisbaren Zwecke, in der Nützlichkeit eines Dings, einer Form, einer Einrichtung auch deren Entstehungsgrund zu begreifen geglaubt, das Auge als gemacht zum Sehen, die Hand als gemacht zum Greifen. So hat man sich auch die Strafe vorgestellt als erfunden zum Strafen Aber alle Zwecke, alle Nützlichkeiten sind nur *Anzeichen* davon, daß ein Wille zur Macht über etwas weniger Mächtiges Herr geworden ist und ihm von sich aus den Sinn einer Funktion aufgeprägt hat; und die ganze Geschichte eines »Dings«, eines Organs, eines Brauchs kann dergestalt eine fortgesetzte

Zeichen-Kette von immer neuen Interpretationen und Zurechtmachungen sein, deren Ursachen selbst unter sich nicht im Zusammenhange zu sein brauchen, vielmehr unter Umständen sich bloß zufällig hintereinander folgen und ablösen. »Entwicklung« eines Dings, eines Brauchs, eines Organs ist demgemäß nichts weniger als sein *progressus* auf ein Ziel hin, noch weniger ein logischer und kürzester, mit dem kleinsten Aufwand von Kraft und Kosten erreichter *progressus* – sondern die Aufeinanderfolge von mehr oder minder tiefgehenden, mehr oder minder voneinander unabhängigen, an ihm sich abspielenden Überwältigungsprozessen, hinzugerechnet die dagegen jedesmal aufgewendeten Widerstände, die versuchten Form-Verwandlungen zum Zweck der Verteidigung und Reaktion, auch die Resultate gelungener Gegenaktionen. Die Form ist flüssig, der »Sinn« ist es aber noch mehr ... Selbst innerhalb jedes einzelnen Organismus steht es nicht anders: mit jedem wesentlichen Wachstum des Ganzen verschiebt sich auch der »Sinn« der einzelnen Organe – unter Umständen kann deren teilweises Zu-Grunde-gehn, deren Zahl-Verminderung (zum Beispiel durch Vernichtung der Mittelglieder) ein Zeichen wachsender Kraft und Vollkommenheit sein. Ich wollte sagen: auch das teilweise *Unnützlich-werden*, das Verkümmern und Entarten, das Verlustig-gehn von Sinn und Zweckmäßigkeit, kurz der Tod gehört zu den Bedingungen des wirklichen *progressus*: als welcher immer in Gestalt eines Willens und Wegs zu *größerer Macht* erscheint und immer auf Unkosten zahlreicher kleinerer Mächte durchgesetzt wird. Die Größe eines »Fortschritts« *bemißt* sich sogar nach der Masse dessen, was ihm alles geopfert werden mußte; die Menschheit als Masse dem Gedeihen einer einzelnen *stärkeren* Spezies Mensch geopfert – das *wäre* ein Fortschritt ... Ich hebe diesen Haupt-Gesichtspunkt der historischen Methodik hervor, um so mehr als er im Grunde dem gerade herrschenden Instinkte und Zeitgeschmack entgegengeht, welcher lieber sich noch mit der absoluten Zufälligkeit, ja mechanistischen Unsinnigkeit alles Geschehens vertragen würde, als mit der Theorie eines in allem Geschehen sich abspielenden *Macht-Willens*. Die demokratische Idiosynkrasie gegen alles, was herrscht und herrschen will, der moderne *Misarchismus* (um ein schlechtes Wort für eine schlechte Sache zu bilden) hat sich allmählich dermaßen ins Geistige, Geistigste umgesetzt und verkleidet, daß er heute Schritt für Schritt bereits in die strengsten, anscheinend objektivsten Wissenschaften eindringt, eindringen *darf*; ja er scheint mir schon über die ganze Physiologie und Lehre vom Leben Herr geworden zu sein, zu ihrem Schaden, wie sich von selbst versteht, indem er ihr einen Grundbegriff, den der eigentlichen *Aktivität*, eskamotiert hat. Man stellt dagegen unter dem Druck jener Idiosynkrasie die »Anpassung« in den Vordergrund, das heißt eine Aktivität zweiten Ranges, eine bloße Reaktivität, ja man hat das Leben selbst als eine immer zweckmäßigere innere Anpassung an äußere Umstände definiert (Herbert Spencer). Damit ist aber das Wesen des Lebens verkannt, sein *Wille zur Macht*; damit ist der prinzipielle Vorrang übersehn, den die spontanen, angreifenden, übergreifenden, neu-auslegenden, neu-richtenden und gestaltenden Kräfte haben, auf deren Wirkung erst die »Anpassung« folgt; damit ist im Organismus selbst die herrschaftliche Rolle der höchsten Funktionäre abgeleugnet, in denen der Lebenswille aktiv und formgebend erscheint. Man erinnert sich, was Huxley Spencer zum Vorwurf gemacht hat – seinen »administrativen Nihilismus«: aber es handelt sich noch um *mehr* als ums »Administrieren« ...

13

– Man hat also, um zur Sache, nämlich zur *Strafe* zurückzukehren, zweierlei an ihr zu unterscheiden: einmal das relativ *Dauerhafte* an ihr, den Brauch, den Akt, das »Drama«, eine gewisse strenge Abfolge von Prozeduren, andrerseits das *Flüssige* an ihr, den Sinn, den Zweck, die Erwartung, welche sich an die Ausführung solcher Prozeduren knüpft. Hierbei wird ohne weiteres vorausgesetzt, *per analogiam*, gemäß dem eben entwickelten Hauptgesichtspunkte der historischen Methodik, daß die Prozedur selbst etwas Älteres, Früheres als ihre Benützung zur Strafe sein wird, daß letztere erst in die (längst vorhandene, aber in einem anderen Sinne übliche) Prozedur *hineingelegt*, hineingedeutet worden ist, kurz, daß es *nicht* so steht, wie unsre naiven Moral- und Rechtsgenealogen bisher annahmen, welche sich allesamt die Prozedur *erfunden* dachten zum Zweck der Strafe, so wie man sich ehemals die Hand erfunden dachte zum Zweck des Greifens. Was nun jenes andre Element an der Strafe betrifft, das flüssige, ihren »Sinn«, so stellt in einem sehr späten Zustande der Kultur (zum Beispiel im heutigen Europa) der Begriff »Strafe« in der Tat gar nicht mehr *einen* Sinn vor, sondern eine ganze Synthesis von »Sinnen«: die bisherige Geschichte der Strafe überhaupt, die Geschichte ihrer Ausnützung zu den verschiedensten Zwecken, kristallisiert sich zuletzt in eine Art von Einheit, welche schwer löslich, schwer zu analysieren und, was man hervorheben muß, ganz und gar *undefinierbar* ist. (Es ist heute unmöglich, bestimmt zu sagen, *warum* eigentlich gestraft wird: alle Begriffe, in denen sich ein ganzer Prozeß semiotisch zusammenfaßt, entziehn sich der Definition; definierbar ist nur das, was keine Geschichte hat.) In einem früheren Stadium erscheint dagegen jene Synthesis von »Sinnen« noch löslicher, auch noch verschiebbarer; man kann noch wahrnehmen, wie für jeden einzelnen Fall die Elemente der Synthesis ihre Wertigkeit verändern und sich demgemäß umordnen, so daß bald dies, bald jenes Element auf Kosten der übrigen hervortritt und dominiert, ja unter Umständen ein Element (etwa der Zweck der Abschreckung) den ganzen Rest von Elementen aufzuheben scheint. Um wenigstens eine Vorstellung davon zu geben, wie unsicher, wie nachträglich, wie akzidentiell »der Sinn« der Strafe ist, und wie ein und dieselbe Prozedur auf grundverschiedne Absichten hin benützt, gedeutet, zurechtgemacht werden kann: so stehe hier das Schema, das sich mir selbst auf Grund eines verhältnismäßig kleinen und zufälligen Materials ergeben hat. Strafe als Unschädlichmachen, als Verhinderung weiteren Schädigens. Strafe als Abzahlung des Schadens an den Geschädigten, in irgendeiner Form (auch in der einer Affekt-Kompensation). Strafe als Isolierung einer Gleichgewichts-Störung, um ein Weitergreifen der Störung zu verhüten. Strafe als Furcht-einflößen vor denen, welche die Strafe bestimmen und exekutieren. Strafe als eine Art Ausgleich für die Vorteile, welche der Verbrecher bis dahin genossen hat (zum Beispiel wenn er als Bergwerkssklave nutzbar gemacht wird). Strafe als Ausscheidung eines entartenden Elementes (unter Umständen eines ganzen Zweigs, wie nach chinesischem Rechte: somit als Mittel zur Reinerhaltung der Rasse oder zur Festhaltung eines sozialen Typus). Strafe als Fest, nämlich als Vergewaltigung und Verhöhnung eines endlich niedergeworfnen Feindes. Strafe als ein Gedächtnis-machen, sei es für den, der die Strafe erleidet – die sogenannte »Besserung«, sei es für die Zeugen der Exekution. Strafe als Zahlung eines Honorars, ausbedungen seitens der Macht, welche den Übeltäter vor den Ausschweifungen der Rache schützt. Strafe als Kompromiß mit dem Naturzustand der Rache, sofern letzterer durch mächtige Geschlechter noch aufrechterhalten und als Privilegium in Anspruch genommen wird. Strafe als Kriegserklärung und Kriegsmaßregel gegen einen Feind des Friedens, des Gesetzes, der Ordnung, der Obrigkeit, den man als gefährlich für das Gemeinwesen, als vertragsbrüchig in Hinsicht auf dessen Voraussetzungen, als einen Empörer, Verräter und Friedensbrecher bekämpft, mit Mitteln, wie sie eben der Krieg an die Hand gibt. –

14

Diese Liste ist gewiß nicht vollständig; ersichtlich ist die Strafe mit Nützlichkeiten aller Art überladen. Um so eher darf man von ihr eine *vermeintliche* Nützlichkeit in Abzug bringen, die allerdings im populären Bewußtsein als ihre wesentlichste gilt – der Glaube an die Strafe, der heute aus mehreren Gründen wackelt, findet gerade an ihr immer noch seine kräftigste Stütze. Die Strafe soll den Wert haben, das *Gefühl der Schuld* im Schuldigen aufzuwecken, man sucht in ihr das eigentliche *instrumentum* jener seelischen Reaktion, welche »schlechtes Gewissen«, »Gewissensbiß« genannt wird. Aber damit vergreift man sich selbst für heute noch an der Wirklichkeit und der Psychologie: und wieviel mehr für die längste Geschichte des Menschen, seine Vorgeschichte! Der echte Gewissensbiß ist gerade unter Verbrechern und Sträflingen etwas äußerst Seltnes, die Gefängnisse, die Zuchthäuser sind *nicht* die Brutstätten, an denen diese Spezies von Nagewurm mit Vorliebe gedeiht – darin kommen alle gewissenhaften Beobachter überein, die in vielen Fällen ein derartiges Urteil ungern genug und wider die eigensten Wünsche abgeben. Ins große gerechnet, härtet und kältet die Strafe ab; sie konzentriert; sie verschärft das Gefühl der Entfremdung; sie stärkt die Widerstandskraft. Wenn es vorkommt, daß sie die Energie zerbricht und eine erbärmliche Prostration und Selbsterniedrigung zuwege bringt, so ist ein solches Ergebnis sicherlich noch weniger erquicklich als die durchschnittliche Wirkung der Strafe: als welche sich durch einen trocknen düsteren Ernst charakterisiert. Denken wir aber gar an jene Jahrtausende *vor* der Geschichte des Menschen, so darf man unbedenklich urteilen, daß gerade durch die Strafe die Entwicklung des Schuldgefühls am kräftigsten *aufgehalten* worden ist – wenigstens in Hinsicht auf die Opfer, an denen sich die strafende Gewalt ausließ Unterschätzen wir nämlich nicht, inwiefern der Verbrecher gerade durch den Anblick der gerichtlichen und vollziehenden Prozeduren selbst verhindert wird, seine Tat, die Art seiner Handlung *an sich* als verwerflich zu empfinden: denn er sieht genau die gleiche Art von Handlungen im Dienst der Gerechtigkeit verübt und dann gutgeheißen, mit gutem Gewissen verübt: also Spionage, Überlistung, Bestechung, Fallenstellen, die ganze kniffliche und durchtriebene Polizisten- und Anklägerkunst, sodann das grundsätzliche, selbst nicht durch den Affekt entschuldigte Berauben, Überwältigen, Beschimpfen, Gefangennehmen, Foltern, Morden, wie es in den verschiednen Arten der Strafe sich ausprägt – alles somit von seinen Richtern keineswegs *an sich* verworfene und verurteilte Handlungen, sondern nur in einer gewissen Hinsicht und Nutzanwendung. Das »schlechte Gewissen«, diese unheimlichste und interessanteste Pflanze unsrer irdischen Vegetation, ist *nicht* auf diesem Boden gewachsen – in der Tat drückte sich im Bewußtsein der Richtenden, der Strafenden selbst die längste Zeit hindurch *nichts* davon aus, daß man mit einem »Schuldigen« zu tun habe. Sondern mit einem Schaden-Anstifter, mit einem unverantwortlichen Stück Verhängnis. Und der selber, über den nachher die Strafe, wiederum wie ein Stück Verhängnis, herfiel, hatte dabei keine andre »innere Pein«, als wie beim plötzlichen Eintreten von etwas Unberechnetem, eines schrecklichen Naturereignisses, eines herabstürzenden, zermalmenden Felsblocks, gegen den es keinen Kampf mehr gibt.

15

Dies kam einmal auf eine verfängliche Weise Spinoza zum Bewußtsein (zum Verdruß seiner Ausleger, welche sich ordentlich darum *bemühen*, ihn an dieser Stelle mißzuverstehn, zum Beispiel Kuno Fischer), als er eines Nachmittags, wer weiß, an was für einer Erinnerung sich reibend, der Frage nachhing, was eigentlich für ihn selbst von dem berühmten *morsus conscientiae* übriggeblieben sei – er, der Gut und Böse unter die menschlichen Einbildungen verwiesen und mit Ingrimm die Ehre seines »freien« Gottes gegen jene Lästerer verteidigt hatte, deren Behauptung dahin ging, Gott wirke alles *sub ratione boni* (»das aber hieße Gott dem Schicksale unterwerfen und wäre fürwahr die größte aller Ungereimtheiten« –). Die Welt war für Spinoza wieder in jene Unschuld zurückgetreten, in der sie vor der Erfindung des schlechten Gewissens dalag: was war damit aus dem *morsus conscientiae* geworden? »Der Gegensatz des *gaudium*«, sagte er sich endlich – »eine Traurigkeit, begleitet von der Vorstellung einer vergangnen Sache, die gegen alles Erwarten ausgefallen ist.« *Eth. III propos. XVIII schol. I. II. Nicht anders als Spinoza* haben die von der Strafe ereilten Übel-Anstifter jahrtausendelang in betreff ihres »Vergehens« empfunden: »hier ist etwas unvermutet schiefgegangen«, *nicht*: »das hätte ich nicht tun sollen« –, sie unterwarfen sich der Strafe, wie man sich einer Krankheit oder einem Unglücke oder dem Tode unterwirft, mit jenem beherzten Fatalismus ohne Revolte, durch den zum Beispiel heute noch die Russen in der Handhabung des Lebens gegen uns Westländer im Vorteil sind. Wenn es damals eine Kritik der Tat gab, so war es die Klugheit, die an der Tat Kritik übte: ohne Frage müssen wir die eigentliche *Wirkung* der Strafe vor allem in einer Verschärfung der Klugheit suchen, in einer Verlängerung des Gedächtnisses, in einem Willen fürderhin vorsichtiger, mißtrauischer, heimlicher zu Werke zu gehn, in der Einsicht, daß man für vieles ein für allemal zu schwach sei, in einer Art Verbesserung der Selbstbeurteilung. Das, was durch die Strafe im großen erreicht werden kann, bei Mensch und Tier, ist die Vermehrung der Furcht, die Verschärfung der Klugheit, die Bemeisterung der Begierden: damit *zähmt* die Strafe den Menschen, aber sie macht ihn nicht »besser« – man dürfte mit mehr Recht noch das Gegenteil behaupten. (»Schaden macht klug«, sagt das Volk: soweit er klug macht, machte er auch schlecht. Glücklicherweise macht er oft genug dumm.)

16

An dieser Stelle ist es nun nicht mehr zu umgehn, meiner eignen Hypothese über den Ursprung des »schlechten Gewissens« zu einem ersten vorläufigen Ausdrucke zu verhelfen: sie ist nicht leicht zu Gehör zu bringen und will lange bedacht, bewacht und beschlafen sein. Ich nehme das schlechte Gewissen als die tiefe Erkrankung, welcher der Mensch unter dem Druck jener gründlichsten aller Veränderungen verfallen mußte, die er überhaupt erlebt hat – jener Veränderung, als er sich endgültig in den Bann der Gesellschaft und des Friedens eingeschlossen fand. Nicht anders als es den Wassertieren ergangen sein muß, als sie gezwungen wurden, entweder Landtiere zu werden oder zugrunde zu gehn, so ging es diesen der Wildnis, dem Kriege, dem Herumschweifen, dem Abenteuer glücklich angepaßten Halbtieren – mit einem Male waren alle ihre Instinkte entwertet und »ausgehängt«. Sie sollten nunmehr auf den Füßen gehn und »sich selber tragen«, wo sie bisher vom Wasser getragen wurden: eine entsetzliche Schwere lag auf ihnen. Zu den einfachsten Verrichtungen fühlten sie sich ungelenk, sie hatten für diese neue unbekannte Welt ihre alten Führer nicht mehr, die regulierenden unbewußt-sicherführenden Triebe – sie waren auf Denken, Schließen, Berechnen, Kombinieren von Ursachen und Wirkungen reduziert, diese Unglücklichen, auf ihr »Bewußtsein«, auf ihr ärmlichstes und fehlgreifendstes Organ! Ich glaube, daß niemals auf Erden ein solches Elends-Gefühl, ein solches bleiernes Mißbehagen dagewesen ist – und dabei hatten jene alten Instinkte nicht mit einem Male aufgehört, ihre Forderungen zu stellen! Nur war es schwer und selten möglich, ihnen zu Willen zu sein: in der Hauptsache mußten sie sich neue und gleichsam unterirdische Befriedigungen suchen. Alle Instinkte, welche sich nicht nach außen entladen, *wenden sich nach innen* – dies ist das, was ich die *Verinnerlichung* des Menschen nenne: damit wächst erst das an den Menschen heran, was man später seine »Seele« nennt. Die ganze innere Welt, ursprünglich dünn wie zwischen zwei Häute eingespannt, ist in dem Maße auseinander- und aufgegangen, hat Tiefe, Breite, Höhe bekommen, als die Entladung des Menschen nach außen *gehemmt* worden ist. Jene furchtbaren Bollwerke, mit denen sich die staatliche Organisation gegen die alten Instinkte der Freiheit schützte – die Strafen gehören vor allem zu diesen Bollwerken –, brachten zuwege, daß alle jene Instinkte des wilden freien schweifenden Menschen sich rückwärts, sich *gegen den Menschen selbst* wandten. Die Feindschaft, die Grausamkeit, die Lust an der Verfolgung, am Überfall, am Wechsel, an der Zerstörung – alles das gegen die Inhaber solcher Instinkte sich wendend: *das* ist der Ursprung des »schlechten Gewissens«. Der Mensch, der sich, aus Mangel an äußeren Feinden und Widerständen, eingezwängt in eine drückende Enge und Regelmäßigkeit der Sitte, ungeduldig selbst zerriß, verfolgte, annagte, aufstörte, mißhandelte, dies an den Gitterstangen seines Käfigs sich wundstoßende Tier, das man »zähmen« will, dieser Entbehrende und vom Heimweh der Wüste Verzehrte, der aus sich selbst ein Abenteuer, eine Folterstätte, eine unsichere und gefährliche Wildnis schaffen mußte – dieser Narr, dieser sehnsüchtige und verzweifelte Gefangne wurde der Erfinder des »schlechten Gewissens«. Mit ihm aber war die größte und unheimlichste Erkrankung eingeleitet, von welcher die Menschheit bis heute nicht genesen ist, das Leiden des Menschen *am Menschen, an sich*: als die Folge einer gewaltsamen Abtrennung von der tierischen Vergangenheit, eines Sprunges und Sturzes gleichsam in neue Lagen und Daseins-Bedingungen, einer Kriegserklärung gegen die alten Instinkte, auf denen bis dahin seine Kraft, Lust und Furchtbarkeit beruhte. Fügen wir sofort hinzu, daß andrerseits mit der Tatsache einer gegen sich selbst gekehrten, gegen sich selbst Partei nehmenden Tierseele auf Erden etwas so Neues, Tiefes, Unerhörtes, Rätselhaftes, Widerspruchsvolles *und Zukunftsvolles* gegeben war, daß der Aspekt der Erde sich damit wesentlich veränderte. In der Tat, es brauchte göttlicher Zuschauer, um das Schauspiel zu würdigen, das damit anfing und dessen Ende durchaus noch nicht abzusehn ist – ein Schauspiel zu fein, zu wundervoll, zu paradox, als daß es sich sinnlos-unvermerkt auf irgendeinem lächerlichen Gestirn abspielen dürfte! Der Mensch zählt seitdem *mit* unter den unerwartetsten und aufregendsten Glückswürfen, die das »große Kind« des Heraklit, heiße es Zeus oder Zufall, spielt – er erweckt für sich ein Interesse, eine Spannung, eine Hoffnung, beinahe eine Gewißheit, als ob mit ihm sich etwas ankündige, etwas vorbereite, als ob der Mensch kein Ziel, sondern nur ein Weg, ein Zwischenfall, eine Brücke, ein großes Versprechen sei ...

17

Zur Voraussetzung dieser Hypothese über den Ursprung des schlechten Gewissens gehört erstens, daß jene Veränderung keine allmähliche, keine freiwillige war und sich nicht als ein organisches Hineinwachsen in neue Bedingungen darstellte, sondern als ein Bruch, ein Sprung, ein Zwang, ein unabweisbares Verhängnis, gegen das es keinen Kampf und nicht einmal ein Ressentiment gab. Zweitens aber, daß die Einfügung einer bisher ungehemmten und ungestalteten Bevölkerung in eine feste Form, wie sie mit einem Gewaltakt ihren Anfang nahm, nur mit lauter Gewaltakten zu Ende geführt wurde – daß der älteste »Staat« demgemäß als eine furchtbare Tyrannei, als eine zerdrückende und rücksichtslose Maschinerie auftrat und fortarbeitete, bis ein solcher Rohstoff von Volk und Halbtier endlich nicht nur durchgeknetet und gefügig, sondern auch *geformt* war. Ich gebrauchte das Wort »Staat«: es versteht sich von selbst, wer damit gemeint ist – irgendein Rudel blonder Raubtiere, eine Eroberer- und Herren-Rasse, welche, kriegerisch organisiert und mit der Kraft, zu organisieren, unbedenklich ihre furchtbaren Tatzen auf eine der Zahl nach vielleicht ungeheuer überlegene, aber noch gestaltlose, noch schweifende

Bevölkerung legt. Dergestalt beginnt ja der »Staat« auf Erden: ich denke, jene Schwärmerei ist abgetan, welche ihn mit einem »Vertrage« beginnen ließ. Wer befehlen kann, wer von Natur »Herr« ist, wer gewalttätig in Werk und Gebärde auftritt – was hat der mit Verträgen zu schaffen! Mit solchen Wesen rechnet man nicht, sie kommen wie das Schicksal, ohne Grund, Vernunft, Rücksicht, Vorwand, sie sind da, wie der Blitz da ist, zu furchtbar, zu plötzlich, zu überzeugend, zu »anders«, um selbst auch nur gehaßt zu werden. Ihr Werk ist ein instinktives Formen-schaffen, Formen-aufdrücken, es sind die unfreiwilligsten, unbewußtesten Künstler, die es gibt – in Kürze steht etwas Neues da, wo sie erscheinen, ein Herrschafts-Gebilde, das *lebt*, in dem Teile und Funktionen abgegrenzt und bezüglich gemacht sind, in dem nichts überhaupt Platz findet, dem nicht erst ein »Sinn« in Hinsicht auf das Ganze eingelegt ist. Sie wissen nicht, was Schuld, was Verantwortlichkeit, was Rücksicht ist, diese geborenen Organisatoren; in ihnen waltet jener furchtbare Künstler-Egoismus, der wie Erz blickt und sich im »Werke«, wie die Mutter in ihrem Kinde, in alle Ewigkeit voraus gerechtfertigt weiß. *Sie* sind es nicht, bei denen das »schlechte Gewissen« gewachsen ist, das versteht sich von vornherein – aber es würde nicht *ohne sie* gewachsen sein, dieses häßliche Gewächs, es würde fehlen, wenn nicht unter dem Druck ihrer Hammerschläge, ihrer Künstler-Gewaltsamkeit ein ungeheures Quantum Freiheit aus der Welt, mindestens aus der Sichtbarkeit geschafft und gleichsam *latent* gemacht worden wäre. Dieser gewaltsam latent gemachte *Instinkt der Freiheit* – wir begriffen es schon –, dieser zurückgedrängte, zurückgetretene, ins Innere eingekerkerte und zuletzt nur an sich selbst noch sich entladende und auslassende Instinkt der Freiheit: das, nur das ist in seinem Anbeginn das *schlechte Gewissen.*

18

Man hüte sich, von diesem ganzen Phänomen deshalb schon gering zu denken, weil es von vornherein häßlich und schmerzhaft ist. Im Grunde ist es ja dieselbe aktive Kraft, die in jenen Gewalt-Künstlern und Organisatoren großartiger am Werke ist und Staaten baut, welche hier, innerlich, kleiner, kleinlicher, in der Richtung nach rückwärts, im »Labyrinth der Brust«, um mit Goethe zu reden, sich das schlechte Gewissen schafft und negative Ideale baut, eben jener *Instinkt der Freiheit* (in meiner Sprache geredet: der Wille zur Macht): nur daß der Stoff, an dem sich die formbildende und vergewaltigende Natur dieser Kraft ausläßt, hier eben der Mensch selbst, sein ganzes tierisches altes Selbst ist – und *nicht*, wie in jenem größeren und augenfälligeren Phänomen, der *andre* Mensch, die *andren* Menschen. Diese heimliche Selbst-Vergewaltigung, diese Künstler-

Grausamkeit, diese Lust, sich selbst als einem schweren widerstrebenden leidenden Stoffe eine Form zu geben, einen Willen, eine Kritik, einen Widerspruch, eine Verachtung, ein Nein einzubrennen, diese unheimliche und entsetzlich-lustvolle Arbeit einer mit sich selbst willig-zwiespältigen Seele, welche sich leiden macht, aus Lust am Leiden-machen, dieses ganze *aktivische* »schlechte Gewissen« hat zuletzt – man errät es schon – als der eigentliche Mutterschoß idealer und imaginativer Ereignisse auch eine Fülle von neuer befremdlicher Schönheit und Bejahung ans Licht gebracht und vielleicht überhaupt erst *die* Schönheit... Was wäre denn »schön«, wenn nicht erst der Widerspruch sich selbst zum Bewußtsein gekommen wäre, wenn nicht erst das Häßliche zu sich selbst gesagt hätte: »ich bin häßlich«?... Zum mindesten wird nach diesem Winke das Rätsel weniger rätselhaft sein, inwiefern in widersprüchlichen Begriffen, wie *Selbstlosigkeit, Selbstverleugnung, Selbstopferung* ein Ideal, eine Schönheit angedeutet sein kann; und eins weiß man hinfort – ich zweifle nicht daran – welcher Art nämlich von Anfang an die *Lust* ist, die der Selbstlose, der Sich-selbst-Verleugnende, Sich-selber-Opfernde empfindet: diese Lust gehört zur Grausamkeit. – Soviel vorläufig zur Herkunft des »Unegoistischen« als eines *moralischen* Wertes und zur Absteckung des Bodens, aus dem dieser Wert gewachsen ist: erst das schlechte Gewissen, erst der Wille zur Selbstmißhandlung gibt die Voraussetzung ab für den *Wert* des Unegoistischen. –

19

Es ist eine Krankheit, das schlechte Gewissen, das unterliegt keinem Zweifel, aber eine Krankheit, wie die Schwangerschaft eine Krankheit ist. Suchen wir die Bedingungen auf, unter denen diese Krankheit auf ihren furchtbarsten und sublimsten Gipfel gekommen ist – wir werden sehn, was damit eigentlich erst seinen Eintritt in die Welt gemacht hat. Dazu aber bedarf es eines langen Atems – und zunächst müssen wir noch einmal zu einem früheren Gesichtspunkte zurück. Das privat-rechtliche Verhältnis des Schuldners zu seinem Gläubiger, von dem des längeren schon die Rede war, ist noch einmal, und zwar in einer historisch überaus merkwürdigen und bedenklichen Weise, in ein Verhältnis hineininterpretiert worden, worin es uns modernen Menschen vielleicht am unverständlichsten ist: nämlich in das Verhältnis der *Gegenwärtigen* zu ihren *Vorfahren*. Innerhalb der ursprünglichen Geschlechtsgenossenschaft – wir reden von Urzeiten – erkennt jedesmal die lebende Generation gegen die frühere und insonderheit gegen die früheste, Geschlecht-begründende eine juristische Verpflichtung an (und keineswegs eine bloße Gefühls-Verbindlichkeit: man dürfte diese letztere sogar nicht ohne Grund für die längste Dauer des menschlichen Geschlechts überhaupt in Abrede stellen). Hier herrscht die Überzeugung, daß das Geschlecht durchaus nur durch die Opfer und Leistungen der Vorfahren *besteht* – und daß man ihnen diese durch Opfer und Leistungen *zurückzuzahlen* hat: man erkennt somit eine *Schuld* an, die dadurch noch beständig anwächst, daß diese Ahnen in ihrer Fortexistenz als mächtige Geister nicht aufhören, dem Geschlechte neue Vorteile und Vorschüsse seitens ihrer Kraft zu gewähren. Umsonst etwa? Aber es gibt kein »Umsonst« für jene rohen und »seelenarmen« Zeitalter. Was kann man ihnen zurückgeben? Opfer (anfänglich zur Nahrung, im gröblichsten Verstande), Feste, Kapellen, Ehrenbezeigungen, vor allem Gehorsam – denn alle Bräuche sind, als Werke der Vorfahren, auch deren Satzungen und Befehle –: gibt man ihnen je genug? Dieser Verdacht bleibt übrig und wächst: von Zeit zu Zeit erzwingt er eine große Ablösung in Bausch und Bogen, irgend etwas Ungeheures von Gegenzahlung an den »Gläubiger« (das berüchtigte Erstlingsopfer zum Beispiel, Blut, Menschenblut in jedem Falle). Die *Furcht* vor dem Ahnherrn und seiner Macht, das Bewußtsein von Schulden gegen ihn nimmt nach dieser Art von Logik notwendig genau in dem Maße zu, in dem die Macht des Geschlechts selbst zunimmt, in dem das Geschlecht selbst immer siegreicher, unabhängiger, geehrter, gefürchteter dasteht. Nicht etwa umgekehrt! Jeder Schritt zur Verkümmerung des Geschlechts, alle elenden Zufälle, alle Anzeichen von Entartung, von heraufkommender Auflösung *vermindern* vielmehr immer auch die Furcht vor dem Geiste seines Begründers und geben eine immer geringere Vorstellung von seiner Klugheit, Vorsorglichkeit und Macht-Gegenwart. Denkt man sich diese rohe Art Logik bis an ihr Ende gelangt: so müssen schließlich die Ahnherrn der *mächtigsten* Geschlechter durch die Phantasie der wachsenden Furcht selbst ins Ungeheure gewachsen und in das Dunkel einer göttlichen Unheimlichkeit und Unvorstellbarkeit zurückgeschoben worden sein – der Ahnherr wird zuletzt notwendig in einen *Gott* transfiguriert. Vielleicht ist hier selbst der Ursprung der Götter, ein Ursprung also aus der *Furcht*! ... Und wem es nötig scheinen sollte hinzuzufügen: »aber auch aus der Pietät!« dürfte schwerlich damit für jene längste Zeit des Menschengeschlechts recht behalten, für seine Urzeit. Um so mehr freilich für die *mittlere* Zeit, in der die vornehmen Geschlechter sich herausbilden – als welche in der Tat ihren Urhebern, den Ahnherren (Heroen, Göttern) alle die Eigenschaften mit Zins zurückgegeben haben, die inzwischen in ihnen selbst offenbar geworden sind, die *vornehmen* Eigenschaften. Wir werden auf die Veradligung und Veredelung der Götter (die freilich durchaus nicht deren »Heiligung« ist) später noch einen Blick werfen: führen wir jetzt nur den Gang dieser ganzen Schuldbewußtseins-Entwicklung vorläufig zu Ende.

20

Das Bewußtsein, Schulden gegen die Gottheit zu haben, ist, wie die Geschichte lehrt, auch nach dem Niedergang der blutverwandtschaftlichen Organisationsform der »Gemeinschaft« keineswegs zum Abschluß gekommen; die Menschheit hat, in gleicher Weise, wie sie die Begriffe »gut und schlecht« von dem Geschlechts-Adel (samt dessen psychologischem Grundhange, Rangordnungen anzusetzen) geerbt hat, mit der Erbschaft der Geschlechts- und Stammgottheiten auch die des Drucks von noch unbezahlten Schulden und des Verlangens nach Ablösung derselben hinzubekommen. (Den Übergang machen jene breiten Sklaven- und Hörigen-Bevölkerungen, welche sich an den Götter-Kultus ihrer Herren, sei es durch Zwang, sei es durch Unterwürfigkeit und *mimicry*, angepaßt haben: von ihnen aus fließt dann diese Erbschaft nach allen Seiten über.) Das Schuldgefühl gegen die Gottheit hat mehrere Jahrtausende nicht aufgehört zu wachsen, und zwar immerfort im gleichen Verhältnisse, wie der Gottesbegriff und das Gottesgefühl auf Erden gewachsen und in die Höhe getragen worden ist. (Die ganze Geschichte des ethnischen Kämpfens, Siegens, Sich-versöhnens, Sich-verschmelzens, alles was der endgültigen Rangordnung aller Volks-Elemente in jeder großen Rassen-Synthesis vorangeht, spiegelt sich in dem Genealogien-Wirrwarr ihrer Götter, in den Sagen von deren Kämpfen, Siegen und Versöhnungen ab; der Fortgang zu Universal-Reichen ist immer auch der Fortgang zu Universal-Gottheiten, der Despotismus mit seiner Überwältigung des unabhängigen Adels bahnt immer auch irgendwelchem Monotheismus den Weg.) Die Heraufkunft des christlichen Gottes, als des Maximal-Gottes, der bisher erreicht worden ist, hat deshalb auch das Maximum des Schuldgefühls auf Erden zur Erscheinung gebracht. Angenommen, daß wir nachgerade in die *umgekehrte* Bewegung eingetreten sind, so dürfte man mit keiner kleinen Wahrscheinlichkeit aus dem unaufhaltsamen Niedergang des Glaubens an den christlichen Gott ableiten, daß es jetzt bereits auch schon einen erheblichen Niedergang des menschlichen Schuldbewußtseins gäbe; ja die Aussicht ist nicht abzuweisen, daß der vollkommne und endgültige Sieg des Atheismus die Menschheit von diesem ganzen Gefühl, Schulden gegen ihren Anfang, ihre *causa prima* zu haben, lösen dürfte. Atheismus und eine Art *zweiter Unschuld* gehören zueinander. –

21

Dies vorläufig im kurzen und groben über den Zusammenhang der Begriffe »Schuld«, »Pflicht« mit religiösen Voraussetzungen: ich habe absichtlich die eigentliche Moralisierung dieser Begriffe (die Zurückschiebung derselben ins Gewissen, noch bestimmter, die Verwicklung des *schlechten* Gewissens mit dem Gottesbegriffe) bisher beiseite gelassen und am Schluß des vorigen Abschnittes sogar geredet, wie als ob es diese Moralisierung gar nicht gäbe, folglich, wie als ob es mit jenen Begriffen nunmehr notwendig zu Ende ginge, nachdem deren Voraussetzung gefallen ist, der Glaube an unsern »Gläubiger«, an Gott. Der Tatbestand weicht davon in einer furchtbaren Weise ab. Mit der Moralisierung der Begriffe Schuld und Pflicht, mit ihrer Zurückschiebung ins *schlechte* Gewissen ist ganz eigentlich der Versuch gegeben, die Richtung der eben beschriebenen Entwicklung *umzukehren*, mindestens ihre Bewegung stillzustellen: jetzt *soll* gerade die Aussicht auf eine endgültige Ablösung ein für allemal sich pessimistisch zuschließen, jetzt *soll* der Blick trostlos vor einer ehernen Unmöglichkeit abprallen, zurückprallen, jetzt *sollen* jene Begriffe »Schuld« und »Pflicht« sich rückwärts wenden – gegen *wen* denn? Man kann nicht zweifeln: zunächst gegen den »Schuldner«, in dem nunmehr das schlechte Gewissen sich dermaßen festsetzt, einfrißt, ausbreitet und polypenhaft in jede Breite und Tiefe wächst, bis endlich mit der Unlösbarkeit der Schuld auch die Unlösbarkeit der Buße, der Gedanke ihrer Unabzahlbarkeit (der »*ewigen* Strafe«) konzipiert ist –; endlich aber sogar gegen den »Gläubiger«, denke man dabei nun an die *causa prima* des Menschen, an den Anfang des menschlichen Geschlechts, an seinen Ahnherrn, der nunmehr mit einem Fluche behaftet wird (»Adam«, »Erbsünde«, »Unfreiheit des Willens«), oder an die Natur, aus deren Schoß der Mensch entsteht und in die nunmehr das böse Prinzip hineingelegt wird (»Verteufelung der Natur«), oder an das Dasein überhaupt, das als *unwert an sich* übrigbleibt (nihilistische Abkehr von ihm, Verlangen ins Nichts oder Verlangen in seinen »Gegensatz«, in ein Anders-sein, Buddhismus und Verwandtes) – bis wir mit einem Male vor dem paradoxen und entsetzlichen Auskunftsmittel stehn, an dem die gemarterte Menschheit eine zeitweilige Erleichterung gefunden hat, jenem Geniestreich des *Christentums*: Gott selbst sich für die Schuld des Menschen opfernd, Gott selbst sich an sich selbst bezahlt machend, Gott als der einzige, der vom Menschen ablösen kann, was für den Menschen selbst unablösbar geworden ist – der Gläubiger sich für seinen Schuldner opfernd, aus *Liebe* (sollte man's glauben? –), aus Liebe zu seinem Schuldner! . . .

22

Man wird bereits erraten haben, *was* eigentlich mit dem allen und *unter* dem allen geschehen ist: jener Wille zur Selbstpeinigung, jene zurückgetretene Grausamkeit des innerlich gemachten, in sich selbst zurückgescheuchten Tiermenschen, des zum Zweck der Zähmung in den »Staat«

Eingesperrten, der das schlechte Gewissen erfunden hat, um sich wehzutun, nachdem der *natürlichere* Ausweg dieses Weh-tun-wollens verstopft war – dieser Mensch des schlechten Gewissens hat sich der religiösen Voraussetzung bemächtigt, um seine Selbstmarterung bis zu ihrer schauerlichsten Härte und Schärfe zu treiben. Eine Schuld gegen *Gott*: dieser Gedanke wird ihm zum Folterwerkzeug. Er ergreift in »Gott« die letzten Gegensätze, die er zu seinen eigentlichen und unablöslichen Tier-Instinkten zu finden vermag, er deutet diese Tier-Instinkte selbst um als Schuld gegen Gott (als Feindschaft, Auflehnung, Aufruhr gegen den »Herrn«, den »Vater«, den Urahn und Anfang der Welt), er spannt sich in den Widerspruch »Gott« und »Teufel«, er wirft alles Nein, das er zu sich selbst, zur Natur, Natürlichkeit, Tatsächlichkeit seines Wesens sagt, aus sich heraus als ein Ja, als seiend, leibhaft, wirklich, als Gott, als Heiligkeit Gottes, als Richtertum Gottes, als Henkertum Gottes, als Jenseits, als Ewigkeit, als Marter ohne Ende, als Hölle, als Unausmeßbarkeit von Strafe und von Schuld. Dies ist eine Art Willens-Wahnsinn in der seelischen Grausamkeit, der schlechterdings nicht seinesgleichen hat: der *Wille* des Menschen, sich schuldig und verwerflich zu finden bis zur Unsühnbarkeit, sein *Wille*, sich bestraft zu denken, ohne daß die Strafe je der Schuld äquivalent werden könne, sein *Wille*, den untersten Grund der Dinge mit dem Problem von Strafe und Schuld zu infizieren und giftig zu machen, um sich aus diesem Labyrinth von »fixen Ideen« ein für allemal den Ausweg abzuschneiden, sein *Wille*, ein Ideal aufzurichten – das des »heiligen Gottes« –, und angesichts desselben seiner absoluten Unwürdigkeit handgreiflich gewiß zu sein. O über diese wahnsinnige traurige Bestie Mensch! Welche Einfälle kommen ihr, welche Widernatur, welche Paroxysmen des Unsinns, welche *Bestialität der Idee* bricht sofort heraus, wenn sie nur ein wenig verhindert wird, *Bestie der Tat* zu sein! ... Dies alles ist interessant bis zum Übermaß, aber auch von einer schwarzen düsteren entnervenden Traurigkeit, daß man es sich gewaltsam verbieten muß, zu lange in diese Abgründe zu blicken. Hier ist *Krankheit*, es ist kein Zweifel, die furchtbarste Krankheit, die bis jetzt im Menschen gewütet hat – und wer es noch zu hören vermag (aber man hat heute nicht mehr die Ohren dafür! –), wie in dieser Nacht von Marter und Widersinn der Schrei *Liebe*, der Schrei des sehnsüchtigsten Entzückens, der Erlösung in der *Liebe* geklungen hat, der wendet sich ab, von einem unbesieglichen Grausen erfaßt ... Im Menschen ist so viel Entsetzliches! ... Die Erde war zu lange schon ein Irrenhaus! ...

23

Dies genüge ein für allemal über die Herkunft des »heiligen Gottes«. – Daß *an sich* die Konzeption von Göttern nicht notwendig zu dieser Verschlechterung der Phantasie führen muß, deren Vergegenwärtigung wir uns für einen Augenblick nicht erlassen durften, daß es *vornehmere* Arten gibt, sich der Erdichtung von Göttern zu bedienen, als zu dieser Selbstkreuzigung und Selbstschändung des Menschen, in der die letzten Jahrtausende Europas ihre Meisterschaft gehabt haben – das läßt sich zum Glück aus jedem Blick noch abnehmen, den man auf die *griechischen Götter* wirft, diese Wiederspiegelungen vornehmer und selbstherrlicher Menschen, in denen das *Tier* im Menschen sich vergöttlicht fühlte und *nicht* sich selbst zerriß, *nicht* gegen sich selber wütete! Diese Griechen haben sich die längste Zeit ihrer Götter bedient, gerade um sich das »schlechte Gewissen« vom Leibe zu halten, um ihrer Freiheit der Seele froh bleiben zu dürfen: also in einem umgekehrten Verstande, als das Christentum Gebrauch von seinem Gotte gemacht hat. Sie gingen darin *sehr weit*, diese prachtvollen und löwenmütigen Kindsköpfe; und keine geringere Autorität als die des homerischen Zeus selbst gibt es ihnen hier und da zu verstehn, daß sie es sich zu leicht machen. »Wunder!« sagt er einmal – es handelt sich um den Fall des Ägisthos, um einen *sehr* schlimmen Fall –

»Wunder, wie sehr doch klagen die Sterblichen wider die Götter!
Nur von uns sei Böses, vermeinen sie; aber sie selber
Schaffen durch Unverstand, auch gegen Geschick, sich das Elend.« Doch hört und sieht man hier zugleich, auch dieser olympische Zuschauer und Richter ist ferne davon, ihnen deshalb gram zu sein und böse von ihnen zu denken: »was sie *töricht* sind!« so denkt er bei den Untaten der Sterblichen – und »Torheit«, »Unverstand«, ein wenig »Störung im Kopfe«, so viel haben auch die Griechen der stärksten, tapfersten Zeit selbst bei sich *zugelassen* als Grund von vielem Schlimmen und Verhängnisvollen – Torheit, *nicht* Sünde! versteht ihr das?... Selbst aber diese Störung im Kopfe war ein Problem – »ja, wie ist sie auch nur möglich? woher mag sie eigentlich gekommen sein, bei Köpfen, wie *wir* sie haben, wir Menschen der edlen Abkunft, des Glücks, der Wohlgeratenheit, der besten Gesellschaft, der Vornehmheit, der Tugend?« – so fragte sich jahrhundertelang der vornehme Grieche angesichts jedes ihm unverständlichen Greuels und Frevels, mit dem sich einer von seinesgleichen befleckt hatte. »Es muß ihn wohl ein *Gott* betört haben«, sagte er sich endlich, den Kopf schüttelnd... Dieser Ausweg ist *typisch* für Griechen... Dergestalt dienten damals die Götter dazu, den Menschen bis zu einem gewissen Grade auch im Schlimmen zu rechtfertigen, sie dienten als Ursachen des Bösen – damals nahmen sie nicht die Strafe auf sich, sondern, wie es *vornehmer* ist, die Schuld...

24

– Ich schließe mit drei Fragezeichen, man sieht es wohl. »Wird hier eigentlich ein Ideal aufgerichtet oder eins abgebrochen?« so fragt man mich vielleicht... Aber habt ihr euch selber je genug gefragt, wie teuer sich auf Erden die Aufrichtung *jedes* Ideals bezahlt gemacht hat? Wieviel Wirklichkeit immer dazu verleumdet und verkannt, wieviel Lüge geheiligt, wieviel Gewissen verstört, wieviel »Gott« jedesmal geopfert werden mußte? Damit ein Heiligtum aufgerichtet werden kann, *muß ein Heiligtum zerbrochen werden:* das ist das Gesetz – man zeige mir den Fall, wo es nicht erfüllt ist!... Wir modernen Menschen, wir sind die Erben der Gewissens-Vivisektion und Selbst-Tierquälerei von Jahrtausenden: darin haben wir unsre längste Übung, unsre Künstlerschaft vielleicht, in jedem Fall unser Raffinement, unsre Geschmacks-Verwöhnung. Der Mensch hat allzulange seine natürlichen Hänge mit »bösem Blick« betrachtet, so daß sie sich in ihm schließlich mit dem »schlechten Gewissen« verschwistert haben. Ein umgekehrter Versuch wäre *an sich* möglich – aber wer ist stark genug dazu? –, nämlich die *unnatürlichen* Hänge, alle jene Aspirationen zum Jenseitigen, Sinnenwidrigen, Instinktwidrigen, Naturwidrigen, Tierwidrigen, kurz die bisherigen Ideale, die allesamt lebensfeindliche Ideale, Weltverleumder-Ideale sind, mit dem schlechten Gewissen zu verschwistern. An wen sich heute mit *solchen* Hoffnungen und Ansprüchen wenden?... Gerade die *guten* Menschen hätte man damit gegen sich; dazu, wie billig, die bequemen, die versöhnten, die eitlen, die schwärmerischen, die müden... Was beleidigt tiefer, was trennt so gründlich ab, als etwas von der Strenge und Höhe merken zu lassen, mit der man sich selbst behandelt? Und wiederum – wie entgegenkommend, wie liebreich zeigt sich alle Welt gegen uns, sobald wir es machen wie alle Welt und uns »gehen lassen« wie alle Welt!... Es bedürfte zu jenem Ziele einer *andren* Art Geister, als gerade in diesem Zeitalter wahrscheinlich sind: Geister, durch Kriege und Siege gekräftigt, denen die Eroberung, das Abenteuer, die Gefahr, der Schmerz sogar zum Bedürfnis geworden ist; es bedürfte dazu der Gewöhnung an scharfe hohe Luft, an winterliche Wanderungen, an Eis und Gebirge in jedem Sinne, es bedürfte dazu einer Art sublimer Bosheit selbst, eines letzten selbstgewissesten Mutwillens der Erkenntnis, welcher zur großen Gesundheit gehört, es bedürfte, kurz und schlimm genug, eben dieser *großen Gesundheit*!... Ist diese gerade heute auch nur möglich?... Aber irgendwann, in einer stärkeren Zeit, als diese morsche, selbstzweiflerische Gegenwart ist, muß er uns doch kommen, der *erlösende* Mensch der großen Liebe und Verachtung, der schöpferische Geist, den seine drängende Kraft aus allem Abseits und Jenseits immer wieder wegtreibt, dessen Einsamkeit vom Volke mißverstanden wird, wie als ob sie eine Flucht *vor* der Wirklichkeit sei – während sie nur seine

Versenkung, Vergrabung, Vertiefung *in* die Wirklichkeit ist, damit er einst aus ihr, wenn er wieder ans Licht kommt, die *Erlösung* dieser Wirklichkeit heimbringe: ihre Erlösung von dem Fluche, den das bisherige Ideal auf sie gelegt hat. Dieser Mensch der Zukunft, der uns ebenso vom bisherigen Ideal erlösen wird als von dem, *was aus ihm wachsen mußte,* vom großen Ekel, vom Willen zum Nichts, vom Nihilismus, dieser Glockenschlag des Mittags und der großen Entscheidung, der den Willen wieder frei macht, der der Erde ihr Ziel und dem Menschen seine Hoffnung zurückgibt, dieser Antichrist und Antinihilist, dieser Besieger Gottes und des Nichts – *er muß einst kommen ...*

25

– Aber was rede ich da? Genug! Genug! An dieser Stelle geziemt mir nur eins, zu schweigen: ich vergriffe mich sonst an dem, was einem Jüngeren allein freisteht, einem »Zukünftigeren«, einem Stärkeren, als ich bin – was allein *Zarathustra* freisteht, *Zarathustra dem Gottlosen ...*

DRITTE ABHANDLUNG

WAS BEDEUTEN ASKETISCHE IDEALE?

> Unbekümmert, spöttisch, gewalttätig – so will *uns* die Weisheit: sie ist ein Weib, sie liebt immer nur einen Kriegsmann.
>
> *Also sprach Zarathustra*

1

Was bedeuten asketische Ideale? – Bei Künstlern nichts oder zu vielerlei; bei Philosophen und Gelehrten etwas wie Witterung und Instinkt für die günstigsten Vorbedingungen hoher Geistigkeit; bei Frauen, bestenfalls, eine Liebenswürdigkeit der Verführung *mehr*, ein wenig *morbidezza* auf schönem Fleische, die Engelhaftigkeit eines hübschen fetten Tiers; bei physiologisch Verunglückten und Verstimmten (bei der *Mehrzahl* der Sterblichen) einen Versuch, sich »zu gut« für diese Welt vorzukommen, eine heilige Form der Ausschweifung, ihr Hauptmittel im Kampf mit dem langsamen Schmerz und der Langenweile; bei Priestern den eigentlichen Priesterglauben, ihr bestes Werkzeug der Macht, auch die »allerhöchste« Erlaubnis zur Macht; bei Heiligen endlich einen Vorwand zum Winterschlaf, ihre *novissima gloriae cupido*, ihre Ruhe im Nichts (»Gott«), ihre Form des Irrsinns. *Daß* aber überhaupt das asketische Ideal dem Menschen so viel bedeutet hat, darin drückt sich die Grundtatsache des menschlichen Willens aus, sein *horror vacui: er braucht ein Ziel* – und eher will er noch *das Nichts* wollen als *nicht* wollen. – Versteht man mich?... Hat man mich verstanden?... *»Schlechterdings nicht! mein Herr!«* – Fangen wir also von vorne an.

2

Was bedeuten asketische Ideale? – Oder, daß ich einen einzelnen Fall nehme, in betreff dessen ich oft genug um Rat gefragt worden bin, was bedeutet es zum Beispiel, wenn ein Künstler wie Richard Wagner in seinen alten Tagen der Keuschheit eine Huldigung darbringt? In einem gewissen Sinne freilich hat er dies immer getan; aber erst zuallerletzt in einem asketischen Sinne. Was bedeutet diese »Sinnes«-Änderung, dieser radikale Sinnes-Umschlag? – denn ein solcher war es, Wagner sprang damit geradewegs in seinen Gegensatz um. Was bedeutet es, wenn ein Künstler in seinen Gegensatz umspringt?... Hier kommt uns, gesetzt daß wir bei dieser Frage ein wenig haltmachen wollen, alsbald die Erinnerung an die beste, stärkste, frohmütigste, *mutigste* Zeit, welche es vielleicht im Leben Wagners gegeben hat: das war damals, als ihn innerlich und tief der Gedanke der Hochzeit Luthers beschäftigte. Wer weiß, an welchen Zufällen es eigentlich gehangen hat, daß wir heute an Stelle dieser Hochzeits-Musik die Meistersinger besitzen? Und wieviel in diesen vielleicht noch von jener fortklingt? Aber keinem Zweifel unterliegt es, daß es sich auch bei dieser »Hochzeit Luthers« um ein Lob der Keuschheit gehandelt haben würde. Allerdings auch um ein Lob der Sinnlichkeit – und gerade so schiene es mir in Ordnung, gerade so wäre es auch »Wagnerisch« gewesen. Denn zwischen Keuschheit und Sinnlichkeit gibt es keinen notwendigen Gegensatz; jede gute Ehe, jede eigentliche Herzensliebschaft ist über diesen Gegensatz hinaus. Wagner hätte, wie mir scheint, wohlgetan, diese *angenehme* Tatsächlichkeit seinen Deutschen mit Hilfe einer holden und tapferen Luther-Komödie wieder einmal zu Gemüte zu führen, denn es gibt und gab unter den Deutschen immer viele Verleumder der Sinnlichkeit; und Luthers Verdienst ist vielleicht in nichts größer als gerade darin, den Mut zu seiner *Sinnlichkeit* gehabt zu haben (– man hieß sie damals, zart genug, die »evangelische Freiheit« ...) Selbst aber in jenem Falle, wo es wirklich jenen Gegensatz zwischen Keuschheit und Sinnlichkeit gibt, braucht es glücklicherweise noch lange kein tragischer Gegensatz zu sein. Dies dürfte wenigstens für alle wohlgerateneren, wohlgemuteren Sterblichen gelten, welche ferne davon sind, ihr labiles Gleichgewicht zwischen »Tier und Engel« ohne weiteres zu den Gegengründen des Daseins zu rechnen – die Feinsten und Hellsten, gleich Goethe, gleich Hafis, haben darin sogar einen Lebensreiz *mehr* gesehn. Solche »Widersprüche« gerade verführen zum Dasein ... Andrerseits versteht es sich nur zu gut, daß wenn einmal die verunglückten Schweine dazu gebracht werden, die Keuschheit anzubeten – und es gibt solche Schweine! –, sie in ihr nur ihren Gegensatz, den Gegensatz zum verunglückten Schweine sehn und anbeten werden – o mit was für einem tragischen Gegrunz und Eifer! man kann es sich denken – jenen peinlichen und überflüssigen Gegensatz, den Richard Wagner unbestreitbar am Ende seines Lebens noch hat in Musik setzen und auf die Bühne stellen wollen. *Wozu doch?* wie man billig fragen darf. Denn was gingen ihn, was gehen uns die Schweine an? –

3

Dabei ist freilich jene andre Frage nicht zu umgehn, was ihn eigentlich jene männliche (ach, so unmännliche) »Einfalt vom Lande« anging, jener arme Teufel und Naturbursch Parsifal, der von ihm mit so verfänglichen Mitteln schließlich katholisch gemacht wird – wie? war dieser Parsifal überhaupt *ernst* gemeint? Man könnte nämlich versucht sein, das

Umgekehrte zu mutmaßen, selbst zu wünschen – daß der Wagnersche Parsifal heiter gemeint sei, gleichsam als Schlußstück und Satyrdrama, mit dem der Tragiker Wagner auf eine gerade ihm gebührende und würdige Weise von uns, auch von sich, vor allem *von der Tragödie* habe Abschied nehmen wollen, nämlich mit einem Exzeß höchster und mutwilligster Parodie auf das Tragische selbst, auf den ganzen schauerlichen Erden-Ernst und Erden-Jammer von ehedem, auf die endlich überwundene *gröbste Form* in der Widernatur des asketischen Ideals. So wäre es, wie gesagt, eines großen Tragikers gerade würdig gewesen: als welcher, wie jeder Künstler, erst dann auf den letzten Gipfel seiner Größe kommt, wenn er sich und seine Kunst *unter* sich zu sehen weiß – wenn er über sich zu *lachen* weiß. Ist der »Parsifal« Wagners sein heimliches Überlegenheits-Lachen über sich selbst, der Triumph seiner errungenen letzten höchsten Künstler-Freiheit, Künstler-Jenseitigkeit? Man möchte es, wie gesagt, wünschen; denn was würde der *ernstgemeinte* Parsifal sein? Hat man wirklich nötig, in ihm (wie man sich gegen mich ausgedrückt hat) »die Ausgeburt eines tollgewordnen Hasses auf Erkenntnis, Geist und Sinnlichkeit« zu sehn? Einen Fluch auf Sinne und Geist in *einem* Haß und Atem? Eine Apostasie und Umkehr zu christlich-krankhaften und obskurantistischen Idealen? Und zuletzt gar ein Sich-selbst-Verneinen, Sich-selbst-Durchstreichen von seiten eines Künstlers, der bis dahin mit aller Macht seines Willens auf das Umgekehrte, nämlich auf *höchste Vergeistigung und Versinnlichung* seiner Kunst ausgewesen war? Und nicht nur seiner Kunst: auch seines Lebens. Man erinnere sich, wie begeistert seinerzeit Wagner in den Fußtapfen des Philosophen Feuerbach gegangen ist: Feuerbachs Wort von der »gesunden Sinnlichkeit« – das klang in den dreißiger und vierziger Jahren Wagner gleich vielen Deutschen (– sie nannten sich die »*jungen* Deutschen«) wie das Wort der Erlösung. Hat er schließlich darüber *umgelernt*? Da es zum mindesten scheint, daß er zuletzt den Willen hatte, darüber *umzulehren* ... Und nicht nur mit den Parsifal-Posaunen von der Bühne herab – in der trüben, ebenso unfreien als ratlosen Schriftstellerei seiner letzten Jahre gibt es hundert Stellen, in denen sich ein heimlicher Wunsch und Wille, ein verzagter, unsicherer, uneingeständlicher Wille verrät, ganz eigentlich Umkehr, Bekehrung, Verneinung, Christentum, Mittelalter zu predigen und seinen Jüngern zu sagen »es ist nichts! sucht das Heil woanders!« Sogar das »Blut des Erlösers« wird einmal angerufen ...

4

Daß ich in einem solchen Falle, der vieles Peinliche hat, meine Meinung sage – und es ist ein *typischer* Fall –: man tut gewiß am besten, einen

Künstler insoweit von seinem Werke zu trennen, daß man ihn selbst nicht gleich ernst nimmt wie sein Werk. Er ist zuletzt nur die Vorausbedingung seines Werks, der Mutterschoß, der Boden, unter Umständen der Dünger und Mist, auf dem, aus dem es wächst – und somit, in den meisten Fällen, etwas, das man vergessen muß, wenn man sich des Werks selbst erfreuen will. Die Einsicht in die *Herkunft* eines Werks geht die Physiologen und Vivisektoren des Geistes an: nie und nimmermehr die ästhetischen Menschen, die Artisten! Dem Dichter und Ausgestalter des Parsifal blieb ein tiefes, gründliches, selbst schreckliches Hineinleben und Hinabsteigen in mittelalterliche Seelen-Kontraste, ein feindseliges Abseits von aller Höhe, Strenge und Zucht des Geistes, eine Art intellektueller *Perversität* (wenn man mir das Wort nachsehn will) ebensowenig erspart als einem schwangeren Weibe die Widerlichkeiten und Wunderlichkeiten der Schwangerschaft: als welche man, wie gesagt, *vergessen* muß, um sich des Kindes zu erfreuen. Man soll sich vor der Verwechslung hüten, in welche ein Künstler nur zu leicht selbst gerät, aus psychologischer *contiguity*, mit den Engländern zu reden: wie als ob er selber das *wäre*, was er darstellen, ausdenken, ausdrücken kann. Tatsächlich steht es so, daß, *wenn* er eben das wäre, er es schlechterdings nicht darstellen, ausdenken, ausdrücken würde; ein Homer hätte keinen Achill, ein Goethe keinen Faust gedichtet, wenn Homer ein Achill und wenn Goethe ein Faust gewesen wäre. Ein vollkommner und ganzer Künstler ist in alle Ewigkeit von dem »Realen«, dem Wirklichen abgetrennt; andrerseits versteht man es, wie er an dieser ewigen »Unrealität« und Falschheit seines innersten Daseins mitunter bis zur Verzweiflung müde werden kann, – und daß er dann wohl den Versuch macht, einmal in das gerade ihm Verbotenste, ins Wirkliche überzugreifen, wirklich zu *sein*. Mit welchem Erfolge? Man wird es erraten ... Es ist das *die typische Velleität* des Künstlers: dieselbe Velleität, welcher auch der altgewordne Wagner verfiel und die er so teuer, so verhängnisvoll hat büßen müssen (– er verlor durch sie den wertvollen Teil seiner Freunde). Zuletzt aber, noch ganz abgesehn von dieser Velleität, wer möchte nicht überhaupt wünschen, um Wagners selber willen, daß er *anders* von uns und seiner Kunst Abschied genommen hätte, nicht mit einem Parsifal, sondern siegreicher, selbstgewisser, Wagnerischer – weniger irreführend, weniger zweideutig in bezug auf sein ganzes Wollen, weniger Schopenhauerisch, weniger nihilistisch? ...

5

– Was bedeuten also asketische Ideale? Im Falle eines Künstlers, wir begreifen es nachgerade: *gar nichts*! ... Oder so vielerlei, daß es so gut ist wie gar nichts! ... Eliminieren wir zunächst die Künstler: dieselben stehen lange nicht unabhängig genug in der Welt und *gegen* die Welt, als daß ihre Wertschätzungen und deren Wandel *an sich* Teilnahme verdiente! Sie waren zu allen Zeiten Kammerdiener einer Moral oder Philosophie oder Religion; ganz abgesehn noch davon, daß sie leider oft genug die allzu geschmeidigen Höflinge ihrer Anhänger- und Gönnerschaft und spürnasige Schmeichler vor alten oder eben neu heraufkommenden Gewalten gewesen sind. Zum mindesten brauchen sie immer eine Schutzwehr, einen Rückhalt, eine bereits begründete Autorität: die Künstler stehen nie für sich, das Alleinstehn geht wider ihre tiefsten Instinkte. So nahm zum Beispiel Richard Wagner den Philosophen Schopenhauer, als »die Zeit gekommen war«, zu seinem Vordermann, zu seiner Schutzwehr – wer möchte es auch nur für denkbar halten, daß er den *Mut* zu einem asketischen Ideal gehabt hätte, ohne den Rückhalt, den ihm die Philosophie Schopenhauers bot, ohne die in den siebziger Jahren in Europa *zum Übergewicht* gelangende Autorität Schopenhauers? (dabei noch nicht in Anschlag gebracht, ob im *neuen* Deutschland ein Künstler ohne die Milch frommer, reichsfrommer Denkungsart überhaupt möglich gewesen wäre). – Und damit sind wir bei der ernsthafteren Frage angelangt: was bedeutet es, wenn ein wirklicher *Philosoph* dem asketischen Ideale huldigt ein wirklich auf sich gestellter Geist wie Schopenhauer, ein Mann und Ritter mit erzenem Blick, der den Mut zu sich selber hat, der allein zu stehn weiß und nicht erst auf Vordermänner und höhere Winke wartet? – Erwägen wir hier sofort die merkwürdige und für manche Art Mensch selbst faszinierende Stellung Schopenhauers zur *Kunst*: denn sie ist es ersichtlich gewesen, um derentwillen *zunächst* Richard Wagner zu Schopenhauer übertrat (überredet dazu durch einen Dichter, wie man weiß, durch Herwegh), und dies bis zu dem Maße, daß sich damit ein vollkommner theoretischer Widerspruch zwischen seinem früheren und seinem späteren ästhetischen Glauben aufriß – ersterer zum Beispiel in »Oper und Drama« ausgedrückt, letzterer in den Schriften, die er von 1870 an herausgab. Insonderheit änderte Wagner, was vielleicht am meisten befremdet, von da an rücksichtslos sein Urteil über Wert und Stellung der *Musik* selbst: was lag ihm daran, daß er bisher aus ihr ein Mittel, ein Medium, ein »Weib« gemacht hatte, das schlechterdings eines Zweckes, eines Manns bedürfe, um zu gedeihn – nämlich des Dramas! Er begriff mit einem Male, daß mit der Schopenhauerschen Theorie und Neuerung *mehr* zu machen sei *in majorem musicae gloriam* – nämlich mit der *Souveränität* der Musik, so wie sie Schopenhauer begriff: die Musik abseits gestellt gegen alle übrigen Künste, die unabhängige Kunst an sich, *nicht*, wie diese, Abbilder der Phänomenalität bietend, vielmehr die Sprache *des* Willens selbst redend, unmittelbar aus dem »Abgrunde« heraus, als dessen eigenste, ursprünglichste, unabgeleitetste Offenbarung. Mit dieser außerordentlichen Wertsteigerung der Musik, wie sie aus der Schopenhauerschen Philosophie zu erwachsen schien, stieg mit einem Male auch *der Musiker* selbst unerhört im Preise: er wurde nunmehr ein Orakel, ein Priester, ja mehr als ein Priester, eine Art Mundstück des »An-sich« der Dinge, ein Telephon des Jenseits – er redete fürderhin nicht nur Musik, dieser Bauchredner Gottes – er redete Metaphysik: was Wunder, daß er endlich eines Tages *asketische Ideale* redete? ...

6

Schopenhauer hat sich die Kantische Fassung des ästhetischen Problems zunutze gemacht – obwohl er es ganz gewiß nicht mit Kantischen Augen angeschaut hat. Kant gedachte der Kunst eine Ehre zu erweisen, als er unter den Prädikaten des Schönen diejenigen bevorzugte und in den Vordergrund stellte, welche die Ehre der Erkenntnis ausmachen: Unpersönlichkeit und Allgemeingültigkeit. Ob dies nicht in der Hauptsache ein Fehlgriff war, ist hier nicht am Orte zu verhandeln; was ich allein unterstreichen will, ist, daß Kant, gleich allen Philosophen, statt von den Erfahrungen des Künstlers (des Schaffenden) aus das ästhetische Problem zu visieren, allein vom »Zuschauer« aus über die Kunst und das Schöne nachgedacht und dabei unvermerkt den »Zuschauer« selber in den Begriff »schön« hineinbekommen hat. Wäre aber wenigstens nur dieser »Zuschauer« den Philosophen des Schönen ausreichend bekannt gewesen! – nämlich als eine große *persönliche* Tatsache und Erfahrung, als eine Fülle eigenster starker Erlebnisse, Begierden, Überraschungen, Entzückungen auf dem Gebiete des Schönen! Aber das Gegenteil war, wie ich fürchte, immer der Fall: und so bekommen wir denn von ihnen gleich von Anfang an Definitionen, in denen, wie in jener berühmten Definition, die Kant vom Schönen gibt, der Mangel an feinerer Selbst-Erfahrung in Gestalt eines dicken Wurms von Grundirrtum sitzt. »Schön ist«, hat Kant gesagt, »was *ohne Interesse* gefällt.« Ohne Interesse! Man vergleiche mit dieser Definition jene andre, die ein wirklicher »Zuschauer« und Artist gemacht hat – Stendhal, der das Schöne einmal *une promesse de bonheur* nennt. Hier ist jedenfalls gerade das *abgelehnt* und ausgestrichen, was Kant allein am ästhetischen Zustande hervorhebt: *le désintéressement.* Wer hat recht, Kant oder Stendhal? – Wenn freilich unsre Ästhetiker nicht müde werden, zugunsten Kants in die Waagschale zu werfen, daß man unter dem Zauber der Schönheit *sogar* gewandlose weibliche Statuen »ohne Interesse« anschauen könne, so darf man wohl ein wenig auf ihre Unkosten lachen – die Erfahrungen der *Künstler* sind in bezug auf diesen heiklen Punkt »interessanter«, und Pygmalion war jedenfalls *nicht* notwendig ein »unästhetischer Mensch«. Denken wir um so besser von der Unschuld unsrer Ästhetiker, welche sich in solchen Argumenten spiegelt, rechnen wir es zum Beispiel Kant zu Ehren an, was er über das Eigentümliche des Tastsinns mit landpfarrermäßiger Naivität zu lehren weiß! – Und hier kommen wir auf Schopenhauer zurück, der in ganz andrem Maße als Kant den Künsten nahestand und doch nicht aus dem Bann der Kantischen Definition herausgekommen ist: wie kam das? Der Umstand ist wunderlich genug: das Wort »ohne Interesse« interpretierte er sich in der allerpersönlichsten Weise, aus einer Erfahrung heraus, die bei ihm zu den regelmäßigsten gehört haben muß. Über wenig Dinge redet Schopenhauer so sicher wie über die Wirkung der ästhetischen Kontemplation: er sagt ihr nach, daß sie gerade der *geschlechtlichen* »Interessiertheit« entgegenwirke, ähnlich also wie Lupulin und Kampfer; er ist nie müde geworden, *dieses* Loskommen vom »Willen« als den großen Vorzug und Nutzen des ästhetischen Zustandes zu verherrlichen. Ja man möchte versucht sein zu fragen, ob nicht seine Grundkonzeption von »Willen und Vorstellung«, der Gedanke, daß es eine Erlösung vom »Willen« einzig durch die »Vorstellung« geben könne, aus einer Verallgemeinerung jener Sexual-Erfahrung ihren Ursprung genommen habe. (Bei allen Fragen in betreff der Schopenhauerschen Philosophie ist, anbei bemerkt, niemals außer acht zu lassen, daß sie die Konzeption eines sechsundzwanzigjährigen Jünglings ist; so daß sie nicht nur an dem Spezifischen Schopenhauers, sondern auch an dem Spezifischen jener Jahreszeit des Lebens Anteil hat.) Hören wir zum Beispiel eine der ausdrücklichsten Stellen unter den zahllosen, die er zu Ehren des ästhetischen Zustandes geschrieben hat (Welt als Wille und Vorstellung I 231), hören wir den Ton heraus, das Leiden, das Glück, die Dankbarkeit, mit der solche Worte gesprochen worden sind. »Das ist der schmerzenslose Zustand, den Epikuros als das höchste Gut und als den Zustand der Götter pries; wir sind, für jenen Augenblick, des schnöden Willensdrangs entledigt, wir feiern den Sabbat der Zuchthausarbeit des Wollens, das Rad des Ixion steht still« ... Welche Vehemenz der Worte! Welche Bilder der Qual und des langen Überdrusses! Welche fast pathologische Zeit-Gegenüberstellung »jenes Augenblicks« und des sonstigen »Rads des Ixion«, der »Zuchthausarbeit des Wollens«, des »schnöden Willensdrangs«! – Aber gesetzt, daß Schopenhauer hundertmal für seine Person recht hätte, was wäre damit für die Einsicht ins Wesen des Schönen getan? Schopenhauer hat *eine* Wirkung des Schönen beschrieben, die Willenkalmierende – ist sie auch nur eine regelmäßige? Stendhal, wie gesagt, eine nicht weniger sinnliche, aber glücklicher geratene Natur als Schopenhauer, hebt eine andre Wirkung des Schönen hervor: »das Schöne *verspricht* Glück«, ihm scheint gerade die *Erregung des Willens* (»des Interesses«) durch das Schöne der Tatbestand. Und könnte man nicht zuletzt Schopenhauer selber einwenden, daß er sehr mit Unrecht sich hierin Kantianer dünke, daß er ganz und gar nicht die Kantsche Definition des Schönen Kantisch verstanden habe – daß auch ihm das Schöne aus einem »Interesse« gefalle, sogar aus dem allerstärksten, allerpersönlichsten Interesse: dem des Torturierten, der von seiner Tortur loskommt? ... Und, um auf unsre erste Frage zurückzukommen, »was *bedeutet* es, wenn ein Philosoph dem asketischen Ideale huldigt?« – so bekommen wir hier wenigstens einen ersten Wink: er will *von einer Tortur loskommen.* –

7

Hüten wir uns, bei dem Wort »Tortur« gleich düstere Gesichter zu machen: es bleibt gerade in diesem Falle genug dagegenzurechnen, genug abzuziehn – es bleibt selbst etwas zu lachen. Unterschätzen wir es namentlich nicht, daß Schopenhauer, der die Geschlechtlichkeit in der Tat als persönlichen Feind behandelt hat (einbegriffen deren Werkzeug, das Weib, dieses *»instrumentum diaboli«*), Feinde *nötig* hatte, um guter Dinge zu bleiben; daß er die grimmigen galligen schwarzgrünen Worte liebte; daß er zürnte, um zu zürnen, aus Passion; daß er krank geworden wäre, *Pessimist* geworden wäre (– denn er war es nicht, so sehr er es auch wünschte) ohne seine Feinde, ohne Hegel, das Weib, die Sinnlichkeit und den ganzen Willen zum Dasein, Dableiben. Schopenhauer wäre sonst *nicht* dageblieben, darauf darf man wetten, er wäre davongelaufen: seine Feinde aber hielten ihn fest, seine Feinde verführten ihn immer wieder zum Dasein, sein Zorn war, ganz wie bei den antiken Zynikern, sein Labsal, seine Erholung, sein Entgelt, sein Remedium gegen den Ekel, sein *Glück.* So viel in Hinsicht auf das Persönlichste am Fall Schopenhauers; andrerseits ist an ihm noch etwas Typisches – und hier erst kommen wir wieder auf unser Problem. Es besteht unbestreitbar, solange es Philosophen auf Erden gibt und überall, wo es Philosophen gegeben hat (von Indien bis England, um die entgegengesetzten Pole der Begabung für Philosophie zu nehmen), eine eigentliche Philosophen-Gereiztheit und -Ranküne gegen die Sinnlichkeit – Schopenhauer ist nur deren beredtester und, wenn man das Ohr dafür hat, auch hinreißendster und entzückendster Ausbruch –; es besteht insgleichen eine eigentliche Philosophen-Voreingenommenheit und -Herzlichkeit in bezug auf das ganze asketische Ideal, darüber und dagegen soll man sich nichts vormachen. Beides gehört, wie gesagt, zum Typus; fehlt beides an einem Philosophen, so ist er – dessen sei man sicher – immer nur ein »sogenannter« Was *bedeutet* das? Denn man muß diesen Tatbestand erst interpretieren: *an sich* steht er da, dumm in alle Ewigkeit, wie jedes »Ding an sich«. Jedes Tier, somit auch *la bête philosophe,* strebt instinktiv nach einem Optimum von günstigen Bedingungen, unter denen es seine Kraft ganz herauslassen kann und sein Maximum im Machtgefühl erreicht; jedes Tier perhorresziert ebenso instinktiv und mit einer Feinheit der Witterung, die »höher ist als alle Vernunft«, alle Art Störenfriede und Hindernisse, die sich ihm über diesen Weg zum Optimum legen oder legen könnten (– es ist *nicht* sein Weg zum »Glück«, von dem ich rede, sondern sein Weg zur Macht, zur Tat, zum mächtigsten Tun, und in den meisten Fällen tatsächlich sein Weg zum Unglück). Dergestalt perhorresziert der Philosoph die *Ehe* samt dem, was zu ihr überreden möchte – die Ehe als Hindernis und Verhängnis auf seinem Wege zum Optimum. Welcher große Philosoph war bisher verheiratet? Heraklit, Plato, Descartes, Spinoza, Leibniz, Kant, Schopenhauer – sie waren es nicht; mehr noch, man kann sie sich nicht einmal *denken* als verheiratet. Ein verheirateter Philosoph gehört *in die Komödie*, das ist mein Satz: und jene Ausnahme Sokrates – der boshafte Sokrates hat sich, scheint es, *ironice* verheiratet, eigens um gerade *diesen* Satz zu demonstrieren. Jeder Philosoph würde sprechen, wie einst Buddha sprach, als ihm die Geburt eines Sohns gemeldet wurde: »Râhula ist mir geboren, eine Fessel ist mir geschmiedet« (Râhula bedeutet hier »ein kleiner Dämon«); jedem »freien Geiste« müßte eine nachdenkliche Stunde kommen, gesetzt, daß er vorher eine gedankenlose gehabt hat, wie sie einst demselben Buddha kam – »eng bedrängt«, dachte er bei sich, »ist das Leben im Hause, eine Stätte der Unreinheit; Freiheit ist im Verlassen des Hauses«: »dieweil er also dachte, verließ er das Haus«. Es sind im asketischen Ideale so viele Brücken zur *Unabhängigkeit* angezeigt, daß ein Philosoph nicht ohne ein innerliches Frohlocken und Händeklatschen die Geschichte aller jener Entschlossnen zu hören vermag, welche eines Tages Nein sagten zu aller Unfreiheit und in irgendeine *Wüste* gingen: gesetzt selbst, daß es bloß starke Esel waren und ganz und gar das Gegenstück eines starken Geistes. Was bedeutet demnach das asketische Ideal bei einem Philosophen? Meine Antwort ist – man wird es längst erraten haben: der Philosoph lächelt bei seinem Anblick einem Optimum der Bedingungen höchster und kühnster Geistigkeit zu – er verneint *nicht* damit »das Dasein«, er bejaht darin vielmehr *sein* Dasein und *nur* sein Dasein, und dies vielleicht bis zu dem Grade, daß ihm der frevelhafte Wunsch nicht fern bleibt: *pereat mundus, fiat philosophia, fiat philosophus, f i a m!* . . .

8

Man sieht, das sind keine unbestochnen Zeugen und Richter über den *Wert* des asketischen Ideals, diese Philosophen! Sie denken an *sich* – was geht sie »der Heilige« an! Sie denken an das dabei, was *ihnen* gerade das Unentbehrlichste ist: Freiheit von Zwang, Störung, Lärm, von Geschäften, Pflichten, Sorgen; Helligkeit im Kopf; Tanz, Sprung und Flug der Gedanken; eine gute Luft, dünn, klar, frei, trocken, wie die Luft auf Höhen ist, bei der alles animalische Sein geistiger wird und Flügel bekommt; Ruhe in allen Souterrains; alle Hunde hübsch an die Kette gelegt; kein Gebell von Feindschaft und zotteliger Rankūne; keine Nagewürmer verletzten Ehrgeizes; bescheidne und untertänige Eingeweide, fleißig wie Mühlwerke, aber fern; das Herz fremd, jenseits, zukünftig, posthum, – sie denken, alles in allem, bei dem asketischen Ideal an den heitern Asketismus eines vergöttlichten und flügge gewordnen Tiers, das über dem Leben mehr schweift als ruht. Man weiß, was die drei großen Prunkworte des asketischen Ideals sind: Armut, Demut, Keuschheit: und nun sehe man sich einmal das Leben aller großen fruchtbaren erfinderischen Geister aus der Nähe an – man wird darin alle drei bis zu einem gewissen Grade immer wiederfinden. Durchaus *nicht*, wie sich von selbst versteht, als ob es etwa deren »Tugenden« wären – was hat diese Art Mensch mit Tugenden zu schaffen! –, sondern als die eigentlichsten und natürlichsten Bedingungen ihres *besten* Daseins, ihrer *schönsten* Fruchtbarkeit. Dabei ist es ganz wohl möglich, daß ihre dominierende Geistigkeit vorerst einem unbändigen und reizbaren Stolze oder einer mutwilligen Sinnlichkeit Zügel anzulegen hatte oder daß sie ihren Willen zur »Wüste« vielleicht gegen einen Hang zum Luxus und zum Ausgesuchtesten, insgleichen gegen eine verschwenderische Liberalität mit Herz und Hand schwer genug aufrechterhielt. Aber sie tat es, eben als der *dominierende* Instinkt, der seine Forderungen bei allen andren Instinkten durchsetzte – sie tut es noch, täte sie's nicht, so dominierte sie eben nicht. Daran ist also nichts von »Tugend«. Die *Wüste* übrigens, von welcher ich eben sprach, in die sich die starken, unabhängig gearteten Geister zurückziehn und vereinsamen – o wie anders sieht sie aus, als die Gebildeten sich eine Wüste träumen! – unter Umständen sind sie es nämlich selbst, diese Gebildeten. Und gewiß ist es, daß alle Schauspieler des Geistes es schlechterdings nicht in ihr aushielten – für sie ist sie lange nicht romantisch und syrisch genug, lange nicht Theater-Wüste genug! Es fehlt allerdings auch in ihr nicht an Kamelen: darauf aber beschränkt sich die ganze Ähnlichkeit. Eine willkürliche Obskurität vielleicht; ein Aus-dem-Wege-Gehn vor sich selber; eine Scheu vor Lärm, Verehrung, Zeitung, Einfluß; ein kleines Amt, ein Alltag, etwas, das mehr verbirgt als ans Licht stellt; ein Umgang gelegentlich mit harmlosem heitrem Getier und Geflügel, dessen Anblick erholt; ein Gebirge zur Gesellschaft, aber kein totes, eins mit *Augen* (das heißt mit Seen); unter Umständen selbst ein Zimmer in einem vollen Allerwelts-Gasthof, wo man sicher ist, verwechselt zu werden, und ungestraft mit jedermann reden kann – das ist hier »Wüste«: o sie ist einsam genug, glaubt es mir! Wenn Heraklit sich in die Freihöfe und Säulengänge des ungeheuren Artemistempels zurückzog, so war diese »Wüste« würdiger, ich gebe es zu: weshalb *fehlen* uns solche Tempel? (– sie fehlen uns vielleicht *nicht*: eben gedenke ich meines schönsten Studierzimmers, der *piazza di San Marco*, Frühling vorausgesetzt, insgleichen Vormittag, die Zeit zwischen zehn und zwölf). Das aber, dem Heraklit auswich, ist das gleiche noch, dem *wir* jetzt aus dem Wege gehn: der Lärm und das Demokraten-Geschwätz der Ephesier, ihre Politik, ihre Neuigkeiten vom »Reich« (Persien, man versteht mich), ihr Markt-Kram von »heute« – denn wir Philosophen brauchen zuallererst vor *einem* Ruhe: vor allem »Heute«. Wir verehren das Stille, das Kalte, das Vornehme, das Ferne, das Vergangne, jegliches überhaupt, bei dessen Aspekt die Seele sich nicht zu verteidigen und zuzuschnüren hat – etwas, mit dem man reden kann, ohne *laut* zu reden. Man höre doch nur auf den Klang, den ein Geist hat, wenn er redet: jeder Geist hat seinen Klang, liebt seinen Klang. Das dort zum Beispiel muß wohl ein Agitator sein, will sagen ein Hohlkopf, Hohltopf: was auch nur in ihn hineingeht, jeglich Ding kommt dumpf und dick aus ihm zurück, beschwert mit dem Echo der großen Leere. Jener dort spricht selten anders als heiser: hat er sich vielleicht heiser *gedacht*? Das wäre möglich – man frage die Physiologen –, aber wer in *Worten* denkt, denkt als Redner und nicht als Denker (es verrät, daß er im Grunde nicht Sachen, nicht sachlich denkt, sondern nur in Hinsicht auf Sachen, daß er eigentlich *sich* und seine Zuhörer denkt). Dieser Dritte da redet aufdringlich, er tritt zu nahe uns an den Leib, sein Atem haucht uns an – unwillkürlich schließen wir den Mund, obwohl es ein Buch ist, durch das er zu uns spricht: der Klang seines Stils sagt den Grund davon – daß er keine Zeit hat, daß er schlecht an sich selber glaubt, daß er heute oder niemals mehr zu Worte kommt. Ein Geist aber, der seiner selbst gewiß ist, redet leise; er sucht die Verborgenheit, er läßt auf sich warten. Man erkennt einen Philosophen daran, daß er drei glänzenden und lauten Dingen aus dem Wege geht, dem Ruhme, den Fürsten und den Frauen: womit nicht gesagt ist, daß sie nicht zu ihm kämen. Er scheut allzu helles Licht: deshalb scheut er seine Zeit und deren »Tag«. Darin ist er wie ein Schatten: je mehr ihm die Sonne sinkt, um so größer wird er. Was seine »Demut« angeht, so verträgt er, wie er das Dunkel verträgt, auch eine gewisse Abhängigkeit und Verdunkelung: mehr noch, er fürchtet sich vor der Störung durch Blitze, er schreckt vor der Ungeschütztheit eines allzu isolierten und preisgegebnen Baums zurück, an dem jedes schlechte Wetter seine Laune, jede Laune ihr schlechtes Wetter ausläßt. Sein »mütterlicher« Instinkt, die geheime Liebe zu dem, was in ihm wächst, weist ihn auf Lagen hin, wo man es ihm abnimmt, *an sich* zu denken; in gleichem Sinne, wie der Instinkt der *Mutter* im Weibe die abhängige Lage des Weibes überhaupt bisher festgehalten hat. Sie verlangen zuletzt wenig genug, diese Philosophen, ihr Wahlspruch ist »wer besitzt, wird besessen« –: *nicht*, wie ich wieder und wieder sagen muß, aus einer Tugend, aus einem verdienstlichen Willen zur Genügsamkeit und Einfalt, sondern weil es ihr oberster Herr *so* von ihnen verlangt, klug und unerbittlich verlangt: als welcher nur für eins Sinn hat und alles, Zeit, Kraft, Liebe, Interesse nur dafür sammelt, nur dafür aufspart. Diese Art Mensch liebt es nicht, durch Feindschaften gestört zu werden, auch durch Freundschaften nicht; sie vergißt oder verachtet leicht. Es dünkt ihr ein schlechter Geschmack, den Märtyrer zu machen; »für die Wahrheit zu *leiden*« – das überläßt sie den Ehrgeizigen und Bühnenhelden des Geistes und wer sonst Zeit genug dazu hat (– sie selbst, die Philosophen, haben etwas für die Wahrheit zu *tun*). Sie machen einen sparsamen Verbrauch von großen Worten; man sagt, daß ihnen selbst das Wort »Wahrheit« widerstehe: es klinge großtuerisch... Was endlich die »Keuschheit« der Philosophen anbelangt, so hat diese Art Geist ihre Fruchtbarkeit ersichtlich woanders als in Kindern; vielleicht woanders auch das Fortleben ihres Namens, ihre kleine Unsterblichkeit (noch unbescheidner drückte man sich im alten Indien unter Philosophen aus: »wozu Nachkommenschaft dem, dessen Seele die Welt ist?«). Darin ist nichts von Keuschheit aus irgendeinem asketischen Skrupel und Sinnenhaß, so wenig es Keuschheit ist, wenn ein Athlet oder Jockei sich der Weiber enthält: so will es vielmehr, zum mindesten für die Zeiten der großen Schwangerschaft, ihr dominierender Instinkt. Jeder Artist weiß, wie schädlich in Zuständen großer geistiger Spannung und Vorbereitung der Beischlaf wirkt; für die mächtigsten und instinktsichersten unter ihnen gehört dazu nicht erst die Erfahrung, die schlimme Erfahrung – sondern eben ihr »mütterlicher« Instinkt ist es, der hier zum Vorteil des werdenden Werkes rücksichtslos über alle sonstigen Vorräte und Zuschüsse von Kraft, von *vigor* des animalen Lebens verfügt: die größere Kraft *verbraucht* dann die kleinere. – Man lege sich übrigens den oben besprochnen Fall Schopenhauers nach dieser Interpretation zurecht: der Anblick des Schönen wirkte offenbar bei ihm als auslösender Reiz auf die *Hauptkraft* seiner Natur (die Kraft der Besinnung und des vertieften Blicks); so daß diese dann explodierte und mit einem Male Herr des Bewußtseins wurde. Damit soll durchaus die Möglichkeit nicht ausgeschlossen sein, daß jene eigentümliche Süßigkeit und Fülle, die dem ästhetischen Zustande eigen ist, gerade von der Ingredienz »Sinnlichkeit« ihre Herkunft nehmen könnte (wie aus derselben Quelle jener »Idealismus« stammt, der mannbaren Mädchen eignet) – daß somit die Sinnlichkeit beim Eintritt des ästhetischen Zustandes nicht aufgehoben ist, wie Schopenhauer glaubt, sondern sich nur transfiguriert und nicht als Geschlechtsreiz mehr ins Bewußtsein tritt. (Auf diesen Gesichtspunkt werde ich ein andres Mal zurückkommen, im Zusammenhang mit noch delikateren Problemen der bisher so unberührten, so unaufgeschlossnen *Physiologie der Ästhetik*.)

9

Ein gewisser Asketismus, wir sahen es, eine harte und heitre Entsagsamkeit besten Willens gehört zu den günstigen Bedingungen höchster Geistigkeit, insgleichen auch zu deren natürlichsten Folgen: so wird es von vornherein nicht wundernehmen, wenn das asketische Ideal gerade von den Philosophen nie ohne einige Voreingenommenheit behandelt worden ist. Bei einer ernsthaften historischen Nachrechnung erweist sich sogar das Band zwischen asketischem Ideal und Philosophie als noch viel enger und strenger. Man könnte sagen, daß erst am *Gängelbande* dieses Ideals die Philosophie überhaupt gelernt habe, ihre ersten Schritte und Schrittchen auf Erden zu machen – ach, noch so ungeschickt, ach, mit noch so verdrossnen Mienen, ach, so bereit, umzufallen und auf dem Bauch zu liegen, dieser kleine schüchterne Tapps und Zärtling mit krummen Beinen! Es ist der Philosophie anfangs ergangen wie allen guten Dingen – sie hatten lange keinen Mut zu sich selber, sie sahen sich immer um, ob ihnen niemand zu Hilfe kommen wolle, mehr noch, sie fürchteten sich vor allen, die ihnen zusahn. Man rechne sich die einzelnen Triebe und Tugenden des Philosophen der Reihe nach vor – seinen anzweifelnden Trieb, seinen verneinenden Trieb, seinen abwartenden (»ephektischen«) Trieb, seinen analytischen Trieb, seinen forschenden, suchenden, wagenden Trieb, seinen vergleichenden, ausgleichenden Trieb, seinen Willen zu Neutralität und Objektivität, seinen Willen zu jedem *»sine ira et studio«* –: hat man wohl schon begriffen, daß sie allesamt die längste Zeit den ersten Forderungen der Moral und des Gewissens entgegengingen? (gar nicht zu reden von der *Vernunft* überhaupt, welche noch Luther »Fraw Klüglin die kluge Hur« zu nennen liebte). Daß ein Philosoph, falls er sich zum Bewußtsein gekommen *wäre*, sich geradezu als das leibhafte *»nitimur in vetitum«* hätte fühlen müssen – und sich folglich *hütete*, »sich zu fühlen«, sich zum Bewußtsein zu kommen? … Es steht, wie gesagt, nicht anders mit allen guten Dingen, auf die wir heute stolz sind; selbst noch mit dem Maße der alten Griechen gemessen, nimmt sich unser ganzes modernes Sein, soweit es nicht Schwäche, sondern Macht und Machtbewußtsein ist, wie lauter Hybris und Gottlosigkeit aus: denn gerade die umgekehrten Dinge, als die sind, welche wir heute verehren, haben die längste Zeit das Gewissen auf ihrer Seite und Gott zu ihrem Wächter gehabt. Hybris ist heute unsre ganze Stellung zur Natur, unsre Natur-Vergewaltigung mit Hilfe der Maschinen und der so unbedenklichen Techniker- und Ingenieur-Erfindsamkeit; Hybris ist unsre Stellung zu Gott, will sagen zu irgendeiner angeblichen Zweck- und Sittlichkeits-Spinne hinter dem großen Fangnetz-Gewebe der Ursächlichkeit – wir dürften, wie Karl der Kühne im Kampfe mit Ludwig dem Elften, sagen *»je combats l'universelle araignée«* –; Hybris ist unsre Stellung zu *uns*, denn wir experimentieren mit uns, wie wir es uns mit keinem Tiere erlauben würden, und schlitzen uns vergnügt und neugierig die Seele bei lebendigem Leibe auf: was liegt uns noch am »Heil« der Seele! Hinterdrein heilen wir uns selber: Kranksein ist lehrreich, wir zweifeln nicht daran, lehrreicher noch als Gesundsein – die *Krankmacher* scheinen uns heute nötiger selbst als irgendwelche Medizinmänner und »Heilande«. Wir vergewaltigen uns jetzt selbst, es ist kein Zweifel, wir Nußknacker der Seele, wir Fragenden und Fragwürdigen, wie als ob Leben nichts andres sei, als Nüsseknacken; ebendamit müssen wir notwendig täglich immer noch fragwürdiger, *würdiger* zu fragen werden, ebendamit vielleicht auch würdiger – zu leben? ... Alle guten Dinge waren ehemals schlimme Dinge; aus jeder Erbsünde ist eine Erbtugend geworden. Die Ehe zum Beispiel schien lange eine Versündigung am Rechte der Gemeinde; man hat einst Buße dafür gezahlt, so unbescheiden zu sein und sich ein Weib für sich anzumaßen (dahin gehört zum Beispiel das *jus primae noctis*, heute noch in Kambodscha das Vorrecht der Priester, dieser Bewahrer »alter guter Sitten«). Die sanften, wohlwollenden, nachgiebigen, mitleidigen Gefühle – nachgerade so hoch im Werte, daß sie fast »die Werte an sich« sind – hatten die längste Zeit gerade die Selbstverachtung gegen sich: man schämte sich der Milde, wie man sich heute der Härte schämt (vgl. »Jenseits von Gut und Böse«: II, S. 148 ff.). Die Unterwerfung unter das *Recht*: – o mit was für Gewissens-Widerstande haben die vornehmen Geschlechter überall auf Erden ihrerseits Verzicht auf *vendetta* geleistet und dem Recht über sich Gewalt eingeräumt! Das »Recht« war lange ein *vetitum*, ein Frevel, eine Neuerung, es trat mit Gewalt auf, *als* Gewalt, der man sich nur mit Scham vor sich selber fügte. Jeder kleinste Schritt auf der Erde ist ehedem mit geistigen und körperlichen Martern erstritten worden: dieser ganze Gesichtspunkt, »daß nicht nur das Vorwärtsschreiten, nein! das Schreiten, die Bewegung, die Veränderung ihre unzähligen Märtyrer nötig gehabt hat«, klingt gerade heute uns so fremd – ich habe ihn in der »Morgenröte« ans Licht gestellt. »Nichts ist teurer erkauft«, heißt es daselbst, »als das wenige von menschlicher Vernunft und vom Gefühle der Freiheit, was jetzt unsern Stolz ausmacht. Dieser Stolz aber ist es, dessentwegen es uns jetzt fast unmöglich wird, mit jenen ungeheuren Zeitstrecken der ›Sittlichkeit der Sitte‹ zu empfinden, welche der ›Weltgeschichte‹ vorausliegen, als die wirkliche und entscheidende Hauptgeschichte, welche den Charakter der Menschheit festgestellt hat: wo das Leiden als Tugend, die Grausamkeit als Tugend, die Verstellung als Tugend, die Rache als Tugend, die Verleugnung der Vernunft als Tugend, dagegen das Wohlbefinden als Gefahr, die Wißbegierde als Gefahr, der Friede als Gefahr, das Mitleiden als Gefahr, das Bemitleidetwerden als Schimpf, die Arbeit als Schimpf, der Wahnsinn als Göttlichkeit, die *Veränderung* als das Unsittliche und Verderbenschwangere an sich überall in Geltung war!« –

10

In demselben Buche ist auseinandergesetzt, in welcher Schätzung, unter welchem *Druck* von Schätzung das älteste Geschlecht kontemplativer Menschen zu leben hatte – genau so weit verachtet, als es nicht gefürchtet wurde! Die Kontemplation ist in vermummter Gestalt, in einem zweideutigen Ansehn, mit einem bösen Herzen und oft mit einem geängstigten Kopfe zuerst auf der Erde erschienen: daran ist kein Zweifel. Das Inaktive, Brütende, Unkriegerische in den Instinkten kontemplativer Menschen legte lange ein tiefes Mißtrauen um sie herum: dagegen gab es kein andres Mittel als entschieden *Furcht* vor sich erwecken. Und darauf haben sich zum Beispiel die alten Brahmanen verstanden! Die ältesten Philosophen wußten ihrem Dasein und Erscheinen einen Sinn, einen Halt und Hintergrund zu geben, auf den hin man sie *fürchten* lernte: genauer erwogen, aus einem noch fundamentaleren Bedürfnisse heraus, nämlich um vor sich selbst Furcht und Ehrfurcht zu gewinnen. Denn sie fanden in sich alle Werturteile *gegen* sich gekehrt, sie hatten gegen »den Philosophen in sich« jede Art Verdacht und Widerstand niederzukämpfen. Dies taten sie, als Menschen furchtbarer Zeitalter, mit furchtbaren Mitteln: die Grausamkeit gegen sich, die erfinderische Selbstkasteiung – das war das Hauptmittel dieser machtdurstigen Einsiedler und Gedanken-Neuerer, welche es nötig hatten, in sich selbst erst die Götter und das Herkömmliche zu vergewaltigen, um selbst an ihre Neuerung *glauben* zu können. Ich erinnere an die berühmte Geschichte des Königs Viçvamitra, der aus tausendjährigen Selbstmarterungen ein solches Machtgefühl und Zutrauen zu sich gewann, daß er es unternahm, einen *neuen Himmel* zu bauen: das unheimliche Symbol der ältesten und jüngsten Philosophen-Geschichte auf Erden – jeder, der irgendwann einmal einen »neuen Himmel« gebaut hat, fand die Macht dazu erst in der *eignen Hölle* ... Drücken wir den ganzen Tatbestand in kurze Formeln zusammen: der philosophische Geist hat sich zunächst immer in die *früher festgestellten* Typen des kontemplativen Menschen verkleiden und verpuppen müssen, als Priester, Zauberer, Wahrsager, überhaupt als religiöser Mensch, um in irgendeinem Maße auch nur *möglich zu sein: das asketische Ideal* hat lange Zeit dem Philosophen als Erscheinungsform, als Existenz-Voraussetzung gedient – er mußte es *darstellen*, um Philosoph sein zu können, er mußte an dasselbe *glauben*, um es darstellen zu können. Die eigentümlich weltverneinende, lebensfeindliche, sinnenungläubige, entsinnlichte Abseits-Haltung der Philosophen, welche bis auf die neuste Zeit festgehalten worden ist und damit beinahe als *Philosophen-Attitüde an sich* Geltung gewonnen hat – sie ist vor allem eine Folge des Notstandes von Bedingungen, unter denen Philosophie überhaupt entstand und bestand: insofern nämlich die längste Zeit Philosophie auf Erden *gar nicht möglich* gewesen wäre ohne eine asketische Hülle und Einkleidung, ohne ein asketisches Selbst-Mißverständnis. Anschaulich und augenscheinlich ausgedrückt: der *asketische Priester* hat bis auf die neuste Zeit die widrige und düstere Raupenform abgegeben, unter der allein die Philosophie leben durfte und herumschlich ... Hat sich das wirklich *verändert*? Ist das bunte und gefährliche Flügeltier, jener »Geist«, den diese Raupe in sich barg, wirklich, dank einer sonnigeren, wärmeren, aufgehellteren Welt, zuletzt doch noch entkuttet und ins Licht hinausgelassen worden? Ist heute schon genug Stolz, Wagnis, Tapferkeit, Selbstgewißheit, Wille des Geistes, Wille zur Verantwortlichkeit, *Freiheit des Willens* vorhanden, daß wirklich nunmehr auf Erden »der Philosoph« – *möglich* ist? ...

11

Jetzt erst, nachdem wir den *asketischen Priester* in Sicht bekommen haben, rücken wir unsrem Probleme: was bedeutet das asketische Ideal? ernsthaft auf den Leib – jetzt erst wird es »Ernst«: wir haben nunmehr den eigentlichen *Repräsentanten des Ernstes* überhaupt uns gegenüber. »Was bedeutet aller Ernst?« – diese noch grundsätzlichere Frage legt sich vielleicht hier schon auf unsre Lippen: eine Frage für Physiologen, wie billig, an der wir aber einstweilen noch vorüberschlüpfen. Der asketische Priester hat in jenem Ideale nicht nur seinen Glauben, sondern auch seinen Willen, seine Macht, sein Interesse. Sein *Recht* zum Dasein steht und fällt mit jenem Ideale: was wunder, daß wir hier auf einen furchtbaren Gegner stoßen, gesetzt nämlich, daß wir die Gegner jenes Ideales wären? einen solchen, der um seine Existenz gegen die Leugner jenes Ideales kämpft? ... Andrerseits ist es von vornherein nicht wahrscheinlich, daß eine dergestalt interessierte Stellung zu unsrem Probleme diesem sonderlich zunutze kommen wird; der asketische Priester wird schwerlich selbst nur den glücklichsten Verteidiger seines Ideals abgeben, aus dem gleichen Grunde, aus dem es einem Weibe zu mißlingen pflegt, wenn es »das Weib an sich« verteidigen will – geschweige denn den objektivsten Beurteiler und Richter der hier aufgeregten Kontroverse. Eher also werden wir ihm noch zu helfen haben – so viel liegt jetzt schon auf der Hand –, sich gut gegen uns zu verteidigen, als daß wir zu fürchten hätten, zu gut von ihm widerlegt zu werden ... Der Gedanke, um den hier gekämpft wird, ist die *Wertung* unsres Lebens seitens der asketischen Priester: dasselbe wird (samt dem, wozu es gehört, »Natur«, »Welt«, die gesamte Sphäre des Werdens und der Vergänglichkeit) von ihnen in Beziehung gesetzt zu einem ganz andersartigen Dasein, zu dem es sich gegensätzlich und ausschließend verhält, *es sei denn*, daß es sich etwa gegen sich selber wende, *sich selbst verneine*: in diesem Falle, dem Falle eines asketischen Lebens.

gilt das Leben als eine Brücke für jenes andre Dasein. Der Asket behandelt das Leben wie einen Irrweg, den man endlich rückwärts gehn müsse, bis dorthin, wo er anfängt; oder wie einen Irrtum, den man durch die Tat widerlege – widerlegen *solle*: denn er *fordert*, daß man mit ihm gehe, er erzwingt, wo er kann, *seine* Wertung des Daseins. Was bedeutet das? Eine solche ungeheuerliche Wertungsweise steht nicht als Ausnahmefall und Kuriosum in die Geschichte des Menschen eingeschrieben: sie ist eine der breitesten und längsten Tatsachen, die es gibt. Von einem fernen Gestirn aus gelesen, würde vielleicht die Majuskel-Schrift unsres Erden-Daseins zu dem Schluß verführen, die Erde sei der eigentlich *asketische Stern*, ein Winkel mißvergnügter, hochmütiger und widriger Geschöpfe, die einen tiefen Verdruß an sich, an der Erde, an allem Leben gar nicht loswürden und sich selber so viel wehtäten als möglich, aus Vergnügen am Weh-tun – wahrscheinlich ihrem einzigen Vergnügen. Erwägen wir doch, wie regelmäßig, wie allgemein, wie fast zu allen Zeiten der asketische Priester in die Erscheinung tritt; er gehört keiner einzelnen Rasse an; er gedeiht überall; er wächst aus allen Ständen heraus. Nicht daß er etwa seine Wertungsweise durch Vererbung züchtete und weiterpflanzte: das Gegenteil ist der Fall – ein tiefer Instinkt verbietet ihm vielmehr, ins große gerechnet, die Fortpflanzung. Es muß eine Nezessität ersten Ranges sein, welche diese *lebensfeindliche* Spezies immer wieder wachsen und gedeihen macht – es muß wohl ein *Interesse des Lebens selbst* sein, daß ein solcher Typus des Selbstwiderspruchs nicht ausstirbt. Denn ein asketisches Leben ist ein Selbstwiderspruch: hier herrscht ein Ressentiment sondergleichen, das eines ungesättigten Instinktes und Machtwillens, der Herr werden möchte, nicht über etwas am Leben, sondern über das Leben selbst, über dessen tiefste, stärkste, unterste Bedingungen; hier wird ein Versuch gemacht, die Kraft zu gebrauchen, um die Quellen der Kraft zu verstopfen; hier richtet sich der Blick grün und hämisch gegen das physiologische Gedeihen selbst, insonderheit gegen dessen Ausdruck, die Schönheit, die Freude; während am Mißraten, Verkümmern, am Schmerz, am Unfall, am Häßlichen, an der willkürlichen Einbuße, an der Entselbstung, Selbstgeißelung, Selbstopferung ein Wohlgefallen empfunden und *gesucht* wird. Dies ist alles im höchsten Grade paradox: wir stehen hier vor einer Zwiespältigkeit, die sich selbst zwiespältig *will*, welche sich selbst in diesem Leiden *genießt* und in dem Maße sogar immer selbstgewisser und triumphierender wird, als ihre eigne Voraussetzung, die physiologische Lebensfähigkeit, *abnimmt*. »Der Triumph gerade in der letzten Agonie«: unter diesem superlativischen Zeichen kämpfte von jeher das asketische Ideal; in diesem Rätsel von Verführung, in diesem Bilde von Entzücken und Qual erkannte es sein hellstes Licht, sein Heil, seinen endlichen Sieg. *Crux, nux, lux* – das gehört bei ihm in eins. –

12

Gesetzt, daß ein solcher leibhafter Wille zur Kontradiktion und Widernatur dazu gebracht wird, zu *philosophieren*: woran wird er seine innerlichste Willkür auslassen? An dem, was am allersichersten als wahr, als real empfunden wird: er wird den *Irrtum* gerade dort suchen, wo der eigentliche Lebens-Instinkt die Wahrheit am unbedingtesten ansetzt. Er wird zum Beispiel, wie es die Asketen der Vedânta-Philosophie taten, die Leiblichkeit zur Illusion herabsetzen, den Schmerz insgleichen, die Vielheit, den ganzen Begriffs-Gegensatz »Subjekt« und »Objekt« – Irrtümer, nichts als Irrtümer! Seinem Ich den Glauben versagen, sich selber seine »Realität« verneinen – welcher Triumph! – schon nicht mehr bloß über die Sinne, über den Augenschein, eine viel höhere Art Triumph, eine Vergewaltigung und Grausamkeit an der *Vernunft*: als welche Wollust damit auf den Gipfel kommt, daß die asketische Selbstverachtung, Selbstverhöhnung der Vernunft dekretiert: »*es gibt* ein Reich der Wahrheit und des Seins, aber gerade die Vernunft ist davon *ausgeschlossen*!« . . . (Anbei gesagt: selbst noch in dem Kantischen Begriff »intelligibler Charakter der Dinge« ist etwas von dieser lüsternen Asketen-Zwiespältigkeit rückständig, welche Vernunft gegen Vernunft zu kehren liebt: »intelligibler Charakter« bedeutet nämlich bei Kant eine Art Beschaffenheit der Dinge, von der der Intellekt gerade soviel begreift, daß sie für den Intellekt – *ganz und gar unbegreiflich* ist.) – Seien wir zuletzt, gerade als Erkennende, nicht undankbar gegen solche resolute Umkehrungen der gewohnten Perspektiven und Wertungen, mit denen der Geist allzulange scheinbar freventlich und nutzlos gegen sich selbst gewütet hat: dergestalt einmal anders sehn, anders sehn-*wollen* ist keine kleine Zucht und Vorbereitung des Intellekts zu seiner einstmaligen »Objektivität« – letztere nicht als »interesselose Anschauung« verstanden (als welche ein Unbegriff und Widersinn ist), sondern als das Vermögen, sein Für und Wider *in der Gewalt zu haben* und aus- und einzuhängen: so daß man sich gerade die *Verschiedenheit* der Perspektiven und der Affekt-Interpretationen für die Erkenntnis nutzbar zu machen weiß. Hüten wir uns nämlich, meine Herren Philosophen, von nun an besser vor der gefährlichen alten Begriffs-Fabelei, welche ein »reines, willenloses, schmerzloses, zeitloses Subjekt der Erkenntnis« angesetzt hat, hüten wir uns vor den Fangarmen solcher kontradiktorischer Begriffe wie »reine Vernunft«, »absolute Geistigkeit«, »Erkenntnis an sich«; – hier wird immer ein Auge zu denken verlangt, das gar nicht gedacht werden kann, ein Auge, das durchaus keine Richtung haben soll, bei dem die aktiven und interpretierenden Kräfte unterbunden sein sollen, fehlen sollen, durch die doch Sehen erst ein Etwas-Sehen wird, hier wird also immer ein Widersinn und Unbegriff vom Auge verlangt. Es gibt *nur* ein perspektivisches Sehen, *nur* ein perspektivisches »Erkennen«; und *je mehr* Affekte wir über eine Sache zu Worte kommen lassen, *je mehr* Augen, verschiedne Augen wir uns für dieselbe Sache einzusetzen wissen, um so vollständiger wird unser »Begriff« dieser Sache, unsre »Objektivität« sein. Den Willen aber überhaupt eliminieren, die Affekte samt und sonders aushängen, gesetzt, daß wir dies vermöchten: wie? hieße das nicht den Intellekt *kastrieren*? . . .

13

Aber kehren wir zurück. Ein solcher Selbstwiderspruch, wie er sich im Asketen darzustellen scheint, »Leben *gegen* Leben« ist – so viel liegt zunächst auf der Hand –, physiologisch und nicht mehr psychologisch nachgerechnet, einfach Unsinn. Er kann nur *scheinbar* sein; er muß eine Art vorläufigen Ausdrucks, eine Auslegung, Formel, Zurechtmachung, ein psychologisches Mißverständnis von etwas sein, dessen eigentliche Natur lange nicht verstanden, lange nicht *an sich* bezeichnet werden konnte – ein bloßes Wort, eingeklemmt in eine alte *Lücke* der menschlichen Erkenntnis. Und daß ich kurz den Tatbestand dagegen stelle: *das asketische Ideal entspringt dem Schutz- und Heil-Instinkte eines degenerierenden Lebens,* welches sich mit allen Mitteln zu halten sucht und um sein Dasein kämpft; es deutet auf eine partielle physiologische Hemmung und Ermüdung hin, gegen welche die tiefsten, intakt gebliebenen Instinkte des Lebens unausgesetzt mit neuen Mitteln und Erfindungen ankämpfen. Das asketische Ideal ist ein solches Mittel: es steht also gerade umgekehrt, als es die Verehrer dieses Ideals meinen – das Leben ringt in ihm und durch dasselbe mit dem Tode und *gegen* den Tod, das asketische Ideal ist ein Kunstgriff in der *Erhaltung* des Lebens. Daß dasselbe in dem Maße, wie die Geschichte es lehrt, über den Menschen walten und mächtig werden konnte, insonderheit überall dort, wo die Zivilisation und Zähmung des Menschen durchgesetzt wurde, darin drückt sich eine große Tatsache aus: die *Krankhaftigkeit* im bisherigen Typus des Menschen, zum mindesten des zahm gemachten Menschen, das physiologische Ringen des Menschen mit dem Tode (genauer: mit dem Überdrusse am Leben, mit der Ermüdung, mit dem Wunsche nach dem »Ende«). Der asketische Priester ist der fleischgewordne Wunsch nach einem Anders-sein, Anderswo-sein, und zwar der höchste Grad dieses Wunsches, dessen eigentliche Inbrunst und Leidenschaft: aber eben die *Macht* seines Wünschens ist die Fessel, die ihn hier anbindet; eben damit wird er zum Werkzeug, das daran arbeiten muß, günstigere Bedingungen für das Hier-sein und Mensch-sein zu schaffen – eben mit dieser *Macht* hält er die ganze Herde der Mißratnen, Verstimmten, Schlechtweggekommnen, Verunglückten, An-sich-Leidenden jeder Art am Dasein fest, indem er ihnen instinktiv als Hirt vorangeht.

Man versteht mich bereits: dieser asketische Priester, dieser anscheinende Feind des Lebens, dieser *Verneinende* – er gerade gehört zu den ganz großen *konservierenden* und *Ja-schaffenden* Gewalten des Lebens... Woran sie hängt, jene Krankhaftigkeit? Denn der Mensch ist kränker, unsicherer, wechselnder, unfestgestellter als irgendein Tier sonst, daran ist kein Zweifel – er ist *das* kranke Tier: woher kommt das? Sicherlich hat er auch mehr gewagt, geneuert, getrotzt, das Schicksal herausgefordert als alle übrigen Tiere zusammengenommen: er, der große Experimentator mit sich, der Unbefriedigte, Ungesättigte, der um die letzte Herrschaft mit Tier, Natur und Göttern ringt – er, der immer noch Unbezwungne, der ewig-Zukünftige, der vor seiner eignen drängenden Kraft keine Ruhe mehr findet, so daß ihm seine Zukunft unerbittlich wie ein Sporn im Fleische jeder Gegenwart wühlt – wie sollte ein solches mutiges und reiches Tier nicht auch das am meisten gefährdete, das am längsten und tiefsten kranke unter allen kranken Tieren sein?... Der Mensch hat es satt, oft genug, es gibt ganze Epidemien dieses Satthabens (– so um 1348 herum, zur Zeit des Totentanzes): aber selbst noch dieser Ekel, diese Müdigkeit, dieser Verdruß an sich selbst – alles tritt an ihm so mächtig heraus, daß es sofort wieder zu einer neuen Fessel wird. Sein Nein, das er zum Leben spricht, bringt wie durch einen Zauber eine Fülle zarterer Jas ans Licht; ja, wenn er sich *verwundet*, dieser Meister der Zerstörung, Selbstzerstörung – hinterdrein ist es die Wunde selbst, die ihn zwingt, *zu leben* ...

14

Je normaler die Krankhaftigkeit am Menschen ist – und wir können diese Normalität nicht in Abrede stellen –, um so höher sollte man die seltnen Fälle der seelisch-leiblichen Mächtigkeit, die *Glücksfälle* des Menschen in Ehren halten, um so strenger die Wohlgeratenen vor der schlechtesten Luft, der Kranken-Luft behüten. Tut man das?... Die Kranken sind die größte Gefahr für die Gesunden; *nicht* von den Stärksten kommt das Unheil für die Starken, sondern von den Schwächsten. Weiß man das?... Ins große gerechnet, ist es durchaus nicht die Furcht vor dem Menschen, deren Verminderung man wünschen dürfte: denn diese Furcht zwingt die Starken dazu, stark, unter Umständen furchtbar zu sein – sie hält den wohlgeratenen Typus Mensch *aufrecht*. Was zu fürchten ist, was verhängnisvoll wirkt wie kein andres Verhängnis, das wäre nicht die große Furcht, sondern der große *Ekel* vor dem Menschen; insgleichen das große *Mitleid* mit dem Menschen. Gesetzt, daß diese beiden eines Tags sich begatteten, so würde unvermeidlich sofort etwas vom Unheimlichsten zur Welt kommen, der »letzte Wille« des Menschen, sein Wille zum Nichts, der Nihilismus. Und in der Tat: hierzu ist viel vorbereitet.

Wer nicht nur seine Nase zum Riechen hat, sondern auch seine Augen und Ohren, der spürt fast überall, wohin er heute auch nur tritt, etwas wie Irrenhaus-, wie Krankenhaus-Luft – ich rede, wie billig, von den Kulturgebieten des Menschen, von jeder Art »Europa«, das es nachgerade auf Erden gibt. Die *Krankhaften* sind des Menschen große Gefahr: *nicht* die Bösen, *nicht* die »Raubtiere«. Die von vornherein Verunglückten, Niedergeworfnen, Zerbrochenen – sie sind es, die *Schwächsten* sind es, welche am meisten das Leben unter Menschen unterminieren, welche unser Vertrauen zum Leben, zum Menschen, zu uns am gefährlichsten vergiften und in Frage stellen. Wo entginge man ihm, jenem verhängten Blick, von dem man eine tiefe Traurigkeit mit fortträgt, jenem zurückgewendeten Blick des Mißgebornen von Anbeginn, der es verrät, wie ein solcher Mensch zu sich selber spricht – jenem Blick, der ein Seufzer ist! »Möchte ich irgend jemand anderes sein!« so seufzt dieser Blick: »aber da ist keine Hoffnung. Ich bin, der ich bin: wie käme ich von mir selber los? Und doch – *habe ich mich satt!*« ... Auf solchem Boden der Selbstverachtung, einem eigentlichen Sumpfboden, wächst jedes Unkraut, jedes Giftgewächs, und alles so klein, so versteckt, so unehrlich, so süßlich. Hier wimmeltn die Würmer der Rach- und Nachgefühle; hier stinkt die Luft nach Heimlichkeiten und Uneingeständlichkeiten; hier spinnt sich beständig das Netz der bösartigsten Verschwörung – der Verschwörung der Leidenden gegen die Wohlgeratenen und Siegreichen, hier wird der Aspekt des Siegreichen *gehaßt*. Und welche Verlogenheit, um diesen Haß nicht als Haß einzugestehn! Welcher Aufwand an großen Worten und Attitüden, welche Kunst der »rechtschaffnen« Verleumdung! Diese Mißratenen: welche edle Beredsamkeit entströmt ihren Lippen! Wieviel zuckrige, schleimige, demütige Ergebung schwimmt in ihren Augen! Was wollen sie eigentlich? Die Gerechtigkeit, die Liebe, die Weisheit, die Überlegenheit wenigstens *darstellen* – das ist der Ehrgeiz dieser »Untersten«, dieser Kranken! Und wie geschickt macht ein solcher Ehrgeiz! Man bewundere namentlich die Falschmünzer-Geschicklichkeit, mit der hier das Gepräge der Tugend, selbst der Klingklang, der Goldklang der Tugend nachgemacht wird. Sie haben die Tugend jetzt ganz und gar für sich in Pacht genommen, diese Schwachen und Heillos-Krankhaften, daran ist kein Zweifel: »wir allein sind die Guten, die Gerechten, so sprechen sie, wir allein sind die *homines bonae voluntatis*.« Sie wandeln unter uns herum als leibhafte Vorwürfe, als Warnungen an uns – wie als ob Gesundheit, Wohlgeratenheit, Stärke, Stolz, Machtgefühl an sich schon lasterhafte Dinge seien, für die man einst büßen, bitter büßen müsse: o wie sie im Grunde dazu selbst bereit sind, büßen zu *machen*, wie sie darnach dürsten, *Henker* zu sein. Unter ihnen gibt es in Fülle die zu Richtern verkleideten Rachsüchtigen, welche beständig das Wort »Gerechtigkeit« wie einen giftigen Speichel im Munde tragen, immer gespitzten Mundes, immer bereit, alles anzuspeien, was nicht unzufrieden blickt und guten Muts seine Straße zieht. Unter ihnen fehlt auch jene ekelhafteste Spezies der Eitlen nicht, die verlognen Mißgeburten, die darauf aus sind, »schöne Seelen« darzustellen, und etwa ihre verhunzte Sinnlichkeit, in Verse und andere Windeln gewickelt, als »Reinheit des Herzens« auf den Markt bringen: die Spezies der moralischen Onanisten und »Selbstbefriediger«. Der Wille der Kranken, *irgend*eine Form der Überlegenheit darzustellen, ihr Instinkt für Schleichwege, die zu einer Tyrannei über die Gesunden führen – wo fände er sich nicht, dieser Wille gerade der Schwächsten zur Macht! Das kranke Weib insonderheit: niemand übertrifft es in Raffinements, zu herrschen, zu drücken, zu tyrannisieren. Das kranke Weib schont dazu nichts Lebendiges, nichts Totes, es gräbt die begrabensten Dinge wieder auf (die Bogos sagen: »das Weib ist eine Hyäne«). Man blicke in die Hintergründe jeder Familie, jeder Körperschaft, jedes Gemeinwesens: überall der Kampf der Kranken gegen die Gesunden – ein stiller Kampf zumeist mit kleinen Giftpulvern, mit Nadelstichen, mit tückischem Dulder-Mienenspiele, mitunter aber auch mit jenem Kranken-Pharisäismus der *lauten* Gebärde, der am liebsten »die edle Entrüstung« spielt. Bis in die geweihten Räume der Wissenschaft hinein möchte es sich hörbar machen, das heisere Entrüstungs-Gebell der krankhaften Hunde, die bissige Verlogenheit und Wut solcher »edlen« Pharisäer (– ich erinnere Leser, die Ohren haben, nochmals an jenen Berliner Rache-Apostel Eugen Dühring, der im heutigen Deutschland den unanständigsten und widerlichsten Gebrauch vom moralischen Bumbum macht: Dühring, das erste Moral-Großmaul, das es jetzt gibt, selbst noch unter seinesgleichen, den Antisemiten). Das sind alles Menschen des Ressentiment, diese physiologisch Verunglückten und Wurmstichigen, ein ganzes zitterndes Erdreich unterirdischer Rache, unerschöpflich, unersättlich in Ausbrüchen gegen die Glücklichen und ebenso in Maskeraden der Rache, in Vorwänden zur Rache: wann würden sie eigentlich zu ihrem letzten, feinsten, sublimsten Triumph der Rache kommen? Dann unzweifelhaft, wenn es ihnen gelänge, ihr eignes Elend, alles Elend überhaupt den Glücklichen *ins Gewissen zu schieben*: so daß diese sich eines Tags ihres Glücks zu schämen begännen und vielleicht untereinander sich sagten »es ist eine Schande, glücklich zu sein! *es gibt zu viel Elend!*« ... Aber es könnte gar kein größeres und verhängnisvolleres Mißverständnis geben, als wenn dergestalt die Glücklichen, die Wohlgeratenen, die Mächtigen an Leib und Seele anfingen, an ihrem *Recht auf Glück* zu zweifeln. Fort mit dieser »verkehrten Welt«! Fort mit dieser schändlichen Verweichlichung des Gefühls! Daß die Kranken *nicht* die Gesunden krank machen – und dies wäre eine solche Verweichlichung –, das sollte doch der oberste Gesichtspunkt auf Erden sein – dazu aber gehört vor allen Dingen, daß die Gesunden von den Kranken *abgetrennt* bleiben, behütet selbst vor dem Anblick der Kranken, daß sie sich nicht mit den Kranken verwechseln. Oder wäre es etwa ihre Aufgabe, Krankenwärter oder Ärzte zu sein?... Aber sie könnten *ihre* Aufgabe gar nicht schlimmer verkennen und verleugnen – das Höhere *soll* sich nicht zum Werkzeug des Niedrigeren herabwürdigen, das Pathos der Distanz *soll* in alle Ewigkeit auch die Aufgaben auseinanderhalten! Ihr Recht, dazusein, das Vorrecht der Glocke mit vollem Klange vor der mißtönigen, zersprungenen, ist ja ein tausendfach größeres: sie allein sind die *Bürgen* der Zukunft, sie allein sind *verpflichtet* für die Menschen-Zukunft. Was *sie* können, was *sie* sollen, das dürften niemals Kranke können und sollen: aber *damit* sie können, was nur *sie* sollen, wie stünde es ihnen noch frei, den Arzt, den Trostbringer, den »Heiland« der Kranken zu machen?... Und darum gute Luft! gute Luft! und weg jedenfalls aus der Nähe von allen Irren- und Krankenhäusern der Kultur! Und darum gute Gesellschaft, *unsre* Gesellschaft! Oder Einsamkeit, wenn es sein muß! Aber weg jedenfalls von den üblen Dünsten der inwendigen Verderbnis und des heimlichen Kranken-Wurmfraßes!... Damit wir uns selbst nämlich, meine Freunde, wenigstens eine Weile noch gegen die zwei schlimmsten Seuchen verteidigen, die gerade für uns aufgespart sein mögen – gegen den *großen Ekel am Menschen!* gegen das *große Mitleid mit dem Menschen!*...

15

Hat man in aller Tiefe begriffen – und ich verlange, daß man hier gerade *tief greift,* tief begreift –, inwiefern es schlechterdings *nicht* die Aufgabe der Gesunden sein kann, Kranke zu warten, Kranke gesund zu machen, so ist damit auch eine Notwendigkeit mehr begriffen – die Notwendigkeit von Ärzten und Krankenwärtern, *die selber krank sind:* und nunmehr haben und halten wir den Sinn des asketischen Priesters mit beiden Händen. Der asketische Priester muß uns als der vorherbestimmte Heiland, Hirt und Anwalt der kranken Herde gelten: damit erst verstehen wir seine ungeheure historische Mission. Die *Herrschaft über Leidende* ist sein Reich, auf sie weist ihn sein Instinkt an, in ihr hat er seine eigenste Kunst, seine Meisterschaft, seine Art von Glück. Er muß selber krank sein, er muß den Kranken und Schlechtweggekommnen von Grund aus verwandt sein, um sie zu verstehen – um sich mit ihnen zu verstehen; aber er muß auch stark sein, mehr Herr noch über sich als über andere, unversehrt namentlich in seinem Willen zur Macht, damit er das Vertrauen und die Furcht der Kranken hat, damit er ihnen Halt, Widerstand, Stütze, Zwang, Zuchtmeister, Tyrann, Gott sein kann. Er hat sie zu verteidigen, seine Herde – gegen wen? Gegen die Gesunden, es ist kein Zweifel, auch gegen den Neid auf die Gesunden; er muß der natürliche Widersacher *und Verächter* aller rohen, stürmischen, zügellosen, harten, gewalttätig-raubtierhaften Gesundheit und Mächtigkeit sein. Der Priester ist die erste Form des *delikateren* Tiers, das leichter noch verachtet als haßt. Es wird ihm nicht erspart bleiben, Krieg zu führen mit den Raubtieren, einen Krieg der List (des »Geistes«) mehr als der Gewalt, wie sich von selbst versteht – er wird es dazu unter Umständen nötig haben, beinahe einen neuen Raubtier-Typus an sich herauszubilden, mindestens zu *bedeuten* – eine neue Tier-Furchtbarkeit, in welcher der Eisbär, die geschmeidige kalte abwartende Tigerkatze und nicht am wenigsten der Fuchs zu einer ebenso anziehenden als furchteinflößenden Einheit gebunden scheinen. Gesetzt, daß die Not ihn zwingt, so tritt er dann wohl bärenhaft-ernst, ehrwürdig, klug, kalt, trügerisch-überlegen, als Herold und Mundstück geheimnisvollerer Gewalten, mitten unter die andere Art Raubtiere selbst, entschlossen, auf diesem Boden Leid, Zwiespalt, Selbstwiderspruch, wo er kann, auszusäen und, seiner Kunst nur zu gewiß, über *Leidende* jederzeit Herr zu werden. Er bringt Salben und Balsam mit, es ist kein Zweifel; aber erst hat er nötig, zu verwunden, um Arzt zu sein; indem er dann den Schmerz stillt, den die Wunde macht, *vergiftet er zugleich die Wunde* – darauf vor allem nämlich versteht er sich, dieser Zauberer und Raubtier-Bändiger, in dessen Umkreis alles Gesunde notwendig krank und alles Kranke notwendig zahm wird. Er verteidigt in der Tat gut genug seine kranke Herde, dieser seltsame Hirt – er verteidigt sie auch gegen sich, gegen die in der Herde selbst glimmende Schlechtigkeit, Tücke, Böswilligkeit und was sonst allen Süchtigen und Kranken untereinander zu eigen ist, er kämpft klug, hart und heimlich mit der Anarchie und der jederzeit beginnenden Selbstauflösung innerhalb der Herde, in welcher jener gefährlichste Spreng- und Explosivstoff, das *Ressentiment,* sich beständig häuft und häuft. Diesen Sprengstoff so zu entladen, daß er nicht die Herde und nicht den Hirten zersprengt, das ist ein eigentliches Kunststück, auch seine oberste Nützlichkeit; wollte man den Wert der priesterlichen Existenz in die kürzeste Formel fassen, so wäre geradewegs zu sagen: der Priester ist der *Richtungs-Veränderer* des Ressentiment. Jeder Leidende nämlich sucht instinktiv zu seinem Leid eine Ursache; genauer noch, einen Täter, noch bestimmter, einen für Leid empfänglichen *schuldigen* Täter – kurz irgend etwas Lebendiges, an dem er seine Affekte tätlich oder *in effigie* auf irgendeinen Vorwand hin entladen kann: denn die Affekt-Entladung ist der größte Erleichterungs-, nämlich *Betäubungs-V*ersuch des Leidenden, sein unwillkürlich begehrtes Narkotikum gegen Qual irgendwelcher Art. Hierin allein ist, meiner Vermutung nach, die wirkliche physiologische Ursächlichkeit des Ressentiment, der Rache und ihrer Verwandten, zu finden, in einem Verlangen also nach *Betäubung von Schmerz durch Affekt* – man sucht dieselbe gemeinhin, sehr irrtümlich, wie mich dünkt, in dem Defensiv-Gegenschlag, einer bloßen Schutzmaßregel der Reaktion, einer »Reflexbewegung« im Falle irgendeiner plötzlichen Schädigung und Gefährdung von der Art, wie sie ein Frosch ohne Kopf noch vollzieht, um eine ätzende Säure loszuwerden. Aber die Verschiedenheit ist fundamental: im einen Falle will man weiteres Beschädigtwerden hindern, im anderen Falle will man einen quälenden, heimlichen, unerträglich werdenden Schmerz durch eine heftigere Emotion irgendwelcher Art *betäuben* und für den Augenblick wenigstens aus dem Bewußtsein schaffen – dazu braucht man einen Affekt, einen möglichst wilden Affekt und, zu dessen Erregung, den ersten besten Vorwand. »Irgend jemand muß schuld daran sein, daß ich mich schlecht befinde« – diese Art zu schließen ist allen Krankhaften eigen, und zwar je mehr ihnen die wahre Ursache ihres Sich-schlecht-Befindens, die physiologische, verborgen bleibt (– sie kann etwa in einer Erkrankung des *nervus sympathicus* liegen oder an einer übermäßigen Gallen-Absonderung oder in einer Armut des Blutes an schwefel- und phosphorsaurem Kali oder in Druckzuständen des Unterleibs, welche den Blutumlauf stauen, oder in Entartung der Eierstöcke und dergleichen). Die Leidenden sind allesamt von einer entsetzlichen Bereitwilligkeit und Erfindsamkeit in Vorwänden zu schmerzhaften Affekten; sie genießen ihren Argwohn schon, das Grübeln über Schlechtigkeiten und scheinbare Beeinträchtigungen, sie durchwühlen die Eingeweide ihrer Vergangenheit und Gegenwart nach dunklen fragwürdigen Geschichten, wo es ihnen freisteht, in einem quälerischen Verdachte zu schwelgen und am eignen Gifte der Bosheit sich zu berauschen – sie reißen die ältesten Wunden auf, sie verbluten sich an längst ausgeheilten Narben, sie machen Übeltäter aus Freund, Weib, Kind und was sonst ihnen am nächsten steht. »Ich leide: daran muß irgend jemand schuld sein« – also denkt jedes krankhafte Schaf. Aber sein Hirt, der asketische Priester, sagt zu ihm: »Recht so, mein Schaf! irgendwer muß daran schuld sein: aber du selbst bist dieser Irgend-Wer, du selbst bist daran allein schuld – *du selbst bist an dir allein schuld!*« ... Das ist kühn genug, falsch genug: aber eins ist damit wenigstens erreicht, damit ist, wie gesagt, die Richtung des Ressentiment – *verändert.*

16

Man errät nunmehr, was nach meiner Vorstellung der Heilkünstler-Instinkt des Lebens durch den asketischen Priester zum mindesten *versucht* hat und wozu ihm eine zeitweilige Tyrannei solcher paradoxer und paralogischer Begriffe wie »Schuld«, »Sünde«, »Sündhaftigkeit«, »Verderbnis«, »Verdammnis« hat dienen müssen: die Kranken bis zu einem gewissen Grade *unschädlich* zu machen, die Unheilbaren durch sich selbst zu zerstören, den Milder-Erkrankten streng die Richtung auf sich selbst, eine Rückwärts-Richtung ihres Ressentiment zu geben (»Eins ist not« –) und die schlechten Instinkte aller Leidenden dergestalt zum Zweck der Selbstdisziplinierung, Selbstüberwachung, Selbstüberwindung *auszunützen.* Es kann sich, wie sich von selbst versteht, mit einer »Medikation« dieser Art, einer bloßen Affekt-Medikation, schlechterdings nicht um eine wirkliche Kranken-*Heilung* im physiologischen Verstande handeln; man dürfte selbst nicht einmal behaupten, daß der Instinkt des Lebens hierbei irgendwie die Heilung in Aussicht und Absicht genommen habe. Eine Art Zusammendrängung und Organisation der Kranken auf der einen Seite (– das Wort »Kirche« ist dafür der populärste Name), eine Art vorläufiger Sicherstellung der Gesünder-Geratenen, der Voller-Ausgegossenen auf der andern, die Aufreißung einer *Kluft* somit zwischen Gesund und Krank – das war für lange alles! Und es war viel! es war *sehr viel!* ... (Ich gehe in dieser Abhandlung, wie man sieht, von einer Voraussetzung aus, die ich in Hinsicht auf Leser, wie ich sie brauche, nicht erst zu begründen habe: daß »Sündhaftigkeit« am Menschen kein Tatbestand ist, vielmehr nur die Interpretation eines Tatbestandes, nämlich einer physiologischen Verstimmung – letztere unter einer moralisch-religiösen Perspektive gesehn, welche für uns nichts Verbindliches mehr hat. – Damit, daß jemand sich »schuldig«, »sündig« *fühlt,* ist schlechterdings noch nicht bewiesen, daß er sich mit Recht so fühlt; so wenig jemand gesund ist bloß deshalb, weil er sich gesund fühlt. Man erinnere sich doch der berühmten Hexen-Prozesse: damals zweifelten die scharfsichtigsten und menschenfreundlichsten Richter nicht daran, daß hier eine Schuld vorliege; die »Hexen« *selbst zweifelten nicht daran* – und dennoch fehlte die Schuld. – Um jene Voraussetzung in erweiterter Form auszudrücken: der »seelische Schmerz« selbst gilt mir überhaupt nicht als Tatbestand, sondern nur als eine Auslegung (Kausal-Auslegung) von bisher nicht exakt zu formulierenden Tatbeständen: somit als etwas, das vollkommen noch in der Luft schwebt und wissenschaftlich unverbindlich ist – ein fettes Wort eigentlich nur an Stelle eines sogar spindeldürren Fragezeichens. Wenn jemand mit einem »seelischen Schmerz« nicht fertig wird, so liegt das, grob geredet, *nicht* an seiner »Seele«; wahrscheinlicher noch an seinem Bauche (grob geredet, wie gesagt: womit noch keineswegs der Wunsch ausgedrückt ist, auch grob gehört, grob verstanden zu werden ...). Ein starker und wohlgeratner Mensch verdaut seine Erlebnisse (Taten, Untaten eingerechnet), wie er seine Mahlzeiten verdaut, selbst wenn er harte Bissen zu verschlucken hat. Wird er mit einem Erlebnisse »nicht fertig«, so ist diese Art Indigestion so gut physiologisch wie jene andere – und vielfach in der Tat nur eine der Folgen jener anderen. – Mit einer solchen Auffassung kann man, unter uns gesagt, immer noch der strengste Gegner alles Materialismus sein ...)

17

Ist er aber eigentlich ein *Arzt*, dieser asketische Priester? – Wir begriffen schon, inwiefern es kaum erlaubt ist, ihn einen Arzt zu nennen, so gern er auch selbst sich als »Heiland« fühlt, als »Heiland« verehren läßt. Nur das Leiden selbst, die Unlust des Leidenden wird von ihm bekämpft, *nicht* deren Ursache, *nicht* das eigentliche Kranksein – das muß unsren grundsätzlichsten Einwand gegen die priesterliche Medikation abgeben. Stellt man sich aber erst einmal in die Perspektive, wie der Priester sie allein kennt und hat, so kommt man nicht leicht zu Ende in der Bewunderung, was er unter ihr alles gesehn, gesucht und gefunden hat. Die *Milderung* des Leidens, das »Trösten« jeder Art – das erweist sich als sein Genie selbst; wie erfinderisch hat er seine Tröster-Aufgabe verstanden, wie unbedenklich und kühn hat er zu ihr die Mittel gewählt! Das Christentum insonderheit dürfte man eine große Schatzkammer geistreichster Trostmittel nennen, so viel Erquickliches, Milderndes, Narkotisierendes ist in ihm gehäuft, so viel Gefährlichstes und Verwegenstes zu diesem Zweck gewagt, so fein, so raffiniert, so südländisch-raffiniert ist von ihm insbesondere erraten worden, mit was für Stimulanz-Affekten die tiefe Depression, die bleierne Ermüdung, die schwarze Traurigkeit der Physiologisch-Gehemmten wenigstens für Zeiten besiegt werden kann. Denn, allgemein gesprochen: bei allen großen Religionen handelte es sich in der Hauptsache um die Bekämpfung einer gewissen zur Epidemie gewordnen Müdigkeit und Schwere. Man kann es von vornherein als wahrscheinlich ansetzen, daß von Zeit zu Zeit an bestimmten Stellen der Erde fast notwendig ein *physiologisches Hemmungsgefühl* über breite Massen Herr werden muß, welches aber, aus Mangel an physiologischem Wissen, nicht als solches ins Bewußtsein tritt, so daß dessen »Ursache«, dessen Remedur auch nur psychologisch-moralisch gesucht und versucht werden kann (– dies nämlich ist meine allgemeinste Formel für das, was gemeinhin eine *»Religion«* genannt wird). Ein solches Hemmungsgefühl kann verschiedenster Abkunft sein: etwa als Folge der Kreuzung von zu fremdartigen Rassen (oder von Ständen – Stände drücken immer auch Abkunfts- und Rassen-Differenzen aus: der europäische »Weltschmerz«, der »Pessimismus« des neunzehnten Jahrhunderts, ist wesentlich die Folge einer unsinnig plötzlichen Stände-Mischung); oder bedingt durch eine fehlerhafte Emigration – eine Rasse in ein Klima geraten, für das ihre Anpassungskraft nicht ausreicht (der Fall der Inder in Indien); oder die Nachwirkung von Alter und Ermüdung der Rasse (Pariser Pessimismus von 1850 an); oder einer falschen Diät (Alkoholismus des Mittelalters; der Unsinn der *vegetarians,* welche freilich die Autorität des Junker Christoph bei Shakespeare für sich haben); oder von Blutverderbnis, Malaria, Syphilis und dergleichen (deutsche Depression nach dem Dreißigjährigen Kriege, welcher halb Deutschland mit schlechten Krankheiten durchseuchte und damit den Boden für deutsche Servilität, deutschen Kleinmut vorbereitete). In einem solchen Falle wird jedesmal im größten Stil ein *Kampf mit dem Unlustgefühl* versucht; unterrichten wir uns kurz über dessen wichtigste Praktiken und Formen. (Ich lasse hier, wie billig, den eigentlichen *Philosophen*-Kampf gegen das Unlustgefühl, der immer gleichzeitig zu sein pflegt, ganz beiseite – er ist interessant genug, aber zu absurd, zu praktisch-gleichgültig, zu spinneweberisch und eckensteherhaft, etwa wenn der Schmerz als ein Irrtum bewiesen werden soll, unter der naiven Voraussetzung, daß der Schmerz schwinden *müsse*, wenn erst der Irrtum in ihm erkannt ist – aber siehe da! er hütete sich, zu schwinden ...) Man bekämpft *erstens* jene dominierende Unlust durch Mittel, welche das Lebensgefühl überhaupt auf den niedrigsten Punkt herabsetzen. Womöglich überhaupt kein Wollen, kein Wunsch mehr; allem, was Affekt macht, was »Blut« macht, ausweichen (kein Salz essen: Hygiene des Fakirs); nicht lieben; nicht hassen; Gleichmut; nicht sich rächen; nicht sich bereichern; nicht arbeiten; betteln; womöglich kein Weib, oder so wenig Weib als möglich; in geistiger Hinsicht das Prinzip Pascals *»il faut s'abêtir«*. Resultat, psychologisch-moralisch ausgedrückt, »Entselbstung«, »Heiligung«; physiologisch ausgedrückt: Hypnotisierung – der Versuch, etwas für den Menschen annähernd zu erreichen, was der *Winterschlaf* für einige Tierarten, der *Sommerschlaf* für viele Pflanzen der heißen Klimate ist, ein Minimum von Stoffverbrauch und Stoffwechsel, bei dem das Leben gerade noch besteht, ohne eigentlich noch ins Bewußtsein zu treten. Auf dieses Ziel ist eine erstaunliche Menge menschlicher Energie verwandt worden – umsonst etwa? ... Daß solche *sportsmen* der »Heiligkeit«, an denen alle Zeiten, fast alle Völker reich sind, in der Tat eine wirkliche Erlösung von dem gefunden haben, was sie mit einem so rigorosen *training* bekämpften, daran darf man durchaus nicht zweifeln – sie kamen von jener tiefen physiologischen Depression mit Hilfe ihres Systems von Hypnotisierungs-Mitteln in unzähligen Fällen wirklich *los*: weshalb ihre Methodik zu den allgemeinsten ethnologischen Tatsachen zählt. Insgleichen fehlt jede Erlaubnis dazu, um schon an sich eine solche Absicht auf Aushungerung der Leiblichkeit und der Begierde unter die Irrsinns-Symptome zu rechnen (wie es eine täppische Art von Roastbeef-fressenden »Freigeistern« und Junker Christophen zu tun beliebt). Um so sicherer ist es, daß sie den Weg zu allerhand geistigen Störungen abgibt, abgeben kann, zu »inneren Lichtern« zum Beispiel, wie bei den Hesychasten vom Berge Athos, zu Klang- und Gestalt-Halluzinationen, zu wollüstigen Überströmungen und Ekstasen der Sinnlichkeit (Geschichte der heiligen Therese). Die Auslegung, welche derartigen Zuständen von den mit ihnen Behafteten gegeben wird, ist immer so schwärmerisch-falsch wie möglich gewesen, dies versteht sich von selbst: nur überhöre man den Ton überzeugtester Dankbarkeit nicht, der eben schon im *Willen* zu einer solchen Interpretations-Art zum Erklingen kommt. Der höchste Zustand, die *Erlösung* selbst, jene endlich erreichte Gesamt-Hypnotisierung und Stille, gilt ihnen immer als das Geheimnis an sich, zu dessen Ausdruck auch die höchsten Symbole nicht ausreichen, als Ein- und Heimkehr in den Grund der Dinge, als Freiwerden von allem Wahne, als »Wissen«, als »Wahrheit«, als »Sein«, als Loskommen von jedem Ziele, jedem Wunsche, jedem Tun, als ein Jenseits auch von Gut und Böse. »Gutes und Böses«, sagt der Buddhist – »beides sind Fesseln: über beides wurde der Vollendete Herr«; »Getanes und Ungetanes«, sagt der Gläubige des Vedânta, »schafft ihm keinen Schmerz; das Gute und das Böse schüttelt er als ein Weiser von sich; sein Reich leidet durch keine Tat mehr; über Gutes und Böses, über beides ging er hinaus«: – eine gesamt-indische Auffassung also, ebenso brahmanistisch als buddhistisch. (Weder in der indischen, noch in der christlichen Denkweise gilt jene »Erlösung« als *erreichbar* durch Tugend, durch moralische Besserung, so hoch der Hypnotisierungs-Wert der Tugend auch von ihnen angesetzt wird: dies halte man fest – es entspricht dies übrigens einfach dem Tatbestande. Hierin *wahr* geblieben zu sein, darf vielleicht als das beste Stück Realismus in den drei größten, sonst so gründlich vermoralisierten Religionen betrachtet werden. »Für den Wissenden gibt es keine Pflicht«... »Durch *Zulegung* von Tugenden kommt Erlösung nicht zustande: denn sie besteht im Einssein mit dem keiner Zulegung von Vollkommenheit fähigen Brahman; und ebensowenig in der *Ablegung* von Fehlern: denn das Brahman, mit dem eins zu sein das ist, was Erlösung ausmacht, ist ewig rein« – diese Stellen aus dem Kommentare des Çankara, zitiert von dem ersten wirklichen *Kenner* der indischen Philosophie in Europa, meinem Freunde Paul Deussen.) Die »Erlösung« in den großen Religionen wollen wir also in Ehren halten; dagegen wird es uns ein wenig schwer, bei der Schätzung, welche schon der *tiefe Schlaf* durch diese selbst für das Träumen zu müd gewordnen Lebensmüden erfährt, ernsthaft zu bleiben – der tiefe Schlaf nämlich bereits als Eingehen in das Brahman, als *erreichte unio mystica* mit Gott. »Wenn er dann eingeschlafen ist ganz und gar« – heißt es darüber in der ältesten und ehrwürdigsten »Schrift« – »und völlig zur Ruhe gekommen, daß er kein Traumbild mehr schaut, alsdann ist er, o Teurer, vereinigt mit dem Seienden, in sich selbst ist er eingegangen – von dem erkenntnisartigen Selbst umschlungen, hat er kein Bewußtsein mehr von dem, was außen oder innen ist. Diese Brücke überschreiten nicht Tag und Nacht, nicht das Alter, nicht der Tod, nicht das Leiden, nicht gutes Werk, noch böses Werk.« »Im tiefen Schlafe«, sagen insgleichen die Gläubigen dieser tiefsten der drei großen Religionen, »hebt sich die Seele heraus aus diesem Leibe, geht ein in das höchste Licht und tritt dadurch hervor in eigener Gestalt: da ist sie der höchste Geist selbst, der herumwandelt, indem er scherzt und spielt und sich ergötzt, sei es mit Weibern oder mit Wagen oder mit Freunden, da denkt sie nicht mehr zurück an dieses Anhängsel von Leib, an welches der *prâna* (der Lebensodem) angespannt ist wie ein Zugtier an den Karren.« Trotzdem wollen wir auch hier wie im Falle der »Erlösung« uns gegenwärtig halten, daß damit im Grunde, wie sehr auch immer in der Pracht orientalischer Übertreibung, nur die gleiche Schätzung ausgedrückt ist, welche die des klaren, kühlen, griechisch-kühlen, aber leidenden Epikur war: das hypnotische Nichts-Gefühl, die Ruhe des tiefsten Schlafes, *Leidlosigkeit* kurzum – das darf Leidenden und Gründlich-Verstimmten schon als höchstes Gut, als Wert der Werte gelten, das *muß* von ihnen als positiv abgeschätzt, als *das* Positive selbst empfunden werden. (Nach derselben Logik des Gefühls heißt in allen pessimistischen Religionen das Nichts *Gott.*)

18

Viel häufiger als eine solche hypnotistische Gesamtdämpfung der Sensibilität, der Schmerzfähigkeit, welche schon seltnere Kräfte, vor allem Mut, Verachtung der Meinung, »intellektuellen Stoizismus« voraussetzt, wird gegen Depressions-Zustände ein anderes *training* versucht, welches jedenfalls leichter ist: *die machinale Tätigkeit.* Daß mit ihr ein leidendes Dasein in einem nicht unbeträchtlichen Grade erleichtert wird, steht außer allem Zweifel: man nennt heute diese Tatsache, etwas unehrlich, »den Segen der Arbeit«. Die Erleichterung besteht darin, daß das Interesse des Leidenden grundsätzlich vom Leiden abgelenkt wird –, daß beständig ein Tun und wieder nur ein Tun ins Bewußtsein tritt und folglich wenig Platz darin für Leiden bleibt: denn sie ist *eng,* diese Kammer des menschlichen Bewußtseins! Die machinale Tätigkeit und was zu ihr gehört – wie die absolute Regularität, der pünktliche besinnungslose Gehorsam, das Ein-für-allemal der Lebensweise, die Ausfüllung der Zeit, eine gewisse Erlaubnis, ja eine Zucht zur »Unpersönlichkeit«, zum Sich-selbst-Vergessen, zur *»incuria sui«* –: wie gründlich, wie fein hat der asketische Priester sie im Kampf mit dem Schmerz zu benutzen gewußt! Gerade wenn er mit Leidenden der niederen Stände, mit Arbeitssklaven oder Gefangenen zu tun hatte (oder mit Frauen: die ja meistens beides zugleich sind, Arbeitssklaven und Gefangene), so bedurfte es wenig mehr als einer kleinen Kunst des Namenwechselns und der Umtaufung, um sie in verhaßten Dingen fürderhin eine Wohltat, ein relatives Glück sehn zu machen – die Unzufriedenheit des Sklaven mit seinem Los ist jedenfalls *nicht* von den Priestern erfunden worden. – Ein noch geschätzteres Mittel im Kampf mit der Depression ist die Ordinierung einer *kleinen Freude,* die leicht zugänglich ist und zur Regel gemacht werden kann; man bedient sich dieser Medikation häufig in Verbindung mit der eben besprochnen. Die häufigste Form, in der die Freude dergestalt als Kurmittel ordiniert wird, ist die Freude des Freude-*Machens* (als Wohltun, Beschenken, Erleichtern, Helfen, Zureden, Trösten, Loben, Auszeichnen); der asketische Priester verordnet damit, daß er »Nächstenliebe« verordnet, im Grunde eine Erregung des stärksten, lebensbejahendsten Triebes, wenn auch in der vorsichtigsten Dosierung – des *Willens zur Macht*. Das Glück der »kleinsten Überlegenheit«, wie es alles Wohltun, Nützen, Helfen, Auszeichnen mit sich bringt, ist das reichlichste Trostmittel, dessen sich die Physiologisch-Gehemmten zu bedienen pflegen, gesetzt, daß sie gut beraten sind: im andern Falle tun sie einander weh, natürlich im Gehorsam gegen den gleichen Grundinstinkt. Wenn man nach den Anfängen des Christentums in der römischen Welt sucht, so findet man Vereine zu gegenseitiger Unterstützung, Armen-, Kranken-, Begräbnis-Vereine, aufgewachsen auf dem untersten Boden der damaligen Gesellschaft, in denen mit Bewußtsein jenes Hauptmittel gegen die Depression, die kleine Freude, die des gegenseitigen Wohltuns gepflegt wurde – vielleicht war dies damals etwas Neues, eine eigentliche Entdeckung? In einem dergestalt hervorgerufnen »Willen zur Gegenseitigkeit«, zur Herdenbildung, zur »Gemeinde«, zum »Zönakel« muß nun wiederum jener damit, wenn auch im kleinsten, erregte Wille zur Macht, zu einem neuen und viel volleren Ausbruch kommen: die *Herdenbildung* ist im Kampf mit der Depression ein wesentlicher Schritt und Sieg. Im Wachsen der Gemeinde erstarkt auch für den einzelnen ein neues Interesse, das ihn oft genug über das Persönlichste seines Mißmuts, seine Abneigung gegen *sich* (die »*despectio sui*« des Geulincx) hinweghebt. Alle Kranken, Krankhaften streben instinktiv, aus einem Verlangen nach Abschüttelung der dumpfen Unlust und des Schwächegefühls, nach einer Herden-Organisation: der asketische Priester errät diesen Instinkt und fördert ihn; wo es Herden gibt, ist es der Schwäche-Instinkt, der die Herde gewollt hat, und die Priester-Klugheit, die sie organisiert hat. Denn man übersehe dies nicht: die Starken streben ebenso naturnotwendig *aus*einander, als die Schwachen *zu*einander; wenn erstere sich verbinden, so geschieht es nur in der Aussicht auf eine aggressive Gesamt-Aktion und Gesamt-Befriedigung ihres Willens zur Macht, mit vielem Widerstande des Einzel-Gewissens; letztere dagegen ordnen sich zusammen, mit *Lust* gerade an dieser Zusammenordnung – ihr Instinkt ist dabei ebenso befriedigt, wie der Instinkt der geborenen »Herren« (das heißt der solitären Raubtier-Spezies Mensch) im Grunde durch Organisation gereizt und beunruhigt wird. Unter jeder Oligarchie liegt – die ganze Geschichte lehrt es – immer das *tyrannische* Gelüst versteckt; jede Oligarchie zittert beständig von der Spannung her, welche jeder einzelne in ihr nötig hat, Herr über dies Gelüst zu bleiben. (So war es zum Beispiel *griechisch:* Plato bezeugt es an hundert Stellen, Plato, der seinesgleichen kannte – *und* sich selbst ...)

19

Die Mittel des asketischen Priesters, welche wir bisher kennenlernten – die Gesamt-Dämpfung des Lebensgefühls, die machinale Tätigkeit, die kleine Freude, vor allem die der »Nächstenliebe«, die Herden-Organisation, die Erweckung des Gemeinde-Machtgefühls, demzufolge der Verdruß des einzelnen an sich durch seine Lust am Gedeihen der Gemeinde übertäubt wird – das sind, nach modernem Maße gemessen, seine *unschuldigen* Mittel im Kampfe mit der Unlust: wenden wir uns jetzt zu den interessanteren, den »schuldigen«. Bei ihnen allen handelt es sich um eins: um irgendeine *Ausschweifung des Gefühls* – diese gegen die dumpfe lähmende lange Schmerzhaftigkeit als wirksamstes Mittel der Betäubung benutzt; weshalb die priesterliche Erfindsamkeit im Ausdenken dieser einen Frage geradezu unerschöpflich gewesen ist: »*wodurch* erzielt man eine Ausschweifung des Gefühls?« ... Das klingt hart: es liegt auf der Hand, daß es lieblicher klänge und besser vielleicht zu Ohren ginge, wenn ich etwa sagte »der asketische Priester hat sich jederzeit die *Begeisterung* zunutze gemacht, die in allen starken Affekten liegt«. Aber wozu die verweichlichten Ohren unsrer modernen Zärtlinge noch streicheln? Wozu *unsrerseits* ihrer Tartüfferie der Worte auch nur einen Schritt breit nachgeben? Für uns Psychologen läge darin bereits eine Tartüfferie *der Tat*, abgesehn davon, daß es uns Ekel machen würde. Ein Psychologe nämlich hat heute darin, wenn irgendworin, seinen *guten Geschmack* (– andre mögen sagen: seine Rechtschaffenheit), daß er der schändlich *vermoralisierten* Sprechweise widerstrebt, mit der nachgerade alles moderne Urteilen über Mensch und Ding angeschleimt ist. Denn man täusche sich hierüber nicht: was das eigentlichste Merkmal moderner Seelen, moderner Bücher ausmacht, das ist nicht die Lüge, sondern die eingefleischte *Unschuld* in der moralistischen Verlogenheit. Diese »Unschuld« überall wieder entdecken müssen – das macht vielleicht unser widerlichstes Stück Arbeit aus, an all der an sich nicht unbedenklichen Arbeit, deren sich heute ein Psychologe zu unterziehn hat; es ist ein Stück *unsrer* großen Gefahr – es ist ein Weg, der vielleicht gerade *uns* zum großen Ekel führt ... Ich zweifle nicht daran, *wozu* allein moderne Bücher (gesetzt, daß sie Dauer haben, was freilich nicht zu fürchten ist, und ebenfalls gesetzt, daß es einmal eine Nachwelt mit strengerem härterem *gesünderem* Geschmack gibt) – wozu *alles* Moderne überhaupt dieser Nachwelt dienen würde, dienen könnte: zu Brechmitteln – und das vermöge seiner moralischen Versüßlichung und Falschheit, seines innerlichsten Femininismus, der sich gern »Idealismus« nennt und jedenfalls Idealismus glaubt. Unsre Gebildeten von heute, unsre »Guten« lügen nicht – das ist wahr; aber es gereicht ihnen *nicht* zur Ehre! Die eigentliche Lüge, die echte resolute »ehrliche« Lüge (über deren Wert man Plato hören möge) wäre für sie etwas bei weitem zu Strenges, zu

Starkes; es würde verlangen, was man von ihnen nicht verlangen *darf*, daß sie die Augen gegen sich selbst aufmachten, daß sie zwischen »wahr« und »falsch« bei sich selber zu unterscheiden wüßten Ihnen geziemt allein die *unehrliche Lüge*; alles, was sich heute als »guter Mensch« fühlt, ist vollkommen unfähig, zu irgendeiner Sache anders zu stehn als *unehrlich-verlogen*, abgründlich-verlogen, aber unschuldig-verlogen, treuherzig-verlogen, blauäugig-verlogen, tugendhaft-verlogen. Diese »guten Menschen« – sie sind allesamt jetzt in Grund und Boden vermoralisiert und in Hinsicht auf Ehrlichkeit zuschanden gemacht und verhunzt für alle Ewigkeit: wer von ihnen hielte noch eine *Wahrheit* »über den Menschen« aus! ... Oder, greiflicher gefragt: wer von ihnen ertrüge eine *wahre* Biographie! ... Ein paar Anzeichen: Lord Byron hat einiges Persönlichste über sich aufgezeichnet, aber Thomas Moore war »zu gut« dafür: er verbrannte die Papiere seines Freundes. Dasselbe soll Dr. Gwinner getan haben, der Testaments-Vollstrecker Schopenhauers: denn auch Schopenhauer hatte einiges über sich und vielleicht auch gegen sich (»εἰς ἑαυτόν«) aufgezeichnet. Der tüchtige Amerikaner Thayer, der Biograph Beethovens, hat mit einem Male in seiner Arbeit haltgemacht: an irgendeinem Punkte dieses ehrwürdigen und naiven Lebens angelangt, hielt er dasselbe nicht mehr aus ... Moral: welcher kluge Mann schriebe heute noch ein ehrliches Wort über sich? – er müßte denn schon zum Orden der heiligen Tollkühnheit gehören. Man verspricht uns eine Selbstbiographie Richard Wagners: wer zweifelt daran, daß es eine *kluge* Selbstbiographie sein wird? ... Gedenken wir noch des komischen Entsetzens, welches der katholische Priester Janssen mit seinem über alle Begriffe viereckig und harmlos geratenen Bilde der deutschen Reformations-Bewegung in Deutschland erregt hat; was würde man erst beginnen, wenn uns jemand diese Bewegung einmal *anders* erzählte, wenn uns einmal ein wirklicher Psycholog einen wirklichen Luther erzählte, nicht mehr mit der moralistischen Einfalt eines Landgeistlichen, nicht mehr mit der süßlichen und rücksichtsvollen Schamhaftigkeit protestantischer Historiker, sondern etwa mit einer Taineschen Unerschrockenheit, aus einer *Stärke der Seele* heraus und nicht aus einer klugen Indulgenz gegen die Stärke? ... (Die Deutschen, anbei gesagt, haben den klassischen Typus der letzteren zuletzt noch schön genug herausgebracht – sie dürfen ihn sich schon zurechnen, zugute rechnen: nämlich in ihrem Leopold Ranke, diesem geborenen klassischen *advocatus* jeder *causa fortior*, diesem klügsten aller klugen »Tatsächlichen«.)

20

Aber man wird mich schon verstanden haben – Grund genug, nicht wahr, alles in allem, daß wir Psychologen heutzutage einiges Mißtrauen *gegen uns selbst* nicht loswerden? ... Wahrscheinlich sind auch wir noch »zu gut« für unser Handwerk, wahrscheinlich sind auch wir noch die Opfer, die Beute, die Kranken dieses vermoralisierten Zeitgeschmacks, so sehr wir uns auch als dessen Verächter fühlen – wahrscheinlich infiziert er auch noch *uns*. Wovor warnte doch jener Diplomat, als er zu seinesgleichen redete? »Mißtrauen wir vor allem, meine Herren, unsren ersten Regungen!« sagte er, »*sie sind fast immer gut*« ... So sollte auch jeder Psycholog heute zu seinesgleichen reden ... Und damit kommen wir zu unserm Problem zurück, das in der Tat von uns einige Strenge verlangt, einiges Mißtrauen insonderheit gegen die »ersten Regungen«. *Das asketische Ideal im Dienste einer Absicht auf Gefühls-Ausschweifung* – wer sich der vorigen Abhandlung erinnert, wird den in diese neun Worte gedrängten Inhalt des nunmehr Darzustellenden im wesentlichen schon vorwegnehmen. Die menschliche Seele einmal aus allen ihren Fugen zu lösen, sie in Schrecken, Fröste, Gluten und Entzückungen derartig unterzutauchen, daß sie von allem Kleinen und Kleinlichen der Unlust, der Dumpfheit, der Verstimmung wie durch einen Blitzschlag loskommt: welche Wege führen zu *diesem* Ziele? Und welche von ihnen am sichersten? ... Im Grunde haben alle großen Affekte ein Vermögen dazu, vorausgesetzt, daß sie sich plötzlich entladen, Zorn, Furcht, Wollust, Rache, Hoffnung, Triumph, Verzweiflung, Grausamkeit; und wirklich hat der asketische Priester unbedenklich die *ganze* Meute wilder Hunde im Menschen in seinen Dienst genommen und bald diesen, bald jenen losgelassen, immer zu dem gleichen Zwecke, den Menschen aus der langsamen Traurigkeit aufzuwecken, seinen dumpfen Schmerz, sein zögerndes Elend für Zeiten wenigstens in die Flucht zu jagen, immer auch unter einer religiösen Interpretation und »Rechtfertigung«. Jede derartige Ausschweifung des Gefühls macht sich hinterdrein *bezahlt*, das versteht sich von selbst – sie macht den Kranken kränker –: und deshalb ist diese Art von Remeduren des Schmerzes, nach modernem Maße gemessen, eine »schuldige« Art. Man muß jedoch, weil es die Billigkeit verlangt, um so mehr darauf bestehn, daß sie *mit gutem Gewissen* angewendet worden ist, daß der asketische Priester sie im tiefsten Glauben an ihre Nützlichkeit, ja Unentbehrlichkeit verordnet hat – und oft genug selbst vor dem Jammer, den er schuf, fast zerbrechend; insgleichen, daß die vehementen physiologischen Revanchen solcher Exzesse, vielleicht sogar geistige Störungen, im Grunde dem ganzen Sinne dieser Art Medikation nicht eigentlich widersprechen: als welche, wie vorher gezeigt worden ist, *nicht* auf Heilung von Krankheiten, sondern auf Bekämpfung der Depressions-Unlust, auf deren Linderung, deren Betäubung aus war. Dies Ziel wurde auch *so* erreicht. Der Hauptgriff, den sich der asketische Priester erlaubte, um auf der menschlichen Seele jede Art von zerreißender und verzückter Musik zum Erklingen zu bringen, war damit getan – jedermann weiß das –, daß er sich das *Schuldgefühl* zunutze machte. Dessen Herkunft hat die vorige Abhandlung kurz angedeutet – als ein Stück Tierpsychologie, als nicht mehr: das Schuldgefühl trat uns dort gleichsam in seinem Rohzustande entgegen. Erst unter den Händen des Priesters, dieses eigentlichen Künstlers in Schuldgefühlen, hat es Gestalt gewonnen – o was für eine Gestalt! Die »Sünde« – denn so lautet die priesterliche Umdeutung des tierischen »schlechten Gewissens« (der rückwärts gewendeten Grausamkeit) – ist bisher das größte Ereignis in der Geschichte der kranken Seele gewesen: in ihr haben wir das gefährlichste und verhängnisvollste Kunststück der religiösen Interpretation. Der Mensch, an sich selbst leidend, irgendwie, jedenfalls physiologisch etwa wie ein Tier, das in den Käfig gesperrt ist, unklar, warum, wozu?, begehrlich nach Gründen – Gründe erleichtern –, begehrlich auch nach Mitteln und Narkosen, berät sich endlich mit einem, der auch das Verborgne weiß – und siehe da! er bekommt einen Wink, er bekommt von seinem Zauberer, dem asketischen Priester, den *ersten* Wink über die »Ursache« seines Leidens: er soll sie in *sich* suchen, in einer *Schuld*, in einem Stück Vergangenheit, er soll sein Leiden selbst als einen *Strafzustand* verstehn ... Er hat gehört, er hat verstanden, der Unglückliche: jetzt geht es ihm wie der Henne, um die ein Strich gezogen ist. Er kommt aus diesem Kreis von Strichen nicht wieder heraus: aus dem Kranken ist »der Sünder« gemacht ... Und nun wird man den Aspekt dieses neuen Kranken, »des Sünders«, für ein paar Jahrtausende nicht los – wird man ihn je wieder los? –, wohin man nur sieht, überall der hypnotische Blick des Sünders, der sich immer in der einen Richtung bewegt (in der Richtung auf »Schuld«, als der *einzigen* Leidens-Kausalität); überall das böse Gewissen, dies »*grewliche thier*«, mit Luther zu reden; überall die Vergangenheit zurückgekäut, die Tat verdreht, das »grüne Auge« für alles Tun; überall das zum Lebensinhalt gemachte Mißverstehen-*Wollen* des Leidens, dessen Umdeutung in Schuld-, Furcht- und Strafgefühle; überall die Geißel, das härene Hemd, der verhungernde Leib, die Zerknirschung; überall das Sich-selbst-Rädern des Sünders in dem grausamen Räderwerk eines unruhigen, krankhaft-lüsternen Gewissens; überall die stumme Qual, die äußerste Furcht, die Agonie des gemarterten Herzens, die Krämpfe eines unbekannten Glücks, der Schrei nach »Erlösung«. In der Tat, mit diesem System von Prozeduren war die alte Depression, Schwere und Müdigkeit gründlich *überwunden*, das Leben wurde wieder *sehr* interessant: wach, ewig wach, übernächtig, glühend, verkohlt, erschöpft und doch nicht müde – so nahm sich der Mensch aus, »der Sünder«, der in *diese* Mysterien eingeweiht war. Dieser alte große Zauberer im Kampf mit der Unlust, der asketische Priester – er hatte ersichtlich gesiegt, *sein* Reich war gekommen: schon klagte man nicht mehr *gegen* den Schmerz, man *lechzte* nach dem Schmerz; »*mehr* Schmerz! *mehr* Schmerz!« so schrie das Verlangen seiner Jünger und

Eingeweihten jahrhundertelang. Jede Ausschweifung des Gefühls, die wehtat, alles was zerbrach, umwarf, zermalmte, entrückte, verzückte, das Geheimnis der Folterstätten, die Erfindsamkeit der Hölle selbst – alles war nunmehr entdeckt, erraten, ausgenützt, alles stand dem Zauberer zu Diensten, alles diente fürderhin dem Siege seines Ideals, des asketischen Ideals ... »Mein Reich ist nicht von *dieser* Welt« – redete er nach wie vor: hatte er wirklich das Recht noch, so zu reden? ... Goethe hat behauptet, es gäbe nur sechsunddreißig tragische Situationen: man errät daraus, wenn man's sonst nicht wüßte, daß Goethe kein asketischer Priester war. Der – kennt mehr ...

21

In Hinsicht auf *diese* ganze Art der priesterlichen Medikation, die »schuldige« Art, ist jedes Wort Kritik zu viel. Daß eine solche Ausschweifung des Gefühls, wie sie in diesem Falle der asketische Priester seinen Kranken zu verordnen pflegt (unter den heiligsten Namen, wie sich von selbst versteht, insgleichen durchdrungen von der Heiligkeit seines Zwecks), irgendeinem Kranken wirklich *genützt* habe, wer hätte wohl Lust, eine Behauptung der Art aufrechtzuhalten? Zum mindesten sollte man sich über das Wort »nützen« verstehn. Will man damit ausdrücken, ein solches System von Behandlung habe den Menschen *verbessert*, so widerspreche ich nicht: nur daß ich hinzufüge, was bei mir »verbessert« heißt – ebenso viel wie »gezähmt«, »geschwächt«, »entmutigt«, »raffiniert«, »verzärtlicht«, »entmannt« (also beinahe so viel als *geschädigt* ...). Wenn es sich aber in der Hauptsache um Kranke, Verstimmte, Deprimierte handelt, so macht ein solches System den Kranken, gesetzt selbst, daß es ihn »besser« machte, unter allen Umständen *kränker;* man frage nur die Irrenärzte, was eine methodische Anwendung von Buß-Quälereien, Zerknirschungen und Erlösungskrämpfen immer mit sich führt. Insgleichen befrage man die Geschichte: überall, wo der asketische Priester diese Krankenbehandlung durchgesetzt hat, ist jedesmal die Krankhaftigkeit unheimlich schnell in die Tiefe und Breite gewachsen. Was war immer der »Erfolg«? Ein zerrüttetes Nervensystem, hinzu zu dem, was sonst schon krank war; und das im größten wie im kleinsten, bei einzelnen wie bei Massen. Wir finden im Gefolge des Buß- und Erlösungs-*training* ungeheure epileptische Epidemien, die größten, von denen die Geschichte weiß, wie die der St.-Veit- und St.-Johann-Tänzer des Mittelalters; wir finden als andre Form seines Nachspiels furchtbare Lähmungen und Dauer-Depressionen, mit denen unter Umständen das Temperament eines Volks oder einer Stadt (Genf, Basel) ein für allemal in sein Gegenteil umschlägt; – hierher gehört auch die Hexen-Hysterie, etwas dem Somnambulismus Verwandtes (acht große epidemische Ausbrüche derselben allein zwischen 1564 und 1605) –; wir finden in seinem Gefolge insgleichen jene todsüchtigen Massen-Delirien, deren entsetzlicher Schrei »*evviva la morte*!« über ganz Europa weg gehört wurde, unterbrochen bald von wollüstigen, bald von zerstörungswütigen Idiosynkrasien: wie der gleiche Affektwechsel, mit den gleichen Intermittenzen und Umsprüngen, auch heute noch überall beobachtet wird, in jedem Falle, wo die asketische Sündenlehre es wieder einmal zu einem großen Erfolge bringt. (Die religiöse Neurose *erscheint* als eine Form des »bösen Wesens«: daran ist kein Zweifel. Was sie ist? *Quaeritur.*) Ins große gerechnet, so hat sich das asketische Ideal und sein sublim-moralischer Kultus, diese geistreichste, unbedenklichste und gefährlichste Systematisierung aller Mittel der Gefühls-Ausschweifung unter dem Schutz heiliger Absichten, auf eine furchtbare und unvergeßliche Weise in die ganze Geschichte des Menschen eingeschrieben; und leider *nicht nur* in seine Geschichte ... Ich wüßte kaum noch etwas anderes geltendzumachen, was dermaßen zerstörerisch der *Gesundheit* und Rassen-Kräftigkeit, namentlich der Europäer, zugesetzt hat als dies Ideal; man darf es ohne alle Übertreibung *das eigentliche Verhängnis* in der Gesundheitsgeschichte des europäischen Menschen nennen. Höchstens, daß seinem Einflusse noch der spezifisch-germanische Einfluß gleichzusetzen wäre: ich meine die Alkohol-Vergiftung Europas, welche streng mit dem politischen und Rassen-Übergewicht der Germanen bisher Schritt gehalten hat (– wo sie ihr Blut einimpften, impften sie auch ihr Laster ein). – Zu dritt in der Reihe wäre die Syphilis zu nennen – *magno sed proxima intervallo.*

22

Der asketische Priester hat die seelische Gesundheit verdorben, wo er auch nur zur Herrschaft gekommen ist, er hat folglich auch den *Geschmack* verdorben *in artibus et litteris* – er verdirbt ihn immer noch. »Folglich?« – Ich hoffe, man gibt mir dies Folglich einfach zu; zum mindesten will ich es nicht erst beweisen. Ein einziger Fingerzeig: er gilt dem Grundbuche der christlichen Literatur, ihrem eigentlichen Modell, ihrem »Buche an sich«. Noch inmitten der griechisch-römischen Herrlichkeit, welche auch eine Bücher-Herrlichkeit war, angesichts einer noch nicht verkümmerten und zertrümmerten antiken Schriften-Welt, zu einer Zeit, da man noch einige Bücher lesen konnte, um deren Besitz man jetzt halbe Literaturen eintauschen würde, wagte es bereits die Einfalt und Eitelkeit christlicher Agitatoren – man heißt sie Kirchenväter –, zu dekretieren: »auch *wir* haben unsre klassische Literatur, *wir brauchen die der Griechen nicht*« – und dabei wies man stolz auf Legendenbücher, Apostelbriefe und apologetische Traktätlein hin, ungefähr so, wie heute die englische »Heilsarmee«

mit einer verwandten Literatur ihren Kampf gegen Shakespeare und andre »Heiden« kämpft. Ich liebe das »Neue Testament« nicht, man errät es bereits; es beunruhigt mich beinahe, mit meinem Geschmack in betreff dieses geschätztesten, überschätztesten Schriftwerks dermaßen alleinzustehn (der Geschmack zweier Jahrtausende ist *gegen* mich): aber, was hilft es! »Hier stehe ich, ich kann nicht anders«, – ich habe den Mut zu meinem schlechten Geschmack. Das *Alte* Testament – ja, das ist ganz etwas anderes: alle Achtung vor dem Alten Testament! In ihm finde ich große Menschen, eine heroische Landschaft und etwas vom Allerseltensten auf Erden, die unvergleichliche Naivität des *starken Herzens*; mehr noch, ich finde ein Volk. Im Neuen dagegen lauter kleine Sekten-Wirtschaft, lauter Rokoko der Seele, lauter Verschnörkeltes, Winkliges, Wunderliches, lauter Konventikel-Luft, nicht zu vergessen einen gelegentlichen Hauch bukolischer Süßlichkeit, welcher der Epoche (*und* der römischen Provinz) angehört und nicht sowohl jüdisch als hellenistisch ist. Demut und Wichtigtuerei dicht nebeneinander; eine Geschwätzigkeit des Gefühls, die fast betäubt; Leidenschaftlichkeit, keine Leidenschaft, peinliches Gebärdenspiel; hier hat ersichtlich jede gute Erziehung gefehlt. Wie darf man von seinen kleinen Untugenden so viel Wesens machen, wie es diese frommen Männlein tun! Kein Hahn kräht danach; geschweige denn Gott. Zuletzt wollen sie gar noch »die Krone des ewigen Lebens« haben, alle diese kleinen Leute der Provinz; wozu doch? wofür doch? – man kann die Unbescheidenheit nicht weiter treiben. Ein »unsterblicher« Petrus: wer hielte *den* aus! Sie haben einen Ehrgeiz, der lachen macht: *das* käut sein Persönlichstes, seine Dummheiten, Traurigkeiten und Eckensteher-Sorgen vor, als ob das An-sich der Dinge verpflichtet sei, sich darum zu kümmern; *das* wird nicht müde, Gott selber in den kleinsten Jammer hineinzuwickeln, in dem sie drinstecken. Und dieses beständige Auf-du-und-du mit Gott des schlechtesten Geschmacks! Diese jüdische, nicht bloß jüdische Zudringlichkeit gegen Gott mit Maul und Tatze! ... Es gibt kleine verachtete »Heidenvölker« im Osten Asiens, von denen diese ersten Christen etwas Wesentliches hätten lernen können, etwas *Takt* der Ehrfurcht; jene erlauben sich nicht, wie christliche Missionare bezeugen, den Namen ihres Gottes überhaupt in den Mund zu nehmen. Dies dünkt mich delikat genug; gewiß ist, daß es nicht nur für »erste« Christen zu delikat ist: man erinnere sich doch etwa, um den Gegensatz zu spüren, an Luther, diesen »beredtesten« und unbescheidensten Bauer, den Deutschland gehabt hat, und an die Lutherische Tonart, die gerade ihm in seinen Zwiegesprächen mit Gott am besten gefiel. Luthers Widerstand gegen die Mittler-Heiligen der Kirche (insbesondere gegen *»des Teuffels Saw den Bapst«*) war, daran ist kein Zweifel, im letzten Grunde der Widerstand eines Rüpels, den die *gute Etikette* der Kirche verdroß, jene Ehrfurchts-Etikette des hieratischen Geschmacks, welche nur die Geweihteren und Schweigsameren in das

Allerheiligste einläßt und es gegen die Rüpel zuschließt. Diese sollen ein für allemal gerade hier nicht das Wort haben – aber Luther, der Bauer, wollte es schlechterdings anders, so war es ihm nicht *deutsch* genug: er wollte vor allem direkt reden, selber reden, »ungeniert« mit seinem Gotte reden ... Nun, er hat's getan. – Das asketische Ideal, man errät es wohl, war niemals und nirgendswo eine Schule des guten Geschmacks, noch weniger der guten Manieren – es war im besten Fall eine Schule der hieratischen Manieren –: das macht, es hat selber etwas im Leibe, das allen guten Manieren todfeind ist – Mangel an Maß, Widerwillen gegen Maß, es ist selbst ein *»non plus ultra«*.

23

Das asketische Ideal hat nicht nur die Gesundheit und den Geschmack verdorben, es hat noch etwas Drittes, Viertes, Fünftes, Sechstes verdorben – ich werde mich hüten, zu sagen *was* alles (wann käme ich zu Ende!). Nicht was dies Ideal *gewirkt* hat, soll hier von mir ans Licht gestellt werden; vielmehr ganz allein nur, was es *bedeutet*, worauf es raten läßt, was hinter ihm, unter ihm, in ihm versteckt liegt, wofür es der vorläufige, undeutliche, mit Fragezeichen und Mißverständnissen überladne Ausdruck ist. Und nur in Hinsicht auf *diesen* Zweck durfte ich meinen Lesern einen Blick auf das Ungeheure seiner Wirkungen, auch seiner verhängnisvollen Wirkungen nicht ersparen: um sie nämlich zum letzten und furchtbarsten Aspekt vorzubereiten, den die Frage nach der Bedeutung jenes Ideals für mich hat. Was bedeutet eben die *Macht* jenes Ideals, das *Ungeheure* seiner Macht? Weshalb ist ihm in diesem Maße Raum gegeben worden? weshalb nicht besser Widerstand geleistet worden? Das asketische Ideal drückt einen Willen aus: *wo* ist der gegnerische Wille, in dem sich ein *gegnerisches Ideal* ausdrückte? Das asketische Ideal hat ein *Ziel* – dasselbe ist allgemein genug, daß alle Interessen des menschlichen Daseins sonst, an ihm gemessen, kleinlich und eng erscheinen; es legt sich Zeiten, Völker, Menschen unerbittlich auf dieses eine Ziel hin aus, es läßt keine andre Auslegung, kein andres Ziel gelten, es verwirft, verneint, bejaht, bestätigt allein im Sinne *seiner* Interpretation (– und gab es je ein zu Ende gedachteres System von Interpretation?); es unterwirft sich keiner Macht, es glaubt vielmehr an sein Vorrecht vor jeder Macht, an seine unbedingte *Rang-Distanz* in Hinsicht auf jede Macht – es glaubt daran, daß nichts auf Erden von Macht da ist, das nicht von ihm aus erst einen Sinn, ein Daseins-Recht, einen Wert zu empfangen habe, als Werkzeug zu *seinem* Werke, als Weg und Mittel zu *seinem* Ziele, zu *einem* Ziele ... Wo ist das *Gegenstück* zu diesem geschlossenen System von Wille, Ziel und Interpretation? Warum *fehlt* das Gegenstück? ... Wo ist das *andre*

»*eine* Ziel«? ... Aber man sagt mir, es fehle *nicht*, es habe nicht nur einen langen glücklichen Kampf mit jenem Ideale gekämpft, es sei vielmehr in allen Hauptsachen bereits über jenes Ideal Herr geworden: unsre ganze moderne *Wissenschaft* sei das Zeugnis dafür – diese moderne Wissenschaft, welche, als eine eigentliche Wirklichkeits-Philosophie, ersichtlich allein an sich selber glaube, ersichtlich den Mut zu sich, den Willen zu sich besitze und gut genug bisher ohne Gott, Jenseits und verneinende Tugenden ausgekommen sei. Indessen mit solchem Lärm und Agitatoren-Geschwätz richtet man nichts bei mir aus: diese Wirklichkeits-Trompeter sind schlechte Musikanten, ihre Stimmen kommen hörbar genug *nicht* aus der Tiefe, aus ihnen redet *nicht* der Abgrund des wissenschaftlichen Gewissens – denn heute ist das wissenschaftliche Gewissen ein Abgrund –, das Wort »Wissenschaft« ist in solchen Trompeter-Mäulern einfach eine Unzucht, ein Mißbrauch, eine Schamlosigkeit. Gerade das Gegenteil von dem, was hier behauptet wird, ist die Wahrheit: die Wissenschaft hat heute schlechterdings *keinen* Glauben an sich, geschweige ein Ideal *über* sich – und wo sie überhaupt noch Leidenschaft, Liebe, Glut, *Leiden* ist, da ist sie nicht der Gegensatz jenes asketischen Ideals, vielmehr *dessen jüngste und vornehmste Form* selber. Klingt euch das fremd? ... Es gibt ja genug braves und bescheidnes Arbeiter-Volk auch unter den Gelehrten von heute, dem sein kleiner Winkel gefällt, und das darum, weil es ihm darin gefällt, bisweilen ein wenig unbescheiden mit der Forderung laut wird, man *solle* überhaupt heute zufrieden sein, zumal in der Wissenschaft – es gäbe da gerade so viel Nützliches zu tun. Ich widerspreche nicht; am wenigsten möchte ich diesen ehrlichen Arbeitern ihre Lust am Handwerk verderben: denn ich freue mich ihrer Arbeit. Aber damit, daß jetzt in der Wissenschaft streng gearbeitet wird und daß es zufriedne Arbeiter gibt, ist schlechterdings *nicht* bewiesen, daß die Wissenschaft als ganzes heute ein Ziel, einen Willen, ein Ideal, eine Leidenschaft des großen Glaubens habe. Das Gegenteil, wie gesagt, ist der Fall: wo sie nicht die jüngste Erscheinungsform des asketischen Ideals ist – es handelt sich da um zu seltne, vornehme, ausgesuchte Fälle, als daß damit das Gesamturteil umgebogen werden könnte –, ist die Wissenschaft heute ein *Versteck* für alle Art Mißmut, Unglauben, Nagewurm, *despectio sui*, schlechtes Gewissen – sie ist die *Unruhe* der Ideallosigkeit selbst, das Leiden am *Mangel* der großen Liebe, das Ungenügen an einer *unfreiwilligen* Genügsamkeit. O was verbirgt heute nicht alles Wissenschaft! wieviel *soll* sie mindestens verbergen! Die Tüchtigkeit unsrer besten Gelehrten, ihr besinnungsloser Fleiß, ihr Tag und Nacht rauchender Kopf, ihre Handwerks-Meisterschaft selbst – wie oft hat das alles seinen eigentlichen Sinn darin, sich selbst irgend etwas nicht mehr sichtbar werden zu lassen! Die Wissenschaft als Mittel der Selbst-Betäubung: *kennt ihr das*? ... Man verwundet sie – jeder erfährt es, der mit Gelehrten umgeht – mitunter durch ein harmloses Wort bis auf den Knochen, man erbittert seine gelehrten Freunde gegen sich, im Augenblick, wo man sie zu ehren meint, man bringt sie außer Rand und Band, bloß weil man zu grob war, um zu erraten, mit wem man es eigentlich zu tun hat, mit *Leidenden*, die es sich selbst nicht eingestehn wollen, was sie sind, mit Betäubten und Besinnungslosen, die nur eins fürchten: *zum Bewußtsein zu kommen* ...

24

– Und nun sehe man sich dagegen jene seltneren Fälle an, von denen ich sprach, die letzten Idealisten, die es heute unter Philosophen und Gelehrten gibt: hat man in ihnen vielleicht die gesuchten *Gegner* des asketischen Ideals, dessen *Gegen-Idealisten*? In der Tat, sie *glauben* sich als solche, diese »Ungläubigen« (denn das sind sie allesamt); es scheint gerade das ihr letztes Stück Glaube, Gegner dieses Ideals zu sein, so ernsthaft sind sie an dieser Stelle, so leidenschaftlich wird da gerade ihr Wort, ihre Gebärde – brauchte es deshalb schon *wahr* zu sein, was sie glauben? ... Wir »Erkennenden« sind nachgerade mißtrauisch gegen alle Art Gläubige, unser Mißtrauen hat uns allmählich darauf eingeübt, umgekehrt zu schließen, als man ehedem schloß: nämlich überall, wo die Stärke eines Glaubens sehr in den Vordergrund tritt, auf eine gewisse Schwäche der Beweisbarkeit, auf *Unwahrscheinlichkeit* selbst des Geglaubten zu schließen. Auch wir leugnen nicht, daß der Glaube »selig macht«: *eben deshalb* leugnen wir, daß der Glaube etwas *beweist* – ein starker Glaube, der selig macht, ist ein Verdacht gegen das, woran er glaubt, er begründet nicht »Wahrheit«, er begründet eine gewisse Wahrscheinlichkeit – der *Täuschung*. Wie steht es nun in diesem Falle? – Diese Verneinenden und Abseitigen von heute, diese Unbedingten in einem, im Anspruch auf intellektuelle Sauberkeit, diese harten, strengen, enthaltsamen, heroischen Geister, welche die Ehre unsrer Zeit ausmachen, alle diese blassen Atheisten, Antichristen, Immoralisten, Nihilisten, diese Skeptiker, Ephektiker, *Hektiker* des Geistes (letzteres sind sie samt und sonders in irgendeinem Sinne), diese letzten Idealisten der Erkenntnis, in denen allein heute das intellektuelle Gewissen wohnt und leibhaft ward – sie glauben sich in der Tat so losgelöst als möglich vom asketischen Ideale, diese »freien, *sehr* freien Geister«: und doch, daß ich ihnen verrate, was sie selbst nicht sehen können – denn sie stehen sich zu nahe –: dies Ideal ist gerade auch *ihr* Ideal, sie selbst stellen es heute dar und niemand sonst vielleicht, sie selbst sind seine vergeistigtste Ausgeburt, seine vorgeschobenste Krieger- und Kundschafter-Schar, eine verfänglichste, zarteste, unfaßlichste Verführungsform – wenn ich irgendworin Rätselrater bin, so will ich es mit *diesem* Satze sein! ... Das sind noch lange keine *freien* Geister: *denn sie glauben noch an die Wahrheit* ... Als die christlichen Kreuzfahrer im Orient auf jenen unbesiegbaren Assassinen-Orden stießen, jenen Freigeister-Orden *par excellence*, dessen unterste Grade in einem Gehorsame lebten, wie einen gleichen kein Mönchsorden erreicht hat, da bekamen sie auf irgendwelchem Wege auch einen Wink über jenes Symbol und Kerbholz-Wort, das nur den obersten Graden, als deren *secretum*, vorbehalten war: »Nichts ist wahr, alles ist erlaubt« ... Wohlan, *das* war *Freiheit* des Geistes, *damit* war der Wahrheit selbst der Glaube *gekündigt* ... Hat wohl je schon ein europäischer, ein christlicher Freigeist sich in diesen Satz und seine labyrinthischen *Folgerungen* verirrt? kennt er den Minotauros dieser Höhle *aus Erfahrung*? ... Ich zweifle daran, mehr noch, ich weiß es anders – nichts ist diesen Unbedingten in *einem*, diesen *sogenannten* »freien Geistern« gerade fremder als Freiheit und Entfesselung in jenem Sinne, in keiner Hinsicht sind sie gerade fester gebunden, im Glauben gerade an die Wahrheit sind sie, wie niemand anderes sonst, fest und unbedingt. Ich kenne dies alles vielleicht zu sehr aus der Nähe: jene verehrenswürdige Philosophen-Enthaltsamkeit, zu der ein solcher Glaube verpflichtet, jener Stoizismus des Intellekts, der sich das Nein zuletzt ebenso streng verbietet wie das Ja, jenes Stehen-bleiben-*Wollen* vor dem Tatsächlichen, dem *factum brutum*, jener Fatalismus der *»petits faits«* (*ce petit faitalisme*, wie ich ihn nenne), worin die französische Wissenschaft jetzt eine Art moralischen Vorrangs vor der deutschen sucht, jenes Verzichtleisten auf Interpretation überhaupt (auf das Vergewaltigen, Zurechtschieben, Abkürzen, Weglassen, Ausstopfen, Ausdichten, Umfälschen und was sonst zum *Wesen* alles Interpretierens gehört) – das drückt, ins große gerechnet, ebensogut Asketismus der Tugend aus, wie irgendeine Verneinung der Sinnlichkeit (es ist im Grunde nur ein Modus dieser Verneinung). Was aber zu ihm *zwingt*, jener unbedingte Wille zur Wahrheit, das ist der *Glaube an das asketische Ideal selbst*, wenn auch als sein unbewußter Imperativ, man täusche sich hierüber nicht – das ist der Glaube an einen *metaphysischen* Wert, einen Wert *an sich der Wahrheit*, wie er allein in jenem Ideal verbürgt und verbrieft ist (er steht und fällt mit jenem Ideal). Es gibt, streng geurteilt, gar keine »voraussetzungslose« Wissenschaft, der Gedanke einer solchen ist unausdenkbar, paralogisch: eine Philosophie, ein »Glaube« muß immer erst da sein, damit aus ihm die Wissenschaft eine Richtung, einen Sinn, eine Grenze, eine Methode, ein *Recht* auf Dasein gewinnt. (Wer es umgekehrt versteht, wer zum Beispiel sich anschickt, die Philosophie »auf streng wissenschaftliche Grundlage« zu stellen, der hat dazu erst nötig, nicht nur die Philosophie, sondern auch die Wahrheit selber *auf den Kopf zu stellen*: die ärgste Anstands-Verletzung, die es in Hinsicht auf zwei so ehrwürdige Frauenzimmer geben kann!) Ja, es ist kein Zweifel – und hiermit lasse ich meine »fröhliche Wissenschaft« zu Worte kommen, vgl. deren fünftes Buch: (I, S.

491) – »der Wahrhaftige, in jenem verwegenen und letzten Sinne, wie ihn der Glaube an die Wissenschaft voraussetzt, *bejaht damit eine andre Welt* als die des Lebens, der Natur und der Geschichte; und insofern er diese ›andre Welt‹ bejaht, wie? muß er nicht eben damit ihr Gegenstück, diese Welt, *unsre* Welt – verneinen? ... Es ist immer noch ein *metaphysischer Glaube*, auf dem unser Glaube an die Wissenschaft ruht – auch wir Erkennenden von heute, wir Gottlosen und Antimetaphysiker, auch wir nehmen *unser* Feuer noch von jenem Brande, den ein jahrtausendealter Glaube entzündet hat, jener Christen-Glaube, der auch der Glaube Platos war, daß Gott die Wahrheit ist, daß die Wahrheit *göttlich* ist ... Aber wie, wenn dies gerade immer mehr unglaubwürdig wird, wenn nichts sich mehr als göttlich erweist, es sei denn der Irrtum, die Blindheit, die Lüge – wenn Gott selbst sich als unsre *längste Lüge* erweist?« – – An dieser Stelle tut es not, haltzumachen und sich lange zu besinnen. Die Wissenschaft selber *bedarf* nunmehr einer Rechtfertigung (womit noch nicht einmal gesagt sein soll, daß es eine solche für sie gibt). Man sehe sich auf diese Frage die ältesten und die jüngsten Philosophien an: in ihnen allen fehlt ein Bewußtsein darüber, inwiefern der Wille zur Wahrheit selbst erst einer Rechtfertigung bedarf, hier ist eine Lücke in jeder Philosophie – woher kommt das? Weil das asketische Ideal über alle Philosophie bisher *Herr* war, weil Wahrheit als Sein, als Gott, als oberste Instanz selbst gesetzt wurde, weil Wahrheit gar nicht Problem sein *durfte*. Versteht man dies »durfte«? – Von dem Augenblick an, wo der Glaube an den Gott des asketischen Ideals verneint ist, *gibt es auch ein neues Problem*: das vom *Werte* der Wahrheit. – Der Wille zur Wahrheit bedarf einer Kritik – bestimmen wir hiermit unsre eigene Aufgabe –, der Wert der Wahrheit ist versuchsweise einmal *in Frage zu stellen* ... (Wem dies zu kurz gesagt scheint, dem sei empfohlen, jenen Abschnitt der »fröhlichen Wissenschaft« nachzulesen, welcher den Titel trägt: »Inwiefern auch wir noch fromm sind«: (I, S. 490 f.), am besten das ganze fünfte Buch des genannten Werks, insgleichen die Vorrede zur »Morgenröte«.)

25

Nein! Man komme mir nicht mit der Wissenschaft, wenn ich nach dem natürlichen Antagonisten des asketischen Ideals suche, wenn ich frage: »wo ist der gegnerische Wille, in dem sich sein *gegnerisches Ideal* ausdrückt?« Dazu steht die Wissenschaft lange nicht genug auf sich selber, sie bedarf in jedem Betrachte erst eines Wert-Ideals, einer werteschaffenden Macht, in deren *Dienste* sie an sich selber *glauben darf* – sie selbst ist niemals werteschaffend. Ihr Verhältnis zum asketischen Ideal ist an sich durchaus noch nicht antagonistisch; sie stellt in der Hauptsache sogar eher noch die vorwärtstreibende Kraft in dessen innerer Ausgestaltung dar. Ihr Widerspruch und Kampf bezieht sich, feiner geprüft, gar nicht auf das Ideal selbst, sondern nur auf dessen Außenwerke, Einkleidung, Maskenspiel, auf dessen zeitweilige Verhärtung, Verholzung, Verdogmatisierung – sie macht das Leben in ihm wieder frei, indem sie das Exoterische an ihm verneint. Diese beiden, Wissenschaft und asketisches Ideal, sie stehen ja auf einem Boden – ich gab dies schon zu verstehen –: nämlich auf der gleichen Überschätzung der Wahrheit (richtiger: auf dem gleichen Glauben an die *Un*abschätzbarkeit, *Un*kritisierbarkeit der Wahrheit), eben damit sind sie sich *notwendig* Bundesgenossen – so daß sie, gesetzt, daß sie bekämpft werden, auch immer nur gemeinsam bekämpft und in Frage gestellt werden können. Eine Wertabschätzung des asketischen Ideals zieht unvermeidlich auch eine Wertabschätzung der Wissenschaft nach sich: dafür mache man sich bei Zeiten die Augen hell, die Ohren spitz! (Die *Kunst*, vorweg gesagt, denn ich komme irgendwann des längeren darauf zurück – die Kunst, in der gerade die *Lüge* sich heiligt, der *Wille zur Täuschung* das gute Gewissen zur Seite hat, ist dem asketischen Ideale viel grundsätzlicher entgegengestellt als die Wissenschaft: so empfand es der Instinkt Platos, dieses größten Kunstfeindes, den Europa bisher hervorgebracht hat. Plato *gegen* Homer: das ist der ganze, der echte Antagonismus – dort der »Jenseitige« besten Willens, der große Verleumder des Lebens, hier dessen unfreiwilliger Vergöttlicher, die *goldene* Natur. Eine Künstler-Dienstbarkeit im Dienste des asketischen Ideals ist deshalb die eigentlichste Künstler-*Korruption*, die es geben kann, leider eine der allergewöhnlichsten: denn nichts ist korruptibler als ein Künstler.) Auch physiologisch nachgerechnet, ruht die Wissenschaft auf dem gleichen Boden wie das asketische Ideal: eine gewisse *Verarmung des Lebens* ist hier wie dort die Voraussetzung, – die Affekte kühl geworden, das Tempo verlangsamt, die Dialektik an Stelle des Instinktes, der *Ernst* den Gesichtern und Gebärden aufgedrückt (der Ernst, dieses unmißverständlichste Abzeichen des mühsameren Stoffwechsels, des ringenden, schwerer arbeitenden Lebens). Man sehe sich die Zeiten eines Volkes an, in denen der Gelehrte in den Vordergrund tritt: es sind Zeiten der Ermüdung, oft des Abends, des Niederganges – die überströmende Kraft, die Lebens-Gewißheit, die *Zukunfts*-Gewißheit sind dahin. Das Übergewicht des Mandarinen bedeutet niemals etwas Gutes: so wenig als die Heraufkunft der Demokratie, der Friedens-Schiedsgerichte an Stelle der Kriege, der Frauen-Gleichberechtigung, der Religion des Mitleids und was es sonst alles für Symptome des absinkenden Lebens gibt. (Wissenschaft als Problem gefaßt; was bedeutet Wissenschaft? – vgl. darüber die Vorrede zur »Geburt der Tragödie«.) – Nein! diese »moderne Wissenschaft« – macht euch nur dafür die Augen auf! – ist einstweilen die *beste* Bundesgenossin des asketischen Ideals, und gerade deshalb, weil sie die unbewußteste, die unfreiwilligste, die heimlichste und unterirdischste ist!

Sie haben bis jetzt *ein* Spiel gespielt, die »Armen des Geistes« und die wissenschaftlichen Widersacher jenes Ideals (man hüte sich, anbei gesagt, zu denken, daß sie deren Gegensatz seien, etwa als die *Reichen* des Geistes – das sind sie *nicht*, ich nannte sie Hektiker des Geistes). Diese berühmten *Siege* der letzteren: unzweifelhaft, es sind Siege – aber worüber? Das asketische Ideal wurde ganz und gar nicht in ihnen besiegt, es wurde eher damit stärker, nämlich unfaßlicher, geistiger, verfänglicher gemacht, daß immer wieder eine Mauer, ein Außenwerk, das sich an dasselbe angebaut hatte und seinen Aspekt *vergröberte*, seitens der Wissenschaft schonungslos abgelöst, abgebrochen worden ist. Meint man in der Tat, daß etwa die Niederlage der theologischen Astronomie eine Niederlage jenes Ideals bedeute? ... Ist damit vielleicht der Mensch *weniger bedürftig* nach einer Jenseitigkeits-Lösung seines Rätsels von Dasein geworden, daß dieses Dasein sich seitdem noch beliebiger, eckensteherischer, entbehrlicher in der *sichtbaren* Ordnung der Dinge ausnimmt? Ist nicht gerade die Selbstverkleinerung des Menschen, sein *Wille* zur Selbstverkleinerung seit Kopernikus in einem unaufhaltsamen Fortschritte? Ach, der Glaube an seine Würde, Einzigkeit, Unersetzlichkeit in der Rangabfolge der Wesen ist dahin – er ist *Tier* geworden, Tier, ohne Gleichnis, Abzug und Vorbehalt, er, der in seinem früheren Glauben beinahe Gott (»Kind Gottes«, »Gottmensch«) war ... Seit Kopernikus scheint der Mensch auf eine schiefe Ebene geraten – er rollt immer schneller nunmehr aus dem Mittelpunkte weg – wohin? ins Nichts? ins »*durchbohrende* Gefühl seines Nichts«? ... Wohlan! dies eben wäre der gerade Weg – ins *alte* Ideal? ... *Alle* Wissenschaft (und keineswegs nur die Astronomie, über deren demütigende und herunterbringende Wirkung Kant ein bemerkenswertes Geständnis gemacht hat, »sie vernichtet meine Wichtigkeit« ...), alle Wissenschaft, die natürliche sowohl, wie die *unnatürliche* – so heiße ich die Erkenntnis-Selbstkritik –, ist heute darauf aus, dem Menschen seine bisherige Achtung vor sich auszureden, wie als ob dieselbe nichts als ein bizarrer Eigendünkel gewesen sei; man könnte sogar sagen, sie haben ihren eigenen Stolz, ihre eigene herbe Form von stoischer Ataraxie darin, diese mühsam errungene *Selbstverachtung* des Menschen als dessen letzten, ernstesten Anspruch auf Achtung bei sich selbst aufrechtzuerhalten (mit Recht, in der Tat: denn der Verachtende ist immer noch einer, der »das Achten nicht verlernt hat« ...). Wird damit dem asketischen Ideale eigentlich *entgegengearbeitet*? Meint man wirklich allen Ernstes noch (wie es die Theologen eine Zeitlang sich einbildeten), daß etwa Kants *Sieg* über die theologische Begriffs-Dogmatik (»Gott«, »Seele«, »Freiheit«, »Unsterblichkeit«) jenem Ideale Abbruch getan habe? – wobei es uns einstweilen nichts angehn soll, ob Kant selber etwas Derartiges überhaupt auch nur in Absicht gehabt hat. Gewiß ist, daß alle Art Transzendentalisten seit Kant wieder gewonnenes Spiel haben – sie sind von den Theologen emanzipiert: welches Glück! – er hat ihnen jenen Schleichweg verraten, auf dem sie nunmehr auf eigne Faust und mit dem besten wissenschaftlichen Anstande den »Wünschen ihres Herzens« nachgehn dürfen. Insgleichen: wer dürfte es nunmehr den Agnostikern verargen, wenn sie, als die Verehrer des Unbekannten und Geheimnisvollen an sich, *das Fragezeichen selbst* jetzt als Gott anbeten? (Xaver Doudan spricht einmal von den *ravages*, welche *»l'habitude d'admirer l'inintelligible an lieu de rester tout simplement dans l'inconnu«* angerichtet habe; er meint, die Alten hätten dessen entraten.) Gesetzt, daß alles, was der Mensch »erkennt«, seinen Wünschen nicht genugtut, ihnen vielmehr widerspricht und Schauder macht, welche göttliche Ausflucht, die Schuld davon nicht im »Wünschen«, sondern im »Erkennen« suchen zu dürfen! ... »Es gibt kein Erkennen: *folglich* – gibt es einen Gott«: welche neue *elegantia syllogismi!* welcher *Triumph* des asketischen Ideals! –

26

– Oder zeigte vielleicht die gesamte moderne Geschichtsschreibung eine lebensgewissere, idealgewissere Haltung? Ihr vornehmster Anspruch geht jetzt dahin, *Spiegel* zu sein; sie lehnt alle Teleologie ab; sie will nichts mehr »beweisen«; sie verschmäht es, den Richter zu spielen, und hat darin ihren guten Geschmack – sie bejaht so wenig, als sie verneint, sie stellt fest, sie »beschreibt« ... Dies alles ist in einem hohen Grade asketisch; es ist aber zugleich in einem noch höheren Grade *nihilistisch*, darüber täusche man sich nicht! Man sieht einen traurigen, harten, aber entschlossenen Blick – ein Auge, das *hinausschaut*, wie ein vereinsamter Nordpolfahrer hinausschaut (vielleicht um nicht hineinzuschauen? um nicht zurückzuschauen? ...). Hier ist Schnee, hier ist das Leben verstummt; die letzten Krähen, die hier laut werden, heißen »Wozu?«, »Umsonst!«, »*Nada*!« – hier gedeiht und wächst nichts mehr, höchstens Petersburger Metapolitik und Tolstoisches »Mitleid«. Was aber jene andre Art von Historikern betrifft, eine vielleicht noch »modernere« Art, eine genüßliche, wollüstige, mit dem Leben ebensosehr als mit dem asketischen Ideal liebäugelnde Art, welche das Wort »Artist« als Handschuh gebraucht und heute das Lob der Kontemplation ganz und gar für sich in Pacht genommen hat: o welchen Durst erregen diese süßen Geistreichen selbst noch nach Asketen und Winterlandschaften! Nein! dies »beschauliche« Volk mag sich der Teufel holen! Um wieviel lieber will ich noch mit jenen historischen Nihilisten durch die düstersten grauen kalten Nebel wandern! – ja es soll mir nicht darauf ankommen, gesetzt daß ich wählen muß, selbst einem ganz eigentlich Unhistorischen, Widerhistorischen Gehör zu schenken (wie jenem Dühring, an dessen Tönen sich im heutigen Deutschland eine bisher noch schüchterne, noch uneingeständliche Spezies »schöner Seelen« berauscht, die *species anarchistica* innerhalb des gebildeten Proletariats). Hundertmal schlimmer sind die »Beschaulichen« –: ich wüßte nichts, was so sehr Ekel machte, als solch ein »objektiver« Lehnstuhl, solch ein duftender Genüßling vor der Historie, halb Pfaff, halb Satyr, Parfum Renan, der schon mit dem hohen Falsett seines Beifalls verrät, was ihm abgeht, *wo* es ihm abgeht, *wo* in diesem Falle die Parze ihre grausame Schere ach! allzu chirurgisch gehandhabt hat! Das geht mir wider den Geschmack, auch wider die Geduld: behalte bei solchen Aspekten seine Geduld, wer nichts an ihr zu verlieren hat – mich ergrimmt solch ein Aspekt, solche »Zuschauer« erbittern mich gegen das »Schauspiel«, mehr noch als das Schauspiel (die Historie selbst, man versteht mich), unversehens kommen mir dabei anakreontische Launen. Diese Natur, die dem Stier das Horn, dem Löwen das χάσμ' ὀδόνιων gab, wozu gab mir die Natur den Fuß? ... Zum Treten, beim heiligen Anakreon! und nicht nur zum Davonlaufen; zum Zusammentreten der morschen Lehnstühle, der feigen Beschaulichkeit, des lüsternen Eunuchentums vor der Historie, der Liebäugelei mit asketischen Idealen, der Gerechtigkeits-Tartüfferie der Impotenz! Alle meine Ehrfurcht dem asketischen Ideale, *sofern es ehrlich ist!* solange es an sich selber glaubt und uns keine Possen vormacht! Aber ich mag alle diese koketten Wanzen nicht, deren Ehrgeiz unersättlich darin ist, nach dem Unendlichen zu riechen, bis zuletzt das Unendliche nach Wanzen riecht; ich mag die übertünchten Gräber nicht, die das Leben schauspielern; ich mag die Müden und Vernutzten nicht, welche sich in Weisheit einwickeln und »objektiv« blicken; ich mag die zu Helden aufgeputzten Agitatoren nicht, die eine Tarnkappe von Ideal um ihren Strohwisch von Kopf tragen; ich mag die ehrgeizigen Künstler nicht, die den Asketen und Priester bedeuten möchten und im Grunde nur tragische Hanswürste sind; ich mag auch sie nicht, diese neuesten Spekulanten in Idealismus, die Antisemiten, welche heute ihre Augen christlich-arisch-biedermännisch verdrehn und durch einen jede Geduld erschöpfenden Mißbrauch des wohlfeilsten Agitationsmittels, der moralischen Attitüde, alle Hornvieh-Elemente des Volkes aufzuregen suchen (– daß *jede* Art Schwindel-Geisterei im heutigen Deutschland nicht ohne Erfolg bleibt, hängt mit der nachgerade unableugbaren und bereits handgreiflichen *Verödung* des deutschen Geistes zusammen, deren Ursache ich in einer allzu ausschließlichen Ernährung mit Zeitungen, Politik, Bier und Wagnerscher Musik suche, hinzugerechnet, was die Voraussetzung für diese Diät abgibt: einmal die nationale Einklemmung und Eitelkeit, das starke, aber enge Prinzip »Deutschland, Deutschland über alles«, sodann aber die *paralysis agitans* der »modernen Ideen«). Europa ist heute reich und erfinderisch vor allem in Erregungsmitteln, es scheint nichts nötiger zu haben als Stimulantia und gebrannte Wasser: daher auch die ungeheure Fälscherei in Idealen, diesen gebranntesten Wassern des Geistes, daher auch die widrige, übelriechende, verlogne, pseudo-alkoholische Luft überall. Ich möchte wissen, wieviel Schiffsladungen von nachgemachtem Idealismus, von Helden-Kostümen und Klapperblech großer Worte, wieviel Tonnen verzuckerten spirituosen Mitgefühls (Firma: *la religion de la souffrance*), wieviel Stelzbeine »edler Entrüstung« zur Nachhilfe geistig Plattfüßiger, wieviel *Komödianten* des christlich-moralischen Ideals heute aus Europa exportiert werden müßten, damit seine Luft wieder reinlicher röche ... Ersichtlich steht in Hinsicht auf diese Überproduktion eine neue *Handels*-Möglichkeit offen, ersichtlich ist mit kleinen Ideal-Götzen und zugehörigen »Idealisten« ein neues »Geschäft« zu machen – man überhöre diesen Zaunpfahl nicht! Wer hat Mut genug dazu? – wir haben es in der *Hand*, die ganze Erde zu »idealisieren«! ... Aber was rede ich von Mut: hier tut eins nur not, eben die Hand, eine unbefangne, eine sehr unbefangne Hand ...

27

– Genug! Genug! Lassen wir diese Kuriositäten und Komplexitäten des modernsten Geistes, an denen ebensoviel zum Lachen als zum Verdrießen ist: gerade *unser* Problem kann deren entraten, das Problem von der *Bedeutung* des asketischen Ideals – was hat dasselbe mit gestern und heute zu tun! Jene Dinge sollen von mir in einem andren Zusammenhange gründlicher und härter angefaßt werden (unter dem Titel »Zur Geschichte des europäischen Nihilismus«; ich verweise dafür auf ein Werk, das ich vorbereite: *Der Wille zur Macht. Versuch einer Umwertung aller Werte*). Worauf es mir allein ankommt, hier hingewiesen zu haben, ist dies: das asketische Ideal hat auch in der geistigsten Sphäre einstweilen immer nur noch *eine* Art von wirklichen Feinden und *Schädigern*: das sind die Komödianten dieses Ideals – denn sie wecken Mißtrauen. Überall sonst, wo der Geist heute streng, mächtig und ohne Falschmünzerei am Werke ist, entbehrt er jetzt überhaupt des Ideals – der populäre Ausdruck für diese Abstinenz ist »Atheismus« –: *abgerechnet seines Willens zur Wahrheit.* Dieser Wille aber, dieser *Rest* von Ideal, ist, wenn man mir glauben will, jenes Ideal selbst in seiner strengsten, geistigsten Formulierung, esoterisch ganz und gar, alles Außenwerks entkleidet, somit nicht sowohl sein Rest, als sein *Kern.* Der unbedingte redliche Atheismus (– und *seine* Luft allein atmen wir, wir geistigeren Menschen dieses Zeitalters!) steht demgemäß *nicht* im Gegensatz zu jenem Ideale, wie es den Anschein hat; er ist vielmehr nur eine seiner letzten Entwicklungsphasen, eine seiner Schlußformen und inneren Folgerichtigkeiten – er ist die Ehrfurcht gebietende *Katastrophe* einer zweitausendjährigen Zucht zur Wahrheit, welche am Schlusse sich die *Lüge im Glauben an Gott* verbietet. (Derselbe Entwicklungsgang in Indien, in vollkommner Unabhängigkeit und deshalb etwas beweisend; dasselbe Ideal zum gleichen Schlusse zwingend; der entscheidende Punkt fünf Jahrhunderte vor der europäischen Zeitrechnung erreicht, mit Buddha, genauer: schon mit der Sankhyam-Philosophie, diese dann durch Buddha popularisiert und zur Religion gemacht.) *Was,* in aller Strenge gefragt, hat eigentlich über den christlichen Gott *gesiegt*? Die Antwort steht in meiner »fröhlichen Wissenschaft« (I, S. 507): »Die christliche Moralität selbst, der immer strenger genommene Begriff der Wahrhaftigkeit, die Beichtväter-Feinheit des christlichen Gewissens, übersetzt und sublimiert zum wissenschaftlichen Gewissen, zur intellektuellen Sauberkeit um jeden Preis. Die Natur ansehn, als ob sie ein Beweis für die Güte und Obhut eines Gottes sei; die Geschichte interpretieren zu Ehren einer göttlichen Vernunft, als beständiges Zeugnis einer sittlichen Weltordnung und sittlicher Schlußabsichten; die eignen Erlebnisse auslegen, wie sie fromme Menschen lange genug ausgelegt haben, wie als ob alles Fügung, alles Wink, alles dem Heil der Seele zu Liebe ausgedacht und geschickt sei: das ist nunmehr *vorbei,* das hat das Gewissen *gegen* sich, das gilt allen feineren Gewissen als unanständig, unehrlich, als Lügnerei, Feminismus, Schwachheit, Feigheit – mit dieser Strenge, wenn irgendwomit, sind wir eben *gute Europäer* und Erben von Europas längster und tapferster Selbstüberwindung.« ... Alle großen Dinge gehen durch sich selbst zugrunde, durch einen Akt der Selbstaufhebung: so will es das Gesetz des Lebens, das Gesetz der *notwendigen* »Selbstüberwindung« im Wesen des Lebens – immer ergeht zuletzt an den Gesetzgeber selbst der Ruf: *»patere legem, quam ipse tulisti.«* Dergestalt ging das Christentum *als Dogma* zugrunde, an seiner eignen Moral; dergestalt muß nun auch das Christentum *als Moral* noch zugrunde gehn – wir stehen an der Schwelle *dieses* Ereignisses. Nachdem die christliche Wahrhaftigkeit einen Schluß nach dem andern gezogen hat, zieht sie am Ende ihren *stärksten Schluß,* ihren Schluß *gegen* sich selbst; dies aber geschieht, wenn sie die Frage stellt *»was bedeutet aller Wille zur Wahrheit?«* ... Und hier rühre ich wieder an mein Problem, an unser Problem, meine *unbekannten* Freunde (– denn noch *weiß* ich von keinem Freunde): welchen Sinn hätte *unser* ganzes Sein, wenn nicht den, daß in uns jener Wille zur Wahrheit sich selbst *als Problem* zum Bewußtsein gekommen wäre? ... An diesem Sich-bewußtwerden des Willens zur Wahrheit geht von nun an – daran ist kein Zweifel – die Moral *zugrunde*: jenes große Schauspiel in hundert Akten, das den nächsten zwei Jahrhunderten Europas aufgespart bleibt, das furchtbarste, fragwürdigste und vielleicht auch hoffnungsreichste aller Schauspiele ...

28

Sieht man vom asketischen Ideale ab: so hatte der Mensch, das *Tier* Mensch bisher keinen Sinn. Sein Dasein auf Erden enthielt kein Ziel; »wozu Mensch überhaupt?« – war eine Frage ohne Antwort; der *Wille* für Mensch und Erde fehlte; hinter jedem großen Menschen-Schicksale klang als Refrain ein noch größeres »Umsonst!« *Das* eben bedeutet das asketische Ideal: daß etwas *fehlte*, daß eine ungeheure *Lücke* den Menschen umstand – er wußte sich selbst nicht zu rechtfertigen, zu erklären, zu bejahen, er *litt* am Probleme seines Sinns. Er litt auch sonst, er war in der Hauptsache ein *krankhaftes* Tier: aber *nicht* das Leiden selbst war sein Problem, sondern daß die Antwort fehlte für den Schrei der Frage »*wozu* leiden?« Der Mensch, das tapferste und leidgewohnteste Tier, verneint an sich *nicht* das Leiden; er *will* es, er sucht es selbst auf, vorausgesetzt, daß man ihm einen *Sinn* dafür aufzeigt, ein *Dazu* des Leidens. Die Sinnlosigkeit des Leidens, *nicht* das Leiden, war der Fluch, der bisher über der Menschheit ausgebreitet lag – *und das asketische Ideal bot ihr einen Sinn*! Es war bisher der einzige Sinn; irgendein Sinn ist besser als gar kein Sinn; das asketische Ideal war in jedem Betracht das *»faute de mieux« par excellence*, das es bisher gab. In ihm war das Leiden *ausgelegt;* die ungeheure Leere schien ausgefüllt; die Tür schloß sich vor allem selbstmörderischen Nihilismus zu. Die Auslegung – es ist kein Zweifel – brachte neues Leiden mit sich, tieferes, innerlicheres, giftigeres, am Leben nagenderes: sie brachte alles Leiden unter die Perspektive der *Schuld* ... Aber trotz alledem – der Mensch war damit *gerettet*, er hatte einen *Sinn*, er war fürderhin nicht mehr wie ein Blatt im Winde, ein Spielball des Unsinns, des »Ohne-Sinns«, er konnte nunmehr etwas *wollen* – gleichgültig zunächst, wohin, wozu, womit er wollte: *der Wille selbst war gerettet*. Man kann sich schlechterdings nicht verbergen, *was* eigentlich jenes ganze Wollen ausdrückt, das vom asketischen Ideale her seine Richtung bekommen hat: dieser Haß gegen das Menschliche, mehr noch gegen das Tierische, mehr noch gegen das Stoffliche, dieser Abscheu vor den Sinnen, vor der Vernunft selbst, die Furcht vor dem Glück und der Schönheit, dieses Verlangen hinweg aus allem Schein, Wechsel, Werden, Tod, Wunsch, Verlangen selbst – das alles bedeutet, wagen wir es, dies zu begreifen, einen *Willen zum Nichts*, einen Widerwillen gegen das Leben, eine Auflehnung gegen die grundsätzlichsten Voraussetzungen des Lebens, aber es ist und bleibt ein *Wille!* ... Und, um es noch zum Schluß zu sagen, was ich anfangs sagte: lieber will noch der Mensch *das Nichts* wollen, als *nicht* wollen ...

DER FALL WAGNER

Ein Musikanten-Problem

VORWORT

Ich mache mir eine kleine Erleichterung. Es ist nicht nur die reine Bosheit, wenn ich in dieser Schrift Bizet auf Kosten Wagners lobe. Ich bringe unter vielen Späßen eine Sache vor, mit der nicht zu spaßen ist. Wagner den Rücken zu kehren, war für mich ein Schicksal; irgend etwas nachher wieder gernzuhaben, ein Sieg. Niemand war vielleicht gefährlicher mit der Wagnerei verwachsen, niemand hat sich härter gegen sie gewehrt, niemand sich mehr gefreut, von ihr los zu sein. Eine lange Geschichte! – Will man ein Wort dafür? – Wenn ich Moralist wäre, wer weiß, wie ich's nennen würde! Vielleicht *Selbstüberwindung*. – Aber der Philosoph liebt die Moralisten nicht ... er liebt auch die schönen Worte nicht ...

Was verlangt ein Philosoph am ersten und letzten von sich? Seine Zeit in sich zu überwinden, »zeitlos« zu werden. Womit also hat er seinen härtesten Strauß zu bestehn? Mit dem, worin gerade er das Kind seiner Zeit ist. Wohlan! Ich bin so gut wie Wagner das Kind dieser Zeit, will sagen ein *décadent*: nur daß ich das begriff, nur daß ich mich dagegen wehrte. Der Philosoph in mir wehrte sich dagegen.

Was mich am tiefsten beschäftigt hat, das ist in der Tat das Problem der *décadence* – ich habe Gründe dazu gehabt. »Gut und Böse« ist nur eine Spielart jenes Problems. Hat man sich für die Abzeichen des Niedergangs ein Auge gemacht, so versteht man auch die Moral – man versteht, was sich unter ihren heiligsten Namen und Wertformeln versteckt: das *verarmte* Leben, der Wille zum Ende, die große Müdigkeit. Moral *verneint* das Leben ... Zu einer solchen Aufgabe war mir eine Selbstdisziplin vonnöten – Partei zu nehmen *gegen* alles Kranke an mir, eingerechnet Wagner, eingerechnet Schopenhauer, eingerechnet die ganze moderne »Menschlichkeit«. – Eine tiefe Entfremdung, Erkältung, Ernüchterung gegen alles Zeitliche, Zeitgemäße: und als höchsten Wunsch das Auge *Zarathustras*, ein Auge, das die ganze Tatsache Mensch aus ungeheurer Ferne übersieht – *unter* sich sieht .. Einem solchen Ziele – welches Opfer wäre ihm nicht gemäß? welche »Selbst-Überwindung«! welche »Selbst-Verleugnung«!

Mein größtes Erlebnis war eine *Genesung*. Wagner gehört bloß zu meinen Krankheiten.

Nicht daß ich gegen diese Krankheit undankbar sein möchte. Wenn ich mit dieser Schrift den Satz aufrechterhalte, daß Wagner *schädlich* ist, so will ich nicht weniger aufrechthalten, *wem* er trotzdem unentbehrlich ist – dem Philosophen. Sonst kann man vielleicht ohne Wagner auskommen: dem Philosophen aber steht es nicht frei, Wagners zu entraten. Er hat das schlechte Gewissen seiner Zeit zu sein – dazu muß er deren bestes Wissen haben. Aber wo fände er für das Labyrinth der modernen Seele einen eingeweihteren Führer, einen beredteren Seelenkündiger als Wagner? Durch Wagner redet die Modernität ihre *intimste* Sprache: sie verbirgt weder ihr Gutes, noch ihr Böses, sie hat alle Scham vor sich verlernt. Und umgekehrt: man hat beinahe eine Abrechnung über den *Wert* des Modernen gemacht, wenn man über Gut und Böse bei Wagner mit sich im klaren ist. – Ich verstehe es vollkommen, wenn heut ein Musiker sagt: »ich hasse Wagner, aber ich halte keine andere Musik mehr aus«. Ich würde aber auch einen Philosophen verstehn, der erklärte: »Wagner *resümiert* die Modernität. Es hilft nichts, man muß erst Wagnerianer sein . . .«

DER FALL WAGNER

Turiner Brief vom Mai 1888

ridendo dicere *severum* . . .

I

Ich hörte gestern – werden Sie es glauben? – zum zwanzigsten Male *Bizets* Meisterstück. Ich harrte wieder mit einer sanften Andacht aus, ich lief wieder nicht davon. Dieser Sieg über meine Ungeduld überrascht mich. Wie ein solches Werk vervollkommnet! Man wird selbst dabei zum »Meisterstück«. – Und wirklich schien ich mir jedesmal, daß ich *Carmen* hörte, mehr Philosoph, ein besserer Philosoph, als ich sonst mir scheine: so langmütig geworden, so glücklich, so indisch, so *seßhaft* . . . Fünf Stunden Sitzen: erste Etappe der Heiligkeit! – Darf ich sagen, daß Bizets Orchesterklang fast der einzige ist, den ich noch aushalte? Jener *andere* Orchesterklang, der jetzt obenauf ist, der Wagnersche, brutal, künstlich und »unschuldig« zugleich und damit zu den drei Sinnen der modernen Seele auf einmal redend – wie nachteilig ist mir dieser Wagnersche Orchesterklang! Ich heiße ihn Schirokko. Ein verdrießlicher Schweiß bricht an mir aus. Mit *meinem* guten Wetter ist es vorbei.

Diese Musik scheint mir vollkommen. Sie kommt leicht, biegsam, mit Höflichkeit daher. Sie ist liebenswürdig, sie *schwitzt* nicht. »Das Gute ist leicht, alles Göttliche läuft auf zarten Füßen«: erster Satz meiner Ästhetik. Diese Musik ist böse, raffiniert, fatalistisch: sie bleibt dabei populär – sie hat das Raffinement einer Rasse, nicht eines einzelnen. Sie ist reich. Sie ist präzis. Sie baut, organisiert, wird fertig: damit macht sie den Gegensatz zum Polypen in der Musik, zur »unendlichen Melodie«. Hat man je schmerzhaftere tragische Akzente auf der Bühne gehört? Und wie werden dieselben erreicht! Ohne Grimasse! Ohne Falschmünzerei! Ohne die *Lüge* des großen Stils! – Endlich: diese Musik nimmt den Zuhörer als intelligent, selbst als Musiker – sie ist auch *da*mit das Gegenstück zu Wagner, der, was immer sonst, jedenfalls das *unhöflichste* Genie der Welt war (Wagner nimmt uns gleichsam als ob – –, er sagt ein Ding so oft, bis man verzweifelt – bis man's glaubt).

Und nochmals: ich werde ein besserer Mensch, wenn mir dieser Bizet zuredet. Auch ein besserer Musikant, ein besserer *Zuhörer*. Kann man überhaupt noch besser zuhören? – Ich vergrabe meine Ohren noch *unter* diese Musik, ich höre deren Ursache. Es scheint mir, daß ich ihre Entstehung erlebe – ich zittere vor Gefahren, die irgendein Wagnis begleiten, ich bin entzückt über Glücksfälle, an denen Bizet unschuldig ist. – Und seltsam! im Grunde denke ich nicht daran, oder *weiß* es nicht, wie sehr ich daran denke. Denn ganz andere Gedanken laufen mir währenddem durch den Kopf ... Hat man bemerkt, daß die Musik den Geist *frei macht*? dem Gedanken Flügel gibt? daß man um so mehr Philosoph wird, je mehr man Musiker wird? – Der graue Himmel der Abstraktion wie von Blitzen durchzuckt; das Licht stark genug für alles Filigran der Dinge; die großen Probleme nahe zum Greifen; die Welt wie von einem Berge aus überblickt. – Ich definierte eben das philosophische Pathos. – Und unversehens fallen mir *Antworten* in den Schoß, ein kleiner Hagel von Eis und Weisheit, von *gelösten* Problemen ... Wo bin ich? – Bizet macht mich fruchtbar. Alles Gute macht mich fruchtbar. Ich habe keine andre Dankbarkeit, ich habe auch keinen andern *Beweis* dafür, was gut ist.

2

Auch dies Werk erlöst; nicht Wagner allein ist ein »Erlöser«. Mit ihm nimmt man Abschied vom *feuchten* Norden, von allem Wasserdampf des Wagnerschen Ideals. Schon die Handlung erlöst davon. Sie hat von Mérimée noch die Logik in der Passion, die kürzeste Linie, die *harte* Notwendigkeit; sie hat vor allem, was zur heißen Zone gehört, die Trockenheit der Luft, die *limpidezza* in der Luft. Hier ist in jedem Betracht das Klima verändert. Hier redet eine andere Sinnlichkeit, eine andere Sensibilität, eine andre Heiterkeit. Diese Musik ist heiter; aber nicht von einer französischen oder deutschen Heiterkeit. Ihre Heiterkeit ist afrikanisch; sie hat das Verhängnis über sich, ihr Glück ist kurz, plötzlich, ohne Pardon. Ich beneide Bizet darum, daß er den Mut zu dieser Sensibilität gehabt hat, die in der gebildeten Musik Europas bisher noch keine Sprache hatte – zu dieser südlicheren, bräuneren, verbrannteren Sensibilität ... Wie die gelben Nachmittage ihres Glücks uns wohltun! Wir blicken dabei hinaus: sahen wir je das Meer *glätter*? – Und wie uns der maurische Tanz beruhigend zuredet! Wie in seiner lasziven Schwermut selbst unsre Unersättlichkeit einmal Sattheit lernt! – Endlich die Liebe, die in die *Natur* zurückübersetzte Liebe! *Nicht* die Liebe einer »höheren Jungfrau«! Keine Senta-Sentimentalität! Sondern die Liebe als Fatum, als *Fatalität*, zynisch, unschuldig, grausam – und eben darin *Natur*! Die Liebe, die in ihren Mitteln der Krieg, in ihrem Grunde der *Todhaß* der Geschlechter ist! – Ich weiß keinen Fall, wo der tragische Witz, der das Wesen der Liebe macht, so streng sich ausdrückte, so schrecklich zur Formel würde, wie im letzten Schrei Don Josés, mit dem das Werk schließt:

»Ja! *Ich* habe sie getötet,
ich – meine angebetete Carmen!«

– Eine solche Auffassung der Liebe (die einzige, die des Philosophen würdig ist –) ist selten: sie hebt ein Kunstwerk unter tausenden heraus. Denn im Durchschnitt machen es die Künstler wie alle Welt, sogar schlimmer – sie *mißverstehen* die Liebe. Auch Wagner hat sie mißverstanden. Sie glauben in ihr selbstlos zu sein, weil sie den Vorteil eines andren Wesens wollen, oft wider ihren eigenen Vorteil. Aber dafür wollen sie jenes andre Wesen *besitzen* ... Sogar Gott macht hier keine Ausnahme. Er ist ferne davon zu denken »was geht dich's an, wenn ich dich liebe?« – er wird schrecklich, wenn man ihn nicht wiederliebt. *L'amour* – mit diesem Spruch behält man unter Göttern und Menschen recht – *est de tous les sentiments le plus égoïste, et par conséquent, lorsqu'il est blessé, le moins généreux.* (B. Constant.)

3

Sie sehen bereits, wie sehr mich diese Musik *verbessert*? – *Il faut méditerraniser la musique*: ich habe Gründe zu dieser Formel (Jenseits von Gut und Böse: II, S. 142 f.). Die Rückkehr zur Natur, Gesundheit, Heiterkeit, Jugend, *Tugend*! – Und doch war ich einer der korruptesten Wagnerianer ... Ich war imstande, Wagner ernst zu nehmen ... Ah dieser alte Zauberer! was hat er uns alles vorgemacht! Das erste, was seine Kunst uns anbietet, ist ein Vergrößerungsglas: man sieht hinein, man traut seinen Augen nicht – alles wird groß, *selbst Wagner wird groß* ... Was für eine kluge Klapperschlange! Das ganze Leben hat sie uns von »Hingebung«, von »Treue«, von »Reinheit« vorgeklappert, mit einem Lobe auf die Keuschheit zog sie sich aus der *verderbten* Welt zurück! – Und wir haben's ihr geglaubt ...

– Aber Sie hören mich nicht? Sie ziehen selbst das *Problem* Wagners dem Bizets vor? Auch ich unterschätze es nicht, es hat seinen Zauber. Das Problem der Erlösung ist selbst ein ehrwürdiges Problem. Wagner hat über nichts so tief wie über die Erlösung nachgedacht: seine Oper ist die Oper der Erlösung. Irgendwer will bei ihm immer erlöst sein: bald ein Männlein, bald ein Fräulein – dies ist *sein* Problem. – Und wie reich er sein Leitmotiv variiert! Welche seltenen, welche tiefsinnigen Ausweichungen! Wer lehrte es uns, wenn nicht Wagner, daß die Unschuld mit Vorliebe interessante Sünder erlöst? (der Fall im Tannhäuser). Oder daß selbst der ewige Jude erlöst wird, *seßhaft* wird, wenn er sich verheiratet? (der Fall im Fliegenden Holländer). Oder daß alte verdorbene Frauenzimmer es vorziehn, von keuschen Jünglingen erlöst zu werden? (der Fall Kundry). Oder daß schöne Mädchen am liebsten durch einen Ritter erlöst werden, der Wagnerianer ist? (der Fall in den Meistersingern). Oder daß auch verheiratete Frauen gerne durch einen Ritter erlöst werden? (der Fall Isoldens). Oder daß »der alte Gott«, nachdem er sich moralisch in jedem

Betracht kompromittiert hat, endlich durch einen Freigeist und Immoralisten erlöst wird? (der Fall im »Ring«). Bewundern Sie insonderheit diesen letzten Tiefsinn! Verstehn Sie ihn? Ich – hüte mich, ihn zu verstehn ... Daß man noch andere Lehren aus den genannten Werken ziehn kann, möchte ich eher beweisen als bestreiten. Daß man durch ein Wagnersches Ballett zur Verzweiflung gebracht werden kann – *und* zur Tugend! (nochmals der Fall Tannhäusers). Daß es von den schlimmsten Folgen sein kann, wenn man nicht zur rechten Zeit zu Bett geht (nochmals der Fall Lohengrins). Daß man nie zu genau wissen soll, mit wem man sich eigentlich verheiratet (zum drittenmal der Fall Lohengrins). – Tristan und Isolde verherrlichen den vollkommnen Ehegatten, der, in einem gewissen Falle, nur eine Frage hat: »aber warum habt ihr mir das nicht eher gesagt? Nichts einfacher als das!« Antwort:

»Das kann ich dir nicht sagen;
und was du frägst,
das kannst du nie erfahren.«

Der Lohengrin enthält eine feierliche In-Acht-Erklärung des Forschens und Fragens. Wagner vertritt damit den christlichen Begriff »du sollst und mußt *glauben*«. Es ist ein Verbrechen am Höchsten, am Heiligsten, wissenschaftlich zu sein ... Der fliegende Holländer predigt die erhabne Lehre, daß das Weib auch den Unstetesten festmacht, wagnerisch geredet, »erlöst«. Hier gestatten wir uns eine Frage. Gesetzt nämlich, dies wäre wahr, wäre es damit auch schon wünschenswert? – Was wird aus dem »ewigen Juden«, den ein Weib anbetet und *festmacht*? Er hört bloß auf, ewig zu sein; er verheiratet sich, er geht uns nichts mehr an. – Ins Wirkliche übersetzt: die Gefahr der Künstler, der Genies – und das sind ja die »ewigen Juden« – liegt im Weibe: die *anbetenden* Weiber sind ihr Verderb. Fast keiner hat Charakter genug, um nicht verdorben – »erlöst« zu werden, wenn er sich als Gott behandelt fühlt – er *kondeszendiert* alsbald zum Weibe. – Der Mann ist feige vor allem Ewig-Weiblichen: das wissen die Weiblein. – In vielen Fällen der weiblichen Liebe, und vielleicht gerade in den berühmtesten, ist Liebe nur ein feinerer *Parasitismus*, ein Sich-Einnisten in eine fremde Seele, mitunter selbst in ein fremdes Fleisch – ach! wie sehr immer auf »des Wirtes« Unkosten! – –

Man kennt das Schicksal Goethes im moralinsauren altjungfernhaften Deutschland. Er war den Deutschen immer anstößig, er hat ehrliche Bewunderer nur unter Jüdinnen gehabt Schiller, der »edle« Schiller der ihnen mit großen Worten um die Ohren schlug – *der* war nach ihrem Herzen. Was warfen sie Goethe vor? Den »Berg der Venus«; und daß er venetianische Epigramme gedichtet habe. Schon Klopstock hielt ihm eine Sittenpredigt; es gab eine Zeit, wo Herder, wenn er von Goethe sprach, mit Vorliebe das Wort »Priap« gebrauchte. Selbst der »Wilhelm Meister« galt nur als Symptom des Niedergangs, als moralisches »Auf-den-Hund-Kommen«. Die »Menagerie von zahmem Vieh«, die »Nichtswürdigkeit« des Helden darin erzürnte zum Beispiel Niebuhr: der endlich in eine Klage ausbricht, welche *Biterolf* hätte absingen können: »Nichts macht leicht einen schmerzlicheren Eindruck, als wenn ein großer Geist sich seiner Flügel beraubt und seine Virtuosität in etwas weit Geringerem sucht, *indem er dem Höheren entsagt«* ... Vor allem aber war die höhere Jungfrau empört: alle kleinen Höfe, alle Art »Wartburg« in Deutschland bekreuzte sich vor Goethe, vor dem »unsauberen Geist« in Goethe. – *Diese* Geschichte hat Wagner in Musik gesetzt. Er *erlöst* Goethe, das versteht sich von selbst; aber so, daß er, mit Klugheit, zugleich die Partei der höheren Jungfrau nimmt. Goethe wird gerettet: ein Gebet rettet ihn, eine höhere Jungfrau *zieht ihn hinan* ...

– Was Goethe über Wagner gedacht haben würde? – Goethe hat sich einmal die Frage vorgelegt, was die Gefahr sei, die über allen Romantikern schwebe: das Romantiker-Verhängnis. Seine Antwort ist: »am Wiederkäuen sittlicher und religiöser Absurditäten zu ersticken«. Kürzer: *Parsifal* – – Der Philosoph macht dazu noch einen Epilog. *Heiligkeit* – das letzte vielleicht, was Volk und Weib von höheren Werten noch zu Gesicht bekommt, der Horizont des Ideals für alles, was von Natur *myops* ist. Unter Philosophen aber, wie jeder Horizont, ein bloßes Nichtverständnis, eine Art Torschluß vor dem, wo *ihre* Welt erst *beginnt* – *ihre* Gefahr, *ihr* Ideal, *ihre* Wünschbarkeit ... Höflicher gesagt: *la philosophie ne suffit pas au grand nombre. Il lui faut la sainteté.* –

4

– Ich erzähle noch die Geschichte des »Rings«. Sie gehört hierher. Auch sie ist eine Erlösungsgeschichte: nur daß diesmal Wagner es ist, der erlöst wird. – Wagner hat, sein halbes Leben lang, an die *Revolution* geglaubt, wie nur irgendein Franzose an sie geglaubt hat. Er suchte nach ihr in der Runenschrift des Mythus, er glaubte in *Siegfried* den typischen Revolutionär zu finden. – »Woher stammt alles Unheil in der Welt?« fragte sich Wagner. Von »alten Verträgen«: antwortete er, gleich allen Revolutions-Ideologen. Auf deutsch: von Sitten, Gesetzen, Moralen, Institutionen, von alledem, worauf die alte Welt, die alte Gesellschaft ruht. »Wie schafft man das Unheil aus der Welt? Wie schafft man die alte Gesellschaft ab?« Nur dadurch, daß man den »Verträgen« (dem Herkommen, der Moral) den Krieg erklärt. *Das tut Siegfried.* Er beginnt früh damit, sehr früh: seine Entstehung ist bereits eine Kriegserklärung an die Moral – er kommt aus Ehebruch, aus Blutschande zur Welt ... *Nicht* die Sage, sondern Wagner ist der Erfinder dieses radikalen Zugs; an diesem Punkte hat er die Sage *korrigiert* ... Siegfried fährt fort, wie er begonnen hat: er folgt nur dem ersten Impulse, er wirft alles Überlieferte, alle Ehrfurcht, alle *Furcht* über den Haufen. Was ihm mißfällt, sticht er nieder. Er rennt alten Gottheiten unehrerbietig wider den Leib. Seine Hauptunternehmung aber geht dahin, *das Weib zu emanzipieren* – »Brünnhilde zu erlösen« ... Siegfried *und* Brünnhilde; das Sakrament der freien Liebe; der Aufgang des goldnen Zeitalters; die Götterdämmerung der alten Moral – *das Übel ist abgeschafft* ... Wagners Schiff lief lange Zeit lustig auf *dieser* Bahn. Kein Zweifel, Wagner suchte auf ihr *sein* höchstes Ziel. – Was geschah? Ein Unglück. Das Schiff fuhr auf ein Riff; Wagner saß fest. Das Riff war die Schopenhauersche Philosophie; Wagner saß auf einer *konträren* Weltansicht fest. Was hatte er in Musik gesetzt? Den Optimismus. Wagner schämte sich. Noch dazu einen Optimismus, für den Schopenhauer ein böses Beiwort geschaffen hatte – den *ruchlosen* Optimismus. Er schämte sich noch einmal. Er besann sich lange, seine Lage schien verzweifelt ... Endlich dämmerte ihm ein Ausweg: das Riff, an dem er scheiterte, wie? wenn er es als *Ziel,* als Hinterabsicht, als eigentlichen Sinn seiner Reise interpretierte? *Hier* zu scheitern – das war auch ein Ziel. *Bene navigavi, cum naufragium feci* ... Und er übersetzte den »Ring« ins Schopenhauersche. Alles läuft schief, alles geht zugrunde, die neue Welt ist so schlimm wie die alte – das *Nichts,* die indische Circe winkt ... Brünnhilde, die nach der ältern Absicht sich mit einem Liede zu Ehren der freien Liebe zu verabschieden hatte, die Welt auf eine sozialistische Utopie vertröstend, mit der »alles gut wird«, bekommt jetzt etwas anderes zu tun. Sie muß erst Schopenhauer studieren; sie muß das vierte Buch der »Welt als Wille und Vorstellung« in Verse bringen. *Wagner war erlöst* ... Allen Ernstes, dies *war* eine Erlösung. Die Wohltat, die Wagner Schopenhauer verdankt, ist unermeßlich. Erst der *Philosoph der décadence* gab dem Künstler der *décadence* *sich selbst* – –

5

Dem *Künstler der décadence* – da steht das Wort. Und damit beginnt mein Ernst. Ich bin ferne davon, harmlos zuzuschauen, wenn dieser *décadent* uns die Gesundheit verdirbt – und die Musik dazu! Ist Wagner überhaupt ein Mensch? Ist er nicht eher eine Krankheit? Er macht alles krank, woran er rührt – *er hat die Musik krank gemacht* –

Ein typischer *décadent,* der sich notwendig in seinem verderbten Geschmack fühlt, der mit ihm einen höheren Geschmack in Anspruch nimmt, der seine Verderbnis als Gesetz, als Fortschritt, als Erfüllung in Geltung zu bringen weiß.

Und man wehrt sich nicht. Seine Verführungskraft steigt ins Ungeheure, es qualmt um ihn von Weihrauch, das Mißverständnis über ihn heißt sich »Evangelium« – er hat durchaus nicht bloß die *Armen des Geistes* zu sich überredet!

Ich habe Lust, ein wenig die Fenster aufzumachen. Luft! Mehr Luft! – –

Daß man sich in Deutschland über Wagner betrügt, befremdet mich nicht. Das Gegenteil würde mich befremden. Die Deutschen haben sich einen Wagner zurechtgemacht, den sie verehren können: sie waren noch nie Psychologen, sie sind damit dankbar, daß sie mißverstehn. Aber daß man sich auch in Paris über Wagner betrügt! wo man beinahe nichts andres mehr ist als Psycholog. Und in Sankt-Petersburg! wo man Dinge noch errät, die selbst in Paris nicht erraten werden. Wie verwandt muß Wagner der gesamten europäischen *décadence* sein, daß er von ihr nicht als *décadent* empfunden wird! Er gehört zu ihr: er ist ihr Protagonist, ihr größter Name ... Man ehrt sich, wenn man *ihn* in die Wolken hebt. – Denn daß man nicht gegen ihn sich wehrt, das ist selbst schon ein Zeichen von *décadence*. Der Instinkt ist geschwächt. Was man zu scheuen hätte, das zieht an. Man setzt an die Lippen, was noch schneller in den Abgrund treibt. – Will man ein Beispiel? Aber man hat nur das *régime* zu beobachten, das sich Anämische oder Gichtische oder Diabetiker selbst verordnen. Definition des Vegetariers: ein Wesen, das eine korroborierende Diät nötig hat. Das Schädliche als schädlich empfinden, sich etwas Schädliches verbieten *können* ist ein Zeichen noch von Jugend, von Lebenskraft. Den Erschöpften *lockt* das Schädliche: den Vegetarier das Gemüse. Die Krankheit selbst kann ein Stimulans des Lebens sein: nur muß man gesund genug für dies Stimulans sein! – Wagner vermehrt die Erschöpfung: *deshalb* zieht er die Schwachen und Erschöpften an. Oh über das Klapperschlangen-Glück des alten Meisters, da er gerade immer »die Kindlein« zu sich kommen sah! –

Ich stelle diesen Gesichtspunkt voran: Wagners Kunst ist krank. Die Probleme, die er auf die Bühne bringt – lauter Hysteriker-Probleme –, das Konvulsivische seines Affekts, seine überreizte Sensibilität, sein Geschmack, der nach immer schärferen Würzen verlangte, seine Instabilität, die er zu Prinzipien verkleidete, nicht am wenigsten die Wahl seiner Helden und Heldinnen, diese als physiologische Typen betrachtet – eine Kranken-Galerie! –): alles zusammen stellt ein Krankheitsbild dar, das keinen Zweifel läßt. *Wagner est une névrose.* Nichts ist vielleicht heute besser bekannt, nichts jedenfalls besser studiert als der Proteus-Charakter der Degenereszenz, der hier sich als Kunst und Künstler verpuppt. Unsre Ärzte und Physiologen haben in Wagner ihren interessantesten Fall, zum mindesten einen sehr vollständigen. Gerade, weil nichts moderner ist als diese Gesamterkrankung, diese Spätheit und Überreiztheit der nervösen Maschinerie, ist Wagner der *moderne Künstler par excellence*, der Cagliostro der Modernität. In seiner Kunst ist auf die verführerischste Art gemischt, was heute alle Welt am nötigsten hat – die drei großen Stimulantia der Erschöpften, das *Brutale*, das *Künstliche* und das *Unschuldige* (Idiotische).

Wagner ist ein großer Verderb für die Musik. Er hat in ihr das Mittel erraten, müde Nerven zu reizen – er hat die Musik damit krank gemacht. Seine Erfindungsgabe ist keine kleine in der Kunst, die Erschöpftesten wieder aufzustacheln, die Halbtoten ins Leben zu rufen. Er ist der Meister hypnotischer Griffe, er wirft die Stärksten noch wie Stiere um. Der *Erfolg* Wagners – sein Erfolg bei den Nerven und folglich bei den Frauen – hat die ganze ehrgeizige Musiker-Welt zu Jüngern seiner Geheimkunst gemacht. Und nicht nur die ehrgeizige, auch die *kluge* ... Man macht heute nur Geld mit kranker Musik; unsre großen Theater leben von Wagner.

6

– Ich gestatte mir wieder eine Erheiterung. Ich setze den Fall, daß der *Erfolg* Wagners leibhaft würde, Gestalt annähme, daß er, verkleidet zum menschenfreundlichen Musikgelehrten, sich unter junge Künstler mischte. Wie meinen Sie wohl, daß er sich da verlautbarte? –

Meine Freunde, würde er sagen, reden wir fünf Worte unter uns. Es ist leichter, schlechte Musik zu machen als gute. Wie? wenn es außerdem auch noch vorteilhafter wäre? wirkungsvoller, überredender, begeisternder, zuverlässiger? *wagnerischer*? ... *Pulchrum est paucorum hominum.* Schlimm genug! Wir verstehn Latein, wir verstehn vielleicht auch unsern Vorteil. Das Schöne hat seinen Haken: wir wissen das. Wozu also Schönheit? Warum nicht lieber das Große, das Erhabne, das Gigantische, das, was die *Massen* bewegt? – Und nochmals: es ist leichter, gigantisch zu sein als schön; wir wissen das ...

Wir kennen die Massen, wir kennen das Theater. Das Beste, was darin sitzt, deutsche Jünglinge, gehörnte Siegfriede und andre Wagnerianer, bedarf des Erhabenen, des Tiefen, des Überwältigenden. So viel vermögen wir noch. Und das andre, das auch noch darin sitzt, die Bildungs-Kretins, die kleinen Blasierten, die Ewig-Weiblichen, die Glücklich-Verdauenden, kurz das *Volk* – bedarf ebenfalls des Erhabenen, des Tiefen, des Überwältigenden. Das hat alles einerlei Logik. »Wer uns umwirft, der ist stark; wer uns erhebt, der ist göttlich; wer uns ahnen macht, der ist tief.« – Entschließen wir uns, meine Herrn Musiker: wir wollen sie umwerfen, wir wollen sie erheben, wir wollen sie ahnen machen. So viel vermögen wir noch.

Was das Ahnen-machen betrifft: so nimmt hier unser Begriff »Stil« seinen Ausgangspunkt. Vor allem kein Gedanke! Nichts ist kompromittierender als ein Gedanke! Sondern der Zustand *vor* dem Gedanken, das Gedräng der noch nicht geborenen Gedanken, das Versprechen zukünftiger Gedanken, die Welt, wie sie war, bevor Gott sie schuf – eine Rekrudeszenz des Chaos ... Das Chaos macht ahnen ...

In der Sprache des Meisters geredet: Unendlichkeit, aber ohne Melodie.

Was, zu zweit, das Umwerfen angeht, so gehört dies zum Teil schon in die Physiologie. Studieren wir vor allem die Instrumente. Einige von ihnen überreden selbst noch die Eingeweide (– sie *öffnen* die Tore, mit Händel zu reden), andre bezaubern das Rückenmark. Die Farbe des Klangs entscheidet hier; *was* erklingt, ist beinahe gleichgültig. Raffinieren wir in *diesem* Punkte! Wozu uns sonst verschwenden? Seien wir im Klang charakteristisch bis zur Narrheit! Man rechnet es unserm Geiste zu, wenn wir mit Klängen viel zu raten geben! Agazieren wir die Nerven, schlagen wir sie tot, handhaben wir Blitz und Donner – das wirft um ...

Vor allem aber wirft die *Leidenschaft* um. – Verstehen wir uns über die Leidenschaft. Nichts ist wohlfeiler als die Leidenschaft! Man kann aller Tugenden des Kontrapunktes entraten, man braucht nichts gelernt zu haben – die Leidenschaft kann man immer! Die Schönheit ist schwierig: hüten wir uns vor der Schönheit! ... Und gar die *Melodie*! Verleumden wir, meine Freunde, verleumden wir, wenn anders es uns ernst ist mit dem Ideale, verleumden wir die Melodie! Nichts ist gefährlicher als eine schöne Melodie! Nichts verdirbt sicherer den Geschmack! Wir sind verloren, meine Freunde, wenn man wieder schöne Melodien liebt! ...

Grundsatz: die Melodie ist unmoralisch. *Beweis*: Palestrina. *Nutzanwendung*: Parsifal. Der Mangel an Melodie heiligt selbst ...

Und dies ist die Definition der Leidenschaft. Leidenschaft – oder die Gymnastik des Häßlichen auf dem Seile der Enharmonik. – Wagen wir es, meine Freunde, häßlich zu sein! Wagner hat es gewagt! Wälzen wir unverzagt den Schlamm der widrigsten Harmonien vor uns her! Schonen wir unsre Hände nicht! Erst damit werden wir *natürlich* ...

Einen letzten Rat! Vielleicht faßt er alles in eins. – *Seien wir Idealisten!* – Dies ist, wenn nicht das Klügste, so doch das Weiseste, was wir tun können. Um die Menschen zu erheben, muß man selbst erhaben sein. Wandeln wir über Wolken, harangieren wir das Unendliche, stellen wir die großen Symbole um uns herum! *Sursum! Bumbum!* – es gibt keinen besseren Rat. Der »gehobene Busen« sei unser Argument, das »schöne Gefühl« unser Fürsprecher. Die Tugend behält recht noch gegen den Kontrapunkt. »Wer uns verbessert, wie sollte der nicht selbst gut sein?« so hat die Menschheit immer geschlossen. Verbessern wir also die Menschheit! – damit wird man gut (damit wird man selbst »Klassiker« – Schiller wurde »Klassiker«). Das Haschen nach niederem Sinnesreiz, nach der sogenannten Schönheit hat den Italiener entnervt: bleiben wir deutsch! Selbst Mozarts Verhältnis zur Musik – Wagner hat es *uns* zum Trost gesagt! – war im Grunde frivol ... Lassen wir niemals zu, daß die Musik »zur Erholung diene«; daß sie »erheitere«; daß sie »Vergnügen mache«. *Machen wir nie Vergnügen!* – wir sind verloren, wenn man von der Kunst wieder hedonistisch denkt ... Das ist schlechtes achtzehntes Jahrhundert ... Nichts dagegen dürfte rätlicher sein, beiseite gesagt, als eine Dosis – *Mukkertum, sit venia verbo.* Das gibt Würde. – Und wählen wir die Stunde, wo es sich schickt, schwarz zu blicken, öffentlich zu seufzen, christlich zu seufzen, das große christliche Mitleiden zur Schau zu stellen. »Der Mensch ist verderbt: wer erlöst ihn? *was erlöst ihn?*« – Antworten wir nicht. Seien wir vorsichtig. Bekämpfen wir unsern Ehrgeiz, welcher Religionen stiften möchte. Aber niemand darf zweifeln, daß *wir* ihn erlösen, daß *unsre* Musik allein erlöst ... (Wagners Aufsatz »Religion und Kunst«.)

7

Genug! Genug! Man wird, fürchte ich, zu deutlich nur unter meinen heitern Strichen die sinistre Wirklichkeit wiedererkannt haben – das Bild eines Verfalls der Kunst, eines Verfalls auch der Künstler. Das letztere, ein Charakter-Verfall, käme vielleicht mit dieser Formel zu einem vorläufigen Ausdruck: der Musiker wird jetzt zum Schauspieler, seine Kunst entwickelt sich immer mehr als ein Talent zu *lügen.* Ich werde eine Gelegenheit haben (in einem Kapitel meines Hauptwerks, das den Titel führt »Zur Physiologie der Kunst«), des näheren zu zeigen, wie diese Gesamtverwandlung der Kunst ins Schauspielerische ebenso bestimmt ein Ausdruck physiologischer Degenereszenz (genauer, eine Form des Hysterismus) ist, wie jede einzelne Verderbnis und Gebrechlichkeit der durch Wagner inaugurierten Kunst: zum Beispiel die Unruhe ihrer Optik, die dazu nötigt, in jedem Augenblick die Stellung vor ihr zu wechseln. Man versteht nichts von Wagner, solange man in ihm nur ein Naturspiel, eine Willkür und Laune, eine Zufälligkeit sieht. Er war kein »lückenhaftes«, kein »verunglücktes«, kein »kontradiktorisches« Genie, wie man wohl gesagt hat. Wagner war etwas *Vollkommnes,* ein typischer *décadent,* bei dem jeder »freie Wille« fehlt, jeder Zug Notwendigkeit hat. Wenn irgend etwas interessant ist an Wagner, so ist es die Logik, mit der ein physiologischer Mißstand als Praktik und Prozedur, als Neuerung in den Prinzipien, als Krisis des Geschmacks Schluß für Schluß, Schritt für Schritt macht.

Ich halte mich diesmal nur bei der Frage des *Stils* auf. – Womit kennzeichnet sich jede *literarische décadence*? Damit, daß das Leben nicht mehr im Ganzen wohnt. Das Wort wird souverän und springt aus dem Satz hinaus, der Satz greift über und verdunkelt den Sinn der Seite, die Seite gewinnt Leben auf Unkosten des Ganzen – das Ganze ist kein Ganzes mehr. Aber das ist das Gleichnis für jeden Stil der *décadence*: jedesmal Anarchie der Atome, Disgregation des Willens, »Freiheit des Individuums«, moralisch geredet – zu einer politischen Theorie erweitert »*gleiche* Rechte für alle« Das Leben, die *gleiche* Lebendigkeit, die Vibration und Exuberanz des Lebens in die kleinsten Gebilde zurückgedrängt, der Rest *arm* an Leben. Überall Lähmung, Mühsal, Erstarrung *oder* Feindschaft und Chaos: beides immer mehr in die Augen springend, in je höhere Formen der Organisation man aufsteigt. Das Ganze lebt überhaupt nicht mehr: es ist zusammengesetzt, gerechnet, künstlich, ein Artefakt. –

Bei Wagner steht im Anfang die Halluzination: nicht von Tönen, sondern von Gebärden. Zu ihnen sucht er erst die Ton-Semiotik. Will man ihn bewundern, so sehe man ihn hier an der Arbeit: wie er hier trennt, wie er kleine Einheiten gewinnt, wie er diese belebt, heraustreibt, sichtbar macht. Aber daran erschöpft sich seine Kraft: der Rest taugt nichts. Wie armselig, wie verlegen, wie laienhaft ist seine Art zu »entwickeln«, sein Versuch, das, was nicht auseinander gewachsen ist, wenigstens durcheinander zu stecken! Seine Manieren dabei erinnern an die auch sonst für Wagners Stil heranziehbaren *frères* de Goncourt: man hat eine Art Erbarmen mit soviel Notstand. Daß Wagner seine Unfähigkeit zum organischen Gestalten in ein Prinzip verkleidet hat, daß er einen »dramatischen Stil« statuiert, wo wir bloß sein Unvermögen zum Stil überhaupt statuieren, entspricht einer kühnen Gewohnheit, die Wagner durchs ganze Leben begleitet hat: er setzt ein Prinzip an, wo ihm ein Vermögen fehlt (– sehr verschieden hierin, anbei gesagt, vom alten Kant, der eine *andre* Kühnheit liebte: nämlich überall, wo ihm ein Prinzip fehlte, ein »Vermögen« dafür im Menschen anzusetzen ...). Nochmals gesagt: bewunderungswürdig, liebenswürdig ist Wagner nur in der Erfindung des Kleinsten, in der Ausdichtung des Details – man hat alles Recht auf seiner Seite, ihn hier als einen Meister ersten Ranges zu proklamieren, als unsern größten *Miniaturisten* der Musik, der in den kleinsten Raum eine Unendlichkeit von Sinn und Süße drängt. Sein Reichtum an Farben, an Halbschatten, an Heimlichkeiten absterbenden Lichts verwöhnt dergestalt, daß einem hinterdrein fast alle andern Musiker zu robust vorkommen. – Will man mir glauben, so hat man den höchsten Begriff Wagner nicht aus dem zu entnehmen, was heute von ihm gefällt. Das ist zur Überredung von Massen erfunden, davor springt unsereins wie vor einem allzufrechen Affresko zurück. Was geht *uns* die agaçante Brutalität der Tannhäuser-Ouvertüre an? Oder der Zirkus Walküre? Alles, was von Wagners Musik auch abseits vom Theater populär geworden ist, ist zweifelhaften Geschmacks und verdirbt den Geschmack Der Tannhäuser-Marsch scheint mir der Biedermännerei verdächtig; die Ouvertüre zum Fliegenden Holländer ist ein Lärm um nichts; das Lohengrin-Vorspiel gab das erste, nur zu verfängliche, nur zu gut geratene Beispiel dafür, wie man auch mit Musik hypnotisiert (– ich mag alle Musik nicht, deren Ehrgeiz nicht weiter geht, als die Nerven zu überreden). Aber vom Magnetiseur und Affresko-Maler Wagner abgesehn gibt es noch einen Wagner, der kleine Kostbarkeiten beiseite legt: unsern größten Melancholiker der Musik, voll von Blicken, Zärtlichkeiten und Trostworten, die ihm keiner vorweggenommen hat, den Meister in Tönen eines schwermütigen und schläfrigen Glücks ... Ein Lexikon der intimsten Worte Wagners, lauter kurze Sachen von fünf bis fünfzehn Takten, lauter Musik, die *niemand kennt* ... Wagner hatte die Tugend der *décadents*, das Mitleiden – – –

8

– »Sehr gut! Aber wie *kann* man seinen Geschmack an diesem *décadent* verlieren, wenn man nicht zufällig ein Musiker, wenn man nicht zufällig selbst ein *décadent* ist?« – Umgekehrt! Wie kann man's *nicht*! Versuchen Sie's doch! – Sie wissen nicht, wer Wagner ist: ein ganz großer Schauspieler? Gibt es überhaupt eine tiefere, eine *schwerere* Wirkung im Theater? Sehen Sie doch diese Jünglinge – erstarrt, blaß, atemlos! Das sind Wagnerianer: das versteht nichts von Musik – und trotzdem wird Wagner über sie Herr ... Wagners Kunst drückt mit hundert Atmosphären: bücken Sie sich nur, man kann nicht anders ... Der Schauspieler Wagner ist ein Tyrann, sein Pathos wirft jeden Geschmack, jeden Widerstand über den Haufen – Wer hat diese Überzeugungskraft der Gebärde, wer sieht so bestimmt, so zuallererst die Gebärde! Dies Atem-Anhalten des Wagnerschen Pathos, dies Nicht-mehr-loslassen-Wollen eines extremen Gefühls, diese Schrecken einflößende *Länge* in Zuständen, wo der Augenblick schon erwürgen will! – –

War Wagner überhaupt ein Musiker? Jedenfalls war er etwas anderes *mehr*: nämlich ein unvergleichlicher *histrio*, der größte Mime, das erstaunlichste Theater-Genie, das die Deutschen gehabt haben, unser *Szeniker par excellence*. Er gehört woandershin als in die Geschichte der Musik: mit deren großen Echten soll man ihn nicht verwechseln. Wagner *und* Beethoven – das ist eine Blasphemie – und zuletzt ein Unrecht selbst gegen Wagner ... Er war auch als Musiker nur das, was er überhaupt war: er *wurde* Musiker, er *wurde* Dichter, weil der Tyrann in ihm, sein Schauspieler-Genie ihn dazu zwang. Man errät nichts von Wagner, solange man nicht seinen dominierenden Instinkt erriet.

Wagner war *nicht* Musiker von Instinkt. Dies bewies er damit, daß er alle Gesetzlichkeit und, bestimmter geredet, allen Stil in der Musik preisgab, um aus ihr zu machen, was er nötig hatte, eine Theater-Rhetorik, ein Mittel des Ausdrucks, der Gebärden-Verstärkung, der Suggestion, des Psychologisch-Pittoresken. Wagner dürfte uns hier als Erfinder und Neuerer ersten Ranges gelten – *er hat das Sprachvermögen der Musik ins Unermeßliche vermehrt* –: er ist der Victor Hugo der Musik als Sprache. Immer vorausgesetzt, daß man zuerst gelten läßt, Musik *dürfe* unter Umständen nicht Musik, sondern Sprache, sondern Werkzeug, sondern *ancilla dramaturgica* sein Wagners Musik, *nicht* vom Theater-Geschmacke, einem sehr toleranten Geschmacke, in Schutz genommen, ist einfach schlechte Musik, die schlechteste überhaupt, die vielleicht gemacht worden ist. Wenn ein Musiker nicht mehr bis drei zählen kann, wird er »dramatisch«, wird er »Wagnerisch« …

Wagner hat beinahe entdeckt, welche Magie selbst noch mit einer aufgelösten und gleichsam *elementarisch* gemachten Musik ausgeübt werden kann. Sein Bewußtsein davon geht bis ins Unheimliche, wie sein Instinkt, die höhere Gesetzlichkeit, den *Stil* gar nicht nötig zu haben. Das Elementarische *genügt* – Klang, Bewegung, Farbe, kurz die Sinnlichkeit der Musik. Wagner rechnet nie als Musiker, von irgendeinem Musiker-Gewissen aus: er will die Wirkung, er will nichts als die Wirkung. Und er kennt das, worauf er zu wirken hat! – Er hat darin die Unbedenklichkeit, die Schiller hatte, die jeder Theatermensch hat, er hat auch dessen Verachtung der Welt, die er sich zu Füßen legt! … Man ist Schauspieler damit, daß man *eine* Einsicht vor dem Rest der Menschen voraus hat: was als wahr wirken soll, darf nicht wahr sein. Der Satz ist von Talma formuliert: er enthält die ganze Psychologie des Schauspielers, er enthält – zweifeln wir nicht daran! – auch dessen Moral. Wagners Musik ist niemals wahr.

– Aber *man hält sie dafür*: und so ist es in Ordnung. –

Solang man noch kindlich ist und Wagnerianer dazu, hält man Wagner selbst für reich, selbst für einen Ausbund von Verschwender, selbst für einen Großgrundbesitzer im Reich des Klangs. Man bewundert an ihm, was junge Franzosen an Victor Hugo bewundern, die »königliche Freigebigkeit«. Später bewundert man den einen wie den andern aus umgekehrten Gründen: als Meister und Muster der Ökonomie, als *kluge* Gastgeber. Niemand kommt ihnen darin gleich, mit bescheidenem Aufwand eine fürstliche Tafel zu repräsentieren. – Der Wagnerianer, mit seinem gläubigen Magen, wird sogar satt bei der Kost, die ihm sein Meister vorzaubert. Wir anderen, die wir in Büchern wie in Musik vor allem *Substanz* verlangen, und denen mit bloß »repräsentierten« Tafeln kaum gedient ist, sind viel schlimmer dran. Auf deutsch: Wagner gibt uns nicht genug zu beißen. Sein *recitativo* – wenig Fleisch, schon mehr Knochen und sehr viel Brühe – ist von mir *»alla genovese«* getauft: womit ich durchaus den Genuesen nicht geschmeichelt haben will, wohl aber dem *älteren recitativo*, dem *recitativo secco*. Was gar das Wagnersche »Leitmotiv« betrifft, so fehlt mir dafür alles kulinarische Verständnis. Ich würde es, wenn man mich drängt, vielleicht als idealen Zahnstocher gelten lassen, als Gelegenheit, *Reste* von Speisen loszuwerden. Bleiben die »Arien« Wagners. – Und nun sage ich kein Wort mehr.

9

Auch im Entwerfen der Handlung ist Wagner vor allem Schauspieler. Was zuerst ihm aufgeht, ist eine Szene von unbedingt sichrer Wirkung, eine wirkliche *actio**) mit einem *hautrelief* der Gebärde, eine Szene, die *umwirft* – diese denkt er in die Tiefe, aus ihr zieht er erst die Charaktere. Der ganze Rest folgt daraus, einer technischen Ökonomik gemäß, die keine Gründe hat, subtil zu sein. Es ist *nicht* das Publikum Corneilles, das Wagner zu schonen hat: bloßes neunzehntes Jahrhundert. Wagner würde über »das eine, was not tut« ungefähr urteilen, wie jeder andre Schauspieler heute urteilt: eine Reihe starker Szenen, eine stärker als die andre – und, dazwischen, viel *kluge* Stupidität. Er sucht sich selbst zuerst die Wirkung seines Werkes zu garantieren, er beginnt mit dem dritten Akte, er *beweist* sich sein Werk mit dessen letzter Wirkung. Mit einem solchen Theaterverstande als Führer ist man nicht in Gefahr, unversehens ein Drama zu schaffen. Das Drama verlangt die *harte* Logik: aber was lag Wagner überhaupt an der Logik! Nochmals gesagt: es ist *nicht* das Publikum Corneilles, das er zu schonen hatte: bloße Deutsche! Man weiß, bei welchem technischen Problem der Dramatiker alle seine Kraft ansetzt und oft Blut schwitzt: dem Knoten *Notwendigkeit* zu geben und ebenso der Lösung, so daß beide nur auf eine einzige Art möglich sind, beide den Eindruck der Freiheit machen (Prinzip des kleinsten Aufwandes von Kraft). Nun, dabei schwitzt Wagner am wenigsten Blut; gewiß ist, daß er für Knoten und Lösung den kleinsten Aufwand von Kraft macht. Man nehme irgendeinen »Knoten« Wagners unter das Mikroskop – man wird dabei zu lachen haben, das verspreche ich. Nichts erheiternder als der Knoten des Tristan, es müßte denn der Knoten der Meistersinger sein. Wagner ist *kein* Dramatiker, man lasse sich nichts vormachen. Er liebte das Wort »Drama«: das ist alles – er hat immer die schönen Worte geliebt. Das Wort »Drama« in seinen Schriften ist trotzdem bloß ein Mißverständnis (– *und* eine Klugheit: Wagner tat immer vornehm gegen das Wort »Oper« –); ungefähr wie das Wort »Geist« im Neuen Testament bloß ein Mißverständnis ist. – Er war schon nicht Psychologe genug zum Drama; er wich instinktiv der psychologischen Motivierung aus – womit? damit, daß er immer die Idiosynkrasie an deren

*) *Anmerkung.* Es ist ein wahres Unglück für die Ästhetik gewesen, daß man das Wort Drama immer mit »Handlung« übersetzt hat. Nicht Wagner allein irrt hierin; alle Welt ist noch im Irrtum, die Philologen sogar, die es besser wissen sollten. Das antike Drama hatte große *Pathosszenen* im Auge – es schloß gerade die Handlung aus (verlegte sie *vor* den Anfang oder *hinter* die Szene). Das Wort Drama ist dorischer Herkunft: und nach dorischem Sprachgebrauch bedeutet es »Ereignis«, »Geschichte«, beide Worte in hieratischem Sinne. Das älteste Drama stellte die Ortslegende dar, die »heilige Geschichte«, auf der die Gründung des Kultus ruhte (– also kein Tun, sondern ein Geschehen: δρᾶν heißt im Dorischen gar nicht »tun«).

Stelle rückte ... Sehr modern, nicht wahr? sehr pariserisch! sehr *décadent*! ... Die *Knoten*, anbei gesagt, die tatsächlich Wagner mit Hilfe dramatischer Erfindungen zu lösen weiß, sind ganz andrer Art. Ich gebe ein Beispiel. Nehmen wir den Fall, daß Wagner eine Weiberstimme nötig hat. Ein ganzer Akt *ohne* Weiberstimme – das geht nicht! Aber die »Heldinnen« sind im Augenblick alle nicht frei. Was tut Wagner? Er emanzipiert das älteste Weib der Welt, die Erda: »Herauf, alte Großmutter! Sie müssen singen!« Erda singt. Wagners Absicht ist erreicht. Sofort schafft er die alte Dame wieder ab. »Wozu kamen Sie eigentlich? Ziehn Sie ab! Schlafen Sie gefälligst weiter!« – *In summa*: eine Szene voller mythologischer Schauder, bei der der Wagnerianer *ahnt* ...

– »Aber der *Gehalt* der Wagnerschen Texte! ihr mythischer Gehalt! ihr ewiger Gehalt!« – Frage: wie prüft man diesen Gehalt, diesen ewigen Gehalt? – Der Chemiker antwortet: man übersetzt Wagner ins Reale, ins Moderne – seien wir noch grausamer! ins Bürgerliche! Was wird dabei aus Wagner? – Unter uns, ich habe es versucht. Nichts unterhaltender, nichts für Spaziergänge mehr zu empfehlen, als sich Wagner in *verjüngten* Proportionen zu erzählen: zum Beispiel Parsifal als Kandidaten der Theologie, mit Gymnasialbildung (– letztere als unentbehrlich zur *reinen Torheit*). Welche Überraschungen man dabei erlebt! Würden Sie es glauben, daß die Wagnerschen Heroinen samt und sonders, sobald man nur erst den heroischen Balg abgestreift hat, zum Verwechseln Madame Bovary ähnlich sehn! – wie man umgekehrt auch begreift, daß es Flaubert *freistand*, seine Heldin ins Skandinavische oder Karthagische zu übersetzen und sie dann, mythologisiert, Wagner als Textbuch anzubieten. Ja, ins Große gerechnet, scheint Wagner sich für keine andern Probleme interessiert zu haben, als die, welche heute die kleinen Pariser *décadents* interessieren. Immer fünf Schritte weit vom Hospital! Lauter ganz moderne, lauter ganz *großstädtische* Probleme! zweifeln Sie nicht daran! ... Haben Sie bemerkt (es gehört in diese Ideen-Assoziation), daß die Wagnerschen Heldinnen keine Kinder bekommen? – Sie *können's* nicht ... Die Verzweiflung, mit der Wagner das Problem angegriffen hat, Siegfried überhaupt geboren werden zu lassen, verrät, *wie* modern er in diesem Punkte fühlte. – Siegfried »emanzipiert das Weib« – doch ohne Hoffnung auf Nachkommenschaft. – Eine Tatsache endlich, die uns fassungslos läßt: Parsifal ist der Vater Lohengrins! Wie hat er das gemacht? – Muß man sich hier daran erinnern, daß »die Keuschheit *Wunder* tut«? ...

Wagnerus dixit princeps in castitate auctoritas.

10

Anbei noch ein Wort über die Schriften Wagners: sie sind, unter anderem, eine Schule der *Klugheit*. Das System von Prozeduren, das Wagner handhabt, ist auf hundert andre Fälle anzuwenden – wer Ohren hat, der höre. Vielleicht habe ich einen Anspruch auf öffentliche Erkenntlichkeit, wenn ich den drei wertvollsten Prozeduren einen präzisen Ausdruck gebe.

Alles, was Wagner *nicht* kann, ist verwerflich.

Wagner könnte noch vieles: aber er will es nicht, aus Rigorosität im Prinzip.

Alles, was Wagner *kann*, wird ihm niemand nachmachen, hat ihm keiner vorgemacht, *soll* ihm keiner nachmachen ... Wagner ist göttlich ...

Diese drei Sätze sind die Quintessenz von Wagners Literatur; der Rest ist – »Literatur«.

– Nicht jede Musik hat bisher Literatur nötig gehabt: man tut gut, hier nach dem zureichenden Grund zu suchen. Ist es, daß Wagners Musik zu schwer verständlich ist? Oder fürchtete er das Umgekehrte, daß man sie zu leicht versteht – daß man sie *nicht schwer genug* versteht? – Tatsächlich hat er sein ganzes Leben *einen* Satz wiederholt: daß seine Musik nicht nur Musik bedeute! Sondern mehr! Sondern unendlich viel mehr! ... »*Nicht nur* Musik« – so redet kein Musiker. Nochmals gesagt, Wagner konnte nicht aus dem Ganzen schaffen, er hatte gar keine Wahl, er mußte Stückwerk machen, »Motive«, Gebärden, Formeln, Verdopplungen und Verhundertfachungen, er blieb Rhetor als Musiker – er *mußte* grundsätzlich deshalb das »es bedeutet« in den Vordergrund bringen. »Die Musik ist immer nur ein Mittel«: das war seine Theorie, das war vor allem die einzige ihm überhaupt mögliche *Praxis*. Aber so denkt kein Musiker. – Wagner hatte Literatur nötig, um alle Welt zu überreden, seine Musik ernst zu nehmen, tief zu nehmen, »weil sie Unendliches *bedeute*«; er war zeitlebens der Kommentator der »Idee«. – Was bedeutet Elsa? Aber kein Zweifel: Elsa ist »der unbewußte *Geist des Volks*« (– »mit dieser Erkenntnis wurde ich notwendig zum vollkommnen Revolutionär« –).

Erinnern wir uns, daß Wagner in der Zeit, wo Hegel und Schelling die Geister verführten, jung war; daß er erriet, daß er mit Händen griff, was allein der Deutsche ernst nimmt – »die Idee«, will sagen etwas, das dunkel, ungewiß, ahnungsvoll ist; daß Klarheit unter Deutschen ein Einwand, Logik eine Widerlegung ist. Schopenhauer hat, mit Härte, die Epoche Hegels und Schellings der Unredlichkeit geziehn – mit Härte, auch mit Unrecht: er selbst, der alte pessimistische Falschmünzer, hat es in nichts »redlicher« getrieben als seine berühmteren Zeitgenossen. Lassen wir die Moral aus dem Spiele: Hegel ist ein *Geschmack* ... Und nicht nur ein deutscher, sondern ein europäischer Geschmack! – Ein Geschmack, den Wagner begriff! – dem er sich gewachsen fühlte! den er verewigt hat! – Er machte bloß die Nutzanwendung auf die Musik – er erfand sich einen Stil, der »Unendliches bedeutet«, – er wurde der *Erbe Hegels* ... Die Musik als »Idee« – –

Und wie man Wagner verstand! – Dieselbe Art Mensch, die für Hegel geschwärmt, schwärmt heute für Wagner; in seiner Schule *schreibt* man sogar Hegelisch! – Vor allen verstand ihn der deutsche Jüngling. Die zwei Worte »unendlich« und »Bedeutung« genügten bereits: ihm wurde dabei auf eine unvergleichliche Weise wohl. Es ist *nicht* die Musik, mit der Wagner sich die Jünglinge erobert hat, es ist die »Idee« – es ist das Rätselreiche seiner Kunst, ihr Versteckspielen unter hundert Symbolen, ihre Polychromie des Ideals, was diese Jünglinge zu Wagner führt und lockt; es ist Wagners Genie der Wolkenbildung, sein Greifen, Schweifen und Streifen durch die Lüfte, sein Überall und Nirgendswo, genau dasselbe, womit sie seinerzeit Hegel verführt und verlockt hat! – Inmitten von Wagners Vielheit, Fülle und Willkür sind sie wie bei sich selbst gerechtfertigt – »erlöst« –. Sie hören mit Zittern, wie in seiner Kunst die *großen Symbole* aus vernebelter Ferne mit sanftem Donner laut werden; sie sind nicht ungehalten, wenn es zeitweilig grau, gräßlich und kalt in ihr zugeht. Sind sie doch samt und sonders, gleich Wagner selbst, *verwandt* mit dem schlechten Wetter, dem deutschen Wetter! Wotan ist ihr Gott: aber Wotan ist der Gott des schlechten Wetters ... Sie haben recht, diese deutschen Jünglinge, so wie sie nun einmal sind: wie *könnten* sie vermissen, was wir andern, was *wir Halkyonier* bei Wagner vermissen – *la gaya scienza*; die leichten Füße; Witz, Feuer, Anmut; die große Logik; den Tanz der Sterne; die übermütige Geistigkeit; die Lichtschauder des Südens; das *glatte* Meer – Vollkommenheit ...

11

– Ich habe erklärt, wohin Wagner gehört – *nicht* in die Geschichte der Musik. Was bedeutet er trotzdem in deren Geschichte? *Die Heraufkunft des Schauspielers in der Musik:* ein kapitales Ereignis, das zu denken, das vielleicht auch zu fürchten gibt. In Formel: »Wagner und Liszt«. – Noch nie wurde die Rechtschaffenheit der Musiker, ihre »Echtheit« gleich gefährlich auf die Probe gestellt. Man greift es mit Händen: der große Erfolg, der Massen-Erfolg ist nicht mehr auf Seite der Echten – man muß Schauspieler sein, ihn zu haben! – Victor Hugo und Richard Wagner – sie bedeuten ein und dasselbe: daß in Niedergangs-Kulturen, daß überall, wo den Massen die Entscheidung in die Hände fällt, die Echtheit überflüssig, nachteilig, zurücksetzend wird. Nur der Schauspieler weckt noch die *große* Begeisterung. – Damit kommt für den Schauspieler das *goldene Zeitalter* herauf – für ihn und für alles, was seiner Art verwandt ist. Wagner marschiert mit Trommeln und Pfeifen an der Spitze aller Künstler des

Vortrags, der Darstellung, des Virtuosentums; er hat zuerst die Kapellmeister, die Maschinisten und Theatersänger überzeugt. Nicht zu vergessen die Orchestermusiker – er »erlöste« diese von der Langeweile ... Die Bewegung, die Wagner schuf, greift selbst in das Gebiet der Erkenntnis über: ganze zugehörige Wissenschaften tauchen langsam aus jahrhundertealter Scholastik empor. Ich hebe, um ein Beispiel zu geben, mit Auszeichnung die Verdienste *Riemanns* um die Rhythmik hervor, des ersten, der den Hauptbegriff der Interpunktion auch für die Musik geltend gemacht hat (leider vermittelst eines häßlichen Wortes: er nennt's »Phrasierung«). – Dies alles sind, ich sage es mit Dankbarkeit, die Besten unter den Verehrern Wagners, die Achtungswürdigsten – sie haben einfach recht, Wagner zu verehren. Der gleiche Instinkt verbindet sie miteinander, sie sehen in ihm ihren höchsten Typus, sie fühlen sich zur Macht, zur Großmacht selbst umgewandelt, seit er sie mit seiner eignen Glut entzündet hat. Hier nämlich, wenn irgendwo, ist der Einfluß Wagners wirklich *wohltätig* gewesen. Noch nie ist in dieser Sphäre so viel gedacht, gewollt, gearbeitet worden. Wagner hat allen diesen Künstlern ein neues Gewissen eingegeben: was sie jetzt von sich fordern, von sich *erlangen*, das haben sie nie vor Wagner von sich gefordert – sie waren früher zu bescheiden dazu. Es herrscht ein andrer Geist am Theater, seit Wagners Geist daselbst herrscht: man verlangt das Schwerste, man tadelt hart, man lobt selten – das Gute, das Ausgezeichnete gilt als Regel. Geschmack tut nicht mehr not; nicht einmal Stimme. Man singt Wagner nur mit ruinierter Stimme: das wirkt »dramatisch«. Selbst Begabung ist ausgeschlossen. Das *espressivo* um jeden Preis, wie es das Wagnersche Ideal, das *décadence*-Ideal verlangt, verträgt sich schlecht mit Begabung. Dazu gehört bloß *Tugend* – will sagen Dressur, Automatismus, »Selbstverleugnung«. Weder Geschmack, noch Stimme, noch Begabung: die Bühne Wagners hat nur eins nötig – *Germanen*! ... Definition des Germanen: Gehorsam und lange Beine ... Es ist voll tiefer Bedeutung, daß die Heraufkunft Wagners zeitlich mit der Heraufkunft des »Reichs« zusammenfällt: beide Tatsachen beweisen ein und dasselbe – Gehorsam und lange Beine. – Nie ist besser gehorcht, nie besser befohlen worden. Die Wagnerschen Kapellmeister insonderheit sind eines Zeitalters würdig, das die Nachwelt einmal mit scheuer Ehrfurcht *das klassische Zeitalter des Kriegs* nennen wird. Wagner verstand zu kommandieren; er war auch damit der große Lehrer. Er kommandierte als der unerbittliche Wille zu sich, als die lebenslängliche Zucht an sich: Wagner, der vielleicht das größte Beispiel der Selbstvergewaltigung abgibt, das die Geschichte der Künste hat (– selbst Alfieri, sonst sein Nächstverwandter, ist noch überboten. Anmerkung eines Turiners).

12

Mit dieser Einsicht, daß unsre Schauspieler verehrungswürdiger als je sind, ist ihre Gefährlichkeit nicht als geringer begriffen ... Aber wer zweifelt noch daran, *was* ich will – was die *drei Forderungen* sind, zu denen mir diesmal mein Ingrimm, meine Sorge, meine Liebe zur Kunst den Mund geöffnet hat?

Daß das Theater nicht Herr über die Künste wird.
Daß der Schauspieler nicht zum Verführer der Echten wird.
Daß die Musik nicht zu einer Kunst zu lügen wird.

Friedrich Nietzsche

NACHSCHRIFT

– Der Ernst der letzten Worte erlaubt mir, an dieser Stelle noch einige Sätze aus einer ungedruckten Abhandlung mitzuteilen, welche zum mindesten über meinen Ernst in dieser Sache keinen Zweifel lassen. Jene Abhandlung ist betitelt: *Was Wagner uns kostet.*

Die Anhängerschaft an Wagner zahlt sich teuer. Ein dunkles Gefühl hierüber ist auch heute noch vorhanden. Auch der Erfolg Wagners, sein *Sieg,* riß dies Gefühl nicht in der Wurzel aus. Aber ehemals war es stark, war es furchtbar, war es wie ein düsterer Haß – fast drei Vierteile von Wagners Leben hindurch. Jener Widerstand, den er bei uns Deutschen fand, kann nicht hoch genug geschätzt und zu Ehren gebracht werden. Man wehrte sich gegen ihn wie gegen eine Krankheit, *nicht* mit Gründen – man wiederlegt keine Krankheit –, sondern mit Hemmung, Mißtrauen, Verdrossenheit, Ekel, mit einem finsteren Ernste, als ob in ihm eine große Gefahr herumschliche. Die Herren Ästhetiker haben sich bloßgestellt, als sie, aus drei Schulen der deutschen Philosophie heraus, Wagners Prinzipien mit »wenn« und »denn« einen absurden Krieg machten – was lag ihm an Prinzipien, selbst den eigenen! – Die Deutschen selbst haben genug Vernunft im Instinkt gehabt, um hier sich jedes »wenn« und »denn« zu verbieten. Ein Instinkt ist geschwächt, wenn er sich rationalisiert: denn damit, *daß* er sich rationalisiert, schwächt er sich. Wenn es Anzeichen dafür gibt, daß, trotz dem Gesamt-Charakter der europäischen *décadence,* noch ein Grad Gesundheit, noch eine Instinkt-Witterung für Schädliches und Gefahrdrohendes im deutschen Wesen wohnt, so möchte ich unter ihnen am wenigsten diesen *dumpfen* Widerstand gegen Wagner unterschätzt wissen. Er macht uns Ehre, er erlaubt selbst zu hoffen: so viel Gesundheit hätte Frankreich nicht mehr aufzuwenden. Die Deutschen, die *Verzögerer par excellence* in der Geschichte, sind heute das zurückgebliebenste Kulturvolk Europas: dies hat seinen Vorteil – eben damit sind sie relativ das *jüngste.*

Die Anhängerschaft an Wagner zahlt sich teuer. Die Deutschen haben eine Art Furcht vor ihm vor ganz kurzem erst verlernt – die Lust, *ihn loszusein,* kam ihnen bei jeder Gelegenheit.*) – Erinnert man sich eines

*) *Anmerkung.* War Wagner überhaupt ein Deutscher? Man hat einige Gründe, so zu fragen. Es ist schwer, in ihm irgendeinen deutschen Zug ausfindig zu machen. Er hat, als der große Lerner, der er war, viel Deutsches nachmachen gelernt – das ist alles. Sein Wesen selbst *widerspricht* dem, was bisher als deutsch empfunden

kuriosen Umstandes noch, bei dem, ganz zuletzt, ganz unerwartet, jenes alte Gefühl wieder zum Vorschein kam? Es geschah beim Begräbnisse Wagners, daß der erste deutsche Wagner-Verein, der Münchener, an seinem Grabe einen Kranz niederlegte, dessen *Inschrift* sofort berühmt wurde. »Erlösung dem Erlöser!« – lautete sie. Jedermann bewunderte die hohe Inspiration, die diese Inschrift diktiert hatte, jedermann einen Geschmack, auf den die Anhänger Wagners ein Vorrecht haben; viele aber auch (es war seltsam genug!) machten an ihr dieselbe kleine Korrektur: »Erlösung *vom* Erlöser!« – Man atmete auf. –

Die Anhängerschaft an Wagner zahlt sich teuer. Messen wir sie an ihrer Wirkung auf die Kultur. Wen hat eigentlich seine Bewegung in den Vordergrund gebracht? Was hat sie immer mehr ins Große gezüchtet? – Vor allem die Anmaßung des Laien, des Kunst-Idioten. Das organisiert jetzt Vereine, das will seinen »Geschmack« durchsetzen, das möchte selbst in *rebus musicis et musicantibus* den Richter machen. Zu zweit: eine immer größere Gleichgültigkeit gegen jede strenge, vornehme, gewissenhafte Schulung im Dienste der Kunst; an ihre Stelle gerückt den Glauben an das Genie, auf deutsch: den frechen Dilettantismus (– die Formel dafür steht in den Meistersingern). Zu dritt und zu schlimmst: die *Theatrokratie* –, den Aberwitz eines Glaubens an den *Vorrang* des Theaters, an ein Recht auf *Herrschaft* des Theaters über die Künste, über die Kunst . . . Aber man soll es den Wagnerianern hundertmal ins Gesicht sagen, *was* das Theater ist: immer nur ein *Unterhalb* der Kunst, immer nur etwas Zweites, etwas Vergröbertes, etwas für die Massen Zurechtgebogenes, Zurechtgelogenes! Daran hat auch Wagner nichts verändert: Bayreuth ist große Oper – und nicht einmal *gute* Oper . . . Das Theater ist eine Form der Demolatrie in Sachen des Geschmacks, das Theater ist ein Massen-Aufstand, ein Plebiszit *gegen* den guten Geschmack . . . *Dies eben beweist der Fall Wagner*: er gewann die Menge – er verdarb den Geschmack, er verdarb selbst für die Oper unsren Geschmack! –

Die Anhängerschaft an Wagner zahlt sich teuer. Was macht sie aus dem Geist? *befreit Wagner den Geist*? – Ihm eignet jede Zweideutigkeit, jeder Doppelsinn, alles überhaupt, was die Ungewissen überredet, ohne ihnen zum Bewußtsein zu bringen, *wofür* sie überredet sind. Damit ist Wagner ein Verführer großen Stils. Es gibt nichts Müdes, nichts Abgelebtes, nichts Lebensgefährliches und Weltverleumderisches in Dingen des Geistes, das

wurde: nicht zu reden vom deutschen Musiker! – Sein Vater war ein Schauspieler namens Geyer. Ein Geyer ist beinahe schon ein Adler . . . Das, was bisher als »Leben Wagners« in Umlauf gebracht ist, ist *fable convenue*, wenn nicht Schlimmeres. Ich bekenne mein Mißtrauen gegen jeden Punkt, der bloß durch Wagner selbst bezeugt ist. Er hatte nicht Stolz genug zu irgendeiner Wahrheit über sich, niemand war weniger stolz; er blieb, ganz wie Victor Hugo, auch im Biographischen sich treu – er blieb Schauspieler.

von seiner Kunst nicht heimlich in Schutz genommen würde – es ist der schwärzeste Obskurantismus, den er in die Lichthüllen des Ideals verbirgt. Er schmeichelt jedem nihilistischen (– buddhistischen) Instinkte und verkleidet ihn in Musik, er schmeichelt jeder Christlichkeit, jeder religiösen Ausdrucksform der *décadence*. Man mache seine Ohren auf: alles, was je auf dem Boden des *verarmten* Lebens aufgewachsen ist, die ganze Falschmünzerei der Transzendenz und des Jenseits, hat in Wagners Kunst ihren sublimsten Fürsprecher – *nicht* in Formeln: Wagner ist zu klug für Formeln – sondern in einer Überredung der Sinnlichkeit, die ihrerseits wieder den Geist mürbe und müde macht. Die Musik als Circe ... Sein letztes Werk ist hierin sein größtes Meisterstück. Der Parsifal wird in der Kunst der Verführung ewig seinen Rang behalten, als *der Geniestreich* der Verführung ... Ich bewundere dies Werk, ich möchte es selbst gemacht haben; in Ermangelung davon *verstehe ich es* ... Wagner war nie besser inspiriert als am Ende. Das Raffinement im Bündnis von Schönheit und Krankheit geht hier so weit, daß es über Wagners frühere Kunst gleichsam Schatten legt – sie erscheint zu hell, zu gesund. Versteht ihr das? Die Gesundheit, die Helligkeit als Schatten wirkend? als *Einwand* beinahe? ... So weit sind wir schon *reine Toren* ... Niemals gab es einen größeren Meister in dumpfen hieratischen Wohlgerüchen – nie lebte ein gleicher Kenner alles *kleinen* Unendlichen, alles Zitternden und Überschwänglichen, aller Feminismen aus dem Idiotikon des Glücks! – Trinkt nur, meine Freunde, die Philtren dieser Kunst! Ihr findet nirgends eine angenehmere Art, euren Geist zu entnerven, eure Männlichkeit unter einem Rosengebüsche zu vergessen ... Ah dieser alte Zauberer! Dieser Klingsor aller Klingsore! Wie er *uns* damit den Krieg macht! uns, den freien Geistern! Wie er jeder Feigheit der modernen Seele mit Zaubermädchen-Tönen zu willen redet! – Es gab nie einen solchen *Todhaß* auf die Erkenntnis! – Man muß Zyniker sein, um hier nicht verführt zu werden, man muß beißen können, um hier nicht anzubeten. Wohlan, alter Verführer! Der Zyniker warnt dich – *cave canem* ...

Die Anhängerschaft an Wagner zahlt sich teuer. Ich beobachte die Jünglinge, die lange seiner Infektion ausgesetzt waren. Die nächste, relativ unschuldige Wirkung ist die Verderbnis des Geschmacks. Wagner wirkt wie ein fortgesetzter Gebrauch von Alkohol. Er stumpft ab, er verschleimt den Magen. Spezifische Wirkung: Entartung des rhythmischen Gefühls. Der Wagnerianer nennt zuletzt rhythmisch, was ich selbst, mit einem griechischen Sprichwort, »den Sumpf bewegen« nenne. Schon viel gefährlicher ist die Verderbnis der Begriffe. Der Jüngling wird zum Mondkalb – zum »Idealisten«. Er ist über die Wissenschaft hinaus; darin steht er auf der Höhe des Meisters. Dagegen macht er den Philosophen; er schreibt Bayreuther Blätter; er löst alle Probleme im Namen des Vaters, des Sohnes und des heiligen Meisters. Am unheimlichsten freilich bleibt die Verderbnis der Nerven. Man gehe nachts durch eine größere Stadt: überall hört man, daß mit feierlicher Wut Instrumente genotzüchtigt werden – ein wildes Geheul mischt sich dazwischen. Was geht da vor? – Die Jünglinge beten Wagner an … Bayreuth reimt sich auf Kaltwasserheilanstalt. – Typisches Telegramm aus Bayreuth: *bereits bereut.* – Wagner ist schlimm für die Jünglinge; er ist verhängnisvoll für das Weib. Was ist, ärztlich gefragt, eine Wagnerianerin? – Es scheint mir, daß ein Arzt jungen Frauen nicht ernst genug diese Gewissens-Alternative stellen könnte: eins *oder* das andere. – Aber sie haben bereits gewählt. Man kann nicht zween Herren dienen, wenn der eine Wagner heißt. Wagner hat das Weib erlöst; das Weib hat ihm dafür Bayreuth gebaut. Ganz Opfer, ganz Hingebung: man hat nichts, was man ihm nicht geben würde. Das Weib verarmt sich zugunsten des Meisters, es wird rührend, es steht nackt vor ihm. – Die Wagnerianerin – die anmutigste Zweideutigkeit, die es heute gibt; sie *verkörpert* die Sache Wagners – in ihrem Zeichen *siegt* seine Sache … Ah, dieser alte Räuber! Er raubt uns die Jünglinge, er raubt selbst noch unsre Frauen und schleppt sie in seine Höhle … Ah, dieser alte Minotaurus! Was er uns schon gekostet hat! Alljährlich führt man ihm Züge der schönsten Mädchen und Jünglinge in sein Labyrinth, damit er sie verschlinge – alljährlich intoniert ganz Europa »auf nach Kreta! auf nach Kreta! …«

ZWEITE NACHSCHRIFT

– Mein Brief, scheint es, ist einem Mißverständnisse ausgesetzt. Auf gewissen Gesichtern zeigen sich die Falten der Dankbarkeit; ich höre selbst ein bescheidenes Frohlocken. Ich zöge vor, hier wie in vielen Dingen, verstanden zu werden. – Seitdem aber in den Weinbergen des deutschen Geistes ein neues Tier haust, der Reichswurm, die berühmte *Rhinoxera*, wird kein Wort von mir mehr verstanden. Die Kreuzzeitung selbst bezeugt es mir, nicht zu reden vom literarischen Zentralblatt. – Ich habe den Deutschen die tiefsten Bücher gegeben, die sie überhaupt besitzen – Grund genug, daß die Deutschen kein Wort davon verstehn ... Wenn ich in *dieser* Schrift Wagner den Krieg mache – und, nebenbei, einem deutschen »Geschmack« –, wenn ich für den Bayreuther Kretinismus harte Worte habe, so möchte ich am allerwenigsten irgendwelchen *andern* Musikern damit ein Fest machen. *Andre* Musiker kommen gegen Wagner nicht in Betracht. Es steht schlimm überhaupt. Der Verfall ist allgemein. Die Krankheit liegt in der Tiefe. Wenn Wagner der Name bleibt für den *Ruin der Musik*, wie Bernini für den Ruin der Skulptur, so ist er doch nicht dessen Ursache. Er hat nur dessen *tempo* beschleunigt – freilich in einer Weise, daß man mit Entsetzen vor diesem fast plötzlichen Abwärts, Abgrundwärts steht. Er hatte die Naivität der *décadence*: dies war seine Überlegenheit. Er glaubte an sie, er blieb vor keiner Logik der *décadence* stehn. Die andern *zögern* – das unterscheidet sie. Sonst nichts! ... Das Gemeinsame zwischen Wagner und »den andern« – ich zähle es auf: der Niedergang der organisierenden Kraft; der Mißbrauch überlieferter Mittel, ohne das *rechtfertigende* Vermögen, das zum-Zweck; die Falschmünzerei in der Nachbildung großer Formen, für die heute niemand stark, stolz, selbstgewiß, *gesund* genug ist; die Überlebendigkeit im kleinsten; der Affekt um jeden Preis; das Raffinement als Ausdruck des *verarmten* Lebens; immer mehr Nerven an Stelle des Fleisches. – Ich kenne nur einen Musiker, der heute noch imstande ist, eine Ouvertüre aus *ganzem Holze* zu schnitzen: und niemand kennt ihn ... Was heute berühmt ist, macht, im Vergleich mit Wagner, nicht »bessere« Musik, sondern nur unentschiednere, sondern nur gleichgültigere – gleichgültigere, weil das Halbe damit abgetan ist, *daß das Ganze da ist.* Aber Wagner war ganz; aber Wagner war die ganze Verderbnis; aber Wagner war der Mut, der Wille, die *Überzeugung* in das Verderbnis – was liegt noch an Johannes Brahms! ... Sein Glück war ein deutsches Mißverständnis: man nahm ihn als Antagonisten Wagners – man *brauchte* einen Antagonisten! – Das macht keine *notwendige* Musik, das macht vor allem zu viel Musik! – Wenn man nicht reich ist, soll man stolz genug sein zur Armut! ... Die Sympathie, die Brahms unleugbar hier und da einflößt, ganz abgesehen von jenem Partei-Interesse, Partei-Mißverständnisse, war mir lange ein Rätsel: bis ich endlich, durch einen Zufall beinahe, dahinterkam, daß er auf einen bestimmten Typus von Menschen wirkt. Er hat die Melancholie des Unvermögens; er schafft *nicht* aus der Fülle, er *durstet* nach der Fülle. Rechnet man ab, was er nachmacht, was er großen alten oder exotisch-modernen Stilformen entlehnt – er ist Meister in der Kopie –, so bleibt als sein Eigenstes die *Sehnsucht*... Das erraten die Sehnsüchtigen, die Unbefriedigten aller Art. Er ist zu wenig Person, zu wenig Mittelpunkt... Das verstehen die »Unpersönlichen«, die Peripherischen, – sie lieben ihn dafür. Insonderheit ist er der Musiker einer Art unbefriedigter Frauen. Fünfzig Schritt weiter: und man hat die Wagnerianerin – ganz wie man fünfzig Schritt über Brahms hinaus Wagner findet –, die Wagnerianerin, einen ausgeprägteren, interessanteren, vor allem *anmutigeren* Typus. Brahms ist rührend, solange er heimlich schwärmt oder über sich trauert – darin ist er »modern« –; er wird kalt, er geht uns nichts mehr an, sobald er die Klassiker *beerbt*... Man nennt Brahms gern den *Erben* Beethovens: ich kenne keinen vorsichtigeren Euphemismus. – Alles, was heute in der Musik auf »großen Stil« Anspruch macht, ist damit *entweder* falsch gegen uns *oder* falsch gegen sich. Diese Alternative ist nachdenklich genug: sie schließt nämlich eine Kasuistik über den Wert der zwei Fälle in sich ein. »Falsch gegen *uns*«: dagegen protestiert der Instinkt der Meisten – sie wollen nicht betrogen werden –; ich selbst freilich würde diesen Typus immer noch dem anderen (»falsch gegen *sich*«) vorziehn. Dies ist *mein* Geschmack. – Faßlicher, für die »Armen im Geiste« ausgedrückt: Brahms – *oder* Wagner... Brahms ist *kein* Schauspieler. – Man kann einen guten Teil der *andren* Musiker in den Begriff Brahms subsumieren. – Ich sage kein Wort von den klugen Affen Wagners, zum Beispiel von Goldmark: mit der »Königin von Saba« gehört man in die Menagerie – man kann sich sehen lassen. – Was heute gut gemacht, meisterhaft gemacht werden kann, ist nur das Kleine. Hier allein ist noch Rechtschaffenheit möglich. – Nichts kann aber die Musik *in* der Hauptsache *von* der Hauptsache kurieren, von der Fatalität, Ausdruck des physiologischen Widerspruchs zu sein – *modern* zu sein. Der beste Unterricht, die gewissenhafteste Schulung, die grundsätzliche Intimität, ja selbst Isolation in der Gesellschaft der alten Meister – das bleibt alles nur palliativisch, strenger geredet, *illusorisch*, weil man die Voraussetzung dazu nicht mehr im Leibe hat: sei dies nun die starke Rasse eines Händel, sei es die überströmende Animalität eines Rossini. – Nicht jeder hat das *Recht* zu jedem Lehrer: das gilt von ganzen Zeitaltern. – An sich ist die Möglichkeit nicht ausgeschlossen, daß es noch *Reste* stärkerer Geschlechter, typisch unzeitgemäßer Menschen irgendwo in Europa gibt: von da aus wäre eine *verspätete* Schönheit und Vollkommenheit auch für die Musik noch zu erhoffen. Was wir, bestenfalls, noch erleben können, sind Ausnahmen. Von der *Regel,* daß die Verderbnis obenauf, daß die Verderbnis fatalistisch ist, rettet die Musik kein Gott. –

EPILOG

– Entziehen wir uns zuletzt, um aufzuatmen, für einen Augenblick der engen Welt, zu der jede Frage nach dem Wert von *Personen* den Geist verurteilt. Ein Philosoph hat das Bedürfnis, sich die Hände zu waschen, nachdem er sich so lange mit dem »Fall Wagner« befaßt hat. – Ich gebe meinen Begriff des *Modernen*. – Jede Zeit hat in ihrem Maß von Kraft ein Maß auch dafür, welche Tugenden ihr erlaubt, welche ihr verboten sind. Entweder hat sie die Tugenden des *aufsteigenden* Lebens: dann widerstrebt sie aus unterstem Grunde den Tugenden des niedergehenden Lebens. Oder sie ist selbst ein niedergehendes Leben – dann bedarf sie auch der Niedergangs-Tugenden, dann haßt sie alles, was aus der Fülle, was aus dem Überreichtum an Kräften allein sich rechtfertigt. Die Ästhetik ist unablöslich an diese biologischen Voraussetzungen gebunden: es gibt eine *décadence*-Ästhetik, es gibt eine *klassische* Ästhetik – ein »Schönes an sich« ist ein Hirngespinst, wie der ganze Idealismus. – In der engeren Sphäre der sogenannten moralischen Werte ist kein größerer Gegensatz aufzufinden als der einer *Herren-Moral* und der Moral der *christlichen* Wertbegriffe: letztere, auf einem durch und durch morbiden Boden gewachsen (– die Evangelien führen uns genau dieselben physiologischen Typen vor, welche die Romane Dostojewskis schildern), die Herren-Moral (»römisch«, »heidnisch«, »klassisch«, »Renaissance«) umgekehrt als die Zeichensprache der Wohlgeratenheit, des *aufsteigenden* Lebens, des Willens zur Macht als Prinzips des Lebens. Die Herren-Moral *bejaht* ebenso instinktiv, wie die christliche *verneint* (»Gott«, »Jenseits«, »Entselbstung« lauter Negationen). Die erstere gibt aus ihrer Fülle an die Dinge ab – sie verklärt, sie verschönt, sie *vernünftigt* die Welt –, die letztere verarmt, verblaßt, verhäßlicht den Wert der Dinge, sie *verneint* die Welt. »Welt« ein christliches Schimpfwort. – Diese Gegensatzformen in der Optik der Werte sind *beide* notwendig: es sind Arten zu sehen, denen man mit Gründen und Widerlegungen nicht beikommt. Man widerlegt das Christentum nicht, man widerlegt eine Krankheit des Auges nicht. Daß man den Pessimismus wie eine Philosophie bekämpft hat, war der Gipfelpunkt des gelehrten Idiotentums. Die Begriffe »wahr« und »unwahr« haben, wie mir scheint, in der Optik keinen Sinn. – Wogegen man sich allein zu wehren hat, das ist die Falschheit, die Instinkt-Doppelzüngigkeit, welche diese Gegensätze nicht als Gegensätze empfinden *will*: wie es zum Beispiel Wagners Wille war, der in solchen Falschheiten keine kleine Meisterschaft hatte. Nach der Herren-Moral, der *vornehmen* Moral hinschielen (– die isländische Sage ist beinahe deren wichtigste Urkunde –) und dabei die Gegenlehre, die vom »Evangelium der Niedrigen«, vom *Bedürfnis* der Erlösung, im Munde führen! ... Ich bewundere, anbei gesagt, die Bescheidenheit der Christen, die nach Bayreuth gehn. Ich selbst würde gewisse Worte nicht aus dem Munde eines Wagner aushalten. Es gibt Begriffe, die *nicht* nach Bayreuth gehören... Wie? ein Christentum, zurechtgemacht für Wagnerianerinnen, vielleicht *von* Wagnerianerinnen – denn Wagner war in alten Tagen durchaus *feminini generis* –? Nochmals gesagt, die Christen von heute sind mir zu bescheiden... Wenn Wagner ein Christ war, nun dann war vielleicht Liszt ein Kirchenvater! – Das Bedürfnis nach *Erlösung*, der Inbegriff aller christlichen Bedürfnisse hat mit solchen Hanswursten nichts zu tun: es ist die ehrlichste Ausdrucksform der *décadence*, es ist das überzeugteste, schmerzhafteste Ja-sagen zu ihr in sublimen Symbolen und Praktiken. Der Christ will von sich *loskommen. Le moi est toujours haïssable.* – Die vornehme Moral, die Herren-Moral, hat umgekehrt ihre Wurzel in einem triumphierenden Ja-sagen zu *sich* – sie ist Selbstbejahung, Selbstverherrlichung des Lebens, sie braucht gleichfalls sublime Symbole und Praktiken, aber nur »weil ihr das Herz zu voll« ist. Die ganze *schöne* die ganze *große* Kunst gehört hierher: beider Wesen ist Dankbarkeit. Andrerseits kann man von ihr nicht einen Instinkt-Widerwillen *gegen* die *décadents*, einen Hohn, ein Grauen selbst vor deren Symbolik abrechnen: dergleichen ist beinahe ihr Beweis. Der vornehme Römer empfand das Christentum als *foeda superstitio*: ich erinnere daran, wie der letzte Deutsche vornehmen Geschmacks, wie Goethe das Kreuz empfand. Man sucht umsonst nach wertvolleren, nach *notwendigeren* Gegensätzen. .*)

– Aber eine solche Falschheit, wie die der Bayreuther, ist heute keine Ausnahme. Wir kennen alle den unästhetischen Begriff des christlichen Junkers. Diese *Unschuld* zwischen Gegensätzen, dies »gute Gewissen« in der Lüge ist vielmehr *modern par excellence*, man definiert beinahe damit die Modernität. Der moderne Mensch stellt, biologisch, einen *Widerspruch der Werte* dar, er sitzt zwischen zwei Stühlen, er sagt in einem Atem Ja und Nein. Was Wunder, daß gerade in unsern Zeiten die Falschheit selber Fleisch und sogar Genie wurde? daß *Wagner* »unter uns wohnte«? Nicht ohne Grund nannte ich Wagner den Cagliostro der Modernität ... Aber

*) *Anmerkung*. Über den Gegensatz »*vornehme* Moral« und »christliche Moral« unterrichtete zuerst meine »*Genealogie der Moral*«: es gibt vielleicht keine entscheidendere Wendung in der Geschichte der religiösen und moralischen Erkenntnis. Dies Buch, mein Prüfstein für das, was zu mir gehört, hat das Glück, nur den höchstgesinnten und strengsten Geistern zugänglich zu sein: dem *Reste* fehlen die Ohren dafür. Man muß seine Leidenschaft in Dingen haben, wo sie heute niemand hat...

wir alle haben wider Wissen, wider Willen, Werte, Worte, Formeln, Moralen *entgegengesetzter* Abkunft im Leibe – wir sind, physiologisch betrachtet, *falsch*... Eine *Diagnostik der modernen Seele* – womit begänne sie? Mit einem resoluten Einschnitt in diese Instinkt-Widersprüchlichkeit, mit der Herauslösung ihrer Gegensatz-Werte, mit der Vivisektion vollzogen an ihrem *lehrreichsten* Fall. – Der Fall Wagner ist für den Philosophen ein *Glücksfall*, – diese Schrift ist, man hört es, von der Dankbarkeit inspiriert ...

GÖTZEN-DÄMMERUNG

oder

Wie man mit dem Hammer philosophiert

VORWORT

Inmitten einer düstern und über die Maßen verantwortlichen Sache seine Heiterkeit aufrechterhalten ist nichts Kleines von Kunststück: und doch, was wäre nötiger als Heiterkeit? Kein Ding gerät, an dem nicht der Übermut seinen Teil hat. Das Zuviel von Kraft erst ist der Beweis der Kraft. – Eine *Umwertung aller Werte*, dies Fragezeichen so schwarz, so ungeheuer, daß es Schatten auf den wirft, der es setzt – ein solches Schicksal von Aufgabe zwingt jeden Augenblick, in die Sonne zu laufen, einen schweren, allzuschwer gewordnen Ernst von sich zu schütteln. Jedes Mittel ist dazu recht, jeder »Fall« ein Glücksfall. Vor allem der *Krieg*. Der Krieg war immer die große Klugheit aller zu innerlich, zu tief gewordnen Geister; selbst in der Verwundung liegt noch Heilkraft. Ein Spruch, dessen Herkunft ich der gelehrten Neugierde vorenthalte, war seit langem mein Wahlspruch:

increscunt animi, virescit volnere virtus.

Eine andre Genesung, unter Umständen mir noch erwünschter, ist *Götzen aushorchen* ... Es gibt mehr Götzen als Realitäten in der Welt: das ist *mein* »böser Blick« für diese Welt, das ist auch mein »böses *Ohr*« ... Hier einmal mit dem *Hammer* Fragen stellen und, vielleicht, als Antwort jenen berühmten hohlen Ton hören, der von geblähten Eingeweiden redet – welches Entzücken für einen, der Ohren noch hinter den Ohren hat – für mich alten Psychologen und Rattenfänger, vor dem gerade das, was still bleiben möchte, *laut werden muß* ...

Auch diese Schrift – der Titel verrät es – ist vor allem eine Erholung, ein Sonnenfleck, ein Seitensprung in den Müßiggang eines Psychologen. Vielleicht auch ein neuer Krieg? Und werden neue Götzen ausgehorcht? ... Diese kleine Schrift ist eine *große Kriegserklärung*; und was das Aushorchen von Götzen anbetrifft, so sind es diesmal keine Zeitgötzen, sondern *ewige Götzen* an die hier mit dem Hammer wie mit einer Stimmgabel gerührt wird – es gibt überhaupt keine älteren, keine überzeugteren, keine aufgeblaseneren Götzen ... Auch keine hohleren ... Das hindert nicht, daß sie die *geglaubtesten* sind; auch sagt man, zumal im vornehmsten Falle, durchaus nicht Götze ...

Turin, am 30. September 1888,
am Tage, da das erste Buch der *Umwertung aller Werte* zu Ende kam.

Friedrich Nietzsche

SPRÜCHE UND PFEILE

1

Müßiggang ist aller Psychologie Anfang. Wie? wäre Psychologie – ein Laster?

2

Auch der Mutigste von uns hat nur selten den Mut zu dem, was er eigentlich *weiß* ...

3

Um allein zu leben, muß man ein Tier oder ein Gott sein – sagt Aristoteles. Fehlt der dritte Fall: man muß beides sein – *Philosoph.*

4

»Alle Wahrheit ist einfach.« – Ist das nicht zwiefach eine Lüge? –

5

Ich will, ein für allemal, vieles *nicht* wissen. – Die Weisheit zieht auch der Erkenntnis Grenzen.

6

Man erholt sich in seiner wilden Natur am besten von seiner Unnatur, von seiner Geistigkeit ...

7

Wie? ist der Mensch nur ein Fehlgriff Gottes? Oder Gott nur ein Fehlgriff des Menschen? –

8

Aus der Kriegsschule des Lebens. – Was mich nicht umbringt, macht mich stärker.

9

Hilf dir selber: dann hilft dir noch jedermann. Prinzip der Nächstenliebe.

10

Daß man gegen seine Handlungen keine Feigheit begeht! daß man sie nicht hinterdrein im Stiche läßt! – Der Gewissensbiß ist unanständig.

11

Kann ein *Esel* tragisch sein? – Daß man unter einer Last zugrunde geht, die man weder tragen, noch abwerfen kann? ... Der Fall des Philosophen.

12

Hat man sein *warum?* des Lebens, so verträgt man sich fast mit jedem *wie?* – Der Mensch strebt *nicht* nach Glück; nur der Engländer tut das.

13

Der Mann hat das Weib geschaffen – woraus doch? Aus einer Rippe seines Gottes – seines »Ideals« ...

14

Was? du suchst? du möchtest dich verzehnfachen, verhundertfachen? du suchst Anhänger? – Suche *Nullen*! –

15

Posthume Menschen – ich zum Beispiel – werden schlechter verstanden als zeitgemäße, aber besser *gehört.* Strenger: wir werden nie verstanden – und *daher* unsre Autorität ...

16

Unter Frauen. – »Die Wahrheit? O Sie kennen die Wahrheit nicht! Ist sie nicht ein Attentat auf alle unsre *pudeurs?*« –

17

Das ist ein Künstler, wie ich Künstler liebe, bescheiden in seinen Bedürfnissen: er will eigentlich nur zweierlei, sein Brot und seine Kunst – *panem et Circen ...*

18

Wer seinen Willen nicht in die Dinge zu legen weiß, der legt wenigstens einen *Sinn* noch hinein: das heißt, er glaubt, daß ein Wille bereits darin sei (Prinzip des »Glaubens«).

19

Wie? ihr wähltet die Tugend und den gehobenen Busen und seht zugleich scheel nach den Vorteilen der Unbedenklichen? – Aber mit der Tugend *verzichtet* man auf »Vorteile« ... (einem Antisemiten an die Haustür).

20

Das vollkommene Weib begeht Literatur, wie es eine kleine Sünde begeht: zum Versuch, im Vorübergehn, sich umblickend, ob es jemand bemerkt und *daß* es jemand bemerkt ...

21

Sich in lauter Lagen begeben, wo man keine Scheintugenden haben darf, wo man vielmehr, wie der Seiltänzer auf seinem Seile, entweder stürzt oder steht – oder davon kommt ...

22

»Böse Menschen haben keine Lieder.« – Wie kommt es, daß die Russen Lieder haben?

23

»Deutscher Geist«: seit achtzehn Jahren eine *contradictio in adjecto.*

24

Damit, daß man nach den Anfängen sucht, wird man Krebs. Der Historiker sieht rückwärts; endlich *glaubt* er auch rückwärts.

25

Zufriedenheit schützt selbst vor Erkältung. Hat je sich ein Weib, das sich gut bekleidet wußte, erkältet? – Ich setze den Fall, daß es kaum bekleidet war.

26

Ich mißtraue allen Systematikern und gehe ihnen aus dem Weg. Der Wille zum System ist ein Mangel an Rechtschaffenheit.

27

Man hält das Weib für tief – warum? weil man nie bei ihm auf den Grund kommt. Das Weib ist noch nicht einmal flach.

28

Wenn das Weib männliche Tugenden hat, so ist es zum Davonlaufen; und wenn es keine männlichen Tugenden hat, so läuft es selbst davon.

29

»Wie viel hatte ehemals das Gewissen zu beißen! welche guten Zähne hatte es! – Und heute? woran fehlt es?« – Frage eines Zahnarztes.

30

Man begeht selten eine Übereilung allein. In der ersten Übereilung tut man immer zu viel. Eben darum begeht man gewöhnlich noch eine zweite – und nunmehr tut man zu wenig ...

31

Der getretene Wurm krümmt sich. So ist es klug. Er verringert damit die Wahrscheinlichkeit, von neuem getreten zu werden. In der Sprache der Moral: *Demut.* –

32

Es gibt einen Haß auf Lüge und Verstellung aus einem reizbaren Ehrbegriff; es gibt einen ebensolchen Haß aus Feigheit, insofern die Lüge, durch ein göttliches Gebot, *verboten* ist. Zu feige, um zu lügen ...

33

Wie wenig gehört zum Glücke! Der Ton eines Dudelsacks. – Ohne Musik wäre das Leben ein Irrtum. Der Deutsche denkt sich selbst Gott liedersingend.

34

On ne peut penser et écrire qu'assis (G. Flaubert). – Damit habe ich dich, Nihilist! Das Sitzfleisch ist gerade die *Sünde* wider den heiligen Geist. Nur die *ergangenen* Gedanken haben Wert.

35

Es gibt Fälle, wo wir wie Pferde sind, wir Psychologen, und in Unruhe geraten: wir sehen unsern eignen Schatten vor uns auf- und niederschwanken. Der Psychologe muß von *sich* absehn, um überhaupt zu sehn.

36

Ob wir Immoralisten der Tugend *Schaden* tun? – Ebensowenig, als die Anarchisten den Fürsten. Erst seitdem diese angeschossen werden, sitzen sie wieder fest auf ihrem Throne. Moral: *man muß die Moral anschießen.*

37

Du läufst *voran*? – Tust du das als Hirt? oder als Ausnahme? Ein dritter Fall wäre der Entlaufene ... *Erste* Gewissensfrage.

38

Bist du echt? oder nur ein Schauspieler? Ein Vertreter? oder das Vertretene selbst? – Zuletzt bist du gar bloß ein nachgemachter Schauspieler ... *Zweite* Gewissensfrage.

39

Der Enttäuschte spricht. – Ich suchte nach großen Menschen, ich fand immer nur die *Affen* ihres Ideals.

40

Bist du einer, der zusieht? oder der Hand anlegt? – oder der wegsieht, beiseite geht ... *Dritte* Gewissensfrage.

41

Willst du mitgehn? oder vorangehn? oder für dich gehn? ... Man muß wissen, *was* man will und *daß* man will. – *Vierte* Gewissensfrage.

42

Das waren Stufen für mich, ich bin über sie hinaufgestiegen – dazu mußte ich über sie hinweg. Aber sie meinten, ich wollte mich auf ihnen zur Ruhe setzen ...

43

Was liegt daran, daß *ich* recht behalte! Ich *habe* zu viel recht. – Und wer heute am besten lacht, lacht auch zuletzt.

44

Formel meines Glücks: ein Ja, ein Nein, eine gerade Linie, ein *Ziel* ...

DAS PROBLEM DES SOKRATES

I

Über das Leben haben zu allen Zeiten die Weisesten gleich geurteilt: *es taugt nichts* ... Immer und überall hat man aus ihrem Munde denselben Klang gehört – einen Klang voll Zweifel, voll Schwermut, voll Müdigkeit am Leben, voll Widerstand gegen das Leben. Selbst Sokrates sagte, als er starb: »leben – das heißt lange krank sein: ich bin dem Heilande Asklepios einen Hahn schuldig«. Selbst Sokrates hatte es satt. – Was *beweist* das? Worauf *weist* das? – Ehemals hätte man gesagt (– oh, man hat es gesagt und laut genug und unsre Pessimisten voran!): »Hier muß jedenfalls etwas wahr sein! Der *consensus sapientium* beweist die Wahrheit.« – Werden wir heute noch so reden? *dürfen* wir das? »Hier muß jedenfalls etwas *krank* sein« – geben *wir* zur Antwort: diese Weisesten aller Zeiten, man sollte sie sich erst aus der Nähe ansehn! Waren sie vielleicht allesamt auf den Beinen nicht mehr fest? spät? wackelig? *décadents*? Erschiene die Weisheit vielleicht auf Erden als Rabe, den ein kleiner Geruch von Aas begeistert? ...

2

Mir selbst ist diese Unehrerbietigkeit, daß die großen Weisen *Niedergangs-Typen* sind, zuerst gerade in einem Falle aufgegangen, wo ihr am stärksten das gelehrte und ungelehrte Vorurteil entgegensteht: ich erkannte Sokrates und Plato als Verfalls-Symptome, als Werkzeuge der griechischen Auflösung, als pseudogriechisch, als antigriechisch (»Geburt der Tragödie« 1872). Jener *consensus sapientium* – das begriff ich immer besser – beweist am wenigsten, daß sie recht mit dem hatten, worüber sie übereinstimmten: er beweist vielmehr, daß sie selbst, diese Weisesten, irgendworin *physiologisch* übereinstimmten, um auf gleiche Weise negativ zum Leben zu stehn – stehn zu *müssen*. Urteile, Werturteile über das Leben, für oder wider, können zuletzt niemals wahr sein: sie haben nur Wert als Symptome, sie kommen nur als Symptome in Betracht – an sich sind solche Urteile Dummheiten. Man muß durchaus seine Finger danach ausstrecken und den Versuch machen, diese erstaunliche *finesse* zu fassen, *daß der Wert des Lebens nicht abgeschätzt werden kann*. Von einem Lebenden nicht, weil ein solcher Partei, ja sogar Streitobjekt ist und nicht Richter; von einem Toten nicht, aus einem andren Grunde. – Von seiten eines

Philosophen im *Wert* des Lebens ein Problem sehn, bleibt dergestalt sogar ein Einwurf gegen ihn, ein Fragezeichen an seiner Weisheit, eine Unweisheit. – Wie? und alle diese großen Weisen – sie wären nicht nur *décadents*, sie wären nicht einmal weise gewesen? – Aber ich komme auf das Problem des Sokrates zurück.

3

Sokrates gehörte, seiner Herkunft nach, zum niedersten Volk: Sokrates war Pöbel. Man weiß, man sieht es selbst noch, wie häßlich er war. Aber Häßlichkeit, an sich ein Einwand, ist unter Griechen beinahe eine Widerlegung. War Sokrates überhaupt ein Grieche? Die Häßlichkeit ist häufig genug der Ausdruck einer gekreuzten, durch Kreuzung *gehemmten* Entwicklung. Im andern Falle erscheint sie als *niedergehende* Entwicklung. Die Anthropologen unter den Kriminalisten sagen uns, daß der typische Verbrecher häßlich ist: *monstrum in fronte, monstrum in animo.* Aber der Verbrecher ist ein *décadent.* War Sokrates ein typischer Verbrecher? – Zum mindesten widerspräche dem jenes berühmte Physiognomen-Urteil nicht, das den Freunden des Sokrates so anstößig klang. Ein Ausländer, der sich auf Gesichter verstand, sagte, als er durch Athen kam, dem Sokrates ins Gesicht, er *sei* ein *monstrum* – er berge alle schlimmen Laster und Begierden in sich. Und Sokrates antwortete bloß: »Sie kennen mich, mein Herr!« –

4

Auf *décadence* bei Sokrates deutet nicht nur die zugestandne Wüstheit und Anarchie in den Instinkten: eben dahin deutet auch die Superfötation des Logischen und jene *Rhachitiker-Bosheit,* die ihn auszeichnet. Vergessen wir auch jene Gehörs-Halluzinationen nicht, die als »Dämonion des Sokrates«, ins Religiöse interpretiert worden sind. Alles ist übertrieben, *buffo,* Karikatur an ihm, alles ist zugleich versteckt, hintergedanklich, unterirdisch. – Ich suche zu begreifen, aus welcher Idiosynkrasie jene sokratische Gleichsetzung von Vernunft = Tugend = Glück stammt: jene bizarrste Gleichsetzung, die es gibt und die insonderheit alle Instinkte des älteren Hellenen gegen sich hat.

5

Mit Sokrates schlägt der griechische Geschmack zugunsten der Dialektik um: was geschieht da eigentlich? Vor allem wird damit ein *vornehmer* Geschmack besiegt; der Pöbel kommt mit der Dialektik obenauf. Vor Sokrates lehnte man in der guten Gesellschaft die dialektischen Manieren ab:

sie galten als schlechte Manieren, sie stellten bloß. Man warnte die Jugend vor ihnen. Auch mißtraute man allem solchen Präsentieren seiner Gründe. Honette Dinge tragen, wie honette Menschen, ihre Gründe nicht so in der Hand Es ist unanständig, alle fünf Finger zeigen. Was sich erst beweisen lassen muß, ist wenig wert. Überall, wo noch die Autorität zur guten Sitte gehört, wo man nicht »begründet«, sondern befiehlt, ist der Dialektiker eine Art Hanswurst: man lacht über ihn, man nimmt ihn nicht ernst. – Sokrates war der Hanswurst, der sich *ernstnehmen machte*: was geschah da eigentlich? –

6

Man wählt die Dialektik nur, wenn man kein andres Mittel hat. Man weiß, daß man Mißtrauen mit ihr erregt, daß sie wenig überredet. Nichts ist leichter wegzuwischen als ein Dialektiker-Effekt: die Erfahrung jeder Versammlung, wo geredet wird, beweist das. Sie kann nur *Notwehr* sein, in den Händen solcher, die keine andern Waffen mehr haben. Man muß sein Recht zu *erzwingen* haben: eher macht man keinen Gebrauch von ihr. Die Juden waren deshalb Dialektiker; Reineke Fuchs war es: wie? und Sokrates war es auch? –

7

– Ist die Ironie des Sokrates ein Ausdruck von Revolte? von Pöbel-Ressentiment? genießt er als Unterdrückter seine eigne Ferozität in den Messerstichen des Syllogismus? *rächt* er sich an den Vornehmen, die er fasziniert? – Man hat, als Dialektiker, ein schonungsloses Werkzeug in der Hand; man kann mit ihm den Tyrannen machen; man stellt bloß, indem man siegt. Der Dialektiker überläßt seinem Gegner den Nachweis, kein Idiot zu sein: er macht wütend, er macht zugleich hilflos. Der Dialektiker *depotenziert* den Intellekt seines Gegners. – Wie? ist Dialektik nur eine Form der *Rache* bei Sokrates?

8

Ich habe zu verstehn gegeben, womit Sokrates abstoßen konnte: es bleibt um so mehr zu erklären, *daß* er faszinierte. – Daß er eine neue Art *Agon* entdeckte, daß er der erste Fechtmeister davon für die vornehmen Kreise Athens war, ist das eine. Er faszinierte, indem er an den agonalen Trieb der Hellenen rührte – er brachte eine Variante in den Ringkampf zwischen jungen Männern und Jünglingen. Sokrates war auch ein großer *Erotiker*.

9

Aber Sokrates erriet noch mehr. Er sah *hinter* seine vornehmen Athener; er begriff, daß *sein* Fall, seine Idiosynkrasie von Fall bereits kein Ausnahmefall war. Die gleiche Art von Degenereszenz bereitete sich überall im Stillen vor: das alte Athen ging zu Ende. – Und Sokrates verstand, daß alle Welt ihn *nötig* hatte – sein Mittel, seine Kur, seinen Personal-Kunstgriff der Selbst-Erhaltung ... Überall waren die Instinkte in Anarchie; überall war man fünf Schritt weit vom Exzeß: das *monstrum in animo* war die allgemeine Gefahr. »Die Triebe wollen den Tyrannen machen; man muß einen *Gegentyrannen* erfinden, der stärker ist« ... Als jener Physiognomiker dem Sokrates enthüllt hatte, wer er war, eine Höhle aller schlimmen Begierden, ließ der große Ironiker noch ein Wort verlauten, das den Schlüssel zu ihm gibt. »Dies ist wahr«, sagte er, »aber ich wurde über alle Herr.« *Wie* wurde Sokrates über *sich* Herr? – Sein Fall war im Grunde nur der extreme Fall, nur der in die Augen springendste von dem, was damals die allgemeine Not zu werden anfing: daß niemand mehr über sich Herr war, daß die Instinkte sich *gegen*einander wendeten. Er faszinierte als dieser extreme Fall – seine furchteinflößende Häßlichkeit sprach ihn für jedes Auge aus: er faszinierte, wie sich von selbst versteht, noch stärker als Antwort, als Lösung, als Anschein der *Kur* dieses Falls. –

10

Wenn man nötig hat, aus der *Vernunft* einen Tyrannen zu machen, wie Sokrates es tat, so muß die Gefahr nicht klein sein, daß etwas andres den Tyrannen macht. Die Vernünftigkeit wurde damals erraten als *Retterin*; es stand weder Sokrates noch seinen »Kranken« frei, vernünftig zu sein – es war *de rigueur*, es war ihr *letztes* Mittel. Der Fanatismus, mit dem sich das ganze griechische Nachdenken auf die Vernünftigkeit wirft, verrät eine Notlage: man war in Gefahr, man hatte nur *eine* Wahl: entweder zugrunde zu gehn oder – *absurd-vernünftig* zu sein ... Der Moralismus der griechischen Philosophen von Plato ab ist pathologisch bedingt: ebenso ihre Schätzung der Dialektik. Vernunft = Tugend = Glück heißt bloß: man muß es dem Sokrates nachmachen und gegen die dunklen Begehrungen ein *Tageslicht* in Permanenz herstellen – das Tageslicht der Vernunft. Man muß klug, klar, hell um jeden Preis sein: jedes Nachgeben an die Instinkte, ans Unbewußte führt *hinab* ...

11

Ich habe zu verstehn gegeben, womit Sokrates faszinierte: er schien ein Arzt, ein Heiland zu sein. Ist es nötig, noch den Irrtum aufzuzeigen, der in seinem Glauben an die »Vernünftigkeit um jeden Preis« lag? – Es ist ein Selbstbetrug seitens der Philosophen und Moralisten, damit schon aus der *décadence* herauszutreten, daß sie gegen dieselbe Krieg machen. Das Heraustreten steht außerhalb ihrer Kraft: was sie als Mittel, als Rettung wählen, ist selbst nur wieder ein Ausdruck der *décadence* – sie *verändern* deren Ausdruck, sie schaffen sie selbst nicht weg. Sokrates war ein Mißverständnis; *die ganze Besserungs-Moral, auch die christliche, war ein Mißverständnis* ... Das grellste Tageslicht, die Vernünftigkeit um jeden Preis, das Leben hell, kalt, vorsichtig, bewußt, ohne Instinkt, im Widerstand gegen Instinkte war selbst nur eine Krankheit, eine andre Krankheit – und durchaus kein Rückweg zur »Tugend«, zur »Gesundheit«, zum Glück ... Die Instinkte bekämpfen *müssen* – das ist die Formel für *décadence*: so lange das Leben *aufsteigt*, ist Glück gleich Instinkt. –

12

– Hat er das selbst noch begriffen, dieser Klügste aller Selbst-Überlister? Sagte er sich das zuletzt, in der *Weisheit* seines Mutes zum Tode? ... Sokrates *wollte* sterben – nicht Athen, *er* gab sich den Giftbecher, er zwang Athen zum Giftbecher ... »Sokrates ist kein Arzt«, sprach er leise zu sich: »der Tod allein ist hier Arzt ... Sokrates selbst war nur lange krank ...«

DIE »VERNUNFT« IN DER PHILOSOPHIE

1

Sie fragen mich, was alles Idiosynkrasie bei den Philosophen ist? ... Zum Beispiel ihr Mangel an historischem Sinn, ihr Haß gegen die Vorstellung selbst des Werdens, ihr Ägyptizismus. Sie glauben einer Sache eine *Ehre* anzutun, wenn sie dieselbe enthistorisieren, *sub specie aeterni* – wenn sie aus ihr eine Mumie machen. Alles, was Philosophen seit Jahrtausenden gehandhabt haben, waren Begriffs-Mumien; es kam nichts Wirkliches lebendig aus ihren Händen. Sie töten, sie stopfen aus, diese Herren Begriffs-Götzendiener, wenn sie anbeten – sie werden allem lebensgefährlich, wenn sie anbeten. Der Tod, der Wandel, das Alter ebensogut als Zeugung und Wachstum sind für sie Einwände – Widerlegungen sogar. Was ist, *wird* nicht; was wird, *ist* nicht ... Nun glauben sie alle, mit Verzweiflung sogar, ans Seiende. Da sie aber dessen nicht habhaft werden, suchen sie nach Gründen, weshalb man's ihnen vorenthält. »Es muß ein Schein, eine Betrügerei dabei sein, daß wir das Seiende nicht wahrnehmen: wo steckt der Betrüger?« – »Wir haben ihn«, schreien sie glückselig, »die Sinnlichkeit ist's! Diese Sinne, *die auch sonst so unmoralisch sind,* sie betrügen uns über die *wahre* Welt. Moral: loskommen von dem Sinnentrug, vom Werden, von der Historie, von der Lüge – Historie ist nichts als Glaube an die Sinne, Glaube an die Lüge. Moral: Neinsagen zu allem, was den Sinnen Glauben schenkt, zum ganzen Rest der Menschheit: das ist alles ›Volk‹. Philosoph sein, Mumie sein, den Monotono-Theismus durch eine Totengräber-Mimik darstellen! – Und weg vor allem mit dem *Leibe,* dieser erbarmungswürdigen *idée fixe* der Sinne! behaftet mit allen Fehlern der Logik, die es gibt, widerlegt, unmöglich sogar, ob er schon frech genug ist, sich als wirklich zu gebärden!« ...

2

Ich nehme, mit hoher Ehrerbietung, den Namen *Heraklits* beiseite. Wenn das andre Philosophen-Volk das Zeugnis der Sinne verwarf, weil dieselben Vielheit und Veränderung zeigten, verwarf er deren Zeugnis, weil sie die Dinge zeigten, als ob sie Dauer und Einheit hätten. Auch Heraklit tat den Sinnen unrecht. Dieselben lügen weder in der Art, wie die Eleaten es glauben, noch wie er es glaubte – sie lügen überhaupt nicht. Was wir aus ihrem

Zeugnis *machen,* das legt erst die Lüge hinein, zum Beispiel die Lüge der Einheit, die Lüge der Dinglichkeit, der Substanz, der Dauer ... Die »Vernunft« ist die Ursache, daß wir das Zeugnis der Sinne fälschen. Sofern die Sinne das Werden, das Vergehn, den Wechsel zeigen, lügen sie nicht ... Aber damit wird Heraklit ewig recht behalten, daß das Sein eine leere Fiktion ist. Die »scheinbare« Welt ist die einzige: die »wahre Welt« ist nur *hinzugelogen* ...

3

– Und was für feine Werkzeuge der Beobachtung haben wir an unsern Sinnen! Diese Nase zum Beispiel, von der noch kein Philosoph mit Verehrung und Dankbarkeit gesprochen hat, ist sogar einstweilen das delikateste Instrument, das uns zu Gebote steht: es vermag noch Minimaldifferenzen der Bewegung zu konstatieren, die selbst das Spektroskop nicht konstatiert Wir besitzen heute genau so weit Wissenschaft, als wir uns entschlossen haben, das Zeugnis der Sinne *anzunehmen* – als wir sie noch schärfen, bewaffnen, zu Ende denken lernten. Der Rest ist Mißgeburt und Noch-nicht-Wissenschaft: will sagen Metaphysik, Theologie, Psychologie, Erkenntnistheorie. *Oder* Formal-Wissenschaft, Zeichen-Lehre: wie die Logik und jene angewandte Logik, die Mathematik. In ihnen kommt die Wirklichkeit gar nicht vor, nicht einmal als Problem; ebensowenig als die Frage, welchen Wert überhaupt eine solche Zeichen-Konvention, wie die Logik ist, hat. –

4

Die *andre* Idiosynkrasie der Philosophen ist nicht weniger gefährlich: sie besteht darin, das Letzte und das Erste zu verwechseln. Sie setzen das, was am Ende kommt – leider! denn es sollte gar nicht kommen! – die »höchsten Begriffe«, das heißt die allgemeinsten, die leersten Begriffe, den letzten Rauch der verdunstenden Realität an den Anfang *als* Anfang. Es ist dies wieder nur der Ausdruck ihrer Art zu verehren: das Höhere *darf* nicht aus dem Niederen wachsen, *darf* überhaupt nicht gewachsen sein ... Moral: alles, was ersten Ranges ist, muß *causa sui* sein. Die Herkunft aus etwas anderem gilt als Einwand, als Wert-Anzweiflung. Alle obersten Werte sind ersten Ranges, alle höchsten Begriffe, das Seiende, das Unbedingte, das Gute, das Wahre, das Vollkommne – das alles kann nicht geworden sein, *muß* folglich *causa sui* sein. Das alles aber kann auch nicht einander ungleich, kann nicht mit sich im Widerspruch sein ... Damit haben sie ihren stupenden Begriff »Gott« ... Das Letzte, Dünnste, Leerste wird als Erstes gesetzt, als Ursache an sich, als *ens realissimum* ... Daß die Menschheit die Gehirnleiden kranker Spinneweber hat ernst nehmen müssen! – Und sie hat teuer dafür gezahlt! ...

5

– Stellen wir endlich dagegen, auf welche verschiedne Art *wir* (– ich sage höflicherweise wir . . .) das Problem des Irrtums und der Scheinbarkeit ins Auge fassen. Ehemals nahm man die Veränderung, den Wechsel, das Werden überhaupt als Beweis für Scheinbarkeit, als Zeichen dafür, daß etwas da sein müsse, das uns irre führe. Heute umgekehrt sehen wir, genau so weit als das Vernunft-Vorurteil uns zwingt, Einheit, Identität, Dauer, Substanz, Ursache, Dinglichkeit, Sein anzusetzen, uns gewissermaßen verstrickt in den Irrtum, *nezessitiert* zum Irrtum; so sicher wir auf Grund einer strengen Nachrechnung bei uns darüber sind, *daß* hier der Irrtum ist. Es steht damit nicht anders als mit den Bewegungen des großen Gestirns: bei ihnen hat der Irrtum unser Auge, hier hat er unsre *Sprache* zum beständigen Anwalt. Die Sprache gehört ihrer Entstehung nach in die Zeit der rudimentärsten Form von Psychologie: wir kommen in ein grobes Fetischwesen hinein, wenn wir uns die Grundvoraussetzungen der Sprach-Metaphysik, auf deutsch: der *Vernunft*, zum Bewußtsein bringen. *Das* sieht überall Täter und Tun: das glaubt an Willen als Ursache überhaupt; das glaubt ans »Ich«, ans Ich als Sein, ans Ich als Substanz und *projiziert* den Glauben an die Ich-Substanz auf alle Dinge – es *schafft* erst damit den Begriff »Ding« . . . Das Sein wird überall als Ursache hineingedacht, *untergeschoben*; aus der Konzeption »Ich« folgt erst, als abgeleitet, der Begriff »Sein« . . . Am Anfang steht das große Verhängnis von Irrtum, daß der Wille etwas ist, das *wirkt* – daß Wille ein *Vermögen* ist . . . Heute wissen wir, daß er bloß ein Wort ist . . . Sehr viel später, in einer tausendfach aufgeklärteren Welt kam die *Sicherheit*, die subjektive *Gewißheit* in der Handhabung der Vernunft-Kategorien den Philosophen mit Überraschung zum Bewußtsein: sie schlossen, daß dieselben nicht aus der Empirie stammen könnten – die ganze Empirie stehe ja zu ihnen in Widerspruch. *Woher also stammen sie?* – Und in Indien wie in Griechenland hat man den gleichen Fehlgriff gemacht: »wir müssen schon einmal in einer höheren Welt heimisch gewesen sein (– statt *in einer sehr viel niederen*: was die Wahrheit gewesen wäre!), wir müssen göttlich gewesen sein, *denn* wir haben die Vernunft!« . . . In der Tat, nichts hat bisher eine naivere Überredungskraft gehabt als der Irrtum vom Sein, wie er zum Beispiel von den Eleaten formuliert wurde: er hat ja jedes Wort für sich, jeden Satz für sich, den wir sprechen! – Auch die Gegner der Eleaten unterlagen noch der Verführung ihres Seins-Begriffs: Demokrit unter anderen, als er sein *Atom* erfand . . . Die »Vernunft« in der Sprache: o was für eine alte betrügerische Weibsperson! Ich fürchte, wir werden Gott nicht los, weil wir noch an die Grammatik glauben . . .

6

Man wird mir dankbar sein, wenn ich eine so wesentliche, so neue Einsicht in vier Thesen zusammendränge: ich erleichtere damit das Verstehen, ich fordere damit den Widerspruch heraus.

Erster Satz. Die Gründe, daraufhin »diese« Welt als scheinbar bezeichnet worden ist, begründen vielmehr deren Realität – eine *andre* Art Realität ist absolut unnachweisbar.

Zweiter Satz. Die Kennzeichen, welche man dem »wahren Sein« der Dinge gegeben hat, sind die Kennzeichen des Nicht-Seins, des *Nichts* – man hat die »wahre Welt« aus dem Widerspruch zur wirklichen Welt aufgebaut: eine scheinbare Welt in der Tat, insofern sie bloß eine *moralisch-optische* Täuschung ist.

Dritter Satz. Von einer »andren« Welt als dieser zu fabeln hat gar keinen Sinn, vorausgesetzt, daß nicht ein Instinkt der Verleumdung, Verkleinerung, Verdächtigung des Lebens in uns mächtig ist: im letzteren Falle *rächen* wir uns am Leben mit der Phantasmagorie eines »anderen«, eines »besseren« Lebens.

Vierter Satz. Die Welt scheiden in eine »wahre« und eine »scheinbare«, sei es in der Art des Christentums, sei es in der Art Kants (eines *hinterlistigen* Christen zu guter Letzt –) ist nur eine Suggestion der *décadence* – ein Symptom *niedergehenden* Lebens ... Daß der Künstler den Schein höher schätzt als die Realität, ist kein Einwand gegen diesen Satz. Denn »der Schein« bedeutet hier die Realität *noch einmal*, nur in einer Auswahl, Verstärkung, Korrektur ... Der tragische Künstler ist *kein* Pessimist – er sagt gerade *Ja* zu allem Fragwürdigen und Furchtbaren selbst, er ist *dionysisch* ...

WIE DIE »WAHRE WELT« ENDLICH ZUR FABEL WURDE

Geschichte eines Irrtums

1. Die wahre Welt, erreichbar für den Weisen, den Frommen, den Tugendhaften, – er lebt in ihr, *er ist sie.*

   (Älteste Form der Idee, relativ klug, simpel, überzeugend. Umschreibung des Satzes »Ich, Plato, *bin* die Wahrheit«.)

2. Die wahre Welt, unerreichbar für jetzt, aber versprochen für den Weisen, den Frommen, den Tugendhaften (»für den Sünder, der Buße tut«).

   (Fortschritt der Idee: sie wird feiner, verfänglicher, unfaßlicher – *sie wird Weib*, sie wird christlich ...)

3. Die wahre Welt, unerreichbar, unbeweisbar, unversprechbar, aber schon als gedacht ein Trost, eine Verpflichtung, ein Imperativ.

   (Die alte Sonne im Grunde, aber durch Nebel und Skepsis hindurch; die Idee sublim geworden, bleich, nordisch, königsbergisch.)

4. Die wahre Welt – unerreichbar? Jedenfalls unerreicht. Und als unerreicht auch *unbekannt.* Folglich auch nicht tröstend, erlösend, verpflichtend: wozu könnte uns etwas Unbekanntes verpflichten? ...

   (Grauer Morgen. Erstes Gähnen der Vernunft. Hahnenschrei des Positivismus.)

5. Die »wahre Welt« – eine Idee, die zu nichts mehr nütz ist, nicht einmal mehr verpflichtend – eine unnütz, eine überflüssig gewordene Idee, *folglich* eine widerlegte Idee: schaffen wir sie ab!

   (Heller Tag; Frühstück; Rückkehr des *bon sens* und der Heiterkeit; Schamröte Platos; Teufelslärm aller freien Geister.)

6. Die wahre Welt haben wir abgeschafft: welche Welt blieb übrig? die scheinbare vielleicht? ... Aber nein! *mit der wahren Welt haben wir auch die scheinbare abgeschafft!*

   (Mittag; Augenblick des kürzesten Schattens; Ende des längsten Irrtums; Höhepunkt der Menschheit; INCIPIT ZARATHUSTRA.)

MORAL ALS WIDERNATUR

1

Alle Passionen haben eine Zeit, wo sie bloß verhängnisvoll sind, wo sie mit der Schwere der Dummheit ihr Opfer hinunterziehn – und eine spätere, sehr viel spätere, wo sie sich mit dem Geist verheiraten, sich »vergeistigen«. Ehemals machte man, wegen der Dummheit in der Passion, der Passion selbst den Krieg: man verschwor sich zu deren Vernichtung – alle alten Moral-Untiere sind einmütig darüber *»il faut tuer les passions«*. Die berühmteste Formel dafür steht im Neuen Testament, in jener Bergpredigt, wo, anbei gesagt, die Dinge durchaus nicht *aus der Höhe* betrachtet werden. Es wird daselbst zum Beispiel mit Nutzanwendung auf die Geschlechtlichkeit gesagt »wenn dich dein Auge ärgert, so reiße es aus«: zum Glück handelt kein Christ nach dieser Vorschrift. Die Leidenschaften und Begierden *vernichten*, bloß um ihrer Dummheit und den unangenehmen Folgen ihrer Dummheit vorzubeugen, erscheint uns heute selbst bloß als eine akute Form der Dummheit. Wir bewundern die Zahnärzte nicht mehr, welche die Zähne *ausreißen*, damit sie nicht mehr weh tun ... Mit einiger Billigkeit werde andrerseits zugestanden, daß auf dem Boden, aus dem das Christentum gewachsen ist, der Begriff »*Vergeistigung* der Passion« gar nicht konzipiert werden konnte. Die erste Kirche kämpfte ja, wie bekannt, *gegen* die »Intelligenten« zugunsten der »Armen des Geistes«: wie dürfte man von ihr einen intelligenten Krieg gegen die Passion erwarten? – Die Kirche bekämpft die Leidenschaft mit Ausschneidung in jedem Sinne: ihre Praktik, ihre »Kur« ist der *Kastratismus*. Sie fragt nie: »wie vergeistigt, verschönt, vergöttlicht man eine Begierde?« – sie hat zu allen Zeiten den Nachdruck der Disziplin auf die Ausrottung (der Sinnlichkeit, des Stolzes, der Herrschsucht, der Habsucht, der Rachsucht) gelegt. – Aber die Leidenschaften an der Wurzel angreifen heißt das Leben an der Wurzel angreifen: die Praxis der Kirche ist *lebensfeindlich* ...

2

Dasselbe Mittel, Verschneidung, Ausrottung, wird instinktiv im Kampfe mit einer Begierde von denen gewählt, welche zu willensschwach, zu degeneriert sind, um sich ein Maß in ihr auflegen zu können: von jenen Naturen, die la Trappe nötig haben, im Gleichnis gesprochen (und ohne Gleichnis –), irgendeine endgültige Feindschafts-Erklärung, eine *Kluft* zwischen sich und einer Passion. Die radikalen Mittel sind nur den Degenerierten unentbehrlich; die Schwäche des Willens, bestimmter geredet die Unfähigkeit, auf einen Reiz *nicht* zu reagieren, ist selbst bloß eine andre Form der Degenereszenz. Die radikale Feindschaft, die Todfeindschaft gegen die Sinnlichkeit bleibt ein nachdenkliches Symptom: man ist damit zu Vermutungen über den Gesamt-Zustand eines dergestalt Exzessiven berechtigt. – Jene Feindschaft, jener Haß kommt übrigens erst auf seine Spitze, wenn solche Naturen selbst zur Radikal-Kur, zur Absage von ihrem »Teufel« nicht mehr Festigkeit genug haben. Man überschaue die ganze Geschichte der Priester und Philosophen, der Künstler hinzugenommen: das Giftigste gegen die Sinne ist *nicht* von den Impotenten gesagt, auch *nicht* von den Asketen, sondern von den unmöglichen Asketen, von solchen, die es nötig gehabt hätten, Asketen zu sein ...

3

Die Vergeistigung der Sinnlichkeit heißt *Liebe*: sie ist ein großer Triumph über das Christentum. Ein andrer Triumph ist unsre Vergeistigung der *Feindschaft*. Sie besteht darin, daß man tief den Wert begreift, den es hat, Feinde zu haben: kurz, daß man umgekehrt tut und schließt, als man ehedem tat und schloß. Die Kirche wollte zu allen Zeiten die Vernichtung ihrer Feinde: wir, wir Immoralisten und Antichristen, sehen unsern Vorteil darin, daß die Kirche besteht ... Auch im Politischen ist die Feindschaft jetzt geistiger geworden – viel klüger, viel nachdenklicher, viel *schonender*. Fast jede Partei begreift ihr Selbsterhaltungs-Interesse darin, daß die Gegenpartei nicht von Kräften kommt; dasselbe gilt von der großen Politik. Eine neue Schöpfung zumal, etwa das neue Reich, hat Feinde nötiger als Freunde: im Gegensatz erst fühlt es sich notwendig, im Gegensatz *wird* es erst notwendig ... Nicht anders verhalten wir uns gegen den »inneren Feind«: auch da haben wir die Feindschaft vergeistigt, auch da haben wir ihren *Wert* begriffen. Man ist nur *fruchtbar* um den Preis, an Gegensätzen reich zu sein; man bleibt nur *jung* unter der Voraussetzung, daß die Seele nicht sich streckt, nicht nach Frieden begehrt ... Nichts ist uns fremder geworden als jene Wünschbarkeit von ehedem, die vom »Frieden der Seele«, die *christliche* Wünschbarkeit; nichts macht uns weniger Neid als die Moral-Kuh und das fette Glück des guten Gewissens. Man hat auf das *große* Leben verzichtet, wenn man auf den Krieg verzichtet ... In vielen Fällen freilich ist der »Frieden der Seele« bloß ein Mißverständnis – etwas *anderes*, das sich nur nicht ehrlicher zu benennen weiß Ohne Umschweif und Vorurteil ein paar Fälle. »Frieden der Seele« kann zum Beispiel die sanfte Ausstrahlung einer reichen Animalität ins Moralische (oder Religiöse) sein. Oder der Anfang der Müdigkeit, der erste Schatten, den der Abend, jede Art Abend wirft. Oder ein Zeichen davon, daß die Luft feucht ist, daß Südwinde herankommen. Oder die Dankbarkeit wider Wissen für eine glückliche Verdauung (»Menschenliebe« mitunter genannt). Oder das Stille-werden des Genesenden, dem alle Dinge neu schmecken und der wartet ... Oder der Zustand, der einer starken Befriedigung unsrer herrschenden Leidenschaft folgt, das Wohlgefühl einer seltnen Sattheit. Oder die Altersschwäche unseres Willens, unsrer Begehrungen, unsrer Laster. Oder die Faulheit, von der Eitelkeit überredet, sich moralisch aufzuputzen. Oder der Eintritt einer Gewißheit, selbst furchtbaren Gewißheit, nach einer langen Spannung und Marterung durch die Ungewißheit. Oder der Ausdruck der Reife und Meisterschaft mitten im Tun, Schaffen, Wirken, Wollen, das ruhige Atmen, die *erreichte* »Freiheit des Willens« ... *Götzen-Dämmerung*: wer weiß? vielleicht auch nur eine Art »Frieden der Seele« ...

4

– Ich bringe ein Prinzip in Formel. Jeder Naturalismus in der Moral, das heißt jede *gesunde* Moral, ist von einem Instinkte des Lebens beherrscht – irgendein Gebot des Lebens wird mit einem bestimmten Kanon von »Soll« und »Soll nicht« erfüllt, irgendeine Hemmung und Feindseligkeit auf dem Wege des Lebens wird damit beiseite geschafft. Die *widernatürliche* Moral, das heißt fast jede Moral, die bisher gelehrt, verehrt und gepredigt worden ist, wendet sich umgekehrt gerade *gegen* die Instinkte des Lebens – sie ist eine bald heimliche, bald laute und freche *Verurteilung* dieser Instinkte. Indem sie sagt »Gott sieht das Herz an«, sagt sie nein zu den untersten und obersten Begehrungen des Lebens und nimmt Gott als *Feind des Lebens* ... Der Heilige, an dem Gott sein Wohlgefallen hat, ist der ideale Kastrat ... Das Leben ist zu Ende, wo das »Reich Gottes« *anfängt* ...

5

Gesetzt, daß man das Frevelhafte einer solchen Auflehnung gegen das Leben begriffen hat, wie sie in der christlichen Moral beinahe sakrosankt geworden ist, so hat man damit, zum Glück, auch etwas andres begriffen: das Nutzlose, Scheinbare, Absurde, *Lügnerische* einer solchen Auflehnung. Eine Verurteilung des Lebens von seiten des Lebenden bleibt zuletzt doch nur das Symptom einer bestimmten Art von Leben: die Frage, ob mit Recht, ob mit Unrecht, ist gar nicht damit aufgeworfen. Man müßte eine Stellung *außerhalb* des Lebens haben, und andrerseits es so gut kennen, wie einer, wie viele, wie alle, die es gelebt haben, um das Problem vom *Wert* des Lebens überhaupt anrühren zu dürfen: Gründe genug, um zu begreifen, daß dies Problem ein für uns unzugängliches Problem ist. Wenn wir von Werten reden, reden wir unter der Inspiration, unter der Optik des Lebens: das Leben selbst zwingt uns, Werte anzusetzen, das Leben selbst wertet durch uns, *wenn* wir Werte ansetzen ... Daraus folgt, daß auch jene *Widernatur von Moral*, welche Gott als Gegenbegriff und Verurteilung des Lebens faßt, nur ein Werturteil des Lebens ist – *welches* Lebens? *welcher* Art von Leben? – Aber ich gab schon die Antwort: des niedergehenden, des geschwächten, des müden, des verurteilten Lebens. Moral, wie sie bisher verstanden worden ist – wie sie zuletzt noch von Schopenhauer formuliert wurde als »Verneinung des Willens zum Leben« – ist der *décadence-Instinkt* selbst, der aus sich einen Imperativ macht: sie sagt: *»geh zugrunde!«* – sie ist das Urteil Verurteilter ...

6

Erwägen wir endlich noch, welche Naivität es überhaupt ist, zu sagen »so und so *sollte* der Mensch sein!« Die Wirklichkeit zeigt uns einen entzückenden Reichtum der Typen, die Üppigkeit eines verschwenderischen Formenspiels und -Wechsels: und irgendein armseliger Eckensteher von Moralist sagt dazu: »nein! der Mensch sollte *anders* sein«? ... Er weiß es sogar, *wie* er sein sollte, dieser Schlucker und Mucker; er malt sich an die Wand und sagt dazu *»ecce homo!«* ... Aber selbst wenn der Moralist sich bloß an den einzelnen wendet und zu ihm sagt: »so und so solltest *du* sein!« hört er nicht auf, sich lächerlich zu machen. Der einzelne ist ein Stück Fatum von vorne und von hinten, ein Gesetz mehr, eine Notwendigkeit mehr für alles, was kommt und sein wird. Zu ihm sagen »ändere dich« heißt verlangen, daß alles sich ändert, sogar rückwärts noch ... Und wirklich, es gab konsequente Moralisten, sie wollten den Menschen anders, nämlich tugendhaft, sie wollten ihn nach ihrem Bilde, nämlich als Mucker: dazu *verneinten* sie die Welt! Keine kleine Tollheit! Keine bescheidne Art der Unbescheidenheit! ... Die Moral, insofern sie *verurteilt*, an sich, *nicht* aus Hinsichten, Rücksichten, Absichten des Lebens, ist ein spezifischer Irrtum, mit dem man kein Mitleiden haben soll, eine *Degenerierten-Idiosynkrasie*, die unsäglich viel Schaden gestiftet hat! ... Wir anderen, wir Immoralisten, haben umgekehrt unser Herz weit gemacht für alle Art Verstehn, Begreifen, *Gutheißen*. Wir verneinen nicht leicht, wir suchen unsre Ehre darin, *Bejahende* zu sein. Immer mehr ist uns das Auge für jene Ökonomie aufgegangen, welche alles das noch braucht und auszunützen weiß, was der heilige Aberwitz des Priesters, der *kranken* Vernunft im Priester verwirft, für jene Ökonomie im Gesetz des Lebens, die selbst aus der widerlichen Spezies des Muckers, des Priesters, des Tugendhaften ihren Vorteil zieht – *welchen Vorteil*? – Aber wir selbst, wir Immoralisten sind hier die Antwort ...

DIE VIER GROSSEN IRRTÜMER

I

Irrtum der Verwechslung von Ursache und Folge. – Es gibt keinen gefährlicheren Irrtum, als die *Folge mit der Ursache zu verwechseln*: ich heiße ihn die eigentliche Verderbnis der Vernunft. Trotzdem gehört dieser Irrtum zu den ältesten und jüngsten Gewohnheiten der Menschheit: er ist selbst unter uns geheiligt, er trägt den Namen »Religion«-»Moral«. *Jeder* Satz, den die Religion und die Moral formuliert, enthält ihn; Priester und Moral-Gesetzgeber sind die Urheber jener Verderbnis der Vernunft. – Ich nehme ein Beispiel. Jedermann kennt das Buch des berühmten Cornaro, in dem er seine schmale Diät als Rezept zu einem langen und glücklichen Leben – auch tugendhaften – anrät. Wenige Bücher sind so viel gelesen worden, noch jetzt wird es in England jährlich in vielen Tausenden von Exemplaren gedruckt. Ich zweifle nicht daran, daß kaum ein Buch (die Bibel, wie billig, ausgenommen) so viel Unheil gestiftet, so viele Leben *verkürzt* hat wie dies so wohlgemeinte Kuriosum. Grund dafür: die Verwechslung der Folge mit der Ursache. Der biedere Italiener sah in seiner Diät die *Ursache* seines langen Lebens: während die Vorbedingung zum langen Leben, die außerordentliche Langsamkeit des Stoffwechsels, der geringe Verbrauch, die Ursache seiner schmalen Diät war. Es stand ihm nicht frei, wenig *oder* viel zu essen, seine Frugalität war *nicht* ein »freier Wille«: er wurde krank, wenn er mehr aß. Wer aber kein Karpfen ist, tut nicht nur gut, sondern hat es nötig, *ordentlich* zu essen. Ein Gelehrter *unsrer* Tage, mit seinem rapiden Verbrauch an Nervenkraft, würde sich mit dem *régime* Cornaros zugrunde richten. *Crede experto.* –

2

Die allgemeinste Formel, die jeder Religion und Moral zugrunde liegt, heißt: »Tue das und das, laß das und das – so wirst du glücklich! Im andern Falle . . .« Jede Moral, jede Religion *ist* dieser Imperativ – ich nenne ihn die große Erbsünde der Vernunft, die *unsterbliche Unvernunft*. In meinem Munde verwandelt sich jene Formel in ihre Umkehrung – *erstes* Beispiel meiner »Umwertung aller Werte«: ein wohlgeratner Mensch, ein »Glücklicher«, *muß* gewisse Handlungen tun und scheut sich instinktiv vor andren Handlungen, er trägt die Ordnung, die er physiologisch darstellt, in seine Beziehungen zu Menschen und Dingen hinein. In Formel: seine Tugend ist die *Folge* seines Glücks ... Langes Leben, eine reiche Nachkommenschaft ist *nicht* der Lohn der Tugend, die Tugend selbst ist vielmehr selbst jene Verlangsamung des Stoffwechsels, die, unter anderem, auch ein langes Leben, eine reiche Nachkommenschaft, kurz den *Cornarismus* im Gefolge hat. – Die Kirche und die Moral sagen: »ein Geschlecht, ein Volk wird durch Laster und Luxus zugrunde gerichtet«. Meine *wiederhergestellte* Vernunft sagt: wenn ein Volk zugrunde geht, physiologisch degeneriert, so *folgen* daraus Laster und Luxus (das heißt das Bedürfnis nach immer stärkeren und häufigeren Reizen, wie sie jede erschöpfte Natur kennt). Dieser junge Mann wird frühzeitig blaß und welk. Seine Freunde sagen: daran ist die und die Krankheit schuld. Ich sage: *daß* er krank wurde, *daß* er der Krankheit nicht widerstand, war bereits die Folge eines verarmten Lebens, einer hereditären Erschöpfung Der Zeitungsleser sagt: diese Partei richtet sich mit einem solchen Fehler zugrunde. Meine *höhere* Politik sagt: eine Partei, die solche Fehler macht, ist am Ende – sie hat ihre Instinkt-Sicherheit nicht mehr. Jeder Fehler in jedem Sinne ist die Folge von Instinkt-Entartung, von Disgregation des Willens: man definiert beinahe damit das *Schlechte*. Alles *Gute* ist Instinkt – und folglich leicht, notwendig, frei. Die Mühsal ist ein Einwand, der *Gott* ist typisch vom Helden unterschieden (in meiner Sprache: die *leichten* Füße das erste Attribut der Göttlichkeit).

3

Irrtum einer falschen Ursächlichkeit. – Man hat zu allen Zeiten geglaubt, zu wissen, was eine Ursache ist: aber woher nahmen wir unser Wissen, genauer, unsern Glauben, hier zu wissen? Aus dem Bereich der berühmten »inneren Tatsachen«, von denen bisher keine sich als tatsächlich erwiesen hat. Wir glaubten uns selbst im Akt des Willens ursächlich; wir meinten da wenigstens die Ursächlichkeit *auf der Tat zu ertappen*. Man zweifelte insgleichen nicht daran, daß alle *antecedentia* einer Handlung, ihre Ursachen, im Bewußtsein zu suchen seien und darin sich wiederfänden, wenn man sie suche – als »Motive«: man wäre ja sonst *zu* ihr nicht frei, *für* sie nicht verantwortlich gewesen. Endlich, wer hätte bestritten, daß ein Gedanke verursacht wird? daß das Ich den Gedanken verursacht? ... Von diesen drei »inneren Tatsachen«, mit denen sich die Ursächlichkeit zu verbürgen schien, ist die erste und überzeugendste die vom *Willen als Ursache*; die Konzeption eines Bewußtseins (»Geistes«) als Ursache und später noch die des Ich (des »Subjekts«) als Ursache sind bloß nachgeboren, nachdem vom Willen die Ursächlichkeit als gegeben feststand, als *Empirie* ... Inzwischen haben wir uns besser besonnen. Wir glauben heute kein Wort mehr von dem allen. Die »innere Welt« ist voller Trugbilder und

Irrlichter: der Wille ist eins von ihnen. Der Wille bewegt nichts mehr, erklärt folglich auch nichts mehr – er begleitet bloß Vorgänge, er kann auch fehlen. Das sogenannte »Motiv«: ein andrer Irrtum. Bloß ein Oberflächenphänomen des Bewußtseins, ein Nebenher der Tat, das eher noch die *antecedentia* einer Tat verdeckt, als daß es sie darstellt. Und gar das Ich! Das ist zur Fabel geworden, zur Fiktion, zum Wortspiel: das hat ganz und gar aufgehört, zu denken, zu fühlen und zu wollen! ... Was folgt daraus? Es gibt gar keine geistigen Ursachen! Die ganze angebliche Empirie dafür ging zum Teufel! *Das* folgt daraus! – Und wir hatten einen artigen Mißbrauch mit jener »Empirie« getrieben, wir hatten die Welt daraufhin *geschaffen* als eine Ursachen-Welt, als eine Willens-Welt, als eine Geister-Welt. Die älteste und längste Psychologie war hier am Werk, sie hat gar nichts andres getan: alles Geschehen war ihr ein Tun, alles Tun Folge eines Willens, die Welt wurde ihr eine Vielheit von Tätern, ein Täter (ein »Subjekt«) schob sich allem Geschehen unter. Der Mensch hat seine drei »inneren Tatsachen«, das, woran er am festesten glaubte, den Willen, den Geist, das Ich, aus sich herausprojiziert – er nahm erst den Begriff Sein aus dem Begriff Ich heraus, er hat die »Dinge« als seiend gesetzt nach seinem Bilde, nach seinem Begriff des Ichs als Ursache. Was Wunder, daß er später in den Dingen immer nur wiederfand, *was er in sie gesteckt hatte*? – Das Ding selbst, nochmals gesagt, der Begriff Ding ein Reflex bloß vom Glauben ans Ich als Ursache ... Und selbst noch ihr Atom, meine Herren Mechanisten und Physiker, wie viel Irrtum, wie viel rudimentäre Psychologie ist noch in Ihrem Atom rückständig! – Gar nicht zu reden vom »Ding an sich«, vom *horrendum pudendum* der Metaphysiker! Der Irrtum vom Geist als Ursache mit der Realität verwechselt! Und zum Maß der Realität gemacht! Und *Gott* genannt! –

4

Irrtum der imaginären Ursachen. – Vom Traume auszugehn: einer bestimmten Empfindung, zum Beispiel infolge eines fernen Kanonenschusses, wird nachträglich eine Ursache untergeschoben (oft ein ganzer kleiner Roman, in dem gerade der Träumende die Hauptperson ist). Die Empfindung dauert inzwischen fort, in einer Art von Resonanz: sie wartet gleichsam, bis der Ursachentrieb ihr erlaubt, in den Vordergrund zu treten – nunmehr nicht mehr als Zufall, sondern als »Sinn«. Der Kanonenschuß tritt in einer *kausalen* Weise auf, in einer anscheinenden Umkehrung der Zeit. Das Spätere, die Motivierung, wird zuerst erlebt, oft mit hundert Einzelheiten, die wie im Blitz vorübergehn, der Schuß *folgt* ... Was ist geschehen? Die Vorstellungen, welche ein gewisses Befinden *erzeugte*, wurden als Ursache desselben mißverstanden. – Tatsächlich machen wir es im

Wachen ebenso. Unsre meisten Allgemeingefühle – jede Art Hemmung, Druck, Spannung, Explosion im Spiel und Gegenspiel der Organe, wie insonderheit der Zustand des *nervus sympathicus* – erregen unsern Ursachentrieb: wir wollen einen *Grund* haben, uns *so und so* zu befinden – uns schlecht zu befinden oder gut zu befinden. Es genügt uns niemals, einfach bloß die Tatsache, *daß* wir uns so und so befinden, festzustellen: wir lassen diese Tatsache erst zu – werden ihrer *bewußt* –, *wenn* wir ihr eine Art Motivierung gegeben haben. – Die Erinnerung, die in solchem Falle, ohne unser Wissen, in Tätigkeit tritt, führt frühere Zustände gleicher Art und die damit verwachsenen Kausal-Interpretationen herauf – *nicht* deren Ursächlichkeit. Der Glaube freilich, daß die Vorstellungen, die begleitenden Bewußtseins-Vorgänge die Ursachen gewesen seien, wird durch die Erinnerung auch mit heraufgebracht. So entsteht eine *Gewöhnung* an eine bestimmte Ursachen-Interpretation, die in Wahrheit eine *Erforschung* der Ursache hemmt und selbst ausschließt.

5

Psychologische Erklärung dazu. – Etwas Unbekanntes auf etwas Bekanntes zurückführen, erleichtert, beruhigt, befriedigt, gibt außerdem ein Gefühl von Macht. Mit dem Unbekannten ist die Gefahr, die Unruhe, die Sorge gegeben, – der erste Instinkt geht dahin, diese peinlichen Zustände *wegzuschaffen* Erster Grundsatz: irgendeine Erklärung ist besser als keine. Weil es sich im Grunde nur um ein Loswerdenwollen drückender Vorstellungen handelt, nimmt man es nicht gerade streng mit den Mitteln, sie loszuwerden: die erste Vorstellung, mit der sich das Unbekannte als bekannt erklärt, tut so wohl, daß man sie »für wahr hält«. Beweis der *Lust* (»der Kraft«) als Kriterium der Wahrheit. – Der Ursachen-Trieb ist also bedingt und erregt durch das Furchtgefühl. Das »Warum?« soll, wenn irgend möglich, nicht sowohl die Ursache um ihrer selber willen geben, als vielmehr eine *Art von Ursache* – eine beruhigende, befreiende, erleichternde Ursache. Daß etwas schon *Bekanntes,* Erlebtes, in die Erinnerung Eingeschriebenes als Ursache angesetzt wird, ist die erste Folge dieses Bedürfnisses. Das Neue, das Unerlebte, das Fremde wird als Ursache ausgeschlossen. – Es wird also nicht nur eine Art von Erklärungen als Ursache gesucht, sondern eine *ausgesuchte* und *bevorzugte* Art von Erklärungen, die, bei denen am schnellsten, am häufigsten das Gefühl des Fremden, Neuen, Unerlebten weggeschafft worden ist – die *gewöhnlichsten* Erklärungen. – Folge: eine Art von Ursachen-Setzung überwiegt immer mehr, konzentriert sich zum System und tritt endlich *dominierend* hervor, das heißt *andre* Ursachen und Erklärungen einfach ausschließend. – Der Bankier denkt sofort ans »Geschäft«, der Christ an die »Sünde«, das Mädchen an seine Liebe.

6

Der ganze Bereich der Moral und Religion gehört unter diesen Begriff der imaginären Ursachen. – »Erklärung« der *unangenehmen* Allgemeingefühle. Dieselben sind bedingt durch Wesen, die uns feind sind (böse Geister: berühmtester Fall – Mißverständnis der Hysterischen als Hexen). Dieselben sind bedingt durch Handlungen, die nicht zu billigen sind (das Gefühl der »Sünde«, der »Sündhaftigkeit« einem physiologischen Mißbehagen untergeschoben – man findet immer Gründe, mit sich unzufrieden zu sein). Dieselben sind bedingt als Strafen, als eine Abzahlung für etwas, das wir nicht hätten tun, das wir nicht hätten *sein* sollen (in impudenter Form von Schopenhauer zu einem Satze verallgemeinert, in dem die Moral als das erscheint, was sie ist, als eigentliche Giftmischerin und Verleumderin des Lebens: »jeder große Schmerz, sei er leiblich, sei er geistig, sagt aus, was wir verdienen; denn er könnte nicht an uns kommen, wenn wir ihn nicht verdienten«. Welt als Wille und Vorstellung II, 666). Dieselben sind bedingt als Folgen unbedachter, schlimm auslaufender Handlungen (– die Affekte, die Sinne als Ursache, als »schuld« angesetzt; physiologische Notstände mit Hilfe *andrer* Notstände als »verdient« ausgelegt). – »Erklärung« der *angenehmen* Allgemeingefühle. Dieselben sind bedingt durch Gottvertrauen. Dieselben sind bedingt durch das Bewußtsein guter Handlungen (das sogenannte »gute Gewissen«, ein physiologischer Zustand, der mitunter einer glücklichen Verdauung zum Verwechseln ähnlich sieht). Dieselben sind bedingt durch den glücklichen Ausgang von Unternehmungen (– naiver Fehlschluß: der glückliche Ausgang einer Unternehmung schafft einem Hypochonder oder einem Pascal durchaus keine angenehmen Allgemeingefühle). Dieselben sind bedingt durch Glaube, Liebe, Hoffnung – die christlichen Tugenden. – In Wahrheit sind alle diese vermeintlichen Erklärungen *Folge*zustände und gleichsam Übersetzungen von Lust- oder Unlust-Gefühlen in einen falschen Dialekt: man ist im Zustande zu hoffen, *weil* das physiologische Grundgefühl wieder stark und reich ist; man vertraut Gott, *weil* das Gefühl der Fülle und Stärke einem Ruhe gibt. – Die Moral und Religion gehört ganz und gar unter die *Psychologie des Irrtums*: in jedem einzelnen Falle wird Ursache und Wirkung verwechselt; oder die Wahrheit mit der Wirkung des als wahr *Geglaubten* verwechselt; oder ein Zustand des Bewußtseins mit der Ursächlichkeit dieses Zustands verwechselt.

7

Irrtum vom freien Willen. – Wir haben heute kein Mitleid mehr mit dem Begriff »freier Wille«: wir wissen nur zu gut, was er ist – das anrüchigste Theologen-Kunststück, das es gibt, zum Zweck, die Menschheit in ihrem Sinne »verantwortlich« zu machen, das heißt *sie von sich abhängig zu machen* ... Ich gebe hier nur die Psychologie alles Verantwortlichmachens. – Überall, wo Verantwortlichkeiten gesucht werden, pflegt es der Instinkt des *Strafen- und Richten-Wollens* zu sein, der da sucht. Man hat das Werden seiner Unschuld entkleidet, wenn irgendein So-und-so-Sein auf Wille, auf Absichten, auf Akte der Verantwortlichkeit zurückgeführt wird: die Lehre vom Willen ist wesentlich erfunden zum Zweck der Strafe, das heißt des *Schuldig-finden-wollens*. Die ganze alte Psychologie, die Willens-Psychologie hat ihre Voraussetzung darin, daß deren Urheber, die Priester an der Spitze alter Gemeinwesen, sich ein *Recht* schaffen wollten, Strafen zu verhängen – oder Gott dazu ein Recht schaffen wollten ... Die Menschen wurden »frei« gedacht, um gerichtet, um gestraft werden zu können – um *schuldig* werden zu können: folglich *mußte* jede Handlung als gewollt, der Ursprung jeder Handlung im Bewußtsein liegend gedacht werden (– womit die *grundsätzlichste* Falschmünzerei *in psychologicis* zum Prinzip der Psychologie selbst gemacht war ...). Heute, wo wir in die *umgekehrte* Bewegung eingetreten sind, wo wir Immoralisten zumal mit aller Kraft den Schuldbegriff und den Strafbegriff aus der Welt wieder herauszunehmen und Psychologie, Geschichte, Natur, die gesellschaftlichen Institutionen und Sanktionen von ihnen zu reinigen suchen, gibt es in unsern Augen keine radikalere Gegnerschaft als die der Theologen, welche fortfahren, mit dem Begriff der »sittlichen Weltordnung« die Unschuld des Werdens durch »Strafe« und »Schuld« zu durchseuchen. Das Christentum ist eine Metaphysik des Henkers ...

8

Was kann allein *unsre* Lehre sein? – Daß niemand dem Menschen seine Eigenschaften *gibt*, weder Gott, noch die Gesellschaft, noch seine Eltern und Vorfahren, noch *er selbst* (– der Unsinn der hier zuletzt abgelehnten Vorstellung ist als »intelligible Freiheit« von Kant, vielleicht auch schon von Plato gelehrt worden). *Niemand* ist dafür verantwortlich, daß er überhaupt da ist, daß er so und so beschaffen ist, daß er unter diesen Umständen, in dieser Umgebung ist. Die Fatalität seines Wesens ist nicht herauszulösen aus der Fatalität alles dessen, was war und was sein wird. Er ist *nicht* die Folge einer eignen Absicht, eines Willens, eines Zwecks, mit ihm wird *nicht* der Versuch gemacht, ein »Ideal von Mensch« oder ein »Ideal von Glück« oder ein »Ideal von Moralität« zu erreichen – es ist absurd, sein Wesen in irgendeinen Zweck hin *abwälzen* zu wollen. *Wir* haben den Begriff »Zweck« erfunden: in der Realität *fehlt* der Zweck ... Man ist notwendig, man ist ein Stück Verhängnis, man gehört zum Ganzen, man *ist* im Ganzen, – es gibt nichts, was unser Sein richten, messen, vergleichen, verurteilen könnte, denn das hieße das Ganze richten, messen, vergleichen, verurteilen ... *Aber es gibt nichts außer dem Ganzen!* – Daß niemand mehr verantwortlich gemacht wird, daß die Art des Seins nicht auf eine *causa prima* zurückgeführt werden darf, daß die Welt weder als Sensorium, noch als »Geist« eine Einheit ist, *dies erst ist die große Befreiung* – damit erst ist die *Unschuld* des Werdens wieder hergestellt ... Der Begriff »Gott« war bisher der größte *Einwand* gegen das Dasein ... Wir leugnen Gott, wir leugnen die Verantwortlichkeit in Gott: *damit* erst erlösen wir die Welt. –

DIE »VERBESSERER« DER MENSCHHEIT

1

Man kennt meine Forderung an den Philosophen, sich *jenseits* von Gut und Böse zu stellen – die Illusion des moralischen Urteils *unter* sich zu haben. Diese Forderung folgt aus einer Einsicht, die von mir zum ersten Male formuliert worden ist: *daß es gar keine moralischen Tatsachen gibt.* Das moralische Urteil hat das mit dem religiösen gemein, daß es an Realitäten glaubt, die keine sind. Moral ist nur eine Ausdeutung gewisser Phänomene, bestimmter geredet, eine *Miß*deutung. Das moralische Urteil gehört, wie das religiöse, einer Stufe der Unwissenheit zu, auf der selbst der Begriff des Realen, die Unterscheidung des Realen und Imaginären noch fehlt: so daß »Wahrheit« auf solcher Stufe lauter Dinge bezeichnet, die wir heute »Einbildungen« nennen. Das moralische Urteil ist insofern nie wörtlich zu nehmen: als solches enthält es immer nur Widersinn. Aber es bleibt als *Semiotik* unschätzbar: es offenbart, für den Wissenden wenigstens, die wertvollsten Realitäten von Kulturen und Innerlichkeiten, die nicht genug *wußten,* um sich selbst zu »verstehn«. Moral ist bloß Zeichenrede, bloß Symptomatologie: man muß bereits wissen, *worum* es sich handelt, um von ihr Nutzen zu ziehn.

2

Ein erstes Beispiel und ganz vorläufig. Zu allen Zeiten hat man die Menschen »verbessern« wollen: dies vor allem hieß Moral. Aber unter dem gleichen Wort ist das Allerverschiedenste von Tendenz versteckt. Sowohl die *Zähmung* der Bestie Mensch, als die *Züchtung* einer bestimmten Gattung Mensch ist »Besserung« genannt worden: erst diese zoologischen *termini* drücken Realitäten aus – Realitäten freilich, von denen der typische »Verbesserer«, der Priester, nichts weiß – nichts wissen *will* . . . Die Zähmung eines Tieres seine »Besserung« nennen ist in unsern Ohren beinahe ein Scherz. Wer weiß, was in Menagerien geschieht, zweifelt daran, daß die Bestie daselbst »verbessert« wird. Sie wird geschwächt, sie wird weniger schädlich gemacht, sie wird durch den depressiven Affekt der Furcht, durch Schmerz, durch Wunden, durch Hunger zur *krankhaften* Bestie. – Nicht anders steht es mit dem gezähmten Menschen, den der Priester »verbessert« hat. Im frühen Mittelalter, wo in der Tat die Kirche vor allem eine Menagerie war, machte man allerwärts auf die schönsten

Exemplare der »blonden Bestie« Jagd – man »verbesserte« zum Beispiel die vornehmen Germanen. Aber wie sah hinterdrein ein solcher »verbesserter«, ins Kloster verführter Germane aus? Wie eine Karikatur des Menschen, wie eine Mißgeburt: er war zum »Sünder« geworden, er stak im Käfig, man hatte ihn zwischen lauter schreckliche Begriffe eingesperrt ... Da lag er nun, krank, kümmerlich, gegen sich selbst böswillig; voller Haß gegen die Antriebe zum Leben, voller Verdacht gegen alles, was noch stark und glücklich war. Kurz, ein »Christ« ... Physiologisch geredet: im Kampf mit der Bestie *kann* Krankmachen das einzige Mittel sein, sie schwach zu machen. Das verstand die Kirche: sie *verdarb* den Menschen, sie schwächte ihn – aber sie nahm in Anspruch, ihn »verbessert« zu haben ...

3

Nehmen wir den andern Fall der sogenannten Moral, den Fall der *Züchtung* einer bestimmten Rasse und Art. Das großartigste Beispiel dafür gibt die indische Moral, als »Gesetz des Manu« zur Religion sanktioniert. Hier ist die Aufgabe gestellt, nicht weniger als vier Rassen auf einmal zu züchten: eine priesterliche, eine kriegerische, eine händler- und ackerbauerische, endlich eine Dienstboten-Rasse, die Sudras. Ersichtlich sind wir hier nicht mehr unter Tierbändigern: eine hundertmal mildere und vernünftigere Art Mensch ist die Voraussetzung, um auch nur den Plan einer solchen Züchtung zu konzipieren. Man atmet auf, aus der christlichen Kranken- und Kerkerluft in diese gesündere, höhere, *weitere* Welt einzutreten. Wie armselig ist das »Neue Testament« gegen Manu, wie schlecht riecht es! – Aber auch diese Organisation hatte nötig, *furchtbar* zu sein – nicht diesmal im Kampf mit der Bestie, sondern mit *ihrem* Gegensatz-Begriff, dem Nicht-Zucht-Menschen, dem Mischmasch-Menschen, dem Tschandala. Und wieder hatte sie kein andres Mittel, ihn ungefährlich, ihn schwach zu machen, als ihn *krank* zu machen – es war der Kampf mit der »großen Zahl«. Vielleicht gibt es nichts unserm Gefühle Widersprechenderes als *diese* Schutzmaßregeln der indischen Moral. Das dritte Edikt zum Beispiel (Avadana-Sastra I), das »von den unreinen Gemüsen«, ordnet an, daß die einzige Nahrung, die den Tschandala erlaubt ist, Knoblauch und Zwiebeln sein sollen, in Anbetracht, daß die heilige Schrift verbietet, ihnen Korn oder Früchte, die Körner tragen, oder *Wasser* oder Feuer zu geben. Dasselbe Edikt setzt fest, daß das Wasser, welches sie nötig haben, weder aus den Flüssen, noch aus den Quellen, noch aus den Teichen genommen werden dürfe, sondern nur aus den Zugängen zu Sümpfen und aus Löchern, welche durch die Fußtapfen der Tiere entstanden sind. Insgleichen wird ihnen verboten, ihre Wäsche zu waschen und *sich selbst zu waschen*, da das Wasser, das ihnen aus Gnade zugestanden wird, nur benutzt werden darf, den Durst zu löschen. Endlich ein Verbot an die Sudra-Frauen, den Tschandala-Frauen bei der Geburt beizustehn, insgleichen noch eins für die letzteren, *einander dabei beizustehn* ... – Der Erfolg einer solchen Sanitäts-Polizei blieb nicht aus: mörderische Seuchen, scheußliche Geschlechtskrankheiten und daraufhin wieder »das Gesetz des Messers«, die Beschneidung für die männlichen, die Abtragung der kleinen Schamlippen für die weiblichen Kinder anordnend. – Manu selbst sagt: »die Tschandala sind die Frucht von Ehebruch, Inzest und Verbrechen (– dies die *notwendige* Konsequenz des Begriffs Züchtung). Sie sollen zu Kleidern nur die Lumpen von Leichnamen haben, zum Geschirr zerbrochne Töpfe, zum Schmuck altes Eisen, zum Gottesdienst nur die bösen Geister; sie sollen ohne Ruhe von einem Ort zum andern schweifen. Es ist ihnen verboten, von links nach rechts zu schreiben und sich der rechten Hand zum Schreiben zu bedienen: der Gebrauch der rechten Hand und des Von-links-nach-rechts ist bloß den *Tugendhaften* vorbehalten, den Leuten von *Rasse.*« –

4

Diese Verfügungen sind lehrreich genug: in ihnen haben wir einmal die *arische* Humanität, ganz rein, ganz ursprünglich – wir lernen, daß der Begriff »reines Blut« der Gegensatz eines harmlosen Begriffs ist. Andrerseits wird klar, in *welchem* Volk sich der Haß, der Tschandala-Haß gegen diese »Humanität« verewigt hat, wo er Religion, wo er *Genie* geworden ist ... Unter diesem Gesichtspunkte sind die Evangelien eine Urkunde ersten Ranges; noch mehr das Buch Henoch. – Das Christentum, aus jüdischer Wurzel und nur verständlich als Gewächs dieses Bodens, stellt die *Gegenbewegung* gegen jede Moral der Züchtung, der Rasse, des Privilegiums dar – es ist die *antiarische* Religion *par excellence*: das Christentum die Umwertung aller arischen Werte, der Sieg der Tschandala-Werte, das Evangelium den Armen, den Niedrigen gepredigt, der Gesamt-Aufstand alles Niedergetretenen, Elenden, Mißratenen, Schlechtweggekommenen gegen die »Rasse« – die unsterbliche Tschandala-Rache als *Religion der Liebe* ...

5

Die Moral der *Züchtung* und die Moral der *Zähmung* sind in den Mitteln, sich durchzusetzen, vollkommen einander würdig: wir dürfen als obersten Satz hinstellen, daß, um Moral zu *machen*, man den unbedingten Willen zum Gegenteil haben muß. Dies ist das große, das *unheimliche* Problem, dem ich am längsten nachgegangen bin: die Psychologie der »Verbesserer« der Menschheit. Eine kleine und im Grunde bescheidne Tatsache, die der sogenannten *pia fraus*, gab mir den ersten Zugang zu diesem Problem: die *pia fraus*, das Erbgut aller Philosophen und Priester, die die Menschheit »verbesserten«. Weder Manu, noch Plato, noch Konfuzius, noch die jüdischen und christlichen Lehrer haben je an ihrem *Recht* zur Lüge gezweifelt. Sie haben *an ganz andren Rechten* nicht gezweifelt ... In Formel ausgedrückt dürfte man sagen: *alle* Mittel, wodurch bisher die Menschheit moralisch gemacht werden sollte, waren von Grund aus *unmoralisch*. –

WAS DEN DEUTSCHEN ABGEHT

1

Unter Deutschen ist es heute nicht genug, Geist zu haben: man muß ihn noch sich nehmen, sich Geist *herausnehmen* ...

Vielleicht kenne ich die Deutschen, vielleicht darf ich selbst ihnen ein paar Wahrheiten sagen. Das neue Deutschland stellt ein großes Quantum vererbter und angeschulter Tüchtigkeit dar, so daß es den aufgehäuften Schatz von Kraft eine Zeitlang selbst verschwenderisch ausgeben darf. Es ist *nicht* eine hohe Kultur, die mit ihm Herr geworden, noch weniger ein delikater Geschmack, eine vornehme »Schönheit« der Instinkte; aber *männlichere* Tugenden, als sonst ein Land Europas aufweisen kann. Viel guter Mut und Achtung vor sich selber, viel Sicherheit im Verkehr, in der Gegenseitigkeit der Pflichten, viel Arbeitsamkeit, viel Ausdauer – und eine angeerbte Mäßigung, welche eher des Stachels als des Hemmschuhs bedarf. Ich füge hinzu, daß hier noch gehorcht wird, ohne daß das Gehorchen demütigt ... Und niemand verachtet seinen Gegner ...

Man sieht, es ist mein Wunsch, den Deutschen gerecht zu sein: ich möchte mir darin nicht untreu werden – ich muß ihnen also auch meinen Einwand machen. Es zahlt sich teuer, zur Macht zu kommen: die Macht *verdummt* ... Die Deutschen – man hieß sie einst das Volk der Denker: denken sie heute überhaupt noch? Die Deutschen langweilen sich jetzt am Geiste, die Deutschen mißtrauen jetzt dem Geiste, die Politik verschlingt allen Ernst für wirklich geistige Dinge – »Deutschland, Deutschland über alles«, ich fürchte, das war das Ende der deutschen Philosophie ... »Gibt es deutsche Philosophen? gibt es deutsche Dichter? gibt es *gute* deutsche Bücher?« – fragt man mich im Ausland. Ich erröte; aber mit der Tapferkeit, die mir auch in verzweifelten Fällen zu eigen ist, antworte ich: »Ja, *Bismarck*!« – Dürfte ich auch nur eingestehn, welche Bücher man heute liest? ... Vermaledeiter Instinkt der Mittelmäßigkeit! –

2

– Was der deutsche Geist sein *könnte*, wer hätte nicht schon darüber seine schwermütigen Gedanken gehabt! Aber dies Volk hat sich willkürlich verdummt, seit einem Jahrtausend beinahe: nirgendswo sind die zwei großen europäischen Narkotika, Alkohol und Christentum, lasterhafter gemißbraucht worden. Neuerdings kam sogar noch ein drittes hinzu, mit dem allein schon aller feinen und kühnen Beweglichkeit des Geistes der Garaus gemacht werden kann, die Musik, unsre verstopfte verstopfende deutsche Musik. – Wie viel verdrießliche Schwere, Lahmheit, Feuchtigkeit, Schlafrock, wie viel *Bier* ist in der deutschen Intelligenz! Wie ist es eigentlich möglich, daß junge Männer, die den geistigsten Zielen ihr Dasein weihn, nicht den ersten Instinkt der Geistigkeit, *den Selbsterhaltungs-Instinkt des Geistes* in sich fühlen – und Bier trinken? ... Der Alkoholismus der gelehrten Jugend ist vielleicht noch kein Fragezeichen in Absicht ihrer Gelehrsamkeit – man kann ohne Geist sogar ein großer Gelehrter sein –, aber in jedem andern Betracht bleibt er ein Problem. – Wo fände man sie nicht, die sanfte Entartung, die das Bier im Geiste hervorbringt! Ich habe einmal in einem beinahe berühmt gewordnen Fall den Finger auf eine solche Entartung gelegt – die Entartung unsres ersten deutschen Freigeistes, des *klugen* David Strauß, zum Verfasser eines Bierbank-Evangeliums und »neuen Glaubens« ... Nicht umsonst hatte er der »holden Braunen« sein Gelöbnis in Versen gemacht – Treue bis zum Tod ...

3

– Ich sprach vom deutschen Geiste: daß er gröber wird, daß er sich verflacht. Ist das genug? – Im Grunde ist es etwas ganz anderes, das mich erschreckt: wie es immer mehr mit dem deutschen Ernste, der deutschen Tiefe, der deutschen *Leidenschaft* in geistigen Dingen abwärts geht. Das Pathos hat sich verändert, nicht bloß die Intellektualität. – Ich berühre hier und da deutsche Universitäten: was für eine Luft herrscht unter deren Gelehrten, welche öde, welche genügsam und lau gewordne Geistigkeit! Es wäre ein tiefes Mißverständnis, wenn man mir hier die deutsche Wissenschaft einwenden wollte – und außerdem ein Beweis dafür, daß man nicht ein Wort von mir gelesen hat. Ich bin seit siebzehn Jahren nicht müde geworden, den *entgeistigenden* Einfluß unsres jetzigen Wissenschafts-Betriebs ans Licht zu stellen. Das harte Helotentum, zu dem der ungeheure Umfang der Wissenschaften heute jeden einzelnen verurteilt, ist ein Hauptgrund dafür, daß voller, reicher, *tiefer* angelegte Naturen keine ihnen gemäße Erziehung *und Erzieher* mehr vorfinden. Unsre Kultur leidet an nichts *mehr*, als an dem Überfluß anmaßlicher Eckensteher und Bruchstück-Humanitäten; unsre Universitäten sind, *wider* Willen, die eigentlichen Treibhäuser für diese Art Instinkt-Verkümmerung des Geistes. Und ganz Europa hat bereits einen Begriff davon – die große Politik täuscht niemanden ... Deutschland gilt immer mehr als Europas *Flachland*. – Ich *suche* noch nach einem Deutschen, mit dem *ich* auf meine Weise ernst sein könnte – um wieviel mehr nach einem, mit dem ich heiter sein dürfte! –

Götzen-Dämmerung: ah wer begriffe es heute, *von was für einem Ernste* sich hier ein Einsiedler erholt! – Die Heiterkeit ist an uns das Unverständlichste ...

4

Man mache einen Überschlag: es liegt nicht nur auf der Hand, daß die deutsche Kultur niedergeht, es fehlt auch nicht am zureichenden Grund dafür. Niemand kann zuletzt mehr ausgeben, als er hat – das gilt von einzelnen, das gilt von Völkern. Gibt man sich für Macht, für große Politik, für Wirtschaft, Weltverkehr, Parlamentarismus, Militär-Interessen aus – gibt man das Quantum Verstand, Ernst, Wille, Selbstüberwindung, das man ist, nach *dieser* Seite weg, so fehlt es auf der andern Seite. Die Kultur und der Staat – man betrüge sich hierüber nicht – sind Antagonisten: »Kultur-Staat« ist bloß eine moderne Idee. Das eine lebt vom andern, das eine gedeiht auf Unkosten des andern. Alle großen Zeiten der Kultur sind politische Niedergangs-Zeiten: was groß ist im Sinn der Kultur, war unpolitisch, selbst *antipolitisch* ... Goethe ging das Herz auf bei dem Phänomen Napoleon – es ging ihm *zu* bei den »Freiheits-Kriegen« ... In demselben Augenblick, wo Deutschland als Großmacht heraufkommt, gewinnt Frankreich als *Kulturmacht* eine veränderte Wichtigkeit. Schon heute ist viel neuer Ernst, viel neue *Leidenschaft* des Geistes nach Paris übergesiedelt; die Frage des Pessimismus zum Beispiel, die Frage Wagner, fast alle psychologischen und artistischen Fragen werden dort unvergleichlich feiner und gründlicher erwogen als in Deutschland – die Deutschen sind selbst *unfähig* zu dieser Art Ernst. – In der Geschichte der europäischen Kultur bedeutet die Heraufkunft des »Reichs« vor allem eins: eine *Verlegung des Schwergewichts*. Man weiß es überall bereits: in der Hauptsache – und das bleibt die Kultur – kommen die Deutschen nicht mehr in Betracht. Man fragt: habt ihr auch nur einen für Europa *mitzählenden* Geist aufzuweisen? wie euer Goethe, euer Hegel, euer Heinrich Heine, euer Schopenhauer mitzählte? – Daß es nicht einen einzigen deutschen Philosophen mehr gibt, darüber ist des Erstaunens kein Ende. –

5

Dem ganzen höheren Erziehungswesen in Deutschland ist die Hauptsache abhanden gekommen: *Zweck* sowohl als *Mittel* zum Zweck. Daß Erziehung, *Bildung* selbst Zweck ist – und *nicht* »das Reich« –, daß es zu diesem Zweck der *Erzieher* bedarf – und *nicht* der Gymnasiallehrer und Universitäts-Gelehrten – man vergaß das ... Erzieher tun not, *die selbst erzogen* sind, überlegne, vornehme Geister, in jedem Augenblick bewiesen, durch Wort und Schweigen bewiesen, reife, *süß* gewordene Kulturen – *nicht* die gelehrten Rüpel, welche Gymnasium und Universität der Jugend heute als »höhere Ammen« entgegenbringt. Die Erzieher *fehlen,* die Ausnahmen der Ausnahmen abgerechnet, die *erste* Vorbedingung der Erziehung: *daher* der Niedergang der deutschen Kultur. – Eine jener allerseltensten Ausnahmen ist mein verehrungswürdiger Freund Jacob Burckhardt in Basel: ihm zuerst verdankt Basel seinen Vorrang von Humanität. – Was die »höheren Schulen« Deutschlands tatsächlich erreichen, das ist eine brutale Abrichtung, um, mit möglichst geringem Zeitverlust, eine Unzahl junger Männer für den Staatsdienst nutzbar, *ausnutzbar* zu machen. »Höhere Erziehung« und *Unzahl* – das widerspricht sich von vornherein. Jede höhere Erziehung gehört nur der Ausnahme: man muß privilegiert sein, um ein Recht auf ein so hohes Privilegium zu haben. Alle großen, alle schönen Dinge können nie Gemeingut sein: *pulchrum est paucorum hominum.* – Was *bedingt* den Niedergang der deutschen Kultur? Daß »höhere Erziehung« kein *Vorrecht* mehr ist – der Demokratismus der »allgemeinen«, der *gemein* gewordnen »Bildung« ... Nicht zu vergessen, daß militärische Privilegien den *Zu-viel-Besuch* der höheren Schulen, das heißt ihren Untergang, förmlich erzwingen. – Es steht niemandem mehr frei, im jetzigen Deutschland seinen Kindern eine vornehme Erziehung zu geben: unsre »höheren« Schulen sind allesamt auf die zweideutigste Mittelmäßigkeit eingerichtet, mit Lehrern, mit Lehrplänen, mit Lehrzielen. Und überall herrscht eine unanständige Hast, wie als ob etwas versäumt wäre, wenn der junge Mann mit 23 Jahren noch nicht »fertig« ist, noch nicht Antwort weiß auf die »Hauptfrage«: *welchen* Beruf? – Eine höhere Art Mensch, mit Verlaub gesagt, liebt nicht »Berufe«, genau deshalb, weil sie sich berufen weiß ... Sie hat Zeit, sie nimmt sich Zeit, sie denkt gar nicht daran, »fertig« zu werden – mit dreißig Jahren ist man, im Sinne hoher Kultur, ein Anfänger, ein Kind. – Unsre überfüllten Gymnasien, unsre überhäuften, stupid gemachten Gymnasiallehrer sind ein Skandal: um diese Zustände in Schutz zu nehmen, wie es jüngst die Professoren von Heidelberg getan haben, dazu hat man vielleicht *Ursachen* – Gründe dafür gibt es nicht.

6

– Ich stelle, um nicht aus meiner Art zu fallen, die *jasagend* ist und mit Widerspruch und Kritik nur mittelbar, nur unfreiwillig zu tun hat, sofort die drei Aufgaben hin, derentwegen man Erzieher braucht. Man hat *sehen* zu lernen, man hat *denken* zu lernen, man hat *sprechen* und *schreiben* zu lernen: das Ziel in allen dreien ist eine vornehme Kultur. – *Sehen* lernen – dem Auge die Ruhe, die Geduld, das An-sich-herankommen-lassen angewöhnen; das Urteil hinausschieben, den Einzelfall von allen Seiten umgehn und umfassen lernen. Das ist die *erste* Vorschulung zur Geistigkeit: auf einen Reiz *nicht* sofort reagieren, sondern die hemmenden, die abschließenden Instinkte in die Hand bekommen. *Sehen* lernen, so wie ich es verstehe, ist beinahe das, was die unphilosophische Sprechweise den starken Willen nennt: das Wesentliche daran ist gerade, *nicht* »wollen«, die Entscheidung aussetzen *können*. Alle Ungeistigkeit, alle Gemeinheit beruht auf dem Unvermögen, einem Reize Widerstand zu leisten – man *muß* reagieren, man folgt jedem Impulse. In vielen Fällen ist ein solches Müssen bereits Krankhaftigkeit, Niedergang, Symptom der Erschöpfung, – fast alles, was die unphilosophische Roheit mit dem Namen »Laster« bezeichnet, ist bloß jenes physiologische Unvermögen, *nicht* zu reagieren. – Eine Nutzanwendung vom Sehen-gelernt-haben: man wird als *Lernender* überhaupt langsam, mißtrauisch, widerstrebend geworden sein. Man wird Fremdes, *Neues* jeder Art zunächst mit feindseliger Ruhe herankommen lassen – man wird seine Hand davor zurückziehn. Das Offenstehn mit allen Türen, das untertänige Auf-dem-Bauch-Liegen vor jeder kleinen Tatsache, das allzeit sprungbereite Sich-hinein-Setzen, Sich-hinein-*Stürzen* in andere und anderes, kurz die berühmte moderne »Objektivität« ist schlechter Geschmack, ist *unvornehm par excellence*. –

7

Denken lernen: man hat auf unsern Schulen keinen Begriff mehr davon. Selbst auf den Universitäten, sogar unter den eigentlichen Gelehrten der Philosophie beginnt Logik als Theorie, als Praktik, als *Handwerk*, auszusterben. Man lese deutsche Bücher: nicht mehr die entfernteste Erinnerung daran, daß es zum Denken, einer Technik, eines Lehrplans, eines Willens zur Meisterschaft bedarf – daß Denken gelernt sein will, wie Tanzen gelernt sein will, *als* eine Art Tanzen ... Wer kennt unter Deutschen jenen feinen Schauder aus Erfahrung noch, den die *leichten Füße* im Geistigen in alle Muskeln überströmen! – Die steife Tölpelei der geistigen Gebärde, die *plumpe* Hand beim Fassen – das ist in dem Grade deutsch, daß man es im Auslande mit dem deutschen Wesen überhaupt verwechselt. Der Deutsche hat keine *Finger* für *nuances* ... Daß die Deutschen ihre Philosophen auch nur ausgehalten haben, vor allem jenen verwachsensten Begriffs-Krüppel, den es je gegeben hat, den *großen* Kant, gibt keinen kleinen Begriff von der deutschen Anmut. – Man kann nämlich das *Tanzen* in jeder Form nicht von der *vornehmen Erziehung* abrechnen. Tanzen-können mit den Füßen, mit den Begriffen, mit den Worten: habe ich noch zu sagen, daß man es auch mit der *Feder* können muß – daß man *schreiben* lernen muß? – Aber an dieser Stelle würde ich deutschen Lesern vollkommen zum Rätsel werden ...

STREIFZÜGE EINES UNZEITGEMÄSSEN

1

Meine *Unmöglichen.* – *Seneca*: oder der Toreador der Tugend. – *Rousseau*: oder die Rückkehr zur Natur *in impuris naturalibus.* – *Schiller*: oder der Moral-Trompeter von Säckingen. – *Dante*: oder die Hyäne, die in Gräbern *dichtet.* – *Kant*: oder *cant* als intelligibler Charakter. – *Victor Hugo*: oder der Pharus am Meere des Unsinns. – *Liszt*: oder die Schule der Geläufigkeit – nach Weibern. – *George Sand*: oder *lactea ubertas*, auf deutsch: die Milchkuh mit »schönem Stil«. – *Michelet*: oder die Begeisterung, die den Rock auszieht. – *Carlyle*: oder Pessimismus als zurückgetretenes Mittagessen. – *John Stuart Mill*: oder die beleidigende Klarheit. – *Les frères de Goncourt*: oder die beiden Ajaxe im Kampf mit Homer. Musik von Offenbach. – *Zola*: oder »die Freude zu stinken«. –

2

Renan. – Theologie, oder die Verderbnis der Vernunft durch die »Erbsünde« (das Christentum). Zeugnis Renan, der, sobald er einmal ein Ja oder Nein allgemeinerer Art riskiert, mit peinlicher Regelmäßigkeit danebengreift. Er möchte zum Beispiel *la science* und *la noblesse* in eins verknüpfen; aber *la science* gehört zur Demokratie, das greift sich doch mit Händen. Er wünscht, mit keinem kleinen Ehrgeize, einen Aristokratismus des Geistes darzustellen: aber zugleich liegt er vor dessen Gegenlehre, dem *évangile des humbles* auf den Knien und nicht nur auf den Knien ... was hilft alle Freigeisterei, Modernität, Spötterei und Wendehals-Geschmeidigkeit, wenn man mit seinen Eingeweiden Christ, Katholik und sogar Priester geblieben ist! Renan hat seine Erfindsamkeit, ganz wie ein Jesuit und Beichtvater, in der Verführung; seiner Geistigkeit fehlt das breite Pfaffen-Geschmunzel nicht – er wird, wie alle Priester, gefährlich erst, wenn er liebt. Niemand kommt ihm darin gleich, auf eine lebensgefährliche Weise anzubeten ... Dieser Geist Renans, ein Geist, der *entnervt*, ist ein Verhängnis mehr für das arme, kranke, willenskranke Frankreich. –

3

Sainte-Beuve. – Nichts von Mann; voll eines kleinen Ingrimms gegen alle Mannsgeister. Schweift umher, fein, neugierig, gelangweilt, aushorcherisch – eine Weibsperson im Grunde, mit einer Weibs-Rachsucht und Weibs-Sinnlichkeit. Als Psycholog ein Genie der *médisance;* unerschöpflich reich an Mitteln dazu; niemand versteht besser, mit einem Lob Gift zu mischen. Plebejisch in den untersten Instinkten und mit dem Ressentiment Rousseaus verwandt: *folglich* Romantiker, – denn unter allem *romantisme* grunzt und giert der Instinkt Rousseaus nach Rache. Revolutionär, aber durch die Furcht leidlich noch im Zaum gehalten. Ohne Freiheit vor allem, was Stärke hat (öffentliche Meinung, Akademie, Hof, selbst Port-Royal). Erbittert gegen alles Große an Mensch und Ding, gegen alles, was an sich glaubt. Dichter und Halbweib genug, um das Große noch als Macht zu fühlen; gekrümmt beständig, wie jener berühmte Wurm, weil er sich beständig getreten fühlt. Als Kritiker ohne Maßstab, Halt und Rückgrat, mit der Zunge des kosmopolitischen *libertin* für vielerlei, aber ohne den Mut selbst zum Eingeständnis der *libertinage.* Als Historiker ohne Philosophie, ohne die *Macht* des philosophischen Blicks – deshalb die Aufgabe des Richtens in allen Hauptsachen ablehnend, die »Objektivität« als Maske vorhaltend. Anders verhält er sich zu allen Dingen, wo ein feiner, vernutzter Geschmack die höchste Instanz ist: da hat er wirklich den Mut zu sich, die Lust an sich – da ist er *Meister.* – Nach einigen Seiten eine Vorform Baudelaires. –

4

Die *imitatio Christi* gehört zu den Büchern, die ich nicht ohne einen physiologischen Widerstand in den Händen halte: sie haucht einen *parfum* des Ewig-Weiblichen aus, zu dem man bereits Franzose sein muß – oder Wagnerianer ... Dieser Heilige hat eine Art, von der Liebe zu reden, daß sogar die Pariserinnen neugierig werden. – Man sagt mir, daß jener *klügste* Jesuit, A. Comte, der seine Franzosen auf dem *Umweg* der Wissenschaft nach Rom führen wollte, sich an diesem Buche inspiriert habe. Ich glaube es: »die Religion des Herzens« ...

5

G. Eliot. – Sie sind den christlichen Gott los und glauben nun um so mehr die christliche Moral festhalten zu müssen: das ist eine *englische* Folgerichtigkeit, wir wollen sie den Moral-Weiblein *à la* Eliot nicht verübeln. In England muß man sich für jede kleine Emanzipation von der

Theologie in furchteinflößender Weise als Moral-Fanatiker wieder zu Ehren bringen. Das ist dort die *Buße* die man zahlt. – Für uns andre steht es anders. Wenn man den christlichen Glauben aufgibt, zieht man sich damit das *Recht* zur christlichen Moral unter den Füßen weg. Diese versteht sich schlechterdings *nicht* von selbst: man muß diesen Punkt, den englischen Flachköpfen zum Trotz, immer wieder ans Licht stellen. Das Christentum ist ein System, eine zusammengedachte und *ganze* Ansicht der Dinge. Bricht man aus ihm einen Hauptbegriff, den Glauben an Gott, heraus, so zerbricht man damit auch das Ganze: man hat nichts Notwendiges mehr zwischen den Fingern. Das Christentum setzt voraus, daß der Mensch nicht wisse, nicht wissen *könne*, was für ihn gut, was böse ist: er glaubt an Gott, der allein es weiß. Die christliche Moral ist ein Befehl; ihr Ursprung ist transzendent; sie ist jenseits aller Kritik, alles Rechts auf Kritik; sie hat nur Wahrheit, falls Gott die Wahrheit ist – sie steht und fällt mit dem Glauben an Gott. – Wenn tatsächlich die Engländer glauben, sie wüßten von sich aus, »intuitiv«, was gut und böse ist, wenn sie folglich vermeinen, das Christentum als Garantie der Moral nicht mehr nötig zu haben, so ist dies selbst bloß die *Folge* der Herrschaft des christlichen Werturteils und ein Ausdruck von der *Stärke* und *Tiefe* dieser Herrschaft: so daß der Ursprung der englischen Moral vergessen worden ist, so daß das Sehr-Bedingte ihres Rechts auf Dasein nicht mehr empfunden wird. Für den Engländer ist die Moral noch kein Problem ...

6

George Sand. – Ich las die ersten *lettres d'un voyageur*: wie alles, was von Rousseau stammt, falsch, gemacht, Blasebalg, übertrieben. Ich halte diesen bunten Tapeten-Stil nicht aus; ebensowenig als die Pöbel-Ambition nach generösen Gefühlen. Das Schlimmste freilich bleibt die Weibskoketterie mit Männlichkeiten, mit Manieren ungezogner Jungen. – Wie kalt muß sie bei alledem gewesen sein, diese unausstehliche Künstlerin! Sie zog sich auf wie eine Uhr – und schrieb ... Kalt, wie Hugo, wie Balzac, wie alle Romantiker, sobald sie dichteten! Und wie selbstgefällig sie dabei dagelegen haben mag, diese fruchtbare Schreibe-Kuh, die etwas Deutsches im schlimmen Sinne an sich hatte, gleich Rousseau selbst, ihrem Meister, und jedenfalls erst beim Niedergang des französischen Geschmacks möglich war! – Aber Renan verehrt sie ...

7

Moral für Psychologen. – Keine Kolportage-Psychologie treiben! Nie beobachten, *um* zu beobachten! Das gibt eine falsche Optik, ein Schielen, etwas Erzwungenes und Übertreibendes. Erleben als Erleben-*Wollen* – das gerät nicht. Man *darf* nicht im Erlebnis nach sich hinblicken, jeder Blick wird da zum »bösen Blick«. Ein geborner Psycholog hütet sich aus Instinkt, zu sehn, um zu sehn; dasselbe gilt vom gebornen Maler. Er arbeitet nie »nach der Natur« – er überläßt seinem Instinkte, seiner *camera obscura* das Durchsieben und Ausdrücken des »Falls«, der »Natur«, des »Erlebten« ... Das *Allgemeine* erst kommt ihm zum Bewußtsein, der Schluß, das Ergebnis: er kennt jenes willkürliche Abstrahieren vom einzelnen Falle nicht. – Was wird daraus, wenn man es anders macht? Zum Beispiel nach Art der Pariser *romanciers* groß und klein Kolportage-Psychologie treibt? *Das* lauert gleichsam der Wirklichkeit auf, *das* bringt jeden Abend eine Handvoll Kuriositäten mit nach Hause ... Aber man sehe nur, was zuletzt herauskommt – ein Haufen von Klecksen, ein Mosaik bestenfalls, in jedem Falle etwas Zusammen-Addiertes, Unruhiges, Farbenschreiendes. Das Schlimmste darin erreichen die Goncourts: sie setzen nicht drei Sätze zusammen, die nicht dem Auge, dem *Psychologen*-Auge einfach weh tun. – Die Natur, künstlerisch abgeschätzt, ist kein Modell. Sie übertreibt, sie verzerrt, sie läßt Lücken. Die Natur ist der *Zufall.* Das Studium »nach der Natur« scheint mir ein schlechtes Zeichen: es verrät Unterwerfung, Schwäche, Fatalismus, – dies Im-Staubeliegen vor *petits faits* ist eines *ganzen* Künstlers unwürdig. Sehen, *was ist* – das gehört einer andern Gattung von Geistern zu, den *antiartistischen,* den Tatsächlichen. Man muß wissen, *wer* man ist ...

8

Zur Psychologie des Künstlers. – Damit es Kunst gibt, damit es irgendein ästhetisches Tun und Schauen gibt, dazu ist eine physiologische Vorbedingung unumgänglich: der *Rausch.* Der Rausch muß erst die Erregbarkeit der ganzen Maschine gesteigert haben: eher kommt es zu keiner Kunst. Alle noch so verschieden bedingten Arten des Rausches haben dazu die Kraft: vor allem der Rausch der Geschlechtserregung, diese älteste und ursprünglichste Form des Rausches. Insgleichen der Rausch, der im Gefolge aller großen Begierden, aller starken Affekte kommt; der Rausch des Festes, des Wettkampfs, des Bravourstücks, des Siegs, aller extremen Bewegung; der Rausch der Grausamkeit; der Rausch in der Zerstörung; der Rausch unter gewissen meteorologischen Einflüssen, zum Beispiel der Frühlingsrausch; oder unter dem Einfluß der Narkotika; endlich der Rausch des Willens, der Rausch eines überhäuften und geschwellten

Willens. – Das Wesentliche am Rausch ist das Gefühl der Kraftsteigerung und Fülle. Aus diesem Gefühle gibt man an die Dinge ab, man *zwingt* sie von uns zu nehmen, man vergewaltigt sie – man heißt diesen Vorgang *idealisieren.* Machen wir uns hier von einem Vorurteil los: das Idealisieren besteht *nicht,* wie gemeinhin geglaubt wird, in einem Abziehn oder Abrechnen des Kleinen, des Nebensächlichen. Ein ungeheures *Heraustreiben* der Hauptzüge ist vielmehr das Entscheidende, so daß die andern darüber verschwinden.

9

Man bereichert in diesem Zustande alles aus seiner eigenen Fülle: was man sieht, was man will, man sieht es geschwellt, gedrängt, stark, überladen mit Kraft. Der Mensch dieses Zustandes verwandelt die Dinge, bis sie seine Macht widerspiegeln – bis sie Reflexe seiner Vollkommenheit sind. Dies Verwandeln-*müssen* ins Vollkommne ist – Kunst. Alles selbst, was er nicht ist, wird trotzdem ihm zur Lust an sich; in der Kunst genießt sich der Mensch als Vollkommenheit. – Es wäre erlaubt, sich einen gegensätzlichen Zustand auszudenken, ein spezifisches Antikünstlertum des Instinkts – eine Art zu sein, welche alle Dinge verarmte, verdünnte, schwindsüchtig machte. Und in der Tat, die Geschichte ist reich an solchen Anti-Artisten, an solchen Ausgehungerten des Lebens: welche mit Notwendigkeit die Dinge noch an sich nehmen, sie auszehren, sie *magerer* machen müssen. Dies ist zum Beispiel der Fall des echten Christen, Pascals zum Beispiel: ein Christ, der zugleich Künstler wäre, *kommt nicht vor* ... Man sei nicht kindlich und wende mir Raffael ein oder irgendwelche homöopathische Christen des neunzehnten Jahrhunderts: Raffael sagte ja, Raffael *machte* ja, folglich war Raffael kein Christ ...

10

Was bedeutet der von mir in die Ästhetik eingeführte Gegensatz-Begriff *apollinisch* und *dionysisch,* beide als Arten des Rausches begriffen? – Der apollinische Rausch hält vor allem das Auge erregt, so daß es die Kraft der Vision bekommt. Der Maler, der Plastiker, der Epiker sind Visionäre *par excellence.* Im dionysischen Zustande ist dagegen das gesamte Affekt-System erregt und gesteigert: so daß es alle seine Mittel des Ausdrucks mit einem Male entladet und die Kraft des Darstellens, Nachbildens, Transfigurierens, Verwandelns, alle Art Mimik und Schauspielerei zugleich heraustreibt. Das Wesentliche bleibt die Leichtigkeit der Metamorphose, die Unfähigkeit, *nicht* zu reagieren (– ähnlich wie bei gewissen Hysterischen, die auch auf jeden Wink hin in *jede* Rolle eintreten). Es ist dem dionysischen Menschen unmöglich, irgendeine Suggestion nicht zu verstehn, er übersieht kein Zeichen des Affekts, er hat den höchsten Grad des verstehenden und erratenden Instinkts, wie er den höchsten Grad von Mitteilungs-Kunst besitzt. Er geht in jede Haut, in jeden Affekt ein: er verwandelt sich beständig. – Musik, wie wir sie heute verstehn, ist gleichfalls eine Gesamt-Erregung und -Entladung der Affekte, aber dennoch nur das Überbleibsel von einer viel volleren Ausdrucks-Welt des Affekts, ein bloßes *Residuum* des dionysischen Histrionismus. Man hat, zur Ermöglichung der Musik als Sonderkunst, eine Anzahl Sinne, vor allem den Muskelsinn stillgestellt (relativ wenigstens: denn in einem gewissen Grade redet noch aller Rhythmus zu unsern Muskeln): so daß der Mensch nicht mehr alles, was er fühlt, sofort leibhaft nachahmt und darstellt. Trotzdem ist *das* der eigentlich dionysische Normalzustand, jedenfalls der Urzustand; die Musik ist die langsam erreichte Spezifikation desselben auf Unkosten der nächstverwandten Vermögen.

11

Der Schauspieler, der Mime, der Tänzer, der Musiker, der Lyriker sind in ihren Instinkten grundverwandt und an sich eins, aber allmählich spezialisiert und voneinander abgetrennt – bis selbst zum Widerspruch. Der Lyriker blieb am längsten mit dem Musiker geeint; der Schauspieler mit dem Tänzer. – Der *Architekt* stellt weder einen dionysischen, noch einen apollinischen Zustand dar: hier ist es der große Willensakt, der Wille, der Berge versetzt, der Rausch des großen Willens, der zur Kunst verlangt. Die mächtigsten Menschen haben immer die Architekten inspiriert; der Architekt war stets unter der Suggestion der Macht. Im Bauwerk soll sich der Stolz, der Sieg über die Schwere, der Wille zur Macht versichtbaren; Architektur ist eine Art Macht-Beredsamkeit in Formen, bald überredend, selbst schmeichelnd, bald bloß befehlend. Das höchste Gefühl von Macht und Sicherheit kommt in dem zum Ausdruck, was *großen Stil* hat. Die Macht, die keinen Beweis mehr nötig hat; die es verschmäht, zu gefallen; die schwer antwortet; die keinen Zeugen um sich fühlt; die ohne Bewußtsein davon lebt, daß es Widerspruch gegen sie gibt; die in *sich* ruht, fatalistisch, ein Gesetz unter Gesetzen: *Das* redet als großer Stil von sich. –

12

Ich las das Leben *Thomas Carlyles*, diese Farce wider Wissen und Willen, diese heroisch-moralische Interpretation dyspeptischer Zustände. – Carlyle, ein Mann der starken Worte und Attitüden, ein Rhetor aus *Not*, den beständig das Verlangen nach einem starken Glauben agaziert *und* das Gefühl der Unfähigkeit dazu (– darin ein typischer Romantiker!). Das

Verlangen nach einem starken Glauben ist *nicht* der Beweis eines starken Glaubens, vielmehr das Gegenteil. *Hat man ihn,* so darf man sich den schönen Luxus der Skepsis gestatten: man ist sicher genug, fest genug, gebunden genug dazu. Carlyle betäubt etwas in sich durch das *fortissimo* seiner Verehrung für Menschen starken Glaubens und durch seine Wut gegen die weniger Einfältigen: er *bedarf* des Lärms. Eine beständige leidenschaftliche *Unredlichkeit* gegen sich – das ist sein *proprium,* damit ist und bleibt er interessant. – Freilich, in England wird er gerade wegen seiner Redlichkeit bewundert ... Nun, das ist englisch; und in Anbetracht, daß die Engländer das Volk des vollkommren *cant* sind, sogar billig und nicht nur begreiflich. Im Grunde ist Carlyle ein englischer Atheist, der seine Ehre darin sucht, es *nicht* zu sein.

13

Emerson. – Viel aufgeklärter, schweifender, vielfacher, raffinierter als Carlyle, vor allem glücklicher ... Ein solcher, der sich instinktiv bloß von Ambrosia nährt, der das Unverdauliche in den Dingen zurückläßt. Gegen Carlyle gehalten ein Mann des Geschmacks. – Carlyle, der ihn sehr liebte, sagte trotzdem von ihm: »er gibt *uns* nicht genug zu beißen«: was mit Recht gesagt sein mag, aber nicht zu Ungunsten Emersons. – Emerson hat jene gütige und geistreiche Heiterkeit, welche allen Ernst entmutigt; er weiß es schlechterdings nicht, wie alt er schon ist und wie jung er noch sein wird – er könnte von sich mit einem Wort Lope de Vegas sagen: *»yo me sucedo a mi mismo«.* Sein Geist findet immer Gründe, zufrieden und selbst dankbar zu sein; und bisweilen streift er die heitere Transzendenz jenes Biedermanns, der von einem verliebten Stelldichein *tamquam re bene gesta* zurückkam. *»Ut desint vires«,* sprach er dankbar, *»tamen est laudanda voluptas.«* –

14

Anti-Darwin. – Was den berühmten »Kampf ums *Leben*« betrifft, so scheint er mir einstweilen mehr behauptet als bewiesen. Er kommt vor, aber als Ausnahme; der Gesamt-Aspekt des Lebens ist *nicht* die Notlage, die Hungerlage, vielmehr der Reichtum, die Üppigkeit, selbst die absurde Verschwendung – wo gekämpft wird, kämpft man um *Macht* ... Man soll nicht Malthus mit der Natur verwechseln. – Gesetzt aber, es gibt diesen Kampf – und in der Tat, er kommt vor –, so läuft er leider umgekehrt aus, als die Schule Darwins wünscht, als man vielleicht mit ihr wünschen *dürfte:* nämlich zu Ungunsten der Starken, der Bevorrechtigten, der glücklichen Ausnahmen. Die Gattungen wachsen *nicht* in die Vollkommenheit: die Schwachen werden immer wieder über die Starken Herr – das macht, sie sind die große Zahl, sie sind auch *klüger* ... Darwin hat den Geist vergessen (– das ist englisch!), *die Schwachen haben mehr Geist* ... Man muß Geist nötig haben, um Geist zu bekommen – man verliert ihn, wenn man ihn nicht mehr nötig hat. Wer die Stärke hat, entschlägt sich des Geistes (– »laß fahren dahin!« denkt man heute in Deutschland »– das *Reich* muß uns doch bleiben« ...). Ich verstehe unter Geist, wie man sieht, die Vorsicht, die Geduld, die List, die Verstellung, die große Selbstbeherrschung und alles, was *mimicry* ist (zu letzterem gehört ein großer Teil der sogenannten Tugend).

15

Psychologen-Kasuistik. – Das ist ein Menschenkenner: wozu studiert er eigentlich die Menschen? Er will kleine Vorteile über sie erschnappen, oder auch große – er ist ein Politikus! ... Jener da ist auch ein Menschenkenner: und ihr sagt, der wolle nichts damit für sich, das sei ein großer »Unpersönlicher«. Seht schärfer zu! Vielleicht will er sogar noch einen *schlimmeren* Vorteil: sich den Menschen überlegen fühlen, auf sie herabsehn dürfen, sich nicht mehr mit ihnen verwechseln. Dieser »Unpersönliche« ist ein Menschen-*Verächter*: und jener erstere ist die humanere Spezies, was auch der Augenschein sagen mag. Er stellt sich wenigstens gleich, er stellt sich *hinein* ...

16

Der *psychologische Takt* der Deutschen scheint mir durch eine ganze Reihe von Fällen in Frage gestellt, deren Verzeichnis vorzulegen mich meine Bescheidenheit hindert. In einem Falle wird es mir nicht an einem großen Anlasse fehlen, meine These zu begründen: ich trage es den Deutschen nach, sich über *Kant* und seine »Philosophie der Hintertüren«, wie ich sie nenne, vergriffen zu haben – das war *nicht* der Typus der intellektuellen Rechtschaffenheit. – Das andre, was ich nicht hören mag, ist ein berüchtigtes »und«: die Deutschen sagen »Goethe *und* Schiller«, – ich fürchte, sie sagen »Schiller und Goethe« ... *Kennt* man noch nicht diesen Schiller? – Es gibt noch schlimmere »und«; ich habe mit meinen eigenen Ohren, allerdings nur Universitäts-Professoren, gehört »Schopenhauer *und* Hartmann« ...

17

Die geistigsten Menschen, vorausgesetzt, daß sie die mutigsten sind, erleben auch bei weitem die schmerzhaftesten Tragödien: aber eben deshalb ehren sie das Leben, weil es ihnen seine größte Gegnerschaft entgegenstellt.

18

Zum »intellektuellen Gewissen«. – Nichts scheint mir heute seltner als die echte Heuchelei. Mein Verdacht ist groß, daß diesem Gewächs die sanfte Luft unsrer Kultur nicht zuträglich ist. Die Heuchelei gehört in die Zeitalter des starken Glaubens: wo man selbst nicht bei der *Nötigung*, einen andern Glauben zur Schau zu tragen, von dem Glauben losließ, den man hatte. Heute läßt man ihn los; oder, was noch gewöhnlicher, man legt sich noch einen zweiten Glauben zu – *ehrlich* bleibt man in jedem Falle. Ohne Zweifel ist heute eine sehr viel größere Anzahl von Überzeugungen möglich als ehemals: möglich, das heißt erlaubt, das heißt *unschädlich*. Daraus entsteht die Toleranz gegen sich selbst. – Die Toleranz gegen sich selbst gestattet mehrere Überzeugungen: diese selbst leben verträglich beisammen – sie hüten sich, wie alle Welt heute, sich zu kompromittieren. Womit kompromittiert man sich heute? Wenn man Konsequenz hat. Wenn man in gerader Linie geht. Wenn man weniger als fünfdeutig ist. Wenn man echt ist ... Meine Furcht ist groß, daß der moderne Mensch für einige Laster einfach zu bequem ist: so daß diese geradezu aussterben. Alles Böse, das vom starken Willen bedingt ist – und vielleicht gibt es nichts Böses ohne Willensstärke – entartet, in unsrer lauen Luft, zur Tugend ... Die wenigen Heuchler, die ich kennenlernte, machten die Heuchelei nach: sie waren, wie heutzutage fast jeder zehnte Mensch, Schauspieler. –

19

Schön und häßlich. – Nichts ist bedingter, sagen wir *beschränkter*, als unser Gefühl des Schönen. Wer es losgelöst von der Lust des Menschen am Menschen denken wollte, verlöre sofort Grund und Boden unter den Füßen. Das »Schöne an sich« ist bloß ein Wort, nicht einmal ein Begriff. Im Schönen setzt sich der Mensch als Maß der Vollkommenheit; in ausgesuchten Fällen betet er sich darin an. Eine Gattung *kann* gar nicht anders als dergestalt zu sich allein ja sagen. Ihr *unterster* Instinkt, der der Selbsterhaltung und Selbsterweiterung, strahlt noch in solchen Sublimitäten aus. Der Mensch glaubt die Welt selbst mit Schönheit überhäuft – er *vergißt* sich als deren Ursache. Er allein hat sie mit Schönheit beschenkt, ach! nur mit einer sehr menschlich-allzumenschlichen Schönheit ... Im Grunde spiegelt sich der Mensch in den Dingen, er hält alles für schön, was ihm sein Bild zurückwirft: das Urteil »schön« ist seine *Gattungs-Eitelkeit* ... Dem Skeptiker nämlich darf ein kleiner Argwohn die Frage ins Ohr flüstern: ist wirklich damit die Welt verschönt, daß gerade der Mensch sie für schön nimmt? Er hat sie *vermenschlicht*: das ist alles. Aber nichts, gar nichts verbürgt uns, daß gerade der Mensch das Modell des Schönen abgäbe. Wer weiß, wie er sich in den Augen eines höheren Geschmacksrichters ausnimmt? Vielleicht gewagt? vielleicht selbst erheiternd? vielleicht ein wenig arbiträr? ... »O Dionysos, Göttlicher, warum ziehst du mich an den Ohren?« fragte Ariadne einmal bei einem jener berühmten Zwiegespräche auf Naxos ihren philosophischen Liebhaber. »Ich finde eine Art Humor in deinen Ohren, Ariadne: warum sind sie nicht noch länger?«

20

Nichts ist schön, nur der Mensch ist schön: auf dieser Naivität ruht alle Ästhetik, sie ist deren *erste* Wahrheit. Fügen wir sofort noch deren zweite hinzu: nichts ist häßlich als der *entartende* Mensch – damit ist das Reich des ästhetischen Urteils umgrenzt. – Physiologisch nachgerechnet, schwächt und betrübt alles Häßliche den Menschen. Es erinnert ihn an Verfall, Gefahr, Ohnmacht; er büßt tatsächlich dabei Kraft ein. Man kann die Wirkung des Häßlichen mit dem Dynamometer messen. Wo der Mensch überhaupt niedergedrückt wird, da wittert er die Nähe von etwas »Häßlichem«. Sein Gefühl der Macht, sein Wille zur Macht, sein Mut, sein Stolz – das fällt mit dem Häßlichen, das steigt mit dem Schönen ... Im einen wie im andern Falle *machen wir einen Schluß*: die Prämissen dazu sind in ungeheurer Fülle im Instinkte aufgehäuft. Das Häßliche wird verstanden als ein Wink und Symptom der Degenereszenz: was im Entferntesten an Degenereszenz erinnert, das wirkt in uns das Urteil »häßlich«. Jedes Anzeichen von Erschöpfung, von Schwere, von Alter, von Müdigkeit, jede Art Unfreiheit, als Krampf, als Lähmung, vor allem der Geruch, die Farbe, die Form der Auflösung, der Verwesung, und sei es auch in der letzten Verdünnung zum Symbol – das alles ruft die gleiche Reaktion hervor, das Werturteil »häßlich«. Ein *Haß* springt da hervor: wen haßt da der Mensch? Aber es ist kein Zweifel: den *Niedergang seines Typus*. Er haßt da aus dem tiefsten Instinkte der Gattung heraus; in diesem Haß ist Schauder, Vorsicht, Tiefe, Fernblick – es ist der tiefste Haß, den es gibt. Um seinetwillen ist die Kunst *tief* ...

21

Schopenhauer. – Schopenhauer, der letzte Deutsche, der in Betracht kommt (– der ein *europäisches* Ereignis gleich Goethe, gleich Hegel, gleich Heinrich Heine ist, und *nicht bloß* ein lokales, ein »nationales«), ist für einen Psychologen ein Fall ersten Ranges: nämlich als bösartig genialer Versuch, zugunsten einer nihilistischen Gesamt-Abwertung des Lebens gerade die Gegen-Instanzen, die großen Selbstbejahungen des »Willens zum Leben«, die Exuberanz-Formen des Lebens ins Feld zu führen. Er hat, der

Reihe nach, die *Kunst*, den Heroismus, das Genie, die Schönheit, das große Mitgefühl, die Erkenntnis, den Willen zur Wahrheit, die Tragödie als Folgeerscheinungen der »Verneinung« oder der Verneinungs-Bedürftigkeit des »Willens« interpretiert – die größte psychologische Falschmünzerei, die es, das Christentum abgerechnet, in der Geschichte gibt. Genauer zugesehen ist er darin bloß der Erbe der christlichen Interpretation: nur daß er auch das vom Christentum *Abgelehnte*, die großen Kultur-Tatsachen der Menschheit noch in einem christlichen, das heißt nihilistischen Sinne *gutzuheißen* wußte (– nämlich als Wege zur »Erlösung«, als Vorformen der »Erlösung«, als Stimulantia des Bedürfnisses nach »Erlösung« ...)

22

Ich nehme einen einzelnen Fall. Schopenhauer spricht von der *Schönheit* mit einer schwermütigen Glut – warum letzten Grundes? Weil er in ihr eine *Brücke* sieht, auf der man weitergelangt, oder Durst bekommt weiterzugelangen ... Sie ist ihm die Erlösung vom »Willen« auf Augenblicke – sie lockt zur Erlösung für immer ... Insbesondere preist er sie als Erlöserin vom »Brennpunkte des Willens«, von der Geschlechtlichkeit – in der Schönheit sieht er den Zeugetrieb *verneint* ... Wunderlicher Heiliger! Irgend jemand widerspricht dir, ich fürchte, es ist die Natur. *Wozu* gibt es überhaupt Schönheit in Ton, Farbe, Duft, rhythmischer Bewegung in der Natur? was *treibt* die Schönheit *heraus*? – Glücklicherweise widerspricht ihm auch ein Philosoph. Keine geringere Autorität als die des göttlichen Plato (– so nennt ihn Schopenhauer selbst) hält einen andern Satz aufrecht: daß alle Schönheit zur Zeugung reize – daß dies gerade das *proprium* ihrer Wirkung sei, vom Sinnlichsten bis hinauf ins Geistigste ...

23

Plato geht weiter. Er sagt mit einer Unschuld, zu der man Grieche sein muß und nicht »Christ«, daß es gar keine platonische Philosophie geben würde, wenn es nicht so schöne Jünglinge in Athen gäbe: deren Anblick sei es erst, was die Seele des Philosophen in einen erotischen Taumel versetze und ihr keine Ruhe lasse, bis sie den Samen aller hohen Dinge in ein so schönes Erdreich hinabgesenkt habe. Auch ein wunderlicher Heiliger! – man traut seinen Ohren nicht, gesetzt selbst, daß man Plato traut. Zum mindesten errät man, daß in Athen *anders* philosophiert wurde, vor allem öffentlich. Nichts ist weniger griechisch als die Begriffs-Spinneweberei eines Einsiedlers, *amor intellectualis dei* nach Art des Spinoza. Philosophie nach Art des Plato wäre eher als ein erotischer Wettbewerb zu definieren, als eine Fortbildung und Verinnerlichung der alten agonalen Gymnastik und deren *Voraussetzungen* ... Was wuchs zuletzt aus dieser philosophischen Erotik Platos heraus? Eine neue Kunstform des griechischen Agon, die Dialektik. – Ich erinnere noch, *gegen* Schopenhauer und zu Ehren Platos, daran, daß auch die ganze höhere Kultur und Literatur des *klassischen* Frankreichs auf dem Boden des geschlechtlichen Interesses aufgewachsen ist. Man darf überall bei ihr die Galanterie, die Sinne, den Geschlechts-Wettbewerb, »das Weib« suchen – man wird nie umsonst suchen ...

24

L'art pour l'art. – Der Kampf gegen den Zweck in der Kunst ist immer der Kampf gegen die *moralisierende* Tendenz in der Kunst, gegen ihre Unterordnung unter die Moral. *L'art pour l'art* heißt: »der Teufel hole die Moral!« – Aber selbst noch diese Feindschaft verrät die Übergewalt des Vorurteils. Wenn man den Zweck des Moralpredigens und Menschen-Verbesserns von der Kunst ausgeschlossen hat, so folgt daraus noch lange nicht, daß die Kunst überhaupt zwecklos, ziellos, sinnlos, kurz *l'art pour l'art* – ein Wurm, der sich in den Schwanz beißt – ist. »Lieber gar keinen Zweck als einen moralischen Zweck!« – so redet die bloße Leidenschaft. Ein Psycholog fragt dagegen: was tut alle Kunst? lobt sie nicht? verherrlicht sie nicht? wählt sie nicht aus? zieht sie nicht hervor? Mit dem allem *stärkt* oder *schwächt* sie gewisse Wertschätzungen ... Ist dies nur ein Nebenbei? ein Zufall? Etwas, bei dem der Instinkt des Künstlers gar nicht beteiligt wäre? Oder aber: ist es nicht die Voraussetzung dazu, daß der Künstler *kann* ...? Geht dessen unterster Instinkt auf die Kunst oder nicht vielmehr auf den Sinn der Kunst, das *Leben*? auf eine *Wünschbarkeit von Leben*? – Die Kunst ist das große Stimulans zum Leben: wie könnte man sie als zwecklos, als ziellos, als *l'art pour l'art* verstehn? – Eine Frage bleibt zurück: die Kunst bringt auch vieles Häßliche, Harte, Fragwürdige des Lebens zur Erscheinung, – scheint sie nicht damit vom Leben zu entleiden? – Und in der Tat, es gab Philosophen, die ihr diesen Sinn liehn: »loskommen vom Willen« lehrte Schopenhauer als Gesamt-Absicht der Kunst, »zur Resignation stimmen« verehrte er als die große Nützlichkeit der Tragödie. – Aber dies – ich gab es schon zu verstehn – ist Pessimisten-Optik und »böser Blick« –: man muß an die Künstler selbst appellieren. *Was teilt der tragische Künstler von sich mit?* Ist es nicht gerade der Zustand *ohne* Furcht vor dem Furchtbaren und Fragwürdigen, das er zeigt? – Dieser Zustand selbst ist eine hohe Wünschbarkeit; wer ihn kennt, ehrt ihn mit den höchsten Ehren. Er teilt ihn mit, er *muß* ihn mitteilen, vorausgesetzt, daß er ein Künstler ist, ein Genie der Mitteilung. Die Tapferkeit und Freiheit des Gefühls vor einem mächtigen Feinde, vor einem erhabnen Ungemach, vor einem Problem, das Grauen erweckt – dieser *siegreiche* Zustand ist es, den der tragische Künstler auswählt, den er verherrlicht. Vor der Tragödie feiert das Kriegerische in unsrer Seele seine Saturnalien; wer Leid gewohnt ist, wer Leid aufsucht, der *heroische* Mensch preist mit der Tragödie sein Dasein – ihm allein kredenzt der Tragiker den Trunk dieser süßesten Grausamkeit. –

25

Mit Menschen fürlieb nehmen, mit seinem Herzen offen haushalten, das ist liberal, das ist aber bloß liberal. Man erkennt die Herzen, die der *vornehmen* Gastfreundschaft fähig sind, an den vielen verhängten Fenstern und geschlossenen Läden: ihre besten Räume halten sie leer. Warum doch? – Weil sie Gäste erwarten, mit denen man *nicht* »fürlieb nimmt« . . .

26

Wir schätzen uns nicht genug mehr, wenn wir uns mitteilen. Unsre eigentlichen Erlebnisse sind ganz und gar nicht geschwätzig. Sie könnten sich selbst nicht mitteilen, wenn sie wollten. Das macht, es fehlt ihnen das Wort. Wofür wir Worte haben, darüber sind wir auch schon hinaus. In allem Reden liegt ein Gran Verachtung. Die Sprache, scheint es, ist nur für Durchschnittliches, Mittleres, Mitteilsames erfunden. Mit der Sprache *vulgarisiert* sich bereits der Sprechende. – Aus einer Moral für Taubstumme und andre Philosophen.

27

»Dies Bildnis ist bezaubernd schön!« . . . Das Literatur-Weib, unbefriedigt, aufgeregt, öde in Herz und Eingeweide, mit schmerzhafter Neugierde jederzeit auf den Imperativ hinhorchend, der aus den Tiefen seiner Organisation *»aut liberi aut libri«* flüstert: das Literatur-Weib, gebildet genug, die Stimme der Natur zu verstehn, selbst wenn sie Latein redet, und andrerseits eitel und Gans genug, um im geheimen auch noch französisch mit sich zu sprechen *»je me verrai, je me lirai, je m extasierai et je dirai: Possible, que j'aie eu tant d'esprit?«* . . .

28

Die »Unpersönlichen« kommen zu Wort. – »Nichts fällt uns leichter, als weise, geduldig, überlegen zu sein. Wir triefen vom Öl der Nachsicht und des Mitgefühls, wir sind auf eine absurde Weise gerecht, wir verzeihen alles. Eben darum sollten wir uns etwas strenger halten; eben darum sollten wir uns, von Zeit zu Zeit, einen kleinen Affekt, ein kleines Laster von Affekt *züchten*. Es mag uns sauer angehn; und unter uns lachen wir vielleicht über den Aspekt, den wir damit geben. Aber was hilft es! Wir haben keine andre Art mehr übrig von Selbstüberwindung: dies ist *unsre* Asketik, *unser* Büßertum« ... *Persönlich werden* – die Tugend des »Unpersönlichen« ...

29

Aus einer Doktor-Promotion. – »Was ist die Aufgabe alles höheren Schulwesens?« – Aus dem Menschen eine Maschine zu machen. – »Was ist das Mittel dazu?« – Er muß lernen, sich langweilen. – »Wie erreicht man das?« – Durch den Begriff der Pflicht. – »Wer ist sein Vorbild dafür?« – Der Philolog: der lehrt *ochsen*. – »Wer ist der vollkommene Mensch?« – Der Staats-Beamte. – »Welche Philosophie gibt die höchste Formel für den Staats-Beamten?« – Die Kants: der Staats-Beamte als Ding an sich zum Richter gesetzt über den Staats-Beamten als Erscheinung. –

30

Das Recht auf Dummheit. – Der ermüdete und langsam atmende Arbeiter, der gutmütig blickt, der die Dinge gehen läßt, wie sie gehn: diese typische Figur, der man jetzt, im Zeitalter der Arbeit (*und* des »Reichs«! –) in allen Klassen der Gesellschaft begegnet, nimmt heute gerade die *Kunst* für sich in Anspruch, eingerechnet das Buch, vor allem das Journal – um wie viel mehr die schöne Natur, Italien ... Der Mensch des Abends, mit den »entschlafnen wilden Trieben«, von denen Faust redet, bedarf der Sommerfrische, des Seebads, der Gletscher, Bayreuths ... In solchen Zeitaltern hat die Kunst ein Recht auf *reine Torheit* – als eine Art Ferien für Geist, Witz und Gemüt. Das verstand Wagner. Die *reine Torheit* stellt wieder her ...

31

Noch ein Problem der Diät. – Die Mittel, mit denen Julius Cäsar sich gegen Kränklichkeit und Kopfschmerz verteidigte: ungeheure Märsche, einfachste Lebensweise, ununterbrochner Aufenthalt im Freien, beständige Strapazen, das sind, ins Große gerechnet, die Erhaltungs- und Schutz-Maßregeln überhaupt gegen die extreme Verletzlichkeit jener subtilen und unter höchstem Druck arbeitenden Maschine, welche Genie heißt. –

32

Der Immoralist redet. – Einem Philosophen geht nichts *mehr* wider den Geschmack als der Mensch, *sofern er wünscht* ... Sieht er den Menschen nur in seinem Tun, sieht er dieses tapferste, listigste, ausdauerndste Tier verirrt selbst in labyrinthische Notlagen, wie bewunderungswürdig erscheint ihm der Mensch! Er spricht ihm noch zu ... Aber der Philosoph verachtet den wünschenden Menschen, auch den »wünschbaren« Menschen – und überhaupt alle Wünschbarkeiten, alle *Ideale* des Menschen. Wenn ein Philosoph Nihilist sein könnte, so würde er es sein, weil er das Nichts hinter allen Idealen des Menschen findet. Oder noch nicht einmal das Nichts – sondern nur das Nichtswürdige, das Absurde, das Kranke, das Feige, das Müde, alle Art Hefen aus dem *ausgetrunkenen* Becher seines Lebens ... Der Mensch, der als Realität so verehrungswürdig ist, wie kommt es, daß er keine Achtung verdient, sofern er wünscht? Muß er es büßen, so tüchtig als Realität zu sein? Muß er sein Tun, die Kopf- und Willensanspannung in allem Tun, mit einem Gliederstrecken im Imaginären und Absurden ausgleichen? – Die Geschichte seiner Wünschbarkeiten war bisher die *partie honteuse* des Menschen: man soll sich hüten, zu lange in ihr zu lesen. Was den Menschen rechtfertigt, ist seine Realität – sie wird ihn ewig rechtfertigen. Um wie viel mehr wert ist der wirkliche Mensch, verglichen mit irgendeinem bloß gewünschten, erträumten, erstunkenen und erlogenen Menschen? mit irgendeinem *idealen* Menschen? ... Und nur der ideale Mensch geht dem Philosophen wider den Geschmack.

33

Naturwert des Egoismus. – Die Selbstsucht ist so viel wert, als *der* physiologisch wert ist, der sie hat: sie kann sehr viel wert sein, sie kann nichtswürdig und verächtlich sein. Jeder einzelne darf daraufhin angesehn werden, ob er die aufsteigende oder die absteigende Linie des Lebens darstellt. Mit einer Entscheidung darüber hat man auch einen Kanon dafür, was seine Selbstsucht wert ist. Stellt er das Aufsteigen der Linie dar, so ist in der Tat sein Wert außerordentlich – und um des Gesamt-Lebens willen, das mit ihm einen Schritt *weiter*tut, darf die Sorge um Erhaltung, um Schaffung seines *optimum* von Bedingungen selbst extrem sein. Der einzelne, das »Individuum«, wie Volk und Philosoph das bisher verstand, ist ja ein Irrtum: er ist nichts für sich, kein Atom, kein »Ring der Kette«, nichts bloß Vererbtes von ehedem – er ist die ganze *eine* Linie Mensch bis zu ihm hin selber noch ... Stellt er die absteigende Entwicklung, den Verfall, die chronische Entartung, Erkrankung dar (– Krankheiten sind, ins Große gerechnet, bereits Folgeerscheinungen des Verfalls, *nicht* dessen Ursachen), so kommt ihm wenig Wert zu, und die erste Billigkeit will, daß er den Wohlgeratnen so wenig als möglich *wegnimmt*. Er ist bloß noch deren Parasit ...

34

Christ und Anarchist. – Wenn der Anarchist, als Mundstück *niedergehender* Schichten der Gesellschaft, mit einer schönen Entrüstung »Recht«, »Gerechtigkeit«, »gleiche Rechte« verlangt, so steht er damit nur unter dem Drucke seiner Unkultur, welche nicht zu begreifen weiß, *warum* er eigentlich leidet – *woran* er arm ist, an Leben ... Ein Ursachen-Trieb ist in ihm mächtig: jemand muß schuld daran sein, daß er sich schlecht befindet ... Auch tut ihm die »schöne Entrüstung« selber schon wohl, es ist ein Vergnügen für alle armen Teufel, zu schimpfen – es gibt einen kleinen Rausch von Macht. Schon die Klage, das Sich-Beklagen kann dem Leben einen Reiz geben, um dessentwillen man es aushält: eine feinere Dosis *Rache* ist in jeder Klage, man wirft sein Schlechtbefinden, unter Umständen selbst seine Schlechtigkeit denen, die anders sind, wie ein Unrecht, wie ein *unerlaubtes* Vorrecht vor. »Bin ich eine Kanaille, so solltest du es auch sein«: auf diese Logik hin macht man Revolution. – Das Sich-Beklagen taugt in keinem Falle etwas: es stammt aus der Schwäche. Ob man sein Schlecht-Befinden andern oder *sich selber* zumißt – ersteres tut der Sozialist, letzteres zum Beispiel der Christ –, macht keinen eigentlichen Unterschied. Das Gemeinsame, sagen wir auch das *Unwürdige* daran ist, daß jemand *schuld* daran sein soll, daß man leidet – kurz, daß der Leidende sich gegen sein Leiden den Honig der Rache verordnet. Die Objekte dieses Rach-Bedürfnisses als eines *Lust*-Bedürfnisses sind Gelegenheits-Ursachen: der Leidende findet überall Ursachen, seine kleine Rache zu kühlen, – ist er Christ, nochmals gesagt, so findet er sie in *sich* ... Der Christ und der Anarchist – Beide sind *décadents*. – Aber auch wenn der Christ die *»Welt«* verurteilt, verleumdet, beschmutzt, so tut er es aus dem gleichen Instinkte, aus dem der sozialistische Arbeiter die *Gesellschaft* verurteilt, verleumdet, beschmutzt: das »Jüngste Gericht« selbst ist noch der süße Trost der Rache – die Revolution, wie sie auch der sozialistische Arbeiter erwartet, nur etwas ferner gedacht ... Das »Jenseits« selbst – wozu ein Jenseits, wenn es nicht ein Mittel wäre, das Diesseits zu beschmutzen? ...

35

Kritik der décadence-Moral. – Eine »altruistische« Moral, eine Moral, bei der die Selbstsucht *verkümmert* –, bleibt unter allen Umständen ein schlechtes Anzeichen. Dies gilt vom einzelnen, dies gilt namentlich von Völkern. Es fehlt am Besten, wenn es an der Selbstsucht zu fehlen beginnt. Instinktiv das *Sich*-Schädliche wählen, *Gelockt-wer*den durch »uninteressierte« Motive gibt beinahe die Formel ab für *décadence.* »Nicht *seinen* Nutzen suchen« – das ist bloß das moralische Feigenblatt für eine ganz andere, nämlich physiologische Tatsächlichkeit: »ich weiß meinen Nutzen nicht mehr zu *finden*« ... Disgregation der Instinkte! – Es ist zu Ende mit ihm, wenn der Mensch altruistisch wird. – Statt naiv zu sagen »*ich* bin nichts mehr wert«, sagt die Moral-Lüge im Munde des *décadent*: »Nichts ist etwas wert, – das *Leben* ist nichts wert« ... Ein solches Urteil bleibt zuletzt eine große Gefahr, es wirkt ansteckend – auf dem ganzen morbiden Boden der Gesellschaft wuchert es bald zu tropischer Begriffs-Vegetation empor, bald als Religion (Christentum), bald als Philosophie (Schopenhauerei). Unter Umständen vergiftet eine solche aus Fäulnis gewachsene Giftbaum-Vegetation mit ihrem Dunste weithin, auf Jahrtausende hin *das Leben* ...

36

Moral für Ärzte. – Der Kranke ist ein Parasit der Gesellschaft. In einem gewissen Zustande ist es unanständig, noch länger zu leben. Das Fortvegetieren in feiger Abhängigkeit von Ärzten und Praktiken, nachdem der Sinn vom Leben, das *Recht* zum Leben verloren gegangen ist, sollte bei der Gesellschaft eine tiefe Verachtung nach sich ziehn. Die Ärzte wiederum hätten die Vermittler dieser Verachtung zu sein – nicht Rezepte, sondern jeden Tag eine neue Dosis *Ekel* vor ihrem Patienten ... Eine neue Verantwortlichkeit schaffen, die des Arztes, für alle Fälle, wo das höchste Interesse des Lebens, des *aufsteigenden* Lebens, das rücksichtsloseste Nieder- und Beiseite-Drängen des *entartenden* Lebens verlangt – zum Beispiel für das Recht auf Zeugung, für das Recht, geboren zu werden, für das Recht, zu leben ... Auf eine stolze Art sterben, wenn es nicht mehr möglich ist, auf eine stolze Art zu leben. Der Tod, aus freien Stücken gewählt, der Tod zur rechten Zeit, mit Helle und Freudigkeit, inmitten von Kindern und Zeugen vollzogen: so daß ein wirkliches Abschiednehmen noch möglich ist, wo der *noch da ist,* der sich verabschiedet, insgleichen ein wirkliches Abschätzen des Erreichten und Gewollten, eine *Summierung* des Lebens – alles im Gegensatz zu der erbärmlichen und schauderhaften Komödie, die das Christentum mit der Sterbestunde getrieben hat. Man soll es dem Christentume nie vergessen, daß es die Schwäche des Sterbenden zu Gewissens-Notzucht, daß es die Art des Todes selbst zu Wert-Urteilen über Mensch und Vergangenheit gemißbraucht hat! – Hier gilt es, allen Feigheiten des Vorurteils zum Trotz, vor allem die richtige, das heißt physiologische Würdigung des sogenannten *natürlichen* Todes herzustellen: der zuletzt auch nur ein »unnatürlicher«, ein Selbstmord ist. Man geht nie durch jemand anderes zugrunde, als durch sich selbst. Nur ist es der Tod unter den verächtlichsten Bedingungen, ein unfreier Tod, ein Tod zur *unrechten* Zeit, ein Feiglings-Tod. Man sollte, aus Liebe zum *Leben* –, den Tod anders wollen, frei, bewußt, ohne Zufall, ohne Überfall ... Endlich ein Rat für die Herrn Pessimisten und andre *décadents.* Wir haben es nicht in der Hand zu verhindern, geboren zu werden: aber wir können diesen Fehler – denn bisweilen ist es ein Fehler – wieder gutmachen. Wenn man sich *abschafft,* tut man die achtungswürdigste Sache, die es gibt: man verdient beinahe damit, zu leben ... Die Gesellschaft, was sage ich! das *Leben* selber hat mehr Vorteil davon als durch irgendwelches »Leben« in Entsagung, Bleichsucht und andrer Tugend – man hat die andern von seinem Anblick befreit, man hat das Leben von einem *Einwand* befreit ... Der Pessimismus, *pur, vert, beweist sich erst* durch die Selbst-Widerlegung der Herrn Pessimisten: man muß einen Schritt weiter gehn in seiner Logik, nicht bloß mit »Wille und Vorstellung«, wie Schopenhauer es tat, das Leben verneinen –, man muß *Schopenhauer zuerst verneinen* ... Der Pessimismus, anbei gesagt, so ansteckend er ist, vermehrt trotzdem nicht die Krankhaftigkeit einer Zeit, eines Geschlechts im ganzen: er ist deren Ausdruck. Man verfällt ihm, wie man der Cholera verfällt: man muß morbid genug dazu schon angelegt sein. Der Pessimismus selbst macht keinen einzigen *décadent* mehr; ich erinnere an das Ergebnis der Statistik, daß die Jahre, in denen die Cholera wütet, sich in der Gesamt-Ziffer der Sterbefälle nicht von andern Jahrgängen unterscheiden.

37

Ob wir moralischer geworden sind. – Gegen meinen Begriff »jenseits von Gut und Böse« hat sich, wie zu erwarten stand, die ganze *Ferozität* der moralischen Verdummung, die bekanntlich in Deutschland als die Moral selber gilt – ins Zeug geworfen: ich hätte artige Geschichten davon zu erzählen. Vor allem gab man mir die »unleugbare Überlegenheit«

unsrer Zeit im sittlichen Urteil zu überdenken, unsern wirklich hier gemachten *Fortschritt*: ein Cesare Borgia sei, im Vergleich mit *uns*, durchaus nicht als ein »höherer Mensch«, als eine Art *Übermensch*, wie ich es tue, aufzustellen ... Ein Schweizer Redakteur, vom »Bund«, ging so weit, nicht ohne seine Achtung vor dem Mut zu solchem Wagnis auszudrücken, den Sinn meines Werks dahin zu »verstehn«, daß ich mit demselben die Abschaffung aller anständigen Gefühle beantragte. Sehr verbunden! – ich erlaube mir, als Antwort, die Frage aufzuwerfen, *ob wir wirklich moralischer geworden sind*. Daß alle Welt das glaubt, ist bereits ein Einwand dagegen ... Wir modernen Menschen, sehr zart, sehr verletzlich und hundert Rücksichten gebend und nehmend, bilden uns in der Tat ein, diese zärtliche Menschlichkeit, die wir darstellen, diese *erreichte* Einmütigkeit in der Schonung, in der Hilfsbereitschaft, im gegenseitigen Vertrauen, sei ein positiver Fortschritt, damit seien wir weit über die Menschen der Renaissance hinaus. Aber so denkt jede Zeit, so *muß* sie denken. Gewiß ist, daß wir uns nicht in Renaissance-Zustände hineinstellen dürften, nicht einmal hineindenken: unsre Nerven hielten jene Wirklichkeit nicht aus, nicht zu reden von unsern Muskeln. Mit diesem Unvermögen ist aber kein Fortschritt bewiesen, sondern nur eine andre, eine spätere Beschaffenheit, eine schwächere, zärtlichere, verletzlichere, aus der sich notwendig eine *rücksichtenreiche* Moral erzeugt. Denken wir unsre Zartheit und Spätheit, unsre physiologische Alterung weg, so verlöre auch unsre Moral der »Vermenschlichung« sofort ihren Wert – an sich hat keine Moral Wert –: sie würde uns selbst Geringschätzung machen. Zweifeln wir andrerseits nicht daran, daß wir Modernen mit unsrer dick wattierten Humanität, die durchaus an keinen Stein sich stoßen will, den Zeitgenossen Cesare Borgias eine Komödie zum Totlachen abgeben würden. In der Tat, wir sind über die Maßen unfreiwillig spaßhaft, mit unsren modernen »Tugenden« ... Die Abnahme der feindseligen und mißtrauen-weckenden Instinkte – und das wäre ja unser »Fortschritt« – stellt nur eine der Folgen in der allgemeinen Abnahme der *Vitalität* dar: es kostet hundertmal mehr Mühe, mehr Vorsicht, ein so bedingtes, so spätes Dasein durchzusetzen. Da hilft man sich gegenseitig, da ist jeder bis zu einem gewissen Grade Kranker und jeder Krankenwärter. Das heißt dann »Tugend« –: unter Menschen, die das Leben noch anders kannten, voller, verschwenderischer, überströmender, hätte man's anders genannt, »Feigheit« vielleicht, »Erbärmlichkeit«, »Altweiber-Moral« ... Unsre Milderung der Sitten – das ist mein Satz, das ist, wenn man will, meine *Neuerung* – ist eine Folge des Niedergangs; die Härte und Schrecklichkeit der Sitte kann umgekehrt eine Folge des Überschusses von Leben sein. Dann nämlich darf auch viel gewagt, viel herausgefordert, viel auch *vergeudet* werden. Was Würze ehedem des Lebens war, für uns wäre es *Gift* ... Indifferent zu sein – auch das ist eine Form der Stärke – dazu sind wir gleichfalls zu alt, zu spät: unsre Mitgefühls-Moral, vor der ich als der erste gewarnt habe, das, was man *l'impressionisme morale* nennen könnte, ist ein Ausdruck mehr der physiologischen Überreizbarkeit, die allem, was *décadent* ist, eignet. Jene Bewegung, die mit der *Mitleids-Moral* Schopenhauers versucht hat, sich wissenschaftlich vorzuführen – ein sehr unglücklicher Versuch! – ist die eigentliche *décadence*-Bewegung in der Moral, sie ist als solche tief verwandt mit der christlichen Moral. Die starken Zeiten, die *vornehmen* Kulturen sehen im Mitleiden, in der »Nächstenliebe«, im Mangel an Selbst und Selbstgefühl etwas Verächtliches. – Die Zeiten sind zu messen nach ihren *positiven Kräften* – und dabei ergibt sich jene so verschwenderische und verhängnisreiche Zeit der Renaissance als die letzte *große* Zeit, und wir, wir Modernen mit unsrer ängstlichen Selbst-Fürsorge und Nächstenliebe, mit unsern Tugenden der Arbeit, der Anspruchslosigkeit, der Rechtlichkeit, der Wissenschaftlichkeit – sammelnd, ökonomisch, machinal – als eine *schwache* Zeit ... Unsre Tugenden sind bedingt, sind *herausgefordert* durch unsre Schwäche ... Die »Gleichheit«, eine gewisse tatsächliche Anähnlichung, die sich in der Theorie von »gleichen Rechten« nur zum Ausdruck bringt, gehört wesentlich zum Niedergang: die Kluft zwischen Mensch und Mensch, Stand und Stand, die Vielheit der Typen, der Wille, selbst zu sein, sich abzuheben –, das, was ich *Pathos der Distanz* nenne, ist jeder *starken* Zeit zu eigen. Die Spannkraft, die Spannweite zwischen den Extremen wird heute immer kleiner – die Extreme selbst verwischen sich endlich bis zur Ähnlichkeit ... Alle unsre politischen Theorien *und* Staats-Verfassungen, das »Deutsche Reich« durchaus nicht ausgenommen, sind Folgerungen, Folge-Notwendigkeiten des Niedergangs; die unbewußte Wirkung der *décadence* ist bis in die Ideale einzelner Wissenschaften hinein Herr geworden. Mein Einwand gegen die ganze Soziologie in England und Frankreich bleibt, daß sie nur die *Verfalls-Gebilde* der Sozietät aus Erfahrung kennt und vollkommen unschuldig die eignen Verfalls-Instinkte als *Norm* des soziologischen Werturteils nimmt. Das *niedergehende* Leben, die Abnahme aller organisierenden, das heißt trennenden, Klüfte aufreißenden, unter- und überordnenden Kraft formuliert sich in der Soziologie von heute zum *Ideal* ... Unsre Sozialisten sind *décadents*, aber auch Herr Herbert Spencer ist ein *décadent* – er sieht im Sieg des Altruismus etwas Wünschenswertes! ...

38

Mein Begriff von Freiheit. – Der Wert einer Sache liegt mitunter nicht in dem, was man mit ihr erreicht, sondern in dem, was man für sie bezahlt – was sie uns *kostet*. Ich gebe ein Beispiel. Die liberalen Institutionen hören alsbald auf, liberal zu sein, sobald sie erreicht sind: es gibt später keine ärgeren und gründlicheren Schädiger der Freiheit, als liberale Institutionen. Man weiß ja, *was* sie zuwege bringen: sie unterminieren den Willen zur Macht, sie sind die zur Moral erhobene Nivellierung von Berg und Tal, sie machen klein, feige und genüßlich – mit ihnen triumphiert jedesmal das Herdentier. Liberalismus: auf deutsch *Herden-Vertierung* ... Dieselben Institutionen bringen, so lange sie noch erkämpft werden, ganz andre Wirkungen hervor; sie fördern dann in der Tat die Freiheit auf eine mächtige Weise. Genauer zugesehn, ist es der Krieg, der diese Wirkungen hervorbringt, der Krieg *um* liberale Institutionen, der als Krieg die *illiberalen* Instinkte dauern läßt. Und der Krieg erzieht zur Freiheit. Denn was ist Freiheit? Daß man den Willen zur Selbstverantwortlichkeit hat. Daß man die Distanz, die uns abtrennt, festhält. Daß man gegen Mühsal, Härte, Entbehrung, selbst gegen das Leben gleichgültiger wird. Daß man bereit ist, seiner Sache Menschen zu opfern, sich selber nicht abgerechnet. Freiheit bedeutet, daß die männlichen, die kriegs- und siegsfrohen Instinkte die Herrschaft haben über andre Instinkte, zum Beispiel über die des »Glücks«. Der *freigewordne* Mensch, um wie viel mehr der freigewordne *Geist*, tritt mit Füßen auf die verächtliche Art von Wohlbefinden, von dem Krämer, Christen, Kühe, Weiber, Engländer und andre Demokraten träumen. Der freie Mensch ist *Krieger*. – Wonach mißt sich die Freiheit, bei einzelnen wie bei Völkern? Nach dem Widerstand, der überwunden werden muß, nach der Mühe, die es kostet, *oben* zu bleiben. Den höchsten Typus freier Menschen hätte man dort zu suchen, wo beständig der höchste Widerstand überwunden wird: fünf Schritte weit von der Tyrannei, dicht an der Schwelle der Gefahr der Knechtschaft. Dies ist psychologisch wahr, wenn man hier unter den »Tyrannen« unerbittliche und furchtbare Instinkte begreift, die das Maximum von Autorität und Zucht gegen sich herausfordern – schönster Typus Julius Cäsar –; dies ist auch politisch wahr, man mache nur seinen Gang durch die Geschichte. Die Völker, die etwas wert waren, wert *wurden*, wurden dies nie unter liberalen Institutionen: die *große Gefahr* machte etwas aus ihnen, das Ehrfurcht verdient, die Gefahr, die uns unsre Hilfsmittel, unsre Tugenden, unsre Wehr und Waffen, unsern *Geist* erst kennen lehrt – die uns *zwingt*, stark zu sein ... *Erster* Grundsatz: man muß es nötig haben, stark zu sein: sonst wird man's nie. – Jene großen Treibhäuser für starke, für die stärkste Art Mensch, die es bisher gegeben hat, die aristokratischen Gemeinwesen in der Art von Rom und Venedig verstanden Freiheit genau in dem Sinne, wie ich das Wort Freiheit verstehe: als etwas, das man hat und *nicht* hat, das man *will*, das man *erobert* ...

39

Kritik der Modernität. – Unsre Institutionen taugen nichts mehr: darüber ist man einmütig. Aber das liegt nicht an ihnen, sondern an *uns.* Nachdem uns alle Instinkte abhanden gekommen sind, aus denen Institutionen wachsen, kommen uns Institutionen überhaupt abhanden, weil *wir* nicht mehr zu ihnen taugen. Demokratismus war jederzeit die Niedergangs-Form der organisierenden Kraft: ich habe schon in »Menschliches, Allzumenschliches« (I, S. 435) die moderne Demokratie samt ihren Halbheiten, wie »Deutsches Reich«, als *Verfallsform des Staats* gekennzeichnet. Damit es Institutionen gibt, muß es eine Art Wille, Instinkt, Imperativ geben, antiliberal bis zur Bosheit: den Willen zur Tradition, zur Autorität, zur Verantwortlichkeit auf Jahrhunderte hinaus, zur *Solidarität* von Geschlechter-Ketten vorwärts und rückwärts *in infinitum.* Ist dieser Wille da, so gründet sich etwas wie das *imperium Romanum*: oder wie Rußland, die *einzige* Macht, die heute Dauer im Leibe hat, die warten kann, die etwas noch versprechen kann – Rußland, der Gegensatz-Begriff zu der erbärmlichen europäischen Kleinstaaterei und Nervosität, die mit der Gründung des deutschen Reichs in einen kritischen Zustand eingetreten ist... Der ganze Westen hát jene Instinkte nicht mehr, aus denen Institutionen wachsen, aus denen *Zukunft* wächst: seinem »modernen Geiste« geht vielleicht nichts so sehr wider den Strich. Man lebt für heute, man lebt sehr geschwind – man lebt sehr unverantwortlich: dies gerade nennt man »Freiheit«. Was aus Institutionen Institutionen *macht,* wird verachtet, gehaßt, abgelehnt: man glaubt sich in der Gefahr einer neuen Sklaverei, wo das Wort »Autorität« auch nur laut wird. Soweit geht die *décadence* im Wert-Instinkte unsrer Politiker, unsrer politischen Parteien: *sie ziehn instinktiv vor,* was auflöst, was das Ende beschleunigt .. Zeugnis die *moderne Ehe.* Aus der modernen Ehe ist ersichtlich alle Vernunft abhanden gekommen: das gibt aber keinen Einwand gegen die Ehe ab, sondern gegen die Modernität. Die Vernunft der Ehe – sie lag in der juristischen Alleinverantwortlichkeit des Mannes: damit hatte die Ehe Schwergewicht, während sie heute auf beiden Beinen hinkt. Die Vernunft der Ehe – sie lag in ihrer prinzipiellen Unlösbarkeit: damit bekam sie einen Akzent, der, dem Zufall von Gefühl, Leidenschaft und Augenblick gegenüber, *sich Gehör zu schaffen* wußte. Sie lag insgleichen in der Verantwortlichkeit der Familien für die Auswahl der Gatten. Man hat mit der wachsenden Indulgenz zugunsten der *Liebes*-Heirat geradezu die Grundlage der Ehe, das, was erst aus ihr eine Institution *macht,* eliminiert. Man gründet eine Institution nie und nimmermehr auf eine Idiosynkrasie, man gründet die Ehe *nicht,* wie gesagt, auf die »Liebe« – man gründet sie auf den Geschlechtstrieb, auf den Eigentumstrieb (Weib und Kind als Eigentum), auf den *Herrschafts-Trieb,* der sich beständig das kleinste Gebilde der Herrschaft, die Familie, organisiert, der Kinder und Erben *braucht*, um ein erreichtes Maß von Macht, Einfluß, Reichtum auch physiologisch festzuhalten, um lange Aufgaben, um Instinkt-Solidarität zwischen Jahrhunderten vorzubereiten. Die Ehe als Institution begreift bereits die Bejahung der größten, der dauerhaftesten Organisationsform in sich: wennn die Gesellschaft selbst nicht als Ganzes für sich *gutsagen* kann bis in die fernsten Geschlechter hinaus, so hat die Ehe überhaupt keinen Sinn. – Die moderne Ehe *verlor* ihren Sinn – folglich schafft man sie ab. –

40

Die Arbeiter-Frage. – Die Dummheit, im Grunde die Instinkt-Entartung, welche heute die Ursache *aller* Dummheiten ist, liegt darin, daß es eine Arbeiter-Frage gibt. Über gewisse Dinge *fragt man nicht*: erster Imperativ des Instinkts. – Ich sehe durchaus nicht ab, was man mit dem europäischen Arbeiter machen will, nachdem man erst eine Frage aus ihm gemacht hat. Er befindet sich viel zu gut, um nicht Schritt für Schritt mehr zu fragen, unbescheidner zu fragen. Er hat zuletzt die große Zahl für sich. Die Hoffnung ist vollkommen vorüber, daß hier sich eine bescheidene und selbstgenügsame Art Mensch, ein Typus Chinese zum Stande herausbilde: und dies hätte Vernunft gehabt, dies wäre geradezu eine Notwendigkeit gewesen. Was hat man getan? – Alles, um auch die Voraussetzung dazu im Keime zu vernichten – man hat die Instinkte, vermöge deren ein Arbeiter als Stand möglich, *sich selber* möglich wird, durch die unverantwortlichste Gedankenlosigkeit in Grund und Boden zerstört. Man hat den Arbeiter militärtüchtig gemacht, man hat ihm das Koalitions-Recht, das politische Stimmrecht gegeben: was Wunder, wenn der Arbeiter seine Existenz heute bereits als Notstand (moralisch ausgedrückt als *Unrecht* –) empfindet? Aber was *will* man? nochmals gefragt. Will man einen Zweck, muß man auch die Mittel wollen: will man Sklaven, so ist man ein Narr, wenn man sie zu Herrn erzieht. –

41

»Freiheit, die ich *nicht* meine . . .« – In solchen Zeiten, wie heute, seinen Instinkten überlassen sein, ist ein Verhängnis mehr. Diese Instinkte widersprechen, stören sich, zerstören sich untereinander; ich definierte das *Moderne* bereits als den physiologischen Selbst-Widerspruch. Die Vernunft der Erziehung würde wollen, daß unter einem eisernen Drucke wenigstens eins dieser Instinkt-Systeme *paralysiert* würde, um einem andern zu erlauben, zu Kräften zu kommen, stark zu werden, Herr zu werden. Heute müßte man das Individuum erst möglich machen, indem man dasselbe *beschneidet*: möglich, das heißt *ganz* ... Das Umgekehrte geschieht: der Anspruch auf Unabhängigkeit, auf freie Entwicklung, auf *laisser aller* wird gerade von denen am hitzigsten gemacht, für die kein Zügel *zu streng wäre* – dies gilt *in politicis*, dies gilt in der Kunst. Aber das ist ein Symptom der *décadence*: unser moderner Begriff »Freiheit« ist ein Beweis von Instinkt-Entartung mehr. –

42

Wo Glaube not tut. – Nichts ist seltner unter Moralisten und Heiligen als Rechtschaffenheit; vielleicht sagen sie das Gegenteil, vielleicht *glauben* sie es selbst. Wenn nämlich ein Glaube nützlicher, wirkungsvoller, überzeugender ist, als die *bewußte* Heuchelei, so wird, aus Instinkt, die Heuchelei alsbald zur *Unschuld*: erster Satz zum Verständnis großer Heiliger. Auch bei den Philosophen, einer andern Art von Heiligen, bringt es das ganze Handwerk mit sich, daß sie nur gewisse Wahrheiten zulassen: nämlich solche, auf die hin ihr Handwerk die *öffentliche* Sanktion hat – Kantisch geredet, Wahrheiten der *praktischen* Vernunft. Sie wissen, was sie beweisen *müssen*, darin sind sie praktisch – sie erkennen sich untereinander daran, daß sie über die »Wahrheiten« übereinstimmen. – »Du sollst nicht lügen« – auf deutsch: *hüten Sie sich*, mein Herr Philosoph, die Wahrheit zu sagen ...

43

Den Konservativen ins Ohr gesagt. – Was man früher nicht wußte, was man heute weiß, wissen könnte –, eine *Rückbildung*, eine Umkehr in irgendwelchem Sinn und Grade ist gar nicht möglich. Wir Physiologen wenigstens wissen das. Aber alle Priester und Moralisten haben daran geglaubt – sie *wollten* die Menschheit auf ein *früheres* Maß von Tugend zurückbringen, zurück*schrauben*. Moral war immer ein Prokrustes-Bett. Selbst die Politiker haben es darin den Tugendpredigern nachgemacht: es gibt auch heute noch Parteien, die als Ziel den *Krebsgang* aller Dinge träumen. Aber es steht niemandem frei, Krebs zu sein. Es hilft nichts: man *muß* vorwärts, will sagen *Schritt für Schritt weiter in der decadence* (– dies *meine* Definition des modernen »Fortschritts« ...) Man kann diese Entwicklung *hemmen* und, durch Hemmung, die Entartung selber stauen, aufsammeln, vehementer und *plötzlicher* machen: mehr kann man nicht. –

44

Mein Begriff vom Genie. – Große Männer sind wie große Zeiten Explosiv-Stoffe, in denen eine ungeheure Kraft aufgehäuft ist; ihre Voraussetzung ist immer, historisch und physiologisch, daß lange auf sie hin gesammelt, gehäuft, gespart und bewahrt worden ist – daß lange keine Explosion stattfand. Ist die Spannung in der Masse zu groß geworden, so genügt der zufälligste Reiz, das »Genie«, die »Tat«, das große Schicksal in die Welt zu rufen. Was liegt dann an Umgebung, an Zeitalter, an »Zeitgeist«, an »öffentlicher Meinung«! – Man nehme den Fall Napoleons. Das Frankreich der Revolution, und noch mehr das der Vor-Revolution, würde aus sich den entgegengesetzten Typus, als der Napoleons ist, hervorgebracht haben: es *hat* ihn auch hervorgebracht. Und weil Napoleon *anders* war, Erbe einer stärkeren, längeren, älteren Zivilisation als die, welche in Frankreich in Dampf und Stücke ging, wurde er hier Herr, *war* er allein hier Herr. Die großen Menschen sind notwendig, die Zeit, in der sie erscheinen, ist zufällig; daß sie fast immer über dieselbe Herr werden, liegt nur darin, daß sie stärker, daß sie älter sind, daß länger auf sie hin gesammelt worden ist. Zwischen einem Genie und seiner Zeit besteht ein Verhältnis, wie zwischen stark und schwach, auch wie zwischen alt und jung: die Zeit ist relativ immer viel jünger, dünner, unmündiger, unsicherer, kindischer. – Daß man hierüber in Frankreich heute *sehr anders* denkt (in Deutschland auch: aber daran liegt nichts), daß dort die Theorie vom Milieu, eine wahre Neurotiker-Theorie, sakrosankt und beinahe wissenschaftlich geworden ist und bis unter die Physiologen Glauben findet, das »riecht nicht gut«, das macht einem traurige Gedanken. – Man versteht es auch in England nicht anders, doch darüber wird sich kein Mensch betrüben. Dem Engländer stehen nur zwei Wege offen, sich mit dem Genie und »großen Manne« abzufinden: entweder *demokratisch* in der Art Buckles oder *religiös* in der Art Carlyles. – Die *Gefahr*, die in großen Menschen und Zeiten liegt, ist außerordentlich; die Erschöpfung jeder Art, die Sterilität folgt ihnen auf dem Fuße. Der große Mensch ist ein Ende; die große Zeit, die Renaissance zum Beispiel, ist ein Ende. Das Genie – in Werk, in Tat – ist notwendig ein Verschwender: *daß es sich ausgibt*, ist seine Größe ... Der Instinkt der Selbsterhaltung ist gleichsam ausgehängt; der übergewaltige Druck der ausströmenden Kräfte verbietet ihm jede solche Obhut und Vorsicht. Man nennt das »Aufopferung«; man rühmt seinen »Heroismus« darin, seine Gleichgültigkeit gegen das eigne Wohl, seine Hingebung für eine Idee, eine große Sache, ein Vaterland: Alles Mißverständnisse ... Er strömt aus, er strömt über, er verbraucht sich, er schont sich nicht – mit Fatalität, verhängnisvoll, unfreiwillig, wie das Ausbrechen eines Flusses über seine Ufer unfreiwillig ist. Aber weil man solchen Explosiven viel verdankt, hat man ihnen auch viel dagegen geschenkt, zum Beispiel eine Art *höherer Moral* ... Das ist ja die Art der menschlichen Dankbarkeit: sie *mißversteht* ihre Wohltäter. –

45

Der Verbrecher und was ihm verwandt ist. – Der Verbrecher-Typus, das ist der Typus des starken Menschen unter ungünstigen Bedingungen, ein krankgemachter starker Mensch. Ihm fehlt die Wildnis, eine gewisse freiere und gefährlichere Natur und Daseinsform, in der alles, was Waffe und Wehr im Instinkt des starken Menschen ist, *zu Recht besteht.* Seine *Tugenden* sind von der Gesellschaft in Bann getan; seine lebhaftesten Triebe, die er mitgebracht hat, verwachsen alsbald mit den niederdrükkenden Affekten, mit dem Verdacht, der Furcht, der Unehre. Aber dies ist beinahe das *Rezept* zur physiologischen Entartung. Wer das, was er am besten kann, am liebsten täte, heimlich tun muß, mit langer Spannung, Vorsicht, Schlauheit, wird anämisch; und weil er immer nur Gefahr, Verfolgung, Verhängnis von seinen Instinkten her erntet, verkehrt sich auch sein Gefühl gegen diese Instinkte – er fühlt sie fatalistisch. Die Gesellschaft ist es, unsre zahme, mittelmäßige, verschnittene Gesellschaft, in der ein natürwüchsiger Mensch, der vom Gebirge her oder aus den Abenteuern des Meeres kommt, notwendig zum Verbrecher entartet. Oder beinahe notwendig: denn es gibt Fälle, wo ein solcher Mensch sich stärker erweist als die Gesellschaft: der Korse Napoleon ist der berühmteste Fall. Für das Problem, das hier vorliegt, ist das Zeugnis Dostojewskis von Belang – Dostojewskis, des einzigen Psychologen, anbei gesagt, von dem ich etwas zu lernen hatte: er gehört zu den schönsten Glücksfällen meines Lebens, mehr selbst noch als die Entdeckung Stendhals. Dieser *tiefe* Mensch, der zehnmal recht hatte, die oberflächlichen Deutschen gering zu schätzen, hat die sibirischen Zuchthäusler, in deren Mitte er lange lebte, lauter schwere Verbrecher, für die es keinen Rückweg zur Gesellschaft mehr gab, sehr anders empfunden, als er selbst erwartete – ungefähr als aus dem besten, härtesten und wertvollsten Holze geschnitzt, das auf russischer Erde überhaupt wächst Verallgemeinern wir den Fall des Verbrechers: denken wir uns Naturen, denen, aus irgendeinem Grunde, die öffentliche Zustimmung fehlt, die wissen, daß sie nicht als wohltätig, als nützlich empfunden werden, jenes Tschandala-Gefühl, daß man nicht als gleich gilt, sondern als ausgestoßen, unwürdig, verunreinigend. Alle solche Naturen haben die Farbe des Unterirdischen auf Gedanken und Handlungen; an ihnen wird jegliches bleicher als an solchen, auf deren Dasein das Tageslicht ruht. Aber fast alle Existenzformen, die wir heute auszeichnen, haben ehemals unter dieser halben Grabesluft gelebt: der wissenschaftliche Charakter, der Artist, das Genie, der freie Geist, der Schauspieler, der Kaufmann, der große

Entdecker ... So lange der *Priester* als oberster Typus galt, war *jede* wertvolle Art Mensch entwertet... Die Zeit kommt – ich verspreche das – wo er als der *niedrigste* gelten wird, als *unser* Tschandala, als die verlogenste, als die unanständigste Art Mensch ... Ich richte die Aufmerksamkeit darauf, wie noch jetzt, unter dem mildesten Regiment der Sitte, das je auf Erden, zum mindesten in Europa, geherrscht hat, jede Abseitigkeit, jedes lange, allzulange *Unterhalb*, jede ungewöhnliche, undurchsichtige Daseinsform jenem Typus nahe bringt, den der Verbrecher vollendet. Alle Neuerer des Geistes haben eine Zeit das fahle und fatalistische Zeichen des Tschandala auf der Stirn: *nicht*, weil sie so empfunden würden, sondern weil sie selbst die furchtbare Kluft fühlen, die sie von allem Herkömmlichen und in Ehren Stehenden trennt. Fast jedes Genie kennt als eine seiner Entwicklungen die »catilinarische Existenz«, ein Haß-, Rache- und Aufstands-Gefühl gegen alles, was schon *ist*, was nicht mehr *wird* ... Catilina – die Präexistenz-Form *jedes* Cäsar. –

46

Hier ist die Aussicht frei. – Es kann Höhe der Seele sein, wenn ein Philosoph schweigt; es kann Liebe sein, wenn er sich widerspricht; es ist eine Höflichkeit des Erkennenden möglich, welche lügt. Man hat nicht ohne Feinheit gesagt: *il est indigne des grands cœurs de répandre le trouble qu'ils ressentent*: nur muß man hinzufügen, daß *vor dem Unwürdigsten* sich nicht zu fürchten ebenfalls Größe der Seele sein kann. Ein Weib, das liebt, opfert seine Ehre; ein Erkennender, welcher »liebt«, opfert vielleicht seine Menschlichkeit; ein Gott, welcher liebte, ward Jude...

47

Die Schönheit kein Zufall. – Auch die Schönheit einer Rasse oder Familie, ihre Anmut und Güte in allen Gebärden wird erarbeitet: sie ist, gleich dem Genie, das Schlußergebnis der akkumulierten Arbeit von Geschlechtern. Man muß dem guten Geschmacke große Opfer gebracht haben, man muß um seinetwillen vieles getan, vieles gelassen haben – das siebzehnte Jahrhundert Frankreichs ist bewunderungswürdig in beidem –, man muß in ihm ein Prinzip der Wahl für Gesellschaft, Ort, Kleidung, Geschlechtsbefriedigung gehabt haben, man muß Schönheit dem Vorteil, der Gewohnheit, der Meinung, der Trägheit vorgezogen haben. Oberste Richtschnur: man muß sich auch vor sich selber nicht »gehen lassen«. – Die guten Dinge sind über die Maßen kostspielig: und immer gilt das Gesetz, daß wer sie *hat*, ein andrer ist, als wer sie *erwirbt*. Alles Gute ist

Erbschaft: was nicht ererbt ist, ist unvollkommen, ist Anfang ... In Athen waren zur Zeit Ciceros, der darüber seine Überraschung ausdrückt, die Männer und Jünglinge bei weitem den Frauen an Schönheit überlegen: aber welche Arbeit und Anstrengung im Dienste der Schönheit hatte daselbst das männliche Geschlecht seit Jahrhunderten von sich verlangt! – Man soll sich nämlich über die Methodik hier nicht vergreifen: eine bloße Zucht von Gefühlen und Gedanken ist beinahe Null (– hier liegt das große Mißverständnis der deutschen Bildung, die ganz illusorisch ist): man muß den *Leib* zuerst überreden. Die strenge Aufrechterhaltung bedeutender und gewählter Gebärden, eine Verbindlichkeit, nur mit Menschen zu leben, die sich nicht »gehen lassen«, genügt vollkommen, um bedeutend und gewählt zu werden: in zwei, drei Geschlechtern ist bereits alles *verinnerlicht*. Es ist entscheidend über das Los von Volk und Menschheit, daß man die Kultur an der *rechten Stelle* beginnt – *nicht* an der »Seele« (wie es der verhängnisvolle Aberglaube der Priester und Halb-Priester war): die rechte Stelle ist der Leib, die Gebärde, die Diät, die Physiologie, der *Rest* folgt daraus ... Die Griechen bleiben deshalb das *erste Kultur-Ereignis* der Geschichte – sie wußten, sie *taten*, was not tat; das Christentum, das den Leib verachtete, war bisher das größte Unglück der Menschheit. –

48

Fortschritt in meinem Sinne. – Auch ich rede von »Rückkehr zur Natur«, obwohl es eigentlich nicht ein Zurückgehn, sondern ein *Hinaufkommen* ist – hinauf in die hohe, freie, selbst furchtbare Natur und Natürlichkeit, eine solche, die mit großen Aufgaben spielt, spielen *darf* ... Um es im *Gleichnis* zu sagen: Napoleon war ein Stück »Rückkehr zur Natur«, so wie ich sie verstehe (zum Beispiel *in rebus tacticis*, noch mehr, wie die Militärs wissen, im Strategischen). – Aber Rousseau – wohin wollte *der* eigentlich zurück? Rousseau, dieser erste moderne Mensch, Idealist und Kanaille in *einer* Person; der die moralische »Würde« nötig hatte, um seinen eignen Aspekt auszuhalten; krank vor zügelloser Eitelkeit und zügelloser Selbstverachtung. Auch diese Mißgeburt, welche sich an die Schwelle der neuen Zeit gelagert hat, wollte »Rückkehr zur Natur« – wohin, nochmals gefragt, wollte Rousseau zurück? – Ich hasse Rousseau noch *in* der Revolution: sie ist der welthistorische Ausdruck für diese Doppelheit von Idealist und Kanaille. Die blutige Farce, mit der sich diese Revolution abspielte, ihre »Immoralität«, geht mich wenig an: was ich hasse, ist ihre Rousseausche *Moralität* – die sogenannten »Wahrheiten« der Revolution, mit denen sie immer noch wirkt und alles Flache und Mittelmäßige zu sich überredet. Die Lehre von der Gleichheit! ... Aber es gibt gar kein giftigeres Gift: denn sie *scheint* von der Gerechtigkeit selbst gepredigt, während sie das *Ende* der Gerechtigkeit ist... »Den Gleichen Gleiches, den Ungleichen Ungleiches« – *das* wäre die wahre Rede der Gerechtigkeit: und, was daraus folgt, »Ungleiches niemals gleich machen«. – Daß es um jene Lehre von der Gleichheit herum so schauerlich und blutig zuging, hat dieser »modernen Idee« *par excellence* eine Art Glorie und Feuerschein gegeben, so daß die Revolution als *Schauspiel* auch die edelsten Geister verführt hat. Das ist zuletzt kein Grund, sie mehr zu achten. – Ich sehe nur einen, der sie empfand, wie sie empfunden werden muß, mit *Ekel* – Goethe...

49

Goethe – kein deutsches Ereignis, sondern ein europäisches: ein großartiger Versuch, das achtzehnte Jahrhundert zu überwinden durch eine Rückkehr zur Natur, durch ein *Hinauf*kommen zur Natürlichkeit der Renaissance, eine Art Selbstüberwindung von seiten dieses Jahrhunderts. – Er trug dessen stärkste Instinkte in sich: die Gefühlsamkeit, die Natur-Idolatrie, das Antihistorische, das Idealistische, das Unreale und Revolutionäre (– letzteres ist nur eine Form des Unrealen). Er nahm die Historie, die Naturwissenschaft, die Antike, insgleichen Spinoza zu Hilfe, vor allem die praktische Tätigkeit; er umstellte sich mit lauter geschlossenen Horizonten; er löste sich nicht vom Leben ab, er stellte sich hinein; er war nicht verzagt und nahm so viel als möglich auf sich, über sich, in sich. Was er wollte, das war *Totalität;* er bekämpfte das Auseinander von Vernunft, Sinnlichkeit, Gefühl, Wille (– in abschreckendster Scholastik durch *Kant* gepredigt, den Antipoden Goethes); er disziplinierte sich zur Ganzheit, er *schuf* sich... Goethe war, inmitten eines unreal gesinnten Zeitalters, ein überzeugter Realist: er sagte Ja zu allem, was ihm hierin verwandt war – er hatte kein größeres Erlebnis als jenes *ens realissimum,* genannt Napoleon. Goethe konzipierte einen starken, hochgebildeten, in allen Leiblichkeiten geschickten, sich selbst im Zaume habenden, vor sich selber ehrfürchtigen Menschen, der sich den ganzen Umfang und Reichtum der Natürlichkeit zu gönnen wagen darf, der stark genug zu dieser Freiheit ist; den Menschen der Toleranz, nicht aus Schwäche, sondern aus Stärke, weil er das, woran die durchschnittliche Natur zugrunde gehn würde, noch zu seinem Vorteil zu brauchen weiß; den Menschen, für den es nichts Verbotenes mehr gibt, es sei denn die *Schwäche,* heiße sie nun Laster oder Tugend... Ein solcher *freigewordner* Geist steht mit einem freudigen und vertrauenden Fatalismus mitten im All, im *Glauben,* daß nur das Einzelne verwerflich ist, daß im Ganzen sich alles erlöst und bejaht – *er verneint nicht mehr* ... Aber ein solcher Glaube ist der höchste aller möglichen Glauben: ich habe ihn auf den Namen des *Dionysos* getauft. –

50

Man könnte sagen, daß in gewissem Sinne das neunzehnte Jahrhundert das alles *auch* erstrebt hat, was Goethe als Person erstrebte: eine Universalität im Verstehn, im Gutheißen, ein An-sich-heran-kommen-lassen von jedwedem, einen verwegnen Realismus, eine Ehrfurcht vor allem Tatsächlichen. Wie kommt es, daß das Gesamt-Ergebnis kein Goethe, sondern ein Chaos ist, ein nihilistisches Seufzen, ein Nicht-wissen-wo-aus-noch-ein, ein Instinkt von Ermüdung, der *in praxi* fortwährend dazu treibt, *zum achtzehnten Jahrhundert zurückzugreifen*? (– zum Beispiel als Gefühls-Romantik, als Altruismus und Hyper-Sentimentalität, als Feminismus im Geschmack, als Sozialismus in der Politik). Ist nicht das neunzehnte Jahrhundert, zumal in seinem Ausgange, bloß ein verstärktes *verrohtes* achtzehntes Jahrhundert, das heißt ein *décadence*-Jahrhundert? So daß Goethe nicht bloß für Deutschland, sondern für ganz Europa bloß ein Zwischenfall, ein schönes Umsonst gewesen wäre? Aber man mißversteht große Menschen, wenn man sie aus der armseligen Perspektive eines öffentlichen Nutzens ansieht. Daß man keinen Nutzen aus ihnen zu ziehen weiß, *das gehört selbst vielleicht zur Größe* ...

51

Goethe ist der letzte Deutsche, vor dem ich Ehrfurcht habe: er hätte drei Dinge empfunden, die ich empfinde, – auch verstehen wir uns über das »Kreuz« ... Man fragt mich öfter, wozu ich eigentlich *deutsch* schriebe: nirgendswo würde ich schlechter gelesen, als im Vaterlande. Aber wer weiß zuletzt, ob ich auch nur *wünsche*, heute gelesen zu werden? – Dinge schaffen, an denen umsonst die Zeit ihre Zähne versucht; der Form nach, *der Substanz nach* um eine kleine Unsterblichkeit bemüht sein – ich war noch nie bescheiden genug, weniger von mir zu verlangen. Der Aphorismus, die Sentenz, in denen ich als der erste unter Deutschen Meister bin, sind die Formen der »Ewigkeit«; mein Ehrgeiz ist, in zehn Sätzen zu sagen, was jeder andre in einem Buche sagt – was jeder andre in einem Buche *nicht* sagt ...

Ich habe der Menschheit das tiefste Buch gegeben, das sie besitzt, meinen *Zarathustra*: ich gebe ihr über kurzem das unabhängigste. –

WAS ICH DEN ALTEN VERDANKE

1

Zum Schluß ein Wort über jene Welt, zu der ich Zugänge gesucht, zu der ich vielleicht einen neuen Zugang gefunden habe – die alte Welt. Mein Geschmack, der der Gegensatz eines duldsamen Geschmacks sein mag, ist auch hier fern davon, in Bausch und Bogen Ja zu sagen: er sagt überhaupt nicht gern Ja, lieber noch Nein, am allerliebsten gar nichts... Das gilt von ganzen Kulturen, das gilt von Büchern – es gilt auch von Orten und Landschaften. Im Grunde ist es eine ganz kleine Anzahl antiker Bücher, die in meinem Leben mitzählen; die berühmtesten sind nicht darunter. Mein Sinn für Stil, für das Epigramm als Stil erwachte fast augenblicklich bei der Berührung mit Sallust. Ich habe das Erstaunen meines verehrten Lehrers Corssen nicht vergessen, als er seinem schlechtesten Lateiner die allererste Zensur geben mußte – ich war mit einem Schlage fertig. Gedrängt, streng, mit so viel Substanz als möglich auf dem Grunde, eine kalte Bosheit gegen das »schöne Wort«, auch das »schöne Gefühl« – daran erriet ich mich. Man wird, bis in meinen Zarathustra hinein, eine sehr ernsthafte Ambition nach *römischem* Stil, nach dem *»aere perennius«* im Stil bei mir wiedererkennen. – Nicht anders erging es mir bei der ersten Berührung mit Horaz. Bis heute habe ich an keinem Dichter dasselbe artistische Entzücken gehabt, das mir von Anfang an eine Horazische Ode gab. In gewissen Sprachen ist das, was hier erreicht ist, nicht einmal zu *wollen*. Dies Mosaik von Worten, wo jedes Wort als Klang, als Ort, als Begriff, nach rechts und links und über das Ganze hin seine Kraft ausströmt, dies Minimum in Umfang und Zahl der Zeichen, dies damit erzielte Maximum in der Energie der Zeichen – das alles ist römisch und, wenn man mir glauben will, *vornehm par excellence*. Der ganze Rest von Poesie wird dagegen etwas zu Populäres – eine bloße Gefühls-Geschwätzigkeit...

2

Den Griechen verdanke ich durchaus keine verwandt starken Eindrücke; und, um es geradezu herauszusagen, sie *können* uns nicht sein, was die Römer sind. Man *lernt* nicht von den Griechen – ihre Art ist zu fremd, sie ist auch zu flüssig, um imperativisch, um »klassisch« zu wirken. Wer hätte je an einem Griechen schreiben gelernt! Wer hätte es je *ohne* die

Römer gelernt! ... Man wende mir ja nicht Plato ein. Im Verhältnis zu Plato bin ich ein gründlicher Skeptiker und war stets außerstande, in die Bewunderung des *Artisten* Plato, die unter Gelehrten herkömmlich ist, einzustimmen. Zuletzt habe ich hier die raffiniertesten Geschmacksrichter unter den Alten selbst auf meiner Seite. Plato wirft, wie mir scheint, alle Formen des Stils durcheinander, er ist damit ein *erster décadent* des Stils: er hat etwas Ähnliches auf dem Gewissen, wie die Zyniker, die die *satura Menippea* erfanden. Daß der Platonische Dialog, diese entsetzlich selbstgefällige und kindliche Art Dialektik, als Reiz wirken könne, dazu muß man nie gute Franzosen gelesen haben – Fontenelle zum Beispiel. Plato ist langweilig. – Zuletzt geht mein Mißtrauen bei Plato in die Tiefe: ich finde ihn so abgeirrt von allen Grundinstinkten der Hellenen, so vermoralisiert, so präexistent-christlich – er hat bereits den Begriff »gut« als obersten Begriff –, daß ich von dem ganzen Phänomen Plato eher das harte Wort »höherer Schwindel« oder, wenn man's lieber hört, Idealismus – als irgendein andres gebrauchen möchte. Man hat teuer dafür bezahlt, daß dieser Athener bei den Ägyptern in die Schule ging (– oder bei den Juden in Ägypten? ...). Im großen Verhängnis des Christentums ist Plato jene »Ideal« genannte Zweideutigkeit und Faszination, die den edleren Naturen des Altertums es möglich machte, sich selbst mißzuverstehn und die *Brücke* zu betreten, die zum »Kreuz« führte ... Und wie viel Plato ist noch im Begriff »Kirche«, in Bau, System, Praxis der Kirche! – Meine Erholung, meine Vorliebe, meine *Kur* von allem Platonismus war zu jeder Zeit *Thukydides*. Thukydides und, vielleicht, der Principe Macchiavells sind mir selber am meisten verwandt durch den unbedingten Willen, sich nichts vorzumachen und die Vernunft in der *Realität* zu sehn – *nicht* in der »Vernunft«, noch weniger in der »Moral« ... Von der jämmerlichen Schönfärberei der Griechen ins Ideal, die der »klassisch gebildete« Jüngling als Lohn für seine Gymnasial-Dressur ins Leben davonträgt, kuriert nichts so gründlich als Thukydides. Man muß ihn Zeile für Zeile anwenden und seine Hintergedanken so deutlich ablesen wie seine Worte: es gibt wenige so hintergedankenreiche Denker. In ihm kommt die *Sophisten-Kultur*, will sagen die *Realisten-Kultur*, zu ihrem vollendeten Ausdruck: diese unschätzbare Bewegung inmitten des eben allerwärts losbrechenden Moral- und Ideal-Schwindels der sokratischen Schulen. Die griechische Philosophie als die *décadence* des griechischen Instinkts; Thukydides als die große Summe, die letzte Offenbarung jener starken, strengen, harten Tatsächlichkeit, die dem älteren Hellenen im Instinkte lag. Der *Mut* vor der Realität unterscheidet zuletzt solche Naturen wie Thukydides und Plato: Plato ist ein Feigling vor der Realität – *folglich* flüchtet er ins Ideal; Thukydides hat *sich* in der Gewalt – folglich behält er auch die Dinge in der Gewalt ...

3

In den Griechen »schöne Seelen«, »goldene Mitten« und andre Vollkommenheiten auszuwittern, etwa an ihnen die Ruhe in der Größe, die ideale Gesinnung, die hohe Einfalt bewundern – vor dieser »hohen Einfalt«, einer *niaiserie allemande* zu guter Letzt, war ich durch den Psychologen behütet, den ich in mir trug. Ich sah ihren stärksten Instinkt, den Willen zur Macht, ich sah sie zittern vor der unbändigen Gewalt dieses Triebs – ich sah alle ihre Institutionen wachsen aus Schutzmaßregeln, um sich voreinander gegen ihren inwendigen *Explosivstoff* sicher zu stellen. Die ungeheure Spannung im Innern entlud sich dann in furchtbarer und rücksichtsloser Feindschaft nach außen: die Stadtgemeinden zerfleischten sich untereinander, damit die Stadtbürger jeder einzelnen vor sich selber Ruhe fänden. Man hatte es nötig, stark zu sein: die Gefahr war in der Nähe –, sie lauerte überall. Die prachtvoll geschmeidige Leiblichkeit, der verwegene Realismus und Immoralismus, der dem Hellenen eignet, ist eine *Not*, nicht eine »Natur« gewesen. Er folgte erst, er war nicht von Anfang an da. Und mit Festen und Künsten wollte man auch nichts andres als sich *obenauf* fühlen, sich obenauf *zeigen*: es sind Mittel, sich selber zu verherrlichen, unter Umständen vor sich Furcht zu machen ... Die Griechen auf deutsche Manier nach ihren Philosophen beurteilen, etwa die Biedermännerei der sokratischen Schulen zu Aufschlüssen darüber benutzen, *was* im Grunde hellenisch sei! ... Die Philosophen sind ja die *décadents* des Griechentums, die Gegenbewegung gegen den alten, den vornehmen Geschmack (– gegen den agonalen Instinkt, gegen die Polis, gegen den Wert der Rasse, gegen die Autorität des Herkommens). Die sokratischen Tugenden wurden gepredigt, *weil* sie den Griechen abhanden gekommen waren: reizbar, furchtsam, unbeständig, Komödianten allesamt, hatten sie ein paar Gründe zu viel, sich Moral predigen zu lassen. Nicht, daß es etwas geholfen hätte: aber große Worte und Attitüden stehen *décadents* so gut ...

4

Ich war der erste, der, zum Verständnis des älteren, des noch reichen und selbst überströmenden hellenischen Instinkts, jenes wundervolle Phänomen ernst nahm, das den Namen des Dionysos trägt: es ist einzig erklärbar aus einem *Zuviel* von Kraft. Wer den Griechen nachgeht, wie jener tiefste Kenner ihrer Kultur, der heute lebt, wie Jacob Burckhardt in Basel, der wußte sofort, daß damit etwas getan sei: Burckhardt fügte seiner »Kultur der Griechen« einen eignen Abschnitt über das genannte Phänomen ein. Will man den Gegensatz, so sehe man die beinahe erheiternde Instinkt-Armut der deutschen Philologen, wenn sie in die Nähe des

Dionysischen kommen. Der berühmte Lobeck zumal, der mit der ehrwürdigen Sicherheit eines zwischen Büchern ausgetrockneten Wurms in diese Welt geheimnisvoller Zustände hineinkroch und sich überredete, damit wissenschaftlich zu sein, daß er bis zum Ekel leichtfertig und kindisch war, – Lobeck hat mit allem Aufwande von Gelehrsamkeit zu verstehn gegeben, eigentlich habe es mit allen diesen Kuriositäten nichts auf sich. In der Tat möchten die Priester den Teilhabern an solchen Orgien einiges nicht Wertlose mitgeteilt haben, zum Beispiel, daß der Wein zur Lust anrege, daß der Mensch unter Umständen von Früchten lebe, daß die Pflanzen im Frühjahr aufblühn, im Herbst verwelken. Was jenen so befremdlichen Reichtum an Riten, Symbolen und Mythen orgiastischen Ursprungs angeht, von dem die antike Welt ganz wörtlich überwuchert ist, so findet Lobeck an ihm einen Anlaß, noch um einen Grad geistreicher zu werden. »Die Griechen«, sagt er Aglaophamus I, 672, »hatten sie nichts anderes zu tun, so lachten, sprangen, rasten sie umher, oder, da der Mensch mitunter auch dazu Lust hat, so saßen sie nieder, weinten und jammerten. *Andere* kamen dann später hinzu und suchten doch irgendeinen Grund für dies auffallende Wesen; und so entstanden zur Erklärung jener Gebräuche jene zahllosen Festsagen und Mythen. Auf der andern Seite glaubte man, jenes *possierliche Treiben*, welches nun einmal an den Festtagen stattfand, gehöre auch notwendig zur Festfeier, und hielt es als einen unentbehrlichen Teil des Gottesdienstes fest«. – Das ist verächtliches Geschwätz, man wird einen Lobeck nicht einen Augenblick ernst nehmen. Ganz anders berührt es uns, wenn wir den Begriff »griechisch« prüfen, den Winckelmann und Goethe sich gebildet haben, und ihn unverträglich mit jenem Elemente finden, aus dem die dionysische Kunst wächst – mit dem Orgiasmus. Ich zweifle in der Tat nicht daran, daß Goethe etwas Derartiges grundsätzlich aus den Möglichkeiten der griechischen Seele ausgeschlossen hätte. *Folglich verstand Goethe die Griechen nicht.* Denn erst in den dionysischen Mysterien, in der Psychologie des dionysischen Zustands spricht sich die *Grundtatsache* des hellenischen Instinkts aus – sein »Wille zum Leben«. *Was* verbürgte sich der Hellene mit diesen Mysterien? Das *ewige* Leben, die ewige Wiederkehr des Lebens; die Zukunft in der Vergangenheit verheißen und geweiht; das triumphierende Ja zum Leben über Tod und Wandel hinaus; das *wahre* Leben als das Gesamt-Fortleben durch die Zeugung, durch die Mysterien der Geschlechtlichkeit. Den Griechen war deshalb das *geschlechtliche* Symbol das ehrwürdige Symbol an sich, der eigentliche Tiefsinn innerhalb der ganzen antiken Frömmigkeit. Alles einzelne im Akte der Zeugung, der Schwangerschaft, der Geburt erweckte die höchsten und feierlichsten Gefühle. In der Mysterienlehre ist der *Schmerz* heilig gesprochen: die »Wehen der Gebärerin« heiligen den Schmerz überhaupt, – alles Werden und Wachsen, alles Zukunft-Verbürgende *bedingt* den Schmerz... Damit es die ewige Lust des Schaffens gibt, damit der Wille zum Leben sich ewig selbst bejaht, *muß* es auch ewig die »Qual der Gebärerin« geben ... Dies alles bedeutet das Wort Dionysos: ich kenne keine höhere Symbolik als diese *griechische* Symbolik, die der Dionysien. In ihnen ist der tiefste Instinkt des Lebens, der zur Zukunft des Lebens, zur Ewigkeit des Lebens, religiös empfunden, – der Weg selbst zum Leben, die Zeugung, als der *heilige Weg* ... Erst das Christentum, mit seinem Ressentiment *gegen* das Leben auf dem Grunde, hat aus der Geschlechtlichkeit etwas Unreines gemacht: es warf *Kot* auf den Anfang, auf die Voraussetzung unsres Lebens ...

5

Die Psychologie des Orgiasmus als eines überströmenden Lebens- und Kraftgefühls, innerhalb dessen selbst der Schmerz noch als Stimulans wirkt, gab mir den Schlüssel zum Begriff des *tragischen* Gefühls, das sowohl von Aristoteles als in Sonderheit von unsern Pessimisten mißverstanden worden ist. Die Tragödie ist so fern davon, etwas für den Pessimismus der Hellenen im Sinne Schopenhauers zu beweisen, daß sie vielmehr als dessen entscheidende Ablehnung und *Gegen-Instanz* zu gelten hat. Das Jasagen zum Leben selbst noch in seinen fremdesten und härtesten Problemen, der Wille zum Leben, im *Opfer* seiner höchsten Typen der eignen Unerschöpflichkeit frohwerdend – *das* nannte ich dionysisch, *das* erriet ich als die Brücke zur Psychologie des *tragischen* Dichters. *Nicht* um von Schrecken und Mitleiden loszukommen, nicht um sich von einem gefährlichen Affekt durch dessen vehemente Entladung zu reinigen – so verstand es Aristoteles –: sondern um, über Schrecken und Mitleid hinaus, die ewige Lust des Werdens *selbst zu sein* – jene Lust, die auch noch die *Lust am Vernichten* in sich schließt ... Und damit berühre ich wieder die Stelle, von der ich einstmals ausging – die »Geburt der Tragödie« war meine erste Umwertung aller Werte: damit stelle ich mich wieder auf den Boden zurück, aus dem mein Wollen, mein *Können* wächst – ich, der letzte Jünger des Philosophen Dionysos – ich, der Lehrer der ewigen Wiederkunft ...

DER HAMMER REDET

Also sprach Zarathustra (I, S. 695)

»Warum so hart! –« sprach zum Diamanten einst die Küchen-Kohle: »sind wir denn nicht Nah-Verwandte?«

Warum so weich? O meine Brüder, also frage ich euch: seid ihr denn nicht – meine Brüder?

Warum so weich, so weichend und nachgebend? Warum ist so viel Leugnung, Verleugnung in eurem Herzen? so wenig Schicksal in eurem Blicke?

Und wollt ihr nicht Schicksale sein und Unerbittliche: wie könntet ihr einst mit mir – siegen?

Und wenn eure Härte nicht blitzen und schneiden und zerschneiden will: wie könntet ihr einst mit mir – schaffen?

Alle Schaffenden nämlich sind hart. Und Seligkeit muß es euch dünken, eure Hand auf Jahrtausende zu drücken wie auf Wachs, –

– Seligkeit, auf dem Willen von Jahrtausenden zu schreiben wie auf Erz, – härter als Erz, edler als Erz. Ganz hart allein ist das Edelste.

Diese neue Tafel, o meine Brüder, stelle ich über euch: Werdet hart! – –

ECCE HOMO

Wie man wird, was man ist

VORWORT

1

In Voraussicht, daß ich über kurzem mit der schwersten Forderung an die Menschheit herantreten muß, die je an sie gestellt wurde, scheint es mir unerläßlich, zu sagen, *wer ich bin*. Im Grunde dürfte man's wissen: denn ich habe mich nicht »unbezeugt gelassen«. Das Mißverhältnis aber zwischen der Größe meiner Aufgabe und der *Kleinheit* meiner Zeitgenossen ist darin zum Ausdruck gekommen, daß man mich weder gehört, noch auch nur gesehn hat. Ich lebe auf meinen eignen Kredit hin, es ist vielleicht bloß ein Vorurteil, daß ich lebe?... Ich brauche nur irgendeinen »Gebildeten« zu sprechen, der im Sommer ins Ober-Engadin kommt, um mich zu überzeugen, daß ich *nicht* lebe... Unter diesen Umständen gibt es eine Pflicht, gegen die im Grunde meine Gewohnheit, noch mehr der Stolz meiner Instinkte revoltiert, nämlich zu sagen: *Hört mich! denn ich bin der und der. Verwechselt mich vor allem nicht!*

2

Ich bin zum Beispiel durchaus kein Popanz, kein Moral-Ungeheuer – ich bin sogar eine Gegensatz-Natur zu der Art Mensch, die man bisher als tugendhaft verehrt hat. Unter uns, es scheint mir, daß gerade das zu meinem Stolz gehört. Ich bin ein Jünger des Philosophen Dionysos, ich zöge vor, eher noch ein Satyr zu sein als ein Heiliger. Aber man lese nur diese Schrift. Vielleicht gelang es mir, vielleicht hatte diese Schrift gar keinen andren Sinn, als diesen Gegensatz zu einer heitren und menschenfreundlichen Weise zum Ausdruck zu bringen. Das letzte, was *ich* versprechen würde, wäre, die Menschheit zu »verbessern«. Von mir werden keine neuen Götzen aufgerichtet; die alten mögen lernen, was es mit tönernen Beinen auf sich hat. *Götzen* (mein Wort für »Ideale«) *umwerfen* – das gehört schon eher zu meinem Handwerk. Man hat die Realität in dem Grade um ihren Wert, ihren Sinn, ihre Wahrhaftigkeit gebracht, als man eine ideale Welt *erlog*... Die »wahre Welt« und die »scheinbare Welt« – auf deutsch: die *erlogne* Welt und die Realität... Die *Lüge* des Ideals war bisher der Fluch über die Realität, die Menschheit selbst ist durch sie bis in ihre untersten Instinkte hinein verlogen und falsch geworden – bis zur Anbetung der *umgekehrten* Werte, als die sind, mit denen ihr erst das Gedeihen, die Zukunft, das hohe *Recht* auf Zukunft verbürgt wäre.

3

– Wer die Luft meiner Schriften zu atmen weiß, weiß, daß es eine Luft der Höhe ist, eine *starke* Luft. Man muß für sie geschaffen sein, sonst ist die Gefahr keine kleine, sich in ihr zu erkälten. Das Eis ist nahe, die Einsamkeit ist ungeheuer – aber wie ruhig alle Dinge im Lichte liegen! wie frei man atmet! wieviel man *unter* sich fühlt! – Philosophie, wie ich sie bisher verstanden und gelebt habe, ist das freiwillige Leben in Eis und Hochgebirge – das Aufsuchen alles Fremden und Fragwürdigen im Dasein, alles dessen, was durch die Moral bisher in Bann getan war. Aus einer langen Erfahrung, welche eine solche Wanderung im *Verbotenen* gab, lernte ich die Ursachen, aus denen bisher moralisiert und idealisiert wurde, sehr anders ansehn, als es erwünscht sein mag: die *verborgene* Geschichte der Philosophen, die Psychologie ihrer großen Namen kam für mich ans Licht. – Wieviel Wahrheit *erträgt*, wieviel Wahrheit *wagt* ein Geist? das wurde für mich immer mehr der eigentliche Wertmesser. Irrtum (– der Glaube ans Ideal –) ist nicht Blindheit, Irrtum ist *Feigheit* ... Jede Errungenschaft, jeder Schritt vorwärts in der Erkenntnis *folgt* aus dem Mut, aus der Härte gegen sich, aus der Sauberkeit gegen sich ... Ich widerlege die Ideale nicht, ich ziehe bloß Handschuhe vor ihnen an ... *Nitimur in vetitum:* in diesem Zeichen siegt einmal meine Philosophie, denn man verbot bisher grundsätzlich immer nur die Wahrheit. –

4

– Innerhalb meiner Schriften steht für sich mein *Zarathustra.* Ich habe mit ihm der Menschheit das größte Geschenk gemacht, das ihr bisher gemacht worden ist. Dies Buch, mit einer Stimme über Jahrtausende hinweg, ist nicht nur das höchste Buch, das es gibt, das eigentliche Höhenluft-Buch – die ganze Tatsache Mensch liegt in ungeheurer Ferne *unter* ihm –, es ist auch das *tiefste,* das aus dem innersten Reichtum der Wahrheit heraus geborene, ein unerschöpflicher Brunnen, in den kein Eimer hinabsteigt, ohne mit Gold und Güte gefüllt heraufzukommen. Hier redet kein »Prophet«, keiner jener schauerlichen Zwitter von Krankheit und Willen zur Macht, die man Religionsstifter nennt. Man muß vor allem den Ton, der aus diesem Munde kommt, diesen halkyonischen Ton richtig *hören,* um dem Sinn seiner Weisheit nicht erbarmungswürdig unrecht zu tun. »Die stillsten Worte sind es, welche den Sturm bringen, Gedanken, die mit Taubenfüßen kommen, lenken die Welt –«

> Die Feigen fallen von den Bäumen, sie sind gut und süß: und indem sie fallen, reißt ihnen die rote Haut. Ein Nordwind bin ich reifen Feigen.

Also, gleich Feigen, fallen euch diese Lehren zu, meine Freunde: nun trinkt ihren Saft und ihr süßes Fleisch! Herbst ist es umher und reiner Himmel und Nachmittag –

Hier redet kein Fanatiker, hier wird nicht »gepredigt«, hier wird nicht *Glauben* verlangt: aus einer unendlichen Lichtfülle und Glückstiefe fällt Tropfen für Tropfen, Wort für Wort – eine zärtliche Langsamkeit ist das Tempo dieser Reden. Dergleichen gelangt nur zu den Auserwähltesten; es ist ein Vorrecht ohnegleichen, hier Hörer zu sein; es steht niemandem frei, für Zarathustra Ohren zu haben ... Ist Zarathustra mit alledem nicht ein *Verführer*? ... Aber was sagt er doch selbst, als er zum ersten Male wieder in seine Einsamkeit zurückkehrt? Genau das Gegenteil von dem, was irgendein »Weiser«, »Heiliger«, »Welt-Erlöser« und andrer *décadent* in einem solchen Falle sagen würde ... Er redet nicht nur anders, er *ist* auch anders ...

Allein gehe ich nun, meine Jünger! Auch ihr geht nun davon und allein! So will ich es.

Geht fort von mir und wehrt euch gegen Zarathustra! Und besser noch: schämt euch seiner! Vielleicht betrog er euch.

Der Mensch der Erkenntnis muß nicht nur seine Feinde lieben, er muß auch seine Freunde hassen können.

Man vergilt einem Lehrer schlecht, wenn man immer nur der Schüler bleibt Und warum wollt ihr nicht an meinem Kranze rupfen?

Ihr verehrt mich: aber wie, wenn eure Verehrung eines Tages *umfällt?* Hütet euch, daß euch nicht eine Bildsäule erschlage!

Ihr sagt, ihr glaubt an Zarathustra? Aber was liegt an Zarathustra! Ihr seid meine Gläubigen, aber was liegt an allen Gläubigen!

Ihr hattet euch noch nicht gesucht: da fandet ihr mich. So tun alle Gläubigen; darum ist es so wenig mit allem Glauben.

Nun heiße ich euch, mich verlieren und euch finden; und erst, *wenn ihr mich alle verleugnet habt,* will ich euch wiederkehren ...

Friedrich Nietzsche

An diesem vollkommnen Tage, wo alles reift und nicht nur die Traube braun wird, fiel mir eben ein Sonnenblick auf mein Leben: ich sah rückwärts, ich sah hinaus, ich sah nie so viel und so gute Dinge auf einmal. Nicht umsonst begrub ich heute mein vierundvierzigstes Jahr, ich *durfte* es begraben – was in ihm Leben war, ist gerettet, ist unsterblich. Das erste Buch der *Umwertung aller Werte,* die *Lieder Zarathustras,* die Götzen-Dämmerung, mein Versuch, mit dem Hammer zu philosophieren – alles Geschenke dieses Jahrs, sogar seines letzten Vierteljahrs! *Wie sollte ich nicht meinem ganzen Leben dankbar sein?* – Und so erzähle ich mir mein Leben.

WARUM ICH SO WEISE BIN

1

Das Glück meines Daseins, seine Einzigkeit vielleicht, liegt in seinem Verhängnis: ich bin, um es in Rätselform auszudrücken, als mein Vater bereits gestorben, als meine Mutter lebe ich noch und werde alt. Diese doppelte Herkunft, gleichsam aus der obersten und der untersten Sprosse an der Leiter des Lebens, *décadent* zugleich und *Anfang* – dies, wenn irgend etwas, erklärt jene Neutralität, jene Freiheit von Partei im Verhältnis zum Gesamtproblem des Lebens, die mich vielleicht auszeichnet. Ich habe für die Zeichen von Aufgang und Niedergang eine feinere Witterung als je ein Mensch gehabt hat, ich bin der Lehrer *par excellence* hierfür – ich kenne beides, ich bin beides. – Mein Vater starb mit sechsunddreißig Jahren: er war zart, liebenswürdig und morbid, wie ein nur zum Vorübergehn bestimmtes Wesen – eher eine gütige Erinnerung an das Leben, als das Leben selbst. Im gleichen Jahre, wo sein Leben abwärts ging, ging auch das meine abwärts: im sechsunddreißigsten Lebensjahre kam ich auf den niedrigsten Punkt meiner Vitalität – ich lebte noch, doch ohne drei Schritt weit vor mich zu sehn. Damals – es war 1879 – legte ich meine Basler Professur nieder, lebte den Sommer über wie ein Schatten in St. Moritz und den nächsten Winter, den sonnenärmsten meines Lebens, *als* Schatten in Naumburg. Dies war mein Minimum: »Der Wanderer und sein Schatten« entstand währenddem. Unzweifelhaft, ich verstand mich damals auf Schatten... Im Winter darauf, meinem ersten Genueser Winter, brachte jene Versüßung und Vergeistigung, die mit einer extremen Armut an Blut und Muskel beinahe bedingt ist, die »Morgenröte« hervor. Die vollkommne Helle und Heiterkeit, selbst Exuberanz des Geistes, welche das genannte Werk widerspiegelt, verträgt sich bei mir nicht nur mit der tiefsten physiologischen Schwäche, sondern sogar mit einem Exzeß von Schmerzgefühl. Mitten in Martern, die ein ununterbrochner dreitägiger Gehirn-Schmerz samt mühseligem Schleim-Erbrechen mit sich bringt – besaß ich eine Dialektiker-Klarheit *par excellence* und dachte Dinge sehr kaltblütig durch, zu denen ich in gesünderen Verhältnissen nicht Kletterer, nicht raffiniert, nicht *kalt* genug bin. Meine Leser wissen vielleicht, inwiefern ich Dialektik als Décadence-Symptom betrachte, zum Beispiel im allerberühmtesten Fall: im Fall des Sokrates. – Alle krankhaften Störungen des Intellekts, selbst jene Halbbetäubung, die das Fieber im Gefolge hat, sind mir bis heute gänzlich fremde Dinge geblieben, über deren Natur und Häufigkeit ich mich erst auf gelehrtem Wege zu unterrichten hatte. Mein Blut läuft langsam. Niemand hat je an mir Fieber konstatieren können. Ein Arzt, der mich länger als Nervenkranken behandelte, sagte schließlich: »Nein! an Ihren Nerven liegt's nicht, ich selber bin nur nervös.« Schlechterdings unnachweisbar irgendeine lokale Entartung; kein organisch bedingtes Magenleiden, wie sehr auch immer, als Folge der Gesamterschöpfung, die tiefste Schwäche des gastrischen Systems. Auch das Augenleiden, dem Blindwerden zeitweilig sich gefährlich annähernd, nur Folge, nicht ursächlich: so daß mit jeder Zunahme an Lebenskraft auch die Sehkraft wieder zugenommen hat. – Eine lange, allzulange Reihe von Jahren bedeutet bei mir Genesung – sie bedeutet leider auch zugleich Rückfall, Verfall, Periodik einer Art *décadence.* Brauche ich, nach alledem, zu sagen, daß ich in Fragen der *décadence erfahren* bin? Ich habe sie vorwärts und rückwärts buchstabiert. Selbst jene Filigran-Kunst des Greifens und Begreifens überhaupt, jene Finger für *nuances,* jene Psychologie des »Um-die-Ecke-sehns« und was sonst mir eignet, ward damals erst erlernt, ist das eigentliche Geschenk jener Zeit, in der alles sich bei mir verfeinerte, die Beobachtung selbst wie alle Organe der Beobachtung. Von der Kranken-Optik aus nach *gesünderen* Begriffen und Werten, und wiederum umgekehrt aus der Fülle und Selbstgewißheit des *reichen* Lebens hinuntersehn in die heimliche Arbeit des Décadence-Instinkts – das war meine längste Übung, meine eigentliche Erfahrung, wenn irgendworin wurde ich darin Meister. Ich habe es jetzt in der Hand, ich habe die Hand dafür, *Perspektiven umzustellen*: erster Grund, weshalb für mich allein vielleicht eine »Umwertung der Werte« überhaupt möglich ist. –

2

Abgerechnet nämlich, daß ich ein *décadent* bin, bin ich auch dessen Gegensatz. Mein Beweis dafür ist, unter anderem, daß ich instinktiv gegen die schlimmen Zustände immer die *rechten* Mittel wählte: während der *décadent* an sich immer die ihm nachteiligen Mittel wählt. Als *summa summarum* war ich gesund, als Winkel, als Spezialität war ich *décadent.* Jene Energie zur absoluten Vereinsamung und Herauslösung aus gewohnten Verhältnissen, der Zwang gegen mich, mich nicht mehr besorgen, bedienen, *beärzteln* zu lassen – das verrät die unbedingte Instinkt-Gewißheit darüber, *was* damals, vor allem not tat. Ich nahm mich selbst in die Hand, ich machte mich selber wieder gesund: die Bedingung dazu – jeder Physiologe wird das zugeben – ist, *daß man im Grunde gesund ist.* Ein typisch morbides Wesen kann nicht gesund werden, noch weniger sich selbst gesund machen; für einen typisch Gesunden kann umgekehrt Kranksein sogar ein energisches *Stimulans* zum Leben, zum Mehrleben sein. So in der Tat erscheint mir *jetzt* jene lange Krankheits-Zeit: ich entdeckte das Leben gleichsam neu, mich selber eingerechnet, ich schmeckte alle guten und selbst kleinen Dinge, wie sie andre nicht leicht schmecken könnten – ich machte aus meinem Willen zur Gesundheit, zum *Leben*, meine Philosophie ... Denn man gebe acht darauf: die Jahre meiner niedrigsten Vitalität waren es, wo ich *aufhörte*, Pessimist zu sein: der Instinkt der Selbst-Wiederherstellung *verbot* mir eine Philosophie der Armut und Entmutigung ... Und woran erkennt man im Grunde die *Wohlgeratenheit*! Daß ein wohlgeratner Mensch unsern Sinnen wohltut: daß er aus einem Holze geschnitzt ist, das hart, zart und wohlriechend zugleich ist. Ihm schmeckt nur, was ihm zuträglich ist; sein Gefallen, seine Lust hört auf, wo das Maß des Zuträglichen überschritten wird. Er errät Heilmittel gegen Schädigungen, er nützt schlimme Zufälle zu seinem Vorteil aus; was ihn nicht umbringt, macht ihn stärker. Er sammelt instinktiv aus allem, was er sieht, hört, erlebt, *seine* Summe: er ist ein auswählendes Prinzip, er läßt viel durchfallen. Er ist immer in *seiner* Gesellschaft, ob er mit Büchern, Menschen oder Landschaften verkehrt: er ehrt, indem er *wählt*, indem er *zuläßt*, indem er *vertraut*. Er reagiert auf alle Art Reize langsam, mit jener Langsamkeit, die eine lange Vorsicht und ein gewollter Stolz ihm angezüchtet haben – er prüft den Reiz, der herankommt, er ist fern davon, ihm entgegenzugehn. Er glaubt weder an »Unglück«, noch an »Schuld«: er wird fertig, mit sich, mit anderen, er weiß zu *vergessen*, – er ist stark genug, daß ihm alles zum Besten gereichen *muß*. – Wohlan, ich bin das *Gegenstück* eines *décadent*: denn ich beschrieb eben *mich*.

3

Diese doppelte Reihe von Erfahrungen, diese Zugänglichkeit zu anscheinend getrennten Welten wiederholt sich in meiner Natur in jeder Hinsicht – ich bin ein Doppelgänger, ich habe auch das »zweite« Gesicht noch außer dem ersten. *Und* vielleicht auch noch das dritte ... Schon meiner Abkunft nach ist mir ein Blick erlaubt jenseits aller bloß lokal, bloß national bedingten Perspektiven, es kostet mich keine Mühe, ein »guter Europäer« zu sein. Andrerseits bin ich vielleicht mehr deutsch, als jetzige Deutsche, bloße Reichsdeutsche es noch zu sein vermöchten – ich, der letzte *antipolitische* Deutsche. Und doch waren meine Vorfahren polnische Edelleute: ich habe von daher viel Rassen-Instinkte im Leibe, wer weiß? zuletzt gar noch das *liberum veto*. Denke ich daran, wie oft ich unterwegs als Pole angeredet werde und von Polen selbst, wie selten man mich für einen Deutschen nimmt, so könnte es scheinen, daß ich nur zu den *angesprenkelten* Deutschen gehörte. Aber meine Mutter, Franziska

Oehler, ist jedenfalls etwas sehr Deutsches; insgleichen meine Großmutter väterlicherseits, Erdmuthe Krause. Letztere lebte ihre ganze Jugend mitten im guten alten Weimar, nicht ohne Zusammenhang mit dem Goetheschen Kreise. Ihr Bruder, der Professor der Theologie Krause in Königsberg, wurde nach Herders Tod als Generalsuperintendent nach Weimar berufen. Es ist nicht unmöglich, daß ihre Mutter, meine Urgroßmutter, unter dem Namen »Muthgen« im Tagebuch des jungen Goethe vorkommt. Sie verheiratete sich zum zweiten Mal mit dem Superintendent Nietzsche in Eilenburg; an dem Tage des großen Kriegsjahrs 1813, wo Napoleon mit seinem Generalstab in Eilenburg einzog, am 10. Oktober hatte sie ihre Niederkunft. Sie war, als Sächsin, eine große Verehrerin Napoleons; es könnte sein, daß ich's auch noch bin. Mein Vater, 1813 geboren, starb 1849. Er lebte, bevor er das Pfarramt der Gemeinde Röcken unweit Lützen übernahm, einige Jahre auf dem Altenburger Schlosse und unterrichtete die vier Prinzessinnen daselbst. Seine Schülerinnen sind die Königin von Hannover, die Großfürstin Constantin, die Großherzogin von Oldenburg und die Prinzeß Therese von Sachsen-Altenburg. Er war voll tiefer Pietät gegen den preußischen König Friedrich Wilhelm den Vierten, von dem er auch sein Pfarramt erhielt; die Ereignisse von 1848 betrübten ihn über die Maßen. Ich selber, am Geburtstage des genannten Königs geboren, am 15. Oktober, erhielt, wie billig, die Hohenzollern-Namen *Friedrich* Wilhelm. Einen Vorteil hatte jedenfalls die Wahl dieses Tages: mein Geburtstag war meine ganze Kindheit hindurch ein Festtag. – Ich betrachte es als ein großes Vorrecht, einen solchen Vater gehabt zu haben: es scheint mir sogar, daß sich damit alles erklärt, was ich sonst an Vorrechten habe – das Leben, das große Ja zum Leben *nicht* eingerechnet. Vor allem, daß es für mich keiner Absicht dazu bedarf, sondern eines bloßen Abwartens, um unfreiwillig in eine Welt hoher und zarter Dinge einzutreten: ich bin dort zu Hause, meine innerste Leidenschaft wird dort erst frei. Daß ich für dies Vorrecht beinahe mit dem Leben zahlte, ist gewiß kein unbilliger Handel. – Um nur etwas von meinem Zarathustra zu verstehn, muß man vielleicht ähnlich bedingt sein, wie ich es bin – mit einem Fuße *jenseits* des Lebens ...

4

Ich habe nie die Kunst verstanden, gegen mich einzunehmen – auch das verdanke ich meinem unvergleichlichen Vater –, und selbst noch, wenn es mir von großem Werte schien. Ich bin sogar, wie sehr immer das unchristlich scheinen mag, nicht einmal gegen mich eingenommen, man mag mein Leben hin- und herwenden, man wird darin nur selten, im Grunde nur einmal Spuren davon entdecken, daß jemand bösen Willen gegen mich gehabt hätte – vielleicht aber etwas zu viel Spuren von *gutem* Willen ... Meine Erfahrungen selbst mit solchen, an denen jedermann schlechte Erfahrungen macht, sprechen ohne Ausnahme zu deren Gunsten; ich zähme jeden Bär, ich mache die Hanswürste noch sittsam. In den sieben Jahren wo ich an der obersten Klasse des Basler Pädagogiums Griechisch lehrte, habe ich keinen Anlaß gehabt, eine Strafe zu verhängen; die Faulsten waren bei mir fleißig. Dem Zufall bin ich immer gewachsen; ich muß unvorbereitet sein, um meiner Herr zu sein. Das Instrument, es sei, welches es wolle, es sei so verstimmt, wie nur das Instrument »Mensch« verstimmt werden kann – ich müßte krank sein, wenn es mir nicht gelingen sollte, ihm etwas Anhörbares abzugewinnen. Und wie oft habe ich das von den »Instrumenten« selber gehört, daß sie sich noch nie so gehört hätten ... Am schönsten vielleicht von jenem unverzeihlich jung gestorbenen Heinrich von Stein, der einmal, nach sorgsam eingeholter Erlaubnis, auf drei Tage in Sils-Maria erschien, jedermann erklärend, daß er *nicht* wegen des Engadins komme. Dieser ausgezeichnete Mensch, der mit der ganzen ungestümen Einfalt eines preußischen Junkers in den Wagnerschen Sumpf hineingewatet war (– und außerdem noch in den Dühringschen!) war diese drei Tage wie umgewandelt durch einen Sturmwind der Freiheit, gleich einem, der plötzlich in *seine* Höhe gehoben wird und Flügel bekommt. Ich sagte ihm immer, das mache die gute Luft hier oben, so gehe es jedem, man sei nicht umsonst 6000 Fuß über Bayreuth – aber er wollte mirs nicht glauben ... Wenn trotzdem an mir manche kleine und große Missetat verübt worden ist, so war nicht »der Wille«, am wenigsten der *böse* Wille Grund davon: eher schon hätte ich mich – ich deutete es eben an – über den guten Willen zu beklagen, der keinen kleinen Unfug in meinem Leben angerichtet hat. Meine Erfahrungen geben mir ein Anrecht auf Mißtrauen überhaupt hinsichtlich der sogenannten »selbstlosen« Triebe, der gesamten zu Rat und Tat bereiten »Nächstenliebe«. Sie gilt mir an sich als Schwäche, als Einzelfall der Widerstands-Unfähigkeit gegen Reize – das *Mitleiden* heißt nur bei *décadents* eine Tugend. Ich werfe den Mitleidigen vor, daß ihnen die Scham, die Ehrfurcht, das Zartgefühl vor Distanzen leicht abhanden kommt, daß Mitleiden im Handumdrehn nach Pöbel riecht und schlechten Manieren zum Verwechseln ähnlich sieht – daß mitleidige Hände unter Umständen geradezu zerstörerisch in ein großes Schicksal, in eine Vereinsamung unter Wunden, in ein *Vorrecht* auf schwere Schuld hineingreifen können. Die Überwindung des Mitleids rechne ich unter die *vornehmen* Tugenden: ich habe als »Versuchung Zarathustras« einen Fall gedichtet, wo ein großer Notschrei an ihn kommt, wo das Mitleiden wie eine letzte Sünde ihn überfallen, ihn von *sich* abspenstig machen will. Hier Herr bleiben, hier die *Höhe* seiner Aufgabe rein halten von den viel niedrigeren und kurzsichtigeren Antrieben, welche in den sogenannten selbstlosen Handlungen tätig sind, das ist die Probe, die letzte Probe vielleicht, die ein Zarathustra abzulegen hat – sein eigentlicher *Beweis* von Kraft . . .

5

Auch noch in einem anderen Punkte bin ich bloß mein Vater noch einmal und gleichsam sein Fortleben nach einem allzufrühen Tode. Gleich jedem, der nie unter seinesgleichen lebte und dem der Begriff »Vergeltung« so unzugänglich ist wie etwa der Begriff »gleiche Rechte«, verbiete ich mir in Fällen, wo eine kleine oder *sehr große* Torheit an mir begangen wird, jede Gegenmaßregel, jede Schutzmaßregel – wie billig, auch jede Verteidigung, jede »Rechtfertigung«. Meine Art Vergeltung besteht darin, der Dummheit so schnell wie möglich eine Klugheit nachzuschicken: so holt man sie vielleicht noch ein. Im Gleichnis geredet: ich schicke einen Topf mit Konfitüren, um eine *sauere* Geschichte loszuwerden . . . Man hat nur etwas an mir schlimm zu machen, ich »vergelte« es, dessen sei man sicher: ich finde über kurzem eine Gelegenheit, dem »Missetäter« meinen Dank auszudrücken (mitunter sogar für die Missetat) – oder ihn um etwas zu *bitten*, was verbindlicher sein kann als etwas geben . . . Auch scheint es mir, daß das gröbste Wort, der gröbste Brief noch gutartiger, noch honetter sind als Schweigen. Solchen, die schweigen, fehlt es fast immer an Feinheit und Höflichkeit des Herzens; Schweigen ist ein Einwand, Hinunterschlucken macht notwendig einen schlechten Charakter – es verdirbt selbst den Magen. Alle Schweiger sind dyspeptisch. – Man sieht, ich möchte die Grobheit nicht unterschätzt wissen, sie ist bei weitem die *humanste* Form des Widerspruchs und, inmitten der modernen Verzärtelung, eine unsrer ersten Tugenden. – Wenn man reich genug dazu ist, ist es selbst ein Glück, unrecht zu haben. Ein Gott, der auf die Erde käme, dürfte gar nichts andres *tun* als Unrecht – nicht die Strafe, sondern die *Schuld* auf sich zu nehmen wäre erst göttlich.

6

Die Freiheit vom Ressentiment, die Aufklärung über das Ressentiment – wer weiß, wie sehr ich zuletzt auch darin meiner langen Krankheit zu Dank verpflichtet bin! Das Problem ist nicht gerade einfach: man muß es aus der Kraft heraus und aus der Schwäche heraus erlebt haben. Wenn irgend etwas überhaupt gegen Kranksein, gegen Schwachsein geltend gemacht werden muß, so ist es, daß in ihm der eigentliche Heilinstinkt, das ist der *Wehr- und Waffen-Instinkt* im Menschen mürbe wird. Man weiß von nichts loszukommen, man weiß mit nichts fertig zu werden, man weiß nichts zurückzustoßen – alles verletzt. Mensch und Ding kommen zudringlich nahe, die Erlebnisse treffen zu tief, die Erinnerung ist eine eiternde Wunde. Kranksein *ist* eine Art Ressentiment selbst. – Hiergegen hat der Kranke nur ein großes Heilmittel – ich nenne es den *russischen Fatalismus*, jenen Fatalismus ohne Revolte, mit dem sich ein russischer Soldat, dem der Feldzug zu hart wird, zuletzt in den Schnee legt. Nichts überhaupt mehr annehmen, an sich nehmen, *in* sich hineinnehmen – überhaupt nicht mehr reagieren ... Die große Vernunft dieses Fatalismus, der nicht immer nur der Mut zum Tode ist, als lebenerhaltend unter den lebensgefährlichsten Umständen, ist die Herabsetzung des Stoffwechsels, dessen Verlangsamung, eine Art Wille zum Winterschlaf. Ein paar Schritte weiter in dieser Logik, und man hat den Fakir, der wochenlang in einem Grabe schläft ... Weil man zu schnell sich verbrauchen würde, *wenn* man überhaupt reagierte, reagiert man gar nicht mehr: dies ist die Logik. Und mit nichts brennt man rascher ab, als mit den Ressentiments-Affekten. Der Ärger, die krankhafte Verletzlichkeit, die Ohnmacht zur Rache, die Lust, der Durst nach der Rache, das Giftmischen in jedem Sinne – das ist für Erschöpfte sicherlich die nachteiligste Art zu reagieren: ein rapider Verbrauch von Nervenkraft, eine krankhafte Steigerung schädlicher Ausleerungen, zum Beispiel der Galle in den Magen, ist damit bedingt. Das Ressentiment ist das Verbotene *an sich* für den Kranken – *sein* Böses: leider auch sein natürlichster Hang. – Das begriff jener tiefe Physiolog Buddha. Seine »Religion«, die man besser als eine *Hygiene* bezeichnen dürfte, um sie nicht mit so erbarmungswürdigen Dingen wie das Christentum ist, zu vermischen, machte ihre Wirkung abhängig von dem Sieg über das Ressentiment: die Seele *davon* frei machen – erster Schritt zur Genesung. »Nicht durch Feindschaft kommt Feindschaft zu Ende, durch Freundschaft kommt Feindschaft zu Ende«: das steht am Anfang der Lehre Buddhas – so redet *nicht* die Moral, so redet die Physiologie. – Das Ressentiment, aus der Schwäche geboren, niemandem schädlicher als dem Schwachen selbst – im andern Falle, wo eine reiche Natur die Voraussetzung ist, ein *überflüssiges* Gefühl, ein Gefühl, über das Herr zu bleiben beinahe der Beweis des Reichtums ist. Wer den Ernst kennt, mit dem meine Philosophie den Kampf mit den Rach- und Nachgefühlen bis in die Lehre vom »freien Willen« hinein aufgenommen hat – der Kampf mit dem Christentum ist nur ein Einzelfall daraus –, wird verstehn, weshalb ich mein persönliches Verhalten, meine *Instinkt-Sicherheit* in der Praxis hier gerade ans Licht stelle. In den Zeiten der *décadence verbot* ich sie mir als schädlich; sobald das Leben wieder reich und stolz genug dazu war, verbot ich sie mir als *unter* mir. Jener »russische Fatalismus«, von dem ich sprach, trat darin bei mir hervor, daß ich beinahe unerträgliche Lagen, Orte, Wohnungen, Gesellschaften, nachdem sie einmal, durch Zufall, gegeben waren, jahrelang zäh festhielt – es war besser, als sie ändern, als sie veränderbar zu *fühlen* – als sich gegen sie aufzulehnen.. Mich in diesem Fatalismus stören, mich gewaltsam aufwecken nahm ich damals tödlich übel – in Wahrheit war es auch jedesmal tödlich gefährlich. – Sich selbst wie ein Fatum nehmen, nicht sich »anders« wollen – das ist in solchen Zuständen die *große Vernunft* selbst.

7

Ein ander Ding ist der Krieg. Ich bin meiner Art nach kriegerisch. Angreifen gehört zu meinen Instinkten. Feind sein *können*, Feind sein – das setzt vielleicht eine starke Natur voraus, jedenfalls ist es bedingt in jeder starken Natur. Sie braucht Widerstände, folglich *sucht* sie Widerstand: das *aggressive* Pathos gehört ebenso notwendig zur Stärke als das Rach- und Nachgefühl zur Schwäche. Das Weib zum Beispiel ist rachsüchtig: das ist in seiner Schwäche bestimmt, so gut wie seine Reizbarkeit für fremde Not. – Die Stärke des Angreifenden hat in der Gegnerschaft, die er nötig hat, eine Art *Maß*; jedes Wachstum verrät sich im Aufsuchen eines gewaltigen Gegners – oder Problems: denn ein Philosoph, der kriegerisch ist, fordert auch Probleme zum Zweikampf heraus. Die Aufgabe ist *nicht*, überhaupt über Widerstände Herr zu werden, sondern über solche, an denen man seine ganze Kraft, Geschmeidigkeit und Waffen-Meisterschaft einzusetzen hat – über *gleiche* Gegner... Gleichheit vor dem Feinde – erste Voraussetzung zu einem *rechtschaffnen* Duell. Wo man verachtet, *kann* man nicht Krieg führen; wo man befiehlt, wo man etwas unter sich sieht, *hat* man nicht Krieg zu führen. – Meine Kriegs-Praxis ist in vier Sätze zu fassen. Erstens: ich greife nur Sachen an, die siegreich sind – ich warte unter Umständen, bis sie siegreich sind. Zweitens: ich greife nur Sachen an, wo ich keine Bundesgenossen finden würde, wo ich allein stehe – wo ich mich allein kompromittiere... Ich habe nie einen Schritt öffentlich getan, der nicht kompromittierte: das ist *mein* Kriterium des rechten Handelns. Drittens: ich greife nie Personen an – ich bediene mich der Person nur wie eines starken Vergrößerungsglases, mit dem man einen allgemeinen, aber schleichenden, aber wenig greifbaren Notstand sichtbar machen kann. So griff ich David Strauß an, genauer den *Erfolg* eines altersschwachen Buchs bei der deutschen »Bildung«– ich ertappte diese Bildung dabei auf der Tat... So griff ich Wagner an, genauer die Falschheit, die Instinkt-Halbschlächtigkeit unsrer »Kultur«, welche die Raffinierten mit den Reichen, die Späten mit den Großen verwechselt. Viertens: ich greife nur Dinge an, wo jedwede Personen-Differenz ausgeschlossen ist, wo jeder Hintergrund schlimmer Erfahrungen fehlt. Im Gegenteil, angreifen ist bei mir ein Beweis des Wohlwollens, unter Umständen der Dankbarkeit. Ich ehre, ich zeichne aus damit, daß ich meinen Namen mit dem einer Sache, einer Person verbinde: für oder wider – das gilt mir darin gleich. Wenn ich dem Christentum den Krieg mache, so steht dies mir zu, weil ich von dieser Seite aus keine Fatalitäten und Hemmungen erlebt habe – die ernstesten Christen sind mir immer gewogen gewesen. Ich selber, ein Gegner des Christentums *de rigueur*, bin ferne davon, es dem einzelnen nachzutragen, was das Verhängnis von Jahrtausenden ist. –

8

Darf ich noch einen letzten Zug meiner Natur anzudeuten wagen, der mir im Umgang mit Menschen keine kleine Schwierigkeit macht? Mir eignet eine vollkommen unheimliche Reizbarkeit des Reinlichkeits-Instinkts, so daß ich die Nähe oder – was sage ich? – das Innerlichste, die »Eingeweide« jeder Seele physiologisch wahrnehme – *rieche*... Ich habe an dieser Reizbarkeit psychologische Fühlhörner, mit denen ich jedes Geheimnis betaste und in die Hand bekomme: der viele *verborgene* Schmutz auf dem Grunde mancher Natur, vielleicht in schlechtem Blut bedingt, aber durch Erziehung übertüncht, wird mir fast bei der ersten Berührung schon bewußt. Wenn ich recht beobachtet habe, empfinden solche meiner Reinlichkeit unzuträgliche Naturen die Vorsicht meines Ekels auch ihrerseits; sie werden damit nicht wohlriechender ... So wie ich mich immer gewöhnt habe – eine extreme Lauterkeit gegen mich ist meine Daseins-Voraussetzung, ich komme um unter unreinen Bedingungen –, schwimme und bade und plätschere ich gleichsam beständig im Wasser, in irgendeinem vollkommen durchsichtigen und glänzenden Elemente. Das macht mir aus dem Verkehr mit Menschen keine kleine Gedulds-Probe; meine Humanität besteht *nicht* darin, mitzufühlen, wie der Mensch ist, sondern es *auszuhalten*, daß ich ihn mitfühle... Meine Humanität ist eine beständige Selbstüberwindung. – Aber ich habe *Einsamkeit* nötig, will sagen, Genesung, Rückkehr zu mir, den Atem einer freien leichten spielenden Luft ... Mein ganzer Zarathustra ist ein Dithyrambus auf die Einsamkeit, oder, wenn man mich verstanden hat, auf die *Reinheit*... Zum Glück nicht auf die *reine Torheit*. – Wer Augen für Farben hat, wird ihn diamanten nennen. – Der *Ekel* am Menschen, am »Gesindel« war immer meine größte Gefahr... Will man die Worte hören, in denen Zarathustra von der *Erlösung* vom Ekel redet?

> Was geschah mir doch? Wie erlöste ich mich vom Ekel? Wer verjüngte mein Auge? Wie erflog ich die Höhe, wo kein Gesindel mehr am Brunnen sitzt?
>
> Schuf mein Ekel selber mir Flügel und quellenahnende Kräfte? Wahrlich, ins Höchste mußte ich fliegen, daß ich den Born der Lust wiederfände! –

O ich fand ihn, meine Brüder! Hier im Höchsten quillt mir der Born der Lust! Und es gibt ein Leben, an dem kein Gesindel mittrinkt!

Fast zu heftig strömst du mir, Quelle der Lust! Und oft leerst du den Becher wieder, dadurch, daß du ihn füllen willst.

Und noch muß ich lernen, bescheidener dir zu nahen: allzuheftig strömt dir noch mein Herz entgegen:

– mein Herz, auf dem mein Sommer brennt, der kurze, heiße, schwermütige, überselige: wie verlangt mein Sommer-Herz nach deiner Kühle!

Vorbei die zögernde Trübsal meines Frühlings! Vorüber die Schneeflocken meiner Bosheit im Juni! Sommer wurde ich ganz und Sommer-Mittag, –

– ein Sommer im Höchsten mit kalten Quellen und seliger Stille: o kommt, meine Freunde, daß die Stille noch seliger werde!

Denn dies ist *unsre* Höhe und unsre Heimat: zu hoch und steil wohnen wir hier allen Unreinen und ihrem Durste.

Werft nur eure reinen Augen in den Born meiner Lust, ihr Freunde! Wie sollte er darob trübe werden? Entgegenlachen soll er euch mit *seiner* Reinheit.

Auf dem Baume Zukunft bauen wir unser Nest; Adler sollen uns Einsamen Speise bringen in ihren Schnäbeln!

Wahrlich, keine Speise, an der Unsaubere mitessen dürften! Feuer würden sie zu fressen wähnen und sich die Mäuler verbrennen.

Wahrlich, keine Heimstätten halten wir hier bereit für Unsaubere! Eishöhle würde ihren Leibern unser Glück heißen und ihren Geistern!

Und wie starke Winde wollen wir über ihnen leben, Nachbarn den Adlern, Nachbarn dem Schnee, Nachbarn der Sonne: also leben starke Winde.

Und einem Winde gleich will ich einst noch zwischen sie blasen und mit meinem Geiste ihrem Geiste den Atem nehmen: so will es meine Zukunft.

Wahrlich, ein starker Wind ist Zarathustra allen Niederungen: und solchen Rat rät er seinen Feinden und allem, was spuckt und speit: hütet euch, *gegen* den Wind zu speien! . . .

WARUM ICH SO KLUG BIN

1

– Warum ich einiges *mehr* weiß? Warum ich überhaupt so klug bin? Ich habe nie über Fragen nachgedacht, die keine sind – ich habe mich nicht verschwendet. – Eigentliche *religiöse* Schwierigkeiten zum Beispiel kenne ich nicht aus Erfahrung. Es ist mir gänzlich entgangen, inwiefern ich »sündhaft« sein sollte. Insgleichen fehlt mir ein zuverlässiges Kriterium dafür, was ein Gewissensbiß ist: nach dem, was man darüber *hört*, scheint mir ein Gewissensbiß nichts Achtbares ... Ich möchte nicht eine Handlung *hinterdrein* in Stich lassen, ich würde vorziehn, den schlimmen Ausgang, die *Folgen* grundsätzlich aus der Wertfrage wegzulassen. Man verliert beim schlimmen Ausgang gar zu leicht den *richtigen* Blick für das, was man tat: ein Gewissensbiß scheint mir eine Art *»böser Blick«*. Etwas, das fehlschlägt, um so mehr bei sich in Ehren halten, *weil* es fehlschlug – das gehört eher schon zu meiner Moral. – »Gott«, »Unsterblichkeit der Seele«, »Erlösung«, »Jenseits«, lauter Begriffe, denen ich keine Aufmerksamkeit, auch keine Zeit geschenkt habe, selbst als Kind nicht – ich war vielleicht nie kindlich genug dazu? – Ich kenne den Atheismus durchaus nicht als Ergebnis, noch weniger als Ereignis: er versteht sich bei mir aus Instinkt. Ich bin zu neugierig, zu *fragwürdig*, zu übermütig, um mir eine faustgrobe Antwort gefallen zu lassen. Gott ist eine faustgrobe Antwort, eine Undelikatesse gegen uns Denker –, im Grunde sogar bloß ein faustgrobes *Verbot* an uns: ihr sollt nicht denken! ... Ganz anders interessiert mich eine Frage, an der mehr das »Heil der Menschheit« hängt, als an irgendeiner Theologen-Kuriosität: die Frage der *Ernährung*. Man kann sie sich, zum Handgebrauch, so formulieren: »wie hast gerade *du* dich zu ernähren, um zu deinem Maximum von Kraft, von *virtù* im Renaissance-Stile, von moralinfreier Tugend zu kommen?« – Meine Erfahrungen sind hier so schlimm als möglich; ich bin erstaunt, diese Frage so spät gehört, aus diesen Erfahrungen so spät »Vernunft« gelernt zu haben. Nur die vollkommne Nichtswürdigkeit unsrer deutschen Bildung – ihr »Idealismus« – erklärt mir einigermaßen, weshalb ich gerade hier rückständig bis zur Heiligkeit war. Diese »Bildung«, welche von vornherein die *Realitäten* aus den Augen verlieren lehrt, um durchaus problematischen, sogenannten »idealen« Zielen nachzujagen, zum Beispiel der »klassischen Bildung« – als ob sie nicht von vornherein verurteilt wäre, »klassisch« und »deutsch« in *einen* Begriff zu einigen! Mehr noch, es wirkt erheiternd – man denke sich einmal einen »klassisch gebildeten« Leipziger! – In der Tat, ich habe bis zu meinen reifsten Jahren immer nur *schlecht* gegessen – moralisch ausgedrückt »unpersönlich«, »selbstlos«, »altruistisch«, zum Heil der Köche und andrer Mitchristen. Ich verneinte zum Beispiel durch Leipziger Küche, gleichzeitig mit meinem ersten Studium Schopenhauers (1865), sehr ernsthaft meinen »Willen zum Leben«. Sich zum Zweck unzureichender Ernährung auch noch den Magen verderben – dies Problem schien mir die genannte Küche zum Verwundern glücklich zu lösen. (Man sagt, 1866 habe darin eine Wendung hervorgebracht –.) Aber die deutsche Küche überhaupt – was hat sie nicht alles auf dem Gewissen! Die Suppe *vor* der Mahlzeit (noch in venetianischen Kochbüchern des 16. Jahrhunderts *alla tedesca* genannt); die ausgekochten Fleische, die fett und mehlig gemachten Gemüse; die Entartung der Mehlspeise zum Briefbeschwerer! Rechnet man gar noch die geradezu viehischen Nachguß-Bedürfnisse der alten, durchaus nicht bloß *alten* Deutschen dazu, so versteht man auch die Herkunft des *deutschen Geistes* – aus betrübten Eingeweiden ... Der deutsche Geist ist eine Indigestion, er wird mit nichts fertig. – Aber auch die *englische* Diät, die, im Vergleich mit der deutschen, selbst der französischen, eine Art »Rückkehr zur Natur«, nämlich zum Kannibalismus ist, geht meinem eignen Instinkt tief zuwider; es scheint mir, daß sie dem Geist *schwere* Füße gibt – Engländerinnen-Füße ... Die beste Küche ist die *Piemonts*. – Alkoholika sind mir nachteilig; ein Glas Wein oder Bier des Tags reicht vollkommen aus, mir aus dem Leben ein »Jammertal« zu machen – in München leben meine Antipoden. Gesetzt, daß ich dies ein wenig spät begriff, *erlebt* habe ich's eigentlich von Kindesbeinen an. Als Knabe glaubte ich, Weintrinken sei wie Tabakrauchen anfangs nur eine Vanitas junger Männer, später eine schlechte Gewöhnung. Vielleicht, daß an diesem *herben* Urteil auch der Naumburger Wein mit schuld ist. Zu glauben, daß der Wein er*heitert*, dazu müßte ich Christ sein, will sagen glauben, was gerade für mich eine Absurdität ist. Seltsam genug, bei dieser extremen Verstimmbarkeit durch *kleine*, stark verdünnte Dosen Alkohol, werde ich beinahe zum Seemann, wenn es sich um *starke* Dosen handelt. Schon als Knabe hatte ich hierin meine Tapferkeit. Eine lange lateinische Abhandlung in *einer* Nachtwache niederzuschreiben und auch noch abzuschreiben, mit dem Ehrgeiz in der Feder, es meinem Vorbilde Sallust in Strenge und Gedrängtheit nachzutun und einigen Grog von schwerstem Kaliber über mein Latein zu gießen, dies stand schon, als ich Schüler der ehrwürdigen Schulpforta war, durchaus nicht im Widerspruch zu meiner Physiologie, noch vielleicht auch zu der des Sallust – wie sehr auch immer zur ehrwürdigen Schulpforta ... Später, gegen die Mitte des Lebens hin, entschied ich mich freilich immer strenger *gegen* jedwedes »geistige« Getränk: ich, ein Gegner des Vegetariertums aus Erfahrung, ganz wie Richard Wagner, der mich bekehrt hat, weiß nicht ernsthaft genug die unbedingte Enthaltung von Alcoholicis allen *geistigeren* Naturen anzuraten. *Wasser* tut's ... Ich ziehe Orte vor, wo man überall Gelegenheit hat, aus fließenden Brunnen zu schöpfen (Nizza, Turin, Sils); ein kleines Glas läuft mir nach wie ein Hund. *In vino veritas*: es scheint, daß ich auch hier wieder über den Begriff »Wahrheit« mit aller Welt uneins bin – bei mir schwebt der Geist über dem Wasser ... Ein paar Fingerzeige noch aus meiner Moral. Eine starke Mahlzeit ist leichter zu verdauen als eine zu kleine. Daß der Magen als Ganzes in Tätigkeit tritt, erste Voraussetzung einer guten Verdauung. Man muß die Größe seines Magens *kennen.* Aus gleichem Grunde sind jene langwierigen Mahlzeiten zu widerraten, die ich unterbrochne Opferfeste nenne, die an der *table d'hôte.* – Keine Zwischenmahlzeiten, keinen Kaffee: Kaffee verdüstert. *Tee* nur morgens zuträglich. Wenig, aber energisch: Tee sehr nachteilig und den ganzen Tag ankränkelnd, wenn er nur um einen Grad zu schwach ist. Jeder hat hier sein Maß, oft zwischen den engsten und delikatesten Grenzen. In einem sehr agaçanten Klima ist Tee als Anfang unrätlich: man soll eine Stunde vorher eine Tasse dicken entölten Kakaos den Anfang machen lassen. – So wenig als möglich *sitzen*; keinem Gedanken Glauben schenken, der nicht im Freien geboren ist und bei freier Bewegung – in dem nicht auch die Muskeln ein Fest feiern. Alle Vorurteile kommen aus den Eingeweiden. – Das Sitzfleisch – ich sagte es schon einmal – die eigentliche *Sünde* wider den heiligen Geist. –

2

Mit der Frage der Ernährung ist nächstverwandt die Frage nach *Ort* und *Klima.* Es steht niemandem frei, überall zu leben; und wer große Aufgaben zu lösen hat, die seine ganze Kraft herausfordern, hat hier sogar eine sehr enge Wahl. Der klimatische Einfluß auf den *Stoffwechsel,* seine Hemmung, seine Beschleunigung, geht so weit, daß ein Fehlgriff in Ort und Klima jemanden nicht nur seiner Aufgabe entfremden, sondern ihm dieselbe überhaupt vorenthalten kann: er bekommt sie nie zu Gesicht. Der animalische *vigor* ist nie groß genug bei ihm geworden, daß jene ins Geistigste überströmende Freiheit erreicht wird, wo jemand erkennt: *das* kann ich allein ... Eine zur schlechten Gewohnheit gewordne noch so kleine Eingeweide-Trägheit genügt vollständig, um aus einem Genie etwas Mittelmäßiges, etwas »Deutsches« zu machen; das deutsche Klima allein ist ausreichend, um starke und selbst heroisch angelegte Eingeweide zu entmutigen. Das *tempo* des Stoffwechsels steht in einem genauen Verhältnis zur Beweglichkeit oder Lahmheit der *Füße* des Geistes; der »Geist« selbst ist ja nur eine Art dieses Stoffwechsels. Man stelle sich die Orte zusammen, wo es geistreiche Menschen gibt und gab, wo Witz, Raffinement, Bosheit zum Glück gehörten, wo das Genie fast notwendig sich heimisch machte: sie haben alle eine ausgezeichnet trockne Luft. Paris, die Provence, Florenz, Jerusalem, Athen – diese Namen beweisen etwas: das Genie ist *bedingt* durch trockne Luft, durch reinen Himmel – das heißt durch rapiden Stoffwechsel, durch die Möglichkeit, große, selbst ungeheure Mengen Kraft sich immer wieder zuzuführen. Ich habe einen Fall vor Augen, wo ein bedeutend und frei angelegter Geist bloß durch Mangel an Instinkt-Feinheit im Klimatischen eng, verkrochen, Spezialist und Sauertopf wurde. Und ich selber hätte zuletzt dieser Fall werden können, gesetzt, daß mich nicht die Krankheit zur Vernunft, zum Nachdenken über die Vernunft in der Realität gezwungen hätte. Jetzt, wo ich die Wirkungen klimatischen und meteorologischen Ursprungs aus langer Übung an mir als an einem sehr feinen und zuverlässigen Instrumente ablese und bei einer kurzen Reise schon, etwa von Turin nach Mailand, den Wechsel in den Graden der Luftfeuchtigkeit physiologisch bei mir nachrechne, denke ich mit Schrecken an die *unheimliche* Tatsache, daß mein Leben bis auf die letzten zehn Jahre, die lebensgefährlichen Jahre, immer sich nur in falschen und mir geradezu *verbotenen* Orten abgespielt hat. Naumburg, Schulpforta, Thüringen überhaupt, Leipzig, Basel, Venedig – ebensoviele Unglücks-Orte für meine Physiologie. Wenn ich überhaupt von meiner ganzen Kindheit und Jugend keine willkommne Erinnerung habe, so wäre es eine Torheit, hier sogenannte »moralische« Ursachen geltend zu machen – etwa den unbestreitbaren Mangel an *zureichender* Gesellschaft: denn dieser Mangel besteht heute wie er immer bestand, ohne daß er mich hinderte, heiter und tapfer zu sein. Sondern die Unwissenheit *in physiologicis* – der verfluchte »Idealismus« – ist das eigentliche Verhängnis in meinem Leben, das Überflüssige und Dumme darin, etwas, aus dem nichts Gutes gewachsen, für das es keine Ausgleichung, keine Gegenrechnung gibt. Aus den Folgen dieses »Idealismus« erkläre ich mir alle Fehlgriffe, alle großen Instinkt-Abirrungen und »Bescheidenheiten« abseits der *Aufgabe* meines Lebens, zum Beispiel, daß ich Philologe wurde – warum zum mindesten nicht Arzt oder sonst irgend etwas Augen-Aufschließendes? In meiner Basler Zeit war meine ganze geistige Diät, die Tages-Einteilung eingerechnet, ein vollkommen sinnloser Mißbrauch außerordentlicher Kräfte, ohne eine irgendwie den Verbrauch deckende Zufuhr von Kräften, ohne ein Nachdenken selbst über Verbrauch und Ersatz. Es fehlte jede feinere Selbstigkeit, jede *Obhut* eines gebieterischen Instinkts, es war ein Sich-gleich-Setzen mit irgendwem, eine »Selbstlosigkeit«, ein Vergessen seiner Distanz – etwas, das ich mir nie verzeihe. Als ich fast am Ende war, dadurch, *daß* ich fast am Ende war, wurde ich nachdenklich über diese Grund-Unvernunft meines Lebens – den »Idealismus«. Die *Krankheit* brachte mich erst zur Vernunft. –

3

Die Wahl in der Ernährung; die Wahl von Klima und Ort; – das dritte, worin man um keinen Preis einen Fehlgriff tun darf, ist die Wahl *seiner Art Erholung.* Auch hier sind je nach dem Grade, in dem ein Geist *sui generis* ist, die Grenzen des ihm Erlaubten, das heißt *Nützlichen,* eng und enger. In meinem Fall gehört alles Lesen zu meinen Erholungen: folglich zu dem, was mich von mir losmacht, was mich in fremden Wissenschaften und Seelen spazierengehen läßt – was ich nicht mehr ernst nehme. Lesen erholt mich eben von *meinem* Ernste. In tief arbeitsamen Zeiten sieht man keine Bücher bei mir: ich würde mich hüten, jemanden in meiner Nähe reden oder gar denken zu lassen. Und das hieße ja lesen ... Hat man eigentlich beobachtet, daß in jener tiefen Spannung, zu der die Schwangerschaft den Geist und im Grunde den ganzen Organismus verurteilt, der Zufall, jede Art Reiz von außen her zu vehement wirkt, zu tief »einschlägt«? Man muß dem Zufall, dem Reiz von außen her so viel als möglich aus dem Wege gehn; eine Art Selbst-Vermauerung gehört zu den ersten Instinkt-Klugheiten der geistigen Schwangerschaft. Werde ich es erlauben, daß ein *fremder* Gedanke heimlich über die Mauer steigt? – Und das hieße ja lesen ... Auf die Zeiten der Arbeit und Fruchtbarkeit folgt die Zeit der Erholung: heran mit euch, ihr angenehmen, ihr geistreichen, ihr gescheuten Bücher! – Werden es deutsche Bücher sein? ... Ich muß ein Halbjahr zurückrechnen, daß ich mich mit einem Buch in der Hand ertappe. Was war es doch? – Eine ausgezeichnete Studie von Victor Brochard, *les Sceptiques Grecs,* in der auch meine Laertiana gut benutzt sind. Die Skeptiker, der einzige *ehrenwerte* Typus unter dem so zwei- bis fünfdeutigen Volk der Philosophen! ... Sonst nehme ich meine Zuflucht fast immer zu denselben Büchern, einer kleinen Zahl im Grunde, den gerade für mich *bewiesenen* Büchern. Es liegt vielleicht nicht in meiner Art, viel und vielerlei zu lesen: ein Lesezimmer macht mich krank. Es liegt auch nicht in meiner Art, viel und vielerlei zu lieben. Vorsicht, selbst Feindseligkeit gegen neue Bücher gehört eher schon zu meinem Instinkte als »Toleranz«, *»largeur du cœur«* und andre »Nächstenliebe« ... Im Grunde ist es eine kleine Anzahl älterer Franzosen, zu denen ich immer wieder zurückkehre: ich glaube nur an französische Bildung und halte alles, was sich sonst in Europa »Bildung« nennt, für Mißverständnis, nicht zu reden von der deutschen Bildung Die wenigen Fälle hoher Bildung, die ich in Deutschland vorfand, waren alle französischer Herkunft, vor allem Frau Cosima Wagner, bei weitem die erste Stimme in Fragen des Geschmacks, die ich gehört habe. – Daß ich Pascal nicht lese, sondern *liebe,* als das lehrreichste Opfer des Christentums, langsam hingemordet, erst leiblich, dann psychologisch, die ganze Logik dieser schauderhaftesten Form unmenschlicher Grausamkeit; daß ich etwas von Montaignes Mutwillen im Geiste, wer weiß? vielleicht auch im Leibe habe; daß mein Artisten-Geschmack die Namen Molière, Corneille und Racine nicht ohne Ingrimm gegen ein wüstes Genie wie Shakespeare in Schutz nimmt: das schließt zuletzt nicht aus, daß mir nicht auch die allerletzten Franzosen eine charmante Gesellschaft wären. Ich sehe durchaus nicht ab, in welchem Jahrhundert der Geschichte man so neugierige und zugleich so delikate Psychologen zusammenfischen könnte, wie im jetzigen Paris: ich nenne versuchsweise – denn ihre Zahl ist gar nicht klein – die Herren Paul Bourget, Pierre Loti, Gyp, Meilhac, Anatole France, Jules Lemaître, oder um einen von der starken Rasse hervorzuheben, einen echten Lateiner, dem ich besonders zugetan bin, Guy de Maupassant. Ich ziehe *diese* Generation, unter uns gesagt, sogar ihren großen Lehrern vor, die allesamt durch deutsche Philosophie verdorben sind (Herr Taine zum Beispiel durch Hegel, dem er das Mißverständnis großer Menschen und Zeiten verdankt). Soweit Deutschland reicht, *verdirbt* es die Kultur. Der Krieg erst hat den Geist in Frankreich »erlöst« ... Stendhal, einer der schönsten Zufälle meines Lebens – denn alles, was in ihm Epoche macht, hat der Zufall, niemals eine Empfehlung mir zugetrieben – ist ganz unschätzbar mit seinem vorwegnehmenden Psychologen-Auge, mit seinem Tatsachen-Griff, der an die Nähe des größten Tatsächlichen erinnert (*ex ungue Napoleonem* –); endlich nicht am wenigsten als *ehrlicher* Atheist, eine in Frankreich spärliche und fast kaum auffindbare *species* – *Prosper Mérimée* in Ehren ... Vielleicht bin ich selbst auf Stendhal neidisch? Er hat mir den besten Atheisten-Witz weggenommen, den gerade ich hätte machen können: »Die einzige Entschuldigung Gottes ist, daß er nicht existiert« ... Ich selbst habe irgendwo gesagt: was war der größte Einwand gegen das Dasein bisher? *Gott* ...

4

Den höchsten Begriff vom Lyriker hat mir *Heinrich Heine* gegeben. Ich suche umsonst in allen Reichen der Jahrtausende nach einer gleich süßen und leidenschaftlichen Musik. Er besaß jene göttliche Bosheit, ohne die ich mir das Vollkommne nicht zu denken vermag – ich schätze den Wert von Menschen, von Rassen danach ab, wie notwendig sie den Gott nicht abgetrennt vom Satyr zu verstehen wissen. – Und wie er das Deutsche handhabt! Man wird einmal sagen, daß Heine und ich bei weitem die ersten Artisten der deutschen Sprache gewesen sind – in einer unausrechenbaren Entfernung von allem, was bloße Deutsche mit ihr gemacht haben. – Mit *Byrons* Manfred muß ich tief verwandt sein: ich fand alle diese Abgründe in mir – mit dreizehn Jahren war ich für dies Werk reif. Ich habe kein Wort, bloß einen Blick für die, welche in Gegenwart des Manfred das Wort Faust auszusprechen wagen. Die Deutschen sind *unfähig* jedes Begriffs von Größe: Beweis Schumann. Ich habe eigens, aus Ingrimm gegen diesen süßlichen Sachsen, eine Gegenouvertüre zum Manfred komponiert, von der Hans von Bülow sagte, dergleichen habe er nie auf Notenpapier gesehn: das sei Notzucht an der Euterpe. – Wenn ich meine höchste Formel für *Shakespeare* suche, so finde ich immer nur die, daß er den Typus Cäsar konzipiert hat. Dergleichen errät man nicht – man ist es oder man ist es nicht. Der große Dichter schöpft *nur* aus seiner Realität – bis zu dem Grade, daß er hinterdrein sein Werk nicht mehr aushält ... Wenn ich einen Blick in meinen Zarathustra geworfen habe, gehe ich eine halbe Stunde im Zimmer auf und ab, unfähig, über einen unerträglichen Krampf von Schluchzen Herr zu werden. – Ich kenne keine herzzerreißendere Lektüre als Shakespeare: was muß ein Mensch gelitten haben, um dergestalt es nötig zu haben, Hanswurst zu sein! – *Versteht* man den Hamlet? Nicht der Zweifel, die *Gewißheit* ist das, was wahnsinnig macht ... Aber dazu muß man tief, Abgrund, Philosoph sein, um so zu fühlen ... Wir *fürchten* uns alle vor der Wahrheit ... Und, daß ich es bekenne: ich bin dessen instinktiv sicher und gewiß, daß Lord Bacon der Urheber, der Selbsttierquäler dieser unheimlichsten Art Literatur ist: was geht *mich* das erbarmungswürdige Geschwätz amerikanischer Wirr- und Flachköpfe an? Aber die Kraft zur mächtigsten Realität der Vision ist nicht nur verträglich mit der mächtigsten Kraft zur Tat, zum Ungeheuren der Tat, zum Verbrechen – *sie setzt sie selbst voraus* ... Wir wissen lange nicht genug von Lord Bacon, dem ersten Realisten in jedem großen Sinn des Wortes, um zu wissen, *was* er alles getan, *was* er gewollt, *was* er mit sich erlebt hat ... Und zum Teufel, meine Herrn Kritiker! Gesetzt, ich hätte meinen Zarathustra auf einen fremden Namen getauft, zum Beispiel auf den von Richard Wagner, der Scharfsinn von zwei Jahrtausenden hätte nicht ausgereicht, zu erraten, daß der Verfasser von »Menschliches, Allzumenschliches« der Visionär des Zarathustra ist ...

5

Hier, wo ich von den Erholungen meines Lebens rede, habe ich ein Wort nötig, um meine Dankbarkeit für das auszudrücken, was mich in ihm bei weitem am tiefsten und herzlichsten erholt hat. Dies ist ohne allen Zweifel der intimere Verkehr mit Richard Wagner gewesen. Ich lasse den Rest meiner menschlichen Beziehungen billig; ich möchte um keinen Preis die Tage von Tribschen aus meinem Leben weggeben, Tage des Vertrauens, der Heiterkeit, der sublimen Zufälle – der *tiefen* Augenblicke ... Ich weiß nicht, was andre mit Wagner erlebt haben: über *unsern* Himmel ist nie eine Wolke hinweggegangen. – Und hiermit komme ich nochmals auf Frankreich zurück – ich habe keine Gründe, ich habe bloß einen verachtenden Mundwinkel gegen Wagnerianer *et hoc genus omne* übrig, welche Wagner damit zu ehren glauben, daß sie ihn *sich* ähnlich finden ... So wie ich bin, in meinen tiefsten Instinkten allem, was deutsch ist, fremd, so daß schon die Nähe eines Deutschen meine Verdauung verzögert, war die erste Berührung mit Wagner auch das erste Aufatmen in meinem Leben: ich empfand, ich verehrte ihn als *Ausland*, als Gegensatz, als leibhaften Protest gegen alle »deutschen Tugenden«. – Wir, die wir in der Sumpfluft der Fünfziger Jahre Kinder gewesen sind, sind mit Notwendigkeit Pessimisten für den Begriff »deutsch«; wir können gar nichts andres sein als Revolutionäre – wir werden keinen Zustand der Dinge zugeben, wo der *Mucker* obenauf ist. Es ist mir vollkommen gleichgültig, ob er heute in andren Farben spielt, ob er sich in Scharlach kleidet und Husaren-Uniformen anzieht ... Wohlan! Wagner war ein Revolutionär – er lief von den Deutschen davon ... Als *Artist* hat man keine Heimat in Europa außer in Paris: die *délicatesse* in allen fünf Kunstsinnen, die Wagners Kunst voraussetzt, die Finger für *nuances*, die psychologische Morbidität, findet sich nur in Paris. Man hat nirgendswo sonst die Leidenschaft in Fragen der Form, diesen Ernst in der *mise en scène* – es ist der Pariser Ernst *par excellence*. Man hat in Deutschland gar keinen Begriff von der ungeheuren Ambition, die in der Seele eines Pariser Künstlers lebt. Der Deutsche ist gutmütig – Wagner war durchaus nicht gutmütig ... Aber ich habe schon zur Genüge ausgesprochen (in »Jenseits von Gut und Böse«: II, S. 143 f.), wohin Wagner gehört, in wem er seine Nächstverwandten hat: es ist die französische Spät-Romantik, jene hochfliegende und doch emporreißende Art von Künstlern wie Delacroix, wie Berlioz, mit einem *fond* von Krankheit, von Unheilbarkeit im Wesen, lauter Fanatiker des *Ausdrucks*, Virtuosen durch und durch ... Wer war der erste *intelligente* Anhänger Wagners überhaupt? Charles Baudelaire, derselbe, der zuerst Delacroix verstand, jener typische *décadent*, in dem sich ein ganzes Geschlecht von Artisten wiedererkannt hat – er war vielleicht auch der letzte ... Was ich Wagner nie vergeben habe? Daß er zu den Deutschen *kondeszendierte* – daß er reichsdeutsch wurde ... So weit Deutschland reicht, *verdirbt* es die Kultur. –

6

Alles erwogen, hätte ich meine Jugend nicht ausgehalten ohne Wagnersche Musik. Denn ich war *verurteilt* zu Deutschen. Wenn man von einem unerträglichen Druck loskommen will, so hat man Haschisch nötig. Wohlan, ich hatte Wagner nötig. Wagner ist das Gegengift gegen alles Deutsche *par excellence* – Gift, ich bestreite es nicht ... Von dem Augenblick an, wo es einen Klavierauszug des Tristan gab – mein Kompliment, Herr von Bülow! –, war ich Wagnerianer. Die älteren Werke Wagners sah ich unter mir – noch zu gemein, zu »deutsch« ... Aber ich suche heute noch nach einem Werke von gleich gefährlicher Faszination, von einer gleich schauerlichen und süßen Unendlichkeit, wie der Tristan ist – ich suche in allen Künsten vergebens. Alle Fremdheiten Leonardo da Vincis entzaubern sich beim ersten Tone des Tristan. Dies Werk ist durchaus das *non plus ultra* Wagners; er erholte sich von ihm mit den Meistersingern und dem Ring. Gesünder werden – das ist ein *Rückschritt* bei einer Natur wie Wagner ... Ich nehme es als Glück ersten Rangs, zur rechten Zeit gelebt und gerade unter Deutschen gelebt zu haben, um *reif* für dies Werk zu sein: so weit geht bei mir die Neugierde des Psychologen. Die Welt ist arm für den, der niemals krank genug für diese »Wollust der Hölle« gewesen ist: es ist erlaubt, es ist fast geboten, hier eine Mystiker-Formel anzuwenden. – Ich denke, ich kenne besser als irgend jemand das Ungeheure, das Wagner vermag, die fünfzig Welten fremder Entzückungen, zu denen niemand außer ihm Flügel hatte; und so wie ich bin, stark genug, um mir auch das Fragwürdigste und Gefährlichste noch zum Vorteil zu wenden und damit stärker zu werden, nenne ich Wagner den großen Wohltäter meines Lebens. Das, worin wir verwandt sind, daß wir tiefer gelitten haben, auch aneinander, als Menschen dieses Jahrhunderts zu leiden vermöchten, wird unsre Namen ewig wieder zusammenbringen; und so gewiß Wagner unter Deutschen bloß ein Mißverständnis ist, so gewiß bin ich's und werde es immer sein. – Zwei Jahrhunderte psychologische und artistische Disziplin *zuerst,* meine Herrn Germanen! ... Aber das holt man nicht nach. –

7

– Ich sage noch ein Wort für die ausgesuchtesten Ohren: was ich eigentlich von der Musik will. Daß sie heiter und tief ist, wie ein Nachmittag im Oktober. Daß sie eigen, ausgelassen, zärtlich, ein kleines süßes Weib von Niedertracht und Anmut ist ... Ich werde nie zulassen, daß ein Deutscher wissen *könne,* was Musik ist. Was man deutsche Musiker nennt, die größten voran, sind *Ausländer,* Slaven, Kroaten, Italiener, Niederländer – oder Juden: im andern Falle Deutsche der starken Rasse, *ausgestorbene* Deutsche, wie Heinrich Schütz, Bach und Händel. Ich selbst bin immer noch Pole genug, um gegen Chopin den Rest der Musik hinzugeben; ich nehme, aus drei Gründen, Wagners Siegfried-Idyll aus, vielleicht auch einiges von Liszt, der die vornehmen Orchester-Akzente vor allen Musikern voraushat; zuletzt noch alles, was jenseits der Alpen gewachsen ist – *diesseits* ... Ich würde Rossini nicht zu missen wissen, noch weniger *meinen* Süden in der Musik, die Musik meines Venediger *maëstro Pietro Gasti.* Und wenn ich jenseits der Alpen sage, sage ich eigentlich nur Venedig. Wenn ich ein andres Wort für Musik suche, so finde ich immer nur das Wort Venedig. Ich weiß keinen Unterschied zwischen Tränen und Musik zu machen – ich weiß das Glück, den *Süden* nicht ohne Schauder von Furchtsamkeit zu denken.

An der Brücke stand
jüngst ich in brauner Nacht.
Fernher kam Gesang;
goldener Tropfen quolls
über die zitternde Fläche weg.
Gondeln, Lichter, Musik –
trunken schwamms in die Dämmrung hinaus ...

Meine Seele, ein Saitenspiel,
sang sich, unsichtbar berührt,
heimlich ein Gondellied dazu,
zitternd vor bunter Seligkeit.
– Hörte jemand ihr zu?

8

In alledem – in der Wahl der Nahrung, von Ort und Klima, von Erholung – gebietet ein Instinkt der Selbsterhaltung, der sich als Instinkt der *Selbstverteidigung* am unzweideutigsten ausspricht. Vieles nicht sehn, nicht hören, nicht an sich herankommen lassen – erste Klugheit, erster Beweis dafür, daß man kein Zufall, sondern eine Nezessität ist. Das gangbare Wort für diesen Selbstverteidigungs-Instinkt ist *Geschmack.* Sein Imperativ befiehlt nicht nur Nein zu sagen, wo das Ja eine »Selbstlosigkeit« sein würde, sondern auch *so wenig als möglich Nein* zu sagen. Sich trennen, sich abscheiden von dem, wo immer und immer wieder das Nein nötig werden würde. Die Vernunft darin ist, daß Defensiv-Ausgaben, selbst noch so kleine, zur Regel, zur Gewohnheit werdend, eine außerordentliche und vollkommen überflüssige Verarmung bedingen. Unsre *großen* Ausgaben sind die häufigsten kleinen. Das Abwehren, das Nicht-heran-kommen-lassen ist eine Ausgabe – man täusche sich hierüber nicht –, eine zu negativen Zwecken *verschwendete* Kraft. Man kann, bloß in der beständigen Not der Abwehr, schwach genug werden, um sich nicht mehr wehren zu können. – Gesetzt, ich trete aus meinem Haus heraus und fände, statt des stillen und aristokratischen Turin, die deutsche Kleinstadt: mein Instinkt würde sich zu sperren haben, um alles das zurückzudrängen, was aus dieser plattgedrückten und feigen Welt auf ihn eindringt. Oder ich fände die deutsche Großstadt, dies gebaute Laster, wo nichts wächst, wo jedwedes Ding, Gutes und Schlimmes, eingeschleppt ist. Müßte ich nicht darüber zum *Igel* werden? – Aber Stacheln zu haben ist eine Vergeudung, ein doppelter Luxus sogar, wenn es freisteht, keine Stacheln zu haben, sondern *offne* Hände ...

Eine andre Klugheit und Selbstverteidigung besteht darin, daß man *so selten als möglich reagiert* und daß man sich Lagen und Beziehungen entzieht, wo man verurteilt wäre, seine »Freiheit«, seine Initiative gleichsam auszuhängen und ein bloßes Reagens zu werden. Ich nehme als Gleichnis den Verkehr mit Büchern. Der Gelehrte, der im Grunde nur noch Bücher »wälzt« – der Philologe mit mäßigem Ansatz des Tags ungefähr 200 – verliert zuletzt ganz und gar das Vermögen, von sich aus zu denken. Wälzt er nicht, so denkt er nicht. Er *antwortet* auf einen Reiz (– einen gelesenen Gedanken), wenn er denkt – er reagiert zuletzt bloß noch. Der Gelehrte gibt seine ganze Kraft im Ja- und Neinsagen, in der Kritik von bereits Gedachtem ab – er selber denkt nicht mehr ... Der Instinkt der Selbstverteidigung ist bei ihm mürbe geworden; im anderen Falle würde er sich gegen Bücher wehren. Der Gelehrte – ein *décadent*. – Das habe ich mit Augen gesehn: begabte, reich und frei angelegte Naturen schon in den dreißiger Jahren »zuschanden gelesen«, bloß noch Streichhölzer, die man reiben muß, damit sie Funken – »Gedanken« geben. – Frühmorgens beim Anbruch des Tags, in aller Frische, in der Morgenröte seiner Kraft, ein *Buch* lesen – das nenne ich lasterhaft! – –

9

An dieser Stelle ist nicht mehr zu umgehn, die eigentliche Antwort auf die Frage, *wie man wird, was man ist*, zu geben. Und damit berühre ich das Meisterstück in der Kunst der Selbsterhaltung – der *Selbstsucht* ... Angenommen nämlich, daß die Aufgabe, die Bestimmung, das *Schicksal* der Aufgabe über ein durchschnittliches Maß bedeutend hinausliegt, so würde keine Gefahr größer sein, als sich selbst *mit* dieser Aufgabe zu Gesicht zu bekommen. Daß man wird, was man ist, setzt voraus, daß man nicht im entferntesten ahnt, *was* man ist. Aus diesem Gesichtspunkte haben selbst die *Fehlgriffe* des Lebens ihren eignen Sinn und Wert, die zeitweiligen Nebenwege und Abwege, die Verzögerungen, die »Bescheidenheiten«, der Ernst, auf Aufgaben verschwendet, die jenseits *der* Aufgabe liegen. Darin kommt eine große Klugheit, sogar die oberste Klugheit zum Ausdruck: wo *nosce te ipsum* das Rezept zum Untergang wäre, wird Sich-Vergessen, Sich-*Mißverstehn*, Sich-Verkleinern, -Verengern, -Vermittelmäßigen zur Vernunft selber. Moralisch ausgedrückt: Nächstenliebe,

Leben für andere und anderes *kann* die Schutzmaßregel zur Erhaltung der härtesten Selbstigkeit sein. Dies ist der Ausnahmefall, in welchem ich, gegen meine Regel und Überzeugung, die Partei der »selbstlosen« Triebe nehme: sie arbeiten hier im Dienste der *Selbstsucht, Selbstzucht.* – Man muß die ganze Oberfläche des Bewußtseins – Bewußtsein *ist* eine Oberfläche – rein erhalten von irgendeinem der großen Imperative. Vorsicht selbst vor jedem großen Worte, jeder großen Attitüde! Lauter Gefahren, daß der Instinkt zu früh »sich versteht« – –. Inzwischen wächst und wächst die organisierende, die zur Herrschaft berufne »Idee« in der Tiefe – sie beginnt zu befehlen, sie leitet langsam aus Nebenwegen und Abwegen *zurück*, sie bereitet *einzelne* Qualitäten und Tüchtigkeiten vor, die einmal als Mittel zum Ganzen sich unentbehrlich erweisen werden – sie bildet der Reihe nach alle *dienenden* Vermögen aus, bevor sie irgend etwas von der dominierenden Aufgabe, von »Ziel«, »Zweck«, »Sinn« verlauten läßt. – Nach dieser Seite hin betrachtet ist mein Leben einfach wundervoll. Zur Aufgabe einer *Umwertung der Werte* waren vielleicht mehr Vermögen nötig, als in einem einzelnen beieinander gewohnt haben. vor allem auch Gegensätze von Vermögen, ohne daß diese sich stören, zerstören durften. Rangordnung der Vermögen; Distanz; die Kunst zu trennen, ohne zu verfeinden; nichts vermischen, nichts »versöhnen«; eine ungeheure Vielheit, die trotzdem das Gegenstück des Chaos ist – dies war die Vorbedingung, die lange geheime Arbeit und Künstlerschaft meines Instinkts. Seine *höhere Obhut* zeigte sich in dem Maße stark, daß ich in keinem Falle auch nur geahnt habe, was in mir wächst – daß alle meine Fähigkeiten plötzlich reif, in ihrer letzten Vollkommenheit eines Tags *hervorsprangen.* Es fehlt in meiner Erinnerung, daß ich mich je bemüht hätte – es ist kein Zug von *Ringen* in meinem Leben nachweisbar, ich bin der Gegensatz einer heroischen Natur. Etwas »wollen«, nach etwas »streben«, einen »Zweck«, einen »Wunsch« im Auge haben – das kenne ich alles nicht aus Erfahrung. Noch in diesem Augenblick sehe ich auf meine Zukunft – eine *weite* Zukunft! – wie auf ein glattes Meer hinaus: kein Verlangen kräuselt sich auf ihm. Ich will nicht im geringsten, daß etwas anders wird als es ist; ich selber will nicht anders werden... Aber so habe ich immer gelebt. Ich habe keinen Wunsch gehabt. Jemand, der nach seinem vierundvierzigsten Jahre sagen kann, daß er sich nie um *Ehren,* um *Weiber,* um *Geld* bemüht hat! – Nicht daß sie mir gefehlt hätten ... So war ich zum Beispiel eines Tages Universitätsprofessor – ich hatte nie im entferntesten an dergleichen gedacht, denn ich war kaum 24 Jahre alt. So war ich zwei Jahr früher eines Tags Philolog: in dem Sinne, daß meine *erste* philologische Arbeit, mein Anfang in jedem Sinne, von meinem Lehrer Ritschl für sein »Rheinisches Museum« zum Druck verlangt wurde (*Ritschl* – ich sage es mit Verehrung – der einzige geniale Gelehrte, den ich bis heute zu Gesicht bekommen habe. Er besaß jene angenehme

Verdorbenheit, die uns Thüringer auszeichnet und mit der sogar ein Deutscher sympathisch wird – wir ziehn selbst, um zur Wahrheit zu gelangen, noch die Schleichwege vor. Ich möchte mit diesen Worten meinen näheren Landsmann, den *klugen* Leopold von Ranke, durchaus nicht unterschätzt haben ...).

10

– Man wird mich fragen, warum ich eigentlich alle diese kleinen und nach herkömmlichem Urteil gleichgültigen Dinge erzählt habe: ich schade mir selbst damit, um so mehr, wenn ich große Aufgaben zu vertreten bestimmt sei. Antwort: diese kleinen Dinge – Ernährung, Ort, Klima, Erholung, die ganze Kasuistik der Selbstsucht – sind über alle Begriffe hinaus wichtiger als alles, was man bisher wichtig nahm. Hier gerade muß man anfangen, *umzulernen*. Das, was die Menschheit bisher ernsthaft erwogen hat, sind nicht einmal Realitäten, bloße Einbildungen, strenger geredet, *Lügen* aus den schlechten Instinkten kranker, im tiefsten Sinne schädlicher Naturen heraus – alle die Begriffe »Gott«, »Seele«, »Tugend«, »Sünde«, »Jenseits«, »Wahrheit«, »ewiges Leben« ... Aber man hat die Größe der menschlichen Natur, ihre »Göttlichkeit« in ihnen gesucht ... Alle Fragen der Politik, der Gesellschafts-Ordnung, der Erziehung sind dadurch bis in Grund und Boden gefälscht, daß man die schädlichsten Menschen für große Menschen nahm – daß man die »kleinen« Dinge, will sagen die Grundangelegenheiten des Lebens selber, verachten lehrte ... Vergleiche ich mich nun mit den Menschen, die man bisher als *erste* Menschen ehrte, so ist der Unterschied handgreiflich. Ich rechne diese angeblich »Ersten« nicht einmal zu den Menschen überhaupt – sie sind für mich Ausschuß der Menschheit, Ausgeburten von Krankheit und rachsüchtigen Instinkten: sie sind lauter unheilvolle, im Grunde unheilbare Unmenschen, die am Leben Rache nehmen ... Ich will dazu der Gegensatz sein: mein Vorrecht ist, die höchste Feinheit für alle Zeichen gesunder Instinkte zu haben. Es fehlt jeder krankhafte Zug an mir; ich bin selbst in Zeiten schwerer Krankheit nicht krankhaft geworden; umsonst, daß man in meinem Wesen einen Zug von Fanatismus sucht. Man wird mir aus keinem Augenblick meines Lebens irgendeine anmaßliche und pathetische Haltung nachweisen können. Das Pathos der Attitüde gehört *nicht* zur Größe; wer Attitüden überhaupt nötig hat, ist *falsch* ... Vorsicht vor allen pittoresken Menschen! – Das Leben ist mir leicht geworden, am leichtesten, wenn es das Schwerste von mir verlangte. Wer mich in den siebzig Tagen dieses Herbstes gesehn hat, wo ich, ohne Unterbrechung, lauter Sachen ersten Ranges gemacht habe, die kein Mensch mir nachmacht – oder vormacht, mit einer Verantwortlichkeit für alle Jahrtausende nach mir, wird keinen Zug von Spannung an mir wahrgenommen haben, um so mehr eine überströmende Frische und Heiterkeit. Ich aß nie mit angenehmeren Gefühlen, ich schlief nie besser. – Ich kenne keine andre Art, mit großen Aufgaben zu verkehren als das *Spiel*: dies ist, als Anzeichen der Größe, eine wesentliche Voraussetzung. Der geringste Zwang, die düstre Miene, irgendein harter Ton im Halse sind alles Einwände gegen einen Menschen, um wieviel mehr gegen sein Werk! ... Man darf keine Nerven haben ... Auch an der Einsamkeit *leiden* ist ein Einwand – ich habe immer nur an der »Vielsamkeit« gelitten ... In einer absurd frühen Zeit, mit sieben Jahren, wußte ich bereits, daß mich nie ein menschliches Wort erreichen würde: hat man mich je darüber betrübt gesehn? – Ich habe heute noch die gleiche Leutseligkeit gegen jedermann, ich bin selbst voller Auszeichnung für die Niedrigsten: in dem allen ist nicht ein Gran von Hochmut, von geheimer Verachtung. Wen ich verachte, der *errät*, daß er von mir verachtet wird: ich empöre durch mein bloßes Dasein alles, was schlechtes Blut im Leibe hat ... Meine Formel für die Größe am Menschen ist *amor fati*: daß man nichts anders haben will, vorwärts nicht, rückwärts nicht, in alle Ewigkeit nicht. Das Notwendige nicht bloß ertragen, noch weniger verhehlen – aller Idealismus ist Verlogenheit vor dem Notwendigen –, sondern es *lieben* ...

WARUM ICH SO GUTE BÜCHER SCHREIBE

I

Das eine bin ich, das andre sind meine Schriften. – Hier werde, bevor ich von ihnen selber rede, die Frage nach dem Verstanden- oder *Nicht*-verstanden-werden dieser Schriften berührt. Ich tue es so nachlässig, als es sich irgendwie schickt: denn diese Frage ist durchaus noch nicht an der Zeit. Ich selber bin noch nicht an der Zeit, einige werden posthum geboren. – Irgendwann wird man Institutionen nötig haben, in denen man lebt und lehrt, wie ich leben und lehren verstehe: vielleicht selbst, daß man dann auch eigene Lehrstühle zur Interpretation des Zarathustra errichtet. Aber es wäre ein vollkommner Widerspruch zu mir, wenn ich heute bereits Ohren *und Hände* für *meine* Wahrheiten erwartete: daß man heute nicht hört, daß man heute nicht von mir zu nehmen weiß, ist nicht nur begreiflich, es scheint mir selbst das Rechte. Ich will nicht verwechselt werden – dazu gehört, daß ich mich selber nicht verwechsle. – Nochmals gesagt, es ist wenig in meinem Leben nachweisbar von »bösem Willen«; auch von literarischem »bösen Willen« wüßte ich kaum einen Fall zu erzählen. Dagegen zuviel von *reiner Torheit*! ... Es scheint mir eine der seltensten Auszeichnungen, die jemand sich erweisen kann, wenn er ein Buch von mir in die Hand nimmt – ich nehme selbst an, er zieht dazu die Schuhe aus – nicht von Stiefeln zu reden ... Als sich einmal der Doktor Heinrich von Stein ehrlich darüber beklagte, kein Wort aus meinem Zarathustra zu verstehn, sagte ich ihm, das sei in Ordnung: sechs Sätze daraus verstanden, das heißt: *erlebt* haben, hebe auf eine höhere Stufe der Sterblichen hinauf, als »moderne« Menschen erreichen könnten. Wie *könnte* ich, mit *diesem* Gefühle der Distanz, auch nur wünschen, von den »Modernen«, die ich kenne –, gelesen zu werden! – Mein Triumph ist gerade der umgekehrte, als der Schopenhauers war – ich sage *»non legor, non legar«*. – Nicht, daß ich das Vergnügen unterschätzen möchte, das mir mehrmals die *Unschuld* im Neinsagen zu meinen Schriften gemacht hat. Noch in diesem Sommer, zu einer Zeit, wo ich vielleicht mit meiner schwerwiegenden, zu schwer wiegenden Literatur den ganzen Rest von Literatur aus dem Gleichgewicht zu bringen vermöchte, gab mir ein Professor der Berliner Universität wohlwollend zu verstehn, ich sollte mich doch einer andren Form bedienen: so etwas lese niemand. – Zuletzt war es nicht Deutschland, sondern die Schweiz, die die zwei extremen Fälle geliefert hat. Ein Aufsatz des Dr. V. Widmann im »Bund«, über

»Jenseits von Gut und Böse«, unter dem Titel »Nietzsches gefährliches Buch«, und ein Gesamt-Bericht über meine Bücher überhaupt seitens des Herrn Karl Spitteler, gleichfalls im »Bund«, sind ein Maximum in meinem Leben – ich hüte mich zu sagen wovon... Letzterer behandelte zum Beispiel meinen Zarathustra als *höhere Stilübung*, mit dem Wunsche, ich möchte später doch auch für Inhalt sorgen; Dr. Widmann drückte mir seine Achtung vor dem Mut aus, mit dem ich mich um Abschaffung aller anständigen Gefühle bemühe. – Durch eine kleine Tücke von Zufall war hier jeder Satz, mit einer Folgerichtigkeit, die ich bewundert habe, eine auf den Kopf gestellte Wahrheit: man hatte im Grunde nichts zu tun, als alle »Werte umzuwerten«, um, auf eine sogar bemerkenswerte Weise, über mich den Nagel auf den Kopf zu treffen – statt meinen Kopf mit einem Nagel zu treffen... Umsomehr versuche ich eine Erklärung. – Zuletzt kann niemand aus den Dingen, die Bücher eingerechnet, mehr heraushören, als er bereits weiß. Wofür man vom Erlebnisse her keinen Zugang hat, dafür hat man kein Ohr. Denken wir uns nun einen äußersten Fall: daß ein Buch von lauter Erlebnissen redet, die gänzlich außerhalb der Möglichkeit einer häufigen oder auch nur seltenen Erfahrung liegen – daß es die *erste* Sprache für eine neue Reihe von Erfahrungen ist. In diesem Falle wird einfach nichts gehört, mit der akustischen Täuschung, daß, wo nichts gehört wird, *auch nichts da ist*... Dies ist zuletzt meine durchschnittliche Erfahrung und, wenn man will, die *Originalität* meiner Erfahrung. Wer etwas von mir verstanden zu haben glaubte, hatte sich etwas aus mir zurechtgemacht, nach seinem Bilde – nicht selten einen Gegensatz von mir, zum Beispiel einen »Idealisten«; wer nichts von mir verstanden hatte, leugnete, daß ich überhaupt in Betracht käme. – Das Wort *»Übermensch«* zur Bezeichnung eines Typus höchster Wohlgeratenheit, im Gegensatz zu »modernen« Menschen, zu »guten« Menschen, zu Christen und andren Nihilisten – ein Wort, das im Munde eines Zarathustra, des *Vernichters* der Moral, ein sehr nachdenkliches Wort wird – ist fast überall mit voller Unschuld im Sinn derjenigen Werte verstanden worden, deren Gegensatz in der Figur Zarathustras zur Erscheinung gebracht worden ist: will sagen als »idealistischer« Typus einer höheren Art Mensch, halb »Heiliger«, halb »Genie« ... Andres gelehrtes Hornvieh hat mich seinethalben des Darwinismus verdächtigt; selbst der von mir so boshaft abgelehnte »Heroen-Kultus« jenes großen Falschmünzers wider Wissen und Willen, Carlyles, ist darin wiedererkannt worden. Wem ich ins Ohr flüsterte, er solle sich eher nach einem Cesare Borgia als nach einem Parsifal umsehn, der traute seinen Ohren nicht. – Daß ich gegen Besprechungen meiner Bücher, insonderheit durch Zeitungen, ohne jedwede Neugierde bin, wird man mir verzeihen müssen. Meine Freunde, meine Verleger wissen das und sprechen mir nicht von dergleichen. In einem besondren Falle bekam ich einmal alles zu Gesicht, was über ein einzelnes Buch – es war »Jenseits von Gut und Böse« – gesündigt worden ist; ich hätte einen artigen Bericht darüber abzustatten. Sollte man es glauben, daß die »Nationalzeitung« – eine preußische Zeitung, für meine ausländischen Leser bemerkt – ich selbst lese, mit Verlaub, nur das Journal des Débats – allen Ernstes das Buch als ein »Zeichen der Zeit« zu verstehn wußte, als die echte rechte *Junker-Philosophie,* zu der es der »Kreuzzeitung« nur an Mut gebreche? . . .

2

Dies war für Deutsche gesagt: denn überall sonst habe ich Leser – lauter *ausgesuchte* Intelligenzen, bewährte, in hohen Stellungen und Pflichten erzogene Charaktere; ich habe sogar wirkliche Genies unter meinen Lesern. In Wien, in St. Petersburg, in Stockholm, in Kopenhagen, in Paris und New York – überall bin ich entdeckt: ich bin es *nicht* in Europas Flachland Deutschland . . . Und, daß ich es bekenne, ich freue mich noch mehr über meine Nicht-Leser, solche, die weder meinen Namen, noch das Wort Philosophie je gehört haben; aber wohin ich komme, hier in Turin zum Beispiel, erheitert und vergütigt sich bei meinem Anblick jedes Gesicht. Was mir bisher am meisten geschmeichelt hat, das ist, daß alte Hökerinnen nicht Ruhe haben, bevor sie mir nicht das Süßeste aus ihren Trauben zusammengesucht haben. *So weit* muß man Philosoph sein . . . Man nennt nicht umsonst die Polen die Franzosen unter den Slaven. Eine charmante Russin wird sich nicht einen Augenblick darüber vergreifen, wohin ich gehöre. Es gelingt mir nicht, feierlich zu werden, ich bringe es höchstens bis zur Verlegenheit . . . Deutsch denken, deutsch fühlen – ich kann alles, aber *das* geht über meine Kräfte . . . Mein alter Lehrer Ritschl behauptete sogar, ich konzipierte selbst noch meine philologischen Abhandlungen wie ein Pariser *romancier* – absurd spannend. In Paris selbst ist man erstaunt über »*toutes mes audaces et finesses*« – der Ausdruck ist von Monsieur Taine –; ich fürchte, bis in die höchsten Formen des Dithyrambus findet man bei mir von jenem Salze beigemischt, das niemals dumm – »deutsch« – wird, *esprit* . . . Ich kann nicht anders. Gott helfe mir! Amen. – Wir wissen alle, einige wissen es sogar aus Erfahrung, was ein Langohr ist. Wohlan, ich wage zu behaupten, daß ich die kleinsten Ohren habe. Dies interessiert gar nicht wenig die Weiblein – es scheint mir, sie fühlen sich besser von mir verstanden? . . . Ich bin der *Antiesel par excellence* und damit ein welthistorisches Untier – ich bin, auf griechisch und nicht nur auf griechisch, der *Antichrist* . . .

3

Ich kenne einigermaßen meine Vorrechte als Schriftsteller; in einzelnen Fällen ist es mir auch bezeugt, wie sehr die Gewöhnung an meine Schriften den Geschmack »verdirbt«. Man hält einfach andre Bücher nicht mehr aus, am wenigsten philosophische. Es ist eine Auszeichnung ohnegleichen, in diese vornehme und delikate Welt einzutreten – man darf dazu durchaus kein Deutscher sein; es ist zuletzt eine Auszeichnung, die man sich verdient haben muß. Wer mir aber durch *Höhe* des Wollens verwandt ist, erlebt dabei wahre Ekstasen des Lernens: denn ich komme aus Höhen, die kein Vogel je erflog, ich kenne Abgründe, in die noch kein Fuß sich verirrt hat. Man hat mir gesagt, es sei nicht möglich, ein Buch von mir aus der Hand zu legen – ich störte selbst die Nachtruhe ... Es gibt durchaus keine stolzere und zugleich raffiniertere Art von Büchern – sie erreichen hier und da das Höchste, was auf Erden erreicht werden kann, den Zynismus; man muß sie sich ebenso mit den zartesten Fingern wie mit den tapfersten Fäusten erobern. Jede Gebrechlichkeit der Seele schließt aus davon, ein für allemal, selbst jede Dyspepsie: man muß keine Nerven haben, man muß einen fröhlichen Unterleib haben. Nicht nur die Armut, die Winkel-Luft einer Seele schließt davon aus, noch viel mehr das Feige, das Unsaubere, das Heimlich-Rachsüchtige in den Eingeweiden: ein Wort von mir treibt alle schlechten Instinkte ins Gesicht. Ich habe an meinen Bekannten mehrere Versuchstiere, an denen ich mir die verschiedene, sehr lehrreich verschiedene Reaktion auf meine Schriften zu Gemüte führe. Wer nichts mit ihrem Inhalte zu tun haben will, meine sogenannten, Freunde zum Beispiel, wird dabei »unpersönlich«: man wünscht mir Glück, wieder »so weit« zu sein – auch ergäbe sich ein Fortschritt in einer größeren Heiterkeit des Tons ... Die vollkommen lasterhaften »Geister«, die »schönen Seelen«, die in Grund und Boden Verlognen wissen schlechterdings nicht, was sie mit diesen Büchern anfangen sollen – folglich sehen sie dieselben *unter* sich, die schöne Folgerichtigkeit aller »schönen Seelen«. Das Hornvieh unter meinen Bekannten, bloße Deutsche, mit Verlaub, gibt zu verstehn, man sei nicht immer meiner Meinung, aber doch mitunter ... Ich habe dies selbst über den Zarathustra gehört ... Insgleichen ist jeder »Feminismus« im Menschen, auch im Manne, ein Torschluß für mich: man wird niemals in dies Labyrinth verwegener Erkenntnisse eintreten. Man muß sich selbst nie geschont haben, man muß die Härte in seinen Gewohnheiten haben, um unter lauter harten Wahrheiten wohlgemut und heiter zu sein. Wenn ich mir das Bild eines vollkommnen Lesers ausdenke, so wird immer ein Untier von Mut und Neugierde daraus, außerdem noch etwas Biegsames, Listiges, Vorsichtiges, ein geborner Abenteurer und Entdecker. Zuletzt: ich wüßte es nicht besser zu sagen, zu wem ich im Grunde allein rede, als es Zarathustra gesagt hat: *wem* allein will er sein Rätsel erzählen?

Euch, den kühnen Suchern, Versuchern, und wer je sich mit listigen Segeln auf furchtbare Meere einschiffte, –

euch, den Rätsel-Trunkenen, den Zwielicht-Frohen, deren Seele mit Flöten zu jedem Irrschlunde gelockt wird:

– denn nicht wollt ihr mit feiger Hand einem Faden nachtasten; und wo ihr *erraten* könnt, da haßt ihr es, zu *erschließen* . . .

4

Ich sage zugleich noch ein allgemeines Wort über meine *Kunst des Stils*. Einen Zustand, eine innere Spannung von Pathos durch Zeichen, eingerechnet das Tempo dieser Zeichen, *mitzuteilen* – das ist der Sinn jedes Stils; und in Anbetracht, daß die Vielheit innerer Zustände bei mir außerordentlich ist, gibt es bei mir viel Möglichkeiten des Stils – die vielfachste Kunst des Stils überhaupt, über die je ein Mensch verfügt hat. *Gut* ist jeder Stil, der einen inneren Zustand wirklich mitteilt, der sich über die Zeichen, über das Tempo der Zeichen, über die *Gebärden* – alle Gesetze der Periode sind Kunst der Gebärde – nicht vergreift. Mein Instinkt ist hier unfehlbar. – Guter Stil *an sich* – eine reine Torheit, bloßer »Idealismus«, etwa, wie das »Schöne *an sich*«, wie das »Gute *an sich*«, wie das »Ding *an sich*« . . . Immer noch vorausgesetzt, daß es Ohren gibt – daß es solche gibt, die eines gleichen Pathos fähig und würdig sind, daß die nicht fehlen, denen man sich mitteilen *darf*. – Mein Zarathustra zum Beispiel sucht einstweilen noch nach solchen – ach! er wird noch lange zu suchen haben! – Man muß dessen *wert* sein, ihn zu prüfen . . . Und bis dahin wird es niemanden geben, der die *Kunst*, die hier verschwendet worden ist, begreift: es hat nie jemand mehr von neuen, von unerhörten, von wirklich erst dazu geschaffnen Kunstmitteln zu verschwenden gehabt. Daß dergleichen gerade in deutscher Sprache möglich war, blieb zu beweisen: ich selbst hätte es vorher am härtesten abgelehnt. Man weiß vor mir nicht, was man mit der deutschen Sprache kann – was man überhaupt mit der Sprache kann. Die Kunst des *großen* Rhythmus, der *große Stil* der Periodik, zum Ausdruck eines ungeheuren Auf und Nieder von sublimer, von übermenschlicher Leidenschaft, ist erst von mir entdeckt; mit einem Dithyrambus wie dem letzten des *dritten* Zarathustra, »Die sieben Siegel« überschrieben, flog ich tausend Meilen über das hinaus, was bisher Poesie hieß.

5

– Daß aus meinen Schriften ein *Psychologe* redet, der nicht seinesgleichen hat, das ist vielleicht die erste Einsicht, zu der ein guter Leser gelangt – ein Leser, wie ich ihn verdiene, der mich liest, wie gute alte Philologen ihren Horaz lasen. Die Sätze, über die im Grunde alle Welt einig ist – gar nicht zu reden von den Allerwelts-Philosophen, den Moralisten und andren Hohltöpfen, Kohlköpfen – erscheinen bei mir als Naivitäten des Fehlgriffs: zum Beispiel jener Glaube, daß »unegoistisch« und »egoistisch« Gegensätze sind, während das *ego* selbst bloß ein »höherer Schwindel«, ein »Ideal« ist... Es gibt *weder* egoistische *noch* unegoistische Handlungen: beide Begriffe sind psychologischer Widersinn. Oder der Satz »der Mensch strebt nach Glück« ... Oder der Satz »das Glück ist der Lohn der Tugend«... Oder der Satz »Lust und Unlust sind Gegensätze«... Die Circe der Menschheit, die Moral, hat alle *psychologica* in Grund und Boden gefälscht – *vermoralisiert* – bis zu jenem schauderhaften Unsinn, daß die Liebe etwas »Unegoistisches« sein soll... Man muß fest auf *sich* sitzen, man muß tapfer auf seinen beiden Beinen stehn, sonst *kann* man gar nicht lieben. Das wissen zuletzt die Weiblein nur zu gut: sie machen sich den Teufel was aus selbstlosen, aus bloß objektiven Männern... Darf ich anbei die Vermutung wagen, daß ich die Weiblein *kenne*? Das gehört zu meiner dionysischen Mitgift. Wer weiß? vielleicht bin ich der erste Psycholog des Ewig-Weiblichen. Sie lieben mich alle – eine alte Geschichte: die *verunglückten* Weiblein abgerechnet, die »Emanzipierten«, denen das Zeug zu Kindern abgeht. – Zum Glück bin ich nicht willens, mich zerreißen zu lassen: das vollkommne Weib zerreißt, wenn es liebt... Ich kenne diese liebenswürdigen Mänaden... Ach, was für ein gefährliches, schleichendes, unterirdisches kleines Raubtier! Und so angenehm dabei!... Ein kleines Weib, das seiner Rache nachrennt, würde das Schicksal selbst über den Haufen rennen. – Das Weib ist unsäglich viel böser als der Mann, auch klüger; Güte am Weibe ist schon eine Form der *Entartung*... Bei allen sogenannten »schönen Seelen« gibt es einen physiologischen Übelstand auf dem Grunde – ich sage nicht alles, ich würde sonst medi-zynisch werden. Der Kampf um *gleiche* Rechte ist sogar ein Symptom von Krankheit: jeder Arzt weiß das. – Das Weib, je mehr Weib es ist, wehrt sich ja mit Händen und Füßen gegen Rechte überhaupt: der Naturzustand, der ewige *Krieg* zwischen den Geschlechtern gibt ihm ja bei weitem den ersten Rang. – Hat man Ohren für meine Definition der Liebe gehabt? es ist die einzige, die eines Philosophen würdig ist. Liebe – in ihren Mitteln der Krieg, in ihrem Grunde der Todhaß der Geschlechter. – Hat man meine Antwort auf die Frage gehört, wie man ein Weib *kuriert* – »erlöst«? Man macht ihm ein Kind. Das Weib hat Kinder nötig, der Mann ist immer nur

Mittel: also sprach Zarathustra. – »Emanzipation des Weibes« – das ist der Instinkthaß des *mißratenen*, das heißt gebäruntüchtigen Weibes gegen das wohlgeratene – der Kampf gegen den »Mann« ist immer nur Mittel, Vorwand, Taktik. Sie wollen, indem sie *sich* hinaufheben, als »Weib an sich«, als »höheres Weib«, als »Idealistin« von Weib, das allgemeine Rang-Niveau des Weibes *herunter*bringen; kein sichereres Mittel dazu als Gymnasial-Bildung, Hosen und politische Stimmvieh-Rechte. Im Grunde sind die Emanzipierten die *Anarchisten* in der Welt des »Ewig-Weiblichen«, die Schlechtweggekommenen, deren unterster Instinkt Rache ist ... Eine ganze Gattung des bösartigsten »Idealismus« – der übrigens auch bei Männern vorkommt, zum Beispiel bei Henrik Ibsen, dieser typischen alten Jungfrau – hat das Ziel, das gute Gewissen, die Natur in der Geschlechtsliebe zu *vergiften* ... Und damit ich über meine in diesem Betracht ebenso honnette als strenge Gesinnung keinen Zweifel lasse, will ich noch einen Satz aus meinem Moral-Kodex gegen das *Laster* mitteilen: mit dem Wort Laster bekämpfe ich jede Art Widernatur oder, wenn man schöne Worte liebt, Idealismus. Der Satz heißt: »Die Predigt der Keuschheit ist eine öffentliche Aufreizung zur Widernatur. Jede Verachtung des geschlechtlichen Lebens, jede Verunreinigung desselben durch den Begriff ›unrein‹ ist das Verbrechen selbst am Leben – ist die eigentliche Sünde wider den heiligen Geist des Lebens.« –

6

Um einen Begriff von mir als Psychologen zu geben, nehme ich ein kurioses Stück Psychologie, das in »Jenseits von Gut und Böse« vorkommt, – ich verbiete übrigens jede Mutmaßung darüber, wen ich an dieser Stelle beschreibe. »Das Genie des Herzens, wie es jener große Verborgene hat, der Versucher-Gott und geborene Rattenfänger der Gewissen, dessen Stimme bis in die Unterwelt jeder Seele hinabzusteigen weiß, welcher nicht ein Wort sagt, nicht einen Blick blickt, in dem nicht eine Rücksicht und Falte der Lockung läge, zu dessen Meisterschaft es gehört, daß er zu scheinen versteht – und nicht das, was er ist, sondern was denen, die ihm folgen ein Zwang *mehr* ist, um sich immer näher an ihn zu drängen, um ihm immer innerlicher und gründlicher zu folgen ... Das Genie des Herzens, das alles Laute und Selbstgefällige verstummen macht und horchen lehrt, das die rauhen Seelen glättet und ihnen ein neues Verlangen zu kosten gibt – still zu liegen, wie ein Spiegel, daß sich der tiefe Himmel auf ihnen spiegele ... Das Genie des Herzens, das die tölpische und überrasche Hand zögern und zierlicher greifen lehrt; das den verborgenen und vergessenen Schatz, den Tropfen Güte und süßer Geistigkeit unter trübem dickem Eise errät und eine Wünschelrute für jedes Korn Goldes ist, welches lange im Kerker vielen Schlammes und Sandes begraben lag ...

Das Genie des Herzens, von dessen Berührung jeder reicher fortgeht, nicht begnadet und überrascht, nicht wie von fremdem Gute beglückt und bedrückt, sondern reicher an sich selber, sich neuer als zuvor, aufgebrochen, von einem Tauwinde angeweht und ausgehorcht, unsicherer vielleicht, zärtlicher zerbrechlicher zerbrochener, aber voll Hoffnungen, die noch keinen Namen haben, voll neuen Willens und Strömens, voll neuen Unwillens und Zurückströmens ...«

DIE GEBURT DER TRAGÖDIE

1

Um gegen die »Geburt der Tragödie« (1872) gerecht zu sein, wird man einiges vergessen müssen. Sie hat mit dem *gewirkt* und selbst fasziniert, was an ihr verfehlt war – mit ihrer Nutzanwendung auf die *Wagnerei*, als ob dieselbe ein *Aufgangs*-Symptom sei. Diese Schrift war ebendamit im Leben Wagners ein Ereignis: von da an gab es erst große Hoffnungen bei dem Namen Wagner. Noch heute erinnert man mich daran, unter Umständen mitten aus dem Parsifal heraus: wie *ich* es eigentlich auf dem Gewissen habe, daß eine so hohe Meinung über den *Kultur-Wert* dieser Bewegung obenauf gekommen sei. – Ich fand die Schrift mehrmals zitiert als »die *Wieder*geburt der Tragödie aus dem Geiste der Musik«: man hat nur Ohren für eine neue Formel der Kunst, der Absicht, der Aufgabe *Wagners* gehabt – darüber wurde überhört, was die Schrift im Grunde Wertvolles barg. »Griechentum und Pessimismus«: das wäre ein unzweideutigerer Titel gewesen: nämlich als erste Belehrung darüber, wie die Griechen fertig wurden mit dem Pessimismus – womit sie ihn *überwanden* ... Die Tragödie gerade ist der Beweis dafür, daß die Griechen *keine* Pessimisten waren: Schopenhauer vergriff sich hier, wie er sich in allem vergriffen hat. – Mit einiger Neutralität in die Hand genommen, sieht die »Geburt der Tragödie« sehr unzeitgemäß aus: man würde sich nicht träumen lassen, daß sie unter den Donnern der Schlacht bei Wörth *begonnen* wurde. Ich habe diese Probleme vor den Mauern von Metz, in kalten September-Nächten, mitten im Dienste der Krankenpflege, durchgedacht; man könnte eher schon glauben, daß die Schrift fünfzig Jahre älter sei. Sie ist politisch indifferent – »undeutsch«, wird man heute sagen –, sie riecht anstößig Hegelisch, sie ist nur in einigen Formeln mit dem Leichenbitter-Parfüm Schopenhauers behaftet. Eine »Idee« – der Gegensatz dionysisch und apollinisch – ins Metaphysische übersetzt; die Geschichte selbst als die Entwicklung dieser »Idee«; in der Tragödie der Gegensatz zur Einheit aufgehoben; unter dieser Optik Dinge, die noch nie einander ins Gesicht gesehen hatten, plötzlich gegenübergestellt, aus einander beleuchtet und *begriffen* ... die Oper zum Beispiel und die Revolution ... Die zwei entscheidenden *Neuerungen* des Buchs sind einmal das Verständnis des *dionysischen* Phänomens bei den Griechen – es gibt dessen erste Psychologie, es sieht in ihm die eine Wurzel der ganzen griechischen Kunst –. Das andre ist das Verständnis des Sokratismus: Sokrates als

Werkzeug der griechischen Auflösung, als typischer *décadent* zum ersten Male erkannt. »Vernünftigkeit« *gegen* Instinkt. Die »Vernünftigkeit« um jeden Preis als gefährliche, als leben-untergrabende Gewalt! – Tiefes feindseliges Schweigen über das Christentum im ganzen Buche. Es ist weder apollinisch, noch dionysisch; es *negiert* alle *ästhetischen* Werte – die einzigen Werte, die die »Geburt der Tragödie« anerkennt: es ist im tiefsten Sinne nihilistisch, während im dionysischen Symbol die äußerste Grenze der *Bejahung* erreicht ist. Einmal wird auf die christlichen Priester wie auf eine »tückische Art von Zwergen«, von »Unterirdischen« angespielt . . .

2

Dieser Anfang ist über alle Maßen merkwürdig. Ich hatte zu meiner innersten Erfahrung das einzige Gleichnis und Seitenstück, das die Geschichte hat, *entdeckt* – ich hatte ebendamit das wundervolle Phänomen des Dionysischen als der erste begriffen. Insgleichen war damit, daß ich Sokrates als *décadent* erkannte, ein völlig unzweideutiger Beweis dafür gegeben, wie wenig die Sicherheit meines psychologischen Griffs von seiten irgendeiner Moral-Idiosynkrasie Gefahr laufen werde – die Moral selbst als Décadence-Symptom ist eine Neuerung, eine Einzigkeit ersten Ranges in der Geschichte der Erkenntnis. Wie hoch war ich mit beidem über das erbärmliche Flachkopf-Geschwätz von Optimismus *contra* Pessimismus hinweggesprungen! – Ich sah zuerst den eigentlichen Gegensatz – den *entartenden* Instinkt, der sich gegen das Leben mit unterirdischer Rachsucht wendet (– Christentum, die Philosophie Schopenhauers, in gewissem Sinne schon die Philosophie Platos, der ganze Idealismus als typische Formen) und eine aus der Fülle, der Überfülle geborne Formel der *höchsten Bejahung*, ein Jasagen ohne Vorbehalt, zum Leiden selbst, zur Schuld selbst, zu allem Fragwürdigen und Fremden des Daseins selbst . . . Dieses letzte, freudigste, überschwänglich-übermütigste Ja zum Leben ist nicht nur die höchste Einsicht, es ist auch die *tiefste*, die von Wahrheit und Wissenschaft am strengsten bestätigte und aufrechterhaltene. Es ist nichts, was ist, abzurechnen, es ist nichts entbehrlich – die von den Christen und andren Nihilisten abgelehnten Seiten des Daseins sind sogar von unendlich höherer Ordnung in der Rangordnung der Werte als das, was der *décadence*-Instinkt gutheißen, *gut heißen* durfte. Dies zu begreifen, dazu gehört *Mut* und, als dessen Bedingung, ein Überschuß von *Kraft:* denn genau so weit als der Mut sich vorwärtswagen *darf*, genau nach dem Maß von Kraft nähert man sich der Wahrheit. Die Erkenntnis, das Jasagen zur Realität, ist für den Starken eine ebensolche Notwendigkeit, als für den Schwachen, unter der Inspiration der Schwäche, die Feigheit und *Flucht* vor der Realität – das »Ideal« . . . Es steht ihnen nicht frei, zu erkennen: die *décadents* haben die Lüge *nötig* – sie ist eine ihrer Erhaltungs-Bedingungen. – Wer das Wort »dionysisch« nicht nur begreift, sondern *sich* in dem Wort »dionysisch« begreift, hat keine Widerlegung Platos oder des Christentums oder Schopenhauers nötig – er *riecht die Verwesung* . . .

3

Inwiefern ich ebendamit den Begriff »tragisch«, die endliche Erkenntnis darüber, was die Psychologie der Tragödie ist, gefunden habe, habe ich zuletzt noch in der *Götzen-Dämmerung* (II, S. 396) zum Ausdruck gebracht. »Das Jasagen zum Leben selbst noch in seinen fremdesten und härtesten Problemen; der Wille zum Leben, im *Opfer* seiner höchsten Typen der eignen Unerschöpflichkeit frohwerdend – *das* nannte ich dionysisch, das verstand ich als Brücke zur Psychologie des *tragischen* Dichters. *Nicht* um von Schrecken und Mitleiden loszukommen, nicht um sich von einem gefährlichen Affekt durch eine vehemente Entladung zu reinigen – so mißverstand es Aristoteles –: sondern um, über Schrecken und Mitleiden hinaus, die ewige Lust des Werdens *selbst zu sein* – jene Lust, die auch noch die *Lust am Vernichten* in sich schließt . . .« In diesem Sinne habe ich das Recht, mich selber als den ersten *tragischen Philosophen* zu verstehn – daß heißt den äußersten Gegensatz und Antipoden eines pessimistischen Philosophen. Vor mir gibt es diese Umsetzung des dionysischen in ein philosophisches Pathos nicht: es fehlt die *tragische Weisheit* – ich habe vergebens nach Anzeichen davon selbst bei den *großen* Griechen der Philosophie, denen der zwei Jahrhunderte *vor* Sokrates, gesucht. Ein Zweifel blieb mir zurück bei *Heraklit*, in dessen Nähe überhaupt mir wärmer, mir wohler zumute wird als irgendwo sonst. Die Bejahung des Vergehens *und Vernichtens*, das Entscheidende in einer dionysischen Philosophie, das Jasagen zu Gegensatz und Krieg, das *Werden*, mit radikaler Ablehnung auch selbst des Begriffs »*Sein*« – darin muß ich unter allen Umständen das mir Verwandteste anerkennen, was bisher gedacht worden ist. Die Lehre von der »ewigen Wiederkunft«, das heißt vom unbedingten und unendlich wiederholten Kreislauf aller Dinge – diese Lehre Zarathustras *könnte* zuletzt auch schon von Heraklit gelehrt worden sein. Zum mindesten hat die Stoa, die fast alle ihre grundsätzlichen Vorstellungen von Heraklit geerbt hat, Spuren davon. –

4

Aus dieser Schrift redet eine ungeheure Hoffnung. Zuletzt fehlt mir jeder Grund, die Hoffnung auf eine dionysische Zukunft der Musik zurückzunehmen. Werfen wir einen Blick ein Jahrhundert voraus, setzen wir den Fall, daß mein Attentat auf zwei Jahrtausende Widernatur und Menschenschändung gelingt. Jene neue Partei des Lebens, welche die größte aller Aufgaben, die Höherzüchtung der Menschheit in die Hände nimmt, eingerechnet die schonungslose Vernichtung aller Entartenden und Parasitischen, wird jenes *Zuviel von Leben* auf Erden wieder möglich machen, aus dem auch der dionysische Zustand wieder erwachsen muß. Ich verspreche ein *tragisches* Zeitalter: die höchste Kunst im Jasagen zum Leben, die Tragödie, wird wiedergeboren werden, wenn die Menschheit das Bewußtsein der härtesten, aber notwendigsten Kriege hinter sich hat, *ohne daran zu leiden*... Ein Psychologe dürfte noch hinzufügen, daß was ich in jungen Jahren bei Wagnerscher Musik gehört habe, nichts überhaupt mit Wagner zu tun hat; daß wenn ich die dionysische Musik beschrieb, ich *das* beschrieb, was *ich* gehört hatte – daß ich instinktiv alles in den neuen Geist übersetzen und transfigurieren mußte, den ich in mir trug. Der Beweis dafür, *so stark als nur ein Beweis sein kann*, ist meine Schrift »Wagner in Bayreuth«: an allen psychologisch entscheidenden Stellen ist nur von mir die Rede – man darf rücksichtslos meinen Namen oder das Wort »Zarathustra« hinstellen, wo der Text das Wort Wagner gibt. Das ganze Bild des *dithyrambischen* Künstlers ist das Bild des *präexistenten* Dichters des Zarathustra, mit abgründlicher Tiefe hingezeichnet und ohne einen Augenblick die Wagnersche Realität auch nur zu berühren. Wagner selbst hatte einen Begriff davon; er erkannte sich in der Schrift nicht wieder. – Insgleichen hatte sich »der Gedanke von Bayreuth« in etwas verwandelt, das den Kennern meines Zarathustra kein Rätsel-Begriff sein wird: in jenen *großen Mittag*, wo sich die Auserwähltesten zur größten aller Aufgaben weihen – wer weiß? Die Vision eines Festes, das ich noch erleben werde... Das Pathos der ersten Seiten ist welthistorisch; der *Blick*, von dem auf der siebenten Seite [I, S. 177, Zl. 13 ff.] die Rede ist, ist der eigentliche Zarathustra-Blick; Wagner, Bayreuth, die ganze kleine deutsche Erbärmlichkeit ist eine Wolke, in der eine unendliche Fata Morgana der Zukunft sich spiegelt. Selbst psychologisch sind alle entscheidenden Züge meiner eignen Natur in die Wagners eingetragen – das Nebeneinander der lichtesten und verhängnisvollsten Kräfte, der Wille zur Macht, wie ihn nie ein Mensch besessen hat, die rücksichtslose Tapferkeit im Geistigen, die unbegrenzte Kraft zu lernen, ohne daß der Wille zur Tat damit erdrückt würde. Es ist alles an dieser Schrift vorherverkündend: die Nähe der Wiederkunft des griechischen Geistes, die Notwendigkeit von *Gegen-Alexandern*, welche den gordischen Knoten der griechischen Kultur wieder *binden*, nachdem er gelöst war... Man höre den welthistorischen Akzent, mit dem (I, S. 29 f.) der Begriff »tragische Gesinnung« eingeführt wird: es sind lauter welthistorische Akzente in dieser Schrift. Dies ist die fremdartigste »Objektivität«, die es geben kann: die absolute Gewißheit darüber, was ich *bin,* projizierte sich auf irgendeine zufällige Realität – die Wahrheit über mich redete aus einer schauervollen Tiefe. Auf Seite 46 wird der *Stil* des Zarathustra mit einschneidender Sicherheit beschrieben und vorweggenommen; und niemals wird man einen großartigeren Ausdruck für das *Ereignis* Zarathustra, den Akt einer ungeheuren Reinigung und Weihung der Menschheit, finden, als er in den Seiten 35 bis 37 gefunden ist. –

DIE UNZEITGEMÄSSEN

1

Die vier *Unzeitgemäßen* sind durchaus kriegerisch. Sie beweisen, daß ich kein »Hans der Träumer« war, daß es mir Vergnügen macht, den Degen zu ziehn – vielleicht auch, daß ich das Handgelenk gefährlich frei habe. Der *erste* Angriff (1873) galt der deutschen Bildung, auf die ich damals schon mit schonungsloser Verachtung hinabblickte. Ohne Sinn, ohne Substanz, ohne Ziel: eine bloße »öffentliche Meinung«. Kein bösartigeres Mißverständnis als zu glauben, der große Waffen-Erfolg der Deutschen beweise irgend etwas zugunsten dieser Bildung – oder gar *ihren* Sieg über Frankreich... Die *zweite* Unzeitgemäße (1874) bringt das Gefährliche, das Leben-Annagende und -Vergiftende in unsrer Art des Wissenschafts-Betriebs ans Licht –: das Leben *krank* an diesem entmenschten Räderwerk und Mechanismus, an der »*Un*persönlichkeit« des Arbeiters, an der falschen Ökonomie der »Teilung der Arbeit«. Der *Zweck* geht verloren, die Kultur – das Mittel, der moderne Wissenschafts-Betrieb, *barbarisiert*... In dieser Abhandlung wurde der »historische Sinn«, auf den dies Jahrhundert stolz ist, zum erstenmal als Krankheit erkannt, als typisches Zeichen des Verfalls. – In der *dritten* und *vierten* Unzeitgemäßen werden, als Fingerzeige zu einem *höheren* Begriff der Kultur, zur Wiederherstellung des Begriffs »Kultur«, zwei Bilder der härtesten *Selbstsucht, Selbstzucht* dagegen aufgestellt, unzeitgemäße Typen *par excellence*, voll souveräner Verachtung gegen alles, was um sie herum »Reich«, »Bildung«, »Christentum«, »Bismarck«, »Erfolg« hieß – Schopenhauer und Wagner *oder*, mit *einem* Wort, Nietzsche...

2

Von diesen vier Attentaten hatte das erste einen außerordentlichen Erfolg. Der Lärm, den es hervorrief, war in jedem Sinne prachtvoll. Ich hatte einer siegreichen Nation an ihre wunde Stelle gerührt – daß ihr Sieg *nicht* ein Kultur-Ereignis sei, sondern vielleicht, vielleicht etwas ganz anderes... Die Antwort kam von allen Seiten und durchaus nicht bloß von den alten Freunden David Straußens, den ich als Typus eines deutschen Bildungsphilisters und *satisfait*, kurz als Verfasser seines Bierbank-Evangeliums vom »alten und neuen Glauben« lächerlich gemacht hatte

(– das Wort Bildungsphilister ist von meiner Schrift her in der Sprache übriggeblieben). Diese alten Freunde, denen ich als Württembergern und Schwaben einen tiefen Stich versetzt hatte, als ich ihr Wundertier, ihren Strauß komisch fand, antworteten so bieder und grob, als ich's irgendwie wünschen konnte; die preußischen Entgegnungen waren klüger – sie hatten mehr »Berliner Blau« in sich. Das Unanständigste leistete ein Leipziger Blatt, die berüchtigten »Grenzboten«; ich hatte Mühe, die entrüsteten Basler von Schritten abzuhalten. Unbedingt für mich entschieden sich nur einige alte Herrn, aus gemischten und zum Teil unausfindlichen Gründen. Darunter Ewald in Göttingen, der zu verstehn gab, mein Attentat sei für Strauß tödlich abgelaufen. Insgleichen der alte Hegelianer Bruno Bauer, an dem ich von da an einen meiner aufmerksamsten Leser gehabt habe. Er liebte es, in seinen letzten Jahren, auf mich zu verweisen, zum Beispiel Herrn von Treitschke, dem preußischen Historiographen, einen Wink zu geben, bei wem er sich Auskunft über den ihm verlorengegangenen Begriff »Kultur« holen könne. Das Nachdenklichste, auch das Längste über die Schrift und ihren Autor wurde von einem alten Schüler des Philosophen von Baader gesagt, einem Professor Hoffmann in Würzburg. Er sah aus der Schrift eine große Bestimmung für mich voraus – eine Art Krisis und höchste Entscheidung im Problem des Atheismus herbeizuführen, als dessen instinktivsten und rücksichtslosesten Typus er mich erriet. Der Atheismus war das, was mich zu Schopenhauer führte. – Bei weitem am besten gehört, am bittersten empfunden wurde eine außerordentlich starke und tapfere Fürsprache des sonst so milden Karl Hillebrand, dieses letzten *humanen* Deutschen, der die Feder zu führen wußte. Man las seinen Aufsatz in der »Augsburger Zeitung«; man kann ihn heute, in einer etwas vorsichtigeren Form, in seinen gesammelten Schriften lesen. Hier war die Schrift als Ereignis, Wendepunkt, erste Selbstbesinnung, allerbestes Zeichen dargestellt, als eine wirkliche *Wiederkehr* des deutschen Ernstes und der deutschen Leidenschaft in geistigen Dingen. Hillebrand war voll hoher Auszeichnung für die Form der Schrift, für ihren reifen Geschmack, für ihren vollkommnen Takt in der Unterscheidung von Person und Sache: er zeichnete sie als die beste polemische Schrift aus, die deutsch geschrieben sei – in der gerade für Deutsche so gefährlichen, so widerratbaren Kunst der Polemik. Unbedingt jasagend, mich sogar in dem verschärfend, was ich über die Sprach-Verlumpung in Deutschland zu sagen gewagt hatte (– heute spielen sie die Puristen und können keinen Satz mehr bauen –), in gleicher Verachtung gegen die »ersten Schriftsteller« dieser Nation, endete er damit, seine Bewunderung für meinen *Mut* auszudrücken – jenen »höchsten Mut, der gerade die Lieblinge eines Volkes auf die Anklagebank bringt« ... Die Nachwirkung dieser Schrift ist geradezu unschätzbar in meinem Leben. Niemand hat bisher mit mir Händel gesucht. Man schweigt, man behandelt mich in Deutschland mit einer düstern Vorsicht: ich habe seit Jahren von einer unbedingten Redefreiheit Gebrauch gemacht, zu der niemand heute, am wenigsten im »Reich«, die *Hand* frei genug hat. Mein Paradies ist »unter dem Schatten meines Schwertes«... Im Grunde hatte ich eine Maxime Stendhals praktiziert: er rät an, seinen Eintritt in die Gesellschaft mit einem *Duell* zu machen. Und wie ich mir meinen Gegner gewählt hatte! den ersten deutschen Freigeist!... In der Tat, eine ganz *neue* Art Freigeisterei kam damit zum ersten Ausdruck: bis heute ist mir nichts fremder und unverwandter als die ganze europäische und amerikanische Spezies von *»libres penseurs«*. Mit ihnen als mit unverbesserlichen Flachköpfen und Hanswürsten der »modernen Ideen« befinde ich mich sogar in einem tieferen Zwiespalt als mit irgendwem von ihren Gegnern. Sie wollen auch, auf ihre Art, die Menschheit »verbessern«, nach ihrem Bilde, sie würden gegen das, was ich bin, was ich *will*, einen unversöhnlichen Krieg machen, gesetzt daß sie es verstünden – sie glauben allesamt noch ans »Ideal«... Ich bin der erste *Immoralist* –

3

Daß die mit dem Namen Schopenhauer und Wagner abgezeichneten Unzeitgemäßen sonderlich zum Verständnis oder auch nur zur psychologischen Fragestellung beider Fälle dienen könnten, möchte ich nicht behaupten – einzelnes, wie billig, ausgenommen. So wird zum Beispiel mit tiefer Instinkt-Sicherheit bereits hier das Elementarische in der Natur Wagners als eine Schauspieler-Begabung bezeichnet, die in seinen Mitteln und Absichten nur ihre Folgerungen zieht. Im Grunde wollte ich mit diesen Schriften etwas ganz andres als Psychologie treiben – ein Problem der Erziehung ohnegleichen, ein neuer Begriff der *Selbst-Zucht, Selbst-Verteidigung* bis zur Härte, ein Weg zur Größe und zu welthistorischen Aufgaben verlangte nach seinem ersten Ausdruck. Ins große gerechnet nahm ich zwei berühmte und ganz und gar noch unfestgestellte Typen beim Schopf, wie man eine Gelegenheit beim Schopf nimmt, um etwas auszusprechen, um ein paar Formeln, Zeichen, Sprachmittel mehr in der Hand zu haben. Dies ist zuletzt, mit vollkommen unheimlicher Sagazität, [in] der dritten Unzeitgemäßen auch angedeutet. Dergestalt hat sich Plato des Sokrates bedient, als einer Semiotik für Plato. – Jetzt, wo ich aus einiger Ferne auf jene Zustände zurückblicke, deren Zeugnis diese Schriften sind, möchte ich nicht verleugnen, daß sie im Grunde bloß von mir reden. Die Schrift »Wagner in Bayreuth« ist eine Vision meiner Zukunft; dagegen ist in »Schopenhauer als Erzieher« meine innerste Geschichte, mein *Werden* eingeschrieben. Vor allem mein *Gelöbnis*!... Was ich heute bin, *wo* ich heute bin – in einer Höhe, wo ich nicht mehr mit

Worten, sondern mit Blitzen rede –, o wie fern davon war ich damals noch! – Aber ich *sah* das Land – ich betrog mich nicht einen Augenblick über Weg, Meer, Gefahr – *und* Erfolg! Die große Ruhe im Versprechen, dies glückliche Hinausschaun in eine Zukunft, welche nicht nur eine Verheißung bleiben soll! – Hier ist jedes Wort erlebt, tief, innerlich; es fehlt nicht am Schmerzlichsten, es sind Worte darin, die geradezu blutrünstig sind. Aber ein Wind der *großen* Freiheit bläst über alles weg; die Wunde selbst wirkt *nicht* als Einwand. – Wie ich den Philosophen verstehe, als einen furchtbaren Explosionsstoff, vor dem alles in Gefahr ist, wie ich meinen Begriff »Philosoph« meilenweit abtrenne von einem Begriff, der sogar noch einen Kant in sich schließt, nicht zu reden von den akademischen »Wiederkäuern« und andren Professoren der Philosophie: darüber gibt diese Schrift eine unschätzbare Belehrung, zugegeben selbst daß hier im Grunde nicht »Schopenhauer als Erzieher«, sondern sein *Gegensatz*, »Nietzsche als Erzieher«, zu Worte kommt. – In Anbetracht, daß damals mein Handwerk das eines Gelehrten war, und, vielleicht auch, daß ich mein Handwerk *verstand*, ist ein herbes Stück Psychologie des Gelehrten nicht ohne Bedeutung, das in dieser Schrift plötzlich zum Vorschein kommt: es drückt das *Distanz-Gefühl* aus, die tiefe Sicherheit darüber, was bei mir *Aufgabe*, was bloß Mittel, Zwischenakt und Nebenwerk sein kann. Es ist meine Klugheit, vieles und vielerorts gewesen zu sein, um *eins* werden zu können – um zu *einem* kommen zu können. Ich *mußte* eine Zeitlang auch Gelehrter sein. –

MENSCHLICHES, ALLZUMENSCHLICHES

Mit zwei Fortsetzungen

1

»Menschliches, Allzumenschliches« ist das Denkmal einer Krisis. Es heißt sich ein Buch für *freie* Geister: fast jeder Satz darin drückt einen Sieg aus – ich habe mich mit demselben vom *Unzugehörigen* in meiner Natur freigemacht. Unzugehörig ist mir der Idealismus: der Titel sagt »wo *ihr* ideale Dinge seht, sehe *ich* – Menschliches, ach nur Allzumenschliches!« ... Ich kenne den Menschen *besser*... In keinem andren Sinne will das Wort »freier Geist« hier verstanden werden: ein *freigewordner* Geist, der von sich selber wieder Besitz ergriffen hat. Der Ton, der Stimmklang hat sich völlig verändert: man wird das Buch klug, kühl, unter Umständen hart und spöttisch finden. Eine gewisse Geistigkeit *vornehmen* Geschmacks scheint sich beständig gegen eine leidenschaftlichere Strömung auf dem Grunde obenauf zu halten. In diesem Zusammenhang hat es Sinn, daß es eigentlich die hundertjährige Todesfeier *Voltaires* ist, womit sich die Herausgabe des Buchs schon für das Jahr 1878 gleichsam entschuldigt. Denn Voltaire ist, im Gegensatz zu allem, was nach ihm schrieb, vor allem ein *grandseigneur* des Geistes: genau das, was ich auch bin. – Der Name Voltaire auf einer Schrift von mir – das war wirklich ein Fortschritt – *zu mir* ... Sieht man genauer zu, so entdeckt man einen unbarmherzigen Geist, der alle Schlupfwinkel kennt, wo das Ideal heimisch ist – wo es seine Burgverliese und gleichsam seine letzte Sicherheit hat. Eine Fackel in den Händen, die durchaus kein »fackelndes« Licht gibt, mit einer schneidenden Helle wird in diese *Unterwelt* des Ideals hineingeleuchtet. Es ist der Krieg, aber der Krieg ohne Pulver und Dampf, ohne kriegerische Attitüden, ohne Pathos und verrenkte Gliedmaßen – dies alles selbst wäre noch »Idealismus«. Ein Irrtum nach dem andern wird gelassen aufs Eis gelegt, das Ideal wird nicht widerlegt – *es erfriert* ... Hier zum Beispiel erfriert »das Genie«; eine Ecke weiter erfriert »der Heilige«: unter einem dicken Eiszapfen erfriert »der Held«; am Schluß erfriert »der Glaube«, die sogenannte »Überzeugung«, auch das »Mitleiden« kühlt sich bedeutend ab – fast überall erfriert »das Ding an sich« ...

2

Die Anfänge dieses Buchs gehören mitten in die Wochen der ersten Bayreuther Festspiele hinein; eine tiefe Fremdheit gegen alles, was mich dort umgab, ist eine seiner Voraussetzungen. Wer einen Begriff davon hat, was für Visionen mir schon damals über den Weg gelaufen waren, kann erraten, wie mir zumute war, als ich eines Tags in Bayreuth aufwachte. Ganz als ob ich träumte ... Wo war ich doch? Ich erkannte nichts wieder, ich erkannte kaum Wagner wieder. Umsonst blätterte ich in meinen Erinnerungen. Tribschen – eine ferne Insel der Glückseligen: kein Schatten von Ähnlichkeit. Die unvergleichlichen Tage der Grundsteinlegung, die kleine *zugehörige* Gesellschaft, die sie feierte und der man nicht erst Finger für zarte Dinge zu wünschen hatte: kein Schatten von Ähnlichkeit. *Was war geschehn*? – Man hatte Wagner ins Deutsche übersetzt! Der Wagnerianer war Herr über Wagner geworden! – Die *deutsche* Kunst! Der *deutsche* Meister! Das *deutsche* Bier! ... Wir andern, die wir nur zu gut wissen, zu was für raffinierten Artisten, zu welchem Kosmopolitismus des Geschmacks Wagners Kunst allein redet, waren außer uns, Wagner mit deutschen »Tugenden« behängt wiederzufinden. – Ich denke, ich kenne den Wagnerianer, ich habe drei Generationen »erlebt«, vom seligen Brendel an, der Wagner mit Hegel verwechselte, bis zu den »Idealisten« der Bayreuther Blätter, die Wagner mit sich selbst verwechseln – ich habe alle Art Bekenntnisse »schöner Seelen« über Wagner gehört. Ein Königreich für *ein* gescheites Wort! – In Wahrheit, eine haarsträubende Gesellschaft! Nohl, Pohl, *Kohl* mit Grazie *in infinitum*! Keine Mißgeburt fehlt darunter, nicht einmal der Antisemit. – Der arme Wagner! Wohin war er geraten! – Wäre er doch wenigstens unter die Säue gefahren! Aber unter Deutsche! ... Zuletzt sollte man, zur Belehrung der Nachwelt, einen echten Bayreuther ausstopfen, besser noch in Spiritus setzen, denn an Spiritus fehlt es –, mit der Unterschrift: so sah der »Geist« aus, auf den hin man das »Reich« gründete ... Genug, ich reiste mitten drin für ein paar Wochen ab, sehr plötzlich, trotzdem daß eine charmante Pariserin mich zu trösten suchte; ich entschuldigte mich bei Wagner bloß mit einem fatalistischen Telegramm. In einem tief in Wäldern verborgnen Ort des Böhmerwalds, Klingenbrunn, trug ich meine Melancholie und Deutschen-Verachtung wie eine Krankheit mit mir herum – *und* schrieb von Zeit zu Zeit, unter dem Gesamttitel »Die Pflugschar«, einen Satz in mein Taschenbuch, lauter *harte* Psychologika, die sich vielleicht in »Menschliches, Allzumenschliches« noch wiederfinden lassen.

3

Was sich damals bei mir entschied, war nicht etwa ein Bruch mit Wagner – ich empfand eine Gesamt-Abirrung meines Instinkts, von der der einzelne Fehlgriff, heiße er nun Wagner oder Basler Professur, bloß ein Zeichen war. Eine *Ungeduld* mit mir überfiel mich; ich sah ein, daß es die höchste Zeit war, mich auf *mich* zurückzubesinnen. Mit einem Male war mir auf eine schreckliche Weise klar, wieviel Zeit bereits verschwendet sei – wie nutzlos, wie willkürlich sich meine ganze Philologen-Existenz an meiner Aufgabe ausnehme. Ich schämte mich dieser *falschen* Bescheidenheit ... Zehn Jahre hinter mir, wo ganz eigentlich die *Ernährung* des Geistes bei mir stillgestanden hatte, wo ich nichts Brauchbares hinzugelernt hatte, wo ich unsinnig viel über einen Krimskrams verstaubter Gelehrsamkeit vergessen hatte. Antike Metriker mit Akribie und schlechten Augen durchkriechen – dahin war es mit mir gekommen! – Ich sah mit Erbarmen mich ganz mager, ganz abgehungert: die *Realitäten* fehlten geradezu innerhalb meines Wissens, und die »Idealitäten« taugten den Teufel was! – Ein geradezu brennender Durst ergriff mich: von da an habe ich in der Tat nichts mehr getrieben als Physiologie, Medizin und Naturwissenschaften – selbst zu eigentlichen historischen Studien bin ich erst wieder zurückgekehrt, als die *Aufgabe* mich gebieterisch dazu zwang. Damals erriet ich auch zuerst den Zusammenhang zwischen einer instinktwidrig gewählten Tätigkeit, einem sogenannten »Beruf«, zu dem man *am letzten* berufen ist – und jenem Bedürfnis nach einer *Betäubung* des Öde- und Hungergefühls durch eine narkotische Kunst – zum Beispiel durch die Wagnersche Kunst. Bei einem vorsichtigeren Umblick habe ich entdeckt, daß für eine große Anzahl junger Männer der gleiche Notstand besteht: eine Widernatur *erzwingt* förmlich eine zweite. In Deutschland, im »Reich«, um unzweideutig zu reden, sind nur zu viele verurteilt, sich unzeitig zu entscheiden und dann, unter einer unabwerfbar gewordnen Last, *hinzusiechen* ... Diese verlangen nach Wagner als nach einem *Opiat* – sie vergessen sich, sie werden sich einen Augenblick los ... Was sage ich! *fünf bis sechs Stunden!* –

4

Damals entschied sich mein Instinkt unerbittlich gegen ein noch längeres Nachgeben, Mitgehn, Mich-selbst-Verwechseln. Jede Art Leben, die ungünstigsten Bedingungen, Krankheit, Armut – alles schien mir jener unwürdigen »Selbstlosigkeit« vorziehenswert, in die ich zuerst aus Unwissenheit, aus *Jugend* geraten war, in der ich später aus Trägheit, aus sogenanntem »Pflichtgefühl« hängengeblieben war. – Hier kam mir auf eine Weise, die ich nicht genug bewundern kann, und gerade zur rechten Zeit jene *schlimme* Erbschaft von seiten meines Vaters her zu Hilfe – im Grunde eine Vorbestimmung zu einem frühen Tode. Die Krankheit *löste mich langsam heraus*: sie ersparte mir jeden Bruch, jeden gewalttätigen und anstößigen Schritt. Ich habe kein Wohlwollen damals eingebüßt und viel noch hinzugewonnen. Die Krankheit gab mir insgleichen ein Recht zu einer vollkommnen Umkehr aller meiner Gewohnheiten; sie erlaubte, *sie gebot* mir Vergessen; sie beschenkte mich mit der *Nötigung* zum Stillliegen, zum Müßiggang, zum Warten und Geduldigsein ... Aber das heißt ja denken! ... Meine Augen allein machten ein Ende mit aller Bücherwürmerei, auf deutsch Philologie: ich war vom »Buch« erlöst, ich las jahrelang nichts mehr – die *größte* Wohltat, die ich mir je erwiesen habe! – Jenes unterste Selbst, gleichsam verschüttet, gleichsam still geworden unter einem beständigen *Hören-Müssen* auf andre Selbste (– und das heißt ja lesen!) erwachte langsam, schüchtern, zweifelhaft – aber endlich *redete es wieder*. Nie habe ich so viel Glück an mir gehabt als in den kränksten und schmerzhaftesten Zeiten meines Lebens: man hat nur die »Morgenröte« oder etwa den »Wanderer und seinen Schatten« sich anzusehn, um zu begreifen, was diese »Rückkehr zu *mir*« war: eine höchste Art von *Genesung* selbst! ... Die andre folgte bloß daraus. –

5

Menschliches, Allzumenschliches, dies Denkmal einer rigorosen Selbstzucht, mit der ich bei mir allem eingeschleppten »höheren Schwindel«, »Idealismus«, »schönen Gefühl« und andren Weiblichkeiten ein jähes Ende bereitete, wurde in allen Hauptsachen in Sorrent niedergeschrieben; es bekam seinen Schluß, seine endgültige Form in einem Basler Winter, unter ungleich ungünstigeren Verhältnissen als denen in Sorrent. Im Grunde hat Herr *Peter Gast*, damals an der Basler Universität studierend und mir sehr zugetan, das Buch auf dem Gewissen. Ich diktierte, den Kopf verbunden und schmerzhaft, er schrieb ab, er korrigierte auch – er war im Grunde der eigentliche Schriftsteller, während ich bloß der Autor war. Als das Buch endlich fertig mir zu Händen kam – zur tiefen Verwunderung eines Schwerkranken –, sandte ich, unter anderem, auch nach Bayreuth zwei Exemplare. Durch ein Wunder von Sinn im Zufall kam gleichzeitig bei mir ein schönes Exemplar des Parsifal-Textes an, mit Wagners Widmung an mich »seinem theuren Freunde Friedrich Nietzsche, Richard Wagner, Kirchenrath«. – Diese Kreuzung der zwei Bücher – mir war's, als ob ich einen ominösen Ton dabei hörte. Klang es nicht, als ob sich *Degen* kreuzten? ... Jedenfalls empfanden wir es beide so: denn wir schwiegen beide. – Um diese Zeit erschienen die ersten Bayreuther Blätter: ich begriff, *wozu* es höchste Zeit gewesen war. – Unglaublich! Wagner war fromm geworden ...

6

Wie ich damals (1876) über mich dachte, mit welcher ungeheuren Sicherheit ich meine Aufgabe und das Welthistorische an ihr in der Hand hielt, davon legt das ganze Buch, vor allem aber eine sehr ausdrückliche Stelle Zeugnis ab: nur daß ich, mit der bei mir instinktiven Arglist, auch hier wieder das Wörtchen »ich« umging und diesmal nicht Schopenhauer oder Wagner sondern einen meiner Freunde, den ausgezeichneten Dr. Paul Rée, mit einer welthistorischen Glorie überstrahlte – zum Glück ein viel zu feines Tier, als daß ... *Andre* waren weniger fein: ich habe die Hoffnungslosen unter meinen Lesern, zum Beispiel den typischen deutschen Professor, immer daran erkannt, daß sie, auf diese Stelle hin, das ganze Buch als höheren Realismus verstehn zu müssen glaubten ... In Wahrheit enthielt es den Widerspruch gegen fünf, sechs Sätze meines Freundes: man möge darüber die Vorrede zur »Genealogie der Moral« nachlesen. – Die Stelle lautet: Welches ist doch der Hauptsatz, zu dem einer der kühnsten und kältesten Denker, der Verfasser des Buchs »Über den Ursprung der moralischen Empfindungen« (*lisez*: Nietzsche, der erste *Immoralist*) vermöge seiner ein- und durchschneidenden Analysen des menschlichen Handelns gelangt ist? »Der moralische Mensch steht der intelligiblen Welt nicht näher als der physische – *denn* es gibt keine intelligible Welt ...« Dieser Satz, hart und schneidig geworden unter dem Hammerschlag der historischen Erkenntnis (*lisez: Umwertung aller Werte*) kann vielleicht einmal, in irgendwelcher Zukunft – 1890! – als die Axt dienen, welche dem »metaphysischen Bedürfnis« der Menschheit an die Wurzel gelegt wird – ob mehr zum Segen oder zum Fluche der Menschheit, wer wüßte das zu sagen? Aber jedenfalls als ein Satz der erheblichsten Folgen, fruchtbar und furchtbar zugleich und mit jenem *Doppelblick* in die Welt sehend, welchen alle großen Erkenntnisse haben ...

MORGENRÖTE

Gedanken über die Moral als Vorurteil

I

Mit diesem Buche beginnt mein Feldzug gegen die *Moral.* Nicht daß es den geringsten Pulvergeruch an sich hätte – man wird ganz andre und viel lieblichere Gerüche an ihm wahrnehmen, gesetzt, daß man einige Feinheit in den Nüstern hat. Weder großes, noch auch kleines Geschütz: ist die Wirkung des Buches negativ, so sind es seine Mittel um so weniger, diese Mittel, aus denen die Wirkung wie ein Schluß, *nicht* wie ein Kanonenschuß folgt. Daß man von dem Buche Abschied nimmt mit einer scheuen Vorsicht vor allem, was bisher unter dem Namen Moral zu Ehren und selbst zur Anbetung gekommen ist, steht nicht im Widerspruch damit, daß im ganzen Buch kein negatives Wort vorkommt, kein Angriff, keine Bosheit – daß es vielmehr in der Sonne liegt, rund, glücklich, einem Seegetier gleich, das zwischen Felsen sich sonnt. Zuletzt war ich's selbst, dieses Seegetier: fast jeder Satz des Buches ist erdacht, *erschlüpft* in jenem Felsen-Wirrwarr nahe bei Genua, wo ich allein war und noch mit dem Meere Heimlichkeiten hatte. Noch jetzt wird mir, bei einer zufälligen Berührung dieses Buchs, fast jeder Satz zum Zipfel, an dem ich irgend etwas Unvergleichliches wieder aus der Tiefe ziehe: seine ganze Haut zittert von zarten Schaudern der Erinnerung. Die Kunst, die es voraus hat, ist keine kleine darin, Dinge, die leicht und ohne Geräusch vorbeihuschen, Augenblicke, die ich göttliche Eidechsen nenne, ein wenig fest zu machen – nicht etwa mit der Grausamkeit jenes jungen Griechengottes, der das arme Eidechslein einfach anspießte, aber immerhin doch mit etwas Spitzem, mit der Feder ... »Es gibt so viele Morgenröten, die noch nicht geleuchtet haben« – diese *indische* Inschrift steht auf der Tür zu diesem Buche. Wo *sucht* sein Urheber jenen neuen Morgen, jenes bisher noch unentdeckte zarte Rot, mit dem wieder ein Tag – ah, eine ganze Reihe, eine ganze Welt neuer Tage! – anhebt? In einer *Umwertung aller Werte,* in einem Loskommen von allen Moralwerten, in einem Jasagen und Vertrauen-haben zu alledem, was bisher verboten, verachtet, verflucht worden ist. Das *jasagende* Buch strömt sein Licht, seine Liebe, seine Zärtlichkeit auf lauter schlimme Dinge aus, es gibt ihnen »die Seele«, das gute Gewissen, das hohe Recht und *Vorrecht* auf Dasein wieder zurück. Die Moral wird nicht angegriffen, sie kommt nur nicht mehr in Betracht ... Dies Buch schließt mit einem »Oder?« – es ist das einzige Buch, das mit einem »Oder?« schließt ...

2

Meine Aufgabe, einen Augenblick höchster Selbstbesinnung der Menschheit vorzubereiten, einen *großen Mittag*, wo sie zurückschaut und hinausschaut, wo sie aus der Herrschaft des Zufalls und der Priester heraustritt und die Frage des warum?, des wozu? zum ersten Male als *Ganzes* stellt –, diese Aufgabe folgt mit Notwendigkeit aus der Einsicht, daß die Menschheit *nicht* von selber auf dem rechten Wege ist, daß sie durchaus *nicht* göttlich regiert wird, daß vielmehr gerade unter ihren heiligsten Wertbegriffen der Instinkt der Verneinung, der Verderbnis, der *décadence*-Instinkt verführerisch gewaltet hat. Die Frage nach der Herkunft der moralischen Werte ist deshalb für mich eine Frage *ersten Ranges*, weil sie die Zukunft der Menschheit bedingt. Die Forderung, man solle *glauben*, daß alles im Grunde in den besten Händen ist, daß ein Buch, die Bibel, eine endgültige Beruhigung über die göttliche Lenkung und Weisheit im Geschick der Menschheit gibt, ist, zurückübersetzt in die Realität, der Wille, die Wahrheit über das erbarmungswürdige Gegenteil davon nicht aufkommen zu lassen, nämlich, daß die Menschheit bisher in den *schlechtesten* Händen war, daß sie von den Schlechtweggekommenen, den Arglistig-Rachsüchtigen, den sogenannten »Heiligen«, diesen Weltverleumdern und Menschenschändern regiert worden ist. Das entscheidende Zeichen, an dem sich ergibt, daß der Priester (– eingerechnet die *versteckten* Priester, die Philosophen) nicht nur innerhalb einer bestimmten religiösen Gemeinschaft, sondern überhaupt Herr geworden ist, daß die *décadence*-Moral, der Wille zum Ende, als Moral *an sich* gilt, ist der unbedingte Wert, der dem Unegoistischen, und die Feindschaft, die dem Egoistischen überall zuteil wird. Wer über diesen Punkt mit mir uneins ist, den halte ich für *infiziert* ... Aber alle Welt ist mit mir uneins ... Für einen Physiologen läßt ein solcher Wert-Gegensatz gar keinen Zweifel. Wenn innerhalb des Organismus das geringste Organ in noch so kleinem Maße nachläßt, seine Selbsterhaltung, seinen Kraftersatz, seinen »Egoismus« mit vollkommner Sicherheit durchzusetzen, so entartet das Ganze. Der Physiologe verlangt *Ausschneidung* des entarteten Teils, er verneint jede Solidarität mit dem Entarteten, er ist am fernsten vom Mitleiden mit ihm. Aber der Priester *will* gerade die Entartung des Ganzen, der Menschheit: darum *konserviert* er das Entartende – um diesen Preis beherrscht er sie ... Welchen Sinn haben jene Lügenbegriffe, die *Hilfs*begriffe der Moral, »Seele«, »Geist«, »freier Wille«, »Gott«, wenn nicht den, die Menschheit physiologisch zu ruinieren? ... Wenn man den Ernst von der Selbsterhaltung, Kraftsteigerung des Leibes, *das heißt des Lebens* ablenkt, wenn man aus der Bleichsucht ein Ideal, aus der Verachtung des Leibes »das Heil der Seele« konstruiert, was ist das anderes, als ein *Rezept* zur *décadence*? – Der Verlust an Schwergewicht, der Widerstand gegen die natürlichen Instinkte, die »Selbstlosigkeit« mit einem Worte – das hieß bisher *Moral* ... Mit der »Morgenröte« nahm ich zuerst den Kampf gegen die Entselbstungs-Moral auf. –

DIE FRÖHLICHE WISSENSCHAFT

(*»la gaya scienza«*)

Die »Morgenröte« ist ein jasagendes Buch, tief, aber hell und gütig. Dasselbe gilt noch einmal und im höchsten Grade von der *gaya scienza*: fast in jedem Satz derselben halten sich Tiefsinn und Mutwillen zärtlich an der Hand. Ein Vers, welcher die Dankbarkeit für den wunderbarsten Monat Januar ausdrückt, den ich erlebt habe – das ganze Buch ist ein Geschenk – verrät zur Genüge, aus welcher Tiefe heraus hier die »Wissenschaft« *fröhlich* geworden ist:

Der du mit dem Flammenspeere
Meiner Seele Eis zerteilt,
Daß sie brausend nun zum Meere
Ihrer höchsten Hoffnung eilt:
Heller stets und stets gesunder,
Frei im liebevollsten Muß –
Also preist sie deine Wunder,
Schönster Januarius!

Was hier »höchste Hoffnung« heißt, wer kann darüber im Zweifel sein, der als Schluß des vierten Buchs die diamantene Schönheit der ersten Worte des Zarathustra aufglänzen sieht? – Oder der die granitnen Sätze am Ende des dritten Buchs liest, mit denen sich ein Schicksal für *alle Zeiten* zum ersten Male in Formeln faßt? – Die *Lieder des Prinzen Vogelfrei*, zum besten Teil in Sizilien gedichtet, erinnern ganz ausdrücklich an den provençalischen Begriff der »*gaya scienza*«, an jene Einheit von *Sänger*, *Ritter* und *Freigeist*, mit der sich jene wunderbare Frühkultur der Provençalen gegen alle zweideutigen Kulturen abhebt; das allerletzte Gedicht zumal »*an den Mistral*«, ein ausgelassenes Tanzlied, in dem, mit Verlaub! über die Moral hinweggetanzt wird, ist ein vollkommner Provençalismus. –

ALSO SPRACH ZARATHUSTRA

Ein Buch für Alle und Keinen

1

Ich erzähle nunmehr die Geschichte des Zarathustra. Die Grundkonzeption des Werks, der *Ewige-Wiederkunfts-Gedanke*, die höchste Formel der Bejahung, die überhaupt erreicht werden kann –, gehört in den August des Jahres 1881: er ist auf ein Blatt hingeworfen, mit der Unterschrift: »6000 Fuß jenseits von Mensch und Zeit«. Ich ging an jenem Tage am See von Silvaplana durch die Wälder; bei einem mächtigen pyramidal aufgetürmten Block unweit Surlei machte ich halt. Da kam mir dieser Gedanke. – Rechne ich von diesem Tage ein paar Monate zurück, so finde ich, als Vorzeichen, eine plötzliche und im Tiefsten entscheidende Veränderung meines Geschmacks, vor allem in der Musik. Man darf vielleicht den ganzen Zarathustra unter die Musik rechnen; – sicherlich war eine Wiedergeburt in der Kunst zu *hören*, eine Vorausbedingung dazu. In einem kleinen Gebirgsbade unweit Vicenza, Recoaro, wo ich den Frühling des Jahrs 1881 verbrachte, entdeckte ich, zusammen mit meinem *maëstro* und Freunde Peter Gast, einem gleichfalls »Wiedergebornen«, daß der Phönix Musik mit leichterem und leuchtenderem Gefieder, als er je gezeigt, an uns vorüberflog. Rechne ich dagegen von jenem Tage an vorwärts, bis zur plötzlichen und unter den unwahrscheinlichsten Verhältnissen eintretenden Niederkunft im Februar 1883 – die Schlußpartie, dieselbe, aus der ich im *Vorwort* ein paar Sätze zitiert habe, wurde genau in der heiligen Stunde fertig gemacht, in der Richard Wagner in Venedig starb – so ergeben sich achtzehn Monate für die Schwangerschaft. Diese Zahl gerade von achtzehn Monaten dürfte den Gedanken nahelegen, unter Buddhisten wenigstens, daß ich im Grunde ein Elefanten-Weibchen bin. – In die Zwischenzeit gehört die *»gaya scienza*, die hundert Anzeichen der Nähe von etwas Unvergleichlichem hat; zuletzt gibt sie den Anfang des Zarathustra selbst noch, sie gibt im vorletzten Stück des vierten Buchs den Grundgedanken des Zarathustra. – Insgleichen gehört in diese Zwischenzeit jener *Hymnus auf das Leben* (für gemischten Chor und Orchester), dessen Partitur vor zwei Jahren bei E. W. Fritzsch in Leipzig erschienen ist: ein vielleicht nicht unbedeutendes Symptom für den Zustand dieses Jahres, wo das *jasagende* Pathos *par excellence*, von mir das tragische Pathos genannt, im höchsten Grade mir innewohnte. Man wird ihn später einmal zu meinem Gedächtnis singen. – Der Text, ausdrücklich bemerkt, weil ein Mißverständnis darüber im Umlauf ist, ist nicht von mir: er ist die erstaunliche Inspiration einer jungen Russin, mit der ich damals befreundet war, des Fräulein Lou von Salomé. Wer den letzten Worten des Gedichts überhaupt einen Sinn zu entnehmen weiß, wird erraten, warum ich es vorzog und bewunderte: sie haben Größe. Der Schmerz gilt *nicht* als Einwand gegen das Leben: »Hast du kein Glück mehr übrig mir zu geben, wohlan! *noch hast du deine Pein* ...« Vielleicht hat auch meine Musik an dieser Stelle Größe. (Letzte Note der A-Klarinette *cis* nicht *c*. Druckfehler.) – Den darauffolgenden Winter lebte ich in jener anmutig stillen Bucht von Rapallo unweit Genua, die sich zwischen Chiavari und dem Vorgebirge Porto fino einschneidet. Meine Gesundheit war nicht die beste; der Winter kalt und über die Maßen regnerisch; ein kleines Albergo, unmittelbar am Meer gelegen, so daß die hohe See nachts den Schlaf unmöglich machte, bot ungefähr in allem das Gegenteil vom Wünschenswerten. Trotzdem und beinahe zum Beweis meines Satzes, daß alles Entscheidende »trotzdem« entsteht, war es dieser Winter und diese Ungunst der Verhältnisse, unter denen mein Zarathustra entstand. – Den Vormittag stieg ich in südlicher Richtung auf der herrlichen Straße nach Zoagli hin in die Höhe, an Pinien vorbei und weitaus das Meer überschauend; des Nachmittags, so oft es nur die Gesundheit erlaubte, umging ich die ganze Bucht von Santa Margherita bis hinter nach Porto fino. Dieser Ort und diese Landschaft ist durch die große Liebe, welche Kaiser Friedrich der Dritte für sie fühlte, meinem Herzen noch näher gerückt; ich war zufällig im Herbst 1886 wieder an dieser Küste, als er zum letztenmal diese kleine vergessene Welt von Glück besuchte. – Auf diesen beiden Wegen fiel mir der ganze erste Zarathustra ein, vor allem Zarathustra selber, als Typus: richtiger, *er überfiel mich* ...

2

Um diesen Typus zu verstehn, muß man sich zuerst seine physiologische Voraussetzung klarmachen: sie ist das, was ich die *große Gesundheit* nenne. Ich weiß diesen Begriff nicht besser, nicht *persönlicher* zu erläutern, als ich es schon getan habe, in einem der Schlußabschnitte des fünften Buchs der *»gaya scienza«*. »Wir Neuen, Namenlosen, Schlechtverständlichen« – heißt es daselbst –, »wir Frühgeburten einer noch unbewiesenen Zukunft, wir bedürfen zu einem neuen Zwecke auch eines neuen Mittels, nämlich einer neuen Gesundheit, einer stärkeren gewitzteren zäheren verwegneren lustigeren, als alle Gesundheiten bisher waren. Wessen Seele danach dürstet, den ganzen Umfang der bisherigen Werte und Wünschbarkeiten erlebt und alle Küsten dieses idealischen »Mittelmeers« umschifft zu haben, wer aus den Abenteuern der eigensten Erfahrung wissen will, wie es einem Eroberer und Entdecker des Ideals zumute ist, insgleichen einem Künstler, einem Heiligen, einem Gesetzgeber, einem Weisen, einem Gelehrten, einem Frommen, einem Göttlich-Abseitigen alten Stils: der hat dazu zu allererst eins nötig, die *große Gesundheit* – eine solche, welche man nicht nur hat, sondern auch beständig noch erwirbt und erwerben muß, weil man sie immer wieder preisgibt, preisgeben muß ... Und nun, nachdem wir lange dergestalt unterwegs waren, wir Argonauten des Ideals, mutiger vielleicht als klug ist, und oft genug schiffbrüchig und zu Schaden gekommen, aber, wie gesagt, gesünder als man es uns erlauben möchte, gefährlich gesund, immer wieder gesund, – will es uns scheinen, als ob wir, zum Lohn dafür, ein noch unentdecktes Land vor uns haben, dessen Grenzen noch niemand abgesehn hat, ein Jenseits aller bisherigen Länder und Winkel des Ideals, eine Welt so überreich an Schönem, Fremdem, Fragwürdigem, Furchtbarem und Göttlichem, daß unsre Neugierde sowohl als unser Besitzdurst außer sich geraten sind – ach, daß wir nunmehr durch nichts mehr zu ersättigen sind! ... Wie könnten wir uns, nach solchen Ausblicken und mit einem solchen Heißhunger in Wissen und Gewissen, noch am *gegenwärtigen Menschen* genügen lassen? Schlimm genug, aber es ist unvermeidlich, daß wir seinen würdigsten Zielen und Hoffnungen nur mit einem übel aufrechterhaltenen Ernste zusehn und vielleicht nicht einmal mehr zusehn ... Ein andres Ideal läuft vor uns her, ein wunderliches, versucherisches, gefahrenreiches Ideal, zu dem wir niemanden überreden möchten, weil wir niemandem so leicht *das Recht darauf* zugestehn: das Ideal eines Geistes, der naiv, das heißt ungewollt und aus überströmender Fülle und Mächtigkeit mit allem spielt, was bisher heilig gut, unberührbar, göttlich hieß; für den das Höchste, woran das Volk billligerweise sein Wertmaß hat, bereits so viel wie Gefahr, Verfall, Erniedrigung oder, mindestens, wie Erholung, Blindheit, zeitweiliges Selbstvergessen bedeuten würde; das Ideal eines menschlich-übermenschlichen Wohlseins und Wohlwollens, welches oft genug *unmenschlich* erscheinen wird, zum Beispiel, wenn es sich neben den ganzen bisherigen Erdenernst, neben alle bisherige Feierlichkeit in Gebärde, Wort, Klang, Blick, Moral und Aufgabe wie deren leibhafteste unfreiwillige Parodie hinstellt – und mit dem, trotzalledem, vielleicht *der große Ernst* erst anhebt, das eigentliche Fragezeichen erst gesetzt wird, das Schicksal der Seele sich wendet, der Zeiger rückt, die Tragödie *beginnt* ...«

3

– Hat jemand, Ende des neunzehnten Jahrhunderts, einen deutlichen Begriff davon, was Dichter starker Zeitalter *Inspiration* nannten? Im andren Falle will ich's beschreiben. – Mit dem geringsten Rest von Aberglauben in sich würde man in der Tat die Vorstellung, bloß Inkarnation, bloß Mundstück, bloß Medium übermächtiger Gewalten zu sein, kaum abzuweisen wissen. Der Begriff Offenbarung, in dem Sinn, daß plötzlich, mit unsäglicher Sicherheit und Feinheit, etwas *sichtbar*, hörbar wird, etwas, das einen im Tiefsten erschüttert und umwirft, beschreibt einfach den Tatbestand. Man hört, man sucht nicht; man nimmt, man fragt nicht, wer da gibt; wie ein Blitz leuchtet ein Gedanke auf, mit Notwendigkeit, in der Form ohne Zögern – ich habe nie eine Wahl gehabt. Eine Entzückung, deren ungeheure Spannung sich mitunter in einen Tränenstrom auslöst, bei der der Schritt unwillkürlich bald stürmt, bald langsam wird; ein unvollkommnes Außer-sich-sein mit dem distinktesten Bewußtsein einer Unzahl feiner Schauder und Überrieselungen bis in die Fußzehen; eine Glückstiefe, in der das Schmerzlichste und Düsterste nicht als Gegensatz wirkt, sondern als bedingt, als herausgefordert, als eine *notwendige* Farbe innerhalb eines solchen Lichtüberflusses; ein Instinkt rhythmischer Verhältnisse, der weite Räume von Formen überspannt – die Länge, das Bedürfnis nach einem *weitgespannten* Rhythmus ist beinahe das Maß für die Gewalt der Inspiration, eine Art Ausgleich gegen deren Druck und Spannung ... Alles geschieht im höchsten Grade unfreiwillig, aber wie in einem Sturme von Freiheits-Gefühl, von Unbedingtsein, von Macht, von Göttlichkeit ... Die Unfreiwilligkeit des Bildes, des Gleichnisses ist das Merkwürdigste; man hat keinen Begriff mehr, was Bild, was Gleichnis ist, alles bietet sich als der nächste, der richtigste, der einfachste Ausdruck. Es scheint wirklich, um an ein Wort Zarathustras zu erinnern, als ob die Dinge selber herankämen und sich zum Gleichnis anböten (– »hier kommen alle Dinge liebkosend zu deiner Rede und schmeicheln dir: denn sie wollen auf deinem Rücken reiten. Auf jedem Gleichnis reitest du hier zu jeder Wahrheit. Hier springen dir alles Seins Worte und Wort-Schreine auf; alles Sein will hier Wort werden, alles Werden will von dir reden lernen –«). Dies ist *meine* Erfahrung von Inspiration; ich zweifle nicht, daß man Jahrtausende zurückgehn muß, um jemanden zu finden, der mir sagen darf »es ist auch die meine«. –

4

Ich lag ein paar Wochen hinterdrein in Genua krank. Dann folgte ein schwermütiger Frühling in Rom, wo ich das Leben hinnahm – es war nicht leicht. Im Grunde verdroß mich dieser für den Dichter des Zarathustra unanständigste Ort der Erde, den ich nicht freiwillig gewählt hatte, über die Maßen; ich versuchte loszukommen – ich wollte nach *Aquila*, dem Gegenbegriff von Rom, aus Feindschaft gegen Rom gegründet, wie ich einen Ort dereinst gründen werde, die Erinnerung an einen Atheisten und Kirchenfeind *comme il faut*, an einen meiner Nächstverwandten, den großen Hohenstaufen-Kaiser Friedrich den Zweiten. Aber es war ein Verhängnis bei dem allen: ich mußte wieder zurück. Zuletzt gab ich mich mit der *piazza Barberini* zufrieden, nachdem mich meine Mühe um eine *antichristliche* Gegend müde gemacht hatte. Ich fürchte, ich habe einmal, um schlechten Gerüchen möglichst aus dem Wege zu gehn, im *palazzo del Quirinale* selbst nachgefragt, ob man nicht ein stilles Zimmer für einen Philosophen habe. – Auf einer *loggia* hoch über der genannten *piazza*, von der aus man Rom übersieht und tief unten die *fontana* rauschen hört, wurde jenes einsamste Lied gedichtet, das je gedichtet worden ist, das *Nachtlied*; um diese Zeit ging immer eine Melodie von unsäglicher Schwermut um mich herum, deren Refrain ich in den Worten wiederfand »tot vor Unsterblichkeit...« Im Sommer, heimgekehrt zur heiligen Stelle, wo der erste Blitz des Zarathustra-Gedankens mir geleuchtet hatte, fand ich den zweiten Zarathustra. Zehn Tage genügten; ich habe in keinem Falle, weder beim ersten, noch beim dritten und letzten mehr gebraucht. Im Winter darauf, unter dem halkyonischen Himmel Nizzas, der damals zum ersten Male in mein Leben hineinglänzte, fand ich den dritten Zarathustra – und war fertig. Kaum ein Jahr, fürs Ganze gerechnet. Viele verborgne Flecke und Höhen aus der Landschaft Nizzas sind mir durch unvergeßliche Augenblicke geweiht; jene entscheidende Partie, welche den Titel »Von alten und neuen Tafeln« trägt, wurde im beschwerlichsten Aufsteigen von der Station zu dem wunderbaren maurischen Felsenneste Eza gedichtet, – die Muskel-Behendheit war bei mir immer am größten, wenn die schöpferische Kraft am reichsten floß. Der *Leib* ist begeistert: lassen wir die »Seele« aus dem Spiele ... Man hat mich oft tanzen sehn können; ich konnte damals ohne einen Begriff von Ermüdung, sieben, acht Stunden auf Bergen unterwegs sein. Ich schlief gut, ich lachte viel –, ich war von einer vollkommnen Rüstigkeit und Geduld.

5

Abgesehen von diesen Zehn-Tage-Werken waren die Jahre während und vor allem *nach* dem Zarathustra ein Notstand ohnegleichen. Man büßt es teuer, unsterblich zu sein: man stirbt dafür mehrere Male bei Lebzeiten. – Es gibt etwas, das ich die *rancune* des Großen nenne: alles Große, ein Werk, eine Tat, wendet sich, einmal vollbracht, unverzüglich *gegen* den, der sie tat. Ebendamit, daß er sie tat, ist er nunmehr *schwach* – er hält seine Tat nicht mehr aus, er sieht ihr nicht mehr ins Gesicht. Etwas *hinter* sich zu haben, das man nie wollen durfte, etwas worin der Knoten im Schicksal der Menschheit eingeknüpft ist – und es nunmehr *auf* sich haben! ... Es zerdrückt beinahe ... Die *rancune* des Großen! – Ein andres ist die schauerliche Stille, die man um sich hört. Die Einsamkeit hat sieben Häute; es geht nichts mehr hindurch. Man kommt zu Menschen, man begrüßt Freunde: neue Öde, kein Blick grüßt mehr. Im besten Falle eine Art Revolte. Eine solche Revolte erfuhr ich, in sehr verschiedenem Grade, aber fast von jedermann, der mir nahestand; es scheint, daß nichts tiefer beleidigt als plötzlich eine Distanz merken zu lassen, – die *vornehmen* Naturen, die nicht zu leben wissen, ohne zu verehren, sind selten. – Ein Drittes ist die absurde Reizbarkeit der Haut gegen kleine Stiche, eine Art Hilflosigkeit vor allem Kleinen. Diese scheint mir in der ungeheuren Verschwendung aller Defensiv-Kräfte bedingt, die jede *schöpferische* Tat, jede Tat aus dem Eigensten, Innersten, Untersten heraus zur Voraussetzung hat. Die *kleinen* Defensiv-Vermögen sind damit gleichsam ausgehängt; es fließt ihnen keine Kraft mehr zu. – Ich wage noch anzudeuten, daß man schlechter verdaut, ungern sich bewegt, den Frostgefühlen, auch dem Mißtrauen allzu offensteht – dem Mißtrauen, das in vielen Fällen bloß ein ätiologischer Fehlgriff ist. In einem solchen Zustande empfand ich einmal die Nähe einer Kuhherde durch Wiederkehr milderer, menschenfreundlicherer Gedanken, noch bevor ich sie sah: *Das* hat Wärme in sich ...

6

Dieses Werk steht durchaus für sich. Lassen wir die Dichter beiseite: es ist vielleicht überhaupt nie etwas aus einem gleichen Überfluß von Kraft heraus getan worden. Mein Begriff »dionysisch« wurde hier *höchste Tat;* an ihr gemessen erscheint der ganze Rest von menschlichem Tun als arm und bedingt. Daß ein Goethe, ein Shakespeare nicht einen Augenblick in dieser ungeheuren Leidenschaft und Höhe zu atmen wissen würde, daß Dante, gegen Zarathustra gehalten, bloß ein Gläubiger ist und nicht einer, der die Wahrheit erst *schafft,* ein *weltregierender* Geist, ein Schicksal –, daß die Dichter des Veda Priester sind und nicht einmal würdig, die Schuhsohlen eines Zarathustra zu lösen, das ist alles das wenigste und gibt keinen Begriff von der Distanz, von der *azurnen* Einsamkeit, in der dies Werk lebt. Zarathustra hat ein ewiges Recht zu sagen: »ich schließe Kreise um mich und heilige Grenzen; immer wenigere steigen mit mir auf immer höhere Berge – ich baue ein Gebirge aus immer heiligeren Bergen«. Man rechne den Geist und die Güte aller großen Seelen in eins: alle zusammen wären nicht imstande, eine Rede Zarathustras hervorzubringen. Die Leiter ist ungeheuer, auf der er auf und nieder steigt; er hat weiter gesehn, weiter gewollt, weiter *gekonnt,* als irgendein Mensch. Er widerspricht mit jedem Wort, dieser jasagendste aller Geister; in ihm sind alle Gegensätze zu einer neuen Einheit gebunden. Die höchsten und die untersten Kräfte der menschlichen Natur, das Süßeste, Leichtfertigste und Furchtbarste strömt aus *einem* Born mit unsterblicher Sicherheit hervor. Man weiß bis dahin nicht, was Höhe, was Tiefe ist; man weiß noch weniger, was Wahrheit ist. Es ist kein Augenblick in dieser Offenbarung der Wahrheit, der schon vorweggenommen, von *einem* der Größten erraten worden wäre.

Es gibt keine Weisheit, keine Seelen-Erforschung, keine Kunst zu reden vor Zarathustra: das Nächste, das Alltäglichste redet hier von unerhörten Dingen. Die Sentenz von Leidenschaft zitternd; die Beredsamkeit Musik geworden; Blitze vorausgeschleudert nach bisher unerratenen Zukünften. Die mächtigste Kraft zum Gleichnis, die bisher da war, ist arm und Spielerei gegen die Rückkehr der Sprache zur Natur der Bildlichkeit. – Und wie Zarathustra herabsteigt und zu jedem das Gütigste sagt! Wie er selbst seine Widersacher, die Priester, mit zarten Händen anfaßt und mit ihnen an ihnen leidet! – Hier ist in jedem Augenblick der Mensch überwunden, der Begriff »Übermensch« ward hier die größte Realität, – in einer unendlichen Ferne liegt alles das, was bisher groß am Menschen hieß, *unter* ihm. Das Halkyonische, die leichten Füße, die Allgegenwart von Bosheit und Übermut und was sonst alles typisch ist für den Typus Zarathustra ist nie geträumt worden als wesentlich zur Größe. Zarathustra fühlt sich gerade in diesem Umfang an Raum, in dieser Zugänglichkeit zum Entgegengesetzten als die *höchste Art alles Seienden;* und wenn man hört, wie er diese definiert, so wird man darauf verzichten, nach seinem Gleichnis zu suchen.

– die Seele, welche die längste Leiter hat und am tiefsten hinunter kann,

die umfänglichste Seele, welche am weitesten in sich laufen und irren und schweifen kann,

die notwendigste, welche sich mit Lust in den Zufall stürzt,

die seiende Seele, welche ins Werden, die habende, welche ins Wollen und Verlangen *will* –,

die sich selber fliehende, welche sich selber in weitesten Kreisen einholt,

die weiseste Seele, welcher die Narrheit am süßesten zuredet,

die sich selber liebendste, in der alle Dinge ihr Strömen und Widerströmen und Ebbe und Flut haben – –

Aber das ist der Begriff des Dionysos selbst. – Eben dahin führt eine andre Erwägung. Das psychologische Problem im Typus des Zarathustra ist, wie der, welcher in einem unerhörten Grade Nein sagt, Nein *tut,* zu allem, wozu man bisher Ja sagte, trotzdem der Gegensatz eines neinsagenden Geistes sein kann; wie der das Schwerste von Schicksal, ein Verhängnis von Aufgabe tragende Geist trotzdem der leichteste und jenseitigste sein kann – Zarathustra ist ein Tänzer –: wie der, welcher die härteste, die furchtbarste Einsicht in die Realität hat, welcher den »abgründlichsten Gedanken« gedacht hat, trotzdem darin keinen Einwand gegen das Dasein, selbst nicht gegen dessen ewige Wiederkunft findet – vielmehr einen Grund noch hinzu, das ewige Ja zu allen Dingen *selbst zu sein,* »das ungeheure unbegrenzte Ja- und Amen-sagen« ... »In alle Abgründe trage ich noch mein segnendes Jasagen« ... *Aber das ist der Begriff des Dionysos noch einmal.*

7

– Welche Sprache wird ein solcher Geist reden, wenn er mit sich allein redet? Die Sprache des *Dithyrambus*. Ich bin der Erfinder des Dithyrambus. Man höre, wie Zarathustra *vor Sonnenaufgang* (I, S. 657 ff.) mit sich redet: ein solches smaragdenes Glück, eine solche göttliche Zärtlichkeit hatte noch keine Zunge vor mir. Auch die tiefste Schwermut eines solchen Dionysos wird noch Dithyrambus; ich nehme, zum Zeichen, das *Nachtlied* – die unsterbliche Klage, durch die Überfülle von Licht und Macht, durch seine *Sonnen*-Natur, verurteilt zu sein, nicht zu lieben.

Nacht ist es: nun reden lauter alle springenden Brunnen. Und auch meine Seele ist ein springender Brunnen.

Nacht ist es: nun erst erwachen alle Lieder der Liebenden. Und auch meine Seele ist das Lied eines Liebenden.

Ein Ungestilltes, Unstillbares ist in mir, das will laut werden. Eine Begierde nach Liebe ist in mir, die redet selber die Sprache der Liebe.

Licht bin ich: ach daß ich Nacht wäre! Aber dies ist meine Einsamkeit, daß ich von Licht umgürtet bin.

Ach, daß ich dunkel wäre und nächtig! Wie wollte ich an den Brüsten des Lichts saugen!

Und euch selber wollte ich noch segnen, ihr kleinen Funkelsterne und Leuchtwürmer droben! – und selig sein ob eurer Licht-Geschenke.

Aber ich lebe in meinem eignen Lichte, ich trinke die Flammen in mich zurück, die aus mir brechen.

Ich kenne das Glück des Nehmenden nicht; und oft träumte mir davon, daß Stehlen noch seliger sein müsse als Nehmen.

Das ist meine Armut, daß meine Hand niemals ausruht vom Schenken; das ist mein Neid, daß ich wartende Augen sehe und die erhellten Nächte der Sehnsucht.

O Unseligkeit aller Schenkenden! O Verfinsterung meiner Sonne! O Begierde nach Begehren! O Heißhunger in der Sättigung!

Sie nehmen von mir: aber rühre ich noch an ihre Seele? Eine Kluft ist zwischen Nehmen und Geben; und die kleinste Kluft ist am letzten zu überbrücken.

Ein Hunger wächst aus meiner Schönheit: wehetun möchte ich denen, welchen ich leuchte, berauben möchte ich meine Beschenkten – also hungere ich nach Bosheit.

Die Hand zurückziehend, wenn sich schon ihr die Hand entgegenstreckt: dem Wasserfall gleich, der noch im Sturze zögert – also hungere ich nach Bosheit.

Solche Rache sinnt meine Fülle, solche Tücke quillt aus meiner Einsamkeit.

Mein Glück im Schenken erstarb im Schenken, meine Tugend wurde ihrer selber müde an ihrem Überflusse!

Wer immer schenkt, dessen Gefahr ist, daß er die Scham verliere; wer immer austeilt, dessen Hand und Herz hat Schwielen vor lauter Austeilen.

Mein Auge quillt nicht mehr über vor der Scham der Bittenden; meine Hand wurde zu hart für das Zittern gefüllter Hände.

Wohin kam die Träne meinem Auge und der Flaum meinem Herzen? O Einsamkeit aller Schenkenden! O Schweigsamkeit aller Leuchtenden!

Viel Sonnen kreisen im öden Raume: zu allem, was dunkel ist, reden sie mit ihrem Lichte – mir schweigen sie.

O dies ist die Feindschaft des Lichts gegen Leuchtendes: erbarmungslos wandelt es seine Bahnen.

Unbillig gegen Leuchtendes im tiefsten Herzen, kalt gegen Sonnen – also wandelt jede Sonne.

Einem Sturme gleich wandeln die Sonnen ihre Bahnen. Ihrem unerbittlichen Willen folgen sie, das ist ihre Kälte.

O ihr erst seid es, ihr Dunklen, ihr Nächtigen, die ihr Wärme schafft aus Leuchtendem! O ihr erst trinkt euch Milch und Labsal aus des Lichtes Eutern!

Ach, Eis ist um mich, meine Hand verbrennt sich an Eisigem! Ach, Durst ist in mir, der schmachtet nach eurem Durste.

Nacht ist es: ach, daß ich Licht sein muß! Und Durst nach Nächtigem! Und Einsamkeit!

Nacht ist es: nun bricht wie ein Born aus mir mein Verlangen – nach Rede verlangt mich.

Nacht ist es: nun reden lauter alle springenden Brunnen. Und auch meine Seele ist ein springender Brunnen.

Nacht ist es: nun erwachen alle Lieder der Liebenden. Und auch meine Seele ist das Lied eines Liebenden. –

8

Dergleichen ist nie gedichtet, nie gefühlt, nie *gelitten* worden: so leidet ein Gott, ein Dionysos. Die Antwort auf einen solchen Dithyrambus der Sonnen-Vereinsamung im Lichte wäre *Ariadne* ... Wer weiß außer mir, was *Ariadne* ist! ... Von allen solchen Rätseln hatte niemand bisher die Lösung, ich zweifle, daß je jemand hier auch nur Rätsel sah – Zarathustra bestimmt einmal, mit Strenge, seine Aufgabe – es ist auch die meine –, daß man sich über den *Sinn* nicht vergreifen kann: er ist *jasagend* bis zur Rechtfertigung, bis zur Erlösung auch alles Vergangenen.

Ich wandle unter Menschen als unter Bruchstücken der Zukunft: jener Zukunft, die ich schaue.

Und das ist all mein Dichten und Trachten, daß ich in eins dichte und zusammentrage, was Bruchstück ist und Rätsel und grauser Zufall.

Und wie ertrüge ich es, Mensch zu sein, wenn der Mensch nicht auch Dichter und Rätselrater und Erlöser des Zufalls wäre?

Die Vergangnen zu erlösen und alles »Es war« umzuschaffen in ein »So wollte ich es!« – das hieße mir erst Erlösung.

An einer andren Stelle bestimmt er so streng als möglich, was für ihn allein »der Mensch« sein kann – *kein* Gegenstand der Liebe oder gar des Mitleidens – auch über den *großen Ekel* am Menschen ist Zarathustra Herr geworden: der Mensch ist ihm eine Unform, ein Stoff, ein häßlicher Stein, der des Bildners bedarf.

Nicht-mehr-*wollen* und Nicht-mehr-*schätzen* und Nicht-mehr-*schaffen:* o daß diese große Müdigkeit mir stets ferne bleibe!

Auch im Erkennen fühle ich nur meines Willens Zeuge- und Werdelust; und wenn Unschuld in meiner Erkenntnis ist, so geschieht dies, weil *Wille zur Zeugung* in ihr ist.

Hinweg von Gott und Göttern lockte mich dieser Wille: was wäre denn zu schaffen, wenn Götter – da wären?

Aber zum Menschen treibt er mich stets von neuem, mein inbrünstiger Schaffens-Wille; so treibts den Hammer hin zum Steine.

Ach, ihr Menschen, im Steine schläft mir ein Bild, das Bild der Bilder! Ach, daß es im härtesten, häßlichsten Steine schlafen muß!

Nun wütet mein Hammer grausam gegen sein Gefängnis. Vom Steine stäuben Stücke: was schiert mich das!

Vollenden will ich's, denn ein Schatten kam zu mir – aller Dinge Stillstes und Leichtestes kam einst zu mir!

Des Übermenschen Schönheit kam zu mir als Schatten: was gehen mich noch – die Götter an! . . .

Ich hebe einen letzten Gesichtspunkt hervor: der unterstrichene Vers gibt den Anlaß hierzu. Für eine *dionysische* Aufgabe gehört die Härte des Hammers, die *Lust selbst am Vernichten* in entscheidender Weise zu den Vorbedingungen. Der Imperativ: »werdet hart!«, die unterste Gewißheit darüber, *daß alle Schaffenden hart sind,* ist das eigentliche Abzeichen einer dionysischen Natur. –

JENSEITS VON GUT UND BÖSE

Vorspiel einer Philosophie der Zukunft

I

Die Aufgabe für die nunmehr folgenden Jahre war so streng als möglich vorgezeichnet. Nachdem der jasagende Teil meiner Aufgabe gelöst war, kam die neinsagende, *neintuende* Hälfte derselben an die Reihe: die Umwertung der bisherigen Werte selbst, der große Krieg – die Heraufbeschwörung eines Tags der Entscheidung. Hier ist eingerechnet der langsame Umblick nach Verwandten, nach solchen, die aus der Stärke heraus *zum Vernichten* mir die Hand bieten würden. – Von da an sind alle meine Schriften Angelhaken: vielleicht verstehe ich mich so gut als jemand auf Angeln? ... Wenn nichts sich *fing*, so liegt die Schuld nicht an mir. *Die Fische fehlten ...*

2

Dies Buch (1886) ist in allem Wesentlichen eine *Kritik der Modernität*, die modernen Wissenschaften, die modernen Künste, selbst die moderne Politik nicht ausgeschlossen, nebst Fingerzeigen zu einem Gegensatz-Typus, der so wenig modern als möglich ist, einem vornehmen, einem jasagenden Typus. Im letzteren Sinne ist das Buch eine *Schule des gentilhomme*, der Begriff geistiger *und radikaler* genommen als er je genommen worden ist. Man muß Mut im Leibe haben, ihn auch nur auszuhalten, man muß das Fürchten nicht gelernt haben ... Alle die Dinge, worauf das Zeitalter stolz ist, werden als Widerspruch zu diesem Typus empfunden, als schlechte Manieren beinahe, die berühmte »Objektivität« zum Beispiel, das »Mitgefühl mit allem Leidenden«, der »historische Sinn« mit seiner Unterwürfigkeit vor fremdem Geschmack, mit seinem Auf-dem-Bauch-Liegen vor *petits faits*, die »Wissenschaftlichkeit«. – Erwägt man, daß das Buch *nach* dem Zarathustra folgt, so errät man vielleicht auch das diätetische *régime*, dem es seine Entstehung verdankt. Das Auge, verwöhnt durch eine ungeheure Nötigung, *fernzu*sehn – Zarathustra ist weitsichtiger noch als der Zar –, wird hier gezwungen, das Nächste, die Zeit, das *Um-uns* scharf zu fassen. Man wird in allen Stücken, vor allem auch in der Form, eine gleiche *willkürliche* Abkehr von den Instinkten finden, aus denen ein Zarathustra möglich wurde. Das Raffinement in Form, in Absicht, in der Kunst des *Schweigens*, ist im Vordergrunde, die Psychologie wird mit eingeständlicher Härte und Grausamkeit gehandhabt – das Buch entbehrt jedes gutmütigen Worts ... Alles das erholt: wer errät zuletzt, *welche* Art Erholung eine solche Verschwendung von Güte, wie der Zarathustra ist, nötig macht? ... Theologisch geredet – man höre zu, denn ich rede selten als Theologe – war es Gott selber, der sich als Schlange am Ende seines Tagewerks unter den Baum der Erkenntnis legte: er erholte sich so davon, Gott zu sein ... Er hatte alles zu schön gemacht ... Der Teufel ist bloß der Müßiggang Gottes an jedem siebenten Tage ...

GENEALOGIE DER MORAL

Eine Streitschrift

Die drei Abhandlungen, aus denen diese Genealogie besteht, sind vielleicht in Hinsicht auf Ausdruck, Absicht und Kunst der Überraschung das Unheimlichste, was bisher geschrieben worden ist. Dionysos ist, man weiß es, auch der Gott der Finsternis. – Jedesmal ein Anfang, der irreführen *soll*, kühl, wissenschaftlich, ironisch selbst, absichtlich Vordergrund, absichtlich hinhaltend. Allmählich mehr Unruhe; vereinzeltes Wetterleuchten; sehr unangenehme Wahrheiten aus der Ferne her mit dumpfem Gebrumm laut werdend – bis endlich ein *tempo feroce* erreicht ist, wo alles mit ungeheurer Spannung vorwärts treibt. Am Schluß jedesmal, unter vollkommen schauerlichen Detonationen, eine *neue* Wahrheit zwischen dicken Wolken sichtbar. – Die Wahrheit der *ersten* Abhandlung ist die Psychologie des Christentums: die Geburt des Christentums aus dem Geiste des Ressentiment, *nicht*, wie wohl geglaubt wird, aus dem »Geiste« – eine Gegenbewegung ihrem Wesen nach, der große Aufstand gegen die Herrschaft *vornehmer* Werte. Die *zweite* Abhandlung gibt die Psychologie des *Gewissens:* dasselbe ist *nicht*, wie wohl geglaubt wird, »die Stimme Gottes im Menschen« – es ist der Instinkt der Grausamkeit, der sich rückwärts wendet, nachdem er nicht mehr nach außen hin sich entladen kann. Die Grausamkeit als einer der ältesten und unwegdenkbarsten Kultur-Untergründe hier zum ersten Male ans Licht gebracht. Die *dritte* Abhandlung gibt die Antwort auf die Frage, woher die ungeheure *Macht* des asketischen Ideals, des Priester-Ideals, stammt, obwohl dasselbe das *schädliche* Ideal *par excellence*, ein Wille zum Ende, ein *décadence*-Ideal ist. Antwort: *nicht*, weil Gott hinter den Priestern tätig ist, was wohl geglaubt wird, sondern *faute de mieux* – weil es das einzige Ideal bisher war, weil es keinen Konkurrenten hatte. »Denn der Mensch will lieber noch das Nichts wollen als *nicht* wollen« ... Vor allem fehlte ein *Gegen-Ideal – bis auf Zarathustra*. – Man hat mich verstanden. Drei entscheidende Vorarbeiten eines Psychologen für eine Umwertung aller Werte. – Dies Buch enthält die erste Psychologie des Priesters.

GÖTZEN-DÄMMERUNG

Wie man mit dem Hammer philosophiert

1

Diese Schrift von noch nicht 150 Seiten, heiter und verhängnisvoll im Ton, ein Dämon, welcher lacht –, das Werk von so wenig Tagen, daß ich Anstand nehme, ihre Zahl zu nennen, ist unter Büchern überhaupt die Ausnahme: es gibt nichts Substanzreicheres, Unabhängigeres, Umwerfenderes – Böseres. Will man sich kurz einen Begriff davon geben, wie vor mir alles auf dem Kopfe stand, so mache man den Anfang mit dieser Schrift. Das, was *Götze* auf dem Titelblatt heißt, ist ganz einfach das, was bisher Wahrheit genannt wurde. *Götzen-Dämmerung* – auf deutsch: es geht zu Ende mit der alten Wahrheit ...

2

Es gibt keine Realität, keine »Idealität«, die in dieser Schrift nicht berührt würde (– berührt: was für ein vorsichtiger Euphemismus! ...). Nicht bloß die *ewigen* Götzen, auch die allerjüngsten, folglich altersschwächsten. Die »modernen Ideen« zum Beispiel. Ein großer Wind bläst zwischen den Bäumen, und überall fallen Früchte nieder – Wahrheiten. Es ist die Verschwendung eines allzureichen Herbstes darin: man stolpert über Wahrheiten, man tritt selbst einige tot – es sind ihrer zu viele ... Was man aber in die Hände bekommt, das ist nichts Fragwürdiges mehr, das sind Entscheidungen. Ich erst habe den Maßstab für »Wahrheiten« in der Hand, ich *kann* erst entscheiden. Wie als ob in mir ein *zweites Bewußtsein* gewachsen wäre, wie als ob sich in mir »der Wille« ein Licht angezündet hätte über die *schiefe* Bahn, auf der er bisher abwärts lief ... Die *schiefe* Bahn – man nannte sie den »Weg zur Wahrheit« ... Es ist zu Ende mit allem »dunklen Drang«, der *gute* Mensch gerade war sich am wenigsten des rechten Wegs bewußt ... Und allen Ernstes, niemand wußte vor mir den rechten Weg, den Weg *aufwärts*: erst von mir an gibt es wieder Hoffnungen, Aufgaben, vorzuschreibende Wege der Kultur – *ich bin deren froher Botschafter* ... Eben damit bin ich auch ein Schicksal. – –

3

Unmittelbar nach Beendigung des eben genannten Werks und ohne auch nur einen Tag zu verlieren, griff ich die ungeheure Aufgabe der *Umwertung* an, in einem souveränen Gefühl von Stolz, dem nichts gleichkommt, jeden Augenblick meiner Unsterblichkeit gewiß und Zeichen für Zeichen mit der Sicherheit eines Schicksals in eherne Tafeln grabend. Das Vorwort entstand am 3. September 1888: als ich morgens, nach dieser Niederschrift, ins Freie trat, fand ich den schönsten Tag vor mir, den das Ober-Engadin mir je gezeigt hat – durchsichtig, glühend in den Farben, alle Gegensätze, alle Mitten zwischen Eis und Süden in sich schließend. – Erst am 20. September verließ ich Sils-Maria, durch Überschwemmungen zurückgehalten, zuletzt bei weitem der einzige Gast dieses wunderbaren Orts, dem meine Dankbarkeit das Geschenk eines unsterblichen Namens machen will. Nach einer Reise mit Zwischenfällen, sogar mit einer Lebensgefahr im überschwemmten Como, das ich erst tief in der Nacht erreichte, kam ich am Nachmittag des 21. in Turin an, meinem *bewiesenen* Ort, meiner Residenz von nun an. Ich nahm die gleiche Wohnung wieder, die ich im Frühjahr innegehabt hatte, *via Carlo Alberto* 6, III, gegenüber dem mächtigen *palazzo Carignano*, im dem *Vittorio Emanuele* geboren ist, mit dem Blick auf die *piazza Carlo Alberto* und drüber hinaus aufs Hügelland. Ohne Zögern und ohne mich einen Augenblick abziehn zu lassen, ging ich wieder an die Arbeit: es war nur das letzte Viertel des Werks noch abzutun. Am 30. September großer Sieg; siebenter Tag; Müßiggang eines Gottes am Po entlang. Am gleichen Tage schrieb ich noch das *Vorwort* zur »Götzen-Dämmerung«, deren Druckbogen zu korrigieren meine Erholung im September gewesen war. – Ich habe nie einen solchen Herbst erlebt, auch nie etwas der Art auf Erden für möglich gehalten – ein Claude Lorrain ins Unendliche gedacht, jeder Tag von gleicher unbändiger Vollkommenheit. –

DER FALL WAGNER

Ein Musikanten-Problem

I

Um dieser Schrift gerecht zu werden, muß man am Schicksal der Musik wie an einer offenen Wunde leiden. – *Woran* ich leide, wenn ich am Schicksal der Musik leide? Daran, daß die Musik um ihren weltverklärenden, jasagenden Charakter gebracht worden ist, daß sie *décadence*-Musik und nicht mehr die Flöte des Dionysos ist ... Gesetzt aber, daß man dergestalt die Sache der Musik wie seine *eigene* Sache, wie seine *eigene* Leidensgeschichte fühlt, so wird man diese Schrift voller Rücksichten und über die Maßen mild finden. In solchen Fällen heiter sein und sich gutmütig mit verspotten – *ridendo dicere severum,* wo das *verum dicere* jede Härte rechtfertigen würde – ist die Humanität selbst. Wer zweifelt eigentlich daran, daß ich, als der alte Artillerist, der ich bin, es in der Hand habe, gegen Wagner mein *schweres* Geschütz aufzufahren? – Ich hielt alles Entscheidende in dieser Sache bei mir zurück – ich habe Wagner geliebt. – Zuletzt liegt ein Angriff auf einen feineren »Unbekannten«, den nicht leicht ein anderer errät, im Sinn und Wege meiner Aufgabe – o ich habe noch ganz andere »Unbekannte« aufzudecken, als einen Cagliostro der Musik – noch mehr freilich ein Angriff auf die in geistigen Dingen immer träger und instinktärmer, immer *ehrlicher* werdende deutsche Nation, die mit einem beneidenswerten Appetit fortfährt, sich von Gegensätzen zu nähren und »den Glauben« so gut wie die Wissenschaftlichkeit, die »christliche Liebe« so gut wie den Antisemitismus, den Willen zur Macht (zum »Reich«) so gut wie das *évangile des humbles* ohne Verdauungsbeschwerden hinunterschluckt ... Dieser Mangel an Partei zwischen Gegensätzen! Diese stomachische Neutralität und »Selbstlosigkeit«! Dieser gerechte Sinn des deutschen *Gaumens,* der allem gleiche Rechte gibt – der alles schmackhaft findet ... Ohne allen Zweifel, die Deutschen sind Idealisten ... Als ich das letzte Mal Deutschland besuchte, fand ich den deutschen Geschmack bemüht, Wagner und dem Trompeter von Säckingen gleiche Rechte zuzugestehn; ich selber war Zeuge, wie man in Leipzig, zu Ehren eines der echtesten und deutschesten Musiker, im alten Sinne des Wortes deutsch, keines bloßen Reichsdeutschen, des Meister *Heinrich Schütz* einen Liszt-Verein gründete, mit dem Zweck der Pflege und Verbreitung *listiger* Kirchenmusik ... Ohne allen Zweifel, die Deutschen sind Idealisten ...

2

Aber hier soll mich nichts hindern, grob zu werden und den Deutschen ein paar harte Wahrheiten zu sagen: *wer tut es sonst?* – Ich rede von ihrer Unzucht *in historicis*. Nicht nur, daß den deutschen Historikern der *große Blick* für den Gang, für die Werte der Kultur gänzlich abhanden gekommen ist, daß sie allesamt Hanswürste der Politik (oder der Kirche –) sind: dieser große Blick ist selbst von ihnen *in Acht getan*. Man muß vorerst »deutsch« sein, »Rasse« sein, dann kann man über alle Werte und Unwerte *in historicis* entscheiden – man setzt sie fest ... »Deutsch« ist ein Argument, »Deutschland, Deutschland über alles« ein Prinzip, die Germanen sind die »sittliche Weltordnung« in der Geschichte; im Verhältnis zum *imperium romanum* die Träger der Freiheit, im Verhältnis zum achtzehnten Jahrhundert die Wiederhersteller der Moral, des »kategorischen Imperativs« ... Es gibt eine reichsdeutsche Geschichtsschreibung, es gibt, fürchte ich, selbst eine antisemitische, – es gibt eine *Hof*-Geschichtsschreibung und Herr von Treitschke schämt sich nicht... Jüngst machte ein Idioten-Urteil *in historicis*, ein Satz des zum Glück verblichenen ästhetischen Schwaben Vischer, die Runde durch die deutschen Zeitungen als eine »Wahrheit«, zu der jeder Deutsche *ja sagen müsse*: »Die Renaissance *und* die Reformation, beide zusammen machen erst ein Ganzes – die ästhetische Wiedergeburt *und* die sittliche Wiedergeburt.« – Bei solchen Sätzen geht es mit meiner Geduld zu Ende, und ich spüre Lust, ich fühle es selbst als Pflicht, den Deutschen einmal zu sagen, *was* sie alles schon auf dem Gewissen haben. *Alle großen Kultur-Verbrechen von vier Jahrhunderten haben sie auf dem Gewissen!* ... Und immer aus dem gleichen Grunde, aus ihrer innerlichsten *Feigheit* vor der Realität, die auch die Feigheit vor der Wahrheit ist, aus ihrer bei ihnen Instinkt gewordenen Unwahrhaftigkeit, aus »Idealismus« ... Die Deutschen haben Europa um die Ernte, um den Sinn der letzten *großen* Zeit, der Renaissance-Zeit, gebracht, in einem Augenblicke, wo eine höhere Ordnung der Werte, wo die vornehmen, die zum Leben jasagenden, die Zukunftverbürgenden Werte am Sitz der entgegengesetzten, der *Niedergangs-Werte*, zum Sieg gelangt waren – *und bis in die Instinkte der dort Sitzenden hinein!* Luther, dies Verhängnis von Mönch, hat die Kirche, und, was tausendmal schlimmer ist, das Christentum wiederhergestellt, im Augenblick, *wo es unterlag* .. Das Christentum, diese Religion gewordene *Verneinung des Willens zum Leben*! ... Luther, ein unmöglicher Mönch, der, aus Gründen seiner »Unmöglichkeit«, die Kirche angriff und sie – folglich! – wiederherstellte ... Die Katholiken hätten Gründe, Lutherfeste zu feiern, Lutherspiele zu dichten ... Luther – und die »sittliche Wiedergeburt«! Zum Teufel mit aller Psychologie! – Ohne Zweifel, die Deutschen sind Idealisten. – Die Deutschen haben zweimal, als eben mit ungeheurer Tapferkeit und Selbstüberwindung eine rechtschaffne, eine unzweideutige, eine vollkommen wissenschaftliche Denkweise erreicht war, Schleichwege zum alten »Ideal«, Versöhnungen zwischen Wahrheit und »Ideal«, im Grunde Formeln für ein Recht auf Ablehnung der Wissenschaft, für ein Recht auf *Lüge* zu finden gewußt. Leibniz und Kant – diese zwei größten Hemmschuhe der intellektuellen Rechtschaffenheit Europas! – Die Deutschen haben endlich, als auf der Brücke zwischen zwei *décadence*-Jahrhunderten eine *force majeure* von Genie und Wille sichtbar wurde, stark genug, aus Europa eine Einheit, eine politische und *wirtschaftliche* Einheit, zum Zweck der Erdregierung zu schaffen, mit ihren »Freiheits-Kriegen« Europa um den Sinn, um das Wunder von Sinn in der Existenz Napoleons gebracht – sie haben damit alles, was kam, was heute da ist, auf dem Gewissen, diese *kulturwidrigste* Krankheit und Unvernunft, die es gibt, den Nationalismus, diese *névrose nationale,* an der Europa krank ist, diese Verewigung der Kleinstaaterei Europas, der *kleinen* Politik: sie haben Europa selbst um seinen Sinn, um seine *Vernunft* – sie haben es in eine Sackgasse gebracht. – Weiß jemand außer mir einen Weg aus dieser Sackgasse? ... Eine Aufgabe, groß genug, die Völker wieder zu *binden*? ...

3

– Und zuletzt, warum sollte ich meinem Verdacht nicht Worte geben? Die Deutschen werden auch in meinem Falle wieder alles versuchen, um aus einem ungeheuren Schicksal eine Maus zu gebären. Sie haben sich bis jetzt an mir kompromittiert, ich zweifle, daß sie es in der Zukunft besser machen. – Ah was es mich verlangt, hier ein *schlechter* Prophet zu sein! ... Meine natürlichen Leser und Hörer sind jetzt schon Russen, Skandinavier und Franzosen – werden sie es immer mehr sein? – Die Deutschen sind in die Geschichte der Erkenntnis mit lauter zweideutigen Namen eingeschrieben, sie haben immer nur »unbewußte« Falschmünzer hervorgebracht (– Fichte, Schelling, Schopenhauer, Hegel, Schleiermacher gebührt dies Wort so gut wie Kant und Leibniz; es sind alles bloße Schleiermacher –): sie sollen nie die Ehre haben, daß der erste *rechtschaffne* Geist in der Geschichte des Geistes, der Geist, in dem die Wahrheit zu Gericht kommt über die Falschmünzerei von vier Jahrtausenden, mit dem deutschen Geiste in eins gerechnet wird. Der »deutsche Geist« ist *meine* schlechte Luft: ich atme schwer in der Nähe dieser Instinkt gewordnen Unsauberkeit *in psychologicis,* die jedes Wort, jede Miene eines Deutschen verrät. Sie haben nie ein siebzehntes Jahrhundert harter Selbstprüfung durchgemacht wie die Franzosen – ein Larochefoucauld, ein Descartes sind hundertmal in Rechtschaffenheit den ersten Deutschen überlegen –, sie haben bis heute keinen Psychologen gehabt. Aber Psychologie ist beinahe der Maßstab der *Reinlichkeit* oder *Unreinlichkeit* einer Rasse ... Und wenn man nicht einmal reinlich ist, wie sollte man *Tiefe* haben? Man kommt beim Deutschen, beinahe wie beim Weibe, niemals auf den Grund, *er hat keinen*: das ist alles. Aber damit ist man noch nicht einmal flach. – Das, was in Deutschland »tief« heißt, ist genau diese Instinkt-Unsauberkeit gegen sich, von der ich eben rede: man *will* über sich nicht im klaren sein. Dürfte ich das Wort »deutsch« nicht als internationale Münze für *diese* psychologische Verkommenheit in Vorschlag bringen? – In diesem Augenblick zum Beispiel nennt es der deutsche Kaiser seine »christliche Pflicht«, die Sklaven in Afrika zu befreien: unter uns *andern* Europäern hieße das dann einfach »deutsch« ... Haben die Deutschen auch nur ein Buch hervorgebracht, das Tiefe hätte? Selbst der Begriff dafür, was tief an einem Buch ist, geht ihnen ab. Ich habe Gelehrte kennen gelernt, die Kant für tief hielten; am preußischen Hofe, fürchte ich, hält man Herrn von Treitschke für tief. Und wenn ich Stendhal gelegentlich als tiefen Psychologen rühme, ist es mir mit deutschen Universitätsprofessoren begegnet, daß sie mich den Namen buchstabieren ließen ...

4

– Und warum sollte ich nicht bis ans Ende gehn? Ich liebe es, reinen Tisch zu machen. Es gehört selbst zu meinem Ehrgeiz, als Verächter der Deutschen *par excellence* zu gelten. Mein *Mißtrauen* gegen den deutschen Charakter habe ich schon mit sechsundzwanzig Jahren ausgedrückt (dritte Unzeitgemäße) – die Deutschen sind für mich unmöglich. Wenn ich mir eine Art Mensch ausdenke, die allen meinen Instinkten zuwiderläuft, so wird immer ein Deutscher daraus. Das erste, woraufhin ich mir einen Menschen »nierenprüfe«, ist, ob er ein Gefühl für Distanz im Leibe hat, ob er überall Rang, Grad, Ordnung zwischen Mensch und Mensch sieht, ob er *distinguiert*: damit ist man *gentilhomme*; in jedem andren Fall gehört man rettungslos unter den weitherzigen, ach! so gutmütigen Begriff der *canaille*. Aber die Deutschen sind *canaille* – ach! sie sind so gutmütig ... Man erniedrigt sich durch den Verkehr mit Deutschen: der Deutsche *stellt gleich* ... Rechne ich meinen Verkehr mit einigen Künstlern, vor allem mit Richard Wagner ab, so habe ich keine gute Stunde mit Deutschen verlebt ... Gesetzt, daß der tiefste Geist aller Jahrtausende unter Deutschen erschiene, irgendeine Retterin des Capitols würde wähnen, ihre sehr unschöne Seele käme zum mindesten ebenso in Betracht ... Ich halte diese Rasse nicht aus, mit der man immer in schlechter Gesellschaft ist, die keine Finger für *nuances* hat – wehe mir! ich bin eine *nuance* –, die keinen *esprit* in den Füßen hat und nicht einmal gehen kann ... Die Deutschen haben zuletzt gar keine Füße, sie haben bloß Beine ... Den Deutschen geht jeder Begriff davon ab, wie gemein sie sind, aber das ist der Superlativ der Gemeinheit – sie *schämen* sich nicht einmal, bloß Deutsche zu sein ... Sie reden über alles mit, sie halten sich selbst für entscheidend, ich fürchte, sie haben selbst über mich entschieden ... Mein ganzes Leben ist der Beweis *de rigueur* für diese Sätze. Umsonst, daß ich in ihm nach einem Zeichen von Takt, von *délicatesse* gegen mich suche. Von Juden ja, noch nie von Deutschen. Meine Art will es, daß ich gegen jedermann mild und wohlwollend bin – ich habe ein *Recht* dazu, keine Unterschiede zu machen –: dies hindert nicht, daß ich die Augen offen habe. Ich nehme niemanden aus, am wenigsten meine Freunde, – ich hoffe zuletzt, daß dies meiner Humanität gegen sie keinen Abbruch getan hat! Es gibt fünf, sechs Dinge, aus denen ich mir immer eine Ehrensache gemacht habe. – Trotzdem bleibt wahr, daß ich fast jeden Brief, der mich seit Jahren erreicht, als einen Zynismus empfinde: es liegt mehr Zynismus im Wohlwollen gegen mich als in irgendwelchem Haß ... Ich sage es jedem meiner Freunde ins Gesicht, daß er es nie der Mühe für wert hielt, irgendeine meiner Schriften zu *studieren*: ich errate aus den kleinsten Zeichen, daß sie nicht einmal wissen, was drin steht. Was gar meinen Zarathustra anbetrifft, wer von meinen Freunden hätte mehr darin gesehn als eine unerlaubte, zum Glück vollkommen gleichgültige Anmaßung? ... Zehn Jahre: und niemand in Deutschland hat sich eine Gewissensschuld daraus gemacht, meinen Namen gegen das absurde Stillschweigen zu verteidigen, unter dem er vergraben lag: ein Ausländer, ein Däne war es, der zuerst dazu genug Feinheit des Instinkts *und Mut* hatte, der sich über meine angeblichen Freunde empörte ... An welcher deutschen Universität wären heute Vorlesungen über meine Philosophie möglich, wie sie letztes Frühjahr der damit noch einmal mehr bewiesene Psycholog Dr. Georg Brandes in Kopenhagen gehalten hat? – Ich selber habe nie an alledem gelitten; das *Notwendige* verletzt mich nicht; *amor fati* ist meine innerste Natur. Dies schließt aber nicht aus, daß ich die Ironie liebe, sogar die welthistorische Ironie. Und so habe ich, zwei Jahre ungefähr vor dem zerschmetternden Blitzschlag der *Umwertung*, der die Erde in Konvulsionen versetzen wird, den »Fall Wagner« in die Welt geschickt: die Deutschen sollten sich noch einmal unsterblich an mir vergreifen und *verewigen*! es ist gerade noch Zeit dazu! – Ist das erreicht? – Zum Entzücken, meine Herren Germanen! Ich mache Ihnen mein Kompliment ...

WARUM ICH EIN SCHICKSAL BIN

1

Ich kenne mein Los. Es wird sich einmal an meinen Namen die Erinnerung an etwas Ungeheures anknüpfen – an eine Krisis, wie es keine auf Erden gab, an die tiefste Gewissens-Kollision, an eine Entscheidung, heraufbeschworen *gegen* alles, was bis dahin geglaubt, gefordert, geheiligt worden war. Ich bin kein Mensch, ich bin Dynamit. – Und mit alledem ist nichts in mir von einem Religionsstifter – Religionen sind Pöbel-Affären, ich habe nötig, mir die Hände nach der Berührung mit religiösen Menschen zu waschen ... Ich *will* keine »Gläubigen«, ich denke, ich bin zu boshaft dazu, um an mich selbst zu glauben, ich rede niemals zu Massen .. Ich habe eine erschreckliche Angst davor, daß man mich eines Tags *heilig* spricht: man wird erraten, weshalb ich dies Buch *vorher* herausgebe, es soll verhüten, daß man Unfug mit mir treibt ... Ich will kein Heiliger sein, lieber noch ein Hanswurst ... Vielleicht bin ich ein Hanswurst ... Und trotzdem oder vielmehr *nicht* trotzdem – denn es gab nichts Verlogneres bisher als Heilige – redet aus mir die Wahrheit. – Aber meine Wahrheit ist *furchtbar*: denn man hieß bisher die *Lüge* Wahrheit. – *Umwertung aller Werte*: das ist meine Formel für einen Akt höchster Selbstbesinnung der Menschheit, der in mir Fleisch und Genie geworden ist. Mein Los will, daß ich der erste *anständige* Mensch sein muß, daß ich mich gegen die Verlogenheit von Jahrtausenden im Gegensatz weiß ... Ich erst habe die Wahrheit *entdeckt*, dadurch daß ich zuerst die Lüge als Lüge empfand – *roch* ... Mein Genie ist in meinen Nüstern ... Ich widerspreche, wie nie widersprochen worden ist, und bin trotzdem der Gegensatz eines neinsagenden Geistes. Ich bin ein *froher Botschafter*, wie es keinen gab, ich kenne Aufgaben von einer Höhe, daß der Begriff dafür bisher gefehlt hat; erst von mir an gibt es wieder Hoffnungen. Mit alledem bin ich notwendig auch der Mensch des Verhängnisses. Denn wenn die Wahrheit mit der Lüge von Jahrtausenden in Kampf tritt, werden wir Erschütterungen haben, einen Krampf von Erdbeben, eine Versetzung von Berg und Tal, wie dergleichen nie geträumt worden ist. Der Begriff Politik ist dann gänzlich in einen Geisterkrieg aufgegangen, alle Machtgebilde der alten Gesellschaft sind in die Luft gesprengt – sie ruhen allesamt auf der Lüge: es wird Kriege geben, wie es noch keine auf Erden gegeben hat. Erst von mir an gibt es auf Erden *große Politik*. –

2

Will man eine Formel für ein solches Schicksal, *das Mensch wird*? – Sie steht in meinem Zarathustra.

> *– und wer ein Schöpfer sein will im Guten und Bösen, der muß ein Vernichter erst sein und Werte zerbrechen.*
>
> *Also gehört das höchste Böse zur höchsten Güte: diese aber ist die schöpferische.*

Ich bin bei weitem der furchtbarste Mensch, den es bisher gegeben hat; dies schließt nicht aus, daß ich der wohltätigste sein werde. Ich kenne die Lust am *Vernichten* in einem Grade, die meiner *Kraft* zum Vernichten gemäß ist, – in beidem gehorche ich meiner dionysischen Natur, welche das Neintun nicht vom Jasagen zu trennen weiß. Ich bin der erste *Immoralist*: damit bin ich der *Vernichter par excellence*. –

3

Man hat mich nicht gefragt, man hätte mich fragen sollen, was gerade in meinem Munde, im Munde des ersten Immoralisten der Name *Zarathustra* bedeutet: denn was die ungeheure Einzigkeit jenes Persers in der Geschichte ausmacht, ist gerade dazu das Gegenteil. Zarathustra hat zuerst im Kampf des Guten und des Bösen das eigentliche Rad im Getriebe der Dinge gesehn – die Übersetzung der Moral ins Metaphysische, als Kraft, Ursache, Zweck an sich, ist *sein* Werk. Aber diese Frage wäre im Grunde bereits die Antwort. Zarathustra *schuf* diesen verhängnisvollsten Irrtum, die Moral: folglich muß er auch der erste sein, der ihn *erkennt*. Nicht nur, daß er hier länger und mehr Erfahrung hat als sonst ein Denker – die ganze Geschichte ist ja die Experimental-Widerlegung vom Satz der sogenannten »sittlichen Weltordnung« –: das Wichtigere ist, Zarathustra ist wahrhaftiger als sonst ein Denker. Seine Lehre, und sie allein, hat die Wahrhaftigkeit als oberste Tugend – das heißt den Gegensatz zur *Feigheit* des »Idealisten«, der vor der Realität die Flucht ergreift; Zarathustra hat mehr Tapferkeit im Leibe als alle Denker zusammengenommen. Wahrheit reden und *gut mit Pfeilen schießen*, das ist die persische Tugend. – Versteht man mich? ... Die Selbstüberwindung der Moral aus Wahrhaftigkeit, die Selbstüberwindung des Moralisten in seinen Gegensatz – *in mich* – das bedeutet in meinem Munde der Name Zarathustra.

4

Im Grunde sind es zwei Verneinungen, die mein Wort *Immoralist* in sich schließt. Ich verneine einmal einen Typus Mensch, der bisher als der höchste galt, die *Guten*, die *Wohlwollenden, Wohltätigen*; ich verneine andrerseits eine Art Moral, welche als Moral an sich in Geltung und Herrschaft gekommen ist – die *décadence*-Moral, handgreiflicher geredet, die *christliche* Moral. Es wäre erlaubt, den zweiten Widerspruch als den entscheidenderen anzusehn, da die Überschätzung der Güte und des Wohlwollens, ins große gerechnet, mir bereits als Folge der *décadence* gilt, als Schwäche-Symptom, als unverträglich mit einem aufsteigenden und jasagenden Leben: im Jasagen ist Verneinen *und Vernichten* Bedingung. – Ich bleibe zunächst bei der Psychologie des guten Menschen stehn. Um abzuschätzen, was ein Typus Mensch wert ist, muß man den Preis nachrechnen, den seine Erhaltung kostet – muß man seine Existenzbedingungen kennen. Die Existenz-Bedingung der Guten ist die *Lüge* –: anders ausgedrückt, das Nicht-sehn-*Wollen* um jeden Preis, wie im Grunde die Realität beschaffen ist, nämlich *nicht* derart, um jederzeit wohlwollende Instinkte herauszufordern, noch weniger derart, um sich ein Eingreifen von kurzsichtigen gutmütigen Händen jederzeit gefallen zu lassen. Die *Notstände* aller Art überhaupt als Einwand, als etwas, das man *abschaffen* muß, betrachten, ist die *niaiserie par excellence*, ins große gerechnet, ein wahres Unheil in seinen Folgen, ein Schicksal von Dummheit –, beinahe so dumm, als es der Wille wäre, das schlechte Wetter abzuschaffen – aus Mitleiden etwa mit den armen Leuten ... In der großen Ökonomie des Ganzen sind die Furchtbarkeiten der Realität (in den Affekten, in den Begierden, im Willen zur Macht) in einem unausrechenbaren Maße notwendiger als jene Form des kleinen Glücks, die sogenannte »Güte«; man muß sogar nachsichtig sein, um der letzteren, da sie in der Instinkt-Verlogenheit bedingt ist, überhaupt einen Platz zu gönnen. Ich werde einen großen Anlaß haben, die über die Maßen unheimlichen Folgen des *Optimismus*, dieser Ausgeburt der *homines optimi*, für die ganze Geschichte zu beweisen. Zarathustra, der erste, der begriff, daß der Optimist ebenso *décadent* ist wie der Pessimist und vielleicht schädlicher, sagt: *gute Menschen reden nie die Wahrheit. Falsche Küsten und Sicherheiten lehrten euch die Guten; in Lügen der Guten wart ihr geboren und geborgen. Alles ist in den Grund hinein verlogen und verbogen durch die Guten.* Die Welt ist zum Glück nicht auf Instinkte hin gebaut, daß gerade bloß gutmütiges Herdengetier darin sein enges Glück fände; zu fordern, daß alles »guter Mensch«, Herdentier, blauäugig, wohlwollend, »schöne Seele« – oder, wie Herr Herbert Spencer es wünscht, altruistisch werden solle, hieße dem Dasein seinen *großen* Charakter nehmen, hieße die Menschheit kastrieren und auf eine armselige Chineserei herunterbringen. – *Und dies hat man versucht! ... Dies eben hieß man Moral* ... In diesem Sinne nennt Zarathustra die Guten bald »die letzten Menschen«, bald den »Anfang vom Ende«; vor allem empfindet er sie als die *schädlichste Art Mensch*, weil sie ebenso auf Kosten der *Wahrheit* als auf Kosten der *Zukunft* ihre Existenz durchsetzen.

> Die Guten – die können nicht *schaffen*, die sind immer der Anfang vom Ende –
>
> – sie kreuzigen den, der *neue* Werte auf neue Tafeln schreibt, sie opfern *sich* die Zukunft, sie kreuzigen alle Menschen-Zukunft!
>
> Die Guten – die waren immer der Anfang vom Ende ...
>
> Und was auch für Schaden die Welt-Verleumder tun mögen, *der Schaden der Guten ist der schädlichste Schaden.*

5

Zarathustra, der erste Psycholog der Guten, ist – folglich – ein Freund der Bösen. Wenn eine *décadence*-Art Mensch zum Rang der höchsten Art aufgestiegen ist, so konnte dies nur auf Kosten ihrer Gegensatz-Art geschehn, der starken und lebensgewissen Art Mensch. Wenn das Herdentier im Glanze der reinsten Tugend strahlt, so muß der Ausnahme-Mensch zum Bösen heruntergewertet sein. Wenn die Verlogenheit um jeden Preis das Wort »Wahrheit« für ihre Optik in Anspruch nimmt, so muß der eigentlich Wahrhaftige unter den schlimmsten Namen wiederzufinden sein. Zarathustra läßt hier keinen Zweifel: er sagt, die Erkenntnis der Guten, der »Besten« gerade sei es gewesen, was ihm Grausen vor dem Menschen überhaupt gemacht habe; aus *diesem* Widerwillen seien ihm die Flügel gewachsen, »fortzuschweben in ferne Zukünfte« – er verbirgt es nicht, daß *sein* Typus Mensch, ein relativ übermenschlicher Typus, gerade im Verhältnis zu den *Guten* übermenschlich ist, daß die Guten und Gerechten seinen Übermenschen *Teufel* nennen würden ...

> Ihr höchsten Menschen, denen mein Auge begegnete, das ist mein Zweifel an euch und mein heimliches Lachen: ich rate, ihr würdet meinen Übermenschen – Teufel heißen!
>
> So fremd seid ihr dem Großen mit eurer Seele, daß euch der Übermensch *furchtbar* sein würde in seiner Güte ...

An dieser Stelle und nirgendswo anders muß man den Ansatz machen, um zu begreifen, was Zarathustra will: diese Art Mensch, die er konzipiert, konzipiert die Realität, *wie sie ist*: sie ist stark genug dazu –, sie ist ihr nicht entfremdet, entrückt, sie ist *sie selbst*, sie hat all deren Furchtbares und Fragwürdiges auch noch in sich, *damit erst kann der Mensch Größe haben* ...

6

– Aber ich habe auch noch in einem andren Sinne das Wort *Immoralist* zum Abzeichen, zum Ehrenzeichen für mich gewählt; ich bin stolz darauf, dies Wort zu haben, das mich gegen die ganze Menschheit abhebt. Niemand noch hat die *christliche* Moral als *unter* sich gefühlt: dazu gehörte eine Höhe, ein Fernblick, eine bisher ganz unerhörte psychologische Tiefe und Abgründlichkeit. Die christliche Moral war bisher die Circe aller Denker – sie standen in ihrem Dienst. – Wer ist vor mir eingestiegen in die Höhlen, aus denen der Gifthauch dieser Art von Ideal – *der Weltverleumdung!* – emporquillt? Wer hat auch nur zu ahnen gewagt, *daß* es Höhlen sind? Wer war überhaupt vor mir unter den Philosophen *Psycholog* und nicht vielmehr dessen Gegensatz »höherer Schwindler«, »Idealist«? Es gab vor mir noch gar keine Psychologie. – Hier der Erste zu sein kann ein Fluch sein, es ist jedenfalls ein Schicksal: *denn man verachtet auch als der Erste* ... Der *Ekel* am Menschen ist meine Gefahr ...

7

Hat man mich verstanden? – Was mich abgrenzt, was mich beiseite stellt gegen den ganzen Rest der Menschheit, das ist, die christliche Moral *entdeckt* zu haben. Deshalb war ich eines Worts bedürftig, das den Sinn einer Herausforderung an jedermann enthält. Hier nicht eher die Augen aufgemacht zu haben, gilt mir als die größte Unsauberkeit, die die Menschheit auf dem Gewissen hat, als Instinkt gewordner Selbstbetrug, als grundsätzlicher Wille, jedes Geschehen, jede Ursächlichkeit, jede Wirklichkeit *nicht* zu sehen, als Falschmünzerei *in psychologicis* bis zum Verbrechen Die Blindheit vor dem Christentum ist das *Verbrechen par excellence* – das Verbrechen *am Leben* ... Die Jahrtausende, die Völker, die Ersten und die Letzten, die Philosophen und die alten Weiber – fünf, sechs Augenblicke der Geschichte abgerechnet, mich als siebenten – in diesem Punkte sind sie alle einander würdig. Der Christ war bisher *das* »moralische Wesen«, ein Kuriosum ohnegleichen – und, *als* »moralisches Wesen«, absurder, verlogner, eitler, leichtfertiger, *sich selber nachteiliger* als auch der größte Verächter der Menschheit es sich träumen lassen könnte. Die christliche Moral – die bösartigste Form des Willens zur Lüge, die eigentliche Circe der Menschheit: das, was sie *verdorben* hat. Es ist *nicht* der Irrtum als Irrtum, was mich bei diesem Anblick entsetzt, *nicht* der jahrtausendelange Mangel an »gutem Willen«, an Zucht, an Anstand, an Tapferkeit im Geistigen, der sich in seinem Sieg verrät – es ist der Mangel an Natur, es ist der vollkommen schauerliche Tatbestand, daß die *Widernatur* selbst als Moral die höchsten Ehren empfing und als Gesetz, als kategorischer

Imperativ, über der Menschheit hängen blieb! ... In diesem Maße sich vergreifen, *nicht* als einzelner, *nicht* als Volk, sondern als Menschheit! ... Daß man die allerersten Instinkte des Lebens verachten lehrte; daß man eine »Seele«, einen »Geist« *erlog*, um den Leib zuschanden zu machen; daß man in der Voraussetzung des Lebens, in der Geschlechtlichkeit, etwas Unreines empfinden lehrt; daß man in der tiefsten Notwendigkeit zum Gedeihen, in der *strengen* Selbstsucht (– das Wort schon ist verleumderisch! –) das böse Prinzip sucht; daß man umgekehrt in den typischen Abzeichen des Niedergangs und der Instinkt-Widersprüchlichkeit, im »Selbstlosen«, im Verlust an Schwergewicht, in der »Entpersönlichung« und »Nächstenliebe« (– Nächsten*sucht*!) den *höheren* Wert, was sage ich! den *Wert an sich* sieht! ... Wie! wäre die Menschheit selber in *décadence*? war sie es immer? – Was feststeht, ist, daß ihr nur Décadence-Werte als oberste Werte *gelehrt* worden sind. Die Entselbstungs-Moral ist die Niedergangs-Moral *par excellence*, die Tatsache, »ich gehe zugrunde« in den Imperativ übersetzt: »ihr *sollt* alle zugrunde gehn« – und *nicht nur* in den Imperativ! ... Diese einzige Moral, die bisher gelehrt worden ist, die Entselbstungs-Moral, verrät einen Willen zum Ende, sie *verneint* im untersten Grunde das Leben. – Hier bliebe die Möglichkeit offen, daß nicht die Menschheit in Entartung sei, sondern nur jene parasitische Art Mensch, die des *Priesters*, die mit der Moral sich zu ihren Wert-Bestimmern emporgelogen hat – die in der christlichen Moral ihr Mittel zur *Macht* erriet ... Und in der Tat, das ist *meine* Einsicht: die Lehrer, die Führer der Menschheit, Theologen insgesamt, waren insgesamt auch *décadents*: *daher* die Umwertung aller Werte ins Lebensfeindliche, *daher* die Moral ... *Definition der Moral*: Moral – die Idiosynkrasie von *décadents*, mit der Hinterabsicht, *sich am Leben zu rächen* – *und* mit Erfolg. Ich lege Wert auf *diese* Definition. –

8

– Hat man mich verstanden? – Ich habe eben kein Wort gesagt, das ich nicht schon vor fünf Jahren durch den Mund Zarathustras gesagt hätte. – Die *Entdeckung* der christlichen Moral ist ein Ereignis, das nicht seinesgleichen hat, eine wirkliche Katastrophe. Wer über sie aufklärt, ist eine *force majeure*, ein Schicksal – er bricht die Geschichte der Menschheit in zwei Stücke. Man lebt *vor* ihm, man lebt *nach* ihm ... Der Blitz der Wahrheit traf gerade das, was bisher am höchsten stand: wer begreift, *was* da vernichtet wurde, mag zusehn, ob er überhaupt noch etwas in den Händen hat. Alles, was bisher »Wahrheit« hieß, ist als die schädlichste, tückischste, unterirdischste Form der Lüge erkannt; der heilige Vorwand, die Menschheit zu »verbessern«, als die List, das Leben selbst *auszusaugen*, blutarm zu machen. Moral als *Vampyrismus* ... Wer die Moral entdeckt, hat den

Unwert aller Werte mit entdeckt, an die man glaubt oder geglaubt hat; er sieht in den verehrtesten, in den selbst *heilig* gesprochnen Typen des Menschen nichts Ehrwürdiges mehr, er sieht die verhängnisvollste Art von Mißgeburten darin, verhängnisvoll, *weil sie faszinierten* ... Der Begriff »Gott« erfunden als Gegensatz-Begriff zum Leben – in ihm alles Schädliche, Vergiftende, Verleumderische, die ganze Todfeindschaft gegen das Leben in eine entsetzliche Einheit gebracht! Der Begriff »Jenseits«, »wahre Welt« erfunden, um die *einzige* Welt zu entwerten, die es gibt – um kein Ziel, keine Vernunft, keine Aufgabe für unsre Erden-Realität übrigzubehalten? Der Begriff »Seele«, »Geist«, zuletzt gar noch »unsterbliche Seele«, erfunden, um den Leib zu verachten, um ihn krank – »heilig« – zu machen, um allen Dingen, die Ernst im Leben verdienen, den Fragen von Nahrung, Wohnung, geistiger Diät, Krankenbehandlung, Reinlichkeit, Wetter, einen schauerlichen Leichtsinn entgegenzubringen! Statt der Gesundheit das »Heil der Seele« – will sagen eine *folie circulaire* zwischen Bußkrampf und Erlösungs-Hysterie! Der Begriff »Sünde« erfunden samt dem zugehörigen Folter-Instrument, dem Begriff »freier Wille«, um die Instinkte zu verwirren, um das Mißtrauen gegen die Instinkte zur zweiten Natur zu machen! Im Begriff des »Selbstlosen«, des »Sich-selbst-Verleugnenden« das eigentliche *décadence*-Abzeichen, das *Gelockt*werden vom Schädlichen, das Seinen-Nutzen-nicht-mehr-finden-*Können,* die Selbst-Zerstörung zum Wertzeichen überhaupt gemacht, zur »Pflicht«, zur »Heiligkeit«, zum »Göttlichen« im Menschen! Endlich – es ist das Furchtbarste – im Begriff des *guten* Menschen die Partei alles Schwachen, Kranken, Mißratnen, An-sich-selber-Leidenden genommen, alles dessen, *was zugrunde gehn soll* –, das Gesetz der *Selektion* gekreuzt, ein Ideal aus dem Widerspruch gegen den stolzen und wohlgeratenen, gegen den jasagenden, gegen den zukunftsgewissen, zukunftverbürgenden Menschen gemacht – dieser heißt nunmehr der *Böse* ... Und das alles wurde geglaubt *als Moral*! – *Ecrasez l'infâme!* – –

9

– Hat man mich verstanden? – *Dionysos gegen den Gekreuzigten* ...

DER ANTICHRIST

Fluch auf das Christentum

VORWORT

Dies Buch gehört den wenigsten. Vielleicht lebt selbst noch keiner von ihnen. Es mögen die sein, welche meinen Zarathustra verstehn: wie *dürfte* ich mich mit denen verwechseln, für welche heute schon Ohren wachsen? – Erst das Übermorgen gehört mir. Einige werden posthum geboren.

Die Bedingungen, unter denen man mich versteht und dann *mit Notwendigkeit* versteht – ich kenne sie nur zu genau. Man muß rechtschaffen sein in geistigen Dingen bis zur Härte, um auch nur meinen Ernst, meine Leidenschaft auszuhalten. Man muß geübt sein, auf Bergen zu leben – das erbärmliche Zeitgeschwätz von Politik und Völker-Selbstsucht *unter* sich zu sehn. Man muß gleichgültig geworden sein, man muß nie fragen, ob die Wahrheit nützt, ob sie einem Verhängnis wird ... Eine Vorliebe der Stärke für Fragen, zu denen niemand heute den Mut hat; der Mut zum *Verbotenen*; die Vorherbestimmung zum Labyrinth. Eine Erfahrung aus sieben Einsamkeiten. Neue Ohren für neue Musik. Neue Augen für das Fernste. Ein neues Gewissen für bisher stumm gebliebene Wahrheiten. *Und* der Wille zur Ökonomie großen Stils: seine Kraft, seine *Begeisterung* beisammenbehalten ... Die Ehrfurcht vor sich; die Liebe zu sich; die unbedingte Freiheit gegen sich ...

Wohlan! Das allein sind meine Leser, meine rechten Leser, meine vorherbestimmten Leser: was liegt am *Rest*? – Der Rest ist bloß die Menschheit. – Man muß der Menschheit überlegen sein durch Kraft, durch *Höhe* der Seele – durch Verachtung ...

Friedrich Nietzsche

I

– Sehen wir uns ins Gesicht. Wir sind Hyperboreer – wir wissen gut genug, wie abseits wir leben. »Weder zu Lande noch zu Wasser wirst du den Weg zu den Hyperboreern finden«: das hat schon Pindar von uns gewußt Jenseits des Nordens, des Eises, des Todes – *unser* Leben, *unser* Glück ... Wir haben das Glück entdeckt, wir wissen den Weg, wir fanden den Ausgang aus ganzen Jahrtausenden des Labyrinths. Wer fand ihn *sonst*? – Der moderne Mensch etwa? – »Ich weiß nicht aus noch ein; ich bin alles, was nicht aus noch ein weiß« – seufzt der moderne Mensch ... An *dieser* Modernität waren wir krank – am faulen Frieden, am feigen Kompromiß, an der ganzen tugendhaften Unsauberkeit des modernen Ja und Nein. Diese Toleranz und *largeur* des Herzens, die alles »verzeiht«, weil sie alles »begreift«, ist Schirokko für uns. Lieber im Eise leben, als unter modernen Tugenden und andern Südwinden! ... Wir waren tapfer genug, wir schonten weder uns noch andere: aber wir wußten lange nicht, *wohin* mit unsrer Tapferkeit. Wir wurden düster, man hieß uns Fatalisten. *Unser* Fatum – das war die Fülle, die Spannung, die Stauung der Kräfte. Wir dürsteten nach Blitz und Taten, wir blieben am fernsten vom Glück der Schwächlinge, von der »Ergebung« ... Ein Gewitter war in unsrer Luft, die Natur, die wir sind, verfinsterte sich – *denn wir hatten keinen Weg*. Formel unsres Glücks: ein Ja, ein Nein, eine gerade Linie, ein *Ziel* ...

2

Was ist gut? – Alles, was das Gefühl der Macht, den Willen zur Macht, die Macht selbst im Menschen erhöht.

Was ist schlecht? – Alles, was aus der Schwäche stammt.

Was ist Glück? – Das Gefühl davon, daß die Macht *wächst* – daß ein Widerstand überwunden wird.

Nicht Zufriedenheit, sondern mehr Macht; *nicht* Friede überhaupt, sondern Krieg; *nicht* Tugend, sondern Tüchtigkeit (Tugend im Renaissance-Stile, *virtù*, moralinfreie Tugend).

Die Schwachen und Mißratenen sollen zugrunde gehn: erster Satz *unsrer* Menschenliebe. Und man soll ihnen noch dazu helfen.

Was ist schädlicher als irgendein Laster? – Das Mitleiden der Tat mit allen Mißratnen und Schwachen – das Christentum ...

3

Nicht was die Menschheit ablösen soll in der Reihenfolge der Wesen, ist das Problem, das ich hiermit stelle (– der Mensch ist ein *Ende* –): sondern welchen Typus Mensch man *züchten* soll, *wollen* soll, als den höherwertigeren, lebenswürdigeren, zukunftsgewisseren.

Dieser höherwertigere Typus ist oft genug schon dagewesen: aber als ein Glücksfall, als eine Ausnahme, niemals als *gewollt*. Vielmehr ist *er* gerade am besten gefürchtet worden, er war bisher beinahe *das* Furchtbare – und aus der Furcht heraus wurde der umgekehrte Typus gewollt, gezüchtet, *erreicht*: das Haustier, das Herdentier, das kranke Tier Mensch – der Christ ...

4

Die Menschheit stellt *nicht* eine Entwicklung zum Besseren oder Stärkeren oder Höheren dar, in der Weise, wie dies heute geglaubt wird. Der »Fortschritt« ist bloß eine moderne Idee, das heißt eine falsche Idee. Der Europäer von heute bleibt in seinem Werte tief unter dem Europäer der Renaissance; Fortentwicklung ist schlechterdings *nicht* mit irgendwelcher Notwendigkeit Erhöhung, Steigerung, Verstärkung.

In einem andern Sinne gibt es ein fortwährendes Gelingen einzelner Fälle an den verschiedensten Stellen der Erde und aus den verschiedensten Kulturen heraus, mit denen in der Tat sich ein *höherer Typus* darstellt: etwas, das im Verhältnis zur Gesamt-Menschheit eine Art Übermensch ist. Solche Glücksfälle des großen Gelingens waren immer möglich und werden vielleicht immer möglich sein. Und selbst ganze Geschlechter, Stämme, Völker können unter Umständen einen solchen *Treffer* darstellen.

5

Man soll das Christentum nicht schmücken und herausputzen: es hat einen *Todkrieg* gegen diesen *höheren* Typus Mensch gemacht, es hat alle Grundinstinkte dieses Typus in Bann getan, es hat aus diesen Instinkten das Böse, *den* Bösen herausdestilliert – der starke Mensch als der typisch Verwerfliche, der »verworfene Mensch«. Das Christentum hat die Partei alles Schwachen, Niedrigen, Mißratnen genommen, es hat ein Ideal aus dem *Widerspruch* gegen die Erhaltungs-Instinkte des starken Lebens gemacht; es hat die Vernunft selbst der geistig stärksten Naturen verdorben, indem es die obersten Werte der Geistigkeit als sündhaft, als irreführend, als *Versuchungen* empfinden lehrte. Das jammervollste Beispiel: die Verderbnis Pascals, der an die Verderbnis seiner Vernunft durch die Erbsünde glaubte, während sie nur durch sein Christentum verdorben war! –

6

Es ist ein schmerzliches, ein schauerliches Schauspiel, das mir aufgegangen ist: ich zog den Vorhang weg von der *Verdorbenheit* des Menschen. Dies Wort, in meinem Munde, ist wenigstens gegen einen Verdacht geschützt: daß es eine moralische Anklage des Menschen enthält. Es ist – ich möchte es nochmals unterstreichen – *moralinfrei* gemeint: und dies bis zu dem Grade, daß jene Verdorbenheit gerade dort von mir am stärksten empfunden wird, wo man bisher am bewußtesten zur »Tugend«, zur »Göttlichkeit« aspirierte. Ich verstehe Verdorbenheit, man errät es bereits, im Sinne von *décadence*: meine Behauptung ist, daß alle Werte, in denen jetzt die Menschheit ihre oberste Wünschbarkeit zusammenfaßt, *décadence-Werte* sind.

Ich nenne ein Tier, eine Gattung, ein Individuum verdorben, wenn es seine Instinkte verliert, wenn es wählt, wenn es *vorzieht*, was ihm nachteilig ist. Eine Geschichte der »höheren Gefühle«, der »Ideale der Menschheit« – und es ist möglich, daß ich sie erzählen muß – wäre beinahe auch die Erklärung dafür, *weshalb* der Mensch so verdorben ist. Das Leben selbst gilt mir als Instinkt für Wachstum, für Dauer, für Häufung von Kräften, für *Macht*: wo der Wille zur Macht fehlt, gibt es Niedergang. Meine Behauptung ist, daß allen obersten Werten der Menschheit dieser Wille *fehlt* – daß Niedergangs-Werte, *nihilistische* Werte unter den heiligsten Namen die Herrschaft führen.

7

Man nennt das Christentum die Religion des *Mitleidens*. – Das Mitleiden steht im Gegensatz zu den tonischen Affekten, welche die Energie des Lebensgefühls erhöhn: es wirkt depressiv. Man verliert Kraft, wenn man mitleidet. Durch das Mitleiden vermehrt und vervielfältigt sich die Einbuße an Kraft noch, die an sich schon das Leiden dem Leben bringt. Das Leiden selbst wird durch das Mitleiden ansteckend; unter Umständen kann mit ihm eine Gesamt-Einbuße an Leben und Lebens-Energie erreicht werden, die in einem absurden Verhältnis zum Quantum der Ursache steht (– der Fall vom Tode des Nazareners). Das ist der erste Gesichtspunkt; es gibt aber noch einen wichtigeren. Gesetzt, man mißt das Mitleiden nach dem Werte der Reaktionen, die es hervorzubringen pflegt, so erscheint sein lebensgefährlicher Charakter in einem noch viel helleren Lichte. Das Mitleiden kreuzt im ganzen großen das Gesetz der Entwicklung, welches das Gesetz der *Selektion* ist. Es erhält, was zum Untergange reif ist, es wehrt sich zugunsten der Enterbten und Verurteilten des Lebens, es gibt durch die Fülle des Mißratenen aller Art, das es im Leben *festhält*, dem Leben selbst einen düsteren und fragwürdigen Aspekt. Man hat gewagt, das Mitleiden eine Tugend zu nennen (– in jeder *vornehmen* Moral gilt es als Schwäche –); man ist weitergegangen, man hat aus ihm *die* Tugend, den Boden und Ursprung aller Tugenden gemacht – nur freilich, was man stets im Auge behalten muß, vom Gesichtspunkt einer Philosophie aus, welche nihilistisch war, welche die *Verneinung des Lebens* auf ihr Schild schrieb. Schopenhauer war in seinem Recht damit: durch das Mitleid wird das Leben verneint, *verneinungswürdiger* gemacht – Mitleiden ist die *Praxis* des Nihilismus. Nochmals gesagt: dieser depressive und kontagiöse Instinkt kreuzt jene Instinkte, welche auf Erhaltung und Wert-Erhöhung des Lebens aus sind: er ist ebenso als *Multiplikator* des Elends wie als *Konservator* alles Elenden ein Hauptwerkzeug zur Steigerung der *décadence* – Mitleiden überredet zum *Nichts*! ... Man sagt nicht »Nichts«: man sagt dafür »Jenseits«: oder »Gott«; oder »das *wahre* Leben«; oder Nirvana, Erlösung, Seligkeit... Diese unschuldige Rhetorik aus dem Reich der religiös-moralischen Idiosynkrasie erscheint sofort *viel weniger unschuldig,* wenn man begreift, *welche* Tendenz hier den Mantel sublimer Worte um sich schlägt: die *lebensfeindliche* Tendenz. Schopenhauer war lebensfeindlich: *deshalb* wurde ihm das Mitleid zur Tugend ... Aristoteles sah, wie man weiß, im Mitleiden einen krankhaften und gefährlichen Zustand, dem man gut täte, hier und da durch ein Purgativ beizukommen: er verstand die Tragödie als Purgativ. Vom Instinkte des Lebens aus müßte man in der Tat nach einem Mittel suchen, einer solchen krankhaften und gefährlichen Häufung des Mitleids, wie sie der Fall Schopenhauers (und leider auch unsre gesamte literarische und artistische *décadence* von St. Petersburg bis Paris, von Tolstoi bis Wagner) darstellt, einen Stich zu versetzen: damit sie *platzt* ... Nichts ist ungesunder, inmitten unsrer ungesunden Modernität, als das christliche Mitleid. *Hier* Arzt sein, *hier* unerbittlich sein, *hier* das Messer führen – das gehört zu *uns*, das ist *unsre* Art Menschenliebe, damit sind *wir* Philosophen, wir Hyperboreer! – –

8

Es ist notwendig zu sagen, *wen* wir als unsern Gegensatz fühlen – die Theologen und alles, was Theologen-Blut im Leibe hat – unsre ganze Philosophie ... Man muß das Verhängnis aus der Nähe gesehn haben, noch besser, man muß es an sich erlebt, man muß an ihm fast zugrunde gegangen sein, um hier keinen Spaß mehr zu verstehn – (die Freigeisterei unsrer Herren Naturforscher und Physiologen ist in meinen Augen ein *Spaß* – ihnen fehlt die Leidenschaft in diesen Dingen, das *Leiden* an ihnen –). Jene Vergiftung reicht viel weiter, als man denkt: ich fand den Theologen-Instinkt des Hochmuts überall wieder, wo man sich heute als »Idealist« fühlt – wo man, vermöge einer höheren Abkunft, ein Recht in

Anspruch nimmt, zur Wirklichkeit überlegen und fremd zu blicken ... Der Idealist hat, ganz wie der Priester, alle großen Begriffe in der Hand (– und nicht nur in der Hand!), er spielt sie mit einer wohlwollenden Verachtung gegen den »Verstand«, die »Sinne«, die »Ehren«, das Wohlleben«, die »Wissenschaft« aus, er sieht dergleichen *unter* sich, wie schädigende und verführerische Kräfte, über denen »der Geist« in reiner Für-sich-heit schwebt – als ob nicht Demut, Keuschheit, Armut, *Heiligkeit* mit einem Wort, dem Leben bisher unsäglich mehr Schaden getan hätten, als irgendwelche Furchtbarkeiten und Laster ... Der reine Geist ist die reine Lüge ... Solange der Priester noch als eine *höhere* Art Mensch gilt, dieser Verneiner, Verleumder, Vergifter des Lebens von *Beruf*, gibt es keine Antwort auf die Frage: was *ist* Wahrheit? Man *hat* bereits die Wahrheit auf den Kopf gestellt, wenn der bewußte Advokat des Nichts und der Verneinung als Vertreter der »Wahrheit« gilt ...

9

Diesem Theologen-Instinkte mache ich den Krieg: ich fand seine Spur überall. Wer Theologen-Blut im Leibe hat, steht von vornherein zu allen Dingen schief und unehrlich. Das Pathos, das sich daraus entwickelt, heißt sich *Glaube*: das Auge ein für alle Mal vor sich schließen, um nicht am Aspekt unheilbarer Falschheit zu leiden. Man macht bei sich eine Moral, eine Tugend, eine Heiligkeit aus dieser fehlerhaften Optik zu allen Dingen, man knüpft das gute Gewissen an das *Falsch*sehen – man fordert, daß keine *andre* Art Optik mehr Wert haben dürfe, nachdem man die eigne mit den Namen »Gott«, »Erlösung«, »Ewigkeit« sakrosankt gemacht hat. Ich grub den Theologen-Instinkt noch überall aus: er ist die verbreitetste, die eigentlich *unterirdische* Form der Falschheit, die es auf Erden gibt. Was ein Theologe als wahr empfindet, das *muß* falsch sein: man hat daran beinahe ein Kriterium der Wahrheit. Es ist sein unterster Selbsterhaltungs-Instinkt, der verbietet, daß die Realität in irgendeinem Punkte zu Ehren oder auch nur zu Worte käme. So weit der Theologen-Einfluß reicht, ist das *Wert-Urteil* auf den Kopf gestellt, sind die Begriffe »wahr« und »falsch« notwendig umgekehrt: was dem Leben am schädlichsten ist, das heißt hier »wahr«, was es hebt, steigert, bejaht, rechtfertigt und triumphieren macht, das heißt »falsch« ... Kommt es vor, daß Theologen durch das »Gewissen« der Fürsten (*oder* der Völker –) hindurch nach der *Macht* die Hand ausstrecken, zweifeln wir nicht, *was* jedesmal im Grunde sich begibt: der Wille zum Ende, der *nihilistische* Wille will zur Macht ...

10

Unter Deutschen versteht man sofort, wenn ich sage, daß die Philosophie durch Theologen-Blut verderbt ist. Der protestantische Pfarrer ist Großvater der deutschen Philosophie, der Protestantismus selbst ihr *peccatum originale.* Definition des Protestantismus: die halbseitige Lähmung des Christentums – *und* der Vernunft ... Man hat nur das Wort »Tübinger Stift« auszusprechen, um zu begreifen, *was* die deutsche Philosophie im Grunde ist – eine *hinterlistige* Theologie ... Die Schwaben sind die besten Lügner in Deutschland, sie lügen unschuldig ... Woher das Frohlocken, das beim Auftreten *Kants* durch die deutsche Gelehrtenwelt ging, die zu drei Vierteln aus Pfarrer- und Lehrer-Söhnen besteht – woher die deutsche Überzeugung, die auch heute noch ihr Echo findet, daß mit Kant eine Wendung zum *Besseren* beginne? Der Theologen-Instinkt im deutschen Gelehrten erriet, *was* nunmehr wieder möglich war ... Ein Schleichweg zum alten Ideal stand offen, der Begriff »*wahre* Welt«, der Begriff der Moral als *Essenz* der Welt (– diese zwei bösartigsten Irrtümer, die es gibt!) waren jetzt wieder, dank einer verschmitzt-klugen Skepsis, wenn nicht beweisbar, so doch nicht mehr *widerlegbar* ... Die Vernunft, das *Recht* der Vernunft reicht nicht so weit ... Man hatte aus der Realität eine »Scheinbarkeit« gemacht; man hatte eine vollkommen *erlogne* Welt, die des Seienden, zur Realität gemacht ... Der Erfolg Kants ist bloß ein Theologen-Erfolg: Kant war, gleich Luther, gleich Leibniz, ein Hemmschuh mehr in der an sich nicht taktfesten deutschen Rechtschaffenheit – –

11

Ein Wort noch gegen Kant als *Moralist.* Eine Tugend muß *unsre* Erfindung sein, *unsre* persönlichste Notwehr und Notdurft: in jedem andern Sinne ist sie bloß eine Gefahr. Was nicht unser Leben bedingt, *schadet* ihm: eine Tugend bloß aus einem Respekts-Gefühle vor dem Begriff »Tugend«, wie Kant es wollte, ist schädlich. Die »Tugend«, die »Pflicht«, das »Gute an sich«, das Gute mit dem Charakter der Unpersönlichkeit und Allgemeingültigkeit – Hirngespinste, in denen sich der Niedergang, die letzte Entkräftigung des Lebens, das Königsberger Chinesentum ausdrückt. Das Umgekehrte wird von den tiefsten Erhaltungs- und Wachstumsgesetzen geboten: daß jeder sich *seine* Tugend, *seinen* kategorischen Imperativ erfinde. Ein Volk geht zugrunde, wenn es *seine* Pflicht mit dem Pflichtbegriff überhaupt verwechselt. Nichts ruiniert tiefer, innerlicher als jede »unpersönliche« Pflicht, jede Opferung vor dem Moloch der Abstraktion. – Daß man den kategorischen Imperativ Kants nicht als *lebensgefährlich* empfunden hat! ... Der Theologen-Instinkt allein nahm ihn in Schutz! – Eine

Handlung, zu der der Instinkt des Lebens zwingt, hat in der Lust ihren Beweis, eine *rechte* Handlung zu sein: und jener Nihilist mit christlich-dogmatischen Eingeweiden verstand die Lust als *Einwand* ... Was zerstört schneller, als ohne innere Notwendigkeit, ohne eine tief persönliche Wahl, ohne *Lust* arbeiten, denken, fühlen? als Automat der »Pflicht«? Es ist geradezu das *Rezept* zur *décadence,* selbst zum Idiotismus ... Kant wurde Idiot. – Und das war der Zeitgenosse *Goethes*! Dies Verhängnis von Spinne galt als der *deutsche* Philosoph – gilt es noch! ... Ich hüte mich zu sagen, was ich von den Deutschen denke ... Hat Kant nicht in der französischen Revolution den Übergang aus der unorganischen Form des Staats in die *organische* gesehn? Hat er sich nicht gefragt, ob es eine Begebenheit gibt, die gar nicht anders erklärt werden könne als durch eine moralische Anlage der Menschheit, so daß mit ihr, ein für allemal, die »Tendenz der Menschheit zum Guten« *bewiesen* sei? Antwort Kants: »das ist die Revolution«. Der fehlgreifende Instinkt in allem und jedem, die *Widernatur* als Instinkt, die deutsche *décadence* als Philosophie – *das ist Kant*! –

12

Ich nehme ein paar Skeptiker beiseite, den anständigen Typus in der Geschichte der Philosophie: aber der Rest kennt die ersten Forderungen der intellektuellen Rechtschaffenheit nicht. Sie machen es allesamt wie die Weiblein, alle diese großen Schwärmer und Wundertiere – sie halten die »schönen Gefühle« bereits für Argumente, den »gehobenen Busen« für einen Blasebalg der Gottheit, die Überzeugung für ein *Kriterium* der Wahrheit. Zuletzt hat noch Kant, in »deutscher« Unschuld, diese Form der Korruption, diesen Mangel an intellektuellem Gewissen unter dem Begriff »praktische Vernunft« zu verwissenschaftlichen versucht: er erfand eigens eine Vernunft dafür, in welchem Falle man sich nicht um die Vernunft zu kümmern habe, nämlich wenn die Moral, wenn die erhabne Forderung »du sollst« laut wird. Erwägt man, daß bei fast allen Völkern der Philosoph nur die Weiterentwicklung des priesterlichen Typus ist, so überrascht dieses Erbstück des Priesters, die *Falschmünzerei vor sich selbst,* nicht mehr. Wenn man heilige Aufgaben hat, zum Beispiel die Menschen zu bessern, zu retten, zu erlösen – wenn man die Gottheit im Busen trägt, Mundstück jenseitiger Imperative ist, so steht man mit einer solchen Mission bereits außerhalb aller bloß verstandesmäßigen Wertungen – *selbst* schon geheiligt durch eine solche Aufgabe, selbst schon der Typus einer höheren Ordnung! ... Was geht einen Priester die *Wissenschaft* an! Er steht zu hoch dafür! – Und der Priester hat bisher *geherrscht*! – *Er bestimmte* den Begriff »wahr« und »unwahr«! ...

13

Unterschätzen wir dies nicht: *wir selbst*, wir freien Geister, sind bereits eine »Umwertung aller Werte«, eine *leibhafte* Kriegs- und Siegs-Erklärung an alle alten Begriffe von »wahr« und »unwahr«. Die wertvollsten Einsichten werden am spätesten gefunden; aber die wertvollsten Einsichten sind die *Methoden. Alle* Methoden, *alle* Voraussetzungen unsrer jetzigen Wissenschaftlichkeit haben jahrtausendelang die tiefste Verachtung gegen sich gehabt: auf sie hin war man aus dem Verkehre mit »honetten« Menschen ausgeschlossen – man galt als »Feind Gottes«, als Verächter der Wahrheit, als »Besessener«. Als wissenschaftlicher Charakter war man Tschandala ... Wir haben das ganze Pathos der Menschheit gegen uns gehabt – ihren Begriff von dem, was Wahrheit sein *soll*, was der Dienst der Wahrheit sein *soll*: jedes »du sollst« war bisher *gegen* uns gerichtet ... Unsre Objekte, unsre Praktiken, unsre stille, vorsichtige, mißtrauische Art – alles das schien ihr vollkommen unwürdig und verächtlich. – Zuletzt dürfte man, mit einiger Billigkeit, sich fragen, ob es nicht eigentlich ein *ästhetischer* Geschmack war, was die Menschheit in so langer Blindheit gehalten hat: sie verlangte von der Wahrheit einen *pittoresken* Effekt, sie verlangte insgleichen vom Erkennenden, daß er stark auf die Sinne wirke. Unsre *Bescheidenheit* ging ihr am längsten wider den Geschmack ... Oh, wie sie das errieten, diese Truthähne Gottes – –

14

Wir haben umgelernt. Wir sind in allen Stücken bescheidner geworden. Wir leiten den Menschen nicht mehr vom »Geist«, von der »Gottheit« ab, wir haben ihn unter die Tiere zurückgestellt. Er gilt uns als das stärkste Tier, weil er das listigste ist: eine Folge davon ist seine Geistigkeit. Wir wehren uns andrerseits gegen eine Eitelkeit, die auch hier wieder laut werden möchte: wie als ob der Mensch die große Hinterabsicht der tierischen Entwicklung gewesen sei. Er ist durchaus keine Krone der Schöpfung: jedes Wesen ist, neben ihm, auf einer gleichen Stufe der Vollkommenheit ... Und indem wir das behaupten, behaupten wir noch zuviel: der Mensch ist, relativ genommen, das mißratenste Tier, das krankhafteste, das von seinen Instinkten am gefährlichsten abgeirrte – freilich, mit alledem, auch das *interessanteste*! – Was die Tiere betrifft, so hat zuerst Descartes, mit verehrungswürdiger Kühnheit, den Gedanken gewagt, das Tier als *machina* zu verstehn: unsre ganze Physiologie bemüht sich um den Beweis dieses Satzes. Auch stellen wir logischerweise den Menschen nicht beiseite, wie noch Descartes tat: was überhaupt heute vom Menschen begriffen ist, geht genau so weit, als er machinal begriffen ist. Ehedem gab man dem Menschen, als seine Mitgift aus einer höheren Ordnung, den »freien Willen«: heute haben wir ihm selbst den Willen genommen, in dem Sinne, daß darunter kein Vermögen mehr verstanden werden darf. Das alte Wort »Wille« dient nur dazu, eine Resultante zu bezeichnen, eine Art individueller Reaktion, die notwendig auf eine Menge teils widersprechender, teils zusammenstimmender Reize folgt – der Wille »wirkt« nicht mehr, »bewegt« nicht mehr ... Ehemals sah man im Bewußtsein des Menschen, im »Geist«, den Beweis seiner höheren Abkunft, seiner Göttlichkeit; um den Menschen zu *vollenden*, riet man ihm an, nach der Art der Schildkröte die Sinne in sich hineinzuziehn, den Verkehr mit dem Irdischen einzustellen, die sterbliche Hülle abzutun: dann blieb die Hauptsache von ihm zurück, der »reine Geist«. Wir haben uns auch hierüber besser besonnen: das Bewußtwerden, der »Geist«, gilt uns gerade als Symptom einer relativen Unvollkommenheit des Organismus, als ein Versuchen, Tasten, Fehlgreifen, als eine Mühsal, bei der unnötig viel Nervenkraft verbraucht wird, – wir leugnen, daß irgend etwas vollkommen gemacht werden kann, solange es noch bewußt gemacht wird. Der »reine Geist« ist eine reine Dummheit: rechnen wir das Nervensystem und die Sinne ab, die »sterbliche Hülle«, *so verrechnen wir uns* – weiter nichts! ...

15

Weder die Moral noch die Religion berührt sich im Christentume mit irgendeinem Punkte der Wirklichkeit. Lauter imaginäre *Ursachen* (»Gott«, »Seele«, »Ich«, »Geist«, »der freie Wille« – oder auch »der unfreie«): lauter imaginäre *Wirkungen* (»Sünde«, »Erlösung«, »Gnade«, »Strafe«, »Vergebung der Sünde«). Ein Verkehr zwischen imaginären *Wesen* (»Gott«, »Geister«, »Seelen«); eine imaginäre *Natur*wissenschaft (anthropozentrisch; völliger Mangel des Begriffs der natürlichen Ursachen); eine imaginäre *Psychologie* (lauter Selbst-Mißverständnisse, Interpretationen angenehmer oder unangenehmer Allgemeingefühle, zum Beispiel der Zustände des *nervus sympathicus*, mit Hilfe der Zeichensprache religiös-moralischer Idiosynkrasie – »Reue«, »Gewissensbiß«, »Versuchung des Teufels«, »die Nähe Gottes«); eine imaginäre *Teleologie* (»das Reich Gottes«, »das Jüngste Gericht«, »das ewige Leben«). – Diese reine *Fiktions-Welt* unterscheidet sich dadurch sehr zu ihren Ungunsten von der Traumwelt, daß letztere die Wirklichkeit *widerspiegelt*, während *sie* die Wirklichkeit fälscht, entwertet, verneint. Nachdem erst der Begriff »Natur« als Gegenbegriff zu »Gott« erfunden war, mußte »natürlich« das Wort sein für »verwerflich« – jene ganze Fiktions-Welt hat ihre Wurzel im *Haß* gegen das Natürliche (– die Wirklichkeit! –), sie ist der Ausdruck eines tiefen Mißbehagens am Wirklichen ... *Aber damit ist alles erklärt.*

Wer allein hat Gründe, sich *wegzulügen* aus der Wirklichkeit? Wer an ihr *leidet.* Aber an der Wirklichkeit leiden heißt eine *verunglückte* Wirklichkeit sein ... Das Übergewicht der Unlustgefühle über die Lustgefühle ist die *Ursache* einer fiktiven Moral und Religion: ein solches Übergewicht gibt aber die *Formel* ab für *décadence* ...

16

Zu dem gleichen Schlusse nötigt eine Kritik des *christlichen Gottesbegriffs.* – Ein Volk, das noch an sich selbst glaubt, hat auch noch seinen eignen Gott. In ihm verehrt es die Bedingungen, durch die es obenauf ist, seine Tugenden, – es projiziert seine Lust an sich, sein Machtgefühl in ein Wesen, dem man dafür danken kann. Wer reich ist, will abgeben; ein stolzes Volk braucht einen Gott, um zu *opfern* ... Religion, innerhalb solcher Voraussetzungen, ist eine Form der Dankbarkeit. Man ist für sich selber dankbar: dazu braucht man einen Gott. – Ein solcher Gott muß nützen und schaden können, muß Freund und Feind sein können – man bewundert ihn im Guten wie im Schlimmen. Die *widernatürliche* Kastration eines Gottes zu einem Gotte bloß des Guten läge hier außerhalb aller Wünschbarkeit. Man hat den bösen Gott so nötig als den guten: man verdankt ja die eigne Existenz nicht gerade der Toleranz, der Menschenfreundlichkeit ... Was läge an einem Gotte, der nicht Zorn, Rache, Neid, Hohn, List, Gewalttat kennte? dem vielleicht nicht einmal die entzückenden *ardeurs* des Siegs und der Vernichtung bekannt wären? Man würde einen solchen Gott nicht verstehn: wozu sollte man ihn haben? – Freilich: wenn ein Volk zugrunde geht; wenn es den Glauben an Zukunft, seine Hoffnung auf Freiheit endgültig schwinden fühlt; wenn ihm die Unterwerfung als erste Nützlichkeit, die Tugenden der Unterworfenen als Erhaltungsbedingungen ins Bewußtsein treten, dann *muß* sich auch sein Gott verändern. Er wird jetzt Duckmäuser, furchtsam, bescheiden, rät zum »Frieden der Seele«, zum Nicht-mehr-hassen, zur Nachsicht, zur »Liebe« selbst gegen Freund und Feind. Er moralisiert beständig, er kriecht in die Höhle jeder Privattugend, wird Gott für jedermann, wird Privatmann, wird Kosmopolit ... Ehemals stellte er ein Volk, die Stärke eines Volkes, alles Aggressive und Machtdurstige aus der Seele eines Volkes dar: jetzt ist er bloß noch der gute Gott ... In der Tat, es gibt keine andre Alternative für Götter: *entweder* sind sie der Wille zur Macht – und so lange werden sie Volksgötter sein –, *oder* aber die Ohnmacht zur Macht – und dann werden sie notwendig *gut* ...

17

Wo in irgendwelcher Form der Wille zur Macht niedergeht, gibt es jedesmal auch einen physiologischen Rückgang, eine *décadence.* Die Gottheit der *décadence,* beschnitten an ihren männlichsten Tugenden und Trieben, wird nunmehr notwendig zum Gott der Physiologisch-Zurückgezogenen, der Schwachen. Sie heißen sich selbst *nicht* die Schwachen, sie heißen sich »die Guten« ... Man versteht, ohne daß ein Wink noch not täte, in welchen Augenblicken der Geschichte erst die dualistische Fiktion eines guten und eines bösen Gottes möglich wird. Mit demselben Instinkte, mit dem die Unterworfnen ihren Gott zum »Guten an sich« herunterbringen, streichen sie aus dem Gotte ihrer Überwinder die guten Eigenschaften aus; sie nehmen Rache an ihren Herren, dadurch daß sie deren Gott *verteufeln.* – *Der gute* Gott, ebenso wie der Teufel: beide Ausgeburten der *décadence.* – Wie kann man heute noch der Einfalt christlicher Theologen so viel nachgeben, um mit ihnen zu dekretieren, die Fortentwicklung des Gottesbegriffs vom »Gotte Israels«, vom Volksgotte zum christlichen Gotte, zum Inbegriff alles Guten, sei ein *Fortschritt*? – Aber selbst Renan tut es. Als ob Renan ein Recht auf Einfalt hätte! Das Gegenteil springt doch in die Augen. Wenn die Voraussetzungen des *aufsteigenden* Lebens, wenn alles Starke, Tapfere, Herrische, Stolze aus dem Gottesbegriffe eliminiert werden, wenn er Schritt für Schritt zum Symbol eines Stabs für Müde, eines Rettungsankers für alle Ertrinkenden heruntersinkt, wenn er Arme-Leute-Gott, Sünder-Gott, Kranken-Gott *par excellence* wird, und das Prädikat »Heiland«, »Erlöser« gleichsam *übrig*bleibt als göttliches Prädikat überhaupt: *wovon* redet eine solche Verwandlung? eine solche *Reduktion* des Göttlichen? – Freilich: »das Reich Gottes« ist damit größer geworden. Ehemals hatte er nur sein Volk, sein »auserwähltes« Volk. Inzwischen ging er, ganz wie sein Volk selber, in die Fremde, auf Wanderschaft, er saß seitdem nirgendswo mehr still: bis er endlich überall heimisch wurde, der große Kosmopolit – bis er »die große Zahl« und die halbe Erde auf seine Seite bekam. Aber der Gott der »großen Zahl«, der Demokrat unter den Göttern, wurde trotzdem kein stolzer Heidengott: er blieb Jude, er blieb der Gott der Winkel, der Gott aller dunklen Ecken und Stellen, aller ungesunden Quartiere der ganzen Welt! ... Sein Weltreich ist nach wie vor ein Unterwelts- Reich, ein Hospital, ein *souterrain*-Reich, ein Ghetto-Reich ... Und er selbst, so blaß, so schwach, so *décadent* ... Selbst die blassesten der Blassen wurden noch über ihn Herr, die Herrn Metaphysiker, die Begriffs-Albinos. Diese spannen so lange um ihn herum, bis er, hypnotisiert durch ihre Bewegungen, selbst Spinne, selbst Metaphysicus wurde. Nunmehr spann er wieder die Welt aus sich heraus – *sub specie Spinozae* –, nunmehr transfigurierte er sich ins immer Dünnere und Blässere, ward »Ideal«, ward »reiner Geist«, war »*absolutum*«, ward »Ding an sich« ... Verfall eines Gottes: Gott ward »Ding an sich« ...

18

Der christliche Gottesbegriff – Gott als Krankengott, Gott als Spinne, Gott als Geist – ist einer der korruptesten Gottesbegriffe, die auf Erden erreicht worden sind; er stellt vielleicht selbst den Pegel des Tiefstands in der absteigenden Entwicklung des Götter-Typus dar. Gott zum *Widerspruch des Lebens* abgeartet, statt dessen Verklärung und ewiges *Ja* zu sein! In Gott dem Leben, der Natur, dem Willen zum Leben die Feindschaft angesagt! Gott die Formel für jede Verleumdung des »Diesseits«, für jede Lüge vom »Jenseits«! In Gott das Nichts vergöttlicht, der Wille zum Nichts heilig gesprochen!...

19

Daß die starken Rassen des nördlichen Europa den christlichen Gott nicht von sich gestoßen haben, macht ihrer religiösen Begabung wahrlich keine Ehre – um nicht vom Geschmacke zu reden. Mit einer solchen krankhaften und altersschwachen Ausgeburt der *décadence* hätten sie fertig werden *müssen*. Aber es liegt ein Fluch dafür auf ihnen, daß sie nicht mit ihm fertig geworden sind: sie haben die Krankheit, das Alter, den Widerspruch in alle ihre Instinkte aufgenommen – sie haben seitdem keinen Gott mehr *geschaffen*! Zwei Jahrtausende beinahe und nicht ein einziger neuer Gott! Sondern immer noch und wie zu Recht bestehend, wie ein *ultimatum* und *maximum* der gottbildenden Kraft, des *creator spiritus* im Menschen, dieser erbarmungswürdige Gott des christlichen Monotono-Theismus! Dies hybride Verfalls-Gebilde aus Null, Begriff und Widerspruch, in dem alle *décadence*-Instinkte, alle Feigheiten und Müdigkeiten der Seele ihre Sanktion haben! – –

20

Mit meiner Verurteilung des Christentums möchte ich kein Unrecht gegen eine verwandte Religion begangen haben, die der Zahl der Bekenner nach sogar überwiegt: gegen den *Buddhismus*. Beide gehören als nihilistische Religionen zusammen – sie sind *décadence*-Religionen –, beide sind voneinander in der merkwürdigsten Weise getrennt. Daß man sie jetzt *vergleichen* kann, dafür ist der Kritiker des Christentums den indischen Gelehrten tief dankbar. – Der Buddhismus ist hundertmal realistischer als das Christentum – er hat die Erbschaft des objektiven und kühlen Probleme-Stellens im Leibe, er kommt *nach* einer Hunderte von Jahren dauernden philosophischen Bewegung; der Begriff »Gott« ist bereits abgetan, als er kommt. Der Buddhismus ist die einzige eigentlich *positivistische* Religion, die uns die Geschichte zeigt, auch noch in seiner Erkenntnistheorie (einem strengen Phänomenalismus –), er sagt nicht mehr »Kampf gegen die *Sünde*«, sondern, ganz der Wirklichkeit das Recht gebend, »Kampf gegen das *Leiden*«. Er hat – dies unterscheidet ihn tief vom Christentum – die Selbst-Betrügerei der Moral-Begriffe bereits hinter sich, – er steht, in meiner Sprache geredet, *jenseits* von Gut und Böse. – Die *zwei* physiologischen Tatsachen, auf denen er ruht und die er ins Auge faßt, sind: *einmal* eine übergroße Reizbarkeit der Sensibilität, welche sich als raffinierte Schmerzfähigkeit ausdrückt, *sodann* eine Übergeistigung, ein allzulanges Leben in Begriffen und logischen Prozeduren, unter dem der Person-Instinkt zum Vorteil des »Unpersönlichen« Schaden genommen hat (– beides Zustände, die wenigstens einige meiner Leser, die »Objektiven«, gleich mir selbst, aus Erfahrung kennen werden). Auf Grund dieser physiologischen Bedingungen ist eine *Depression* entstanden: gegen diese geht Buddha hygienisch vor. Er wendet dagegen das Leben im Freien an, das Wanderleben; die Mäßigung und die Wahl in der Kost; die Vorsicht gegen alle Spirituosa; die Vorsicht insgleichen gegen alle Affekte, die Galle machen, die das Blut erhitzen; keine *Sorge*, weder für sich, noch für andre. Er fordert Vorstellungen, die entweder Ruhe geben oder erheitern – er erfindet Mittel, die anderen sich abzugewöhnen. Er versteht die Güte, das Gütig-sein als gesundheit-fördernd. *Gebet* ist ausgeschlossen, ebenso wie die *Askese*; kein kategorischer Imperativ, kein *Zwang* überhaupt, selbst nicht innerhalb der Klostergemeinschaft (– man kann wieder hinaus –). Das alles wären Mittel, um jene übergroße Reizbarkeit zu verstärken. Eben darum fordert er auch keinen Kampf gegen Andersdenkende; seine Lehre wehrt sich gegen nichts *mehr* als gegen das Gefühl der Rache, der Abneigung, des *ressentiment* (– »nicht durch Feindschaft kommt Feindschaft zu Ende«: der rührende Refrain des ganzen Buddhismus ...). Und das mit Recht: gerade diese Affekte wären vollkommen *ungesund* in Hinsicht auf die diätetische Hauptabsicht. Die geistige Ermüdung, die er vorfindet und die sich in einer allzugroßen »Objektivität« (das heißt Schwächung des Individual-Interesses, Verlust an Schwergewicht, an »Egoismus«) ausdrückt, bekämpft er mit einer strengen Zurückführung auch der geistigsten Interessen auf die *Person*. In der Lehre Buddhas wird der Egoismus Pflicht: das »eins ist not«, das »wie kommst *du* vom Leiden los« reguliert und begrenzt die ganze geistige Diät (– man darf sich vielleicht an jenen Athener erinnern, der der reinen »Wissenschaftlichkeit« gleichfalls den Krieg machte, an Sokrates, der den Personal-Egoismus auch im Reich der Probleme zur Moral erhob).

21

Die Voraussetzung für den Buddhismus ist ein sehr mildes Klima, eine große Sanftmut und Liberalität in den Sitten, *kein* Militarismus; und daß es die höheren und selbst gelehrten Stände sind, in denen die Bewegung ihren Herd hat. Man will die Heiterkeit, die Stille, die Wunschlosigkeit als höchstes Ziel, und man *erreicht* sein Ziel. Der Buddhismus ist keine Religion, in der man bloß auf Vollkommenheit aspiriert: das Vollkommne ist der normale Fall.–

Im Christentume kommen die Instinkte Unterworfner und Unterdrückter in den Vordergrund: es sind die niedersten Stände, die in ihm ihr Heil suchen. Hier wird als *Beschäftigung*, als Mittel gegen die Langeweile die Kasuistik der Sünde, die Selbstkritik, die Gewissens-Inquisition geübt; hier wird der Affekt gegen einen *Mächtigen*, »Gott« genannt, beständig aufrecht erhalten (durch das Gebet); hier gilt das Höchste als unerreichbar, als Geschenk, als »Gnade«. Hier fehlt auch die Öffentlichkeit; der Versteck, der dunkle Raum ist christlich. Hier wird der Leib verachtet, die Hygiene als Sinnlichkeit abgelehnt; die Kirche wehrt sich selbst gegen die Reinlichkeit (– die erste christliche Maßregel nach Vertreibung der Mauren war die Schließung der öffentlichen Bäder, von denen Cordova allein 270 besaß). Christlich ist ein gewisser Sinn der Grausamkeit gegen sich und andre; der Haß gegen die Andersdenkenden; der Wille, zu verfolgen. Düstere und aufregende Vorstellungen sind im Vordergrunde; die höchstbegehrten, mit den höchsten Namen bezeichneten Zustände sind Epilepsoïden; die Diät wird so gewählt, daß sie morbide Erscheinungen begünstigt und die Nerven überreizt. Christlich ist die Todfeindschaft gegen die Herren der Erde, gegen die »Vornehmen« – und zugleich ein versteckter heimlicher Wettbewerb (– man läßt ihnen den »Leib«, man will *nur* die »Seele« . . .). Christlich ist der Haß gegen den *Geist*, gegen Stolz, Mut, Freiheit, *libertinage* des Geistes; christlich ist der Haß gegen die *Sinne*, gegen die Freuden der Sinne, gegen die Freude überhaupt . . .

22

Das Christentum, als es seinen ersten Boden verließ, die niedrigsten Stände, die *Unterwelt* der antiken Welt, als es unter Barbaren-Völkern nach Macht ausging, hatte hier nicht mehr *müde* Menschen zur Voraussetzung, sondern innerlich verwilderte und sich zerreißende – den starken Menschen, aber den mißratnen. Die Unzufriedenheit mit sich, das Leiden an sich ist hier *nicht* wie bei dem Buddhisten eine übermäßige Reizbarkeit und Schmerzfähigkeit, vielmehr umgekehrt ein übermächtiges Verlangen nach Wehe-tun, nach Auslassung der inneren Spannung in feindseligen Handlungen und Vorstellungen. Das Christentum hatte *barbarische* Begriffe und Werte nötig, um über Barbaren Herr zu werden: solche sind das Erstlingsopfer, das Bluttrinken im Abendmahl, die Verachtung des Geistes und der Kultur; die Folterung in allen Formen, sinnlich und unsinnlich; der große Pomp des Kultus. Der Buddhismus ist eine Religion für *späte*

Menschen, für gütige, sanfte, übergeistig gewordne Rassen, die zu leicht Schmerz empfinden (– Europa ist noch lange nicht reif für ihn –): er ist eine Rückführung derselben zu Frieden und Heiterkeit, zur Diät im Geistigen, zu einer gewissen Abhärtung im Leiblichen. Das Christentum will über *Raubtiere* Herr werden; sein Mittel ist, sie *krank* zu machen – die Schwächung ist das christliche Rezept zur *Zähmung*, zur »Zivilisation«. Der Buddhismus ist eine Religion für den Schluß und die Müdigkeit der Zivilisation, das Christentum findet sie noch nicht einmal vor – es begründet sie unter Umständen.

23

Der Buddhismus, nochmals gesagt, ist hundertmal kälter, wahrhafter, objektiver. Er hat nicht mehr nötig, sich sein Leiden, seine Schmerzfähigkeit *anständig* zu machen durch die Interpretation der Sünde – er sagt bloß, was er denkt, »ich leide«. Dem Barbaren dagegen ist Leiden an sich nichts Anständiges: er braucht erst eine Auslegung, um es sich einzugestehn, *daß* er leidet (sein Instinkt weist ihn eher auf Verleugnung des Leidens, auf stilles Ertragen hin). Hier war das Wort »Teufel« eine Wohltat: man hatte einen übermächtigen und furchtbaren Feind – man brauchte sich nicht zu schämen, an einem solchen Feind zu leiden. –

Das Christentum hat einige Feinheiten auf dem Grunde, die zum Orient gehören. Vor allem weiß es, daß es an sich ganz gleichgültig ist, ob etwas wahr ist, aber von höchster Wichtigkeit, *sofern* es als wahr geglaubt wird. Die Wahrheit und der *Glaube*, daß etwas wahr sei: zwei ganz auseinanderliegende Interessen-Welten, fast *Gegensatz*-Welten – man kommt zum einen und zum andern auf grundverschiednen Wegen. Hierüber wissend zu sein – das *macht* im Orient beinahe den Weisen: so verstehen es die Brahmanen, so versteht es Plato, so jeder Schüler esoterischer Weisheit. Wenn zum Beispiel ein *Glück* darin liegt, sich von der Sünde erlöst zu glauben, so tut als Voraussetzung dazu *nicht* not, daß der Mensch sündig sei, sondern daß er sich sündig *fühlt*. Wenn aber überhaupt vor allem *Glaube* not tut, so muß man die Vernunft, die Erkenntnis, die Forschung in Mißkredit bringen: der Weg zur Wahrheit wird zum *verbotnen* Weg. – Die starke *Hoffnung* ist ein viel größeres *Stimulans* des Lebens, als irgendein einzelnes wirklich eintretendes Glück. Man muß Leidende durch eine Hoffnung aufrecht erhalten, welcher durch keine Wirklichkeit widersprochen werden kann – welche nicht durch eine Erfüllung *abgetan* wird: eine Jenseits-Hoffnung. (Gerade wegen dieser Fähigkeit, den Unglücklichen hinzuhalten, galt die Hoffnung bei den Griechen als Übel der Übel, als das eigentlich *tückische* Übel: es blieb im Faß des Übels zurück.) – Damit *Liebe* möglich ist, muß Gott Person sein; damit die untersten Instinkte mitreden können, muß Gott jung sein. Man hat für die Inbrunst der Weiber einen schönen Heiligen, für die der Männer eine Maria in den Vordergrund zu rücken. Dies unter der Voraussetzung, daß das Christentum auf einem Boden Herr werden will, wo aphrodisische oder Adonis-Kulte den *Begriff* des Kultus bereits bestimmt haben. Die Forderung der *Keuschheit* verstärkt die Vehemenz und Innerlichkeit des religiösen Instinkts – sie macht den Kultus wärmer, schwärmerischer, seelenvoller. – Die Liebe ist der Zustand, wo der Mensch die Dinge am meisten so sieht, wie sie *nicht* sind. Die illusorische Kraft ist da auf ihrer Höhe, ebenso die versüßende, die *verklärende* Kraft. Man erträgt in der Liebe mehr als sonst, man duldet alles. Es galt eine Religion zu erfinden, in der geliebt werden kann: damit ist man über das Schlimmste am Leben hinaus – man sieht es gar nicht mehr. – Soviel über die drei christlichen Tugenden Glaube, Liebe, Hoffnung: ich nenne sie die drei christlichen *Klugheiten.* – Der Buddhismus ist zu spät, zu positivistisch dazu, um noch auf diese Weise klug zu sein. –

24

Ich berühre hier nur das Problem der *Entstehung* des Christentums. Der *erste* Satz zu dessen Lösung heißt: das Christentum ist einzig aus dem Boden zu verstehn, aus dem es gewachsen ist – es ist *nicht* eine Gegenbewegung gegen den jüdischen Instinkt, es ist dessen Folgerichtigkeit selbst, ein Schluß weiter in dessen furchteinflößender Logik. In der Formel des Erlösers: »Das Heil kommt von den Juden«. – Der *zweite* Satz heißt: der psychologische Typus des Galiläers ist noch erkennbar, aber erst in seiner vollständigen Entartung (die zugleich Verstümmlung und Überladung mit fremden Zügen ist –) hat er dazu dienen können, wozu er gebraucht worden ist, zum Typus eines *Erlösers* der Menschheit. –

Die Juden sind das merkwürdigste Volk der Weltgeschichte, weil sie, vor die Frage von Sein und Nichtsein gestellt, mit einer vollkommen unheimlichen Bewußtheit das Sein *um jeden Preis* vorgezogen haben: dieser Preis war die radikale *Fälschung* aller Natur, aller Natürlichkeit, aller Realität, der ganzen inneren Welt so gut als der äußeren. Sie grenzten sich ab *gegen* alle Bedingungen, unter denen bisher ein Volk leben konnte, leben *durfte;* sie schufen aus sich einen Gegensatz-Begriff zu *natürlichen* Bedingungen – sie haben, der Reihe nach, die Religion, den Kultus, die Moral, die Geschichte, die Psychologie auf eine unheilbare Weise in den *Widerspruch zu deren Natur-Werten* umgedreht. Wir begegnen demselben Phänomene noch einmal und in unsäglich vergrößerten Proportionen, trotzdem nur als Kopie – die christliche Kirche entbehrt, im Vergleich zum »Volk der Heiligen«, jedes Anspruchs auf Originalität. Die Juden sind, ebendamit, das *verhängnisvollste* Volk der Weltgeschichte: in ihrer Nachwirkung haben sie die Menschheit dermaßen falsch gemacht, daß heute noch der Christ antijüdisch fühlen kann, ohne sich als die *letzte jüdische Konsequenz* zu verstehn.

Ich habe in meiner »Genealogie der Moral« zum ersten Male den Gegensatz-Begriff einer *vornehmen* Moral und einer *ressentiment*-Moral psychologisch vorgeführt, letztere *aus dem Nein* gegen die erstere entsprungen: aber dies ist die jüdisch-christliche Moral ganz und gar. Um Nein sagen zu können zu allem, was die *aufsteigende* Bewegung des Lebens, die Wohlgeratenheit, die Macht, die Schönheit, die Selbstbejahung auf Erden darstellt, mußte hier sich der Genie gewordne Instinkt des *ressentiment* eine *andre* Welt erfinden, von wo aus jene *Lebens-Bejahung* als das Böse, als das Verwerfliche an sich erschien. Psychologisch nachgerechnet, ist das jüdische Volk ein Volk der zähesten Lebenskraft, welches, unter unmögliche Bedingungen versetzt, freiwillig, aus der tiefsten Klugheit der Selbsterhaltung, die Partei aller *décadence*-Instinkte nimmt – *nicht* als von ihnen beherrscht, sondern weil es in ihnen eine Macht erriet, mit der man sich *gegen* »die Welt« durchsetzen kann. Die Juden sind das Gegenstück aller *décadents*: sie haben sie *darstellen* müssen bis zur Illusion, sie haben sich mit einem *non plus ultra* des schauspielerischen Genies, an die Spitze aller *décadence*-Bewegungen zu stellen gewußt (– als Christentum des *Paulus* –), um aus ihnen etwas zu schaffen, das stärker ist als jede *Ja-sagende* Partei des Lebens. Die *décadence* ist, für die im Juden- und Christentum zur Macht verlangende Art von Mensch, eine *priesterliche* Art, nur *Mittel*: diese Art von Mensch hat ein Lebens-Interesse daran, die Menschheit *krank* zu machen und die Begriffe »gut« und »böse«, »wahr« und »falsch« in einen lebensgefährlichen und weltverleumderischen Sinn umzudrehn. –

25

Die Geschichte Israels ist unschätzbar als typische Geschichte aller *Entnatürlichung* der Natur-Werte: ich deute fünf Tatsachen derselben an. Ursprünglich, vor allem in der Zeit des Königtums, stand auch Israel zu allen Dingen in der *richtigen*, das heißt der natürlichen Beziehung. Sein Javeh war der Ausdruck des Macht-Bewußtseins, der Freude an sich, der Hoffnung auf sich: in ihm erwartete man Sieg und Heil, mit ihm vertraute man der Natur, daß sie gibt, was das Volk nötig hat – vor allem Regen. Javeh ist der Gott Israels und *folglich* Gott der Gerechtigkeit: die Logik jedes Volks, das in Macht ist und ein gutes Gewissen davon hat. Im Fest-Kultus drücken sich diese beiden Seiten der Selbstbejahung eines Volkes aus: es ist dankbar für die großen Schicksale, durch die es obenauf kam, es ist dankbar im Verhältnis zum Jahreskreislauf und allem Glück in Viehzucht und Ackerbau. – Dieser Zustand der Dinge blieb noch lange das Ideal, auch als er auf eine traurige Weise abgetan war: die Anarchie im Innern, der Assyrer von außen. Aber das Volk hielt als höchste Wünschbarkeit jene Vision eines Königs fest, der ein guter Soldat und ein strenger Richter ist: vor allem jener typische Prophet (das heißt Kritiker und Satiriker des Augenblicks) Jesaja. – Aber jede Hoffnung blieb unerfüllt. Der alte Gott *konnte* nichts mehr von dem, was er ehemals konnte. Man hätte ihn fahren lassen sollen. Was geschah? Man *veränderte* seinen Begriff – man *entnatürlichte* seinen Begriff: um diesen Preis hielt man ihn fest. – Javeh der Gott der »Gerechtigkeit« – *nicht mehr* eine Einheit mit Israel, ein Ausdruck des Volks-Selbstgefühls: nur noch ein Gott unter Bedingungen ... Sein Begriff wird ein Werkzeug in den Händen priesterlicher Agitatoren, welche alles Glück nunmehr als Lohn, alles Unglück als Strafe für Ungehorsam gegen Gott, für »Sünde« interpretieren: jene verlogenste Interpretations-Manier einer angeblich »sittlichen Weltordnung«, mit der, ein für allemal, der Naturbegriff »Ursache« und »Wirkung« auf den Kopf gestellt ist. Wenn man erst, mit Lohn und Strafe, die natürliche Kausalität aus der Welt geschafft hat, bedarf man einer *widernatürlichen* Kausalität: der ganze Rest von Unnatur folgt nunmehr. Ein Gott, der *fordert* – an Stelle eines Gottes, der hilft, der Rat schafft, der im Grunde das Wort ist für jede glückliche Inspiration des Muts und des Selbstvertrauens ... Die *Moral* nicht mehr der Ausdruck der Lebens- und Wachstums-Bedingungen eines Volks, nicht mehr sein unterster Instinkt des Lebens, sondern abstrakt geworden, Gegensatz zum Leben geworden – Moral als grundsätzliche Verschlechterung der Phantasie, als »böser Blick« für alle Dinge. *Was* ist jüdische, *was* ist christliche Moral? Der Zufall um seine Unschuld gebracht; das Unglück mit dem Begriff »Sünde« beschmutzt; das Wohlbefinden als Gefahr, als »Versuchung«; das physiologische Übelbefinden mit dem Gewissens-Wurm vergiftet ...

26

Der Gottesbegriff gefälscht; der Moralbegriff gefälscht – die jüdische Priesterschaft blieb dabei nicht stehn. Man konnte die ganze *Geschichte* Israels nicht brauchen: fort mit ihr! – Diese Priester haben jenes Wunderwerk von Fälschung zustande gebracht, als deren Dokumente uns ein guter Teil der Bibel vorliegt: sie haben ihre eigne Volks-Vergangenheit mit einem Hohn ohnegleichen gegen jede Überlieferung, gegen jede historische Realität, *ins Religiöse übersetzt*, das heißt, aus ihr einen stupiden Heils-Mechanismus von Schuld gegen Javeh und Strafe, von Frömmigkeit gegen Javeh und Lohn gemacht. Wir würden diesen schmachvollsten Akt der Geschichts-Fälschung viel schmerzhafter empfinden, wenn uns nicht die *kirchliche* Geschichts-Interpretation von Jahrtausenden fast stumpf für die Forderungen der Rechtschaffenheit *in historicis* gemacht hätte. Und der Kirche sekundierten die Philosophen: die *Lüge* der »sittlichen Weltordnung«

geht durch die ganze Entwicklung selbst der neueren Philosophie. Was bedeutet »sittliche Weltordnung«? Daß es, ein für allemal, einen Willen Gottes gibt, was der Mensch zu tun, was er zu lassen habe; daß der Wert eines Volkes, eines einzelnen sich danach bemesse, wie sehr oder wie wenig dem Willen Gottes gehorcht wird; daß in den Schicksalen eines Volkes, eines einzelnen sich der Wille Gottes als *herrschend*, das heißt als strafend und belohnend, je nach dem Grade des Gehorsams, beweist. – Die *Realität* an Stelle dieser erbarmungswürdigen Lüge heißt: eine parasitische Art Mensch, die nur auf Kosten aller gesunden Bildungen des Lebens gedeiht, der *Priester*, mißbraucht den Namen Gottes: er nennt einen Zustand der Gesellschaft, in dem der Priester den Wert der Dinge bestimmt, »das Reich Gottes«; er nennt die Mittel, vermöge deren ein solcher Zustand erreicht oder aufrechterhalten wird, »den Willen Gottes«; er mißt, mit einem kaltblütigen Zynismus, die Völker, die Zeiten, die einzelnen danach ab, ob sie der Priester-Übermacht nützten oder widerstrebten. Man sehe sie am Werk: unter den Händen der jüdischen Priester wurde die *große* Zeit in der Geschichte Israels eine Verfalls-Zeit, das Exil, das lange Unglück verwandelte sich in eine ewige *Strafe* für die große Zeit – eine Zeit, in der der Priester noch nichts war. Sie haben aus den mächtigen, *sehr frei* geratenen Gestalten der Geschichte Israels, je nach Bedürfnis, armselige Ducker und Mucker oder »Gottlose« gemacht, sie haben die Psychologie jedes großen Ereignisses auf die Idioten-Formel »Gehorsam *oder* Ungehorsam gegen Gott« vereinfacht. – Ein Schritt weiter: der »Wille Gottes« (das heißt die Erhaltungs-Bedingungen für die Macht des Priesters) muß *bekannt* sein – zu diesem Zwecke bedarf es einer »Offenbarung«. Auf deutsch: eine große literarische Fälschung wird nötig, eine »heilige Schrift« wird entdeckt – unter allem hieratischen Pomp, mit Bußtagen und Jammergeschrei über die lange »Sünde« wird sie öffentlich gemacht. Der »Wille Gottes« stand längst fest: das ganze Unheil liegt darin, daß man sich der »heiligen Schrift« entfremdet hat ... Moses schon war der »Wille Gottes« offenbart ... Was war geschehn? Der Priester hatte, mit Strenge, mit Pedanterie, bis auf die großen und kleinen Steuern, die man ihm zu zahlen hatte (– die schmackhaftesten Stücke vom Fleisch nicht zu vergessen: denn der Priester ist ein Beefsteak-Fresser), ein für allemal formuliert, *was er haben will*, »was der Wille Gottes ist« ... Von nun an sind alle Dinge des Lebens so geordnet, daß der Priester *überall unentbehrlich* ist; in allen natürlichen Vorkommnissen des Lebens, bei der Geburt, der Ehe, der Krankheit, dem Tode, gar nicht vom »Opfer« (der Mahlzeit) zu reden, erscheint der heilige Parasit, um sie zu *entnatürlichen* – in seiner Sprache: zu »heiligen« ... Denn dies muß man begreifen: jede natürliche Sitte, jede natürliche Institution (Staat, Gerichtsordnung, Ehe, Kranken- und Armenpflege), jede vom Instinkt des Lebens eingegebne Forderung, kurz alles, was seinen Wert *in sich* hat, wird durch den Parasitismus des

Priesters (oder der »sittlichen Weltordnung«) grundsätzlich wertlos, wert*widrig* gemacht: es bedarf nachträglich einer Sanktion – eine *wertverleihende* Macht tut not, welche die Natur darin verneint, welche eben damit erst einen Wert *schafft* ... Der Priester entwertet, *entheiligt* die Natur: um diesen Preis besteht er überhaupt. – Der Ungehorsam gegen Gott, das heißt gegen den Priester, gegen »das Gesetz«, bekommt nun den Namen »Sünde«; die Mittel, sich wieder »mit Gott zu versöhnen«, sind, wie billig, Mittel, mit denen die Unterwerfung unter den Priester nur noch gründlicher gewährleistet ist: der Priester allein »erlöst« ... Psychologisch nachgerechnet, werden in jeder priesterlich organisierten Gesellschaft die »Sünden« unentbehrlich: sie sind die eigentlichen Handhaben der Macht, der Priester *lebt* von den Sünden, er hat nötig, daß »gesündigt« wird ... Oberster Satz: »Gott vergibt dem, der Buße tut« – auf deutsch: *der sich dem Priester unterwirft.* –

27

Auf einem dergestalt *falschen* Boden, wo jede Natur, jeder Naturwert, jede *Realität* die tiefsten Instinkte der herrschenden Klasse wider sich hatte, wuchs das *Christentum* auf, eine Todfeindschafts-Form gegen die Realität, die bisher nicht übertroffen worden ist. Das »heilige Volk«, das für alle Dinge nur Priester-Werte, nur Priester-Worte übrig behalten hatte und mit einer Schluß-Folgerichtigkeit, die Furcht einflößen kann, alles, was sonst noch an Macht auf Erden bestand, als »unheilig«, als »Welt«, als »Sünde« von sich abgetrennt hatte – dies Volk brachte für seinen Instinkt eine letzte Formel hervor, die logisch war bis zur Selbstverneinung: es verneinte, als *Christentum,* noch die letzte Form der Realität, das »heilige Volk«, das »Volk der Ausgewählten«, die *jüdische* Realität selbst. Der Fall ist ersten Rangs: die kleine aufständische Bewegung, die auf den Namen des Jesus von Nazareth getauft wird, ist der jüdische Instinkt *noch einmal* – anders gesagt, der Priester-Instinkt, der den Priester als Realität nicht mehr verträgt, die Erfindung einer noch *abgezogneren* Daseinsform, einer noch *unrealeren* Vision der Welt, als sie die Organisation einer Kirche bedingt. Das Christentum *verneint* die Kirche ..

Ich sehe nicht ab, wogegen der Aufstand gerichtet war, als dessen Urheber Jesus verstanden oder *mißverstanden* worden ist, wenn es nicht der Aufstand gegen die jüdische Kirche war – »Kirche« genau in dem Sinn genommen, in dem wir heute das Wort nehmen. Es war ein Aufstand gegen »die Guten und Gerechten«, gegen »die Heiligen Israels«, gegen die Hierarchie der Gesellschaft – *nicht* gegen deren Verderbnis, sondern gegen die Kaste, das Privilegium, die Ordnung, die Formel; es war der *Unglaube* an die »höheren Menschen«, das *Nein* gesprochen gegen alles, was Priester und Theologe war. Aber die Hierarchie, die damit, wenn auch nur für einen Augenblick, in Frage gestellt wurde, war der Pfahlbau, auf dem das jüdische Volk, mitten im »Wasser«, überhaupt noch fortbestand – die mühsam errungene *letzte* Möglichkeit, übrigzubleiben, das Residuum seiner politischen Sonder-Existenz: ein Angriff auf sie war ein Angriff auf den tiefsten Volks-Instinkt, auf den zähesten Volks-Lebenswillen, der je auf Erden dagewesen ist. Dieser heilige Anarchist, der das niedere Volk, die Ausgestoßnen und »Sünder«, die *Tschandala* innerhalb des Judentums zum Widerspruch gegen die herrschende Ordnung aufrief – mit einer Sprache, falls den Evangelien zu trauen wäre, die auch heute noch nach Sibirien führen würde, war ein politischer Verbrecher, so weit eben politische Verbrecher in einer *absurd-unpolitischen* Gemeinschaft möglich waren. Dies brachte ihn ans Kreuz: der Beweis dafür ist die Aufschrift des Kreuzes. Er starb für *seine* Schuld – es fehlt jeder Grund dafür, so oft es auch behauptet worden ist, daß er für die Schuld andrer starb. –

28

Eine vollkommen andre Frage ist es, ob er einen solchen Gegensatz überhaupt im Bewußtsein hatte – ob er nicht bloß als dieser Gegensatz *empfunden* wurde. Und hier erst berühre ich das Problem der *Psychologie des Erlösers*. – Ich bekenne, daß ich wenige Bücher mit solchen Schwierigkeiten lese wie die Evangelien. Diese Schwierigkeiten sind andre als die, an deren Nachweis die gelehrte Neugierde des deutschen Geistes einen ihrer unvergeßlichsten Triumphe gefeiert hat. Die Zeit ist fern, wo auch ich, gleich jedem jungen Gelehrten, mit der klugen Langsamkeit eines raffinierten Philologen das Werk des unvergleichlichen Strauß auskostete. Damals war ich zwanzig Jahre alt: jetzt bin ich zu ernst dafür. Was gehen mich die Widersprüche der »Überlieferung« an? Wie kann man Heiligen-Legenden überhaupt »Überlieferung« nennen! Die Geschichten von Heiligen sind die zweideutigste Literatur, die es überhaupt gibt: auf sie die wissenschaftliche Methode anwenden, *wenn sonst keine Urkunden vorliegen*, scheint mir von vornherein verurteilt – bloß gelehrter Müßiggang ...

29

Was *mich* angeht, ist der psychologische Typus des Erlösers. Derselbe *könnte* ja in den Evangelien enthalten sein trotz den Evangelien, wie sehr auch immer verstümmelt oder mit fremden Zügen überladen: wie der des Franziskus von Assisi in seinen Legenden erhalten ist trotz seinen Legenden. *Nicht* die Wahrheit darüber, was er getan, was er gesagt, wie er eigentlich gestorben ist: sondern die Frage, *ob* sein Typus überhaupt noch vorstellbar, ob er »überliefert« ist? – Die Versuche, die ich kenne, aus den Evangelien sogar die *Geschichte* einer »Seele« herauszulesen, scheinen mir Beweise einer verabscheuungswürdigen psychologischen Leichtfertigkeit. Herr Renan, dieser Hanswurst *in psychologicis,* hat die zwei *ungehörigsten* Begriffe zu seiner Erklärung des Typus Jesus hinzugebracht, die es hierfür geben kann: den Begriff *Genie* und den Begriff *Held* (*»héros«*). Aber wenn irgend etwas unevangelisch ist, so ist es der Begriff Held. Gerade der Gegensatz zu allem Ringen, zu allem Sich-in-Kampf-fühlen ist hier Instinkt geworden: die Unfähigkeit zum Widerstand wird hier Moral (»widerstehe nicht dem Bösen!« das tiefste Wort der Evangelien, ihr Schlüssel in gewissem Sinne), die Seligkeit im Frieden, in der Sanftmut, im Nicht-feind-sein-*können.* Was heißt »frohe Botschaft«? Das wahre Leben, das ewige Leben ist gefunden, – es wird nicht verheißen, es ist da, es ist *in euch*: als Leben in der Liebe, in der Liebe ohne Abzug und Ausschluß, ohne Distanz. Jeder ist das Kind Gottes – Jesus nimmt durchaus nichts für sich allein in Anspruch –, als Kind Gottes ist jeder mit jedem gleich ... Aus Jesus einen *Helden* machen! – Und was für ein Mißverständnis ist gar das Wort »Genie«! Unser ganzer Begriff, unser Kultur-Begriff »Geist« hat in der Welt, in der Jesus lebt, gar keinen Sinn. Mit der Strenge des Physiologen gesprochen, wäre hier ein ganz andres Wort eher noch am Platz: das Wort Idiot. Wir kennen einen Zustand krankhafter Reizbarkeit des *Tastsinns,* der dann vor jeder Berührung, vor jedem Anfassen eines festen Gegenstandes zurückschaudert. Man übersetze sich einen solchen physiologischen *habitus* in seine letzte Logik – als Instinkt-Haß gegen *jede* Realität, als Flucht ins »Unfaßliche«, ins »Unbegreifliche«, als Widerwille gegen jede Formel, jeden Zeit- und Raumbegriff, gegen alles, was fest, Sitte, Institution, Kirche ist, als Zu-Hause-sein in einer Welt, an die keine Art Realität mehr rührt, einer bloß noch »inneren« Welt, einer »wahren« Welt, einer »ewigen« Welt ... »Das Reich Gottes *ist in euch*« ...

30

Der Instinkt-Haß gegen die Realität: Folge einer extremen Leid- und Reizfähigkeit, welche überhaupt nicht mehr »berührt« werden will, weil sie jede Berührung zu tief empfindet.

Die Instinkt-Ausschließung aller Abneigung, aller Feindschaft, aller Grenzen und Distanzen im Gefühl: Folge einer extremen Leid- und Reizfähigkeit, welche jedes Widerstreben, Widerstreben-müssen bereits als unerträgliche *Unlust* (das heißt als *schädlich,* als vom Selbsterhaltungs-Instinkte *widerraten*) empfindet und die Seligkeit (die Lust) allein darin kennt, nicht mehr, niemandem mehr, weder dem Übel noch dem Bösen,

Widerstand zu leisten – die Liebe als einzige, als *letzte* Lebens-Möglichkeit...

Dies sind die zwei *physiologischen Realitäten,* auf denen, aus denen die Erlösungs-Lehre gewachsen ist. Ich nenne sie eine sublime Weiter-Entwicklung des Hedonismus auf durchaus morbider Grundlage. Nächstverwandt, wenn auch mit einem großen Zuschuß von griechischer Vitalität und Nervenkraft, bleibt ihr der Epikureismus, die Erlösungs-Lehre des Heidentums. Epikur ein *typischer décadent*: zuerst von mir als solcher erkannt. – Die Furcht vor Schmerz, selbst vor dem Unendlich-Kleinen im Schmerz – sie *kann* gar nicht anders enden als in einer *Religion der Liebe*...

31

Ich habe meine Antwort auf das Problem vorweg gegeben. Die Voraussetzung für sie ist, daß der Typus des Erlösers uns nur in einer starken Entstellung erhalten ist. Diese Entstellung hat an sich viel Wahrscheinlichkeit: ein solcher Typus konnte aus mehreren Gründen nicht rein, nicht ganz, nicht frei von Zutaten bleiben. Es muß sowohl das Milieu, in dem sich diese fremde Gestalt bewegte, Spuren an ihm hinterlassen haben, als noch mehr die Geschichte, das *Schicksal* der ersten christlichen Gemeinde: aus ihm wurde, rückwirkend, der Typus mit Zügen bereichert, die erst aus dem Kriege und zu Zwecken der Propaganda verständlich werden. Jene seltsame und kranke Welt, in die uns die Evangelien einführen – eine Welt, wie aus einem russischen Romane, in der sich Auswurf der Gesellschaft, Nervenleiden und »kindliches« Idiotentum ein Stelldichein zu geben scheinen – muß unter allen Umständen den Typus *vergröbert* haben: die ersten Jünger insonderheit übersetzten ein ganz in Symbolen und Unfaßlichkeiten schwimmendes Sein erst in die eigne Krudität, um überhaupt etwas davon zu verstehn, – für sie war der Typus erst nach einer Einformung in bekanntere Formen *vorhanden*... Der Prophet, der Messias, der zukünftige Richter, der Morallehrer, der Wundermann, Johannes der Täufer – ebensoviele Gelegenheiten, den Typus zu verkennen ... Unterschätzen wir endlich das *proprium* aller großen, namentlich sektiererischen Verehrung nicht: sie löscht die originalen, oft peinlich-fremden Züge und Idiosynkrasien an dem verehrten Wesen aus – *sie sieht sie selbst nicht.* Man hätte zu bedauern, daß nicht ein Dostojewskij in der Nähe dieses interessantesten *décadent* gelebt hat, ich meine, jemand, der gerade den ergreifenden Reiz einer solchen Mischung von Sublimem, Krankem und Kindlichem zu empfinden wußte. Ein letzter Gesichtspunkt: der Typus *könnte* als *décadence*-Typus, tatsächlich von einer eigentümlichen Vielheit und Widersprüchlichkeit gewesen sein: eine solche Möglichkeit ist nicht völlig auszuschließen. Trotzdem rät alles ab von ihr:

gerade die Überlieferung würde für diesen Fall eine merkwürdig treue und objektive sein müssen: wovon wir Gründe haben das Gegenteil anzunehmen. Einstweilen klafft ein Widerspruch zwischen dem Berg-, See- und Wiesenprediger, dessen Erscheinung wie ein Buddha auf einem sehr wenig indischen Boden anmutet, und jenem Fanatiker des Angriffs, dem Theologen- und Priester-Todfeind, den Renans Bosheit als »*le grand maître en ironie*« verherrlicht hat. Ich selber zweifle nicht daran, daß das reichliche Maß Galle (und selbst von *esprit*) erst aus dem erregten Zustand der christlichen Propaganda auf den Typus des Meisters übergeflossen ist: man kennt ja reichlich die Unbedenklichkeit aller Sektierer, aus ihrem Meister sich ihre *Apologie* zurecht zu machen. Als die erste Gemeinde einen richtenden, hadernden, zürnenden, bösartig spitzfindigen Theologen nötig hatte, *gegen* Theologen, *schuf* sie sich ihren »Gott« nach ihrem Bedürfnisse: wie sie ihm auch jene völlig unevangelischen Begriffe, die sie jetzt nicht entbehren konnte, »Wiederkunft«, »Jüngstes Gericht«, jede Art zeitlicher Erwartung und Verheißung, ohne Zögern in den Mund gab. –

32

Ich wehre mich, nochmals gesagt, dagegen, daß man den Fanatiker in den Typus des Erlösers einträgt: das Wort *impérieux*, das Renan gebraucht, *annulliert* allein schon den Typus. Die »gute Botschaft« ist eben, daß es keine Gegensätze mehr gibt; das Himmelreich gehört den *Kindern*; der Glaube, der hier laut wird, ist kein erkämpfter Glaube – er ist da, er ist von Anfang, er ist gleichsam eine ins Geistige zurücktretende Kindlichkeit. Der Fall der verzögerten und im Organismus unausgebildeten Pubertät, als Folgeerscheinung der Degenereszenz, ist wenigstens den Physiologen vertraut. – Ein solcher Glaube zürnt nicht, tadelt nicht, wehrt sich nicht: er bringt nicht »das Schwert« – er ahnt gar nicht, inwiefern er einmal trennen könnte. Er beweist sich nicht, weder durch Wunder, noch durch Lohn und Verheißung, noch gar »durch die Schrift«: er selbst ist jeden Augenblick sein Wunder, sein Lohn, sein Beweis, sein »Reich Gottes«. Dieser Glaube formuliert sich auch nicht – er *lebt*, er wehrt sich gegen Formeln. Freilich bestimmt der Zufall der Umgebung, der Sprache, der Vorbildung einen gewissen Kreis von Begriffen: das erste Christentum handhabt *nur* jüdisch-semitische Begriffe (– das Essen und Trinken beim Abendmahl gehört dahin, jener von der Kirche, wie alles Jüdische, so schlimm mißbrauchte Begriff). Aber man hüte sich, darin mehr als eine Zeichenrede, eine Semiotik, eine Gelegenheit zu Gleichnissen zu sehn. Gerade, daß kein Wort wörtlich genommen wird, ist diesem Anti-Realisten die Vorbedingung, um überhaupt reden zu können. Unter Indern würde er sich der Sânkhyam-Begriffe, unter Chinesen der des Laotse bedient haben – und keinen Unterschied dabei fühlen. – Man könnte, mit einiger Toleranz im Ausdruck, Jesus einen »freien Geist« nennen – er macht sich aus allem Festen nichts: das Wort *tötet*, alles, was fest ist, *tötet*. Der Begriff, die *Erfahrung* »Leben«, wie er sie allein kennt, widerstrebt bei ihm jeder Art Wort, Formel, Gesetz, Glaube, Dogma. Er redet bloß vom Innersten: »Leben« oder »Wahrheit« oder »Licht« ist sein Wort für das Innerste – alles Übrige, die ganze Realität, die ganze Natur, die Sprache selbst, hat für ihn bloß den Wert eines Zeichens, eines Gleichnisses. – Man darf sich an dieser Stelle durchaus nicht vergreifen, so groß auch die Verführung ist, welche im christlichen, will sagen *kirchlichen* Vorurteil liegt: ein solcher Symbolist *par excellence* steht außerhalb aller Religion, aller Kult-Begriffe, aller Historie, aller Naturwissenschaft, aller Welt-Erfahrung, aller Kenntnisse, aller Politik, aller Psychologie, aller Bücher, aller Kunst – sein »Wissen« ist eben die *reine Torheit* darüber, *daß* es etwas dergleichen gibt. Die *Kultur* ist ihm nicht einmal vom Hörensagen bekannt, er hat keinen Kampf gegen sie nötig – er verneint sie nicht... Dasselbe gilt vom *Staat*, von der ganzen bürgerlichen Ordnung und Gesellschaft, von der *Arbeit*, vom Kriege – er hat nie einen Grund gehabt, »die Welt« zu verneinen, er hat den kirchlichen Begriff »Welt« nie geahnt... Das *Verneinen* ist eben das ihm ganz Unmögliche –. Insgleichen fehlt die Dialektik, es fehlt die Vorstellung davon, daß ein Glaube, eine »Wahrheit« durch Gründe bewiesen werden könnte (– *seine* Beweise sind innere »Lichter«, innere Lustgefühle und Selbstbejahungen, lauter »Beweise der Kraft« –). Eine solche Lehre *kann* auch nicht widersprechen: sie begreift gar nicht, daß es andre Lehren gibt, geben *kann*, sie weiß sich ein gegenteiliges Urteilen gar nicht vorzustellen... Wo sie es antrifft, wird sie aus innerstem Mitgefühle über »Blindheit« trauern – denn sie sieht das »Licht« –, aber keinen Einwand machen...

33

In der ganzen Psychologie des »Evangeliums« fehlt der Begriff Schuld und Strafe; insgleichen der Begriff Lohn. Die »Sünde«, jedwedes Distanz-Verhältnis zwischen Gott und Mensch ist abgeschafft – *eben das ist die »frohe Botschaft«*. Die Seligkeit wird nicht verheißen, sie wird nicht an Bedingungen geknüpft: sie ist die *einzige* Realität – der Rest ist Zeichen, um von ihr zu reden...

Die *Folge* eines solchen Zustandes projiziert sich in eine neue *Praktik*, die eigentlich evangelische Praktik. Nicht ein »Glaube« unterscheidet den Christen: der Christ handelt, er unterscheidet sich durch ein *andres* Handeln. Daß er dem, der böse gegen ihn ist, weder durch Wort, noch im Herzen Widerstand leistet. Daß er keinen Unterschied zwischen Fremden und Einheimischen, zwischen Juden und Nicht-Juden macht (»der Nächste« eigentlich der Glaubensgenosse, der Jude). Daß er sich gegen niemanden erzürnt, niemanden geringschätzt. Daß er sich bei Gerichtshöfen weder sehn läßt, noch in Anspruch nehmen läßt (»nicht schwören«). Daß er sich unter keinen Umständen, auch nicht im Falle bewiesener Untreue des Weibes, von seinem Weibe scheidet. – Alles im Grunde *ein* Satz, alles Folgen *eines* Instinkts. –

Das Leben des Erlösers war nichts andres als *diese* Praktik – sein Tod war auch nichts andres ... Er hatte keine Formeln, keinen Ritus für den Verkehr mit Gott mehr nötig – nicht einmal das Gebet. Er hat mit der ganzen jüdischen Buß- und Versöhnungslehre abgerechnet; er weiß, wie es allein die *Praktik* des Lebens ist, mit der man sich »göttlich«, »selig«, »evangelisch«, jederzeit ein »Kind Gottes« fühlt. *Nicht* »Buße«, *nicht* »Gebet um Vergebung« sind Wege zu Gott: die *evangelische Praktik allein* führt zu Gott, sie eben *ist* »Gott«! – Was mit dem Evangelium *abgetan* war, das war das Judentum der Begriffe »Sünde«, »Vergebung der Sünde«, »Glaube«, »Erlösung durch den Glauben« – die ganze jüdische *Kirchen*-Lehre war in der »frohen Botschaft« verneint.

Der tiefe Instinkt dafür, wie man *leben* müsse, um sich »im Himmel« zu fühlen, um sich »ewig« zu fühlen, während man sich bei jedem andern Verhalten durchaus *nicht* »im Himmel« fühlt: dies allein ist die psychologische Realität der »Erlösung«. – Ein neuer Wandel, *nicht* ein neuer Glaube ...

34

Wenn ich irgend etwas von diesem großen Symbolisten verstehe, so ist es das, daß er nur *innere* Realitäten als Realitäten, als »Wahrheiten« nahm – daß er den Rest, alles Natürliche, Zeitliche, Räumliche, Historische nur als Zeichen, als Gelegenheit zu Gleichnissen verstand. Der Begriff »des Menschen Sohn« ist nicht eine konkrete Person, die in die Geschichte gehört, irgend etwas einzelnes, einmaliges, sondern eine »ewige« Tatsächlichkeit, ein von dem Zeitbegriff erlöstes psychologisches Symbol. Dasselbe gilt noch einmal, und im höchsten Sinne, von dem *Gott* dieses typischen Symbolisten, vom »Reich Gottes«, vom »Himmelreich«, von der »Kindschaft Gottes«. Nichts ist unchristlicher als die *kirchlichen Kruditäten* von einem Gott als *Person*, von einem »Reich Gottes«, welches *kommt*, von einem »Himmelreich« *jenseits*, von einem »Sohne Gottes«, der *zweiten Person* der Trinität. Dies alles ist – man vergebe mir den Ausdruck – die *Faust* auf dem Auge – oh auf was für einem Auge! – des Evangeliums: ein *welthistorischer Zynismus* in der Verhöhnung des Symbols ... Aber es liegt ja auf der Hand, was mit dem Zeichen »Vater«

und »Sohn« angerührt wird – nicht auf jeder Hand, ich gebe es zu: mit dem Wort »Sohn« ist der *Eintritt* in das Gesamt-Verklärungs-Gefühl aller Dinge (die Seligkeit) ausgedrückt, mit dem Wort »Vater« *dieses Gefühl selbst*, das Ewigkeits-, das Vollendungs-Gefühl. – Ich schäme mich daran zu erinnern, was die Kirche aus diesem Symbolismus gemacht hat: hat sie nicht eine Amphitryon-Geschichte an die Schwelle des christlichen »Glaubens« gesetzt? Und ein Dogma von der »unbefleckten Empfängnis« noch obendrein? ... *Aber damit hat sie die Empfängnis befleckt* – –

Das »Himmelreich« ist ein Zustand des Herzens – nicht etwas, das »über der Erde« oder »nach dem Tode« kommt. Der ganze Begriff des natürlichen Todes *fehlt* im Evangelium: der Tod ist keine Brücke, kein Übergang, er fehlt, weil einer ganz andern, bloß scheinbaren, bloß zu Zeichen nützlichen Welt zugehörig. Die »Todesstunde« ist *kein* christlicher Begriff – die »Stunde«, die Zeit, das physische Leben und seine Krisen sind gar nicht vorhanden für den Lehrer der »frohen Botschaft« ... Das »Reich Gottes« ist nichts, das man erwartet; es hat kein Gestern und kein Übermorgen, es kommt nicht in »tausend Jahren« – es ist eine Erfahrung an einem Herzen; es ist überall da, es ist nirgends da ...

35

Dieser »frohe Botschafter« starb wie er lebte, wie er *lehrte* – *nicht* um »die Menschen zu erlösen«, sondern um zu zeigen, wie man zu leben hat. Die *Praktik* ist es, welche er der Menschheit hinterließ: sein Verhalten vor den Richtern, vor den Häschern, vor den Anklägern und aller Art Verleumdung und Hohn – sein Verhalten am *Kreuz*. Er widersteht nicht, er verteidigt nicht sein Recht, er tut keinen Schritt, der das Äußerste von ihm abwehrt, mehr noch, *er fordert es heraus* ... Und er bittet, er leidet, er liebt *mit* denen, *in* denen, die ihm Böses tun. Die Worte zum *Schächer* am Kreuz enthalten das ganze Evangelium. »Das ist wahrlich ein *göttlicher* Mensch gewesen, ein Kind Gottes!« – sagt der Schächer. »Wenn du dies fühlst« – antwortet der Erlöser – »*so bist du im Paradiese*, so bist du ein Kind Gottes.« *Nicht* sich wehren, *nicht* zürnen, *nicht* verantwortlich-machen ... Sondern auch nicht dem Bösen widerstehen – ihn *lieben* ...

36

– Erst wir, wir *freigewordenen* Geister, haben die Voraussetzung dafür, etwas zu verstehn, das neunzehn Jahrhunderte mißverstanden haben – jene Instinkt und Leidenschaft gewordene Rechtschaffenheit, welche der »heiligen Lüge« noch mehr als jeder andern Lüge den Krieg macht ...

Man war unsäglich entfernt von unsrer liebevollen und vorsichtigen Neutralität, von jener Zucht des Geistes, mit der allein das Erraten so fremder, so zarter Dinge ermöglicht wird: man wollte jederzeit, mit einer unverschämten Selbstsucht, nur *seinen* Vorteil darin, man hat aus dem Gegensatz zum Evangelium die *Kirche* aufgebaut...

Wer nach Zeichen dafür suchte, daß hinter dem großen Welten-Spiel eine ironische Göttlichkeit die Finger handhabe, er fände keinen kleinen Anhalt in dem *ungeheuren Fragezeichen,* das Christentum heißt. Daß die Menschheit vor dem Gegensatz dessen auf den Knien liegt, was der Ursprung, der Sinn, das *Recht* des Evangeliums war, daß sie in dem Begriff »Kirche« gerade das heilig gesprochen hat, was der »frohe Botschafter« als *unter* sich, als *hinter* sich empfand – man sucht vergebens nach einer größeren Form *welthistorischer Ironie* – –

37

– Unser Zeitalter ist stolz auf seinen historischen Sinn: wie hat es sich den Unsinn glaublich machen können, daß an dem Anfange des Christentums die *grobe Wundertäter- und Erlöser-Fabel* steht – und daß alles Spirituale und Symbolische erst eine spätere Entwicklung ist? Umgekehrt: die Geschichte des Christentums – und zwar vom Tode am Kreuze an – ist die Geschichte des schrittweise immer gröberen Mißverstehns eines *ursprünglichen* Symbolismus. Mit jeder Ausbreitung des Christentums über noch breitere, noch rohere Massen, denen die Voraussetzungen immer mehr abgingen, aus denen es geboren ist, wurde es nötiger, das Christentum zu *vulgarisieren,* zu *barbarisieren* – es hat Lehren und Riten aller *unterirdischen* Kulte des *imperium Romanum,* es hat den Unsinn aller Arten kranker Vernunft in sich eingeschluckt. Das Schicksal des Christentums liegt in der Notwendigkeit, daß sein Glaube selbst so krank, so niedrig und vulgär werden mußte, als die Bedürfnisse krank, niedrig und vulgär waren, die mit ihm befriedigt werden sollten. Als Kirche summiert sich endlich die *kranke Barbarei* selbst zur Macht – die Kirche, diese Todfeindschaftsform zu jeder Rechtschaffenheit, zu jeder *Höhe* der Seele, zu jeder Zucht des Geistes, zu jeder freimütigen und gütigen Menschlichkeit. – Die *christlichen* – die *vornehmen* Werte: erst wir, wir *freigewordnen* Geister, haben diesen größten Wert-Gegensatz, den es gibt, wiederhergestellt! –

38

– Ich unterdrücke an dieser Stelle einen Seufzer nicht. Es gibt Tage, wo mich ein Gefühl heimsucht, schwärzer als die schwärzeste Melancholie – die *Menschen-Verachtung.* Und damit ich keinen Zweifel darüber lasse, *was* ich verachte, *wen* ich verachte: der Mensch von Heute ist es, der Mensch, mit dem ich verhängnisvoll gleichzeitig bin. Der Mensch von Heute – ich ersticke an seinem unreinen Atem... Gegen das Vergangne bin ich, gleich allen Erkennenden, von einer großen Toleranz, das heißt *großmütigen* Selbstbezwingung: ich gehe durch die Irrenhaus-Welt ganzer Jahrtausende, heiße sie nun »Christentum«, »christlicher Glaube«, »christliche Kirche«, mit einer düsteren Vorsicht hindurch – ich hüte mich, die Menschheit für ihre Geisteskrankheiten verantwortlich zu machen. Aber mein Gefühl schlägt um, bricht heraus, sobald ich in die neuere Zeit, in *unsre* Zeit eintrete. Unsre Zeit ist *wissend*... Was ehemals bloß krank war, heute ward es unanständig – es ist unanständig, heute Christ zu sein. *Und hier beginnt mein Ekel.* – Ich sehe mich um: es ist kein Wort von dem mehr übriggeblieben, was ehemals »Wahrheit« hieß, wir halten es nicht mehr aus, wenn ein Priester das Wort »Wahrheit« auch nur in den Mund nimmt. Selbst bei dem bescheidensten Anspruch auf Rechtschaffenheit *muß* man heute wissen, daß ein Theologe, ein Priester, ein Papst mit jedem Satz, den er spricht, nicht nur irrt, sondern *lügt* – daß es ihm nicht mehr freisteht, aus »Unschuld«, aus »Unwissenheit« zu lügen. Auch der Priester weiß, so gut es jedermann weiß, daß es keinen »Gott« mehr gibt, keinen »Sünder«, keinen »Erlöser« – daß »freier Wille«, »sittliche Weltordnung« *Lügen* sind – der Ernst, die tiefe Selbstüberwindung des Geistes *erlaubt* niemandem mehr, hierüber *nicht* zu wissen.. *Alle* Begriffe der Kirche sind erkannt als das, was sie sind, als die bösartigste Falschmünzerei, die es gibt, zum Zweck, die Natur, die Natur-Werte zu *entwerten*; der Priester selbst ist erkannt als das, was er ist, als die gefährlichste Art Parasit, als die eigentliche Giftspinne des Lebens... Wir wissen, unser *Gewissen* weiß es heute –, *was* überhaupt jene unheimlichen Erfindungen der Priester und der Kirche wert sind, *wozu sie dienten,* mit denen jener Zustand von Selbstschändung der Menschheit erreicht worden ist, der Ekel vor ihrem Anblick machen kann – die Begriffe »Jenseits«, »Jüngstes Gericht«, »Unsterblichkeit der Seele«, die »Seele« selbst: es sind Folter-Instrumente, es sind Systeme von Grausamkeiten, vermöge deren der Priester Herr wurde, Herr blieb... Jedermann weiß das: *und trotzdem bleibt alles beim alten.* Wohin kam das letzte Gefühl von Anstand, von Achtung vor sich selbst, wenn unsre Staatsmänner sogar, eine sonst sehr unbefangne Art Mensch und Antichristen der Tat durch und durch, sich heute noch Christen nennen und zum Abendmahl gehn?... Ein junger Fürst an der Spitze seiner

Regimenter, prachtvoll als Ausdruck der Selbstsucht und Selbstüberhebung seines Volks – aber, *ohne* jede Scham, sich als Christen bekennend!... *Wen* verneint denn *das* Christentum? *was* heißt es »Welt?« Daß man Soldat, daß man Richter, daß man Patriot ist; daß man sich wehrt; daß man auf seine Ehre hält; daß man seinen Vorteil will; daß man *stolz* ist... Jede Praktik jedes Augenblicks, jeder Instinkt, jede zur *Tat* werdende Wertschätzung ist heute antichristlich: was für eine *Mißgeburt von Falschheit* muß der moderne Mensch sein, daß er sich trotzdem *nicht schämt*, Christ noch zu heißen!

39

– Ich kehre zurück, ich erzähle die *echte* Geschichte des Christentums. – Das Wort schon »Christentum« ist ein Mißverständnis –, im Grunde gab es nur einen Christen, und der starb am Kreuz. Das »Evangelium« *starb* am Kreuz. Was von diesem Augenblick an »Evangelium« heißt, war bereits der Gegensatz dessen, was *er* gelebt: eine »*schlimme* Botschaft«, ein *Dysangelium*. Es ist falsch bis zum Unsinn, wenn man in einem »Glauben«, etwa im Glauben an die Erlösung durch Christus das Abzeichen des Christen sieht: bloß die christliche *Praktik*, ein Leben so wie der, der am Kreuze starb, es *lebte*, ist christlich... Heute noch ist ein *solches* Leben möglich, für *gewisse* Menschen sogar notwendig: das echte, das ursprüngliche Christentum wird zu allen Zeiten möglich sein... *Nicht* ein Glauben, sondern ein Tun, ein Vieles-*nicht*-tun vor allem, ein andres *Sein*... Bewußtseins-Zustände, irgendein Glauben, ein Für-wahr-halten zum Beispiel – jeder Psycholog weiß das – sind ja vollkommen gleichgültig und fünften Ranges gegen den Wert der Instinkte: strenger geredet, der ganze Begriff geistiger Ursächlichkeit ist falsch. Das Christ-sein, die Christlichkeit auf ein Für-wahr-halten, auf eine bloße Bewußtseins-Phänomenalität reduzieren, heißt die Christlichkeit negieren. *In der Tat gab es gar keine Christen.* Der »Christ«, das, was seit zwei Jahrtausenden Christ heißt, ist bloß ein psychologisches Selbst-Mißverständnis. Genauer zugesehn, herrschten in ihm, *trotz* allem »Glauben«, *bloß* die Instinkte – und *was für Instinkte*! – Der »Glaube« war zu allen Zeiten, beispielsweise bei Luther, nur ein Mantel, ein Vorwand, ein *Vorhang*, hinter dem die Instinkte ihr Spiel spielten –, eine kluge *Blindheit* über die Herrschaft *gewisser* Instinkte... Der »Glaube« – ich nannte ihn schon die eigentliche christliche *Klugheit*, – man *sprach* immer vom »Glauben«, man *tat* immer nur vom Instinkte... In der Vorstellungswelt des Christen kommt nichts vor, was die Wirklichkeit auch nur anrührte: dagegen erkannten wir im Instinkt-Haß *gegen* jede Wirklichkeit das treibende, das einzig treibende Element in der Wurzel des Christentums. Was folgt daraus? Daß auch *in psychologicis* hier der Irrtum radikal, das heißt wesen-bestimmend, das heißt *Substanz* ist. *Ein* Begriff hier weg, eine einzige Realität an dessen Stelle – und das ganze Christentum rollt ins Nichts! – Aus der Höhe gesehn, bleibt diese fremdartigste aller Tatsachen, eine durch Irrtümer nicht nur bedingte, sondern *nur* in schädlichen, *nur* in leben- und herzvergiftenden Irrtümern erfinderische und selbst geniale Religion ein *Schauspiel für Götter* – für jene Gottheiten, welche zugleich Philosophen sind, und denen ich zum Beispiel bei jenen berühmten Zwiegesprächen auf Naxos begegnet bin. Im Augenblick, wo der *Ekel* von ihnen weicht (– *und* von uns!), werden sie dankbar für das Schauspiel des Christen: das erbärmliche kleine Gestirn, das Erde heißt, verdient vielleicht allein um *dieses* kuriosen Falls willen einen göttlichen Blick, eine göttliche Anteilnahme … Unterschätzen wir nämlich den Christen nicht: der Christ, falsch *bis zur Unschuld*, ist weit über dem Affen – in Hinsicht auf Christen wird eine bekannte Herkunfts-Theorie zur bloßen Artigkeit …

40

– Das Verhängnis des Evangeliums entschied sich mit dem Tode – es hing am »Kreuz« … Erst der Tod, dieser unerwartete schmähliche Tod, erst das Kreuz, das im allgemeinen bloß für die Kanaille aufgespart blieb – erst diese schauerlichste Paradoxie brachte die Jünger vor das eigentliche Rätsel: *»wer war das? was war das?«* – Das erschütterte und im Tiefsten beleidigte Gefühl, der Argwohn, es möchte ein solcher Tod die *Widerlegung* ihrer Sache sein, das schreckliche Fragezeichen »warum gerade so?« – dieser Zustand begreift sich nur zu gut. Hier *mußte* alles notwendig sein, Sinn, Vernunft, höchste Vernunft haben; die Liebe eines Jüngers kennt keinen Zufall. Erst jetzt trat die Kluft auseinander: »*wer* hat ihn getötet? *wer* war sein natürlicher Feind?« – diese Frage sprang wie ein Blitz hervor. Antwort: das *herrschende* Judentum, sein oberster Stand. Man empfand sich von diesem Augenblick im Aufruhr *gegen* die Ordnung, man verstand hinterdrein Jesus als *im Aufruhr gegen die Ordnung*. Bis dahin *fehlte* dieser kriegerische, dieser Nein-sagende, Nein-tuende Zug in seinem Bilde; mehr noch, er war dessen Widerspruch. Offenbar hat die kleine Gemeinde gerade die Hauptsache *nicht* verstanden, das Vorbildliche in dieser Art zu sterben, die Freiheit, die Überlegenheit *über* jedes Gefühl von *ressentiment*: – ein Zeichen dafür, wie wenig überhaupt sie von ihm verstand! An sich konnte Jesus mit seinem Tode nichts wollen, als öffentlich die stärkste Probe, den *Beweis* seiner Lehre zu geben … Aber seine Jünger waren ferne davon, diesen Tod zu *verzeihen* – was evangelisch im höchsten Sinne gewesen wäre; oder gar sich zu einem gleichen Tode in sanfter und lieblicher Ruhe des Herzens *anzubieten* ... Gerade das am meisten unevangelische Gefühl, die *Rache*, kam wieder obenauf. Unmöglich konnte die Sache mit diesem Tode zu Ende sein: man brauchte »Vergeltung«, »Gericht« (– und doch, was kann noch unevangelischer sein, als »Vergeltung«, »Strafe«, »Gericht-halten«!). Noch einmal kam die populäre Erwartung eines Messias in den Vordergrund; ein historischer Augenblick wurde ins Auge gefaßt: das »Reich Gottes« kommt zum Gericht über seine Feinde ... Aber damit ist alles mißverstanden: das »Reich Gottes« als Schlußakt, als Verheißung! Das Evangelium war doch gerade das Dasein, das Erfülltsein, die *Wirklichkeit* dieses »Reichs« gewesen. Gerade ein solcher Tod *war* eben dieses »Reich Gottes«. Jetzt erst trug man die ganze Verachtung und Bitterkeit gegen Pharisäer und Theologen in den Typus des Meisters ein – man *machte* damit aus ihm einen Pharisäer und Theologen! Andrerseits hielt die wildgewordne Verehrung dieser ganz aus den Fugen geratenen Seelen jene evangelische Gleichberechtigung von jedermann zum Kind Gottes, die Jesus gelehrt hatte, nicht mehr aus, ihre Rache war, auf eine ausschweifende Weise Jesus *emporzuheben*, von sich abzulösen: ganz so, wie ehedem die Juden aus Rache an ihren Feinden ihren Gott von sich losgetrennt und in die Höhe gehoben haben. Der *eine* Gott und der *eine* Sohn Gottes: beides Erzeugnisse des *ressentiment* ...

41

– Und von nun an tauchte ein absurdes Problem auf: »wie *konnte* Gott das zulassen!« Darauf fand die gestörte Vernunft der kleinen Gemeinschaft eine geradezu schrecklich absurde Antwort: Gott gab seinen Sohn zur Vergebung der Sünden, als *Opfer*. Wie war es mit einem Male zu Ende mit dem Evangelium! Das *Schuldopfer*, und zwar in seiner widerlichsten, barbarischsten Form, das Opfer des *Unschuldigen* für die Sünden der Schuldigen! Welches schauderhafte Heidentum! – Jesus hatte ja den Begriff »Schuld« selbst abgeschafft – er hat jede Kluft zwischen Gott und Mensch geleugnet, er *lebte* diese Einheit von Gott und Mensch als *seine* »frohe Botschaft« ... Und *nicht* als Vorrecht! – Von nun an tritt schrittweise in den Typus des Erlösers hinein: die Lehre vom Gericht und von der Wiederkunft, die Lehre vom Tod als einem Opfertode, die Lehre von der *Auferstehung*, mit der der ganze Begriff »Seligkeit«, die ganze und einzige Realität des Evangeliums, eskamotiert ist – zugunsten eines Zustandes *nach* dem Tode! ... Paulus hat diese Auffassung, diese *Unzucht* von Auffassung mit jener rabbinerhaften Frechheit, die ihn in allen Stücken auszeichnet, dahin logisiert: »*wenn* Christus nicht auferstanden ist von den Toten, so ist unser Glaube eitel«. – Und mit einem Male wurde aus dem Evangelium die verächtlichste aller unerfüllbaren

Versprechungen, die *unverschämte* Lehre von der Personal-Unsterblichkeit ... Paulus selbst lehrte sie noch als *Lohn*! ...

42

Man sieht, *was* mit dem Tode am Kreuz zu Ende war: ein neuer, ein durchaus ursprünglicher Ansatz zu einer buddhistischen Friedensbewegung, zu einem tatsächlichen, *nicht* bloß verheißenen *Glück auf Erden*. Denn dies bleibt – ich hob es schon hervor – der Grundunterschied zwischen den beiden *décadence*-Religionen: der Buddhismus verspricht nicht, sondern hält, das Christentum verspricht alles, aber *hält nichts*. – Der »frohen Botschaft« folgte auf dem Fuß die *allerschlimmste*: die des Paulus. In Paulus verkörpert sich der Gegensatz-Typus zum »frohen Botschafter«, das Genie im Haß, in der Vision des Hasses, in der unerbittlichen Logik des Hasses. *Was* hat dieser Dysangelist alles dem Hasse zum Opfer gebracht! Vor allem den Erlöser: er schlug ihn an *sein* Kreuz. Das Leben, das Beispiel, die Lehre, der Tod, der Sinn und das Recht des ganzen Evangeliums – nichts war mehr vorhanden, als dieser Falschmünzer aus Haß begriff, was allein er brauchen konnte. *Nicht* die Realität, *nicht* die historische Wahrheit! ... Und noch einmal verübte der Priester-Instinkt des Juden das gleiche große Verbrechen an der Historie – er strich das Gestern, das Vorgestern des Christentums einfach durch, er *erfand sich eine Geschichte des ersten Christentums*. Mehr noch: er fälschte die Geschichte Israels nochmals um, um als Vorgeschichte für *seine* Tat zu erscheinen: alle Propheten haben von *seinem* »Erlöser« geredet ... Die Kirche fälschte später sogar die Geschichte der Menschheit zur Vorgeschichte des Christentums ... Der Typus des Erlösers, die Lehre, die Praktik, der Tod, der Sinn des Todes, selbst das Nachher des Todes – nichts blieb unangetastet, nichts blieb auch nur ähnlich der Wirklichkeit. Paulus verlegte einfach das Schwergewicht jenes ganzen Daseins *hinter* dies Dasein – in die *Lüge* vom »wiederauferstandenen« Jesus. Er konnte im Grunde das Leben des Erlösers überhaupt nicht brauchen – er hatte den Tod am Kreuz nötig *und* etwas mehr noch ... Einen Paulus, der seine Heimat an dem Hauptsitz der stoischen Aufklärung hatte, für ehrlich halten, wenn er sich aus einer Halluzination den *Beweis* vom *Noch*-Leben des Erlösers zurechtmacht, oder auch nur seiner Erzählung, *daß* er diese Halluzination gehabt hat, Glauben schenken, wäre eine wahre *niaiserie* seitens eines Psychologen: Paulus wollte den Zweck, *folglich* wollte er auch die Mittel ... Was er selbst nicht glaubte, die Idioten, unter die er *seine* Lehre warf, glaubten es. – *Sein* Bedürfnis war die *Macht*; mit Paulus wollte nochmals der Priester zur Macht – er konnte nur Begriffe, Lehren, Symbole brauchen, mit denen man Massen tyrannisiert,

Herden bildet. *Was* allein entlehnte später Mohammed dem Christentum? Die Erfindung des Paulus, sein Mittel zur Priester-Tyrannei, zur Herden-Bildung: den Unsterblichkeits-Glauben – *das heißt die Lehre vom »Gericht«* ...

43

Wenn man das Schwergewicht des Lebens *nicht* ins Leben, sondern ins »Jenseits« verlegt – ins *Nichts* –, so hat man dem Leben überhaupt das Schwergewicht genommen. Die große Lüge von der Personal-Unsterblichkeit zerstört jede Vernunft, jede Natur im Instinkte – alles, was wohltätig, was lebenfördernd, was zukunftverbürgend in den Instinkten ist, erregt nunmehr Mißtrauen. *So* zu leben, daß es keinen *Sinn* mehr hat zu leben, *das* wird jetzt zum »Sinn« des Lebens ... Wozu Gemeinsinn, wozu Dankbarkeit noch für Herkunft und Vorfahren, wozu mitarbeiten, zutrauen, irgendein Gesamtwohl fördern und im Auge haben? ... Ebenso viele »Versuchungen«, ebenso viele Ablenkungen vom »rechten Weg« – »*eins* ist not« ... Daß jeder als »unsterbliche Seele« mit jedem gleichen Rang hat, daß in der Gesamtheit aller Wesen das »Heil« *jedes* einzelnen eine ewige Wichtigkeit in Anspruch nehmen darf, daß kleine Mucker und Dreiviertels-Verrückte sich einbilden dürfen, daß um ihretwillen die Gesetze der Natur beständig *durchbrochen* werden – eine solche Steigerung jeder Art Selbstsucht ins Unendliche, ins *Unverschämte* kann man nicht mit genug Verachtung brandmarken. Und doch verdankt das Christentum *dieser* erbarmungswürdigen Schmeichelei vor der Personal-Eitelkeit seinen *Sieg* – gerade alles Mißratene, Aufständisch-Gesinnte, Schlechtweggekommne, den ganzen Auswurf und Abhub der Menschheit hat es damit zu sich überredet. Das »Heil der Seele« – auf deutsch: »die Welt dreht sich um *mich*« ... Das Gift der Lehre »*gleiche* Rechte für alle« – das Christentum hat es am grundsätzlichsten ausgesät; das Christentum hat jedem Ehrfurchts- und Distanz-Gefühl zwischen Mensch und Mensch, das heißt der *Voraussetzung* zu jeder Erhöhung, zu jedem Wachstum der Kultur einen Todkrieg aus den heimlichsten Winkeln schlechter Instinkte gemacht – es hat aus dem *ressentiment* der Massen sich seine *Hauptwaffe* geschmiedet gegen *uns*, gegen alles Vornehme, Frohe, Hochherzige auf Erden, gegen unser Glück auf Erden .. Die »Unsterblichkeit« jedem Petrus und Paulus zugestanden, war bisher das größte, das bösartigste Attentat auf die *vornehme* Menschlichkeit. – *Und* unterschätzen wir das Verhängnis nicht, das vom Christentum aus sich bis in die Politik eingeschlichen hat! Niemand hat heute mehr den Mut zu Sonderrechten, zu Herrschaftsrechten, zu einem Ehrfurchtsgefühl vor sich und seinesgleichen – zu einem *Pathos der Distanz* ... Unsre Politik ist *krank* an diesem Mangel an Mut! – Der Aristokratismus der Gesinnung wurde durch die

Seelen-Gleichheits-Lüge am unterirdischsten untergraben; und wenn der Glaube an das »Vorrecht der Meisten« Revolutionen macht und *machen wird* – das Christentum ist es, man zweifle nicht daran, *christliche* Werturteile sind es, welche jede Revolution bloß in Blut und Verbrechen übersetzt! Das Christentum ist ein Aufstand alles Am-Boden-Kriechenden gegen das, was *Höhe* hat: das Evangelium der »Niedrigen« *macht* niedrig ...

44

– Die Evangelien sind unschätzbar als Zeugnis für die bereits unaufhaltsame Korruption *innerhalb* der ersten Gemeinde. Was Paulus später mit dem Logiker-Zynismus eines Rabbiners zu Ende führte, war trotzdem bloß der Verfalls-Prozeß, der mit dem Tode des Erlösers begann. – Diese Evangelien kann man nicht behutsam genug lesen; sie haben ihre Schwierigkeiten hinter jedem Wort. Ich bekenne, man wird es mir zugute halten, daß sie ebendamit für einen Psychologen ein Vergnügen ersten Ranges sind – als *Gegensatz* aller naiven Verderbnis, als das Raffinement *par excellence*, als Künstlerschaft in der psychologischen Verderbnis. Die Evangelien stehn für sich. Die Bibel überhaupt verträgt keinen Vergleich. Man ist unter Juden: *erster* Gesichtspunkt, um hier nicht völlig den Faden zu verlieren. Die hier geradezu Genie werdende Selbstverstellung ins »Heilige«, unter Büchern und Menschen nie annähernd sonst erreicht, diese Wort- und Gebärden-Falschmünzerei als *Kunst* ist nicht der Zufall irgendwelcher Einzel-Begabung, irgendwelcher Ausnahme-Natur. Hierzu gehört *Rasse*. Im Christentum, als der Kunst, heilig zu lügen, kommt das ganze Judentum, eine mehrhundertjährige jüdische allerernsthafteste Vorübung und Technik zur letzten Meisterschaft. Der Christ, diese *ultima ratio* der Lüge, ist der Jude noch einmal – *dreimal* selbst ... Der grundsätzliche Wille, nur Begriffe, Symbole, Attitüden anzuwenden, welche aus der Praxis des Priesters bewiesen sind, die Instinkt-Ablehnung jeder *andren* Praxis, jeder *andren* Art Wert- und Nützlichkeits-Perspektive – das ist nicht nur Tradition, das ist *Erbschaft*: nur als Erbschaft wirkt es wie Natur. Die ganze Menschheit, die besten Köpfe der besten Zeiten sogar (einen ausgenommen, der vielleicht bloß ein Unmensch ist –) haben sich täuschen lassen. Man hat das Evangelium als *Buch der Unschuld* gelesen ... kein kleiner Fingerzeig dafür, mit welcher Meisterschaft hier geschauspielert worden ist. – Freilich bekämen wir sie zu *sehen*, auch nur im Vorübergehn, alle diese wunderlichen Mucker und Kunst-Heiligen, so wäre es am Ende – und genau deshalb, weil *ich* keine Worte lese, ohne Gebärden zu sehn, *mache ich mit ihnen ein Ende* ... Ich halte eine gewisse Art, die Augen aufzuschlagen, an ihnen nicht aus. – Zum Glück sind Bücher für die allermeisten bloß *Literatur* – – Man muß sich nicht irreführen lassen: »Richtet nicht!« sagen sie, aber sie schicken alles in die Hölle, was ihnen im Wege steht. Indem sie Gott richten lassen, richten sie selber; indem sie Gott verherrlichen, verherrlichen sie sich selber; indem sie die Tugenden *fordern,* deren sie gerade fähig sind – mehr noch, die sie nötig haben, um überhaupt oben zu bleiben –, geben sie sich den großen Anschein eines Ringens um die Tugend, eines Kampfes um die Herrschaft der Tugend. »Wir leben, wir sterben, wir opfern uns *für das Gute«* (– »die Wahrheit«, »das Licht«, das »Reich Gottes«): in Wahrheit tun sie, was sie nicht lassen können. Indem sie nach Art von Duckmäusern sich durchdrücken, im Winkel sitzen, im Schatten schattenhaft dahinleben, machen sie sich eine *Pflicht* daraus: als Pflicht erscheint ihr Leben der Demut, als Demut ist es ein Beweis mehr für Frömmigkeit ... Ah diese demütige, keusche, barmherzige Art von Verlogenheit! »Für uns soll die Tugend selbst Zeugnis ablegen« ... Man lese die Evangelien als Bücher der Verführung mit *Moral*: die Moral wird von diesen kleinen Leuten mit Beschlag belegt – sie wissen, was es auf sich hat mit der Moral! Die Menschheit wird am besten *genasführt* mit der Moral! – Die Realität ist, daß hier der bewußteste *Auserwählten-Dünkel* die Bescheidenheit spielt: man hat *sich,* die »Gemeinde«, die »Guten und Gerechten« ein für allemal auf die eine Seite gestellt, auf die »der Wahrheit« – und den Rest, »die Welt«, auf die andre ... *Das* war die verhängnisvollste Art Größenwahn, die bisher auf Erden dagewesen ist: kleine Mißgeburten von Muckern und Lügnern fingen an, die Begriffe »Gott«, »Wahrheit«, »Licht«, »Geist«, »Liebe«, »Weisheit«, »Leben« für sich in Anspruch zu nehmen, gleichsam als Synonyma von sich, um damit die »Welt« gegen sich abzugrenzen, kleine Superlativ-Juden, reif für jede Art Irrenhaus, drehten die Werte überhaupt nach *sich* um, wie als ob erst der »Christ« der Sinn, das Salz, das Maß, auch das *letzte Gericht* vom ganzen Rest wäre ... Das ganze Verhängnis wurde dadurch allein ermöglicht, daß schon eine verwandte, rassenverwandte Art von Größenwahn in der Welt war, der *jüdische*: sobald einmal die Kluft zwischen Juden und Judenchristen sich aufriß, blieb letzteren gar keine Wahl, als dieselben Prozeduren der Selbsterhaltung, die der jüdische Instinkt anriet, *gegen* die Juden selber anzuwenden, während die Juden sie bisher bloß gegen alles *Nicht*-Jüdische angewendet hatten. Der Christ ist nur ein Jude *»freieren«* Bekenntnisses. –

45

– Ich gebe ein paar Proben von dem, was sich diese kleinen Leute in den Kopf gesetzt, was sie ihrem Meister *in den Mund gelegt haben*: lauter Bekenntnisse »schöner Seelen«. –

»Und welche euch nicht aufnehmen noch hören, da gehet von dannen hinaus und schüttelt den Staub ab von euren Füßen, zu einem Zeugnis über sie. Ich sage euch: Wahrlich, es wird Sodom und Gomorrha am Jüngsten Gericht erträglicher ergehn, denn solcher Stadt« (*Markus* 6, 11). – Wie *evangelisch*! ...

»Und wer der Kleinen einen ärgert, die an mich glauben, dem wäre es besser, daß ihm ein Mühlstein an seinen Hals gehängt würde und er in das Meer geworfen würde« (Markus 9, 42). – Wie *evangelisch*! ...

»Ärgert dich dein Auge, so wirf es von dir. Es ist dir besser, daß du einäugig in das Reich Gottes gehest, denn daß du zwei Augen habest und werdest in das höllische Feuer geworfen; da ihr Wurm nicht stirbt und ihr Feuer nicht erlischt« (Markus 9, 47). – Es ist nicht gerade das Auge gemeint ...

»Wahrlich, ich sage euch, es stehen etliche hier, die werden den Tod nicht schmecken, bis daß sie sehen das Reich Gottes mit Kraft kommen« (Markus 9, 1). – Gut *gelogen*, Löwe ...

»Wer mir will nachfolgen, der verleugne sich selbst und nehme sein Kreuz auf sich und folge mir nach. *Denn* ...« (*Anmerkung eines Psychologen.* Die christliche Moral wird durch ihre *Denns* widerlegt: ihre »Gründe« widerlegen – so ist es christlich.) Markus 8, 34. –

»Richtet nicht, *auf daß* ihr nicht gerichtet werdet. Mit welcherlei Maß ihr messet, wird *euch* gemessen werden« (Matthäus 7, 1). – Welcher Begriff von Gerechtigkeit, von einem »gerechten« Richter! ...

»Denn so ihr liebet, die euch lieben, *was werdet ihr für Lohn haben*? Tun nicht dasselbe auch die Zöllner? Und so ihr nur zu euren Brüdern freundlich tut, *was tut ihr Sonderliches*? Tun nicht die Zöllner auch also?« (Matthäus 5, 46.) – Prinzip der »christlichen Liebe«: sie will zuletzt gut *bezahlt* sein ...

»Wo *ihr* aber den Menschen ihre Fehler nicht vergebet, so wird euch euer Vater eure Fehler auch nicht vergeben« (Matthäus 6, 15). – Sehr kompromittierend für den genannten »Vater« ...

»Trachtet am ersten nach dem Reiche Gottes und nach seiner Gerechtigkeit, so wird euch solches alles zufallen« (Matthäus 6, 33). – Solches alles: nämlich Nahrung, Kleidung, die ganze Notdurft des Lebens. Ein *Irrtum*, bescheiden ausgedrückt ... Kurz vorher erscheint Gott als Schneider, wenigstens in gewissen Fällen ...

»Freuet euch alsdann und hüpfet: *denn* siehe, euer Lohn ist groß im Himmel. Desgleichen taten ihre Väter den Propheten auch« (Lukas 6, 23). – *Unverschämtes* Gesindel! Es vergleicht sich bereits mit den Propheten ...

»Wisset ihr nicht, daß ihr Gottes Tempel seid und der Geist Gottes in euch wohnet? So jemand den Tempel Gottes verderbet, *den wird Gott verderben*: denn der Tempel Gottes ist heilig, *der seid ihr*« (Paulus 1. Korinther 3, 16). – Dergleichen kann man nicht genug verachten ...

»Wisset ihr nicht, daß die Heiligen die Welt richten werden? So denn nun die Welt soll von *euch* gerichtet werden: seid ihr denn nicht gut genug, geringere Sachen zu richten?« (Paulus 1. Korinther 6, 2.) – Leider nicht bloß die Rede eines Irrenhäuslers ... Dieser *fürchterliche Betrüger* fährt wörtlich fort: »Wisset ihr nicht, daß *wir* über die Engel richten werden? Wie viel mehr über die zeitlichen Güter!« ...

»Hat nicht Gott die Weisheit dieser Welt zur Torheit gemacht? Denn dieweil die Welt durch ihre Weisheit Gott in seiner Weisheit nicht erkannte, gefiel es Gott wohl, durch törichte Predigt selig zu machen die, so daran glauben ...; nicht viel Weise nach dem Fleisch, nicht viel Gewaltige, nicht viel Edle sind berufen. Sondern was töricht ist vor der Welt, *das hat Gott erwählet*, daß er die Weisen zuschanden mache; und was schwach ist vor der Welt, das hat Gott erwählet, daß er zuschanden mache, was stark ist; und das Unedle vor der Welt und das Verachtete hat Gott erwählet, und das da nichts ist, daß er zunichte mache, was etwas ist. Auf daß sich vor ihm kein Fleisch rühme« (Paulus 1. Korinther 1, 20 ff.). – Um diese Stelle, ein Zeugnis allerersten Ranges für die Psychologie jeder Tschandala-Moral, zu *verstehn*, lese man die erste Abhandlung meiner *Genealogie der Moral*: in ihr wurde zum erstenmal der Gegensatz einer *vornehmen* und einer aus *ressentiment* und ohnmächtiger Rache gebornen Tschandala-Moral ans Licht gestellt. Paulus war der größte aller Apostel der Rache ...

46

– *Was folgt daraus?* Daß man gut tut, Handschuhe anzuziehn, wenn man das Neue Testament liest. Die Nähe von so viel Unreinlichkeit zwingt beinahe dazu. Wir würden uns »erste Christen« so wenig wie polnische Juden zum Umgang wählen: nicht daß man gegen sie auch nur einen Einwand nötig hätte ... Sie riechen beide nicht gut. – Ich habe vergebens im Neuen Testamente auch nur nach einem sympathischen Zuge ausgespäht; nichts ist darin, was frei, gütig, offenherzig, rechtschaffen wäre. Die Menschlichkeit hat hier noch nicht ihren ersten Anfang gemacht – die Instinkte der *Reinlichkeit* fehlen ... Es gibt nur *schlechte* Instinkte im Neuen Testament, es gibt keinen Mut selbst zu diesen schlechten Instinkten. Alles ist Feigheit, alles ist Augenschließen und Selbstbetrug darin. Jedes Buch wird reinlich, wenn man eben das Neue Testament gelesen hat: ich las, um ein Beispiel zu geben, mit Entzücken unmittelbar nach Paulus jenen anmutigsten, übermütigsten Spötter Petronius, von dem man sagen könnte, was Domenico Boccaccio über Cesare Borgia an den Herzog von Parma schrieb: *»è tutto festo«* – unsterblich gesund, unsterblich heiter und wohlgeraten ... Diese kleinen Mucker verrechnen sich nämlich in der Hauptsache. Sie greifen an, aber alles, was von ihnen angegriffen wird, ist damit *ausgezeichnet*. Wen ein »erster Christ« angreift, den besudelt er *nicht*... Umgekehrt: es ist eine Ehre, »erste Christen« gegen sich zu haben. Man liest das Neue Testament nicht ohne eine Vorliebe für das, was darin mißhandelt wird, – nicht zu reden von der »Weisheit dieser Welt«, welche ein frecher Windmacher »durch törichte Predigt« umsonst zuschanden zu machen sucht... Aber selbst die Pharisäer und Schriftgelehrten haben ihren Vorteil von einer solchen Gegnerschaft: sie müssen schon etwas wert gewesen sein, um auf eine so unanständige Weise gehaßt zu werden. Heuchelei – das wäre ein Vorwurf, den »erste Christen« machen *dürften*! – Zuletzt waren es die *Privilegierten*: dies genügt, der Tschandala-Haß braucht keine Gründe mehr. Der »erste Christ« – ich fürchte, auch der »letzte Christ«, *den ich vielleicht noch erleben werde* – ist Rebell gegen alles Privilegierte aus unterstem Instinkte – er lebt, er kämpft immer für *»gleiche Rechte«*... Genauer zugesehn, hat er keine Wahl. Will man, für seine Person, ein »Auserwählter Gottes« sein – oder ein »Tempel Gottes«, oder ein »Richter der Engel« –, so ist jedes *andre* Prinzip der Auswahl, zum Beispiel nach Rechtschaffenheit, nach Geist, nach Männlichkeit und Stolz, nach Schönheit und Freiheit des Herzens, einfach »Welt« – *das Böse an sich*... Moral: jedes Wort im Munde eines »ersten Christen« ist eine Lüge, jede Handlung, die er tut, eine Instinkt-Falschheit – alle seine Werte, alle seine Ziele sind schädlich, aber *wen* er haßt, *was* er haßt, *das hat Wert* ... Der Christ, der Priester-Christ insonderheit, ist ein *Kriterium für Werte* – – Habe ich noch zu sagen, daß im ganzen Neuen Testament bloß eine *einzige* Figur vorkommt, die man ehren muß? Pilatus, der römische Statthalter. Einen Judenhandel *ernst* zu nehmen – dazu überredet er sich nicht. Ein Jude mehr oder weniger – was liegt daran?... Der vornehme Hohn eines Römers, vor dem ein unverschämter Mißbrauch mit dem Wort »Wahrheit« getrieben wird, hat das Neue Testament mit dem einzigen Wort bereichert, *das Wert hat* – das seine Kritik, seine *Vernichtung* selbst ist: »was ist Wahrheit!«...

47

– Das ist es nicht, was *uns* abscheidet, daß wir keinen Gott wiederfinden, weder in der Geschichte, noch in der Natur, noch hinter der Natur – sondern daß wir, was als Gott verehrt wurde, nicht als »göttlich«, sondern als erbarmungswürdig, als absurd, als schädlich empfinden, nicht nur als Irrtum, sondern als *Verbrechen am Leben*... Wir leugnen Gott als Gott... Wenn man uns diesen Gott der Christen *bewiese*, wir würden ihn noch weniger zu glauben wissen. – In Formel: *deus, qualem Paulus creavit, dei negatio*. – Eine Religion, wie das Christentum, die sich an keinem Punkte mit der Wirklichkeit berührt, die sofort dahinfällt, sobald die Wirklichkeit auch nur an einem Punkte zu Rechte kommt, muß billigerweise der »Weisheit der Welt«, will sagen *der Wissenschaft*, todfeind sein – sie wird alle Mittel gut heißen, mit denen die Zucht des Geistes, die Lauterkeit und Strenge in Gewissenssachen des Geistes, die vornehme Kühle und Freiheit des Geistes vergiftet, verleumdet, *verrufen* gemacht werden kann. Der »Glaube« als Imperativ ist das *Veto* gegen die Wissenschaft – *in praxi* die Lüge um jeden Preis... Paulus *begriff*, daß die Lüge – daß »der Glaube« nottat; die Kirche begriff später wieder Paulus. – Jener »Gott«, den Paulus sich erfand, ein Gott, der »die Weisheit der Welt« (im engern Sinn die beiden großen Gegnerinnen alles Aberglaubens, Philologie und Medizin) »zuschanden macht«, ist in Wahrheit nur der resolute *Entschluß* des Paulus selbst dazu: »Gott« seinen eignen Willen zu nennen, *thora*, das ist urjüdisch. Paulus *will* »die Weisheit der Welt« zuschanden machen: seine Feinde sind die *guten* Philologen und Ärzte alexandrinischer Schulung –, ihnen macht er den Krieg. In der Tat, man ist nicht Philolog und Arzt, ohne nicht zugleich auch *Antichrist* zu sein. Als Philolog schaut man nämlich *hinter* die »heiligen Bücher«, als Arzt *hinter* die physiologische Verkommenheit des typischen Christen. Der Arzt sagt »unheilbar«, der Philolog »Schwindel« ...

48

– Hat man eigentlich die berühmte Geschichte verstanden, die am Anfang der Bibel steht – von der Höllenangst Gottes vor der *Wissenschaft*?... Man hat sie nicht verstanden. Dies Priesterbuch *par excellence* beginnt, wie billig, mit der großen inneren Schwierigkeit des Priesters: *er* hat nur *eine* große Gefahr, *folglich* hat »Gott« nur *eine* große Gefahr. –

Der alte Gott, ganz »Geist«, ganz Hoherpriester, ganz Vollkommenheit, lustwandelt in seinen Gärten: nur daß er sich langweilt. Gegen die Langeweile kämpfen Götter selbst vergebens. Was tut er? Er erfindet den Menschen – der Mensch ist unterhaltend ... Aber siehe da, auch der Mensch langweilt sich. Das Erbarmen Gottes mit der einzigen Not, die alle Paradiese an sich haben, kennt keine Grenzen: er schuf alsbald noch andre Tiere. *Erster* Fehlgriff Gottes: der Mensch fand die Tiere nicht unterhaltend – er herrschte über sie, er wollte nicht einmal »Tier« sein. – Folglich schuf Gott das Weib. Und in der Tat, mit der Langeweile hatte es nun ein Ende – aber auch mit anderem noch! Das Weib war der *zweite* Fehlgriff Gottes. – »Das Weib ist seinem Wesen nach Schlange, Heva« – das weiß jeder Priester; »vom Weib kommt *jedes* Unheil in der Welt« – das weiß ebenfalls jeder Priester. »*Folglich* kommt von ihm auch die *Wissenschaft*« ... Erst durch das Weib lernte der Mensch vom

Baume der Erkenntnis kosten. – Was war geschehn? Den alten Gott ergriff eine Höllenangst. Der Mensch selbst war sein *größter* Fehlgriff geworden, er hatte sich einen Rivalen geschaffen, die Wissenschaft macht *gottgleich,* – es ist mit Priestern und Göttern zu Ende, wenn der Mensch wissenschaftlich wird! – *Moral*: dic Wissenschaft ist das Verbotene an sich – sie allein ist verboten. Die Wissenschaft ist die *erste* Sünde, der Keim aller Sünde, die *Erb*sünde. *Dies allein ist Moral.* – »Du sollst *nicht* erkennen« – der Rest folgt daraus. – Die Höllenangst Gottes verhinderte ihn nicht, klug zu sein. Wie *wehrt* man sich gegen die Wissenschaft? das wurde für lange sein Hauptproblem. Antwort: fort mit dem Menschen aus dem Paradiese! Das Glück, der Müßiggang bringt auf Gedanken – alle Gedanken sind schlechte Gedanken... Der Mensch *soll* nicht denken. – Und der »Priester an sich« erfindet die Not, den Tod, die Lebensgefahr der Schwangerschaft, jede Art von Elend, Alter, Mühsal, die *Krankheit* vor allem – lauter Mittel im Kampfe mit der Wissenschaft! Die Not *erlaubt* dem Menschen nicht, zu denken... Und trotzdem! entsetzlich! Das Werk der Erkenntnis türmt sich auf, himmelstürmend, götterandämmernd – was tun! – Der alte Gott erfindet den *Krieg,* er trennt die Völker, er macht, daß die Menschen sich gegenseitig vernichten (– die Priester haben immer den Krieg nötig gehabt...). Der Krieg – unter anderem ein großer Störenfried der Wissenschaft! – Unglaublich! Die Erkenntnis, die *Emanzipation vom Priester,* nimmt selbst trotz Kriegen zu – Und ein letzter Entschluß kommt dem alten Gotte: »der Mensch ward wissenschaftlich – *es hilft nichts, man muß ihn ersäufen!*« ...

49

– Man hat mich verstanden. Der Anfang der Bibel enthält die *ganze* Psychologie des Priesters. – Der Priester kennt nur *eine* große Gefahr: das ist die Wissenschaft – der gesunde Begriff von Ursache und Wirkung. Aber die Wissenschaft gedeiht im ganzen nur unter glücklichen Verhältnissen – man muß Zeit, man muß Geist *überflüssig* haben, um zu »erkennen« ... »*Folglich* muß man den Menschen unglücklich machen« – dies war zu jeder Zeit die Logik des Priesters. – Man errät bereits, *was,* dieser Logik gemäß, damit erst in die Welt gekommen ist – die »*Sünde*« ... Der Schuld- und Strafbegriff, die ganze »sittliche Weltordnung« ist erfunden *gegen* die Wissenschaft – *gegen* die Ablösung des Menschen vom Priester ... Der Mensch soll *nicht* hinaus-, er soll in sich hineinsehn; er soll *nicht* klug und vorsichtig, als Lernender, in die Dinge sehn, er soll überhaupt gar nicht sehn: er soll *leiden* ... Und er soll so leiden, daß er jederzeit den Priester nötig hat. – Weg mit den Ärzten! *Man hat einen Heiland nötig.* – Der Schuld- und Straf-Begriff, eingerechnet die Lehre von der »Gnade«, von der »Erlösung«, von der »Vergebung« – *Lügen* durch und durch und ohne jede psychologische Realität – sind erfunden, um den *Ursachen-Sinn* des Menschen zu zerstören: sie sind das Attentat gegen den Begriff Ursache und Wirkung! – Und *nicht* ein Attentat mit der Faust, mit dem Messer, mit der Ehrlichkeit in Haß und Liebe! Sondern aus den feigsten, listigsten, niedrigsten Instinkten heraus! Ein *Priester*-Attentat! Ein *Parasiten*-Attentat! Ein Vampyrismus bleicher unterirdischer Blutsauger! ... Wenn die natürlichen Folgen einer Tat nicht mehr »natürlich« sind, sondern durch Begriffs-Gespenster des Aberglaubens, durch »Gott«, durch »Geister«, durch »Seelen« bewirkt gedacht werden, als bloß »moralische« Konsequenzen, als Lohn, Strafe, Wink, Erziehungsmittel, so ist die Voraussetzung zur Erkenntnis zerstört – *so hat man das größte Verbrechen an der Menschheit begangen.* – Die Sünde, nochmals gesagt, diese Selbstschändungs-Form des Menschen *par excellence,* ist erfunden, um Wissenschaft, um Kultur, um jede Erhöhung und Vornehmheit des Menschen unmöglich zu machen; der Priester *herrscht* durch die Erfindung der Sünde. –

50

– Ich erlasse mir an dieser Stelle eine Psychologie des »Glaubens«, der »Gläubigen« nicht, zum Nutzen, wie billig, gerade der »Gläubigen«. Wenn es heute noch an solchen nicht fehlt, die es nicht wissen, inwiefern es *unanständig* ist, »gläubig« zu sein – *oder* ein Abzeichen von *décadence,* von gebrochnem Willen zum Leben –, morgen schon werden sie es wissen. Meine Stimme erreicht auch die Harthörigen. – Es scheint, wenn anders ich mich nicht verhört habe, daß es unter Christen eine Art Kriterium der Wahrheit gibt, das man den »Beweis der Kraft« nennt. »Der Glaube macht selig: *also* ist er wahr.« – Man dürfte hier zunächst einwenden, daß gerade das Seligmachen nicht bewiesen, sondern nur *versprochen* ist: die Seligkeit an die Bedingung des »Glaubens« geknüpft – man *soll* selig werden, *weil* man glaubt ... Aber *daß* tatsächlich eintritt, was der Priester dem Gläubigen für das jeder Kontrolle unzugängliche »Jenseits« verspricht, womit bewiese sich *das*? – Der angebliche »Beweis der Kraft« ist also im Grunde wieder nur ein Glaube daran, daß die Wirkung nicht ausbleibt, welche man sich vom Glauben verspricht. In Formel: »Ich glaube, daß der Glaube selig macht – *folglich* ist er wahr.« – Aber damit sind wir schon am Ende. Dies »folglich« wäre das *absurdum* selbst als Kriterium der Wahrheit. – Setzen wir aber, mit einiger Nachgiebigkeit, daß das Seligmachen durch den Glauben bewiesen sei (– *nicht* nur gewünscht, *nicht* nur durch den etwas verdächtigen Mund eines Priesters versprochen): wäre Seligkeit – technischer geredet, *Lust* – jemals ein Beweis der Wahrheit? So wenig, daß es beinahe den Gegenbeweis, jedenfalls den höchsten Argwohn gegen »Wahrheit« abgibt, wenn Lustempfindungen über die Frage »was ist wahr?« mitreden. Der Beweis der »Lust« ist ein Beweis *für* »Lust« – nichts mehr; woher um alles in der Welt stünde es fest, daß gerade *wahre* Urteile mehr Vergnügen machten als falsche und, gemäß einer prästabilierten Harmonie, angenehme Gefühle mit Notwendigkeit hinter sich dreinzögen? – Die Erfahrung aller strengen, aller tief gearteten Geister lehrt *das Umgekehrte.* Man hat jeden Schrittbreit Wahrheit sich abringen müssen, man hat fast alles dagegen preisgeben müssen, woran sonst das Herz, woran unsre Liebe, unser Vertrauen zum Leben hängt. Es bedarf Größe der Seele dazu: der Dienst der Wahrheit ist der härteste Dienst. – Was heißt denn *rechtschaffen* sein in geistigen Dingen? Daß man streng gegen sein Herz ist, daß man die »schönen Gefühle« verachtet, daß man sich aus jedem Ja und Nein ein Gewissen macht! – – – Der Glaube macht selig: *folglich* lügt er . . .

51

Daß der Glaube unter Umständen selig macht, daß Seligkeit aus einer fixen Idee noch nicht eine *wahre* Idee macht, daß der Glaube keine Berge versetzt, wohl aber Berge *hinsetzt,* wo es keine gibt: ein flüchtiger Gang durch ein *Irrenhaus* klärt zur Genüge darüber auf. *Nicht* freilich einen Priester: denn der leugnet aus Instinkt, daß Krankheit Krankheit, daß Irrenhaus Irrenhaus ist. Das Christentum hat die Krankheit *nötig,* ungefähr wie das Griechentum einen Überschuß von Gesundheit nötig hat – krank-*machen* ist die eigentliche Hinterabsicht des ganzen Heilsprozeduren-Systems der Kirche. Und die Kirche selbst – ist sie nicht das katholische Irrenhaus als letztes Ideal? – Die Erde überhaupt als Irrenhaus? – Der religiöse Mensch, wie ihn die Kirche *will,* ist ein typischer *décadent;* der Zeitpunkt, wo eine religiöse Krisis über ein Volk Herr wird, ist jedesmal durch Nerven-Epidemien gekennzeichnet; die »innere Welt« des religiösen Menschen sieht der »inneren Welt« der Überreizten und Erschöpften zum Verwechseln ähnlich; die »höchsten« Zustände, welche das Christentum als Wert aller Werte über der Menschheit aufgehängt hat, sind epileptoide Formen – die Kirche hat nur Verrückte *oder* große Betrüger in *majorem dei honorem* heilig gesprochen . . . Ich habe mir einmal erlaubt, den ganzen christlichen Buß- und Erlösungs*training* (den man heute am besten in England studiert) als eine methodisch erzeugte *folie circulaire* zu bezeichnen, wie billig, auf einem bereits dazu vorbereiteten, das heißt gründlich morbiden Boden. Es steht niemandem frei, Christ zu werden: man wird zum Christentum nicht »bekehrt« – man muß krank genug dazu sein . . . Wir anderen, die wir den *Mut* zur Gesundheit *und* auch zur Verachtung haben, wie dürfen *wir* eine Religion verachten, die den Leib mißverstehn lehrte! die den Seelen-Aberglauben nicht loswerden will! die aus der unzureichenden Ernährung ein »Verdienst« macht! die in der Gesundheit eine Art Feind, Teufel, Versuchung bekämpft! die sich einredete, man könne eine »vollkommne Seele« in einem Kadaver von Leib herumtragen, und dazu nötig hatte, einen neuen Begriff der »Vollkommenheit« sich zurechtzumachen, ein bleiches, krankhaftes, idiotisch-schwärmerisches Wesen, die sogenannte »Heiligkeit« – Heiligkeit, selbst bloß eine Symptomen-Reihe des verarmten, entnervten, unheilbar verdorbenen Leibes!... Die christliche Bewegung, als eine europäische Bewegung, ist von vornherein eine Gesamt-Bewegung der Ausschuß- und Abfalls-Elemente aller Art (– diese wollen mit dem Christentum zur Macht). Sie drückt *nicht* den Niedergang einer Rasse aus, sie ist eine Aggregat-Bildung sich zusammendrängender und sich suchender *décadence*-Formen von überall. Es ist *nicht*, wie man glaubt, die Korruption des Altertums selbst, des *vornehmen* Altertums, was das Christentum ermöglichte: man kann dem gelehrten Idiotismus, der auch heute noch so etwas aufrechterhält, nicht hart genug widersprechen. In der Zeit, wo die kranken, verdorbenen Tschandala-Schichten im ganzen *imperium* sich christianisierten, war gerade der *Gegentypus*, die Vornehmheit, in ihrer schönsten und reifsten Gestalt vorhanden. Die große Zahl wurde Herr; der Demokratismus der christlichen Instinkte *siegte*... Das Christentum war nicht »national«, nicht rassebedingt – es wendete sich an jede Art von Enterbten des Lebens, es hatte seine Verbündeten überall. Das Christentum hat die Ranküne der Kranken auf dem Grunde, den Instinkt *gegen* die Gesunden, *gegen* die Gesundheit gerichtet. Alles Wohlgeratene, Stolze, Übermütige, die Schönheit vor allem tut ihm in Ohren und Augen weh. Nochmals erinnre ich an das unschätzbare Wort des Paulus: »Was *schwach* ist vor der Welt, was *töricht* ist vor der Welt, das *Unedle* und *Verachtete* vor der Welt hat Gott erwählet«: *das* war die Formel, *in hoc signo* siegte die *décadence*. – *Gott am Kreuze* – versteht man immer noch die furchtbare Hintergedanklichkeit dieses Symbols nicht? – Alles was leidet, alles was am Kreuze hängt, ist *göttlich*... Wir alle hängen am Kreuze, folglich sind *wir* göttlich... Wir allein sind göttlich... Das Christentum war ein Sieg, eine *vornehmere* Gesinnung ging an ihm zugrunde – das Christentum war bisher das größte Unglück der Menschheit. – –

52

Das Christentum steht auch im Gegensatz zu aller *geistigen* Wohlgeratenheit – es *kann* nur die kranke Vernunft als christliche Vernunft brauchen, es nimmt die Partei alles Idiotischen, es spricht den Fluch aus gegen den »Geist«, gegen die *superbia* des gesunden Geistes. Weil die Krankheit zum Wesen des Christentums gehört, *muß* auch der typisch-christliche

Zustand, »der Glaube«, eine Krankheitsform sein, *müssen* alle geraden, rechtschaffnen, wissenschaftlichen Wege zur Erkenntnis von der Kirche als *verbotene* Wege abgelehnt werden. Der Zweifel bereits ist eine Sünde ... Der vollkommne Mangel an psychologischer Reinlichkeit beim Priester – im Blick sich verratend – ist eine *Folge*erscheinung der *décadence* – man hat die hysterischen Frauenzimmer, andrerseits rachitisch angelegte Kinder daraufhin zu beobachten, wie regelmäßig Falschheit aus Instinkt, Lust zu lügen, um zu lügen, Unfähigkeit zu geraden Blicken und Schritten der Ausdruck von *décadence* ist. »Glaube« heißt Nicht-wissen-*wollen*, was wahr ist. Der Pietist, der Priester beiderlei Geschlechts, ist falsch, *weil* er krank ist: sein Instinkt *verlangt*, daß die Wahrheit an keinem Punkt zu Rechte kommt. »Was krank macht, ist *gut*; was aus der Fülle, aus dem Überfluß, aus der Macht kommt, ist *böse*«: so empfindet der Gläubige. Die *Unfreiheit zur Lüge* – daran errate ich jeden vorherbestimmten Theologen. – Ein andres Abzeichen des Theologen ist sein *Unvermögen zur Philologie*. Unter Philologie soll hier, in einem sehr allgemeinen Sinne, die Kunst, gut zu lesen, verstanden werden – Tatsachen ablesen können, *ohne* sie durch Interpretation zu fälschen, *ohne* im Verlangen nach Verständnis die Vorsicht, die Geduld, die Feinheit zu verlieren. Philologie als *Ephexis* in der Interpretation: handle es sich nun um Bücher, um Zeitungs-Neuigkeiten, um Schicksale oder Wetter-Tatsachen – nicht zu reden vom »Heil der Seele« ... Die Art, wie ein Theolog, gleichgültig ob in Berlin oder in Rom, ein »Schriftwort« auslegt oder ein Erlebnis, einen Sieg des vaterländischen Heers zum Beispiel unter der höheren Beleuchtung der Psalmen Davids, ist immer dergestalt *kühn*, daß ein Philolog dabei an allen Wände emporläuft. Und was soll er gar anfangen, wenn Pietisten und andre Kühe aus dem Schwabenlande den armseligen Alltag und Stubenrauch ihres Daseins mit dem »Finger Gottes« zu einem Wunder von »Gnade«, von »Vorsehung«, von »Heilserfahrungen« zurecht machen! Der bescheidenste Aufwand von Geist, um nicht zu sagen von *Anstand*, müßte diese Interpreten doch dazu bringen, sich des vollkommen Kindischen und Unwürdigen eines solchen Mißbrauchs der göttlichen Fingerfertigkeit zu überführen. Mit einem noch so kleinen Maße von Frömmigkeit im Leibe sollte uns ein Gott, der zur rechten Zeit vom Schnupfen kuriert, oder der uns in einem Augenblick in die Kutsche steigen heißt, wo gerade ein großer Regen losbricht, ein so absurder Gott sein, daß man ihn abschaffen müßte, selbst wenn er existierte. Ein Gott als Dienstbote, als Briefträger, als Kalendermann – im Grunde ein Wort für die dümmste Art aller Zufälle ... Die »göttliche Vorsehung«, wie sie heute noch ungefähr jeder dritte Mensch im »gebildeten Deutschland« glaubt, wäre ein Einwand gegen Gott, wie er stärker gar nicht gedacht werden könnte. Und in jedem Fall ist er ein Einwand gegen Deutsche! ...

53

– Daß *Märtyrer* etwas für die Wahrheit einer Sache beweisen, ist so wenig wahr, daß ich leugnen möchte, es habe je ein Märtyrer überhaupt etwas mit der Wahrheit zu tun gehabt. In dem Tone, mit dem ein Märtyrer sein Für-wahr-halten der Welt an den Kopf wirft, drückt sich bereits ein so niedriger Grad intellektueller Rechtschaffenheit, eine solche *Stumpfheit* für die Frage »Wahrheit« aus, daß man einen Märtyrer nie zu widerlegen braucht. Die Wahrheit ist nichts, was einer hätte und ein andrer nicht hätte: so können höchstens Bauern oder Bauern-Apostel nach Art Luthers über die Wahrheit denken. Man darf sicher sein, daß je nach dem Grade der Gewissenhaftigkeit in Dingen des Geistes die Bescheidenheit, die *Bescheidung* in diesem Punkte immer größer wird. In fünf Sachen *wissen,* und mit zarter Hand es ablehnen, *sonst* zu wissen ... »Wahrheit«, wie das Wort jeder Prophet, jeder Sektierer, jeder Freigeist, jeder Sozialist, jeder Kirchenmann versteht, ist ein vollkommner Beweis dafür, daß auch noch nicht einmal der Anfang mit jener Zucht des Geistes und Selbstüberwindung gemacht ist, die zum Finden irgendeiner kleinen, noch so kleinen Wahrheit not tut. – Die Märtyrer-Tode, anbei gesagt, sind ein großes Unglück in der Geschichte gewesen: sie *verführten* ... Der Schluß aller Idioten, Weib und Volk eingerechnet, daß es mit einer Sache, für die jemand in den Tod geht (oder die gar, wie das erste Christentum, todsüchtige Epidemien erzeugt), etwas auf sich habe – dieser Schluß ist der Prüfung, dem Geist der Prüfung und Vorsicht unsäglich zum Hemmschuh geworden. Die Märtyrer *schadeten* der Wahrheit ... Auch heute noch bedarf es nur einer Krudität der Verfolgung, um einer an sich noch so gleichgültigen Sektiererei einen *ehrenhaften* Namen zu schaffen. – Wie? ändert es am Werte einer Sache etwas, daß jemand für sie sein Leben läßt? – Ein Irrtum, der ehrenhaft wird, ist ein Irrtum, der einen Verführungsreiz mehr besitzt: glaubt ihr, daß wir euch Anlaß geben würden, ihr Herrn Theologen, für eure Lüge die Märtyrer zu machen? – Man widerlegt eine Sache, indem man sie achtungsvoll aufs Eis legt – ebenso widerlegt man auch Theologen ... Gerade das war die welthistorische Dummheit aller Verfolger, daß sie der gegnerischen Sache den Anschein des Ehrenhaften gaben – daß sie ihr die Faszination des Martyriums zum Geschenk machten ... Das Weib liegt heute noch auf den Knien vor einem Irrtum, weil man ihm gesagt hat, daß jemand dafür am Kreuze starb. *Ist denn das Kreuz ein Argument?* – – Aber über alle diese Dinge hat einer allein das Wort gesagt, das man seit Jahrtausenden nötig gehabt hätte – *Zarathustra.*

Blutzeichen schrieben sie auf den Weg, den sie gingen, und ihre Torheit lehrte, daß man mit Blut Wahrheit beweise.

Aber Blut ist der schlechteste Zeuge der Wahrheit; Blut vergiftet die reinste Lehre noch zu Wahn und Haß der Herzen.

Und wenn einer durchs Feuer ginge für seine Lehre – was beweist dies! Mehr ist's wahrlich, daß aus eignem Brande die eigne Lehre kommt. (I, S. 606)

54

Man lasse sich nicht irreführen: große Geister sind Skeptiker. Zarathustra ist ein Skeptiker. Die Stärke, die *Freiheit* aus der Kraft und Überkraft des Geistes *beweist* sich durch Skepsis. Menschen der Überzeugung kommen für alles Grundsätzliche von Wert und Unwert gar nicht in Betracht. Überzeugungen sind Gefängnisse. Das sieht nicht weit genug, das sieht nicht *unter* sich: aber um über Wert und Unwert mitreden zu dürfen, muß man fünfhundert Überzeugungen *unter* sich sehn – *hinter* sich sehn ... Ein Geist, der Großes will, der auch die Mittel dazu will, ist mit Notwendigkeit Skeptiker. Die Freiheit von jeder Art Überzeugungen *gehört* zur Stärke, das Frei-Blicken-*können* ... Die große Leidenschaft, der Grund und die Macht seines Seins, noch aufgeklärter, noch despotischer, als er selbst es ist, nimmt seinen ganzen Intellekt in Dienst; sie macht unbedenklich; sie gibt ihm Mut sogar zu unheiligen Mitteln; sie *gönnt* ihm unter Umständen Überzeugungen. Die Überzeugung als *Mittel*: vieles erreicht man nur mittelst einer Überzeugung. Die große Leidenschaft braucht, verbraucht Überzeugungen, sie unterwirft sich ihnen nicht – sie weiß sich souverän. – Umgekehrt: das Bedürfnis nach Glauben, nach irgend etwas Unbedingtem von Ja und Nein, der Carlylismus, wenn man mir dies Wort nachsehn will, ist ein Bedürfnis der *Schwäche.* Der Mensch des Glaubens, der »Gläubige« jeder Art ist notwendig ein abhängiger Mensch – ein solcher, der *sich* nicht als Zweck, der von sich aus überhaupt nicht Zwecke ansetzen kann. Der »Gläubige« gehört *sich* nicht, er kann nur Mittel sein, er muß *verbraucht* werden, er hat jemand nötig, der ihn verbraucht. Sein Instinkt gibt einer Moral der Entselbstung die höchste Ehre: zu ihr überredet ihn alles, seine Klugheit, seine Erfahrung, seine Eitelkeit. Jede Art Glaube ist selbst ein Ausdruck von Entselbstung, von Selbst-Entfremdung ... Erwägt man, wie notwendig den allermeisten ein Regulativ ist, das sie von außen her bindet und fest macht, wie der Zwang, in einem höheren Sinn die *Sklaverei*, die einzige und letzte Bedingung ist, unter der der willensschwächere Mensch, zumal das Weib, gedeiht: so versteht man auch die Überzeugung, den »Glauben«. Der Mensch der Überzeugung hat in ihr sein Rückgrat. Viele Dinge *nicht* sehn, in keinem Punkte unbefangen sein, Partei sein durch und durch, eine strenge und notwendige Optik in allen Werten haben – das allein bedingt es, daß eine solche Art Mensch überhaupt besteht. Aber damit ist sie der Gegensatz, der *Antagonist* des Wahrhaftigen – der Wahrheit ... Dem Gläubigen steht es nicht frei, für die Frage »wahr« und »unwahr«

überhaupt ein Gewissen zu haben: rechtschaffen sein an *dieser* Stelle wäre sofort sein Untergang. Die pathologische Bedingtheit seiner Optik macht aus dem Überzeugten den Fanatiker – Savonarola, Luther, Rousseau, Robespierre, Saint-Simon –, den Gegensatz-Typus des starken, des *frei*gewordnen Geistes. Aber die große Attitüde dieser *kranken* Geister, dieser Epileptiker des Begriffs, wirkt auf die große Masse – die Fanatiker sind pittoresk, die Menschheit sieht Gebärden lieber, als daß sie *Gründe* hört...

55

– Einen Schritt weiter in der Psychologie der Überzeugung, des »Glaubens«. Es ist schon lange von mir zur Erwägung anheimgegeben worden, ob nicht die Überzeugungen gefährlichere Feinde der Wahrheit sind als die Lügen (Menschliches, Allzumenschliches I, Aphorismus 54 und 483). Diesmal möchte ich die entscheidende Frage tun: besteht zwischen Lüge und Überzeugung überhaupt ein Gegensatz? – Alle Welt glaubt es; aber was glaubt nicht alle Welt! – Eine jede Überzeugung hat ihre Geschichte, ihre Vorformen, ihre Tentativen und Fehlgriffe: sie *wird* Überzeugung, nachdem sie es lange *nicht* ist, nachdem sie es noch länger *kaum* ist. Wie? könnte unter diesen Embryonal-Formen der Überzeugung nicht auch die Lüge sein? – Mitunter bedarf es bloß eines Personen-Wechsels: im Sohn wird Überzeugung, was im Vater noch Lüge war. – Ich nenne Lüge: etwas *nicht* sehn wollen, das man sieht, etwas nicht *so* sehn wollen, wie man es sieht: ob die Lüge vor Zeugen oder ohne Zeugen statthat, kommt nicht in Betracht. Die gewöhnlichste Lüge ist die, mit der man sich selbst belügt; das Belügen andrer ist relativ der Ausnahmefall. – Nun ist dies *Nicht*-sehn-wollen, was man sieht, dies Nicht-so-sehn-wollen, wie man es sieht, beinahe die erste Bedingung für alle, die *Partei* sind, in irgendwelchem Sinne: der Parteimensch wird mit Notwendigkeit Lügner. Die deutsche Geschichtsschreibung zum Beispiel ist überzeugt, daß Rom der Despotismus war, daß die Germanen den Geist der Freiheit in die Welt gebracht haben: welcher Unterschied ist zwischen dieser Überzeugung und einer Lüge? Darf man sich noch darüber wundern, wenn, aus Instinkt, alle Parteien, auch die deutschen Historiker, die großen Worte der Moral im Munde haben – daß die Moral beinahe dadurch *fortbesteht,* daß der Parteimensch jeder Art jeden Augenblick sie nötig hat? – »Dies ist *unsre* Überzeugung: wir bekennen sie vor aller Welt, wir leben und sterben für sie – Respekt vor allem, was Überzeugungen hat!« – dergleichen habe ich sogar aus dem Mund von Antisemiten gehört. Im Gegenteil, meine Herrn! Ein Antisemit wird dadurch durchaus nicht anständiger, daß er aus Grundsatz lügt... Die Priester, die in solchen Dingen feiner sind und den Einwand sehr gut verstehn, der im Begriff einer Überzeugung, das heißt einer grundsätzlichen, *weil* zweckdienlichen Verlogenheit liegt, haben von den Juden her die Klugheit überkommen, an dieser Stelle den Begriff »Gott«, »Wille Gottes«, »Offenbarung Gottes« einzuschieben. Auch Kant, mit seinem kategorischen Imperativ, war auf dem gleichen Wege: seine Vernunft wurde hierin *praktisch.* – Es gibt Fragen, wo über Wahrheit und Unwahrheit dem Menschen die Entscheidung *nicht* zusteht; alle obersten Fragen, alle obersten Wert-Probleme sind jenseits der menschlichen Vernunft ... Die Grenzen der Vernunft begreifen – *das* erst ist wahrhaft Philosophie ... Wozu gab Gott dem Menschen die Offenbarung? Würde Gott etwas Überflüssiges getan haben? Der Mensch *kann* von sich nicht selber wissen, was gut und böse ist, darum lehrte ihn Gott seinen Willen ... Moral: der Priester lügt *nicht* – die Frage »wahr« oder »unwahr« *gibt* es nicht in solchen Dingen, von denen Priester reden; diese Dinge erlauben gar nicht zu lügen. Denn um zu lügen, müßte man entscheiden können, *was* hier wahr ist. Aber das *kann* eben der Mensch nicht; der Priester ist damit nur das Mundstück Gottes. – Ein solcher Priester-Syllogismus ist durchaus nicht boß jüdisch und christlich; das Recht zur Lüge und die *Klugheit* der »Offenbarung« gehört dem Typus Priester an, den *décadence*-Priestern so gut als den Heidentum-Priestern (– Heiden sind alle, die zum Leben ja sagen, denen »Gott« das Wort für das große Ja zu allen Dingen ist). – Das »Gesetz«, der »Wille Gottes«, das »heilige Buch«, die »Inspiration« – alles nur Worte für die Bedingungen, *unter* denen der Priester zur Macht kommt, *mit* denen er seine Macht aufrecht erhält – diese Begriffe finden sich auf dem Grunde aller Priester-Organisationen, aller priesterlichen oder philosophisch-priesterlichen Herrschaftsgebilde. Die »heilige Lüge« – dem Konfuzius, dem Gesetzbuch des Manu, dem Mohammed, der christlichen Kirche gemeinsam –: sie fehlt nicht bei Plato. »Die Wahrheit ist da«: dies bedeutet, wo nur es laut wird, *der Priester lügt ...*

56

– Zuletzt kommt es darauf an, zu welchem *Zweck* gelogen wird. Daß im Christentum die »heiligen« Zwecke fehlen, ist *mein* Einwand gegen seine Mittel. Nur *schlechte* Zwecke: Vergiftung, Verleumdung, Verneinung des Lebens, die Verachtung des Leibes, die Herabwürdigung und Selbstschändung des Menschen durch den Begriff Sünde – *folglich* sind auch seine Mittel schlecht. – Ich lese mit einem entgegengesetzten Gefühle das Gesetzbuch des *Manu,* ein unvergleichlich geistiges und überlegenes Werk, das mit der Bibel auch nur in einem Atem *nennen* eine Sünde wider den *Geist* wäre Man errät sofort: es hat eine wirkliche Philosophie hinter sich, *in* sich, nicht bloß ein übelriechendes Judain von Rabbinismus und Aberglauben – es gibt selbst dem verwöhntesten Psychologen etwas zu beißen.

Nicht die Hauptsache zu vergessen, *der* Grundunterschied von jeder Art von Bibel: die *vornehmen* Stände, die Philosophen und die Krieger, halten mit ihm ihre Hand über der Menge; vornehme Werte überall, ein Vollkommenheits-Gefühl, ein Jasagen zum Leben, ein triumphierendes Wohlgefühl an sich und am Leben – die *Sonne* liegt auf dem ganzen Buch. – Alle die Dinge, an denen das Christentum seine unergründliche Gemeinheit ausläßt, die Zeugung zum Beispiel, das Weib, die Ehe, werden hier ernst, mit Ehrfurcht, mit Liebe und Zutrauen behandelt. Wie kann man eigentlich ein Buch in die Hände von Kindern und Frauen legen, das jenes niederträchtige Wort enthält: »Um der Hurerei willen habe ein jeglicher sein eignes Weib und eine jegliche ihren eignen Mann ... es ist besser freien denn Brunst leiden«? Und *darf* man Christ sein, solange mit dem Begriff der *immaculata conceptio* die Entstehung des Menschen verchristlicht, das heißt *beschmutzt* ist? ... Ich kenne kein Buch, wo dem Weibe so viele zarte und gütige Dinge gesagt würden, wie im Gesetzbuch des Manu; diese alten Graubärte und Heiligen haben eine Art, gegen Frauen artig zu sein, die vielleicht nicht übertroffen ist. »Der Mund einer Frau« – heißt es einmal –, »der Busen eines Mädchens, das Gebet eines Kindes, der Rauch des Opfers sind immer rein.« Eine andre Stelle: »es gibt gar nichts Reineres als das Licht der Sonne, den Schatten einer Kuh, die Luft, das Wasser, das Feuer und den Atem eines Mädchens.« Eine letzte Stelle – vielleicht auch eine heilige Lüge –: »alle Öffnungen des Leibes oberhalb des Nabels sind rein, alle unterhalb sind unrein. Nur beim Mädchen ist der ganze Körper rein.«

57

Man ertappt die *Unheiligkeit* der christlichen Mittel *in flagranti*, wenn man den *christlichen* Zweck einmal an dem Zweck des Manu-Gesetzbuches mißt – wenn man diesen größten Zweck-Gegensatz unter starkes Licht bringt. Es bleibt dem Kritiker des Christentums nicht erspart, das Christentum *verächtlich* zu machen. – Ein solches Gesetzbuch, wie das des Manu, entsteht wie jedes gute Gesetzbuch: es resümiert die Erfahrung, Klugheit und Experimental-Moral von langen Jahrhunderten, es schließt ab, es schafft nichts mehr. Die Voraussetzung zu einer Kodifikation seiner Art ist die Einsicht, daß die Mittel einer langsam und kostspielig erworbenen *Wahrheit* Autorität zu schaffen, grundverschieden von denen sind, mit denen man sie beweisen würde. Ein Gesetzbuch erzählt niemals den Nutzen, die Gründe, die Kasuistik in der Vorgeschichte eines Gesetzes: eben damit würde es den imperativischen Ton einbüßen, das »du sollst«, die Voraussetzung dafür, daß gehorcht wird. Das Problem liegt genau hierin. – An einem gewissen Punkte der Entwicklung eines Volks erklärt die einsichtigste, das heißt rück- und hinausblickendste Schicht desselben, die Erfahrung, nach der gelebt werden soll – das heißt *kann* –, für abgeschlossen. Ihr Ziel geht dahin, die Ernte möglichst reich und vollständig von den Zeiten des Experiments und der *schlimmen* Erfahrung heimzubringen. Was folglich vor allem jetzt zu verhüten ist, das ist das Noch-Fort-Experimentieren, die Fortdauer des flüssigen Zustands der Werte, das Prüfen, Wählen, Kritik-Üben der Werte *in infinitum*. Dem stellt man eine doppelte Mauer entgegen: einmal die *Offenbarung*, das ist die Behauptung, die Vernunft jener Gesetze sei *nicht* menschlicher Herkunft, *nicht* langsam und unter Fehlgriffen gesucht und gefunden, sondern, als göttlichen Ursprungs, ganz, vollkommen, ohne Geschichte, ein Geschenk, ein Wunder, bloß mitgeteilt... Sodann die *Tradition*, das ist die Behauptung, daß das Gesetz bereits seit uralten Zeiten bestanden habe, daß es pietätlos, ein Verbrechen an den Vorfahren sei, es in Zweifel zu ziehn. Die Autorität des Gesetzes begründet sich mit den Thesen: Gott *gab* es, die Vorfahren *lebten* es. – Die höhere Vernunft einer solchen Prozedur liegt in der Absicht, das Bewußtsein Schritt für Schritt von dem als richtig erkannten (das heißt durch eine ungeheure und scharf durchgesiebte Erfahrung *bewiesenen*) Leben zurückzudrängen: so daß der vollkommne Automatismus des Instinkts erreicht wird – diese Voraussetzung zu jeder Art Meisterschaft, zu jeder Art Vollkommenheit in der Kunst des Lebens. Ein Gesetzbuch nach Art des Manu aufstellen, heißt einem Volke fürderhin zugestehn, Meister zu werden, vollkommen zu werden – die höchste Kunst des Lebens zu ambitionieren. *Dazu muß es unbewußt gemacht werden*: dies der Zweck jeder heiligen Lüge. – Die *Ordnung der Kasten*, das oberste, das dominierende Gesetz, ist nur die Sanktion einer *Natur-Ordnung*, Natur-Gesetzlichkeit ersten Ranges, über die keine Willkür, keine »moderne Idee« Gewalt hat. Es treten in jeder gesunden Gesellschaft, sich gegenseitig bedingend, drei physiologisch verschieden-gravitierende Typen auseinander, von denen jeder seine eigne Hygiene, sein eignes Reich von Arbeit, seine eigne Art Vollkommenheits-Gefühl und Meisterschaft hat. Die Natur, *nicht* Manu, trennt die vorwiegend Geistigen, die vorwiegend Muskel- und Temperaments-Starken und die weder im einen, noch im andern ausgezeichneten dritten, die Mittelmäßigen, voneinander ab – die letzteren als die große Zahl, die ersteren als die Auswahl. Die oberste Kaste – ich nenne sie *die Wenigsten* – hat als die vollkommne auch die Vorrechte der wenigsten: dazu gehört es, das Glück, die Schönheit, die Güte auf Erden darzustellen. Nur die geistigsten Menschen haben die Erlaubnis zur Schönheit, *zum* Schönen: nur bei ihnen ist Güte nicht Schwäche. *Pulchrum est paucorum hominum*: das Gute ist ein Vorrecht. Nichts kann ihnen dagegen weniger zugestanden werden als häßliche Manieren oder ein pessimistischer Blick, ein Auge, das *verhäßlicht* –, oder gar eine Entrüstung über den Gesamt-Aspekt der Dinge. Die

Entrüstung ist das Vorrecht der Tschandala; der Pessimismus desgleichen. »*Die Welt ist vollkommen*« – so redet der Instinkt der Geistigsten, der jasagende Instinkt –: »die Unvollkommenheit, das *Unter*-uns jeder Art, die Distanz, das Pathos der Distanz, der Tschandala selbst gehört noch zu dieser Vollkommenheit.« Die geistigsten Menschen, als die *Stärksten*, finden ihr Glück, worin andre ihren Untergang finden würden: im Labyrinth, in der Härte gegen sich und andre, im Versuch; ihre Lust ist die Selbstbezwingung: der Asketismus wird bei ihnen Natur, Bedürfnis, Instinkt. Die schwere Aufgabe gilt ihnen als Vorrecht; mit Lasten zu spielen, die andre erdrücken, eine *Erholung* ... Erkenntnis – eine Form des Asketismus. – Sie sind die ehrwürdigste Art Mensch: das schließt nicht aus, daß sie die heiterste, die liebenswürdigste sind. Sie herrschen, nicht weil sie wollen, sondern weil sie *sind*; es steht ihnen nicht frei, die zweiten zu sein. – Die *zweiten*: das sind die Wächter des Rechts, die Pfleger der Ordnung und der Sicherheit, das sind die vornehmen Krieger, das ist der *König* vor allem als die höchste Formel von Krieger, Richter und Aufrechterhalter des Gesetzes. Die zweiten sind die Exekutive der Geistigsten, das Nächste, was zu ihnen gehört, das was ihnen alles *Grobe* in der Arbeit des Herrschens abnimmt – ihr Gefolge, ihre rechte Hand, ihre beste Schülerschaft. – In dem allem, nochmals gesagt, ist nichts von Willkür, nichts »gemacht«; was *anders* ist, ist gemacht – die Natur ist dann zuschanden gemacht ... Die Ordnung der Kasten, die *Rangordnung*, formuliert nur das oberste Gesetz des Lebens selbst; die Abscheidung der drei Typen ist nötig zur Erhaltung der Gesellschaft, zur Ermöglichung höherer und höchster Typen – die *Ungleichheit* der Rechte ist erst die Bedingung dafür, daß es überhaupt Rechte gibt. – Ein Recht ist ein Vorrecht. In seiner Art Sein hat jeder auch sein Vorrecht. Unterschätzen wir die Vorrechte der *Mittelmäßigen* nicht. Das Leben nach der *Höhe* zu wird immer härter – die Kälte nimmt zu, die Verantwortlichkeit nimmt zu. Eine hohe Kultur ist eine Pyramide: sie kann nur auf einem breiten Boden stehn, sie hat zu allererst eine stark und gesund konsolidierte Mittelmäßigkeit zur Voraussetzung. Das Handwerk, der Handel, der Ackerbau, die *Wissenschaft*, der größte Teil der Kunst, der ganze Inbegriff der *Berufs*tätigkeit mit einem Wort, verträgt sich durchaus nur mit einem Mittelmaß im Können und Begehren; dergleichen wäre deplaziert unter Ausnahmen, der dazugehörige Instinkt widerspräche sowohl dem Aristokratismus als dem Anarchismus. Daß man ein öffentlicher Nutzen ist, ein Rad, eine Funktion, dazu gibt es eine Naturbestimmung: *nicht* die Gesellschaft, die Art *Glück*, deren die allermeisten bloß fähig sind, macht aus ihnen intelligente Maschinen. Für den Mittelmäßigen ist mittelmäßig sein ein Glück; die Meisterschaft in einem, die Spezialität ein natürlicher Instinkt. Es würde eines tieferen Geistes vollkommen unwürdig sein, in der Mittelmäßigkeit an sich schon einen Einwand zu sehn. Sie ist selbst die *erste* Notwendigkeit dafür, daß es Ausnahmen geben darf: eine hohe Kultur ist durch sie bedingt. Wenn der Ausnahme-Mensch gerade die Mittelmäßigen mit zarteren Fingern handhabt, als sich und seinesgleichen, so ist dies nicht bloß Höflichkeit des Herzens – es ist einfach seine *Pflicht*... Wen hasse ich unter dem Gesindel von Heute am besten? Das Sozialisten-Gesindel, die Tschandala-Apostel, die den Instinkt, die Lust, das Genügsamkeits-Gefühl des Arbeiters mit seinem kleinen Sein untergraben – die ihn neidisch machen, die ihn Rache lehren... Das Unrecht liegt niemals in ungleichen Rechten, es liegt im Anspruch auf *»gleiche«* Rechte... Was ist *schlecht*? Aber ich sagte es schon: alles, was aus Schwäche, aus Neid, aus *Rache* stammt. – Der Anarchist und der Christ sind einer Herkunft...

58

In der Tat, es macht einen Unterschied, zu welchem Zweck man lügt: ob man damit erhält oder *zerstört*. Man darf zwischen *Christ* und *Anarchist* eine vollkommne Gleichung aufstellen: ihr Zweck, ihr Instinkt geht nur auf Zerstörung. Den Beweis für diesen Satz hat man aus der Geschichte nur abzulesen: sie enthält ihn in entsetzlicher Deutlichkeit. Lernten wir eben eine religiöse Gesetzgebung kennen, deren Zweck war, die oberste Bedingung dafür, daß das Leben *gedeiht*, eine große Organisation der Gesellschaft zu »verewigen« – das Christentum hat seine Mission darin gefunden, mit eben einer solchen Organisation, *weil in ihr das Leben gedieh*, ein Ende zu machen. Dort sollte der Vernunft-Ertrag von langen Zeiten des Experiments und der Unsicherheit zum fernsten Nutzen angelegt und die Ernte so groß, so reichlich, so vollständig wie möglich heimgebracht werden: hier wurde, umgekehrt, über Nacht die Ernte *vergiftet* ... Das, was *aere perennius* dastand, das *imperium Romanum*, die großartigste Organisations-Form unter schwierigen Bedingungen, die bisher erreicht worden ist, im Vergleich zu der alles Vorher, alles Nachher Stückwerk, Stümperei, Dilettantismus ist – jene heiligen Anarchisten haben sich eine »Frömmigkeit« daraus gemacht, »die Welt«, *das heißt* das *imperium Romanum* zu zerstören, bis kein Stein auf dem andern blieb – bis selbst Germanen und andre Rüpel darüber Herr werden konnten... Der Christ und der Anarchist: beide *décadents*, beide unfähig, anders als auflösend, vergiftend, verkümmernd, *blutaussaugend* zu wirken, beide der Instinkt des *Todhasses* gegen alles, was steht, was groß dasteht, was Dauer hat, was dem Leben Zukunft verspricht... Das Christentum war der Vampyr des *imperium Romanum* – es hat die ungeheure Tat der Römer, den Boden für eine große Kultur zu gewinnen, *die Zeit hat*, über Nacht ungetan gemacht. – Versteht man es immer noch nicht?

Das *imperium Romanum*, das wir kennen, das uns die Geschichte der römischen Provinz immer besser kennen lehrt, dies bewunderungswürdigste Kunstwerk des großen Stils, war ein Anfang, sein Bau war berechnet, sich mit Jahrtausenden zu *beweisen* – es ist bis heute nie so gebaut, nie auch nur geträumt worden, in gleichem Maße *sub specie aeterni* zu bauen! – Diese Organisation war fest genug, schlechte Kaiser auszuhalten: der Zufall von Personen darf nichts in solchen Dingen zu tun haben – *erstes* Prinzip aller großen Architektur. Aber sie war nicht fest genug gegen die *korrupteste* Art Korruption, gegen den *Christen* ... Dies heimliche Gewürm, das sich in Nacht, Nebel und Zweideutigkeit an alle einzelnen heranschlich und jedem einzelnen den Ernst für *wahre* Dinge, den Instinkt überhaupt für *Realitäten* aussog, diese feige, femininische und zuckersüße Bande hat Schritt für Schritt die »Seelen« diesem ungeheuren Bau entfremdet – jene wertvollen, jene männlich-vornehmen Naturen, die in der Sache Roms ihre eigne Sache, ihren eignen Ernst, ihren eignen Stolz empfanden. Diese Mucker-Schleicherei, die Konventikel-Heimlichkeit, düstere Begriffe wie Hölle, wie Opfer des Unschuldigen, wie *unio mystica* im Bluttrinken, vor allem das langsam aufgeschürte Feuer der Rache, der Tschandala-Rache – *das* wurde Herr über Rom, dieselbe Art von Religion, der in ihrer Präexistenz-Form schon Epikur den Krieg gemacht hatte. Man lese Lukrez, um zu begreifen, *was* Epikur bekämpft hat, *nicht* das Heidentum, sondern »das Christentum«, will sagen die Verderbnis der Seelen durch den Schuld-, durch den Straf- und Unsterblichkeits-Begriff. – Er bekämpfte die *unterirdischen* Kulte, das ganze latente Christentum – die Unsterblichkeit zu leugnen war damals schon eine wirkliche *Erlösung*. – Und Epikur hätte gesiegt, jeder achtbare Geist im römischen Reich war Epikureer: *da erschien Paulus* ... Paulus, der Fleisch-, der Genie-gewordne Tschandala-Haß gegen Rom, gegen »die Welt«, der Jude, der *ewige* Jude *par excellence* ... Was er erriet, das war, wie man mit Hilfe der kleinen sektiererischen Christen-Bewegung abseits des Judentums einen »Weltbrand« entzünden könne, wie man mit dem Symbol »Gott am Kreuze« alles Unten-Liegende, alles Heimlich-Aufrührerische, die ganze Erbschaft anarchistischer Umtriebe im Reich, zu einer ungeheuren Macht aufsummieren könne. »Das Heil kommt von den Juden.« – Das Christentum als Formel, um die unterirdischen Kulte aller Art, die des Osiris, der großen Mutter, des Mithras zum Beispiel, zu überbieten – *und* zu summieren: in dieser Einsicht besteht das Genie des Paulus. Sein Instinkt war darin so sicher, daß er die Vorstellungen, mit denen jene Tschandala-Religionen faszinierten, mit schonungsloser Gewalttätigkeit an der Wahrheit dem »Heilande« seiner Erfindung in den Mund legte, und nicht nur in den Mund – daß er aus ihm etwas *machte*, das auch ein Mithras-Priester verstehn konnte ... Dies war sein Augenblick von Damaskus: er begriff, daß er den Unsterblichkeits-Glauben *nötig* hatte, um »die Welt« zu entwerten, daß der Begriff »Hölle« über Rom noch Herr wird – daß man mit dem »Jenseits« *das Leben tötet* ... Nihilist und Christ: das reimt sich, das reimt sich nicht bloß ...

59

Die ganze Arbeit der antiken Welt *umsonst*: ich habe kein Wort dafür, das mein Gefühl über etwas so Ungeheures ausdrückt. – Und in Anbetracht, daß ihre Arbeit eine Vorarbeit war, daß eben erst der Unterbau zu einer Arbeit von Jahrtausenden mit granitnem Selbstbewußtsein gelegt war, der ganze *Sinn* der antiken Welt umsonst! ... Wozu Griechen? wozu Römer? – Alle Voraussetzungen zu einer gelehrten Kultur, alle wissenschaftlichen *Methoden* waren bereits da, man hatte die große, die unvergleichliche Kunst, gut zu lesen, bereits festgestellt – diese Voraussetzung zur Tradition der Kultur, zur Einheit der Wissenschaft; die Naturwissenschaft, im Bunde mit Mathematik und Mechanik, war auf dem allerbesten Wege – der *Tatsachen-Sinn*, der letzte und wertvollste aller Sinne, hatte seine Schulen, seine bereits Jahrhunderte alte Tradition! Versteht man das? Alles *Wesentliche* war gefunden, um an die Arbeit gehn zu können – die Methoden, man muß es zehnmal sagen, *sind* das Wesentliche, auch das Schwierigste, auch das, was am längsten die Gewohnheiten und Faulheiten gegen sich hat. Was wir heute, mit unsäglicher Selbstbezwingung – denn wir haben alle die schlechten Instinkte, die christlichen, irgendwie noch im Leibe – uns zurückerobert haben, den freien Blick vor der Realität, die vorsichtige Hand, die Geduld und den Ernst im Kleinsten, die ganze *Rechtschaffenheit* der Erkenntnis – sie war bereits da! vor mehr als zwei Jahrtausenden bereits! *Und*, dazu gerechnet, der gute, der feine Takt und Geschmack! *Nicht* als Gehirn-Dressur! *Nicht* als »deutsche« Bildung mit Rüpel-Manieren! Sondern als Leib, als Gebärde, als Instinkt – als Realität mit einem Wort ... *Alles umsonst!* Über Nacht bloß noch eine Erinnerung! – Griechen! Römer! die Vornehmheit des Instinkts, der Geschmack, die methodische Forschung, das Genie der Organisation und Verwaltung, der Glaube, der *Wille* zur Menschen-Zukunft, das große Ja zu allen Dingen als *imperium Romanum* sichtbar, für alle Sinne sichtbar, der große Stil nicht mehr bloß Kunst, sondern Realität, Wahrheit, *Leben* geworden ... – Und nicht durch ein Natur-Ereignis über Nacht verschüttet! Nicht durch Germanen und andre Schwerfüßler niedergetreten! Sondern von listigen, heimlichen, unsichtbaren, blutarmen Vampyren zuschanden gemacht! Nicht besiegt – nur ausgesogen! ... Die versteckte Rachsucht, der kleine Neid *Herr* geworden! Alles Erbärmliche, An-sich-Leidende, Von-schlechten-Gefühlen-Heimgesuchte, die ganze *Ghetto-Welt* der Seele mit einem Male *obenauf*!

– – Man lese nur irgendeinen christlichen Agitator, den heiligen Augustin zum Beispiel, um zu begreifen, um zu *riechen*, was für unsaubere Gesellen damit obenauf gekommen sind. Man würde sich ganz und gar betrügen, wenn man irgendwelchen Mangel an Verstand bei den Führern der christlichen Bewegung voraussetzte – o sie sind klug, klug, bis zur Heiligkeit, diese Herren Kirchenväter! Was ihnen abgeht, ist etwas ganz anderes. Die Natur hat sie vernachlässigt – sie vergaß, ihnen eine bescheidene Mitgift von achtbaren, von anständigen, von *reinlichen* Instinkten mitzugeben ... Unter uns, es sind nicht einmal Männer ... Wenn der Islam das Christentum verachtet, so hat er tausendmal recht dazu: der Islam hat *Männer* zur Voraussetzung ...

60

Das Christentum hat uns um die Ernte der antiken Kultur gebracht, es hat uns später wieder um die Ernte der *Islam*-Kultur gebracht. Die wunderbare maurische Kultur-Welt Spaniens, *uns* im Grunde verwandter, zu Sinn und Geschmack redender als Rom und Griechenland, wurde *niedergetreten* (– ich sage nicht von was für Füßen –), warum? weil sie vornehmen, weil sie Männer-Instinkten ihre Entstehung verdankte, weil sie zum Leben ja sagte auch noch mit den seltnen und raffinierten Kostbarkeiten des maurischen Lebens! ... Die Kreuzritter bekämpften später etwas, vor dem sich in den Staub zu legen ihnen besser angestanden hätte – eine Kultur, gegen die sich selbst unser neunzehntes Jahrhundert sehr arm, sehr »spät« vorkommen dürfte. – Freilich, sie wollten Beute machen: der Orient war reich ... Man sei doch unbefangen! Kreuzzüge – die höhere Seeräuberei, weiter nichts! Der deutsche Adel, Wikinger-Adel im Grunde, war damit in seinem Elemente: die Kirche wußte nur zu gut, womit man deutschen Adel *hat* ... Der deutsche Adel, immer die »Schweizer« der Kirche, immer im Dienste aller schlechten Instinkte der Kirche – aber *gut bezahlt* ... Daß die Kirche gerade mit Hilfe deutscher Schwerter, deutschen Blutes und Mutes ihren Todfeindschafts-Krieg gegen alles Vornehme auf Erden durchgeführt hat! Es gibt an dieser Stelle eine Menge schmerzlicher Fragen. Der deutsche Adel *fehlt* beinahe in der Geschichte der höheren Kultur: man errät den Grund ... Christentum, Alkohol – die beiden *großen* Mittel der Korruption ... An sich sollte es ja keine Wahl geben, angesichts von Islam und Christentum, so wenig als angesichts eines Arabers und eines Juden. Die Entscheidung ist gegeben; es steht niemandem frei, hier noch zu wählen. Entweder *ist* man ein Tschandala, oder man ist es *nicht* ... »Krieg mit Rom aufs Messer! Friede, Freundschaft mit dem Islam«: so empfand, so *tat* jener große Freigeist, das Genie unter den deutschen Kaisern, Friedrich der Zweite?

Wie? muß ein Deutscher erst Genie, erst Freigeist sein, um *anständig* zu empfinden? Ich begreife nicht, wie ein Deutscher je *christlich* empfinden konnte ...

61

Hier tut es not, eine für Deutsche noch hundertmal peinlichere Erinnerung zu berühren. Die Deutschen haben Europa um die letzte große Kultur-Ernte gebracht, die es für Europa heimzubringen gab – um die der *Renaissance.* Versteht man endlich, *will* man verstehn, *was* die Renaissance war? Die *Umwertung der christlichen Werte,* der Versuch, mit allen Mitteln, mit allen Instinkten, mit allem Genie unternommen, die *Gegen*-Werte, die *vornehmen* Werte zum Sieg zu bringen ... Es gab bisher nur *diesen* großen Krieg, es gab bisher keine entscheidendere Fragestellung als die der Renaissance – *meine* Frage ist ihre Frage –: es gab auch nie eine grundsätzlichere, eine geradere, eine strenger in ganzer Front und auf das Zentrum losgeführte Form des *Angriffs*! An der entscheidenden Stelle, im Sitz des Christentums selbst angreifen, hier die *vornehmen* Werte auf den Thron bringen, will sagen in die Instinkte, in die untersten Bedürfnisse und Begierden der daselbst Sitzenden *hineinbringen* ... Ich sehe eine *Möglichkeit* vor mir von einem vollkommen überirdischen Zauber und Farbenreiz – es scheint mir, daß sie in allen Schaudern raffinierter Schönheit erglänzt, daß eine Kunst in ihr am Werke ist, so göttlich, so teufelsmäßig-göttlich, daß man Jahrtausende umsonst nach einer zweiten solchen Möglichkeit durchsucht; ich sehe ein Schauspiel, so sinnreich, so wunderbar paradox zugleich, daß alle Gottheiten des Olymps einen Anlaß zu einem unsterblichen Gelächter gehabt hätten – *Cesare Borgia als Papst* ... Versteht man mich? ... Wohlan, *das* wäre der Sieg gewesen, nach dem *ich* heute allein verlange –: damit war das Christentum *abgeschafft*! – Was geschah? Ein deutscher Mönch, Luther, kam nach Rom. Dieser Mönch, mit allen rachsüchtigen Instinkten eines verunglückten Priesters im Leibe, empörte sich in Rom *gegen* die Renaissance ... Statt mit tiefster Dankbarkeit das Ungeheure zu verstehn, das geschehen war, die Überwindung des Christentums an seinem *Sitz* –, verstand sein Haß aus diesem Schauspiel nur seine Nahrung zu ziehn. Ein religiöser Mensch denkt nur an sich. – Luther sah die *Verderbnis* des Papsttums, während gerade das Gegenteil mit Händen zu greifen war: die alte Verderbnis, das *peccatum originale,* das Christentum saß *nicht* mehr auf dem Stuhl des Papstes! Sondern das Leben! Sondern der Triumph des Lebens! Sondern das große Ja zu allen hohen, schönen, verwegenen Dingen! ... Und Luther *stellte die Kirche wieder her*: er griff sie an ... Die Renaissance – ein Ereignis ohne Sinn, ein großes *Umsonst*! – Ah diese Deutschen, was sie uns schon gekostet haben!

Umsonst – das war immer das *Werk* der Deutschen. – Die Reformation; Leibniz; Kant und die sogenannte deutsche Philosophie; die »Freiheits«-Kriege; das Reich – jedesmal ein Umsonst für etwas, das bereits da war, für etwas *Unwiederbringliches* ... Es sind *meine* Feinde, ich bekenne es, diese Deutschen: ich verachte in ihnen jede Art von Begriffs- und Wert-Unsauberkeit, von *Feigheit* vor jedem rechtschaffnen Ja und Nein. Sie haben, seit einem Jahrtausend beinahe, alles verfilzt und verwirrt, woran sie mit ihren Fingern rührten, sie haben alle Halbheiten – Drei-Achtelsheiten! – auf dem Gewissen, an denen Europa krank ist – sie haben auch die unsauberste Art Christentum, die es gibt, die unheilbarste, die unwiderlegbarste, den Protestantismus auf dem Gewissen ... Wenn man nicht fertig wird mit dem Christentum, die *Deutschen* werden daran schuld sein ...

62

– Hiermit bin ich am Schluß und spreche mein Urteil. Ich *verurteile* das Christentum, ich erhebe gegen die christliche Kirche die furchtbarste aller Anklagen, die je ein Ankläger in den Mund genommen hat. Sie ist mir die höchste aller denkbaren Korruptionen, sie hat den Willen zur letzten auch nur möglichen Korruption gehabt. Die christliche Kirche ließ nichts mit ihrer Verderbnis unberührt, sie hat aus jedem Wert einen Unwert, aus jeder Wahrheit eine Lüge, aus jeder Rechtschaffenheit eine Seelen-Niedertracht gemacht. Man wage es noch, mir von ihren »humanitären« Segnungen zu reden! Irgendeinen Notstand *abschaffen* ging wider ihre tiefste Nützlichkeit: sie lebte von Notständen, sie *schuf* Notstände, um *sich* zu verewigen ... Der Wurm der Sünde zum Beispiel: mit diesem Notstande hat erst die Kirche die Menschheit bereichert! – Die »Gleichheit der Seelen vor Gott«, diese Falschheit, dieser *Vorwand* für die *rancunes* aller Niedriggesinnten, dieser Sprengstoff von Begriff, der endlich Revolution, moderne Idee und Niedergangs-Prinzip der ganzen Gesellschafts-Ordnung geworden ist – ist *christlicher* Dynamit ... »Humanitäre« Segnungen des Christentums! Aus der *humanitas* einen Selbst-Widerspruch, eine Kunst der Selbstschändung, einen Willen zur Lüge um jeden Preis, einen Widerwillen, eine Verachtung aller guten und rechtschaffnen Instinkte herauszuzüchten! Das wären mir Segnungen des Christentums! – Der Parasitismus als *einzige* Praxis der Kirche; mit ihrem Bleichsuchts-, ihrem »Heiligkeits«-Ideale jedes Blut, jede Liebe, jede Hoffnung zum Leben austrinkend; das Jenseits als Wille zur Verneinung jeder Realität; das Kreuz als Erkennungszeichen für die unterirdischste Verschwörung, die es je gegeben hat – gegen Gesundheit, Schönheit, Wohlgeratenheit, Tapferkeit, Geist, *Güte* der Seele, *gegen das Leben selbst* ...

Diese ewige Anklage des Christentums will ich an alle Wände schreiben, wo es nur Wände gibt – ich habe Buchstaben, um auch Blinde sehend zu machen ... Ich heiße das Christentum den *einen* großen Fluch, die *eine* große innerlichste Verdorbenheit, den *einen* großen Instinkt der Rache, dem kein Mittel giftig, heimlich, unterirdisch, *klein* genug ist – ich heiße es den *einen* unsterblichen Schandfleck der Menschheit ...

Und man rechnet die *Zeit* nach dem *dies nefastus*, mit dem dies Verhängnis anhob – nach dem *ersten* Tag des Christentums! – *Warum nicht lieber nach seinem letzten? – Nach heute?* – Umwertung aller Werte!

DIONYSOS-DITHYRAMBEN

Indem ich der Menschheit eine unbegrenzte Wohltat erweisen will, gebe ich ihr meine Dithyramben.
Ich lege sie in die Hände des Dichters der Isoline, des größten und ersten Satyr, der heute lebt – und nicht nur heute...

Dionysos

Nur Narr! Nur Dichter!

Bei abgehellter Luft,
wenn schon des Taus Tröstung
zur Erde niederquillt,
unsichtbar, auch ungehört
– denn zartes Schuhwerk trägt
der Tröster Tau gleich allen Trostmilden –
gedenkst du da, gedenkst du, heißes Herz,
wie einst du durstetest,
nach himmlischen Tränen und Taugeträufel
versengt und müde durstetest,
dieweil auf gelben Graspfaden
boshaft abendliche Sonnenblicke
durch schwarze Bäume um dich liefen,
blendende Sonnen-Glutblicke, schadenfrohe.

»Der *Wahrheit* Freier – du?« so höhnten sie –
»Nein! nur ein Dichter!
ein Tier, ein listiges, raubendes, schleichendes,
das lügen muß,
das wissentlich, willentlich lügen muß,
nach Beute lüstern,
bunt verlarvt,
sich selbst zur Larve,
sich selbst zur Beute,
das – der Wahrheit Freier? ...

Nur Narr! nur Dichter!
Nur Buntes redend,
aus Narrenlarven bunt herausredend,
herumsteigend auf lügnerischen Wortbrücken,
auf Lügen-Regenbogen
zwischen falschen Himmeln
herumschweifend, herumschleichend –
nur Narr! *nur* Dichter! ...

Das – der Wahrheit Freier? . . .
Nicht still, starr, glatt, kalt,
zum Bilde worden,
zur Gottes-Säule,
nicht aufgestellt vor Tempeln,
eines Gottes Türwart:
nein! feindselig solchen Tugend-Standbildern,
in jeder Wildnis heimischer als in Tempeln,
voll Katzen-Mutwillens
durch jedes Fenster springend
husch! in jeden Zufall,
jedem Urwalde zuschnüffelnd,
daß du in Urwäldern
unter buntzottigen Raubtieren
sündlich gesund und schön und bunt liefest,
mit lüsternen Lefzen,
selig-höhnisch, selig-höllisch, selig-blutgierig,
raubend, schleichend, *lügend* liefest . . .

Oder dem Adler gleich, der lange,
lange starr in Abgründe blickt,
in *seine* Abgründe . . .
– o wie sie sich hier hinab,
hinunter, hinein,
in immer tiefere Tiefen ringeln! –

Dann,
plötzlich,
geraden Flugs,
gezückten Zugs
auf *Lämmer* stoßen,
jach hinab, heißhungrig,
nach Lämmern lüstern,
gram allen Lamms-Seelen,
grimmig gram allem, was blickt
tugendhaft, schafmäßig, krauswollig,
dumm, mit Lammsmilch-Wohlwollen . . .

Also
adlerhaft, pantherhaft
sind des Dichters Sehnsüchte,
sind *deine* Sehnsüchte unter tausend Larven,
du Narr! du Dichter! . . .

Der du den Menschen schautest
so *Gott* als *Schaf* –,
den Gott *zerreißen* im Menschen
wie das Schaf im Menschen
und zerreißend *lachen* –

das, das ist deine Seligkeit,
eines Panthers und Adlers Seligkeit,
eines Dichters und Narren Seligkeit!« ...

Bei abgehellter Luft,
wenn schon des Monds Sichel
grün zwischen Purpurröten
und neidisch hinschleicht,
– dem Tage feind,
mit jedem Schritte heimlich
an Rosen-Hängematten
hinsichelnd, bis sie sinken,
nachtabwärts blaß hinabsinken:

so sank ich selber einstmals
aus meinem Wahrheits-Wahnsinne,
aus meinen Tages-Sehnsüchten,
des Tages müde, krank vom Lichte,
– sank abwärts, abendwärts, schattenwärts,
von einer Wahrheit
verbrannt und durstig
– gedenkst du noch, gedenkst du, heißes Herz,
wie da du durstetest? –
daß ich verbannt sei
von aller Wahrheit!
Nur Narr! *Nur* Dichter! ...

Die Wüste wächst: weh dem, der Wüsten birgt ...

Ha!
Feierlich!
ein würdiger Anfang!
afrikanisch feierlich!
eines Löwen würdig
oder eines moralischen Brüllaffen ...
– aber nichts für euch,
ihr allerliebsten Freundinnen,
zu deren Füßen mir,
einem Europäer unter Palmen,
zu sitzen vergönnt ist. Sela.

Wunderbar wahrlich!
Da sitze ich nun,
der Wüste nahe und bereits
so ferne wieder der Wüste,
auch in nichts noch verwüstet:
nämlich hinabgeschluckt
von dieser kleinen Oasis
– sie sperrte gerade gähnend
ihr liebliches Maul auf,
das wohlriechendste aller Mäulchen:
da fiel ich hinein,
hinab, hindurch – unter euch,
ihr allerliebsten Freundinnen! Sela.

Heil, Heil jenem Walfische,
wenn er also es seinem Gaste
wohlsein ließ! – ihr versteht
meine gelehrte Anspielung? ...

Heil seinem Bauche,
wenn es also
ein so lieblicher Oasis-Bauch war,
gleich diesem: was ich aber in Zweifel ziehe.
Dafür komme ich aus Europa,
das zweifelsüchtiger ist als alle Eheweibchen.
Möge Gott es bessern!
Amen.

Da sitze ich nun,
in dieser kleinsten Oasis,
einer Dattel gleich,
braun, durchsüßt, goldschwürig,
lüstern nach einem runden Mädchen-Maule,
mehr aber noch nach mädchenhaften
eiskalten schneeweißen schneidigen
Beißzähnen: nach denen nämlich
lechzt das Herz allen heißen Datteln. Sela.

Den genannten Südfrüchten
ähnlich, allzuähnlich
liege ich hier, von kleinen
Flügelkäfern
umtänzelt und umspielt,
insgleichen von noch kleineren
törichteren boshafteren
Wünschen und Einfällen, –
umlagert von euch,
ihr stummen, ihr ahnungsvollen
Mädchen-Katzen
Dudu und Suleika
– *umsphinxt*, daß ich in ein Wort
viel Gefühle stopfe
(– vergebe mir Gott
diese Sprachsünde! . . .)
– sitze hier, die beste Luft schnüffelnd,
Paradieses-Luft wahrlich,
lichte leichte Luft, goldgestreifte,
so gute Luft nur je
vom Monde herabfiel,
sei es aus Zufall
oder geschah es aus Übermute?
wie die alten Dichter erzählen.
Ich Zweifler aber ziehe es in Zweifel,
dafür komme ich
aus Europa,
das zweifelsüchtiger ist als alle Eheweibchen.
Möge Gott es bessern!
Amen.

Diese schönste Luft atmend,
mit Nüstern geschwellt gleich Bechern,

ohne Zukunft, ohne Erinnerungen,
so sitze ich hier, ihr
allerliebsten Freundinnen,
und sehe der Palme zu,
wie sie, einer Tänzerin gleich,
sich biegt, und schmiegt und in der Hüfte wiegt
– man tut es mit, sieht man lange zu ...
einer Tänzerin gleich, die, wie mir scheinen will,
zu lange schon, gefährlich lange
immer, immer nur auf *einem* Beinchen stand?
– da vergaß sie darob, wie mir scheinen will,
das *andre* Beinchen?
Vergebens wenigstens
suchte ich das vermißte
Zwillings-Kleinod
– nämlich das andre Beinchen –
in der heiligen Nähe
ihres allerliebsten, allerzierlichsten
Fächer- und Flatter- und Flitter-Röckchens.
Ja, wenn ihr mir, ihr schönen Freundinnen,
ganz glauben wollt:
sie hat es *verloren* ...
Hu! Hu! Hu! Hu! Huh! ...
Es ist dahin,
auf ewig dahin,
das andre Beinchen!
O schade um dies liebliche andre Beinchen!
Wo – mag es wohl weilen und verlassen trauern,
dieses einsame Beinchen?
In Furcht vielleicht vor einem
grimmen gelben blondgelockten
Löwen-Untiere? oder gar schon
abgenagt, abgeknappert –
erbärmlich! wehe! wehe! abgeknabbert! Sela.

O weint mir nicht,
weiche Herzen!
Weint mir nicht, ihr
Dattel-Herzen! Milch-Busen!
Ihr Süßholz-Herz-
Beutelchen!
Sei ein Mann, Suleika! Mut! Mut!

Weine nicht mehr,
bleiche Dudu!
– Oder sollte vielleicht
etwas Stärkeres, Herz-Stärkendes
hier am Platze sein?
ein gesalbter Spruch?
ein feierlicher Zuspruch? ...

Ha!
Herauf, Würde!
Blase, blase wieder,
Blasebalg der Tugend!
Ha!
Noch einmal brüllen,
moralisch brüllen,
als moralischer Löwe vor den Töchtern der Wüste brüllen!
– Denn Tugend-Geheul,
ihr allerliebsten Mädchen,
ist mehr als alles
Europäer-Inbrunst, Europäer-Heißhunger!
Und da stehe ich schon,
als Europäer,
ich kann nicht anders, Gott helfe mir!
Amen!

Die Wüste wächst: weh dem, der Wüsten birgt!
Stein knirscht an Stein, die Wüste schlingt und würgt.
Der ungeheure Tod blickt glühend braun
und *kaut* –, sein Leben ist sein Kaun ...

Vergiß nicht, Mensch, den Wollust ausgeloht:
du – bist der Stein, die Wüste, bist der Tod ...

Letzter Wille

So sterben,
wie ich ihn einst sterben sah –,
den Freund, der Blitze und Blicke
göttlich in meine dunkle Jugend warf:
– mutwillig und tief,
in der Schlacht ein Tänzer –,

unter Kriegern der Heiterste,
unter Siegern der Schwerste,
auf seinem Schicksal ein Schicksal stehend,
hart, nachdenklich, vordenklich –:

erzitternd darob, *daß* er siegte,
jauchzend darüber, daß er *sterbend* siegte –:

befehlend, indem er starb,
– und er befahl, daß man *vernichte* …

So sterben,
wie ich ihn einst sterben sah:
siegend, *vernichtend* …

Zwischen Raubvögeln

Wer hier hinab will,
wie schnell
schluckt den die Tiefe!
– Aber du, Zarathustra,
liebst den Abgrund noch,
tust der *Tanne* es gleich? –

Die schlägt Wurzeln, wo
der Fels selbst schaudernd
zur Tiefe blickt –,
die zögert an Abgründen,
wo alles rings
hinunter will:
zwischen der Ungeduld
wilden Gerölls, stürzenden Bachs
geduldig duldend, hart, schweigsam,
einsam ...

Einsam!
Wer wagte es auch,
hier zu Gast zu sein,
dir Gast zu sein? ...
Ein Raubvogel vielleicht,
der hängt sich wohl
dem standhaften Dulder
schadenfroh ins Haar,
mit irrem Gelächter,
einem Raubvogel-Gelächter ...

Wozu so standhaft?
– höhnt er grausam:
man muß Flügel haben, wenn man den Abgrund liebt ...
man muß nicht hängen bleiben,
wie du, Gehängter! –

O Zarathustra,
grausamster Nimrod!
Jüngst Jäger noch Gottes,
das Fangnetz aller Tugend,
der Pfeil des Bösen! –

Jetzt –
von dir selber erjagt,
deine eigene Beute,
in dich selber eingebohrt ...

Jetzt –
einsam mit dir,
zwiesam im eignen Wissen,
zwischen hundert Spiegeln
vor dir selber falsch,
zwischen hundert Erinnerungen
ungewiß,
an jeder Wunde müd,
an jedem Froste kalt,
in eignen Stricken gewürgt,
Selbstkenner!
Selbsthenker!

Was bandest du dich
mit dem Strick deiner Weisheit?
Was locktest du dich
ins Paradies der alten Schlange?
Was schlichst du dich ein
in *dich* – in *dich?* ...

Ein Kranker nun,
der an Schlangengift krank ist;
ein Gefangner nun,
der das härteste Los zog:
im eignen Schachte
gebückt arbeitend,
in dich selber eingehöhlt,
dich selber angrabend,
unbehilflich,
steif,
ein Leichnam –,
von hundert Lasten übertürmt,
von dir überlastet,
ein *Wissender!*
ein *Selbsterkenner!*
der *weise* Zarathustra! ...

Du suchtest die schwerste Last:
da fandest du *dich* –,
du wirfst dich nicht ab von dir ...

Lauernd,
kauernd,
einer, der schon nicht mehr aufrecht steht!
Du verwächst mir noch mit deinem Grabe,
verwachsener Geist! ...

Und jüngst noch so stolz,
auf allen Stelzen deines Stolzes!
Jüngst noch der Einsiedler ohne Gott,
der Zweisiedler mit dem Teufel,
der scharlachne Prinz jedes Übermuts! ...

Jetzt –
zwischen zwei Nichtse
eingekrümmt,
ein Fragezeichen,
ein müdes Rätsel –
ein Rätsel für *Raubvögel* ...

– sie werden dich schon »lösen«,
sie hungern schon nach deiner »Lösung«,
sie flattern schon um dich, ihr Rätsel,
um dich, Gehenkter! ...
O Zarathustra! ...
Selbstkenner! ...
Selbsthenker! ...

Das Feuerzeichen

Hier, wo zwischen Meeren die Insel wuchs,
ein Opferstein jäh hinaufgetürmt,
hier zündet sich unter schwarzem Himmel
Zarathustra seine Höhenfeuer an, –
Feuerzeichen für verschlagne Schiffer,
Fragezeichen für solche, die Antwort haben ...

Diese Flamme mit weißgrauem Bauche
– in kalte Fernen züngelt ihre Gier,
nach immer reineren Höhen biegt sie den Hals –
eine Schlange gerad aufgerichtet vor Ungeduld:
dieses Zeichen stellte ich vor mich hin.

Meine Seele selber ist diese Flamme:
unersättlich nach neuen Fernen
lodert aufwärts, aufwärts ihre stille Glut.
Was floh Zarathustra vor Tier und Menschen?
Was entlief er jäh allem festen Lande?
Sechs Einsamkeiten kennt er schon –,
aber das Meer selbst war nicht genug ihm einsam,
die Insel ließ ihn steigen, auf dem Berg wurde er zur Flamme,
nach einer *siebenten* Einsamkeit
wirft er suchend jetzt die Angel über sein Haupt.

Verschlagne Schiffer! Trümmer alter Sterne!
Ihr Meere der Zukunft! Unausgeforschte Himmel!
nach allem Einsamen werfe ich jetzt die Angel:
gebt Antwort auf die Ungeduld der Flamme,
fangt mir, dem Fischer auf hohen Bergen,
meine siebente, *letzte* Einsamkeit! – –

Die Sonne sinkt

1

Nicht lange durstest du noch,
verbranntes Herz!
Verheißung ist in der Luft,
aus unbekannten Mündern bläst mich's an,
– die große Kühle kommt …

Meine Sonne stand heiß über mir im Mittage:
seid mir gegrüßt, daß ihr kommt,
ihr plötzlichen Winde,
ihr kühlen Geister des Nachmittags!

Die Luft geht fremd und rein.
Schielt nicht mit schiefem
Verführerblick
die Nacht mich an? …
Bleib stark, mein tapfres Herz!
Frag nicht: warum? –

2

Tag meines Lebens!
die Sonne sinkt.
Schon steht die glatte
Flut vergüldet.
Warm atmet der Fels:
schlief wohl zu Mittag
das Glück auf ihm seinen Mittagsschlaf? –
In grünen Lichtern
spielt Glück noch der braune Abgrund herauf.

Tag meines Lebens!
gen Abend gehts!
Schon glüht dein Auge
halbgebrochen,
schon quillt deines Taus
Tränengeträufel,
schon läuft still über weiße Meere
deiner Liebe Purpur,
deine letzte zögernde Seligkeit.

3

Heiterkeit, güldene, komm!
    du des Todes
heimlichster, süßester Vorgenuß!
– Lief ich zu rasch meines Wegs?
Jetzt erst, wo der Fuß müde ward,
    holt dein Blick mich noch ein,
    holt dein *Glück* mich noch ein.

Rings nur Welle und Spiel.
    Was je schwer war,
sank in blaue Vergessenheit –
müßig steht nun mein Kahn.
Sturm und Fahrt – wie verlernt er das!
    Wunsch und Hoffen ertrank,
    glatt liegt Seele und Meer.

Siebente Einsamkeit!
    Nie empfand ich
näher mir süße Sicherheit,
wärmer der Sonne Blick.
– Glüht nicht das Eis meiner Gipfel noch?
    Silbern, leicht, ein Fisch
    schwimmt nun mein Nachen hinaus ...

Klage der Ariadne

Wer wärmt mich, wer liebt mich noch?
    Gebt heiße Hände!
    gebt Herzens-Kohlenbecken!
Hingestreckt, schaudernd,
Halbtotem gleich, dem man die Füße wärmt,
geschüttelt ach! von unbekannten Fiebern,
zitternd vor spitzen eisigen Frostpfeilen,
    von dir gejagt, Gedanke!
Unnennbarer! Verhüllter, Ensetzlicher!
    Du Jäger hinter Wolken!
Darniedergeblitzt von dir,
du höhnisch Auge, das mich aus Dunklem anblickt!
    So liege ich,
biege mich, winde mich, gequält
von allen ewigen Martern,
    getroffen
von dir, grausamster Jäger,
du unbekannter – *Gott* . . .

Triff tiefer!
Triff einmal noch!
Zerstich, zerstich dies Herz!
Was soll dies Martern
mit zähnestumpfen Pfeilen?
Was blickst du wieder,
der Menschen-Qual nicht müde,
mit schadenfrohen Götter-Blitz-Augen?
Nicht töten willst du,
nur martern, martern?
Wozu – *mich* martern,
du schadenfroher unbekannter Gott?
Haha!
du schleichst heran
bei solcher Mitternacht? . . .
Was willst du?
Sprich!
Du drängst mich, drückst mich,
Ha! schon viel zu nahe!
Du hörst mich atmen,
du behorchst mein Herz,

du Eifersüchtiger!
– worauf doch eifersüchtig?
Weg! Weg!
wozu die Leiter?
willst du *hinein,*
ins Herz, einsteigen,
in meine heimlichsten
Gedanken einsteigen?
Schamloser! Unbekannter! Dieb!
Was willst du dir erstehlen?
Was willst du dir erhorchen?
Was willst du dir erfoltern,
du Folterer
du – Henker-Gott!
Oder soll ich, dem Hunde gleich,
vor dir mich wälzen?
Hingebend, begeistert außer mir
dir Liebe – zuwedeln?

Umsonst!
Stich weiter!
Grausamster Stachel!
Kein Hund – dein Wild nur bin ich,
grausamster Jäger!
deine stolzeste Gefangne,
du Räuber hinter Wolken ...
Sprich endlich!
Du Blitz-Verhüllter! Unbekannter! sprich!
Was willst du, Wegelagerer, von – *mir*? ...

Wie?
Lösegeld?
Was willst du Lösegelds?
Verlange viel – das rät mein Stolz!
und rede kurz – das rät mein andrer Stolz!
Haha!
Mich – willst du? mich?
mich – ganz? ...

Haha!
Und marterst mich, Narr, der du bist,
zermarterst meinen Stolz?
Gib *Liebe* mir – wer wärmt mich noch?

wer liebt mich noch?
gib heiße Hände,
gib Herzens-Kohlenbecken,
gib mir, der Einsamsten,
die Eis, ach! siebenfaches Eis
nach Feinden selber,
nach Feinden schmachten lehrt,
gib, ja ergib,
grausamster Feind,
mir – *dich*! ...
Davon!
Da floh er selber,
mein einziger Genoß,
mein großer Feind,
mein Unbekannter,
mein Henker-Gott! ...

Nein!
komm zurück!
Mit allen deinen Martern!
All meine Tränen laufen
zu dir den Lauf
und meine letzte Herzensflamme
dir glüht sie auf,
O komm zurück,
mein unbekannter Gott! mein *Schmerz*!
mein letztes Glück! ...

Ein Blitz. Dionysos wird in smaragdener Schönheit sichtbar.

Dionysos:

Sei klug, Ariadne! ...
Du hast kleine Ohren, du hast meine Ohren:
steck ein kluges Wort hinein! –
Muß man sich nicht erst hassen, wenn man
sich lieben soll? ...
Ich bin dein Labyrinth ...

Ruhm und Ewigkeit

1

Wie lange sitzest du schon
auf deinem Mißgeschick?
Gib acht! du brütest mir noch
ein Ei,
ein Basilisken-Ei
aus deinem langen Jammer aus.

Was schleicht Zarathustra entlang dem Berge? –

Mißtrauisch, geschwürig, düster,
ein langer Lauerer –,
aber plötzlich, ein Blitz,
hell, furchtbar, ein Schlag
gen Himmel aus dem Abgrund:
– dem Berge selber schüttelt sich
das Eingeweide . . .

Wo Haß und Blitzstrahl
Eins ward, ein *Fluch* –,
auf den Bergen haust jetzt Zarathustras Zorn,
eine Wetterwolke schlecht er seines Wegs.

Verkrieche sich, wer eine letzte Decke hat!
Ins Bett mit euch, ihr Zärtlinge!
Nun rollen Donner über die Gewölbe,
nun zittert, was Gebälk und Mauer ist,
nun Zucken Blitze und schwefelgelbe Wahrheiten –
Zarathustra *flucht* . . .

2

Diese Münze, mit der
alle Welt bezahlt,
Ruhm –,
mit Handschuhen fasse ich diese Münze an,
mit Ekel trete ich sie *unter* mich.

Wer will bezahlt sein?
Die Käuflichen ...
Wer *feil* steht, greift
mit fetten Händen
nach diesem Allerwelts-Blechklingklang Ruhm!

– *Willst* du sie kaufen?
Sie sind alle käuflich.
Aber biete viel!
klingle mit vollem Beutel!
– du *stärkst* sie sonst,
du stärkst sonst ihre *Tugend* ...

Sie sind alle tugendhaft.
Ruhm und Tugend – das reimt sich.
So lange die Welt lebt,
zahlt sie Tugend-Geplapper
mit Ruhm-Geklapper –,
Die Welt *lebt* von diesem Lärm ...

Vor allen Tugendhaften
    will ich schuldig sein,
schuldig heißen mit jeder großen Schuld!
Vor allen Ruhms-Schalltrichtern
wird mein Ehrgeiz zum Wurm –,
unter solchen gelüstets mich,
der *Niedrigste* zu sein ...

Diese Münze, mit der
alle Welt bezahlt,
Ruhm –,
mit Handschuhen fasse ich diese Münze an,
mit Ekel trete ich sie *unter* mich.

3

Still! –
Von großen Dingen – ich *sehe* Großes! –
soll man schweigen
oder groß reden:
rede groß, meine entzückte Weisheit!

Ich sehe hinauf –
dort rollen Lichtmeere:
o Nacht, o Schweigen, o totenstiller Lärm! ...
Ich sehe ein Zeichen –,
aus fernsten Fernen
sinkt langsam funkelnd ein Sternbild gegen mich ...

4

Höchstes Gestirn des Seins!
Ewiger Bildwerke Tafel!
Du kommst zu mir? –
Was keiner erschaut hat,
deine stumme Schönheit –
wie? sie flieht vor meinen Blicken nicht? –

Schild der Notwendigkeit!
Ewiger Bildwerke Tafel!
– aber du weißt es ja:
was alle hassen,
was allein *ich* liebe:
– daß *du ewig* bist!
daß du *notwendig* bist! –
meine Liebe entzündet
sich ewig nur an der Notwendigkeit.

Schild der Notwendigkeit!
Höchstes Gestirn des Seins!
– das kein Wunsch erreicht,
– das kein Nein befleckt,
ewiges Ja des Seins,
ewig bin ich dein Ja:
denn ich liebe dich, o Ewigkeit! – –

Von der Armut des Reichsten

Zehn Jahre dahin –,
kein Tropfen erreichte mich,
kein feuchter Wind, kein Tau der Liebe
– ein *regenloses* Land . . .
Nun bitte ich meine Weisheit,
nicht geizig zu werden in dieser Dürre:
ströme selber über, träufle selber Tau,
sei selber Regen der vergilbten Wildnis!

Einst hieß ich die Wolken
fortgehn von meinen Bergen, –
einst sprach ich »mehr Licht, ihr Dunklen!«
Heut locke ich sie, daß sie kommen:
macht Dunkel um mich mit euren Eutern!
– ich will euch melken,
ihr Kühe der Höhe!
Milchwarme Weisheit, süßen Tau der Liebe
ströme ich über das Land.

Fort, fort, ihr Wahrheiten,
die ihr düster blickt!
Nicht will ich auf meinen Bergen
herbe ungeduldige Wahrheiten sehn.
Vom Lächeln vergüldet
nahe mir heut die Wahrheit,
von der Sonne gesüßt, von der Liebe gebräunt, –
eine *reife* Wahrheit breche ich allein vom Baum.

Heut strecke ich die Hand aus
nach den Locken des Zufalls,
klug genug, den Zufall
einem Kinde gleich zu führen, zu überlisten.
Heut will ich gastfreundlich sein
gegen Unwillkommnes,
gegen das Schicksal selbst will ich nicht stachlicht sein,
– Zarathustra ist kein Igel.

Meine Seele,
unersättlich mit ihrer Zunge,
an alle guten und schlimmen Dinge hat sie schon geleckt,

in jede Tiefe tauchte sie hinab.
Aber immer gleich dem Korke,
immer schwimmt sie wieder obenauf,
sie gaukelt wie Öl über braune Meere:
dieser Seele halber heißt man mich den Glücklichen.

Wer sind mir Vater und Mutter?
Ist nicht mir Vater Prinz Überfluß
und Mutter das stille Lachen?
Erzeugte nicht dieser beiden Ehebund
mich Rätseltier,
mich Lichtunhold,
mich Verschwender aller Weisheit, Zarathustra?

Krank heute vor Zärtlichkeit,
ein Tauwind,
sitzt Zarathustra wartend, wartend auf seinen Bergen, –
im eignen Safte
süß geworden und gekocht,
unterhalb seines Gipfels,
unterhalb seines Eises,
müde und selig,
ein Schaffender an seinem siebenten Tag.

– Still!
Eine Wahrheit wandelt über mir
einer Wolke gleich, –
mit unsichtbaren Blitzen trifft sie mich.
Auf breiten langsamen Treppen
steigt ihr Glück zu mir:
komm, komm, geliebte Wahrheit!

– Still!
Meine Wahrheit ists! –
Aus zögernden Augen,
aus samtenen Schaudern
trifft mich ihr Blick,
lieblich, bös, ein Mädchenblick . . .
Sie erriet meines Glückes *Grund*,
sie erriet *mich* – ha! was sinnt sie aus? –
Purpurn lauert ein Drache
im Abgrunde ihres Mädchenblicks.

– Still! Meine Wahrheit *redet*! –

Wehe dir, Zarathustra!

Du siehst aus, wie einer,
der Gold verschluckt hat:
man wird dir noch den Bauch aufschlitzen! ...

Zu reich bist du,
du Verderber vieler!
Zu viele machst *du* neidisch,
zu viele machst du arm ...
Mir selber wirft dein Licht Schatten –,
es fröstelt mich: geh weg, du Reicher,
geh, Zarathustra, weg aus deiner Sonne! ...

Du möchtest schenken, wegschenken deinen Überfluß,
aber du selber bist der Überflüssigste!
Sei klug, du Reicher!
Verschenke dich selber erst, o Zarathustra!

Zehn Jahre dahin –,
und kein Tropfen erreichte dich?
kein feuchter Wind? kein Tau der Liebe?
Aber wer *sollte* dich auch lieben,
du Überreicher?
Dein Glück macht rings trocken,
macht arm an Liebe
– ein *regenloses* Land ...

Niemand dankt dir mehr.
Du aber dankst jedem,
der von dir nimmt:
daran erkenne ich dich,
du Überreicher,
du *Ärmster* aller Reichen!

Du opferst dich, dich *quält* dein Reichtum –,
du gibst dich ab,
du schonst dich nicht, du liebst dich nicht:
die große Qual zwingt dich allezeit,
die Qual *übervoller* Scheuern, *übervollen* Herzens –
aber niemand dankt dir mehr ...

Du mußt *ärmer* werden,
weiser Unweiser!
willst du geliebt sein.
Man liebt nur die Leidenden,
man gibt Liebe nur dem Hungernden:
verschenke dich selbst erst, o Zarathustra!

– Ich bin deine Wahrheit ...

AUTOBIOGRAPHISCHES

AUS DEN JAHREN 1856–1869

[Aus dem Jahre 1856]

Naumburg, den 26. 12. 1856

Endlich ist mein Entschluß gefaßt, ein Tagebuch zu schreiben, in welchem man alles, was freudig oder auch traurig das Herz bewegt, dem Gedächtnis überliefert, um sich nach Jahren noch an Leben und Treiben dieser Zeit und besonders *meiner* zu erinnern. Möge dieser Entschluß nicht wankend gemacht werden, obgleich bedeutende Hindernisse in den Weg treten. Doch jetzt will ich anfangen:

Wir leben jetzt inmitten von Weihnachtsfreuden. Wir warteten auf sie, sahen sie erfüllt, genossen jene und jetzt drohen sie uns nun schon wieder zu verlassen. Denn es ist schon der zweite Feiertag. Jedoch ein beglückendes Gefühl strahlt hell fast von dem einen Weihnachtsabend, bis der andre schon mit mächtigen Schritten seiner Bestimmung entgegeneilt. Doch ich will mit dem Anfange meiner Ferien auch den Anfang der Weihnachtsfreuden schildern. Wir gingen aus der Schule; die ganze Zeit der Ferien lag vor uns und mit diesen das schönste aller Feste. Schon seit einiger Zeit war uns der Zutritt an einige Orte nicht gestattet. Ein Nebelflor hüllte alles geheimnisvoll ein, damit dann desto mächtiger die Freudenstrahlen der Christfestsonne hindurchbrächen. Weihnachtsgänge wurden besorgt; das Gespräch wurde fast allein auf dieses geleitet; ich zitterte fast vor Freude, wenn das Herz jubelnd daran gedachte und ich eilte fort, um meinen Freund Gustav Krug zu besuchen. Wir machten unsern Empfindungen Raum, indem wir bedachten, was der morgende Tag für schöne Geschenke mit sich bringen werde. So verging der Tag in Erwartung der Dinge.

Der Tag erschien!

Schon leuchtete das Tageslicht in mein Schlafgemach, als ich erwachte. Was alles durchströmte meine Brust! Es war ja der Tag, an dessen Ende einst zu Bethlehem der Welt das größte Heil widerfuhr; es ist ja der Tag an welchem meine Mama mich jährlich mit reichen Gaben überschüttet. Der Tag verfloß mit Schneckenlangsamkeit; Pakete mußten von der Post geholt werden, geheimnisvoll wurden wir aus der Stube in den Garten vertrieben. Was mag während dieser Zeit dort vorgegangen sein? Dann ging ich in die Klavierstunden, in welche ich wöchentlich am Mittwoch einmal gehe. Ich hatte erst eine *Sonata facile* von Beethoven gespielt, und mußte jetzt Variationen spielen. Nun fing es schon an zu dämmern. Die Mama sagte zu mir und meiner Schwester Elisabeth: Die Vorbereitungen sind fast zu Ende. Wie freuten wir uns da. Nun kam die Tante; wir begrüßten sie mit einem Gejauchze oder vielmehr Gebrüll, daß das Haus davon bebte.

Das Mädchen meiner Tante folgte ihr, und war noch zu Vorbereitungen dienlich. Zuletzt vor der Bescherung kamen die Frau Pastor Haarseim mit ihrem Sohn. Da, wer beschreibt unsern Jubel, öffnet die Mama die Tür! Hell strahlt uns der Christbaum entgegen und unter ihm die Fülle der Gaben! Ich sprang nicht, nein ich stürzte hinein und gelangte merkwürdigerweise grade an meinen Platz. Da erblickte ich ein sehr schönes Buch (obgleich zwei dalagen, denn ich sollte mir auswählen), nämlich die Sagenwelt der Alten mit vielen prächtigen Bildern ausgestattet. Auch einen Schlittschuh fand ich, aber nur einen? Wie würde ich ausgelacht werden, wenn ich versuchen wollte *einen* Schlittschuh an zwei Beine zu schnallen. Das wäre doch merkwürdig. Doch sieh einmal, was liegt denn da noch daneben so ganz ungesehen? Bin ich denn so klein, so gering, daß du mich kaum ansiehst? sprach da plötzlich ein dicker Folioband, welcher zwölf vierhändige Sinfonien von Haydn enthielt. Ein freudiger Schrecken durchzuckte mich wie der Blitz die Wolken; also wirklich der ungeheure Wunsch war erfüllt; der größte! Nebenan erblickte ich auch den zweiten Schlittschuh, und wie ich mir diesen näher besehe, da sah ich plötzlich noch ein paar Hosen. Nun betrachtete ich meinen Weihnachtstisch im ganzen und fragte nach denen, welche es mir geschenkt hatten. Doch wer mag der sein, welcher mir die vielen Noten geschenkt hat? Ich erhielt aber keine andre Auskunft als daß es ein Unbekannter sei, welcher mich bloß dem Namen nach kenne. Dann wurde Tee und Stolle getrunken und gegessen, und nachdem uns die Gäste verlassen hatten und uns Müdigkeit ankam, legten wir uns zur Ruhe.

Der Leusch und das Wethautal

Ich hatte mit Wilhelm Pinder verabredet, eine Partie nach dem Leusch zu machen und wir bestimmten dazu den nächsten Sonntag. (Das war der 19. Juli) – Den Morgen um 7 Uhr gingen wir vom Jakobstor aus fort. Das Wetter war für uns sehr günstig, denn es war bei weitem kühler als die vorigen Tage. Auch wählten wir statt der staubigen Chaussee lieber den Feldweg, welcher an den sogenannten Hussitenschanzen vorüberführt. Sodann kamen wir an den Gipsbrüchen vorbei, wo wir etwas ausruhten. Hier sahen wir den Leusch vor uns auf einer Erhöhung liegen, und unser erstes Ziel war erreicht. Wir traten in den Wald ein; alles war hier noch so frisch und der Tau schimmerte auf allen Zweigen, die Vögel sangen und das Geläute der Glocken, welche in die Kirchen riefen, tönte wunderbar um das Ohr, bald schwach, bald stark. Auch die Aussicht von dort ist nicht minder schön, denn der Leusch ist über Naumburg schon ziemlich erhaben. Ein vollständiger Kreis von Bergen zog sich am Horizonte um uns, in seiner Mitte Naumburg umfassend, dessen Turmspitzen in Strahlen erglühten. Von hier gingen wir weiter, um in das Wethautal zu gelangen, um dann den Weg über den Bürgergarten nach Hause zu nehmen. Bald erblickten wir einen dunklen Streifen von Bergen, der sich immer mehr vergrößerte, und endlich hatten wir das Wethautal vor uns. Die es umgebenden Berge sind mit Wald bedeckt, und hinter ihnen erhebt sich noch eine blaue Bergkette. Wir gingen in das Tal hinab, an einen Teich.

Die Schönburg

Diese Burg, welche Ludwig der Springer erbaut hat, liegt an dem Strande der Saale und unweit Gosecks. Kommt man durch das Dorf gleichen Namens, so zeigt sie sich in ihrer ganzen Größe und Stärke. Der sich hoch erhebende Turm mit seiner gerundeten Spitze, die Basteien, welche schroff an den Felsen abfallen, erinnern sehr an die Zeit des Mittelalters, und wirklich bot wohl keine Gegend einen bessern Ort zu einer Raubburg dar, als diese; denn die eine Seite umfließt die Saale, die andre ist durch steile Abhänge geschützt. Wir gingen den Weg zur Burg hinauf, der noch an den Seiten von Mauerresten begrenzt ist, und traten in den Burghof ein, dessen Hälfte jetzt zu einem Garten umgewandelt ist. Noch ein sehr tiefer Brunnen befindet sich darin, über welchen ein Häuschen gebaut ist. Dieser Garten ist von dem Burghof durch eine Mauer getrennt und steht durch eine Pforte mit ihm in Verbindung. Sieht man durch die Fensternischen, so hat man eine wunderschöne Gegend vor sich: Eine weite Wiese dehnt sich vor uns aus und die Saale durchzieht sie gleich einem Silberreif, durch Berge, die von Weinbergen begrenzt sind. Im Hintergrunde liegt Naumburg, in einen grauen Schleier gehüllt, seitwärts Goseck, ein bei der Entstehung der Burg sehr wichtiger Ort. – Noch ein altes Burgverlies befindet sich da, auf dessen Rücken die Bewohner der Burg kleine Gartenanlagen angelegt haben. – Darauf wollten wir noch den Schloßturm besteigen. Durch den sehr engen Eingang, an welchem man die Dicke der Mauern erkennen kann, gelangt man in das finstere Innre. Vier sehr breitsprossige Leitern führen auf ebensoviel Böden und auf dem ersten von ihnen ist noch ein alter Kamin. Oben angelangt gerät man durch ein Panorama, welches sich bis nach Weißenfels erstreckt, in Erstaunen. Wir hatten hier das erhabne Vergnügen, die Sonne untergehen zu sehen. Langsam tauchte die Sonne unter; ihre letzten Strahlen vergoldeten die Türme von Naumburg und Goseck. Jetzt wurde es stiller in der Natur. Graue Nebel stiegen von dem Flusse auf, der Vögel Klang verstummte, der Landmann kehrte heim in seine väterliche Hütte und sucht nach des Tages Mühen Ruh, denn die Sonne hat Abschied genommen und der Nacht ihre Stelle eingeräumt. Aber auch wir verließen die schöne Burg, nahmen Abschied von ihren Zinnen und räumten dem Mond unsre Stelle, dessen Glanz auf das Gebäude schimmerte.

Aus meinem Leben

I

Die Jugendjahre

1844 bis 1858

Wenn man erwachsen ist, pflegt man sich gewöhnlich nur noch der hervorragendsten Punkte aus der frühesten Kindheit zu erinnern. Zwar bin ich noch nicht erwachsen, habe kaum die Jahre der Kindheit und Knabenzeit hinter mir, und doch ist mir schon so vieles aus meinem Gedächtnis entschwunden und das wenige, was ich davon weiß, hat sich wahrscheinlich nur durch Tradition erhalten. Die Reihen der Jahre fliegen an meinem Blicke gleich einem verworrenen Traume vorüber. Deshalb ist es mir unmöglich, mich in den ersten zehn Jahren meines Lebens an Daten zu binden. Dennoch steht einiges hell und lebhaft vor meiner Seele und dieses will ich, vereint mit Dunkel und Düster, zu einem Gemälde verbinden. Ist es doch immer lehrreich, die allmählige Bildung des Verstandes und Herzens und hierbei die allmächtige Leitung Gottes zu betrachten! –

Ich wurde in Röcken bei Lützen den 15. Oktober 1844 geboren und empfing in der heiligen Taufe den Namen: *Friedrich* Wilhelm. Mein Vater war für diesen Ort und zugleich für die Nachbardörfer Michlitz und Bothfeld Prediger. Das vollendete Bild eines Landgeistlichen! Mit Geist und Gemüt begabt, mit allen Tugenden eines Christen geschmückt, lebte er ein stilles, einfaches aber glückliches Leben und wurde von allen, die ihn kannten, geachtet und geliebt. Sein feines Benehmen und heiterer Sinn verschönerte manche Gesellschaften, zu denen er geladen war und machten ihn gleich bei seinem ersten Erscheinen überall beliebt. Seine Mußestunden füllte er mit schönen Wissenschaften und mit Musik aus. Im Klavierspielen hatte er eine bedeutende Fertigkeit, besonders im freien Variieren erlangt ...

Das Dorf Röcken liegt eine halbe Stunde von Lützen, dicht an der Landstraße. Wohl jeder Wanderer, der an ihm vorbei seine Straße zieht, wirft ihm einen freundlichen Blick zu. Denn es liegt gar lieblich da, mit seinem umgebenden Gebüsch und seinen Teichen. Vor allem fällt der bemooste Kirchturm in die Augen. Wohl kann ich mich noch erinnern, wie ich einstmals mit dem lieben Vater von Lützen nach Röcken ging und wie in der Mitte des Weges die Glocken mit erhebenden Tönen das Osterfest einläuteten. Dieser Klang tönt so oft in mir wieder und Wehmut trägt mich sodann nach dem fernen, teuren Vaterhause hin. Wie lebendig steht noch der Gottesacker vor mir! Wie oft fragte ich, wenn ich das alte, alte Leichenhaus sah, nach den Bahren und schwarzen Flören, nach alten Grabschriften und Denkmälern! Aber wenn kein Bild meiner Seele entweicht, am wenigsten werde ich wohl das traute Pfarrgebäude vergessen. Denn mit mächtigem Griffel ist es in meine Seele eingegraben. Das Wohnhaus war erst 1820 gebaut und deshalb in sehr nettem Zustande. Mehrere Stufen führten hinauf zum Parterre. Noch kann ich mich des Studierzimmers in der obersten Etage erinnern. Die Reihen Bücher, darunter manche Bilderwerke, diese Schriftrollen machten diesen Ort zu einem meiner Lieblingsplätze. Hinter dem Haus breitete sich der Obst- und Grasgarten aus. Ein Teil desselben pflegte im Frühjahr unter Wasser zu stehen und gewöhnlich war dann auch der Keller angefüllt. Vor der Wohnung erstreckte sich der Hof mit Scheune und Stallgebäude und geleitete zu dem Blumengarten. In den Lauben und Sitzen verweilte ich fast immer. Hinter dem grünen Zaun lagen die vier Teiche, mit Weidengebüsch umgeben. Zwischen diesen Gewässern zu gehen, die Sonnenstrahlen auf der Spiegelfläche und die munteren Fischlein spielen zu sehen, das war meine größte Lust. Noch muß ich etwas erwähnen, was mich immer mit geheimem Schauer erfüllte. Nämlich in der düstern Sakristei der Kirche stand an der einen Seite das übermenschliche Bild des heiligen Georg, von geschickter Hand in Stein gegraben. Die hehre Gestalt, die furchtbaren Waffen und das geheimnisvolle Halbdunkel ließen mich ihn immer nur mit Scheu betrachten. Einst, so geht die Sage, sollen seine Augen erschrecklich gefunkelt haben, so daß alle, die ihn angesehen hätten, mit Grausen erfüllt worden wären. – Rings um den Gottesacker herum liegen die Bauernhöfe und -gärten in trauter Stille. Eintracht und Friede waltete über jeder Hütte und wilde Erregungen blieben von ihnen fern. Überhaupt entfernten sich die Bewohner selten von dem Dorfe, höchsten an Jahrmärkten, wo muntere Scharen von Burschen und Frauen sich nach dem belebten Lützen begaben und das Gewühl der Menschen und die glänzenden Waren bewunderten. Sonst ist Lützen ein kleines und einfaches Städtchen, dem man nicht ansieht, welche welthistorische Bedeutung es hat. Zweimal wurden hier ungeheure Schlachten geschlagen und mit dem Blute fast aller europäischen Nationen ist dort der Boden getränkt. Ehrende Denkmäler erheben sich hier und verkünden mit beredter Zunge den Ruhm der gefallenen Helden. – Eine Stunde von Röcken liegt Poserna, berühmt als Geburtsort von Seume, jenem wahrhaft patriotisch gesinnten Mann und Dichter. Leider steht sein Haus nicht mehr. Seit 1813 lag es in Trümmern und jetzt erst hat ein neuer Besitzer ein großes schönes Haus auf derselben Stelle gebaut. – Das dreiviertel Stunden weit entfernte Dorf Sössen ist noch durch ein Hünengrab merkwürdig, das kürzlich ausgegraben wurde. – Während wir in Röcken ruhig und still lebten, bewegten heftige Erregungen fast alle Nationen Europas. Schon lange Jahre vorher war der Zündstoff überall vorbereitet; es bedurfte nur eines Funkens, um alles in Brand zu setzen. – Da erscholl fern von Frankreich herüber der erste Waffenklang und Sturmessang. Die ungeheure

Februarrevolution in Paris wälzte sich mit verheerender Schnelle umher. »Freiheit, Gleichheit, Brudersinn« ertönte es in allen Landen, der niedrige wie angesehene Mann ergriff das Schwert teils für, teils gegen den König. Der Revolutionskampf in Paris findet in den meisten Städten Preußens Nachahmung. Und selbst bei schneller Unterdrückung blieb doch noch lange der Wunsch des Volkes »eine deutsche Republik«. Nach Röcken drangen diese Erhebungen nicht; wohl aber kann ich mich noch erinnern, wie Wagen mit jubelnden Scharen und wehenden Fahnen auf der Landstraße hinfuhren. Während dieser verhängnisvollen Zeit bekam ich noch ein Brüderchen, in der heiligen Taufe Karl Ludwig *Joseph* genannt, ein allerliebstes Kind. Bis hierher hatte uns immer Glück und Freude geleuchtet, ungetrübt war unser Leben dahingeflossen, wie ein heller Sommertag; aber da türmten sich schwarze Wolken auf, Blitze zuckten und verderbend fallen die Schläge des Himmels nieder. Im September 1848 wurde plötzlich mein geliebter Vater gemütskrank. Jedoch trösteten wir uns und er sich mit baldiger Genesung. Immer wenn wieder ein besserer Tag war, bat er, doch ihn wieder predigen und Konfirmandenstunden geben zu lassen. Denn sein tätiger Geist konnte nicht müßig bleiben. Mehrere Ärzte bemühten sich, das Wesen der Krankheit zu erkennen, aber vergebens. Da holten wir den berühmten Arzt Opolcer, der sich damals in Leipzig befand, nach Röcken. Dieser vortreffliche Mann erkannte sogleich, wo der Sitz der Krankheit zu suchen wäre. Zu unser aller Erschrecken hielt er es für eine Gehirnerweichung, die zwar noch nicht hoffnungslos, aber dennoch sehr gefahrvoll sei. Ungeheure Schmerzen mußte mein geliebter Vater ertragen, aber die Krankheit wollte sich nicht vermindern, sondern sie wuchs von Tag zu Tag. Endlich erlosch sogar sein Augenlicht und im ewigen Dunkel mußte er noch den Rest seiner Leiden erdulden. Bis zum Juli 1849 dauerte noch sein Krankenlager; da nahte der Tag der Erlösung. Den 26. Juli versank er in tiefen Schlummer und nur zuweilen erwachte er. Seine letzten Worte waren: Fränzchen – Fränzchen – komm – Mutter – höre – höre – Ach Gott! – Dann entschlief er sanft und selig. †††† den 27. Juli 1849. Als ich den Morgen erwachte, hörte ich rings um mich lautes Weinen und Schluchzen. Meine liebe Mutter kam mit Tränen herein und rief wehklagend: »Ach Gott! Mein guter Ludwig ist tot!« Obgleich ich noch sehr jung und unerfahren war, so hatte ich doch eine Idee vom Tode; der Gedanke, mich immer von dem geliebten Vater getrennt zu sehn, ergriff mich und ich weinte bitterlich.

Die Tage darauf vergingen unter Tränen und Vorbereitung zum Begräbnis. Ach Gott! Ich war zum vaterlosen Waisenkind, meine liebe Mutter zur Witwe geworden! – – – – Den 2. August wurde die irdische Hülle meines teuren Vaters dem Schoß der Erde anvertraut. Die Gemeinde hatte das Grab ausmauern lassen. Um ein Uhr mittag begann die Feierlichkeit unter vollem Glockengeläute. Oh, nie wird sich der dumpfe Klang derselben aus meinem Ohr verlieren, nie werde ich die düster rauschende Melodie des Liedes »Jesu meine Zuversicht« vergessen! Durch die Hallen der Kirche brauste Orgelton. Eine große Schar von Verwandten und Bekannten hatte sich eingefunden, fast sämtliche Pastoren und Lehrer der Umgegend. Herr Pastor Wimmer sprach die Altarrede, Herr Superintendent Wilke am Grabe und Herr Pastor Oßwalt den Segen. Dann wurde der Sarg hinabgelassen, die dumpfen Worte des Geistlichen erschallten und entrückt war er, der teure Vater, allen uns Leidtragenden. Eine gläubige Seele verlor die Erde, eine schauende empfing der Himmel. –

Wenn man einen Baum seiner Krone beraubt, so wird er welk und kahl und die Vöglein verlassen die Zweige. Unsere Familie war ihres Oberhauptes beraubt, alle Freude schwand aus unsern Herzen und tiefe Trauer herrschte in uns. Aber kaum waren die Wunden ein wenig geheilt, so wurden sie von neuem schmerzlich aufgerissen. – In der damaligen Zeit träumte mir einst, ich hörte in der Kirche Orgelton wie beim Begräbnis. Da ich sah, was die Ursache wäre, erhob sich plötzlich ein Grab und mein Vater im Sterbekleid entsteigt demselben. Er eilt in die Kirche und kommt in kurzem mit einem kleinen Kinde im Arm wieder. Der Grabhügel öffnet sich, er steigt hinein und die Decke sinkt wieder auf die Öffnung. Sogleich schweigt der rauschende Orgelschall und ich erwache. – Den Tag nach dieser Nacht wird plötzlich Josephchen unwohl, bekommt die Krämpfe und stirbt in wenig Stunden. Unser Schmerz war ungeheuer. Mein Traum war vollständig in Erfüllung gegangen. Die kleine Leiche wurde auch noch in die Arme des Vaters gelegt. – Bei diesem doppelten Unglück war Gott im Himmel unser einziger Trost und Schutz. Dies geschah Ende Januar 1850. – – –

Die Zeit, wo wir von unserm geliebten Röcken scheiden sollten, nahte heran. Noch kann ich mich des letzten Tags und der letzten Nacht erinnern, wo wir dort verweilten. Am Abend spielte ich noch mit mehreren Kindern, gedenkend, daß es das letztemal sei. Die Abendglocke hallte mit wehmütigem Ton durch die Fluren, mattes Dunkel verbreitete sich über die Erde, am Himmel strahlten der Mond und die funkelnden Sterne. Ich konnte nicht lange schlafen; schon nachts halb eins ging ich wieder in den Hof. Hier standen mehrere Wagen, die beladen wurden, der matte Schein der Laterne beleuchtete düster die Hofräume. Ich hielt es geradezu für unmöglich, an einem anderen Orte heimisch zu werden. Von einem Dorf zu scheiden, wo man Freude und Leid genossen hat, wo die teuren Gräber des Vaters und des kleinen Bruders sind, wo die Bewohner des Ortes immer nur mit Liebe und Freundlichkeit zuvorkamen, wie schmerzlich war es! Kaum erhellte der Tag die Fluren, da rollte der Wagen hin auf der Landstraße und führte uns Naumburg zu, wo uns eine neue Heimat erwartete. – Ade, ade, teures Vaterhaus!!

– Die Großmama mit Tante Rosalie und dem Dienstmädchen waren vorangefahren und wir folgten traurig, ja sehr traurig nach. In Naumburg erwarteten uns Onkel Dächsel, Tante Riekchen und Lina. Das Logis, welches man für uns bestimmt hatte, lag in der Neugasse und gehörte dem Eisenbahn-Spediteur Otto. Es war für uns schrecklich, nachdem wir so lange auf dem Lande gewohnt hatten, in der Stadt zu leben. Deshalb vermieden wir die düstern Straßen und suchten das Freie, wie ein Vogel, der seinem Käfig entflieht. Denn nicht viel anders erschienen uns damals die Stadtbewohner. Als ich zum erstenmal den Bürgergarten sah, soll ich gesagt haben in kindlicher Freude: O sieh! Lauter Christbäume! Überhaupt erschien mir in der ersten Zeit alles neu und unbekannt. Die großen Kirchen und Gebäude, der Marktplatz mit Rathaus und Brunnen, die ungewohnte Menge des Volks erregte meine große Bewunderung. Dann erstaunte ich, wie ich bemerkte, daß die Leute oft miteinander unbekannt waren; denn auf dem stillen Dorfe kannte sich jedermann. Was mir aber mit am unangenehmsten war, das waren die langen gepflasterten Straßen. Der Weg zu den Tanten schien mir mindestens eine Stunde zu sein. – Sonst aber fügte ich mich sehr schnell in das Stadtleben, in den ersten fünf Minuten war ich mit allen im Hause bekannt. Oben im Dachstübchen wohnte ein Stellmacher mit seiner Frau, rechtschaffne alte Leute. Zu diesen hinauf war mein erster Gang und die altertümlichen Geräte, Bilder und Zimmer setzten mich sehr in Verwunderung. Später wurde ich auch als Schüler dem Direktor der Bürgerschule gemeldet. Ich mag wohl zuerst etwas verwirrt unter so vielen Kindern gewesen sein, aber da ich schon vom Papa und Herrn Schulmeister in Röcken etwas unterrichtet war, machte ich schnelle Fortschritte. Aber schon damals fing mein Charakter an sich zu zeigen. Ich hatte in meinem jungen Leben schon sehr viel Trauer und Betrübnis gesehn und war deshalb nicht ganz so lustig und wild wie Kinder zu sein pflegen. Meine Mitschüler waren gewohnt, mich wegen dieses Ernstes zu necken. Aber dieses geschah nicht allein in der Bürgerschule, nein, auch später im Institut und sogar im Gymnasio. Von Kindheit an suchte ich die Einsamkeit und fand mich da am wohlsten, wo ich mich ungestört mir selbst überlassen konnte. Und dies war gewöhnlich im freien Tempel der Natur, und die wahrsten Freuden fand ich hierbei. So hat auf mich stets ein Gewitter den schönsten Eindruck gemacht; der weithin krachende Donner und die hell aufzuckenden Blitze vermehrten nur meine Ehrfurcht gegen Gott. – Bald lernte ich auch meine späteren Freunde kennen, nämlich Wilhelm Pinder und Gustav Krug. Aber erst, als ich in das Institut vom Cand. Weber kam, erwachte erst unsre wahre Freundschaft. Überhaupt wird die wahre Freundschaft nur durch gleiche Freuden und Leiden geknüpft; denn wo sich die Lebensereignisse mit denen eines andern berühren, da verbinden sich auch die Seelen und je näher die äußere Verbindung tritt, desto fester wird die innere. –

Herr Cand. Weber, ein christlicher, tüchtiger Lehrer, kannte unsere

Freundschaft und suchte sie nie zu trennen. Hier wurde der Grundstein für unsere zukünftige Bildung gelegt. Denn neben ausgezeichneten Religionsstunden empfingen wir auch den ersten Unterricht im Griechischen und Lateinischen. Wir waren nicht mit Arbeiten überladen und hatten deshalb Zeit, für unseren Körper zu sorgen. Im Sommer wurden oft kleine Partien in die Umgegend unternommen. So besuchten wir die lieblich gelegene Schönburg, Schloß Goseck, Freiburg, dann auch die Rudelsburg und Saaleck und gewöhnlich in Begleitung des ganzen Instituts. So ein gemeinsamer Spaziergang ist immer etwas sehr Erheiterndes; vaterländische Lieder erschollen, lustige Spiele wurden gespielt und wenn der Weg durch einen Wald führte, so schmückte man sich mit Laub und Zweigen. Die Burgen erklangen von dem wilden Getöse der Zechenden – mir fielen die Zechgelage der alten Ritter ein. In den Höfen und auf den Wällen unternahm man Ritterkämpfe und die großartige Zeit des Mittelalters wurde im kleinen nachgeahmt. Dann erstieg man die hohen Türme und Warten, überschaute das im Abendschimmer vergoldete Tal und zog, wenn die Nebel sich auf die Wiesen senkten, unter lautem Gejubel der Heimat zu. Alle Frühjahr hatten wir ein Fest, das für uns die Stelle des Kirschfestes vertrat. Wir begaben uns nämlich nach Roßbach, einem kleinen Dorf in der Nähe von Naumburg, wo zwei Vögel unsrer Armbrüste warteten. Es wurde mit großem Eifer geschossen, Herr Cand. Weber verteilte die Gewinne und alles war in Freude und Jubel. Im nächsten Walde spielten wir sodann Räuber und Gendarm, wobei es sehr wild herging und Prügel nach Noten verteilt wurden, bis uns endlich der Herr Cand. zur Rückkehr ermahnte. – Während dieser Zeit waren die Blicke aller mit banger Besorgnis auf die Verwicklungen gerichtet, welche sich zwischen der Türkei und Rußland entspannen. Die Russen hatten sofort die türkischen Donaufürstentümer, die Moldau und Walachei besetzt und standen drohend der Pforte gegenüber. Zur Erhaltung des europäischen Gleichgewichts schienen die Türken durchaus notwendig; deshalb traten Österreich, Preußen und die Westmächte für dieselben ein. Aber alle diese Vermittlungsversuche dieser vier Großmächte erregten bei dem Kaiser Nikolaus nicht die gewünschte Wirkung. Der Krieg der Russen mit den Türken währte fort und endlich bewaffnete Frankreich und England Heer und Flotte und sandte sie der Pforte zu Hilfe. Der Kriegsschauplatz wurde auf die Krim verlegt, und die ungeheuren Heere umgaben Sebastopol, wo die große russische Armee unter Menschikow stand. – Das war für uns etwas Angenehmes, sogleich wurde für die Russen Partei genommen und wütend forderten wir jeden Türkenfreund zum Kampf auf. Da wir bleierne Soldaten besaßen, ebenso Baukästen, so hörten wir nicht auf, uns die Belagerung und die Schlachten zu vergegenwärtigen. Von Erde wurden Wälle aufgeworfen, jeder fand neue Arten sie recht fest zu machen. Wir schrieben jeder für sich kleine Bücher, die wir »Kriegslisten« nannten, ließen uns

Bleikugeln gießen und vermehrten unsere Heere durch neue Ankaufungen. So hatten wir uns öfter ein Bassin gegraben nach einem Plane vom Hafen Sebastopols, die Festungswerke genau aufgeführt, und den gegrabenen Hafen mit Wasser gefüllt. Eine Menge Kugeln von Pech, Schwefel und Salpeter waren vorher geformt worden und diese wurden, nachdem sie angebrannt waren, auf die papiernen Schiffe geworfen. Bald loderten helle Flammen, die unsern Eifer vermehrten und wahrhaft schön war es, wenn, da unser Spiel sich oft bis spät abends hinzog, die feurigen Kugeln durch das Dunkel sausten. Zum Schluß wurde gewöhnlich die ganze Flotte, ebenso alle Bomben verbrannt, wobei oft die Flamme zwei Fuß emporschlug. So verlebte ich glückliche Zeiten, nicht aber nur bei meinen Freunden, auch zu Hause mit meiner Schwester. Auch wir bauten untereinander Festungen mit unsern Baukästen und durch große Übung lernte ich alle die Feinheiten bei dem Aufbauen. Es ist wahr, alles was wir nur über Kriegswissenschaft fanden wurde vollkommen geplündert, so daß ich mir eine ziemliche Kenntnis darin erwarb. Sowohl Lexika, als ganz neue militärische Bücher bereicherten unsere Sammlungen und schon wollten wir ein großes militärisches Wörterbuch gemeinschaftlich schreiben und hatten schon ungeheure Pläne gemacht, da – doch ich will nicht vorgreifen; ich habe noch mehreres aus der damaligen Zeit zu erwähnen. Als ich einst in Pobles bei den Großeltern war, kam die Aufforderung vom Direktor des hallischen Waisenhauses, mich unter die Zahl der Waisen aufnehmen zu lassen. Der Großpapa in Pobles und die Großmama in Naumburg stimmten allerdings bei, aber meine Mama konnte sich dennoch nicht entschließen und schrieb es dem Herrn Direktor. Etwas gewann ich dabei, nämlich das Siegel des hallischen Waisenhauses für meine Siegelsammlung. In meinen Jahren besaß fast jeder Schüler eine und vermehrte sie so gut er konnte. Auch fallen in diese Zeit meine ersten Gedichte. Das was man in diesen ersten zu schildern pflegt, sind gewöhnlich Naturszenen. Wird doch jedes jugendliche Herz von großartigen Bildern angeregt, wünscht doch jedes diese Worte am liebsten in Verse zu bringen! Grauenhafte Seeabenteuer, Gewitter mit Feuer waren der erste Stoff zu diesen. Ich hatte keine Vorbilder, konnte kaum mir denken, wie man einem Dichter nachahme, und formte sie, wie die Seele sie mir eingab. Freilich entstanden da auch sehr mißgelungene Verse und fast jedes Gedicht hatte sprachliche Härten, aber diese erste Periode war mir dennoch bei weitem lieber als die zweite, die ich später erwähnen will. Überhaupt war es stets mein Vorhaben, ein kleines Buch zu schreiben und es dann selbst zu lesen. Diese kleine Eitelkeit habe ich jetzt immer noch; aber damals blieben es immer nur Pläne, selten wurde ein Anfang gemacht. Da ich Reim und Versmaß nicht sehr in meiner Gewalt hatte und es mir auch zu langsam vonstatten ging, machte ich reimlose Verse und ich besitze noch mehrere solche Gedichte. In dem einen wollte ich die Vergänglichkeit des Glücks schildern und ließ deshalb einen Wandrer unter

Karthagos Trümmern schlummern. Der Traumgott mußte an seiner Seele jener Stadt einstiges Glück vorführen. Dann kamen die Schicksalsfälle und endlich – erwachte er. Noch manches Gedicht habe ich aus dieser Zeit, die aber alle durchgehend auch keinen Funken von Poesie in sich tragen. Durch die jährlichen Gemäldeausstellungen wurden wir auch auf die Malerei geleitet. So pflegt man in seiner Jugend gern alles was gefällt nachzuahmen. Dieser Nachahmungsgeist ist bei Kindern besonders groß; sie stellen sich alles leichter vor; aber nur das, wozu sie besondere Lust haben. Wohl schwerlich ahmt ein Jüngling, der einen Dichter oder Schriftsteller verachtet, dessen Art und Weise nach. Sollte das bei Kindern nicht noch größer sein, da ihr Urteil noch nicht geschärft und ihr Verstand noch nicht reif ist? – Noch habe ich aber meine Freunde mit nichts weiter als ihren Namen erwähnt. Will nun auch ihrer etwas näher gedenken, da ihre Freuden und Leiden fortan mit den meinigen eng verbunden sind –: Der eine von ihnen hieß Gustav Krug oder mit dem ganzen Namen Clemens Felix Gustav Krug, geboren den 16. November. Er war der Sohn des Herrn Appellationsrats Krug in Naumburg, eines großen Musikkenners und Virtuosen. Sogar mehrere an sich treffliche Kompositionen hatte er geschrieben, unter andern einige Preissonaten und Quartette. Seine hohe, imponierende Gestalt, sein ernstes, geistreiches Gesicht, seine anerkannte Tüchtigkeit, alles dies machte auf mich großen Eindruck. Er besaß einen wundervollen Flügel, der mich so anzog, daß ich oft vor seinem Hause stehen blieb und den erhabenen Melodien Beethovens lauschte. Mendelssohn-Bartholdy war mit ihm sehr befreundet, ebenso die Gebrüder Müller, jene berühmten Violinvirtuosen, welche zu hören ich auch einmal das Glück hatte. In diesem Hause war oft ein ausgewählter Kreis von Musikfreunden versammelt und fast jeder Virtuos, der in Naumburg aufzutreten wünschte, suchte durch Herrn Rat Krug empfohlen zu werden. In einer solchen Familie wurde Gustav erzogen. Natürlich wurde er von Kindheit auf zu den Genüssen der Musik hingeleitet. So lernte er sehr schnell Violine spielen, da er keiner Mühe schonte, hierin Fertigkeit zu gewinnen. Später wurde ihm Musik so zur Notwendigkeit, daß ich glaube, daß wenn man sie ihm entrisse, man ihn seiner halben Seele beraube. – Wie oft sahen wir uns miteinander Musikalien an, sprachen unsre Meinungen gegeneinander aus, probierten dies und das, und spielten uns gegenseitig vor! Aber auch außerdem z. B. bei den Festungsspielen waren wir die besten Freunde; er war der glühendste Verteidiger der Russen und nahm äußerst lebhaft an dem Fortgange der Belagerung Sebastopols Anteil. Hierzu schafften wir uns Bücher und Karten an, und bereicherten gegenseitig unser Wissen. Bei unsern Festungsspielen war er ein heftiger Verteidiger und selten konnte man etwas gegen ihn gewinnen. Er besaß in allem eine bedeutende Beharrlichkeit; wenn er einmal etwas, das ihm angenehm war, anfing, so ruhte er nicht, bis es vollendet war. Dies zeigte er vorzüglich im Notenabschreiben und Arrangieren,

Indessen ging diese Beharrlichkeit mitunter etwas zu weit; es entstand daraus, daß er von der einmal gefaßten Meinung nicht abließ, so daß man vergebens sich bemühte, ihn des Unrechts zu überzeugen. Auch erschien er fast etwas stolz, da er sich nie mit gewöhnlichen Dingen abgab. Aber dennoch habe ich ihn sehr lieb, und er hat mir immer mit gleicher Freundschaft vergolten. Wir sind fast immer Schulnachbarn gewesen, ein beredtes Zeugnis unserer gleichen Kenntnisse... – Mein andrer Freund heißt Eduard *Wilhelm* Pinder und ist am 6. Juli 1844 geboren. Sein Vater war königlicher Appellationsgerichtsrat in Naumburg und besaß ein geistvolles Gemüt. Sein feines, gewandtes Benehmen machte ihn überall beliebt, aber auch sein frommer christlicher Sinn stand in hohen Ehren. Die Theologen, welche in Naumburg zu irgendeinem Feste zusammengekommen waren, pflegten sich bei ihm zu versammeln und zu unterreden. Auch war er Vorstand von Missions- und Armenvereinen und wirkte mit seiner tätigen Liebe mehr als mancher Prediger. Ebenso war er rastlos um die Verschönerung Naumburgs bemüht und war darum auch allgemein bekannt und geachtet. In seiner Familie war er stets ein treuer Hausvater aber auch den Pflichten seines Amtes lag er mit musterhafter Sorgfalt ob. Dann aber in seinen Mußestunden suchte er sich und seine Familie auch mit den bedeutendsten Erscheinungen im Gebiete der Literatur und Kunst bekannt zu machen und sein richtiger Blick ließ die Schönheiten derselben durch manche geistvolle Bemerkung im wahren Lichte erscheinen. – Da nun Wilhelm von Natur immer recht kränklich war, waren stets seine Eltern für ihn ängstlich besorgt und allerdings mußte man große Vorsicht anwenden. Aber trotz allen Krankheiten des Körpers schritt der Geist desto rüstiger weiter. Wir arbeiteten fast immer zusammen und unsre Gedanken und Ideen stimmten deshalb sehr überein. Spaziergänge und Partien machten wir immer gemeinsam und konnten nicht ohne einander leben. Da Wilhelm bei weitem milder als Gustav war, ja sogar das Gegenteil von ihm, so war mir der Umgang mit beiden sehr vorteilhaft. Er faßte immer mit Vorsicht Entschlüsse; aber dann ging er ruhig seinen begonnenen Weg und ruhte nicht, bis er am Ziele war. Sein Fleiß war als Schüler stets musterhaft und stand bei allen Lehrern stets im guten Renommee. Schien es mitunter, als ob er an einzelnen Unternehmen nicht besondern Anteil nehme, so täuschte hierbei nur, daß er nicht äußerlich so heftig und stürmisch sein Interesse bezeugte. Innerlich geschah es vielleicht noch gründlicher als bei Gustav. Sein liebevolles Benehmen gegen mich und gegen alle, mit denen er in Berührung kam, befreundete ihn jedermann und im Grund haßte ihn keiner. Später, als unser Interesse für Poesie wuchs, da wurden wir uns ganz unentbehrlich und unsrer Unterhaltung mangelte dann niemals der Stoff. Wir tauschten wechselweise unsre Ideen über Dichter und Schriftsteller, gelesene Werke, über neue Erscheinungen im Gebiete der Literatur, faßten gemeiniglich Pläne, gaben uns gegenseitig Gedichte auf und wurden nicht ruhig, bevor wir ganz unser Herz geöffnet hatten. – Dies waren meine Freunde und stets wuchs mit dem Alter auch die Freundschaft. Ja, es ist etwas Hohes, Edles, wahre Freunde zu haben und unser Leben ist von Gott bedeutend verschönert worden, daß er uns Mitgefährten gab, die mit uns dem Ziele zustreben. Und besonders ich muß Gott im Himmel dafür loben, da mir ohne diese in Naumburg vielleicht nie heimisch geworden wäre. Aber so, indem ich hier lebende Freunde gewann, wurde mir der Aufenthalt auch hier teuer und sehr schmerzlich würde mir es sein, von hier scheiden zu müssen. Denn wir drei waren eigentlich nie getrennt, außer in den Ferien, wo ich gewöhnlich mit Mama und Schwester verreist war. Gewöhnlich waren wir dann in Pobles; einmal jedoch erfüllten wir den Wunsch der lieben Tanten in Plauen und blieben dort einige Wochen. Da die reichen Fabriksherren daselbst unsre Verwandten sind, so war das stets ein recht angenehmer Aufenthalt. Außerdem ist Plauen eine sehr nette Stadt und besteht aus fast lauter neuen Gebäuden, die sämtlich mit Schiefer gedeckt, sich stattlich präsentieren. Denn da der große Brand dreiviertel der Stadt in Asche legte, so wurde alsbald überall gebaut und schöner als zuvor erhob sich Plauen aus den Flammen. Auch noch des Aufenthaltes in Nirmsdorf erinnere ich mich, wo der liebe selige Onkel Pastor war. Wohl weiß ich noch, wie der Mond des abends auf mein Bett strahlte und wie ich die goldene Aue im Silberglanze vor mir sah; wie dann die Tante Auguste sprach:

»Der Mond ist aufgegangen
Die goldnen Sternlein prangen« usw.

Ach, nie werde ich diese Zeit vergessen.

Ich werde nun noch die zweite Periode meiner Gedichte erwähnen, dann wollen wir uns etwas in Naumburg umsehen. Waren meine ersten Poesien an Form und Inhalt unbeholfen und schwer, so versuchte ich in der zweiten in geschmückter und strahlender Sprache zu reden. Aber aus der Zierlichkeit wurde Ziererei und die schillernde Sprache zu phrasenartiger Verblümung. Und bei diesem allem fehlte noch die Hauptsache, die Gedanken. Jedenfalls steht deshalb die erste Periode noch weit über der zweiten, aber man sieht hieraus, wie man, hat man noch nicht festen Fuß gefaßt, von Extrem zu Extrem wankt und erst in der goldnen Mittelstraße seine Ruhe findet. –

Nun habe ich genug geschrieben, kommt, laßt uns ein wenig die Stadt beschauen. – Wollen einmal zum netten Jakobstor hineingehen. Wenn wir nun die schöne, breite Straße mit ihren altertümlichen Häusern herabgehen, so kommen wir auf den Marktplatz. Sieh da, gleich vor dir steht das Rathaus. Wie groß es doch ist! Welche Ausdehnung! Seine vier Fronten bilden fast vier Straßen und mit seinem Türmchen ragt es düster in die Luft hinein. Dies dunkelfarbene Grau, diese altertümlichen Erker, lassen es mich immer nur mit Ehrfurcht betrachten. Wende nun deine Blicke rechts, da in der Mitte, das grüne Haus! Das ist die Pindersche Wohnung! Hier wohnen Rat Krugs, hier wohnt die Frau Großmama Pinder, die ehrwürdige Besitzerin des Hauses. In ihm soll einst Friedrich der Große logiert haben, ebenso Napoleon und ein großer Adler ist noch aus seiner Zeit da. (Nämlich ein Transparent! Bitte nicht an einen Vogel zu denken! Denn Napoleon glich auch so einem papiernen Adler. Wenn man die Lichter hinter ihm wegnahm, war er auch nur elend Papier und wurde in einen Winkel gesteckt! –) Links vom Rathaus siehst du die hohe, ehrwürdige Stadtkirche hervorragen. Vor derselben, sieh, welches erbärmliche Gebäude da steht! Ei, wenn es doch weggerissen würde, hemmt es nicht die ganze Aussicht auf das Gotteshaus?! – Hinter der Kirche steht das königliche Kreisgericht, das mit zwei hohen Giebeln auf den Markt ragt. Wollen an der Kirche vorübergehen; ein andermal haben wir mehr Zeit sie uns genau zu besehen. Laßt uns durch die Priestergasse spazieren! Gleich am Anfang steht die Knabenbürgerschule. Sie befindet sich jetzt in recht blühendem Zustande, den sie wohl am meisten ihrem Direktor, dem trefflichen Doktor Neumüller zu danken hat. Dicht daran stößt die Superintendentur. Da aber der liebe Herr Superintendent Jahr von hier nach Eisleben berufen ist, und dem Rufe Folge leistete, so steht die Stelle leer und wir erwarten mit Sehnsucht den neuen Geistlichen, Herrn Sup. Hammer. An diese Gebäude schließen sich die übrigen Priesterwohnungen an, bis zu der Lücke, mit der das Besitztum unsres Wirtes beginnt. Durch einen großen Torweg gelangen wir in den Hof mit seinen vielen Nebengebäuden bis wir das Wohnhaus, das mit seiner vorderen Front die Ecke der Neugasse bildet, erreichen. Gehen wir diese Straße weiter herunter, so erblicken wir alsbald das hohe, schöne Gebäude des Bürgermeister Rasch. Das Ende der Gasse bildet die stattliche Präsidentenwohnung, die jetzt Herr Pr. Koch innehat. Rechts von diesen steht ein nettes Haus, in das ich so oft gegangen und aus dem ich immer meine Kenntnisse um ein wenig bereichert nach Hause brachte. Es ist nämlich des Herrn Weber Institut. In der nahen Kirche zu St. Othmar ist der liebe Mann nun als Pastor angestellt, behält aber trotzdem seine Schule bei, die aber nun in sein Amtsgebäude verlegt ist. – Also weiter! Vor diesen Häusern dehnen sich Rasenplätze und Baumgruppen aus, bis zum Salztore hin. Die Wachen an beiden Seiten sind mit einfachen dorischen Säulen geschmückt und gewähren einen stattlichen Anblick. Etwas weiter hinauf zeigen sich wieder ein paar sehr nette Häuser. Beide sind erst ganz kürzlich gebaut. Sie bilden den Anfang der Salzstraße. Lassen wir diese beiseite liegen und gehen unsern frühern Weg fort, so kommen wir zur Lindenstraße, die in ihrer Mitte eine mit Linden bepflanzte Allee bildet. Mitten in der Hälfte erhebt sie sich allmählich und bildet oben die Verbindung von Steinweg und Herrengasse. Letztere mit ihren düstern, altertümlichen Gebäuden, will ich noch erwähnen, da in ihr die Wohnung von Rat Pinders ist. Auch liegt die Domrichsche Buchhandlung in derselben. Den Teil des Rathauses, der in dieser Straße liegt, will ich noch erwähnen, weil in demselben häufig Konzerte und Bälle gegeben wurden. – So, nun haben wir uns genug angesehen, ein andermal mehr. –

Ich war an dem Himmelfahrtstag in die Stadtkirche gegangen und hörte den erhabenen Chor aus dem Messias: das Halleluja! Mir war, als sollte ich mit einstimmen, deuchte mir doch, es sei der Jubelgesang der Engel unter dessen Brausen Jesus Christus gen Himmel führe. Alsbald faßte ich den ernstlichen Entschluß, etwas Ähnliches zu komponieren. Sogleich nach der Kirche ging ich auch ans Werk und freute mich kindlich über jeden neuen Akkord, den ich erklingen ließ. Indem ich aber davon jahrelang nicht abließ, gewann ich doch sehr dabei, indem ich durch die Erlernung des Tongefüges etwas besser vom Blatte spielen lernte. Dies ist auch, was mich die vielen verschriebenen Bogen Notenpapier nicht dauern läßt. Ich empfing dadurch auch einen unauslöschbaren Haß gegen alle moderne Musik und alles, was nicht klassisch war. Mozart und Haydn, Schubert und Mendelssohn, Beethoven und Bach, das sind die Säulen, auf die sich nur deutsche Musik und ich gründete. Auch mehrere Oratorien hörte ich damals. Das tief ergreifende Requiem war das erste; wie mir die Worte *»Dies irae, dies illa«* durch Mark und Bein gingen. Aber das wahrhaft himmlische Benediktus!! – Die Proben besuchte ich sehr oft. Da die Seelenmesse gewöhnlich zum Totenfeste aufgeführt wurde, so fielen diese in die neblichen Herbstabende. In dem heiligen Halbdunkel der Domkirche saß ich sodann und lauschte den hehren Melodien. Hier muß ich den trefflichen Musikdirektor Wettig erwähnen, einen durch und durch tüchtigen Musiker, sowohl im Dirigieren als Komponieren. Seine kleine Kapelle hielt er immer in musterhafter Ordnung, die Chöre des Gesangvereins wurden von ihm ausgezeichnet eingeübt, aber er galt außerdem auch für den besten Lehrer in Naumburg. Seine Gemahlin, eine frühere Opernsängerin, trug auch viel dazu bei, die Musikaufführungen zu verschönern. Außer diesen haben wir noch zwei Direktoren in Naumburg, Otto Claudius, Dirigent der früheren Liedertafel, einen tüchtigen Komponisten, aber dabei einen höchst eitlen und eingebildeten Menschen; und Fuckel, der das Stadtmusikchor leitete. – Außerdem hörte ich noch Judas Makkabäus von Händel, und vor allem die Schöpfung von Haydn. Dann war ich auch bei der Aufführung des zarten, sinnigen Sommernachtstraum von Mendelssohn. Diese wundervolle Ouvertüre! Mir ist's, als ob Elfen in mondbeglänzter Silbernacht den luftigen Reihen tanzten! Nun will ich aber weiter erzählen, denn es trat jetzt eine wichtige Epoche für mich ein. – Ich wurde Gymnasiast. –!! Wir wurden bei dem Herrn Dir. Förtsch, einem liebevollen, guten Manne angemeldet, etwas examiniert und nach Quinta versetzt. Weiß ich doch, mit welchem Zagen ich zum ersten Male die kleine Pforte durchschritt, die mich in das Schulgebäude führt. Indes hatten wir uns alles viel schrecklicher vorgemalt, und diese Enttäuschung hatte den gewünschten Erfolg. Der Ordinarius von Quinta war der Herr Doktor Opitz, von seinen Eigenheiten auch wohl Doktor Oe!, der Augenverrenker oder der Dichter genannt. Daher folgender Vers:

Opitz terribili sonitu œ̆, œ̆! will er wohl! *dixit*!

Außerdem aber strebte er immer danach, unsre Kenntnisse zu bereichern, hatte auch wohl ausgezeichnete Kenntnisse, besaß aber gar nicht die Gabe, einem Schüler etwas klarzumachen. Was mir aber besonders wehtat, war der wahrhaft erbärmliche Religionsunterricht, der allerdings bis Tertia fortdauerte. Aber das muß ich noch nachtragen: sobald ich Quintaner war, stellte sich auch schon etwas Quintanerstolz ein. Es ist eigentümlich, daß, sind wir etwas vorgeschritten und haben eine höhere Stufe betreten, sogleich ein etwas Gesetztes in unserm Wesen bemerken wollen. Am deutlichsten tritt dies bei einem Tertianer ein. Man denkt sich in die Zahl der höhern Klassen aufgenommen und viele finden darin ein Privilegium, sich mit Zigarre und Stock sichtbar zu machen, und sich vor seinesgleichen auszuzeichnen. Bis jetzt kann ich mir nicht denken, daß man an dergleichen als Knabe wahrhaften Genuß empfinden kann; ich sehe beides nur für Eitelkeit an. – Bis jetzt war unser Leben in Naumburg ungetrübt dahingeflossen, wie ein klarer Bach. Doch plötzlich wurden die Fluten wieder schwärzlich, ein Gewitter tobte durch die Natur, ein Wolkenbruch ließ die dunkeln Gewässer anschwellen und brausend dahineilen. – Meine liebe Tante Auguste war schon in Röcken immer sehr krank gewesen, aber ihr Unwohlsein steigerte sich in Naumburg fürchterlich. Den Grund der Krankheit konnten mehrere Ärzte nicht bestimmen, aber darin waren sie sicher, daß an der Lunge eine Veränderung vorgehe. Die vielen Arzeneien wollten alle nicht helfen und die liebe Tante zehrte immer mehr ab. Nun waren die Hundstage herangekommen, und der Onkel Edmund aus Pobles wollte mich zu den Großeltern mitnehmen. Ich nahm von allen Abschied, auch von der lieben Tante. Wohl kann ich mich erinnern, wie sie weinte und ich mit ihr. Es war das letztemal, daß ich sie sah. † Eines Tages kam der Briefbote nach Pobles und brachte einen Brief. Mit einiger Angst harrte ich der Nachrichten. Als ich aber den Anfang gehört hatte, ging ich hinaus und weinte bitterlich. – Als ich nach ein paar Tagen nach Naumburg reiste, war sie schon begraben. † Nach dem Urteil der Ärzte, welche sie seziert hatten, war es die schwarze Krankheit, welche ihrem Leben ein Ende machte. Der ganze eine Lungenflügel soll verzehrt gewesen sein. – Es ist eigentümlich, daß gerade die Tante starb, als ich nicht da war, und wiederum meine Schwester abwesend war, als acht Monate darauf die Großmama starb. Diese liebe, ehrwürdige Matrone, die nun schon mehrere ihrer Kinder verloren hatte, wurde von dem letzten Todesfall sehr schmerzlich bewegt. In tiefer Trauer rief sie oftmals klagend: »Meine Auguste! Meine Auguste!« – Nach nicht langer Zeit folgte sie auch derselben nach.

– Als der zweiundachtzigjährige Herr Rat Hunger begraben wurde, sprach sie mit Wehmut: Bald, bald werden wir uns wiedersehn! Acht Monate nach dem Tode der Tante Auguste, wurde sie auch eines Morgens plötzlich unwohl. Allmählich sank sie in einen sanften Schlummer, aber wir alle hatten nicht viel Hoffnung für ihr teures Leben. Die Mama sandte sogleich nach Lisbeth, die sich in Pobles aufhielt. Als diese abends ankam, fand sie die liebe Großmama nicht mehr lebend. Mittag um zwei Uhr war sie sanft eingeschlafen. Der himmlische Vater weiß, was ich damals geweint habe. – Da sie in Naumburg allgemein geehrt und geliebt war, war ihr Sarg mit Kränzen und Kreuzen ungemein geschmückt. – Es ist ein merkwürdiger Zug des menschlichen Herzen, daß, haben wir einen großen Verlust empfangen, uns nicht bemühen, denselben zu vergessen, sondern gerade uns denselben so oft als möglich vor die Seele führen. Es ist uns, als ob wir in dem öfteren Erzählen ordentlich Trost schöpften für unsern Schmerz. – Noch habe ich nicht erwähnt, daß ich während dieser Zeit nach Quarta versetzt wurde. Hier hatten wir als Ordinarius den Herrn Doktor Silber, einen Mann, den ich als Lehrer besonders sehr lieb gewonnen hatte. Sein geistreicher, fließender Vortrag, seine überall durchschimmernde Kenntnis, die er sich über alle Fächer des menschlichen Wissens durch und durch gründlich angeeignet hatte, zeichneten ihn sehr angenehm vor Opitz aus. Auch besaß er gerade das Talent, was diesem ganz fehlte, nämlich der Schüler Aufmerksamkeit zu fesseln. Bei ihm hatten wir die ersten griechischen Stunden, die uns allerdings sehr schwer fielen. Ebenso bereiteten mir Verse große Mühe und Schwierigkeit, obgleich ich sie sehr gern machte. Überhaupt hatten wir zuerst sehr viel zu arbeiten und ich kann mich erinnern, daß ich oft bis elf, zwölf (es war Winter) gearbeitet habe und doch noch um fünf Uhr aufstehen mußte. Diese erste Zeit verlebte ich schon in der neuen Wohnung. Nach der Großmama Tode hielten wir es für geratener uns zu trennen, so daß die Tante Rosalie ein andres Logis als wir bewohnte. Wir fanden eins in dem Hause der Frau Pastor Haarseim, einer emsigen, sehr pflichttreuen Lehrerin an der Bürgermädchenschule. Dicht an das nette Gebäude stößt ein geräumiger Garten mit vielen Lauben und Obstbäumen. Es war in den Hundstagferien, als wir einzogen. Auch das neue Pianoforte wurde zum erstenmal in der neuen Wohnung gespielt, da es erst zwei Tage vorher gekauft und das alte die Tante Rosalie bekommen hatte. Dicht vor der Gartentür steht die Marien-Magdalenen-Kirche, an der Herr Pastor Richter Geistlicher ist. Sie ist vor nicht langer Zeit wieder ausgebaut und recht nett mit Wandgemälden geschmückt. Von unsern Fenstern aus hatten wir eine sehr hübsche Aussicht. Die dichte, belaubte Allee, weiter hinaus die Weinberge des Spechzart und rechts das altertümliche Marientor und der -turm. Besonders im Herbst, wenn die rauhen Winde die Bäume der Blätter entlaubt hatten, konnten wir ganz deutlich die Feuer und die mannigfachen Feuerwerke sehen und das Jubeln, Knallen und Schießen der Winzer hören. Auch die recht nette Militärmusik genossen wir im Sommer jeden Morgen. Doch da fällt mir noch etwas ein, was ich im früheren Logis erlebt habe. Auch unser lieber König beehrte Naumburg mit seinem Besuch. Große Vorbereitungen waren hierzu getroffen. Die ganze Schuljugend war mit schwarzen und weißen Schleifen geschmückt und harrte sehnlich des kommendes Landesvaters. Auch wir waren auf dem Marktplatz um elf Uhr aufgestellt. Allmählich ergoß sich ein Regen über uns alle, der Himmel trübte sich und der König wollte nicht kommen. Es schlug zwölf, der König kam nicht; bei vielen Kindern stellte sich Hunger ein. Es regnete von neuem und alle Straßen wurden in Kot verwandelt. Es schlug eins, die Ungeduld stieg aufs höchste. Endlich, um zwei Uhr, begannen plötzlich die Glocken zu läuten, der Himmel lächelte mit Tränen im Blick nieder auf die freudig wogende Menge. Da hörten wir die Wagen rasseln, ein tobendes »Hurra« durchbrauste die Stadt. Jauchzend schwangen wir die Mützen und brüllten nach Vermögen unsrer Kehle mit. (Die ganzen Gewerbe Naumburgs waren mit Fahnen und Feierkleidern vom Jakobstor bis zur Herrenstraße aufgestellt.) Ein lustiger Wind setzte die unzähligen Fahnen, die von den Dächern herabwinkten, in Bewegung, die gesamten Glocken brummten, die mächtige Menschenmasse schrie und tobte und schob förmlich die Wagen nach dem Dom zu. Dort waren in den Kirchennischen eine große Anzahl Mädchen mit weißen Kleidern und Blumenkränzen im Haar aufgestellt. Der König stieg hier aus, belobte die Vorbereitungen und begab sich in die für ihn bereitete Wohnstätte. Den Abend war die ganze Stadt illuminiert. Ungemein viel Menschen durchwogten die Straßen. Die Kranzpyramiden am Rathaus und am Dom waren von unten bis oben mit Lämpchen bedeckt. Eine Menge Transparente zierten die Häuser. Auf dem Domplatze wurde Feuerwerk angezündet, so daß oft der düstere Dom in geisterhafter Beleuchtung vor uns stand. Am andern Morgen war Manöver bei Wethau. Ich versäumte auch nicht, mich dahin zu begeben. Da es das erstemal war, daß ich so etwas sah und mich damals für dergleichen sehr interessierte, so gefielen mir die schnellen Schwenkungen, Attacken und Rückzüge sehr. Noch muß ich erwähnen, daß der König sich unsern schönen Dom ansah und später für denselben zwei neue gemalte Glasfenster sandte, die indessen den alten weit nachstehen. – Noch etwas: Eines Tages kam Gustav zu mir und teilte mit erregter Miene mir mit, daß Sebastopol genommen sei. Nachdem alle Zweifel beseitigt waren, löste sich unsre Wut in augenblicklichen Zorn gegen die Russen, »daß sie den Malakoffturm nicht besser verteidigt hätten«. Kurzum, wir ärgerten uns im höchsten Grad. – In dem neuen Logis wurden wir sehr bald eingewöhnt. Indessen versäumten wir nie, alle Ferien zu verreisen. Gewöhnlich nach Pobles: Der liebe, ernste aber auch heitere Großpapa, die so freundliche Großmama, Onkel und Tante, überhaupt die echt deutsche Gemütlichkeit, die in diesem Hause herrschte, zogen uns immer wieder hin und ließen uns diesen Ort sehr liebgewinnen. Am liebsten hielt ich mich in des Großpapas Studierstube auf, und in den alten Büchern und Heften herumzustören, war meine größte Lust. In mancher Hinsicht war mir auch die Reise nach Schönefeld bei Leipzig sehr angenehm. Besonders, daß ich alle Tage nach Leipzig ging und hier Buch- und Notenhandlungen aufsuchte, auch mir Merkwürdigkeiten ansah, wie Auerbachs Keller, das tat ich doch sehr gern. Überhaupt war es so nett, so ohne Ziel und ohne Straßenkenntnis hinzulaufen, wohin das Glück mich führte. Dann der schöne Park, der freundliche Garten, die Badestube – ist das nicht alles sehr angenehm? Auch waren wir einmal in Deutschental, einem Dorf bei Halle. Fast alle Tage fuhren wir nach dem salzigen See bei Eisleben, wo wir badeten. O es ist wonnig, sich dem lauen Wasser des Sommers hinzugeben. Besonders empfand ich dies, als ich später schwimmen lernte. Sich der Strömung zu überlassen, und ohne Mühe auf den weichen Fluten hinzugleiten, kann man sich etwas Lieblicheres denken? Dazu erachte ich das Schwimmen nicht nur für angenehm, sondern auch in Gefahren sehr nützlich und für den Körper sehr stärkend und erfrischend. Es ist Jünglingen nicht genug zu empfehlen. Seine Stelle vertrat im Winter das Schlittschuhlaufen. Es ist geradezu etwas Überirdisches, mit geflügeltem Fuß über die kristallne Fläche hinzugleiten. Wenn dazu der Mond seine silbernen Strahlen sendet, so gleichen solche Abende auf dem Eis Zaubernächten. Ringsum die lautlose Stille, die nur durch das Krachen des Eises und den tönenden Klang der Fahrenden unterbrochen wird, hat etwas Majestätisches in sich, das wir vergebens in Sommernächten suchen. Aber doch bleibt das Weihnachtsfest der seligste Abend des Jahres. Mit wahrhaft überseliger Freude harrte ich schon lange darauf, aber die letzten Tage konnte ich kaum mehr warten. Minute für Minute verging und so lang kamen mir die Tage im ganzen Jahre nicht vor. Eigentümlich war, daß, wenn ich einmal rechte Sehnsucht hatte, mir alsbald einen Weihnachtszettel schrieb und mich dadurch förmlich in den Augenblick hineinversetzte, an dem sich die Tür öffnete und der leuchtende Christbaum uns entgegenstrahlte. In einer kleinen Festschrift schrieb ich hierüber: »Wie herrlich steht der Tannenbaum, dessen Spitze ein Engel ziert, vor uns, hindeutend auf den Stammbaum Christi, dessen Krone der Herr selbst war. Wie hell strahlt der Lichter Menge, sinnbildlich das durch die Geburt Jesu erzeugte Hellwerden unter den Menschen vorstellend. Wie verlockend lachen uns die rotwangigen Äpfel an, an die Vertreibung aus dem Paradies erinnernd! Und siehe! An der Wurzel des Baumes das Christkindlein in der Krippe; umgeben von Joseph und Maria und den anbetenden Hirten! Wie doch jene den Blick voll inniger Zuversicht auf das Kindlein werfen! Möchten doch auch wir uns so ganz dem Herrn hingeben!« – – – Wenn nicht ganz so herrlich, aber doch ähnlich, ist das Geburtstagsfest. Aber was ist die Ursache, daß wir nicht so wie am Christfest von Freude durchdrungen sind? Erstens fehlt ganz jene hohe Bedeutung, die dies erstgenannte über alle andern Feste erhebt. Dann aber betrifft es nicht nur uns allein, sondern überhaupt die gesamte Menschheit, Arme und Reiche, Kleine und Große, Niedrige und Hohe. Und gerade diese allgemeine Freude vermehrt unsre eigne Stimmung. Kann man sich doch mit jedem darüber besprechen, sind ja doch alle Menschen gleichsam Mitharrende. Dann beachte man auch die Lage, so daß es, sozusagen, den Kulminationspunkt des Jahres bildet, bedenke man jene nächtliche Stunde, wie überhaupt die Seele am Abend viel erregter ist, und endlich jene ganz außergewöhnliche Feierlichkeit, mit der dieses Fest geehrt wird. Das Geburtstagsfest ist mehr Familienfest, Weihnachten ist aber das Fest der gesamten Christenheit. Aber dennoch habe ich meinen Ehrentag sehr lieb. Da er mit dem Geburtstag unsers lieben Königs zusammenfällt, so werde ich des Morgens schon mit Militärmusik geweckt. Nach beendigter Bescherungszeremonie wenden wir uns zur Kirche hin. Ist die Predigt auch nicht für mich geschrieben, so ziehe ich mir doch das Beste heraus und wende es auf mich an. Dann versammeln wir uns zur großen Schulfeierlichkeit. Nach einer gewöhnlich langweiligen Rede eines Lehrers tragen noch mehrere Schüler ihre eigenen Aufsätze vor und empfangen dann zur Belohnung einige Bücher. Zum Schluß wurde noch ein herzliches, vaterländisches Lied gesungen und der Direktor *concilium dimissit*. Nun aber begann für mich die frohe Zeit. Meine Freunde kamen und wir verlebten zusammen einen heitren Nachmittag. – Bevor ich nun die dritte Periode meiner Gedichte behandle, will ich erst noch meine Gedanken über Musik anfügen (in Sentenzen).

Über Musik

Gott hat uns die Musik gegeben, damit wir *erstens*, durch sie nach oben geleitet werden. Die Musik vereint alle Eigenschaften in sich, sie kann erheben, sie kann tändeln, sie kann uns aufheitern, ja sie vermag mit ihren sanften, wehmütigen Tönen das roheste Gemüt zu brechen. Aber ihre Hauptbestimmung ist, daß sie unsre Gedanken auf Höheres leitet, daß sie uns erhebt, sogar erschüttert. Vorzüglich ist dies der Zweck der Kirchenmusik. Indes muß man bedauern, wie sich diese Gattung der Musik immer mehr von ihrer Hauptbestimmung entfernt. Hierzu gehören auch die Choräle. Aber es existiert jetzt so mancher Choral, der mit seiner schleppenden Melodie so ungemein von der Stärke und Kraft der älteren abweicht. Dann aber erheitert sich auch das Gemüt und vertreibt die trüben Gedanken. Über wen kommt nicht ein stiller, klarer Frieden, wenn er die einfachen Melodien Haydns hört! Die Tonkunst redet oft in Tönen eindringlicher als die Poesie in Worten zu uns und ergreift die geheimsten Falten des Herzens. Aber alles was uns Gott schenkt, kann uns nur dadurch zum Segen gereichen, wenn wir es richtig und weise anwenden. So erhebt der Gesang unser Wesen und führet es zum Guten und Wahren. Wird aber die Musik nur zur Belustigung gebraucht oder um sich sehen zu lassen vor den Menschen, so ist sie sündlich und schädlich. Und doch findet man gerade dieses so häufig, ja fast die ganze moderne Musik trägt die Spuren davon. Eine andre recht traurige Erscheinung ist, daß viele neuere Komponisten sich bemühen, dunkel zu schreiben. Aber gerade solche künstliche Perioden, die vielleicht den Kenner entzücken, lassen das gesunde Menschenohr kalt. Vorzüglich diese sogenannte Zukunftsmusik eines Liszt, Berlioz, sucht etwas darin, so eigentümliche Stellen wie nur möglich zu zeigen. – Auch gewährt die Musik eine angenehme Unterhaltung und bewahrt jeden, der sich dafür interessiert, vor Langeweile. Man muß alle Menschen, die sie verachten, als geistlose, den Tieren ähnliche Geschöpfe betrachten. Immer sei diese herrlichste Gabe Gottes meine Begleiterin auf meinem Lebenswege und ich kann mich glücklich preisen, sie liebgewonnen zu haben. Ewig Dank sei Gott von uns gesungen, der diesen schönen Genuß uns darbietet! – –

In der dritten Periode meiner Gedichte versuchte ich die erste und die zweite zu verbinden, d. h. Lieblichkeit mit Kraft zu vereinen. Inwieweit mir dies gelungen ist, weiß ich selbst noch nicht zu bestimmen. Diese Periode begann mit dem 2. Februar 1858. An diesem Tage nämlich ist meiner lieben Mutter Geburtstag. Gewöhnlich pflegte ich ihr eine kleine Sammlung Gedichte zu überreichen. Von da an nahm ich mir vor, mich etwas mehr in der Poesie zu üben, und wenn es geht, womöglich jeden Abend ein Gedicht zu machen. Dieses führte ich ein paar Wochen hindurch aus und jedesmal gewährte es mir große Freude, wenn ich wieder ein neues Geistesprodukt vor mir liegen sah. Auch versuchte ich einmal, so einfach wie möglich zu schreiben, aber bald ließ ich es sein. Denn ein Gedicht, das vollendet sein soll, muß allerdings so einfach wie möglich sein, aber dennoch muß die wahre Poesie auf jedem Worte liegen. Ein gedankenleeres Gedicht, das mit Phrasen und Bildern überdeckt ist, gleicht einem rotwangigen Apfel, der im Innern den Wurm hat. Redensarten müssen in einer Dichtung vollständig fehlen; denn der häufige Gebrauch von Phrasen zeugt von einem Kopf, der nicht fähig ist, selbst etwas zu schaffen. Man muß überhaupt bei dem Schreiben eines Werks vorzüglich die Gedanken berücksichtigen; eine Nachlässigkeit im Stil verzeiht man eher, als eine verwirrte Idee. Ein Muster hiervon sind die goethischen Gedichte in ihren goldklaren, tiefen Gedanken. – Die Jugend, der noch *eigne* Gedanken fehlen, sucht ihre Ideenleere hinter einem schillernden, glänzenden Stil zu verbergen. Gleicht hierin die Poesie nicht der *modernen* Musik? Ebenso wird hieraus alsbald eine Zukunftspoesie werden. Man wird in den eigentümlichsten Bildern reden; man wird wirre Gedanken mit dunkeln, aber erhaben klingenden Beweisen belegen, man wird kurzum Werke im Stil des Faust (zweiten Teil) schreiben, nur daß eben die Gedanken dieses Stücks fehlen. *Dixi!!*

Ich will nun ein Verzeichnis meiner Gedichte folgen lassen:

1855–56

1. I. Geburtstagslied. »Ich bringe Dir«
2. Meeressturm. »Eine drückende«
3. Elegie. »Schweigend in der Abenddämmerung«
4. Überfall. »Nachts um zehn Uhr«
5. Rettung. »Still neigte sich die«
6. Cyri Jugendjahre. »Astyages der«
7. Schiffbruch. »Ein Schifflein fährt«
8. Gewitter. »Eine Schauerregenflut«
9. II. Vergänglichkeit des Glücks
10. Messenische Kriege. »Schwarze Wolken«
11. Andromeda. »Wer hat noch nicht von«
12. Cekrops. »Auf dem weiten großen«
13. Abendlied
14. Argonautenzug

1857

15. III. Geburtstagslied. »Laßt uns Gott«
16. Alfonso in 5 Gesängen. »Auf des Schlosses«
17. Dryope. »O sieh diesen bläulichen See«
18. Choral. »Jesu, deine bittren Leiden«

Nachtrag zu I und II

19. Leonidas und Telakeus. »Melden will«
20. Ringgraf. »Ringgraf, ein Herr von«
21. In der Nacht. »Auf dem Meere ist«
22. Die Götter vom Olymp. »Seht Götter«
23. Sebastopol. »Auf der Südseite der«

1858

24. Geburtstags-Gedicht. »Mit hoher Freude«
25. Der Winter in 5 Gesängen. »Es kommt«
26. Ein Gewitter. »Es herrscht eine Schwüle«
27. Nach Pforta. »Bei Naumburg im«
28. Wohin? »Ihr Vöglein in den Lüften«
29. Seesturm. »Ein Wetter nahet dumpf«
30. Die Lerche. »Wenn die Bergesspitzen«
31. An den Nebel. »Wunderbar Gebilde«
32. Dort möcht ich sein. »Dort wo von«
33. Osterfeier. »Ich lag auf weichem«
34. Der Nachtigall Klage. »Durch die Dunkelheit«
35. Am Morgen. »Ein goldner Purpursaum«
36. Die Jagd. »Es sprengt aus der Veste«
37. Fata morgana. »Wenn ich allein bin«
38. Schönburg. »Es steht auf steilen«
39. Auf dem Eise. »Elfen im Mondenschein«
40. Hektors Abschied. »O Hektor, hörest du«
41. Zwei Lerchen. »Ich hörte zwei Lerchen«
42. Ahnfrau. »Sieh, meinen Gang hemmt«
43. Medea. »Iason hatte schon das Meer«
44. Conradin. »Vor dem Tore von Neapel«
45. Barbarossa. »Der alte Barbarossa ruht«
46. Im Sommer. »Als der Sommer kommen«

– Dies sind nicht die einzigen. Ich habe sie bloß in der Auswahl hingeschrieben, aber auch von den älteren mehrere, deren ich mich wohl noch erinnere, sie jedoch nicht mehr besitze. Auch habe ich zwei kleine Schauspiele im Verein mit Wilhelm geschrieben. Das eine von diesen heißt: Die Götter vom Olymp. Wir haben es einstmals aufgeführt, aber obgleich es nicht recht gelang, hat es uns doch großen Spaß bereitet. Die silbern und goldnen Panzer, Schilder und Helme, ebenso die prächtigen, von überall her geholten Anzüge der Göttinnen spielten eine große Rolle. Das andere Stück hieß: Orkadal, ein Trauerspiel oder vielmehr, eine Ritter- und Geistergeschichte, so ganz aus Banketten, Gefechten, Morden, Gespenstern und Wunderzeichen zusammengefügt. Wir hatten schon Vorbereitungen dazu gemacht, ich hatte eine rasende, vierhändige Ouvertüre komponiert, da verfiel allmählich der ganze Plan. Ebenso ging es dem spätern Stück: Die Eroberung Trojas, welches bis zum zweiten Akt vollendet war und aus Götterzänkereien bestand. Manche solche Entschlüsse, so einen sogar zu einer Novelle: Tod und Verderben, faßte ich, als ich im letzten Semester von Quarta wegen Kopfschmerzen nicht die Schule besuchen durfte. Ich ging da alle Vormittage über den Spechzart und ersann dabei mancherlei, das aber selten zur Ausführung kam. Auch mein Freund Wilhelm Pinder war nicht lange vorher bedeutend krank gewesen und hielt sich deshalb im Seebad Heringsdorf auf. So war ich während dieser Zeit sehr allein, da Gustav der Schule halber nicht viel Zeit hatte, mich zu besuchen. Ich besuchte dann mit Wilhelm, welcher auch wieder zurückgekehrt war, von neuem die Schule und wurde dann nach einem ziemlich günstigen Examen nach Tertia versetzt. So stehe ich denn am Ende meines zweiten Lebensabschnittes und ich erlaube mir noch einige Blicke zurückzuwerfen auf die dreizehn verflossenen Jahre. Mit dem neuen Buche wird dann auch mein Tertianerleben beginnen. – –

Rückblick

Ich habe nun schon so manches erfahren, Freudiges und Trauriges, Erheiterndes und Betrübendes, aber in allem hat mich Gott sicher geleitet wie ein Vater sein schwaches Kindlein. Viel Schmerzliches hat er mir schon auferlegt, aber in allem erkenne ich mit Ehrfurcht seine hehre Macht, die alles herrlich hinausführt. Ich habe es fest in mir beschlossen, mich seinem Dienste auf immer zu widmen. Gebe der liebe Herr mir Kraft und Stärke zu meinem Vorhaben und behüte mich auf meinem Lebenswege. Kindlich vertraue ich auf seine Gnade: Er wird uns ingesamt bewahren, auf daß kein Unfall uns betrübe. Aber sein heiliger Wille geschehe! Alles was er gibt, will ich freudig hinnehmen, Glück und Unglück, Armut und Reichtum und kühn selbst dem Tod ins Auge schauen, der uns alle einstmals vereinen wird zu ewiger Freude und Seligkeit. Ja, lieber Herr, laß dein Antlitz über uns leuchten ewiglich! Amen!!

So habe ich denn mein erstes Heft beschlossen und ich blicke mit Freude auf es zurück. Ich habe es mit großer Freudigkeit geschrieben und bin dabei nicht müde geworden. Es ist etwas gar zu Schönes, sich späterhin seine ersten Lebensjahre vor die Seele zu führen und die Ausbildung der Seele daran zu erkennen. Ich habe hier ganz der Wahrheit getreu erzählt, ohne Dichtung und poetische Ausschmückung. Daß ich mitunter etwas nachgetragen habe, ja noch nachtragen werde, wird man mir bei der Größe des Werks verzeihen. Könnte ich doch noch recht viel solche Bändchen schreiben!

Ein Spiegel ist das Leben,
In ihm *sich* zu erkennen,
Möcht ich das erste nennen,
Wonach wir nur auch streben!!

Geschrieben vom 18. August bis 1. September 1858

Mein Leben

Meine frühste Jugendzeit floß still und ungetrübt dahin und umsäuselte mich sanft gleich einem süßen Traum. Der Friede und die Ruhe, die über einem Pfarrhause schwebt, drückte ihre tiefen, unauslöschbaren Spuren in mein Gemüt ein, wie man denn überhaupt findet, daß die ersten Eindrücke, welche die Seele empfängt, unvergänglich sind. Da aber verdüsterte sich plötzlich der Himmel; mein geliebter Vater erkrankte schwer und anhaltend. So trat auf einmal Angst und Spannung an die Stelle des heitern, goldenen Friedens, des ruhigen Familienglücks. Endlich nach langer Zeit geschah das Schreckliche: Mein Vater starb! Noch jetzt berührt mich der Gedanke daran innigtief und schmerzlich; damals erkannte ich die ungeheure Wichtigkeit dieses Ereignisses noch nicht so, wie jetzt. – Wenn ein Baum seiner Krone beraubt wird, so sieht er öd und traurig aus. Schlaff hängen die Zweige zur Erde nieder; die Vöglein verlassen die dürren Äste und alles rege Leben ist verschwunden. Und stand es nicht ebenso mit unsrer Familie? Alle Freude war vorüber; Schmerz und Trauer waren an ihrer Stelle. – Nach einem halben Jahr verließen wir das friedliche Dorf; ich war nun ohne Vater, ohne Heimat. Naumburg bot uns zwar eine neue Wohnstätte dar; viel Liebe und Segen bescherte uns Gott auch hier; aber immer wird mein Sinnen nach dem teuren Vaterhaus hingezogen und auf Flügeln der Wehmut eile ich oft dahin, wo mein erstes Glück einst still erblühte. –

In Naumburg begann ich nun einen neuen Lebensabschnitt. Hier gewann ich meine lieben Freunde P. und K., die mir Naumburg für immer lieb und teuer machten. Obschon auch an diesem Ort manche Unglücksfälle unsre Familie trafen, so war doch in allem Gottes segnende Hand zu erkennen. Nachdem ich einige Zeit auf einem Institut vorbereitet worden war, wurde ich in das Domgymnasium aufgenommen. Treue Lehrer waren hier beständig bemüht, unser Wissen zu mehren und zu fördern. Aber auch das Verhältnis der Schüler gegen- und die rege Teilnahme füreinander, machten mir diese Anstalt sehr wert und teuer. Ich befand mich hier recht wohl und wäre sicher bis zur Universität hier geblieben, wenn es nicht Gottes weiser Rat anders beschlossen hätte. Denn plötzlich wurde uns eine Freistelle von Pforta angetragen. Nun, der Vater im Himmel wird mich auch hier an seiner Hand führen und leiten. –

[Aus dem Jahre 1859]

Porta coeli locus appelatus est, quem nunc habito. In regione, jucunda et montibus circumdata sita et variis rebus insignis, amata est primis annis a me. Sed tempora mutantur; quae cupiebam, vera facta sunt et in hac regione, quam aspectu tantum cognovi, per sexennium moror.

Pforta, d. 6. 2. 59

In Jena

Ich hatte meine Ferien unglücklicherweise mit zwei Übeln begonnen, die mich am Ausgehen verhinderten. Als ich nun einigermaßen wiederhergestellt war, dachte ich ernstlich darüber nach auf welche Weise ich meine Ferien am besten benutzen könnte. Verreisen wollte ich auf jeden Fall, aber wohin, war die bedenkliche Frage; denn ich wünschte Verwandte, die mir womöglich noch unbekannt waren, zu besuchen. Endlich fiel mir ein, daß ich meinen Onkel, den Herrn Oberbürgermeister kaum einmal vor vielen Jahren gesehen und noch gar nicht näher kennengelernt habe. Schnell war der Plan gefaßt und schon am andern Tag saß ich auf der Eisenbahn und wurde bei meiner Ankunft in Apolda sogleich durch einen Omnibus nach Jena transportiert. Die Sonne brannte auf den lederbeschlagenen Sitzen, als ob wir auf einem Rost säßen. Endlich wand sich der Weg zwischen zwei Bergreihen, von denen die eine in reichlichem Getreide prangte, die andere aber kahl und öde ein trauriges Bild der Verödung darbot. Endlich sahen wir in der Ferne die Türme der Stadt und über ihnen zwei Berggipfel hervorragen. Endlich hielt der Wagen vor der Wohnung des Onkels, und die Tante bewillkommnete mich sehr herzlich, da der Onkel gerade Geschäfte hatte. Noch denselben Abend machte ich einige Bekanntschaft mit der Umgebung der Stadt, den Promenaden und Anlagen. Den folgenden Tag besuchten wir zusammen das Dörfchen Lichtenhain, berühmt durch sein gutes Bier. Da dieser Ort ein sehr besuchter Aufenthalt der Jenenser Studenten ist, so sind alle Bewohner auf Gäste vorbereitet. Ähnlich ist es auch bei Ziegenhain, einem Dörfchen, welches besonders des Fuchsturms wegen so bekannt ist. Über diesen Überrest einer alten Burg gehen verschiedene Volkssagen; die bekannteste ist folgende: ...

Einer der schönsten Punkte Jenas ist die Kunitzburg, welche wir nicht unterließen zu besuchen. Wir gingen erst eine lange Zeit an dem Ufer der Saale hin und kamen endlich nach dem Dorf Kunitz. Hier ließen wir uns den Weg sagen, und man wies uns auf den etwas näheren aber bei weitem beschwerlicheren. Es kostete eine ungeheure Mühe, besonders da wir plötzlich den Fußsteig verloren und ohne Weg und Steg hinaufklettern mußten. Oben angelangt konnten wir das schöne Schauspiel des Sonnenuntergangs genießen. – – –

Jena selbst hat mehrere Reize. Ich will hier nur eine vorzügliche Badeanstalt erwähnen, die ich auch häufig benutzte. Dann sind an allen Häusern, wo berühmte Männer (und deren sind viele) gewohnt haben, Täfelchen mit den Namen der Betreffenden angeschlagen. Es machte mir besonderes Vergnügen die größten Häupter unserer Nation, wie Luther Goethe, Schiller, Klopstock, Winkelmann und viele andere aufzusuchen.

Pforta

Den 6. August 1859

Wider das Heimweh. (nach Prof. Buddensieg)

1. Wenn wir etwas Tüchtiges lernen wollen, können wir nicht immer zu Hause bleiben.

2. Das wollen die lieben Eltern nicht; wir fügen uns deshalb in den Willen der Eltern.

3. Unsre Lieben sind in Gottes Hand; wir sind immer von ihren Gedanken begleitet.

4. Wenn wir tüchtig arbeiten, so vergehen traurige Gedanken.

5. Hilft das alles nicht, so bete zu Gott dem Herrn.

– Als heute abend Prof. Steinhardt unserer Abiturienten gedachte, erwähnte er auch die drohende Kriegsgefahr, die bald alle aus unserm Kreise vor der gesetzlichen Zeit und aus ihrer Karriere gerissen hätte. Sie hatten sich aber bloß in Naumburg stellen müssen und deshalb sechs Tage ihrer Ferien eingebüßt. –

– Als ich in Jena war, erfuhr ich die telegraphische Depesche vom Schluß des Friedens zuerst. Es war dennoch keine rechte Friedensfreude; man fürchtet, der Löwe zieht sich zurück, um Kraft zu neuem Anlaufe zu fassen. –

– Wir haben heute wieder frei gebadet. Das Wasser war ungewöhnlich flach; man konnte weit und breit über die Saale gehen. Es war auch ungemein warm. –

– Die Schwimmprobe habe ich noch nicht gemacht; ich fürchte mich immer vor Blamage. –

– Mein Onkel Edmund ist nach Corensen versetzt, einem Dorf im Unterharz bei Vipra und Mansfeld. Ich freue mich sehr darauf, ihn einmal besuchen zu können. Aber leider wird meine Mama in sechs Wochen auch dahin gehen und dem Onkel die Wirtschaft einrichten und erst Weihnachten zurückkommen. Ich werde dann nicht mehr Almrich zum Sonntagsbesuch wählen dürfen. – Allerdings wird Mad. Laubscher öfters nach Almrich kommen. Es ist dies eine geborne Schweizerin, gibt in Naumburg Privatstunden und hat Pensionärinnen. Ihr Mann ist ein Franzose, von ganz vorzüglichem Charakter, aber in sich geschlossen, so daß man ihn fast für unaufmerksam in Gesellschaften halten könnte, wenn er nicht mitunter durch treffende, sogar geistreiche Fragen das Gegenteil lehrte. –

Den 7. August

– Heute ist der erste Sonntag, den ich wiederum in Pforta verlebe. Aber merkwürdig; die wahre Sonntagsweihe fehlt mir. –

– Ich gehe heute nach Almrich, wo die Mama mit Lisbeth sein wird. Es ist dies eigentlich nur Aufenthalt der Primaner; aber wenn Eltern dahin kommen, können sie es den Söhnen nicht verwehren. Die andern pflegen nach Kösen zu gehn: gewöhnlich zu Haemerling in die Konditorei. Indessen gibt es doch auch viele, die in dem Walde ihre Sonntagserquikkung finden. –

– Mein Obergesell Krämer kommt gewöhnlich mit nach Almrich und besucht die Mama. Es ist ein sehr liebenswürdiger Charakter, der mich von allen Primanern am meisten anspricht. Ich habe mich vor dem Weggang in die Hundstage in sein Stammbuch geschrieben und von ihm auf immer Abschied genommen, aber nun ist er doch wieder da. –

– Mein Geburtstag ist nun in wenigen Monaten; ich bin noch nicht einig, was ich mir wünschen werde. Entweder Gaudys, Kleists Werke oder Tristram Shandi von Sterne. –

Krämer konnte nicht mit nach Almrich kommen; ich ging deshalb allein hin. Ich fand dort die liebe Mama mit Lisbeth, Onkel Oskar, Herrn v. Busch und später kamen noch mehrere Naumburger Primaner hinzu. Als ich ein falsches Gerücht über die Zahl der Abiturienten von Naumburg, mit denen es unsicher stehe, angab, äußerte einer: Die Pförtner haben auch nichts anderes, worüber sie sprechen können; und in ähnlicher Weise stichelten sie fortwährend auf Pforta. Ich habe zu allem geschwiegen; auch Schweigen ist eine Antwort und sie sollen doch sehen, daß ich in Pforta schweigen gelernt habe. –

– Ich weiß gar nicht, wie es in den paar Tagen der Michaelisferien mit mir werden wird. Mama ist nicht zu Hause und ich werde wahrscheinlich zu Hause schlafen und bei den Tanten essen. –

– Die Hitze war heute nicht so bedeutend wie gewöhnlich. –

Den 8. August

– Heute gibt es mehrere Repetitionen; deshalb ist es ein schlimmer Tag. Erstens eine Geschichtsrepetition vom peloponnesischen Krieg bis Alexander. Zweitens eine griechische Grammatikrepetition und drittens eine Geographierepetition über alle Teile der Erde außer Europa und Australien. Glück zu!

– Die Geschichtsrepetition ging glücklich vorüber oder kam vielmehr gar nicht her; denn es wurde über Alexanders Zug diktiert. – Wenn es doch auch so mit den übrigen ginge! –

– Um zwei Uhr. Es ist uns auch so ergangen. Welche Freude! Es ist nämlich eine sehr lobenswerte Einrichtung in Pforta, daß, wenn die Hitze über 24 Grad steigt, die Nachmittagslektionen ausfallen und der ganze Coetus baden geht, was man in der Alumnensprache Kommunschwemme nennt. Solch ein Fall ist heute. Es ist drückend heiß; man kann es im Schulgarten nicht aushalten. Wir haben von zwei bis vier Repetierstunde und um fünf gehen wir baden. Welche Wonne, sich heute in den Fluten abzukühlen! –

– Es ist wohl im Augenblick angenehmer, wenn man Ostern rezipiert wird, aber bei weitem erfolgreicher ist es doch zu Michael. Wenn uns auch nicht die Frühlingsnatur entgegenlacht, wenn man sogar lange nicht soviel Freiheiten wie im Sommer besitzt, so kann man doch wieder im Winter mehr arbeiten und späterhin, wenn jene Zeit in Pforta wiederkommt, wo alles prangt und blüht, erschließen sich uns viel Annehmlichkeiten. Wenn ich allein der vielen Vorrechte der Alten vor den Novizen im Sommer gedenke beim Kegelschieben und in der Klasse, wünschte ich schon zu Michael aufgenommen zu werden. –

– Ich habe beschlossen, mir Tristram Shandys Leben und Meinungen selbst zu kaufen und Don Quixote mir zum Geburtstag zu wünschen. Ich hoffe in sechs Wochen das nötige Geld, die zwanzig Silbergroschen zu besitzen. –

Den 9. August

Ich will jetzt versuchen, ein Bild von dem ganz gewöhnlichen Leben in Pforta zu geben, da ich sonst wenig oder gar nichts zu erzählen habe. – Also – früh um vier Uhr wird der Schlafsaal aufgeschlossen und von da an steht es einem jeden frei aufzustehen. Aber um fünf Uhr müssen alle andern, mit der gewöhnlichen Schulglocke wird geläutet, die Schlafsaalinspektoren rufen dröhnend: »Steht auf, steht auf, macht daß ihr herauskommt!« und bestrafen auch wohl die, welche sich nicht so leicht aus den Federn herausfinden können. Dann ziehen sich alle so schnell und so leicht wie möglich an und eilen dann in die Waschstube, um noch einen Platz zu bekommen, bevor es zu voll wird. Zehn Minuten nach der kurzen Zeit des Aufstehens und Anziehens geht es wieder heraus in die Stuben, wo sich jeder ordentlich ankleidet. Fünf Minuten vor halb wird zum ersten Male zum Gebet geläutet und zum zweiten Male muß man in den Betsaal. Hier halten, bevor der Lehrer kommt, die Inspektoren auf Ruhe, verbieten das Sprechen und animieren die Primaner, die gewöhnlich viel später kommen, sich zu setzen. Dann erscheint der Lehrer mit dem ihn begleitenden Famulus, und die Inspektoren geben an, ob ihre Bänke vollzählig sind. Dann ertönt die Orgel, und nach kurzem Vorspiel erklingt ein Morgenlied. Dann liest der Lehrer einen Abschnitt aus dem Neuen Testament, mitunter auch noch ein geistliches Lied, spricht das Vaterunser und der Schlußvers beschließt die Versammlung. Dann gehen alle auf ihre Stuben, wo Kannen mit warmer Milch und Semmeln harren. Punkt sechs ertönt die Glocke zur Klasse. Jeder nimmt seine Bücher und geht dahin und bleibt bis sieben Uhr. Dann folgt eine Arbeitsstunde oder Repetierstunde, wie man sie nennt. Dann sind Lektionen bis zehn, darauf wieder eine Repetierstunde und endlich Klasse bis zwölf. Beim Schlusse jeder Lektion und Arbeitsstunde wird geläutet. Punkt zwölf trägt man schnell seine Bücher auf die Stube und eilt dann mit Serviette in den Kreuzgang.

Den 10. August

– Ich muß noch einiges über den gestrigen Tag nachtragen und deshalb kann ich in meiner Beschreibung nicht fortfahren. –

Es wurde wieder ungeheuer warm und dennoch keine Kommunschwemme. Auch nicht einmal baden wurde gegangen. In den Nachmittagslektionen war es ungemein schwül. Endlich um halb sechs hatte sich der ganze Himmel mit Wolken überzogen. Bald rollte dumpfer Donner dahin, bald leuchteten grelle Blitze, bald strömte eine Regenflut zur matten Erde nieder. Dies Gewitter zog sich, obwohl ziemlich schwach, noch lange Zeit hin. Auch nach Tische, in der Schulgartenfreizeit, regnete es, so daß alle im Schulhause bleiben mußten. Aber so ungemütlich wie den Abend war es mir nach den Hundstagen noch nicht. Ich sehnte mich nach Naumburg, nach meinen Freunden, mit denen ich mich in solchen Stunden angenehm unterhalten konnte, und hier hatte ich niemand! Das ganze Schulhaus kam mir so öde, so traurig vor, und das Düster, das sich überall verbreitete, ließ mir nur glückliche Bilder aus den Ferien vor den Augen erscheinen! O Weihnachten, o Weihnachten, wie weit, wie weit!!

Es ist heute morgen bedeutend kühler als alle Tage vorher. Der Himmel sieht regnerisch aus; mir ist wieder nicht sehr gemütlich; ich freue mich auf den Sonntag, aber die Woche vergeht so ungemein langsam. Es ist wahr; trübes Wetter weckt trübe Gedanken; düsterer Himmel macht die Seele düster, und weint der Himmel, so vergießt auch mein Auge Tränen. Ach, in meiner Seele erwacht das bittere Gefühl des Herbstes. Ich kann mich noch eines Tages aus vorigem Jahre erinnern, wie ich noch in Naumburg war. Ich ging da allein vor dem Marientor spazieren; der Wind strich über die kahlen Stoppelfelder, die Blätter fielen gelb zu Boden und mich durchdrang es so schmerzlich: der blühende Lenz, der glühende Sommer, sie sind dahin! Auf immer dahin! Bald wird der weiße Schnee die sterbende Natur begraben!

Das Laub fällt von den Bäumen,
Der wilden Winde Raub;
Das Leben mit seinen Träumen
Vergeht zu Asch und Staub!

Den 11. August

– Auch heute hat die Sonne noch nicht die Nebel- und Wolkenhüllen durchbrochen; es ist heute Studientag oder nach dem alten Gebrauche, eine Stunde länger schlafen zu können, Ausschlafetag. Da sind nun von morgens um sieben Uhr Repetierstunden bis zwölf, von zwei bis fünf wiederum und von fünf bis sieben schulgartenfrei. Solche Tage eignen sich vorzüglich zu längeren Privatarbeiten. Die Lesestunden fallen übrigens immer aus. –

– Es ist eigentümlich, wie rege die Phantasie im Traume ist; ich, der ich immer des Nachts Bänder von Gummi um die Füße trage, träumte, daß zwei Schlangen sich um meine Beine schlängelten, sofort greife ich der einen an den Kopf, wache auf und fühle, daß ich ein Strumpfband in der Hand habe. –

– Ich habe gestern ein kleines Gedicht gemacht, indem ich durch Gedanken an die Heimat daran dachte, wie es wohl einem sein möge, der keine Heimat habe. – Es folgt hier:

Ohne Heimat! – –

Flüchtge Rosse tragen
Mich ohn Furcht und Zagen
Durch die weite Fern.
Und wer mich sieht, der kennt mich
Und wer mich kennt, der nennt mich:
Den heimatslosen Herrn.
Heidideldi!
Verlaß mich nie!
Mein Glück, du heller Stern!

Niemand darf es wagen,
Mich danach zu fragen,
Wo mein Heimat sei:
Ich bin wohl nie gebunden
An Raum und flüchtge Stunden,
Bin wie der Aar so frei!
Heidideldi!
Verlaß mich nie!
Mein Glück, du holder Mai!

Daß ich einst soll sterben,
Küssen muß den herben
Tod, das glaub ich kaum:
Zum Grabe soll ich sinken
Und nimmermehr dann trinken
Des Lebens duftgen Schaum?
Heidideldi!
Verlaß mich nie!
Mein Glück, du bunter Traum!

Den 12. August

– Endlich habe ich nun die Schwimmprobe gemacht; da Sonnabend Schwimmfahrt ist, so wünschte ich gar zu sehr, sie noch zu machen. Auf dem Rückweg mußte ich noch bedeutend kämpfen, aber es ging doch noch. –

– Ich will übrigens heute die Fortsetzung von dem Leben in Pforta liefern. – In dem Kreuzgang stellt man sich tischweise auf, so daß zwölf je zu zweien hintereinander stehen und die Inspektoren gebieten Ruhe. Sobald der Lehrer im Zönakel ist, marschiert der 15. Tisch zuerst hinein und dann die übrigen. Alle Fehlenden werden angegeben. Dann spricht einer der Inspektoren folgendes Gebet:

Herr Gott, himmlischer Vater, segne uns und diese deine Gaben, die wir jetzt von deiner milden Güte zu uns nehmen durch Jesum Christum, unsern Herrn. Amen.

Hier fällt der ganze Coetus mit dem alten lateinischen Gesange ein:

Gloria tibi trinitas,
Aequalis una deitas
Et ante omne saeculum
Et nunc et in perpetuum!

Dann setzen sich alle und die Mahlzeit beginnt. Der Speisezettel für die Woche ist folgendermaßen:

Montag. Suppe, Rindfleisch und Gemüse, Obst

Dienstag. Suppe, Rindfleisch und Gemüse, Butter

Mittwoch. Suppe, Rindfleisch und Gemüse, Obst

Donnerstag. Suppe, Rindfleisch und Gemüse, Nierenbraten und Salat

Freitag, Suppe, Schweinebraten, Gemüse und Butter oder Klöße, Schweinebraten und Obst oder Linsen und Bratwurst und Butter

Sonnabend. Suppe, Rindfleisch, Gemüse, Obst

Jeder bekommt bei jeder Mahlzeit ein Zwölftel Brot. Die Mahlzeit wird mit folgendem Gebet geschlossen:

Danket dem Herrn, denn er ist freundlich und seine Güte währet ewiglich; der allem Fleische Speise gibt und dem Vieh sein Futter gibt und den jungen Raben, die ihn darum anrufen. Er hat nicht Lust an der Stärke des Rosses, noch Gefallen an jemandes Beinen; der Herr hat Gefallen an denen, die ihn fürchten und auf seine Güte warten. Wir danken dir Herr Gott, himmlischer Vater durch Jesum Christum unsern Herrn für alle deine Wohltat, der du lebest und regierest in Ewigkeit. Amen. – Ein Liedervers folgt dann.

Den 13. August

– Nun ist der zweite Sonnabend da; schon mehr als eine ganze Woche habe ich wieder hier verlebt – aber die Zeit kommt mir wie eine Ewigkeit vor. Die Woche des Prof. Steinhardt ist vorüber; es ist eine der angenehmsten Zeiten vorübergegangen, besonders für die Primaner. –

– Unsre Abiturienten arbeiten sehr viel, da sie in nächster Woche zu schreiben anfangen. Ich wünsche ihnen recht viel Glück zu diesem wichtigen Unternehmen. –

– Ich habe auch in dieser Woche die Schwimmprobe gemacht und bin kleiner Schwimmer geworden. Gott behüte mich, daß mir bei der heutigen Schwimmfahrt nichts zustößt. –

– Heute Mittag erhob sich ein heftiges Gewitter mit gewaltigen Regengüssen, wodurch die Schwimmfahrt vereitelt ist. –

In der vorletzten Stunde, wo wir bei Herrn Doktor Becker Lektion hatten, wurde zum Schluß derselben heftig gelärmt und getrampelt. Der Herr Doktor war wütend darüber und forderte die Übeltäter auf, sich bis zehn Uhr zu melden. Da aber niemand kam, hat er einzelne aus der Klasse zu sich bestellt und sie darüber ausgefragt. Er hat aber fast gar nichts erfahren. Wir haben aber auf heute Nachmittag um sechs Uhr eine Versammlung sämtlicher Alten angesetzt. Ich will hier auseinandersetzen, daß hierbei drei Fälle möglich sind, daß nämlich, erstens, die ganze Klasse die Strafe auf sich nimmt, wenn alles über die Urheber des Lärmes verborgen geblieben ist Da letzteres aber a) nicht ist, zweitens durch jenen Streich die ganze Klasse in schlechten Ruf kommt, so geht dies nicht. Zweitens würden die Übeltäter von den andern angezeigt, so wäre dies a) für jeden Schüler sehr unangenehm und entehrend, b) großen Irrungen und Streitigkeiten unterworfen. So bliebe also nur der dritte Fall möglich, daß sich nämlich die Unruhestifter selbst anzeigen, wodurch a) die Allgemeinehre der Klasse gerettet wird, b) die Strafe der Lehrer milder und die Verzeihung leichter sein wird, da die Sache dann als kindisch und unbedachtsam ausgelegt wird und nur einigen zur Schuld geschoben, sonst aber, wenn die ganze Klasse die Strafe auf sich nimmt, als ein Zeichen von heftigem Oppositionsgeist in der Klasse!! –

Den 14. August

– Die Verhandlung wurde bei der Kegelbahn geführt. Es hatten sich ziemlich viele versammelt und das Resultat war, daß neune sich entweder freiwillig meldeten oder durch Zeugen überstimmt wurden. Nach dem Abendessen wurde die Synode fortgesetzt, so daß am Ende fünfzehn sich bei dem Doktor Becker gemeldet haben. Ich fürchte, daß aber alles dies zu spät geschah, da von jenem schon der Rektor und Professor Buchbinder über die Sache befragt sind. Daß alle Beteiligten vor die Synode kommen, ist natürlich.

– Es ist nun heute schon der zweite Sonntag, daß ich wieder in Pforta bin. Ich werde heute nachmittag mit Braunens nach Almrich gehn. –

– Der Sonntag im Sommer wird folgendermaßen verlebt: Früh um sechs Uhr wird aufgestanden und dreiviertel sieben ist Gebet. Darauf schulgartenfrei bis acht. Dann aber ist Repetierstunde, welche das Läuten zur Kirche endigt. Dann stellt man sich in den Kreuzgang und zieht in die Kirche, wo der Hebdomodar die Inspektion hat. Darauf ist bis zwölf wieder schulgartenfrei und ebenso nach der Mahlzeit, die aus Suppe, Frikassee, Braten und Salat besteht, bis zur Betstunde, die halb zwei ihren Anfang nimmt. Bis drei muß man wieder arbeiten, bis vier kann man in den Schulgarten gehen, aber gleich nach der Vesper beginnt der ersehnte Spaziergang bis sechs Uhr. Die Zeit bis sieben Uhr füllt eine Arbeitsstunde aus. Dann schließt der Tag wie gewöhnlich mit Essen, Schulgartenfreizeit und Gebet. –

– Ich habe in der letzten Zeit mehrerlei gelesen; so hat mich zweierlei von Ludwig Rellstab ganz hingerissen durch die furchtbare Spannung und prachtvolle Schilderung. Das letztere »Am Orinoco«, das die Gefahren in den Urwäldern Amerikas schilderte, war geradezu abspannend. Auch die Werke von Gaudy ziehen mich sehr an, besonders der wahrhaft südliche Glut atmende Römerzug. Diese farbigen Gemälde, geistvollen Bemerkungen schlingen sich wie Efeu um die Säulen und morschen Hallen der Melancholie. Von seinen Gedichten ziehen mich die Kaiserlieder besonders an, die, obwohl sie einen Gegenstand des Hasses verewigen und zu den Sternen erheben, ich dennoch zu einen der besten Verherrlichungsgedichte verstorbener Helden rechne. Man bewundert besonders den Schwung und die Glut in den Gesängen der Trauerweiden. –

Den 15. August

– Ich traf die Mama, den Onkel und Lisbeth in Almrich. Es war recht hübsch. Die Mama wird leider schon in vier Wochen fortgehn. Ich habe deshalb schon meine Geburtstagswünsche nach Naumburg geschickt. Sie sind folgendermaßen: Don Quixote, Poesiebuch, Platens Biographie, Kuchen, Nüsse, Weintrauben. Der Milde und Wohltätigkeit werden natürlich keine Schranken gesetzt. –

– In betreff unserer Klassenangelegenheit hielt heute morgen Doktor Becker Ansprachen und Aufforderungen, sich zu melden. Er schien sehr betrübt zu sein. Der, welcher vor der Klasse die andern dazu angetrieben hat, ist nun offenbar: er hat sich freiwillig gemeldet. Die ganze Sache kommt Sonnabend vor die Synode und kann ernstliche Folgen haben. –

Wenn man das Schulleben näher betrachtet, so ist es eine beständige fortlaufende Handlung, die, trotz daß alle Ereignisse immer wiederkehren, immer viel Interesse hat. Besonders sind die mannigfachen Episoden wichtig. Man sagt gewöhnlich: Schuljahre sind schwere Jahre, ja es sind auch Jahre, die sehr folgenschwer für das ganze Leben sind, es sind auch Jahre, die der Jugend schwer fallen, weil sich der frische Geist in enge Schranken schließen muß, aber es sind auch gerade für solche, denen die Jahre so schwer fallen, oft rechte leere Jahre. Deshalb kommt es nun sehr auf eine gute Benutzung derselben an; die Hauptregel ist, daß man sich in allen Wissenschaften, Künsten, Fähigkeiten gleichmäßig ausbildet und zwar so, daß Körper und Geist Hand in Hand gehen. Man muß sich sehr vor Einseitigkeit des Studiums hüten. Man muß alle Schriftsteller aus mehreren Ursachen lesen; nicht nur der Grammatik und Syntax, des Stils halber, nein, auch des geschichtlichen Inhalts, der geistigen Anschauung wegen; ja man sollte auch die Lektüre griechischer und lateinischer Dichter mit deutschen Klassikern zugleich studieren und ihre Anschauungsweise miteinander vergleichen. So soll auch Geschichte nur mit Geographie vereint getrieben werden, Mathematik mit Physik und Musik; dann steigen herrliche Früchte aus dem Baume der Wahrheit, von einem Geiste beseelt, von einer Sonne beleuchtet, hervor. –

Den 16. August

– Unsre Abiturienten fangen heute zu schreiben an; sie sind sehr in Spannung. Ich denke gern und nicht gern an diese Augenblicke, indem man sich durch diese letzte Mühe und Gefahr gleichsam von den Banden der Schule loskauft. –

– Wir waren gestern wieder baden gegangen; zum erstenmal hatte ich die Bademütze auf, die Auszeichnung der Schwimmer. Ob ich die Schwimmfahrt aushalten werde, glaub ich kaum. Nun, Glück zu!

– Wenn ich abends auf den Schlafsaal komme, scheint gewöhnlich der Mond auf mein Bett. Es ist dies ein ganz eigentümliches Gefühl und mir wird merkwürdig zumute. Es ist ausgemacht, daß der Mond mit dem Geist des Menschen korrespondiert; die Nerven werden durch eine Mondnacht mehr aufgeregt als durch die wärmsten Strahlen der Sonne. Wer kennt nicht jenes liebliche Gedicht von Heine: Die Lotosblume? –

Es war heute dreiviertel fünf ehe wir aufstanden. Morgenröte küßte die fernen Berge und spielte in den Blättern der Eichen. Mir ist, wenn ich in die purpurerglühende Morgensonne blicke, stets so unermeßlich wohl; denn die flammende Tageskönigin übergibt dem jungen Tag die Herrschaft. Aber wenn es Abend wird, trauert meine Seele. Schau ich in das Rosengewölk, schau ich auf die leis bewegten Rosen, höre ich die Nachtigallen, die aus Liliengirlanden bange Seufzer schallen lassen, so rufe ich schmerzlich *sic transit gloria mundi*! –

– Ich betrachte immer im Geiste das unermeßliche All; wie wunderschön und erhaben ist die Erde und wie groß ist sie, da sie doch kein Mensch in allen ihren Teilen kennenlernen kann, aber wie wird mir, wenn ich erst die unzählbaren Sterne, wenn ich die Sonne sehe, und wer bürgt mir dafür, daß dieses ungeheure Himmelsgewölbe mit allen den Gestirnen nur ein kleiner Teil des Weltalls ist und wo endigt dieses? Und wir erbärmlichen Menschen, wir wollen den Schöpfer desselben verstehen, da wir seine Werke kaum ahnen können! –

– Ich bekomme mein Tristram Shandy wahrscheinlich erst in der nächsten Woche. Ich habe es Lisbeth aufgetragen, mir es so bald als möglich zu besorgen: Ich bin außerordentlich begierig es kennenzulernen. –

Den 17. August

– Vorbei, vorbei! Herz, willst du zerspringen? – O Gott, was hast du mir ein solches Herz gegeben, daß ich mit der Natur zugleich jubele und mich freue. Ich kann es nicht ertragen; schon sendet die Sonne nicht mehr warme Strahlen; die Felder sind öde und leer und hungrige Vögel sammeln für den Winter. Für den Winter! – So nah begrenzt sich Freude und Leid, aber der Übergang ist zermalmend. Vorbei, vorbei! – Vögel ziehen am blauen Himmel weiter in ein fernes Land und ich folge ihnen traurig mit dem schmerzergriffnen Herz. Welt, bist du nicht endlich müde, kannst nicht Bleibendes ersinnen; was nur keimet, blüht und pranget, muß vergehen, muß von hinnen. Aus dem holden Maienweben brichst du Rosen rot umflossen; nimm nun auch mein junges Leben, das sich eben erst erschlossen. Ach; mit was für festen Banden hast du mich an dich gebunden. O Natur; mit bittrem Leide hast du mir mein Herz umwunden. Letzte Rose! Weinend seh ich dich erblühen und vergehn, mit dir leb ich und vergeh ich, mit dir werd' ich einst erstehn! Denn nicht ewig kann versinken dieses Lebens holder Traum; einstmals werd ich wieder trinken Lenzes Atem, Lenzes Schaum! –

– Heute ist endlich die lang erwartete Schwimmfahrt. Ich bin sehr auf den Ausgang gespannt. –

– Wir haben jetzt in der Geschichte den Zug Alexanders des Großen. Dieser Heros zieht mich außerordentlich an; man könnte Teile aus seinem Leben zu vortrefflichen Tragödien benutzen. Ich will nur die Verschwörung des Philotas erwähnen. Dieser junge Mann ist einer der wenigen, die Alexander ihre Herzensmeinung sagen, offen und wahr mit Festigkeit des Charakters. Die Soldaten fürchten ihn, weil er streng ist und nicht leidet, daß jene asiatische Üppigkeit, die der König selbst angebahnt hat, überhand nimmt. Sein Stolz erträgt nicht, daß Perser gleichen Rang mit den Makedoniern haben, er gerät mit Alexander, dem Sohn des Jupiter, dem Herrscher von Asien, dem täglich Altäre lodern, kriechende Schmeichler unverdienten Weihrauch zollen, in Wortwechsel. Alexander wird ihm feindlich; jener aber, durch die Ermordung des Klitus angereizt, gerät in heftigen Zorn, läßt unvorsichtige Worte fallen und sein Leben ist verwirkt. Um den beunruhigenden Gedanken zu entgehen, sendet Alexander Meuchelmörder nach Ekbatana, um Parmenio zu ermorden. Babylon, Babylon, du bringst Rache! Er muß auch sterben! –

Den 18. August

– Die Schwimmfahrt fand gestern wirklich statt. Es war ganz famos, wie wir in Reihen abgeteilt unter lustiger Musik aus dem Tore marschierten. Wir hatten alle rote Schwimmützen auf, was einen sehr hübschen Anblick gewährte. Wir kleinen Schwimmer waren aber sehr überrascht, als die Schwimmfahrt eine weite Strecke noch die Saale hinunter ihren Anfang hatte, worüber wir alle etwas kleinmütig wurden; als wir aber die großen Schwimmer aus der Ferne kommen sahen, und die Musik hörten, vergaßen wir unsre Angst und sprangen in den Fluß; es wurde nun in derselben Ordnung geschwommen, wie wir ausmarschiert waren. Überhaupt ging alles recht gut; ich half mir, so gut ich konnte; obgleich ich nirgends Grund hatte. Auch das Auf-dem-Rücken-Schwimmen benutzte ich öfters. Als wir endlich anlangten, empfingen wir unsre Kleidungsstücke, die in einem Kahne hinterdrein gefahren waren, kleideten uns schnell und marschierten in gleicher Ordnung nach Pforta. Es war wirklich wunderhübsch. –

– Es ist heute ungemein düster, hat auch schon viel geregnet. Als wir dreiviertel auf fünf aufstanden, konnte man noch nicht sehen. Unsre Abiturienten schreiben heute Deutsch, ich wünsche ihnen viel Glück dazu. –

Fortsetzung des Tageslaufs in Pforta. Gleich nach Tische trägt man Brot und Serviette des Tischoberen in die Stube desselben und eilt in den Schulgarten. Vor halb zwei darf keiner in der Stube erscheinen, was die Wocheninspektoren streng bestrafen. Zuerst sieht man nun nach, ob wohl eine Kiste oder ein Brief da ist, die der Pfortenbote täglich bringt oder man holt sich Obst für sein Taschengeld bei einer Obstfrau. Dann schiebt man im Schulgarten Kegel oder geht spazieren. Im Sommer wird auch viel Ball geschlagen. Dreiviertel zwei läutet es zur Klasse und in fünf Minuten muß man darin sein. Die Lektionen dauern nun bis zehn Minuten vor vier. Dann ist gleich Vesper, wo man Butter und Semmel oder Pflaumenmus, Fett, Obst und dgl. erhält. Darauf hält der Obere eine Lesestunde, wo griechische, lateinische oder mathematische Docimastica geschrieben werden. Um fünf ist eine kleine Pause, worauf dann Repetierstunden bis sieben folgen. Dann ist Abendessen, das im ganzen dem Mittag gleicht.

Montag. Freitag. Suppe, Butterbrot, Käse.

Dienstag. Sonnabend. Suppe, Kartoffeln, Butter.

Mittwoch, Suppe, Wurst, Kartoffelmus oder saure Gurken.

Donnerstag. Suppe, Eierkuchen, Pflaumensauce, Butterbrot.

Sonntag. Suppe, Reismus, Butterbrot – Heringe, Salat, Butterbrot – Eier, Salat, Butterbrot oder anderes.

Den 19. August

– Dann können wir wieder in den Schulgarten bis halb neun gehen. Darauf ist Abendgebet und um neun wird zu Bett gegangen. Alle Obergesellen, denen doch durch die Lesestunde eine Stunde verloren geht, bleiben noch bis zehn Uhr auf. So ist der gewöhnliche Tageslauf in Pforta. –

– Gestern kam der Herr Rektor Peter in die Klasse und hielt uns eine große Strafrede der Trampelei wegen. Er sagte unter anderm: »Habt ihr denn ganz vergessen, wer ihr seid und wie großen Dank ihr der Anstalt und ihren Lehrern schuldig seid? Ihr solltet uns durch Gehorsam und Folgsamkeit erfreuen und ihr kränkt uns durch ein solches Betragen? Das ist aber ein sehr schlechtes Zeichen für die Klasse; die Schuld fällt nicht allein auf die unmittelbar Beteiligten, sondern überhaupt auf den bösen Geist der Klasse.« Dann ließ er noch sehr bedenkliche Worte über sehr strenge Strafen und dergleichen fallen. –

– Ich war gestern abend bei Prof. Corssen mit sechs anderen. Es war wieder wie gewöhnlich sehr lustig und interessant. Es ist mir stets ein großes Vergnügen dahin zu gehen. –

– Ich warte nun seit Dienstag täglich auf meine Kiste nebst Brief, aber immer vergebens! Was mag nur die Mama davon abhalten? – –

– Heute ist wieder Ausschlafetag oder Studientag und es ist immer sehr angenehm, daß ich etwas Ordentliches zu tun habe. Wir müssen nämlich eine deutsche Arbeit heute abend abgeben. Ich bin hier in Pforta etwas im Deutschen zurückgekommen. In Naumburg hatten wir schon Abhandlungen und Charakterschilderungen und hier müssen wir Geschichten zu Sprichwörtern ersinnen u. a. –

– Unsre Abiturienten haben morgen noch das mathematische Docimasticon zu schaffen; dann sind sie ganz fertig und erwarten das mündliche Examen. Ich hoffe, daß alle durchkommen werden.

– Obwohl mir das holde Bild der Ferien fast aus den Augen entschwunden ist, so ist mir doch diese Woche recht schnell vergangen. Nächsten Montag ist wahrscheinlich Bergtag; die Mama habe ich schon dazu eingeladen. –

Was lebet muß vergehen:
Die Rose muß verwehen,
Willst du sie einstmals sehen
In Wonne auferstehen! –

Den 20. August

– Endlich ist der für unsre Klasse so verhängnisvolle Sonnabend herangekommen; ich bin auf den Erfolg sehr gespannt. –

– Ich hatte gestern abend plötzlich eine so ungewöhnliche Reiselust und zwar in eigentümlicher Weise, ohne Geld. Mir kommt es nämlich so vor, als wenn man bei Befriedigung aller Bedürfnisse lange nicht so interessant lebe, als wenn man nur seinem guten Glück vertraut und nicht für den andern Tag sorgt. Daß man natürlich für unvorhergesehene Fälle etwas bei sich versteckt hat, ist natürlich. Ich möchte eigentlich sehr gern die Michaelistage zu so einer Partie benutzen. Ich dächte, es müßte sehr viel Amüsement gewähren. So in den Tag hinein zu wandern, Unterkommen bei den ersten, besten finden, ein paar Abenteuer erleben, ist doch ganz famos. –

– Heute morgen habe ich schon einen Brief an die Mama geschrieben und sie zum Bergtag eingeladen. Sie will Madame Laubscher und Pensionärinnen mitbringen. Ich habe noch gar nicht an Wilhelm geschrieben und er nicht an mich; er wird doch nicht auf mich böse sein. –

– Wir sind gestern wieder baden gewesen, die Saale war kühl und etwas gestiegen. Ich habe den Schwertsprung mehrere Male versucht; auch so ziemlich gelernt. –

– In Gaudys wandernden Schneidergesellen ist doch ein köstlicher Humor. Wie fein ist Italien in allen seinen Schwächen, wie vorzüglich das materielle Berliner Kind charakterisiert! –

– Herr Prof. Buddensieg sagte uns heute einiges über die hebräische Poesie. Sie besteht in dem Parallelismus der Gedankenglieder und bedient sich mitunter sogar des Reimes. Er führte uns als Muster desselben den achten Psalm auf. –

Ich schreibe jetzt fast gar keine Gedichte mehr und die wenigen sind gewöhnlich etwas gewöhnlich. So habe ich in Pforta erstens das Mailied gemacht, dann die Maisonne, im Wald, den Schwan, Heimkehr I, II, In der Ferne, und endlich Ohne Heimat. Allerdings für die lange Zeit sehr wenig. Ich will aber vielleicht wieder einmal einführen, täglich eins zu schreiben, die dann auch in diesem Buche ihren Platz finden werden. – Wann wird aber die poetische Ader so ergiebig sein? Das ist ein sehr unangenehmer Gedanke. –

Den 21. August

– Ich habe gestern einen Brief bekommen, daß ich sonntags nicht nach Almrich kommen sollte; ich werde deshalb Herrn Rat Teichmann in Kösen besuchen. Es sind alte liebe Leute, die ich schon von Naumburg aus kannte. –

– Unsere Klassenmissetäter sind im ganzen mild bestraft, der Rädelsführer ist heruntergesetzt und mit Karena bestraft, seine dritte Strafe teilt er mit allen; sie haben nämlich eine Stunde von ihrem Spaziergang verloren. –

– Gestern abend sind zwei Quartaner auf ihrer Bank von einem Inspektor beim Rauchen gefaßt und auf der Inspektionsstube angezeigt. Es ist einer darunter, der schon neulich beteiligt war. Ein andrer hat ein Zeichen gegeben und auch dieser ist gefaßt. Es ist der Anführer jener Trampelei! –

– Ich bin seit gestern nun wirklich im Chor, worüber ich mich sehr freue. Ich singe nun mit in der Kirche, kann die Sängerfahrt mitmachen und genieße nun alle Vor- und Nachteile eines Choristen. –

– Unsere Abiturienten sind mit dem schriftlichen Examen zu Ende. Ich hoffe, sie werden alle gut durchkommen. –

– Ich habe heute im Don Quixote gelesen und er zieht mich sehr an; dennoch trage ich Bedenken ihn mir zu wünschen. –

– Es ist sehr zweifelhaftes Wetter, was mir besonders des Bergtags halber sehr unangenehm ist. Nun, Hoffnung läßt nicht zuschanden werden! –

– Ich bin nicht nach Kösen gegangen, sondern etwas in den Wald. Wir holten uns erst etwas Obst und erzählten uns dann gegenseitig ganz angenehm; ich bin übrigens auf die Idee gekommen, die Michaelistage zu einer Partie zu verwenden. Zwar folgendermaßen: Ich bestelle Wilhelm den ersten Tag früh nach Pforta und gehe mit ihm dann auf die Katze, genießen hier einen Kunitzburger Eierkuchen, und machen uns dann wieder auf den Weg über die Rudelsburg und Saaleck und kehren dann den Nachmittag wieder zurück. Es ist wirklich ein sehr hübscher Gedanke; ich werde ihn Wilhelm mitteilen. Ich habe so nach den Ferien noch gar nicht an ihn geschrieben. – –

Den 22. August

Nun, Hoffnung ließ auch nicht zuschanden werden. Wir haben einen sehr hübschen Bergtag verlebt, den ich auch näher beschreiben will. Als ich den Morgen aufstand, schaute ich sogleich nach dem Himmel. Das sah nun allerdings ziemlich gefährlich aus. Denn viele dicke Wolken umhüllten den Horizont. Darauf war gewöhnlicher Studientag bis zwölf Uhr. Als aber da der Himmel heller wurde, kleidete sich ein jeder an und man versammelte sich um zwei Uhr auf dem Fürstenplatz und zwar stubenweise. Nach abgehaltener Visitation ging dann der Zug, Musici und Sänger voran, vor die rechte Front des Schulhauses. Hier wird unter Begleitung der Instrumente das Berglied gesungen und dann marschiert alles mit der Schulfahne voran den Berg hinauf. Auf dem weiten Plateau angekommen, wird Halt gemacht. Hier hat nun Konditor Furcht seinen Platz aufgeschlagen und findet einen ungeheuren Absatz. Besonders der Schaumkuchen verschwindet im Nu. Wir lagerten uns dicht an den Wald und unterhielten uns ziemlich über das Amüsement der Untern am Bergtag. Da meldete mir endlich einer, daß die Mama mit Lisbeth da sei. Das war nun wunderhübsch. Erst tranken wir zusammen Kaffee mit Kuchen und unterhielten uns dann. Später kamen auch noch Madame Laubscher mit Pensionärinnen. Da unterdessen der Tanz begonnen hatte, tanzten letztere ziemlich viel mit. Es waren überhaupt ziemlich viel Damen da, während sie fast sämtliche Bergtage ein tüchtiger Regen abgehalten hatte. Dann trat der Chor zusammen und sang sehr hübsche Lieder wie das Abendlied, dann »Hoch Deutschland hoch« und »Ade du liebes Waldesgrün«. Darauf wurde wieder bis halb sieben getanzt. Da war endlich das Ende der Lust da und wir marschierten, nachdem ich herzlich Abschied genommen und gedankt hatte, klassenweise wieder hinunter in das Schulgebäude. Bis in den Primanergarten dauerte der Festmarsch und dann ging alles auseinander. Die Mittleren hatten den Abend noch auf dem Tanzsaal Ball. So endete der schönste Bergtag seit mehreren Jahren. –

Den 23. August

– Heute ist man von dem gestrigen Tage noch etwas abgemattet; denn solche Freude und Lust nimmt immer etwas mit. Aber die schöne Erinnerung bleibt doch. –

– Ich muß noch einen Zug des Bergtags erwähnen. Wenn nämlich auf dem Rückweg Pforta gerade unter uns liegt, stellen sich die Klassen untereinander auf und der Präfekt bringt erst dem König ein Lebehoch, dann dem Prinz von Preußen, dann den zukünftigen Abiturienten, darauf der Alma mater mit Lehrern und endlich dem gesamten Coetus. Vier, fünf, sechs Lebehochs ertönten letzterem – da rief endlich Prof. Buchbinder lachend: Nun wie lange wollt ihr denn leben? –

– Madame Laubscher war so freundlich, mir anzubieten, während der Abwesenheit der Mama öfters nach Almrich zu kommen. Ich werde das gewiß mehrere Male benutzen. –

Ich bin jetzt in einer merkwürdigen Verlegenheit. Ich habe nämlich hier in Pforta zwei Brüder, die mit mir etwas verwandt sind. – Der ältere ist bei dem ganzen Coetus gewissermaßen in Verachtung, wird von allen geneckt und verlacht. Er dringt aber darauf, mich zu ihm bringen zu lassen, da ich nächstes Semester noch keinen Obergesellen habe. Sein Bruder hingegen ist ein ganz angenehmer Mensch, lustig und guter Dinge, äußerte aber, da ich ihm das von seinem Bruder erzählte: ich könne mich auch zu ihm bringen lassen; ich hätte da freilich zu entscheiden, wer mir von ihnen am besten gefalle. Nun bin ich in neuer Verlegenheit; denn ich beleidige auf jeden Fall einen von beiden. Dann ist nun auf jeden Fall das beste, ich lasse mich zu keinem von beiden bringen. –

– Der Herbst erinnert mich immer an meine zukünftige Stellung in der Welt; denn die Jugend soll dann noch Früchte tragen. Aber es ist mir ein schrecklicher Gedanke, dann nur zu genießen, was einstige Mühe heimgebracht. Meine Seele muß im ewigen Frühling stehen, denn wenn erst die rosige Blütenzeit vorüber ist, dann ist auch mein Leben vorüber. Wie schwer wird es mir, den irdischen Frühling zu missen, aber um wieviel bittrer ist jenes!

Den 24. August

– Ich habe gestern wieder einmal die Räuber gelesen; es wird mir dabei jedesmal ganz eigentümlich zumute. Die Charaktere sind mir fast übermenschlich, man glaubt einen Titanenkampf gegen Religion und Tugend zu sehen, bei dem aber doch die himmlische Allgewalt einen endlos tragischen Sieg erringt. Furchtbar ist zuletzt die Verzweiflung des unendlichen Sünders, die durch die Worte des Paters grausenerregend vermehrt wird. Mir ist nichts Neues aufgefallen, als daß Schiller an einer Stelle auf ein Jugendgedicht von sich selbst hinweist. –

– Dritter Akt, zweite Szene –

Schwarz: »Wie herrlich die Sonne dort untergeht!«
Moor: »So stirbt ein Held: Anbetungswürdig!«
– – – –
»Da ich noch Bube war, war's mein Lieblingsgedanke, wie sie zu leben, zu sterben wie sie!«

Man vergleiche hiermit das Gedicht:
»Die Sonne hat vollendet gleich dem Helden« usw.

Man sieht auch hierin, daß in dem Karl Moor Schiller viele seiner Ideen, seiner Entwürfe verwebt hat. –

– Wir konnten gleich nach Tische vorgehen und versammelten uns an der Saline in der Davisonshalle. So ungefähr um drei kamen wir in die Buchenhalle. Es ist dies ein wunderschöner Platz im Walde, nach Art eines

Amphitheaters mit Bänken versehen. Der Chor und die andre Musik nahmen den höchsten Platz ein. Unten war ein Altar und eine Kanzel errichtet und mit Blumen sehr feierlich verziert. Zuerst wurde »Ach bleib mit deiner Gnade« gesungen, dann las Prof. Buddensieg die Liturgie; wir aber sangen noch einige Motetten; darauf bestieg Diakonus Link aus Ekartberga die Kanzel und hielt eine sehr schöne geistvolle Predigt. Dann schloß die Feierlichkeit mit mehreren Gesangstücken. –

Es war ungemein belebt, fast alle Badegäste waren da. Um halb fünf Uhr waren wir wieder in Pforta und gingen dann gleich baden. Die Saale war wunderschön erwärmt und wir blieben auch ziemlich lange darin. Ich habe wieder öfters den Schwertsprung versucht. Wenn ich doch übrigens bald wieder einen Brief von der Mama bekäme! Ich weiß gar nicht, wie es ihnen bekommen ist! Nun morgen, Donnerstag!

Den 25. August

– Bis jetzt habe ich noch sehr wenig erlebt; die Sonne scheint noch nicht sehr warm; herbstliche Kühle breitet sich über das Land. – Wir haben in der Klasse ein Docimasticon geschrieben; ich bin auf den Erfolg begierig. –

– Die Mama sagte, ich würde wahrscheinlich nach Korensen zu Weihnachten reisen, da sie vielleicht noch nicht zurückgekehrt sei. Das wäre nun allerdings sehr hübsch. Besonders auf die Reise freue ich mich sehr. Wenn es nicht so kalt ist, so fahre ich bis Halle und mache mich dann auf den Weg nach Deutschental. Dort besuche ich den Herrn Pastor, den ich früher einmal kennengelernt habe, von da nach Langenbogen, begrüße dort meinen alten Bekannten, den Salzigen See. Dann geht es nach Eisleben, wo Luthers Denkwürdigkeiten betrachtet werden. Von dort nach Mansfeld, wo mich Mama und Onkel erwarten. Ich freue mich sehr darauf. –

– Heute nachmittag beginnen die großen Geographierepetitionen zuerst mit Asien. Das ist nun eine üble Sache; ich wünsche, es wäre schon vorüber. Vor der Geographie habe ich überhaupt immer etwas Furcht.

und durchgekommen. Wilhelm hat mir übrigens geschrieben; er geht auf

– Alles ist recht gut vorübergegangen. Ich bin in der Geographie dran- und durchgekommen. Wilhelm hat mir übrigens geschrieben; er geht auf meinen Plan ein und will sogar lieber eine kleine Fußreise machen. –

In dem Tertianergedicht »Heimkehr« habe ich IIa bekommen. Die zweite Abteilung folge:

II

I. Das milde Abendläuten
Hallet über das Feld.
Das will mir recht bedeuten,
Daß doch auf dieser Welt
Heimat und Heimatglück

Wohl keiner je gefunden:
Der Erde kaum entwunden,
Kehrn wir zur Erde zurück. –

II. Wenn so die Glocken hallen,
Geht es mir durch den Sinn,
Daß wir noch alle wallen
Zur ewgen Heimat hin.
Selig wer allezeit
Der Erde sich entringet
Und Heimatlieder singet
Von jener Seligkeit!

– In meinem lateinischen Docimasticon habe ich IIa. Wir haben heute ein mathematisches geschrieben und bin auf den Erfolg sehr gespannt; ich habe alles heraus, ob aber alles richtig, ist eine andere Frage. –

Heute nachmittag stieg die Hitze wieder auf 24 Grad. Die Lektionen fielen aus und wir gingen alle baden. Das Wasser war wunderschön. –

Ich habe heute nichts weiter zu erzählen. Deshalb will ich mein Gedicht: Heimkehr anfügen.

Heimkehr

Das war ein Tag der Schmerzen,
Als ich einst Abschied nahm;
Noch bänger war's dem Herzen,
Als ich nun wiederkam.
Der ganzen Wandrung Hoffen
Vernichtet mit einem Schlag!
O unglückselge Stunde!
O unheilvoller Tag!

Ich habe viel geweinet
Auf meines Vaters Grab
Und manche bittre Träne
Fiel auf die Gruft herab.
Mir ward so öd und traurig
Im teuren Vaterhaus,
So daß ich oft bin gangen
Zum düstern Wald hinaus. –

In seinen Schattenräumen
Vergaß ich allen Schmerz

Es kam in stillen Träumen
Der Friede in mein Herz.
Der Jugend Blütenwonne
Rosen und Lerchenschlag
Erschien mir wenn ich schlummernd
Im Schatten der Eichen lag.

Den 27. August

– Siehe da, gestern nachmittag war wieder Kommunschwemme. Die Kähne waren jedesmal überladen.

Ich habe jetzt die Literaturgeschichte von Kletke und vorzüglich hat mich das Leben Jean Pauls angezogen. Die Bruchstücke seiner Werke, die ich gelesen habe, ziehen mich ungemein durch die blühende, überschwengliche Schilderung, die zarten Gedanken und den satirischen Witz an. Ich glaube, Jean Paul wird einmal bei reiferen Jahren mein Lieblingsschriftsteller. –

– Ich werde jetzt einige Episoden aus meinem Leben etwas phantastisch ausschmücken. Die erste soll sein:

I. Aus den Hundstagsferien

Hundstage! Das ist ein Zauberwort für jeden nach Freiheit schmachtenden Alumnus portensis, ein Eldorado, das uns getrost den großen Ozean des Schulsemesters durchsegeln läßt. Welche Wonne, wenn endlich der Ruf: Land, Land, erschallt: jubelnd bekränzen alle das Schiff ihres Daseins und die alten trauten Stuben umschlingen Girlanden, die auf jedem Blatt den Namen: Hoffnung tragen. Wer vermöchte es nur zu schildern, das überwallende Gefühl, das stolze Bewußtsein, das uns zu den Sternen erhebt. Nicht mit Seufzen und Klagen entreißen wir uns den Armen der Alma mater; nein, uns ist im Gegenteil so frei und lustig zumute, wie einer Lerche, die zu dem Flammenmeer aufsteigt und in die wogende Purpurglut ihre Flügel taucht. Aber ist das eine Freiheit? Nur fünf Wochen können wir unsre Schwingen über Berg und Tal, in ewige Weiten erheben, aber dann ruft uns ein Machtwort in die alten, düsteren Mauern zurück. –

Wenn der lächelnde Frühling sein überreiches Füllhorn über die Fluren ausschüttet, wenn die Sonne die Erde feuriger umarmt, da keimen und sprießen die Lenzeskinder empor, schütteln das goldene diamantenbesäte Haupt in der Morgenglut und erschließen sich, wonneschauernd, freudig verklärt. Und siehe! Schwarze Nacht steigt empor und umhüllt die seufzende Erde mit düsterem Gewölbe. Gewaltige Stürme, hindröhnende Donner gleiten an den finsteren Wänden nieder und mühen sich die Pfosten zu sprengen. Feurige Blitze schlängeln sich um die Säulen des Gewölbes und züngeln empor – da tritt Helios auf den purpurnen Thron und – die finstern Mächte weichen – die Lichtgöttin schreitet mit farbigem Erglühen über die diamantenbetaute Brücke und über ihr schließt sich das mit Blitzen behangene Triumphtor, – aber die holden Frühlingskinder sind hingesunken in den gewaltigen Anblick und auf den zerstreuten Blüten wandelt der siegende Gott. –

Darum, o Jüngling, benutze die Zeit deiner Ferien, nicht mit Arbeiten, sondern in jauchzender Erholung, so daß, wenn das Ungewitter herannaht und die dröhnende Donnerstimme das Ende der Rosenzeit verkündet, du willig scheidest – doch stille! – Ich bin nicht einer, der ohne Klagen den Frühling fliehen sieht und ich kann mir nicht vorstellen, wie jemand gern wieder sich in Fesseln schließt. Ich bin aber zu dem Satz gekommen: Genieße das Leben, wie es sich dir darbietet, und denke nicht an die kommenden Mühen. Das ist jedenfalls der größte menschliche Grundsatz, den ich in Pforta gelernt habe. Wenn mich bittre Gedanken quälten und die Seele von schmerzlichem Heimweh umwunden wurde, wenn ich traurig den Frühling scheiden sah, und mein Herz im tiefsten Weh schmachtete, da schlang sich jener Gedanke wie eine Rosengirlande durch die Trümmer der Vergangenheit, und – *ich – schob Kegel*! – Darum weg ihr Ferienabschiedsgedanken! Lustig, voll von Lebenslust, stürz dich in das matte Leben und erkämpfe dir die Krone der besten Ferienbenutzung!

II.

Es war schon die Sonne untergegangen, da schritten wir aus dem düsteren Halle heraus. Bald lag diese Stadt, die trotz ihrer Belebtheit auf mich keinen angenehmen Eindruck macht, hinter uns, der goldig umflossene Himmel, wo noch die Gluten in rosiger Verklärung loderten, über uns und Saatgefilde, auf denen der milde Hauch des Abends ruhte, neben uns. O Wilhelm, rief ich, gibt es eine größere Lust als so zusammen die Welt zu durchwandern? Freundesliebe, Freundestreue! Atem der herrlichen Sommernacht, Blumenduft und Abendröte! Steigen deine Gedanken nicht auf wie die jubelnde Lerche, und thronen auf den goldumkränzten Wolken. Wie eine wunderliebliche Abendlandschaft liegt mein Leben vor mir. Wie gruppieren sich die Tage vor mir bald in düsterer Beleuchtung, bald in jubelvoller Auflösung! –

– Da drang ein greller Schrei uns zu Ohren: es kam aus dem nahen Irrenhause. Inniger schlossen sich unsre Hände zusammen: uns war, als berühre uns ein böser Geist mit beängstigenden Fittichen. Nein, uns soll nichts voneinander scheiden, nichts als der Todesjüngling. Weichet, ihr bösen Mächte! – Auch in dieser schönen Welt gibt es Unglückliche. Aber was ist Unglück? –

Es wurde nun schon dunkler, die Wolken zogen sich zusammen und bildeten eine graue, mitternächtliche Masse. Wir beeilten unsre Schritte etwas, auch sprachen wir nicht zusammen. Die Fluren wurden immer düsterer und als wir endlich in einen Wald kamen, wurde uns etwas unheimlich. Deshalb war es uns sehr angenehm und zugleich etwas ängstlich, aus der Ferne ein Licht auf uns zukommen zu sehen. Wir faßten indessen Mut und gingen auf dasselbe los. Bald erblickten wir eine schwarze Gestalt: wie es schien, war es ein Jäger. Denn eine Büchse hing über seinen Rücken und ein laut bellender Hund folgte ihm. Als wir aber näher kamen, und die wilden, unheimlichen Gesichtszüge sahen, verschwand unser Mut wieder und wir riefen mit schwacher Stimme: Guten Abend. Gleiches erscholl in einem tiefen Basse, der Fremde leuchtete uns in das Gesicht und rief, seinen auf uns losstürzenden Hund beschwichtigend: Was macht ihr hier noch so spät in dem Wald, ihr Burschen? Wir wußten nicht recht, was wir entgegnen sollten und entgegneten: Nach Eisleben führt unser Weg, und wir hofften noch in dieser Nacht unser Ziel zu erreichen. Die Nacht ist aber keines Menschen Freund, und so allein zu gehen ist für solche junge Burschen – hier hielt er inne und wir sahen ihm ängstlich fragend ins Gesicht.

Er aber rief lachend: Nun fürchtet euch nur nicht; ich werde euch begleiten. Obwohl wir anfangs seine Einladung scheu annahmen, so wurde uns sein rauhes Antlitz etwas freundlicher und wir faßten Zutrauen zu ihm. Es war jetzt pechschwarze Nacht, sogar der Mond wurde von den tiefen Wolken bedeckt und die Laterne warf auf die alten Baumriesen ihr zitterndes Licht. Mir kam fast der Gedanke an, nach Deutschental zu wandern und dort Halt zu machen. Dort hatte ich einen Onkel, von dem ich aber wußte, daß er mich nicht sobald von sich lassen werde. Endlich erkundigte ich mich wie zufällig nach ihm und jener sah mich an und sagte: So, kennt den der Herr? Ich antwortete: Ja etwas, aber wiederum gefragt, warum ich ihn nicht besuchen wollte, meinte ich: Auf der Rückkehr ist auch noch Zeit dazu. Aber der Alte erwiderte verwundert: Sie haben hier in der Umgegend Bekannte und ziehen es vor, auf gefährlichen Wegen der Nacht zu gehen? – Gefährlich; fragte ich und meine Augen blickten wieder bang umher; aber es war ringsum Nacht, tiefe schwarze Nacht. Habt ihr noch gar nicht von den Gespenstergeschichten in diesem Walde gehört? Auch sollen gewöhnlich sich hier Zigeunerbanden aufhalten. – Ich bat ihn hiervon zu schweigen, und wir setzten nun in Todesstille unsern Weg fort. Wir gelangten endlich in ein Tal, rings von wildem Gestrüpp umgeben, Plötzlich setzte unser Begleiter eine Pfeife an den Mund und ließ einen schrillen Ton hören. Wir sahen uns verdutzt an; aber auf einmal wurde es im Wald lebendig, hier und da leuchteten Fackeln auf, wild vermummte Menschen umschlossen uns beide im Kreis, die Besinnung verging mir und ich wußte nicht, was mit mir vorging. –

III.

Als ich erwachte, schwebten noch jene Schreckensbilder um mich, aber bald nahm ein belebendes, erheiterndes Gefühl die Oberhand – ich war noch in Pforta, es war der letzte Morgen, in zwei Stunden war ich schon in Naumburg. Der Morgensonne Strahl blitzte durch das Fenster und ich begrüßte freudig das himmlische Licht, das die trüben Gebilde der Nacht vertrieb – Bald wanderte ich zu dem kleinen Pförtchen hinaus und warf noch einmal einen Blick des Abschieds auf die alten grauen Gebäude. – Dann trat ich in den grünen Wald ein. Wenn ich in das Heiligtum der Natur trete, da überrascht mich immer das Gefühl: Für uns ist all diese Herrlichkeit geschaffen, für uns erheben sich die hehren Schattengewölbe, für uns erglüht die Sonne, leuchtet der Mond und durch dieses Verhältnis erscheint mir die ganze Welt wie ein lieber Gefährte, mit dem ich meine Gedanken austauschen kann und den ich bitter beweine, wenn er von mir scheidet; aber ohne Scheiden ist kein fröhliches Wiedersehen; die Sonne muß in das Meer versinken, wenn sie am andern Tage wieder neues Leben ausgießen soll; unser Leben muß verblühen, wenn eine höhere geistige Auferstehung uns beleben soll. –

Als ich in Naumburg ankam, war viel Freude und Jubel; da nun der erste Freudenrausch vorüber war, unterhielten wir uns viel und besonders, wohin ich in den Ferien reisen würde. Endlich fiel ein Blitz mir durch die Seele; ich dachte, einen Onkel mußt du besuchen, den du noch nicht gesehen hast, wie der Traum mir angab. Nach Jena also, wo ein Verwandter Oberbürgermeister ist. In wenigen Tagen war der Entschluß zur Reife gediehen, die freundliche Einladung des Onkels da und fort ging's in Sturmessaus nach der Eisenbahn. Das dampfausspeiende Ungeheuer war schon da und ich hatte noch Zeit, in ein Waggon zu springen. –

IV.

Fort ging's nun im fliegenden Saus und die schöne Umgebung glitt wie ein Zauberbild vorüber. Ich liebe gewissermaßen das Eisenbahnfahren; obwohl man alle Bilder eben nur augenblicksweise kennenlernt, so ist ja unser Leben überhaupt nur eine flüchtige Durchfahrt ohne bleibenden Halt, und glücklich sind wir, wenn es sich so darbietet, in seiner schönsten Blüte. Im Wagen zu fahren ist mir zu unpoetisch; wenn man in den tiefsten Gedanken sich befindet, entsteht plötzlich ein Rüttern und Schüttern, daß der Kopf ganz verwirrt wird. Geht man zu Fuß, so wird oft ein erhabener Eindruck durch Gegenstände gestört, die man eben beim Spazierengehen findet. – Auch meine alte Pforta sah ich liegen, wünschte aber nicht dorthin zu fahren und vertröstete sie auf vier Wochen. Die Rudelsburg lag bald vor uns und der alte Samiel winkte mit einem Tuche und forderte uns zum Besuche auf. Die Gegend ist dort wirklich wunderschön, das Tal wie ein Blumenteppich, auf dem sich eine silberne Schlange hinschlängelt. Die grauen Wächter der Vergangenheit blicken öde auf das neue Leben, das sich vor ihnen ausbreitet. In Apolda verließ ich den Wagen und bestieg den Omnibus. Unglücklicherweise war alles schon so besetzt, daß ich auf dem Bock allein noch Platz fand. Hier brannte nun mitunter (denn die Sonne wurde gewöhnlich mit Wolken verhüllt und durchbrach diese bisweilen), brannte sie so heftig, als wollte sie uns braten. So ist es auch in einem Herzen, das von allem Möglichen verhindert wird sich zu ergießen und dann stellenweise überwallt und die Ufer überschwemmt. Von der heißen Chaussee wand sich der Weg zwischen zwei Bergrücken hin, die merkwürdig miteinander kontrastierten. Der eine ist ganz mit Wald und Flur überdeckt, während der andere sich kahl und öde hinzieht. Die Höhe erhebt sich schon bis tausend Fuß, während hinter Jena sich der Fuchsturm bis zu zweitausend erhebt. Bald sahen wir Jena vor uns liegen mit seinen Türmen und Bergen. Mir wird jedesmal ganz gemütlich, wenn ich die kleine, schöngelegene Universitätsstadt betrachte. Ich ließ mich zurechtweisen und fand die Wohnung meines Onkels. Die liebe Tante empfing mich sehr freundlich und ich fühlte mich ganz heimisch. Der Onkel, den ich noch gar nicht kannte, hat einen sehr liebenswerten Charakter und hat mich in allem, worüber ich fragte, belehrt. Überhaupt erging es mir dort so wohl, und so interessant, so daß ich nicht wüßte, wo ich angenehmere Ferien verlebt hätte. Am ersten Morgen ging ich mit dem Onkel auf den Hausberg, auf dem Ziegenhain mit dem Fuchsturm liegt. Ich lernte da Jena von einer sehr schönen Seite kennen; unter mir zog sich die Saale hin und umschloß teilweise die Stadt, die mit ihren engen Straßen und hohen Häusern ein zwar altertümliches, aber gemütliches Aussehen hat. Darauf mußte der Onkel das Rathaus besuchen, ich aber schlenderte noch in der Stadt herum, indem ich die Wohnungen berühmter Männer aufsuchte, was mir großes Vergnügen machte. Mittag gingen wir zur Badeanstalt und schwammen da in Begleitung eines Kahnes die Saale hinauf, was sehr anstrengt. Dann mundete auch das treffliche Mittagbrot vorzüglich. Den Nachmittag las ich gewöhnlich in des Onkels Bibliothek; ich fand da Novalis (dessen philosophische Gedanken mich interessierten), Geibel, Redwitz, mehrere Mustersammlungen, Schillers Gedichte, erläutert von Viehoff usw. Den Abend kam der Onkel wieder und dann machten wir zusammen Partien in die Umgebung. Da will ich zuerst die Kunitzburgpartie erzählen. Nachdem wir in der Wiese am Jensig vorübergegangen waren, erschienen bald die alten Trümmer jener Burg auf der Stirn des Berges. Da wir über den Weg übel berichtet waren, verloren wir bald den Weg und klommen mit unsäglicher Mühe aufwärts, indem wir uns an Sträuchern und Büschen festhielten. Endlich – endlich! Mir troff der Schweiß in Strömen hernieder und ich muß sagen, eine so große Anstrengung hatte ich wohl noch nicht ausgehalten. Man hat übrigens einen reichen Lohn für all die Mühe. Über uns ging gerade die Sonne unter und im Tale wallten die Nebel auf und nieder. Es ist wunderschön, so in den Trümmern der Vergangenheit zu weilen. Von diesen morschen Fenstern blickten einst kühne Ritter in die Weiten und von hier aus überfielen sie die Kaufleute, die sorglos der Saale entlangzogen. Aber es ist schwer, sich auf den Standpunkt des Mittelalters zu versetzen, wir stellen uns das Leben immer übertrieben vor, entweder ideal romantisch oder als einen Abschaum von Faustrecht, Mord, Straßenraub. Wenn ich daran denke, erscheinen mir mutige Ritter, die für Gott und Ehre alle ihre Gegner in den Staub warfen, die bald mit der Gitarre süße Lieder durch die finstre Nacht erschallen lassen, bald im wilden Ungestüm die Welt durchstreifen und kühne Abenteuer aufsuchen. – Aus dem Mittelalter wurden wir aber durch einen berühmten Kunitzburger Eierkuchen recht vollständig der Gegenwart zugewendet, die dann auch wieder in ihre vollen Rechte trat, als wir den Abend uns recht müde und matt zur Ruhe legten. –

V.

Den Glanzpunkt meines Lebens in Jena bildete jedenfalls der Verkehr mit den Studenten. Hierzu kam ich auf folgende Weise. Mein Onkel ist als ehemaliger Stifter der Teutonia Ehrenmitglied derselben. Da nun einst ein Herr Ökonomierat ein altes Versprechen durch vier Tonnen löste, wurde der Onkel mit zu diesem Fest eingeladen. –

– Die weitere Beschreibung muß ich jetzt unterlassen und etwas von meinem Leben in Pforta nachholen. Den Sonntag, den 3. September, hatte ich mich mit Krämer von nach Tische bis acht Uhr losgemacht. Es war sehr hübsch und gemütlich in Naumburg, besonders für Krämer, der sein Examen glücklich bestanden hat. Es sind alle außer dem Extraneer Neumann durchgekommen; vorigen Sonnabend war die Entscheidung. Krämer erzählte uns, wie es allen durch Mark und Bein gegangen wäre und alle sonstige Freude vertrieben hätte. Um halb zwölf Uhr gingen dann alle Abiturienten in den Speisesaal, indem jeder zwei oder mehrere andre mit sich nahm. Ich kam auch zu dieser Ehre. Hier wurden unter andern die berühmten Abiturientenklöße gegessen. –

– Neulich war auch die Tante Ehrenberg mit der Mama bei Rektors. Ich führte sie überall herum. Wie sie fortfuhren, drückte mir die Tante noch einen Taler in die Hand, was auch ganz angenehm war. –

– Montag war Extraneersatz. Es gab da zur Vesper zwei Gläser Wein und ein tüchtig Stück Kuchen. Auch alle Extraneer waren im Coenakel, eine Ehre, die ihnen nur eben hierbei, bei Carenen und bei den Abiturientenklößen zuteil wird. –

– Mittwoch reisen unsre Abiturienten ab; bis dahin sind sie exlex, d. h. von allen Fesseln der Schulordnung entbunden. Sie führen da ein ganz gemütliches Leben. – Wenn sie abgefahren sind, machen wir Sänger eine Partie nach der Rudelsburg, worauf ich mich sehr freue. Wir hatten Mittwoch der Abiturienten wegen Ausschlafetag. Um neun Uhr war Aktus im Betsaal, in dem alle in kurzen Worten von der Schule Abschied nahmen. Ich glaube, nie ist die Stimmung im Coetus ernster als an diesem Tag. Da sieht man keine lachenden Mienen, denn ein jeder hat unter den allen wenigstens einen, dem er wahr zugetan ist. Um ein Uhr erschienen zwei vierspännige Extraposten mit zwei Vorreitern. Die Postillione waren alle mit großen Stiefeln und ihrer bunten Uniform bekleidet, sie ergötzten alle durch ihr gutes Blasen und schlechte Witze; endlich erschienen die Abiturienten, die bei ihren Tutoren gespeist und Abschied genommen hatten. Sie waren alle sehr erregt; alles drängte sich um sie herum, die meisten sagten Adieu, Freunden und Näherstehenden durch Küsse und Umarmungen, den andern durch Händedruck. Es war ein sehr ergreifender Augenblick; vielen standen Tränen in den Augen, wie die Abgehenden noch den Coetus leben ließen und dann fortfuhren. Auch Prof. Buddensieg war durch den Fortgang seines Famulus sehr tief bewegt; er hatte viel geweint. – –

Um drei Uhr ging es dann auf die Rudelsburg. Der Weg und der Himmel war wunderschön und der Blick von der Rudelsburg in das Tal ganz bezaubernd. Mir konnte in dieser Umgebung gar keine Langeweile ankommen, so sehr auch einige darüber klagten. Wir sangen ziemlich viel vor der Menge von Fremden. Um halb sieben begaben wir uns wieder zurück. Da eine große Anzahl von Damen mit zurückgingen, wurde noch wunderhübsch gesungen. Herr Prof. Korssen war ungemein lustig und ergötzte alle durch seine furchtbar schreiende Stimme und seine Witze. Wir kamen erst dreiviertel acht zurück, zum Ärger aller anderen, die unterdessen im Kreuzgang von sieben an gewartet hatten.

Den Sonntag war ich in Almrich, obwohl ein heftig strömender Regen uns beinahe verhindert hätte. Um so angenehmer war es mir, daß ich auch die Tante Ida aus Pobles fand, die die Mama auf einige Tage besuchte. Sie begleitete mich auch, als meine Zeit um war, bis nach Pforta, und ich konnte ihr noch meine Stube und den Primanergarten zeigen. –

– Meinen Tristram Shandy habe ich bekommen. Ich lese jetzt den ersten Band und lese ihn immer wieder von neuem. Zuerst verstand ich das meiste nicht, ja sogar es gereute mich, ihn gekauft zu haben. Jetzt aber zieht er mich ungemein an; ich notiere mir alle frappanten Gedanken. Mir ist eine so allseitige Kenntnis der Wissenschaften, eine solche Zergliederung des Herzens noch gar nicht vorgekommen. –

Hinsichtlich meiner Geldangelegenheiten stehe ich mich jetzt folgendermaßen: fünfzehn Sgr. von dem Taler kommen für jenes Buch nach Naumburg; von den anderen hebe ich mir zehn Sgr. auf zu jener Michaelispartie, zu der ich mir übrigens noch zehn Sgr. von Prof. Buddensieg geben lasse. Ich will jetzt übrigens auch einige unnötige Bücher verkaufen. –

– Ich will nun in der Beschreibung meiner Ferien fortfahren. Ich befand mich im letzten Kapitel noch in Jena und war eben im Begriff, mein Zusammentreffen mit Teutonen zu schildern. – Mit Studenten? Ja, ja, und sogar mit einer durch Trinken und Duellieren berüchtigten Verbindung. *Etsi Plato meus amicus est,* d. h. obgleich ich sonst der kleinen Universitätsstadt zugetan bin, *tamen veritatem ducem sequor,* so geht es doch in Jena noch ziemlich wild her, obgleich es in früheren Zeiten noch schlimmer gewesen sein mag.

– Wer von Jena kommt ungeschlagen,
Der hat von großem Glück zu sagen! –

Da hatte ich einmal wieder rechten Unsinn geschrieben (an dem dieses Buch überhaupt reich ist). Ich habe die Blätter bei späterem Lesen herausgerissen. –

– Ich befinde mich jetzt in ganz anderer Lage als damals, wo ich das vorige geschrieben habe. Damals grünte und blühte noch der Spätsommer, jetzt – o weh – ist Spätherbst. Damals war ich Untertertianer, jetzt bin ich eine Stufe vorgerückt. Damals war noch Mama und Lisbeth in Naumburg, jetzt sind sie schon seit den Michaelisexkursionstagen in Gorenzen usw.

– Ich habe meinen Geburtstag erlebt und bin älter geworden. – Die Zeit vergeht wie die Rose des Frühlings und die Lust wie der Schaum des Baches. –

Mich hat jetzt ein ungemeiner Drang nach Erkenntnis, nach universeller Bildung ergriffen; Humboldt hat diese Richtung in mir angeregt. Wenn sie doch so beständig wie meine Zuneigung zur Poesie wäre! –

Ich habe von der frühesten Kindheit an Steckenpferde gehabt. Das erste waren die Blumen und Pflanzen, die Hülle der Erde. Das habe ich indes nur durch Traditionen gehört. – Dann kam die Liebe zur Baukunst (natürlich hauptsächlich auf Baukasten gegründet), die ich in allen Formen ausgebildet habe. Noch sehr klein, erinnere ich mich während der Kirchzeit in Röcken eine kleine Kapelle gebaut zu haben. Später wurden dies prachtvolle Tempel mit mehreren Säulenreihen, hohe Türme mit gewundenen Treppen, Bergwerke mit unterirdischen Seen und innerer Beleuchtung und endlich Burgen, die zugleich mit meiner dritten Liebe zum Kriegswesen, angeregt vorzüglich durch den großen russischen Krieg. Zuerst wurden Belagerungsmaschinen erdacht (ich habe ein Büchlein über Kriegslisten geschrieben), Bücher über Militär- und Seewesen angeschafft, große Pläne zur Ausrüstung eines Schiffes gemacht, zahlreiche Schlachten und Belagerungen vollzogen, bei denen mit brennenden Pechkugeln geschleudert wurde, und dies alles waren eigentlich nur Mittel zu einem großen Zweck, zu einer großen Völkerschlacht, die aber in den Rüstungen dazu endete. Die Liebe zum Soldatenwesen zeigte sich auch schon im Anfertigen eines großen militärischen Generallexikons; aber das Ende war Sebastopols Untergang. Aber ein sogenanntes *Theater des arts* führte mich auf Bühnenwesen; wir versuchten selbst etwas zu dichten und aufzuführen, zuerst die Gőtter im Olymp. Zugleich begann bei mir die Neigung zur Poesie, schon im neunten Jahre, kleine Versuche wiederholten sich jährlich. Im elften Jahre trat die Neigung zuerst zur Kirchenmusik und endlich zu eigener Komposition; die Ursache habe ich anderswo angegeben; auch die Liebe zur Malerei stammt aus dieser Zeit, hervorgerufen durch die jährlichen Gemäldeausstellungen. – Diese Neigungen folgen nicht unmittelbar aufeinander, sondern sind ineinander verwoben, daß es unmöglich ist, Anfang und Ende zu bestimmen. Nun kommen noch spätere Neigungen zur Literatur, zur Geologie, zur Himmelskunde, Mythologie, deutschen Sprache (althochdeutsch) usw. hinzu, so daß folgende Gruppen entstehen:

1. Naturgenuß a) Geologie
b) Botanik
c) Himmelskunde

2. Kunstgenuß a) Musik
b) Poesie
c) Malerei
d) Theater

3. Nachahmungen des Handelns und Treibens
a) Kriegswesen
b) Baukunst
c) Seewesen

4. Lieblingsneigung in den Wissenschaften
a) guter lateinischer Stil
b) Mythologie
c) Literatur
d) deutsche Sprache

5. Innerer Trieb zu universeller Bildung
umfaßt alles andere und fügt vieles Neue hinzu

Sprachen	*Künste*
1. Hebräisch	1. Mathematik
2. Griechisch	2. Musik
3. Lateinisch	3. Poesie
4. Deutsch	4. Malerei
5. Englisch	5. Plastik
6. Französisch	6. Chemie
usw.	7. Architektur
	usw.

Nachahmungen	*Wissen*
1. Militärische Wissenschaft	1. Geographie
2. Seewissenschaft	2. Geschichte
3. Kenntnis der verschiedenen Gewerbe	3. Literatur
usw.	4. Geologie
	5. Naturgeschichte
	6. Altertum
	usw.

und über alles *Religion*, die Grundveste alles Wissens!

Groß ist das Gebiet des Wissens, *unendlich* das Forschen nach Wahrheit!

Die Schillerfeier in Pforta

Den 8. 12. 1859

Der hundertjährige Geburtstag Schillers hatte bei allen Verehrern des großen Deutschen den Wunsch einer allgemeinen Gedächtnisfeier angeregt. Und nicht nur die Gebildeten, nein, auch die untern Stände des Volkes nahmen lebhaft an diesem Nationalfeste Anteil. Über die Grenzen Deutschlands hinaus war das Gerücht hiervon gedrungen; fremde Länder, ja ferne Erdteile trafen großartige Vorbereitungen zu diesem Tage, so daß man wohl behaupten kann, daß noch kein Schriftsteller ein allgemeineres Interesse hervorgerufen hat, als Schiller. Aber wodurch konnte man den Dichter würdiger feiern, als durch die Aufführung seiner hohen Werke? Was vermöchte uns mehr an ihn zu erinnern, als seine eignen Geistesprodukte, der Spiegel seines großen Geistes? Und so wurden auch an diesem Tage in allen Schauspielhäusern nur schillersche Stücke gegeben, in geschlossenen Gesellschaften vorzügliche Szenen aus seinen Dramen aufgeführt, ja fast in jedem Hause wurde er auf irgendeine Weise gefeiert; ein Band aber schlang sich um alle Herzen, das Band der Liebe und Verehrung für den großen Toten. Auch Pforta wollte nicht hinter den allgemeinen Bestrebungen zurückbleiben: schon lange Zeit vorher waren Vorbereitungen zu diesem Tag getroffen. Am Mittwoch fand eine Vorfeier im Turnsaal statt, der hierzu festlich ausgeschmückt war. Eine große Menschenmenge hatte sich in ihm versammelt; der Name »Schiller« schwebte auf aller Munde, und aller Augen auf seiner lorbeerbekränzten Büste. Zuerst wurden die Piccolomini von den Primanern gelesen; die Rolle des Wallenstein hatte Herr Prof. Koberstein übernommen. – Eine hehre Heldengestalt trat vor unsre Augen, die sich kühn über die beengenden Verhältnisse des Lebens hinwegsetzt, einem Ziele nur nachstrebend, das in des Herzens tiefsten Grunde verborgen liegt und alle Handlungen lenkt und leitet. Um sie eine Schar von Feldherrn; die einen in feiger Selbstsucht die Heldengröße ihres Herrn verkleinernd, die andern treu ihm allein ergeben und für sein Wohl wie um das ihrige besorgt. Diesen gegenüber erscheint ein kaiserlicher Hofmann, in allen Schlichen und Redekünsten gewandt, aber doch an der gewaltigen Majestät Wallensteins scheiternd. Und nur ein Schiller konnte uns in so klaren Umrissen den großartigen Charakter dieses Helden vorführen, der über seine Zeit erhaben stolz auf alles Niedrige niederblickt. –

Den zweiten Teil der Vorfeier bildete die Aufführung der Glocke, komponiert von Romberg. Dieses edle Werk versetzte uns durch die Gewalt der Töne in all die Situationen und Lebensbilder, die die Glocke vor uns aufrollt. Wir gerieten in Angst bei der Verwirrung der Feuersbrunst, wir trauerten mit bei den ernsten Klagegesängen, wir wurden erschreckt über die wilden Melodien der Revolution, bis sich unsre Gemüter wieder in der Milde der Friedenschöre beruhigten. Kaum waren die letzten Töne verklungen, da betrat Herr Prof. Koberstein die Bühne und beschloß mit dem edlen Epilog Goethes die Vorfeier. –

Am folgenden Tage fielen die Lektionen der Feier wegen aus. Um zehn Uhr war wiederum Aktus im Turnsaal, der mit zwei schillerschen Chören »Frisch auf, Kameraden« und »Freude, schöner Götterfunken« begann. Gedichte einiger Primaner zu Ehren Schillers wechselten nun mit Arien und Balladen ab, bis endlich Herr Prof. Koberstein die Bühne betrat und die Festrede hielt. Er vergegenwärtigte uns in derselben die Zeit vor Schillers Auftreten und entwickelte dann seine literarische Wichtigkeit für die deutsche Nation und schloß endlich mit dem Gedanken »dieses Nationalfest sei ein bedeutsames Vorzeichen für das wiedererwachte deutsche Nationalgefühl, und man könne an diese Feier schöne Hoffnungen für die Zukunft knüpfen.« –

Nach dem Festessen war dann allgemeiner Spaziergang bis drei Uhr. Die folgenden Stunden verbrachte jeder mit Lesen von Schillers Werken usw. bis endlich Tanz bis zehn Uhr die Feierlichkeiten beschloß. Die Primaner indessen vergnügten sich bei einem Ball noch bis spät in die Nacht hinein. Der folgende Morgen führte uns wieder in das Gleis des gewöhnlichen Lebens: ein hoher und edler Gedanke war aber allen geblieben, nämlich den Manen Schillers ein würdiges Totenopfer gebracht zu haben. –

[Aus dem Jahre 1860]

Sage mir, teurer Freund, warum du so lang nicht geschrieben?
  Immer hab ich geharrt, Tage und Stunden gezählt.
Denn ein gar süßer Trost ist ein Brief vom Freunde entsendet,
  So wie ein sprudelnder Quell durstige Wandrer erquickt.
Viel auch ist mir wert die Kunde von deinem Befinden:
  Habe auch ich doch einst ähnliche Wege gewallt,
Habe so Freud' wie Leid mit dir zusammen genossen,
  Und in Freundesverein wurde das Schwerste uns leicht.
Freilich weiß ich recht wohl: Schuljahre sind schwierige Jahre,
  Nie wird jegliche Last, Mühe und Arbeit gescheut.
Oft auch möchte die Seele sich los von den hemmenden Fesseln
  Reißen, in Einsamkeit flüchten das fühlende Herz;
Aber auch diesen Druck erleichtert die treuliche Freundschaft,
  Die sich stets voll Trost, voll von Erhebung uns naht.
Unter Freunden ist nichts, was der eine dem andern verbürge;
  Alles teilen sie sich mit im vertrauten Gespräch.
Ist auch der eine entfernt, die Liebe durchsegelt die Lüfte,
  Und in Gestalt eines Briefs naht sie dem einsamen Freund.
Teurer! Bald nahet der Tag wo auch wir uns wieder erblicken,
  Und des trauten Gesprächs lang schon entbehrten uns freun.
Aber nur kurz ist die Freud'! Denn bald enteil' ich von neuem,
  Nicht nach Pforta zurück, wo nur die Strenge regiert,
Nicht nach dem Fichtelgebirg dem düsteren, nein, in die Heimat!
  Ach wohl zum letztenmal grüß ich den teuersten Ort!
Doch – die Entfernung hemmt nicht der Seelen stete Verbindung,
  Et manet ad finem longa tenaxque fides!

Pforta, den 6. 3. 1860

Meine Ferienreise

Pforta 1860. Hundstage

Früh um drei Uhr standen wir auf; der Morgen war kühl, düster, man konnte einen Regen vermuten. Schweigend gingen wir durch die Felder, manchen Blick noch auf das liebe Haus zurückwerfend, das hinter uns lag. Der Himmel wurde immer trüber, immer umwölkter; als wir über die Saale fuhren, fielen die ersten schweren Tropfen. Schon lag der Eisenbahndamm vor uns, noch zehn Minuten und wir sind da. Es regnet heftig; mit hastigen Schritten geht es vorwärts.

Ein dröhnendes Geräusch; donnernd rasselt der Zug an uns vorüber.

Atemlos kommen wir an; der Bahnwärter winkt uns zu eilen; wir nehmen Platz; der Zug setzt sich in Bewegung. Wunderbar, wir waren ganz durchnäßt und ganz mit Schweiß überdeckt; aber ohne Schaden ging alles vorüber. Merseburg lassen wir seitwärts liegen; in Halle machen wir Halt. Ich war über die Veränderung erstaunt, die in dieser Stadt innerhalb weniger Jahre stattgefunden hat; nette, moderne Häuser und Läden überall, wo früher jene schwarzen, langgegiebelten Gebäude mit den hohen Eingangstreppen waren. Ein kleines Geschäft, das den Onkel noch verhinderte, wurde bald abgemacht; dann begaben wir uns auf die Post und ließen uns einschreiben. Nach kurzer Zeit fuhr der Postwagen vor, wir stiegen ein und fort ging's nach Eisleben. Der Himmel hatte sich aufgeheitert. Lange glänzende Strahlen lagen auf den weiten Feldern, dazwischen schwebten die flüchtigen Schatten eilender Wolken. Lange Zeit verweilte unser Auge auf der Irrenanstalt, an die sich so leicht eine traurige Gedankenkette knüpft. Das lange, weiße Gebäude tritt seltsam aus dem hellen, frischen Grün hervor, das sich rings hinzieht. Dann wurde die Straße eintöniger; hier und da ein Blick auf die öde Heide, sonst alle Felder grün, weiß, gelb in ewiger Abwechslung. Ich begann meine Reisegesellschaft zu mustern. Neben mir saß ein Mann, der, zufrieden mit allem, wie es schien, gutmütig zu allem lächelnd nickte, was sein Nachbar sagte. Dieser hingegen war in fortwährender Aufregung; der Fluß seiner Rede konnte durch nichts gedämmt werden. Er verbreitete sich hauptsächlich über seine eignen Güterangelegenheiten; ein Mann von Geld, aber ohne Bildung. Charakteristisch war, daß er fortwährend von Minister B... H... sprach, hie und da heftig auf ihn losfuhr, dann aber allemal hinzufügte: »Trotzdem ist es doch ein ganz vorzüglicher Mann, der B. H., was der Mann nicht für ein leutseliges Gemüt hat!« Und dann pflegte er seine Zusammenkünfte mit ihm aufs ausführlichste mitzuteilen. Mir schien es fast nur eine Art von Stolz zu sein, denn die Ehre, mit einem Minister in nähere Berührung zu kommen, widerfährt nicht einem jeden. – Sobald wir über Langenbogen hinaus waren, wurde die Gegend interessanter. Die Straße hob sich allmählich in Windungen, endlich lag, als wir um eine Ecke herumbogen, plötzlich der weite Spiegel des Salzigen Sees vor uns. Ringsum grüne Hügelkette, Weinberge, in den golden schimmernden Fluten eine dichtbewaldete Landzunge, vom Mund des Volks die Teufelsbrücke genannt, anknüpfend an eine Sage, die durch ganz Deutschland verbreitet in den mannigfachsten Variationen so manche Brücke, so manche Mühle umrankt. Bald wiederholte sich der liebliche

Anblick; zu unsrer Rechten tauchte der Süße See auf. Die wunderschönen ruhigen Fluten, das kleine, nett gebaute Seeburg, die grünen Bergzüge fließen so sanft ineinander und vereinigen sich zu einem reizenden Gemälde. Hier ist es auch, wo der Postillion durch einzelne Melodien ein sehr klares, reines Echo weckt, das ganze Zeilen treulich wiedergibt. –

Jetzt nahm uns eine grüne Hügellandschaft auf; vergeblich fragte ich nach Holzzelle, dem Wohnort von Immermanns Onkel; niemand wußte mir diesen Schauplatz jener Studentenstreiche, an die ich nie ohne Gelächter denke, anzugeben.

Endlich erreichten wir Eisleben. Wir stiegen in der Post ab, begaben uns in einen Gasthof und erquickten uns hier durch Speise und Trank. Neben uns nahm ein Mann Platz, der mir, wie es schien, ein beständiger Besuch zu sein schien; vermöge alberner Bemerkungen und einer höchst dreisten, unverschämten Redeweise leitete er bald die Unterhaltung, die sich freilich um höchst gleichgültige Gegenstände drehte. Wir verhielten uns sehr ruhig. Dann begann er, die geistliche Nähe witternd, plötzlich sich auf die niedrigste Weise an den Pfaffen, den Landaussaugern usw. auszulassen.

Um vier Uhr bestiegen wir wieder die Post. Der Weg führte nach Mansfeld zwar in ewigen Umwegen, so daß wir uns fast im Kreise bewegten, aber doch endlich zum Ziele. Die Burg selbst wird von dem neuen Besitzer, dem Herrn v. d. Recke aufs glänzendste restauriert. Wir hatten das Vergnügen, mit dem »hohen, edlen« Herrn zu reisen; er unterhielt sich auf das liebenswürdigste mit uns. Der Onkel, dessen Patron er ist, ist auch voll seines Lobes auch in bezug auf seine ganz christlichen Grundsätze. – Auch in Mansfeld hielten wir uns nicht auf. Je näher ich kam, desto reger wurde meine Erwartung. Wir gingen dann zu Fuß; die Gegend wurde immer schöner. Je höher wir stiegen – und der ganze Weg ist beinahe ein beständiges Aufsteigen – um so dichter kamen wir in den Wald. Dazwischen wieder lichte Stellen – zur Seite ein lang sich dahinstreckender Berg mit dem wundervollsten Grün, in den Tälern fruchtbare Felder, dahinter blaue Bergketten. Endlich ragte der Turm aus der Ferne hervor. Wir trafen einzelne Männer aufs eifrigste mit Holzhacken beschäftigt. Sonst alles dichter, grüner Wald.

Ein Schritt – und wir standen plötzlich im Dorf und nach wenig Augenblicken im Haus des lieben Onkels. Freudig, jubelnd empfing uns die alte Haushälterin, eine Naumburgerin. Wir waren beide etwas ermattet, ein kräftiges Abendbrot stärkte uns wieder. Von Anfang an war mir hier gleich so heimisch, wie noch nirgends. Nach dem Abendbrot begann der Onkel auch auf seinem Aeolodicon zu spielen. Goldenklar begann ein zarter Ton, im reinsten Wohlklang folgten andere und plötzlich schwoll die Harmonie in wundervoller Weise an. So ernst, so erhaben, so ganz dem innersten Gefühl entquollen, strömte eine mächtige Tonfülle in den reinsten, kirchlichen Typen.

Am Abend sangen wir noch ein geistlich Lied zusammen, wozu die Haushälterin des Onkels herbeikam. Dann hielt der Onkel die Abendandacht. Diese schöne Sitte wurde nie hier vernachlässigt. –

Den andern Tag verbrachte ich immer noch ausruhend; der Onkel führte mich in seiner ganzen Besitzung herum. Das Haus selbst ist einfach, aber geräumig, mehrere große Stuben, Kammern, Küche, Keller, Boden. Ein Hof mit mehreren Gebäuden, Scheune und kleinem Gemüsegarten, den sich der Onkel selbst angelegt hat. Ein Bronnen mit sehr schönem frischem Trinkwasser. Einige Schritte entfernt liegt der große Baumgarten, ein gleichseitiges Rechteck von ungeheurer Dimension. Die mannigfachsten Baumarten, Fruchtbäume, dazwischen Gemüseanpflanzungen. Den vierten Teil nimmt der Blumengarten ein; die kleine von Gebüsch umgebene Laube habe ich sehr oft aufgesucht. – Das ganze Leben hier war höchst gemütlich und einfach. Ich hielt mich oben oft in der großen Stube auf, während der Onkel unten arbeitete. Treffliche Bücher fand ich hier, später bekam ich auch eigne Bücher nachgeschickt. Beständig habe ich mich auf das angenehmste beschäftigt. Mancherlei geschrieben und komponiert. – Viel auch spielt ich auf dem reizenden Aeolodicon, ein Vergnügen, das ich nicht sattbekommen konnte.

Den folgenden Tag bekam ich vor Mittag einen Brief von meinem Freund W. Pinder. Durch Umstände verhindert mit mir in Korbetha zusammenzutreffen, wollte er doch noch nachkommen, eine Nachricht, die mich sehr erfreute. In der Hoffnung, ihn den Nachmittag auf der Post in Mansfeld zu finden, ging ich hin, ihn abzuholen. Aber ich hatte mich getäuscht; er kam nicht. Und so kehrte ich allein durch die schönen Wälder zurück. –

Sonntag war's. Der Onkel war den ganzen Morgen noch sehr fleißig. Ich sah ihn erst unmittelbar vor dem Kirchgang. Die Kirche ist klein, aber sehr nett ausgeschmückt; der Besuch war immer recht zahlreich. Aber was für eine wunderschöne Rede hielt der Onkel! Welche Kraft in dieser Predigt! Wie nachdrücklich war jedes Wort! Ich erinnere mich fast noch jedes Gedankens, den der Onkel aussprach. Er sprach über die Versöhnung, anknüpfend an das Wort: Wenn du deine Gabe zum Altare bringst, so versöhne dich zuvor mit deinem Bruder. Es war den Tag gerade Kommunion; gleich nach der Predigt traten die zwei Amtleute des Dorfes vor, gebildete Männer, aber von jeher einander feind, und versöhnten sich, indem sie sich gegenseitig die Hand reichten. Das heißt doch ein Erfolg! Ich blieb nach der Predigt mit dem Onkel noch zurück; denn es war noch eine Taufe. Der Herr Kantor kam herunter und begrüßte uns. Welch ein lieber Mann! Eine lange gerade Gestalt, schmal, etwas eingefallen, aber noch sehr rüstig, mit dem freundlichsten Gesicht, der ruhigsten, zufriedensten Miene. Dabei so bescheiden, so still, daß man von Tag zu Tag ihn lieber gewinnt. Der Onkel lud ihn mit zu Mittag ein. Nach Tische beratschlagten wir, wohin wir unsre Blicke wenden sollten. Um drei gingen wir fort, fortwährend im dichten grünen Hochwald. Welchen erhabnen Eindruck macht nicht so ein Waldspaziergang! Plötzlich traten wir in das Freie heraus und sogleich weitet sich die Aussicht. Ein liebliches Gemälde bietet sich uns dar. Wir standen auf einem Bergrücken, von Heidekräutern bewachsen; vor uns breiteten sich goldene Gefilde, die Güldne Auen, vor allen trat Sangerhausen mit seinen Türmen deutlich hervor. Weiter dahinter der Kyffhäuser und ganz am Horizont die blaue Kette des Thüringer Waldes. Berg und Tal, Wald und Feld bildeten eine lebendige, farbenreiche Landschaft. –

Längere Zeit verweilten wir hier. Dann ging es auf einem andern Wege wieder nach Hause zurück. –

Den folgenden Tag erhielt ich wieder einen Brief von W., der mich sehr froh machte. Der Regen, der ihn gehindert hatte, am bestimmten Tage einzutreffen, hatte ihm doch nicht die Lust genommen und so wollte er den Nachmittag kommen. Wir sandten einen Knaben nach Mansfeld, wir aber beschlossen, am Abend ihm entgegenzugehn. – Auf der Hälfte des Weges trafen wir ihn und freuten uns sehr, uns wiederzusehn. Der ganze Tag verging unter fröhlichen Gesprächen. –

Auch der Dienstag verfloß wieder höchst angenehm; den Nachmittag machten wir einen wunderhübschen Spaziergang zusammen. Erst brannte die Sonne sehr; endlich kamen wir aus dem freien Felde in frische lebende Wiesen und dann in den kühlen Wald. An einer Köhlerhütte machten wir halt. Der ganze Bau interessierte mich, da ich einen ähnlichen noch nie gesehen hatte. Auf einem größern Kreise waren Baumstämme eingerammt, so, daß die Spitzen zusammenkamen und das Ganze die Gestalt eines Giebels hatte. Darüber war dann Erde und Rasen geworfen, so daß sie gegen Regen und Wind fest genug war. In der Hütte selbst waren einige Bänke, sonst schien sie längere Zeit unbewohnt zu sein. In der Nähe fanden wir auch mehrere Meilerstätten. Den Brand anzusehn war mir nicht vergönnt; es war wohl nicht die passende Jahreszeit. –

Endlich traten wir aus dem Wald und befanden uns auf einem ziemlich steilen Abhang, vor uns die blauen Berge des Harzes. Mit dem Fernrohr besichtigten wir die Höhen; ich konnte das Kreuz auf der Josephshöhe erkennen, dann zeigte sich auch Viktorshöhe und der Brocken alles sehr schön und deutlich. Wie gern versetzt man sich über die wenig Meilen hinweg, die uns noch von einem Lieblingsort trennen! Das Auge sieht erst die Stätte von weitem, der Geist aber weilt längst auf ihr und genießt, obschon ihm der träge Körper nicht folgen kann. –

Den folgenden Tag sahen wir endlich den schönsten Punkt, den die nächste Gegend hat, die Rammelsburg. Da der liebe Onkel zurückblieb aus Sorge für die Haushälterin, die krank geworden war, so war der Herr Kantor mit seiner gewohnten Freundlichkeit sogleich bereit uns zu führen. Beinah schien das Wetter uns ungünstig zu werden. Ein brodelndes, dumpfes Gewitter schwebte über unsern Häuptern hin. Wir ließen uns aber nicht abschrecken, sondern suchten die geradesten Wege auf, um so bald als möglich hinzukommen. Zur Rechten zogen sich dicht bewaldete Höhen hin, die in dem schönsten Blau sich verloren, vor uns ein durchrieseltes Wiesental, angrenzend an einen düsteren Forst. Wir gingen hindurch; der Weg führte aufwärts, endlich sahen wir ein niedliches Haus, das Schweizerhäuschen genannt, vor uns stehen. Wir eilten auf dasselbe zu, hielten uns aber die Augen zu bis wir auf der Galerie desselben waren und die ganze Gegend vor uns hatten. Welch reizend Schauspiel! Vor uns die Rammelsburg auf einem bewaldeten Berge liegend, niedriger als wir, rechts und links überall Höhenzüge voll dichter Forsten, die sich übereinander erhoben und deren Grün den angenehmsten Eindruck auf mich machte. Dahinter die blauen Harzberge. Man kann sich eine Waldlandschaft nicht reizender denken. Der liebliche Gegensatz von Berg und Tal, das alte Schloß, der Duft, der auf den Wäldern schwebte, endlich der blaue Himmel, der darüber so still, so friedlich ruhte. Im Tale tönte das Geplätscher der Bode, sonst alles still, ohne Geräusch. Wir waren ganz in den Anblick vertieft; im stummen Entzücken standen wir da, wie traulich ist doch die Waldeinsamkeit! – Oben fand ich an den Wänden des Hauses einen Vers aus Amaranth angeschrieben, der ganz diesem Gefühl entquollen zu sein schien. Auch die Namen der Mama und Liesbeth fand ich wieder, die sich vor einem Jahre hier angeschrieben hatten. Ich schrieb den meinigen hinzu. Wohl eine Stunde weilten wir hier. Dann führte uns der Herr Kantor auf unsern Wunsch hin nach der Rammelsburg. Um keine Umwege machen zu müssen, stiegen wir gerade den Weg hinunter, überschritten den lebendigen, forellenreichen Waldbach und stiegen auf der andern Seite wieder hinauf. Noch mehrere romantische Partien sahen wir; so standen wir plötzlich an einem Abhang, der, ähnlich der Roßtrappe uns mit Staunen und Schrecken erfüllte. Das Lieblichste auf dem ganzen Wege aber sahen wir oben. Das ganze Bodetal mit seinem grünen Teppich, die grünen duftigen Bergketten zu den Seiten, am Fuß des Berges einzelne Häuser, die zu Rammelsburg gehörten, der Bach, der silbern das Grün durchschlängelte und weit in der Entfernung mit Wald und Wiese verschwamm, das alles deuchte mir der lieblichste Anblick, den ich je gesehn hatte. Wir ruhten hier oben noch etwas aus, dann begannen wir den Rückweg. Der Herr Kantor erzählte uns aus seinem Leben, besonders aus den Jahren 1813–15, die angenehmsten Geschichten. Wie leid tut es mir, daß ich eine wunderhübsche Geschichte von einem Schillschen Jäger beinah wieder vergessen habe! Am Abend aßen wir wieder zusammen, der Onkel war sehr heiter und er erzählte uns allerlei lustige Sachen.

Es regnete die Nacht etwas; den Morgen kam der Herr Superintendent von Boneckau, um die Schule zu revidieren. Wir begaben uns in den Garten, wo wir uns über die Kirschbäume hermachten, ein Geschäft, das wir überhaupt sehr eifrig betrieben haben. Der Herr Superintendent war mit bei Tische, lud uns auch ein, mit ihm nach Mansfeld zu fahren, aber der Onkel schlug es aus. Den Nachmittag gingen wir nach dem Knochenbrunnen, der mitten im Walde aus einem Abhange quellend, kleine Knöchlein mit sich führt. Wir sammelten mehrere, und ich versuchte, dies auf das sonderbarste zu erklären; es wird aber wohl so sein, wie ein Förster gesagt hat, daß es Knochen von Fröschen sind, die sich im Winter hier verkrochen haben und umgekommen sind, die dann von den strömenden Fluten mit herausgespült werden. Der Weg war etwas feucht. –

Der folgende Tag führte uns nach einem neuen Punkt der Waldfeste Grillenburg. An der Luke vorbei führte der Weg durch einen wunderschönen Tannenwald, verlor sich dann etwas im dichten Gebüsch, tauchte dann aber wieder an einer sonnigen, erdbeerreichen Stelle auf. Dann ging es etwas abwärts, dann wieder empor und plötzlich standen wir vor einer wunderschön gelegenen Burg. Wir stiegen sogleich auf den höchsten Teil der Mauer und ergötzten uns an den schönen Wäldern, die sich in den schönsten Farben vor uns ausbreiteten. Nach rechts war der Blick freier. Ein nettes Dorf lag zu unsern Füßen. Dahinter lag die Goldne Aue. Den Horizont begrenzten die Höhen des Thüringer Waldes. Der Onkel erzählte uns folgende Geschichte, die darauf bezüglich ist. Die Herren der Grillenburg hatten einst die Braut eines Grafen von Mansfeld entführt. Letzterer, untröstlich über den Verlust, verkleidete sich als Troubadour und besuchte alle Burgen der Umgegend, indem er immer ein Lied wiederholte, das, wie er wußte, seine Geliebte recht wohl kannte. Endlich kam er auch zur Grillenburg; vor der Mauer begann er traurig seinen innigen Gesang. Da antwortete ihm plötzlich eine bekannte Stimme und fiel leise in dieselbe Melodie ein. Der freudig überraschte Sänger eilte nach Mansfeld zurück, überfiel bei Nacht die Grillenburg mit seinen Mannen, und als schönste Beute brachte er seine Geliebte mit. –

Der folgende Tag; es war Sonnabend; ist berühmt, weil an ihm der Beschluß zu unsern monatlichen Sendungen und zu der gemeinschaftlichen Kasse gefaßt wurde. W. und ich waren in den Wald gegangen; hier setzten wir uns etwas hin und beratschlagten darüber. Der Plan erstreckte sich zuerst nur auf Poesie und Wissenschaft. Musik war noch ausgeschlossen. Über einzelne Forderungen und Bedingungen entstand ein Streit. Endlich schwiegen wir mißmutig und gingen schweigend zurück in den Garten des Onkels. Hier endlich löste sich unsre Zunge; beide Teile waren nachgiebiger geworden. – An diesem Tag soll nun jährlich ein Fest gefeiert werden, und zwar auf der Rudelsburg, wozu jeder irgendeinen Beitrag schriftlich einliefern muß, dies wird dann oben auf dem Turm vorgelesen. –

Das Ende unsres Aufenthaltes nahte heran. Es war wiederum Sonntag, und Dienstag wollte der W. so durchaus wieder fort. – Den Vormittag hörten wir wieder eine herrliche Predigt. Mittag war wieder der Herr Kantor zu Tisch eingeladen. Nachdem wir in der Betstunde gewesen waren, wo der Onkel die Kinder katechisierte, gingen wir alle vier zusammen etwas spazieren. Wir suchten heute die Überreste eines verwüsteten Dorfes auf. Dichter Wald und Gebüsch bedeckte die Stätte, so daß man kaum durchdringen konnte. Man erkannte noch die Lage des Kirchhofs; sonst waren alle Trümmer dicht bewachsen und unerkennbar. Dann suchten wir Erdbeeren und fanden auch eine ziemliche Menge. Zu Hause zurückgekehrt, beschlossen wir den Tag unter heiteren Gesprächen. Ich möchte gern noch mehreres von den hübschen Erzählungen, die uns der Onkel mitteilte, anführen; aber wie leer kommt mir alles Geschriebene vor, im Gegensatz zu dem lebendigen, mündlichen Wort! Wenn uns jemand eine Geschichte erzählt, so knüpft sich sogleich ein persönliches Interesse daran; wenn dieses aber fehlt, so erscheint uns manches sehr unbedeutend und nichtig. –

Der folgende Tag war ein Packtag. Der Onkel war von vormittags zehn bis vier nachmittags abwesend, und zwar bei einem benachbarten Geistlichen, dessen Geburtstag war. Wir verbrachten diese Zeit, da wir der Einladung des Onkels, mitzukommen, nicht Folge leisteten, unter Abschreiben von schönen Gedichten und Volksliedern, die wir noch nie gesehn hatten, oder mit Aeolodiconspielen und Lesen. Den Nachmittag besuchten wir noch den Herrn Kantor, um von ihm Abschied zu nehmen. Er war wieder so außerordentlich freundlich. Dann wollten wir noch dem Onkel entgegengehn, aber kaum waren wir fort, so trafen wir ihn. Den ganzen Abend verbrachten wir noch sehr angenehm, indem uns der Onkel Abenteuer aus seinem Leben erzählte, die er meistenteils auf Reisen erlebt hatte; wir waren immer sehr gespannt. –

Endlich war der traurige Dienstag herangekommen, wo wir Gorenzen verlassen wollten; ich war sehr betrübt und wäre gar zu gern noch ein paar Tage dageblieben. Aber es mußte nun einmal geschieden sein! –

Wir standen etwas zeitig auf, tranken Kaffee und frühstückten und machten uns dann nach vielem Abschiednehmen auf den Weg. Der Onkel begleitete uns noch ein ziemliches Stück. Dann schied er von uns; mir wurde sehr traurig zumute. Die wenigen Worte des Dankes, die ich ihm sagen konnte, waren für all die Freude, für all diese herrlichen Stunden so unzureichend. Und gerade jetzt, wo mir das großväterliche Haus auf immer geschlossen ist, war mir ein so lieber Ort so wohltuend, so beglückend. –

Der erste Teil des Weges war wunderschön. Bald in den prachtvollsten Wiesen, auf denen noch der Morgentau blitzte, bald durch die dunkelsten Tannenwälder, in ewigem Wechsel. Wie oft schauten wir wehmütig auf die herrliche Gegend zurück! –

Wir eilten jetzt den Ebenen unsres Vaterlandes immer mehr zu; das merkten wir an dem beständigen Herabsteigen. Ein weißer Nebelfleck leuchtete lange am Horizonte; es war der Süße See. Bald winkten uns von fern die Türme von Eisleben. Die Sonne brannte etwas, ich wünschte sehr bald dort zu sein. Auf der Post besorgten wir sogleich unser Gepäck, begaben uns dann in einen Gasthof und nahmen hier etwas zu uns. Dann gingen wir zum Lutherhaus, geführt von einem ehrbaren Handwerker. Ein Seminarist empfing und führte uns zuerst in einen Saal, wo sehr viele Andenken an Luther waren. Handschriften, Bilder von Lucas Cranach, sämtliche Kurfürsten von Sachsen, der Schwan Luthers und andres unzählige. Ein Zimmer daneben enthielt sehr wertvolle alte Gemälde, den Untergang der Welt, den Kreuzestod Jesu, die Auferstehung, mehrere darunter von Lucas Cranach, sonst auch von andern berühmten Meistern. Dann gingen wir die Treppe herunter und traten in die Stube, wo Luther geboren war, wiederum mit vielen Bildern ausgeschmückt. Wir hatten nicht lange Zeit, drum trennten wir uns bald wieder und besuchten noch den Herrn Oberpfarrer Jahr, den ehemaligen Superintendenten von Naumburg. Er nahm uns auf das freundlichste auf und war überrascht, als wir nach einem Halbstündchen schon wieder aufbrachen, lud uns auch zu einem längern Aufenthalt sehr liebenswürdig ein. Sein Sohn, der Primaner, begleitete uns zur Post. In kurzem fuhren wir ab. Mir war es den ganzen Tag sehr unwohl. Auf der langweiligen, staubigen Chaussee wurde es immer schlimmer; ich versuchte zu schlafen, wachte aber immer zu bald wieder von dem lauten Geschwätz meiner Umgebung auf. Besonders zeichnete sich hierin ein junger Reisediener aus, ein gutmütiger Leichtfuß, der trotz seiner beständigen Reisen noch nicht erkannt zu haben schien, daß das Leben auch nur eine Reise sei, aber nach einem ewigen Ziel. – In Halle stiegen wir ab. Mein Freund besuchte noch Verwandte, ich aber ließ mich von einem Jungen, der mein Gepäck trug, auf den Bahnhof führen. Nach unseligen Umwegen kam ich dorthin, ging dort in das Hotel zur Eisenbahn und suchte dort durch Lesen und Essen meine Mißstimmung zu vertreiben. Um sechs begab ich mich auf den Bahnhof selbst, wurde hier noch recht in Schrecken gesetzt, indem mir jemand versicherte, der Zug nach Naumburg wäre schon da. Endlich kam mein Freund, nach längerm Warten auch der Zug, und fort ging's nach Naumburg. Als wir dort um halb neun Uhr ausstiegen, begann es tüchtig zu regnen. Wir waren sehr froh, als wir zu Hause glücklich anlangten und ein jeder seine matten Glieder und den verstimmten Geist durch einen ruhigen Schlaf erquicken konnte. Somit war diese Reise geendet, in vieler Beziehung die angenehmste, die ich seit längerer Zeit gemacht habe. Schade nur, daß mir der letzte Tag der Zurückreise so unangenehm verging! Den andern Tag schrieb ich sogleich noch mit meinem Freund an den Onkel, indem ich mich noch viele Mal bedankte und meine Zurückreise erzählte. – Was soll ich noch anfügen? Meine Aufgabe ist gelöst, mein Ziel erreicht.

Mein Lebenslauf [I]
[Aus dem Jahre 1861]

Die verflossene Zeit des Lebens zu überschauen, und Gedanken an die wichtigsten Ereignisse desselben anzuknüpfen, kann und darf niemandem uninteressant sein, dem seine eigne Sitten- und Geistesentwicklung am Herzen liegt. Denn wenn auch die Keime zu den geistigen und sittlichen Anlagen schon in uns verborgen liegen und der Grundcharakter jedem Menschen gleichsam angeboren ist, so pflegen doch erst die äußern einwirkenden Verhältnisse, die in bunter Mannigfaltigkeit den Menschen bald tiefer, bald flüchtiger berühren, ihn so zu gestalten, wie er als Mann sowohl in sittlicher als geistiger Beziehung auftritt. Günstige Lebensverhältnisse können deshalb, ebenso wie unglückliche, sich sowohl nützlich als schädlich zeigen, je nachdem die verschiedenen Keime zu bösen und guten Neigungen dadurch geweckt werden. Wie oft doch preisen die Menschen die Reichen, Berühmten, überhaupt vom Glück Begünstigten glücklich und wie oft verwünschen nicht gerade jene ihre Lebensstellung, die sie in Laster und Gemütsunruhe gestürzt habe und Neigungen, die ihre Lebensfreude aufzehren, in ihnen erweckt habe. Wofern diese Anschuldigung des Schicksals gerecht ist, wofern überhaupt alle die ihm gemachten Vorwürfe billig sind, so muß diese austeilende Macht entweder blind oder das Prinzip der Ungerechtigkeit sein. Es ist aber ebenso undenkbar, die höchsten Interessen des Menschengeschlechts in die Hände eines gedanken- und unterscheidungslosen Wesens zu legen, als einem urbösen Etwas anzuvertrauen. Denn ein abstraktes, ungeistiges Schöpferisches kann ebensowenig wie ein urböses Wesen unsre Geschicke leiten, da im ersten Fall das Geistlose nicht existieren kann – denn alles, was ist, lebt – im zweiten Fall der dem Menschen angestammte Trieb zum Guten unerklärbar wäre. Es gibt in allem Geschaffnen Stufenleitern, die sich auch auf unsichtbare Wesen erstrecken müssen, wenn nicht die Welt selbst die Urseele sein soll. So bemerken wir einen Fortschritt des Lebens, ausgehend vom Stein, überhaupt dem scheinbar Festen, Starren, fortschreitend zu Pflanzen, Tieren, Menschen und auslaufend in Erde, Luft, Himmelskörper, Welt oder Raum, Stoff und Zeit. Soll hier die Grenze und das Ende sein? Sollen abstrakte Begriffe die Schöpfer alles Seins sein? Nein, über das Stoffliche, Räumliche, Zeitliche hinaus ragen die Urquellen des Lebens, sie müssen höher und geistiger sein, die Lebensfähigkeit unendlich, die Schöpferkraft unbegrenzt sein.

Eine andre Stufenleiter bildet die anwachsende Verteilung der Geisteskräfte, und hier steht von allen sichtbaren der Mensch an der Spitze, da er die größte Geistesausdehnbarkeit hat. Aber die Unvollkommenheit und Beschränktheit des menschlichen Geistes, der die Welt klar durchdringen müßte, wenn er der Urgeist sein sollte, leitet unsre Blicke auf eine höhere, erhabenere Geisteskraft, von der alle andern Geisteskräfte wie von einer Urquelle her fließen. So lassen sich noch viele solche Stufenleitern finden, wie der anwachsende Fortschritt des Stofflichen, Räumlichen, Zeitlichen, der Moral usw. Alle aber – und das ist das Wichtige – bestimmen uns erstens die Existenz des ewigen Wesens, dann auch die Eigenschaften desselben. Nur auf einem guten Wesen und zwar auf einem Prinzip des Guten kann die Austeilung der Geschicke ruhen und wir müssen nicht verwegen den Schleier zu heben wagen, der über der Leitung unsrer Verhältnisse gebreitet ist. Wie vermöchte auch der Mensch mit seinen so gering ausgebreiteten Anlagen des Geistes die erhabenen Pläne zu durchdringen, die der Urgeist aussann und ausführt! Es gibt keinen Zufall; alles was geschieht, hat Bedeutung, und je mehr die Wissenschaft forscht und sucht, desto einleuchtender wird der Gedanke, daß alles, was ist oder geschieht, ein Glied einer verborgenen Kette sei. Wirf deinen Blick auf die Geschichte; glaubst du, daß bedeutungslos die Zahlen sich aneinanderreihen? Schaue den Himmel an; meinst du, daß ordnungs- und gesetzlos die Himmelskörper ihre Bahnen wandeln? Nein, nein! Was geschieht, das geschieht nicht von ungefähr, ein höheres Wesen leitet berechnend und bedeutungsvoll alles Erschaffne.

Mein Lebenslauf [II]
[Aus dem Jahre 1861]

Es macht auf mich immer einen eigentümlichen Eindruck, wenn ich auf die verflossnen Jahre zurückschaue und mir längst geschwundene Zeiten vergegenwärtige. Jetzt erst erkenne ich, wie manche Ereignisse auf meine Entwicklung eingewirkt haben, wie sich Geist und Herz durch den Einfluß der umgebenden Verhältnisse gestaltet haben. Denn wenn auch die Grundzüge des Charakters jedem Menschen gleichsam angeboren sind, so bilden doch erst die Zeit und die Umstände diese rohen Keime aus und prägen ihnen bestimmte Formen auf, die dann durch die Dauer fest und unverlöschlich werden. Wenn ich nun mein Leben ansehe, so finden sich mehrere

Ereignisse, deren Einflüsse auf meine Entwicklung unverkennbar sind. Diese Vorfälle sind aber eben nur für mich bedeutsam und mögen für andre wenig Anziehendes haben.

Mein Vater war Geistlicher zu Röcken, einem Dorf, das in der Nähe von Lützen liegt und sich an der Landstraße hinstreckt. Rings wird es durch mehrere größere Teiche, teils durch frische Waldungen umgeben, ist aber sonst weder schön, noch anziehend gelegen. Hier bin ich am 15. 10. 1844 geboren und erhielt meinem Geburtstag zufolge den Namen Friedrich Wilhelm. Was ich über die ersten Jahre meines Lebens weiß, ist zu unbedeutend, es zu erzählen. Verschiedene Eigenschaften entwickelten sich schon sehr frühe, eine gewisse betrachtende Ruhe und Schweigsamkeit, durch die ich mich von andern Kindern leicht fernhielt, dabei eine bisweilen ausbrechende Leidenschaftlichkeit.

Bedeutungsvoll war für mich das Jahr 1848. Neue Eindrücke nahm ich hier in mich auf; ich lernte das Kriegswesen durch die Einquartierung von Husaren kennen. Von der ausgebreiteten Revolution blieb unser Ort verschont, doch erinnere ich mich noch wohl, auf der Landstraße häufig Wagen mit großen bunten Fahnen und Leuten, die Lieder sangen, gesehen zu haben. Wichtiger wurde für mich noch das Jahr durch die Krankheit meines Vaters, die sich noch bis ins folgende Jahr hinzog und dann schnell das Ende herbeibrachte. Es war eine Gehirnentzündung, in ihren Symptomen der Krankheit des höchst seligen Königs ungemein gleich. Trotz der ausgezeichneten Beihilfe des Hofrat Opolcer nachher Kaiserl. österreich. Leibarzt, nahm die Krankheit einen reißenden Fortgang. Unruhe und Besorgnis breitete sich um unser Haus, das früher der Aufenthalt der schönsten Glückseligkeit gewesen war. Und wenn ich auch die Größe der bevorstehenden Gefahr nicht völlig begriff, so mußte doch die traurige, angstvolle Stimmung auf mich einen beunruhigenden Eindruck machen. Die Leiden meines Vaters, die Tränen meiner Mutter, die sorgenvollen Mienen des Arztes, endlich die unvorsichtigen Äußerungen der Landleute mußten mich ein drohendes Unglück ahnen lassen. Und dieses Unglück brach endlich ein.

Das war jene erste verhängnisvolle Zeit, von der aus sich mein ganzes Leben anders gestaltete.

Mein Lebenslauf [III]
[Aus dem Jahre 1861]

Ich bin zu Röcken geboren, einem Dorf, das in der Nähe von Lützen liegt und sich an der Landstraße entlang hinzieht. Rings wird es von Weidengebüsch und vereinzelten Pappeln und Ulmen umschlossen, so daß aus der Ferne nur die ragenden Schornsteine und der altertümliche Kirchturm durch die grünen Wipfel hindurchschauen. Innerhalb des Dorfes breiten sich größere Teiche aus, nur durch schmale Landstrecken voneinander getrennt: ringsum frisches Grün und knorrige Weiden. Etwas höher liegt das Pfarrhaus und die Kirche, ersteres von Gärten und Baumpflanzungen umgeben. Dicht grenzt der Friedhof an, voll von eingesunknen Grabsteinen und Kreuzen. Die Pfarrwohnung selbst wird von drei schön gewachsenen weitästigen Ulmen beschattet und macht durch ihren stattlichen Bau und ihre innere Einrichtung auf jeden Besucher einen angenehmen Eindruck.

Hier bin ich am fünfzehnten Oktober 1844 geboren und erhielt meinem Geburtstag angemessen den Namen: »Friedrich Wilhelm«. Was ich über die ersten Jahre meines Lebens weiß, ist zu unbedeutend, um es zu erzählen. Verschiedne Eigenschaften entwickelten sich schon sehr frühe. So eine gewisse Ruhe und Schweigsamkeit, durch die ich mich von andern Kindern leicht fern hielt, dabei eine bisweilen ausbrechende Leidenschaftlichkeit. Von der Außenwelt unberührt lebte ich in einem glücklichen Familienkreis; das Dorf und die nächste Umgebung war meine Welt, alles Fernerliegende ein mir unbekanntes Zauberreich. – Der heitre Himmel, der mich bis jetzt umlacht hatte, wurde plötzlich von schwarzen, unheilschwangeren Wolken getrübt. Mein Vater erkrankte gefährlich, ohne daß wir die Ursache der Krankheit durchschauten. Der scharfe Blick des Hofrats Opolzer erkannte sofort die Symptome einer Gehirnerweichung. Der Zustand wurde immer schlimmer, immer bedenklicher. Die zunehmenden Leiden meines Vaters, sein Erblinden, seine abgezehrte Gestalt, die Tränen meiner Mutter, die sorgenvollen Mienen des Arztes, endlich die unvorsichtigen Äußerungen der Landleute mußten mich ein drohendes Unglück ahnen lassen. Und dieses Unglück brach auch ein – mein Vater starb. –

Ich übergehe meinen Schmerz, meine Tränen, die Leiden meiner Mutter, die tiefe Betrübnis des Dorfes. Wie hat mich das Begräbnis ergriffen! Wie drangen mir die dumpfen Sterbeglocken durch Mark und Bein! Zuerst fühlte ich, daß ich verwaist und vaterlos sei, daß ich einen liebevollen Vater verloren habe. Sein Bild steht noch lebendig vor meiner Seele: eine hohe, schmächtige Gestalt mit feinen Gesichtszügen und wohlwollender Freundlichkeit. Überall beliebt und gern gesehn, sowohl wegen seines geistreichen Gesprächs, als seiner teilnehmenden Herzlichkeit, von den Bauern geehrt und geliebt, als Geistlicher durch Wort und Tat segensreich wirkend, in der Familie der zärtlichste Gatte, der liebevollste Vater, war er das vollendete Musterbild eines Landgeistlichen.

»Ach sie haben
Einen guten Mann begraben,
Und mir war er mehr!«

Einige Monate darauf betraf mich ein zweites Unglück, das ich durch einen sonderbaren Traum vorausahnte. Mir war es, als hörte ich aus der nahen Kirche dumpfen Orgelton. Überrascht öffne ich das Fenster, das der Kirche und dem Friedhof zugewandt war. Das Grab meines Vaters tut sich auf, eine weiße Gestalt steigt herauf und verschwindet in der Kirche. Die düsteren, unheimlichen Klänge rauschen fort; die weiße Gestalt erscheint wieder, etwas unter dem Arm tragend, das ich nicht deutlich erkannte. Der Hügel hebt sich, die Gestalt versinkt, die Orgel verstummt – ich erwache. Am folgenden Morgen wird mein jüngerer Bruder, ein lebhaftes und begabtes Kind, von Krämpfen überfallen und ist in einer halben Stunde tot. Er wurde ganz unmittelbar an dem Grabe meines Vaters beerdigt. –

Die Zeit, wo wir von unsrer geliebten Heimat scheiden sollten, rückte heran. Der letzte Tag und die letzte Nacht stehen mir noch besonders lebendig vor der Seele. Am Abend spielte ich noch mit mehreren Kindern, eingedenk, daß es das letzte Mal sei, und nahm dann von ihnen, wie auch von allen Orten, die mir lieb und teuer geworden waren, Abschied. Die Abendglocke hallte mit wehmütigem Klange durch die Fluren; mattes Dunkel breitete sich über unser Dorf, der Mond stieg auf und schaute bleich auf uns herab. Ich konnte nicht schlafen; unruhig und aufgeregt warf ich mich auf meinem Lager umher und stand endlich auf. Im Hof standen mehrere beladne Wagen, der matte Schein einer Laterne beleuchtete die Hofräume. Nie erschien mir meine Zukunft so dunkel und ungewiß, als damals. Sobald der Morgen graute, wurden die Pferde angeschirrt; wir fuhren durch den Morgennebel fort und riefen unsrer lieben Heimat wehmütig ein Lebewohl zu.

Naumburg, das Ziel unserer Reise machte auf mich einen höchst sonderbaren Eindruck. Das viele Neue, Kirchen und Häuser, öffentliche Plätze und Straßen, alles erregte mein Erstaunen und verwirrte zuerst meine Sinne. Auch die Umgegend zog mich sehr an, die durch ihre schönen Berge und Flußtäler, Schlösser und Burgen die ländliche Einfachheit meiner Heimat sehr in Schatten stellte. Bald auch begann ich meine Schullaufbahn und wurde nach genügenden Vorkenntnissen einem Institut zum Unterricht übergeben. Diese Zeit wurde für mich auch besonders dadurch wichtig, daß ich damals zuerst die beiden Knaben kennenlernte, mit denen verbunden ich bis jetzt in treuer Freundschaft stehe. Überhaupt wurde meine Bekanntschaft erweitert; ich wurde von mehreren Familien freundlich aufgenommen und begann mich wieder heimisch und wohl zu fühlen. Im Kreis meiner Freunde verlebte ich frohe und glückliche Stunden; gleiche Bestrebungen, gleiche Wünsche banden unsere Seelen immer fester aneinander, so daß wir Freude und Leid gemeinsam genossen und ertrugen. Wie unbedeutend erscheinen doch die Trübsale der Knabenjahre! Leichte, fliehende Wolken verdunkeln die aufgegangene Sonne; wenn aber die Sonne hoch steht und die Erde dennoch düster erscheint, dann müssen wahrlich schwere, drohende Wolken sie verschleiern. – Bald auch wurde ich als reif für das Gymnasium erklärt und betrat jene Räume, die ich schon früher immer mit einem geheimen Schauer betrachtet hatte. Die düsteren Lehrzimmer, die strengen und gelehrten Mienen meiner Lehrer, die vielen, so erwachsenen Mitschüler, die mit Geringschätzung auf mich herabsahen und im Gefühl eigner Würde die Neulinge kaum beachteten, alles dies machte mich ängstlich und scheu, und erst allmählich gewöhnte ich mich, meine Stellung mit mehr Zuversicht und Ruhe zu behaupten. Zu gleicher Zeit entwickelten sich auch verschiedne Lieblingsneigungen, von denen einige sich bis jetzt erhalten haben. Insbesondere war es die Neigung zur Musik, die im Laufe der Zeit nur zunahm und jetzt unerschütterlich fest in meiner Seele wurzelt.

Ich war regelmäßig bis Tertia vorgerückt und hatte hier schon ein Semester zugebracht, da traf mich eine Veränderung, die körperlich und geistig bedeutungsvoll auf mich eingewirkt hat. Es wurde uns eine Pförtner Alumnatsstelle angetragen; mir wurde ganz anheimgestellt, ob ich sie annehmen oder ausschlagen wollte. Schon früher hatte ich immer eine Zuneigung für Pforte gehegt, teils weil mich der gute Ruf der Anstalt und die berühmten Namen dort gewesener und dort seiender Männer anzogen, teils weil ich ihre schöne Lage und Umgebung bewunderte. Ich entschied mich schnell für die Annahme der Stelle und habe es nie bereut. Wenn auch die Trennung von Mutter, Schwester und lieben Freunden mir zuerst schwer fiel, so schwand dieses Gefühl doch sehr bald und ich fühlte mich bald hier wieder zufrieden und wohl. Ich verkenne nicht, wie wohltätig Pforte auf mich einwirkt, und ich kann nur wünschen, daß ich mich schon hier und noch mehr in spätren Zeiten immer als ein würdiger Sohn der Pforte erweise. –

Brief an meinen Freund, in dem ich ihm meinen Lieblingsdichter zum Lesen empfehle

19. 10. 61

Lieber Freund!

Einige Äußerungen aus deinem letzten Brief über Hölderlin haben mich sehr überrascht, und ich fühle mich bewogen, für diesen meinen Lieblingsdichter gegen dich in die Schranken zu treten. Ich will dir deine harten, ja ungerechten Worte noch einmal vor Augen führen; vielleicht, daß du schon jetzt eine andre Meinung hegst: »Wie Hölderlin dein Lieblingsdichter sein kann, ist mir völlig unerklärlich. Auf mich wenigstens haben diese verschwommenen, halbwahnsinnigen Laute eines zerrissenen, gebrochnen Gemütes nur einen traurigen, mitunter abstoßenden Eindruck gemacht. Unklares Gerede, mitunter Tollhäuslergedanken, heftige Ausbrüche gegen Deutschland, Vergötterung der Heidenwelt, bald Naturalismus, bald Pantheismus, bald Polytheismus, wirr durcheinander – dies alles ist seinen Gedichten aufgeprägt, allerdings in wohlgelungenen, griechischen Metren.« In wohlgelungenen, griechischen Metren! Mein Gott! Das ist dein ganzes Lob? Diese Verse (um nur von der äußeren Form zu reden) entquollen dem reinsten, weichsten Gemüt, diese Verse, in ihrer Natürlichkeit und Ursprünglichkeit die Kunst und Formgewandtheit Platens verdunkelnd, diese Verse, bald im erhabensten Odenschwung einherwogend, bald in die zartesten Klänge der Wehmut sich verlierend, diese Verse kannst du mit keinem andern Wort beloben, als mit dem schalen, alltäglichen »Wohlgelungen«? Und das ist wahrlich nicht die größte Ungerechtigkeit. Unklares Gerede und mitunter Tollhäuslergedanken! Aus diesen schnöden Worten leuchtet mir soviel ein, daß du erstens von einem abgeschmackten Vorurteil gegen Hölderlin befangen bist, und zweitens vor allem, daß dir die Werke desselben nichts als unklare Einbildungen sind, indem du weder seine Gedichte, noch seine übrigen Erzeugnisse gelesen hast. Überhaupt scheinst du in dem Glauben zu stehen, als ob er nur Gedichte geschrieben hätte. So kennst du denn also nicht den Empedokles, dieses so bedeutungsvolle dramatische Fragment, in dessen schwermütigen Tönen die Zukunft des unglücklichen Dichters, das Grab eines jahrelangen Irrsinns, hindurchklingt, aber nicht, wie du meinst, in unklarem Gerede, sondern in der reinsten, sophokleischen Sprache und in einer unendlichen Fülle von tiefsinnigen Gedanken. Auch den Hyperion kennst du nicht, der in der wohlklingenden Bewegung seiner Prosa, in der Erhabenheit und Schönheit der darin auftauchenden Gestalten auf mich einen ähnlichen Eindruck macht, wie der Wellenschlag des erregten Meeres. In der Tat, diese Prosa ist Musik, weiche schmelzende Klänge, von schmerzlichen Dissonanzen unterbrochen, endlich verhauchend in düstren, unheimlichen Grabliedern. – Aber das Gesagte betraf vornehmlich nur die äußere Form; erlaube mir nun noch, einige Worte über die Gedankenfülle Hölderlins anzufügen, die du als Verwirrtheit und Unklarheit zu betrachten scheinst. Wenn dein Tadel auch wirklich einige Gedichte aus der Zeit seines Irrsinns trifft, und selbst in den frühern mitunter der Tiefsinn mit der einbrechenden Nacht des Wahnsinns ringt, so sind doch die bei weitem zahlreichsten derselben reine, köstliche Perlen unsrer Dichtkunst überhaupt. Ich verweise dich nur auf Gedichte, wie »Rückkehr in die Heimat«, »der gefesselte Strom«, »Sonnenuntergang«, »der blinde Sänger«, und führe dir selbst die letzten Strophen aus der »Abendphantasie« an, in dem sich die tiefste Melancholie und Sehnsucht nach Ruhe ausspricht.

Am Abendhimmel blühet ein Frühling auf;
Unzählig blühn die Rosen, und ruhig scheint
Die goldne Welt; o dorthin nehmt mich,
Purpurne Wolken! und mögen droben

In Licht und Luft zerrinnen mir Lieb und Leid! –
Doch, wie verscheucht von törichter Bitte, flieht
Der Zauber. Dunkel wird's, und einsam
Unter dem Himmel, wie immer, bin ich.

Komm du nun, sanfter Schlummer! Zu viel begehrt
Das Herz, doch endlich, Jugend, verglühst du ja!
Du ruhelose, träumerische!
Friedlich und heiter ist dann mein Alter.

In anderen Gedichten, wie besonders in dem »Andenken« und der »Wanderung«, erhebt uns der Dichter zur höchsten Idealität, und wir fühlen mit ihm, daß diese sein heimatliches Element war. Endlich ist noch eine ganze Reihe von Gedichten bemerkenswert, in denen er den Deutschen bittre Wahrheiten sagt, die leider nur oft allzu begründet sind. Auch im Hyperion schleudert er scharfe und schneidende Worte gegen das deutsche »Barbarentum«. Dennoch ist dieser Abscheu vor der Wirklichkeit mit der größten Vaterlandsliebe vereinbar, die Hölderlin auch wirklich in hohem Grade besaß. Aber er haßte in dem Deutschen den bloßen Fachmenschen, den Philister. –

In dem nicht vollendeten Trauerspiel »Empedokles« entfaltet uns der Dichter seine eigne Natur. Empedokles' Tod ist ein Tod aus Götterstolz, aus Menschenverachtung, aus Erdensattheit und Pantheismus. Das ganze Werk hat mich immer beim Lesen ganz besonders erschüttert; es lebt eine göttliche Hoheit in diesem Empedokles. Im Hyperion hingegen, ob er gleich von verklärendem Schimmer umflossen scheint, ist alles unbefriedigt und unerfüllt; die Gestalten, die der Dichter hervorzaubert, sind »Luftbilder, die in Tönen, Heimweh weckend, uns umklingen, uns entzücken, aber auch unbefriedigte Sehnsucht erwecken«. Nirgends aber auch offenbart sich die Sehnsucht nach Griechenland in reineren Klängen, als hier; nirgends auch tritt die Seelenverwandtschaft Hölderlins mit Schiller und Hegel, seinem vertrauten Freund, deutlicher hervor.

Nur zu wenig habe ich bis jetzt berühren können, aber ich muß es dir, lieber Freund, überlassen, aus den angedeuteten Zügen ein Bild des unglücklichen Dichters dir zusammenzustellen. Daß ich dir die Vorwürfe, die du ihm wegen seiner widersprechenden Religionsansichten machst, nicht widerlege, mußt du meiner allzu geringen Kenntnis der Philosophie zuschreiben, die ein näheres Betrachten jener Erscheinung im hohen Maße erfordert. Vielleicht unterziehst du dich einmal der Mühe, näher auf diesen Punkt einzugehn und durch die Beleuchtung desselben etwas Licht auf die Ursachen seiner Geisteszerrüttung zu werfen, die allerdings schwerlich hierin ihre einzigen Wurzeln haben.

Du verzeihst mir gewiß, wenn ich mich in meiner Begeisterung mitunter zu harter Worte gegen dich bedient habe; ich wünsche nur – und das betrachte als den Zweck meines Briefes – daß du durch denselben zu einer Kenntnisnahme und vorurteilsfreien Würdigung jenes Dichters bewogen würdest, den die Mehrzahl seines Volkes kaum dem Namen nach kennt.

Dein Freund

FW Nietzsche

Chronik der Germania

Am 22. September 1862

Wenn das vorige Quartal eine große Regsamkeit der Germaniamitglieder zeigte, die sich schließlich zu einem höchst interessanten Konvente gipfelte, wenn wir deshalb am 14. April dieses Jahres mit Berechtigung die Hoffnung aussprachen, daß die eifrige Tätigkeit oder vielmehr der tätige Eifer, mit dem wir unsere Germania auszubilden und zu erweitern suchten, allmählich die Exklusivität der bisherigen Leistungen verschwinden lassen werde, so geschah dies mit spezieller Bezugnahme auf die Politik und neuere Geschichte, und sodann namentlich auf die bisher nicht berücksichtigten Künste.

Seit dem April sind nun fünf Monate verflossen, deren Resultate für die Germania durchaus ungünstig sind. Sei es, daß die Verhältnisse dagegen wirkten – denn man weiß, wie Schularbeiten, Tanzstunden, Herzenssachen, politische Aufregungen usw. die leichten Verhaue unsrer Germaniastatuten niederwerfen – sei es auch, daß wir nur einem Gesetz der historischen Notwendigkeit unterliegen, dem der Reaktion nach einer starken Regsamkeit (unsern Freund Pinder nehme ich aus, der dies als unchristlich verdammt und prinzipiell Schulzwang vorwälzt), sei dem nun, wie ihm wolle, die Tatsache steht fest, daß ein Verfassungsbruch geschehn ist, daß die Heiligkeit der Statuten verletzt, daß die Germania in innerer Zerstreuung, Zerrissenheit und Apathie fast zugrunde gegangen wäre. Finanzielle Indifferenzen und Ungesetzlichkeiten charakterisieren den Anfang dieser Periode – wie alle großen Brüche mit der Vergangenheit, Reformation und Revolution mit einem Finanzschwindel sich ankündigten –. Ein Zeichen aber für die immer noch gesunde Natürlichkeit unsrer Germania scheint mir in dem jetzt allseitig erwachenden Bewußtsein zu liegen, daß wir sämtlich gesündigt und in der Gegenwart für eine doppelt gesteigerte Tätigkeit und Regsamkeit Sorge zu tragen haben. Dies Bewußtsein möge uns bei der heutigen Regenerierung unsrer Germania leiten und uns zu einer inneren Kräftigung derselben die passenden Mittel in die Hand geben.

Unsre heutige Tätigkeit wird sich deshalb vorzüglich auf folgende Punkte konzentrieren müssen:

1. Wie kann und bis wann muß ein jeder seine noch fehlenden Einsendungen nachliefern?
2. Wie beseitigen wir unsre finanzielle Not und wie regulieren wir unsre Einkaufsstatuten?
3. Wie ordnen wir überhaupt unsre Statuten, um Überschreitungen, wie die vorliegenden unmöglich zu machen?
4. Durch welches Mittel werden wir am meisten zu eifriger Tätigkeit angeregt?

Ich erlaube mir, eine kurze Beantwortung dieser Fragen Ihnen vorzulegen.

Zuerst nun muß ein jeder seine bisherigen Einsendungen zählen und nachsehn, wie viele noch von 25 gesetzlichen Einsendungen fehlen. Dazu wird es nötig sein, daß einer mit möglichster Sorgfalt eine Liste sämtlicher Lieferungen veranstaltet und den betreffenden Monat zu jeder Einsendung bemerkt. Von der Zahl der fehlenden Lieferungen und den Erklärungen des betreffenden Mitglieds wird es abhängen, bis zu welcher Zeit er alles nachliefern und ergänzen wolle. Sind diese Erklärungen gegeben, und schriftlich konstatiert, so beantrage ich ein allgemeines Amnestiegesetz für die einzelnen Mitglieder. Schließlich versichert Verfasser, nachweisen zu können, daß von ihm sämtliche 25 Aufsätze, Gedichte und Kompositionen geliefert oder vielmehr wenigstens zur Abschreibung oder Ablieferung vorrätig liegen. Seine Vergehungen beziehen sich mehr auf das pekuniäre Gebiet. Von Gustav Krug liegen mir etwa elf musikalische Einsendungen und etwa sieben Gedichte und Aufsätze vor; ich verbürge mich indes nicht für die Richtigkeit dieser Zahlen, ebensowenig bei Wilhelm Pinder, wo ich mich etwa nur an 16 Aufsätze und Gedichte erinnern kann.

Unsre finanziellen Nöte schreiben sich insbesondere von der Anschaffung Tristans und Isoldens von R. Wagner her, die auf Antrag G. Krugs erfolgt ist. Wie er sich selbst erboten hat, verzichtet er auf die nächsten Anrechte des Neuankaufs, und ich bitte ihn, sich darüber genau und schriftlich zu erklären. Sodann fehlen noch die Geldbeiträge einiger Mitglieder seit einiger Zeit, zu denen sich Verfasser selbst bekennt; zu loben für im allgemeinen pünktliche Bezahlung ist Mitglied G. Krug. Ich veranlasse die einzelnen, die Termine zu bestimmen, bis zu denen alles Fehlende nachgeliefert ist. Schließlich fordere ich den Kassenrendanten auf, die Verwaltung des Germaniavermögens in dieser Chronik zu fixieren und Ausgaben und Einnahmen bis aufs genauste zu berechnen.

Über den dritten Punkt, die Ordnung der Statuten, erwarte ich einen Antrag eines Mitgliedes, an den wir die Diskussion anschließen wollen.

Es bleibt noch übrig, meinen schon gemachten Vorschlag zu einem Preisthema als besonderes Anregungsmittel der einzelnen Mitglieder allseitig zu genehmigen und die bestimmten Termine schriftlich niederzulegen.

Zum Schluß erlaube ich mir noch die Bitte, das Amt eines Chronisten auch noch bis Weihnachten fortzuführen, indem ich bis jetzt keine Tätigkeit in dieser Beziehung entwickeln konnte. Ich werde Weihnachten in meiner Überschau über die Leistungen des vergangenen Jahres wieder an unsre Ostersynode anknüpfen und die bis dahin nachgelieferten Einsendungen den Monaten nach besprechen.

Ich endige mit dem Wunsch, daß unsre heutige improvisierte Synode nicht nur eine Luftblase sein möge, die aus der Verdumpfung und Versumpfung unsrer Germania aufsteigt, sondern ein entschiedener Reinigungsprozeß, eine Scheidung alles Faulen und Verderblichen, eine Läuterung der reinen und edlen Bestandteile, auf denen sie gegründet ist.

FW Nietzsche, Chronist

Meine literarische Tätigkeit, sodann meine musikalische. 1862

Vor den Osterferien entstand das Gedicht »Ermanarich«. In den Ferien der Aufsatz »Fatum und Geschichte«. Las sonst Emerson, Büchner in den Anregungen für Kunst usw., fing in Pforte Schillers Ästhetische Erziehung usw. an. Stöckerts Tagebücher am 29. April gelesen. Petöfi kennengelernt. Von Longfellow ausgezeichnetes Gedicht »die alte Uhr« übersetzt von Pertz. Materialismus.

Hundstage 1861 beendigt »Schmerz ist der Grundton der Natur«, vierhändig. Michaelis viel an der Serbia gearbeitet, zuletzt aufgegeben etwa um Weihnachten. Ungarische Skizzen »die Heideschenke, Siegesmarsch, Wilde Träume« bis 2. Februar 1862 vollendet, dann bis Ostern »Heldenklage«. In Ostern den Plan zum »Merlin« gefaßt. 29. April Einleitung komponiert »Satan steigt aus der Hölle auf«. 30. April. Gefällt mir nicht mehr; es ist so schwer das Satanische zu treffen und die Kandida richtig zu zeichnen.

[Aus dem Jahre 1862]

Michaelis 1861 war es, wo ich in wenigen Tagen das vorliegende Bruchstück der Ermanarichsinfonie anfing und vollendete; für zwei Klaviere berechnet nach dem Vorbild der Dantesinfonie, die ich kurz vorher hatte kennenlernen. Es war eine Zeit, in der der Ermanarichstoff mich heftiger als je bewegte, zur Dichtung war ich noch zu sehr erschüttert und noch nicht fern genug, um ein objektives Drama zu schaffen; in der Musik aber erfolgte der Niederschlag meiner Stimmung, in der sich die Ermanarichsage völlig inkarniert hatte. Trotzdem schwankte ich noch, wie ich das Produkt taufen sollte, ob »Ermanarichsinfonie« oder »Serbia«, da ich den Plan hatte, ähnlich wie in der »Hungaria« Liszts geschehen, die Gefühlswelt eines slawischen Volkes in einer Komposition zu umfassen, da ich ferner den Gefühlsgang, der die Schöpfung durchwogte, noch nicht unparteiisch sezieren konnte und nur ahnte, was ich darin ausgesprochen. Es ist jetzt gerade ein Jahr danach, wo ich genau die Stimmungen, die Wechsel der Gefühle sich in ihr drängen und stoßen finde, oft unvermittelt und herbe, die die Hauptpersonen des Ermanarichstoffes durchwühlen und damals meine Seele erfüllten.

Jetzt bei der Revision des Bruchstückes habe ich das in der ersten Fassung oft nur Angedeutete in schärferer Fassung wiederzugeben gesucht. Einzelne fehlende Momente habe ich eingefügt, insbesondere ist das Ende ziemlich ganz neu und seiner Wildheit nach bei weitem alles überbietend, was mir in der ersten Fassung vorlag.

Allerdings, es sind keine Goten, keine Deutschen, die ich gezeichnet, es sind – ich wage es zu behaupten – Ungargestalten; der Stoff ist aus der germanischen Welt in die ungarischen Pußten, in die ungarischen Glutseelen getragen. Und das ist der Hauptfehler des Ganzen. Sodann fehlen auch den Personen jene urgermanischen, mächtigen Züge und Eigenschaften, die Gefühle sind mehr wühlend, modernisiert, zu viel Reflexion und zu wenig Naturkraft. Nach diesen allgemeinen Bemerkungen werde ich möglichst deutlich das aussprechen, was mir jetzt, als ich das Bruchstück genauer durchforschte, als die Fäden des Verständnisses in die Hände fielen.

Die ersten Takte – heroisch düster – führen uns den greisen A Heroisch-düster
Ermanarich vor, eine ernste, wilde Heldenpersönlichkeit, der
Milde und Zartheit fern, die auf ihre verrauschten Lebenswogen kalt herabschaut. Die nächsten sechs Takte zeigen mehr
Lebhaftigkeit und Unruhe, eine leise Freude schimmert durch B Lebhafter. Dreivierteltaktrhythmus
– erwartet doch der alte Held den Brautzug mit der lieblichen
Swanhild, angeführt von seinem Sohn Randwe! Von ferne C Immer feuriger
klingen die Töne eines nationalen Marsches, der Zug kommt
näher, die Gefühle Ermanarichs steigern sich zu leidenschaft- D Mit Hast

licher Hast. Ist es Ungeduld, oder denkt er seines Sohnes, sei-
nes heißblütigen Randwe? Ahnt er, fürchtet er? Seine stürmi-
schen Gefühle verschlingt der machtvoll eintretende Hoch- E Großartig
zeitsmarsch, voll ungarischer Glut und Kraft. Währenddem
wogt der Zug bis an seinen Palast heran; Swanhild, von
Jungfrauen umringt, geht auf den König zu, von Harfen- F Lind und innig
klängen eingeführt, »lind, wie der Sonnenstrahl, der in den
Sälen glänzt« (Edda), aber doch durchhaucht von Besorgnis,
wenn sie den greisen, blitzaugigen Ermanarich anschaut. Das
folgende Motiv, basierend auf den Tönen, die das Swanhil- G Mit starkem
denthema durchklingen – andeutend die Gleichstimmung der Ausdruck. Taktfrei zu
Seelen – tritt grell und heftig auf, schmerzdurchwühlt, gram- spielen
umnachtet. Randwe empfindet den Zwiespalt der Verhältnisse
stark und leidenschaftlich, den Zwiespalt seiner Liebe und der
Liebe seines Vaters; weltschmerzliche Verbitterung, daß seine
Liebe zerstört, unheimliche Gedanken durchzucken ihn und
ziehen nieder in die Tiefe, stumm fragend. Da dringen von
fern die Klänge des Hochzeitsmarsches an ihn heran, heiter H Im Takt. Leb-
und traurig, herbe und süß: Randwe bricht in Wut aus, er haft
flucht und tobt, leidenschaftliche Triolen, *impetuoso* vorgetra- I Leidenschaft-
gen, zeichnen seine Verzweiflung. Seine Liebe zu Swanhild lich drängend
dringt durch, er wird weicher gestimmt, aber doch noch ist er K Ruhiger. All-
furchtbar aufgeregt, die Gedanken und Gefühle stürmen und mählich schneller
wechseln in ihm. Die für ihn fürchterlichen Klänge des Hoch-
zeitsmarsches umziehn seine Seele, reißen sie fort, immer
schneller, immer stürmischer. Hier liegt in dem Ermanarich-
Drama der Punkt, wo Randwe in den Hochzeitssaal herein-
stürzt, wütend Swanhild an sich reißt, wo Ermanarich seinen L Sehr stürmisch
Dolch nach ihm wirft. Die Musik drückt bloß die wachsende
Leidenschaft aus, jähe Aufschreie der Verzweiflung, dann
plötzliches Entsetzen über seine Tat, die Wut Ermanarichs,
dessen Augen rollen, dessen Seele aufflutet, der den Sohn ver-
flucht, dem Henker übergibt; dann wie in Betäubung dasteht, M pp. Immer
von den Wellen der Wut verschlungen, stumm und finster. schwächer
Leise setzen die Musikanten das Hochzeitsmarschmotiv ein:
das packt Ermanarichs Seele, das rüttelt ihn aus seiner Be- N Fragend. Sehr
täubung; das Fürchterliche übermannt ihn plötzlich, ozean- schnell
artig tost er auf; der Rhythmus der Hochzeitsklänge klingt O ffff. Impetuo-
verzerrt, wie aus wildem Traum auftauchend, in seiner Seele so Tremolo
Tiefe. Ein Geiger nimmt das Thema wehmütig, doch slawisch Langsam wie träumend
trotzig auf. Ein letzter Aufschrei Ermanarichs – voll ungari- Recitativisch –
scher Wildheit – und der erste Teil eines Dramas ist ausge- Sehr schnell –
spielt, alles ist stumm, tot, harrend auf Erlösung. –

Ich füge nun noch einige Anmerkungen über das Formelle hinzu.

Der ganze Wechsel der Stimmungen ist sonderbarerweise in ganzen Taktteilen ausgedrückt, indessen sind für den Vortrag eine Menge wechselnde Rhythmen hervorzuheben. Dreivierteltaktrhythmus ist an mehreren Stellen. An andern wieder weder Rhythmus, noch Takt, es ist ausdrücklich bemerkt, daß sie taktfrei zu spielen sind. Einigemal ist das richtige Tempo in seinem raschen Wechsel sehr schwer zu treffen. So zum Schluß, wo ein Hineinleben in den fürchterlichen Vorgang allein das richtige Spiel lehren kann. Schwer hervorzuheben ist insbesondere die Ironie des Hochzeitsmarschmotivs.

Unmittelbar vor dem Nationalmarsch im Anfang sind mehrere sehr kühne Übergänge. Von Ges-dur plötzlich nach g cis e a, dann von Ges-dur in d-moll. Der Weltschmerz wird durch seltsame Harmonien eingeführt, die sehr herbe und schmerzlich sind und mir anfangs durchaus mißfielen. Jetzt erscheinen sie mir durch den Gang des Ganzen etwas wenigstens gemildert und entschuldigt. Das Drängen und Jagen der Leidenschaft zuletzt mit ihren plötzlichen Übergängen und stürmischen Ausbrüchen strotzt von harmonischen Ungeheuerlichkeiten, über die ich nicht zu entscheiden wage. Das Entsetzlichste ist der Sprung aus Des-dur in ffff f as ces d mit a im Baßtremolo. Das folgende d-moll ist mysteriös, besonders stört das tiefe es darin.

So liegt das ganze Bruchstück denn vor mir, abschreckend durch seine Wildheit und Herbe und wartend auf die Lösung, auf Befreiung von der drückenden Schwüle, die auf dem Schlusse lastet.

Die Beendigung des Ganzen ist meine nächste größere Aufgabe; ihre Beurteilung wird dem Chronisten des nächsten Quartals zukommen, ebenso wie eine Würdigung des Ganzen, unparteiischer als die meinige sein kann. –

[Aus dem Jahre 1862]

Ich bitte im voraus, die Behandlung meiner eignen Gedichte mir nicht als eitles Selbstinteressantsein aufzufassen. Ich stehe den Zeiten, die ich mit ihren Wirkungen auf mich darzustellen versuche, zu fern, um selbstgefällige Kritiken zu schreiben. Im Gegenteil denke ich zu zeigen, nicht wie man Dichter ist, geboren wird, sondern wie man Dichter wird, d. h. wie aus dem fleißigen Reimschmied bei wachsender geistiger Fähigkeit auch schließlich ein wenig Dichter werden kann. Dies zur Vorbemerkung.

Es ist nicht nur interessant, sondern sogar notwendig, sich die Vergangenheit, die Jahre der Kindheit insbesondere, so treu wie möglich vor Augen zu stellen, da wir nie zu einem klaren Urteil über uns selbst kommen können, wenn wir nicht die Verhältnisse, in denen wir erzogen sind, genau betrachten und ihre Einflüsse auf uns abmessen. Wie sehr auf mich das Leben meiner ersten Jahre in einem stillen Pfarrhaus, der Wechsel großen Glückes mit großem Unglück, das Verlassen des heimatlichen Dorfes und die mannigfaltigen Ereignisse des Stadtlebens einwirkten, glaube ich noch täglich an mir wahrzunehmen. Ernst, leicht Extremen zuneigend, ich möchte sagen, leidenschaftlich ernst, in der Vielseitigkeit der Verhältnisse, in Trauer und Freude, selbst im Spiel, –

Für die Ferien

Nibelungenlied. Die heidnischen und christlichen Anschauungen scharf hervorzuheben, ebenso die ethischen Ideen. Die Charaktere sind im Gegensatz zu den homerischen zu betrachten. Der ästhetische Standpunkt des Liedes bei der Darstellung des Schrecklichen und des Schönen.

Zu lesen mit der Lachmannschen Ausgabe; zu beobachten das ältere und das neuere. Am besten frühmorgens zu lesen im Freien. Aber mit genauen Auszügen.

Persius und Juvenal. Wesentlich vom ästhetischen Standpunkt aus. Rückschlüsse auf den Charakter der Männer und auf ihre Zeit. Gedanken über die Satire. Das Poetische in der Satire nachzuweisen, gerade an Persius und Juvenal.

Zu lesen mit den Übersetzungen und den Texten. Vielleicht am besten von neun bis zwölf zu lesen, um nach der Nibelungenlektüre eine scharfe Abwechslung zu haben.

Novum Testamentum. Jesus als Volksredner zu betrachten, dazu die Evangelien durchzulesen. Er errät die Gedanken. Die Gleichnisrede und ihr Zweck. Seine Familienreden vor seinen Jüngern. Das Poetische in seinen Reden.

Zu lesen in Gorenzen vornehmlich mit Gerlachs Übersetzung und der Tischendorfschen Ausgabe. Früh wohl am besten. Dann dem Onkel vorzulegen.

Emerson. Eine Skizze des Buches für meine Freunde. Seine Betrachtungsweise amerikanisch. »Das Gute bleibt, das Böse vergeht.« Über Reichtum. Schönheit. Kurze Auszüge aus allen Essays. Über Philosophie im Leben.

Vielleicht in Sangerhausen zu schreiben, morgens. Mit Muße und Sorgsamkeit.

Gedichte. 1. Windsbraut. Das schweifende Geschick sucht sich mit den unheimlichen Tiefen des Menschen zu vereinigen und vernichtet alles, wenn die Vereinigung geschehn.

2. *Irrstern.* Wandelung durch den Weltkreis, suchend die verlorne Bahn. O daß seine Augen geöffnet würden, denn er geht den vorgeschriebnen gleichen Weg durch die Ewigkeit. Und so jede Seele, die ein ewiges

Ziel im Auge hat, sie wandelt eine sichere Bahn, ob sie gleich in Nacht und Irrtum zu wallen scheint.

3. *Gesang des Sommers.* Grundidee: »Das Gute bleibt, das Böse verschwindet.« Noch nichts Näheres. Jedenfalls Schlußgedicht von den »Sturmliedern«.

Einige Nächte sind zum *Komponieren* zu verwenden. Zuerst Fortsetzung des Allegro der Sonate. Vorläufig zweihändig. »So lach doch mal« gut abzuschreiben. Ebenso »Aus der Jugendzeit« für Stöckert. Dann vor allem »O Glockenklang in Winternacht«. Aus Leipzig muß ich mir wieder Notenpapier verschaffen.

Mein Leben
[Aus dem Jahre 1863]

Wie entwirft man ein Bild von dem Leben und dem Charakter eines Menschen, den wir kennengelernt haben? Im allgemeinen ähnlich, wie man ein Bild von einer Gegend entwirft, die wir einst gesehn. Man muß sich das physiognomisch Eigentümliche vergegenwärtigen: Gebirgsart und -form, Pflanzen- und Tierwelt, Bläue des Himmels, alles dies in seiner Gesamtheit bestimmt den Eindruck. Gerade aber das, was zuerst in das Auge fällt, die Gebirgsmassen, die Felsformen und Steinarten geben für sich einer Gegend nicht den physiognomischen Charakter: in verschiedenen Erdstrichen, wie gruppenweise sich anziehend und abstoßend, treten nach gleichen Gesetzen gleiche Gebirgsarten, dieselben Gebilde der unorganischen Natur hervor. Anders die der organischen. Insbesondere liegen in der Pflanzenwelt die feinsten Merkmale für vergleichende Naturbeobachtungen.

Ähnliches ergibt sich, wenn wir ein Menschenleben überschauen und richtig würdigen wollen. Nicht die zufälligen Ereignisse, die Gaben des Glückes, die wechselvollen äußeren Geschicke, die aus den sich kreuzenden äußeren Umständen entspringen, dürfen uns hierbei leiten, wenn sie gleich wie Berggipfel zuerst in die Augen springen. Gerade jene kleinen Erlebnisse und inneren Vorgänge, über die man hinwegsehn zu müssen glaubt, zeigen in ihrer Gesamtheit den individuellen Charakter am deutlichsten, sie wachsen organisch aus der Natur des Menschen hervor, während jene nur unorganisch mit ihm verbunden erscheinen.

Nach dieser Einleitung sieht es aus, als ob ich über mein Leben ein Buch schreiben wollte. Nimmer. Aber andeuten will ich, wie ich die folgenden Lebensumrisse verstanden wissen will. Nämlich wie ein geistvoller Naturforscher in seinen nach Erdstrichen geordneten Pflanzen- und Steinsammlungen die Geschichte und den Charakter eines jeden wiedererkennt, während das unwissende Kind darin nur Steine und Pflanzen zum Spielen und Tändeln findet, der Nützlichkeitsmensch stolz auf sie wie als etwas Zweckloses und für Nahrung und Kleidung Undienliches herabschaut.

Ich bin als Pflanze nahe dem Gottesacker, als Mensch in einem Pfarrhause geboren.

Und darum dieser dozierende Ton? Möglich, aber damit will ich ihn nicht entschuldigen. Aber was kann eine Einleitung zu einem Leben Beßres tun als lehren, wenn das Leben nicht selbst lehrt? Und diese folgenden kurzen Lebensnotizen können weder lehren noch unterhalten; sie sind glatte Steine; in Wirklichkeit sind diese Steine hübsch mit Moos und Erde umkleidet. –

An der Landstraße, die von Weißenfels über Lützen nach Leipzig führt, zieht sich das Dorf Röcken hin. Rings wird es von Weidengebüsch und vereinzelten Pappeln und Ulmen umschlossen, so daß aus der Ferne nur die ragenden Schornsteine und der altertümliche Kirchturm durch die grünen Wipfel hindurchschaut. Innerhalb des Dorfes breiten sich größere Teiche aus, nur durch schmale Erdstrecken voneinander getrennt; ringsum frisches Grün und knorrige Weiden. Etwas höher liegt das Pfarrhaus und die Kirche, ersteres von Gärten und Baumpflanzungen umgeben. Dichtan grenzt der Friedhof, voll von eingesunkenen Grabsteinen und Kreuzen. Die Pfarrwohnung selbst wird von drei schöngewachsenen, weitästigen Akazien beschattet.

Hier bin ich am 15. Oktober 1844 geboren und erhielt, meinem Geburtstag angemessen, den Namen »Friedrich Wilhelm«. Das erste Ereignis, was bei wachsendem Bewußtsein mich traf, war die Krankheit meines Vaters. Es war eine Gehirnerweichung. Seine zunehmenden Leiden, sein Erblinden, seine abgezehrte Gestalt, die Tränen meiner Mutter, die sorgenvollen Mienen des Arztes, endlich die unvorsichtigen Äußerungen der Landleute mußten mich ein drohendes Unglück ahnen lassen. Und dieses Unglück brach auch ein. Mein Vater starb. Ich war noch nicht vier Jahre alt.

Einige Monate darauf verlor ich meinen einzigen Bruder, ein lebhaftes und begabtes Kind, das von Krämpfen plötzlich überfallen in kürzester Zeit tot war.

Wir mußten also unsre Heimat verlassen; am Abend des letzten Tages spielte ich noch mit mehreren Kindern und nahm dann von ihnen, wie von allen lieben Orten Abschied. Ich konnte nicht schlafen; unruhig warf ich mich auf meinem Lager umher und stand endlich gegen Mitternacht auf. Im Hof standen mehrere beladene Wagen, der matte Schein einer Laterne beleuchtete die Hofräume. Sobald der Morgen graute, wurden die Pferde angeschirrt; wir fuhren durch den Morgennebel fort, Naumburg, dem Ziel unsrer Reise zu. Hier, zuerst verschüchtert, nachher etwas lebhafter, aber immer mit der Würde eines kleinen Stockphilisters, begann ich das Leben und die Bücher kennenzulernen. Hier gewann ich auch die Natur in ihren schönen Bergen und ihren Flußtälern, Schlössern und Burgen, und die Menschen in meinen Verwandten und Freunden lieb.

Es begann die Gymnasialzeit und mit ihr neue Interessen und Bestrebungen. Insbesondere keimte damals die Neigung zur Musik, trotzdem daß die Anfänge des Unterrichts ganz danach angetan waren, sie in der Wurzel zu vernichten. Mein erster Lehrer war nämlich ein Kantor, behaftet mit allen liebenswürdigen Fehlern eines Kantors, und dazu eines emeritierten ohne besondere Verdienste.

Ich rückte mit geziemender Langsamkeit und Ordnung endlich nach Tertia auf. Es war wohl Zeit, etwas aus den mütterlichen Kreisen herauszukommen und sich endlich abzugewöhnen, so unendlich unpraktisch seine gewohnten Bahnen zu gehen. Die Weisheit etlicher Lexika war wohl in mir, alle möglichen Neigungen erwacht, ich schrieb Gedichte und Trauerspiele, schauervoll und zum Entsetzen langweilig, quälte mich damit ab, vollständige Orchestermusiken zu komponieren und hatte mich so in die Idee, mir ein Universalwissen und -können anzueignen, hineingelebt, daß ich in Gefahr war, ein rechter Wirrkopf und Phantast zu werden.

Es war darum vielfach wohltätig, als Alumnus der Landesschule Pforta sich durch sechs Jahre einer größeren Sammlung und Richtung der Kräfte auf feste Ziele zu befleißigen.

Noch habe ich diese sechs Jahre nicht hinter mir; aber doch kann ich schon die Ergebnisse dieser Zeit als abgeschlossen betrachten, denn ihre Wirkungen fühle ich bei jedem, was ich jetzt unternehme.

So kann ich auf fast alles, was mich getroffen, sei es Freude, sei es Leid, dankbar zurückschauen, und die Ereignisse haben mich bis jetzt wie ein Kind geleitet.

Vielleicht wird es Zeit, selbst die Zügel der Ereignisse zu ergreifen und in das Leben hinauszutreten.

Und so entwächst der Mensch allem, was ihn einst umschlang; er braucht nicht die Fesseln zu sprengen, sondern unvermutet, wenn ein Gott es gebeut, fallen sie ab; und wo ist der Ring, der ihn endlich noch umfaßt? Ist es die Welt? Ist es Gott? –

F. W. Nietzsche
geschrieben am 18. September 1863

Meine musikalische Tätigkeit im Jahre 1863

Gespielt habe ich im ersten Teil des Jahres
viel Beethovensche Sonaten,
zwölf Haydnsche Sinfonien,
späterhin Schuberts Phantasie,

Divertissement à l'hongroise,
Lebensstürme,
die Pastoralsinfonie,
vor allem die Neunte Sinfonie.

Komponiert habe ich im Januar:
»In einem kühlen Grunde«, melodramatisch.
In den Hundstagen aufgeschrieben:
»So lach doch mal.«
Im Kopf ersonnen:
das Allegro einer Sonate vierhändig, vergessen,
das Adagio dazu, nicht vergessen.
In den Weihnachtsferien:
»Eine Silvesternacht« für Violine und Klavier aufgeschrieben.

Gedichtet habe ich

vor Hundstagen:

Untreue Liebe
Vor dem Kruzifix
Am Meeresstrand
Klang aus der Ferne
Über den Gräbern
Jetzt und einstmals
Jetzt und ehedem
Rhapsodie.

nachher:

Heimkehr, fünf Lieder
Vorspiel
An ein Rosenblatt
Der alte Ungar
Vor fünfzig Jahren
Beethovens Tod.

Geschrieben habe ich in den Ostertagen:
Über das Dämonische in der Musik I, II.
In den Hundstagen:
Anmerkungen zum Nibelungenlied.
In den Michaelistagen:
Anmerkungen zum Hildebrandslied und Sprüchen.
Später:
Abhandlung über Ermanarich.

Gelesen am meisten:

Emerson
Bernhardy, Literaturgeschichte
Gervinus, Shakespeare
Edda
Symposion
Technik des Dramas

Nibelungen Lachmann
Tacitus (Tiberius:)
Wolken
Plutus
Äschylos, und über ihn.

Gedichte des Jahres 1863:

1. Untreue Liebe
2. Vor dem Kruzifix
3. Jetzt und ehedem
4. Jetzt und einstmals
5. Rhapsodie
6. Über den Gräbern
7. Ein Blatt der Erinnrung
8. Am Meeresstrand. Fragment
9. Heimkehr. Fünf Lieder
10. Der alte Magyar
11. Vorspiel
12. Am 10. Oktober
13. Über fünfzig Jahre

1864: An Beethoven 1. 2. 3.
Lebensquellen
Kleine Lieder
Abschied

9. 2. 64

Über Stimmungen

Man vergegenwärtige sich, wie ich am Abende des ersten Ostertages in einen Schlafrock eingehüllt zu Hause sitze; draußen regnet es fein; niemand ist sonst im Zimmer. Ich starre lang auf das vor mir liegende weiße Papier, die Feder in der Hand, ärgerlich über die wirre Menge von Stoffen, Ereignissen und Gedanken, die alle niedergeschrieben zu werden verlangen; und manche verlangen es sehr stürmisch, da sie noch jung und gärend wie Most sind; dagegen sträubt sich aber mancher alte, ausgereifte, geklärte Gedanke, wie ein alter Herr, der mit zweideutigem Blick die Bestrebungen der jungen Welt mißt. Sagen wir es offen, unsre Gemütsverfassung ist durch den Streit jener alten und jungen Welt bestimmt, und wir nennen die jedesmalige Lage des Streites Stimmung oder auch, etwas verächtlich, Laune.

Als guter Diplomat erhebe ich mich etwas über die zwistigen Parteien und schildere den Zustand des Staates mit der Unbefangenheit eines Mannes, der Tag für Tag aus Versehn allen Parteisitzungen beiwohnt und denselben Grundsatz praktisch anwendet, den er auf der Tribüne verspottet und auszischt.

Gestehn wir es, ich schreibe über Stimmungen, indem ich eben jetzt gestimmt bin; und es ist ein Glück, daß ich gerade zum Beschreiben der Stimmungen gestimmt bin.

Ich habe an diesem Tage viel die Consolations von Liszt gespielt, und ich fühle, wie die Töne in mich eingedrungen sind und in mir vergeistigt widerklingen. Und ich habe kürzlich eine schmerzliche Erfahrung gemacht und einen Abschied oder einen Nichtabschied erlebt, und nun merke ich, wie dies Gefühl und jene Töne sich miteinander verschmolzen haben und glaube, daß die Musik mir nicht gefallen haben würde, wenn ich nicht diese Erfahrung gemacht. Das Gleichartige also sucht die Seele an sich zu ziehen, und die vorhandne Masse von Empfindungen drückt die neuen Ereignisse, die das Herz treffen, aus wie eine Zitrone, doch immer so, daß nur ein Teil des Neuen sich mit dem Alten vereinigt, daß aber doch ein Rest bleibt, der noch nichts Verwandtes in der Seelenwohnung findet und deshalb allein sich hier einlogiert, recht oft zur Unlust der alten Bewohner, mit denen er darum oft in Streit gerät. Aber siehe! da kommt ein Freund, da öffnet sich ein Buch, dort geht ein Mädchen, horch! da klingt Musik! – Schon strömen wieder von allen Seiten neue Gäste in das allen offenstehende Haus und der eben Alleinstehende findet viele und edle Verwandte.

Aber es ist wundersam; nicht die Gäste kommen, weil sie wollen, oder nicht die Gäste kommen, wie sie sind; sondern es kommen die, welche müssen und nur eben die, welche müssen. Alles, was die Seele nicht reflektieren *kann*, trifft sie nicht; da es aber in der Macht des Willens steht, die Seele reflektieren zu lassen oder nicht, trifft die Seele nur das, was sie will. Und das scheint vielen widersinnig; denn sie erinnern sich, wie sie sich gegen gewisse Empfindungen sträuben. Aber was bestimmt schließlich den Willen? Oder wie oft schläft der Wille und nur die Triebe und Neigungen wachen! Eine der stärksten Neigungen der Seele aber ist eine gewisse Neubegierde, ein Hang nach dem Ungewohnten, und aus diesem erklärt sich, warum wir oft uns in unangenehme Stimmungen versetzen lassen.

Aber nicht nur durch den Willen nimmt die Seele an; die Seele ist aus demselben Stoff aus dem die Ereignisse gemacht sind oder aus ähnlichem und so kommt es, daß ein Ereignis, das keine verwandte Saite trifft, doch mit der Last der Stimmung schwer auf der Seele liegt und allmählich ein solches Übergewicht erlangen kann, daß es den andern Inhalt der Seele zusammendrückt und einengt.

Stimmungen kommen also entweder aus innern Kämpfen oder aus einem äußern Druck auf die innere Welt. Hier ein Bürgerkrieg zweier Heerlager, dort eine Bedrückung des Volkes von seiten eines Standes, einer kleinen Minorität.

Ist mir's doch oft, wenn ich meine eignen Gedanken und Gefühle belausche und stumm auf mich achte, als ob ich das Summen und Brausen der wilden Parteien hörte, als ob ein Rauschen durch die Luft ginge, wie wenn ein Gedanke oder ein Adler zur Sonne fliegt.

Kampf ist der Seele fortwährende Nahrung, und sie weiß sich aus ihm noch genug Süßes und Schönes herauszunehmen. Sie vernichtet und gebiert dabei Neues, sie kämpft heftig und zieht den Gegner doch sanft auf ihre Seite zu inniger Vereinigung. Und das Wunderbarste ist, daß sie nie auf das Äußre achtet, Name, Personen, Gegenden, schöne Worte, Schriftzüge, alles ist ihr von untergeordnetem Werte, aber sie schätzt das, was in der Hülle ruht.

Das, was jetzt vielleicht dein ganzes Glück oder dein ganzes Herzeleid ist, wird vielleicht in kurzem nur noch das Gewand eines noch tiefern Gefühls sein und wird darum in sich verschwinden, wenn das Höhere kommt. Und so vertiefen sich immer mehr unsre Stimmungen, keine einzige gleicht einer andern genau, sondern jede ist unergründlich jung und die Geburt des Augenblicks.

Ich denke jetzt an manches, was ich liebte; Namen und Personen wechselten und ich will nicht behaupten, daß wirklich ihre Naturen immer tiefer und schöner geworden wären; wohl aber ist es wahr, daß jede dieser ähnlichen Stimmungen für mich einen Fortschritt bedeutet, und daß es dem Geist unerträglich ist, dieselben Stufen, die er durchschritt, noch einmal zu durchschreiten; immer mehr in Tiefe und Höhe will er sich breiten.

Seid mir gegrüßt, liebe Stimmungen, wundersame Wechsel einer stürmischen Seele, mannigfach wie die Natur ist, aber großartiger als die Natur ist, da ihr ewig euch steigert, ewig aufstrebt; die Pflanze aber duftet noch jetzt wie sie am Tage der Schöpfung duftete. Ich liebe nicht mehr, wie ich vor Wochen liebte; ich bin in diesem Augenblick nicht mehr so gestimmt, wie ich es beim Beginn des Schreibens war. –

Ich versucht es erst in Tönen: siehe, es ging nicht; weiter stürmte das Herz; und der Ton blieb tot. Ich versucht es dann in Versen; nein, nicht Reime fassen's, nicht ruhige, gemessne Rhythmen. Fort Papier: ein neues her, und nun kritzle schnell Feder, nun rasch, Tinte!

Weicher Sommerabend; dämmernd und blaßstreifig. Kinderstimmen auf den Gassen; in der Ferne Lärm und Musik; es ist Messe; die Leute tanzen, bunte Laternen brennen, die wilden Tiere brummen, hier knallt ein Schuß, dort Paukengerassel, gleichmäßig, durchdringend.

Es ist etwas dunkel in der Stube; ich zünd ein Licht an; doch blickt des Tages Auge neugierig durch die halbverhangenen Fenster. O es möchte weiter sehn, mitten hinein in dies Herz, das heißer als das Licht, dämmernder als der Abend, bewegter als die Stimmen aus der Ferne, tief innerlich zittert und schwingt, wie eine große Glocke, die bei einem Gewitter geläutet wird.

Und ich erflehe ein Gewitter; zieht nicht das Glockenläuten die Blitze an? Nun, so nahe Gewitter, läutere, reinige, blase Regendüfte in meine matte Natur, sei willkommen, endlich willkommen!

Sieh! Da zuckst du, erster Blitz, mitten hinein in das Herz, und daraus steigt's wie ein langer, fahler Nebel aufwärts. Kennst du ihn, den düstern, tückischen? Schon blickt mein Auge heller, und meine Hand strecke ich nach ihm aus, um ihm zu fluchen. Und der Donner murrt; und eine Stimme erscholl: »Sei gereinigt.«

Dumpfe Schwüle; mein Herz schwillt. Nichts regt sich. Da, ein leiser Hauch, am Boden zittert das Gras – sei mir willkommen, Regen, lindernder, erlösender! Hier ist's öde, leer, tot; pflanze du von neuem.

Sieh: Ein zweiter Schlag! Grell und zweischneidig mitten ins Herz! Und eine Stimme scholl: »Hoffe.«

Und ein weicher Duft zieht aus dem Boden, ein Wind flattert heran, und ihm folgt der Sturm, heulend und seine Beute haschend. Abgeknickte Blüten jagt er vor sich her. Der Regen schwimmt lustig dem Sturm nach.

Mitten durchs Herz. Sturm und Regen! Blitz und Donner! Mitten hindurch! Und eine Stimme scholl: »Werde neu!«

Mein Leben
[Aus dem Jahre 1864]

Die Zwecke einer Lebensbeschreibung sind sehr mannigfaltig und bedingen daher auch durchaus verschiedne Arten der Ausführung. Im vorliegenden Falle muß es mir darauf ankommen, einer Schule, deren Einfluß ich das Meiste und Eigentümlichste meiner geistigen Ausbildung verdanke, ein Bild eben dieser geistigen Ausbildung als Vermächtnis zu hinterlassen, entworfen in dem Punkte, wo ich im Begriff stehe, durch das Aufgeben einer alten, gewohnten Ordnung und durch das Hineinleben in weitere und höhere Bildungskreise meinem Geiste neue Bahnen vorzuzeichnen und hiermit eine neue Entwicklung zu beginnen.

Von Wendepunkten, die bis jetzt mein Leben in Teile zerlegen, nenne ich vornehmlich zwei: den Tod meines Vaters, des Landgeistlichen zu Röcken bei Lützen, und den dadurch veranlaßten Umzug unsrer Familie nach Naumburg; ein Ereignis, das meine ersten fünf Lebensjahre abschließt. Sodann meinen Übergang vom Naumburger Gymnasium nach Pforte, der in mein vierzehntes Jahr fällt. Von der frühsten Periode meiner Kindheit weiß ich wenig; was mir davon erzählt worden ist, erzähle ich nicht gern wieder. Sicherlich hatte ich vortreffliche Eltern; und ich bin überzeugt, daß gerade der Tod eines so ausgezeichneten Vaters, wie er mir einerseits väterliche Hilfe und Leitung für ein späteres Leben entzog, andrerseits die Keime des Ernsten, Betrachtenden in meine Seele legte.

Vielleicht war es nun ein Übelstand, daß meine ganze Entwicklung von da an von keinem männlichen Auge beaufsichtigt wurde, sondern daß Neubegier, vielleicht auch Wissensdrang mir die mannigfachsten Bildungsstoffe in größter Unordnung zuführte, wie sie wohl geeignet waren, einen jungen, kaum dem heimatlichen Nest entschloffenen Geist zu verwirren und vor allem die Grundlagen für ein gründliches Wissen zu gefährden. So kennzeichnet diese ganze Zeit vom neunten bis zum fünfzehnten Jahre eine wahre Sucht nach einem »Universalwissen«, wie ich es zu nennen pflegte; auf der andern Seite wurde das kindliche Spiel nicht vernachlässigt, aber doch auch mit fast doktrinärem Eifer betrieben, so daß ich z. B. über fast alle Spiele kleine Büchlein geschrieben habe und sie meinen Freunden zur Kenntnisnahme vorlegte. Durch einen besonderen Zufall aufgeweckt, begann ich im neunten Jahre leidenschaftlich die Musik, und zwar sogleich komponierend, wenn anders man die Bemühungen des erregten Kindes, zusammenklingende und folgende Töne zu Papier zu bringen und biblische Texte mit einer phantastischen Begleitung des Pianoforte abzusingen, komponieren nennen kann. Desgleichen machte ich entsetzliche Gedichte, aber doch mit größter Beflissenheit. Ja, ich zeichnete sogar und malte.

Wie ich nach Pforte kam, hatte ich so ziemlich in die meisten Wissenschaften und Künste hineingeguckt und fühlte eigentlich für alles Interesse, wenn ich von der allzu verstandesmäßigen Wissenschaft der mir allzu langweiligen Mathematik absehe. Gegen dieses planlose Irren in allen Gebieten des Wissens empfand ich aber mit der Zeit einen Widerwillen; ich wollte mich zu einer Beschränkung zwingen, um einzelnes gründlich und innerlich zu durchdringen. Dies Bestreben konnte sich behaglich zur Geltung bringen in einem kleinen wissenschaftlichen Verein, den ich mit zwei gleichgesinnten Freunden zur Förderung unsrer Ausbildung gründete. Die monatliche Einlieferung von Abhandlungen und Kompositionen und deren Kritik, sowie vierteljährliche Zusammenkünfte zwangen den Geist, kleine aber anregende Gebiete genauer zu betrachten und auf der andern Seite durch ein gründliches Erlernen der Kompositionslehre der verflachenden Einwirkung des »Phantasierens« entgegenzuarbeiten.

Zugleich erwuchs zunehmend meine Neigung für klassische Studien; ich gedenke mit der angenehmsten Erinnerung der ersten Eindrücke des

Sophokles, des Äschylos, des Plato, vornehmlich in meiner Lieblingsdichtung, dem Symposion, dann der griechischen Lyriker.

In diesem Streben nach zunehmender Vertiefung des Wissens stehe ich noch jetzt; und es ist natürlich, daß ich über meine eignen Leistungen meistens ebenso geringschätzend denke, wie oft auch über die anderer, weil ich fast in jedem zu behandelnden Stoff eine Unergründlichkeit oder wenigstens eine schwere Ergründlichkeit finde. Es sei darum auch meine einzige Arbeit erwähnt, mit der ich in meiner Schullaufbahn fast zufrieden war: meine Abhandlung über die Ermanarichsage.

Jetzt, wo ich im Begriff bin, auf die Universität zu gehn, halte ich mir als unverbrüchliche Gesetze für mein ferneres wissenschaftliches Leben vor: die Neigung zu einem verflachenden Vielwissen zu bekämpfen, sodann meinen Hang, das einzelne auf seine tiefsten und weitesten Gründe zurückzuführen, noch zu fördern. Scheinen diese Neigungen sich aufzuheben, so ist dies gewiß in einzelnen Fällen nicht unrichtig, und ich bemerke mitunter in mir etwas Ähnliches.

Im Kampf mit der einen, in der Förderung der andern hoffe ich zu siegen.

Ein Silvestertraum

Es ist still in meiner Stube, dann und wann knistern die Kohlen im Ofen, ich habe die Lampe niedergeschraubt, und es ist keine Helle im Zimmer, nur daß einige feurige breite Streifen zitternd vom Ofen aus am Boden und an dem Mahagoni meines Pianinos hingleiten.

Es sind die letzten Stunden vor Mitternacht; ich habe bis jetzt in meinen Manuskripten und Briefen gewühlt, heißen Punsch getrunken und dann das Requiem aus dem Manfred Schumanns gespielt. Jetzt verlangt es mich, alles Fremde zu lassen und nur an mich zu denken.

Drum schür ich noch einmal das Feuer, stütze dann meinen Kopf auf die linke Hand und die Sofaecke, schließe die Augen und denke nach. Der Geist durchfliegt schnell die ihm lieben Stätten und weilt in Naumburg, dann in Pforte und Plauen – und kehrt endlich zurück in mein Zimmer. In mein Zimmer? Doch was seh ich auf meinem Bett? Dort liegt jemand – er stöhnt leise, röchelt – ein Sterbender!

Und nicht allein! Herum wie Schatten steht und schwebt es. Ja die Schatten sprechen. »Du böses Jahr, was hast du mir verheißen und was gehalten? Ich bin elender als je, und du sagtest mir, daß ich Glück haben sollte. Sei verflucht!«

»Du liebes Jahr, du schautest mich zuerst so finster an, aber dein Mai tröstete mich, und dein Herbst war des Maies wehmütiger Nachklang. Sei gesegnet!«

»Du altes Jahr, viel Mühe hast du mir gemacht, aber hast mich auch entschädigt. Wir sind uns nichts schuldig, lebe wohl!«

»Ich habe gewartet und sehnlich ausgeschaut, wann du meine Wünsche erfüllen wirst. Tue es jetzt, in deiner letzten Stunde, hilf mir.«

Alles blieb stumm. Das alte Jahr röchelte leise, in genauen Zwischenräumen. Es klang wie ein Seufzer.

Plötzlich wurde alles hell. Die Wände des Zimmers flogen zurück, die Decke schwebte empor. Ich sah nach dem Bett. Das Bett war leer. Ich hörte eine Stimme:

»Ihr Toren und Narren der Zeit, die nicht und nirgends ist außer in euren Köpfen! Ich frage euch, was habt ihr getan? Wollt ihr sein und haben, was ihr hofft, worauf ihr harrt, so tut das, was euch die Götter als Probe vor den Kampfpreis gestellt haben. Wenn ihr reif seid, wird die Frucht fallen, eher nicht!«

Da hob über mir der Zeiger aus, alles verschwand, es schlug zwölf, auf den Straßen rief man laut: »Hoch das neue Jahr!« –

Konzert und Theater im Winter 1864/65 zu Bonn

Pietra von Mosenthal. Frau Niemann Seebach
Zauberflöte
Undine
Freischütz
Wallenstein. Karl Devrient
Hugenotten. Frau Bürde-Ney
Fidelio. Frau Bürde-Ney
Deserteur
Oberon
Nibelungen. Frau Niemann Seebach
Joseph in Ägypten von Méhul
Widerspenstigen Zähmung. Friederike Goßmann
Feuer in der Mädchenschule. Sie hat ihr Herz entdeckt. Friederike Goßmann
Grille. Friederike Goßmann

Judas Makkabäus
Mendelssohn Hymne und andres
Wallenstein im G-moll-Konzert von Mendelssohn und Chorphantasie von Beethoven. Faustwalzer, Schlummerlied. Ossian von Gade
Auer im Beethovenschen Violinkonzert dem agnus dei von Cherubini Mozartsinfonie

Große Sinfonie von Schubert
Sinfonie von Emanuel Bach
G-moll Mozart
Dionysouvertüre von N. Bretymüller
Lustspielouvertüre von Brambach und Rietz
Hebriden
Ruiblas
Rosamunde
Fierrabras
Alfonso und Estrella } Ouvertüre
Große Sonate für zwei Flügel von Mozart (Frau Clara Schumann)
Notturno in g-moll von Chopin
Scherzo capriccioso von Mendelssohn
Sinfonie d-moll 2 von Schumann
O weint um sie von Hiller
Frühlingslied von Gade
»Freudvoll und leidvoll«
Mädchens Klage } Fr. Wiesemann

Pattikonzert

Arie aus Purit
Schattenarie Din } gesungen von Carlotta Patti
Karneval von Venedig
Tarantella
Barbier von Sevilla } Ferranti
Titusarie
Wandrer } Fr. Edelsberg
Brassin und Vieutemps Kreutzersonate
Niemann-Seebach Glocke

[Aus dem Jahre 1866]

1860

4. Juli, Miserere fünfstimmig

1861

25. März, Einleitung zu Mariä Verkündigung
Juni, Einleitung zur dritten Szene
Juli, »Der Weg an«

1861

Hundstage Plauen Untersekunda
Schmerz ist Grundton
Michael
Serbia

1860

Hundstage Gorenzen Obertertia

1859

Hundstage Jena Untertertia

[Aus dem Jahre 1866]

1862

In Schulpforte
  Hundstage in Gorenzen
  Nachher bis Michaeli am Kopf krank
  Dann neues Primanertum
  Vor den Osterferien: Gedicht »Ermanarich«
  In den Ostertagen: Aufsatz: Fatum und Geschichte
  Januar bis 2. Februar: Ungarische Skizzen:
    »Die Heideschenke«
    »Siegesmarsch«
    »Wilde Träume«
22. Juni, »Zigeunertanz«
    »Ungar. Marsch«
Bis Ostern: »Heldenklage«
In den Hundstagen: »Es geht ein Bach«
    »Aus der Jugendzeit«
Am 5. Nov.: Zwei Mazurkas
Michaeli: Ermanarich, sinfonische Dichtung

Gedichte von März bis Oktober
  Nachts
  Vier Lieder
  Junge Fischerin
  »Schweifen, o Schweifen«
  Aus der großen Zeit. Vier Gedichte
  »O könnt ich stürmen«
  Ungar. Skizzen. Drei Gedichte

  Aus dem Herbst: Sieben Herbstlieder
  Am 10 Nov. auf dem Karzer. Drei Gedichte
  Vor dem Totenfest: Epilog

1863

In Schulpforte
  Ostern in Naumburg

Hundstage in Plauen und im Fichtelgebirge
Weihnachten in Gorenzen
In den Ostertagen: Über das Dämonische in der Musik I, II (hat P. Deussen)
In den Michaelistagen: Anmerkungen zum Nibelungenlied
Später in Schulpforte:
Abhandlung über Ermanarich
Primum Oedipodis regis carmen choricum
Erstere in den Händen von stud.
Im Januar: »In einem kühlen Grunde«, melodramatisch
In den Hundstagen:
»So lach doch mal« von Klaus Groth
Eine Sonate, nicht aufgeschrieben
In den Weihnachtsferien: 29. Dezember bis 2. Januar 1864:
»Eine Silvesternacht«, für Klavier und Violine

Gedichte:

Untreue Liebe
Vor dem Kruzifix
Am Meeresstrand
Klang aus der Ferne
Über den Gräbern
Jetzt und einstmals
(Vor dem Kruzifix bis Jetzt und einstmals:) hat zumeist G. Meyer
Jetzt und ehedem
Rhapsodie
Heimkehr, fünf Lieder (hat P. Deussen)
Vorspiel
An ein Rosenblatt
Der alte Ungar
Vor fünfzig Jahren
Beethovens Tod

1864

4. Januar in Gorenzen. Hochzeit Onkel Edmund
4. Januar bis 7. September in Pforte
Hundstage in Naumburg
7. September bis 1. Oktober in Naumburg. Mulustage
1. Oktober bis 16. Oktober in Oberdreiß bei P. Deussen
16. Oktober bis Ende in Bonn. Bonngasse 518 bei Oldag
Hundstage: »de Theognide poeta Megarensi«
November bis 13. Dezember:

1. Beschwörung von Puschkin
2. Winternacht von Puschkin
3. Die Kette von Petöfi
4. Ich möchte lassen
5. Ständchen
6. Unendlich
7. Verwelkt
8. Wo bist du
9. Ungewitter von Chamisso
10. Gern und gerner
11. Das Lied an die Kerze
12. »Es wiegt und neigt«, von mir

Davon 1, 4, 6, 10 an Marie Deussen,
4, 5, 6, 7, 9, 10, 11, 12 an Mutter und Schwester zu Weihnachten

Vor den Hundstagen: Widmung an Anna Redtel
»Rhapsodische Dichtungen«
Vor Weihnachten: Gedicht an einen Freund

1865

Bis 9. August in Bonn
Ostern in Naumburg
Vom 9. August bis 1. Oktober in Naumburg
Kleine Reise nach Gorenzen, Goldne Aue usw.
Vom 1. bis 17. Oktober in Berlin bei Oberl. Mushacke
Vom 17. Oktober bis zum 22. Dezember in Leipzig, Blumengasse 4
Vom 22. Dezember bis 6. Januar 1866 in Naumburg
Ostern: »Simonidis lamentatio Danaae«
Große Ferien: Theognisstudien
11. Juni: »Junge Fischerin«, Lied
Im Dezember: »O weint um sie« von Byron. Chor

1866

3. Januar beendet »die letzte Redaktion der Theognidea«
23. Januar »Kyrie« für Chor und Orchester in Klavierauszug

[Aus dem Jahre 1867]

Meine Herren, es geziemt sich heute, wo wir den ersten Schritt in das vierte Semester unseres Vereines tun, unsre Blicke vorwärts und rückwärts zu werfen, rückwärts, um aus der Vergangenheit zu lernen, vorwärts, um uns der Ziele bewußt zu werden, die wir in dem neuen Zeitraume anstreben wollen. Unser Verein hat sich bisher als lebensfähig bewiesen: das ist schon viel, aber nicht genug. Er hat auch die Kinderschuhe schon ausgezogen, seine ersten tappenden Versuche sind geglückt, so daß er jetzt schon sicherer einherschreiten kann. Eine Anzahl strebsamer Philologen, die seit den Anfängen des Vereins immer zugenommen hat, kommt wöchentlich zusammen, um sich untereinander anzuregen und auszubilden, in dem Bewußtsein, daß die Kontrolle, die jugendliche Geister gegeneinander üben, ein höchst wirksames Mittel der Bildung ist. Die Wirksamkeit des Vereins in sich selbst ist nicht zu bestreiten: wir erleben vor unsern Augen lebhafte Debatten und werden in sie hineingezogen, wir hören Vorträge über die mannigfaltigsten Gebiete und Fragen der Philologie, ja wir dürfen nicht verkennen, daß der Verein im ganzen eine vortreffliche Universalität der Interessen vertritt und nach keiner Seite hin eine ausschließliche Neigung verrät: so nützlich Steckenpferde für das Individuum sind, so wenig für einen Verein. Soweit können wir den Verein loben: in zwei Punkten aber ist nötig, sich die Mängel klarzumachen, an denen er bis jetzt noch leidet. Wir haben mitunter noch Vorträge anzuhören, für die im Kreise des Vereins die Voraussetzungen fehlen und die deshalb ohne die wünschenswerte Debatte zu erzeugen *ad acta* gelegt werden. Gewiß dürfen wir den Vortragenden selbst einen Vorwurf nicht ersparen: sie haben öfters das Thema unglücklich gewählt, entweder zu weite Gebiete zu umfassen gesucht, ohne es im engen Zeitraum einer Stunde zustande zu bringen oder sie haben zu viel Kenntnisse als vorhanden vorausgesetzt und mit diesen gerechnet. Im ganzen aber glaube ich, daß die Vortragenden selbst weniger gefehlt haben als die Zuhörer. Es geziemt mir nicht eine Kritik über die Vorbereitungen anderer Mitglieder, aber von mir selbst darf ich sagen, daß ich mich nicht immer mit dem Stoffe des Vortrags im voraus vertraut gemacht hatte. Es ist aber unmöglich, einen Vortrag, die Sicherheit der Voraussetzungen, den verschlungenen Gang der logischen Deduktion, etwaige absichtliche und unabsichtliche Auslassungen und Mängel richtig zu durchschauen, wenn wir dem Stoffe des Vortrags gegenüber eine *tabula rasa* sind. Während ich also als Wunsch auszusprechen wage, daß jeder von uns durch eine genügende Vorbereitung für den einzelnen Abend sich dem Verein so nutzbar wie möglich mache, stelle ich den dritten Antrag, daß jeder der beabsichtigt einen Vortrag zu halten, zwei, drei, vier Wochen vorher sein Thema beim Namen nennt und auch die einschlägige Literatur andeutet.

Die Wirksamkeit des Vereins nach innen kann sich also noch vermehren, wie sie sich bis jetzt immer vermehrt hat. Schlimm steht es mit der Wirksamkeit nach außen, mit dem Einfluß des Vereins auf die philologische Studentenschaft. Noch vor wenigen Semestern galt es als ausgemacht, daß im ganzen die Leipziger Philologenschaft von sehr utilitarischen Interessen bewegt werde, daß die magere Pfründe eines Schullehrers für die meisten das zu erstrebende Ziel ihrer Studien sei. Ich denke, daß dem nicht mehr so lange sein wird. Wir wollen einmal die Intentionen unsers Vereins als die antipodischen auffassen. Denn zufällig haben wir alle, die wir hier zusammengekommen sind, einen ziemlich ausgeprägten wissenschaftlichen Trieb. Es sei fern von mir, in diesem Triebe einen ethischen Vorzug vor jenen Utilitariern zu sehn: denn Trieb ist Bedürfnis und Bedürfnis ist Zwang. Zu tun aber wie man gezwungen ist, ist jedenfalls kein ethischer Vorzug, ebensowenig wie zu speisen, wenn man hungrig ist. Aber es gibt oder gab hier in Leipzig viele, die nicht hungrig sind nach der Wissenschaft. Das sind die Utilitarier. Was würde es nützen, ihnen Speise zu geben? Mit diesen also haben wir grundsätzlich nichts zu tun, wohl aber mit jener großen Schar von noch unentschiedenen Naturen, die sich gern anlehnen wollen, weil sie sich selbst noch nicht Stütze sind, die gern sich einer Strömung hingeben und die daher leicht durch den auf einer Universität herrschenden Geist bestimmt werden. Hier beginnt unsre Aufgabe: die bezeichneten Naturen sind die notwendigen Bestandteile unsers Vereins, weil in ihnen sich immer der Nachwuchs der Mitglieder erzeugen muß. Diesen müssen wir es bequem machen, unsern Sitzungen beizuwohnen, diese müssen wir in das philologische Fahrwasser hineinzuleiten suchen. Kurz, wir wollen in unserm Verein noch mehr Zuhörer haben und diese gerade aus den jüngsten und jüngeren Semestern des Triennium.

Ich habe die Punkte bezeichnet, auf denen die Erweiterung der innern und äußern Wirksamkeit des Vereins beruht. Damit wissen wir unsre nächsten Ziele, damit erkläre ich das vierte Semester unsers Vereins für eröffnet.

Rückblick auf meine zwei Leipziger Jahre
17. Oktober 1865 bis 10. August 1867

Meine Zukunft liegt mir sehr im Dunkel, ohne mich deshalb besorgt zu machen. Gleichermaßen verhalte ich mich zu meiner Vergangenheit; im ganzen vergesse ich sie sehr schnell, und nur die Änderungen und Befestigungen des Charakters zeigen mir von Zeit zu Zeit, daß ich sie verlebt habe. Bei einer solchen Lebensweise wird man von seinem eignen Bildungsgange überrascht, ohne ihn zu verstehen; und ich verkenne nicht, daß dies Vorzüge hat, da das fortwährende Betrachten und Abwägen die naiven Äußerungen des Charakters zu stören pflegt und seinem Wachstum leicht hinderlich erscheint. Mitunter freilich will mir's vorkommen, als ob ein solches bewußtes Fortleben eben nur scheinbar und auch nur auf eine Zeit störend wirkt. Man denke an den Fußsoldaten, der zuerst fürchtet das Gehen überhaupt zu verlernen, wenn er angeleitet wird mit Bewußtsein den Fuß zu heben und dabei seine Fehler im Auge zu behalten. Es kommt nur darauf an, ihm eine zweite Natur anzubilden; dann geht er ebenso frei als vorher. Es ist sehr leicht die Moral zu dieser Fabel zu finden und die nachfolgenden Blätter sollen zeigen, daß ich sie gefunden habe. Betrachten will ich mich, und um nicht gleich mit einem unvermittelten »heute« anfangen zu müssen, schicke ich etwas über den Gang der beiden letzten Jahre voraus. Zwei Jahre! In diesem Alter! Was saugt da nicht alles an dem jungen Wesen, was drückt da nicht seine Tatzen in den weichen Ton!

Ich ging von Bonn weg wie ein Flüchtling. Als mich um Mitternacht Freund Mushacke an das Ufer des Rheins begleitete, wo wir auf das von Köln kommende Dampfschiff warteten, da war nichts von wehmütigen Empfindungen in mir, einen so schönen Ort und ein so blühendes Land verlassen zu müssen, abzuscheiden von einer Schar jugendlicher Genossen. Vielmehr waren es gerade die letzteren, die mich fortscheuchten. Ich will nachträglich den guten Leuten nicht noch ungerecht sein, wie ich es früher öfter war. Aber meine Natur fand unter ihnen kein Genüge; ich selbst war noch viel zu scheu in mich versteckt und hatte nicht die Kraft, unter dem dortigen Treiben eine Rolle zu spielen. Alles war mir aufgenötigt, und ich verstand nicht Herr zu sein über das, was mich umgab. In der ersten Zeit war mein Bemühen gewesen, mich in die Formen zu finden und das zu werden, was man einen flotten Studenten nennt. Da mir dies aber immer mehr mißlang, da der Hauch von Poesie, der auf allem diesen Treiben zu ruhen scheint, für mich verflogen war und die rohe philiströse Gesinnung mitten aus jenem Übermaß von Trinken, Lärmen und Schuldenmachen hervorsprang, da begann es leise in mir zu rumoren; immer lieber entzog ich mich jenen hohlen Vergnügungen, um stille Naturgenüsse oder gemeinsame Kunststudien aufzusuchen, immer fremder fühlte ich mich in diesen Kreisen, denen zu entgehen doch nicht möglich war. Dazu meldeten sich andauernde rheumatische Schmerzen, nicht minder drückte das Gefühl, nichts für die Wissenschaft und wenig fürs Leben, doch reichliche Schulden gewonnen zu haben. Das alles gab mir die Empfindung eines Flüchtlings, als ich in der feuchten regnerischen Nacht an Bord des Dampfschiffes stand und die wenigen Lichter langsam verschwinden sah, die Bonn am Ufer bezeichneten.

Unter den Nachwirkungen dieser Stimmung verbrachte ich die Ferien. Die letzten vierzehn Tage war mir vergönnt, bei meinem Freunde Mushacke in dessen elterlichem Hause zuzubringen. In Berlin spielte ich damals das Spiel des Unzufriedenen; noch zu deutlich lag die Vergangenheit in meinen Blicken, ihre Lasten drückten noch zu schwer auf meine Schultern, so daß ich meinem Freunde in meinen ewigen Lamentationen gewiß lästig fiel. Natürlich verfehlte ich nicht, jenes Unbehagen über Bonner studentische Verhältnisse zu verallgemeinern und insbesondere die deutsche Burschenschaft schwer mitzunehmen. Daß ich nun gerade mit Leuten dieser Rasse in einem Liebigschen Konzert zusammentreffen mußte, war mir hochpeinlich; und ich war unartig genug nach der nötigen Begrüßung einen ganzen Abend lautlos an ihrer Seite zu sitzen. Als trotzdem einer von ihnen seiner Pflicht nach mich in ihre Kneipe einlud, ging ich meinem Freunde Mushacke zulieb auch dorthin, blieb aber ebenso stumm und unzugänglich als bei der ersten Begegnung, und mag also schwerlich vorteilhafte Begriffe über meine Begabung und Lebensart erweckt haben, zumal da ich wenig Bier trank und gar nicht rauchte. – Berlin selbst unbefangen anzusehn und zu würdigen, war ich damals gewiß nicht angetan, dagegen stimmt es zu dem damaligen unruhig unbefriedigten Zustand, daß Sanssouci und die Umgebung Potsdams in dem malerischen Kostüm des Frühherbstes mächtig auf mich wirkte. Insgleichen ist mir noch der Garten am Viktoriatheater in der schärfsten Erinnerung, ohne alles Grün, die Bäume wie Rattenschwänze, die Bänke und Stühle unordentlich übereinandergestellt: über die Giebel der umgebenden Häuser die matten Strahlen der Herbstsonne und die bleiche blaue Luft in die die Dächer so schroff hineinragen. Auch unsre Unterhaltungen nährten meine verbitterte Laune; da waren es die Sarkasmen des vortrefflichen Mushacke, seine Einblicke in die höhere Schulverwaltung, sein Zorn über das jüdische Berlin, seine Erinnerungen aus der Zeit der Junghegelianer, kurz die ganze pessimistische Atmosphäre eines Mannes, der viel hinter die Kulissen geschaut hat, die meiner Stimmung neue Zufuhr gaben. Ich lernte damals mit Behagen schwarz sehen, nachdem es mir selber, wider meine Schuld wie mir schien, schwarz gegangen war.

Es war am 17. Oktober 1865, als ich mit Freund Mushacke in Leipzig auf dem Berliner Bahnhofe anlangte. Wir zogen zunächst planlos in die innre Stadt und erfreuten uns der hochgetürmten Häuser, der belebten Gassen und des regen Treibens. Dann ruhten wir uns in der Mittagszeit in der Reisseschen Restauration (Klostergasse) aus und fanden es hier leidlich, obwohl auch dieser Dunstkreis nicht frei von schwarzrotgoldnen Jünglingen war. Hier begann mein Studium des Tageblattes, das ich später regelmäßig in der Mittagsstunde zu treiben pflegte. An jenem Tage notierten wir uns die angebotenen Wohnungen, jene »anständigen« oder gar »eleganten« Zimmer mit »Schlafkabinett« usw. Darauf schickten wir uns an straßauf, straßab, treppauf, treppab uns die bezeichneten Herrlichkeiten anzuschaun und fanden sie durchschnittlich über alle Maßen scheußlich. Welche Gerüche empfingen uns da, welche Ansprüche von Reinlichkeit setzte man bei uns voraus! Genug, wir waren bald ärgerlich und mißtrauisch und folgten daher nur zaudernd einem Antiquar, der eine Wohnung zu vermieten hatte, wie sie uns passend erscheinen würde. Schon dauerte uns der Weg zu lang und wir wurden müde, als er in einer kleinen Seitengasse, die den Namen »Blumengasse« trägt, haltmachte, uns durch ein Haus durch in einen Garten führte und in dem dort sich anschließenden Gebäude eine kleine Stube nebst Kammer aufwies, die einen freundlich zurückgezogenen Eindruck machte und sich für die Behausung eines Gelehrten wohl eignen mochte. Genug, wir wurden handelseinig; ich wohnte von jetzt ab bei dem Antiquar Rohn in der Blumengasse Nr. 4. Freund Mushacke fand im Hause nebenan ein Unterkommen. Und zwar hatte ich, wie wir später häufig bemerkten, bei dieser Wohnungswahl den bessern Teil erwählt. An jenem Tage aber gingen wir nach Beendigung unsrer Geschäfte in das benachbarte Café und tranken da in herbstlich schauriger Luft, aber doch noch im Freien unsere Nachmittagsschokolade, mit wartendem Herzen über alles das, was sich an der neuen Stätte unsres Daseins zutragen würde.

Am andern Tage meldete ich mich auf dem Universitätsgericht; es war gerade ein Tag, den die Universität durch eine Festschrift und durch Doktorernennungen feierte, der Tag, an dem vor hundert Jahren Goethe sich in das Album eingezeichnet hatte. Ich kann nicht sagen, wie erfrischend dieses zufällige Ereignis auf mich wirkte; sicherlich war es ein gutes Omen für meine Leipziger Jahre, und die Zukunft hat dafür gesorgt, daß es mit Recht ein gutes Omen heißen konnte. Der damalige Rektor Kahnis suchte uns Gemeinsamaufzunehmenden, die wir einen großen Kreis bildeten, deutlich zu machen, daß ein Genie seine absonderlichen Bahnen gehe und daß Goethes Studienzeit somit durchaus für uns nicht mustergültig sein solle. Wir erwiderten die Anrede des kugelrunden beweglichen Männchens mit einem verstohlenen Lächeln und reichten ihm darauf den üblichen Handschlag, indem sich der ganze Kreis an dem schwarzen Punkte vorbeischob. Später empfingen wir unsre Papiere.

Das erste fröhliche Ereignis war für mich das erste Auftreten Ritschls, der glücklich an seiner neuen Küste gelandet war. Nach akademischer Sitte war er jetzt genötigt, seine Antrittsvorlesung öffentlich in der Aula zu halten. Man war allgemein hochgespannt auf die Erscheinung des berühmten Mannes, dessen Benehmen in den Bonner Affären seinen Namen in die Zeitungen und in aller Mund gebracht hatte. In reichster Fülle war darum die akademische Bürgerschaft versammelt, aber auch zahlreiche Nichtstudenten standen im Hintergrunde. Da kam er denn hineingerutscht in den Saal, auf seinen großen Filzschuhen, im übrigen in tadellosem festlichem Anzug mit weißer Binde. Heiter und aufgeräumt blickte er sich in dieser neuen Welt um und bald entdeckte er auch Gesichter, die ihm nicht fremd waren. Indem er sich hinten im Saale herumtrieb, rief er plötzlich »Ei, da ist ja auch Herr Nietzsche« und winkte mir lebhaft mit der Hand. Bald hatte er einen ganzen Kreis von Bonner Schülern um sich gesammelt, mit denen er auf das gefälligste plauderte, während der Saal sich mehr und mehr füllte und die akademischen Würdenträger erschienen waren. Da er dies merkte, stieg er mit Heiterkeit und Unbefangenheit auf das Katheder und sprach seine schöne lateinische Rede über den Wert und Nutzen der Philologie. Sein freier Blick, die energische Jugend seines Worts, das behende Feuer in seinem Mienenspiel rief offenbar Staunen hervor. Ich hörte, wie ein alter gemütlicher Sachse nachher sich aussprach: »Nee, was der alte Mann fir ein Feier hat.« Auch in der ersten Vorlesung im Auditorium N. 1 war die Menschenmenge erdrückend. Er begann seinen Vortrag über des Äschylus Tragödie »Die Sieben vor Theben«, dessen wichtigsten Teil ich mit angehört und nachgeschrieben habe.

Hier will ich gleich eine Bemerkung über meinen Kollegienbesuch machen. Da spricht denn vor allem die Tatsache, daß ich kein einziges vollständiges Kollegienheft besitze, sondern nur traurige Bruchstücke. Für diese meine Unregelmäßigkeit empfand ich zeitweise Besorgnis und Unruhe, endlich aber ging mir auch hier die erlösende Formel auf. Im Grunde nämlich zog mich bei den meisten Kollegien der Stoff durchaus nicht an, sondern nur die Form, in der der akademische Lehrer seine Weisheit an den Mann brachte. Die Methode war's, für die ich lebhafte Teilnahme hatte; sah ich doch, wie wenig auf Universitäten Stoffliches gelernt wird und wie trotzdem der Wert derartiger Studien allseitig aufs höchste geschätzt wird. Da wurde mir deutlich, daß das Vorbildliche der Methode, der Behandlungsart eines Textes usw., jener Punkt sei, von dem die umschaffende Wirkung ausgehe. Also beschränkte ich mich darauf zu beachten, wie man lehrt, wie man die Methode einer Wissenschaft in junge Seelen überträgt. Immer versetzte ich mich in die Stellung eines akademischen Lehrers und gab von diesem Standpunkte aus meine Zustimmung oder mein Verdikt zu den Bemühungen bekannter Dozenten. So habe ich mich denn mehr beflissen, zu lernen, wie man Lehrer ist als zu lernen, was man sonst auf Universitäten lernt. Dabei hielt mich immer das Bewußtsein aufrecht, daß es mir einmal nicht an den Kenntnissen fehlen werde, die man bei einem Akademiker beansprucht, und vertraute dabei der Eigenheit meiner Natur, daß sie sich durch eignen Trieb und nach eignem System das Wissenswürdige zusammenholen werde. Und meine Erfahrung hat dies Vertrauen bis jetzt gutgeheißen. Als Ziel schwebt mir vor, ein wahrhaft praktischer Lehrer zu werden und vor allem die nötige Besonnenheit und Selbstüberlegung bei jungen Leuten zu wecken, die sie befähigt, das Warum? Was? und Wie? ihrer Wissenschaft im Auge zu behalten.

Man wird nicht verkennen, daß in dieser Betrachtungsweise ein philosophisches Element liege. Der junge Mann soll erst in jenen Zustand des

Erstaunens geraten, den man das φιλόσοφον πάθος κατ' ἐξοχὴν genannt hat. Nachdem das Leben sich vor ihm in lauter Rätsel zerlegt hat, soll er bewußt, aber mit strenger Resignation sich an das Wissensmögliche halten und in diesem großen Gebiete seinen Fähigkeiten gemäß wählen. Wie ich zu diesem Standpunkte gekommen bin, will ich zunächst erzählen. Hier erscheint denn zum ersten Male der Name Schopenhauer auf diesen Blättern.

Verstimmungen und Verdrießlichkeiten persönlicher Art pflegen bei jungen Leuten leicht einen allgemeineren Charakter anzunehmen, wenn sie sonst nur zur δυσκολία geneigt sind. Ich hing damals gerade mit einigen schmerzlichen Erfahrungen und Enttäuschungen ohne Beihilfe einsam in der Luft, ohne Grundsätze, ohne Hoffnungen und ohne eine freundliche Erinnerung. Mir ein eignes anpassendes Leben zu zimmern war mein Bestreben von früh bis abend; dazu brach ich die letzte der Stützen ab, die mich an meine Bonner Vergangenheit fesselte; ich zerriß das Band zwischen mir und jener Verbindung. In der glücklichen Abgeschiedenheit meiner Wohnung gelang es mir mich selbst zu sammeln; und wenn ich mit Freunden zusammentraf, so war es eben mit Mushacke und v. Gersdorff, die für ihren Teil mit gleichen Absichten umgingen. – Nun vergegenwärtige man sich, wie in solchem Zustande die Lektüre von Schopenhauers Hauptwerk wirken mußte. Eines Tages fand ich nämlich im Antiquariat des alten Rohn dies Buch, nahm es als mir völlig fremd in die Hand und blätterte. Ich weiß nicht welcher Dämon mir zuflüsterte: »Nimm dir dies Buch mit nach Hause.« Es geschah jedenfalls wider meine sonstige Gewohnheit, Büchereinkäufe nicht zu überschleunigen. Zu Hause warf ich mich mit dem erworbenen Schatze in die Sofaecke und begann jenen energischen düsteren Genius auf mich wirken zu lassen. Hier war jede Zeile, die Entsagung, Verneinung, Resignation schrie, hier sah ich einen Spiegel, in dem ich Welt Leben und eigen Gemüt in entsetzlicher Großartigkeit erblickte. Hier sah mich das volle interesselose Sonnenauge der Kunst an, hier sah ich Krankheit und Heilung, Verbannung und Zufluchtsort, Hölle und Himmel. Das Bedürfnis nach Selbsterkenntnis, ja Selbstzernagung packte mich gewaltsam; Zeugen jenes Umschwunges sind mir noch jetzt die unruhigen, schwermütigen Tagebuchblätter jener Zeit mit ihren nutzlosen Selbstanklagen und ihrem verzweifelten Aufschauen zur Heiligung und Umgestaltung des ganzen Menschenkerns. Indem ich alle meine Eigenschaften und Bestrebungen vor das Forum einer düsteren Selbstverachtung zog, war ich bitter, ungerecht und zügellos in dem gegen mich selbst gerichteten Haß. Auch leibliche Peinigungen fehlten nicht. So zwang ich mich vierzehn Tage hintereinander immer erst um zwei Uhr nachts zu Bett zu gehen und es genau um sechs Uhr wieder zu verlassen. Eine nervöse Aufgeregtheit bemächtigte sich meiner und wer weiß bis zu welchem Grade von Torheit ich vorgeschritten wäre, wenn nicht die Lockungen des Lebens, der Eitelkeit und der Zwang zu regelmäßigen Studien dagegen gewirkt hätten.

In jene Zeit fällt die Gründung des philologischen Vereins. Eines Abends waren mehrere ehemalige Bonner Studenten zu Ritschl eingeladen, darunter ich selbst. Nach Tische regte uns unser Gastgeber lebhaft zu der Idee an, welche dem philologischen Vereine zugrunde lag. Die Frauen waren gerade im Nebenzimmer, und so störte nichts den Erguß des lebhaften Mannes, der aus der Erfahrung von der Wirksamkeit und dem Einfluß solcher Vereine zu erzählen hatte. Der Gedanke faßte in uns vieren Wurzel, das heißt in Wisser, Roscher, Arnold und mir. Wir sahen uns im Kreise unsrer Bekannten um und luden dann für einen Abend die Auserwählten in die »Deutsche Bierstube« zur Konstituierung eines Vereines zusammen. Acht Tage später hielten wir unsre erste regelmäßige Versammlung. Wir verlebten das erste halbe Jahr ohne Präsidenten und machten immer am Beginn eines Vereinsabends einen von uns zum Vorsitzenden. Was gab es da für aufgeregte zügellose Debatten! Wie schwer war es da, aus dem allgemeinen Lärm nur etwas als Meinung des gesamten Vereines zu retten! Es war am 18. Januar 1866, als ich meinen ersten Vortrag hielt und damit gewissermaßen mein Debüt in der philologischen Welt. Ich hatte angekündigt, daß ich in der Restauration von Löwe, Nikolaistraße, über die letzte Redaktion der Theognidea sprechen werde. Hier im gewölbten Raume konnte ich, nachdem ich die erste Schüchternheit überwunden hatte, kräftig und mit Nachdruck mich ausgeben und hatte auch den Erfolg, daß meine Freunde den größten Respekt vor dem Gehörten äußerten. Erstaunlich erquickt kam ich tief in der Nacht nach Hause und setzte mich an mein Pult, um in das Buch der Betrachtungen bittre Worte zu schreiben und auf der Tafel meines Bewußtseins die genossene Eitelkeit möglichst zu vertuschen.

Dieser günstige Erfolg machte mir Mut, meine Arbeit, wie sie war, in Folio, durch und durch mit Randglossen versehen, eines Mittags zu Ritschl zu bringen, dem ich sie in Gegenwart Wilhelm Dindorfs schüchtern einhändigte. Später erfuhr ich, wie unangenehm und lästig Ritschl derartige Zumutungen sind. Genug, er nahm die Arbeit an, vielleicht beeinflußt durch die Anwesenheit Dindorfs. Einige Tage darauf wurde ich zu ihm gerufen. Er sah mich bedenklich an und hieß mich Platz nehmen. »Zu welchem Zwecke«, fragte er, »haben Sie diese Arbeit bestimmt.« Ich sagte das Zunächstliegende, daß sie, einem Vortrage unsres Vereins zugrunde gelegt, schon ihren Zweck erfüllt habe. Jetzt fragte er nach meinem Alter, meiner Studienzeit usw., und als ich ihm Bescheid gegeben, erklärte er, noch nie von einem Studierenden des dritten Semesters etwas Ähnliches der strengen Methode nach, der Sicherheit der

Kombination nach gesehen zu haben. Darauf forderte er mich lebhaft auf, den Vortrag zu einem kleinen Buche umzuarbeiten und verhieß mir seine Hilfe, um einige Kollationen mir zu beschaffen. Nach dieser Szene ging mein Selbstgefühl mit mir in die Lüfte. Mittags machten wir Freunde zusammen einen Spaziergang nach Gohlis, es war schönes, sonniges Wetter, und mir schwebte mein Glück auf den Lippen. Endlich im Gasthofe, als wir Kaffee und Pfannkuchen vor uns hatten, hielt ich nicht mehr zurück und erzählte den neidlos staunenden Freunden, was mir widerfahren sei. Einige Zeit ging ich wie im Taumel umher; es ist die Zeit, wo ich zum Philologen geboren wurde, ich empfand den Stachel des Lobes, das für mich auf dieser Laufbahn zu pflücken sei.

Besonders einem meiner Umgebung mochte ich durch das Erlebte imponiert haben. Das war der junge Gottfried Kinkel, mit dem ich von Stund an in nähere Berührung kam. Von diesem seltsamen Kauze muß ich einiges sagen: Ein kleines schwächliches Männchen mit altem, bartlosem Gesicht. Dabei eine Geschmeidigkeit der Bewegung, die an vielen Umgang mit Frauen erinnerte. Eine englische Gleichgültigkeit und Apathie gegen etwas, was er nicht bemerken wollte. Merkwürdig aber war vor allem, daß, obgleich er sich selbst in kleinen Verhältnissen bewegte, auch als Philolog kaum andre als halb mechanische Arbeiten trieb, er doch alles gleichsam mit Vergrößerungsgläsern um sich erblickte, vor allem seine Freunde. Wenn er einen von uns zu beschreiben anfing, so sahen wir uns mit Gelächter in hyperbolische Wesen verwandelt. Genug, dies war seine Art, und er sonnte sich wahrscheinlich selbst gemächlich im Glanze seiner selbstgeschaffenen Sonnen. Wir luden uns öfter gegenseitig ein, musizierten miteinander und ergingen uns in Gesprächen über Ziele der Philologie. Er, dem immer die politischen Prinzipien seines Vaters vorschwebten, er, der mitunter Vorträge in Arbeitervereinen hielt, wollte durchaus, daß politische Zwecke im Hintergrunde stehen müßten, während ich nach meiner Art die selbstlose Würde der Wissenschaft vertrat. Plötzlich war er umgestimmt, erhob sich, erfaßte meine Rechte und schwur von jetzt ab nach meinen Grundsätzen zu leben. Unser Umgang mit ihm war ein Komplex von Respekt, Mitleid und Erstaunen. Seine kleinen wissenschaftlichen Arbeiten von entschiedenem Unwerte pflegte er doch jedesmal druckfertig zu machen, weil er sie als kleine Meisterstücke ansah. Daß er dabei auch dichtete, weiß ich, und er mochte oft den Wunsch hegen, seine Geburten mir vorzulegen, wenn ich nicht mit größter Entschiedenheit mich gegen alle diese Jugenddichtereien erklärt hätte; ich pflegte die Zeit der Selbsterkenntnis von da an bei einem Jüngling zu datieren, wo er seine Dichtungen in den Ofen steckt, und habe es selbst dieser meiner Anschauung gemäß in Leipzig gemacht. Friede auch dieser Asche!

Damals speiste ich mit meinen Freunden zusammen bei Mahn am großen Blumenberg in nächster Nähe des Theaters. Von dort gingen wir regelmäßig in das Café Kintschy, das für mich besondre Vorzüge hatte. Es verkehrte dort nur ein auserwählter Kreis von Stammgästen, darunter Prof. Wenzel, den wir den »Kater« nannten, ein kleiner Mann mit lebhafter Verbissenheit und flatternden weißen Haaren, dann der Redakteur der Leipziger Signale, die wir unschuldigerweise, bevor wir den Herrn erkannten, zum Objekte unsrer schalkischen Bemerkungen gemacht hatten. Viel Neigung brachten wir dem liebenswürdigen Schweizer Kintschy zu, einem wohlwollenden, aufgeklärten Manne, der sich gern seiner früheren Gäste Stallbaum, Herloßsohn und Stolle erinnerte; deren Bilder an den altertümlichen braunen Wänden hingen. In diesen überwölbten Räumen durfte nicht geraucht werden; mir geschah damit etwas sehr Angenehmes. – Abends und besonders sonnabends waren wir in der neugegründeten Weinstube von Simmer zu finden. Hierhin kam mein Freund Mushacke, hierhin v. Gersdorff, mit dem ich viel auszutauschen hatte, nachdem er in Göttingen ähnliche Dinge erlebt und ausgestanden hatte, wie ich in Bonn. Jetzt waren diese beiden Freunde die ersten, auf die ich den vollen Strom einer Schopenhauerschen Batterie lenkte, weil ich beurteilen konnte, daß sie für solche Anschauungen empfänglich seien. Wir drei fühlten uns fortan lebhaft im Zauber des einen Namens verbunden. Auch schauten wir lebhaft nach anderen Naturen aus, die wir in dasselbe Netz ziehen wollten. Von diesen ist einer bemerkenswert, namens Romundt aus Stade in Hannover. Mit einem schreienden peinlichen Organ schreckte er zuerst die Menschen von sich ab. Und so ging es auch mir, bis ich mich gewöhnte, über diesen äußeren Eindruck hinwegzuhören. Er befand sich in unglücklichen Verhältnissen. Seine begabte Natur wies ihm nach keiner Seite hin ein bestimmtes zu erstrebendes Ziel an. Die Elemente eines Forschers, Dichters, Philosophen waren trostlos gemischt, so daß er sich in ewigem Ungenügen verzehrte. Daß auch seine Augen auf den Namen Schopenhauer gebannt wurden, versteht sich von selbst, nachdem ich einiges über seine Natur gesagt habe. Bei andern mißlangen mir meine Bekehrungsversuche völlig. Z. B. bei Wisser, bei dem zunächst ein verwandter Fond zu bemerken war. Es fehlte ihm aber überhaupt an Neigung zu philosophischer Vertiefung und an der dazu nötigen Vorbildung. An ihm fiel mir vor allem ein rastlos wühlender Ehrgeiz auf, der, weil er keine Befriedigung fand, seine ganze Natur, vornehmlich sein Nervensystem, in Aufregung versetzte. Er sehnte sich danach, in seiner Wissenschaft etwas zu entdecken und war mitunter glücklich über einen angeblich bedeutenden Fund, in dem wir anderen bei genauer Besichtigung nichts als Schlacken zu entdecken vermochten. Dabei besaß er eine liebenswürdige Neigung, mit Kindern und alten Bürgersleuten umzugehen und fühlte sich in einfachen, ländlichen Verhältnissen, wo er etwas gelten konnte, am wohlsten. Uns quälte er bald mit einer neuen

Zerteilung des Johannesprologs, bald mit Ausscheidungen des Tibull aus Tibull und konnte recht böse werden, daß wir an seinen Bestrebungen keinen Nutzen und Mangel an Methode herausfühlten. Hoffentlich geht es diesem gutherzigen schwärmerischen Gemüte besser.

Ich benutze die Gelegenheit, hier etwas von anderen Personen einzuschieben, die mit mir in Berührung kamen. Da fällt mir zunächst Hüffer ein, der unsre beiden Bekannten Romundt und Wisser fortdauernd auf das wunderlichste quälte und neckte und sich dadurch Wissers Feindschaft und Romundts Freundschaft auf den Hals schaffte. Ein talentvoller Mensch, dem die Natur den Begriff der Taille versagt hatte, trieb er die schönen Künste, vornehmlich Musik, mit Eifer, übersetzte gewandt aus dem Französischen und sah sich, da er sehr vermögend war, mit Ruhe dem Strome des Literatentums entgegenschwimmen. Wir lagen uns immer in den Haaren in musikalischen Punkten; vornehmlich über die Bedeutung Wagners ging uns nie die Stimme und die Galle aus. Ich gebe ihm jetzt nachträglich zu, daß sein musikalisches Urteilen und Empfinden feiner, vor allem gesunder entwickelt war als das meinige. Aber damals vermochte ich dies nicht einzusehn und empfand manchen Schmerz über seinen rücksichtslosen Widerspruch. Überhaupt stieß er leicht einmal mit seinem ungenierten Wesen an. So waren wir einmal zusammen in die Familie Ritschls eingeladen. Hüffer wälzte seine breite Gestalt auf einen Sessel und rief, als dieser von der ungewohnten Last knackte, lustig aus: »Oho, der ist nicht koscher«, ein Wort, das Frau Ritschl, eine getaufte Jüdin, offenbar stark verletzen mußte. Nicht anders erging es ihm, als wir einmal im ersten Range des Leipziger Theaters uns freimütig über eine am Tage zuvor aufgetretene Sängerin unterhielten. Wir lobten ihren Gesang, um so mehr aber mißfiel ihr wunderlich häßliches Gesicht, dessen Seltsamkeit Hüffer in verschiedenen Bildern laut und heftig beschrieb. Welche Empfindung aber, als eine Dame, drei Schritt schräg vor uns, sich ruhig umdrehte und den öffentlichen Tadlern ihr Gesicht, eben jenes wunderlich häßliche Gesicht zuwandte. Ärgerlich, jemand umsonst verletzt zu haben, machten wir unsre Sache nicht besser, als wir ihr nach dem Theater ein Bukett mit der Inschrift »der Nachtigall die Rose« zuschickten. Ein gewandter Dienstmann war bald angeworben und ergötzte uns nachher, als wir im Italienischen Garten zu Abend aßen, mit der Schilderung, wie er den augenblicklichen Aufenthalt der betreffenden Dame erfahren habe.

Seit jenem Tage, wo Ritschl meine Theognispapiere so günstig abgeschätzt hatte, war ich zu ihm in ein näheres Verhältnis gekommen. Fast wöchentlich ein paarmal ging ich in der Mittagsstunde zu ihm und fand ihn da jederzeit bereit, ein ernstes oder lustiges Gespräch anzuknüpfen. Gewöhnlich saß er in seinem Lehnstuhl und hatte die Kölnische Zeitung vor sich, die er samt der Bonner Zeitung aus alter Anhänglichkeit noch las. Auf dem Tisch stand gewöhnlich unter einer wüsten Menge von Papieren ein Glas Rotwein. Wenn er arbeitete, so bediente er sich eines Sessels, den er selbst gepolstert hatte, indem er die Stickerei eines ihm geschenkten Ruhekissens abtrennte und auf einen dürftigen Holzschemel, der ohne Lehne war, nagelte. In seinen Gesprächen war er frei von jeder Zurückhaltung; sein Zorn gegen seine Feinde, Unzufriedenheit über bestehende Zustände, Schäden der Universität, Marotten der Professoren, alles sprudelte aus ihm heraus, so daß er hierin wohl das Gegenstück eines diplomatischen Naturells aufwies. Ebenso scherzte er über sich selbst, über seine geringe Wirtschaftlichkeit, z. B. mit der er früher die eingenommenen Gelder in 10, 20, 50, 100 Taler-Scheinen in Bücher versteckt habe, um sich über ihr Wiederfinden zu freuen. Daß dabei mitunter durch das Verborgen von Büchern seltsame Zustände hervortraten, daß mancher arme Student sich durch eine Gabe überrascht fühlte, für die es kaum anständig war, Dank und Empfang auszusprechen, das pflegte uns seine Frau zu erzählen, und Vater Ritschl mußte mit verschämten Mienen seine Zustimmung geben. In der Tat war sein Eifer andern Leuten zu nützen wahrhaftig großartig; und daher kommt es, daß so viele junge Philologen außer der Förderung, die sie ihm in wissenschaftlichen Dingen schuldeten, sich ihm auch noch persönlich zur nächsten Anhänglichkeit verpflichtet fühlten. Er besaß unbedingt eine Überschätzung seines Fachs und hatte demgemäß eine Abneigung dagegen, daß Philologen sich näher mit der Philosophie einließen. Seine Schüler hinwiederum suchte er möglichst schnell der Wissenschaft nutzbar zu machen; daher pflegte er die produktive Ader eines jeden leicht etwas zu überreizen. Dabei war er frei von jedem Credo in der Wissenschaft; und besonders verdroß ihn ein unbedingtes urteilsloses Hingeben an seine Resultate.

Eine völlig verschiedne Natur lernte ich an Wilhelm Dindorf kennen. Eines Tages wurde ich von Ritschl befragt, ob ich wohl einmal eine Arbeit für ein reichliches Honorar unternehmen wolle, die der Wissenschaft von entschiedenem Nutzen sei. Ich entgegnete, daß ich nicht abgeneigt sei, falls ich selbst dabei meine Rechnung fände und etwas Hinreichendes lernen könne. Da vertraute mir denn Ritschl, daß es Prof. Dindorf viel an Fertigung eines neuen Index zum Äschylus liege, und er mit mir darob zu sprechen wünsche. Da stand ich zum ersten Male in meinem Leben in einer großen Gefahr von einer Seite aus, wo man mir wohlwollte. Ich ging also eines Abends zu Dindorf und wurde, nachdem man mir erst vormachen wollte, daß der Professor nicht zu Hause sei, nach Nennung meines Namens vorgelassen. Ein starker Mann mit pergamentnen Zügen und formeller Höflichkeit, eine Persönlichkeit, die einen altmodischen Eindruck machte, die aber in dem forschenden, unbeweglich scheinen wollenden Auge einen Zug hatte, welcher aufforderte, daß man auf seiner Hut sei: ein solcher Mann öffnete mir die Tür und geleitete mich in ein altfränkisches

Zimmer. Wir suchten uns über die verlangte Aufgabe zu verständigen. Er verlangte von meiner Seite eine Probe, die ich ihm versprach. Bei späteren Besuchen, nachdem er mein opusculum über Theognis kennengelernt hatte, wurde er mir bedenklich durch die freie, ja freche Art, mit der er mich lobte, insgleichen mit seinen hingeworfnen Ansichten, die einen starken, aber unethischen Pessimismus verrieten: anderseits leuchtete ein widerwärtiger merkantiler Egoismus hervor. Sein Markten mit Konjekturen, sein Hin- und Herverkaufen seiner Ausgaben an deutsche und englische Buchhändler, noch mehr sein Zusammenhang mit dem berüchtigten Simonides, haben mich allmählich scheu gemacht, so daß ich endlich mich von ihm zurückzog und alle gemachten Propositionen aus den Händen fallen ließ. Schließlich war dies sogar der Rat Ritschls, der selbst mancherlei von Dindorfs angeblichen Dienstfertigkeiten zu leiden hatte.

Später wurde ich auch mit dem entschiedensten Gegner Dindorfs bekannt, mit dem weit und breit berühmten Tischendorf. Es waren meinen Händen einige Pergamentblätter verschiedener Jahrhunderte, darunter ein Palimpsest aus dem Nachlasse des Prof. Keil anvertraut worden, über deren etwaigen Wert ich im Interesse der Witwe Erkundigungen einziehen sollte. Diese Gelegenheit benutzte ich, um mir Zutritt zu einem Manne zu verschaffen, der im Ausland als Vertreter der spezifisch deutschen Wissenschaft zu einem unerhörten Ansehn gekommen war und darüber in dem engeren Kreis deutscher Gelehrter selbst seinen Ruf vollkommen eingebüßt hatte Ich wußte, mit wem ich zu tun hatte als ich eines Abends in einer entfernten, schönen, ruhigen Straße nach seinem Namen fragte. Der »Hofrat« war gerade abwesend, und ich würde abgewiesen sein, wenn ich nicht dem Diener sowie nachher der Gattin plausibel gemacht hätte, daß er in jedem Moment kommen müsse. So gewann ich denn das Terrain seiner Studierstube, in der ich nichts Gelehrtes entdecken konnte; Briefkuverte und griechische Bibeltexte lagen in Menge herum. Dagegen erzählt man sich von einem Fache, in dem die *opera omnia* des großen Mannes zu finden seien und von einem Schranke, der zum Hüter der zahllosen Orden und Auszeichnungen bestimmt sei, mit denen Fürsten und Akademien den glücklichen Finder geehrt haben. Als er darauf erschien, der kleine, etwas bucklige Mann mit frischem rotem Gesichte und schwarzem gekräuseltem Haupthaar, legte ich ihm mein Anliegen vor, das er denn auch mit Recht als Bagatelle behandelte, aber doch dabei an zwei Zügen seinen Charakter hervorblicken ließ. Sobald er das eine Blatt mit einer musterhaft schönen griechischen Kursivschrift des 11. Jahrhunderts erblickte, behauptete er kühnlich, er besitze das andere dazugehörige Stück dieses Blattes, ohne übrigens den Beweis dafür anzutreten. Wie ich ihn darauf auf jene total verwischte Schrift eines andren Blattes hinwies, auf dem nur einzelne zerstreute Buchstaben dem angestrengten Auge deutlich wurden, las er eben so rasch als verwegen an einer Stelle, wo ich fast nichts erblickte, ein Wort heraus, das sich nur einmal im Markusevangelium finden soll und das demnach beweisen dürfte, daß wir es mit einem Stück jenes Evangeliums zu tun hätten. Ich freute mich innerlich über diesen Taschenspielerstreich, wie er sich auch seinerseits freuen mochte, ein scheinbar so glänzendes *specimen ingenii* gegeben zu haben. Dadurch vertraulicher gemacht, begann er mir eine Menge ausgezeichneter Blätter vorzulegen und zugleich meinen Appetit nach seinem angekündigten Kolleg über Paläographie auf das äußerste zu reizen. Dies ist auch wirklich das Kolleg, was ich mit stetem Eifer gehört habe, obgleich hier für Methode und systematischen Vortrag gar nichts zu lernen war. Ob man dieses Kolleg eine Paläographie oder »Tischendorfsche Erlebnisse und Erinnerungen« betiteln solle, konnte man zweifelhaft sein. Jedenfalls war es von einem Hautgout umflossen, der gerade an einem Verfechter gläubiger Theologie doppelt pikant war. Einen Hauptpunkt bildete die bis in die unsauberen Details ausgemalte Darstellung des Simonidesbetrugs und der Enthüllung durch Tischendorf. Dabei waren trotz der Prinziplosigkeit des Vortrags die eingestreuten Bemerkungen und Beobachtungen von äußerstem Werte für Freunde der Paläographie, weil jedenfalls der Mann noch nicht gelebt hat, noch lebt, der wie Tischendorf zweihundert griechische Handschriften, die vor das neunte Jahrhundert zu datieren sind, mit geübtem Auge betrachtet und zu paläographischen Zwecken studiert hat. Zugleich war er im Besitz der kostbarsten Proben und Belege für alle Arbeiten von Schriftcharakteren, wie er andererseits unsre Neugierde durch den Hinweis auf verborgne, irgendwo noch unberührt schlummernde Schätze zu wecken verstand. So lockte er uns mit einem kostbaren Papyrus voll großer Homerstücke, der in den Händen eines Engländers in Alexandrien befindlich sei, aber nur dem Bräutigam seiner Tochter, einer braunen, nicht mehr jungen Dame, ausgehändigt werden solle. Ebenso erzählte er mir von einem noch unbenutzten Palimpsest in Neapel. Durch seine Vermittlung wurden mir auf der Universität die noch nicht gelesenen Palimpseste eingehändigt, die unter einer derben syrischen Schrift die Charaktere des siebenten Jahrhunderts enthalten. In diesen ca. dreißig Blättern schlummern die Reste eines griechischen Grammatikers, der wie es scheint περὶ ὀρθογραφίας handelt. Noch will ich bemerken, daß ich hierin ein Hesiodfragment von drei Worten vorfand.

I] ΜΕΡΟΕΝΤΑ ΜΕΤΕΙΧΕ · · ·
ΜΗΔΕΑ ΩΣ ΗΣΙΟΔΟΣ

Im Privatverkehr war Tischendorf unerschöpflich in Ausbrüchen der naivsten und ungetrübtesten Eitelkeit. Stolz war er vor allem, daß der große Deutschenfresser Cobet an ihm sein Behagen gefunden habe. »Die deutschen Philologen verstehen alle nichts«, soll er gesagt haben, »du allein bist der wahre Kerl.« Als Hermann einmal etwas von ihm wünschte, so antwortete ihm Cobet nicht einmal. Mir aber schrieb er »glühende Liebesbriefe«. In dieser Art plauderte er von seinen Freunden, über deren Unwissenheit in paläographischen Dingen er in andern Stunden hinwiederum Witze riß. Tischendorfs Eitelkeit ist verletzend und ekelerregend: aber man sagt sich nach zwei Minuten seiner Bekanntschaft, daß man hier vor einem psychologischen Problem steht. In dem Bilde dieses Mannes stehen mehrere disparate Züge: äußerst klug und gewandt, ja diplomatisch schlau, schwärmerisch, frivol, äußerst scharfblickend in seinem Fach, peinlich genau bei seinen Publikationen, naiv eitel ohne jede Grenze, geizig, *defensor fidei,* Höfling, buchhändlerischer Spekulant: voilà eine Karte seiner Charaktereigenschaften, die bunt genug aussieht. Jedenfalls eine ψυχὴ ποικίλη.

In dem zweiten Winter, den ich in Leipzig verlebte, habe ich mich angelegentlich mit paläographischen Studien befaßt. Ich hatte durch Ritschl einen fast unbeschränkten Zutritt zu den handschriftlichen Schätzen der Leipziger Ratsbibliothek erlangt und befand mich hier bei der Zuvorkommenheit der Bibliothekare äußerst wohl. In dem düsteren Zimmer des Gewandhauses saß ich in den Nachmittagsstunden wohlgemut am langen grünen Tisch, vor mir eine lateinische Handschrift, sei es eine des Terenz oder des Statius oder des Orosius. Nicht wenig zogen mich auch die Rätsel des Aldhelmus an, für die ich wertvolle und zahlreiche Varianten entdeckte. An einem Orosiuscodex des elften Jahrhunderts fand ich eine Art Wortregister angeheftet, demselben Jahrhundert zugehörig, mit zerstreuten deutschen Worten darin, z. B. *steofvater, frosco snebal, rocchen* (*colo*) usw. Aus der reichen Masse älterer Drucke ist mir ein Walter Burley aufgefallen, den die bibliographischen Handbücher nicht kennen: Walter Burley *de vita philosophorum* auf der Leipziger Ratsbibliothek HL φ^{aa} ohne Namen des Verfassers und ohne Datum, sieben Blätter Register, zwei Kolumnen, fünfzig Blätter Text, auf fünfzig rechts, eine Kolumne explicit gotische Schrift. Das Wasserzeichen:

Hier ist auch der Ort, der ausgezeichneten Zuvorkommenheit zu gedenken, mit der mich die Beamten der Universitätsbibliothek jederzeit behandelt haben. Ihr Benehmen erinnerte an die vielgerühmte sächsische Höflichkeit und Gefälligkeit, ohne deren Schattenseiten zu haben. Meine

Bücherwünsche sind oft mit Aufopferung von Zeit und Mühe durch die vortrefflichen Herren besorgt worden; niemals haben sie mir ihren Mißmut gezeigt, wenn ich allzu häufig und mit allzuviel Ansprüchen erschien. Ich nenne mit besonderer Anerkennung den Namen des Prof. Pückert.

In unserm philologischen Verein habe ich vier größere Vorträge gehalten, und zwar diese:

1. die letzte Redaktion der Theognidea,
2. die biographischen Quellen des Suidas,
3. die πὶνακες der aristotelischen Schriften,
4. Der Sängerkrieg auf Euböa.

Diese Themata kennzeichnen ungefähr die Hauptrichtungen meiner Studien. Dabei muß ich bemerken, daß zu dem dritten Punkte ich als Hintergrund die Laertianische Quellenkritik aufbaute. Zu dieser Studie fühlte ich von Anfang an Neigung; schon in meinem ersten Leipziger Semester ist manches hierauf Bezügliche zusammengestellt worden. Auch erzählte ich Ritschl manches hierüber. So geschah es denn, daß er eines Tages geheimnisvoll andeutend mich fragte, ob ich eine Untersuchung über die Quellen des Laertius auch unternehmen würde, wenn ich von einer andern Seite aus eine bestimmte Anregung erhielte. Ich quälte mich lange mit dem Sinne dieser Worte, bis ich in einem Momente der Erleuchtung die Sicherheit gewann, daß das nächste von der Universität zu stellende Preisthema jene Frage zum Objekt haben werde. Am Morgen, wo die Themata publiziert werden, eile ich zu Kintschy und ergreife aufgeregt die Leipziger Nachrichten; richtig, da fällt mein Auge auf die ersehnten Worte *de fontibus Diogenis Laertii.* Die folgende Zeit beschäftigten mich die einschlägigen Probleme fast Tag und Nacht; Kombination reihte sich an Kombination, bis endlich in den Weihnachtsferien, die ich zu einer Sichtung der bisherigen Resultate benutzte, plötzlich jene Erkenntnis heraussprang, daß zwischen den Suidas- und den Laertiusfragen ein bestimmtes Band zu bemerken sei. Ich bewunderte an jenem Abend, wo ich die Erkenntnis fand, den glücklichen Umstand, daß ich erst über die Quellen des Suidas, dann über die des Laertius, wie durch einen sichern Instinkt getrieben, geforscht hatte und nun plötzlich die Zügel für beide Fragen in der Hand hielt. – So schnell und behend ich mit meiner Kombination von Tag zu Tag vorrückte, um so schwerer konnte ich mich nachher zur Ausarbeitung meiner Resultate entschließen. Aber die Zeit drängte immer furchtbarer; und trotzdem verstrich mir die schöne Zeit des Sommers im fröhlichen Genusse und im Umgang mit Freund Rohde, ja neue wissenschaftliche Interessen fingen an mich zu quälen und zum anhaltenden Nachdenken zu zwingen. Vornehmlich die Homerfrage, auf die mein letzter Vortrag im Verein mit vollen Segeln lossteuerte. Endlich als keine Stunde mehr zu verlieren war, setzte ich mich nieder zur Laertiusarbeit und schrieb so einfach und schlicht wie möglich meine Ergebnisse zusammen. Der erschreckliche letzte Tag des Juli begann; ich drückte die Sporen mit aller Energie ein und erreichte es, daß ich abends um zehn Uhr mit dem fertigen Manuskript zu Rohde laufen konnte, in dunkler, regnerischer Nacht. Dort wartete mein Freund bereits auf mich und hatte zu meiner Erquickung Wein und Gläser bereitgesetzt.

Rohde hat in einem Briefe an mich selbst einmal das Bild gebraucht, daß wir beiden im letzten Semester gewissermaßen auf einem Isolierschemel gesessen haben. Dies ist völlig richtig, ergab sich mir aber erst, als das Semester vorüber war. Ganz ohne unsre Absicht, aber durch einen sichern Instinkt geleitet, verbrachten wir weitaus den größten Teil des Tages miteinander. Viel gearbeitet in jenem banausischen Sinne haben wir nicht und trotzdem rechneten wir uns die einzelnen verlebten Tage zum Gewinn. Ich habe es bis jetzt nur dies eine Mal erlebt, daß eine sich bildende Freundschaft einen ethisch-philosophischen Hintergrund hatte. Gewöhnlich sind es die gleichen Studienwege, die die Menschen zusammenführen. Wir beide haben aber unsre Gebiete in der Wissenschaft in ziemlicher Entfernung voneinander und waren nur einig in der Ironie und im Spott gegen philologische Manieren und Eitelkeiten. Für gewöhnlich lagen wir uns in den Haaren, ja es gab eine ungewöhnliche Menge von Dingen, über die wir nicht zusammenklangen. Sobald aber das Gespräch sich in die Tiefe wandte, verstummte die Dissonanz der Meinungen, und es ertönte ein ruhiger und voller Einklang. Ist es aber nicht bei den meisten Freundschaften und Bekanntschaften umgekehrt? Und hat nicht hier gerade der junge Mensch manche arge Enttäuschung zu erleiden? Darum denke ich jetzt mit großem Vergnügen an jene ganze Zeit und rufe mir oft das Bild jener heitern Schützenhausnächte oder jener stillen Ruhestunden an einem lieblichen Winkel der Pleiße zurück, die wir als Künstler beide zusammen genossen haben, momentan losgelöst von dem Drängen des unruhigen Lebenswillens und reiner Betrachtung hingegeben.

Ich bemerke soeben, daß ich bei der Schilderung meiner Leipziger Vergangenheit etwas planlos hin- und herspringe und Personen und Halbjahre durcheinanderwerfe. Zur Orientierung für mich selbst notiere ich hier in Form eines Registers die bemerkenswerten Punkte für ein jedes Semester.

Semester I. Oktober 1865 bis Ostern 1866

Winter. Wohnung bei Rohn, Blumengasse 4, im Garten
Schopenhauer wird mir bekannt
»Kyrie« komponiert
Das »Buch der Betrachtungen«

Gründung des Vereins
Vortrag der Theognidea
Bekanntschaft mit Ritschl
Umgang mit Mushacke, v. Gersdorff
Vetter Schenkel
Riedelscher Verein: Johannespassion, Hohe Messe
Th. v. Arnold, Zukunftsmatineen
Der sächsische König in Leipzig
Kneipgelage der Leipziger Philologen
Arbeitsame Osterferien

Semester II. Ostern 1866 bis Oktober 1866

Sommer. Wohnung bei Riedigs, Elisenstraße 7, Parterre
Politische Aufregung
Abschätzung Bismarcks in Leipzig
Der deutsche Krieg
Einzug der Preußen in Leipzig
Umschwung der politischen Bekenntnisse
Vortrag über Quellen des Suidas
Ausarbeitung der Theognidea für das Rheinische Museum, in der Sadowawoche
Hedwig Raabe in Leipzig
Umgang mit Romundt, Windisch, Roscher, Hüffer, Kleinpaul
Kahnpartien
Dindorfs Antrag
Ferien in Kösen auf der Flucht vor der Cholera
Lexikalische Studien
Versucht wird eine Systematik der Interpolationen in griechischen Tragikern

Semester III.

De fontibus Laertii wird angegriffen
Weihnachten werden die Resultate gefunden
Abhandlung über die aristotelischen πίνακες geschrieben
Auf der Ratsbibliothek codd. verglichen
Bekanntschaft mit Tischendorf
Präsident im philologischen Verein
Mitglied der philologischen Sozietät
Onomatologische Studien

Semester IV. Ostern 1867 bis Herbst 1867

Sommer. Wohnung Weststraße 59
Schützenhausnächte
Umgang mit Rohde und Kleinpaul
Beendigung der Laertiusarbeit
Vortrag über den Sängerkrieg auf Euböa
Konjekturenabend bei Simmer
Reitstunden mit Rohde bei Bieler
Letzte Vereinskneiperei
Offenbachs schöne Helena
Letzten Tage wohne ich im Italienischen Garten, eine Treppe höher als Rohde
Die Freunde zum letzten Male bei uns eingeladen
Abschied vom Studententum
Naturfreuden. »Nirwana«
Abschied von Ritschl
Reise in den Bayrischen Wald mit Rohde

Semester V. 5. Oktober 1867 bis Ostern 1868

Philol. Fest in Halle
Reise nach Berlin
Soldatentum
Demokritstudien
Meine Laertiusarbeit prämiiert
Pläne und Absichten. Geschichte der Literarischen Studien. *De Homero Hesiodoque aequalibus.* Vortragsausarbeitung. Über Schopenhauer als Schriftsteller.

[Aus den Jahren 1868/69]

Was ich fürchte, ist nicht die schreckliche Gestalt hinter meinem Stuhle, sondern ihre Stimme: auch nicht die Worte, sondern der schauderhaft unartikulierte und unmenschliche Ton jener Gestalt. Ja, wenn sie noch redete, wie Menschen reden!

Eine Kette von Ereignissen, von Bestrebungen, in denen man Zufälligkeiten des äußern Schicksals oder barocke Launenhaftigkeit sucht, offenbart sich später als ein von der sicher tastenden Hand des Instinktes aufgespürter Weg.

Pforte. Der uniformierende Zwang in der Zeiteinteilung.

Reaktion in offenbarer Vernachlässigung bestimmter Gebiete in künstlerischen Studien.

Vielleicht würde mich die philologische Nüchternheit und Steifheit angewidert haben: aber als Bild einer universell belebten und sein philologisches Fach belebenden Persönlichkeit war mir Steinhart von Wert. *Corssen* als natürlicher Feind aller Spießbürgerei und doch in strammster wissenschaftlicher Tätigkeit.

Das Bild, das von einem Berufe in uns aufsteigt, ist gewöhnlich aus der Person der nächsten Lehrer abstrahiert.

Vor einiger vagen Zerflossenheit in den vielen Richtungen meiner Talente bewahrte mich ein gewisser philosophischer Ernst, der nie zufrieden war, als im Angesichte der nackten Wahrheit und nur Unerschrockenheit, ja Zuneigung zu harten und bösen Konsequenzen. Das Gefühl, in der Universalität nicht zum Grunde zu kommen, trieb mich in die Arme der strengen Wissenschaft.

Sodann die Sehnsucht, aus den raschen Gefühlswechseln künstlerischer Neigungen sich in den Hafen der Objektivität zu retten.

Man ist über sich selbst entweder mit Scham oder mit Eitelkeit ehrlich.

Es hat mir immer der Beachtung wert geschienen, auf welchen individuellen Wegen jemand heutzutage gerade zur klassischen Philologie kommt: denn damit glaube ich etwas Anerkanntes zu sagen, daß einige andre Wissenschaften in ihrer blühenden Jugendlichkeit und erstaunlichen Zeugungskraft ein größeres Recht auf die frische Kraft anstrebender Talente haben, als gerade unsre zwar noch rüstig einherschreitende aber doch hier und da die welken Züge des Alters verratende Philologie. Ich sehe ab von den Naturen, die ein gewöhnliches Brotinteresse auf diese Bahn wirft: und auch jene andern haben wenig Anziehendes an sich, die an der Hand philologischer Erzieher zu demselben Berufe widerstandslos abgerichtet werden. Viele treibt ein eingebornes Lehrtalent: aber auch für diese ist die Wissenschaft nur ein wirksames Werkzeug, nicht das ernste und mit sehnsüchtigen Augen angeschaute Ziel ihrer Lebenswanderung. Eine kleine Gemeinde lebt, die mit künstlerischem Behagen an der griechischen Formenwelt sich ergötzt, eine noch kleinere, für die die Denker des Altertums noch nicht zu Ende gedacht sind und gedacht haben. Ich habe kein Recht mich zu einer dieser Klassen ausschließlich rechnen zu dürfen: denn der Weg, auf dem ich zur Philologie gekommen bin, liegt gleich weit ab von dem der praktischen Klugheit und des niedrigen Egoismus als von dem, auf welchem die begeisterte Liebe zum Altertum die Fackel voranträgt. Dies letzte auszusprechen ist nicht leicht, aber es ist ehrlich.

Vielleicht gehöre ich überhaupt nicht zu den spezifischen Philologen, denen die Natur mit ehernem Griffel auf die Stirn zeichnet: das ist ein Philolog, und die in vollster Ungebrochenheit, mit der Naivität eines Kindes den ihnen vorgezeichneten Weg gehn. An solchen philologischen Halbgöttern kommt man hier und da einmal vorüber und merkt dann, wie grundverschieden alles, was der Instinkt und die Gewalt der Natur schafft, von dem ist, das durch Bildung, Reflexion, vielleicht gar durch Resignation hervorgebracht wird.

Ich will nicht gerade sagen, daß ich zu diesen Resignationsphilologen ganz und völlig gehöre: aber wenn ich so zurücksehe, wie ich von der Kunst zur Philosophie, von der Philosophie zur Wissenschaft und hier wieder in ein immer engeres Bereich geraten bin: so sieht dies fast aus, wie eine bewußte Entsagung.

Ich sollte denken, daß ein Mensch mit vierundzwanzig Jahren das Wichtigste seines Lebens bereits hinter sich hat: mag er auch später erst zutage bringen, was sein Leben lebenswert macht. Ungefähr nämlich bis in diesen Zeitraum faßt die junge Seele aus allen Ereignissen und Erfahrungen, die sie im Leben als im Denken macht, noch das Typische heraus: und aus der Welt dieser Typen wird sie nie und nimmermehr herauskommen. Wenn später dieser idealisierende Blick des Auges erloschen ist: stehen wir im Banne jener Welt von Typen, die wir als das Vermächtnis unserer Jugend überkommen.

Eine andre Frage ist es, ob wir an der angegebnen Altersgrenze schon imstande sein werden,

Mir nun, der ich jene angegebne Altersgrenze kaum überschritten habe, sei es erlaubt

Meine Erziehung ist in ihren Hauptteilen mir selbst überlassen worden. Mein Vater, ein protestantischer Landgeistlicher in Thüringen, starb allzufrüh: mir fehlte die strenge und überlegne Leitung eines männlichen Intellekts. Als ich im Knabenalter nach Schulpforta kam, lernte ich nur ein Surrogat der väterlichen Erziehung kennen, die uniformierende Disziplin einer geordneten Schule. Gerade aber dieser fast militärische Zwang, der, weil er auf die Masse wirken soll, das Individuelle kühl und oberflächlich behandelt, führte mich wieder auf mich selbst zurück. Ich rettete vor dem einförmigen Gesetz meine privaten Neigungen und Bestrebungen, ich lebte einen verborgnen Kultus bestimmter Künste, ich bemühte mich in einer überreizten Sucht nach universellem Wissen und Genießen die Starrheit einer gesetzlich bestimmten Zeitordnung und Zeitbenutzung zu brechen. Es fehlte an einigen äußern Zufälligkeiten; sonst hätte ich es damals gewagt, Musiker zu werden. Zur Musik nämlich fühlte ich schon seit meinem neunten Jahre den allerstärksten Zug; in jenem glücklichen Zustande, in dem man noch nicht die Grenzen seiner Begabung kennt und alles, was man liebt, auch für erreichbar hält, hatte ich unzählige Kompositionen niedergeschrieben und mir eine mehr als dilettantische Kenntnis der musikalischen Theorie erworben. Erst in der letzten Zeit meines Pförtner Lebens gab ich, in richtiger Selbsterkenntnis, alle künstlerischen Lebenspläne auf; in die so entstandene Lücke trat von jetzt ab die Philologie.

Ich verlangte nämlich nach einem Gegengewicht gegen die wechselvollen und unruhigen bisherigen Neigungen, nach einer Wissenschaft, die mit kühler Besonnenheit, mit logischer Kälte, mit gleichförmiger Arbeit gefördert werden könnte, ohne mit ihren Resultaten gleich ans Herz zu greifen. Dies alles aber glaubte ich damals in der Philologie zu finden. Die Vorbedingungen zu deren Studium werden einem Pförtner Schüler geradezu an die Hand gegeben. Es werden in dieser Anstalt mitunter spezifisch philologische Aufgaben gestellt, z. B. kritische Kommentare über bestimmte sophokleische oder äschyleische Chorgesänge. Sodann ist es ein besonderer Vorzug der Schulpforte, der einem zukünftigen Philologen sehr zustatten kommt, daß unter den Schülern selbst eine angestrengte und mannigfache Lektüre griechischer und römischer Schriftsteller zum guten Ton gehört. Das Glücklichste aber war, daß ich auf ausgezeichnete philologische Lehrer traf, an deren Persönlichkeiten ich mein Urteil über ihre Wissenschaft bildete. Wenn ich damals gerade Lehrer gehabt hätte, von der Art, wie sie auf Gymnasien mitunter gefunden werden, engherzige froschblütige Mikrologen, die von der Wissenschaft nichts als den gelehrten Staub kennen: ich hätte den Gedanken weit weggeworfen, jemals einer Wissenschaft anzugehören, der solche Schächer dienen. So aber lebten vor meinen Augen Philologen, wie Steinhart, Keil, Corssen, Peter, Männer mit freiem Blick und frischem Zuge, die mir zum Teil auch ihre nähere Neigung schenkten. So kam es, daß ich schon in den letzten Jahren meines Pförtner Lebens mich selbständig mit zwei philologischen Arbeiten beschäftigte. In der einen wollte ich die Sagen vom Ostgotenkönig Ermanarich in ihren Verzweigungen nach den Quellen (Jordanes, Edda usw.) darstellen, in der andern eine spezielle Form der griechischen Tyrannis, die megarische zeichnen. Man pflegt in der Schulpforte bei dem Abgange irgendein schriftliches Denkmal zu hinterlassen: zu diesem Zwecke war jene zweite Arbeit bestimmt, die mir unter den Händen zu einem Charakterbilde des Megarensers Theognis wurde.

Als ich nach sechsjährigem Aufenthalte der Schulpforte als einer strengen, aber nützlichen Lehrmeisterin Lebewohl gesagt hatte, ging ich nach Bonn. Hier wurde ich mit Erstaunen gewahr, wie gut unterrichtet und doch wie schlecht erzogen so ein Fürstenschüler auf die Universität kommt. Er hat eine Menge für sich gedacht, und jetzt fehlt ihm die Geschicklichkeit, diese Gedanken zu äußern. Er hat noch nichts von dem bildenden Einflusse der Frauen erfahren; aus Büchern und Überlieferungen glaubt er das Leben zu kennen, und doch kommt ihm jetzt alles so fremdartig und unangenehm vor. So erging es mir in Bonn: nicht alle die Mittel, nach denen ich griff, um jene Übelstände zu beseitigen, mochten gut gewählt sein, und Verdrießlichkeiten, unbequemer Umgang, übernommene Verpflichtungen usw. machten

Ich, der Sohn eines protestantischen Landgeistlichen, wurde am 15. Oktober 1844 in dem Dorfe Röcken, unweit Merseburg, geboren und verlebte hier die ersten vier Jahre meines Lebens. Als aber der unzeitige Tod meines Vaters eine neue Heimat zu suchen nötigte, war es Naumburg, auf das die Wahl meiner Mutter fiel. Hier bin ich in einem Privatinstitute für das Domgymnasium desselben Ortes vorgebildet worden, doch ohne diesem später dauernd anzugehören. Es bot sich nämlich bald eine Gelegenheit, in der benachbarten Schulpforte Aufnahme zu finden. Die Vorbedingungen zu einem Studium der Philologie werden einem Pförtner Schüler geradezu an die Hand gegeben. Es werden in dieser Anstalt mitunter spezifisch philologische Aufgaben gestellt, z. B. kritische Kommentare über bestimmte sophokleische oder äschyleische Chorgesänge. Dann ist es ein besonderer Vorzug der Schulpforte, daß unter den Schülern selbst eine angestrengte und mannigfache Lektüre griechischer und römischer Schriftsteller zum guten Ton gehört. Das Glücklichste aber war, daß ich gerade auf ausgezeichnete philologische Lehrer traf, auf Männer wie Steinhart, Corssen, Koberstein, Keil, Peter, die mir zum Teil auch ihre nähere Neigung schenkten.

Als ich nach einem sechsjährigen Aufenthalte der Schulpforte als einer strengen aber nützlichen Lehrmeisterin dankbar Lebewohl gesagt hatte, ging ich nach Bonn. Hier richteten sich meine Studien eine Zeitlang auf die philologische Seite der Evangelienkritik und der neutestamentlichen Quellenforschung. Außer diesen theologischen Streifzügen war ich Zuhörer in den philologischen und archäologischen Seminarien. Aus der Ferne verehrte ich die Persönlichkeit Friedrich Ritschls. So fand ich es ganz natürlich, zu gleicher Zeit mit ihm Bonn zu verlassen und mir Leipzig als neue akademische Heimat zu wählen.

Hier fühlte ich mich sehr wohl; vor allem fand ich eine Anzahl gleichstrebender Kameraden, mit denen ich mich bald zu einem philologischen Vereine verband. In ihm habe ich fünf größere Vorträge gehalten, deren Titel aufzuzählen hier am Ort sein wird. »Die letzte Redaktion der Theognidea«, »Die Quellen des Suidas«, »Die aristotelischen Schriftenverzeichnisse«, »Die Gleichzeitigkeit Homers und Hesiods«, »Der Zyniker Menipp und die Varronischen Satiren«. Auf die Veranlassung Ritschls sind sodann im Rheinischen Museum folgende Aufsätze gedruckt worden: »Zur Geschichte der Theognideischen Spruchsammlung«, »Das Danaelied des Simonides«, »de Laertii Diogenis fontibus«. Im Jahre 1866 machte ich mich daran, eine von der philosophischen Fakultät gestellte Preisaufgabe zu lösen. Die Nachricht, daß ich dies mit Glück getan habe, bekam ich in

Naumburg. Ich hatte mich nämlich im Sommer 1867 exmatrikulieren lassen, weil ich inzwischen als brauchbar zum soldatischen Dienste befunden worden war. Als reitender Artillerist hatte ich vollauf zu arbeiten und zu lernen; doch geriet ich infolge eines unglücklichen Sturzes in eine gefährliche Krankheit, die in ihrem Verlaufe wiederum das Angenehme mit sich brachte, daß ich zeitiger zu meinem Studium zurückkehren konnte, als es die militärische Regel erlaubt haben würde. Im Oktober 1868 verließ ich Naumburg als völlig Genesener, um in Leipzig meine Promotion und Habilitation vorzubereiten. Es war nämlich meine Absicht, beide Akte gleichzeitig zu bewerkstelligen; nach den bestehenden akademischen Gesetzen war mir aber die Habilitation nicht vor Ostern 1869 erlaubt. –

Friedrich Wilhelm Nietzsche

ANHANG

ANMERKUNGEN

JENSEITS VON GUT UND BÖSE (S. 5)

Zur Werkgeschichte: Auf den »Zarathustra«, das prophetische, lebensbejahende Werk, welches Ausblicke in große Fernen eröffnete, folgen Schriften, die an Stelle eines immer wieder aufgeschobenen und schließlich nie ausgeführten ›Hauptwerkes‹ Themen aufgreifen, mit denen sich Nietzsche schon in »Menschliches, Allzumenschliches« beschäftigt hatte: Kritik der Wissenschaft, Philosophie, Moral, Religion und der vorherrschenden ästhetischen Auffassungen. Die Destruktion nimmt jetzt aber an Vehemenz zu. Auch wird die Argumentation streckenweise ganz psychologisch und biologistisch. Der Autor des »Zarathustra« war ein heroischer Ja-Sager. Der späte Nietzsche wird zum großen Verneiner traditioneller Wertvorstellungen. »Jenseits von Gut und Böse« ist das erste Werk dieses Prozesses eines totalen Zerstörungswillens.

Die ersten Aufzeichnungen stammen aus der Zeit, als Nietzsche am vierten Teil des »Zarathustra« arbeitete. Im Juni 1885 war die Niederschrift abgeschlossen, die Veröffentlichung erfolgte im Oktober 1886.

Druckvorlage: Jenseits von Gut und Böse, Vorspiel einer Philosophie der Zukunft; C. G. Naumann, Leipzig 1886.

S. 7 *Vorspiel einer Philosophie der Zukunft*: Der Untertitel deutet darauf hin, daß Nietzsche dieses Werk als weitere vorläufige Schrift, als Wegbereiter seiner für später geplanten ›Philosophie‹ verstanden wissen wollte.

S. 9 *Philosophie der Dogmatiker*: die metaphysischen, in sich geschlossenen Systeme der Philosophie. – *Vedanta-Lehre*: um 800 n. Chr. von dem indischen Bettelmönch Sankara formulierte Lehre der nachvedischen Philosophie. Nietzsches Freund Deussen hatte sich lange mit der Erforschung des Veda und Vedanta (= Ende des Veda) beschäftigt. Für Sankara ist die Vielfalt der Welt trügerischer Schein, Erlösung folgt aus der Erkenntnis dieser Täuschung.

S. 11 *Ödipus*: Sohn des thebanischen Königs Laios und der Iokaste, dem das Orakel prophezeite, er werde seinen Vater töten und seine Mutter heiraten. Der tragische Konflikt, in den Ödipus sich verstrickte, wurde zu einem der großen Leitmotive der abendländischen Literatur. Im Verlauf seines Lebensweges gelang es Ödipus, das Rätsel der *Sphinx* zu lösen, die in Theben hauste und jeden tötete, der das Rätsel: Was ist am Morgen vierfüßig, am Mittag zweifüßig, am Abend dreifüßig? nicht zu lösen vermochte. Die von Ödipus gefundene Lösung lautet: Der Mensch ist gemeint, der als Kind auf allen Vieren kriecht und als Greis den Stock zur Hilfe nimmt. – *›Ding an sich‹*: ein Ding (Gegenstand, Sache, Etwas), wie es unabhängig von einem erkennenden Subjekt für sich selbst besteht. Das »wahre« Sein einer Sache, das ihrer »Erscheinung«, die wir mit unseren Sinnen wahrzunehmen vermögen, zugrunde liegt.

S. 12 *»de omnibus dubitandum«*: An allem ist zu zweifeln. – Der Aphorismus 3 bringt eine wesentliche These des späten Nietzsche: *man muß noch den größten Teil des bewußten Denkens unter die Instinkt-Tätigkeiten rechnen, ...* Das Leben ist von unbewußter Produktivität gelenkt. Entsprechend sind auch die Wertsetzungen der Philosophie, die Nietzsche in diesem ganzen Abschnitt untersucht, Leistungen des Unbewußten.

S. 13 *die synthetischen Urteile a priori*: Kants Hauptfrage in der »Kritik der reinen Vernunft« lautete: ›Wie sind synthetische Urteile a priori möglich?‹ Er meinte apriorische Urteile, deren Prädikat nicht schon, wie beim analytischen Urteil, im Subjekt liegt. Alle Sätze der reinen Mathematik und Geometrie sowie die »Grundsätze des reinen Verstandes« (etwa das Gesetz der Kausalität) wollte Kant als synthetische Urteile a priori, d. h. als von aller Erfahrung unabhängige, notwendige Wahrheiten verstanden wissen. Nietzsche hält alle »Wahrheiten a priori« selbst noch für (durch die Artentwicklung des Menschen) bedingt. – *niaiserie*: Albernheit.

S. 15 *adventavit ...*: Es nahte sich der schöne und sehr mächtige Esel.

S. 16 *Stoiker*: Anhänger des Stoizismus, einer um 300 v. Chr. von Zenon begründeten Richtung der griechischen Philosophie. Die Stoiker lehrten vor allem auf dem Gebiet der Moralphilosophie und forderten ein vernunftgemäßes Handeln in Übereinstimmung mit der Natur. (Berühmte Stoiker: Seneca, Epiktet, Kaiser Marc Aurel.)

S. 17 *Kant,* Immanuel (1724–1804), Königsberger Philosoph, der in seinem (erkenntnistheoretischen) Hauptwerk »Kritik der reinen Vernunft« (1781; 2. Aufl. 1787) eine philosophiegeschichtlich berühmte *Kategorientafel* aufstellte. Kategorien sind in der Philosophie die allgemeinsten Grundbegriffe, denen sich alle Gegenstände zuordnen lassen und von denen alle anderen Begriffe abzuleiten sind. Kants Tafel lautete:

1. Kategorien der Quantität:
   Einheit – Vielheit – Allheit.
2. Kategorien der Qualität:
   Realität – Negation – Limitation (Wirklichkeit – Verneinung – Begrenzung).
3. Kategorien der Relation (Beziehung):
   Inhärenz und Subsistenz (Substanz und Akzidenz),

Kausalität und Dependenz (Ursache und Wirkung),
Gemeinschaft (Wechselwirkung).

4. Kategorien der Modalität:
Möglichkeit – Unmöglichkeit,
Dasein – Nichtsein,
Notwendigkeit – Zufälligkeit.

S. 18 *Honigmond der deutschen Philosophie*: Gemeint ist die Philosophie des deutschen Idealismus, wie sie hauptsächlich von Kant, Fichte, Schelling und Hegel vertreten wurde. – *quia est ...*: Weil in jenem die Kraft zum Schlaf steckt, dessen Natur es ist, das Empfindungsvermögen einzuschläfern.

S. 19 *Sensualismus*: Philosophie, welche alle Erkenntnis aus der Sinneswahrnehmung ableitet. – *Atomistik*: Atomlehre. – *Boscovich*: Rudjer Josip Boskovic (1711–1787), kein Pole, wie Nietzsche meint, sondern ein Jesuit südslawischer Herkunft; Mathematiker, Astronom und Naturphilosoph, der einen auf die moderne Physik weisenden Atomismus vertrat. – *Kopernikus*, Nikolaus (1473–1543), Astronom und Begründer des nach ihm benannten heliozentrischen Weltbildes, demzufolge die Sonne im Mittelpunkt des Planetensystems steht.

S. 21 *reductio ad absurdum*: Zurückführung auf das Sinnlose. Logisches Verfahren zur Widerlegung eines Satzes: man erweist die aus ihm sich ergebenden Folgerungen als sinnlos. – *contradictio in adiecto*: Widerspruch in sich selbst.

S. 22 *»ich denke«* und *»unmittelbare Gewißheit«*: Kritik am »cogito ergo sum« (»Ich denke, also bin ich«) des Descartes, dem Grundsatz des erkenntnistheoretischen Rationalismus.

S. 24 Am Ende des 19. Aphorismus charakterisiert Nietzsche Moral als Ausdruck von Herrschaftsverhältnissen. Man sieht, daß in der nachhegelischen Philosophie Einsichten dieser Art nicht nur bei Marx eine Rolle spielten.

S. 25 John *Locke* (1632–1704), Hauptvertreter des englischen Empirismus. Nach ihm gibt es weder spekulative noch moralische Grundbegriffe, die angeboren sind. Dergleichen Ideen entspringen entweder aus der Sinneswahrnehmung oder aus Selbstbeobachtung, in jedem Fall also aus der Erfahrung. – *causa sui*: Ursache seiner selbst. Für die Scholastiker war Gott eine causa sui. Spinoza verstand darunter etwas, dessen Natur nur als existierend begriffen werden kann.

S. 26 *Der »unfreie Wille« ist Mythologie: im wirklichen Leben handelt es sich nur um starken und schwachen Willen*: Typische Formulierung, in der die von Nietzsche angestrebte Umwertung aller Werte ausgedrückt ist. Ein Zentralproblem der gesamten christlichen Philosophie, die Frage nach der Freiheit oder Unfreiheit des Willens, wird mit einem solchen Satz suspendiert.

S. 27 In den Aphorismen 22, 23 und 36 (vgl. S. 39) wird der Ausdruck *»Wille zur Macht«* als positive Formel benutzt. Dieser Begriff wird immer mehr ein alles Leben bewegendes Grundprinzip bezeichnen, das dem Autor zur Rechtfertigung seiner Verneinung der traditionellen Moral dient. – *»Ni dieu, ni maître«*: weder Gott noch Meister. – *sacrifizio dell' intelletto*: Opfer des Geistes, (Opfer der erkennenden Vernunft auf dem Altare des Glaubens).

S. 29 *Der Freie Geist*: Die Überschrift des zweiten Hauptstückes knüpft an Gedanken aus dem Zarathustra an, – der freie Geist ist der Ausnahmemensch, der Erkennende, der einer Elite und nicht der Masse angehört. – *sancta simplicitas*: heilige Einfalt.

S. 33 *in moribus et artibus*: den Sitten und der Kunst nach. – *Macchiavells principe*: Die Hauptschrift des florentinischen Staatsmannes und Geschichtsschreibers Nicolo Macchiavelli (1469–1527) hieß »Del Principe« (Vom Fürsten), 1514 verfaßt, 1532 erschienen. – *Ein Vorrecht der Starken*: Das Recht des Stärkeren wird Nietzsche von seinem amoralischen Standpunkt aus künftig uneingeschränkt verteidigen.

S. 38 Der 35. Aphorismus wiederholt in drei Zeilen Nietzsches seit der »Geburt der Tragödie« bekannte Attacke gegen die Aufklärungsphilosophie. Der Satz *»il ne cherche le vrai que pour faire le bien«*, daß der Mensch nur die Wahrheit sucht, um das Gute zu bewerkstelligen, wird als Vorurteil hingestellt.

S. 40 *Stendhal*: eigentlich Henri Beyle (1783–1842), französischer Schriftsteller, beschrieb mit großer Genauigkeit die verborgenen Motive menschlichen Handelns und hatte besonderes Interesse am großen, leidenschaftlich handelnden Menschen. – *»Pour être bon philosophe ...«*: »Um ein guter Philosoph zu sein, muß man herb, deutlich, ohne Illusion sein. Ein Bankier, der ein Vermögen gemacht hat, besitzt etwas von dem Charakter, der erforderlich ist, um Entdeckungen in der Philosophie zu machen, das heißt, um klar zu sehen in dem, was ist.«

S. 41 *Alles, was tief ist, liebt die Maske*: Dieser Gedanke und der Aphorismus, der sich an ihn knüpft, ist auch eine Selbstaussage Nietzsches. Das Thema kehrt häufig wieder, so unter anderem im Aphorismus 289 (vgl. S. 166). Darin liegt ein Ausdruck der Selbstbehauptung vor einer verständnislosen und gefühllosen Welt, von der Nietzsche oft genug mißverstanden und kritisiert wurde.

S. 46 Blaise *Pascal* (1623–1662), Religionsphilosoph, Schriftsteller und Mathematiker. Die religiöse Wahrheit liegt für Pascal in einer Logik des Herzens, im subjektiven Erleben mystischer Gotterfahrung. – *absurdissimum*: das Allersinnloseste.

S. 48 *Sainte-Beuve*: französischer Kritiker (1804–1869); er schrieb u. a. eine mehrbändige »Histoire de Port Royal«. Port Royal, ein Kloster bei Versailles, wurde um 1656 Mittelpunkt des sogenannten Jansenismus, der zu Beginn der Aufklärung eine Wiederbelebung Augustinischer Gedanken im Katholizismus durchsetzen wollte. – *Ernest Renan*: (1832–1892), französischer Religionswissenschaftler und Orientalist. – *»disons donc hardiment ...«*: »Sagen wir doch kühn, daß die Religion ein Produkt des normalen Menschen ist, daß der Mensch am meisten der Wahrheit teilhaftig ist, wenn er am religiösesten und am meisten eines unendlichen Schicksals versichert ist ... Dann nämlich ist er gut, wenn er wünscht, daß die Tugend einer ewigen Ordnung entspricht, und wenn er die Dinge auf interesselose Art betrachtet, daß er den Tod empörend und sinnlos findet. Wieso nicht annehmen; daß der Mensch in diesen Augenblicken das Bessere sieht? ...« Nietzsche bezeichnet diese seinem Denken entgegengesetzten Sätze als *»niaiserie religieuse par excellence«*, als eine »recht eigentlich religiöse Albernheit«.

S. 49 *Madame de Guyon*: (1648–1717), französische Mystikerin.

S. 50 Aphorismus 54: Vgl. Anmerkung zu. S. 22.

S. 52 *circulus vitiosus deus*: Gott als ein Beweis mit Voraussetzungen, in denen das zu Beweisende schon enthalten ist.

S. 64 f. *pia fraus ... impia fraus*: frommer und unfrommer Betrug.

S. 70 *buona femmina e mala femmina vuol bastone*: »Die gute und die schlechte Frau wollen den Stock.« (Vgl. Anm. zu Band I, S. 589). – *»Dans le véritable amour ...«*: »In der wahren Liebe ist es die Seele, die den Körper umhüllt.«

S. 74 *Utilitarier*: Anhänger des Nützlichkeitsprinzips.

S. 76 *Zur Naturgeschichte der Moral*: Nietzsche stellt in diesem Abschnitt die Moral als eine Zeichensprache der Affekte dar; die moralischen Systeme drücken nichts weiter als geschickt versteckte Rangordnungen aus, in Wahrheit regiert stets zweierlei Moral, die der Stärkeren und die der Schwachen. Das ist zugleich der Gegensatz zwischen der Moral der Einzelnen, der großen Menschen, und der Moral der Masse, der Herden, – es ist auch der Gegensatz zwischen Selbstdisziplin und Furchtsamkeit.

S. 77 *neminem laede ...*: »Schädige niemanden, im Gegenteil, hilf so viel du kannst!«

S. 78 *laisser aller*: gehen lassen.

S. 80 πρόσθε Πλάτων...: »Vorn Plato, hinten Plato, in der Mitte (eine) Ziege.«

S. 82 *Quidquid luce fuit, tenebris agit*: »Was im Licht gewesen ist, treibt durch die Dunkelheit.«

S. 89 *Moral ist heute in Europa Herdentier-Moral*: Die These entspricht Nietzsches tiefster Überzeugung. Seine Elite-Gedanken und seine oft geäußerte Verachtung für die Demokratie und auch für die sozialistischen Menschheitsideale kommen in den Aphorismen 202 und 203 besonders klar zum Ausdruck.

S. 97 *caput mortuum*: hier = das Ende.

S. 98 *tour de force*: Gewalttour. – »*Je ne méprise presque rien*«: »Ich verachte beinahe nichts.«

S. 109 *bêtise bourgeoise*: bürgerliche Dummheit.

S. 114 *Hedonismus* = ethische Lehre, welche die Sinnenlust und den Genuß als Motiv und Ziel des Handelns sieht. – *Utilitarismus* = ethische Lehre, welche den Nützlichkeitsstandpunkt in den Vordergrund stellt. – *Eudämonismus* = eine Ethik, bei der Glückseligkeit Motiv und Ziel des Handelns bildet.

S. 117 *Helvétius*, Claude Arien (1715–1771), französischer Philosoph. – *Galiani*, Ferdinando (1728–1787), italienischer Nationalökonom.

S. 123 *Madame de Staël*, Germaine (1766–1817), französische Schriftstellerin. – *George Sand* (1804–1876), französische Schriftstellerin. – »*mon ami*, ...«: »Mein Freund, erlauben Sie sich nur Torheiten, die Ihnen viel Vergnügen bereiten.«

S. 125 Zu Nietzsches grundsätzlicher Einstellung zum Verhältnis zwischen Mann und Frau vgl. die Anmerkung zu. S. 589 in Band I dieser Ausgabe.

S. 128 Der Aphorismus 240 zählt zu den vielen scharfsichtigen, meist außerordentlich geglückten Bemerkungen Nietzsches über die Deutschen und den europäischen Nationalismus. Vgl. auch die anderen Aphorismen dieses Abschnitts!

S. 129 *Wir »guten Europäer«*: Nietzsche war bis zum Kriege 1870/71 überzeugter Anhänger der preußischen Sache gewesen. Bald jedoch wandte er sich in Sorge und Verachtung von einem Deutschland ab, in dem der Nationalismus üppig zu wuchern begann (vgl. dazu die Anmerkung zur Werkgeschichte der »Unzeitgemäßen Betrachtungen« in Band I, S. 787 dieser Ausgabe und den dort zitierten Passus »Die öffentliche Meinung in Deutschland ...«). Der Begriff des guten Europäers steht hier wie an manchen anderen Stellen in Nietzsches Werk als Postulat für eine kosmopolitische Gesinnung.

S. 130 Der Schluß des Aphorismus 241 bringt den Ansatz zu einer Kulturmorphologie, wie sie später Oswald Spengler im »Untergang des Abendlandes« ausführen sollte.

S. 134 *noli me tangere*: Berühre mich ja nicht!

S. 138 *mehr eine res facta als nata* ...: mehr eine willkürlich erzeugte Tatsache als eine Naturgegebenheit ... – *res ficta et picta*: eine erdichtete und gemalte Sache (also ein künstliches Wunschbild).

S. 139 »*je méprise* ...«: Ich verachte ... – *Thomas Carlyle* (1795-1881), englischer Schriftsteller, der für das Bekanntwerden des deutschen Geistes in England wirkte.

S. 142 *in voluptate*: im sinnlichen Genuß. – *Henri Beyle*: Vgl. Anm. zu S. 40.

S. 143 Nietzsche, der nicht die Chancen, sondern nur die Gefahren der

Demokratie sah, wurde stets hellsichtig, wenn es um *Europa* ging, welches er als Raum einer einheitlichen Kultur und einer gemeinsamen Tradition begriff.

S. 148 *Herren-Moral* und *Sklaven-Moral*: Diese Unterscheidung steht im Zentrum der gesamten Schrift »Jenseits von Gut und Böse«. Beide Begriffe sind krassester Ausdruck von Nietzsches Amoralismus, sie bergen in sich alle Bedenklichkeiten von Nietzsches Philosophie und sind deshalb oft kritisiert worden. »Jenseits von Gut und Böse« ist insgesamt eine Studie zum Problem der Rangordnung in der menschlichen Gesellschaft. Die Sklaven-Moral orientiert sich an Gut und Böse, die Herren-Moral jedoch an dem, was gut und schlecht für den betreffenden Einzelnen ist. – Das Thema der beiden Moralen wird im ganzen letzten Hauptstück ausgeführt. Immer wieder wird die Herren-Moral als vornehme Moral, die wertschaffend und aktiv ist, gekennzeichnet, während die Sklaven-Moral passiven Charakter hat, sie wird von der Herde, die sich nach ihr richtet, bereits vorgefunden.

S. 155 *naturam expellere*: die Natur vertreiben. – *»Pöbel« usque recurret*: der Pöbel kehrt in einem fort wieder.

S. 163 *contradictio in adjecto*: s. Anm. zu S. 21.

S. 169 *Dionysos*: Vgl. Anm. zu Band I, S. 19.

S. 171 Das Gedicht *»Aus hohen Bergen«*, welches Nietzsche als Nachgesang angefügt hat, hat die Sehnsucht nach einem Freunde zum Thema. Es ist bis auf die beiden letzten Strophen, die später gedichtet wurden, dem jungen Heinrich von Stein gewidmet, der Nietzsche im August 1884 in Sils-Maria aufgesucht hatte.

ZUR GENEALOGIE DER MORAL (S. 175)

Zur Werkgeschichte: Das Manuskript wurde in äußerster Eile verfertigt, zwanzig Tage im Juli 1887 reichten aus, im November lag bereits das fertige Buch vor. Es ist, wie Nietzsches Vermerk zeigt, als Ergänzung und Verdeutlichung zu »Jenseits von Gut und Böse« gedacht. Ein Pamphlet, welches, wie Nietzsche an Jacob Burckhardt schreibt, die »Hauptvoraussetzungen« seiner Moralkritik verständlicher machen sollte. »Jenseits von Gut und Böse« war selbst bei Nietzsches Freunden auf Verlegenheit gestoßen. Wenn auch Peter Gast begeistert war und Burckhardt maßvolles Lob spendete, so mochte Nietzsche doch den Eindruck haben, mit seiner neuen Theorie der Moral kaum Echo gefunden zu haben. Die Schrift, die diesen relativen Mißerfolg nun ausgleichen soll, ist jedoch alles andere als einfach. Sie eröffnet bedenklich einseitige historische Perspektiven und führt zur Klärung der Begriffe Herren-Moral und Sklaven-Moral einen neuen Begriff ein, den des Ressentiments.

Druckvorlage: Zur Genealogie der Moral, Eine Streitschrift; C. G. Naumann, Leipzig 1887.

S. 179 3. Zeile von unten: Nietzsche weist an dieser Stelle auch auf einen Aphorismus im zweiten Bande von »Menschliches, Allzumenschliches« hin, der in unserer Ausgabe nicht enthalten ist. Der Abschnitt lautet:

»*Die Sitte und ihr Opfer.* – Der Ursprung der Sitte geht auf zwei Gedanken zurück: ›die Gemeinde ist mehr wert als der einzelne‹ und ›der dauernde Vorteil ist dem flüchtigen vorzuziehen‹; woraus sich der Schluß ergibt, daß der dauernde Vorteil der Gemeinde unbedingt dem Vorteile des einzelnen, namentlich seinem momentanen Wohlbefinden, aber auch seinem dauernden Vorteile und selbst seinem Weiterleben voranzustellen sei. Ob nun der einzelne von einer Einrichtung leide, die dem Ganzen frommt, ob er an ihr verkümmre, ihretwegen zugrunde gehe – die Sitte muß erhalten, das Opfer gebracht werden. Eine solche Gesinnung *entsteht* aber nur in denen, welche *nicht* das Opfer sind – denn dieses macht in seinem Falle geltend, daß der einzelne mehr wert sein könne als viele, ebenso daß der gegenwärtige Genuß, der Augenblick im Paradiese vielleicht höher anzuschlagen sei als eine matte Fortdauer von leidlosen oder wohlhäbigen Zuständen. Die Philosophie des Opfertiers wird aber immer zu spät laut: und so bleibt es bei der Sitte und der *Sittlichkeit*: als welche eben nur die Empfindung für den ganzen Inbegriff von Sitten ist, unter denen man lebt und erzogen wurde – und zwar erzogen nicht als einzelner, sondern als Glied eines Ganzen, als Ziffer einer Majorität. – So kommt es fortwährend vor, daß der einzelne sich selbst, vermittelst seiner Sittlichkeit, *majorisiert.*« (Werke, hg. v. Schlechta, I, S. 770.)

S. 180, Zeile 2 von oben: »*Wanderer*«: Bezug auf »Menschliches, Allzumenschliches«, zweiter Band, ›Der Wanderer und sein Schatten‹:

»*Der Mensch als der Messende.* – Vielleicht hat alle Moralität der Menschheit in der ungeheuren inneren Aufregung ihren Ursprung, welche die Urmenschen ergriff, als sie das Maß und das Messen, die Wage und das Wägen entdeckten (das Wort ›Mensch‹ bedeutet ja den Messenden, er hat sich nach seiner größten Entdeckung *benennen* wollen!). Mit diesen Vorstellungen stiegen sie in Bereiche hinauf, die ganz unmeßbar und unwägbar sind, aber es ursprünglich nicht zu sein schienen.

Prinzip des Gleichgewichts. – Der Räuber und der Mächtige, welcher einer Gemeinde verspricht, sie gegen den Räuber zu schützen, sind wahrscheinlich im Grunde ganz ähnliche Wesen, nur daß der zweite seinen Vorteil anders als der erste erreicht: nämlich durch regelmäßige Abgaben, welche die Gemeinde an ihn entrichtet, und nicht mehr durch Brandschatzungen. (Es ist das nämliche Verhältnis wie zwischen Handelsmann und Seeräuber, welche lange Zeit ein und dieselbe Person sind: wo ihr die eine Funktion nicht rätlich scheint, da übt sie die andere aus. Eigentlich ist ja selbst jetzt noch alle Kaufmanns-Moral nur die *Verklügerung* der Seeräuber-Moral: so wohlfeil wie möglich kaufen – womöglich für nichts als die Unternehmungskosten –, so teuer wie möglich verkaufen.) Das Wesentliche ist: jener Mächtige verspricht, gegen den Räuber *Gleichgewicht* zu halten; darin sehen die Schwachen eine Möglichkeit zu leben. Denn entweder müssen sie sich selber zu einer *gleichwiegenden* Macht zusammentun oder sich einem Gleichwiegenden unterwerfen (ihm für seine Leistungen Dienste leisten). Dem letzteren Verfahren wird gern der Vorzug gegeben, weil es im Grunde *zwei* gefährliche Wesen in Schach hält: das erste durch das zweite und das zweite durch den Gesichtspunkt des Vorteils; letzteres hat nämlich seinen Gewinn davon, die Unterworfenen gnädig oder leidlich zu behandeln, damit sie nicht nur sich, sondern auch ihren Beherrscher ernähren können. Tatsächlich kann es dabei immer noch hart und grausam genug zugehen, aber verglichen mit der früher immer möglichen völligen *Vernichtung* atmen die Menschen schon in diesem Zustande auf. – Die Gemeinde ist im Anfang die Organisation der Schwachen zum *Gleichgewicht* mit gefahrdrohenden Mächten. Eine Organisation zum Übergewicht wäre rätlicher, wenn man dabei so stark würde, um die Gegenmacht auf einmal zu *vernichten*: und handelt es sich um einen einzelnen mächtigen Schadentuer, so wird dies gewiß *versucht*. Ist aber der eine ein Stammhaupt oder hat er großen Anhang, so ist die schnelle entscheidende Vernichtung unwahrscheinlich und die dauernde lange *Fehde* zu gewärtigen: diese aber bringt der Gemeinde den am wenigsten wünschbaren Zustand mit sich, weil sie durch ihn die Zeit verliert, für ihren Lebensunterhalt mit der nötigen Regelmäßigkeit zu sorgen, und den Ertrag aller Arbeit jeden Augenblick bedroht sieht. Deshalb zieht die Gemeinde vor, ihre Macht zu Verteidigung und Angriff genau auf die Höhe zu bringen, auf der die Macht des gefährlichen Nachbars ist, und ihm zu verstehen zu geben, daß in ihrer Wagschale jetzt gleichviel Erz liege: warum wolle man nicht gut Freund miteinander sein? – *Gleichgewicht* ist also ein sehr wichtiger Begriff für die älteste Rechts- und Morallehre; Gleichgewicht ist die Basis der Gerechtigkeit. Wenn diese in roheren Zeiten sagt: ›Auge um Auge, Zahn um Zahn‹, so setzt sie das erreichte Gleichgewicht voraus und will es vermöge dieser Vergeltung *erhalten*: so daß, wenn jetzt der eine sich gegen den andern vergeht, der andere keine Rache der blinden Erbitterung mehr nimmt. Sondern vermöge des *jus talionis* wird das Gleichgewicht der gestörten Machtverhältnisse *wiederhergestellt*: denn ein Auge, ein Arm *mehr* ist in solchen Urzuständen ein Stück Macht, ein Gewicht mehr. – Innerhalb einer Gemeinde, in der alle sich als gleichgewichtig betrachten, ist gegen Vergehungen, das heißt gegen Durchbrechungen des Prinzips des Gleichgewichts, *Schande* und *Strafe* da: Schande, ein Gewicht, eingesetzt gegen den übergreifenden einzelnen, der durch den Übergriff sich Vorteile verschafft hat, durch die Schande nun wieder Nachteile erfährt, die den früheren Vorteil aufheben und *überwiegen*. Ebenso steht es mit der Strafe: sie stellt gegen das Übergewicht, das sich jeder Verbrecher zuspricht, ein viel größeres Gegengewicht auf, gegen Gewalttat den Kerkerzwang, gegen Diebstahl den Wiederersatz und die Strafsumme. So wird der Frevler *erinnert*, daß er mit seiner Handlung *aus* der Gemeinde und deren Moral-*Vorteilen* ausschied: sie behandelt ihn wie einen Ungleichen, Schwachen, außer ihr Stehenden; deshalb ist Strafe nicht nur Wiedervergeltung, sondern hat ein *Mehr*, ein Etwas von der *Härte des Naturzustandes*; an *diesen* will sie eben *erinnern.*« (Werke, hg. v. Schlechta, I, S. 885 ff.)

S. 180, Zeile 3 von oben: »*Morgenröte*«: Bezug auf das 1880/81 entstandene, nicht in dieser Ausgabe enthaltene Werk »Morgenröte, Gedanken über die moralischen Vorurteile«. Die Stelle lautet:

»*Zur Naturgeschichte von Pflicht und Recht.* – Unsere Pflichten – das sind die Rechte anderer auf uns. Wodurch haben sie diese erworben? Dadurch, daß sie uns für vertrags- und vergeltungsfähig nahmen, für gleich und ähnlich mit sich ansetzten, daß sie uns daraufhin etwas anvertrauten, uns erzogen, zurechtwiesen, unterstützten. Wir erfüllen unsre Pflicht – das heißt: wir rechtfertigen jene Vorstellung von unserer Macht, auf welche hin uns alles erwiesen wurde, wir geben zurück, in dem Maße, als man uns gab. So ist es unser Stolz, der die Pflicht zu tun gebeut, – wir wollen unsre Selbstherrlichkeit wiederherstellen, wenn wir dem, was andre für uns taten, etwas entgegenstellen, das wir für sie tun, – denn jene haben damit in die Sphäre unserer Macht eingegriffen und würden dauernd ihre Hand in ihr haben, wenn wir nicht mit der ›Pflicht‹ eine Wiedervergeltung übten, das heißt in ihre Macht eingriffen. Nur auf das, was in unserer Macht steht, können sich die Rechte anderer beziehn; es wäre unvernünftig, wenn sie etwas von uns wollten, das uns selber nicht gehört. Genauer muß man sagen: nur auf das, was sie meinen, daß es in unserer Macht steht, voraussetzend, daß es dasselbe ist, von dem wir meinen, es stehe in unserer Macht. Es könnte leicht auf beiden Seiten der gleiche Irrtum sein: das Gefühl der Pflicht hängt daran, daß wir in bezug auf den Umkreis unserer Macht denselben *Glauben* haben, wie die andern: nämlich daß wir bestimmte Dinge versprechen, uns zu ihnen verpflichten *können* (›Freiheit des Willens‹). – Meine Rechte: das ist jener Teil meiner Macht, den mir die anderen nicht nur zugestanden haben, sondern in welchem sie mich erhalten wollen. Wie kommen diese anderen dazu? Einmal: durch ihre Klugheit und Furcht und Vorsicht: sei es, daß sie etwas Ähnliches von uns zurückerwarten (Schutz ihrer Rechte), daß sie einen Kampf mit uns für gefährlich oder unzweckmäßig halten, daß sie in jeder Verringerung unserer Kraft einen Nachteil für sich erblicken, weil wir dann zum Bündnis mit ihnen im Gegensatz zu einer feindseligen dritten Macht ungeeignet werden. Sodann: durch Schenkung und Abtretung. In diesem Fall haben die anderen Macht genug und übergenug, um davon abgeben zu können und das abgegebene Stück dem, welchem sie es schenkten, zu verbürgen: wobei ein geringes Machtgefühl bei dem, der sich beschenken läßt, vorausgesetzt wird. So entstehen Rechte: anerkannte und gewährleistete Machtgrade. Verschieben sich die Machtverhältnisse wesentlich, so vergehen Rechte und es bilden sich neue – dies zeigt das Völkerrecht in seinem fortwährenden Vergehen und Entstehen. Nimmt unsere Macht wesentlich ab, so verändert sich das Gefühl derer, welche bisher unser Recht gewährleisteten: sie ermessen, ob sie uns wieder in den alten Vollbesitz bringen können, – fühlen sie sich hierzu außerstande, so leugnen sie von da an unsere ›Rechte‹. Ebenso, wenn unsere Macht erheblich zunimmt, verändert sich das Gefühl derer, welche sie bisher anerkannten und deren Anerkennung wir nun nicht mehr brauchen: sie versuchen wohl, dieselbe auf das frühere Maß herabzudrükken, sie werden eingreifen wollen und sich auf ihre ›Pflicht‹ dabei berufen – aber dies ist nur ein unnützes Wortemachen. Wo Recht *herrscht,* da wird ein Zustand und Grad von Macht aufrecht erhalten, eine Verminderung und Vermehrung abgewehrt. Das Recht anderer ist die Konzession unseres Gefühls von Macht an das Gefühl von Macht bei diesen anderen. Wenn sich unsere Macht tief erschüttert und gebrochen zeigt, so hören unsere Rechte auf: dagegen hören, wenn wir sehr viel mächtiger geworden sind, die Rechte anderer für uns auf, wie wir sie bis jetzt ihnen zugestanden. – Der ›billige Mensch‹ bedarf fortwährend des feinen Taktes einer Waage: für die Macht- und Rechtsgrade, welche, bei der vergänglichen Art der menschlichen Dinge, immer nur eine kurze Zeit im Gleichgewichte schweben werden, zumeist aber sinken oder steigen: – billig sein ist folglich schwer und erfordert viel Übung, guten Willen und sehr viel sehr guten *Geist.* –« (Werke, hg. von Schlechta, I, S. 1084 ff.)

S. 180, Zeile 6 von oben: Die Bezugsstellen (»Wanderer«) lauten:

»*Worin Gleichgültigkeit not tut.* – Nichts wäre verkehrter, als abwarten wollen, was die Wissenschaft über die ersten und letzten Dinge einmal endgültig feststellen wird, und bis dahin auf die *herkömmliche* Weise denken (und namentlich glauben!) – wie dies so oft angeraten wird. Der Trieb, auf diesem Gebiete durchaus *nur Sicherheiten* haben zu wollen, ist ein *religiöser Nachtrieb,* nichts Besseres, – eine versteckte und nur scheinbar skeptische Art des ›metaphysischen Bedürfnisses‹, mit dem Hintergedanken verkuppelt, daß noch lange Zeit keine Aussicht auf diese letzten Sicherheiten vorhanden und bis dahin der ›Gläubige‹ im Recht ist, sich um das ganze Gebiet nicht zu kümmern. Wir haben diese Sicherheiten um die alleräußersten Horizonte gar nicht *nötig,* um ein volles und tüchtiges Menschentum zu leben: ebensowenig als die Ameise sie nötig hat, um eine gute Ameise zu sein. Vielmehr müssen wir uns darüber ins klare bringen, woher eigentlich jene fatale Wichtigkeit kommt, die wir jenen Dingen so lange beigelegt haben, und dazu brauchen wir die *Historie* der ethischen und religiösen Empfindungen. Denn nur unter dem Einfluß dieser Empfindungen sind uns jene allerspitzesten Fragen der Erkenntnis so erheblich und furchtbar geworden: man hat in die äußersten Bereiche, *wohin* noch das geistige Auge dringt, ohne *in sie* einzudringen, solche Begriffe wie Schuld und Strafe (und zwar ewige Strafe!) hineinverschleppt: und dies um so unvorsichtiger, je dunkler diese Bereiche waren ...« (Werke, hg. von Schlechta, I, S. 881.)

»*Das Willkürliche im Zumessen der Strafen.* – Die meisten Verbrecher kommen zu ihren Strafen wie die Weiber zu ihren Kindern. Sie haben zehn- und hundertmal dasselbe getan, ohne üble Folgen zu spüren: plötzlich kommt eine Entdeckung und hinter ihr die Strafe. Die Gewohnheit sollte doch die Schuld der Tat, derentwegen der Verbrecher gestraft wird, entschuldbarer erscheinen lassen: es ist ja ein Hang entstanden, dem schwerer zu widerstehen ist. Anstatt dessen wird er, wenn der Verdacht des gewohnheitsmäßigen Verbrechens vorliegt, härter gestraft; die Gewohnheit wird als Grund gegen alle Milderung geltend gemacht. Eine vorherige musterhafte Lebensweise, gegen welche das Verbrechen um so fürchterlicher absticht, sollte die Schuldbarkeit verschärft erscheinen lassen! Aber sie pflegt die Strafe zu mildern. So wird alles nicht nach dem Verbrecher bemessen, sondern nach der Gesellschaft und deren Schaden und Gefahr: frühere Nützlichkeit eines Menschen wird gegen seine einmalige Schädlichkeit eingerechnet, frühere Schädlichkeit zur gegenwärtig entdeckten addiert, und demnach die Strafe am höchsten zugemessen. Wenn man aber dergestalt die Vergangenheit eines Menschen mit straft oder mit belohnt (dies im ersten Fall, wo das Weniger-Strafen ein Belohnen ist), so sollte man noch weiter zurückgehn und die Ursache einer solchen oder solchen Vergangenheit strafen und belohnen, ich meine Eltern, Erzieher, die Gesellschaft usw.: in vielen Fällen wird man dann die *Richter* irgendwie bei der Schuld beteiligt finden. Es ist willkürlich, beim Verbrecher stehenzubleiben, wenn man die Vergangenheit straft: man sollte, falls man die absolute Entschuldbarkeit jeder Schuld nicht zugeben will, bei jedem einzelnen Fall stehnbleiben und nicht weiter zurückblicken: also die Schuld *isolieren* und sie gar nicht mit der Vergangenheit in Verknüpfung bringen, – sonst wird man zum Sünder gegen die Logik. Zieht vielmehr, ihr Willens-Freien, den notwendigen Schluß aus eurer Lehre von der ›Freiheit des Willens‹ und dekretiert kühnlich: ›*keine Tat hat eine Vergangenheit.*‹ (Werke, hg. von Schlechta, I, S. 890 f.)

S. 188 κακός = schlecht; ἀγαθός = gut; *malum* = schlecht; μέλας = schwarz. – Der ganze Abschnitt zeigt, wohin philologische Spielereien, wie sie bei einem Teil der deutschen Philosophie auch heute noch äußerst beliebt sind, führen können. Aus klassischem Bildungsgut wird mit Hilfe von Etymologie und Assoziationen in wenigen Sätzen eine Theorie der Arier als der blonden Rasse mehr behauptet als entwickelt; gegenüber dieser Herrenrasse ist die angebliche Urbevölkerung vorarisch, sie besteht aus den Minderwertigen und Unterdrückten, aus den Herdenmenschen, die lediglich durch ihre Vielzahl gefährlich werden können. Wenn auch dieser Rassismus keine dominierende Komponente im Spätwerk Nietzsches bildet, so kristallisiert sich doch hier ein Stück deutscher Ideologie und ein Vorläufer nationalsozialistischer Weltanschauung. – Die Anspielung auf *Theognis* ist nicht zufällig und biographisch aufschlußreich. Bereits in seinem letzten Schuljahr zu Pforta verfaßte Nietzsche eine größere lateinische Arbeit über Theognis von Megara. Das als Schulaufsatz begonnene Thema fesselte ihn so sehr, daß er es auch in seiner Studentenzeit noch weiter verfolgte. Schon damals verstand Nietzsche diesen noch der archaischen Zeit angehörenden griechischen Dichter als Aristokraten. Der Satz: »Von Adligen wirst du Adliges lernen, wenn du dich aber unter die geringeren mischest, wirst du gar den Sinn, den du besitzest, verlieren«, wurde im sechsten vorchristlichen Jahrhundert von Theognis formuliert und hatte den späteren Theoretiker der Herren-Moral schon während seiner Gymnasialzeit stark beeindruckt. Auffallend bleibt Nietzsches Vorliebe für Elite-Gedanken; vielleicht die unbewußte Kompensation eines Menschen, dessen persönliche Lebenserfahrung in körperlicher Schwäche und Krankheit, im Scheitern seiner beruflichen Existenz als Wissenschaftler und im Scheitern vieler Freundschaften bestand.

S. 189 *Weis Mitchellsche Isolierung*: amerikanische Diätkur.

S. 190 Die bedenklichen geschichtsphilosophischen Ansichten der nächsten Abschnitte dienen einer Kritik am Christentum als dem eigentlichen Sachwalter der Sklaven-Moral. Die Rolle des jüdischen Volkes wird als die des Wegbereiters gesehen. Der Passus ist jedoch frei von jedem antisemitischen Affekt; in einer Wendung wie »furchteinflößende Folgerichtigkeit« liegt indirekte Bewunderung. Nietzsche war zweifellos kein Antisemit, seine Äußerungen über das Judentum sind stets differenziert und bisweilen von großer Noblesse. Antisemitismus, wie ihn sein Schwager, der Berliner Oberlehrer, Wagnerianer und deutsche Kolonisator in Paraguay, Dr. Bernhard Förster, und unter seinem Einfluß Nietzsches Schwester Elisabeth vertraten, war ihm zeitlebens verhaßt.

S. 193 *in effigie*: im Bilde, symbolisch. – *Ressentiment*: Damit gelang Nietzsche eine psychologische Entdeckung: Ressentiment als aufgestauter Groll des Unterlegenen, der sich in höchster Agressivität entlädt.

S. 194 Z. 14: griechische Ausdrücke für jammervoll, unglücklich, mühevoll, kläglich.

S. 202 Die Kritik an der christlichen Überlieferung erreicht eine ätzende Schärfe. Die Lehre von Erlösung und Verdammung ist in Nietzsches Augen reines Ressentiment der Schwachen und Bedrückten, die darauf hoffen, daß sie die Starken und Mächtigen im Jenseits leiden sehen werden und sich daran schadlos halten können. Mit unverhohlenem Hohn werden Textstellen aus Dante (1265–1321), Thomas von Aquin (1225 bis

1274) und Tertullian (um 160–222) angeführt – »*Beati in regno* . . .«: »Die Seligen im Himmel schauen den Strafen der Verdammten zu, damit ihnen die Glückseligkeit desto mehr gefalle.« – »*At enim supersunt* . . .«: »Aber es kommen noch ganz andere Schauspiele: Der Tag des letzten und endgültigen Gerichts, den die Heiden nicht erwarten, über den sie spotten, der Tag, wo die alt gewordene Welt und alle ihre Hervorbringungen im gemeinsamem Brande verzehrt werden. Was für ein umfassendes Schauspiel wird es da geben? Was wird da der Gegenstand meines Staunens, meines Lachens sein? Wo der Ort meiner Freude, meines Frohlockens? Wenn ich so viele und so mächtige Könige, von welchen es hieß, sie seien in den Himmel aufgenommen, in Gesellschaft des Jupiter und ihrer Zeugen selbst in der äußersten Finsternis seufzen sehe; wenn so viele Statthalter, die Verfolger des Namens des Herrn, in schrecklicheren Flammen, als die, womit sie höhnend gegen die Christen wüteten, zergehen; wenn außerdem jene weisen Philosophen mit ihren Schülern, welchen sie einredeten, Gott bekümmere sich um nichts, welchen sie lehrten, man habe keine Seele, oder sie werde gar nicht oder doch nicht in die früheren Körper zurückkehren – wenn sie mitsamt ihren Schülern und von ihnen beschämt im Feuer brennen, und die Poeten nicht vor dem Richterstuhl des Rhadamantus oder Minos, sondern wider Erwarten vor dem Richterstuhl Christi stehen und zittern! Dann verdienen die Tragödien aufmerksameres Gehör, da sie nämlich ärger schreien werden in ihrem eigenen Mißgeschick; dann muß man sich die Schauspieler anschauen, wie sie noch weichlicher und lockerer durch das Feuer geworden sind; dann muß man sich den Wagenlenker ansehen, wie er auf flammendem Rade erglüht; dann die Athleten betrachten, wie sie nicht wie in der Ringschule (mit Sand), sondern mit Feuer beworfen werden. Nur möchte ich dann weniger die Genannten sehen als vorziehen, meinen unersättlichen Blick auf jene zu richten, die gegen die Person des Herrn selbst gefrevelt haben. Hier ist, würde ich ihnen dann sagen, der Sohn des Zimmermanns und der Dirne, der Sabbatschänder, der Samariter, der Mensch, der den Teufel haben soll. Das ist er, den ihr dem Judas abgekauft habt, das ist er, den ihr mit dem Rohre und Ohrfeigen mißhandelt, durch Anspeien besudelt, mit Galle und Essig getränkt habt. Das ist der, den die Schüler heimlich entwendet haben, um nachher sagen zu können, er sei auferstanden, den der Gärtner beiseite geschafft hat, damit nicht durch die Menge der Besucher sein Salat beschädigt würde. Solches zu schauen und darüber zu frohlocken, das kann dir kein Prätor, kein Konsul, kein Quästor oder Götzenpriester mit all seiner Freigebigkeit gewähren. Und doch haben wir diese Dinge durch den Glauben im Geiste und in der Vorstellung bereits gewissermaßen gegenwärtig. Wie aber mag vollends das beschaffen sein, was kein Auge gesehen, kein Ohr gehört hat, und was in keines Menschen Herz gekommen ist! Ich denke denn doch, lieblicher als der Zirkus, beide Arten des Theaters und die Rennbahn.«

(Zitat aus Tertullian, De spectaculis, c. 29/30; Übersetzung nach K. A. H. Kellner, Bibliothek der Kirchenväter, Band 7, Kempten-München 1912.) – *Per fidem*: durch den Glauben.

S. 207–237 War der erste Teil der »Genealogie« eine Psychologie des Christentums, so ist die zweite Abhandlung dieser Schrift mehr anthropologischer Natur, wenn auch wiederum mit einem antichristlichen Affekt: Nietzsche gibt eine Psychologie des Gewissens. Gegen den Menschen als »Tier, das versprechen darf«, stellt Nietzsche die Fähigkeit des Vergessenkönnens. Der Mensch bindet sich durch Versprechen und wird durch das schlechte Gewissen, durch Schuldbewußtsein in seinem Versprechen gehalten. Dieser psychologische Mechanismus steht hinter den Vertragsverhältnissen, denen das Leben in der Gesellschaft unterworfen ist. Zugleich wird eine Theorie der Grausamkeit entwickelt: sie ist ein Grundtrieb des Menschen. Der Kern dieser Lehre findet sich auf S. 214 am Schluß des sechsten und zu Beginn des siebten Abschnitts: »Leiden-sehn tut wohl, Leiden-machen noch wohler ... Ohne Grausamkeit kein Fest ... Strafe ist so viel Festliches! ...« Das soll aber kein neuer Pessimismus sein, »im Gegenteil soll ausdrücklich bezeugt sein, daß damals, als die Menschheit sich ihrer Grausamkeit noch nicht schämte, das Leben auf Erden heiterer war als jetzt ...« Dementsprechend wird im weiteren Verlauf das Gewissen als ein an der äußeren Entladung gehemmter, nunmehr nach innen gerichteter Instinkt der Grausamkeit erklärt.

S. 208 Die Bezugsstelle (»Morgenröte«) lautet:

»*Begriff der Sittlichkeit der Sitte.* – Im Verhältnis zu der Lebensweise ganzer Jahrtausende der Menschheit leben wir jetzigen Menschen in einer sehr unsittlichen Zeit: die Macht der Sitte ist erstaunlich abgeschwächt und das Gefühl der Sittlichkeit so verfeinert und so in die Höhe getragen, daß es ebensogut als verflüchtigt bezeichnet werden kann. Deshalb werden uns, den Spätgeborenen, die Grundeinsichten in die Entstehung der Moral schwer, sie bleiben uns, wenn wir sie trotzdem gefunden haben, an der Zunge kleben und wollen nicht heraus: weil sie grob klingen! Oder weil sie die Sittlichkeit zu verleumden scheinen! So zum Beispiel gleich der *Hauptsatz*: Sittlichkeit ist nichts anderes (also namentlich *nicht mehr*!), als Gehorsam gegen Sitten, welcher Art diese auch sein mögen; Sitten aber sind die *herkömmliche* Art zu handeln und abzuschätzen. In Dingen, wo kein Herkommen befiehlt, gibt es keine Sittlichkeit; und je weniger das Leben durch Herkommen bestimmt ist, um so kleiner wird der Kreis der Sittlichkeit. Der freie Mensch ist unsittlich, weil er in allem von sich und nicht von einem Herkommen abhängen *will*: in allen ursprünglichen Zuständen der Menschheit bedeutet ›böse‹ so viel wie ›individuell‹, ›frei‹, ›willkürlich‹, ›ungewohnt‹, ›unvorhergesehen‹, ›unberechenbar‹. Immer nach dem Maßstab solcher Zustände gemessen: wird eine Handlung getan *nicht* weil das Herkommen sie befiehlt, sondern aus anderen Motiven (zum Beispiel des individuellen Nutzens wegen), ja selbst aus eben den Motiven, welche das Herkommen ehemals begründet haben, so heißt sie unsittlich und wird so selbst von ihrem Täter empfunden: denn sie ist nicht aus Gehorsam gegen das Herkommen getan worden. Was ist das Herkommen? Eine höhere Autorität, welcher man gehorcht, nicht weil sie das uns *Nützliche* befiehlt, sondern weil sie *befiehlt.* – Wodurch unterscheidet sich dies Gefühl vor dem Herkommen von dem Gefühl der Furcht überhaupt? Es ist die Furcht vor einem höheren Intellekt, der da befiehlt, vor einer unbegreiflichen, unbestimmten Macht, vor etwas mehr als Persönlichem, – es ist *Aberglaube* in dieser Furcht. – Ursprünglich gehörte die ganze Erziehung und Pflege der Gesundheit, die Ehe, die Heilkunst, der Feldbau, der Krieg, das Reden und Schweigen, der Verkehr untereinander und mit den Göttern in den Bereich der Sittlichkeit: sie verlangte, daß man Vorschriften beobachtete, *ohne an sich* als Individuum zu denken. Ursprünglich also war alles Sitte, und wer sich über sie erheben wollte, mußte Gesetzgeber und Medizinmann und eine Art Halbgott werden: das heißt, er mußte *Sitten machen,* – ein furchtbares, lebensgefährliches Ding! – Wer ist der Sittlichste? *Einmal* der, welcher das Gesetz am häufigsten erfüllt: also, gleich dem Brahmanen, das Bewußtsein desselben überallhin und in jeden kleinen Zeitteil trägt, so daß er fortwährend erfinderisch ist in Gelegenheiten, das Gesetz zu erfüllen. *Sodann* der, der es auch in den schwersten Fällen erfüllt. Der Sittlichste ist der, welcher am meisten der Sitte *opfert*: welches aber sind die größten Opfer? Nach der Beantwortung dieser Frage entfalten sich mehrere unterschiedliche Moralen; aber der wichtigste Unterschied bleibt doch jener, welcher die Moralität der *häufigsten Erfüllung* von der der *schwersten* Erfüllung trennt. Man täusche sich über das Motiv jener Moral nicht, welche die schwerste Erfüllung der Sitte als Zeichen der Sittlichkeit fordert! Die Selbstüberwindung wird *nicht* ihrer nützlichen Folgen halber, die sie für das Individuum hat, gefordert, sondern damit die Sitte, das Herkommen herrschend erscheine, trotz allem individuellen Gegengelüst und Vorteil: der einzelne soll sich opfern, – so heischt es die Sittlichkeit der Sitte. – Jene Moralisten dagegen, welche wie die Nachfolger der *sokratischen* Fußtapfen die Moral der Selbstbeherrschung und Enthaltsamkeit dem *Individuum* als seinen eigensten *Vorteil,* als seinen persönlichsten Schlüssel zum Glück ans Herz legen, *machen die Ausnahme* – und wenn es uns anders erscheint, so ist es, weil wir unter ihrer Nachwirkung erzogen sind: sie alle gehen eine neue Straße unter höchlichster Mißbilligung aller Vertreter der Sittlichkeit der Sitte, – sie lösen sich aus der Gemeinde aus, als Unsittliche, und sind, im tiefsten Verstande, böse. Ebenso erschien einem tugendhaften Römer alten Schrotes jeder *Christ,* welcher ›am ersten nach seiner *eigenen* Seligkeit trachtete‹, – als böse. – Überall, wo es eine Gemeinde und folglich eine Sittlichkeit der Sitte gibt, herrscht auch der Gedanke, daß die Strafe für die Verletzung der Sitte vor allem auf die Gemeinde fällt: jene übernatürliche Strafe, deren Äußerung und Grenze so schwer zu begreifen ist und mit so abergläubischer Angst ergründet wird. Die Gemeinde kann den einzelnen anhalten, daß er den nächsten Schaden, den seine Tat im Gefolge hatte, am einzelnen oder an der Gemeinde wieder gut mache, sie kann auch eine Art Rache am einzelnen dafür nehmen, daß durch ihn, als angebliche Nachwirkung seiner Tat, sich die göttlichen Wolken und Zorneswetter über der Gemeinde gesammelt haben, – aber sie empfindet die Schuld des einzelnen doch vor allem als *ihre* Schuld und trägt dessen Strafe als *ihre* Strafe –: ›die Sitten sind locker geworden, so klagt es in der Seele eines jeden, wenn solche Taten möglich sind.‹ Jede individuelle Handlung, jede individuelle Denkweise erregt Schauder; es ist gar nicht auszurechnen, was gerade die seltneren, ausgesuchteren, ursprünglicheren Geister im ganzen Verlauf der Geschichte dadurch gelitten haben müssen, daß sie immer als die bösen und gefährlichen empfunden wurden, ja daß *sie sich selber so empfanden.* Unter der Herrschaft der Sittlichkeit der Sitte hat die Originalität jeder Art ein böses Gewissen bekommen; bis diesen Augenblick ist der Himmel der Besten noch dadurch verdüsterter, als er sein müßte.« (Werke, hg. von Schlechta, I, S. 1019 ff.)

S. 213 *»de faire le mal ...«*: Das Böse um des Vergnügens willen tun.

S. 214 Die Anfänge der Bezugsstellen aus der »Morgenröte« lauten:

»*Die Moral des freiwilligen Leidens.* – Welcher Genuß ist für Menschen im Kriegszustande jener kleinen, stets gefährdeten Gemeinde, wo die strengste Sittlichkeit waltet, der höchste? Also für kraftvolle, rachsüchtige, feindselige, tückische, argwöhnische, zum Furchtbarsten bereite und durch Entbehrung und Sittlichkeit gehärtete Seelen? Der Genuß der *Grausamkeit*: so wie es auch zur *Tugend* einer solchen Seele in diesen Zuständen gerechnet wird, in der Grausamkeit erfinderisch und unersättlich zu sein. An dem Tun des Grausamen erquickt sich die Gemeinde und wirft einmal die Düsterkeit der beständigen Angst und Vorsicht von sich. Die Grausamkeit gehört zur ältesten Festfreude der Menschheit ...« (Werke, hg. von Schlechta, I, S. 1026.)

»*Von den Seelen-Martern.* – Bei irgendwelchen Martern, die einer einem fremden Leibe zufügt, schreit jetzt jedermann laut auf; die Empörung gegen einen Menschen, der dessen fähig ist, bricht sofort los; ja, wir zittern schon bei der Vorstellung einer Marter, welche einem Menschen oder Tiere zugefügt werden könnte, und leiden ganz unerträglich, von einer fest bewiesenen Tatsache dieser Art zu vernehmen. Aber man ist noch weit entfernt, in betreff der Seelen-Martern und der Entsetzlichkeit ihrer Zufügung ebenso allgemein und bestimmt zu empfinden. Das Christentum hat sie in einem unerhörten Maße zur Anwendung gebracht und predigt diese Art Folter noch fortwährend, ja, es klagt ganz unschuldig über Abfall und Lauwerden, wenn es einen Zustand ohne solche Martern antrifft, – alles mit dem Ergebnis, daß die Menschheit sich gegen den geistigen Feuertod, die geistigen Foltern und Folterwerkzeuge heute noch mit der gleichen ängstlichen Geduld und Unentschlossenheit benimmt, wie ehemals gegen die Grausamkeit am Leibe von Mensch und Tier. Die Hölle ist wahrlich kein bloßes Wort geblieben: und den neu geschaffenen wirklichen Höllenängsten hat auch eine neue Gattung des Mitleidens entsprochen, ein gräßliches zentnerschweres, früheren Zeiten unbekanntes Erbarmen mit solchen ›unwiderruflich zur Hölle Verdammten‹, wie es zum Beispiel der steinerne Gast gegen Don Juan zu erkennen gibt und welches in den christlichen Jahrhunderten wohl zum öfteren schon Steine zum Wehklagen gebracht hat ...« (Werke, hg. von Schlechta, I, S. 1063.)

S. 215 *»les nostalgies de la croix«*: »Die Sehnsüchte (eig.: Heimweh) nach dem Kreuz.«

S. 227 *morsus conscientiae*: Gewissensbiß. – *Spinoza*, Baruch (Benedictus) de, holländischer Philosoph (1632–1677), Sohn einer aus Portugal eingewanderten jüdischen Familie, der wegen seiner scholastischen Studien und seiner religiösen Irrlehren mit dem Bannfluch der jüdischen Gemeinde belegt wurde. In der Nachfolge des Descartes schrieb Spinoza eine »Ethik, nach geometrischer Art dargestellt« (1677), in der er nicht nur den jenseitigen Gott preisgab, sondern auch zu einem konsequenten Pantheismus überging. ›Deus sive nattura‹ = Gott und die Natur (die ganze Welt) sind identisch.

S. 233 *causa prima*: erste Ursache.

S. 239 *novissima gloriae cupido*: äußerste Ruhmsucht.

S. 242 *contiguity*: Nähe. – *Velleität*: Anwandlung.

S. 244 *une promesse de bonheur*: ein Glücksversprechen.

S. 246 *la bête philosophe*: die Bestie Philosoph.

S. 247 *pereat mundus ...*: »Möge die Welt untergehen, es werde die Philosophie, es werde der Philosoph, Ich!«

S. 251 *»je combats ...«*: »Ich bekämpfe die allumfassende Spinne.«

S. 266 *»il faut s'abêtir«*: »Man muß sich dumm machen.«

S. 267 *Paul Deussen* (1845–1919), Philosoph, der sich hauptsächlich mit indischer Philosophie befaßte. Nietzsche kannte ihn seit seiner Schulzeit. Die beiden Freunde waren Ostern 1861 zusammen konfirmiert worden. Deussens »Erinnerungen an Friedrich Nietzsche« (1901) sind nicht nur Zeugnis dieser Freundschaft, sondern auch ein wichtiges biographisches Werk für jedes Nietzsche-Studium. – *unio mystica*: mystische Vereinigung (mit Gott).

S. 269 *Geulincx*, Arnold (1625–1669), cartesianischer Philosoph in Löwen und Leiden.

S. 271 *Leopold (von) Ranke* (1795–1886), ging davon aus, daß der Geschichtsschreiber nicht richten, sondern nur zeigen solle, ›wie es eigentlich gewesen‹.

S. 275 *in artibus et litteris*: in Kunst und Dichtung.

S. 284 *ravages ... »l'habitude ...«*: von den Verwüstungen, welche »die Gewohnheit, das Unverständliche zu bewundern, statt sich ganz einfach mit der Unkenntnis dieser Dinge abzufinden, angerichtet habe ...« – *elegantia syllogismi*: Eleganz des Schließens (Urteilens).

S. 285 *das* χάσμ᾽ ὀδόντων: den Rachen.

S. 286 *la religion de la souffrance*: Religion des Leidens.

S. 288 *»faute de mieux«*: in Ermangelung eines Besseren.

DER FALL WAGNER (S. 289)

Zur Werkgeschichte: 1888, im letzten Jahr seines Schaffens, schrieb Nietzsche zwei Schriften gegen Wagner, – außer der hier wiedergegebenen Abhandlung noch den Traktat »Nietzsche contra Wagner«, der freilich in der Hauptsache nach Nietzsches eigenen Worten nur eine Zusammenstellung seiner früheren Äußerungen über Wagner bildet. Über den von ihm selbst herbeigeführten Bruch mit Wagner im Jahre 1876 ist Nietzsche nie hinweggekommen. Es ist der Haß des enttäuschten Liebhabers, der sich noch nach zwölf Jahren in diesen Schriften Luft verschaffen möchte. Nietzsches in der Sache oft sehr fundierte Kritik an der Ästhetik und der politischen Konzeption Richard Wagners bleibt spürbar stets auch von persönlichen Motiven getragen.

Über den Hergang des Zerwürfnisses im Jahre 1876 vgl. die Anmerkung zu Band I, S. 315. – Nach dem Tode Richard Wagners (13. Februar 1883) schrieb Nietzsche an Peter Gast: »Es geht nun wieder, und ich glaube sogar, daß der Tod Wagners die wesentlichste Erleichterung war, die mir jetzt geschafft werden konnte. Es war hart, sechs Jahre lang Gegner dessen sein zu müssen, den man am meisten verehrt hat.« Die Gegnerschaft dauerte an und kulminierte im Jahr von Nietzsches Zusammenbruch. Wie unbewältigt für Nietzsche der »Fall Wagner« blieb, ist nicht nur an der Schärfe der Kritik, sondern immer wieder auch an unvermuteten Ausdrücken der Bewunderung und Zuneigung ablesbar. So schrieb Nietzsche am 21. Januar 1887, nachdem er zum erstenmal in Monte Carlo das Vorspiel zum »Parsifal« gehört hatte, an Peter Gast: »Rein ästhetisch gefragt: hat Wagner je etwas besser gemacht? ... eine Deutlichkeit der Musik als deskriptiver Kunst, bei der man an einen Schild mit erhabener Arbeit denkt; und, zuletzt, ein sublimes und außerordentliches Gefühl, Erlebnis, Ereignis der Seele im Grunde der Musik, das Wagnern die höchste Ehre macht ...« – Und im »Ecce Homo« findet sich das erstaunliche Bekenntnis: »Ich weiß nicht, was andre mit Wagner erlebt haben: über unsern Himmel ist nie eine Wolke hinweggegangen.« – Zweifellos wollte Nietzsche aber mit seiner Schrift auch das ganze verhaßte

Bayreuther Unternehmen treffen. Im Herbst 1888 schreibt er an Jacob Burckhardt: »Vielleicht habe ich ein Recht, von diesem ›Fall Wagner‹ einmal *deutlich* zu reden, – vielleicht selbst eine Pflicht. Die Bewegung ist jetzt in höchster Glorie. Drei Viertel aller Musiker ist ganz oder halb überzeugt, von St. Petersburg bis Paris, Bologna und Montevideo leben die Theater von dieser Kunst, jüngst hat noch der junge deutsche Kaiser die ganze Angelegenheit als nationale Sache *ersten Ranges* bezeichnet und sich an deren Spitze gestellt: Gründe genug, daß es *erlaubt* ist, auf den Kampfplatz zu treten.« – Und an Malwida von Meysenbug: »Diese Schrift, eine Kriegserklärung *in aestheticis,* wie sie radikaler gar nicht gedacht werden kann ...«

Druckvorlage: Der Fall Wagner, Ein Musikanten-Problem; C. G. Naumann, Leipzig 1888.

S. 291 *décadence*: Verfall. Der Décadence-Begriff spielt im gesamten Spätwerk eine bedeutende Rolle. Zur Erläuterung seien zwei Zitate aus dem Nachlaß der achtziger Jahre angeführt:

»*Zu begreifen:* – Daß alle Art Verfall und Erkrankung fortwährend an den Gesamt-Werturteilen mitgearbeitet hat: daß in den herrschend gewordnen Werturteilen die *décadence* sogar zum Übergewicht gekommen ist: daß wir nicht nur gegen die Folgezustände alles gegenwärtigen Elends von Entartung zu kämpfen haben, sondern *alle bisherige décadence* rückständig, das heißt *lebendig* geblieben ist. Eine solche Gesamt-Abirrung der Menschheit von ihren Grundinstinkten, eine solche Gesamt-*décadence* des Werturteils ist das Fragezeichen *pai excellence,* das eigentliche Rätsel, das das Tier ›Mensch‹ dem Philosophen aufgibt.«

»Grundeinsicht über das Wesen der *décadence*: *was man bisher als deren Ursachen angesehen hat, sind deren Folgen.*

Damit verändert sich die ganze Perspektive *der moralischen Probleme.*

Der ganze Moral-Kampf gegen Laster, Luxus, Verbrechen, selbst Krankheit erscheint als Naivität, als überflüssig: – es gibt keine *›Besserung‹* (gegen die *Reue*).

Die *décadence* selbst ist nichts, *was zu bekämpfen wäre*: sie ist absolut notwendig und jeder Zeit und jedem Volk eigen. *Was* mit aller Kraft zu bekämpfen ist, das ist die Einschleppung des Kontagiums in die gesunden Teile des Organismus.

Tut man das? Man tut das *Gegenteil.* Genau darum bemüht man sich seitens der *Humanität.*

– Wie verhalten sich zu dieser *biologischen* Grundfrage die bisherigen *obersten Werte?* Die Philosophie, die Religion, die Moral, die Kunst usw.

(Die Kur: z. B. *Militarismus,* von Napoleon an, der in der Zivilisation seine natürliche Feindin sah.)«

S. 293 *ridendo dicere severum* ...: Abwandlung des Horazischen »ridentem dicere verum« (lächelnd die Wahrheit sagen) in »mit Lachen unliebsame Wahrheiten sagen«. – *Bizet*, Georges (1838–1875), französischer Komponist, dessen Hauptwerk, die Oper »Carmen«, 1875 uraufgeführt wurde

S. 295 *Il faut méditerraniser la musique*: Man muß die Musik mediterranisieren, d. h. man muß ihr einen südländischen Geist einhauchen, den Nietzsche bei Wagner vermißt.

S. 297 *myops*: griechisch μύωψ = kurzsichtig. – *la philosophie ne suffit* ...: »Die Philosophie (allein) stellt den großen Haufen nicht zufrieden, er bedarf (auch noch) der Heiligkeit.«

S. 298 *Bene navigavi, cum naufragium feci*: »Habe ich mein Schiff nicht gut gelenkt, indem ich Schiffbruch erlitten habe?«

S. 299 *Wagner est une névrose*: Wagner ist eine Nervenkrankheit. – *Cagliostro*, Alexander, Graf von, – richtiger Name Giuseppe Balsamo – (1743–1795), berühmter italienischer Abenteurer und Betrüger.

S. 300 *Pulchrum est paucorum hominum*: Wenige Menschen haben Sinn für das Schöne.

S. 301 *Sursum!*: In die Höhe!

S. 307 *Wagnerus dixit* ...: »Wagner hat es gesagt, er, der ja in Fragen der Keuschheit die höchste Autorität besitzt.« Ironische Anspielung auf Wagners Liebesleben.

S. 313 *in rebus musicis et musicantibus*: in Sachen der Musik und der Musiker.

S. 314 *cave canem*: Hüte dich vor dem Hunde (Vorsicht, bissiger Hund)!

S. 320 *Le moi est toujours* ...: Das Ich ist stets hassenswert. – *foeda superstitio*: häßlicher Aberglaube.

GÖTZEN-DÄMMERUNG (S. 323)

Zur Werkgeschichte: In den letzten Monaten seines bewußten Lebens hat Nietzsche noch eine Reihe von Werken konzipiert und abgeschlossen. Dazu gehört auch die »Götzen-Dämmerung«. Nietzsche gibt darin eine weitere Übersicht über seine Philosophie, er erläutert erneut seine Kritik am Christentum und an der Moral. Der Angriff auf die Ontologie und den Idealismus wird fortgesetzt und erreicht eine besondere Prägnanz: der alte Gegensatz zwischen Schein und wahrem Sein wird aufgehoben. Der Mensch und die Welt sind das, als was sie erscheinen; es ist nichts ›hinter‹ den Dingen. Die anthropologische Argumentation ist streckenweise darwinistisch. Neu ist die immer unverhüllter zutage tretende, bis ins Überhebliche gehende Selbsteinschätzung, die allen Schriften des Jahres 1888 ihr Siegel aufdrückt: Zeichen des sich ändernden Krankheitsbildes und des sich unaufhaltsam nähernden Zusammenbruchs. An Reinhard von Seydlitz im Herbst 1888: »Ich deute in aller Bescheidenheit an, daß der ›Geist‹, der sogenannte ›deutsche Geist‹ spazierengegangen und irgendwo in der Sommerfrische wohnt – jedenfalls *nicht* im Reich – eher schon in Sils-Maria …« Nietzsche zeigt, »wie man mit dem Hammer philosophiert«, – mit einem Hammer, der die hohlen Götzen unserer Tradition abklopft und zerstört: »Umwertung aller Werte.«

Druckvorlage: Götzen-Dämmerung, oder: Wie man mit dem Hammer philosophiert; C. G. Naumann, Leipzig 1889.

S. 325 *increscunt animi …*: Es wachsen die Geister, es entfalten sich die männlichen Tugenden durch die Verwundung.

S. 328 *pudeur*: Schamhaftigkeit, Zartgefühl.

S. 330 *On ne peut penser …*: Man kann nur im Sitzen denken und schreiben.

S. 332 *consensus sapientium*: Übereinstimmung (einheitlicher Beschluß) der Weisen.

S. 333 *monstrum in fronte, monstrum in animo*: ein Ungeheuer vom Gesicht und vom Gemüt her.

S. 335 *de rigueur*: unerläßlich.

S. 338 *Idiosynkrasie*: Eigenart.

S. 341 *Incipit Zarathustra*: Hier beginnt Zarathustra.

S. 342 *»il faut tuer les passions«*: »Man muß die (sinnlichen) Leidenschaften töten.«

S. 346 *Credo experto*: »Glaub' es einem, der es am eigenen Leibe erfahren hat!«

S. 347 *antecedentia*: vorhergehende (wirkende) Ursachen.

S. 350–352 Nietzsches Betrachtung des Schuldstrafrechts in Abschnitt 7 ist im Ansatz nicht überholt und heute besonders aktuell. – Der Schluß des achten Abschnitts bildet eine zentrale These der ganzen Schrift.

S. 362 *Rückkehr zur Natur – in impuris naturalibus*: schwer übersetzbares Wortspiel. Der Gegensatz, »in puris naturalibus« heißt »nackt«, »impuris naturalibus« hier sinngemäß etwa: »verhüllt, verschämt«. – *cant*: englischer Begriff für die Gewohnheit, die Dinge zu seinem Vorteil erscheinen zu lassen. Hier im Wortspiel mit Kant und mit Kritik an Kants Annahme eines intelligiblen (an sich freien) Charakters gebraucht. Die verschrobene Ausdrucksweise, die den Stil des cant ausmacht, hat schon Zeitgenossen Kants zu diesem Wortspiel veranlaßt. – *Pharus*: hier Ausdruck für Leuchtturm (nach dem Leuchtturm auf der nahe bei Alexandria gelegenen Insel, der in der Antike zu den Weltwundern gezählt wurde.) – *Renan*: Vgl. Anmerkung zu S. 48. – *la science und la noblesse*: die Wissenschaft und die Vornehmheit. – *evangile des humbles*: Evangelium der Demütigen.

S. 363 *Sainte-Beuve*: Vgl. Anmerkung zu S. 48. – *G. Eliot*: (George) Pseudonym von Mary Ann Evans (1819–1880), englische Schriftstellerin.

S. 364 *lettres d'un voyageur*: Briefe eines Reisenden.

S. 366 *apollinisch und dionysisch*: Vgl. Anmerkung zu Band I, S. 19.

S. 367 *Thomas Carlyle:* s. Anm. zu S. 139.

S. 368 *Emerson,* Ralph Waldo (1803–1882), amerikanischer Dichter und Philosoph, der mit Carlyle befreundet war und von diesem auf die deutsche Transzendentalphilosophie aufmerksam gemacht wurde.

S. 372 *amor intellectualis dei*: geistige Liebe zu Gott.

S. 373 *l'art pour l'art*: die Kunst um ihrer selbst willen (und nicht aus einem anderen Zweck) betreiben.

S. 374 *»aut liberi aut libri«*: »Entweder (rechtmäßige) Kinder oder Bücher«, anzügliches Wortspiel mit Beziehung auf George Sand, die die freie Liebe nicht nur als Autorin vertrat, sondern auch im Leben praktizierte. – »je me verrai ...«: »Ich werde mich sehen, ich werde mich lesen, ich werde mich erregen und ich werde sagen: Ist es möglich, daß ich so viel Geist gehabt hätte?«

S. 388 *Catilina,* Lucius Sergius (etwa 108–62 v. Chr.), Rädelsführer einer berühmten, nach ihm benannten Verschwörung im Herbst 63 v. Chr., die jedoch durch den Konsul Cicero vereitelt wurde.

S. 393 *Thukydides* (etwa 460–400 v. Chr.), griechischer, von der kritischen Geschichtsschreibung als Ahnherr verehrter Historiker. – *Principe Macchiavells*: Vgl. Anmerkung zu S. 33.

S. 394 *niaiserie allemande*: deutsche Albernheit.

S. 396 Der letzte Abschnitt zeigt das für Nietzsches Spätzeit charakteristische Bemühen, sein gesamtes Schaffen nicht nur als einheitliche Entwicklung, sondern als ein- und dasselbe zu sehen, besonders deutlich.

ECCE HOMO (S. 399)

Zur Werkgeschichte: Am 13. November 1888 schrieb Nietzsche an Franz Overbeck: »Das Manuskript des *›Ecce Homo. Wie man wird, was man ist‹* ist bereits in der Druckerei. – Letzteres, von absoluter Wichtigkeit, gibt einiges Psychologische und Biographische über mich und meine Literatur: man wird mich mit einem Male *zu sehn bekommen.* Der Ton der Schrift, heiter und verhängnisvoll, wie alles, was ich schreibe.« – Die Niederschrift erfolgte zwischen dem 15. Oktober und 4. November 1888. Nietzsche konnte bis Anfang 1889 noch zwei Korrekturbogen des Werkes für druckfertig erklären, das erst 1908 als limitierter Sonderdruck veröffentlicht werden und erst 1911 allgemein zugänglich sein sollte. –

»Ecce Homo« ist eine Autobiographie, die an Selbstverherrlichung ihresgleichen in der Weltliteratur sucht. Es wäre jedoch verfehlt, darin nur den Größenwahn eines Menschen zu sehen, der der geistigen Umnachtung schon bedrohlich nahegekommen ist. Nietzsches Biographen und Interpreten haben dieses Werk mit Recht wegen seiner formalen Geschlossenheit, wegen der gedanklichen Kontinuität und der Brillanz des Stils gerühmt.

Der Titel ist auch als Herausforderung an das Christentum zu verstehen. Das »Ecce Homo!« (Sehet welch ein Mensch!) ist dem Johannesevangelium 19, 5 direkt entlehnt.

Druckvorlage: Gesamtausgabe in Großaktav, 19 Bände, Leipzig, C. G. Naumann, 1894 ff. Band XV (1911), S. 1–127.

S. 409 *Heinrich von Stein* (1857–1887) war ein junger Philosoph, dessen Arbeiten Nietzsche außerordentlich schätzte und von dem er sich Freundschaft und vielleicht auch eine gewisse Nachfolge erhoffte. Nietzsche war jedoch enttäuscht, daß Stein, der Erzieher Siegfried Wagners, dem Bayreuther Kreise um Cosima Wagner treu blieb.

S. 412 *David Strauß*: Vgl. die Anmerkung zu Band I, S. 111.

S. 413 *de rigueur*: unerläßlich, unerbittlich. – *Indigestion*: Verdauungsstörung.

S. 417 *vigor*: Lebenskraft.

S. 419 *largeur du cœur*: Großmut.

S. 425 *nosce te ipsum*: Erkenne dich selbst!

S. 429 *non legor ...*: Ich werde nicht gelesen und nicht gelesen werden.

S. 431 *toutes mes audaces et finesses*: Alle meine Kühnheiten und Feinheiten.

S. 440 *der Blick*: Die Stelle bezieht sich auf die Abhandlung »Richard Wagner in Bayreuth«, Band I, S. 177, Zeile 17 ff. dieser Ausgabe.

S. 443 *Karl Hillebrand* (1829–1884), Historiker und bedeutender Essayist, lebte nach der Teilnahme am Badischen Aufstand von 1849 in Paris, später in Florenz.

S. 449 *Peter Gast*: Künstlername von Heinrich Köselitz (1854–1918), Komponist, studierte 1875–78 in Basel und wurde während dieser Zeit ein Freund und Schüler Nietzsches. Gast gehörte nicht nur zu den treuesten Bewunderern Nietzsches, ihm, der eine besonders schöne Handschrift hatte, wurde auch die Reinschrift vieler Manuskripte übertragen. Wie kaum ein anderer konnte er die schwer entzifferbare Handschrift Nietzsches lesen. Nach Nietzsches Tode hat er sich, soweit dies die Schwester Nietzsches erlaubte, um die Herausgabe der Werke und um einzelne Nachlaßeditionen verdient gemacht.

S. 463 *Ariadne ... Wer weiß außer mir, was Ariadne ist! ...*: In der ersten Januarwoche 1889, als Nietzsches geistiger Zusammenbruch erfolgte, adressierte er einen Zettel an Cosima Wagner: »Ariadne, ich liebe Dich. Dionysos.«

S. 474 *Georg Brandes* (1842–1927) hielt über Nietzsche an der Universität Kopenhagen Vorlesungen, was Nietzsche im April 1888 erfuhr. Brandes war aber nicht so sehr Psychologe, wie Nietzsche hier behauptet, sondern eher Zeitkritiker und Literaturhistoriker.

S. 481 *folie circulaire*: eine sich im Kreise drehende Torheit. – *Ecrasez l'infâme!*: Zermalmt das Schandweib! (gemeint ist die Moral). – *Dionysos gegen den Gekreuzigten*: Dieser Schluß ist die kürzeste, prägnanteste aber auch maßloseste Formel für das Selbstverständnis Nietzsches am Ende seines bewußten Lebens.

DER ANTICHRIST (S. 483)

Zur Werkgeschichte: Das Manuskript wurde im September 1888 geschrieben, jedoch von Nietzsche nicht mehr zum Druck gegeben. Erste Veröffentlichung 1894. Ursprünglich als »Erstes Buch der Umwertung aller Werte« gedacht, eines Werkes, für das es Dispositionen gibt, das aber nie ausgeführt wurde, änderte Nietzsche den Untertitel zuletzt in »Fluch auf das Christentum«. Zusätzlich zu dem hier mitgeteilten Text existiert in der Kassette des Manuskripts ein letztes Blatt, auf das Erich Podach in »Nietzsches Werke des Zusammenbruchs«, Heidelberg 1961, S. 157, hingewiesen hat. Dessen Inhalt überbietet alle Aussagen Nietzsches über das Christentum. Z. B.: »Gegen den Priester hat man nicht Gründe, man hat das Zuchthaus.« Oder: »Jede Teilnahme an einem Gottesdienste ist ein Attentat auf die öffentliche Sittlichkeit.« Das Blatt ist mit dem 30. September 1888 datiert und zeigt, daß schon im Herbst 1888 Nietzsches geistiger Zustand bedenklich war. Um so bemerkenswerter bleibt die Klarheit und stilistische Geschlossenheit des Textes im ganzen.

Druckvorlage: Gesamtausgabe in Großaktav, 19 Bände, Leipzig, C. G. Naumann, 1894 ff., Band VIII (1919), S. 213 f. u. 217–314.

S. 490 *Hyperboreer*: im Altertum ein sagenhaftes Volk des Nordens.

S. 508 *Renan*: Vgl. Anmerkung zu S. 48.

S. 510 *impérieux*: gebieterisch.

S. 519 *niaiserie*: Albernheit.

S. 529 *in majorem dei honorem*: zur höheren Ehre Gottes.

S. 535 *Manu*: für die Inder Stammvater der Menschheit und ihr Gesetzgeber.

S. 545 *dies nefastus*: der unheilvolle Tag.

DIONYSOS-DITHYRAMBEN (S. 547)

Zur Werkgeschichte: Die meisten dieser Gedichte stammen aus der Zeit, als Nietzsche am »Zarathustra« arbeitete. Einige sind späteren Datums. Reinschriften des Manuskripts fertigte Nietzsche im Sommer und im Dezember 1888 an. Das komplette Manuskript fand Overbeck bei Nietzsche in Turin Anfang 1889. Nietzsche hatte noch selbst einen Index angefertigt, der für die hier veröffentlichte Fassung zugrunde gelegt wurde.

Druckvorlage: Gesamtausgabe in Großoktav, a. a. O., Band VIII (1919), S. 409–412 und 414 unten bis 441. (Einzelheiten über die Vorlage bei Schlechta: Friedrich Nietzsche, Werke in drei Bänden, Carl Hanser, München, 3. Auflage 1966, Bd. III, S. 1389 f.)

Zum Titel: Über *Dionysos* (Dionysus) und den Begriff *Dithyrambos* vgl. die Anmerkungen in Band I zu den Seiten 19 und 25.

AUTOBIOGRAPHISCHES AUS DEN JAHREN 1856–1869 (S. 573)

Die hier veröffentlichten Tagebuchaufzeichnungen und Lebensläufe des Schülers und Studenten geben Aufschluß über Nietzsches Herkunft, sein Elternhaus, den Kreis der Jugendfreunde, seine Ausbildung und Erziehung, besonders aber auch über seine musischen Interessen. Die Anordnung des Materials ist identisch mit der von Karl Schlechta gewählten Form in seiner dreibändigen Ausgabe der Werke Nietzsches (a. a. O., Band III, S. 7–154). Über die Druckvorlagen im einzelnen finden sich die Nachweise bei Schlechta a. a. O., Band III, S. 1390 f.

S. 599 f. *Porta coeli locus appelatus* ...: »Himmelspforte heißt der Ort, an dem ich derzeit wohne. Das in einer lieblichen, bergigen Landschaft gelegene, auch sonst reizvolle Pforta habe ich anfangs geliebt. Aber die Zeiten ändern sich: ich sehnte mich nach handgreiflichen Erlebnissen, aber sechs Jahre soll ich in dieser Gegend, die ich nur vom Sehen kenne, verbringen.«

S. 606 *Gloria tibi* ...:

Gepriesen seist du, Dreifaltigkeit,
Gleich *einer* Gottheit
Vor aller Zeit
Jetzt und in Ewigkeit!

S. 609 *sic transit gloria mundi*: So vergeht weltlicher Ruhm!

S. 625 *Etsi Plato* ...: Obgleich Plato mein Freund ist, folge ich doch der Wirklichkeit.

S. 680 *specimen ingenii*: Beispiel des Scharfsinns.

S. 673 φιλόσοφον ...: die philosophische Leidenschaft schlechthin.

S. 681 περὶ ὀρθογραφίας: über die Rechtschreibung. – *Palimpsest*: ein Pergament, dessen ursprüngliche Beschriftung abgerieben wurde, um es erneut zu beschreiben. (Oft ist der Urtext jedoch noch entzifferbar.) – *Das Hesiod-Fragment* gibt in dieser Kürze keinen Sinn.
– *defensor fidei*: Verteidiger des Glaubens.

S. 682 ψυχὴ ποικίλη: eine bunt gefleckte (vieldeutige, aber auch gerissene) Person.

S. 683 πινακες: Verzeichnisse: bei Aristoteles Siegerlisten der Pythischen Spiele und dramatischer Aufführungen. – *de fontibus Diogenis Laertii*: Über die Quellen des Diogenes Laertios: griechischer Schriftsteller, der um 220 v. Chr. eine Darstellung der griechischen Philosophie gab, die, obwohl oft nicht zuverlässig, ein Standardwerk für die Geschichte der antiken Philosophie wurde.

LEBENS- UND WERKCHRONIK

1844 15. Oktober: Friedrich Wilhelm Nietzsche zu Röcken bei Lützen, Provinz Sachsen, als erstes Kind des Pfarrers Karl Ludwig Nietzsche und dessen Ehefrau Franziska, geb. Oehler geboren.

1849 Nietzsches Vater stirbt.

1850 Übersiedlung der Familie nach Naumburg.

1858 Ab Oktober Schüler des Gymnasiums Schulpforta bei Naumburg, dem Nietzsche bis zum September 1864 angehört.

1859 Beginn der Freundschaft mit Paul Deussen.

1861 Nietzsche lernt durch seinen Freund Gustav Krug den Klavierauszug des »Tristan« von Richard Wagner kennen. Er beginnt mit eigenen Kompositionen. Erste Begegnung mit Carl von Gersdorff.

1864 Oktober: Studium der Theologie und klassischen Philologie an der Universität Bonn.

1865 Oktober: Fortsetzung des Studiums in Leipzig, wohin Nietzsche seinem Lehrer Ritschl gefolgt ist. Erste Lektüre Schopenhauers.

1866 Beginn der Freundschaft mit Erwin Rohde.

1867 *Zur Geschichte der Theognideischen Spruchsammlung.*

Oktober: Beginn des Militärdienstes bei einer reitenden Abteilung eines Feld-Artillerie-Regimentes in Naumburg.

1868 *De Laertii Diogenis fontibus I., II.*

Im Frühjahr Unfall beim Reiten. Nietzsche wird vom Militärdienst beurlaubt, im Oktober ganz entlassen. Fortsetzung der Studien in Leipzig.

8. November: Erste persönliche Bekanntschaft mit Richard Wagner im Hause des Leipziger Professors Hermann Brockhaus, der mit Wagners Schwester verheiratet war.

1869 *De Laertii Diogenis fontibus III., IV.*

Plan, die Philologie aufzugeben und Chemie zu studieren. Im Februar jedoch durch Ritschls Fürsprache Berufung an die Universität Basel als außerordentlicher Professor der klassischen Philologie.

17. Mai: Erster Besuch bei Wagner in Tribschen bei Luzern.

28. Mai: Antrittsvorlesung in Basel über *Homer und die klassische Philologie.* Beginn der freundschaftlichen Beziehung zu Jacob Burckhardt.

1870 *Der Florentinische Traktat über Homer und Hesiod, ihr Geschlecht und ihren Wettkampf I., II.*

April: Ernennung zum ordentlichen Professor.

August: Nach erfolgter Beurlaubung durch die Universität Teilnahme als Krankenpfleger am deutsch-französischen Krieg. Am 7. September an Ruhr und Rachendiphteritis erkrankt. Rekonvaleszenz in Naumburg. Ab Oktober wieder in Basel. Beginn der Freundschaft mit dem Theologen Franz Overbeck.

1871 *Sokrates und die griechische Tragödie.*

1872 *Die Geburt der Tragödie aus dem Geiste der Musik.*

Februar-März: Basler Vorträge *Über die Zukunft unserer Bildungsanstalten.* Scharfe Kritik der philologischen Kollegen an der »Geburt der Tragödie«. Nietzsches Ruf als Altphilologe ist schwer angeschlagen.

April: Abschied Wagners von Tribschen.

22. Mai: Grundsteinlegung des Bayreuther Festspielhauses, Nietzsche bei Wagner in Bayreuth.

1873 *Der Florentinische Traktat über Homer ... III., IV.*

Unzeitgemäße Betrachtungen, Erstes Stück: David Strauß, der Bekenner und der Schriftsteller.

Nietzes Gesundheitszustand verschlechtert sich.

1874 *Unzeitgemäße Betrachtungen, Zweites Stück: Vom Nutzen und Nachteil der Historie für das Leben, Drittes Stück: Schopenhauer als Erzieher.*

1875 Oktober: Bekanntschaft mit dem Musiker Peter Gast (Heinrich Köselitz), der als Bewunderer Nietzsches nach Basel gekommen war.

1876 *Unzeitgemäße Betrachtungen, Viertes Stück: Richard Wagner in Bayreuth.*

Zu Beginn des Jahres von den Stunden am Baseler Pädagogium, die Nietzsche zu geben verpflichtet war, aus Gesundheitsgründen befreit.

August: Erste Bayreuther Festspiele. Nietzsche in Bayreuth (seit dem 24. Juli). Am 13. August Teilnahme an der ersten öffentlichen Aufführung des »Rheingold«. Enttäuschung über die langen »Kunstabende«.

Ab 15. Oktober für ein Jahr aus Gesundheitsgründen von allen Lehrverpflichtungen in Basel befreit. Winter in Sorrent mit Paul Rée im Hause Malwida von Meysenbugs.

Oktober bis Anfang November: Richard und Cosima Wagner ebenfalls in Sorrent. Während dieser Zeit letzte Begegnung mit Wagner.

1878 *Menschliches, Allzumenschliches; Ein Buch für freie Geister* (erster Teil).

3. Januar: Letzte Sendung Wagners an Nietzsche: Die Partitur des »Parsifal«. – Mai: Letzter Brief Nietzsches an Wagner mit der Über-

sendung von *Menschliches, Allzumenschliches.* Damit ist der Bruch vollendet.

1879 *Menschliches, Allzumenschliches; Ein Buch für freie Geister; Anhang: Vermischte Meinungen und Sprüche.*
Schwere Erkrankung. Aufgabe des Lehramtes an der Universität Basel.

1880 *Der Wanderer und sein Schatten.*
März bis Juni: Erster Aufenthalt in Venedig.
Lektüre von Stifters »Nachsommer«.
Ab November: Erster Winter in Genua.

1881 *Morgenröte, Gedanken über die moralischen Vorurteile.*
Erster Sommer in Sils-Maria im Engadin: »... weiß ich mir nichts meiner Natur Angemesseneres als dieses Stück Ober-Erde.« Beschäftigung mit Spinoza.
27. November: Nietzsche hört in Genua zum erstenmal Bizets »Carmen«.

1882 *Idyllen aus Messina.*
Die fröhliche Wissenschaft.
März: Sizilianische Reise.
April–November: Freundschaftsepisode mit Lou v. Salomé.
Ab November: Winteraufenthalt in Rapallo. Schlechtes gesundheitliches Gesamtbefinden.

1883 *Also sprach Zarathustra, Ein Buch für Alle und Keinen, I. und II.*
13. Februar: Tod Richard Wagners.
Ab Dezember in Nizza.

1884 *Also sprach Zarathustra, Ein Buch für Alle und Keinen, III.*
August: Heinrich von Steins Besuch in Sils-Maria.
November–Februar 1885: in Mentone und Nizza entsteht der vierte Teil des »Zarathustra«.

1885 *Also sprach Zarathustra, Ein Buch für Alle und Keinen, Vierter und letzter Teil* (als Privatdruck erschienen).
22. Mai: Nietzsches Schwester Elisabeth heiratet Bernhard Förster, einen Berliner Oberlehrer und Antisemiten, mit dem sie 1886 nach Paraguay auswandert.

1886 *Jenseits von Gut und Böse, Vorspiel einer Philosophie der Zukunft.*
Neuauflagen: Geburt der Tragödie (Oder: Griechentum und Pessimismus, Neue Ausgabe mit dem Versuch einer Selbstkritik). – Menschliches, Allzumenschliches, erster und zweiter Band, jeweils mit einführender Vorrede.
Mai–Juni: Letztes Zusammensein mit Erwin Rohde in Leipzig.
Danach in Sils-Maria (sechster Aufenthalt) und im Winter in Nizza (fünfter Aufenthalt).

1887 *Zur Genealogie der Moral, Eine Streitschrift.*

Neuauflagen: Die fröhliche Wissenschaft, Neue Ausgabe mit einem Anhange: »*Lieder des Prinzen Vogelfrei*«. – Also sprach Zarathustra. Teil I–III.
Hymnus an das Leben, für gemischten Chor und Orchester componirt von Fr. N.
11. November: letzter Brief an Erwin Rohde.

1888 *Der Fall Wagner, Ein Musikanten-Problem.*
Der Antichrist, Fluch auf das Christentum (nicht erschienen). *Dionysos-Dithyramben* (nicht erschienen).
Im Frühjahr in Nizza, Genua und Turin, Juni bis September letzter (siebenter) Aufenthalt in Sils-Maria, danach in Turin. – Georg Brandes hält an der Universität Kopenhagen Vorlesungen »über den deutschen Philosophen Friedrich Nietzsche«. Arbeiten an der Schrift »*Der Fall Wagner*«, der »*Götzen-Dämmerung*«, den »*Dionysos-Dithyramben*«. September: Niederschrift des »*Antichrist*«. Danach Ausarbeitung von »*Ecce Homo*«. Dezember: »*Nietzsche contra Wagner, Aktenstücke eines Psychologen.*« (Erst in den »Werken« veröffentlicht).

1889 *Götzen-Dämmerung, oder: Wie man mit dem Hammer philosophiert.*
Nietzsche contra Wagner, Aktenstücke eines Psychologen (nicht ausgegeben).
Ecce Homo, Wie man wird, was man ist (2 Korrekturbogen gelesen, erst 1908 als Sonderpublikation veröffentlicht).
In den ersten Januartagen geistiger Zusammenbruch in Turin. Overbeck holt den Kranken ab und begleitet ihn nach Basel. Diagnose des Baseler Psychiaters Wille: »Paralysis progressiva«. Am 17. Januar geleitet Nietzsches Mutter den kranken Sohn nach Jena. Aufnahme in die psychiatrische Klinik.

1890 Nietzsches Mutter nimmt den Kranken zu sich nach Naumburg.

1892 Peter Gast beginnt eine Ausgabe der Werke Nietzsches und des Nachlasses vorzubereiten.

1893 Nietzsches Schwester kehrt aus Paraguay zurück – Gast muß Elisabeth Förster-Nietzsche den Nachlaß aushändigen.

1894 Nietzsches geistige Umnachtung nimmt zu. Er kann kaum noch das Haus verlassen.

1895 *Der Antichrist* und *Nietzsche contra Wagner* veröffentlicht. Nietzsche nimmt seinen wachsenden Ruhm nicht mehr wahr. Erste Lähmungserscheinungen.

1896 Nietzsches Schwester übersiedelt mit dem Archiv nach Weimar.

1897 Tod der Mutter. Nietzsches Schwester nimmt den Kranken zu sich nach Weimar.

1900 25. August: Nietzsche stirbt in Weimar.

NACHWORT

Von den Monumenten der deutschen Geistesgeschichte ist Nietzsche eines der unheimlichsten. Alles an ihm entzieht sich der Formel, der Definition, durch die man über ihn verfügen und bei der man sich beruhigen möchte. Wer war Nietzsche, und was kann er uns bedeuten? Ein Schriftsteller, der unsere Sprache mit einer sonst nie erreichten Eleganz zu handhaben wußte ... Wie ungewöhnlich! Ein boshafter Ironiker, ein deutscher Gelehrter in der Nachfolge der französischen Moralisten ... Wie verdächtig! Der Prophet teutonischen Herrenmenschentums ... Wie bedenklich! Der Zerstörer traditioneller Moralbegriffe ... Wie abscheulich! Ein Kritiker der Deutschen ... Wie unverzeihlich! Der Herausforderer des Christentums, ein steinerner Gast in der bürgerlichen guten Stube, der jeden, der sich auf ihn einläßt, zu einer Höllenfahrt hinabzieht ... Wie gefährlich!

Feststellungen dieser Art sind weder falsch noch richtig, – sie greifen ins Leere. Bald ist es ein Jahrhundert her, daß ein junger Baseler Altphilologe zum Entsetzen seiner Kollegen mit der Verkündung seiner dionysischen Lehre begann. In den knapp zwei Jahrzehnten, in denen sein Werk entstand, wurde er von kaum jemandem beachtet, geschweige denn verstanden. In der ersten Hälfte dieses Jahrhunderts diente ihm eine ganze Generation erlauchtester Geister ihre überschwengliche Bewunderung an. Heute begegnet man ihm mit jenem scheuen Respekt, der Ratlosigkeit nur schlecht verbirgt.

Manche Prophetie Nietzsches haben wir inzwischen als Wirklichkeit erfahren. Der europäische Nihilismus, den er als zwangsläufiges Geschick begriff, hat das Gesicht der Welt verändert, und der Prozeß der Auflösung herkömmlicher Wertvorstellungen dauert an. Aber hat Nietzsche nicht übertrieben, und hat er sich nicht auch zu grotesken Irrtümern hinreißen lassen? Hat ihn nicht sein Haß auf die Demokratie und die moderne Massengesellschaft politisch blind gemacht? Hat es deshalb überhaupt Zweck, sich heute noch anders als historisch mit Nietzsche zu befassen? Widersprüchlich in sich selbt scheint das Gesamtwerk, und man ist geneigt, ein Fragezeichen dahinter zu setzen. Für Gottfried Benn und seine Generation war Nietzsche »das Erdbeben einer Epoche«. Bleibt er auch für uns ein epochales Ereignis, oder blicken wir bereits auf ihn zurück als auf einen monströsen Einzelgänger, dessen Aussagen höchst subjektiv und zeitbedingt waren?

Anders gefragt: Ist Nietzsche bereits ein Klassiker in dem Sinne, daß wir ihn in gesicherten Besitz nehmen dürfen, oder wird er weiterhin als öffentliches Ärgernis wirken? Solche Fragen scheinen berechtigt und bezeichnen eine Schwierigkeit, die Martin Heidegger einmal sehr klar formuliert hat: »Die Auseinandersetzung mit Nietzsche hat weder schon begonnen, noch sind dafür die Voraussetzungen geschaffen. Bislang wird Nietzsche entweder belobigt oder beschimpft und ausgebeutet. Nietzsches Denken und Sagen ist uns noch so gegenwärtig. Er und wir sind geschichtlich noch nicht hinreichend weit auseinandergesetzt, damit sich der Abstand bilden kann, aus dem eine Würdigung dessen zum Reifen kommt, was die Stärke dieses Denkers ist.« Der Sachverhalt mag zutreffen. Aber sollen wir es dabei bewenden lassen, die Frage »Was bedeutet uns Nietzsche?« vertagen und einer kommenden Generation zur Beantwortung überlassen? Wir würden den Prozeß des Vergessens fördern und jener Gleichgültigkeit Vorschub leisten, die für ihren Teil daran mitverantwortlich ist, daß unser Verhältnis zur eigenen Geschichte eigentümlich gebrochen und ungeklärt bleibt. Heidegger, dessen eigene philosophiegeschichtlichen Destruktionen sehr wohl als Adaption von Gedanken Nietzsches aufgefaßt werden dürfen, mag darin recht haben, daß die entscheidende Klärung dessen, was Nietzsche uns zu sagen hat, der Zukunft vorbehalten sein wird. Dessen ungeachtet bleibt Nietzsche das größte philosophische Ereignis an der Schwelle zu unserem Jahrhundert. Sein Werk ist gleichsam die Ouvertüre zu einem Drama, in dem wir alle Akteure sind und dessen letzter Akt vermutlich noch nicht begonnen hat. Nietzsche zu lesen bedeutet die Leitmotive kennen zu lernen, die uns heute vorgegeben sind.

I

Mittelmäßiges und höchst Außergewöhnliches kennzeichnen die Person und das Leben. Das Elternhaus des protestantischen Pfarrerssohnes war bescheiden, doch nicht unkultiviert. Der Vater starb früh an einer Gehirnerkrankung, fortan wuchs Nietzsche mit seiner um zwei Jahre jüngeren Schwester Elisabeth in einer häuslichen Atmosphäre auf, in der weiblicher Einfluß der einzig bestimmende war. Die Großmutter, zwei Tanten und die stille, stets opferbereite Mutter bildeten einen biedermeierlichen Familienkreis mit hohen religiösen und moralischen Ansprüchen, in dem es wohl kaum jemals frei und natürlich zuging. Aber die Erziehung war erstklassig. Der Zwölfjährige konnte vom Naumburger Gymnasium auf die Schule zu Pforta überwechseln, jene Zuchtanstalt für Genies, die lange Zeit als beste Pflegestätte humanistischer Bildung gelten konnte. War Nietzsche zu Hause ein folgsamer Sohn gewesen, so war er hier im ganzen ein guter Schüler.

Der so aufwuchs, war ein etwas altkluges, oft kränkelndes, aber vielseitig begabtes Kind. Literarische Interessen und eine ungewöhnliche musikalische Begabung meldeten sich früh. Zeitig auch hatte er das Bewußtsein eigener Auserwähltheit. Der Dreizehnjährige fragte seine Schwester, »ob es nicht merkwürdig sei, daß wir beide so gut lernten und manches wüßten, was andere Kinder nicht wüßten«. Die vermutete, aber durch nichts erwiesene Herkunft der Familie aus dem Geschlecht eines polnischen Adeligen, der um seines Glaubens willen das Land verlassen mußte, ist eine Legende, die schon das Kind beeindruckte und mit der Nietzsche noch im letzten Jahre seines bewußten Lebens kokettierte. Vornehmheit, *noblesse,* war die einzige wirklich erstrebenswerte Eigenschaft. Wohl nicht zufällig fiel die Abschlußarbeit in Pforta über Theognis von Megara so glänzend aus: der Elitegedanke, den der antike Dichter vertrat, hat Nietzsche sein Leben lang fasziniert.

Die zahlreichen Selbstdarstellungen des Schülers in Tagebüchern und Lebensläufen sind Ausdruck solchen Auserwähltheitsgefühls. Der Siebzehnjährige hatte in Richard Wagner sein musikalisches Idol und in Hölderlin seinen Lieblingsdichter gefunden. Gedichte und eigene Kompositionen füllten ihn mehr aus als alle andere Beschäftigungen. Von Pedanterie wußte er sich frei, die Ausarbeitung mühseliger Einzelheiten gehörte nicht zu seinen Stärken. Der Drang, sich an vielem zu versuchen, brachte ihn oft bis an den Rand der Zersplitterung seiner Interessen. Dieser Umstand dürfte ein Grund dafür gewesen sein, daß Nietzsches akademische Karriere, die so verheißungsvoll begann, relativ schnell und glanzlos endete. Ein Bonner Studienjahr (Theologie und Altphilologie), in dem Nietzsche als Korpsstudent zu leben versuchte wie andere junge Leute, verlief wenig glücklich. Erst die Leipziger Semester brachten die wissenschaftliche Qualifikation. Dank der Fürsprache seines Lehrers Friedrich Wilhelm Ritschl wurde der noch nicht Fünfundzwanzigjährige ohne jede weitere Prüfung auf Grund seiner bisher veröffentlichten Aufsätze promoviert und als Professor für Altphilologie nach Basel berufen. Seine erste größere Publikation über »Die Geburt der Tragödie« kostete ihn zwei Jahre später seinen Ruf als klassischer Philologe. Seine vom spätromantischen Geiste Schopenhauers und Wagners inspirierte Interpretation des Griechentums brachte jedoch nicht nur eine wissenschaftliche Niederlage, sondern zugleich die entscheidende geistige Wende. Nietzsche wurde Philosoph in jenem außergewöhnlichen und untraditionellen Sinne, der den wirklichen Denker auszeichnete: die Grenzen eines akademischen Faches vermochten ihn nicht zu halten. Die Fragestellungen waren von Anfang an universal, richteten sich auf die Tradition, die Moral, die Kunst, die gegenwärtigen nationalen und gesellschaftlichen Verhältnisse. Nietzsche wurde zum »unzeitgemäßen« Kritiker seiner Epoche. Diese Rolle fiel seinem Sendungsbewußtsein zu, und er sollte ihr bis zum Ende treu bleiben.

2

Krankheit war die große äußere Belastung, die dieses Leben durch alle Jahre hindurch treffen sollte. Schon den Schüler plagten häufige Kopfschmerzen, – eine Eintragung im Krankenbuch zu Schulpforta läßt den Einfluß väterlichen Erbteils vermuten. Der Militärdienst endete vorzeitig durch einen Reitunfall, der eine Brustverletzung zur Folge hatte. Der Sanitätsfreiwillige im deutsch-französischen Krieg wurde von Ruhr und Rachendiphteritis heimgesucht. Frühzeitig trat ein Augenleiden auf, eine syphilitische Infektion während der Studentenzeit muß angenommen werden. Schwere Migräne-Anfälle machten schon dem jungen Gelehrten das Leben zur Hölle. Seit seinem dreißigsten Lebensjahr war er fast ununterbrochen irgendwie krank. Und mit fünfunddreißig Jahren fühlte er sich »in der Mitte des Lebens so ›vom Tod umgeben‹, daß er mich stündlich fassen kann ...«

Immer mehr bestimmte die Krankheit den Rhythmus dieses Lebens. Ihretwegen mußte die Baseler Professur nach zehn Jahren aufgegeben werden, wurde Nietzsche zu einem unsteten Wanderer, der von Kurort zu Kurort fuhr und der schließlich im Sommer in Sils-Maria im Engadin und im Winter im Süden, in Genua, Venedig, Rapallo, Nizza, an unzähligen anderen Orten und zuletzt in Turin Linderung seiner Leiden suchte. Während sich das Gesamtbefinden unaufhaltsam verschlechterte, stellten sich seit der Zeit, da er am »Zarathustra« arbeitete, unvermutet euphorische Zustände ein, Tage eines ins Unendliche gesteigerten Lebensgefühls, das sich in einem außerordentlichen Schaffensrausch und schließlich in seinem zum Größenwahn werdenden Selbstbewußtsein ausdrückte. Dem folgte der jähe Zusammenbruch und ein zwölfjähriges Dahindämmern in geistiger Umnachtung. Ein trauriges, glückloses Leben, das nicht von äußeren Ehren begleitet war.

3

Glücklos waren auch, von wenigen Ausnahmen abgesehen, die Freundschaften, die dieser Mann schloß und deren er so sehr bedurfte. Die Männerfreundschaften des jungen Nietzsche hatten oft etwas von Geheimbündelei: stets waren es nur zwei oder drei Auserwählte, denen er sich näherte und die sich ihm anschließen durften. Der Schüler gründete in Naumburg die »Germania«, einen Verein, dem außer ihm nur noch die Schulkameraden Krug und Pinder angehörten, der Student fand in Leipzig im »Philologischen Verein« die gleiche Möglichkeit, auf einen kleinen, ihm wohlgesonnenen Kreis einzuwirken. Manche dieser Freundschaften hielten sich über viele Jahre und oft über große Entfernung, ihnen verdanken wir einen Teil der besten und schönsten Briefe Nietzsches, so an Carl von Gersdorff, Erwin Rohde, Franz Overbeck, Paul Deussen. Sie alle waren Männer von hohem geistigen Rang. Die Wahl dieser Freunde spricht für Nietzsche, für sein im Grunde untrügliches Qualitätsgefühl Menschen gegenüber. Andere Freundschaften waren vorübergehender Natur, so die mit Paul Rée und Heinrich von Stein. Keine dieser Verbindungen aber blieb von Spannungen verschont, die bisweilen zum völligen Bruch führten, und fast immer war es Nietzsche, der das Zerwürfnis, oft aus reinem Ungeschick, heraufbeschwor. Peter Gast, der junge Musiker und aufopfernde Bewunderer, der 1875 nach Basel kam und sich bei der Drucklegung mancher Werke durch Reinschriften und Korrekturlesen als außerordentlich hilfreich erwies, blieb eine Ausnahme.

Frauen gegenüber zeigte Nietzsche sich wenig engagiert. Er scheint ein auf liebenswürdige Weise gehemmter, angenehmer Gesellschafter gewesen zu sein. Heiratspläne wurden mehrfach erwogen, aber stets sehr bald wieder verworfen. In Rom begegnete er 1882 einer reizvollen, äußerst intelligenten jungen Russin: Lou Salomé. Nietzsche verliebte sich leidenschaftlich. Der Zeitpunkt war für ihn glücklich, denn Nietzsche hatte die »Fröhliche Wissenschaft« abgeschlossen und mochte die ersten Pläne zum »Zarathustra« mit sich herumtragen. Aber er fand nicht den Weg zu einer direkten, persönlichen Werbung. Eifersüchteleien Paul Rées und der Schwester Nietzsches machten die Situation noch komplizierter, und schließlich brachte Nietzsches Ungeschick die Geschichte nach wenigen, qualvollen Monaten, die zum vorübergehenden Bruch auch mit der Schwester führten, zu einem würdelosen Ende.

Auch die Freundschaft, die Nietzsches Leben am meisten bestimmen sollte, endete für ihn in der Katastrophe. Die Beziehung zu Richard und Cosima Wagner war für den jungen Nietzsche das vielleicht glücklichste Ereignis seines Lebens. Er bewunderte Wagner nicht nur als Künstler, sondern verehrte ihn auch als großen Menschen. Und Wagner, von dem man weiß, wie oft er seine Freunde enttäuscht und betrogen hatte, verhielt sich Nietzsche gegenüber mit Wohlwollen, Noblesse und allen Zeichen echter Freundschaft. Mochte es auch für den Bruch mit Wagner im Jahr nach den ersten Bayreuther Festspielen manchen sachlichen Grund geben, – der reifer gewordene Nietzsche sah die Wagnersche Ästhetik und Weltanschauung plötzlich in einem kritischen Licht –, die Art und Weise der Entzweiung war ein Produkt jener irrationalen Haßliebe, die Nietzsche seit 1876 stets für Wagner empfand. Nietzsche zerstörte sich selbst das, was ihm am meisten am Herzen gelegen hatte.

4

Diese Umstände, die Nietzsches Leben mitbestimmt haben, verraten, für sich genommen, wenig. Sie zeigen einen gescheiterten Gelehrten, möglicherweise einen verhinderten Musiker, einen enttäuschten Freund und zurückgewiesenen Liebhaber, – den Leidensweg eines kapriziösen, von Krankheit heimgesuchten Einzelgängers.

Sie zeigen außerdem eine ganz ungewöhnliche Bildung, eine über alle Maßen sensible und differenzierte Persönlichkeit. Dieses Bild Nietzsches vermag zu fesseln in seiner Eigenartigkeit, wir erblicken den Menschen Nietzsche, die Person, die hinter dem Werk stand. Die Wirkung dieses Denkers aber wird durch die Verdeutlichung der Biographie nicht erklärt. Die Fähigkeit, auf vollkommene Weise in der Sprache zu Hause zu sein, kann nur attestiert, nicht begründet werden. Die Form des wissenschaftlichen Exkurses, des polemischen Traktats, des Aphorismus, der makellosen dichterischen Prosa und die lyrische Aussage standen diesem Autor in gleicher Weise zu Gebote. Auch die Motive dieses Denkens können durch die Lebensumstände dieses Mannes kaum erklärt werden. Dem Verlust des Glaubens, als dem wohl entscheidendsten Ereignis in Nietzsches Entwicklung, korrespondiert kein bedeutender, erkennbarer Umstand in seinem Leben. Dem Theologensohn und Theologiestudenten mögen unvermerkt Zweifel am Glauben der Väter gekommen sein, die durch die kritische, philologische Schulung zu Pforta bedingt waren. Aber der Wandel vollzog sich ohne Krise und ohne pathetischen Bruch. Nietzsche selbst hat diesen Prozeß, an dessen Ende die völlige Ablehnung der Kirche und des Evangeliums standen, lediglich als eine ruhige und schmerzlose Befreiung hingestellt.

5

Um so erstaunlicher bleibt die Gewalt dieses Werkes. Es kennt drei Formen der Aussage: Diagnose, Zerstörung und Prophetie. Wir behaupten hier, daß der diagnostische Teil in der Philosophie Friedrich Nietzsches die eigentliche Rechtfertigung aller heutigen und künftigen Beschäftigung mit diesem Denker bilden muß. Die Diagnose, daß Gott tot ist, die in der »Fröhlichen Wissenschaft« und im »Zarathustra« mit furchtloser Schärfe gestellt ist, liefert den Hauptschlüssel zum Verständnis des gesamten Werkes. Das Gewicht dieser These schien Nietzsche selbst so ungeheuerlich, daß er sie im dritten Buch der »Fröhlichen Wissenschaft« zunächst nur der Figur des »tollen Menschen« in den Mund legte:

»Habt ihr nicht von jenem tollen Menschen gehört, der am hellen Vormittage eine Laterne anzündete, auf den Markt lief und unaufhörlich schrie: ›Ich suche Gott! Ich suche Gott!‹ – Da dort gerade viele von denen zusammenstanden, welche nicht an Gott glaubten, so erregte er ein großes Gelächter. Ist er denn verlorengegangen? sagte der eine. Hat er sich verlaufen wie ein Kind? sagte der andere. Oder hält er sich versteckt? Fürchtet er sich vor uns? Ist er zu Schiff gegangen? ausgewandert? – so schrien und lachten sie durcheinander. Der tolle Mensch sprang mitten unter sie und durchbohrte sie mit seinen Blicken. ›Wohin ist Gott?‹ rief er, ›ich will es euch sagen! *Wir haben ihn getötet* – ihr und ich! Wir alle sind seine Mörder! Aber wie haben wir dies gemacht? Wie vermochten wir das Meer auszutrinken? Wer gab uns den Schwamm, um den ganzen Horizont wegzuwischen? Was taten wir, als wir diese Erde von ihrer Sonne losketteten? Wohin bewegt sie sich nun? Wohin bewegen wir uns? Fort von allen Sonnen? Stürzen wir nicht fortwährend? Und rückwärts, seitwärts, vorwärts, nach allen Seiten? Gibt es noch ein Oben und ein Unten? Irren wir nicht wie durch ein unendliches Nichts? Haucht uns nicht der leere Raum an? Ist es nicht kälter geworden? Kommt nicht immerfort die Nacht und mehr Nacht? Müssen nicht Laternen am Vormittage angezündet werden? Hören wir noch nichts von dem Lärm der Totengräber, welche Gott begraben? Riechen wir noch nichts von der göttlichen Verwesung? – auch Götter verwesen! Gott ist tot! Gott bleibt tot! Und wir haben ihn getötet! . . .‹« Was hier noch in das Gewand der Parabel gekleidet ist, wird wenig später im »Zarathustra« zur bloßen Feststellung: »Einst war der Frevel an Gott der größte Frevel, aber Gott starb, und damit starben auch die Frevelhaften.« Erst danach, im fünften Buch der »Fröhlichen Wissenschaft« wird ganz enthüllt, daß die These wörtlich und konkret zu verstehen ist: »Das größte neuere Ereignis – daß ›Gott tot ist‹, daß der Glaube an den christlichen Gott unglaubwürdig geworden ist – beginnt bereits seine ersten Schatten über Europa zu werfen.« Nietzsche räumt ein: »Das Ereignis selbst ist viel zu groß, zu fern, zu abseits vom Fassungsvermögen vieler, als daß auch nur seine Kunde schon *angelangt* heißen dürfte: geschweige denn, daß viele bereits wüßten, was eigentlich sich damit begeben hat – und was alles, nachdem dieser Glaube untergraben ist, nunmehr einfallen muß, weil es auf ihm gebaut, an ihn gelehnt, in ihn hineingewachsen war: zum Beispiel unsere ganze europäische Moral.«

In dieser Passage (man lese dazu den ganzen Anfang des fünften Buches; Band I, S. 489 f.) tritt die Gesamtintention von Nietzsches Werk klar zutage. Alle Ansätze im Frühwerk werden von dorther verständlich, – sie laufen auf diese Erkenntnis zu. Und alle Schriften der Spätzeit werden sie immer unverhüllter herausarbeiten.

Hier beginnt das Unheimliche, der große Schrecken, von dem zwangsläufig jeder ergriffen wird, der ernsthaft auf Nietzsche sich einläßt. Denn was zunächst in der »Geburt der Tragödie« im Gewande des dionysischen Mythos daherkommt, ist keine Rückkehr zum antiken Heidentum und seinen Göttern. Es ist auch keine Hinwendung zum Pantheismus eines

Spinoza oder Goethe, kein Versuch, den jenseitigen Gott im diesseitigen Leben anzusiedeln. Auch mündet die These vom Tode Gottes nicht in jenem selbstgenügsamen Atheismus der Linkshegelianer, der die Frage des Glaubens als unfruchtbar beiseite schiebt. Hier wird Ernst gemacht mit der Einsicht, daß in einer entgöttlichten Welt, in der es kein Jenseits gibt, keine unserer überkommenen Anschauungen mehr stimmen kann, daß Wahrheit und Lüge, Wissenschaft und Kunst, Völker und Vaterländer ihren bisherigen Sinn verloren haben und die Rolle des Menschen in der Welt neu durchdacht werden muß.

Dieser Nietzsche redet zu uns Heutigen. Was seinen Zeitgenossen und vor allem seinen Bewunderern in den ersten Jahrzehnten seines Ruhms als pikante, anstößige Freigeisterei erschienen sein mag, ist eine Prophetie, deren Wahrheit wir im Rückblick auf das geschichtliche Verhängnis des letzten Jahrhunderts allmählich zu begreifen beginnen. Wohin bewegen wir uns ... Stürzen wir nicht fortwährend ... Haucht uns nicht der leere Raum an ... Kommt nicht immerfort die Nacht und mehr Nacht? Das sind die Fragen. Und die Geschichte hat uns inzwischen gelehrt, daß sie richtig gestellt waren.

Haben frühere Generationen an dem, was wir Nietzsches Gesamtintention genannt haben, vorbeigesehen? Zumindest haben sie den therapeutischen Möglichkeiten, die Nietzsche zu entwickeln versuchte, bei der Beschäftigung mit seinem Werk vielfach den Vorzug gegeben. Die Lehre vom Übermenschen, vom Willen zur Macht als Grundprinzip allen Lebens und von der ewigen Wiederkunft des Gleichen hat bislang in der philosophischen Diskussion die entscheidende Rolle gespielt. Die Nachlaßverwalter Nietzsches haben dieser Situation durch ihre editorische Praxis nach Kräften Vorschub geleistet. Das Arrangement und die Kompilation von Nachlaßfragmenten zu einem angeblichen Hauptwerk »Der Wille zur Macht« hat die Blickrichtung der Interpreten weitgehend bestimmt und, gewissermaßen als Nebenprodukt, zu der falschen und verhängnisvollen ideologischen Inanspruchnahme Nietzsches in der Ära des Faschismus geführt. Freilich hat Nietzsche selbst den Willen zur Macht als das »letzte Faktum« bezeichnet. Und mit diesem Faktum ist ein Prinzip höchster Lebensbejahung und Konkretheit gemeint. Aber wie weit trägt diese Aussage? »Wollt ihr einen Namen für diese Welt? Eine Lösung für alle Rätsel? Diese Welt ist der Wille zur Macht – und nichts außerdem!« Dergleichen liest sich heute, für sich genommen, wie eine Zauberformel aus einem alchimistischen Buch. Formeln dieser Art werden, wie jeder Religionsersatz, gern akzeptiert. So haben erlauchte Bewunderer wie Ernst Bertram und Rudolf Pannwitz und mit ihnen zwei Generationen von Nietzsche-Verehrern den Autor des »Zarathustra« zum Mystiker und Propheten einer neuen Weltanschauung gemacht. Nietzsche hätte sich eine solche Anhängerschaft strikt verbeten. Sein Denken ist durch diese Jünger in Verruf geraten, und vor allem daran dürfte es liegen, wenn eine nachfolgende Generation seinem Werk mit mißtrauischer Skepsis begegnet, sofern sie es überhaupt zur Kenntnis nimmt.

Noch immer gilt, was Nietzsche sagte, daß die Feststellung, »Gott ist tot«, viel zu weittragend ist, als daß für uns schon abzusehen wäre, was sich damit begeben hat. Nietzsche bietet eben primär *keine* Ersatzreligion. Der Versuch ein großer Ja-Sager zu werden wird nach dem »Zarathustra« abgebrochen. Der späte Nietzsche wird statt dessen zum großen Zerstörer und Nein-Sager. Er beschwört die zwangsläufigen Folgen, die der Tod Gottes nach sich zieht: die Heraufkunft des europäischen Nihilismus. Er lehrt uns das Fürchten.

Mit dem Verlust des Glaubens an platonische Ideen, an transzendente Vernunft und göttliche Vorsehung schwindet die Möglichkeit des geschlossenen Systems universaler Welterklärung. Die Kartenhäuser der Metaphysik fallen zusammen, die kunstvollen Gebäude lückenloser Auslegung werden als ›Niaiserien‹, als Albernheiten entlarvt. Das gilt nicht nur für die Tradition systematischer Philosophie von Aristoteles bis Hegel, sondern auch für die Systemversuche seit der Mitte des 19. Jahrhunderts. Die mechanistische Denkweise der Marxisten zum Beispiel führte zu einem neuen geschlossenen System, dessen Einseitigkeit und Unstimmigkeit, was den universalen Anspruch betrifft, heute jedermann einsehbar ist. Nach Nietzsche kann es keine Beruhigung in geschlossenen Systemen mehr geben. Jeder Versuch würde den Keim der Lüge bereits in sich tragen.

Nietzsche ist eine Folge der europäischen Aufklärung. Aber er ist zugleich auch ihre ausdrückliche Überwindung. Mitten im 19. Jahrhundert hat er die Absurdität des Fortschrittsglaubens gebrandmarkt. Auf die Einsicht, daß Gott tot ist, folgt jene andere: »Die Wüste wächst.« Die moderne Gesellschaft und ihre Kultur erstarren im Betrieb, Bildung und Moral dienen als Götzen der Restauration. Nationalismus und Antisemitismus sind Zeichen einer Barbarei, Ausdruck jenes Nihilismus, den Nietzsche als Schicksal dieser Epoche begriff. Noch *vor* jeder philosophischen Betrachtung erweist sich etwa bei der Lektüre des achten Hauptstücks von »Jenseits von Gut und Böse«, das den Titel »Völker und Vaterländer« trägt, die Aktualität Nietzsches. Seine Gedanken sind Teil unserer Gegenwart, – oder sie könnten es sein, wenn man sich nur darauf verstehen würde, diesen Autor neu zu lesen!

Das Pathos des Metaphysikers Nietzsche, mit dem er die Lehre von der ewigen Wiederkunft vorträgt, können wir kaum mehr nachvollziehen. Aber was heute zu uns spricht, ist das Pathos des Kritikers europäischer Tradition. Die Philosophie »mit dem Hammer« leistet ganze Arbeit: »Umwertung aller Werte«. Was bleibt, ist die Hoffnung auf einen kommenden Menschen. Deren Konkretion jedoch wird im Spätwerk zunehmend problematisch. An dem biologistischen Gedanken der Züchtung und den Vorstellungen von einer künftigen Elite zeigen sich die Grenzen und gefährlichen Unzulänglichkeiten des Therapeuten Nietzsche (man vergleiche etwa die »Genealogie der Moral«).

Nietzsches Wort, »Gott ist tot«, bleibt auch eine Chiffre für die nicht beendete Auseinandersetzung zwischen der Welt der Christen und des Antichrist. Das verbindet den Denker von Sils-Maria mit Kierkegaard wie mit Dostojewskij. Nietzsche sagt: »Im Grunde gab es nur einen Christen, und der starb am Kreuz«. Und weiter: »Daß die Menschheit vor dem Gegensatz dessen auf den Knien liegt, was der Ursprung, der Sinn, das Recht des Evangeliums war, ... man sucht vergebens nach einer größeren Form weltgeschichtlicher Ironie.« Nichts anderes spricht Dostojewskij im »Großinquisitor« aus.

Die Nähe Nietzsches zu Kierkegaard ist oft gesehen worden. Aber während Kierkegaard nur als kleiner »Bedienter« die Philosophen und dogmatischen Pfarrer von seinem Gott fernhalten wollte, geht Nietzsche einen entscheidenden Schritt weiter: Gott selbst wird entfernt. Nicht der Glaube, nur das Denken vermag eine Antwort zu geben.

Wie schwierig es ist, die Erkenntnis vom Tode Gottes auszuhalten, mit ihr und ihren Konsequenzen zu leben, hat Nietzsche selbst am besten gewußt. In einem Nachlaßfragment findet sich der Satz: »Es ist alles glatt und gefährlich auf unserer Bahn, und dabei ist das Eis, das uns trägt, so dünn geworden: Wir fühlen alle den warmen unheimlichen Atem des Tauwinds – wo wir noch gehen, da wird bald niemand mehr gehen können.« Nietzsche begreift sich so selbst als Menschen einer Übergangsepoche. Mitten im wilhelminischen Frieden sah er um Jahrzehnte voraus, woran wir alle nun teilhaben. Seine Botschaft macht nicht froh, aber sie hat eine notwendige Funktion: sie signalisiert die Heraufkunft einer völligen Veränderung der Welt, und sie lehrt uns, dafür gewappnet zu sein. Nietzsche selbst war vermessen genug zu glauben, daß sich dereinst an ihn »die Erinnerung an etwas Ungeheures knüpfen wird«. Dieses Ungeheure bleibt seine Apokalypse, sein Wissen um das Zuendegehen einer Welt, in der wir noch befangen sind. Dieser apokalyptische Zug seines Denkens wird das Zeitbedingte seines Werkes überdauern.

Ivo Frenzel

ZUR VORLIEGENDEN AUSGABE

Diese zweibändige Auswahl will dem Leser die hauptsächlichen Schriften Friedrich Nietzsches in einer zuverlässigen Ausgabe an die Hand geben. Eine Edition, die jedermann eine Auseinandersetzung mit einem der bedeutendsten und noch ganz zeitnahen Denker der Deutschen ermöglicht, fehlt seit langem. Die Anordnung ist weitgehend chronologisch. Der erste Band bringt Werke aus den Jahren 1872 bis 1885. Er beginnt mit dem ersten größeren Werk des jungen Nietzsche, der »Geburt der Tragödie« und endet mit dem »Zarathustra«, mit jenem Buch, das nicht nur einen Höhepunkt in Nietzsches Schaffen darstellt, sondern auch den Übergang zur Spätphase seines Denkens bildet. Der zweite Band vermittelt dem Leser zunächst das autorisierte Spätwerk Nietzsches. Die darin vereinigten Schriften sind alle nach dem »Zarathustra« entstanden und zum Teil von Nietzsche selbst nicht mehr veröffentlicht worden. Aufgenommen wurden die Werke, deren Drucklegung Nietzsche noch veranlaßt hat oder für die bis Ende 1888 ein druckfertiges Manuskript vorlag. Aus dem Nachlaß werden autobiographische Aufzeichnungen der Jahre 1856–1869 mitgeteilt, die ein Bild des jungen Nietzsche vor der Baseler Professur zu geben vermögen und in jene Welt einführen, die für Nietzsches Erziehung, Bildung und Ausbildung maßgebend war. Diese Lebensläufe und Tagebuchaufzeichnungen ergeben zusammen mit der Schrift »Ecce Homo« eine umfangreiche Autobiographie.

Von den größeren Werken konnte auf den zweiten Band von *Menschliches, Allzumenschliches* sowie auf *Morgenröte, Gedanken über die moralischen Vorurteile* von 1881 verzichtet werden, weil Nietzsche in späteren Werken, die in unserer Ausgabe enthalten sind, die Gedanken dieser Schriften in schärferer, pointierter Form weitergeführt hat. Es werden aber alle wichtigen Passagen aus der »Morgenröte«, auf die Nietzsche in späteren Werken Bezug nimmt, in den Anmerkungen an den betreffenden Stellen zitiert, so daß der Leser alle diese Hinweise verfolgen kann.

Von den *Unzeitgemäßen Betrachtungen*, die Nietzsche später selbst nicht wieder aufgelegt hat, sind *Vom Nutzen und Nachteil der Historie für das Leben* und *Richard Wagner in Bayreuth* in dieser Ausgabe enthalten, während auf den Abdruck des Ersten Stückes, *David Strauß, der Bekenner und der Schriftsteller*, und auf den des Dritten Stückes *Schopenhauer als Erzieher*, verzichtet wurde. Dieses Verfahren ist auch dadurch gerechtfertigt, daß Nietzsche die einzelnen Stücke der »Unzeitgemäßen Betrachtungen«

jeweils gesondert, im Laufe von vier Jahren, veröffentlicht hat. Es wird also durch unsere Auswahl nichts Zusammengehörendes zerrissen. Das gleiche gilt für *Die fröhliche Wissenschaft*. Hier hat Nietzsche bei der zweiten Auflage (1887) außer einer gesonderten Vorrede das fünfte Buch mit dem bezeichnenden Titel »Wir Furchtlosen« sowie die Gedichte »Lieder des Prinzen Vogelfrei« angefügt. Dieses an sich wesentliche fünfte Buch, das als nachträgliche Propädeutik zum »Zarathustra« verstanden werden muß, wurde (samt den Gedichten und der Vorrede) in unsere Ausgabe aufgenommen. Die ersten vier Bücher schienen dagegen im Hinblick auf eine Konzentration des Wesentlichen entbehrlich.

Von den bekannteren Werken der Spätzeit fehlt lediglich die kleine Schrift *Nietzsche contra Wagner*, da sie nur eine zusammenfassende Wiederholung der an früheren Stellen gebrachten Argumente gegen Wagner (»... sämtlich aus meinen älteren Schriften ...«, Vorwort) ist. Unberücksichtigt blieb der Nachlaß der achtziger Jahre. Der Benutzer dieser Ausgabe darf jedoch sicher sein, daß ihm mit dem hier erfolgten Abdruck des autorisierten Spätwerks kein wichtiges Thema aus der Gedankenwelt Nietzsches vorenthalten wird.

Dem Leser, der hier ein Werk mit dem Titel »Wille zur Macht« vermißt, das in manchen älteren Ausgaben als »Hauptwerk« Nietzsches aus dem Nachlaß der achtziger Jahre bezeichnet wird, muß gesagt werden, daß es ein derartiges Werk aus der Feder Nietzsches nicht gibt. Es ist zwar richtig, daß Nietzsche wiederholt geplant hat, nach dem »Zarathustra« ein philosophisches Hauptwerk zu verfassen. Die Ausführung ist jedoch unterblieben. Für den sogenannten »Willen zur Macht« gibt es lediglich eine Anzahl von Gliederungen, wobei unklar ist, welcher von ihnen Nietzsche selbst den Vorzug gegeben hätte. Vollends ist kaum auszumachen, welche Werkstücke Nietzsche definitiv unter einer dieser Gliederungen vereinigt hätte. Der sogenannte »Wille zur Macht« existiert zudem in zwei Ausgaben: 1901 gaben Peter Gast und Ernst und August Horneffer 483 Aphorismen aus dem Nachlaß unter diesem Titel heraus; in einer weiteren, von Gast und Elisabeth Förster-Nietzsche 1906 veranstalteten Ausgabe wurden insgesamt 1067 Aphorismen aufgenommen. Der »Wille zur Macht« ist mithin kein von Nietzsche selbst publiziertes oder auch nur in dieser Anlage verfaßtes Werk, sondern stellt durch die Art der Auswahl und Anordnung eine höchst persönliche Deutung Nietzsches durch eben diese Herausgeber dar. Hingegen hat der »Wille zur Macht« durch die Art der Zusammenstellung ganz wesentlich zu jenem einseitigen, prophetisch getönten Bild Nietzsches beigetragen, das die Nietzsche-Diskussion bis vor kurzem beherrscht hat. Jede neue Auswahl unsererseits aus dem Nachlaß hätte aber wiederum nur eine Systematik vorgetäuscht, die von der Sache her kaum zu rechtfertigen gewesen wäre.

Demgegenüber bringt diese Ausgabe die gesicherten Schriften Nietzsches und vermittelt dem Leser so in erster Linie dasjenige Werk, zu dem Nietzsche sich ausdrücklich selbst bekannt hat.

Die hier vorgelegten Werke und Werkstücke sind in sich ungekürzt. Als Textgrundlage diente die von Karl Schlechta besorgte Ausgabe »Friedrich Nietzsche, Werke in drei Bänden«, dritte durchgesehene Auflage, Carl Hanser Verlag, München 1966, der, wo immer möglich, von Nietzsche autorisierte Textfassungen zugrunde liegen. Näheres über die textkritischen Probleme wie auch über die Situation des Nachlasses der achtziger Jahre findet man bei Schlechta im philologischen Nachbericht, Band III, S. 1383 f. der o. a. Ausgabe.

Um auch dem philosophischen Laien das Werk Nietzsches zu erschließen, geben die Anmerkungen gelegentlich Interpretationshilfen, die aber an keiner Stelle die eigenständige Beschäftigung mit den Texten ersetzen wollen. Die wichtigsten Fachausdrücke wurden kurz erläutert, fremdsprachige Zitate grundsätzlich nur als Prosaversionen in der Absicht, nicht mehr als eine bloße Verständnishilfe zu geben, übersetzt.

Der Herausgeber ist insbesondere Herrn Prof. Karl Schlechta zu Dank verpflichtet, ohne dessen bahnbrechende Nietzsche-Ausgabe diese Auswahl kaum hätte bewerkstelligt werden können; er hat auch dem Verlag und seinen Mitarbeitern für manche Anregung zu danken.

I. F.

VERZEICHNIS DER GEDICHTÜBERSCHRIFTEN UND -ANFÄNGE

(Gedichtüberschriften sind *kursiv* gesetzt)

Ach! Was ich schrieb auf Tisch und Wand .... I, 540
Als ich jüngst, mich zu erquicken .... I, 534
An den Mistral .... I, 542
An der Brücke stand ...... II, 424
An Goethe .... I, 534
Aus deinem Munde ...... I, 540
Aus hohen Bergen .... II, 171

Bei abgehellter Luft I, 755 u. II, 549

Da lieg ich, krank im Gedärm .... I, 538
Das Feuerzeichen .... II, 560
Das milde Abendläuten ... II, 616
Das Unvergängliche ...... I, 534
Das war ein Tag der Schmerzen .... II, 617
Der du mit dem Flammenspeere .... II, 454
Der geheimnisvolle Nachen I, 537
Dichters Berufung .... I, 534
Die fromme Beppa .... I, 536
Die Sonne sinkt .... II, 561
Die Tauben von San Marco sah ich wieder .... I, 541
Die Wüste wächst: weh dem, der Wüsten birgt I, 761 u. II, 552
Diesen ungewissen Seelen . I, 539
Dionysos-Dithyramben ... II, 547
Dorthin – will ich; und ich traue .... I, 542

Einstmals – ich glaub, im Jahre des Heiles Eins .... I, 716

Flüchtge Rosse tragen .... II, 605

Gestern nachts, als alles schlief .... I, 537

Ha! Feierlich ..... I, 761 u. II, 552
Heil euch, brave Karrenschieber .... II, 118
Heimkehr .... II, 617
Hier saß ich, wartend, wartend, – doch auf nichts .. I, 542
Hier, wo zwischen Meeren die Insel wuchs .... II, 560

Ich wohne in meinem eignen Haus .... I, 481
Im Süden .... I, 535
Ist das noch deutsch ..... II, 145

Kein Entschuldgen! Kein Verzeihen .... I, 479
Klage der Ariadne .... II, 563

Letzter Wille .... II, 556
Liebeserklärung .... II, 538
Lied eines theokritischen Ziegenhirten .... I, 538
Lieder des Prinzen Vogelfrei I, 534

Mein Glück .... I, 541
Mistral-Wind, du Wolkenjäger .... I, 542

Nach neuen Meeren ...... I, 542
Narr in Verzweiflung .... I, 540
Nicht lange durstest du noch II, 561

Nur Narr! Nur Dichter! ... II, 549

O Lebens Mittag! Feierliche Zeit ... II, 171
O Mensch! Gib acht ... I, 775
Oh Wunder! Fliegt er noch I, 538
Ohne Heimat ... II, 605

Rimus remedium ... I, 540
Ruhm und Ewigkeit ... II, 566

Sage mir, teurer Freund, warum du so lang nicht geschrieben ... II, 629

Schön ists, miteinander schweigen ... I, 479
Sils-Maria ... I, 542
So häng ich denn auf krummem Aste ... I, 535
Solang noch hübsch mein Leibchen ... I, 536
So sterben, wie ich ihn einst sterben sah ... II, 556

Über meiner Haustür ... I, 481
Unter Freunden ... I, 479

Von der Armut des Reichsten II, 569

Wer hier hinab will ... II, 557
Wer wärmt mich, wer liebt mich noch ... I, 720 u. II, 563
Wie lange sitzest du schon . II, 566

Zehn Jahre dahin ... II, 569
Zwischen Raubvögeln ... II, 557

INHALT

Jenseits von Gut und Böse. Vorspiel einer Philosophie der Zukunft

Vorrede 9
Erstes Hauptstück: Von den Vorurteilen der Philosophen 11
Zweites Hauptstück: Der freie Geist 29
Drittes Hauptstück: Das religiöse Wesen 45
Viertes Hauptstück: Sprüche und Zwischenspiele 59
Fünftes Hauptstück: Zur Naturgeschichte der Moral 76
Sechstes Hauptstück: Wir Gelehrten 93
Siebentes Hauptstück: Unsere Tugenden 108
Achtes Hauptstück: Völker und Vaterländer 128
Neuntes Hauptstück: Was ist vornehm? 146
Aus hohen Bergen 171

Zur Genealogie der Moral. Eine Streitschrift

Vorrede 177
Erste Abhandlung: »Gut und Böse«, »Gut und Schlecht« 184
Zweite Abhandlung: »Schuld«, »Schlechtes Gewissen« und Verwandtes 207
Dritte Abhandlung: Was bedeuten asketische Ideale? 239

Der Fall Wagner. Ein Musikanten-Problem

Vorwort 291
Der Fall Wagner 293
Nachschrift 312
Zweite Nachschrift 316
Epilog 319

Götzen-Dämmerung, oder: Wie man mit dem Hammer philosophiert

Vorwort 325
Sprüche und Pfeile 326
Das Problem des Sokrates 332
Die »Vernunft« in der Philosophie 337
Wie die »Wahre Welt« endlich zur Fabel wurde 341
Moral als Widernatur 342
Die vier großen Irrtümer 346
Die »Verbesserer« der Menschheit 353
Was den Deutschen abgeht 357
Streifzüge eines Unzeitgemäßen 362
Was ich den Alten verdanke 392
Der Hammer redet 397

Ecce homo. Wie man wird, was man ist

Vorwort 401
Warum ich so weise bin 405
Warum ich so gute Bücher schreibe 429
Die Geburt der Tragödie 437
Die Unzeitgemäßen 442
Menschliches, Allzumenschliches 446
Morgenröte 451
Die fröhliche Wissenschaft 454
Also sprach Zarathustra 455
Jenseits von Gut und Böse 465
Genealogie der Moral 467
Götzen-Dämmerung 468
Der Fall Wagner 470
Warum ich ein Schicksal bin 475

Der Antichrist. Fluch auf das Christentum

Vorwort 485
(Der Antichrist) 487

Dionysos-Dithyramben

Nur Narr! Nur Dichter! 549
Die Wüste wächst: weh dem, der Wüsten birgt 552
Letzter Wille 556
Zwischen Raubvögeln 557
Das Feuerzeichen 560
Die Sonne sinkt 561
Klage der Ariadne 563
Ruhm und Ewigkeit 566
Von der Armut des Reichsten 569

Autobiographisches aus den Jahren 1856–1869 573

Anhang 693

Anmerkungen:
Jenseits von Gut und Böse 695
Zur Genealogie der Moral 701
Der Fall Wagner 713
Götzen-Dämmerung 715
Ecce homo 717
Der Antichrist 719
Dionysos-Dithyramben 719
Autobiographisches 720
Lebens- und Werkchronik 722
Nachwort 726
Zur vorliegenden Ausgabe 736
Verzeichnis der Gedichtüberschriften und -anfänge 740